O trabalho da obra Maquiavel

Claude Lefort

O trabalho da obra Maquiavel

tradução
Gabriel Pancera
Helton Adverse
José Luiz Ames

EDITORAufmg todavia

Parte 1: A questão da obra 7

Parte 2: O nome e a representação de Maquiavel 73
  1. O conceito de maquiavelismo 75
  2. O campo da literatura crítica 95

Parte 3: Interpretações exemplares 157
  1. A doutrina do maquiavelismo: Uma interpretação de Jean-Félix Nourrisson 159
  2. A ética do homem histórico: Uma interpretação de Francesco De Sanctis 167
  3. A ciência positiva e a quimera do príncipe: Uma interpretação de Augustin Renaudet 182
  4. O racional e o real em política ou o mito do Estado: Uma interpretação de Ernst Cassirer 195
  5. O irracional e o real em política ou o demoníaco da potência: Uma interpretação de Gerhard Ritter 211
  6. A visão moral do mundo e a ideia da necessidade: Uma interpretação de Leonhard von Muralt 223
  7. A primeira figura da filosofia da práxis: Uma interpretação de Antonio Gramsci 242
  8. A restauração e a perversão do ensinamento clássico ou o nascimento do pensamento político moderno: Uma interpretação de Leo Strauss 264
  9. Interpretação e política 313

Parte 4: À leitura do *Principe* **317**

1. Primeiros sinais **319**
2. Sobre a lógica da força **352**
3. Sobre o abismo social e o ponto de apoio do poder **375**
4. Sobre o bem e o mal, o estável e o instável, o real e o imaginário **406**
5. Sobre o presente e sobre o possível **441**

Parte 5: À leitura dos *Discorsi* **459**

1. Do *Principe* aos *Discorsi* **461**
2. Sobre Roma e a sociedade "histórica" **475**
3. Sobre a diferença de classes **496**
4. Sobre a guerra e a diferença dos tempos **540**
5. Sobre a autoridade e o sujeito político **592**

Parte 6: A obra, a ideologia e a interpretação **701**

Índice onomástico 791

Parte 1
A questão da obra

Este livro nasceu da atração por um enigma cujas razões não saberíamos apontar. É uma atração que, longe de diminuir diante da descoberta da abundância da literatura crítica, em que o enunciado e a solução de tal enigma são repetidos pateticamente, apenas aprofunda a consciência de um deslocamento: o recuo de seu objeto para fora do campo no qual, em sua obscuridade primeira, ele parecia se situar.

Quem pensar que um intérprete é movido tanto pelo desejo de sobrepujar seus rivais quanto por aquele de conquistar um saber — como dão testemunho a propriedade, que ele se atribui, do sentido de uma obra, e a consequente autoridade de captar o favor de todo leitor futuro — pode tomar como um simples refinamento de tal desejo a aspiração de interrogar de uma só vez o escritor e sua posteridade, a tentativa de apreender o movimento continuado pelo qual a obra escapa à apreciação de seus intérpretes, de desvelar a cumplicidade de que são feitos seus conflitos e de estabelecer com ela uma ligação inédita — de modo que a obra permaneça à distância, no mais íntimo diálogo, como alguém que sabemos que fala para além da nossa compreensão, ou de modo que tome para si um problema a partir do saber que dela extrai e ponha uma dúvida em questão até o fim e renuncie à descoberta que selaria o discurso. Refinamento, ou perversão, talvez... Seria vão se defender de tal pensamento. Mas, ao menos, poderíamos replicar: qual juiz decide? Quanto ao saber, quem sustentará que ele poderia se separar do desejo? A perversão nomeia a quem, qual lei a garante, fora do campo do discurso que tem no outro seu apoio e se sustenta ao falar para além do ponto no qual este outro se silencia, isto é, ao diferir o termo, ao subtraí-lo da fatalidade do ciclo no qual estava alojado, ao suspender-lhe a possibilidade de uma nova origem, ao buscar ainda junto de um leitor uma sobrevida?

Dizíamos ser um enigma! Mas seria melhor nomear de início algumas questões que surgiram, até que não possamos fazer outra coisa a não ser pensá-las conjuntamente.

Há uma questão que se vincula ao nome de Maquiavel. Ouvimos esse nome ser pronunciado, empregamo-lo sem saber nada de sua proveniência. Há quatro séculos, ao menos, ele se inscreveu na linguagem comum, bem como seus derivados — maquiavelismo, maquiavélico —, a ponto de constituir nessa linguagem um significante insubstituível, voltado não somente para o uso político, embora este ainda seja o mais comum, mas apto a designar um ato típico da conduta do homem para com o homem. Estranha e intrigante aventura, pois basta uma iniciação bastante rápida na história da sociedade em que vivia Maquiavel e uma leitura, superficial que seja, de suas obras para se convencer de que ele não foi nem o autor nem o praticante dessa perversão política que se designa maquiavelismo, para reconhecer, em contrapartida, qualquer que seja o argumento que se utilize acerca de sua ação e de suas ideias, a sua qualidade de homem político e de escritor: político muito dedicado ao Estado e bastante preocupado com a Itália, mais vinculado às liberdades que aos senhores com quem teve de conviver; escritor extremamente sutil, cujo discurso, longe de se resumir a algumas fórmulas escabrosas, desenvolve-se por múltiplas e difíceis vias, compara-se aos mais respeitáveis historiadores e filósofos — Tito Lívio, Cícero e Plutarco, mas também Platão, Aristóteles e Xenofonte — e, enfim, requer do leitor, o de outrora como o nosso contemporâneo, uma atenção e uma cultura pouco comuns. As aventuras do termo teriam algum sentido? Como compreender que o nome próprio se cristaliza, destaca-se da pessoa e começa a ter uma vida independente, misturando-se com as línguas mais diversas, com as palavras mais desgastadas, no esquecimento de sua origem? Ou, melhor dizendo, o que significa essa longínqua decapitação do nome próprio, sob que efeito esse nome próprio oscila na língua comum e é apropriado por essa potência anônima para funcionar como um signo?

Um signo novo do imoralismo, diz-se, transposto da obra, do *Príncipe** notadamente, que teve algumas de suas fórmulas repetidas, talvez com deleite por alguns enquanto produziam o horror noutros, até que, na ignorância do autor, da obra e da letra do próprio texto, não subsistisse senão a comodidade da palavra. Mas, sem dúvida, jamais faltaram testemunhos

---

* Lefort mantém os títulos das duas principais obras políticas de Maquiavel — a saber, *O príncipe* e os *Discursos sobre a primeira década de Tito Lívio* — em italiano, grafando-as, então, *Principe* e *Discorsi*. Optamos por respeitar sua decisão. [N.T.]

do imoralismo. Ao ouvido dos homens chegaram palavras bastante fortes sobre a necessidade da violência ou sobre o prazer que se tira da opressão, de modo que nos surpreendemos com os efeitos de um discurso que, não apenas não se reduz a isso, mas termina com um apelo à libertação da pátria italiana. Para quem se recorda dos argumentos atribuídos a Polo, Cálicles e Trasímaco, não há dúvida de que a contestação da lei encontrava na Antiguidade partidários ousados; mais, a palavra calicleana traz o desafio e a invectiva, enquanto não há nenhum vestígio aparente disso na de Maquiavel. Os adversários de Sócrates provocariam menos paixão por se apresentarem vinculados a seu objetor? Ou, ainda, faltaria seriedade ao seu furor? Esses pretensos iconoclastas não teriam jamais ultrapassado os limites do simulacro? Sócrates teria tido razão em duvidar da oposição deles às leis e de seu desprezo pelo povo, qualificando-os de bajuladores e insinuando mesmo que eles são mais seduzidos que sedutores, movidos à sua revelia pelo desejo do *demos* que acreditam dominar, ligados fortemente à lei que pensam ridicularizar? Surgiria, então, com Maquiavel, uma contestação de um alcance completamente diferente, que mascararia, não sem a designar, a acusação de maquiavelismo? Maquiavel teria atacado a lei num sentido inaudito? Seria ele o autor de uma transgressão efetiva, cujo efeito foi abalar, em seu tempo, uma certeza tão mais desesperadamente preservada quanto mais era ameaçada pelo acontecimento, de modo que se anulava, em certa zona, a diferença estabelecida entre moralidade e imoralidade — anulação tão grave, enfim, que não podia ser reconhecida, e foi necessário deslocar seu objeto para condená-la?

Para que tal questão ganhe corpo, é necessário interrogar o termo *maquiavelismo*, investigar suas origens, perscrutar os primeiros lugares em que seu uso se propaga, sem esquecer que ele continua a ter um significado distante de suas origens, livre da função ou das funções que cumpria primeiramente. Mas não devemos ceder muito rápido às explicações que nos são oferecidas, as quais não sabemos ainda se participam do movimento que lhe deu origem. Nem devemos substituir um preconceito por outro, substituir a ideia de que o maquiavelismo se deduz do discurso maquiaveliano, que ele é seu emblema colocado em circulação, por outra que diz ser ele um efeito do acaso, o resto de uma acusação injusta, o trapo que a língua ajeita para si mesma a partir de um tecido ruim de palavras. Em vão esperaríamos ter um conhecimento da obra a partir dessa investigação, pois não é por esses efeitos que ela é pensada. Estamos dizendo apenas que eles são muito problemáticos para que neles busquemos uma advertência, um indício de que algo está em jogo e em relação ao qual ela não é estrangeira.

Mas uma questão não brota jamais sozinha. Por que fingir ignorá-la se Maquiavel se apresenta, em nossos dias, envolto na reputação de fundador? Com ele, diz-se, teria sido inaugurado o discurso político, não certamente uma reflexão sobre a essência do bom regime ou da arte de governar, mas o discurso que visa a política como tal, circunscreve seu domínio e rompe toda e qualquer ligação com a metafísica e a teologia. O fato de a irrupção, na língua, do significante equívoco do maquiavelismo ser o efeito de uma primeira ruptura na ordem do pensamento; de essa ruptura, invisível para a maioria, ser, contudo, surdamente reconhecida a ponto de produzir um deslizamento na ordem do falar; esse fato é capaz de aguçar nossa curiosidade. Mas convém, ainda, interrogar-se sobre o sentido que emprestamos ao acontecimento, em vez de rapidamente acolher uma representação da qual nossos contemporâneos parecem tão certos quanto estão seguros de ver nascer com Platão o discurso filosófico, com Galileu o discurso científico ou, com Hegel e Marx, o discurso sobre a História* como tal. Ora, assim que nos damos conta dessa representação, o discurso dos outros, aquele que compõe a posteridade do escritor, nos captura e nos implica um movimento do qual, em breve, não seremos mais senhores — provocação contínua ao espanto e lugar de um espanto que, embora cesse em cada um assim que a coisa é julgada, transmite-se para outro, como que para manter aberta, para além de toda questão sobre o sentido da obra, uma questão sobre sua identidade.

Foi Maquiavel o fundador, o defensor de um discurso radicalmente novo? Esse julgamento tem suas origens num passado mais longínquo do que podemos supor pela leitura de alguns comentadores modernos. Sejam eles considerados seus primeiros adversários ou seus primeiros partidários, vemos que uma certeza já os anima: algo foi escrito pela primeira vez, algo que nunca tinha sido ou que jamais deveria ter sido escrito. Tudo ocorre como se uma liberdade, intolerável ou exaltante, tivesse sido tomada relativamente à verdade dos livros — verdade esta que, de seu próprio lugar, dava anteriormente suporte e determinava a ação dos homens, e a ordenava em

---

* Segue-se aqui a grafia do original, respeitando a diferenciação entre maiúsculas e minúsculas, para termos como História, Fortuna, Lei, Ser, entre outros. [N. E.]

virtude de seu afastamento de uma razão secreta. Não é somente o enunciado que revela aos olhos de uns e outros uma audácia desconhecida, pois as restituições desse enunciado são bastante diversas. É antes o movimento da palavra que parece surpreender, escandalizar ou encantar, por meio da modificação que introduz na relação do livro com seu objeto e, simultaneamente, do autor com seu leitor. O desejo de imputar a Maquiavel a paternidade do discurso político é acompanhado em cada leitor por uma representação singular da obra, cuja verdade se afirma pela exclusão das outras representações como pura falta de sentido. É perturbador constatar uma crença tão amplamente partilhada acerca da originalidade de um escritor e, ao mesmo tempo, um desacordo tão profundo, tão cedo enraizado na sua posteridade, tão assiduamente alimentado sobre o sentido de sua obra.

Quando começamos a sondar a literatura desenvolvida em torno dessa obra, temos uma primeira surpresa ao constatarmos o ódio de que ela foi objeto e que, por ter conhecido o apogeu cinquenta anos após sua publicação, jamais se desfez. Mas temos outra ao descobrirmos que a defesa do escritor, independente do que se tenha dito, não é menos antiga que sua condenação e que também ela provocou uma paixão ainda mais viva e durável. Surpreendemo-nos ainda ao ficarmos sabendo que, em nome de um saber objetivo e livre das impurezas da polêmica, comentadores se empenham, há séculos, em restituir a verdadeira figura do escritor — esse ódio, esse amor, essa pretensa neutralidade recobrem sempre tal variedade de interpretações que os motivos dos autores tornam-se anedóticos. Mas não menos surpreendente é o esforço de alguns para descobrir uma obra conhecida, estudada, discutida como poucas o foram na história e fingir condená-la ou fazer-lhe inteira justiça *pela primeira vez*. É também surpreendente a vantagem que se tira em cada época dessa descoberta ao se reclamar uma verdade inaudita sobre o presente, como se um véu caísse pela leitura de Maquiavel, como se os signos depositados no *Principe* ou nos *Discorsi*, até então desconhecidos e indecifráveis, porque escritos para um leitor futuro na espera de um tempo que seria dele revelador, falariam, enfim, no contato com o acontecimento. Não menos surpreendente é a diversidade daqueles a quem a obra fascina, pois esses não são apenas filósofos, teólogos, moralistas e historiadores, que são escritores, mas também políticos ou, ainda, homens que aparentemente sequer se prepararam para tal prática, mas que, tomados de paixão, se convencem da necessidade e urgência que haveria de alertar seus contemporâneos para a mensagem maquiaveliana.

Ora, que haja um discurso da posteridade ou, para melhor dizer, que essa posteridade se ordene em razão de um discurso, que esse discurso se articule à revelia de seus agentes na forma de um processo — de modo que, mudando os protagonistas, subsista a mesma distribuição de papéis e de argumentos — e, sob o signo de um mito — a identificação, em sua dupla figura, positiva e negativa, a ressurreição do autor em sua dupla função de imortalização e de aniquilamento, repetindo-se insensível às influências do tempo —, esse pensamento provoca nossa interrogação e, ao mesmo tempo, abre-lhe o campo. Com efeito, como compreender que, de uma época a outra, se encontram novamente as mesmas lacunas ou lacunas semelhantes na representação da obra? Como compreender, sobretudo, que as divisões ideológicas a que estamos acostumados se misturem no contato com a obra, que alianças inesperadas se estabeleçam, que parentescos que acreditávamos estabelecidos se desfaçam?

Essas aventuras, sem dúvida, nos incitam a reconsiderar o estatuto da obra de pensamento, a distinguir o saber da obra de sua ideologia. Sem dúvida, tais aventuras pedem que interroguemos a natureza do discurso maquiaveliano, que investiguemos o que, no discurso, as torna possíveis, ou o que as autoriza; talvez somente ganhem todo seu sentido sob a condição de, uma vez ainda, perscrutar-se a representação do discurso político que está implicado no discurso da obra. Mas elas não poderiam nos ensinar alguma coisa a mais sobre as próprias ideologias? Quanto à ideologia — ou o que nomeamos rapidamente como tal, para nela localizar o lar de conhecimentos acesos e conservados pelo desejo de uma categoria de homens de fazer ou refazer a ordem social conforme as exigências de sua própria prática —, não é estranho que sejamos impedidos de mensurar sua eficácia, justamente no momento em que tínhamos a esperança de fazê-lo, pois, em se tratando da apreciação e da exploração de uma obra política, ela estaria no seu mais alto grau de manifestação?

A obra teria algum poder de embaralhar as referências em torno das quais se ordena a linguagem política e de desvelar, nos divórcios e cumplicidades que se instituem em torno dela, aquém das opiniões e valores comumente aceitos, um jogo de oposições desconhecido, o qual, por ser desconhecido, se mantém protegido das variações da ideologia?

Ora, essas questões não são esquecidas quando a atenção se volta do campo geral da literatura maquiaveliana para o lugar mais preciso da crítica científica, lugar em que o conhecimento prevalece sobre o julgamento, em que a imaginação é freada, em que a fidelidade ao texto comanda. Essa atenção se sustenta na decisão de experimentar seu sentido por meio não só da comparação regrada de proposições do discurso, da avaliação exata de sua escrita, do ajuste das condições de coerência, mas também pela reconstituição disso que era ao mesmo tempo o teatro em cujo palco o texto figura como um acontecimento e a sua questão de conhecimento: o mundo social e histórico do começo do século XVI — mais precisamente, no interior desse mundo, Florença e o modo como ela se inseria no encadeamento dos acontecimentos que a conduziram à servidão, nos conflitos de classe e de constituições políticas em que aqueles acontecimentos se inscreviam e no estado de crenças e de saber que determinava a relação dos homens com seu meio. Sob o signo da ciência, o mínimo que se pode dizer é que nenhum acordo é alcançado; as divergências ganham peso e se ampliam ao custo do trabalho que as suporta, excedendo em muito os limites que o destino de toda obra de pensamento nos impõe, destino que, de resto, é em si mesmo já enigmático. Contido, o desejo ressurge no homem de ciência, indiferente às exigências, ordenadoras de seu discurso crítico, de fazer um julgamento final sobre o sentido e o valor da pretensa mensagem maquiaveliana, dela tirando vantagem, o que seria possível pelo artifício de uma anulação de seus efeitos, para dizer ou insinuar uma verdade preciosa sobre o presente e, simultaneamente, denunciar aqueles que têm olhos de não ler o livro e tampouco a história.

Mas o debate científico não é importante somente em razão das divergências que vemos ser repetidas em seu seio e pelo vínculo inquebrantável que se encontra nele entre a intenção crítica e a intenção política. Sua natureza é tal que faz da interpretação mesma um mistério. Ao observarmos o movimento em que as teses rivais se desenvolvem, a partir de certas premissas e em direção a conclusões diferentes — sob o signo constante de uma restauração do sentido da obra e de uma certeza equivalente de reconquistar um saber cujo título teria até então sido usurpado —, não podemos deixar de nos perguntar sobre a lógica que o governa, sobre o vínculo que é formado, aquém das declarações de método e dos julgamentos manifestos, entre os discursos do escritor e do intérprete. Seria vão querer determinar na interpretação as fronteiras do saber e da crença, na esperança de limitarmos as contingências da interpretação aos estados de ânimo de seu autor — qualquer que seja a profundidade em que situemos a origem, qualquer que seja o fundamento que atribuamos aos valores que presidem sua leitura, as interpretações suscitam suas próprias questões e preparam suas respostas. A divisão não se deixa operar. O campo do conhecimento científico da obra — seja ele medido pela extensão das proposições verificáveis avançadas, pela coerência do sistema no qual se articula a argumentação ou, ainda, pela virtude dos princípios que o governam — não se deixa subtrair do campo global da interpretação, porque esse campo é ele mesmo simbólico em toda sua dimensão, porque toda determinação dos elementos é simultaneamente determinação do estatuto da obra, de sua inserção no tempo, numa história do pensamento, mas também numa história do mundo, determinação, enfim, de uma *realidade* em relação à qual e no seio da qual a crítica se situa.

Assim, somos incitados a interrogar o projeto que sustenta a interpretação como tal. Mas não fazemos isso somente para tentar circunscrever a problemática que se engendra pela reflexão sobre a obra, para desdobrá-la em todas as suas dimensões, vale dizer, para investigar como as teses que visam o sentido do discurso maquiaveliano se articulam com outras teses sobre o sentido da história e da política. Além disso, não poderíamos deixar de notar que a interpretação, por tudo o que ela coloca em jogo na reivindicação de um saber sobre a obra, tende a substituí-la e, no momento em que parece fazer da obra seu objeto, retoma como sua a intenção que a preside e visa o que ela visava. Ora, que o empreendimento esteja sempre recomeçando e, relativamente ao seu fim, seja sempre incompleto, que a obra ofereça indefinidamente uma resistência ao movimento de apropriação que ela suscita, no momento mesmo em que tal movimento demonstra a mais decidida submissão a seus fins, que ela se retire ao ser *re-produzida*, no momento mesmo em que a crítica pretende se apagar diante dela para deixá-la falar — não reconhecemos aí a prova de um impossível acesso à objetividade? Isso não é o sinal de que o que nomeamos *objetividade* nos impede de pensar a essência da obra em relação ao poder que ela tem de fundar um discurso crítico, de impor aos outros a dupla necessidade de visar seu sentido próprio e de escrever em seus sulcos sobre aquilo que sua escrita designa?

Essa questão não se soma apenas àquela que é posta pelo conflito de interpretações, pois ela modifica seu alcance. Esse conflito, perguntamos inicialmente, lança luz sobre a obra? Não é a obra que governa secretamente o conflito? Ao tomarmos conhecimento do que está em jogo, não vemos a dimensão do campo que ela abre para o pensamento político? Assim, o espanto que vivenciamos pelo contato com a crítica maquiaveliana nos coloca no rastro do sentido. Mas, quando perscrutamos, uma após outra, as obras dos intérpretes e descobrimos, para além da diversidade de teses, a repetição de uma tentativa cujo objeto é banir qualquer indeterminação da obra, fixar os limites de seu saber, atribuir-lhe um estatuto e uma função *na* realidade — tentativa essa que supõe em cada um a garantia de uma palavra desligada da palavra que o fez falar —, outra questão se levanta e perturba nossa interrogação primeira. O jogo das interpretações, perguntamos agora, não se organiza em razão do desconhecimento do que está no seu fundamento, a saber: a relação que o crítico mantém com a obra? Entrar em tal jogo não é aprender a descobrir as causas desse desconhecimento, os ardis pelos quais o intérprete se livra do discurso erigindo-o em *coisa dita*, dissimula a filiação que denunciaria a natureza de sua dívida e, no momento em que seu discurso substitui aquele na dependência do qual ele se inaugura, pretende afastar um terceiro que o destitui do direito de concluir, finge esquecer a indeterminação na qual se abre e se desenvolve seu próprio empreendimento? Continuamos ainda em busca de um sentido. Certamente, esses ardis não são invenções gratuitas: as vias da dissimulação sulcam um espaço cujas propriedades já estão determinadas pela singular obra de Maquiavel. Mas uma coisa é acolher o que a obra propõe para a posteridade, outra é descobrir no que ela se transforma na troca do discurso crítico, é discernir a recusa de pensar, na obra, o poder que ela possui de revelar.

No entanto, essas questões somente nos tocam porque a própria obra, na primeira relação que estabelecemos com ela ao lê-la, nos coloca em estado de questionamento. Por banal que seja o julgamento sobre a obra de pensamento — uma banalidade contra a qual será necessário se defender para sondar a verdade que ela recobre —, é de sua essência se produzir numa relação tal que aquele que se torna o agente de sua manifestação interroga. Com certeza, o livro, determinado nos seus limites e na ordem de signos que se articulam segundo as leis da língua e a necessidade resultante de um discurso, é inteiramente suporte de um sentido, o qual, sem tolerar qualquer divisão, é irradiação de uma presença — do ser da obra. Mas esse sentido é apenas prometido; essa presença está sempre um passo atrás disso que anuncia: o anúncio e a promessa são inseparáveis dos signos que o leitor jamais deixa de retomar para interpretar, por um trabalho que lhe é próprio, a saber: modulação e escansão do discurso do outro, mas também apreensão e ordenação das diferenças, bem como apreensão e distribuição de massas e valores, escalonamento de planos, trabalho — por mais bem--sucedido que seja — cujo efeito não poderia livrá-lo da incerteza, fornecer a garantia última da verdade do discurso. Se tivéssemos apenas que emprestar à obra maquiaveliana, uma obra de pensamento, nossa paciência e nossa fé de leitor, ela afastaria qualquer questão sobre as aventuras ou sobre as metamorfoses às quais a história a expõe. Mas é tal nosso encontro com ela que, no suposto retiro da leitura, ela se esquiva ao mesmo tempo que se deixa apreender, e descobrimos a necessidade do trabalho que ela nos impõe quando experimentamos uma dúvida sobre sua identidade, dúvida esta que reflui sobre nós mesmos, enquanto, de certo lugar, já nos esforçávamos em pensar a política.

Como a obra se esquiva e comanda o movimento que, de releitura em releitura, aumenta nossa atração e multiplica nossas questões, eis o que não poderíamos mencionar apressadamente, por causa da dupla impossibilidade de antecipar a ideia da interpretação como modo de interrogação e a própria interpretação como desdobramento dessa interrogação. O máximo que podemos fazer é evocar o momento em que — seduzidos que estávamos, inicialmente, pela liberdade que o *Príncipe* concede a si mesmo para ignorar as distinções clássicas e cristãs do bom e do mau regime, de autoridade legítima e ilegítima (termos, portanto, de um debate mais que milenar), pela liberdade para apresentar, em consequência disso, o poder como objeto de uma luta oferecida a quem melhor sabe tirar partido das divisões da sociedade civil, liberdade para dar forma de hipótese aos dados do combate político, para circunscrever, no campo social, um sistema de forças cujas combinações são calculáveis, para atribuir à ação regras cuja validade é independente da natureza dos fins aos quais ela se submete, e, ainda, seduzidos pelo brilho de um discurso cujo rigor, concisão e alegre movimento parecem testemunhar a verdade que ele designa — duvidamos subitamente de ter compreendido o *Príncipe* e, mesmo, de tê-la *acompanhado*, ao considerar as palavras proferidas sobre a natureza das classes e a diferença de seu desejo, sobre a dependência na qual o príncipe se encontra relativamente a elas, sobre a necessidade em que ele se encontra de simultaneamente oprimir e colocar um limite à opressão, de se fazer reconhecer pelo povo e conservar em relação a ele uma distância que preserva a diferença entre Estado e sociedade, sobre o perigo que ele enfrenta, em razão mesmo daquela distância, de se encerrar na ilusão da segurança e da onipotência, sobre o risco, enfim, que acompanha toda ação, exposta que está aos acasos da convergência ou da divergência dos acontecimentos. E, marcados pela referida dúvida, entrevemos, no próprio tempo em que essas palavras nos fazem deslizar da ideia do racional àquela do irracional na política, a profundidade do discurso, dificilmente perceptível ao primeiro olhar, um jogo de digressões, alusões, deslocamentos de sentidos, que arruína nossa certeza primeira.

É este o estado inicial de nossa interrogação. Essa interrogação recai sobre o nome de Maquiavel e o mito que a ele está vinculado, sobre as características da literatura política que se ordena a partir e em torno da obra do escritor, sobre a problemática científica da qual a obra se torna objeto, sobre o sentido do *Principe* e dos *Discorsi* e seu alcance, sobre o estatuto da escrita política relativamente à ação política; tal interrogação recai, simultaneamente, sobre a essência da obra de pensamento e da interrogação. Interrogação múltipla, portanto, e divisível, que corre o risco de se enfraquecer ao querer conservar todas as suas ramificações. Do mesmo modo, não devíamos esquecer as leis da academia e o interdito que ela levanta contra a mistura de gêneros. Às questões enunciadas, ela designaria seu lugar de residência: a história das ideias, principal dentre elas, a sociologia do conhecimento, a teoria política, a epistemologia e a filosofia da expressão. Mas, restabelecidas nas suas respectivas fronteiras, as questões não encontram sua justa medida; separadas que estão umas das outras, elas o estão também da fonte de onde retiram seu ser de questões. Ou, então, elas se tornam simples questões de informação, cada qual se voltando para um setor do "real", para mostrar nele relações até então invisíveis, enquanto deixam à sombra o ato pelo qual esse setor se constitui e se circunscreve como zona de operação determinada; ou, mesmo, falando agora da filosofia da expressão, as questões se liberam abusivamente das exigências impostas àquele que interroga pela relação que entretém com uma obra de um gênero singular e o fazem perder de vista as condições nas quais esta o submete na sua função de intérprete. Recusar-se a dividir as questões é, sem dúvida, arriscar-se a esquecer sua direção e seu fim. Mas, se nossa interrogação é legítima, é porque as questões de que ela é feita não estão apenas encadeadas no movimento da curiosidade, porque elas se abrem uma à outra, porque, ao passarmos de uma a outra, ao deixarmos se desdobrar o enigma que elas desvelam, somos reenviados, ao mesmo tempo, à nossa condição de inquiridores, confrontados com o enigma de nossa identidade.

Quando perguntamos o que é o maquiavelismo, não buscamos somente retraçar a gênese de um conceito, esclarecer as condições sob as quais esse conceito é empregado ou satisfazer a curiosidade do historiador ou do sociólogo. A questão não está destinada a se fechar na resposta que o fato traria. Se ela nos importa, é porque nos coloca no rastro de certa representação da política, cujas características não se tornam visíveis pela consideração das condutas sobre as quais o opróbrio é lançado, mas, antes, pela consideração do que deve comandar a definição de tais condutas. Com ela se anuncia a ideia de uma perversão da relação social que triunfaria no exercício de um saber reservado ao político, num atentado à lei que faria desse saber o senhor soberano da ação. Ora, colocada nesses termos, nossa questão nos conduz imediatamente do exame da representação ao exame do processo movido contra a obra maquiaveliana, para nos tornar sensíveis àquilo que está em jogo e à cumplicidade que nela se revela entre aqueles que designam o escritor como o primeiro apologista dessa perversão ou que o acusam de uma falha no raciocínio que o teria lançado nela e aqueles que, defendendo-o contra seus adversários e denunciando neles a cegueira, a má-fé, até mesmo o maquiavelismo verdadeiro, não têm outra preocupação além daquela de recolocar seu discurso sob o signo da lei. Tal cumplicidade é invisível a quem se atém à letra da troca de argumentos, pois ficamos bastante desconcertados diante da diversidade de motivos reivindicados por cada um deles: de um lado, a mobilidade de uma acusação em que o maquiavelismo de Maquiavel se apropria das taras do protestantismo, do jesuitismo, do ateísmo, da imoralidade capitalista, do despotismo dos príncipes em exercício, do cinismo político, enfim, do espírito de revolução ou de oposição, e, de outro, as peripécias de uma reabilitação pela qual o escritor se reveste de uma autoridade legítima como teórico da razão de Estado, do patriotismo, da democracia, da lógica da história, como fundador de uma ciência ou mesmo de uma ética da ação que conformaria as necessidades do Poder aos imperativos cristãos. Só a suposição de que a noção de maquiavelismo não é acidental, que ela toca no que há de mais profundo da experiência política, nos instiga a investigar um sentido nas divagações aparentes do discurso da posteridade, a localizar nas teses avançadas, por mais grosseiras ou elaboradas que forem, os sinais de um conflito cujo enunciado jamais foi formulado, do qual apenas se testemunham as tentativas repetidas de apresentar o escritor como o agente de uma intolerável transgressão ou o garantidor da lei restaurada, o arauto de um saber infame ou de um saber glorioso.

Mas, simultaneamente, nossa primeira questão toca aquela que a obra nos apresenta, prepara a compreensão do que, no próprio discurso de Maquiavel, se oferece à constituição da *imago* singular, cujo suporte é fornecido pela política. Não basta, com efeito, observar que esta se destacou de seu lugar de origem a ponto de podermos falar, há muito tempo, de maquiavelismo sem nada conhecermos de Maquiavel. É necessário ainda admitir, ao contrário, que não poderíamos empreender a leitura do *Príncipe* ou dos *Discorsi* sem ter conosco certa ideia de maquiavelismo. Mais ainda, não seria possível libertar a obra da representação vulgar à qual tantos a associam sem se expor, por sua vez, à surda determinação que ela cria, sem se arriscar a cair na armadilha da negação, sem conhecer a tentação de restabelecer antiteticamente a figura do discurso legítimo. Pois esta é, enfim, a verdadeira questão: ela não se abre somente sobre outras questões, ela aponta também para nós. Interrogando o maquiavelismo, não nos livramos do sentido que lhe damos antes do esforço de reflexão, não perdemos a crença em uma perversão política. O termo fala, continua a falar; surpreendemo-nos ao utilizá-lo, como se ele permanecesse indiferente ao exame crítico ao qual o submetemos. Se ele fala, é porque foi assimilado pela língua e alimenta à nossa revelia o tecido de nossa palavra, mas é também porque é o sinal do obscuro e enigmático tributo que pagamos ao pensamento dos outros quando nos esforçamos para pensar livremente.

Quando perguntamos, em seguida, se a literatura sempre proliferante que tem sua origem e fim em Maquiavel poderia nos instruir, o preâmbulo de tal questão já está definido. Nos escritos acumulados há muitos séculos — panfletos, comentários e interpretações —, deixa-se entrever a unidade de um discurso em processo. Mas não basta investigar suas propriedades, perguntar-se sobre a constância de certas oposições, a recorrência de certos temas, a ideia que o sustenta da natureza da obra e da função do intérprete, a convicção repetida de um comum engano do qual o escritor seria objeto, a referência a um presente da história que iluminaria o passado. Se as condições sociais e históricas parecem incapazes de fornecer o fundamento último dos conflitos que dividem a posteridade, ao menos elas são assaz pregnantes para solicitar nossa atenção e exigir de nossa parte uma reflexão sobre a relação que o discurso crítico mantém com o discurso político, de modo que ele parece se modular, além do mais, segundo a ordem manifesta das teorias ou ideologias aparentemente garantidoras de sua definição. Sem dúvida, não poderíamos dar livre curso a essa reflexão sem nos afastarmos do campo que visamos, sem nos esquecermos que, no horizonte de nossos pensamentos, se conserva uma questão que toca na essência da representação política. Ao considerarmos as reaproximações insólitas que são operadas, sob o efeito do encontro com a obra maquiaveliana, entre partidários e adversários da monarquia absoluta, por exemplo, ou, ainda, as divisões que nascem no final do século XVIII entre os ideólogos burgueses ou, no século XX, entre os ideólogos marxistas, devemos inevitavelmente duvidar do sentido de certas oposições que os atores políticos, nossa experiência imediata e a história das ideias nos fazem considerar como evidentes. Apenas o estudo da obra seria, é verdade, suscetível de elevar essa dúvida ao nível da interrogação que ela merece. Assim, porém, ela apenas a anuncia, enquanto o estudo, aquele do discurso da posteridade, a introduz. As questões que ele coloca somente adquirem todo seu sentido, com efeito, porque designam a obra como seu lugar de origem. Seria com certeza vão, dizíamos nós, esperar que de sua solução se produzisse um saber que nos colocasse na posse do sentido da obra. Assim como seria igualmente vão pretender encerrá-las de tal maneira que ela fosse colocada ao abrigo de seus efeitos, livre de sua promiscuidade, resguardada para uma reflexão do puro leitor. Com efeito, mesmo que se julgasse que o sentido da literatura consagrada a Maquiavel é todo perpassado pela falta de sentido, essa falta de sentido nos falaria do discurso no qual ela é produzida e a partir do qual ela se organiza e se disporia a acolher o que neste preside as formas de sua degradação. Mas o preconceito da crítica objetiva é tão tenaz que dificulta nossos movimentos quando acreditamos dele estar livres. Como é sempre possível ler uma obra na completa ou quase completa ignorância dos comentários que ela suscita, pois ela desperta imediatamente um desejo de saber e possui sentido já ao primeiro olhar, somos tentados a reduzir as relações que estabelecemos com ela à relação estabelecida com o texto. Assim, tão logo tenhamos admitido que o discurso da posteridade nos introduz naquele do escritor, defendemo-nos da ideia de que tal caminho seja necessário. Uma vez reconhecido que a obra se anuncia através de múltiplas interpretações das quais ela é objeto, desagrada-nos pensar que seja necessário nos demorar no universo da crítica para que saibamos nos demorar no seu próprio domínio, tão grande é a força que nos desvia de nossos antecessores para nos ligar ao escritor, como se entre ele e nós houvesse uma comunicação direta cuja verdade tivesse apenas como limite nossa probidade e nosso ardor de conhecer. Recusados o historicismo e o sociologismo, é restabelecida a crença no ato preciso de decifrar os signos gravados no livro e, compondo com ela secretamente, a garantia de ter domínio sobre a época em que vivia o escritor, que ele próprio não poderia conhecer completamente, condenado que estava a ignorar o sentido que o futuro lhe daria. O que descobrimos, no entanto, ao penetrar na literatura crítica, não são somente os disfarces da obra maquiaveliana, que seria necessário denunciar para tornar o leitor futuro apto a acolhê-la ou, então, mostrar a tal leitor à qual tentação respondiam e qual possibilidade inscrita na obra exploravam, a fim de prepará-lo para uma representação sóbria do sentido original. Essa ação e essa intenção, justificáveis talvez pela preocupação em alertar ou em desmistificar, teriam como razão apenas a edificação do outro; seria legítimo dizer que elas desviam nossa atenção da tarefa de conhecimento que a obra impõe, a qual efetivamos com nosso próprio trabalho de leitura e de reflexão. A verdade é que não somente a obra se faz ouvir já no discurso de sua posteridade, mas também que não podemos evitar esse discurso, que, a despeito das aparências, somos sempre investidos por ele e que, ao fingirmos ter em relação a ele uma liberdade que nos é interditada, apenas ampliamos o tributo que essa herança nos cobra. Com efeito, lembrar apenas do momento da leitura ao longo do trabalho de interpretação é dissimular a experiência múltipla que a sustenta, que a faz durar para além do que a inteligência da língua e a rapidez do olhar ditam e que a relança para além de qualquer fim convencionado.

Observemos que, se supomos existir no texto um sentido unívoco pronto a se revelar à inspeção de um espírito atento, esquecemos que haveria pouco a apreender se não se conhecesse nada do tempo em que ele foi escrito, se fosse impossível revelar o poder que ele tinha então de abalar as crenças estabelecidas, se os horizontes de seu saber fossem completamente apagados e o próprio mundo do qual ele foi um fragmento não pudesse ser acessado. Mas deixemos de lado esse esquecimento e o fato de que ele vem acompanhado, entre os mais intransigentes defensores do sentido objetivo, de um culto da informação biográfica, histórica e sociológica, do qual o mínimo que se pode dizer é que deveria formular alguns problemas e perturbar a segurança de uma comunicação direta com o escritor. A ficção triunfa sob o signo de um pretenso bom senso quando se quer atribuir à obra o estatuto de uma coisa espiritual em si — algo que é o que é independente da representação que a posteridade dela compõe. Ficção que é ainda mais forte na medida em que todas as vias são boas para reconduzir a ela. Não importa, com efeito, que visemos o sentido literal para nos dedicarmos a localizar a ordem das proposições julgada a mais satisfatória, ou para fazer aparecer o que chamamos contradições, ou, ainda, que pretendamos produzir os significantes ocultos que governam o discurso; não importa que descubramos a essência numa soma de julgamentos, uma ideia cujas figuras de linguagem forneceriam a metáfora, uma concepção de mundo, uma estrutura, um sistema, ou os princípios ou as categorias que comandariam a possibilidade do sistema, pois é sempre por meio de um mesmo movimento que designamos o que é, o que esperava ser nomeado, o que, no dito ou não dito do texto, continha silenciosamente sua identidade, e que afastamos soberanamente as imagens falaciosas difundidas pelo turbulento cortejo de comentadores ocupados em seduzir seu público. Valeria a pena talvez perscrutar esse movimento, perguntar-se por que o realismo vulgar, tão fortemente denunciado por gerações de filósofos ao refletirem sobre a percepção, a ciência ou a arte, ressurge intacto na teoria da interpretação. Talvez fosse necessário admitir que o mito da onipotência do pensamento, do qual o realismo é um disfarce, floresce justamente na forma da interpretação, quando o discurso do sujeito se aplica ao discurso do outro, quando, sob a aparência do diálogo, a aplicação do pensamento ao pensamento cria a vertigem de um puro saber.

Mas se, em vez de darmos prosseguimento a esse sentido da interrogação, nos atentarmos simplesmente às condições de fato nas quais nasce e se desenvolve o trabalho do intérprete — o nosso trabalho —, teremos uma clara dimensão dessa ficção, perceberemos o que é ordinariamente recalcado para que seja preservada a fé na *realidade* da obra. Com efeito, não basta observar que ela oferece um sentido antes que tenhamos tomado consciência dos comentários que a posteridade teceu sobre ela, que esse primeiro sentido solicita nossa curiosidade e desperta em nós um desejo de saber, que esse desejo se sustenta na sequência pela leitura repetida do texto. O fato que nos faz pensar é que eu não decido, que ninguém decide escrever sobre uma obra do passado sem ser indagado pelo que foi escrito sobre ela. O fato é, ainda, que o convívio com os intérpretes não oferece somente a ocasião de extrair informações úteis, de poupar certas pesquisas ou de se assegurar da originalidade das próprias teses, mas também nos introduz num debate cuja questão, na medida em que é especificada, deixa-nos entrever melhor o que a obra coloca em jogo. Sem dúvida, para apreciar plenamente tal fato, seria necessário nos interrogarmos sobre a natureza da obra de pensamento, perguntarmo-nos por que ela é irredutível a cada representação que se faz dela, por que é da sua natureza provocar um comentário infinito. Mas o fato em si mesmo ensina já uma verdade que convém proteger, liberando-a das versões psicológicas que somos tentados a lançar sobre ela. Se sou inevitavelmente levado a explorar a literatura crítica, não é porque cedo à tentação de comparar meu saber com o de outros, nem para encontrar a glória do ineditismo, mas é porque a obra me oferece sempre mais para pensar no espaço que o pensamento de outros lhe abre.

Aprendo a ler uma obra na trilha de outros intérpretes. Todos sabem, quer confessem ou não, que, entre a primeira leitura da obra (que, de resto, já não é inocente, pois ela se beneficia do apoio, mas também é marcada pela carga invisível de um saber e de uma crença forjados no contato com os livros) e aquelas que se seguem, ditadas pelo esforço de interpretação que se empreende, um diálogo se estabeleceu com os comentadores, modificou a relação instaurada com a obra, transformou as questões, eliminando algumas e fazendo surgir outras, e, por fim, deslocou o objeto do desejo de saber.

Se quiséssemos reduzir tal experiência aos termos de uma crítica da crítica, não saberíamos apontar qual a sua virtude. Pois não são apenas, nem principalmente, hipóteses submetidas a exame, uma série de testemunhos apresentados diante da instância da razão para colocar à prova sua objetividade, não se trata de um balanço que fazemos para abrir uma nova conta para a pesquisa. Com a passagem pela literatura crítica adquire-se um poder, uma sensibilidade rica de novos órgãos é despertada, cujo efeito é multiplicar a presença da obra para além de toda expectativa, de fazer surgir do discurso — como a cor, a forma, a profundidade numa tela, sob o olhar que a contempla — uma variedade de movimentos, uma profusão de sinais imprevisíveis. Que os comentários, os julgamentos encontrados sejam aparentemente ultrajantes, arbitrários, que eles testemunhem uma exploração sectária dos propósitos do escritor, retemos disso apenas o que seduz ou afasta o leitor, pois eles não criam nada mais que um estímulo para lançar o olhar e para aprofundá-lo sobre o que, de início, não havia sido tocado senão superficialmente. Seria um engano reduzir seu efeito na medida em que aceitássemos sua inexatidão, pois eles nos tocam mesmo quando os condenamos, ultrapassam o critério do verdadeiro e do falso para semear o alerta em nosso pensamento. A injustiça de que a obra manifestamente é vítima não é o contrário da justiça prometida. É em razão dos ataques que ela sofre que se descobre a trama das defesas de que ela é feita. É porque seus adversários ou seus partidários pretendem reacomodá-la aos limites de uma tese ou de um pequeno número de teses que se torna possível entrever sua complicação essencial. Essas operações não nos deixam mais ignorar a extensão de seu território. Tudo acontece como se a polêmica servisse às intenções da obra, pois no arrebatamento e na paixão que empregam para isolar certas proposições, para nelas ler a verdade de seu ensinamento, uns e outros carregam esses momentos do discurso com o máximo de sentido possível, restituem-lhe a potência dramática que o sustenta, deixam ver as consequências extremas do pensamento do escritor assim como o fato de que esse pensamento desenvolveu-se efetivamente sob a ameaça dessas consequências e frequentou os lugares onde se desejaria fixá-lo para aniquilá-lo. Tal é, por exemplo, o mérito do projeto que denuncia nos *Discorsi* uma obra feita para enganar, extrai do *Principe* a análise consagrada a César Bórgia, apoiando-a sobre algumas afirmações cujo sentido literal suscita reprovação, para concluir com a apologia da violência e da opressão. Não é apenas porque a vemos repetir-se e mobilizar a seu serviço escritores de opiniões diferentes que ela tem importância. Essa operação, que supõe mutilação, deformação, extrapolação, cujo objetivo é lançar a obra no descrédito, incita-nos a pôr às claras tudo o que ela coloca nas sombras; mas, sem ela, não poderíamos discernir com tanta segurança nem poderíamos nos tornar sensíveis ao acontecimento que o fenômeno Bórgia constitui no curso do pensamento maquiaveliano; ela nos coloca em condições de encontrar Bórgia como o escritor o encontrara na sua reflexão sobre a política, de conseguir dimensionar todo o alcance de sua fala, de sondar a fundo seus motivos, de enfrentar a ameaça que Bórgia faz pesar sobre a obra inteira.

É impossível desfazer os laços que ligam o intérprete ao mesmo tempo ao escritor e a sua posteridade. A leitura do texto lhe dá seus primeiros e últimos poderes. Mas, por menos que ele queira se recordar das provas que o acompanham, não há como não admitir que a leitura do texto está longe de se manter dentro das fronteiras nas quais desejaríamos encerrá-la uma vez que o trabalho tivesse sido cumprido. Certamente, tais fronteiras lhe são determinadas pelo livro ou pelos livros do autor: ela tem um começo, um fim e um percurso obrigatório — o mais grave, o mais comum dos erros, cujos efeitos veremos mais tarde, seria não reconhecer na obra o sentido de um sentido que é apenas acidental. Mas é verdadeiro também que ela ignora ao mesmo tempo a ordem do discurso e seus limites — e por uma mesma razão. De fato, o livro é oferecido ao movimento do olhar e é marcado, em toda a sua extensão, por todas as entradas possíveis. Ninguém deixa de seguir por essas vias e de ir aos lugares aos quais a reflexão conduz ou que o acaso lhe propõe, para aí ficar ou daí voar, sem preocupação com o itinerário imposto, avançando ou retornando em direção a outras partes do texto. E esses movimentos que são suscitados pelo texto são da mesma natureza que aqueles que conduzem rumo aos escritos que lhe concernem; isso porque a obra não pode ser separada da materialidade do livro, porque ela está, em parte, fora de si mesma, em cada fragmento que um olhar dela destaca, porque ela vive também, mais adiante, nos produtos dos outros. A diferença entre os dois discursos, aquele do escritor e aquele do comentador, não é como imaginávamos inicialmente, quando invocamos a evidência bruta de que há a verdadeira palavra do autor e suas traduções, ou quando conservamos a ideia ingênua da tradução, pois essa diferença supõe uma primeira, que é interior à obra. O que nomeamos *afastamento* para designar o movimento que leva rumo aos comentadores já se experimentou na leitura do livro. E não apenas porque esta se desenvolve no tempo e há uma exterioridade da linguagem relativamente a si, mas porque é possível que cada parte do discurso esteja revestida de um sentido que o comanda por inteiro; porque, em cada momento, há um efeito possível de antecipação e retroação que lhe confere valor de augúrio. O comentário de outros verte certamente de uma fonte diversa desse discurso e é em direção a ela que ele nos faz retornar; quando tentamos abraçar a literatura crítica na sua totalidade, a ordenação que acreditamos aí localizar solicita nossa atenção e a orienta, dizíamos, em direção ao conjunto de princípios políticos que a governam. Mas, ao mesmo tempo, esse comentário e essa literatura se inscrevem no campo que estamos explorando. A modificação incessante à qual nos submete o trabalho de leitura vai de par com a descoberta desses modelos instituídos, que são as teses dos outros. Vemos essas teses aparecerem nos interstícios do discurso, elas fazem eco a nossas dúvidas, desenvolvem pensamentos que talvez jamais tomassem corpo, que seguramente não poderiam conhecer o curso que seguem mas que ao menos germinavam em nós e cuja formulação não permite mais que sejam afastados. Assim, nossa leitura se soma a outras leituras já feitas, e o próprio texto se transforma sob o efeito de uma variação que garante uma passagem contínua do implícito ao explícito.

É tentador dizer que se trata de uma leitura feita por muitos. Mas isso seria esquecer que, como o texto do escritor, os comentários nos falam tanto quanto os interrogamos — e, mais consideravelmente ainda, eles nos falam na medida em que o texto nos torna capazes de interrogá-los. Se não tivéssemos extraído dele esse poder, eles ficariam mudos. Assim como não ganharíamos nada ao substituir uma ficção por outra ao rejeitar a ideia de que o texto tem seu sentido inscrito em si, independentemente, portanto, da relação que estabelece com seus leitores, para sustentar que o sentido é dado pelo conjunto dos comentários e é descoberto pelo exame do sistema de propriedades que a literatura crítica apresenta. O advento do sentido é sempre garantido por um sujeito. Já que aprendemos com os outros a ouvir o discurso do escritor, importa apenas seguir todas as vias e tornar inteiramente válida essa experiência. Ao contrário, estaríamos desfigurando a experiência e nos fechando ao que ela ensina se imaginássemos o domínio da literatura crítica como o lugar de uma série de representações, as quais se deixariam apreciar independentemente das demais, e o domínio da obra como um espaço que seria separado delas e circunscrito às fronteiras dos livros de Maquiavel.

Tal separação não possui o estatuto que lhe é atribuído. Ela aparece numa perspectiva apenas para desaparecer noutra, como também, é verdade, desaparece para então renascer. É, sem dúvida, inconcebível que o escrito não tenha identidade. Como poderíamos, então, nos voltar para ele, provocá-lo com nossas questões na esperança de ouvir suas respostas, retornar indefinidamente ao texto para buscar o que apenas ele é capaz de nos ensinar? Mas não é mais possível sustentar que haja nele o vestígio de um pensamento que seria plenamente ele mesmo à distância do pensamento de outros. Então, como seria possível encontrá-lo ou mesmo perdê-lo, supondo que o vestígio o restitua tal como é? E por que procuraríamos, então, um sentido na variedade de comentários que se aplicam a ele? É dessa segunda observação que tiramos inicialmente as consequências, sem nos esquecermos, no entanto, da primeira. A restrição que nos impusemos na interrogação dos escritos maquiavelianos responde ao desejo de acolher tudo o que é suscetível de alimentar o diálogo a que tais escritos nos convidam. Convencidos de que a obra não se dá senão sob a condição de lhe darmos nossos pensamentos, acrescentamos também que ela nunca teve outra existência a não ser na troca aberta, isto é, uma existência de tal natureza que a resposta não anula a questão, mas exige dela novas questões — pela instituição, portanto, de um discurso coletivo, no seio do qual os propósitos de cada um se articulam ao mesmo tempo que comandam o seu advento; e, assim, interrogando esse intercâmbio, essa *instituição*, no próprio momento em que nosso trabalho nos faz tomar parte dela, é já a obra que interrogamos.

A empreitada seria vã se a literatura crítica nos fornecesse, como por vezes alguns o creem, uma multiplicidade de imagens da obra-objeto. Mas a obra não se constitui apenas como objeto de julgamentos, comentários, interpretações; não são apenas metamorfoses de seu tema que nos são oferecidas. E, ainda, estaríamos enganados ao acrescentar que o trabalho de reconstituição ou de nomeação das ideias do escritor vem acompanhado em cada um de um julgamento que tornaria explícitos seus próprios valores. Com essa crença, conserva-se sempre a definição da obra como coisa espiritual, coisa a ser percebida e mostrada aos outros tal como é. A verdade é que a obra somente atrai nossa atenção porque abre aos seus leitores uma via em direção ao que é pensado por ela. A verdade é que aqueles que se voltam para o *Príncipe* ou os *Discorsi* voltam-se necessariamente para o mundo ao qual eles dão acesso, para os acontecimentos que determinavam a vida do escritor e dos quais ele pretendia extrair uma verdade que excedia os limites do presente, para as instituições de seu tempo das quais ele desvelava as diferenças e parentescos, para o passado romano, a história de um Estado onde ele identificava as leis de desenvolvimento de todo Estado; e, então, mesmo que não se demorem na consideração deste mundo, é, no entanto, em relação a ele ou a seus fragmentos que pensam o fenômeno político. Eles o pensam na obra maquiaveliana e simultaneamente através dela. É num mesmo movimento que eles se asseguram disso que é dito e, por meio de tal dito, são levados ao que ele diz. Nunca nos é dada a possibilidade de distinguir inteiramente a verdadeira palavra da palavra verdadeira, porque a palavra do escritor não se deixa ouvir senão em se deixando esquecer e, quando se faz esquecer, não governa menos o sentido em que ela nos lança. Assim também, é por meio de duas abstrações gêmeas que supomos que o intérprete esteja ocupado em conhecer o pensamento do escritor, como se fosse uma substância cujas propriedades se pudessem identificar, ou, ainda, em pensar o que ele pensa, como se o pensamento mesmo fosse um objeto que todo espírito pudesse contemplar de seu lugar e apreciar segundo suas próprias normas. Nos dois casos, quer tomemos a obra maquiaveliana como objeto, quer a esqueçamos para tomar como tal o que seria seu objeto, nós nos condenamos a ignorar a experiência singular que ela institui, a necessidade em que ela nos coloca de interrogá-la para interrogar o real, de descobrir no seu interior a política.

A unidade do discurso crítico é anunciada tão logo se recusam essas abstrações. É quando vemos, para além das pretensas representações da obra — elas próprias, pretensamente incomparáveis —, uma abertura comum para o mundo e, para além dessas representações do mundo, uma abertura comum para a obra; ainda, é quando se delineia um espaço em que se cruzam indefinidamente as linhas que seguem em direção à obra e as linhas que seguem em direção ao mundo. Dizemos *em direção à obra* e *em direção ao mundo*, mas justamente esses termos não são mais compreendidos na sua antiga acepção. Quando são enunciados assim, assinala-se a positividade primeira que se vinculava a tal acepção; a divisão que eles testemunham ainda não é exclusiva de certa indivisibilidade, pois é sempre numa mesma experiência que a obra e o mundo se dão — o mundo na relação com a obra e a obra na relação com o mundo.

Assim, mundo e obra se dão aos outros e a nós mesmos. Admitindo-se isso, deveremos reconhecer que a interrogação sobre o discurso da posteridade nasce da prova a que nos submete o discurso do escritor quando, no momento em que começamos a interpretá-lo, se desvela a indeterminação da relação que mantemos com ele. Enquanto apreendermos deste último discurso apenas os temas particulares, não importa quão profundos ou propícios ao exercício de nossa reflexão nos pareçam, a questão da identidade da obra não se coloca. Podemos meditar sobre uma ideia ou outra, mas no esquecimento disso que ela é. Ao contrário, a intenção de interpretar é acompanhada de uma perturbação: doravante, não há palavras que não tragam a marca de todas as outras, cujo sentido não esteja suspenso pela verdade do discurso ao qual elas se atêm; doravante, a presença da obra habita todos os pensamentos que o texto desperta; cada um desses pensamentos reconduz ao passado em que ela era preparada e se lança em direção ao futuro que ela anuncia; somente então a autoridade do escritor deixa sua marca sobre nosso próprio discurso, qualquer que seja a singularidade de nossa experiência, tão convencidos estávamos, por vezes, de apreender, num mundo que está além de todos os signos que a obra traz, um sentido que lhe teria escapado. A sujeição na qual ele nos coloca pouco nos surpreende, pois parece natural fazer de uma obra do passado um tema de conhecimento. No entanto, a condição do intérprete não está inscrita na constituição do espírito humano. Que visemos, para além de qualquer referência a enunciados significativos que se acomodariam bastante bem ao anonimato, a obra como tal, para poder aí encontrar a garantia de um pensamento de que temos necessidade para pensar e, mais ainda, que a elevemos à condição de oráculo, que a erijamos na história como um monumento que dominaria toda uma paisagem de conhecimentos, que façamos de um escritor um autor, vale dizer, uma garantia, isso testemunha uma forma de cultura em que a escrita, o saber e a autoridade podem compor uma mesma instância. Enquanto seu desejo de saber adquire sua medida na relação com um autor e a escrita se reporta a um primeiro escrito, o sujeito encontra os termos dessa experiência instituídos independentemente dele. A interpretação supõe no seu exercício que um modelo esteja já fixado, que já tenha sido estabelecido o estatuto do autor, da obra e da crítica, isto é, que seja imputada ao autor uma paternidade na produção do pensamento e que com ela surja o enigma de sua origem; que se atribua a esses escritos uma identidade cuja decifração preside o acesso aos significados que eles difundem; que sejam designados o lugar e a tarefa de uma classe de leitores chamados a ler e a escrever, a ouvir e a responder, e, pela conjugação dessas duas operações, onde se enuncia sua filiação, a conservar e a transmitir. Não é nossa finalidade perguntar de que época um modelo provém, o que ele pode nos ensinar e até que ponto coloca em questão a concepção tradicional do saber. Queremos apenas denunciar a ilusão de uma relação que se reduziria a uma pura comunicação de ideias e recordar o tríplice enigma com o qual confrontam a identidade da obra, a presença do autor e sua autoridade, para concluir que tal enigma recusa-se a ser decomposto. No mesmo instante, com efeito, que os escritos de *alguém* nos aparecem na forma da obra, seu nome marca com seu selo todas as suas palavras, dá o testemunho da potência secreta à qual elas devem seu sentido, e se encontra determinado o lugar de uma posteridade em que ele é reconhecido como autor, em que é assumida uma tarefa de conhecimento da qual a obra seria a origem. Certamente, o verdadeiro autor é o escritor que tem a virtude de fazer nascer uma posteridade, mas é também por ela que o escritor se constitui como autor; quaisquer que sejam os conflitos que a dilaceram, ela conserva esse *consensus* singular do qual a obra se nutre para manter, no curso do tempo, seu poder de levar a pensar, ela propaga a exigência que aí se pronunciava de interrogá-la para interrogar as coisas mesmas; melhor ainda, a profundidade desses conflitos, enquanto atesta uma irredutível distância da obra a toda interpretação, tem por efeito reforçar esse poder, revigorar essa exigência. As questões: o que é o autor, o que é a obra?, nós as formulamos durante a leitura de um texto; elas são anunciadas quando, por exemplo, perguntamos: qual intenção preside o discurso do escritor, em que consiste sua originalidade, o que confere aos seus escritos, a despeito de todas as diferenças que identificamos nos seus temas, uma comunidade de sentido. Mas não as formulamos senão porque assumimos a condição de intérpretes, pois elas fazem parte de um contexto, e essa condição, esse contexto, são sempre determinados; o contexto do discurso da posteridade maquiaveliana é para nós a condição de um intérprete de Maquiavel; aprendemos nossa tarefa, ao interrogar Maquiavel e sua obra, daqueles que se fizeram os suportes de sua autoridade, e é ao perscrutar a relação que eles estabeleceram com ele que começamos a entrever o sentido de nossa própria empreitada.

Quando nos detemos num pequeno número de interpretações que parecem merecer um exame particular em razão de suas qualidades intrínsecas e do poder que possuem de, por meio da comparação, desvelar a variedade de princípios que governam as oposições críticas, essa nova investigação é comandada pela tarefa que nos impusemos de interrogar o discurso da posteridade, ela responde ao mesmo motivo, não tem sentido a não ser o de estender-se relativamente às mesmas questões — aquelas que estabelecem o discurso político e o discurso de Maquiavel. Reduzida à dimensão de uma série de estudos críticos que oporiam, cada qual em sua conclusão, o mesmo fim de não receber, a empreitada talvez evidenciasse aos olhos do leitor a onipotência do novo intérprete, o prepararia talvez para apreciar a arte que ele exibirá para triunfar nas provas em que outros sucumbiram; nada, porém, a salvaria da gratuidade e do arbítrio. Por que, legitimamente se perguntaria, demorar-se no discurso do outro, persegui-lo nas suas últimas trincheiras, empenhar-se em destruir seu sistema de defesa, em produzir razões secretas que determinam suas teses, se possuímos em nossas mãos a chave da obra? E por que, se pretendemos avaliar as divergências que ela suscitou, escolher umas, dentre o número de interpretações que se fazem notar por um estudo científico de um texto, em detrimento de outras? Mas já revelamos que nosso propósito não era denunciar os erros para privilegiar uma verdade futura — verdade que nenhum artifício poderia garantir —, muito menos oferecer uma lista exaustiva dos problemas da crítica. Algumas obras retêm nossa atenção porque perscrutamos melhor nelas o projeto que habita o discurso interpretativo. Não há dúvida de que outras poderiam provocar igualmente a reflexão. Basta que elas componham uma gama bastante extensa para que possamos descobrir em cada uma, através do detalhe sempre singular de uma argumentação, como se modula a relação estabelecida com a obra e perceber, para além disso que se nomeia ordinariamente de erros, o saber imaginário sempre fora do campo da interpretação que permite ao crítico afirmar seu domínio sobre a obra, se separar das questões que ela lhe colocava e encerrá-la, enfim, num julgamento. Tal é a via na qual nos engajamos; é uma via nova, ainda que preparada pela exploração do campo da literatura maquiaveliana. Ao segui-la, somos desafiados mais imperativamente ainda a combinar numa mesma interrogação a busca do sentido da obra e a busca do ser da obra, às quais se acrescenta o enigma de nossa própria condição que é a de quem interroga. A liberdade que conferimos a nós mesmos de analisar os intérpretes não mascara, por sua vez, uma ilusão? Nosso saber não teria também seu ponto cego? A reflexão sobre o discurso crítico não pressuporia ela mesma um corpo de princípios que lhe escaparia?

A dúvida não é afastada quando reconhecemos que toda interpretação pressupõe uma opinião preconcebida ligada à identidade do intérprete, ao enraizamento do sujeito no ser do qual ele fala, nem quando recusamos a alternativa clássica de um pensamento que seria pura adequação de si a si mesmo e de uma paixão que seria pura afetação pelas coisas, privação do pensamento. É preciso, ainda, conquistar o direito de ir além da simples substituição de uma interpretação por outra, de um simples deslocamento de perspectivas. Certamente, é apenas no exercício da interrogação que esse direito pode ser estabelecido. Mas ao menos podemos dizer o porquê de a paciente exploração de algumas obras críticas nos colocar em condição de reivindicá-lo. Considerando de perto sua composição, não poderíamos, com efeito, nos satisfazer em invocar os valores do autor para explicar a singularidade de suas teses. A própria noção de valor torna-se equívoca. Útil para diversos usos enquanto nos contentamos em preservar, para além da lógica do discurso, a parte de crenças que comanda o seu exercício, logo que nos perguntamos como se organiza de fato o argumento crítico ela não nos é de nenhuma serventia. Quando descobrimos, por exemplo, que tal autor é tomista, tal é liberal e ateu e tal outro marxista, apenas dispomos de uma fraca luz; a natureza de seu empreendimento continua escondida. Ela se esclarece, ao contrário, quando se tornam perceptíveis as articulações que comandam, ao mesmo tempo, a formulação do discurso do escritor — mais precisamente, a seleção de algumas de suas proposições e seu rearranjo conforme uma ordem significativa —, a determinação de um campo de realidade no seio do qual a obra, considerada no seu conjunto ou na série de "ideias" que dela extraímos, aparece como um acontecimento, e a afirmação de um saber sobre a essência da política. Pode ocorrer que o intérprete queira estabelecer a coerência do discurso e que ele se empenhe em definir o princípio ou o pequeno número de princípios que governaria todo o curso da obra, ou, mesmo, que ele queira colocar em evidência as discordâncias para buscar no seu fundamento as antinomias às quais o escritor não teria sabido escapar. Pode acontecer ainda que ele constitua o real em um nível privilegiado ou em vários níveis de uma só vez, que o acontecimento da obra se destaque para ele nas aventuras de uma vida — por exemplo, que o *Príncipe* se organize em razão da tragédia pessoal do fracasso, do exílio e do sonho — ou que o acontecimento seja religado à trama daqueles que compõem a história de uma época. Pode acontecer também que ele pareça trazer uma resposta a problemas identificados na constituição da sociedade, que ele não encontre seu lugar senão na história universal, que ele seja considerado como a expressão e, até mesmo para uma parte, como a antecipação de uma transformação profunda na práxis humana ou mesmo que ele ganhe corpo, independentemente de toda referência aos detalhes dos fatos ou à evolução das relações sociais, numa história das ideias. É possível, além disso, que o intérprete sustente que haja uma verdade eterna da política, ou que seu sentido, até então ininteligível, se desvele ao fim da história presente, ou que as normas da ação política não sejam diferentes daquelas que presidem a moral privada. Entretanto, qualquer que seja o curso que siga a interpretação, ela opera graças a pivôs invisíveis que garantem a passagem contínua de um plano de significação a outro; o que ela determina num plano tem seu lugar marcado num outro, mas parece trazer sua própria evidência. O crítico não produz um discurso sobre a política para em seguida submeter a ele o discurso maquiaveliano; o primeiro discurso não se desenvolve a não ser no rastro do segundo. Nada do que o crítico diz, por mais firme que seja o enunciado de seus próprios princípios, ele o teria dito nos mesmos termos e, talvez, tampouco fosse capaz de pensá-lo se não tivesse meditado sobre a obra do escritor. Mais ainda, ele não possui um discurso sobre a história de Florença e da Itália no começo do *Cinquecento*, ou sobre as origens do racionalismo moderno, ou sobre o desenvolvimento das ideologias revolucionárias, para definir, em seguida, o papel do escritor ou a função de suas ideias em relação ao esquema instituído, pois é ainda pela leitura de Maquiavel que aprende a analisar certas relações de alcance geral que antes lhe eram desconhecidas. Mas também não é verdade que o discurso sobre a obra comande os dois outros, pois ele extrai o que retém da obra, para nela circunscrever a parte do essencial, por encontrar nela signos suscetíveis de se articular com outros signos, que foram traçados algures no campo supostamente real, ou de testemunhar a verdade do que ele já pensava. Ora, o jogo é conduzido de tal maneira que o vaivém de uma ordem de significações a outra não produz nenhuma indeterminação, mas, ao contrário, gera a impressão de uma determinação mais e mais rigorosa que corre ao longo de uma mesma cadeia de razões. Com efeito, desde que em cada momento esteja dissimulado o segundo plano, em relação ao qual se ordena o conhecimento do texto do escritor, ou da realidade, ou da política, é assegurada a uma proposição encontrar uma outra no curso do argumento, como se ela não fosse preparada por ela, e receber uma maravilhosa confirmação. Assim, uma vez que o intérprete opere com cuidado, seu trabalho está comprometido com a coerência e destinado (tanto quanto a coerência pareça ser o índice da verdade) a conquistar nossa convicção. Quando o lemos, nos maravilhamos primeiramente com uma argumentação sem falhas e, se a ideia que temos da obra nos impede de ceder a ele completamente, ao menos nos convencemos de que ele oferece uma perspectiva legítima. Essa conclusão, com certeza, repousa sobre um estranho equívoco. Pois, quando somos tomados pelo jogo da interpretação, acreditamos que há um sentido inscrito na obra — um sentido que preexiste às operações daquele que trabalha para produzi-lo, acreditamos numa realidade que é o que é fora da representação que o crítico compõe dela e acreditamos ainda em uma verdade que se conserva em seu próprio lugar e que determina o conhecimento. É essa fé que o intérprete transmite, a fé no sentido da obra, no sentido do mundo que a sustenta, no sentido da política que ela visa; a fé em um só sentido no qual todos esses sentidos se juntam; melhor dizendo, fé na realidade da obra, na realidade do mundo e na realidade da Ideia; fé em uma só realidade oferecida a um só acesso. Ora, tal fé não tolera a coexistência de várias perspectivas, porque não tolera reservas a respeito do que é — essa reserva, testemunhada pela presença de um sujeito que assumiria certo ponto de vista sobre as coisas, poderia lhes subtrair essa visão para fazer sua representação —, porque, em definitivo, ela ignora sempre a representação como tal, ela exige uma adesão completa e sem divisão ao seu objeto. Do mesmo modo, mentimos a nós mesmos quando concedemos ao intérprete a legitimidade de sua empreitada e, no mesmo momento em que a julgamos singular, supomos haver outras possíveis. Concedemos a ela muito ou muito pouco — muito, se a coerência que ela testemunha, a ciência que lhe atribuímos, não basta para acabar com nossas dúvidas, quando a obra, seu objeto, existe para nós, na sua realidade, fora de sua representação; muito pouco, se a supomos bem fundamentada, quando o que ela pede é bem mais que um certificado de legitimidade: exige que nos rendamos a sua evidência, que façamos de seu objeto nosso objeto. Se consultarmos os intérpretes de Maquiavel, veremos que não há nenhum que nos advirta quanto aos limites de sua empreitada, que se contente em oferecer uma perspectiva nova, que reconheça ao outro um igual direito de compor uma representação convincente da obra. Cada um quer dizer a verdade sobre a verdade. Não que lhes falte modéstia, que os valores perturbem o saber, que a singularidade da situação em que se está seja esquecida. Simplesmente, eles não colocam em dúvida que o discurso de Maquiavel existe na realidade, que tenha seu sentido independentemente da leitura e do comentário do outro. É num só movimento que eles lhe emprestam a plenitude de uma coisa do mundo e de uma coisa pensada da qual eles reivindicam o conhecimento. O equívoco está, portanto, no seu auge, quando estamos comprometidos com a adesão e com a reticência, quando damos ao intérprete nossa cumplicidade, mas pretendemos ficar livres para outro saber. Para que ele dure, é necessário, é verdade, que nos abstenhamos, de nossa parte, de interpretar, pois, logo que nossa tarefa se transformar na reflexão sobre Maquiavel, o discurso dos outros não suportará mais meias medidas. Mas, então, se ficássemos cegos à abordagem daqueles dos quais pretendemos nos desligar, se não nos interrogássemos sobre as razões que comandam a ruptura, esse equívoco não seria desfeito, nossa própria interpretação se imporia pelo mesmo golpe de força que a dos nossos antecessores, não teríamos outra qualidade para apresentar a não ser a coerência do argumento, colocaríamos o leitor diante da alternativa, ainda uma vez, de dar crédito a uma representação legítima ou de buscar algures seu objeto.

Como escapar à influência de uma interpretação a fim de que o efeito da coerência se dissipe, feito uma miragem, quando nos perguntamos se o que é dito é verdade ou não? Para descobri-lo, é necessário estar atento à relação que se estabelece entre o discurso do intérprete e aquele do escritor e, mais precisamente, é preciso estar atento à experiência que nós mesmos temos dessa relação quando nos voltamos ao primeiro no curso da leitura. O intérprete tem a pretensão de me dar a conhecer a verdade da obra maquiaveliana. Se quero e posso ouvi-lo, é porque essa obra está presente para mim; dito de outro modo, é porque ela ocupa meus pensamentos, sem que, todavia, eu esteja certo de seu sentido. Dirijo-me ao intérprete como a um intermediário possível, na esperança de que seu trabalho o tenha colocado em condições de produzir esse sentido. É necessário lembrar que seu discurso é diferente daquele do autor, diferença que não é aquela entre uma tradução e o texto original, entre uma cópia e o modelo, mas que testemunha duas intenções que não podem ser superpostas, pois uma tem a outra como fim. Mesmo que o intérprete vise também o que o escritor visa, não poderíamos nos esquecer de que aquele está voltado para este. Observo que ele lhe dá às vezes a palavra no seio de seu próprio discurso, mas — esta observação já foi feita — ele cita algumas de suas palavras, excluindo outras, e as articula de tal maneira que, por meio dessa operação, elas adquirem um sentido do qual não tínhamos nenhuma ideia por meio da simples leitura do texto. Sucede que as citações se multiplicam ou que a referência continua indireta; qualquer que seja o caso, o discurso do escritor é designado como tal no momento em que é reproduzido ou evocado — e, quando designado, encontra-se condensado a ponto de parecer reduzido a sua essência. Sou tentado a reconhecer nessa economia a marca de um ganho; o discurso do intérprete parece mais fiel à verdade da obra que aquele do autor. Expurgando este último de tudo que se tinha permitido dizer sem necessidade, livrando-o dos acasos aos quais o sujeitava o trabalho primeiro de expressão, o intérprete, então, não o reordenaria mais rigorosamente à lei de seu próprio discurso? Se ele pode ter tal pretensão, não é somente porque a obra parece se efetivar na reflexão de um outro — a sua própria reflexão —, mas é também, como já dissemos, porque ele reivindica para si um saber do qual o autor estava privado: ele acredita conhecer as razões que o fazem falar, o lugar de onde fala, os efeitos de sua palavra, o destino que tiveram suas hipóteses; ele sabe o que pensar da política por ter aprendido de uma história presente e passada que era o futuro indeterminado para Maquiavel. Assim, ele está em condições de distinguir o anedótico do essencial e, inicialmente, fixar na sua realidade os elementos do discurso do escritor. Mas esse mesmo saber é colocado em movimento num discurso, ele lhe assegura o espaço de seu desenvolvimento; de uma parte, ele comanda as operações que tornam possível a nova formulação do discurso do escritor e, de outra, é comandado por ela. Paradoxalmente, a interpretação se efetiva, portanto, sob o signo de uma economia de palavras, na medida em que ela se submete à busca da essência e está consagrada a uma profusão de argumentos para tornar essa economia efetiva. Vemo-la montar um aparelho logístico complexo para sustentar a conquista do núcleo de verdade presumido na obra. Enquanto pretende desembaraçar os princípios e suas articulações da matéria confusa da linguagem maquiaveliana, ela multiplica os fios que devem permitir que eles sejam conservados conjuntamente fora dessa antiga linguagem. Essa empreitada é tão importante que não raro o discurso do intérprete, por sua amplitude, ultrapassa em muito o discurso de Maquiavel. Mas, embora esteja bem tecida a nova trama e sejam bem firmes os nós que atam o discurso do escritor, este conserva uma identidade própria aos meus olhos. Tudo o que diz o intérprete ordena-se em função do sentido que ele lhe impõe. Posso bem admirar a extensão de seus conhecimentos, a profundidade de seus pensamentos e mesmo subscrever seus julgamentos, mas eles apenas me importam na medida em que me dão acesso a esse sentido. Ele fala do Renascimento e das diversas vias que o advento do racionalismo moderno seguiu, ou das lutas que dilaceram Florença e da impotência da classe dominante em ampliar os quadros da democracia, ou da aliança que se estabelece entre a burguesia e o príncipe contra a nobreza, ou, ainda, dos ditames inelutáveis da razão de Estado, mas eu apenas levo em consideração essas palavras porque elas remetem a alguma coisa que foi dita por Maquiavel, abrem uma passagem do enunciado para seu motivo, sua razão ou sua causa, articulam-na com outra coisa dita. Ora, o *dito* de Maquiavel, cujo sentido encontra sua garantia fora dele mesmo, mas que, simultaneamente, se faz fiador do saber do intérprete, nada pode fazer para evitar a abertura de outro espaço no espaço da interpretação, assim como não pode evitar de me atrair para tal lugar. O crítico lhe atribui limites precisos para vinculá-lo ao sentido que seu argumento requer, mas, para além desses limites, abre-se o indeterminado do discurso do qual é extraído. Ele é apresentado como coisa dita, massiva, incontornável, mas a interpretação, malgrado todos os seus artifícios, não lhe fornece o fundo sólido que lhe daria sua evidência; produzindo-o, ela é obrigada a fazer surgir o discurso ausente do escritor como seu próprio fundo. Ela não pode deixar de dar corpo a essa ausência. Pois, enquanto ela coloca certas proposições ou certos fragmentos desse discurso entre os essenciais, o trabalho de extração e de promoção que preside o resultado deixa marcas visíveis. O que ela rejeita, ou rebaixa à condição de anedótico, eu o descubro ou o entrevejo nas alusões, concessões, digressões, negações e retratações que pontuam o argumento. Assim, o *dito*, sobre o qual se lança luz, perturba-se pelo contato com a zona de sombras que o margeia; ele me ensina a perscrutar o discurso de onde ele é retirado, mas as incertezas que emergem em consequência disso reportam-se ao lugar onde ele é produzido; por mais claro que fosse o sentido que, inicialmente, ele parecia trazer, é preciso admitir, porém, que ele foi suspenso diante da legitimidade das operações que relegam à falta de sentido toda uma parte das palavras do escritor. E as incertezas se reportam simultaneamente ao lugar em que esse *dito* se determina como acontecimento, lá onde supostamente o real comanda o sentido, e ao lugar onde supostamente a verdade pede seu preço. Tudo sucede como se os princípios do intérprete, que, de início, escapavam à minha consideração e decidiam soberanamente minha leitura, fossem denunciados pela obra que sujeitaram, como se, por uma inversão inesperada de papéis, o intérprete fosse levado a comparecer diante do escritor, como se o texto que eu lia no texto crítico me desse, por sua vez, este para ler, como se, uma vez transpassado pela lança de um saber invisível e cerzido de maneira a não deixar traço da costura, ele pudesse romper os fios e, pela sua retirada, fizesse aparecer o corte desse pretenso saber. O intérprete retirava dos *Discorsi* a maior parte das referências e fazia com que elas sustentassem a tese de que a política encontra sua única expressão legítima a serviço de uma república, a serviço de um Estado que é, ao mesmo tempo, uma comunidade em que a potência vai de par com a liberdade e a participação de todos nos negócios públicos; ele não falava do *Príncipe* ou não evocava seu argumento a não ser para designar nele um escrito de circunstância — signo da impotência a que o exílio tinha reduzido seu autor, das esperanças que tinha alimentado por um momento de ter seu cargo restituído pelos Médici, das ilusões que teria colocado em uma autoridade providencial para mascarar a inevitável decadência de Florença. Mas o que ele deixa ouvir de passagem pode despertar a dúvida; por exemplo, aprendo com ele e, às vezes, à sua revelia, que certos enunciados do *Príncipe* anunciam os *Discorsi*, que aquela primeira obra está longe de se reduzir a um elogio da tirania, que a linguagem dos *Discorsi* é ainda em muitas ocasiões aquela do *Príncipe*, que a violência e a astúcia estão sempre associadas à ação dos governantes. Essa dúvida atinge a interpretação. Da sombra em que se encontrava, certo Maquiavel nos acena em direção a pontos nos quais ela se sustenta. É correto que os *Discorsi* procedem de uma intenção diferente da do *Principe*? Quanto às circunstâncias, seriam elas mais capazes de dar conta de uma obra do que da outra? A oposição monarquia-república, evidente para o intérprete, fornece um critério certo para se ter a medida dos pensamentos maquiavelianos? O pretenso impasse histórico no qual se encontravam Florença e a Itália no começo do *Cinquecento* projeta sua marca na obra? O real pode ser enunciado no nível da série de acontecimentos nos quais o historiador reconhece, posteriormente, um destino? O real é o que ele constrói como tal, à distância do tempo em que o presente se fazia a partir do futuro? Essa distância o autoriza a esquecer a contingência de sua própria condição? E, quando ele julga que o lugar reservado à violência nos *Discorsi* e no *Principe* testemunha a impossibilidade na qual se encontrava o escritor de conceber uma solução para a crise florentina ou italiana, de onde lhe vem a certeza de que ela pode ser apagada da história, de que ela não é mais que a sequela das contradições passadas? Sem dúvida, sou eu quem coloca tais questões, mas somente estou em condições de colocá-las porque, no momento em que a obra escapa à influência do intérprete, são dadas para serem pensadas por mim. Dizer que a obra escapa e dizer que ela me impõe essas questões é uma mesma coisa. Ora, quanto elas se ampliam quando vou e venho de uma interpretação a outra, quanto aumenta a indeterminação diante das provas repetidas das determinações de que ela é objeto... Quanto mais penetro no campo da crítica científica, mais se desestabiliza o fundo de realidade e de verdade no qual se pretende fixar a obra. Não é que sejam vãos os referenciais que a história dos fatos e das instituições, o marxismo, a *Kulturgeschichte* ou o tomismo estabeleceram, mas a obra tem o poder de deslocá-los. O intérprete não duvida de sua validade, porque não duvida de seu saber, mas a obra ignora os registros predispostos nos quais ela deveria se inscrever (a obra de Maquiavel como qualquer outra, como a de Marx, por exemplo, ignora igualmente o enquadramento do marxismo). A obra destitui esses registros, um após outro, da pretensa evidência que reivindicavam e desvela as convenções sem as quais eles deixam de se substituir ao real.

Assim, a questão que descubro pelo exame do discurso crítico muda de natureza. Ela é inicialmente: qual é a realidade da obra? Nessa primeira forma, ela se desdobra então em: qual é o lugar real onde a obra se mostra tal qual é?, eu perguntava, e o que, na obra, é a parte real do sentido? Agrada-me pensar que coloco a questão explicitamente, ao passo que os demais deixam-na apenas indicada em suas respostas. Mas, nesta forma, a interrogação ainda permanece oculta. Enquanto denunciamos a pretensão dos intérpretes de reduzir o discurso do escritor aos limites de uma tese e da tese do mundo que a sustenta, nós ainda a preservamos, partilhando sua fé na realidade da obra, conservando a ideia ingênua de que a obra se dá na representação e, com ela, o real; apenas remetemos a algures o lugar privilegiado que conviria conhecer. Confronto de fato a experiência à qual me sujeita o discurso crítico apenas quando a referida fé perde sua evidência. E ela perde sua evidência apenas quando me aparece como tal, quando descubro, para além das múltiplas teses da obra e das múltiplas teses do mundo, o mesmo desejo de determinação. Desejo que é paixão pelo objeto: paixão útil que protege o crítico dos ataques da obra, livra-o da perturbação que ela suscita nos seus pensamentos, preservando sua integridade de sujeito. Essa fé não é dada pela experiência da presença da obra e do mundo sobre o qual opera, ela não se mantém diante do movimento irresistível que comanda a criação de sentido, e nós ainda não dissemos nada quando justificamos a intolerância do intérprete pelo arrebatamento que a verdade dele exige. Ele não é arrebatado, mas, ao contrário, ele resiste, ele se furta à experiência da obra quando venera o princípio da objetividade. Na raiz de sua intolerância está a obstinada recusa a ouvir o outro falar para além dos limites que encerram o discurso nas fronteiras do que é certo. É pela repressão de todas as dúvidas que dariam livre passagem a uma indeterminação impossível de conjurar, é pela negação de que havia na obra um excesso do *pensar* sobre o *pensado*, que ele se fecha num saber que não sofre nenhuma contestação. Seguramente, as vias da repressão e da denegação são diversas. A própria crítica pode se dividir para opor, por exemplo, à reunião e à classificação dos temas, a detecção da estrutura que sustentaria o discurso manifesto, mas a finalidade não muda nesse deslocamento. Trata-se sempre de sujeitar a obra a uma representação, de remetê-la a uma ordem da realidade que seja a medida exata dos significados. Por mais diferentes que sejam os procedimentos que a interpretação coloca em jogo (uma diferença que, de resto, não é negligenciável e que julgamos, se não pelo valor dos resultados, ao menos pelo valor das questões que eles nos trazem), eles convergem tanto para produzir o mesmo efeito — o estrito acordo do pensamento do escritor com as medidas que são a ele aplicadas — quanto para adquirir, pelo mesmo preço, a rejeição da desmedida que a obra traz consigo, que faria vacilar a certeza de seu fundamento. Não importa que o crítico pretenda se ater ao discurso do escritor, que não tenha outra preocupação senão a de tornar claro o que foi efetivamente pensado, de nomear sua intenção, que exclua toda explicação que retire suas razões do meio social ou da história — arriscando até mesmo ser tratado como idealista pelo seu adversário —, ou ainda, ao contrário, não importa que o discurso não seja para ele senão o indício de uma verdade que se pronuncia fora de seu campo, eco de uma voz coletiva ou marca de uma força que já se satisfaz em produzir suas consequências nas ações dos homens — a ponto de a acusação de sociologismo parecer legítima —, o fato é que as conclusões são produzidas a partir de um mesmo trabalho de objetivação, supõem a mesma vontade de desfazer os nós que a leitura teria feito nascer no momento em que o interrogado e o interrogador não se distinguiam, a mesma convicção de que alguma coisa é significada, pelo escrito ou no escrito, que podemos etiquetar e imputar a uma instância positiva, e de que se adquiriu alguma coisa da qual é necessário se apossar para dizer o seu preço aos outros.

O que é a obra, então, para escapar à captura de seus intérpretes, para nos constranger à repetição do discurso crítico, retirando-se, a cada momento, da representação em que se quer encerrá-la? Eis a questão para a qual é necessário abrir caminho. Tal questão nasce da insatisfação em que nos deixam as interpretações, mas ela apenas adquire sua verdade quando a questão sobre o sentido torna-se questão sobre o ser da obra; quando nos tornamos sensíveis à irredutível diferença entre o discurso crítico e o discurso da obra; quando nos obrigamos a pensar, ao mesmo tempo, a presença da obra, a evidência de sua atração e sua ausência na representação, assim como seu recuo diante de toda realidade na qual se pretende inscrevê-la.

Num primeiro momento, somos tentados a crer que cada interpretação fornece uma verdade parcial. Perguntamo-nos: não é uma série de "perfis" que nos oferece a crítica? Não bastaria juntar as perspectivas para ter uma dimensão mais ampla da obra? Essa tentação, contudo, é vã: os "perfis" são incompatíveis, as perspectivas denunciam-se umas às outras, a realidade da obra não pode estar em diversos lugares de uma só vez, pois em alguns deles ganha um sentido que em outros não possui. Então, o ceticismo fica à espreita, e, para fugir dele, não há outro remédio a não ser esquecer as diversas tentativas alheias e começar a interpretar como se ninguém mais tivesse ainda falado, como se não tivéssemos ouvido nada do discurso crítico.

Mentira que pagamos pelo custo de saber que para os demais nossa interpretação já resvalou nesse discurso. Mas é por não tê-lo ouvido o bastante que nos desviamos; porque nos apressávamos em julgar; porque perguntávamos ao crítico pelas suas razões como ele perguntava ao escritor, formávamos de seu trabalho a ideia que ele formava para si mesmo da obra, fazíamos daquele um simples objeto de conhecimento. Então, não tínhamos outra escolha a não ser aceitar ou rejeitar e, se rejeitássemos, tínhamos de recolher entre os edifícios em ruína algumas pedras que pudessem servir à nossa construção. Em contrapartida, quando nos colocamos à escuta dos intérpretes para perscrutar o diálogo que o escritor estabelece com sua posteridade — esse diálogo no qual cada um pretende colocar um fim e que não se interrompe, mas, ao contrário, é revivido indefinidamente sob o efeito de novos argumentos, porque aí ninguém ocupa a posição do mestre, ninguém escapa, sob os olhos do leitor, à réplica da obra —, a alternativa bruta entre sentido e sem sentido se dissipa. Não poderíamos dizer que os outros dão perfis da obra, e menos ainda que a mascaram, pois o que eles nos dão, a cada vez, é certa ausência, o contorno de certo vazio — com certeza, é algo totalmente diferente daquilo que pretendem colocar diante de nós, ou seja, a obra tal qual é, a obra na sua plenitude. Mas isso não é pouca coisa. O espaço que se entreabre para nós não é qualquer espaço, é o espaço próprio da obra, e é disposto como seu pela própria interpretação. Para onde a obra nos atrai, somos levados ainda por um movimento que transpõe certos limites, que deve encontrá-los para transgredi-los. Não poderíamos dizer também, pela mesma razão, que, quando passamos de um intérprete a outro, suas perspectivas se encadeiam para compor a percepção ideal da obra, nem que, não havendo uma melhor, elas se anulam. A metáfora da visão engana. Não são perspectivas que nos são oferecidas, pois a obra não é análoga a uma coisa, submetida ao olho do espírito, e assim não temos que escolher entre perspectiva e ilusão. A verdade que tiramos dessa experiência é de uma natureza diferente: a uma indeterminação segue-se outra indeterminação. Contrariamente ao que se poderia esperar, a exploração da crítica científica não tem por efeito multiplicar as determinações da obra, mas aumentar sua indeterminação. Essa indeterminação não obscurece a obra, ela não nos priva de todo referencial; ao contrário, quanto mais ela cresce, mais ela se determina; enquanto as respostas desmoronam, as questões se formam, relacionam-se umas às outras e preparam o leito da interrogação que a obra evoca.

Cada intérprete, dizíamos, quer crer que a obra se efetiva na sua reflexão, que ele, enfim, a transforma na sua essência, que o saber que ela esboça se fecha no seu próprio saber. Seria vã nossa tentativa se imaginássemos que é suficiente espelhar a reflexão dos outros para realizá-la, que é possível atingir o alvo por meio do fracasso, que afrouxar as amarras nos dá o poder de melhor religá-las. Para quem se empenhou em ouvir o discurso crítico, recomeçar a interpretação é legítimo apenas sob a condição de assumir o encargo da indeterminação à qual a obra submete seu leitor.

Quando interrogamos o discurso do escritor, quando, devolvidos ao silêncio da leitura, perguntamos ao texto o que ele significa, estamos preparados para essa tarefa; todas as questões que colocamos criaram em nós uma expectativa, uma disposição para o acolhimento. Não há nada ou quase nada nisso que nós lemos que não ecoe um comentário possível e que não devamos preservar dos efeitos de um comentário possível. Não há esforço que não façamos para abrir um caminho futuro mais amplo, por termos mensurado o perigo de um fechamento do sentido em enunciados parciais. Sabemos doravante que, para seguir a via aberta pela obra, não se deve parar nas mesmas estações em que os outros acreditaram poder se fixar, que é vão dispor fichas num texto à maneira do crítico geômetra que busca, em seguida, colocá-las numa boa ordem, fazendo crer ser essa ordem a da própria obra. Ler Maquiavel, escrever sobre Maquiavel, esses dois empreendimentos, cuja ligação começamos a entrever, supõem agora que mantenhamos o sentido de seu discurso em suspenso por tanto tempo quanto estiver em nosso poder fazê-lo; que lhe emprestemos nossos pensamentos para termos a medida daquilo que ele nos dá a pensar; que preparemos o espaço de um novo discurso no qual o seu continua a se fazer ouvir, isto é, conserva a virtude de fazer falar. Interrogar Maquiavel supõe, enfim, que, em vez de extrair de sua obra as respostas para submetê-las ao nosso julgamento e sujeitá-las às respostas que nos inspiram os problemas que aparentemente estavam em sua origem, nós o percebamos como aquele que, de seu próprio lugar, interrogava, cujo lugar próprio era a interrogação, que, abalando em seu tempo os fundamentos do saber estabelecido, levava os efeitos desse abalo mais longe que ele e seus leitores estavam em condições de conceber.

Que uma reflexão sobre o discurso da posteridade nos predisponha a acolher o discurso do escritor não quer dizer, porém, que não haja ruptura entre um e outro. Não seguimos uma cadeia de questões como seguimos uma cadeia de razões. A interrogação se degradaria se, a seu pretexto, nos utilizássemos de uma lógica análoga à da demonstração. Quando voltamos nossa atenção para o discurso da posteridade, o discurso de Maquiavel continuava no horizonte de nossos pensamentos, e não podíamos ouvir nada de um se não fôssemos sensíveis ao outro. Quando nos ocupamos deste último, as questões que enfrentávamos se deslocam, sem, porém, deixar de nos tocar, e, enquanto esperam ser reconsideradas, não fazem mais do que sustentar a questão que doravante nos captura: esta obra — a presente no texto —, o que ela diz? O enigma, notávamos, é que a obra está ao mesmo tempo no seu texto e fora de seu texto, no contexto crítico do qual não pode se desviar quem quiser conhecê-la. Mas *ao mesmo tempo* é ambíguo. O enigma é que a obra se dá *completamente* no seu texto e, no entanto, ela é o que é apenas pela relação que se estabelece entre esse texto e seus leitores. Quando o lemos, buscando ouvi-lo e fazê-lo ser ouvido, a ponto de decidirmos escrever sobre ele, chega um momento em que todos os movimentos que efetuamos na direção da crítica cessam, em que as questões que acumulamos se assentam, não para cair no esquecimento, mas para constituir um chão para nossa caminhada: não há para nós outro guia além da palavra de Maquiavel.

É então que os mediadores se afastam; toda a história singular de que a obra estava impregnada desaparece; essa palavra nos instala no tempo em que ela se encontra, e ficamos sós a escutá-la, como que arrancados de nosso tempo, precipitados, sem nem mesmo termos a noção do deslocamento para o lugar onde ela se efetiva. Por mais fecunda que tenha sido a estada realizada no universo da crítica, é impossível mensurar isso que ela nos traz, assim como é impossível conhecer a passagem que nos conduz da crítica à obra do escritor. Por mais seguros que estejamos do poder que adquirimos, não possuímos a sua definição. O capital de uma experiência se investe numa outra experiência, mas o investimento não se mede no processo de interpretação. A obra fala, doravante, à nossa memória, mas isso não aconteceria se lhe opuséssemos uma barreira de recordações, se pretendêssemos agora retirar do discurso aquilo com que responder a seus intérpretes, se lhe tomássemos emprestados argumentos para decididamente mostrar as falhas de suas teses. Pois, se o fizéssemos, de novo se dissiparia a presença da obra, essa presença que, conforme afirmamos, testemunha a continuidade de seu propósito, da qual queremos nos fazer testemunhas abrindo-lhe espaço para sua irradiação.

Dizer que a palavra do escritor torna-se nosso único guia é dizer, portanto, que o trabalho anterior não teve outro efeito senão o de nos colocar em condições de começar; que não nos desincumbiu, mas, antes, nos incumbiu de sustentar, por nós mesmos, a relação do leitor com a obra.

Esse começo é tal que nos obriga a recolocar a questão sobre "o que é a obra". Esperamos certamente que o *Principe* e os *Discorsi* nos ensinem a lê--los, pois estamos convencidos de que não há um método que possa definir essa leitura. A questão do sentido seria, contudo, obscurecida se ignorássemos em qual espaço nos movemos. E o que dá ao nosso movimento sua justa direção não é somente a consciência de que o discurso deve ser mantido aberto para além dos limites que lhe são determinados quando o reduzimos a uma soma de enunciados, pois, por mais que esse princípio seja verdadeiro, ninguém pode deixar de se apoiar sobre certos enunciados, de modular o discurso de maneira a acentuar certos enunciados em detrimento de outros. Ora, o espaço da obra não aparece logo que entramos nos escritos de Maquiavel. Talvez fosse melhor dizer que ele se oculta. Se for verdade que toda obra de pensamento tem a propriedade de se dissimular enquanto obra, tanto mais o será numa obra como a de Maquiavel, porque ela nos fala de ações de fato de homens, no contexto de uma sociedade, de suas razões, instituições, da necessidade à qual elas respondem; dos acontecimentos, suas causas e seus efeitos; da história, da ordem e da desordem que ela recobre, porque ela fala de um mundo que aparentemente preexiste ao discurso, tem para todos a mesma identidade, é igualmente sensível a quem quer que seja — tanto ao escritor como a seu leitor — que o considere de seu próprio lugar. Aquilo que chamamos *pensamento* na obra de pensamento não o pensamos imediatamente como tal; pensamos o que é pensado por ela; algo que é, sem dúvida, produzido em virtude de uma atividade singular, mas que se oferece a nós sem nada mostrar dessa produção — que é, como se diz, pura significação. E quando essa significação se vincula a coisas familiares, ou que acreditamos ser assim porque já têm seu lugar na experiência comum, ela nos captura ainda mais fortemente. Consideremos, por exemplo, a proposição que abre o livro do *Principe*: "Todos os Estados, todas as senhorias que tiveram e têm império sobre os homens foram e são repúblicas ou principados";* não pensamos

---

* As citações das obras de Maquiavel foram traduzidas diretamente por nós. [N.T.]

essa proposição como tal, vale dizer, não pensamos o ato de pensamento que afirma que "Todos os Estados...". Visamos, antes, o significado; ele se oferece tão indubitavelmente quanto uma coisa sensível ao olhar. Não importa o julgamento que faremos eventualmente da dicotomia república--principado, não importa que não a compreendamos imediatamente em toda sua dimensão, não importa que ela não se deixe conceber senão na relação que entretém com as demais proposições: subsiste o fato de que, no momento em que lemos "Todos os Estados...", o sentido toma posse de nós e, simultaneamente, nos é apresentado o mundo assim significado, o mundo que Estado, senhoria, império, principado, república nomeiam — que é o que está para além disso que está escrito no livro e para além das significações que eu forjo.

Sem dúvida, o leitor não apenas cede à instituição do sentido e à instalação no mundo que a obra organiza: ele se presta a isso. E só o que faz é acionar seu conhecimento da língua, das palavras e da sintaxe. Se ele percebe o significado do par principado-república, por exemplo, é por ser capaz de evocar a propósito desses dois termos uma diversidade de regimes e de vê--la ignorada em benefício de uma nova oposição. Se ele percebe o significado de *domínio* (*imperio*), é porque pode se surpreender pela ausência de outras palavras na primeira frase em que o Estado é designado. De modo geral, os significados o tocam porque ele extrai de um fundo próprio de conhecimento o poder de acolhê-los e de sentir as distâncias instituídas em relação a outros significados adquiridos. Se o mundo que lhe abre Maquiavel torna-se seu mundo, é porque ele responde à primeira provocação do escritor, para ultrapassá-lo e, acerca de tudo o que aprendeu sobre Roma ou sobre a Itália moderna, estabelecer a articulação por onde passará a trama do discurso. Mas, por mais verdadeiro que seja que o leitor traz na sua leitura o tesouro dos seus conhecimentos e de sua experiência, esse tesouro está a serviço apenas do advento do sentido e do mundo significado. Quaisquer que sejam as condições necessárias para sua repentina transposição para o lugar do Outro, resta o fato de que é a obra que tem o poder de solicitá-las, que todos esses recursos secretamente mobilizados não têm outro efeito além do de deixar cumprir-se a conversão do espírito que ela comandava. Resta o fato de que a mais desenvolvida ciência não soma nada à leitura, que ela apenas eleva ao seu mais alto grau a faculdade que é dada a cada um de pensar aquilo que o escritor designou como objeto de pensamento. De resto, o leitor não concebe esse objeto necessariamente como o escritor.

O intérprete bem pode contestar a interpretação que o escritor nos oferece de certos acontecimentos, de certas condutas ou, ainda, do papel do príncipe, dos conflitos que cindem a sociedade, da natureza do Estado; pode ainda substituir por outras as significações propostas, mas, a despeito disso, é colocado diante de certo mundo. São os acontecimentos, as condutas, o conflito de classe, o papel do príncipe que constituem o *pensado*. Não importa, com efeito, a extensão de seu desacordo; não importa, por exemplo, que ele rejeite a explicação dos fracassos de Luís XII na Itália, que julgue inexato o retrato de César Bórgia, mal fundada a condenação do condottierismo, anacrônico o modelo de virtude romana, que se recuse a nomear *opressão* a dominação de um príncipe legítimo, pois esse desacordo pressupõe uma adesão inicial ao campo que a obra circunscreve. Bórgia, Luís XII, a figura do capitão de aventuras, os romanos e as relações de autoridade ocupam seu pensamento como se estivessem naturalmente dispostos a se ordenar uns em relação aos outros e abertos a uma só inspeção do espírito. Mais ainda, a liberdade que possuímos de pensar diferente aquilo que o escritor pensa amplia a ilusão realista. Tudo acontece como se o escritor nos colocasse ao seu lado para nos mostrar uma paisagem, que talvez não pudéssemos ter descoberto sem sua ajuda, mas, uma vez desvelada, não precisaríamos mais dele para que nosso olhar a captasse; ou como se, depois de termos sido apresentados por ele a novas pessoas, pudéssemos nos despedir do intermediário e estabelecer com esses amigos dele relações que nada deveriam aos seus préstimos. Tal é a estranha propriedade da obra de pensamento: ela se faz esquecer inicialmente para nos lançar para seu objeto; ela age de modo que tenhamos olhos só para ele, ela é pura prosa, uma linguagem cujo mérito seria desaparecer diante das coisas pensadas — diante das coisas que traziam seu sentido antes que as nomeássemos.

Essa linguagem, ao que parece, não se distingue daquela que se pratica cotidianamente. Sem dúvida, ela não veicula a opinião, nem a ordem, nem a pergunta, nem a advertência e, de um modo geral, não é um simples modo de comunicação. Mas, enfim, a própria linguagem cotidiana não é somente isso; cada vez que analisamos um caráter, uma situação, a preocupação de exatidão preside a ordenação de nosso discurso, zelamos por ele de modo que só o sentido se pronuncia e, assim, a verdade da coisa se manifesta. Que a palavra se exercite no diálogo ou, por exemplo, se inscreva numa carta, não importa, pois a mesma lei a rege. De fato, quando passamos da leitura do *Príncipe* à leitura da correspondência que o autor troca com seu amigo Vettori, não chegamos a ter consciência de mudar de registro. A carta de 20 de dezembro de 1514, por exemplo, comenta os eventos contemporâneos e busca definir a política que o papa deveria seguir na hipótese de um novo ataque contra Milão. Sem dúvida, esse escrito deve seu destaque apenas a uma circunstância: Maquiavel responde a seu interlocutor que desejava seu conselho, sem, porém, ultrapassar os limites de uma conjuntura. Mas sua análise se vale de princípios cujo alcance excede a ordem da opinião: sobre a vontade do povo e do príncipe, sobre o desenvolvimento fatal da conquista, sobre os perigos da neutralidade, sobre a diferença entre ódio e desprezo, por exemplo, os julgamentos feitos testemunham uma reflexão sobre a política como tal. Essa carta nos abre uma janela para a Itália de 1514, para uma região do mundo que temos a liberdade de conhecer por outros meios, e simultaneamente nos coloca diante de significações de ordem geral que podemos adotar, recusar ou retificar. Que o *Príncipe* tenha a pretensão de tratar de um tema muito mais vasto, que se refira a acontecimentos diversos que fazem parte de diferentes épocas da história, subordinando-os à lógica do argumento, que ele não escolha um ator preciso, isso não modifica a relação que estabelecemos por meio da leitura com os outros escritos do autor. A carta não é uma obra de pequena dimensão e de pouco alcance, limitada a alguns fatos e a alguns princípios? O *Príncipe* não é uma carta bem mais longa, que tira proveito de sua extensão para desenvolver em todas as suas articulações uma "ideia" da política, a fim de dar conta do maior número de fatos possíveis ou de garantir os limites mais longínquos da coerência? Não é indiferente que o interlocutor seja anônimo, leitor presente ou futuro? O escrito que o pensamento governa — seja carta ou obra, que se enderece a mim ou a um terceiro ou, ainda, a um destinatário sem identidade —, quando dele tomo conhecimento, não faz sempre de mim a testemunha de um mundo do qual ele pretende extrair o sentido e não me constitui, em consequência disso, como um igual de seu autor? Se ele requer minha atenção, não é porque o que ele pensa eu também sou capaz de pensar, ou porque eu já me encontrava de tal maneira predisposto que seu objeto pôde se tornar meu objeto, ou ainda porque bastaria a sua iniciativa para me decidir a examinar e a julgar?

O sentimento de igualdade cede quando chego a pôr em dúvida a palavra do autor. Minha segurança era tamanha que eu o ignorava e era conduzido ao lugar que ele me designava: a Itália na qual Luís XII, por duas vezes, ganhou e perdeu Milão; e, então, adotava ou afastava a explicação dos fracassos franceses, refletia sobre a proposição "É preciso notar que os homens devem ser afagados ou mortos". Agora leio "O tempo aniquila tudo que está diante de si e pode trazer consigo tanto o bem como o mal, o mal como o bem"; essa fórmula tem ainda uma significação pontual e, de resto, recorda outras análogas de escritores clássicos, sem ter sido feita para me surpreender; mas ela me perturba por me reconduzir a um discurso anterior sobre o qual eu tinha me detido um pouco antes: "A antiguidade e a longa continuidade do poder hereditário abolem com a lembrança de sua origem as razões de uma transformação". Maquiavel concede ao tempo a virtude da conservação ou a sua essência é a mudança: ou essas duas verdades são compatíveis, recolocadas cada uma no seu próprio lugar, ou, ainda, a discordância é intencional? O autor introduziria um primeiro termo apenas para subvertê-lo? Essa subversão é definitiva ou, se provisória, seria ela própria um signo que significaria, por sua vez, por outro signo? Eu descobria as hipóteses formuladas no capítulo 1 e, confiante no comentário que as acompanhava, esperava que fossem examinadas uma a uma, eu aceitava em consequência disso as primeiras análises consagradas aos principados hereditários e aos principados mistos; agora, eis que o capítulo 4 estabelece uma oposição essencial entre o Estado despótico e o Estado regido por um príncipe cuja autoridade é limitada pela autoridade de seus barões. Trata-se de uma simples digressão? Ou, ainda, eu teria errado o caminho ao seguir as primeiras indicações fornecidas? Essas dúvidas dão outra dimensão à leitura. O autor surge das sombras às quais ele estava relegado. Não importa mais verificar somente o que ele designa hic et nunc, nem pesar cada coisa dita. Sobre as questões de que era feita, de que é sempre feita nossa leitura, uma nova questão se impõe: quais são suas razões? Se razões conscientes ou inconscientes, não importa, pois, qualquer que fosse a escolha, a transparência de sua linguagem já teria tido um fim. Essas palavras que se apagavam diante do sentido, que se consumavam pela leitura, renascem sob nosso olhar. Essas palavras que designavam talvez dissimulem, talvez estejam somente a serviço de outras palavras que devem se alimentar delas para significar; talvez não sejam nem inocentes, nem ardilosas, mas signos "falhos", signos escapados, cujos desvios devem ser descobertos para conhecer sua origem.

Assim, acontece na leitura o que algumas vezes acontece na aventura de uma conversa. Falávamos de um terceiro, eu acolhia sem reticências as falas de um outro, as comentava, estava completamente ocupado em descrever e em julgar; nossas palavras se enlaçavam, um terceiro se representava nelas; e, repentinamente, uma frase do outro, o excesso de um termo, a veemência do tom ou uma reserva imprevista, ou, ainda, uma questão insistente, revelam a suspeita, rompe-se o encantamento: é meu interlocutor, não um terceiro, que se mostra. Imediatamente, suas palavras se fazem signos de uma intenção que me tinha escapado e tudo o que eu tinha acolhido volta a falar, em minha memória, uma outra língua.

Não são os sentimentos do Maquiavel escritor que me intrigam, nem o desígnio que ele alimentava em relação ao leitor que sou eu — ainda que nada me impeça de supor motivos e desígnios no desenvolvimento de seu discurso. Sua obra é uma obra de pensamento. Quando me volto para ela, é seu pensamento que começo a pensar. Não mais o que ela torna sensível, mas, no lugar que ela me faz descobrir, os indícios de sua passagem. Esses indícios, eu os escolho em razão de sua concordância. Pensar o pensamento é, então, pensar em certa ordem. Cada pensamento pontual é doravante um pensamento apenas pela relação que entretém com outros pensamentos e pela atitude que demonstra ao se inscrever numa forma. A forma se separa, para mim, dessa matéria constituída pelos fatos e significados produzidos e, por outro lado, é importante para mim independentemente do julgamento que eu faça sobre eles. Mas a forma se destaca simultaneamente da matéria que se tornou a linguagem do escritor. O fluxo de palavras que sustentavam a leitura cessou. O pensamento está fora das palavras. Ele se mantém em uma organização invisível. E esta, de qualquer maneira que eu a conceba, suponho que ela tenha um centro, uma hierarquia, uma rede de dependências. Posso, sem dúvida, encontrar na organização manifesta do discurso traços dessa organização ideal; é possível que a primeira tenha em si mesma valor de indício. Mas esta última é regida por uma necessidade que não deve nada ao fato da expressão. O pensamento aí encontra uma origem, um termo, as articulações que lhe são próprias, das quais, de resto, tenho conhecimento legítimo através de uma linguagem diferente daquela do autor.

Reconhecemos, todavia, o espaço da obra quando pensamos desse modo o pensamento, ou então ignoramos ainda a obra de pensamento? A leitura é descoberta das coisas do mundo que o escritor designa, ela é apropriação de significações que ele estabelece. Sendo descobertas, nós mesmos pensamos essas coisas como acreditamos que devam ser pensadas; remanejamos essas significações para torná-las conformes ao que julgamos ser a verdade. Somos, assim, colocados diante de certos dados que sujeitamos à nossa reflexão. Quando o pensamento do autor se faz perceptível para nós, estamos diante de um novo dado. Ajustamos os procedimentos que nos parecem mais eficazes para nos certificar dele. Agrada-nos imaginar que esse pensamento é determinado, que se deixa definir na sua verdade pela operação de conhecimento. Mas o que são esses dados? Como dizer que a obra os associa? Estamos na presença da obra quando pensamos as coisas pensadas, quando pensamos o pensamento que as pensa ou ainda quando passamos de um objeto a outro? O que nos é dado não são somente coisas discretas, as conquistas de Luís XII, a ascensão de Bórgia, os crimes de Agátocles, as rivalidades entre as cidades italianas, ou, ainda, este ou aquele fragmento de "realidade"; não é também esta ou aquela relação de essência entre os fenômenos — a credulidade do povo e a opressão dos Grandes, a luta de classes e a tirania. O que nos é dado — de uma só vez, ainda que se deixe descobrir apenas pouco a pouco — é um mundo onde Luís XII, Bórgia e Agátocles, os romanos da Antiguidade e os florentinos do *Cinquecento* coabitam e estão de algum modo voltados uns para os outros, presos no mesmo parentesco; isto que nos é dado — de uma só vez, ainda que o sentido surja das significações sucessivas e de sua diferença — é a inteligibilidade desse mundo, é esse mundo refletido em si mesmo e, por essa reflexão, colocando-se como o verdadeiro mundo. Ora, isso que é assim dado o é apenas em virtude do dom que estava na sua origem — dom pelo qual se reúne e se põe a falar aquilo que não tinha amarra nem voz. É também por esse dom que posso pensar o que é pensado pela obra e posso pensá-lo como o penso. Eu me esquecia dele quando situava as coisas e as ideias num espaço *em si*; também me esquecia dele quando, querendo definir o pensamento em sua essência, separava a forma da matéria, pois ignorava ainda que o pensamento maquiaveliano é essa instauração de um mundo e essa fonte de palavras que me assujeita à sua obra.

O domínio que a obra faz surgir parece estranho, pois ele é sua propriedade e, no entanto, nenhum sinal indica quais são suas fronteiras, pois o exploramos sem saber se ainda estamos no seu âmbito ou se já o deixamos. Ao escrutarmos os fatos que nos são designados ou as "ideias" do escritor, estamos ainda no interior da obra e, no entanto, somos conduzidos insensivelmente para fora, pois esses fatos e essas ideias, o retrato do imperador Severo ou a afirmação de que os profetas desarmados são sempre vencidos, não têm necessidade dela para ser o que são. Ao afastarmos os detalhes das significações para produzir a arquitetura dos princípios que constituiriam o pensamento na sua essência, é ainda a obra que fornece seu solo para nossas operações e, no entanto, nós a deixamos para trás ao avançarmos; toda a paisagem que se abre nas trilhas em que inscrevíamos o discurso se desvanece; no melhor dos casos, o que retemos da expressão são os artifícios que permitiam o funcionamento da máquina ideal nomeada *pensamento*. Mas, se o paradoxo nos paralisa, não é porque resistimos à prova à qual a obra nos submete, imaginando uma fronteira onde ela não pode estar? Não é porque, desconhecendo o movimento de instauração do discurso, a contingência da origem que o marca completamente, o surgimento nele do mundo do qual se faz garantidor, tornamo-nos incapazes de acolher a indeterminação em que a obra nos lança? Esta não pode ser resolvida pela determinação do objeto *realidade* ou por uma determinação do objeto *pensamento*: ela é própria da obra, que não tem nenhuma fundação fora dela mesma.

Quando falamos do espaço da obra, essa expressão é cômoda, mas traiçoeira. Pois é preciso entender que ela abre seu espaço, mas também que tal espaço não possui fronteiras que possam demarcá-lo no confronto com outros espaços, de forma a podermos circunscrevê-lo em meio a outras formas. Não podemos conhecer os contornos disso que é aberto; se quiséssemos conhecê-los, não estaríamos mais abertos ao que a obra pensa, não nos conservaríamos mais na sua abertura; poderíamos ainda examinar e multiplicar ao infinito os pontos de vista, mas ela continuaria ainda esmagada no plano do sensível ou do inteligível. Seria vã, em consequência, a busca desse espaço. Não podemos encontrá-lo, podemos somente perdê-lo. Quando pensamos o que foi pensado pela primeira vez pelo escritor como aquilo que deve ser pela primeira vez pensado, quando pensamos, nesses acontecimentos que são as palavras que nos atingem, o advento do pensamento, estamos no espaço da obra — no seu elemento. Mas esse lugar não é nem real nem imaginário; o mundo ao qual somos lançados não é nem o mundo privado daquele que o instaura nem o mundo dos fatos, dos fatos visíveis a todos, que ele designa. Esse lugar e esse mundo não estão em nenhuma parte onde gostaríamos de situá-los — e nós mesmos que encontramos nele nossa direção não dispomos de nenhum referencial exterior para avançar. Isso não quer dizer que a obra não nos ofereça ocasião para pensar sobre os fatos, as ideias e as relações que nela se manifestam em inúmeras significações. O que seria da leitura se não houvesse interrupções aqui e acolá e se não se desse a passagem para além disso que é apresentado? Mas a obra enquanto tal continua a existir apenas se experimentarmos a impossibilidade de encontrar apoio fora de sua órbita, apenas se formos sensíveis à necessidade que rege o discurso e que, até nos seus maiores desvios, o mantém com o mesmo *contorno*. A obra existe apenas se na indeterminação que nos faz enfrentar, por meio de uma rigorosa provação, a verdade se pronuncia — uma verdade que conserva o risco da passagem... Talvez, a primeira leitura que se faz sob o signo da descoberta, do espanto e da expectativa — na busca de um sentido que nunca é captado completamente — seja mais fiel e preserve melhor a presença da obra do que as leituras críticas que a sucedem; talvez, a última leitura religue-se, assim, à primeira quando pretende tornar essa presença manifesta.

Mas o termo *presença* não é, por sua vez, traiçoeiro? Dissemos ser necessário ter cuidado para se manter na presença da obra, porque esta se esvanece quando se faz do pensamento um objeto ou quando se desfaz o discurso para dele extrair a tese que seria sua essência. Parece-nos que, na experiência da leitura, toda significação está envolta numa rede de sentidos da qual ela não pode ser destacada completamente sem perecer; parece-nos que a palavra do escritor é consumida ela mesma em benefício de uma potência de palavras que não tem corpo sensível; tal é nossa certeza, enfim, que aquilo que nomeamos *identidade do escrito*, o *maquiaveliano* em Maquiavel, não tem representação no enunciado. Mas isso não seria associar o presente e o inefável, estabelecer uma relação mística com a obra e, por ter querido defender a linguagem contra as operações da ciência, não seria incorrer no oposto, recair na ilusão de um além da linguagem? A questão se deixa adivinhar: para além das palavras do escritor haveria, então, uma palavra simples que governaria todas — simples a ponto de não poder se converter em signos, porque toda expressão, por mais fiel que pretendesse ser, sempre a degradaria; haveria, então, uma palavra plena, tão plena que não poderia se exprimir num discurso, que o discurso poderia, quando muito, fazer refletir sua imagem. Esse discurso certamente deveria ser considerado de perto, mas nele tudo seria artifício, desvio necessário. O *Príncipe* ou os *Discorsi* gravitariam em torno de uma ideia da política indizível. As análises de Roma ou da Itália moderna, os juízos de fato ou de valor, o enunciado de verdades particulares ou de verdades universais, tudo isso apenas daria seu suporte a essa ideia pura ou desenvolveria sua metáfora. A interpretação se reduziria, então, a inventar, no contato imediato com a essência, novos artifícios, a criar um novo substituto sensível para ajudar os outros a alcançar o ponto em que o autor se encontra; ela seria uma tradução voltada a descobrir no texto a tradução do que nele já se encontrava. Mas quando falamos da presença da obra, a prova dessa presença está ligada à de uma indeterminação essencial. Ora, é precisamente o perigo da indeterminação que pretende conjurar aquele que pressupõe um ponto fora do sensível de onde irradiariam todas as figuras do discurso, aquele que supõe uma palavra plena, uma coincidência plena do escritor consigo mesmo, e assegura-se, assim, de antemão, daquilo que irá inevitavelmente encontrar na sequência. Não importa que nos demoremos em lembrar as dificuldades em que tal fé se vê enredada, no momento em que a coincidência se revela restrita aos limites de um sujeito, que falta à plenitude da palavra a palavra do outro. Vale mais observar que a certeza da Ideia a coloca ao abrigo das aventuras da linguagem. Qualquer que fosse, então, o escrúpulo da leitura, nada poderia ser lido sem que fosse visado como testemunha. A presença da Ideia é a presença de Deus, mesmo que seja verdade que esse deus governe apenas o domínio do inteligível e que seja preciso talvez indicar seu lugar na hierarquia dos deuses: a única tarefa legítima é administrar as provas de sua existência...

Do mesmo modo, não são os signos de uma verdade indizível que pretendemos recolher, e a esse indizível não atribuímos um estatuto fora da linguagem. Afirmamos, ao contrário, que os signos não reenviam senão a outros signos, que as diferenças não são jamais anuladas em benefício de um signo — o qual seria, enfim, o puro signo disso que significa —, elas são sempre adiadas, o sentido é sempre diferido; a leitura não encontra repouso em nenhuma parte, mas, antes, obedece ao comando sempre renovado de partir novamente de qualquer ponto alcançado — mesmo se este fosse o final do livro, pois ele não possuiria mais que outro o privilégio de encerrar — com uma carga de novas questões... Mas, se nos deixamos ir de um signo a outro, ao menos não duvidamos da necessidade desse movimento; esse movimento não está nos signos nem na diferença, ele é aquilo pelo qual há, para nós, signo e diferença — signo instituído na diferença, a diferença, pelos signos. Sem dúvida, esse movimento tem suas condições dadas no tempo da leitura e no espaço do livro, sendo suspenso por nossa iniciativa. Mas ele não está nesse tempo e nesse espaço sensível, pois os subverte, e ele apenas se conserva em nós enquanto permitimos que ele se realize. Nele, a obra é nomeada como aquela na qual nem o começo nem o término são definidos e da qual nem o autor nem o leitor são senhores, como lugar de passagem e de aliança. Tanto a crença de que a obra repousa numa fórmula intransmissível quanto a de que ela traz na parte verdadeira de si mesma um sistema de ideias ou ainda, independente das significações estabelecidas, um órgão determinado de produção de conhecimento, desviam-nos desse lugar, nos interditam a passagem e a aliança. É necessário ter ligação com a palavra do autor, tanto para se deixar *redirecionar* pela obra quanto para conhecer o efeito desse arrastamento que, ao mesmo tempo, torna sua presença sensível e lança-nos em direção à verdade. E é necessário que haja essa conversão para que todas as palavras do autor estejam ligadas, para que elas falem a mesma língua e para que, simultaneamente, nós próprios falemos essa língua. Sem dúvida, para tornar mais claro o movimento que nos conduz desta forma, não basta dizer ser ele a própria interrogação. A palavra não nos poupa o esforço de pensar. Enquanto entendermos como interrogação o enunciado interrogativo ou a manutenção do modo interrogativo ao longo de todo o discurso, enquanto percebermos nela apenas a privação da afirmação ou, dito de modo mais genérico, um recuo para fora da esfera do julgamento, nos manteremos estranhos à verdade desse movimento. Há, de resto, uma maneira de interrogar, de semear pontos de interrogação sobre o trajeto de uma análise que não coloca em causa o estatuto do objeto, como também pode haver aí uma maneira de afirmar que desvenda, fora do campo de significações convencionadas, um sentido que faça vacilar a noção do real. Mas quando não rebaixamos a interrogação ao nível de meros enunciados interrogativos, quando esforçamo-nos em apreciá-la em toda sua dimensão e, enfim, quando ela se revela ao mesmo tempo como interrogação do ser e do sentido, então podemos reconhecer a experiência que se institui pela relação com a obra.

Interrogar é, certamente, seguir um itinerário, passar por etapas, desenvolver um discurso, mas de tal maneira que nenhum saber venha a se estabelecer a não ser a partir de um não saber, de tal maneira que cada onda de palavras venha sempre acompanhada de um refluxo em direção à mesma enseada, de tal maneira que não haja reserva em cada coisa dita que não alimente a mesma reserva de questões. Interrogar é, certamente, interpelar o outro e se manifestar como um si, mas de tal maneira que a palavra do outro seja entendida como interpelação, que ela se dê, não como objeto de interrogação, mas como sua fonte. Interrogar é, certamente, perscrutar o mundo que o outro designa, mas de tal maneira que saibamos que esse mundo para o qual se abre um caminho é habitado por ele e por nós, que esse mundo fala e nos interroga através dele, que o próprio passado interroga nosso presente. Enquanto formos fiéis a tal interrogação, a obra oferece-nos a sua presença, ela é efetivamente o lugar do *mesmo*. Isso não quer dizer, por exemplo, que o autor não nos pareça ter mudado de uma época a outra de sua produção, nem que não descobrimos num só de seus livros uma variação essencial, mas, sim, que para nós a complicação do discurso não é o efeito de uma impossibilidade de dizer o simples, ou suas discordâncias sejam o efeito da imaturidade de uma parte de seus pensamentos, até mesmo de um engano acerca de sua verdadeira intenção. Através dessa complicação se desvela o advento do pensamento para ele mesmo — não os signos de uma inexprimível intuição, nem tampouco aqueles de uma gênese empírica do pensamento que nos ensinaria a recortar a parte do pensamento enfim sobrevinda e a parte do saber da obra —, esse advento, como tal, em todos os seus modos de extração do já pensado, em todos os modos da abertura ao ainda não pensado, na acumulação da reserva que é fonte de sentido para o autor e para os outros, na reunião de todo pensamento particular no interior de um mesmo pensamento, no surdo reconhecimento de todos os pensamentos entre si e, na sua provação, o novo lance do pensamento. Através dessa complicação se desvela simultaneamente o inesgotável fundo no qual a obra se enraíza, o ser do mundo na sua profusão, o ser que não pode ser contido na representação ou em limites, mas se pronuncia no desdobramento, no desvio, na desmesura da palavra — sempre numa distância e num excesso relativamente a isso que adveio. Então, o lugar da presença, o lugar do mesmo, revela-se como o lugar de um constante recuo, de uma constante diferenciação. E é uma só coisa dizer que seguimos o movimento pelo qual o pensamento advém a si mesmo e dizer que seguimos o movimento pelo qual ele escapa de si. Esses dois movimentos são contrários apenas no espaço objetivo, um espaço que não habitamos, que é construído na representação, eles formam um só quando vêm à nossa memória a implicação do pensamento no ser e o excesso do ser sobre tudo o que é. Então, deixa de produzir escândalo o fato de que o pensamento do autor se reporte a si mesmo no momento em que é desviado do ponto no qual se mantinha, que a obra seja uma coletânea e não tenha centro, que assegure uma passagem para quem pensa no seu rastro e que as bordas sejam invisíveis. Então, vemos denunciada a violência que a faríamos sofrer ao lhe impor a lei da coerência e ao separar, no discurso, a parte julgada em conformidade com tal lei, rejeitando como dejeto a parte imputada à influência ou à circunstância.

Fora o fato de que nenhum golpe de cinzel será capaz de abolir a indeterminação da obra, que o critério de influência ou da circunstância seja bom para todos os usos, que não basta recorrer à história fatual do pensamento para julgar que o *depois* desacredita o *antes*, que uma denegação do autor não se constituiria senão numa opinião cujo valor não abalaria aquele de seu escrito — portador que é de um sentido do qual ele não é mais o único senhor —, o discurso da imaturidade ou da contingência não se reduz às significações que serão em seguida ou alhures modificadas ou renegadas, pois ele já possui um aspecto que prenuncia aquele do discurso "maduro". Menos certo ou menos livre, ele deixa se manifestar — pois o escritor fala uma linguagem que ninguém mais teria falado em seu lugar — a necessidade de sua empreitada. Na leitura de Maquiavel, não é a ideia de que o *Príncipe* ou os *Discorsi* são de origens distintas, ou a ideia de que os acontecimentos e os desejos do autor comandam ou perturbam sua linguagem, que pode nos servir de guia. Acolher sua obra é certamente perceber em toda a extensão as suas variações em relação à época, à sociedade, aos acontecimentos aos quais ela se vincula, mas, tanto quanto está em nosso poder decidir, proibir também a nós mesmos de desfazer o vínculo que nos sujeita à sua palavra para deixá-la assim resvalar no estatuto de um fato; se é verdade, por exemplo, que o pensamento do autor se curva à esperança de que um jovem príncipe funde um Estado forte na Itália, devemos tratar de compreender o que diz sobre a autoridade em favor desse desejo; ou, se é verdadeiro que toma de empréstimo a Xenofonte ou Aristóteles, devemos tratar de compreender como ele os faz falar sua própria língua.

Que essa resolução não seja garantia de fidelidade é quase desnecessário repetir. Não encontraremos segurança porque designamos a obra na interrogação e a interrogação na obra. Não é por nos colocarmos na presença da obra que nos livraremos da dúvida, pois presença e indeterminação estão ligadas; não é por renunciarmos à solidez da ideia que conquistaremos a segurança de sermos colocados no que nomeamos agora *vazio* ou *abertura da obra*, não é por chamarmos para nós suas questões que podemos esquecer que esse apelo é nosso e que nossas palavras determinam, já ao primeiro sopro, as do outro; é necessário apenas admitir que a insegurança deixa de se esconder sob a máscara do domínio, que tampouco ela é o sinal de uma falta, que ela é nomeada, enfim, na sua verdade. Como o intérprete, com efeito, esperaria alcançar o centro da obra, recobrir seu discurso com um discurso novo ou, na sua falta, concluiria pela impossibilidade de encontrá-la, se a obra já está, ela mesma, fora de si, se seu discurso decorre dele próprio, se conquista sua identidade na fuga da palavra? Certamente, o intérprete não pode senão se afastar da obra, mas o afastamento não o condena, uma vez que a obra já o conhece; uma vez que o movimento que ele realiza já fora inaugurado pela obra e, em consequência disso, ela não poderia colocá-lo diante das alternativas de uma possessão ou de uma privação de sentido. O encontro ao qual ele se presta é sempre incerto, mas, ao menos, ele sabe o porquê e, se o obtém, ele não abole a distância.

Mas seria iludir-se ainda e esquecer-se de uma parte da experiência imaginar esse encontro e essa distância como os de dois pensamentos, um dos quais seria remetido ao outro somente ao se deixar arrastar, seguindo seu movimento próprio, por meio de um movimento estrangeiro que lhe abre o que está para ser pensado. Se há mesmo tal arrastamento, o fato é que é no horizonte de certo tempo que o pensamento de Maquiavel foi instituído e é no horizonte de meu próprio tempo que eu penso.

O que está para ser pensado não se encontra jamais desvinculado da prova do presente. Se o escritor não tivesse o poder de, a partir da experiência que compõe a sua situação em certo presente, pôr-se a pensar sobre o mundo como tal, eu não poderia juntar-me a ele; mas essa experiência não é anulada no momento da reflexão, ele não se evade completamente, e eu continuo em parte um estranho para ele. Devo apenas convir que ela está aberta para outras experiências possíveis — como há na minha algo a partir do qual posso me transportar para a dele, para o lugar de onde ele se abre para a história, para o mundo em geral.

O enigma que enfrentamos é que o Aberto não é o espaço anônimo de uma verdade que se satisfaria em brilhar diante de todos; o Aberto se vincula à abertura da obra, a abertura vincula-se a um presente, e eu não posso encontrá-la ou refazê-la a não ser a partir de outro presente e numa nova posição. O enigma é que o nome do autor é inextinguível, ainda que eu possa pensar o que ele dá a pensar tão somente sob meu próprio nome... Dizemos o *aberto*, mas ainda corremos o risco de ser traídos pelo termo, pois, quaisquer que sejam as precauções tomadas, ele sugere a exterioridade e a determinação do visível. É certo que toda obra verdadeiramente grande modifica a relação do pensamento com o seu elemento, tem efeitos cujo destino é estranho ao seu próprio destino. Depois de Maquiavel, Rousseau ou Marx, opera-se uma nova circulação de ideias. Mas é verdade também que esses efeitos não são pensados como seus, que essa circulação se opera na ignorância da transformação ocorrida, que o *aberto* tornou-se invisível. É apenas quando nos voltamos para a obra que perguntamos: o que está aberto? Ora, o aberto não pode ser circunscrito como o espaço de uma cena da qual poderíamos nos tornar espectadores, pois ele não é nada sem uma reabertura. Não poderíamos sequer dizer, sem perigo, Maquiavel abriu, pois esse acontecimento que imaginamos estava, no momento em que era produzido, suspenso para os futuros acontecimentos. A abertura da obra é comandada certamente pela primeira entrada que é a sua, mas ela supõe outras; é porque essas entradas se multiplicam ao longo do tempo que ela existe como tal. É legítimo sustentar que o escritor Maquiavel fala em 1513 da política e da história de tal maneira que, séculos mais tarde, preso a sua condição, outro possa ouvi-lo e falar ao escutá-lo; que ele habita seu tempo como poderia habitar o tempo futuro, do qual não é capaz de saber nada, e que, assim, ele prepara antecipadamente um lugar para os outros. Mas precisamos igualmente reconhecer no avesso desse poder a busca pela palavra do outro, palavra que falta ao escritor e sem a qual sua obra não existiria, que ela advém pela repetição e pelas variações do discurso que ele evoca. Nesse sentido, longe de se fechar diante daqueles que são privados da experiência de seu autor, ela nunca deixa de pedir sua colaboração. Não são os primeiros leitores de Maquiavel, por mais que fossem inteligentes, cientes de suas intenções e familiarizados com o mundo de que ele fala, os mais capazes de apreender as mil significações, que depois escaparão; não são Guicciardini, Vettori, Buondelmonti, Rucellai, todos instalados nos mesmos horizontes que ele, os que estão em melhores condições de dar à obra a abertura que ela requer. Os mais aptos são os que habitam um mundo que o autor não podia conceber, para quem sua experiência tornou-se tenebrosa e que devem atestar a diferença de lugares e de caminhos. Quanto mais aumenta essa diferença, tanto mais aumenta a chance de abertura da obra. Simples chance, é verdade, pois o tempo que passa traz também a ameaça de seu desaparecimento ou estreitamento. É possível, de resto, que nos enganemos quanto a seu destino, que acreditemos que está morta quando o futuro a fará falar ou, ainda, que lhe emprestemos as virtudes que ela não possui a não ser aos nossos olhos e, desse modo, apenas nos dê o meio para vestir nossos fantasmas. Essa dúvida, repetimos, é inevitável; quem pretende reviver a obra se arrisca sempre, por maior que seja a reputação dela, a produzir apenas um espectro e a se precipitar no simulacro. Mas essa dúvida e esse risco devem, ao menos, evocar a

eligível ou sensível, isso não significa que possamos nos es-
que é inconcebível é a presença da obra na coincidência
consigo mesmo; mas o esquecimento de que, na prova
empre adiada, o ser próprio da obra se pronuncia procede-
no, do desconhecimento do tempo, de uma fuga diante do
tauração, na qual passado e futuro não se separaram a não
de um ao outro. Pois, desde que a obra existe, ela é sua
do: a palavra que nela é proferida é para todos e, primeira-
autor aquilo que teve *lugar*; não poderemos jamais ouvi-la
lugar; sua queda é mais pesada até do que aquela de toda
ela não chega a esse lugar acidentalmente, mas o institui
nele. E, uma vez que ela existe, a obra é lançada: ela está
ém daquilo que dela capturamos; sua palavra não está atrás,
que dela ouvimos não foi ainda ouvido e se endereça, por
outros que ainda não nasceram. E seu lançamento é de ou-
aquele das palavras mais certas de um futuro, as palavras
nto, porque ela se conserva — pela prova direta dos acon-
transformações da prática, do pensamento e da sensibili-
— num tempo que a coloca em perigo e a obriga a demons-
ente seu poder.

entre esses incontáveis escritos que ocupam dos atribu-
poucos os que têm a virtude da instauração. Mas estes mo-
xperiência do tempo. Com eles se desvela uma dimensão
dinariamente oculta. Quando opero um retorno à obra ma-
o encontro nada que dê seu limite a esse movimento, mas
nei e me submeti ao seu ímpeto — sem que esse ímpeto,
ere de sua atração. Eu me encontro de tal modo amarrado
senão deslizar rumo ao passado e, seguindo a mesma di-
do ao futuro e do futuro ao passado. Se a obra se encontra
nim é porque sua presença me envolve, é porque o tempo
mas é refletido, e sou implicado nessa reflexão. Seria vão
nos acontecimentos do passado ou do futuro as razões de
to ou desaparecimento; eu não conseguiria chegar a isso a
ndição de dissimular que apenas os penso ao pensar a pró-
vão afirmar, ao contrário, que a obra é na sua essência in-
entos da história — que não envelhece, como se costuma
ei que muitas das proposições não podem ser repetidas

condição do escritor e a impossibilidade, nesta última prova ainda, de desfazer seus vínculos. Pois, enfim, o escritor não poderia saber se escrevia para uma posteridade distante, por mais confiança que tivesse em suas próprias forças; sua imaginação não o enviava a dois ou a vinte séculos mais tarde para velar pelos ecos de sua palavra; ele falava, dizíamos, de tal modo que outros, a longa distância, podiam ouvi-lo e responder ao que foi ouvido de seu próprio lugar; mas não havia nenhuma previsão, nenhuma conjuntura nessa antecipação, nenhum referencial que testemunhasse a condição do outro. Se ele falava assim, o fazia sem sequer ter a possibilidade de desejá-lo, justamente porque esse outro, além de certo horizonte, estava absolutamente oculto para ele e porque, ao assumir solitariamente o risco de recolocar em jogo o que fora adquirido, de fazer de sua própria condição o suporte do Ser, em certa região, ele atrairia para si todos aqueles que, mais tarde, na vizinhança da mesma região, se encontrassem, em condições diferentes, expostos à mesma indeterminação.

Seria vão tentar subtrair a obra do risco que a funda, dar-lhe a soberania sobre seu domínio. Não é o que ela pede. Ela espera o risco do outro; espera dele um segundo questionamento que testemunhe do primeiro. Muita fé e reverência não servem a ela. Maravilhamo-nos, por exemplo, com o fato de que o escritor teve tão grande poder de abraçar seu tempo, de perceber ou de prever isso que escapava a seus contemporâneos; mas o respeito cega: não é esse o poder que engendra o poder da obra; e, de resto, não sabemos precisamente qual foi aquele de Maquiavel. Os historiadores sustentam que Guicciardini o possuía num mais alto grau; se nos fiarmos neles, ele teria sabido apreciar melhor os acontecimentos, medir com mais precisão a resistência das instituições e, de sua parte, não se enganaria acerca das chances de uma revolução na Itália. Pretendemos recusar a perspectiva deles? Mas, então, o que deveríamos dizer é completamente diferente e quase o contrário: o admirável é, antes, que o escritor soube, estando enraizado em certo meio, em certa época, se desenraizar a ponto de poder pensar a história na sua essência. Ora, de imediato, a interrogação recupera seus direitos, a relação do escritor com seu tempo perde seu primeiro sentido, e, por sua vez, a estranheza de nossa própria situação vem à tona. Ou, ainda, maravilhamo-nos com um pensamento que teria sabido se evadir do mundo sensível; dizemos que a obra ganhou a eternidade, que a verdade proferida por ela não tem vínculos com lugares e tempos; mas isso é uma maneira de insinuar que não há nada em seu discurso além daquilo que aí designamos. Deixamos de falar que essa suposta evasão requer a ativa cumplicidade do intérprete, situado em seu lugar e em seu tempo; e tão logo queiramos nomear essa parte da eternidade que seria o próprio da obra, substituir a "verdade" sob o olhar do leitor, reacendemos a guerra da crítica, vemos ser-nos oposto o que opúnhamos aos outros: irreconhecível sob os traços novos, mas ainda a verdade eterna. A obra que colocávamos ao abrigo do tempo fica novamente à sua mercê, de tal maneira que nos faz agora duvidar de sua identidade.

É evidente, contudo, que a obra mantém sua presença à distância da época e do lugar em que escrevia seu autor. Mas só podemos pensar essa presença sob a condição de afastarmos as convenções que presidem a concepção comum do tempo. A obra não é presente porque, como coisa passada, ela seria representada e teria aquela virtude particular da representação, que é a de fazer aparecer aquilo que outrora era presente para ela; ela é presente enquanto não é passado. Mas se não o é, não é por ser intemporal, mas porque não há nela lugar para a *passagem*. Não estamos diante da alternativa de visar a obra como um discurso que fora conservado num lugar e num tempo e de determinar, consequentemente, o que ele era, o que era o mundo que ele nomeava e a realidade na qual se inscrevia ou então de visar nela as "ideias" que aumentam o tesouro do espírito. Do mesmo modo, essa alternativa nunca é absolutamente resolvida na prática. De fato, qualquer que seja a intenção proclamada e o comentário feito sobre essa prática, ninguém pode reter um dos dois termos. Quem lê Maquiavel como historiador e quer apenas ressuscitar o passado como presente que era, lança, sem o saber, a palavra dele para fora do campo no qual pretende fechá-lo; quem espera lê-lo como filósofo e extrair da ganga do discurso o núcleo do sentido que o tempo seria incapaz de atingir, não ignora sua encarnação histórica: não somente Maquiavel é, a seus olhos, um escritor do século XVI — e nada do que dele se ouça pode ser ouvido sem que se saiba que, antes dele e depois dele, outros pensaram a política —, mas é pela prova de seu discurso singular e no horizonte da experiência à qual está ligado que ele alcança aquilo que julga universal. Não é, todavia, indiferente reconhecer a impossibilidade da alternativa, pois nossa leitura encontra seu sentido ao sabermos que a mesma necessidade nos conduz em direção ao lugar e à época de Maquiavel e sustenta uma reflexão sobre a política como tal. Essa leitura exige que tomemos em consideração a palavra do autor tal como ela surge na frequentação das coisas e dos como eram, que não poderei falar a sua própria linguagem em meu tempo e que, a menos que não queira reter generalidades muito pobres, me é necessário tomar distância para lhe restituir a virtude. O presente, que me envolve, exclui e inclui ao mesmo tempo a diferença entre o passado e o futuro, e só posso pensá-lo nessa dupla relação, vale dizer, saber que a história transborda a obra e, quando me vinculo à obra, descobrir nela a história — de modo geral, saber que o mundo está fora e descobri-lo no interior da obra, conhecer de uma só vez a divisão entre exterior e interior e seu desaparecimento. Assim, inseparável da reflexão que a obra inaugura e que jamais encontra seu fim — ao menos enquanto há leitores para assumir a tarefa —, opera-se uma deflexão que torna manifesta a saída da história ou do mundo: ao mesmo tempo que se dá como presente, a obra se dá na sua identidade particular.

Quando falamos do presente da obra, falamos, então, do presente da história — dessa história que a obra dá a pensar consigo e que indica fora de si. A Itália do século XVI está longe; as instituições e os costumes políticos que reinavam então estão mortos, assim como a República romana, cuja lembrança assombra o *Principe* e os *Discorsi*. Não é verdade que eu possa reconhecer, na crise do regime florentino, no conflito entre o *popolo minuto* e o *popolo grasso*, naquele entre o patriciado e a plebe, ou, ainda, no fenômeno da tirania, os traços de uma experiência atual. Os conceitos de luta de classes, democracia ou totalitarismo, que servem para pensar a política de nosso tempo, não podem ser aplicados ao mundo da Antiguidade ou do Renascimento sem que percam uma parte de sua pertinência. Mas, por mais manifesta que seja a diferença entre as formas sociais e a passagem no tempo de uma a outra, subsiste o fato de que, ao menos no interior de certos limites, o passado, o presente e o futuro, tal como os imaginamos em nosso tempo, conservam um parentesco ou, para melhor dizer, há, consubstancialmente ao tempo que passa, um tempo que não passa, uma prova que se refaz através de termos sempre novos, por exemplo, os de divisão de classes, de Poder e Lei, de Estado e sociedade civil, de real e imaginário. Não é possível tratar disso como se, para além das variações observadas, existisse em cada caso uma essência e, enfim, como se houvesse, composta de todas essas essências, uma essência da política. Quando se acredita capturá-la, abraça-se um fantasma; as generalidades enunciadas não são verdadeiras nem falsas, porque elas se aplicam a qualquer situação e não oferecem ao pensamento nenhuma em particular. Mas é impossível tomar como estrangeiros fenômenos que lançam luz reciprocamente uns aos outros, os quais, justamente porque são próximos uns dos outros mas não se recobrem, ordenam-se num campo simbólico, instituem-se uns em relação aos outros, ao mesmo tempo, como significados e significantes. É sua reunião num mesmo lugar que a obra nos permite pensar; de qualquer maneira que ela os reúna, ela os mantém juntos, faz gravitar numa mesma órbita ou, para melhor dizer, na órbita do Mesmo, o que sem ela não existiria. Nesse sentido, qualquer coisa que ela enunciar sobre a história leva-nos a ler aí um destino; ela nos faz ler aí algo que está para ser lido, porque aí foi ou é escrito; algo que não encontra sua condição no grande Livro ou no grande Autor, que exclui silenciosamente a fé no logos infinito — por mais segura que a obra esteja de produzir a verdade —, pois isso não é nada sem a contingência dos signos e de sua diferença, pois, sem existir no tempo à maneira dos acontecimentos ou das estruturas, isso não nos instala no presente da história a não ser fazendo descobrir esse presente ainda como singular.

Que libertação haveria se tudo que encontrássemos na obra fossem apenas pensamentos nascidos de pensamentos estrangeiros e portadores de outros pensamentos, se ela fosse apenas a etapa de onde se parte para se avançar no caminho da verdade — e se a política da qual a obra fala se deixasse definir como um conjunto de relações entre outras, que em cada época teve sua forma determinada de se sujeitar a um sistema social instituído. Se fosse assim, seríamos mantidos no Aberto ilimitado do saber. Ou, ainda, que libertação haveria se fizéssemos nosso luto pelo ser da obra e pelo ser da história e nos satisfizéssemos, em consequência disso, com a fuga do sentido. Mas se é impossível assegurarmo-nos da verdade da obra e estimar os "conhecimentos" que ela traz, ou avaliar o potencial de saber que ela entrega à sua posteridade, não é menos impossível duvidar que ela tenha uma identidade e que nela a história seja nomeada — e, em consequência disso, que o sentido seja o que está em questão na interpretação.

Investigar o sentido da obra, dizíamos, é necessariamente interrogar o *ser* da obra — é aprender a descobrir a interrogação na obra e enfrentar o enigma da instauração, sem jamais poder eludir o risco que a palavra do outro assumiu inicialmente. Mas interrogar o ser da obra é querer entender o que se diz sobre o ser na obra. Essa tarefa exige que nos dediquemos a entender o que o escritor entende em sua época como a verdade ainda não dita do discurso político, que tentemos reviver o trabalho que modifica, desloca ou arruína as significações então adquiridas para fazer emergir o que elas recobrem, que, enfim, familiarizemo-nos com a sociedade e o tempo que são o lugar da dissimulação e do desvelamento. E, de fato, o que seria interrogar a obra maquiaveliana senão interrogar o sentido do discurso e o sentido das coisas que ele nomeia? O que seria visar a interrogação na obra senão descobrir no discurso o sentido dessa interrogação e, no mundo no qual ele se ordena, o sentido do que se oferece para ser interrogado? Somos sempre reconduzidos à questão do sentido ou, para melhor dizer, não deixamos nunca de enfrentá-la. Mas ela não estará em seus justos termos a não ser que continuemos no espaço da obra, a não ser que remetamos sem cessar nossa posição a um lugar, a um tempo do discurso, e continuemos a experimentar sua origem.

Nossa preocupação pode parecer estranha ao leitor que espera que passemos sem mais ao exame das ideias políticas de nosso autor e que enunciemos as nossas. É ainda mais estranho, já que a política parece ser, por excelência, o domínio da ação e deve comunicar à palavra que a reflete o movimento rápido e decidido de que ela é feita. Deixemos em suspenso, por ora, a questão de saber em que medida a política é ação, se ela nunca pôde ou nunca pode prescindir da palavra, se essa palavra não faz outra coisa além de acompanhá-la, revesti-la ou travesti-la, se somente a divisão entre falar e agir tem a evidência reconhecida pela maior parte de nossos contemporâneos, satisfeitos que estão em converter o verbo em um complemento ou, no caso dos mais audaciosos, em uma conjunção da ação. Basta-nos enviar nosso leitor a Maquiavel para incitá-lo a superar seu espanto ou a apreciá-lo melhor. Pois, certamente, é sobre a política que este fala; e, no entanto, no *Principe* e, mais ainda, nos *Discorsi*, quantos desvios ele descobre ou — numa palavra que nomeia melhor o inimigo da ciência da ação — quanta filosofia. Sobre o tempo, sobre a repetição e a mudança que constituem a matéria da história, sobre a relação dos homens com a natureza, sobre o Bem e o Mal, a *virtù* e a Fortuna, sobre a Razão e a Desrazão, quantas palavras se subtraem à prova da demonstração, que valem por sustentar umas às outras para dar corpo a uma experiência do ser. E no relato dos acontecimentos ou na pintura dos caracteres, na maneira de preparar a surpresa, de amarrar o argumento em forma de enredo, de variar o timbre da voz, de aliar sobriedade e ironia, a provocação e o lirismo, de cunhar a sentença, de manusear a metáfora, a alusão ou a elipse, quantos sinais disto que o sociólogo nomearia atualmente *literatura*.

Maquiavel certamente não se interroga sobre o estatuto de sua obra. Mas talvez porque ele escreve num tempo em que o pensamento ainda compreende a si mesmo como obra, em que ela é de pleno direito lugar de metamorfose e instauração — um tempo em que a divisão entre ciência e filosofia política, entre arte e discurso demonstrativo, não tinha ainda sido convertida em uma oposição nítida, de modo que o pensamento ignora a si mesmo nisso que pensa. Justamente Maquiavel, que, na pequena vila de Sant'Andrea del Casciano, para onde o exílio o relegou, se despoja toda noite de suas roupas do dia e veste os hábitos de corte antes de penetrar no escritório e, uma vez na presença dos homens da Antiguidade, esquece — nos diz ele — até o medo da morte, como duvidar que ele conheça o limiar entre a escrita e a cena que a obra abre no espaço do mundo?

Mas porque esse saber se obscurece sempre mais, não podemos saber o que Maquiavel sabia, a não ser por um movimento violento que arranca o pensamento de sua degradação num produto de conhecimento. Podemos apenas levar a questão do ser da obra para diante da cena que a obra abria silenciosamente. Essa violência não acontece sem produzir um novo perigo. Pois tal é hoje a ressonância da palavra *obra* — não somente aos ouvidos dos outros, mas aos nossos também — que somos tentados a compreender que a obra de pensamento é obra como o é a obra de arte e, como obra de arte ela própria, nós frequentemente a glorificamos apenas para sujeitá-la ao seu poder de ficção. Estamos ameaçados de perder de vista a tarefa que ela indica, a relação singular com o saber que se institui sob sua autoridade. No entanto, essa perturbação é ainda o efeito de uma crença ingênua na oposição entre o real e o imaginário. Não é porque afastamos a leitura realista do *Príncipe* que não nos resta outra opção além da de acolhê-lo como uma ficção. Sabemos que as situações e os personagens que essa obra coloca em cena não foram inventados, podemos conhecê-los por outros testemunhos além daquele do autor e visamos neles a verdade da história. Nossa certeza é que eles apenas têm significado uns em relação aos outros e que estão ligados de tal maneira que somente podemos nos remeter ao real que eles designam permanecendo presos nas suas amarras. Desse modo, reconhecemos que o *Príncipe* é simbólico como um poema, embora esse simbolismo não seja o mesmo que aquele do poema. Sem dúvida, não nos é indiferente saber que o César Bórgia histórico se assemelha vagamente ao César Bórgia descrito por Maquiavel; na medida em que pudermos estar seguros da deformação que o escritor impõe ao seu modelo e que sejamos além disso capazes de identificar na sua obra outras deformações análogas, há aí justamente um indício precioso da constituição simbólica da obra; mas seria vão pretender denunciar em tal ocasião um erro do autor. O César Bórgia do *Príncipe* é um herói maquiaveliano que nos faz pensar sobre a função do príncipe, sobre a relação entre poder e povo, sobre os conflitos que dividem a classe dominante, sobre os limites da ação racional, cujos traços são significativos apenas porque o distinguem daqueles outros personagens maquiavelianos, de Giovampagolo Baglioni ou Francesco Sforza, por exemplo. Se, em nome da exatidão histórica, fizéssemos dele um herói imaginário, nos esqueceríamos de que o César Bórgia supostamente real não poderia nos ensinar nada sobre a política e a história; se desejássemos dar-lhe outra voz, uma função diversa daquela que lhe atribuiu Maquiavel, seria necessário instalá-lo sobre um novo palco, convocar outros atores, montar um novo enredo. Finalmente, não é verdade que o herói maquiaveliano não seja aquele da história; é histórico num sentido diverso daquele do duque que conquista a Romanha; ele faz eclodir uma questão que lança suas raízes num tempo mais antigo que o seu e que resiste ao desaparecimento de sua empreitada. Do mesmo modo, estaríamos enganados ainda ao supor que as liberdades que nosso autor toma relativamente a fatos conhecidos são o testemunho da imaturidade da ciência de sua época. Pois tanto é certo que o pensamento político se alimenta do saber do historiador, que este último faz bem mais que fornecer uma matéria para a reflexão do filósofo, que ele revela no passado uma profundidade e uma variedade de determinações que modificam as exigências do pensador, quanto é necessário reconhecer que essa reflexão, essas exigências não cedem jamais diante do ideal do conhecimento dito exato.

É possível acreditar, por exemplo, que, por tirar proveito dos resultados alcançados pela economia política e pela história de seu tempo, o discurso de Marx seja menos simbólico que aquele de Maquiavel? O Luís-Napoleão Bonaparte, do *18 Brumário*, é um herói marxista e não o duplo do personagem que domina por vinte anos os franceses e cujo comportamento, causas e papel social foram objeto de investigações precisas e, legitimamente, infinitas do historiador. Se ele é relevante, o é não apenas, nem mesmo principalmente, porque buscamos nele a imagem fiel da realidade, e não nos livramos dele se descobrirmos, por exemplo, que o autor ignorava a significação das divisões políticas que cindiam a burguesia e a aristocracia francesa sob a Monarquia de Julho. Ele nos atrai, e nunca terminamos de decifrá-lo, porque desvela a ambiguidade do poder, enraizado que está na sociedade de classes e bastante destacado dela para mistificar todos os grupos; porque, ao considerar a parte reservada às ilusões de classes na ascensão do bonapartismo, acabamos por duvidar da possibilidade de reduzir ao quadro da luta econômica um fenômeno político; e porque, ao considerar também o estatuto dado ao acontecimento, ao mesmo tempo, como perturbação e aceleração do desenvolvimento social, acabamos igualmente por interrogar sobre o racional e o irracional em história. O Bonaparte marxista é um dos mediadores de que temos necessidade para pensar a natureza do Estado e da burocracia política, mas, como os heróis maquiavelianos, fala apenas a partir do interior do mundo da obra, na relação que entretém com os outros protagonistas colocados em cena por Marx.

Quando o historiador, da perspectiva realista que é a sua, acusa Maquiavel ou Marx de se afastar dos fatos e de trair a verdade histórica, ele se engana. Ele nos faz lembrar do parente do romancista que se indigna com as transformações impostas aos acontecimentos, às paisagens, aos personagens dos quais a narrativa retira sua substância. Sem dúvida, seu erro não é o mesmo: o parente desconhece abertamente a natureza da obra; não hesitamos em aprovar Proust quando, em resposta às reprovações de uma amiga furiosa por ter sido tomada como modelo, denuncia a estupidez das pessoas do mundo que acreditam que "assim se faz entrar uma pessoa num livro". Mas ainda que seja escabroso sustentar a comparação até o fim e considerar o Bórgia maquiaveliano ou o Bonaparte marxista como consideramos Odette de Crécy ou o barão de Charlus, não é menos verdadeiro que o vício do realismo perverte a leitura da obra de pensamento assim como a da obra de arte, que há uma afinidade entre os modos de expressão da filosofia e da literatura, que os personagens de Maquiavel e aqueles do romancista têm, em graus diversos, uma mesma função simbólica. O estranho é querermos admitir em nossos dias que a obra de arte seja obra de pensamento, mas não o contrário. Admite-se — ou melhor, clama-se — que a literatura participe do desvelamento do ser, mas se pretende ignorar que o filósofo, ainda que se aplique a pensar a história e a política, é um escritor, o qual não coloca jamais as coisas a nu, que ele deve, para designá-las, emprestar-lhe o corpo de sua linguagem.

Há quem tema renunciar à solidez do conceito ao assentir a esta última noção. Mas talvez esse medo recubra outro: aquele de enfrentar o enigma da obra de pensamento, que, diferentemente da obra de arte, é obra apenas porque chama seu leitor a interrogá-la, não apenas a herdar silenciosamente seu gesto, mas a tomar a palavra, a encontrar em suas fronteiras a via de um discurso crítico, a convocar leitores sempre novos ao debate de que ela se faz origem e objeto.

Parte 2
O nome e a representação de Maquiavel

A fortuna de Maquiavel excitou muito cedo a curiosidade da crítica e uma importante literatura lhe foi consagrada. Extraímos o essencial de nossa informação das obras mencionadas abaixo. Sua listagem não pretende de modo algum constituir a bibliografia exaustiva da questão. Além disso, algumas outras obras serão citadas no curso de nossas análises, em pontos particulares.

Estudos de conjunto

Alexis-François Artaud, *Machiavel, son génie et son erreur* (Paris: Firmin Didot Frères, 1883, 2 v.); Charles Benoist, *Le Machiavélisme*, v. III *Après Machiavel* (Paris: Plon, 1936); L. Arthur Burd (Org.), *Il Principe* (Oxford: Clarendon, 1891); Benedetto Croce, *Storia dell'età barocca in Italia* (Bari: Laterza, 1929); Léopold Derôme, "Histoire de la réputation de Machiavel, sa doctrine et sa mémoire d'après des documents nouveaux" (in *Correspondant*, CXXVII, 8-9, 1882); Friedrich Meinecke, *Die Idee der Staatsräson in der neueren Geschichte* (Munique/ Berlim: R. Oldenbourg, 1924); Antonio Panella, *Gli antimachiavellici* (Florença: G. C. Sansoni, 1943); Giuliano Procacci, *Studi sulla fortuna del Machiavelli* (Roma: Istituto Storico Italiano per l'Età Moderna e Contemporanea, 1965); Andrea Sorrentino, *Storia dell'antimachiavellismo europeo* (Nápoles: Luigi Loffredo, 1936); Oreste Tommasini, *La vita e gli scritti di N. M. nella loro relazione col machiavellismo* (Turim/ Roma/ Florença: Ermanno Loescher, 1882-1911, 2 v.); Pasquale Villari, *Niccolò Machiavelli e i suoi tempi* (Milão: Hoepli, 1912, 3 v.).

Estudos parciais

Felice Alderisio, "La critica straniera su Machiavelli nell'ultimo quindicennio" (*Nuova Rivista Storica*, 24, 1-2, 1940); Anna Maria Battista, "La penetrazione del Machiavelli in Francia nel secolo XVI" (in *Rasegna di politica e di storia*, maio-jun. 1960); Giovanni Maria Bertini, "La fortuna di Machiavelli in Spagna" (*Quaderni Ibero-Americani*, Turim, nov. 1946-jan. 1947); Jean-Roger Charbonnel, *La Pensée italienne au XVIᵉ siécle et le courant libertin* (Paris: Librairie Ancienne Honoré Champion, 1919 [Slaktine Reprod. Genebra, 1969]); Albert Chérel, *La Pensée de Machiavel en France* (Paris: L'Artisan du Livre, 1936); Carlo Curcio, *Machiavelli nel Risorgimento* (Milão: Giuffrè, 1953); A. Elkan, "Die Entdeckung Machiavellis in Deutschland zu Beginn des 19. Jahrhunderts" (in *Historische Zeirschrift*, CXIX, 1919); Edward Meyer, *Machiavelli and the Elizabethan Drama* (Weimar: Litterarhistorischen Forschungen, 1897); Mario Praz, "Machiavelli e gl'inglese dell'epoca elisabettiana" (in *Quaderni di Civiltà Moderna*, 2, Florença: Vallecchi, 1930); Étienne Thuau, *Raison d'État et pensée politique à l'époque de Richelieu* (Paris: Armand Colin, 1966); Victor Waille, *Machiavel en France* (Paris: Auguste Ghio, 1884).

Importantes indicações bibliográficas são além do mais fornecidas por: Achille Norsa, *Il principio della forza nel pensiero politico di Niccolò Machiavelli* (Apêndice) (Milão: Hoepli, 1936); Giuseppe Santonastasio, *Machiavelli* (Milão: Fratelli Bocca, 1947).

I.
O conceito de maquiavelismo

Antes de ter lido Maquiavel, temos certa noção do maquiavelismo. Ignoramos tudo do homem e de sua obra e usamos o termo sem hesitar. Ele designa um caráter, um comportamento ou uma ação tão seguramente quanto a palavra "cesta de lixo" designa um objeto: incrustado na língua, não importa de onde deriva; ele serve. Parece que podemos ainda repetir aquilo que Guiraudet escrevia no final do século XVIII:

> O nome de Maquiavel parece consagrado, em todos os idiomas, a recordar ou mesmo a exprimir os desvios e os malefícios da mais astuciosa política, da mais criminosa. A maioria daqueles que o pronunciaram, como todas as outras palavras de uma língua, antes de saber o que ele significa e de onde ele deriva [...], acreditou que era o nome de um tirano.[1]

Que Maquiavel mereça ou não essa reputação, que ela pareça o efeito de um trágico engano ou a justa recompensa por um empreendimento detestável, cada um concordará, todavia, que não se poderia fazer coincidir o conceito popular de maquiavelismo com a ideia da obra. A noção tem um sentido que podemos tentar elucidar, mas não da mesma ordem que aquele que iremos buscar na leitura da obra. Melhor o entendemos se deixamos operar a linguagem, se concedemos ao termo o poder de expressão que ele tem anteriormente à reflexão, na prática comum, na variedade de suas acepções. Tal como o apreendemos, então, o maquiavelismo é o indício de uma *representação coletiva*: o que ele evoca — não importa que imputemos sua origem ao escritor florentino, que o admitamos, o reivindiquemos, o deploremos, o combatamos, contestemos seu fundamento na realidade — concerne à nossa experiência da política e, em termos mais gerais, da conduta humana.

---

[1] Toussaint Guiraudet, Préface. *Œuvres de Machiavel*, Paris: Pichard, ano VII, 9 v.

Mas aquele que acredita poder extrair da obra a doutrina do maquiavelismo se liga a ela por um trabalho de conhecimento. Esse laço é singular e se ata de tal modo que talvez ninguém mais partilhará sua convicção; seu pensamento se exerce em função de uma exigência de verdade; ele quer saber o que é verdadeiramente dito e se o verdadeiramente dito é verdadeiro ou não.

Os intérpretes que se dedicam, mesmo com a maior seriedade, a demonstrar que a doutrina de Maquiavel não era o maquiavelismo, no sentido vulgar do termo, ou que esse uso denota uma traição da obra, perdem, então, seu tempo. Eles não poderiam interditar a si mesmos o uso desse termo, pois é verdadeiro que seu emprego está universalmente consagrado e nenhum outro se presta à mesma função. Entretanto, se não depende de nós abolir o conceito popular de maquiavelismo, não podemos também fingir ignorá-lo. Que ele tenha se formado e conservado durante mais de quatro séculos toda sua vitalidade coloca um problema que não poderíamos evitar, pois que ele se deve ao preconceito da leitura. A questão é formulá-lo sem equívoco, quer dizer, sem misturar de início o que podemos aprender do exame de uma representação e o que podemos aprender da leitura dos textos. Ao considerar a *imago* de Maquiavel, na qual se encontram condensadas certas crenças relativas à política, à perversidade do poder e do homem em geral, perguntamos: o que essa *imago* nos informa sobre o efeito sociológico da obra?

O que é, então, essa *imago*? O que é o maquiavelismo no folclore da mentalidade moderna? O que é um personagem maquiavelizante, um empreendimento ou um destino maquiavélicos? Embora entrem no maquiavelismo a perfídia e a má-fé, como escreve Littré, nenhum desses dois conceitos o esgota. A perfídia pode ser frouxa, o homem de má-fé, incerto de seu próprio objetivo. Falta a um e a outro, ou ao menos não é necessariamente dada, a vontade consciente de usar a traição ou a mentira como um meio em vista de um fim deliberadamente colocado. O maquiavelismo implica, de início, a ideia de um domínio da conduta. Maquiavélico é aquele que faz o mal voluntariamente, que coloca seu saber a serviço de um desígnio essencialmente prejudicial a outrem. Não poderíamos, portanto, sê-lo como somos astutos ou enganadores, por temperamento. Se ele compreende a astúcia, ela é metódica, se ele compreende o crime, este traz a marca de uma operação rigorosamente ajustada à intenção do agente ou transparente em si mesma.

Assim se encontra associado na representação comum certo número de traços que lhe dão sua originalidade. Em um primeiro exame, aparece o cálculo dos meios destinados a atingir um fim determinado, a previsão das operações cujo encadeamento necessário assegurará o sucesso de um empreendimento, a antecipação da conduta dos adversários e suas reações. Em resumo, o homem maquiavélico é considerado um estrategista. Mas esse estrategista usa sempre de estratagemas. Ele age conforme um plano só por ele conhecido, fazendo com que suas vítimas caiam nas armadilhas que ele astuciosamente preparou. Com o cálculo e a astúcia, o princípio do segredo comanda sua ação. Ele usa uma máscara que furta aos olhares dos outros em toda ocasião os movimentos de sua alma. Melhor ainda: ele não recua nesses movimentos. Está inteiramente ocupado em realizar seus desígnios e não se deixa distrair nem pelo ódio, nem pelo ressentimento, nem por nenhum motivo que arriscaria colocá-lo sob o império de outrem. Este último traço é essencial: ele é *soberano*. Em face dele todos os homens são inocentes, ignorantes do papel que lhes foi reservado na intriga que ele concebeu. Parece ter por máxima tratar sempre os outros como um meio, manifestando assim que ele é de uma essência diferente do vulgar, afastado dele com toda a distância que separa o sujeito do objeto. E devemos ainda esclarecer que essa soberania não decorre somente de uma inteligência e maldade superiores. Ele a conquista pelos procedimentos que a fazem ser reconhecida por seus adversários. Assim, o maquiavelismo não é possível, acreditamos, sem uma mise-en-scène que coloca em plena luz, no momento decisivo, o domínio total do ator, e não somente sua força ou sua habilidade em face de suas vítimas. Nesse sentido, ele faz mais do que designar uma técnica criminosa; ele evoca uma arte, uma atividade dedicada a se dar o espetáculo de seu próprio êxito, que se encanta com seu próprio resultado. O Maquiavel se compraz na intriga complicada que ele montou. Quando poderia golpear sem demora, atingir o objetivo sem desvio, escolhe as vias oblíquas que deixarão às vítimas o tempo de apreciar a extensão de seu poder e de degustar sua infelicidade. Ele é aquele que joga de bom grado com seu adversário e, não contente em dominá-lo, o constrange ainda a agir para sua própria perda.

Lógica malfazeja, astúcias acumuladas, perversidade serena, gozo no crime, tais são, sem dúvida, as componentes do conceito de maquiavelismo, ou ao menos as ressonâncias de um termo com o qual a literatura, a imprensa ou o uso cotidiano da linguagem nos habituaram.

Consideremos então essa representação, como havíamos anunciado, sem nos preocuparmos com quem foi o secretário florentino. Por que, perguntávamos, o complexo dos traços permanece estável no curso dos séculos? Por que ele toca tão vivamente a imaginação dos homens em países e meios sociais diversos? Em vão responderíamos que certas condutas são efetivamente maquiavélicas, que estamos na presença de uma categoria que subsume uma experiência real. Os tipos humanos são inumeráveis e, no entanto, a estilização dos caracteres por meio da literatura nada produziu de comparável ao tipo maquiaveliano. Se este fascina, a ponto de uma palavra ter enraizado seu símbolo na natureza da linguagem e consagrado seu poder de expressão universal, isso é o indício de que seu sentido se constitui em um nível mais profundo do que aquele de uma associação típica dos traços psicológicos; logo, que a representação se alimenta de uma fonte que mantém e renova sua unidade.

A acepção política do termo se impõe imediatamente à nossa reflexão. Aparentemente privilegiada, ela é apenas uma dentre outras. O maquiavelismo caracteriza de preferência uma conduta política, ele parece sempre carregado de um sentido mais geral. Se se diz que um homem de Estado é maquiavélico, compreendo que ele é desprovido de escrúpulos, ludibria seus adversários, não recua diante do emprego de qualquer meio para atingir seus fins e se compraz em edificar seu poder sobre a ruína dos outros. O homem de Estado é assim desqualificado por um termo utilizado tanto pelo jornalista para designar um criminoso astuto quanto pelo romancista para sugerir a malignidade de uma mulher ambiciosa. Bismarck é maquiavélico, por exemplo, aos olhos do historiador, como aos de Balzac é Madame de Marneffe, cuja virtuosidade criminosa, as astúcias premeditadas e a arte com a qual ela conduz o barão Hulot à ruína lhe valem o nome de Maquiavel de saias.[2] No entanto, a acusação de maquiavelismo, tão logo vise um homem político, adquire um alcance singular. Pois não é mais somente um indivíduo como tal que se encontra denunciado: seu comportamento parece desvelar uma relação de homem a homem essencial, responder a uma vocação inscrita na natureza da política, traduzir um malefício cuja origem se deve à própria natureza do poder. Poucos homens de Estado, sem dúvida, nos regimes mais diversos, escaparam à acusação. Ela foi

---

2 Honoré de Balzac, *La Cousine Bette*. In *La Comédie humaine*, v. VI, Paris: Pléiade, p. 265.

dirigida contra Catarina de Médici, Cromwell e Henrique VIII, Henrique III e Henrique IV, Mazarin e Richelieu, Luís XIV, Napoleão I, Luís-Felipe e Napoleão III, Gladstone, Cavour, Bismarck e inúmeros de seus contemporâneos. Ela foi até mesmo lançada contra o governo revolucionário da França, em 1793, personificado em sua função de detentor do poder.[3] É que, apesar de sua personalidade própria, os homens de Estado encarnam aos olhos de seus adversários, ao menos durante um tempo, a dominação malfazeja do homem sobre o homem. Eles não utilizam somente procedimentos condenáveis que aliam má-fé, violência e astúcia. Eles parecem agentes de um mal que transcende a ordem dos caracteres e das condutas e se vincula à própria função do governante. O maquiavelismo é o nome desse mal. É o nome dado à política na medida em que ela é o mal. Ele designa o que a imaginação comum quer representar a cada vez que o poder é percebido como o que é absolutamente estrangeiro, no princípio de ações desconhecidas e desconhecíveis, aquilo que, situado a uma distância intransponível, determina contra sua vontade e para sua infelicidade a existência comum. À imagem de homens governados, condenados à ignorância, à submissão, à prova de um destino cujo sentido lhes escapa, vem assim responder aquela, construída simetricamente, do homem que governa, sabe absolutamente o que faz e para onde vai, goza da posse íntima de seus fins e encontra o prazer do jogo no poder que possui de dispor de outrem.

Não é, então, totalmente exato dizer com Guiraudet que Maquiavel evoca aos olhos do vulgar a figura do tirano; ou antes, como escreve um crítico recente, após tantos outros, que ele é uma "encarnação da imoralidade", um "ser diabólico fugido do mundo dos infernos para a perdição do gênero humano".[4] Seus traços são mais precisos. Se não o fossem, não compreenderíamos — ou deveríamos supor acasos miraculosamente repetidos — por que seu nome conservou através do tempo a eficácia simbólica que conhecemos. Esse nome, o conceito de maquiavelismo formado a partir dele, nos confronta com uma representação diferenciada que faz parte da mitologia intelectual da humanidade moderna. É a esse título que ele retém nossa atenção, fazendo entrever uma atitude coletiva durável a respeito de certos problemas ou, diríamos com uma linguagem mais neutra, de certa região do real que o escritor tocou. O mito do maquiavelismo

---

3 Tommasini, op. cit. **4** Panella, op. cit., p. 16.

traz consigo uma acusação da política. É isso que importa para nós e permite supor que ele mantém alguma relação com a obra, pois que é da política que ela faz seu objeto.

Sem dúvida, o conceito não se reduz à sua acepção política. Ele tem, como acabamos de dizer, um uso polivalente, do qual poderíamos pensar que, se ele se mantém em razão do vigor de seu simbolismo primitivo, ele o degrada. Todavia, a extensão do termo não engendra uma indeterminação do sentido. Aquilo que podemos considerar, de início, como um abuso ou puramente acidental — quando falamos, por exemplo, de um amante maquiavélico — aparece como tal apenas para o pensamento reflexivo. O pensamento mítico, em compensação, mantém à sua maneira a unidade da representação. Na medida em que cresce seu poder de expressão, o símbolo se enraíza em sua função primeira no nível mais profundo do sentido. Aplicado somente à política, o termo *maquiavelismo* não pode designar senão uma conduta perniciosa ou certo sistema de traços característicos do mau governante, mas, na extensão de seu uso, que aparentemente o desvia da significação política, ele ganha uma dimensão metafísica: a perversidade política absorve os outros modos da perversidade, e o poder de significar outros modos de comportamento humano que a conduta política maquiavélica possui faz que ela cesse de figurar uma conduta particular para se inscrever no ser do homem.

"Encarnação da imoralidade", sem dúvida o maquiavelismo o é em todos os domínios, mas ele muda o sentido da imoralidade. Emprestando-lhe seu rosto, sugere a identificação da imoralidade com a política.

Estamos em melhores condições de entender a questão que traz consigo o mito do maquiavelismo, cujo objeto é a política — mas um objeto escondido sob diversas imagens simultaneamente propostas —, quando interrogamos o passado, a época em que ela nasce, com o próprio mito, quer dizer, os tempos que seguem a publicação e a primeira difusão da obra. Sem dúvida nos surpreendemos, de início, com a função do maquiavelismo na luta ideológica. Longe de ter um valor unívoco, ele se determina apenas no seio de correntes antagônicas. Por certo, o que é chamado de maquiavelismo designa a doutrina de Maquiavel, e esta é um alvo preciso que não deixam de visar tanto os homens da Igreja preocupados em restaurar a autoridade de Roma quanto os humanistas, tanto os protestantes quanto os jesuítas. Mas esse alvo excita os atiradores apenas na medida em que os tiros que disparam ricocheteiam sobre um inimigo vivo com o qual importa acertar as contas. O inimigo é Henrique II ou Henrique III, acusados de ter feito do *Príncipe* seu livro de cabeceira, Henrique IV, culpado por ter abraçado a religião de Maquiavel apenas com o objetivo de reinar, Catarina de Médici sobretudo, odiada por ter colocado em prática as máximas daquele que foi nomeado seu mestre florentino.⁵ Mas a potência estabelecida volta a arma contra seus adversários, e enquanto na França o maquiavelismo é principalmente o símbolo de uma política de intolerância, cujo objetivo é submeter a religião a serviço do governo, na Espanha ele se liga aos partidários da tolerância, àqueles que são acusados de arruinar a unidade religiosa com o único fim de assegurar o poder de Estado.⁶ Enquanto aos olhos dos jesuítas o maquiavelismo é o breviário da Reforma, para os protestantes ele se confunde com o jesuitismo.⁷ O próprio Maquiavel é objeto de um ódio universal, é denunciado como herético, ateu, maometano,⁸ acusado de todos os crimes por aqueles que se encarniçam sucessivamente em refutá-lo (e sua doutrina não será considerada mais perniciosa do que a heresia protestante?).⁹ Mas os males cuja paternidade lhe é imputada são outros, mais frequentemente, que os encarnam no presente. O mais célebre de seus contraditores, o huguenote Gentillet, o acusa de "desprezo de Deus, de perfídia, de sodomia, tirania, crueldade, pilhagens, usuras estrangeiras e outros vícios detestáveis",¹⁰ mas sua obra, destinada a permanecer por muito tempo a fonte de onde os antimaquiavelistas de todo gênero irão beber, não esconde suas intenções políticas: além de Maquiavel, ela visa o governo; a condenação do autor do *Príncipe* é a condenação dos instigadores da Noite de São Bartolomeu.¹¹ No curso do século XVI, os motivos da polêmica variam segundo as circunstâncias, de modo que o maquiavelismo se vê passo a passo confundido com cada uma das ideologias que vêm ocupar

---

5 Charbonnel, op. cit., pp. 17-23 e 28; Thuau, op. cit., pp. 55-6. **6** Tommasini, op. cit., pp.. 14 e 21. **7** Benoist, op. cit., III, p. 18. **8** Tommasini, op. cit., pp. 14 e 21. "Turco" e "maometano" são termos empregados notadamente por Gentillet e Possevin. **9** Essa é, por exemplo, a opinião de Ribadaneira (*De religione et virtutibus principis christiani: adversus Machiavellum*); cf. Chérel, op. cit. **10** Innocent Gentillet, *Discours sur les moyens de bien gouverner et soutenir en bonne paix un royaume ou autre principauté — Contre Machiavel*. Genebra, 1576. Reedição sob os cuidados de E. Rathé, Genebra: Droz, 1968, p. 37. **11** Sobre o papel desempenhado por Gentillet na formação das correntes antimaquiavelistas, cf. Burd, op. cit., p. 54; Panella, op. cit., p. 40.

a cena histórica e mobilizar contra ela uma parte da opinião pública. Ele é o anglicanismo, o calvinismo, o ateísmo, o tacitismo, o jesuitismo, o galicanismo, o averroísmo. Ele é, segundo a fórmula de Tommasini, "aquilo que dele os eventos fizeram e aquilo que quiseram os ódios".[12] O personagem de Maquiavel, tal como é visto sob o caleidoscópio tenebroso do maquiavelismo, desenha à vontade as figuras monstruosas do mal.

Que sirva a todos os ódios, se metamorfoseie ao sabor dos eventos, o maquiavelismo sempre apresenta, com efeito, o caráter singular de fixar a imaginação dos homens e encarnar o mal. Tal é a função constante que as diversas acepções do termo no século XVI apontam. O maquiavelismo é o mal como o ateísmo ou a heresia. Não é somente o nome de uma doutrina ateia ou herética, temível entre outras, ou mais temível do que as outras. Ele figura um interdito que não poderíamos transgredir sem nos expormos à danação. Mais do que uma obra do mal, é o foco de onde emanam as obras e as práticas malfazejas. Não reconhecer essa função seria cometer o erro de ver nele apenas uma sequela da má reputação do autor do *Principe* e ver nesta somente o efeito da intolerância religiosa.

Sem dúvida, não poderíamos subestimar a intolerância e o ódio religioso. Denunciada como ateia, a obra maquiaveliana fornece, em meados do século XVI, a ocasião para uma sinistra emulação entre os clãs católico e protestante que disputam o mérito de condená-la e se atribuem mutuamente o vergonhoso parentesco. Basta considerar um pouco a acolhida que ela recebe quando de sua publicação e as circunstâncias de sua edição para que apareça o alcance da condenação religiosa. Aparentemente, nada de escândalo, de início. O papa autoriza a impressão do *Principe* e dos *Discorsi* por um breve. Um cardeal concede sua proteção, outro aceita a dedicatória do autor.[13] Roma ainda não queima com o fogo que vai reformá-la. A obra do florentino somente será colocada sob acusação quando a Igreja, condenando suas próprias fraquezas, sob o efeito dos progressos da heresia,

---

12 Tommasini, op. cit., pp. 40 e 5.   13 Cf. notadamente Villari, op. cit., II, p. 405. Panella nota de sua parte: "Do caráter pernicioso de suas obras, ninguém se deu conta então, nem em seguida, durante vários anos" (Panella, op. cit., p. 21). Recordemos que os *Discorsi* foram editados simultaneamente em Roma, sob os cuidados de Antonio Blado, e em Florença, sob os cuidados de Bernardo Giunta, em 1531. Os dois editores publicaram, cada um, o *Principe* e as *Storie florentine* em 1532. Clemente VII concedeu a autorização a Blado por um breve. Monsenhor Gaddi aceitou a dedicatória de B. Giunta. O cardeal Ridolfi encorajou o empreendimento (cf. Panella, ibid.).

buscar dar sinais resplandecentes de seu poder e de sua pureza. Então, quinze anos após sua publicação, ela se torna objeto dos primeiros ataques. É um inglês, o cardeal Reginald Pole, ao qual ironicamente Cromwell recomendou ler o *Príncipe*, que se indigna, com termos veementes, ao mesmo tempo contra suas proposições diabólicas e contra as justificações que lhe são fornecidas por seus interlocutores italianos. Mal ele aborda a obra, reconhece que foi escrita pela mão de Satã. Satã reinando sobre a Terra não deixaria outros preceitos a seu filho antes de lhe transmitir seu reino.[14] É um dominicano italiano, de resto sensível às ideias modernas, Ambrosio Catarino, que denuncia o ateísmo dos *Discorsi* e os coloca no grupo dos livros que os cristãos devem abominar. Para um bispo português, Jerônimo Osório, o segundo capítulo do livro II dos *Discorsi* soa como uma escandalosa apologia do paganismo.[15] Três ataques que, em um espaço de dez anos, entre 1540 e 1550, fixam os primeiros traços da doutrina maldita que em seguida os polemistas cristãos não cessaram de embelezar e cujo primeiro resultado será a condenação do Concílio de Trento. Colocada no índex, a obra maquiaveliana seria lida doravante com precaução. Como escreve Antonio Panella, "Pole, Politi, Osorio, o índex de Paulo IV compõe uma corrente forjada no caldeirão da Contrarreforma".[16] Maquiavel parece vítima de um tempo em que se consomem nas chamas da intolerância todas as obras de pensamento, de um tempo que não foi feito para entender, que "quer crer", segundo a fórmula de Lucien Febvre, e vocifera para assegurar sua fé.

No entanto, o maquiavelismo não é apenas o produto dessa intolerância. Com quantas outras a obra do escritor florentino não partilha a temível honra da proscrição papal? E quais são aqueles que, na segunda metade do século XVI, escapam à acusação de ateísmo, por mais longe que estivessem de merecê-la? Ela é a mais violenta que se possa dirigir a um adversário e uma das mais desgastadas, pois que o dogmatismo e a intolerância limitam os critérios com os quais se reconhece a fé dos outros.[17] Se nos fiarmos nos contemporâneos, Erasmo é ateu, bem como Rabelais e o próprio Lutero — para

---

14 Meyer, op. cit., p. 5, n. 3.   15 Ambrogio Caterino Politi, *De libris a christiani detestandis et a christianismo eliminandis*. Roma, 1552; Girolamo Osorio, *De nobilitate christiana*. Lisboa, 1542; cf. Panella, op. cit., pp. 26-7.   16 Panella, op. cit., p. 33.   17 Lucien Febvre, *Le Problème de l'incroyance au XVIᵉ siècle: La religion de Rabelais*, Paris, 1942, pp. 138 ss. ("o que vale a acusação de ateísmo no século XVI"). Cf. também, sobre esse ponto, R. Lenoble, *Mersenne ou la naissance du mécanisme*, Paris, 1943, pp. 171-2.

mencionar apenas estes que atingiram um renome universal. "Todos ímpios", escreve Lucien Febvre, "se acreditarmos neles, descrentes e finalmente ateus, do pequeno ao grande."[18] Um dos primeiros a lançar o termo *maquiavelismo*, empregando-o no sentido pejorativo que conservará em seguida, Henri Estienne distinguiu-se particularmente por seu zelo em precipitar no inferno dos ateus os maiores espíritos de seu tempo, entre eles alguns conhecidos por piedade excessiva.[19] O padre Garasse, um jesuíta a quem devemos as mais vivas e triviais imprecações contra Maquiavel, sustentou friamente que Lutero atingia a perfeição do ateísmo.[20] O que concluir senão que, em tal clima de suspeita, a obra de Maquiavel era desacreditada pelo único fato de ser condenada pelos corifeus do catolicismo e do protestantismo?

É verdade que para apreciar o alcance da hostilidade religiosa é preciso ver seus motivos, que são sérios mas diferentes, no caso de Maquiavel, daqueles que ordinariamente inspiram as condenações das obras julgadas ímpias ou ateias. Dos mais célebres ensaios e tratados que atacam Maquiavel, depreende-se que este cometeu o crime de engajar os príncipes a governar sem se importar com Deus, na convicção de que eles têm de prestar contas de seus atos apenas a eles mesmos, de que não devem esperar outras sanções ou outras recompensas além do fracasso ou do sucesso de seus empreendimentos temporais. Ataques com frequência ligados a uma crítica do absolutismo: parece evidente que o soberano desobrigado de todo dever para com Deus não conhecerá limites para o exercício do poder. E ataques ligados a considerações morais: indiferente à religião, o príncipe forçosamente negligenciará a virtude e encontrará no vício a via mais segura para triunfar. Mas nem a crítica ao despotismo nem a defesa da virtude são, por si só, motivos determinantes. A prova é que os jesuítas antimaquiavelianos não se privaram de retomar por sua conta os preceitos de governo considerados por outros como os mais perniciosos, reintroduzindo-os no ensinamento cristão, preocupados que estavam em conservar para o príncipe sua função de auxiliar da vontade divina.[21] Desde que o nome de Deus seja invocado, e que o príncipe pareça governar sob seu olhar, as maiores acomodações podem ser feitas com a moral cristã. Maquiavel, aparentemente, é

---

[18] Febvre, op. cit., p. 149. [19] Ibid., p. 147. [20] Ibid., p. 149. Sobre o padre Garasse, *Doctrine curieuse des beaux esprits de ce temps*, 1623, cf. Charbonnel, op. cit., p. 35. [21] Notadamente Possevin, Ribadeneira, Bosio, Botero. Cf. Panella, op. cit., pp. 53 ss.; Croce, op. cit.

culpado por ter transgredido essa regra. Ele provoca o escândalo como todos aqueles que tiveram a audácia de violar um tabu.

Todavia, esse tabu não é violado apenas aos olhos dos padres ou, mais geralmente, dos homens que têm o encargo de defender um dogma, protestante ou católico: denunciado por eles, seu sacrilégio mobiliza contra ele a opinião pública.

De maneira geral, o escândalo se produz somente pela intervenção de um público, somente na medida em que se suscita uma reprovação coletiva que mantém e justifica os ataques pessoais. Ora, tal público antimaquiavelista se constitui, ao menos na França, assim que a obra começa a ser difundida. Desde 1533, data do casamento de Catarina de Médici e Henrique de Orléans, o *Príncipe* e os *Discorsi* se disseminam no reino e são lidos tanto na corte — onde a língua toscana é falada correntemente — quanto nos meios cultos. Sabemos que uma dezena de anos mais tarde o renome de Maquiavel está solidamente estabelecido.[22] Nessa época, nenhum dos grandes panfletos antimaquiavelianos tinha sido escrito. La Boétie escreve seu *Contr'un* por volta de 1550, o qual permanecerá inédito até 1576. E é nesse mesmo ano que aparece o *Antimaquiavel* de Gentillet, cujo sucesso é desde logo considerável. A lenda negra de Maquiavel nasce, então, podemos presumir, antes que o *Príncipe* seja solenemente condenado pelos ideólogos, antes que seja objeto de sábias e ponderáveis refutações. Ao menos, ela cresce paralelamente à história do antimaquiavelismo literário. Essa lenda tem em sua origem não apenas o ódio a um destruidor de ídolos: o escândalo que suscita a imagem do príncipe governando à sua guisa, indiferente aos preceitos cristãos, totalmente ocupado em usar de seus súditos para fins de sua glória ou de seu prazer, tem outras ressonâncias para além das religiosas. Sua força provém do fato de colocar em questão uma representação tradicional da sociedade. Não é desprovido de sentido, com efeito, que o antimaquiavelismo popular esteja ligado, na França, à aversão a Catarina de Médici e a sua comitiva e, mais geralmente, à italofobia. Acusada de ter feito do *Príncipe* sua bíblia, de ter transmitido seus ensinamentos a seus

---

22 Henri Hauser e Augustin Renaudet, *Les Débats de l'âge moderne*, Paris, 1949, pp. 561-2. Mario Praz escreve: "A lenda negra de M. surge na França na época de Catarina de Médici, como um coroamento da italofobia provocada pelo governo da soberana" (Praz, op. cit.). Cf. também Chabod, *Del Principe di N. M.*, *Nuov. Riv. Stor.*, IX, 1925 (republicado com outros ensaios em *Scritti su M.*, Turim, 1964, pp. 123-4).

filhos e de ter, assim, pervertido o reino da França, Catarina parece encarnar um poder estrangeiro, infinitamente distante de seus súditos, sem outra justificação além do interesse do Soberano. Não importa que o crescimento do absolutismo venha de muito antes: a partir do momento em que ele se encontra privado do cortejo de justificativas que fornece a tradição nacional, o poder é subitamente percebido em sua nudez, como um aparelho de opressão. Entretanto, o nome de Maquiavel não simboliza só a dominação imoral do estrangeiro e, mais profundamente, o que há de estrangeiro na dominação. Ele evoca mais geralmente o italiano, tal como suas atividades comerciais, financeiras e usurárias o designam à vindita pública.[23]

Sem dúvida, é difícil medir aquilo que a lenda do maquiavelismo deve aos sentimentos de hostilidade que o italiano inspira na Europa Ocidental. Mas atingimos aqui, acreditamos, uma das fontes do mito. O antimaquiavelismo traz consigo um anticapitalismo que alimenta o ódio da Itália e dos italianos. Anticapitalismo rudimentar, certamente, mas à imagem de uma época em que as perturbações sociais engendradas pelo desenvolvimento do comércio e da finança alteram apenas parcialmente a estrutura tradicional, em que os modos de produção e de existência tipicamente burgueses coexistem com formas arcaicas, em que as expressões de uma mentalidade moderna, por mais claras que sejam, mal emergiram da ganga de uma linguagem essencialmente cristã. Onde o homem de negócios é percebido como um monopolizador, onde a busca pelo lucro tem por nome pecado de usura, onde as infelicidades causadas pelo novo jogo do mercado são imputadas às práticas individuais imorais, a imaginação está pronta para projetar em um tipo humano singular a responsabilidade pelo mal.[24] O mercador italiano, duas vezes culpado, como estrangeiro e como especulador, é somente um bode expiatório. Mas sua imagem, onde se depositam e se cristalizam os traços do homem de negócios moderno, implacável estrategista cujos cálculos preparam a ruína de outrem, fixa, por sua vez, a figura

---

[23] Chabod, ibid.; Mario Praz, op. cit.; Gentillet explora abertamente um argumento já muito difundido, e que não se justifica por suas observações, quando associa a imagem do maquiavelismo àquela da rapacidade do comerciante e do financista italianos: "Vemos com os olhos e tocamos com os dedos a avareza dos italianos que nos mina e arruína, e que suga toda nossa substância e não nos deixa nada" (Gentillet, op. cit., p. 43).   [24] R. H. Tawney, *Religion and the Rise of Capitalism*, Londres, 1926 [ed. bras.: *A religião e o surgimento do capitalismo*. Trad. Janete Meiches. São Paulo: Perspectiva, 1971].

do maquiavelista, teórico cínico da astúcia e da exploração. O homem de Estado, desprovido de escrúpulos, o comerciante e o financista ávidos, o ideólogo orgulhoso do poder, são envoltos em uma mesma reprovação, parecem gozar de um saber igualmente perverso e satisfazer um apetite de potência sem limites cujos efeitos assolam a sociedade.

Os ecos desse antimaquiavelismo popular repercutem na literatura crítica. Quando coloca na lista dos crimes do autor do *Príncipe* "usuras estrangeiras e pilhagens", Gentillet apenas repete um tema familiar ao público e que não pode descobrir na obra atacada. Maquiavel não temeu escrever que nada entendia da arte da lã, e aquele que mais tarde reprovaremos por sua ignorância das coisas da indústria e do comércio é denunciado como um teórico dos especuladores somente porque a prática política e a prática econômica, a busca da potência e a do lucro, se confundem em certa medida aos olhos do público, são igualmente reduzidas a estratagemas dos quais o homem de bem é a vítima.

O melhor testemunho dessa representação é oferecido pelo teatro elisabetano, pois, mais do que o livro escrito, a peça montada como espetáculo exige do público, presente e reunido, uma cumplicidade com o escritor, uma sensibilidade comum a certas situações psicológicas ou ideológicas. Evocado cerca de quatrocentas vezes no teatro de Marlowe, Shakespeare, Ben Johnson e escritores menores, Maquiavel é a fonte de um tema de sucesso com o qual a imaginação coletiva não cansa de se refestelar.[25] Seu nome tornou-se a tal ponto rentável no começo do século XVII que basta inseri-lo em um título para atrair os favores de um editor.[26] Ora, o que simboliza então o maquiavelismo? O ateísmo e a teoria do assassinato político, escreve Mario Praz. O selvagem apetite de potência, a hipocrisia, o assassinato deliberado (de preferência por veneno), o egoísmo, a sutileza, a arte de prever e a habilidade política, define Edward Meyer. A consciência de si no crime, já havia assinalado Simpson. Entretanto, a esses diversos aspectos se acrescentam a rapacidade e a avareza. Todos concordam em reconhecer no *Judeu de Malta* o personagem maquiavélico por excelência.[27]

---

25 Meyer destaca 395 referências a M. no teatro elisabetano. Praz confirma e completa sua informação e assinala que *machiavellian* é já empregado em sentido genérico nas *Sempills Ballads*, em 1568. **26** Por exemplo, *M. and the Devil*, de Robert Daborne, citado por Meyer (op. cit., p. 129). **27** Praz, op. cit.

Talvez se altere a figura do maquiavelismo ao se dar a esses traços anticapitalistas um relevo exagerado. A sátira de Maquiavel que a literatura elisabetana revela é uma sátira da política enquanto tal. Como observa com profundidade Mario Praz, os termos *politic*, *policy*, *politician* são tomados pelos escritores da época em uma acepção regularmente pejorativa, a ponto de se tornarem intercambiáveis *politician* e *machiavellian*.[28] O político, seja impiedosamente vilipendiado quando se encarna em *Sir politik-would-Be*, seja pintado com cores trágicas, é o alvo da crítica ao mesmo tempo que é a figura fascinante sobre a qual são lançados os reflexos do mal moderno.[29] Mas essa imagem da política se fixa e adquire sua significação em virtude de certa representação da sociedade, e o mito do maquiavelismo condensa assim todos os efeitos da angústia que suscita a desagregação da ordem antiga. Se a violência, a crueldade, a astúcia parecem aos olhos dos homens desse tempo os atributos do poder, não é porque o espetáculo da imoralidade dos príncipes seja novo. Antes, tal espetáculo não causava espanto porque as relações entre os homens e a hierarquia dos estatutos pareciam independentes das iniciativas e das ações dos indivíduos. A função de cada um parecia de uma vez por todas estabelecida, a sociedade, regulada como um organismo, a violência do mestre não feria a dignidade de seu papel,[30] o príncipe era cruel como o comerciante era avaro, mas esses vícios estavam ligados a condições cuja legitimidade não era colocada em dúvida. O comportamento do político, em compensação, torna-se objeto de escândalo, a política torna-se ela própria ameaçadora quando a expansão do capitalismo é sensível o bastante para provocar uma reviravolta na ordem social tradicional. Então, os procedimentos empregados pelo príncipe para manter e estender seu poder não estão mais imersos na bruma da idealização. Eles aparecem subitamente privados da finalidade que os justificava, como próprios de uma atividade sem contraponto espiritual, tão enigmática quanto condenável.

A crítica do poder se exprime necessariamente em uma linguagem cristã. Como se espantar? Durante séculos a visão da sociedade foi uma visão religiosa. A ética cristã inspirava todas as especulações sobre a vida social. As

---

28 Ibid. **29** Ibid., p. 40: "O nome de M. e o de Satã tornaram-se a tal ponto equivalentes que enquanto as astúcias atribuídas a M. eram sistematicamente chamadas de diabólicas, mais tarde as astúcias do diabo tornaram-se maquiavelianas". **30** Tawney, op. cit., pp. 30-1.

relações entre os homens e as classes eram somente concebidas por referência a um plano divino de governo da humanidade. Quando o princípio dessa ordenação começa a ser contestado, é por intermédio das categorias antigas que são percebidos os fatores da mudança radical. Contra Maquiavel e seu ensinamento destruidor, os ideólogos indignados se apressam a formular — e não se cansam de reformular — os deveres do príncipe virtuoso, no cuidado de conciliar com os mandamentos religiosos as novas exigências do poder. Antimaquiavelistas de todo gênero não encontram arma melhor contra seu adversário do que a acusação de ateísmo, satanismo e heresia. Mas o conteúdo religioso da crítica não deve fazer esquecer seu alcance social. O que é intolerável não é somente que as relações sociais pareçam desligadas de seu vínculo com o sagrado, mas que elas próprias sejam dessacralizadas, que o poder apareça como aquilo que está em jogo em um conflito puramente mundano, que o homem se torne estranho ao homem ao mesmo tempo que se torna estranho a Deus.

O maquiavelismo tal como é imaginado designa, sem dúvida, a negação do cristianismo, porém, mais do que isso, ele fornece o signo da subversão da ordem social. As invectivas que os teólogos católicos e reformados lançam contra o escritor florentino, as perseguições maníacas com que os jesuítas o oprimem — e que prosseguem por mais de meio século após sua morte (sua efígie é queimada em Ingoldstadt em 1615) — constituem a trama do antimaquiavelismo oficial.[31] Mas esse se expande apenas na medida em que, em círculos mais amplos, são condenadas ao mesmo tempo a teoria da razão de Estado,[32] a busca do lucro e a ruptura dos antigos laços de dependência no trabalho. Aos olhos da maioria, Maquiavel é a encarnação de Satã porque o mal apenas pode ser chamado de Satã. Repete-se, então, que ele escapou dos infernos para a perdição do gênero humano; tem-se prazer em apresentá-lo como um espírito que erra de nação em nação para semear a ruína; tortura-se seu nome para lhe fazer confessar sua origem demoníaca. Na Inglaterra, confunde-se seu prenome com um apelido dado ao diabo; cria-se o hábito de nomear *maquiavélico* o que antes se

---

[31] A inscrição marcada no local da fogueira diz: "*Quoniam fuerit homo uafer ac subdolus diabolicarum faber optimus, cacodaemonis auxiliator*". Cf. Tommasini, I, p. 70, n. 1. **32** Como assinala Zuccolo no início do século XVII, a teoria da razão de Estado é vivamente discutida em todas as classes sociais: "*Non pure dai consiglieri nelle corti e dai dottori nelle scuole, ma dai barbieri exiando e dagli altri vili artéfici nella bottighe e nei ritrovi loro*" (Croce, op. cit., p. 77).

chamava de diabólico.[33] Mas essa identificação não é somente o sinal da ofensa sentida pela consciência religiosa. Sob os traços de Maquiavel, Satã se metamorfoseia. O mal torna-se obra do homem, de um homem novo que, no seio dessa vida terrestre, empenha toda sua arte em enganar seu semelhante, em fazer dele sua própria criatura, em gozar de sua infelicidade apenas com o fim de exercer um poder. O mal torna-se obra de uma ciência humana que dissolve as regras estabelecidas e coloca de ponta-cabeça a ordem social. Tudo aquilo que parece contribuir para a inversão dessa ordem é maquiavélico — e, por conseguinte, como vimos, todas as correntes ideológicas que, aos olhos de seus adversários, destroem a unidade espiritual do mundo antigo e também a conduta dos indivíduos toda vez que ela é considerada corruptora da natureza humana.

Se, como escreve Croce, o maquiavelismo torna-se no fim do século XVI, em toda a Europa Ocidental, uma referência ritual sob a pluma dos ideólogos, se o termo adquire valor de um signo convencional, apto a designar tudo o que há de odioso na dominação do homem sobre o homem,[34] é porque se revela em definitivo um novo rosto do mal no próprio nível das relações sociais, é despertada a consciência de uma situação trágica do homem na sociedade ou de uma transcendência maléfica do poder, é formulada confusamente uma questão relativa ao ser da sociedade.

Se não enxergarmos no maquiavelismo uma representação coletiva, estamos condenados a encontrar na fortuna do termo somente o efeito da má reputação da obra e, nessa reputação, o efeito das perseguições religiosas. O uso do termo, ao que parece, é por demais disseminado para que nos detenhamos nesse ponto. E, de fato, não nos fornece muitas informações relativas à obra que um personagem de Ben Jonson murmure na orelha de uma mulher astuta: "*Do you hear, sweet soul, sweet radamant, sweet machiavel*". Julga-se que o termo é enxertado artificialmente na obra por homens

---

33 Escreve-se, por exemplo, *Match-evill* ou *Matchivell* ou então "Mach-evill that evill none can match" (Praz, op. cit., pp. 42-3). Confunde-se o prenome de Niccolò com o bastante conhecido apelido do diabo *Old Nick*. A acusação de satanismo irá até mesmo inspirar uma lenda: se dermos crédito a Gaspar Amico, os camponeses de San Casciano contam que ninguém quis habitar a casa onde M. havia escrito o *Principe*, sabendo que o diabo aí havia vivido e morrido (Tommasini, op. cit., I, p. 7, n. 1).   **34** "*L'abominio delle dottrine e del nome del M. divenne un attegiamento usuale e convenzionale e come di diritto*." Praz nota que de sua parte "*M. accenava a diventare una specie di comodo passe-partout per quanto v'era d'odioso nell'arte di governo, anzi addiritura nell'umana in genere*" (Croce, op. cit., p. II).

que provavelmente não a leram. A reputação do escritor italiano seria então fabricada pela Igreja em uma conjuntura na qual era importante encontrar um bode expiatório; logo, para fins de propaganda. A prova disso seria que antes de 1545 ela ignorava os vícios do *Príncipe* e dos *Discorsi* e os denunciou somente quando lançada a ofensiva da Contrarreforma. O que importaria então procurar as primeiras manifestações do antimaquiavelismo? Contudo, tal interpretação apenas se impõe sob a condição de fixar a atenção sobre os escritos de alguns teólogos, na ausência de qualquer consideração da opinião pública. Por maior que tenha sido sua influência, por mais eficaz que tenha sido a condenação da obra por Roma, ela não dá a chave do maquiavelismo. A despeito das afirmações de alguns historiadores, ele se expressou muito cedo na própria Itália. Bernardo da Giunta, na carta que endereça a monsenhor Gaddi (colocada no início da primeira edição das obras de Maquiavel), faz claramente alusão à hostilidade de que são objetos o *Príncipe* e os *Discorsi* e solicita seu apoio oferecendo uma interpretação que renega a representação comum do maquiavelismo.[35] O testemunho de Busini, quinze anos mais tarde, é ainda mais significativo. Todo mundo, escreve ele, odeia Maquiavel, "os ricos porque ele ensina o príncipe a despojá-los de seus bens, os pobres porque ele ensina a privá-los de sua liberdade, os carolas porque ele é herético, os bons porque ele carece de honestidade, os maus porque ele é pior e mais corajoso do que eles".[36] No complexo dos sentimentos antimaquiavelistas, a acusação de heresia é mencionada por Busini entre outras. Aos olhos do público italiano, Maquiavel é odioso porque faz a teoria de um poder que se afirma às expensas da riqueza e da liberdade, da religião e da moral.

Mas, para além do conteúdo dessas acusações, o que merece reter nossa atenção é a precocidade de uma representação que certamente não cessará de se enriquecer e de circular entre agentes diversos para fins determinados, mas que adquiriu de antemão um valor geral. Nela são investidas, em uma época, as expressões concretas e múltiplas da agressão coletiva; elas são a figura do maquiavelismo quando reduzidas a um denominador comum. Essa operação mostra que, seguindo as linhas da clivagem do espaço social e ideológico, a agressão parte em busca de uma representação que ao

---

35 Burd, op. cit. **36** *Lettere di G. B. Busini à B. Varchi*, republicado sob os cuidados de G. Milanesi, Firenze, 1861, p. 84, citado por Panella, op. cit., p. 16.

mesmo tempo produza e mascare o princípio da divisão. Em certo sentido, ela o produz com a imagem do poder maléfico do homem sobre o homem: um poder generalizado, ao mesmo tempo concebido como aquele do príncipe sobre o conjunto da sociedade da qual ele se destaca e de que faz objeto, e um poder não localizável, mas surgindo em toda a extensão da sociedade, pivô da separação do Sujeito, mestre da riqueza da potência ou do novo saber — de um bem, qualquer que ele seja, açambarcado pela violação de um interdito — e dos homens que estão à sua mercê. Somos tentados a dizer que a ficção do poder maquiavélico está a serviço de uma dupla intenção: nomear a perda de substância da sociedade e do homem, dando forma à dissolução do laço que une o poder à totalidade da existência humana; e conjurar a ameaça dessa perda dando forma *na* sociedade ao Sujeito cuja presença garante, por uma ação destrutiva, a crença em sua unidade virtual.

Talvez possamos encontrar, na ficção que abre as *Meditações cartesianas*, o sinal mais claro de que a representação do maquiavelismo diz respeito não somente à mudança de estatuto da política no nascimento da sociedade moderna, mas à mudança de estatuto do Sujeito ou, falando mais rigorosamente, que ela mostra que a questão do estatuto da política e aquela do estatuto do Sujeito estão estreitamente ligadas. Não devemos, com efeito, apreciar à luz do mito político a hipótese que funda o cogito? O que é "certo gênio maligno, não menos astuto e enganador do que poderoso e que usou toda sua capacidade para me enganar",[37] senão a última metamorfose do mestre maquiavélico? Ele possui todos os seus traços: detém a onipotência pela aliança entre o saber e a mentira; arma a intriga que faz a ruína dos homens por um trabalho que é simultaneamente um jogo, pois que seu único efeito é o espetáculo do sonhador fascinado ("Eu pensaria que o céu, o ar, a terra, as cores, as figuras, os sons e todas as coisas exteriores que nós vemos seriam apenas ilusões e enganações das quais ele se serve para surpreender minha credulidade").[38] Se a instauração do sujeito da ciência deve passar pela destituição do Grande Enganador, cujo poder seria o de retirar do homem seu laço com o Ser, não seria esse um indício daquilo que está em jogo no mito? Sem dúvida, o gênio maligno é uma figura da transcendência, enquanto o político maquiaveliano representa o Outro *na*

---

[37] Primeira meditação. [38] Ibid.

sociedade, o homem que se volta contra o homem. Mas o demônio cartesiano não se assemelha àquele da tradição medieval: ele toma de empréstimo uma projeção no outro mundo de uma nova relação do homem com o homem. Encarnando o pensamento *absurdo* de que a potência soberana seja inteiramente enganação, ele assinala uma contradição que se encontra no real. E foi pouco observado que a destruição da hipótese exige a identificação de Descartes com o gênio maligno, quer dizer, que ele se volte contra si mesmo e se faça o autor da divisão do pensamento e do Ser: "Se, tomando um partido contrário, eu empregasse todos os meus cuidados em me enganar a mim mesmo, fingindo que todos esses pensamentos são falsos e imaginários".[39] Ora, precisamos lembrar o preço que se paga pela fundação da ciência. Com a impossibilidade de cumprir a enganação, com a aparição de si a si, com o gênio maligno colocado fora de jogo — o que não é imediatamente sua anulação ("e que ele me engane, tanto quanto queira, ele jamais poderá fazer com que eu não seja nada, enquanto eu pensar que sou algo") —,[40] pensamento e existência se unem enquanto se apaga a diferença entre o interior e o exterior. Poder e saber se unificam na luz da consciência, sob a condição de que a operação desse apagamento permaneça na sombra. O pensamento absurdo resiste assim à destruição conservando as marcas da omissão que a certeza do cogito recobre. A ciência guarda um laço secreto com a grande enganação — um laço que a imaginação coletiva refaz incessantemente na mitologia moderna, votada à dicotomia do bom saber e do bom poder e do saber e do poder perversos, do domínio da natureza e do maquiavelismo contra a natureza. Mas, se podemos dizer que a representação do maquiavelismo se vê assim ligada ao advento do Sujeito, ao estatuto da consciência nos tempos modernos, não poderíamos esquecer que esse estatuto se define reciprocamente apenas em relação com a política. A questão do poder, como poder separado da sociedade e surgindo de seu próprio interior para lhe conferir uma inteira exterioridade na representação que ela adquire de si mesma, essa questão, sem ser nomeada, sustenta o movimento que institui a garantia última das operações do conhecimento e que não cessa de buscar sua legitimação conjurando um malefício.

Que a representação do maquiavelismo subsista, uma vez que se extinguiu o primeiro escândalo que a ele se ligava, ou melhor, que um termo

---

39 Ibid. **40** Segunda meditação.

tenha sido engendrado, como por uma decapitação do nome próprio, apta a operar na neutralidade da língua uma inflexão do sentido do poder — nós somente podemos compreender isso ao medir tudo o que ela coloca em jogo no que concerne à relação do homem com a política na história das sociedades modernas.

Ao entrevê-la, devemos admitir que a reflexão sobre o mito não é indiferente à inteligência da obra. Não cabe pesquisar se Maquiavel é ou não autor de uma doutrina cujo ensinamento o conceito de maquiavelismo condensaria; o mito e a obra, já o observamos, são incomensuráveis. Mas podemos presumir que a obra levantou questões que iriam inscrever seus efeitos em uma fissura da experiência social ou que iriam tocar os pontos mais sensíveis das crenças comuns. E podemos também nos perguntar que influência essas crenças continuam a exercer sobre aqueles que creem, apenas pela virtude da leitura, dispor livremente das questões.

2.
O campo da literatura crítica

Um historiador contemporâneo, cuja intenção era reconstituir o debate consagrado à obra de Maquiavel, faz um julgamento que resume muito bem uma opinião largamente difundida: "No que concerne a Maquiavel", escreve Carlo Curcio, "seria difícil enunciar uma problemática que decorra de sua obra".[1] Platão, escreve ele, está na origem de uma interrogação que parece inesgotável, mas ao menos podemos nos colocar de acordo sobre a circunscrição dos problemas que a leitura de sua obra suscitou. Sobre a de Maquiavel não é possível obter essa aliança: a amplitude das divergências é tal que apresenta ao crítico o primeiro dos problemas. A decisão de examiná-los sugere uma pesquisa de novo gênero: a inteligibilidade da obra parece comandada por uma reflexão sobre a obscuridade de sua representação. Entretanto, ao estudo do "problema Maquiavel" toda obscuridade se dissipa. Aprendemos que a variedade das interpretações encontra-se privada de significação; a posteridade é simplesmente cega à verdade da obra, capturada por um delírio interminável, na impotência de conhecer a realidade que lhe foi desvelada. Exemplo instrutivo: Curcio visa um objeto, a literatura crítica; em seguida, ele o apaga. Ele sugere que um desvio é necessário para o conhecimento da obra. Em seguida, esse desvio mostra-se vão. Nenhuma problemática, então, a descobrir sob a aparência primeira do desacordo. À promessa dessa descoberta se substitui o recenseamento ingrato e fastidioso de teses singulares e incomparáveis: a literatura crítica explode em uma coleção de aberrações — matéria oferecida à crônica, ou melhor, à teratologia. Após ter passado em revista certo número de interpretações, observado as metamorfoses da representação de Maquiavel sob o efeito das condições sociais e históricas e das convicções de seus leitores, o crítico que parecia se satisfazer com uma descrição vem, com efeito, denunciar as projeções monstruosas de autores ocupados com os efeitos

---

[1] Curcio, op. cit., p. 98.

intoleráveis da agressão ao verdadeiro. O discurso da posteridade é reduzido assim a uma atividade de substituição: as representações proliferam, independentes entre si, com a função comum de se substituírem ao ensino de Maquiavel. Este, diz em substância Curcio, é o pensador que não foi vítima de nenhum mito. Seu "segredo" consiste apenas em seu próprio poder incomunicável de conhecer e desvelar aquilo que é.[2] Impossível, então, se identificar com seu personagem histórico, encontrar em sua obra um acesso a um mundo imaginário. Entretanto, incapazes que são de se ater às exigências da razão, seus leitores se abandonam tão mais livremente a sua fantasia quanto nada lhes é fornecido que venha alimentar e regular seu curso. Maquiavel transmuta-se, assim, em personagens fabulosos: ao sabor do desejo, ele se torna o campeão da unidade italiana, o mestre dos tiranos, o fundador da teoria democrática, o profeta do Estado, o jacobino pré-marxista, o precursor do fascismo ou o puro técnico da política; figuras que o crítico tem por fim descrever e classificar sem outra preocupação, aparentemente, além de identificá-las.

Mas quem não vê que essa teratologia destrói a si mesma, pois que gravita em torno de uma imagem, aquela que Curcio forja de Maquiavel, a mais aberrante de todas? Estrangeiro às paixões, estrangeiro a seu tempo, como a qualquer tempo — pois ele é, nos é dito, aquele para quem o futuro não existe —, concebido como o observador puro de um presente sem história, Maquiavel se vê despojado de sua humanidade, arrebatado, sem dúvida, das mãos de uma posteridade comprometedora, mas ao custo de uma desencarnação ininteligível.[3]

Esse fracasso não é exclusivo da tentativa de Curcio. A cada vez que o historiador se arrisca a buscar uma chave que lhe abriria o acesso à literatura crítica, ele chega a esta conclusão que anula imediatamente o sentido de suas laboriosas pesquisas: o ensinamento de Maquiavel foi travestido segundo as necessidades espirituais de cada época ou de cada ideólogo.

---

[2] "Se nós quisermos falar de um segredo de M., deveríamos dizer que este não consiste na amoralidade, nem no tecnicismo, nem na estatolatria, nem na comunicação de métodos revolucionários àqueles que os ignoravam, mas na adesão estrita, fria, circunspecta à realidade, na faculdade de não se evadir dela nem por um momento, de reprimir todo entusiasmo e toda paixão" (ibid., p. 129).   [3] "M. é o único grande político que não criou mitos. Os homens dele necessitam, eles necessitam tanto que eles próprios criaram mitos sobre M..." (ibid., p. 30).

Não importa assinalar a fraqueza das tentativas que se abismam em uma antologia de citações. Mohl não pode fazer mais do que distinguir antimaquiavelistas e defensores de Maquiavel e, entre estes últimos, partidários do realismo político e da interpretação democrática do *Príncipe*.[4] Tommasini amontoa sem discernimento citações extraídas de todas as fontes da literatura universal e dos escritos críticos.[5] Panella conclui que o antimaquiavelismo tornou mais luminosa a figura do escritor, como se essa luz dissipasse a obscuridade à qual ele abandona a história da posteridade... Ao menos, é preciso observar que, a despeito de suas incertezas e errâncias, muitos críticos não se cansam de interrogar os escritos da posteridade maquiaveliana. Eles querem resumir o debate, classificar as interpretações, contar as desventuras que balizam o destino da obra no curso dos séculos. Ora, tal interesse não pode ser imputado somente ao cuidado moderno com a reconstrução histórica. As obras de Johann Christ, na Alemanha, e de Bandini, na Itália, atestam sua antiguidade.[6] Que um autor do início do século XVIII, consagrando um estudo sério a Maquiavel, já se proponha a estabelecer o balancete dos julgamentos feitos sobre ele é, a nossos olhos, o sinal de que se encontram ligados o problema da obra e aquele da representação.

Retornemos ao juízo de Curcio. Se lhe dermos crédito, seria impossível ordenar os escritos da posteridade em função de uma mesma problemática. O fato é que à primeira vista a obra de Maquiavel dá origem a comentários diversos e frequentemente incompatíveis. É isso que chama a atenção para um traço particular da literatura crítica. Mas, ao invés de se deter nessa constatação, mais valeria partir em busca de outros traços que lhe são associados. Observaríamos, então, que se as representações parecem estranhas entre si aos olhos da crítica que quer compará-las, elas mantêm no entanto uma relação na realidade: elas aparecem em uma polêmica na qual os interesses são ao mesmo tempo mesclados e distintos. O que é visado, de um e outro lado, é o sentido do discurso de Maquiavel, é a essência da política,

---

[4] Robert von Mohl, "Die Machiavelli Litteratur", in *Die Geschichte und Litteratur der Staatswissenschaften*, Erlangen, 1855-8. [5] Op. cit., II. [6] *Joh. Frederici Christi de Nicolao Machiavello libri tres in quibus de vita et scriptis item de secta ejus viri in universum de politica nostrorum temporum ex instituto disseritur historiaeque civilis et rei litterariae passim ratio habetur*, prost. Lipsiae et Halle, Magdeburg, 1731; Angelo Bandini, *Collectio veterum aliquot monumentorum ad historiam praecipue litterariam veterum*, Arreti, M. Bellotti, 1752. Cf. Procacci, op. cit., pp. 301-8, 312-6 e 346-54.

é a legitimidade de um regime, de um governo ou de certas instituições, é a conduta de um príncipe ou de um ministro, é, enfim, a definição de uma tarefa em uma conjuntura histórica. A análise da representação deve levar em conta esse fenômeno antes de examinar a diferença entre as teses produzidas, pois esta não apaga uma propriedade geral da literatura crítica. Ora, essa observação leva a outra: Maquiavel sempre suscitou comentários no curso dos séculos; a proliferação de escritos de todo gênero que pretendem, sob títulos diversos, explorar seu ensinamento testemunha um interesse que não se desmente, a despeito de amplas reviravoltas na estrutura social. É ainda uma propriedade geral da literatura crítica a continuidade da produção de panfletos e de interpretações que sempre pretendem reanimar ou descobrir os efeitos de um discurso cuja mensagem é considerada atual. Se quisermos aprender algo da representação, devemos escrutar esses primeiros sinais e nos deixar guiar por eles.

Com o exame das condições sob as quais se forjou a noção de maquiavelismo, já fizemos entrever o vigor dos ataques dirigidos contra o escritor na Itália, na França, na Inglaterra e na Espanha. Devemos notar que eles não emanam somente de teólogos católicos ou protestantes: uma série de panfletos políticos vem a lume na segunda metade do século XVI e no curso do XVII, misturando o antimaquiavelismo com a denúncia do poder de Catarina de Médici, Carlos IX, Mazarin, Richelieu e mesmo Luís XIV. Em um precioso estudo, Étienne Thuau identificou certo número desses panfletos e resumiu seu argumento estereotipado sobre o caso da França.[7] Entretanto, seria um erro acreditar que a reputação de Maquiavel se estabelece somente sob o efeito do antimaquiavelismo. É possível pensar que o encarniçamento dos detratores está à altura da atração que ele exerce sobre inúmeros leitores. A multiplicação das traduções do *Príncipe* e dos *Discorsi* na França dá testemunho de sua popularidade. Conforme as indicações de Thuau, Maquiavel parece ter sido traduzido ao menos oito vezes entre 1572 e 1600 e ao menos dezessete vezes entre 1600 e 1646.[8] Além disso, os livros que trazem a menção *adversus machiavellum*, ou *contra machiavellum*, ou que se abrem com uma declaração de antimaquiavelismo, não dão uma ideia justa da influência que exerce o escritor e compõem apenas uma parte da literatura que traz sua marca. Devemos a Giuliano Procacci grandes e novas luzes

---

[7] Thuau, op. cit., pp. 54 ss.   [8] Ibid., pp. 60-1.

sobre as vias secretas que seguiu a fortuna de Maquiavel.[9] Na Itália, Cardan, que repudia Maquiavel, toma-lhe de empréstimo seus exemplos e comentários. Na Inglaterra, Walter Raleigh, que publica as *Maxims of State*, cita literalmente passagens inteiras do *Principe* sem nomear seu autor e chega inclusive a utilizá-las para sua refutação. Da mesma forma, na França, Louis Le Roy, em seu comentário de Aristóteles, condena severamente Maquiavel e resume, sem citá-lo, análises do *Principe* e dos *Discorsi*. A tese maquiaveliana do papel do Parlamento na monarquia francesa é discutida por Le Roy, por Bodin e por Duplessis-Mornay com fins diferentes e se instala no coração do debate sobre a natureza e os limites do poder real.[10] Não podemos nos limitar a assinalar que esse debate leva em conta os argumentos avançados por Maquiavel: como mostra Procacci de maneira convincente, a oposição estabelecida no *Principe* e nos *Discorsi* entre o tipo de despotismo asiático, encarnado nos tempos modernos pelos turcos, e o tipo de monarquia à francesa, regulada por leis, fornece uma referência crucial à nova teoria do Estado nos trabalhos de Le Roy e Bodin. Não menos significativo é o papel que desempenha, na França, a crítica maquiaveliana às armas mercenárias e auxiliares. Com essa crítica é colocada em causa a posição do príncipe diante do povo e, em termos mais gerais, os vícios de um Estado em que a predominância dos Grandes não é contestada. Ora, Procacci chama ainda nossa atenção para um documento anônimo que testemunha a crise que as instituições militares atravessam na metade do século e a oposição que encontra o abandono de uma política que, por um momento, se aliara à ideia de alistar os camponeses no Exército. As *Instructions sur le faict de la guerre* são, como ele mostra, inspiradas da maneira mais precisa pelos argumentos e exemplos de Maquiavel.[11] Essas são as muitas provas de que

---

9 Procacci, op. cit. **10** Ibid., pp. 109-22. **11** Ibid., pp. 123-72. As informações dadas por Procacci são mais interessantes sobretudo porque a apreciação do papel dos exércitos mercenários pelos historiadores contemporâneos os leva a concluir que Maquiavel estava cego pelo desejo de restaurar a antiga milícia comunal e não soube reconhecer as condições novas da guerra na Europa do Renascimento (cf. notadamente Chabod, *Del Principe di N. M.*, *Nuov. Riv. Stor.*, IX, 1925 [republicado com outros ensaios em *Scritti su M.*, Turim, 1964, pp. 74 ss.]). Procacci prova que, longe de ser julgado utópico na época, o argumento de M. foi defendido na França pelos melhores estrategistas. As *Instructions* foram publicadas em 1548 e mostram o eco que encontrara a *Arte della guerra* (seu modelo) em uma situação em que os malefícios dos mercenários e os fracassos de seus exércitos haviam engendrado uma crise grave. Em 1534, uma ordenança de Francisco I havia criado um embrião de infantaria nacional.

a discussão de suas obras não se limita ao enfrentamento das teses do antimaquiavelismo e do realismo político ou aos problemas que tocam à religião. Na Espanha, o número de obras sobre o governo do príncipe que fazem referência implícita a Maquiavel e as tentativas, de resto infrutíferas, de contornar a interdição da Igreja com uma edição expurgada de sua obra atestam igualmente sua influência.[12] Na Inglaterra, na mesma época, o *Principe* e os *Discorsi* têm acolhida nos meios cultivados e, segundo o testemunho de um contemporâneo, suplantaram todos os outros escritores em Cambridge.[13] Nas palavras de Artaud, ao qual devemos o primeiro estudo aprofundado sobre o maquiavelismo, "a Europa, como se constituísse um

Segundo a hipótese de um contemporâneo, o fracasso da empreitada se deveu à oposição que ela encontrou da parte de vários nobres, que acreditavam que ela os levaria rapidamente à sua decadência e elevaria os "vilões" ao primeiro nível (Procacci, op. cit., p. 129). O problema militar se confundia assim com um problema político. Em 1536, quando da invasão da Provença por Carlos V, as tropas francesas compostas de mercenários arrasaram o território em sua retirada e provocaram numerosos levantes de camponeses, assim como motins no Exército. O invasor, por sua vez, se deparou com camponeses que fizeram uma verdadeira guerrilha contra ele e deram um novo e imprevisto apoio ao Exército francês, fornecendo-lhe, como diz nosso historiador, um substituto da infantaria nacional que lhe faltava (ibid., p. 132). As tropas imperiais tendo de recuar e o teatro da guerra sendo transportado para o Piemonte, novas perturbações de extrema gravidade eclodiram entre o Exército francês e a população, bem como no interior do próprio Exército. Guillaume du Bellay e, mais tarde, Coligny editaram ordenanças cujo objetivo era apaziguar a população. Du Bellay, Coligny, La Noue são aqueles que tiveram uma aguda consciência da necessidade de uma força nacional. Procacci assinala que as *Instructions*, redigidas em tal clima, foram publicadas novamente em 1549, 1553 e 1592, sendo traduzidas para o espanhol, para o inglês e para o alemão. Ele também nota que elas foram plagiadas em várias obras, notadamente por Le Roy. Ele chama ainda a atenção para as *Remonstrances* de 1557, documento redigido pelos huguenotes parisienses que solicitaram ao rei que constituísse um corpo de cidadãos, único meio de assegurar sua defesa. Por fim, ele sublinha a influência da *Arte della guerra* sobre o *Parfaict capitaine* (1637), de Henri de Rohan, o defensor de La Rochelle (ibid., pp. 166 ss.).
12 G. M. Bertini (op. cit.) destaca que seis edições de Maquiavel no século XVI se encontram apenas na Biblioteca Nacional de Madri. Ele nota que são inúmeras as obras que se referem explícita ou implicitamente a seus escritos. Entre elas, o retumbante panfleto de Pedro Ribadeneira, jesuíta biógrafo de Loyola, *De religione et vertutibus principis christiani, adversus Nicolaum Machiavellum ceterosque hujus temporis politicos*, 1597 (sobre seu argumento, Thuau, op. cit., pp. 87-9), que será traduzido para o francês em 1610. Devemos ao duque de Sessa a tentativa de obter do Tribunal Supremo da Inquisição a autorização para publicar sob um falso nome uma edição expurgada do *Principe*.   13 Meyer, op. cit., p. 25. Ele cita o testemunho de Harvey (1579).

tribunal permanente, não parava de instruir o grande processo".[14] Fórmula grandiloquente, mas que não parece desprovida de certa verdade e que tem o mérito de assinalar o caráter polêmico da literatura crítica.

Para se convencer de que Maquiavel continua a ser o centro de um debate no curso do século XVII basta consultar Mersenne, sobre quem Lenoble, seu historiador, disse que era "mais apto do que qualquer um a nos informar sobre as correntes de pensamento que reinavam em sua época".[15] Nenhum escritor teve a honra de suscitar tal excesso de bile da parte de um adversário que, no entanto, jamais poupou seu fel a respeito dos libertinos. Maquiavel tem o privilégio de confirmar a certeza de Mersenne sobre o destino que ele conheceu no além-túmulo: "Príncipe dos ateus", ele está no inferno.[16] Furor que se perderia nas noites das orgias da Igreja, se com ele fosse permitido medir o papel que desempenha Maquiavel nos meios cultos, entre aqueles que Mersenne denuncia como racionalistas e que, a despeito de sua cólera, modelam a mentalidade do tempo. Lenoble, sem prazer, fornece a definição desse papel: Maquiavel é o *mestre do novo pensamento*.[17]

Ele o é na Itália: alvo que os maiores não se cansaram de mirar, como Boccalini, que de resto, sob a cobertura dos ataques, busca talvez defendê-lo;[18] como Campanella, cujo primeiro tratado sobre o *Ateísmo triunfante* é inteiramente dirigido contra Maquiavel — e que irá empenhar-se em desacreditá-lo sobretudo na medida em que seus antigos trabalhos testemunham os empréstimos que fez de seu adversário —,[19] mas que será também modelo para as obras que, numerosas na primeira metade do século, se dedicam a redefinir a partir do *Príncipe*, embora mais frequentemente contra ele, os termos de uma *boa* razão de Estado.[20] Ele o é na Alemanha, onde, na abundante literatura política, já totalmente impregnada de argumentos jurídicos, transparece o desígnio análogo de tirar o soberano do abismo no qual o precipita o maquiavelismo, ao lhe conceder o direito de governar acima das leis e de usar a violência e a astúcia para bons fins. Nessa literatura vemos se afirmar pouco a pouco a reivindicação de um relativismo político

---

14 Artaud, op. cit., II. Sobre seu comentário do processo, pp. 287 ss.   15 Robert Lenoble, *Mersenne ou la naissance du mécanisme*. Paris: Vrin, 1943, p. 604.   16 Ibid., p. 180.   17 Ibid., p. 176.   18 Paolo Treves, Sul pensiero politico di Trajano Boccalini. *Nuov. Riv. Stor.*, XV, 5-6; Meinecke, op. cit., I, cap. III.   19 Meinecke, op. cit., I, cap. IV; Procacci, op. cit., pp. 71 ss.   20 Sobre a história da razão de Estado, cf. Meinecke, op. cit.

e moral, ainda enfronhado nos preconceitos escolásticos, mas que traz à luz interpretações novas e fecundas, que fazem justiça às acusações lançadas contra Maquiavel sob o signo do antimaquiavelismo: Gaspar Schopp se empenha em mostrar que a política é um domínio específico que não poderia ser confundido com o da religião e que o ensinamento cristão rigorosamente restituído autoriza os argumentos de Maquiavel; Hermann Conring faz de Maquiavel o mais perspicaz herdeiro da filosofia política clássica e, em particular, de Aristóteles.[21]

Na Holanda, a maior edição das obras de Maquiavel vem a lume entre 1691 e 1696 sob os cuidados de François Testard, calvinista francês emigrado após a revogação do Edito de Nantes.[22] Em seu comentário aparece a imagem de um escritor ocupado em combater a corrupção de sua época — notadamente, a da Igreja —, em denunciar os malefícios do despotismo e em servir o bem comum pela busca das regras que comandam a ação política. Alguns anos antes, Amelot de la Houssaye publicou em Amsterdam uma tradução do *Príncipe* em francês, cujo prefácio coloca em evidência o parentesco entre Maquiavel e Tácito, a inspiração republicana de sua obra e os laços que o uniram, quando era vivo, aos adversários dos Médici.[23] Entretanto, de todos os julgamentos feitos sobre Maquiavel, o de Espinosa é o melhor, de modo a se inscrever na história da posteridade.[24] O *Tractatus politicus* não se limita a fazer uma referência elogiosa ao escritor florentino — o único dos pensadores políticos modernos, de resto, cujo nome é mencionado —, ele se interroga sobre seu desígnio em termos que revelam a afinidade dos princípios dos dois filósofos e tornam plausível uma interpretação democrática do *Príncipe*. A primeira resposta de Espinosa é, com efeito, que Maquiavel quis

> mostrar de qual imprudência a massa dá provas quando suprime um tirano, enquanto ela pode suprimir as causas que fazem com que um

---

21 Gaspar Schopp escreve em 1618 uma apologia que permanece inédita. Cf. Mario D'Addio, *Il pensiero politico di Gaspare Scioppio e il machiavelismo del 600*. Milão: Giuffrè, 1942. Em Roma é publicado em 1623 *Gasparis Sciopii Caesarii regii consiliari Paedia politices...* Cf. Procacci, op. cit., pp. 67 ss. *Hermanii Conringii animadversiones politicae in Nicolai Machiavelli de Principe*, Helmstadt, 1661; cf. ibid., pp. 278-88. **22** Ed. Henry Desbordes, Amsterdam. Cf. Procacci, op. cit., pp. 296-8. **23** *Le prince de N. M. secrétaire et citoien de Florence*, traduzido e comentado por A. N. Amelot, senhor de La Houssaye, Amsterdam, 1683. **24** *Tractatus politicus*, cap. V, 7. ed. fr. La Pléiade, p. 951.

príncipe se torne um tirano. Mas que, ao contrário, quanto mais o príncipe tem motivos para temer, mais há causas para ele se tornar um tirano, como acontece quando a multidão mostra exemplos ao príncipe e se vangloria do atentado contra um soberano como um grande feito.

Ora, esse argumento, amplamente desenvolvido, além disso, no *Theologico-Politicus* — e sem referência expressa a Maquiavel —, implica, pela concepção de potência e de causalidade natural que coloca em jogo, uma ruptura com as concepções de Estado clássicas e cristãs. Seu efeito consiste em recusar a leitura convencional de suas obras, tanto a de seus detratores quanto a de seus apologistas — estes últimos se mostrando mais frequentemente ocupados em estabelecer a compatibilidade de seu ensinamento com o de São Tomás de Aquino ou de Aristóteles. Além disso, a segunda resposta que o *Tractatus* oferece, sob o disfarce de um deslocamento da hipótese, desvela o laço que une a filosofia nova com a teoria de um Estado fundado sobre a liberdade e a potência do povo: "Talvez Maquiavel", acrescenta Espinosa,

> quisera mostrar que uma massa livre deve a todo preço se guardar de confiar sua salvação a um único homem. Pois este, a menos que seja excessivamente vaidoso e imagine que seja possível agradar a todos os súditos, temerá incessantemente as armadilhas. Ele será, então, obrigado a manter-se alerta e preparar, ele mesmo, armadilhas para a massa, em lugar de zelar, como deveria, pelos interesses gerais. Esta última intenção é, quanto a mim, aquela que eu estaria inclinado a atribuir a nosso autor, pois é certo que esse homem tão sagaz amava a liberdade e formulou excelentes conselhos para salvaguardá-la.

De fato, tal julgamento está de acordo com a representação de um Maquiavel republicano, mas em virtude de um raciocínio que nada deve à tese antiga dos adversários da tirania e que será largamente desconhecido pelos teóricos modernos da democracia. Ao contrário de Rousseau, Espinosa não propõe que exista uma dupla linguagem de Maquiavel, um ensinamento secreto que se dissimularia sob a intenção declarada de servir aos príncipes. Logo em seguida ele sugere — e sua própria análise do Estado o confirma — que a mesma necessidade faz conhecer o agenciamento natural dos modos da potência, no qual se manifesta a divisão entre dominantes e dominados e a perda de potência que vai de par com a instalação de um particular no lugar da soberania.

São reveladoras da influência exercida por Maquiavel sobre o continente as observações que os contemporâneos fazem aparentemente sem paixão. No meio do século, um tradutor do *Príncipe*, que publicava em Leyde uma edição latina, salientava que "uma multidão de bons espíritos enxergava Maquiavel, e apenas Maquiavel, como responsável pelos males da cristandade".[25] É verdade que poderíamos concluir desse julgamento que o antimaquiavelismo domina. Mas é também permitido supor que seu autor explora a lenda negra de Maquiavel para fins publicitários. Por volta do fim do século, o autor de um *Cerimonial histórico e político*, Gregorio Leti, propunha uma lista de obras indispensáveis à biblioteca de um embaixador: "Nicolau Maquiavel se apresenta em primeiro lugar, de quem tanto se falou pelo mundo".[26]

Entretanto, sua influência no curso do século XVII não parece ser em nenhum lugar mais fecunda do que na Inglaterra, a julgar pelo penetrante estudo de Procacci e de F. Raab.[27] Logo no começo do século, Alberigo Gentile, professor em Oxford, publicou a maior parte de suas obras na Inglaterra, redigiu um *De Legationibus*, no qual fazia o elogio da teoria de Maquiavel, a seus olhos o produto de uma maravilhosa conjunção entre os princípios do método filosófico e do método histórico. Ele lhe imputava a intenção "não de instruir o tirano, mas de tornar públicas suas ações secretas, expô-las a nu para o olhar do povo". Essa apreciação está na origem de uma interpretação cujos sinais são notados nos maiores escritos políticos da época, os de Bacon e de Harrington. Como assinala Procacci, as referências a Maquiavel pululam nas duas obras de Bacon, *Of the True Greatness of the Kingdom of Britain* e *Of the True Greatness of Kingdoms and States*. Mas importa mais destacar o elogio da monarquia inglesa contemporânea, fundado sobre a ideia de que nela o poder encontra sua base em amplas camadas populares, de que os súditos constituem a força armada do Estado e de que um tipo político novo se forja, simultaneamente em oposição ao tipo do despotismo asiático — encarnado no presente pela

---

25 Chérel, op. cit., p. 121. **26** Tommasini, op. cit., I, p. 26, n. 1. **27** Felix Raab, *The English Face of M. A Changing Interpretation. 1500-1700*. Londres/ Toronto: Routledge/ Kegan Paul, 1964, citado por Procacci, op. cit., pp. 210-2. Ver também o rico comentário deste último sobre *"la fortuna inglese del M."*, cap. V, pp. 213-61.

potência turca — e ao tipo da monarquia francesa, que implica a opressão da massa do povo por uma nobreza numerosa e insolente. Das análises de Maquiavel, Bacon não chega, todavia, a deduzir a superioridade do regime republicano. Antes, ele as explora para justificar a reforma agrária realizada por Henrique VII e forjar o modelo de uma monarquia conforme os interesses das classes médias. No conceito do Estado moderno que ele formula também se verifica um rebento do pensamento maquiaveliano. Entretanto, parece bem mais estreita a relação que Harrington estabelece com ele, a ponto de fazer nosso historiador concluir que a elaboração de sua teoria política é indissociável da interpretação do *Príncipe* e dos *Discorsi*. Essa hipótese, quando a vemos rigorosamente sustentada, não poderia deixar de reter nossa atenção, pois que com o *Oceana* se encontram formulados, pela primeira vez, sem dúvida, os princípios da revolução burguesa. A distinção estabelecida entre o que é da ordem da *foundation*, e que cobre o regime de propriedade — *balance of dominion or property* —, e a ordem do regime político que Harrington designa já com o termo *superestrutura*, a ideia de sua necessária correspondência, a convicção de que estão reunidas na Inglaterra as condições do advento de um Commonwealth (termo empregado para traduzir *Republica*), que repousa sobre a partilha da propriedade entre uma grande massa de cidadãos e assegura sua associação à direção dos negócios públicos e à defesa do Estado, os traços de uma concepção que comanda a reflexão moderna surgem no exame das obras de Maquiavel e no comentário de seus exemplos e julgamentos. E ainda devemos assinalar de passagem e guardar na memória a crítica que Harrington faz da interpretação maquiaveliana da história romana. Pois se ele pretende descobrir a figura do regime republicano nos *Discorsi*, não pode, todavia, acolher a tese de que no cerne do melhor Estado se encontra a luta de classes. A justificação da revolução operada por Cromwell é acompanhada pela firme crença na paz social, na estabilidade dos estatutos adquiridos. E muito menos o filósofo inglês subscreve a crítica destrutiva do papel da nobreza. Basta-lhe que ela não disponha de uma potência excessiva, que ela não se beneficie da balança da propriedade a ponto de colocar o Estado sob sua dependência. A revolução burguesa associa-se, assim, à conservação das diferenças de condições. De resto, temos com o *Oceana* de Harrington a perspectiva republicana de um Maquiavel republicano (*republican view of republican Machiavelli*, segundo a fórmula de Raab citada por Procacci).

Ora, desde a metade do século essa perspectiva, outrora aberta por Gentile, não está mais limitada a um pequeno número de pensadores. A representação de um Maquiavel republicano é largamente difundida por uma obra de James Bovey, *Atheistical Politician or a Brief Discourse Concerning Niccolo Machiavel*, que rebaixa o *Principe* ao nível de um pequeno panfleto e vai buscar nos *Discorsi* o verdadeiro ensinamento do escritor. Medimos a amplitude dos efeitos da nova tese ao descobrir os comentários de Milton em seu *Commonplace Book*, o qual não se furta, de sua parte, a louvar Maquiavel por sua aprovação às insurreições do povo e ao regicídio. É verdade que esse escrito não é destinado ao público, e seu autor evita prudentemente evocar a autoridade de Maquiavel em suas outras obras. Mas, se sua discrição é sinal da persistência de um preconceito antimaquiaveliano na opinião, a edição completa em inglês das obras do escritor, em 1675, e a publicação retumbante de uma carta apócrifa que lhe atribui a refutação das acusações lançadas por seus detratores mostram que o preconceito antimaquiaveliano não resiste ao ardor daqueles que descobrem a imagem de um pioneiro da revolução burguesa.

Charles Benoist sustenta, no entanto, que o século XVII é o tempo do ultra e do extramaquiavelismo. Tudo se passa como se o discurso crítico se circunscrevesse às considerações de Naudé sobre a razão de Estado ou àquelas do cura Machon, ocupado em voltar contra a Igreja romana os princípios honoráveis do realismo político. Simplificação comandada pela hipótese de que o reinado de Mazarin e o de Richelieu se apropriam de uma apologia da astúcia a serviço do poder. Com Panella, parece que os homens do século XVI não souberam distinguir o fato político definido por Maquiavel e se limitaram a uma crítica moralizante. Isso é privilegiar abusivamente as medíocres refutações de Possevin, Bosio, Ribadeneira e Gentillet; é ignorar o nascente debate sobre a natureza da monarquia moderna, sua base social, a função do Parlamento, os laços da política e da guerra; e é negligenciar os signos manifestos da descoberta de um ensinamento novo, forjado em ruptura com a utopia e hostil à tirania, que são os escritos de Paul Jove e dos tradutores franceses de Maquiavel, Gaspard d'Auvergne, Jean Gohory e Guillaume Cappel, cujas ideias serão ainda exploradas por Bayle.

A apreciação de Villari sobre o século XVIII não está mais bem fundada. O ensaio de Frederico II — ao qual Voltaire presta seu auxílio — constitui indiscutivelmente o Manifesto do antimaquiavelismo da época.[28] Mas estaríamos errados ao buscar aí a filosofia das Luzes. Com a publicação do *De Nicolao Machiavelo*, de Johann Friedrich Christ,[29] vem a lume, alguns anos mais cedo, o primeiro trabalho crítico que alia o estudo da vida e da obra do escritor com o de sua representação. Ora, essa obra, cuja influência será considerável, rompe com a interpretação escolástica, encontra nos *Discorsi* o verdadeiro pensamento de Maquiavel — que parece consagrado à elaboração do modelo republicano — e reduz o *Principe* a um apêndice redigido em uma época tardia, sob efeito das circunstâncias. O *Anti-Machiavel* não despertou o interesse dos contemporâneos por uma obra esquecida; antes, ele é o testemunho de sua popularidade. Se ele foi concebido, nos diz o autor, é porque "Maquiavel foi acossado apenas por alguns moralistas e [...] porque ele se manteve na cátedra da política até nossos dias, malgrado eles e malgrado sua perniciosa moral".[30] Sem dúvida, Frederico atacou um tema que lhe deveria angariar o favor do público. A hipótese parece bem fundada, se observamos a reação que suscita seu *Anti-Machiavel*. A obra de Christ, já mencionada, é novamente publicada sem o nome de um autor por um livreiro de Utrecht, que aproveita a ocasião para produzir um anti-Frederico. Segundo a observação de Procacci, que fornece outros exemplos, Maquiavel faz a fortuna dos editores na época.[31] E devemos admitir que a representação dominante é aquela apoiada por Amelot, Testard, pelo dicionário de Bayle, por Christ, pelo dicionário de Brucker e que floresce na Grande Enciclopédia.[32]

---

28 Sobre as circunstâncias da publicação do *Anti-Machiavel* (La Haye, 1740), cf. a introdução de R. Naves à edição Garnier do *Principe*, 1949. **29** Christ, op. cit. **30** Prefácio, in *Le Prince*, Garnier, op. cit., p. 97. **31** Procacci, op. cit., p. 307. **32** No artigo "maquiavelismo" diz-se que este é uma "espécie de política detestável", que podemos definir como "a arte de tiranizar cujos princípios foram disseminados por Maquiavel, o Florentino, em suas obras". Mas no curso do comentário, M. é considerado um "gênio profundo", dotado de uma erudição muito variada. É formulada a hipótese de que o argumento do *Principe* era o efeito da astúcia de seu autor que queria instruir o povo. O artigo cita o elogioso juízo de Bacon e se encerra com um ataque contra Frederico. No artigo "política", sabemos que "ele [M.] trilhou uma nova via e fundou todas as profundidades da política". No artigo "Florença", lemos que ele "estabeleceu máximas odiosas muito frequentemente seguidas na prática por aqueles que o censuram na especulação" (novo ataque contra Frederico), e que simultaneamente foi um escritor de primeira ordem. Em compensação, as opiniões de Holbach (Charbonnel, op. cit., p. 123) e D'Alembert (Chérel, op. cit., p. 629) são violentamente hostis.

A ideia, em particular, de que o *Principe* contém uma mensagem secreta dirigida aos povos é largamente difundida antes de receber, no *Contrato social*, a expressão que marcará profundamente os leitores modernos.[33] Além disso, basta ler o preâmbulo da edição francesa dos *Discorsi*, redigido em 1782 por De Meng — partidário de uma monarquia constitucional —,[34] para se convencer de que pouco tempo antes da Revolução Francesa se fixou uma tradição cujo produto será a imagem de um Maquiavel jacobino. Mas, independentemente das obras que lhe são consagradas e que defendem explicitamente seu ensinamento, sua influência é observável sobre escritores cuja crítica não é de inspiração antimaquiavelista. Montesquieu reprova o autor do *Principe* por ter desconhecido a distinção entre os governos legítimos e ilegítimos. Mas como Levi-Malvano o mostrou, com várias referências em apoio de sua tese, as *Considerações sobre as causas da grandeza e da decadência dos romanos* bebem abundantemente da fonte dos *Discorsi*.[35]

Devemos ainda nos voltar para a Itália para medir a irradiação de uma obra que, no último quarto do século, vai escapar à proibição da Igreja e adquirir um estatuto tal que os jesuítas temerão condená-la abertamente. Aí, o trabalho crítico inaugurado por Bandini, que publica os inéditos, explora a biografia do escritor e coloca em evidência a diversidade dos juízos suscitados por suas obras, é acompanhado por um retorno às fontes do gênio italiano. Três edições completas de Maquiavel entre 1768 e 1772, e em seguida, em 1782, a de Cambiagi — que será autoridade aos olhos da crítica moderna — dão, enfim, estatuto oficial a um escritor apreciado ao mesmo tempo como um mestre do pensamento político, uma glória de Florença e da Itália e um audacioso crítico da tirania. A despeito das dificuldades decorrentes de um melhor conhecimento das relações de Maquiavel com os Médici, permanece dominante a tese de que Maquiavel escreveu "obliquamente" o *Principe* e jamais cessou de servir a causa da

---

33 Livro III, cap. VI.   **34** *Reflexions de M. sur la Première Décade de Tite Live. Nouvelle traduction précédée d'un discours par M. de Meng*, Amsterdam, 1782. O autor faz a apologia de M., que teria tentado livrar seus contemporâneos da corrupção. Ele defende uma monarquia constitucional e um governo que seja ao mesmo tempo fundado "sobre o entusiasmo e a paixão" e "sobre as rendas econômicas".   **35** Ettore Levi-Malvano, *Montesquieu e M.*, Paris: Bibliothèque de l'Institut Français de Florence, 1912.

liberdade.[36] O ensaio de Galanti em 1779 e, mais ainda, o elogio pronunciado por Baldini, na Academia Real de Florença em 1794, são um testemunho disso. E os acentos rousseauístas e jacobinos deste último, como nota Procacci, assinalam o acordo da crítica francesa e italiana em uma época na qual a História parece mesclar os destinos dos povos.

O que todavia se insinua na Itália com a restauração oficial da imagem de Maquiavel é a crença em uma tarefa patriótica que teria sido pela primeira vez formulada no *Principe*. Em Alfieri se exprime já o sentimento da italianidade de Maquiavel.[37] Mas a obra erudita de Angelo Ridolfi é uma reinterpretação sistemática: o último capítulo do *Principe* dá a chave de suas análises; assim, a justa apreensão do apelo a liberar a Itália dos bárbaros torna

36 A *Collectio...* de Bandini (op. cit.) defende a ideia de que a intenção de Maquiavel, ao escrever suas obras, era servir à causa dos republicanos e que seu verdadeiro pensamento se revela melhor nos *Discorsi*. A publicação em 1760 do *Discorso sopra il riformare lo stato di Firenze*, até então inédito, confirma a tese de que o secretário florentino, no momento mesmo em que desejava ser empregado pelos Médici, jamais perdeu de vista o objetivo de restauração da república. A imagem do republicano se impõe nas novas edições italianas, publicadas em Paris em 1768, em Veneza em 1769 (esta última, localizada no lugar fictício de Cosmopoli), depois em Londres em 1772, sob os cuidados de Baretti. Em Roma (mas com a falsa indicação de Lausanne), sai em 1771 uma compilação de máximas à glória de M., sob o título *La mente di un uomo di Stato*, atribuída ao jurista Stefano Bartolini. Em 1772, em seus *Elogi degli uomini illustri toscani*, Marco Lastri reafirma que o *Principe* foi escrito "obliquamente" e que seu autor era, ao mesmo tempo, um patriota e um republicano. Como nota Procacci (pp. 361-2), M. provoca, nessa época, um interesse que ultrapassa o círculo restrito dos eruditos. O ensaio de Algarotti, *Della scienza militare del segretario Florentino,* lança então uma nova luz sobre a obra vinculando o projeto da *Arte della guerra* com os do *Principe* e dos *Dsicorsi*: a teoria das "armas próprias" e da infantaria é de inspiração política e está a serviço de um Estado fundado sobre o povo. Algarotti assinala a influência que exerceu na França essa teoria sobre La Noue e Guillaume du Bellay. A edição Cambiagi (Florença), que consagra a reabilitação de M., o apresenta como um *"exaltatore della libertà"* e faz de seu *Principe* uma arma forjada contra a tirania *"svelandone tutte le deformità e depingendola nei suoi piu neri colori per ispaventare e svergognare i tiranni o per animare i popoli a guardasene"* (citado por C. F. Goffis, in W. Binni, *I classici italiani nella storia della critica*, I, p. 354). Goffis observa que M. torna-se na Itália, na segunda metade do século XVIII, a *"bandiera del laicismo e del liberalismo"*.
37 Alfieri, *Del Principe e delle lettere*, da tipografia de Kell, 1795, sustenta que essa obra foi escrita *"molto piu per desvelare ai popoli le ambizioni ed avvedute crudeltà dei principi che non certamente per insegnare ai principi a praticarle..."*. Ele fala de *"quel divino autore"* e sustenta que cada palavra, cada pensamento dos *Discorsi* e das *Storie* testemunham a grandeza de espírito, o amor pela liberdade e pela justiça; que, enfim, a Itália moderna ignorou o único filósofo político verdadeiro que ela jamais teve. Cf. Artaud, op. cit., I, p. 393. O juízo de Alfieri é mencionado como exemplar por Gramsci, op. cit., infra, p. 119.

vã a hipótese de uma linguagem oblíqua; o escritor aparece como um republicano convicto, cujo mérito é ter compreendido que as instituições da livre Florença estavam caducas e que seria preciso trazer uma solução geral para a crise dos Estados da Península.[38] Dessa interpretação, Ugo Foscolo nutre suas meditações sobre Maquiavel. Os versos famosos do *Sepolcri* dão a entender que o *Príncipe* indica aquilo que deve dar força ao poder e, simultaneamente, revela ao povo que "ele escorre sangue e lágrimas".[39] Em seus escritos em prosa, ele pretende várias vezes mostrar o duplo desígnio, reformador e patriótico, do escritor e esclarecê-lo à luz de sua personalidade e da história de seu tempo.[40] Tentativa que adquire uma dimensão nova quando Cuoco pretende estabelecer que o projeto de fundação do Estado italiano faz par com a descoberta da *realità effettuale*.[41]

Entretanto, essa nova interpretação, manifestamente ligada ao despertar do nacionalismo, não se limita à Itália. Ela já está esboçada na França sob a pluma de Guiraudet, arauto do bonapartismo que mistura na fraseologia, é verdade, o ideal republicano, o ideal patriótico e o ideal laico.[42] Pode-se ter a medida da fecundidade dessa nova interpretação ao considerar os ensaios dos escritores alemães[43] que, na primeira metade do século XIX, enal-

---

38 Angelo Ridolfi, *Pensiero intorno allo scopo di N. M. nel libro Il Principe*, Milão, 1810. Ver as páginas que Procacci consagra à obra, op. cit., pp. 396-8. **39** Os versos dos *Sepolcri* deveriam permanecer gravados na memória dos italianos: *"quel grande/ Che temprando lo scettro a' regnatori/ Gli allorne sfronda e ala gente svela/ Di che lacrime grondi e di che sangue"*. **40** Sobre os escritos de Foscolo, cf., além dos comentários de Procacci (op. cit., pp. 398-401), o estudo de Filippo Meda, "Il machiavellismo", *Rivista d'Italia*, maio-ago. 1927, pp. 226-7. **41** Sobre a contribuição de Vicenzo Cuoco, ver Curcio, op. cit., p. 20. **42** Toussaint Guiraudet, *Œuvres de Machiavel*, Paris: Pichard, ano VII, 9 v. **43** Segundo Elkan (op. cit.), a representação de M. republicano, que funda a interpretação do *Príncipe* como sátira da tirania, está comumente disseminada na Alemanha da segunda metade do século XVIII. Sob a influência de Diderot, ela se torna canônica. Entretanto, no fim do século esboça-se uma corrente que desloca o interesse da crítica sobre os *Discorsi*, julgada então a obra-mestra do florentino. Jacobi, em 1782, em uma obra consagrada a Lessing, multiplica as citações emprestadas dessa obra e traduz integralmente o capítulo "Que um povo é mais sábio e mais constante do que um príncipe". E sua contribuição se coloca ainda sob o signo da interpretação "democrática". Em compensação, Herder (1795) abre uma nova perspectiva afirmando que o *Príncipe* deixa-se compreender somente à luz de seu tempo. Este interditava pensar a distinção entre política e moral. A questão que se desenhava era a da razão de Estado e a criação da unidade italiana na luta contra os "bárbaros"; interpretação que não exclui a condenação do maquiavelismo, concebido como política limitada à conquista e à conservação do poder. Assim, Herder julga que Frederico II deveria ter redigido um antipríncipe, e não um *Anti-M*.

tecem o retorno a Maquiavel conclamando à criação de um destino nacional e forjando novos conceitos de uma teoria do Estado e da História. Diante dos *Ensaios* de Hegel e de Fichte, não me parece exagerado dizer que isso que se convencionou chamar de idealismo alemão encontra-se nutrido, em sua fonte, por uma reflexão sobre Maquiavel.

A leitura que Hegel faz do *Principe* parece estar na origem de uma reelaboração dos princípios que comandam seus primeiros trabalhos. Enquanto estes, sob a influência de Montesquieu e de Rousseau — e consagrados ao direito natural na organização da cidade antiga e à essência do cristianismo —, giravam em torno do tema do espírito de um povo, o *Ensaio sobre a constituição da Alemanha* solapa o edifício da moralidade subjetiva para estabelecer seu fundamento na ideia do Estado.[44] A tarefa política e a tarefa filosófica se articulam em favor de uma interpretação de Maquiavel. A este é reconhecido o mérito de ter concebido com uma fria sagacidade a ideia necessária da salvação da Itália colocando essa ideia em um Estado. O *Principe* é assim visado na perspectiva que compõe seu apelo final à liberação da península. Os modos de ação que nele se encontram enunciados são justificados pela necessidade de subordinar todos os meios para a criação do Estado. Ainda que um dirigente moderno possa recusar o uso de alguns de seus meios, ele deve admitir que no tempo de Maquiavel a corrupção da Itália os tornava necessários e que eles permanecem justos em seus princípios. Assim, escreve o filósofo:

> É a partir do conhecimento do tempo em que viveu Maquiavel e, particularmente, a partir do conhecimento da história italiana que se deve fazer a leitura do *Principe*, e essa obra parecerá não apenas legítima, mas o produto de uma concepção cuja verdade e profundidade testemunham a excelência de seu autor.[45]

---

44 *Über die Verfassung Deutschlands* (Werke, VII, Lasson ed., 1913) foi redigido, segundo Dilthey, entre o outono de 1801 e a primavera de 1802. Sobre sua importância nessa etapa da evolução de Hegel, cf. Meinecke, op. cit., III, cap. I, e Elkan, op. cit. Na origem do ensaio está a descoberta de que a Itália do Renascimento e a Alemanha contemporânea partilhavam o mesmo destino: "*Mit Deutschland hat Italien denselben Gang des Schkisals gemeinschaftlich gehabt, nur dass Italien, weil in ihm schon grössere Bildung lag, sein Schksal früher der Entwicklung zuführte, der Deutschlan vollends entgegengeht*" (Elkan, op. cit., p. 434).
45 Citado por Elkan, ibid.

Hegel não cessará de sustentar esse julgamento depois, pois afirmará novamente, nas *Lições sobre a filosofia da história*, que a passagem do feudalismo para a monarquia exige a destruição violenta das senhorias encarniçadas em preservar sua autonomia. Ele diz:

> Vemos na célebre obra de Maquiavel, *O príncipe*, como do ponto de vista moral havia um direito absoluto a submetê-las. Frequentemente, este livro foi rejeitado com horror, sob a alegação de que estava repleto das mais cruéis máximas da tirania, mas Maquiavel, com o elevado sentimento da necessidade da formação do Estado, estabeleceu os princípios segundo os quais os Estados deveriam ser constituídos. Era absolutamente preciso aniquilar os senhores e os poderes particulares. E se nós não podemos conciliar com nosso conceito de liberdade os meios que ele nos faz conhecer como os únicos e perfeitamente legítimos — porque aí se introduzem a violência menos escrupulosa, todas as espécies de engano, o assassinato etc. —, devemos confessar que os potentados a destituir não podiam ser atacados de outra maneira, pois que eles possuíam propriamente uma má-fé irredutível e uma perfeita abjeção.[46]

Maquiavel aparece, assim, como o único pensador a ter percebido o laço entre a filosofia e a história. Antecipando a instituição de um Estado italiano, ele conquistou um direito moral absoluto para julgar sua época e definir o princípio da ação política. Os meios que ele preconiza para assegurar o poder do príncipe decorrem dessa antecipação e dela tiram sua justificação. Concebendo a ideia do Estado, ele pode discernir nos conflitos que dilaceram a Itália uma guerra civil e conclamar um príncipe novo a usar de todos os meios contra os senhores que são, por direito, do ponto de visa do futuro, rebeldes. "O que seria horrível", observa Hegel, "se fosse realizado por um homem privado contra um homem privado ou por um Estado contra outro Estado ou contra um homem privado, torna-se, de agora em diante, justo castigo."[47] Simultaneamente, a interpretação que funda a legitimidade do empreendimento maquiaveliano funda a possibilidade de recusar o emprego de certos meios, que por terem sido necessários na Itália do

---

[46] Georg Wilhelm Friedrich Hegel, *Leçons sur la philosophie de l'histoire*. Paris: Vrin, 1946, p. 366.   [47] Meinecke, op. cit.

Cinquecento não seriam mais adequados à tarefa atribuída ao homem de Estado moderno. Surge então a ideia da razão histórica que requer o conhecimento da identidade e da diferença dos tempos. Ela está implicada em uma leitura da antecipação do presente pelo passado e da limitação do passado relativamente ao presente que o desvela e assume seu sentido.

O núcleo da teoria hegeliana da História se forma assim em uma reflexão sobre a fundação operada por Maquiavel. Verifica-se que devemos retroceder a essa fundação para definir no presente uma tarefa nova. Quando ele compara a situação da Itália com a da Alemanha contemporânea e declara: "A obra de Maquiavel continua sendo o grande testemunho que ele deu de seu tempo e de sua própria fé de que o destino de um povo que se precipita para sua perda pode ser salvo por um gênio",[48] Hegel está sugerindo que uma mensagem é transmitida e um modelo deve ser seguido. Se ele conclui que o apelo de Maquiavel permaneceu sem efeito, não é para desacreditá-lo, mas, ao contrário, para fazer entender que ele ainda aguarda seu efeito. Traduzido na linguagem que responde às condições da Alemanha do século XIX, esse apelo pode ser a salvação da nação, pois a ideia fundamental do ensaio — do qual se dirá que é de uma audácia revolucionária[49] — é precisamente que a Alemanha não é mais um Estado e que a criação de um Estado exige uma política nova. Segundo Dilthey,[50] Hegel parece ter querido se impor com essa obra como o Maquiavel da Alemanha, na esperança de conduzir a seu termo um projeto que foi recusado ao escritor florentino levar a cabo. Projeto cujo alcance se mede ao se observar que, ao mesmo tempo, Hegel repudia a ideia de uma liberdade *abstrata*, extraída da fonte da Revolução Francesa.

Os homens, sempre mais inspirados pela representação ideal de uma razão desinteressada, própria à liberdade política e à liberdade de consciência, gozando do íntimo ardor de seu entusiasmo, são insensatos ao não ver a verdade situada na potência e ao acreditar que uma obra humana de justiça e sonhos inventados dão segurança em face da justiça superior da natureza e da verdade que se serve da necessidade para constranger os homens por seu poder, a despeito de todas as convicções, das teorias e do ardor interior.[51]

---

48 Elkan, op. cit., p. 438. 49 Ibid., p. 434. 50 Ibid., p. 438. 51 Apud Meinecke, ibid.

A justiça da natureza e da verdade, que Hegel chamará mais tarde de *espírito do mundo*, se vê fundada sobre o reconhecimento da potência. E já se anuncia a ideia da astúcia da razão. O ensinamento de Maquiavel coloca Hegel diante de uma contradição que ele supera ao custo de uma revolução filosófica: esse ensinamento parece lançar um desafio à moral tradicional, fazer da luta pela potência, do exercício da violência, da defesa do interesse particular uma norma de conduta, em suma, ele fornece uma expressão completa do que seria um antikantismo, ao mesmo tempo que é ordenado pelo ideal de uma criação histórica, no término da qual o Estado figurará o universal. Os dois termos da contradição são rearticulados na ideia de uma gênese da Razão. Nesse sentido, não é exagerado sustentar que uma parte essencial da obra de Hegel está presente na resposta que ele dá ao problema que lhe coloca Maquiavel, mesmo que essa resposta exceda, com toda evidência, aquela que é esboçada no ensaio de juventude de Iena. É partindo de uma reabilitação do político que Hegel faz a crítica de uma moral e de um direito abstrato e aponta no curso do mundo a verdade que lhe contesta a consciência individual. Ele escreve:

> São os moralistas e os filantropos que difamam a política, como se ela decorresse de uma inspiração e de uma arte consagrada à procura do útil próprio às expensas do direito, como se ela fosse um sistema e uma obra de injustiça. E o público, caseiro e sem partido — quer dizer, uma massa sem interesses e sem pátria, cujo ideal é a tranquilidade das mesas dos cafés —, acusa a política de fidelidade duvidosa e de instabilidade diante da lei ou, ao menos, julga interesseira e considera com desconfiança a forma de direito na qual aparecem os interesses de seu Estado. Se esses interesses são os seus próprios, este afirma também a forma do direito, mas a verdadeira força interior que o motiva são os interesses, não a forma do direito.[52]

Assim, a antítese tradicional entre política e moral é recusada, enquanto se esboçam as condições de uma moralidade concreta, instituindo-se, pelo jogo das ações particulares, como resultado da política. Esta, colocando-nos à prova do interesse que exige satisfação, da pura particularidade,

---

52 Id., ibid.

da ação votada a seu efeito imediato na ignorância dos fins últimos que ela desperta, não somente não se torna estranha à moralidade, mas constitui seu fundamento, pois o que advém sob o signo da contingência se inscreve na História como Direito e como Cultura. Como escreve Meinecke, o reconhecimento do maquiavelismo por Hegel é algo como a legitimação de um bastardo.

Sob a mesma inspiração se encontra o estudo que Fichte consagra a Maquiavel enquanto está refugiado em Königsberg, após ter fugido da ocupação de Berlim.[53] Mais ainda do que a de Hegel, sua interpretação traz a marca do evento. Ele também quer extrair do *Principe*, dos *Discorsi* e da *Arte della guerra* uma mensagem dirigida à Alemanha. Ele retoma por sua conta o apelo à liberação e à unidade do povo italiano para exortar seus contemporâneos a medir a tarefa que lhes impõem a resistência a Napoleão e a constituição de um Estado fundado sobre a potência de suas próprias armas. Ainda que seu propósito seja necessariamente velado, ele transparece nas escolhas dos fragmentos extraídos das obras de Maquiavel e no capítulo intitulado "Em que a política de Maquiavel continua aplicável em nosso tempo".[54] Sob a pluma daquele que irá se considerar bastante inspirado para pedir ao governo o direito de arengar as tropas no campo de batalha, a fórmula famosa que fecha esse capítulo atesta sua identificação com o profeta da independência italiana: "Possa um tal homem no presente, que não seja desconhecido nem mal conhecido, levantar-se dentre os mortos e mostrar a via justa".[55] O que Fichte coloca sob os olhos de seu leitor é, de início, o último capítulo do *Principe*; em seguida, o terceiro capítulo, que opõe a política acertada dos romanos à covardia dos governantes modernos, que querem gozar das vantagens do presente na ignorância de que o tempo tudo varre; depois, os capítulos 14, 21 e 22, que tratam da autoridade do príncipe, da necessidade em que ele se encontra de assumir pessoalmente o comando de suas tropas, de evitar os partidos neutros e de sozinho tomar as decisões sem fazer mais do que consultar seus ministros; é, enfim, o 25º que opõe o poder da *virtù*

---

[53] J. G. Fichte, *Ueber M. Als Schriftsteller und Stellen aus seinen Schrfiten*, Sämmtliche Werke, XI, Marcus edit., Bonn, 1835, pp. 401-53. Cf. Meinecke, op. cit., III, cap. II; Xavier Léon, *Fichte et son temps*. Paris: A. Colin, 1922-7. v. II.   [54] "In wiefern M.' Politik auch noch auf unsere Zeiten Anwendung habe". Fichte, op. cit., pp. 420 ss.   [55] Ibid., p. 428.

ao da Fortuna. Outros tantos argumentos contra a fraqueza da monarquia prussiana e a resignação do povo alemão.

Mas não é menos importante observar que a leitura de Maquiavel inspira a Fichte, como a Hegel, uma nova reflexão sobre seus princípios. Sem dúvida, o entusiasmo que nele havia suscitado a Revolução Francesa se extinguira sob o espetáculo das guerras de conquista, como o atestam as lições dadas em Berlim em 1804. Mas parece que é exatamente em seu ensaio sobre Maquiavel que, pela primeira vez, ele pretende conceber a essência do Estado. Se, no primeiro capítulo, ele se empenha em mostrar a função do realismo maquiaveliano e a nova relação que o *Principe* institui entre o Sujeito político e a História, sua interpretação culmina na descoberta daquilo que ele nomeia *der Hauptgrundsatz der Machiavelischen Politik*: a hipótese, indispensável ao fundador-legislador, de que os homens são maus e estão sempre prontos a mostrar sua maldade toda vez em que encontrem a ocasião.[56] O interesse de seu comentário está em afastar a discussão sobre a natureza do homem. A seus olhos, a hipótese se sustenta pelo simples fato de permitir definir a ordem específica da política e o princípio da ação racional, tanto no interior do Estado quanto nas relações de Estado a Estado. Mas ela não cumpre a mesma função aqui e ali. Ao se considerar a vida de uma comunidade política, os imperativos da coerção são seguramente primeiros, mas quanto mais os homens estão acostumados a se submeter, nota Fichte, menos é necessário recorrer à violência: a constituição estabelecida permite assegurar o exercício da liberdade e faz com que cada um possa se reconhecer sujeito universal em seu estatuto político. Em compensação, à face de outros Estados, o Estado permanece sempre como um particular exposto à ameaça constante da agressão, e o príncipe jamais pode supor que o desejo de prejudicar esteja neutralizado. Assim, Fichte admite, de uma parte, que as máximas de Maquiavel têm um alcance relativo no quadro da Cidade, que elas seriam por vezes privadas de eficácia na Alemanha contemporânea (onde a disciplina coletiva está consolidada há muito tempo), ainda que elas estivessem plenamente justificadas na época em que o escritor as enunciou. Além disso, ele sustenta que o ensinamento do *Principe* e dos *Discorsi* não sofre nenhuma restrição a respeito do conflito entre Potências. Ele escreve:

---

56 Ibid., p. 420.

Teu vizinho, ao menos que tu devas mantê-lo como um aliado natural contra outra Potência que vocês dois temem, está sempre pronto para aproveitar a primeira ocasião para crescer a tuas expensas, tão logo ele possa fazê-lo sem riscos. Ele deve fazê-lo, se ele for prudente, e não deve deixar de fazê-lo mesmo se fosse teu próprio irmão. Não basta, com efeito, que tu defendas teu próprio território. Tu deves manter os olhos abertos sobre tudo que poderia ter algum efeito sobre tua posição. Jamais aceite em tua zona de influência o que quer que se encontre modificado em teu detrimento e não perca um instante assim que puderes modificar algo em tua vantagem. Pois tu podes estar certo de que os outros farão o mesmo, desde que possam. Se tu deixares de fazê-lo, eles te ultrapassam. Quem não cresce se enfraquece quando os outros crescem.[57]

Atribuindo a Maquiavel a paternidade desses princípios, deduzindo-os da hipótese da perversidade universal, Fichte não hesita em designá-lo como o Prometeu da política, julgamento que, em certo sentido, anula suas convicções antigas, pois que sanciona a derrota do cosmopolitismo do qual ele tinha feito seu ideal. Mas é um julgamento que o coloca também em condições de reivindicar ao mesmo tempo a glória de descobrir o sentido de uma fundação desconhecida e de pensá-la como o fundador foi incapaz de pensá-la, pois que apenas as condições presentes permitem discernir a função da política de potência na instituição da ordem dos valores. Não é, com efeito, o objetivo do ensaio fazer uma apologia da potência; seu autor está interessado em demonstrar que o conhecimento das relações de força que estão no fundamento da vida política, longe de favorecer o desencadeamento das guerras, permite evitar a violência; e que, ao contrário, são os erros cometidos pelos Soberanos que engendram a maioria dos conflitos.[58] Ele se apodera da ideia maquiaveliana da necessidade para, então, lhe dar uma significação ética, pois ele chega a repreender o autor do *Príncipe* por ter separado a política da moral e confia ao príncipe a salvaguarda dos valores supremos, fazendo dele o detentor da responsabilidade do destino coletivo. Que essa interpretação

---

57 Ibid., p. 423. Esses princípios implicam que o príncipe não pode estar preso à palavra dada nem, de maneira geral, se submeter às normas da moral privada (ibid., pp. 424-5).
58 Ibid., pp. 425-6.

revele melhor a divergência entre Fichte e Hegel, não importa sublinhar. Basta assinalar que o príncipe de Fichte não serve a uma astúcia da Razão e que o sujeito da ação e do conhecimento não foi desprovido de suas prerrogativas. Em compensação, o que merece reter toda nossa atenção é que, à distância um do outro, Fichte e Hegel descobrem, lendo Maquiavel, a exigência de decifrar na História, no visível, nas condutas de fato dos atores políticos e nas determinações particulares e aparentes do conflito que atua no interior de cada Estado e entre os Estados, os signos da constituição do sentido, os signos de uma lógica universal. Essa descoberta, para Fichte e para Hegel, implica a ruptura com uma filosofia da interioridade com a qual se apascenta a intelligentsia alemã. E erroneamente subestimaríamos seu alcance reduzindo-a à ruptura do realismo político, tal qual é comumente concebido. Na conclusão de seu ensaio, Fichte faz, de fato, uma apologia do realismo, mas apenas para pregar as virtudes da eficácia política, cujos princípios nos seriam ensinados por uma boa observação dos fatos. Esse realismo é conquistado com o poder de nomear aquilo que se mostra a cada um na experiência sensível e cuja negação acompanha o apagamento do Sujeito, quer dizer, o servilismo do indivíduo diante da Potência estabelecida. Considerando a palavra constitutiva da relação com o real, Fichte coloca em evidência o alcance revolucionário do *Príncipe* com um argumento que rompe com os discursos batidos segundo os quais a descrição da política dos príncipes, por si só, poderia ser proveitosa aos povos. Depois de ter criticado aqueles que acreditavam encontrar no *Príncipe* uma sátira da tirania, ele escreve para terminar:

> Há outra espécie de pessoas, aquelas que não têm vergonha das coisas, mas vergonha das palavras, e uma vergonha das palavras sem limite. Podemos pisar sobre seus pés aos olhos de todos, elas não se ofendem e nisso não veem nenhum mal, mas para elas seria um escândalo insuportável falar disso, e então somente aí começaria para elas o mal. Da mesma forma, elas fecham os olhos para os perigos futuros; elas não querem que seus doces sonhos sejam perturbados [...]. E como os outros que mantêm os olhos abertos estão em condições de ver o que se aproxima e poderiam ser tentados a dizer e a chamar por seu nome o que percebem, parece-lhes que o mais seguro meio de preservá-las é proibir aos clarividentes dizer e nomear o que

veem, como se, invertendo a ordem da realidade, *não dizer tivesse por consequência não ver, e não ver, por consequência não ser* (grifo nosso).[59]

Com os escritos de Hegel e de Fichte, a representação de uma obra inspirada pela ideia patriótica compõe com a elaboração de uma teoria da Razão de Estado que se aprofunda em teoria da razão universal. Como na Itália, a questão nacional caracteriza de modo singular a questão Maquiavel. O *Príncipe* vem fornecer uma referência privilegiada a um discurso sobre a potência que se quer discurso da criação histórica. O retorno a Maquiavel passa pela ruptura com as ilusões criadas pela Revolução Francesa e pela reivindicação de uma política a serviço da unidade e da grandeza da nação alemã. Nessa perspectiva, se ordena uma literatura cuja amostra mais significativa — a se julgar somente pelo páthos em que se condensam identificação e profecia — é o *Vertheidigung des Machiavelismus*, de Karl Bohmann, publicado em 1858.[60] Mas nos enganaríamos se acreditássemos que a crítica do maquiavelismo não subsiste entre aqueles mesmos que vão buscar em sua obra uma luz sobre o destino do Estado e que julgam que ela fez conhecer os imperativos de sua fundação e conservação. Como o mostra ainda Meinecke, Treitschke está dividido entre a interpretação fichteana de Maquiavel e o horror que lhe inspira o que ele acredita ser uma apologia da violência e da astúcia a serviço do poder. Ranke, cujo ensaio de juventude exercerá uma influência determinante sobre a historiografia moderna,[61] tende a reduzir a função do *Príncipe* àquela de um "manifesto" que somente a decadência política e moral da Itália do *Cinquecento* justifica. Ele contesta que devamos buscar nele um ensinamento de alcance universal e que o autor tenha tido a intenção de falar para outro tempo além do seu. Segundo essa hipótese, Maquiavel jamais abandonou suas convicções republicanas, mas confiou a um príncipe novo, capaz de se prover de armas próprias, a tarefa extraordinária de remediar pelo ferro a corrupção. Se é verdade que a representação de Maquiavel adquire certos traços dominantes em circunstâncias históricas determinadas, não poderíamos esquecer que ela não cessou, no entanto, de acarretar contradições e de servir a propósitos políticos divergentes.

---

59 Ibid., p. 452.   **60** Elkan, op. cit.; Villari, II, op. cit., p. 438.   **61** Meinecke, op. cit., III, 4; Procacci, op. cit., pp. 406-11.

A relação que o discurso sobre Maquiavel mantém com o discurso sobre a política, nas conjecturas particulares — ou o discurso sobre o evento —, desperta nossa curiosidade porque ela implica um artifício, por vezes impelido até à falsificação: o escritor é instituído como testemunha do presente, sua mensagem é produzida, fazemos com que ele fale. Para quem se afasta do detalhe da literatura crítica, esse fenômeno torna-se plenamente sensível.

Desde o tempo em que Marlowe o colocava em cena, no prólogo do *Judeu de Malta*, até a época recente em que um drama histórico o instalava sobre as tábuas do Teatro das Artes com César Bórgia como interlocutor; desde o tempo em que Boccalini o imaginava defendendo sua causa diante do tribunal de Apolo, até aquele em que o antibonapartista Joly lhe arranjava no inferno um encontro com Montesquieu para lhe fazer comentar a História decorrida após sua morte,[62] até aquele ainda em que ele se via encarregado da tarefa de explicar a derrota da França em 1940 e de indicar os meios para sua recuperação,[63] o costume de chamar o escritor de volta à vida, de evocar sua sombra ou de lhe conceder a palavra, como se ele fosse capaz de julgar os tempos que não conheceu, está estabelecido com força suficiente para reter nossa atenção.

Esses são apenas procedimentos limitados, que encontram ainda um exemplo na publicação de cartas apócrifas que deveriam permitir a Maquiavel expor suas intenções e se justificar diante das acusações dirigidas contra ele. Mais frequentemente, a posteridade se limita a apresentar sob uma forma condensada, que ela julga mais apropriada ao público, aquilo que lhe parece ser a doutrina. Um corpo de máximas é composto, como Gentillet já o faz, de onde se tira o código da tirania; um século mais tarde, ele é resumido em dez mandamentos; em seguida, em vinte preceitos igualmente criminosos na época napoleônica. Na Itália, no começo do século XVIII, apresenta-se uma refutação pelo próprio Maquiavel das acusações de que ele é objeto. Sem nomeá-lo, são justapostas habilmente algumas proposições que fazem eclodir seu gênio político em 1771. Sob a forma de um breviário republicano apresentam-se extratos dos *Discorsi* que devem dar fé na Terceira República nascente. Enfim, são redigidos

---

[62] Maurice Joly, *Dialogue aux enfers entre M. et Montesquieu*, Paris, 1948. [63] Reyam, *Les Principes de M. et la politique en France*, Nova York: Editions de la Maison Française, 1943.

em algumas páginas os artigos de um maquiavelismo eterno como o faz Charles Benoist em nossa época. Em resumo, depura-se a obra de toda referência a condições históricas particulares para oferecer ao leitor a palavra eficaz de um mestre odioso ou admirável que, a despeito do tempo, se dirige diretamente a ele.[64]

Esses artifícios se inscrevem à margem das representações. Mas não é de modo algum necessário evocar seu espírito, fingir ouvir sua voz ou transpor sua obra para despertar seu poder. Em seus escritos vamos procurar uma chave da História que atua *aqui e agora*, ou a mensagem que nomeia para um povo seu destino. Certamente, vendo o uso político que se faz do *Principe* na Itália do Risorgimento, na Alemanha do início do século XIX ou na época do fascismo, podemos acreditar que Maquiavel se encontra convertido em simples símbolo pelos porta-vozes de uma ideologia. Mas a exploração de sua obra é também acompanhada por uma interpretação. Em Hegel, em Fichte, há um investimento do pensamento político em sua obra. Não a utilização sumária de algumas máximas, mas a instituição de um diálogo cujo efeito é erigir Maquiavel em testemunha do tempo. Além do mais, esse uso é disseminado demais e claramente polivalente demais para que se possa negligenciar sua função. Aos olhos de Fichte ou de Bolmann, Maquiavel fala aos alemães. Mas aos olhos de Mussolini, ele se dirige aos italianos.[65] Um apologista de Pétain, Duconseil, um fervoroso defensor da causa da democracia, Yves Lévy, julgam que sua mensagem é destinada à França. Burnham espera dos americanos que eles descubram na visão maquiaveliana da História os meios de

---

[64] Mencionamos, notadamente, além das *Maxims of state*, de W. Raleigh, e *La mente di un uomo di stato*, já indicados (este último opúsculo encontrando-se precedido de uma carta fictícia de M. a seu filho na qual se defende das acusações feitas contra ele), um panfleto inglês, *M.' Vindications of Himself and His Writings Against the Imputation of Impiety, Atheism and Other High Crimes, Extracted From His Letter to His Friend Xenobius*, publicado no século XVII (ficção canhestra, observa Burd, pois que a carta apócrifa é datada de 1537); uma *Confutatio accusationum Mo datarum ab ipso Mo*, apresentada em 1729 por L. Allaci (assinalada por Santonastaso); as máximas do maquiavelismo, compostas por Morellet em 1802 ("Études sur M.", *Mélanges*, IV, Paris, 1818); o *N. M., bréviaire républicain* de Lemerr, em 1855 (ver infra) e até o "esboço de um corpo de máximas maquiavélicas", de Ch. Benoist, op. cit., II, cap. IV.
[65] "Preludio al M.", in *Gerarchia*, III, 1924. Mussolini escreve notadamente nesse ensaio, ao mesmo tempo insignificante e empolado, que "a doutrina de M. é mais viva hoje do que há quatro séculos". E, no começo: "Eu poderia chamar Comentário do ano de 1924 feito ao *Principe* de M. ao livro que eu gostaria de chamar *Vademecum* do homem de Estado".

resolver a crise da civilização ocidental. Um escritor brasileiro publica em 1930 um *Maquiavel e o Brasil*, que deve revelar os remédios, particularmente adaptados, para a crise de seu país. Von Muralt, o autor de um dos estudos mais eruditos, mais laboriosos e aparentemente menos tributários das preocupações políticas, não teme escrever que Maquiavel revelou aos suíços sua vocação, o que lhes permitiu compreender o que eles eram e o que deveriam representar aos olhos do mundo.[66] Não é impossível que exista paralelamente um Maquiavel romeno, turco ou japonês que ensine ao povo eleito — com termos diversos ou contrários, a bem da verdade — sua missão.

Essa tendência a se apropriar de Maquiavel se exprime sobretudo nas inúmeras obras que, a séculos de distância, e cada vez em função de fins singulares, descobrem na obra maquiaveliana um comentário evidente da História contemporânea ou uma profecia. O modelo mais notável é, sem dúvida, o *Maquiavel juiz das revoluções de nosso tempo*, de Giuseppe Ferrari, publicado em 1849, em que o autor ao mesmo tempo resume as aventuras do maquiavelismo durante três séculos — de resto, de maneira arbitrária —, critica a doutrina do florentino, julgada sem princípios, ineficaz e impotente para resolver os problemas de sua época, e nela encontra o arquétipo da política moderna. Em particular, a Revolução Francesa é considerada como tendo inaugurado uma história nova cujo desenvolvimento lógico foi rigorosamente previsto por Maquiavel. "A partir de 1789", afirma Ferrari, "os princípios se apoderam dos eventos, e diríamos que Maquiavel dita as palavras dos homens que aparecem sobre a cena da revolução."[67] Fórmula que vem alicerçar uma longa análise dos discursos e dos atos de Marat, de Danton e de Robespierre, e das causas de seu fracasso. Enquanto Maquiavel parece usar esses homens para demonstrar a exatidão de seu esquema histórico, a própria Revolução é identificada com o Príncipe. Mas o Príncipe não poderia se encarnar unicamente nessa figura: Napoleão, e

---

[66] Assinalamos Marc Duconseil, *M. et Montesquieu, recherche sur un principe d'autorité*, Paris: Denoël, 1943; Yves Lévy, introdução a *Le Prince*. Trad. Jacques Gohory. Paris: Ed. de Cluny, 1938; James Burnham, *Les Machiavéliens*, Paris: Éditions Calmann-Lévy, 1949; Octavio de Faria, *M. e o Brasil*, Rio de Janeiro: Schmidt, 1931, que clama, abraçando a causa do fascismo: "Diante de nossa desordem brasileira, ninguém é mais útil do que M." (p. 88); Leonhardt von Muralt (ver infra). [67] Giuseppe Ferrari, *Machiavel juge des révolutions de notre temps*. Paris: Joubert, 1849, p. 104.

em seguida Luís-Felipe, vêm fornecer novos exemplos da política maquiaveliana, de tal modo que ela termina por dar a chave de toda a história contemporânea. Assim, o autor escreve: "Combatendo pela Itália, Maquiavel indicava o caminho que as nações deveriam percorrer. Nossas revoluções se desenvolvem segundo as leis que ele fixou; nossas lutas são determinadas por suas teorias, nossos homens se encontram julgados de antemão pelos tipos que ele propõe".[68] Se o livro de Ferrari se distingue pela amplitude de sua análise histórica, a ideia de interpretar a Revolução Francesa à luz de Maquiavel não lhe pertence propriamente. Já Christian, em sua edição de 1842, julgava que Robespierre havia caído por não ter sabido aplicar até o fim os princípios de Maquiavel. Porém aos olhos de Mazères, em 1816, Saint-Just e Marat eram apenas seus plagiários, todavia impotentes — dizia ele — "para furtar seu gênio ao mesmo tempo que sua libré".[69] Mais tarde, Derôme sustentará que os jacobinos ressuscitaram Maquiavel. E o próprio Proudhon apresentará o jacobinismo como uma política maquiavélica no sentido negro do termo.[70]

Ainda mais significativa parece ser a tentativa de encontrar na doutrina do escritor um ensinamento político atual. Nós a vemos se repetir no fim do século XVIII. A obra publicada por De Meng, em 1782, é uma longa defesa de uma monarquia constitucional que, à imagem dos regimes da Antiguidade, saberia equilibrar os poderes entre as diversas ordens do Estado.[71] Aqui, a apologia de Maquiavel, cuja grandeza foi ter querido livrar seus contemporâneos da corrupção relembrando-lhes o ideal da virtude romana, deságua, curiosamente, na recomendação de uma política de novo tipo, ao mesmo tempo fundada sobre uma observação exata das realidades econômicas e sobre o apelo ao entusiasmo patriótico da burguesia. Em 1870, De Barett, autor de um prefácio à tradução das *Histórias florentinas*, pretende demonstrar a superioridade da monarquia sobre a república e encontra em Maquiavel a prova de que não é possível abolir uma distinção na sociedade sem fazer nascer novas. Persuadido de que os distúrbios nascem dos

---

68 Ibid., p. III.　**69** P. Christian, *Œuvres politiques de M. recueillies et précédées d'un essai sur l'esprit révolutionnaire*, Paris: Lavigne, 1842; M. Mazères, *De M. et de l'influence de sa doctrine sur les opinions, les mœurs et la politique pendant la Révolution*, Paris: Pillet, 1816.　**70** Derôme, op. cit.; Pierre-Joseph Proudhon, *Essais d'une philosophie politique. De la Justice dans la Révolution et dans l'Église*, Bruxelas, 1860.　**71** De Meng, in *Reflexions de M. sur la Première Décade de Tite Live*, op. cit.

distúrbios e de que ao querermos nos privar da autoridade de um chefe não poderemos mais conter as paixões nem assegurar a disciplina das leis, o autor tira da obra maquiaveliana uma crítica à ideia de revolução e a justificação de uma monarquia temperada. Com uma intenção completamente diferente, mas também inspirado por uma preocupação política premente, Guiraudet, em um texto já mencionado, conclama a reconhecer o gênio de Maquiavel, rejeita as acusações feitas contra ele e afirma que a revolução o ressuscitou. Antigo jacobino que, por suas funções, foi envolvido na política do governo revolucionário, Guiraudet vê em Maquiavel o artesão de uma liberação nacional e espiritual que primeiramente sacudiu o jugo da Igreja.[72] Nessa perspectiva, sua apologia é simultaneamente de Bonaparte, cujos exércitos acabavam de reduzir a nada o poder do papa na Itália. O Primeiro Cônsul é apresentado como o executor das vontades do secretário florentino, e a glória feita a um se confunde com a conquista do outro: "A corte de Roma não existe mais, a Itália vai renascer, o grande projeto de Maquiavel está realizado. Bonaparte foi o instrumento da vingança do Mestre, ele dispersou as legiões sagradas". Maquiavel entregue às perseguições, o povo, à opressão, era preciso nada menos do que uma revolução radical para que se libertasse o Prometeu italiano e para que os homens derrubassem a superstição vinculada ao poder real e à religião católica. "E, no entanto, chegou esse instante", escreve ainda nosso autor,

> e a maioria dos perseguidores desapareceu e os outros não têm poder. E a potência que animava a todos foi ela mesma derrubada, e a liberdade, que se eleva sobre os destroços, vai sem dificuldade realizar o voto que o homem de gênio havia feito e que valeu tantos ultrajes a seu nome.[73]

O escrito de Guiraudet não se atém, contudo, a essas generalidades e faz um uso muito mais preciso das ideias maquiavelianas: elas servem não somente para a glória da Revolução, mas para justificar seu ultrapassamento em virtude de uma dialética hábil que mescla os termos liberdade, Razão de Estado e homem providencial.

---

72 Sobre Guiraudet, cf. Derôme, op. cit., pp. 129 e 351; Procacci, op. cit., pp. 393-4. 73 Guiraudet, op. cit.

Não poderíamos disso tirar por nós mesmos esta outra consequência não menos útil: a supressão de algumas liberdades, algumas leis proibitivas em tempos de guerra e de distúrbios, não são atentados contra o primeiro dos bens pelo qual tudo foi sacrificado, pois o primeiro dos bens é a salvação do Estado, a felicidade e a prosperidade de seus membros, as quais uma liberdade ilimitada pode prejudicar momentaneamente.[74]

Após ter sido invocada em favor de Bonaparte, a obra de Maquiavel vem inspirar sua crítica, no início da Restauração, mas por meios contrários que atestam sua polivalência. Hábil mistificador, certo abade Guillon publica um *Maquiavel comentado por Napoleão Bonaparte*, que ele faz preceder por um *Discurso sobre Maquiavel considerado como prevenção dos soberanos contra as revoluções, como domando a anarquia e fortalecendo os tronos*.[75] O manuscrito, que ele finge ter encontrado na carruagem de Napoleão após a batalha de Waterloo, está repleto de anotações apócrifas cuja sucessão deve permitir medir a evolução do imperador, desde a época em que era apenas general da República até os anos na ilha de Elba. O próprio discurso, como seu título o indica, é uma apologia de Maquiavel, cuja política realista e conservadora deve ser restabelecida em seus traços verdadeiros depois das aventuras napoleônicas que a desfiguraram. Em suma, a restauração da monarquia se confunde agora com aquela de Maquiavel, como aos olhos de Guiraudet se confundem sua ressurreição e a revolução social. No mesmo ano, entretanto, aparece a obra de Mazères, *Sobre Maquiavel e a influência de sua doutrina sobre as opiniões, os costumes e a política da França durante a revolução*, em que o florentino é apresentado como o teórico do crime em política e como o modelo diabólico no qual Napoleão teria se inspirado.[76] Dessa vez, a visão da nova ordem suscita a indignação virtuosa: nada parece mais importante do que fundar a condenação de 35 anos de História sobre um valor seguro, o antimaquiavelismo. Assim, o drama passado não é mais uma sucessão de acidentes cruéis ou de erros infelizes, mas o efeito de uma lógica cujos princípios podem ser desmontados diante de pessoas honestas. A realeza restabelecida, a História moral e tradicional reata consigo mesma rompendo com o autor do *Príncipe*, teórico da aventura e da

---

74 Ibid. **75** Aimée Guillon de Montléon, *Machiavel commenté par Non Buonaparte, manuscrit trouvé dans le carrosse de Buonaparte, après la bataille de Mont-Saint-Jean, le 18 juin 1815*. Paris: H. Nicolle, *À la Librairie Stéréotype*, 1816. **76** Mazères, op. cit.

desordem, tão seguramente quanto ela reencontrava seu curso fazendo honra ao mesmo homem, conselheiro do trono e inimigo da anarquia na obra do abade Guillon.

Tal junção entre a crítica da obra e aquela dos eventos é também perceptível em um livro publicado durante o Segundo Império que se apresenta, mais do que qualquer outro, como um escrito de circunstância. Concebido como um panfleto bonapartista, o *Diálogo no inferno entre Maquiavel e Montesquieu* (que, na época, foi introduzido clandestinamente na França a partir da Bélgica e valeu a seu autor dois anos de prisão) oferece uma imagem sutil das ideias de Maquiavel e ao mesmo tempo uma interpretação da História contemporânea.[77] Diante de um Montesquieu encarregado de encarnar o pensamento filosófico, de definir as condições do melhor regime, de atribuir fins universais à História mas na verdade reduzido a dar a réplica a um interlocutor, Maquiavel comenta suas próprias teses e explica por quais mecanismos uma sociedade moderna se converte ao despotismo. O essencial da obra, do oitavo ao 25º e último diálogo, é uma exposição sobre os meios que um político hábil deve utilizar para estabelecer o poder absoluto em um Estado provido de instituições representativas. É então demonstrado por Maquiavel que, do ponto de vista econômico, financeiro e social, a organização de uma sociedade moderna oferece condições cada vez mais favoráveis para a instituição do despotismo. O apelo aos princípios do direito para justificar uma constituição que, faticamente, assegura a autoridade absoluta de um único homem; o reconhecimento do sufrágio universal e, simultaneamente, sua desfiguração pelo uso do referendo; a violação das regras do direito público inscritas na constituição pelas leis de exceção, tão logo ela é promulgada; a redução de instituições aparentemente representativas a funções fictícias; a estrita regulamentação da imprensa e, por esse meio, o controle da opinião pública; o desmantelamento dos grandes corpos do Estado suscetíveis de constituir focos de resistência à opressão; o massacre da oposição, o reforço considerável da polícia, a transferência da administração das finanças públicas e o recurso sistemático ao empréstimo, enfim, a elaboração de métodos psicológicos graças aos quais o príncipe inspirará o respeito em sua soberania — todas essas medidas, junto com as concessões à classe operária e às guerras empreendidas em nome

---

[77] Joly, op. cit.

da liberdade dos povos, são outros tantos artifícios destinados a instalar e fortalecer o déspota e cujo sucesso permitirá, finalmente, uma vez a segurança estabelecida e a ameaça de revolução afastada, a restauração sem perigo de algumas liberdades menores e a cessação do terror. De fato, o discurso atribuído a Maquiavel é um comentário que se deseja tão preciso quanto possível do reinado de Napoleão III: as medidas tomadas pelo imperador desde sua chegada ao poder, incluídas suas reformas liberais, parecem ordenadas segundo o plano rigorosamente concebido de uma política despótica. Maquiavel, contudo, não é simplesmente quem empresta o nome a esse empreendimento. Joly, que meditou sobre sua obra, não o apresenta como um espírito perverso nem como um homem prático cegamente apaixonado pela potência. Seu "único crime" — faz-lhe declarar o autor — foi o de "dizer a verdade ao povo como ao rei, não a verdade tal como deveria ser, mas a verdade tal qual ela é, tal qual ela será sempre".[78] Algumas acusações feitas contra ele são, então, sem fundamento: "Seria o mesmo", diz ele ainda, "que reprovar o cientista por buscar as causas físicas que levam à queda dos corpos que nos ferem ao cair, o médico por descrever as doenças, o químico por fazer a história dos venenos, o moralista por pintar os vícios, o historiador por escrever a História".[79] O maquiavelismo a que Joly se refere não é aquele da opinião comum, mas o de uma crítica esclarecida que nele encontra o "manifesto" de um realismo de ordem científica. Porque Montesquieu o desafia a mostrar que a marcha das sociedades modernas se dá conforme suas observações, ele desenvolve o esquema da instalação de uma tirania em uma democracia industrial. Nada, definitivamente, indica que Maquiavel seja identificado com Napoleão III: se ele fala na primeira pessoa, é apenas para demonstrar uma hipótese, e se no horizonte dessa demonstração aparece o cinismo do homem prático, ela somente evoca um pessimismo fundamental ou, segundo a palavra que Joly coloca várias vezes na boca de Montesquieu, um fatalismo. Não há dúvida de que o autor escreve contra Maquiavel, como o atesta a advertência de sua obra. Mas também não há dúvidas de que ele empresta com frequência a seu personagem ideias que são suas e sugerem, além de uma crítica do despotismo, aquela da civilização moderna enquanto tal. Quando Maquiavel declara diante de Montesquieu:

---

[78] Ibid., p. 8.   [79] Ibid., p. 9.

Há populações gigantescas presas ao trabalho pela pobreza, como elas o eram outrora pela escravidão. O que importa à sua felicidade vossas ficções parlamentares? Vosso grande movimento político resultou, definitivamente, apenas no triunfo de uma minoria privilegiada pelo acaso como a antiga nobreza o era pelo nascimento. O que importa ao proletário, curvado sobre seu trabalho, oprimido sob o peso de seu destino, que alguns oradores tenham o direito de falar, que alguns jornalistas tenham o direito de escrever?[80]

Ou ainda:

Você é um grande pensador, mas você não conhece a inesgotável covardia dos povos, não digo daqueles de meu tempo, mas do seu; servis diante da força, sem piedade diante da fraqueza, implacáveis com as faltas, indulgentes com os crimes, incapazes de suportar as contrariedades de um regime livre, pacientes até o martírio com todas as violências do despotismo audacioso, destruindo os tronos nos momentos de cólera e se dando mestres aos quais perdoam atentados pelo menor dos quais teriam decapitado vinte reis constitucionais.[81]

Ou ainda:

Você parece ainda acreditar que os povos modernos têm fome de liberdade. Você previu o caso em que eles não a quereriam mais? E você pode pedir ao príncipe que tenha mais paixão por ela do que os povos? Ora, em suas sociedades tão profundamente débeis, onde o indivíduo vive apenas na esfera de seu egoísmo e de seus interesses materiais, interrogue o grande número e você verá que de todos os lados lhe responderão: O que me interessa a política? O que me importa a liberdade? Todos os governos não são iguais? Um governo não deve se defender?[82]

Todas essas declarações envolvem uma reflexão do autor sobre as chances da liberdade em um Estado moderno, sobre a condição do proletariado,

---

[80] Ibid., pp. 33-4. [81] Ibid., p. 37. [82] Ibid., pp. 75-6.

sobre a tendência, própria da sociedade industrial, de engendrar uma tirania de novo tipo fundada sobre uma democracia fictícia e, mais profundamente, uma reflexão sobre a essência da política. É por isso que, sem citar jamais as palavras exatas de Maquiavel, os *Diálogos* de Joly não deixam no leitor a impressão de que ele tenha utilizado só um artifício literário.

Vinte anos depois de sua publicação, um partidário não menos resoluto do regime republicano se apodera de Maquiavel, dessa vez para retirar um "breviário" dos democratas e dos liberais.[83] Uma escolha de máximas, "oferecidas para a meditação dos cidadãos interessados na consolidação da república na França", define em 1885 o que faz em toda sua pureza o espírito da Revolução e do patriotismo. Maquiavel, irônico conselheiro dos príncipes, cuja voz quiseram sufocar os "jesuítas de toda batina", os "monarquistas de toda escola" e até certos "republicanos autoritários", deve ser novamente ouvido e guiar pela primeira vez um regime liberal. "Aquilo que ele sonha para a Itália no século XVI não é algo como o sublime sobressalto da França em 1792?", escreve Julien Lemer, que vê no nascimento da Terceira República o despertar do pensamento revolucionário e o retorno à grande História da qual Maquiavel abriu as vias. Enquanto Yves Lévy fala em termos breves, mas eloquentes, da atualidade de Maquiavel, o escritor "cujo tempo chegou", cujo pensamento força a aprovação do homem moderno — que ele se chame Lênin ou Mussolini —, e formula o voto de que a França escute sua mensagem de democrata, Louis de Villefosse procura demoradamente no *Príncipe* e nos *Discorsi* a lógica que governa os eventos contemporâneos.[84] Aqui, sob o olhar de Maquiavel se efetua uma nova partilha do mundo, que o Tratado de Versalhes não previu, entre os profetas armados, Mussolini, Hitler, Stálin, Pilsudski e Mustafa Kemal — os quais aplicam, nas condições particulares em que estão situados, as máximas do florentino — e os profetas desarmados que a História varre da mesma forma implacável com que extirpou de seu caminho um Savonarola ou um Soderini. Os personagens modernos do mundo maquiaveliano têm agora traços típicos que encontramos em ambas as obras, dedicados somente a usos políticos diferentes. Heróis do século XX, em 1937 no *Maquiavel e nós*, de Villefosse; demônios

---

[83] Julien Lemer, *N. M., Bréviaire républicain*. Paris: Alphonse Lemerre, 1885.   [84] Louis de Villefosse, *M. et nous*, Paris: Bernard Grasset, 1937.

justamente combatidos pelos defensores da democracia em 1951 no *Antimaquiavel*, de Pierhal.[85]

A última guerra mundial e a derrota da França são, enfim, sinais do céu que incitam a amotinar a opinião pública contra o secretário florentino ou a recordar os prodígios que ele outrora disseminou. Um historiador francês — não dos menores — sente-se encarregado, em 1939, de uma missão antimaquiaveliana. Não há nada de mais importante e premente aos olhos de Henri Berr que denunciar o monstro ao qual a Europa deve todos os seus males.[86] Eis, então, *Maquiavel e a Alemanha*: "Nesta brochura", escreve muito seriamente o autor, "nós queremos remontar à fonte envenenada. Nós mostraremos que Maquiavel foi o gênio maligno da Alemanha pelo intermédio da Prússia". Mais do que qualquer outro, Hitler encarna a política da violência: "Duplicidade nas palavras, volta-face nas relações; violência nos atos... Nenhum alemão maquiavelizou com semelhante despudor, poderíamos então dizer, com semelhante ingenuidade".[87] Mas o nazismo não é suficientemente sombrio: atrás dele se perfilam Bismarck, Treitschke, Bolmann, Hegel, Fichte e Frederico II, que transmitem o mal e bebem na fonte maldita: a Itália cruel e dilacerada que Maquiavel ofereceu como modelo ao universo. "Quando falamos do maquiavelismo alemão", afirma nosso historiador, "nos enganaríamos se acreditássemos usar um termo geral ou, no mais, fazer alusão a uma influência vaga e difusa. Maquiavel agiu de maneira direta e tangível."

É verdade que esse panfleto, à diferença dos ensaios que mencionamos, jamais nos remete à leitura do discurso de Maquiavel. A representação comum é admitida sem que haja cuidado de demonstrar sua validade. Ao menos, ele permite entrever o poder que conserva o nome de um autor, do qual basta, crê-se, se apoderar para mobilizar os espíritos. Já no curso da Primeira Guerra Mundial esse nome havia sido invocado — na Alemanha, é verdade — com a intenção contrária: o artigo redigido por Fichte em 1807 tinha sido reimpresso sob o título de um de seus capítulos, "Em que medida a política de Maquiavel é ainda aplicável em nosso tempo", e difundido pelo país em uma edição popular.[88] O historiador francês espera que seu opúsculo exerça a mesma função: o antimaquiavelismo deve servir na

---

[85] Armand Pierhal, *L'Antimachiavel*, Paris: Robert Laffont, 1951.   [86] Henri Berr, *M. et l'Allemagne*, Paris: A. Michel, 1939.   [87] Ibid., p. 25.   [88] Apud H. Berr, ibid., p. 19.

França à causa do nacionalismo tão eficazmente quanto outrora, na Alemanha, a apologia do *Príncipe*.

A mesma exploração se repete com dois críticos que, cada um segundo sua inclinação, tiram ensinamentos da derrota de junho de 1940. Comparando as doutrinas de Montesquieu e de Maquiavel, como havia feito Joly, Marc Duconseil publica em 1941 uma obra que reata com a tradição em seu triplo projeto de analisar a doutrina do escritor, esclarecer os eventos atuais e revelar a essência da política. Maquiavel aparece dessa vez em trajes fascistas; ficamos sabendo que seus escritos compõem um "breviário técnico da Revolução política".[89] O homem de Estado, por pouco que ele saiba se despojar de todo escrúpulo moral, por pouco que ele encontre em si mesmo a virtude dos Antigos, corrompida pela educação cristã, e por pouco que ele se dedique inteiramente à conquista do poder, encontrará no breviário as receitas do sucesso. Explorando textos grosseiramente escolhidos, a obra oferece em sua conclusão um retrato, de resto convencional, de um Maquiavel teórico da força, da audácia e de uma lógica da conduta segundo a qual os fins justificam os meios. Ele é o observador sem paixão das paixões que governam os homens e comandam a marcha da História. Ele é aquele que soube, em seu tempo, falar para todos os tempos e analisar o mecanismo das revoluções e dos golpes de Estado através dos quais a História é criada. Do esmagamento da Ordem dos Templários às perseguições dos huguenotes, às proscrições e aos massacres ordenados pelo Terror, à exterminação dos contrarrevolucionários pelos bolcheviques, à exterminação dos judeus pelos nazistas, os meios extraordinários que legitimam as grandes épocas da História oferecem o comentário irrefutável do reino da política, cujos traços temíveis são trazidos à luz após o desmoronamento da Terceira República. "Seu semblante reaparece, cabeça de górgona de cabelos sibilantes, capaz de petrificar todos aqueles que não são da raça dos deuses."[90] De fato, acrescenta Duconseil, ela somente retoma sua verdadeira fisionomia, que a máscara hipócrita da democracia corrompida recobria. Assim, a Nova Ordem, instituída por Pétain, pode ser vinculada ao empreendimento de Maquiavel, o longínquo passado vindo, mais uma vez, revelar a via do futuro. Cento e cinquenta anos de demagogia

---

89 Duconseil, op. cit., p. 211.   **90** Ibid., p. 221.

vergonhosa denunciada — que o autor chama comicamente de *o intermédio trágico começado no sangue*, o Catorze de Julho de 1789 —,[91] o retorno ao gênio francês, fascista em sua essência (a França não seria fascista, séculos antes de Mussolini?), os pogroms freneticamente esperados por um povo que enfim se lembra de sua raça, eis o que se encontra no texto sagrado do *Príncipe*, cuja maior profecia — bem sabíamos — designa a vinda do messias de quepe estrelado.

Entretanto, ainda esperamos de Maquiavel outras lições. Nada mais distante do aventureiro cínico e megalomaníaco, com o qual o identifica Duconseil, do que o pequeno-burguês moderado, astuto em política, pedante e satisfeito com suas fórmulas de esquerda, que disserta sobre as causas da derrota em um livro publicado em 1943 por um francês exilado em Nova York.[92] Novamente ressuscitado, e provido de um interlocutor simplório, no qual devemos reconhecer o cidadão comum, Maquiavel, uma vez mais, diz tudo sobre o passado e o futuro, sobre os defeitos da Terceira República, sobre as infelicidades presentes e as reformas necessárias, sobre os meios de aumentar a população e até sobre as medidas a serem tomadas para proteger as famílias numerosas...

Os últimos exemplos são, poderíamos dizer, mais divertidos do que instrutivos. O que ganhamos ao misturar o panfleto, a ficção farsesca e os escritos dos filósofos, do moralista, do teólogo e do historiador? O fato é que os empreendimentos são distintos e é o discurso da posteridade que amalgama os gêneros. Como ignorar a legião dos detratores e dos apologistas que nada, aparentemente, prepara para tomar da pena para dissertar sobre a política e que, capturados por uma inspiração inesperada na leitura de Maquiavel, querem produzir suas elucubrações? A obra deve-lhes, em parte, seu renome. E a crítica erudita, de resto, não se esquece de periodicamente chamar a atenção para a atração que ela exerce sobre os mais diversos espíritos. Curcio assinala que desde a segunda metade do século XIX os comentários consagrados a Maquiavel se desenvolvem sem tréguas.[93] Um escritor belga, Derôme, observava em 1882: "Em nenhum momento ele deixou de preocupar a opinião pública, mas nas horas de crise ele é mais atraente. Ele próprio viveu uma hora de crise. Ele

91 Ibid., p. 277.   92 Reyan, op. cit.   93 Curcio, op. cit., p. 97.

renasce, de alguma maneira, toda vez que se produz uma crise social. Durante a Liga, durante a Fronda, sob o Diretório e o Consulado, seu nome está na boca de todos". E, como por acaso, ele acreditou estar autorizado a acrescentar: "Seu prestígio jamais foi tão grande quanto hoje".[94] Eram tempos de uma crise excepcional? Dois anos antes, um de seus mais sérios intérpretes, Villari, havia escrito: "Os opúsculos, os artigos de revista, os discursos e os trabalhos de todos os tipos, mais ou menos extensos, que tratam de Maquiavel no passado recente são inumeráveis".[95] Ora, se dermos crédito a Morellet, em 1802, a Mazères, em 1815, a Christian, em 1842, jamais se discutiu tanto sobre Maquiavel na França. O juízo de Derôme é repetido em termos análogos por Hauvette cinquenta anos depois.[96] Em 1938, Allan Gilbert observa que os estudos consagrados a Maquiavel proliferaram, desde o início do século, a tal ponto que uma bibliografia exaustiva ocuparia um volume inteiro.[97] De sua parte, Santonastaso fornece, modestamente, duzentas referências relativas ao mesmo período, e Norsa menciona uma impressionante lista de obras publicadas na Romênia, na Polônia, na Bélgica, na Iugoslávia, na Rússia e nos Estados Unidos. Certamente, os testemunhos da popularidade de Maquiavel e as próprias bibliografias são feitos para impressionar a imaginação do leitor. Nós sabemos que nem os *Discorsi*, nem o *Principe* obcecam nossos contemporâneos, e que a febre de um especialista que revolve o arquivo de uma biblioteca mexe com sua cabeça. Mas não importa: como não se dar conta, nessa ocasião, de que o especialista usa a mesma linguagem que o novato cujo pequeno escrito delirante ele listou em seu balancete? Ele crê na atualidade do discurso de Maquiavel... Não é um polemista, mas um historiador contemporâneo que afirma ao término de uma obra erudita, isenta de efeitos declamatórios: "Se, durante quatro séculos, Maquiavel permaneceu incompreendido, parece que, acima da cabeça das gerações sucessivas, era para nós que ele escrevia. Seu tempo chegou".[98] A fórmula mereceria figurar como epígrafe de todo trabalho sobre o discurso crítico e sobre o discurso particular da ciência. Em vão procuraríamos uma clara linha de demarcação entre a literatura científica e a literatura de inspiração

---

94 Derôme, op. cit., p. 501. **95** Villari, op. cit., II, p. 473, n. I. **96** H. Hauvette, Académie des Inscriptions et Belles-Lettres, 6 abr. 1934. **97** Allan H. Gilbert, *M.'s Prince and its Forerunners*, Durham: Duke University Press, 1938. **98** Lévy, op. cit., p. XLVI.

política, tal como se nos mostra ao sondá-la através dos pequenos e dos grandes escritos da posteridade. Certamente, essa linha se desenha em virtude da função que vem cumprir o princípio de objetividade. É verdade que a crítica, desde o fim do século XIX — que ela seja obra de historiadores, de filósofos, de moralistas ou de teólogos —, se define cada vez mais pela constituição de um aparelho de conhecimentos a serviço da administração da prova. É verdade que o uso regrado da citação e da informação biográfica e histórica impõe à interpretação uma constrição cujo efeito é circunscrever as fronteiras do debate. Mas a persistência dos traços do discurso da posteridade é apenas mais notável. A intenção de objetividade é acompanhada da convicção de atingir, com o estudo de Maquiavel, o fundamento do pensamento político moderno. O *Principe* ou os *Discorsi*, ou ambas as obras ao mesmo tempo, são visados como portadores de uma descoberta ou de uma revolução. Representação tão fortemente arraigada que mesmo aqueles que contestam sua validade, a exemplo de Ranke ou Macaulay, não podem deixar de aumentar sua credibilidade ao combatê-la. Para Villari, Chabod e Renaudet; para Meinecke, Ritter e Von Muralt; para Cassirer e Leo Strauss; para Gramsci — para todos aqueles cuja interpretação trouxe uma contribuição singular e indelével para a literatura científica —, a obra de Maquiavel marca um começo cujo sentido verdadeiro é uma tarefa decifrar sob o imbróglio de comentários multisseculares. Dupla convicção, então: a de uma descoberta que se realizou e a de uma redescoberta que a recoloca sob os olhos de um leitor atual, para o qual ela foi dissimulada por uma tradição. Sob o pavilhão da ciência, a antiga crença permanece e continua a compor com essa outra convicção, a de que o restabelecimento da verdade sobre Maquiavel — mesmo que às expensas do ensinamento que lhe é imputado — interessa, *aqui e agora*, ao estabelecimento da verdade sobre a política. O destino da representação se realiza por novas vias. Marcada pelos mesmos traços, ela continua a se manter, sob o signo do princípio de objetividade, no centro da divisão. Não só os hiatos entre as antigas teses não são reduzidos, mas eles se multiplicam sem que deixem de aparecer as linhas de clivagem primitivas. Apenas se deve reconhecer que, sob o efeito do cuidado científico da prova, as interpretações tendem a ganhar complexidade.

Ainda se defende a tese que atribui a Maquiavel a paternidade do maquiavelismo. Mas ela mobiliza novos argumentos. Desde o fim do século XIX, Nourrisson não aceita mais as análises sumárias com as quais

Guingenné se satisfazia sob a Restauração, ainda menos o julgamento dos moralistas dos séculos precedentes. Sua condenação vai de par com uma descrição dos costumes da Itália do *Cinquecento* e se combina a um elogio do realismo do escritor. No entanto, a tese persiste até nossos dias, quando a vemos formulada por um crítico marxista que denuncia a hipocrisia burguesa e cristã. Com De Sanctis, a herança hegeliana é enriquecida por uma reflexão sobre a situação de Maquiavel em seu tempo e sobre as condições do surgimento de uma ciência da política. Mas não podemos esquecer que a imagem do Maquiavel fundador da ideia de pátria, por mais elaborada que seja, tem sua fonte nos trabalhos do início do século. A tentativa de formular os princípios dessa ciência e a revolução filosófica que a comanda requer da parte de Ernst Cassirer ou de Leo Strauss uma argumentação cujos signos em vão buscaríamos nos rápidos comentários dos críticos do Século das Luzes. Todavia, como negar que uma tradição já havia estabelecido que não poderíamos julgar Maquiavel por suas convicções ou por suas intenções de reformador, e que apenas sua obra de teórico conta? Se é verdade que os trabalhos dos historiadores, notadamente os de Chabod e Renaudet, reivindicam um método estritamente positivo, que teria a virtude de eliminar os juízos de valor, tão mais significativa é sua propensão a denunciar, na esteira de Ranke, a contradição "objetiva" na qual se encontrava Maquiavel, a distinguir as teses convencionais do maquiavelismo, do patriotismo e do realismo científico. E observamos ainda o movimento que tende a desqualificar o *Principe* e a encontrar nos *Discorsi* os princípios de uma nova ética da política a serviço da causa democrática, ou mesmo aqueles de uma restauração do ensinamento cristão, de acordo com a filosofia de Aristóteles, como atesta em nossos dias a intrépida interpretação de Leonhard von Muralt ou os comentários de R. P. Walker que acompanham sua preciosa edição dos *Discorsi*.

Ora, a diversidade das teses que se enfrentam no campo do discurso científico não pode deixar de perturbar aqueles que pretendem satisfazer a exigência de objetividade. Não lhes é suficiente articular suas descobertas à de Maquiavel; ainda lhes é necessário, pois que essa descoberta é constantemente reivindicada por outros, afirmar que a obra está na origem de uma questão cujo efeito é fazer vacilar todas as respostas da posteridade, ou torná-la ininteligível a ela mesma. Hauvette intitula assim um ensaio: *O enigma de Maquiavel*. Croce: uma questão que jamais será fechada. O termo *enigma* se encontra sob a pluma de Renaudet, e já sob a de

Macaulay. Tommasini evoca a Esfinge. Diríamos — nota Villari, usando a mesma imagem — que de tanto contemplar a Esfinge terminamos por nos transformar em Esfinge e em enigma, em lugar de compreendê-la. No mesmo espírito, Cassirer escreve: "Agora que o livro foi abordado sob todos os ângulos, que ele foi discutido por filósofos, historiadores da política e sociólogos, esse segredo ainda não foi revelado". E Curcio, que inspirou nossas primeiras considerações, observa: "Maquiavel constitui para gerações de críticos uma espécie de charada filosófico-política. Ele se tornou um hieróglifo ou uma inscrição etrusca".[99]

Já dissemos que essa linguagem não deve enganar. Cada um está seguro de ter decifrado o enigma pela primeira vez. Mas nos enganaríamos de modo ainda mais grave ao querer reter somente a solução produzida pelos indivíduos e ignorar a fé coletiva no enigma, sob o pretexto de que ela é má-fé.

Até onde sabemos, o único crítico contemporâneo que recusa a ideia da descoberta e a do enigma é Georges Mounin, para quem as certezas do materialismo histórico dão a segurança de deter a chave da obra e de sua representação.[100] Mas tal é a fraqueza de seu argumento que ele ensina perfeitamente o preço que se paga pelo apagamento da questão.

Georges Mounin retém cinco interpretações típicas do debate da posteridade e afirma que cada uma delas é a expressão de uma ideologia determinada. Fazendo o processo da historiografia tradicional, ele escreve:

> Eis então descritos os debates ideológicos em torno de Maquiavel à maneira da história idealista: como uma sequência de desenvolvimentos comandados aparentemente por uma lógica interna e como uma série de aproximações aparentemente sempre mais racionais. E se nos limitarmos a esse engendramento das ideias pelas ideias, que é somente a

---

99 Hauvette, op. cit.; Lord Macaulay, *Critical and Historical Essays*, Leipzig: Bernhard Tauchnitz, 1850 (*"the whole man seems to be an enigma"*); Croce, "Una questione che forse non si chiuderà mai: la questione di M", *Quaderni della Critica*, 14 jul. 1949; Renaudet, ver infra, p. 118; Tommasini, op. cit., I, p. 57; Villari, op. cit., II, p. 134; Cassirer, ver infra; Curcio, op. cit., p. 108. De seu lado, Burd nota que o problema da interpretação se colocou para a posteridade como o da quadratura do círculo.   **100** Georges Mounin, *Machiavel*, Paris: Club Français du Livre, 1958.

aparência formal da história das ideias, obteremos essa evolução racional em que a hipótese de Maquiavel professor do maquiavelismo é corrigida por aquela do Maquiavel maquiavélico na redação de seu próprio escrito, a qual, por sua vez, é melhorada pela hipótese de um Maquiavel patriota, até que as insuficiências dessa terceira solução sejam eliminadas por um Maquiavel espelho de seu tempo, cujo desfecho lógico é um Maquiavel criador da ciência política moderna (a qual subentendia já a experiência política prática do começo dos tempos modernos em que vivia Maquiavel). Na realidade, essa Ilíada filosófica (esses quatro séculos de luta foram justamente qualificados dessa maneira) pode ser contada de modo totalmente diferente. A despeito do fato de que os autores quase sempre sustentam uma hipótese corrigindo aquela que os precedeu, a despeito também do fato de que a sucessão dessas hipóteses oferece certa ordem histórica, o verdadeiro fio condutor é aqui a luta das classes sociais entre elas e a tradução dessa luta no universo das ideias.[101]

Se for assim, é inútil se interrogar sobre a lógica da representação. Se o encadeamento das teses oferece uma inteligibilidade, é sob a condição de relacioná-lo a causas extrínsecas. Não basta dizer que o engendramento das ideias é apenas a aparência formal da história das ideias; é preciso admitir que as ideias não têm história, mas fornecem somente a tradução de um texto que se estabelece no lugar do *real*.

Para além de cada representação, mantém-se uma força social determinada. Por detrás da primeira, que faz do *Príncipe* um manual de despotismo, percebemos a luta da Igreja, encarniçada em conservar seu poder temporal. Por que somente quinze anos depois da publicação de sua obra a imoralidade de Maquiavel foi percebida?, interroga o historiador. "O exercício da razão pura não tem grande papel nessa descoberta", responde ele. "Tudo nasce da Contrarreforma. Trata-se de defender o papado."[102] E a prova disso é que aqueles que tentaram reabilitá-lo se empenharam, até o início do século XIX, em limpá-lo da suspeita de impiedade, ou se referiram a suas obras sem ousar nomeá-lo, com medo de atrair os raios

[101] Ibid., p. 151. [102] Ibid., pp. 151-2.

da Igreja. As causas da condenação são muito claras e apenas podem ser ignoradas porque se tornou útil dissimulá-las.

A ignorância em que geralmente hoje nos encontramos a respeito das razões do conflito político, pró ou contra Maquiavel, essa própria ignorância é um produto da luta das classes sociais no domínio das ideias. Desde que a burguesia, ameaçada pelo movimento social operário, refaz a aliança com o papado, o pensamento burguês oficial atenua a oposição entre Maquiavel e Roma. No tempo da burguesia militante, nenhum escritor político desconhecia essa significação política de Maquiavel, e defendê-lo era sempre um meio de contestar a Igreja e o poder temporal dos papas.[103]

A segunda hipótese teria nascido no meio dos republicanos antimediceus, forjada talvez pelo próprio Maquiavel, preocupado que estava, para se desculpar diante de seus antigos amigos, em apresentar o *Príncipe* como uma sátira da tirania. Graças a Gentile, Schopp, Alfieri, Foscoli e muitos outros, ela prosperou apenas porque exprimia a luta de uma classe social contra o catolicismo reacionário. Além disso, a imagem de um Maquiavel patriota, observa Mounin, "é ainda mais visivelmente o produto das lutas ideológicas das forças sociais".[104] Somente a descobrimos "no momento em que a Revolução Francesa, com seus princípios, sua presença e sua ação, faz do sentimento difuso do patriotismo uma força nova de liberação das forças oprimidas".[105] Quanto às interpretações que fazem da obra de Maquiavel a expressão de uma época ou nela encontram os fundamentos de uma nova ciência, elas nascem "naturalmente de 1830 a 1870, no pensamento histórico da burguesia triunfante".[106] De um lado, Maquiavel é cada vez menos utilizado como um "projétil ideológico", pois "o pensamento laico e burguês encerra sua velha polêmica com o catolicismo temporal e o feudalismo. Explica-se Maquiavel cada vez mais racionalmente, cada vez mais com soluções científicas objetivistas: Maquiavel é o produto de seu tempo".[107] De outro lado, a burguesia, enquanto ela é também uma classe exploradora, descobre na obra do escritor italiano uma nova

---

[103] Ibid., p. 155.   [104] Ibid., p. 159.   [105] Ibid.   [106] Ibid., p. 160.   [107] Ibid.

função: a justificação de sua razão de Estado. Se acrescentarmos, finalmente, que o decadente pensamento burguês contemporâneo responde à ameaça que sobre ele faz pesar a ideologia socialista mobilizando novamente Maquiavel — dessa vez, para ensinar cinicamente que os fins justificam os meios —,[108] obtemos o panorama completo das forças sociais a partir do qual se reconstitui a ordenação das interpretações.

Com Mounin, a ficção materialista substitui aquilo que ele nomeia *Ilíada filosófica*. O suposto real é, com efeito, construído à altura da tese, ao custo de um apagamento deliberado dos conflitos de representação simultâneos que a colocavam em perigo. Em nome do real opera-se uma violenta reordenação da representação pela eliminação ou, por vezes, pela falsificação dos escritos que não toleram o quadro dessa tese. Sem dúvida, as indicações que nós fornecemos bastam para sua refutação. Mas importa examinar o argumento, pois, por sua ousadia, ele tem o mérito de colocar em evidência a dificuldade com a qual a literatura crítica nos confronta: a dupla necessidade que ela impõe de relacionar a representação de Maquiavel aos signos ideológicos e de reconhecer sua irredutibilidade.

O intérprete sustenta que a condenação e a defesa de Maquiavel foram determinadas (até o começo do século XIX) pela política da Igreja, a serviço das forças sociais conservadoras. Ora, não é exato, nós já o havíamos sinalizado, que tudo nasça da Contrarreforma. Em 1532, o prefácio de Bernardo da Giunta para a primeira edição de Maquiavel faz alusão aos ataques de que ele é objeto e usa argumentos cujos temas serão incessantemente reformulados no futuro. Dedicando essa edição a um importante personagem da Igreja, ele roga para que este defenda Maquiavel

> contra aqueles que em nome de sua própria causa o dilaceram tão brutalmente todos os dias, ignorando que aqueles que ensinam as ervas e os medicamentos ensinam ao mesmo tempo os venenos, a fim de que o conhecimento permita deles se proteger, e que não percebem que não há ciência nem arte das quais os maus não possam fazer uso.

---

108 Ibid., p. 161.

"E quem dirá", acrescenta ele, "que o ferro foi descoberto antes para matar os homens que para defendê-los contra os animais selvagens? Seguramente ninguém, acredito."[109] Trata-se de apenas um esboço de interpretação, mas a posteridade produzirá, em seu prolongamento, as respostas elaboradas que a tese do maquiavelismo aqui implicitamente designada suscita. Que Maquiavel, segundo seu editor, tenha tido de ensinar a natureza do veneno ao mesmo tempo que a do medicamento, esta é já, como observa Burd, a hipótese do duplo sentido do *Príncipe*. Bernardo da Giunta insinua que a descrição da política dos tiranos está a serviço da liberdade; que ele se situa diante da cidade como o médico diante do organismo humano. Esse é já o esboço do retrato do teórico e do técnico da política. De resto, o próprio conceito de medicina gozará, até nossos dias, de uma fortuna considerável.[110] Certamente, não há lugar para subestimar os efeitos do Concílio de Trento. Possuímos, todavia, um indício seguro da hostilidade que os escritos de Maquiavel despertavam antes de sua colocação no índex. A proibição que os atinge tem, seguramente, consequências graves. E não podemos ignorar que aqueles que combatiam o poder de Roma exploraram o nome de Maquiavel. O argumento de Mounin reencontra, então, o de Guiraudet, que julgava que ele havia sido condenado somente "por ter enunciado uma opinião desfavorável ao soberano mais capaz, em todo o universo, de se vingar". Entretanto, esse julgamento fora emitido em uma conjuntura histórica bem particular, o que lhe conferia um valor essencialmente polêmico: seu autor glorificava os sucessos de Bonaparte na Itália como exatamente aquilo que almejava o secretário florentino. E ele já se expunha à refutação do historiador que foi o primeiro a verdadeiramente esclarecer a fortuna de Maquiavel: "Quanto às perseguições atribuídas somente à corte romana", escreve Artaud, "é verdade que Polus, Politi, Osorio, Possevin, Ribadaneira, Lucchesini destroçaram Maquiavel, mas foi a corte romana que

---

109 Citado por Burd, op. cit., pp. 35-6. Ver também Meyer, op. cit., p. 4, n. 3.   **110** O tema corre da obra de Gaspar Schopp à de Ranke. Nós o encontramos em Artaud ("O livro de M. É em política, para os tempos difíceis e para a doença dos Estados, o que os mais rigorosos preceitos da medicina são para os grandes males da economia animal nos indivíduos", op. cit., II, p. 456); em Derôme ("É uma medicina política à qual recorremos em tempos de epidemia", op. cit., p. 347); em Lord Morley (*"His business is that of the clinical lectures, explaining the nature of the malady, the proper treatment and the chances of recovery"*, Romane Lectures, 1897); até em Pierre Mesnard ("uma espécie de método patológico", *L'Essor de la philosophie politique au XVIᵉ siècle*. Paris: Boivin, 1952, p. 35).

lançou contra ele o protestante Gentillet, Bayle, Barbeyrac, Frederico? Voltaire, o ajudante de Frederico, pertencia à legião sagrada?"[111] Objeção legítima, com o senão de que, a despeito de um julgamento ambíguo, Bayle fez mais para restaurar a autoridade de Maquiavel do que para desacreditá-la. De toda forma, a tentativa de reduzir o debate sobre a obra de Maquiavel aos limites do processo impetrado pela Igreja romana e da revolta de seus adversários tem por efeito dissimular uma parte importante disso que Mounin quer justamente revelar: o fundamento sócio-histórico das representações dominantes. Já tentamos lançar algumas luzes sobre a fonte da qual se alimenta o antimaquiavelismo popular na França e na Inglaterra. Mas, visto que convém se limitar às discussões que testemunham um conhecimento da obra, repitamos que a dupla censura instaurada pela Igreja e pela opinião pública teve como primeira consequência lançar na sombra os escritos que, no fundo, nada deviam à polêmica instituída pela Igreja e cujo alcance teórico e político era bem maior que aquele dos pequenos tratados ineptos que agrediam o autor do *Principe*. A denúncia do maquiavelismo de Maquiavel seria, dissemos, uma arma ideológica, forjada pelo catolicismo para combater a emancipação do poder do Estado que se opera às expensas da nobreza feudal. Essa tese tem sua pertinência. Mas ainda é preciso reconhecer que tal arma poderia ter uma eficácia durável ou, melhor dizendo, que as obras de Maquiavel não forneciam apenas um simples estimulante no combate ideológico. A crítica formulada contra os Grandes, tanto no *Principe* quanto nos *Discorsi*, dá ao antimaquiavelismo um fundamento real. Nós encontramos sua prova na obra do huguenote Gentillet —[112] na qual foram beber inúmeros adversários de Maquiavel e que, por uma amável ironia da História, o marxista Mounin julga "clarividente" —, pois este considera um insulto à nobreza francesa a apreciação do papel dos parlamentos contida no *Principe*.[113] Ao observar que Duplessis-Mornay — outro adversário huguenote de Maquiavel, mas hábil em explorar seu ensinamento em suas considerações sobre a monarquia — fala, de sua parte, dos méritos dos parlamentos, deixando de assinalar a ameaça que faz pesar a potência da nobreza sobre o Estado, podemos pensar que uma corrente política ligada aos interesses de uma camada social determinada sustenta o ataque contra Maquiavel na

---

[111] Artaud, op. cit., II, p. 441. [112] Mounin, op. cit., p. 192. [113] Sobre a visão de Gentillet como porta-voz dos elementos conservadores da nobreza, cf. Procacci, op. cit., pp. 121-2.

França. Mas é muito instrutivo identificar a divergência das interpretações que, por outro lado, tiveram por foco as camadas sociais cujo desejo comum é reforçar o poder do Estado às expensas das prerrogativas da nobreza. Bodin atesta uma hostilidade de princípio contra Maquiavel, que não poderíamos imputar ao respeito pelos valores tradicionais. Militante em favor de uma religião natural, ele não é vítima dos tabus da Igreja romana. Reconhece ao príncipe o poder de governar acima das leis, faz prevalecer a razão de Estado sobre as exigências da moral privada e não teme se inspirar nas "análises realistas" do *Principe* e dos *Discorsi* sem mencionar seu autor. Todavia, ele condena um ensinamento que, a seus olhos, embaralha a distinção entre tirania e monarquia e destrói os fundamentos da autoridade do Estado. Se devemos considerá-lo o porta-voz de uma burguesia resolvida a sustentar o príncipe em sua luta contra os Grandes, em troca da proteção de seus interesses econômicos, sua posição é um indício da repugnância dos teóricos da classe ascendente na França em relação a uma obra que desvela a luta de classes no núcleo de toda constituição. Repugnância que se confirma ao se considerarem os filósofos do direito natural que se empenharão, mais tarde, em estabelecer os fundamentos racionais da sociedade política e simultaneamente fixar as condições do exercício do poder legítimo. Em compensação, entrevemos a atração que o pensamento de Maquiavel exerceu, na metade do século XVI, sobre os reformadores franceses, cuja crítica das instituições militares, políticas e religiosas estava manifestamente ligada à ideia de uma monarquia liberada da tutela dos Grandes e sustentada por largas camadas populares. São os partidários da Reforma, Guillaume du Bellay — ao qual é atribuída a paternidade das *Instructions sur le faict de la guerre* —, La Noue, Henri de Rohan, que querem que o príncipe rompa com a prática dos exércitos mercenários e recrute entre seus súditos os defensores do Estado. Trata-se, ao que parece, de um projeto de alcance político, ao qual violentamente se opuseram os Grandes que haviam ameaçado com uma revolução quando ele começou a ser executado na época de Francisco I. Como diz Procacci, cujas preciosas análises já citamos, os adeptos de Maquiavel não se recrutavam, como clamavam alguns huguenotes, nas fileiras da Liga e dos autores do massacre da Noite de São Bartolomeu, mas, antes, no próprio campo dos reformados que enalteciam a fórmula de uma monarquia liberal e popular.[114]

---

[114] Procacci, op. cit., pp. 169-70.

Devemos observar que os julgamentos explícitos contrários a Maquiavel, feitos por Bodin e pelo próprio La Noue, não dão o sentido da hostilidade de um nem o da simpatia de outro. E que somente sob a condição de trespassar o véu das frases ditadas pela convenção (uma convenção que não deve sua eficácia, nem para um nem para outro, ao poder de Roma) podemos entrever os laços que existem entre a reflexão sobre Maquiavel e a teoria da monarquia moderna: teoria da monarquia real, segundo Bodin, onde a soberania do rei é absoluta, mas se exerce no respeito das leis e dos costumes e para o bem dos governados; ou teoria de uma monarquia limitada e que rebaixa a potência da nobreza dando-se armas próprias pelo alistamento dos súditos, de acordo com os reformadores progressistas. Nos dois casos, teoria de um regime que se define como antítese do despotismo asiático, segundo o esquema esboçado no *Príncipe*. Ora, podemos pensar que a influência exercida por Maquiavel sobre o pensamento político segue essencialmente a via de uma interrogação sobre a natureza do Estado, se se considerarem os escritos dos teóricos ingleses que vêm beber em sua fonte, mais particularmente, nos *Discorsi*, a ideia de um modelo novo, tão diferente do modelo francês quanto do mundo turco: monarquia emancipada dos entraves da nobreza feudal e cuja força repousa sobre as *middle people*, para Bacon; república, para Harrington, fundada sobre uma nova distribuição da propriedade que, sem suprimir a existência de uma aristocracia, destrói sua supremacia. A interpretação "democrática" de Maquiavel tem assim seu núcleo nos escritos que buscam definir a forma e as tarefas do Estado moderno em função do papel que adquire a classe ascendente, às expensas da nobreza. E esse núcleo não se constitui às vésperas da Revolução Francesa, ele se alimenta dos conflitos sociais e políticos que dilaceram a França no século XVI e que, a partir do advento de Cromwell, engendram na Inglaterra uma nova sociedade. Mas se o reconhecesse, Mounin perderia a mola mestra de sua tese, pois é certo que sua intenção é desqualificar a obra de Maquiavel reduzindo as discussões que ela engendra a uma polêmica que em seu fundo não a concerne. Ele escreve:

> Até cerca de 1750, a luta em torno dele [Maquiavel] será sempre uma pequena guerra de religião pró ou contra o papado, mascarando uma luta política pró ou contra o poder temporal dos papas — luta na qual

ocorrerá com frequência que se defenda menos Maquiavel em si do que o escritor perseguido pelos jesuítas.[115]

Não poderíamos apagar melhor o problema da representação... Ainda devemos notar que a interpretação dita democrática não coincide com a tese de que o *Príncipe* seria uma obra de escrita maquiavélica, quer dizer, destinada a pôr a perder os tiranos que aplicassem seu ensinamento. Temos apenas um eco dessa tese, cujo principal divulgador, o cardeal Pole, desperta nossa suspeita, pois que ele a explora para se queixar do distúrbio. Mas a asserção de que o *Príncipe*, sob a cobertura de se dirigir aos tiranos, desejava esclarecer os povos revela um sentido diferente. Alberico Gentili, cujo julgamento será retomado quase literalmente por Jean-Jacques Rousseau, vincula a intenção revolucionária de Maquiavel com sua intenção científica. Como Bacon, ele coloca em evidência a originalidade de um método que pelo uso constante dos exemplos articula, de modo inédito, o conhecimento do particular e do universal, permite ir do particular ao universal para reencontrar o particular. Na mesma época, Trajano Boccalini, em seus *Ragguagli di Parnaso*, forja a ficção de um processo intentado contra Maquiavel, no inferno, onde se encontram habilmente articuladas as duas hipóteses segundo as quais este apenas relatou fielmente as condutas dos príncipes e se propunha a excitar os povos à revolta.[116] Gaspar Schopp refuta, na mesma época ainda, a ideia de que Maquiavel

---

115 Mounin, op. cit., p. 157. **116** Boccalini, op. cit. Vale a pena resumir o conto, pois há razão para crer que ele transpõe os termos de uma discussão real. Maquiavel se vê convocado diante do tribunal de Apolo e convidado a se desculpar. Ora, ele declara de início, sua intenção não é renegar seus escritos. Ele os condena voluntariamente pelo tanto que são repletos de exemplos ímpios e cruéis. Mas, ele acrescenta, cabe saber se a doutrina que ele expõe é de sua invenção ou se ele apenas descreve a conduta de príncipes de quem ele poderia dar os nomes. Nessa hipótese, seria injusto considerar santos aqueles que praticaram uma política "colérica e desesperada" e tratar como velhaco e ateu aquele que se limita a relatar os fatos. Este argumento abala os juízes, que estão a ponto de absolvê-lo, quando o procurador faz uma revelação: ele o surpreendeu, uma noite no campo, atarefado entre um rebanho de carneiros; ele tentava implantar, nessas bestas inofensivas, dentes de cão; se ele tivesse conseguido, o pastor não mais poderia fazer-se obedecer com um bastão e um apito... As três teses são, então, esboçadas no conto: a tese do maquiavelismo, a do realismo científico e a da subversão. E cada uma se apresenta como a refutação da outra, enquanto a incerteza permanece. Salientemos que Boccalini, de outra parte, falou severamente de M. (cf. Treves, op. cit.), mas não é certo que sua indignação fosse sincera (cf. também Gramsci, op. cit., p. 116).

tenha desejado transmitir um ensinamento em benefício da tirania, mas ele não conclui que o *Príncipe* contém verdades escondidas, reservadas apenas ao leitor republicano. A lhe dar crédito, a obra ao mesmo tempo denuncia o perigo da tirania e incita os tiranos que a lerão a descobrir até onde a paixão do poder pode levá-los, e assim a corrigir seus excessos. Não há dúvida de que Schopp não endossa uma leitura democrática do *Príncipe*, mas a sua leitura não é revolucionária. O autor é um teórico do catolicismo, grande adversário de todas as heresias e que não poupa nem mesmo os jesuítas. Difícil seria atribuir-lhe uma posição no campo social. Talvez ele dê testemunho de uma corrente no seio da Igreja que busca se adequar à ascensão da classe burguesa e às exigências do Estado moderno. De toda forma, sua interpretação está na origem de uma corrente identificável até em nosso tempo, que leva à conciliação dos princípios do cristianismo com os de Maquiavel. Além do mais, ele tem o mérito de colocar em evidência as condições históricas singulares nas quais o secretário florentino escrevia e de imputar as proposições mais acres e mais escandalosas de suas obras ao desejo de liberar a Itália do jugo das potências estrangeiras. Ora, este último argumento atesta a longínqua origem da imagem do Maquiavel patriota. É forçoso admitir que as interpretações típicas, recenseadas por Mounin, foram todas esboçadas no início do século XVII. Não há dúvidas de que a interpretação dita democrática tenha prevalecido em certa conjuntura, sob o efeito das tarefas que enfrentava o pensamento político. Mas ainda é preciso examinar mais de perto o que, na obra de Maquiavel, no *Príncipe* ou nos *Discorsi*, nutre a inspiração dos intérpretes. De fato, o próprio conceito de interpretação democrática é equívoco, pois elaborado para fazer contraponto àquele de maquiavelismo. Ao empregá-lo, corremos o risco de ceder ao prestígio aparente que se prende a este último. Construímos o esquema da representação dando plena autoridade aos primeiros panfletos dos jesuítas ou aos de Gentillet, como se os leitores de Maquiavel somente pudessem subscrever o retrato do mestre das perfídias ou inverter seus traços. Nem Bacon, nem Harrington, nem Schopp, nem Espinosa — para citar apenas um pequeno número daqueles que meditaram sobre sua obra — leram Maquiavel como um antimaquiavelista; eles simplesmente o leram como o maior pensador político moderno.

Ora, precisamos da mesma forma dizer que o conceito de "tratado patriótico", proposto por Mounin, não é capaz de dar conta da variedade das interpretações que têm como traço comum instalar no centro do *Príncipe* o apelo à liberação da Itália que contém seu último capítulo. É fato que o aparecimento da ideia moderna de nação determina uma nova entrada à leitura de Maquiavel — sobretudo na França, na Itália e na Alemanha. Mas é fato também, não menos notável, vale recordar, que discursos divergentes a ponto de serem incompatíveis franqueiam essa entrada. Guiraudet, Foscolo, Hegel, Fichte, Ranke: cada um fala de um lugar singular. Guiraudet faz de Maquiavel o precursor de uma ideologia jacobino-bonapartista; Foscolo se mostra sensível à contradição do escritor, dilacerado entre suas convicções republicanas e a esperança que deposita em um poder forte, capaz de salvar a Itália; em compensação, nem Hegel nem Fichte se interessam pela questão do regime político: somente a tarefa da fundação do Estado e a ideia do Estado como figura da racionalidade histórica comandam suas interpretações; quanto a Ranke, ele faz do patriota Maquiavel a vítima de uma época corrompida, cujo pensamento não pode se evadir dos horizontes do presente.

Na sua primeira parte, o argumento de Mounin resulta de uma simplificação da literatura crítica, mas ele mantém a aparência de seriedade. Em compensação, ele se torna francamente extravagante quando a representação científica de Maquiavel é imputada à época da burguesia triunfante e aquela da legitimidade do maquiavelismo, à época da "burguesia decadente". Nosso autor parece ignorar que durante séculos os críticos procuraram discernir o ensinamento "positivo" de Maquiavel e recusar — como Schopp e Harrington — aquilo que lhes parecia a expressão contingente de uma sociedade e de uma época. Mas o mais significativo é que ele não pode reconhecer o esforço empreendido para esclarecer, ao mesmo tempo, a história de Florença e da Itália no *Cinquecento* e a biografia do secretário florentino, e para abordar a obra em um espírito de neutralidade científica — esse esforço que, longe de encontrar seu término em 1890 (!), continua até nossos dias, ordena as mesmas operações em todos os setores da História ou das ciências humanas e assinala, nesses domínios, somente o rastro de um processo universal de racionalização dos conhecimentos. Temos, claro, pleno direito de pensar que esse processo esteja ligado à racionalização da produção, que o ideal da neutralidade científica seja problemático. Entretanto, a melhor maneira de trilhar um caminho para esse pensamento é perscrutar os conflitos que se mantêm e se multiplicam há cinquenta anos no exame de Maquiavel, sob a cobertura da neutralidade científica. Pretender, em compensação, traçar uma divisão entre duas etapas do pensamento burguês é se precipitar na denegação do trabalho crítico de nosso tempo. Afirmar que renasce uma justificação do maquiavelismo enquanto um lugar sempre maior é concedido aos estudos dos *Discorsi* e da teoria do regime republicano é conduzir essa denegação ao limite do engano. Não haveria motivo para deter-se — nem mesmo para replicar a grosseira falsificação do pensamento de Merleau-Ponty, ao qual é imputado o princípio de que os fins justificam os meios — se o destino reservado a um ensaio de Antonio Gramsci não incitasse finalmente a colocar um problema cujo alcance ultrapassa o círculo estreito das elucubrações de Mounin. Esse ensaio, ao qual consagraremos uma análise, comporta um singular elogio de Maquiavel, apresentando-o como um precursor da filosofia da práxis. O *Príncipe* é interpretado à luz de seu último capítulo; seu autor, designado ao mesmo tempo como patriota, o primeiro pensador a formular a ideia da nação italiana, o teórico da classe dominada que lhe ensina as condições de sua emancipação e o fundador do realismo científico, considerado revolucionário em sua essência. Por mais nova que seja a tese de Gramsci — fundada sobre uma concepção marxista da História —, não poderíamos contestar que ela assume uma herança cujo caráter ideológico é denunciado por Mounin. Aliás, este observa que "Gramsci assimila de passagem as explicações burguesas concernentes a Maquiavel".[117] Ora, é necessário observar que a tese é criticada não como a de um ideólogo, mas simplesmente como uma tese errônea. O que deduzir dessa atitude, senão que o autor admite que há uma leitura de Maquiavel que coloca em questão os princípios do marxismo e que há uma concepção marxista da História que coloca em questão os princípios de Maquiavel? A qualidade da argumentação que ele opõe a Gramsci importa pouco, nesse caso. Retornamos aos limites de um debate em que se trata de dar razão às ideias pelas ideias... Retorno inelutável e que nenhum teórico marxista poderia evitar, mesmo que sua análise da literatura crítica fosse mais sutil do que a de nosso autor. Retorno que assinala a ficção de um sobrevoo de teses denunciadas como ideológicas desde o lugar suposto real que o intérprete ocuparia. Nesse lugar, Mounin encontra Gramsci, que pretende ocupá-lo. Eis a estranha situação, com a qual ele evita se espantar: de onde vem que a leitura de Maquiavel engendre no mesmo lugar duas posições incompatíveis? O problema certamente não seria resolvido, mas ao menos dissimulado, se Gramsci se visse

---

[117] Mounin, op. cit., p. 177.

denunciado como um impostor, mas seu destino não torna esse julgamento apropriado. Sugere-se então que Gramsci se engana. Ao admiti-lo, nos perguntamos qual é o estatuto de seu erro. Entretanto, o erro deve permanecer sem estatuto, pois a referência ao real determina a imputação à ideologia de todo discurso em que essa referência falta, quer dizer, o discurso de toda a posteridade maquiaveliana. Resta que, se a discussão dos argumentos de Gramsci é necessária, a discussão dos argumentos de Bacon, de Espinosa ou de Hegel não o é menos; ou, no presente, a discussão de Cassirer, de Renaudet ou de Leo Strauss. Que alguém designe a si próprio como um escritor revolucionário não lhe dá, com efeito, nenhuma autoridade particular e não nos dispensa de interrogar a política efetiva de seu discurso. Que ele divulgue opiniões conservadoras tampouco nos libera dessa exigência. Ninguém pode pretender qualificar uma interpretação de ideológica sem ter tentado demonstrar não somente que seu argumento satisfaz ao desejo de uma camada social, mas que ele é marcado pelo signo do imaginário, que ele traveste o real e atesta essa operação por suas contradições internas. Pois que, nesse caso, faz eminentemente parte do "real" o texto da obra a interpretar, apenas podemos surpreender esse travestimento a interrogando; ou, se mantivermos em suspenso a questão de sua identidade, buscando detectar no escrito interpretativo os desmentidos que ele inflige a si mesmo e as lacunas que ele abre, sem poder preenchê-las. Na ausência de tal trabalho, o recenseamento de algumas teses e sua imputação aos princípios que regem as representações das classes não esclarecem muito os efeitos de uma obra ou o destino de sua própria representação. Da mesma forma, caso nós negligenciássemos as falhas da análise de Mounin a respeito da literatura crítica produzida sob o reino da "burguesia triunfante" e "decadente", deveríamos ainda admitir que não é espantoso nem muito instrutivo descobrir a afinidade entre a condenação do maquiavelismo e o conservadorismo político e religioso no século XVI e no XVII, ou bem aquela entre as interpretações democráticas e diversas formas do liberalismo burguês. Além disso, a convicção de um teórico marxista de atingir as articulações reais das interpretações e das ideologias não pode deixar de atrair a atenção sobre a posição que ele ocupa na História que ele pretende tornar inteligível. Como não destacar, assim, que no momento em que atribui à burguesia decadente o desígnio de justificar o maquiavelismo, Mounin vem sustentar a tese antagonista e faz sua, com algumas reservas (cujo alcance ele minimiza), a representação defendida pelo conservadorismo? Mais: por que, ao segui-lo em seu terreno, nós nos privaríamos do direito e do prazer de constatar que em Marx as breves referências a Maquiavel são completamente elogiosas,[118] que o ensaio de Gramsci coloca uma questão nova e — de qualquer maneira que julguemos a resposta — fecunda, tentando comparar a situação das classes revolucionárias e as teorias de sua emancipação; e que, em compensação, nosso autor se satisfaz com argumentos convencionais do antimaquiavelismo? Em resumo, por que não invocaríamos, de nossa parte, uma história do marxismo e não suporíamos que ela engendra, de seu despertar à sua decadência, representações diferentes de Maquiavel?

Depois de tudo, não teríamos dificuldade para sustentar a hipótese interrogando a fortuna de Maquiavel nisso que ele decidiu então nomear ideologia marxista. Quando dos processos de Moscou, Vychinski designa Maquiavel como a fonte envenenada na qual beberam Kamenev e Zinoviev.[119] Eis algo de natureza a excitar a curiosidade: Maquiavel novamente implicado em um processo e tratado como "malandro consumado", "fedelho" e "rústico" por um procurador que extorque as confissões e os testemunhos e não tolera que se fale da relatividade dos critérios morais. Vychinski — que, de resto, jamais foi marxista, contrariamente ao que deixa crer Mounin, mas ao menos agia como servidor de um poder se definindo enquanto tal — se indigna que Kamenev tenha publicado uma introdução à obra de Maquiavel na qual ele o elogiava por ter produzido "uma invenção de imensa força explosiva que, durante séculos, perturbou o espírito dos dominadores".[120] Na época em que se consolida a ditadura stalinista, a linguagem do procurador sugere que a prática do terror e da censura não poderia aceitar uma livre reflexão sobre Maquiavel. Em outra cena da História, Kamenev parecia ter descoberto na obra do filósofo florentino o esboço de uma sociologia do poder, a primeira descrição das relações políticas em termos de relações de força, a crítica das representações e dos valores que as mascaram a serviço dos interesses de classe. De

---

[118] Marx expressa seu entusiasmo com a leitura da *Storia fiorentina* em uma carta a Engels (n. 396), em *Correspondance*, V (Paris: Alfred Costes, 1932). Sabemos, por outro lado, que ele copiou inúmeros extratos dos *Discorsi* em 1843 (ver a Introdução de M. Rubel à *Économie* II, Pléiade). Quanto a Engels, ele fala de M. como o "primeiro escritor militar dos tempos modernos digno de ser citado" (*La Dialectique de la nature*, Paris: Éd. Sociales, 1968, p. 30).
[119] Comissariado do Povo e da Justiça da URSS, o Processo do Centro terrorista trotskista-zinovievista... Relatório do debate 19-24 de agosto de 1936. Publicado pelo Comissariado do Povo..., 1936, pp. 139-41. [120] Ibid.

acordo com o que se filtra nos resumos dos processos, sua tese seria aparentada àquilo que Gramsci deveria nomear a interpretação romântico-liberal, mas resta que ela se colocava sob o signo da Revolução, da crítica dos dominadores. Quanto a Gramsci, ele escreve em um tempo em que a edificação de um Estado operário — segundo sua apreciação — e o desenvolvimento dos partidos de massa fazem par com a concentração do poder nas mãos de um aparelho burocrático; em um tempo em que o triunfo do fascismo parece impor a submissão aos dirigentes da União Soviética (URSS). Se ele interroga o *Príncipe*, não é para justificar a hipótese de que o partido continua revolucionário a despeito das aparências, a despeito do abandono da democracia operária? Ora, eis então que Mounin escreve em 1958, após a denúncia pública do terror stalinista, feita na própria URSS, mas também após o esmagamento, pelos exércitos do Estado operário, da insurreição húngara. Não se tornou perigosa a leitura de Maquiavel, a ponto de ser preciso novamente dela extrair a teoria do maquiavelismo e condenar a relatividade dos critérios morais para colocar a política dos partidos comunistas ao abrigo da crítica? Podemos supor que a obra não seja estranha às recentes aventuras do stalinismo, ao ler esta pequena frase que deixa esclarecer a alusão: "Ele [o marxismo] não pode recorrer a todos esses meios que são o maquiavelismo sem que a História — assim como fez nos últimos anos — o chame duramente à ordem".[121] Mas para apreciar esta concessão, é preciso conduzir o olhar para algumas linhas acima: "Vychinski tinha razão: o proletariado não é o príncipe moderno e o maquiavelismo exposto no pequeno volume do secretário florentino não é e não pode ser reivindicado teoricamente como um dos ancestrais do marxismo".[122] Deixemos de lado o contrassenso que golpeia a tese de Gramsci, para quem o príncipe se identifica não ao proletariado, mas a seu partido, e leiamos ainda: "O marxismo não pode, sem se renegar, recorrer à demagogia. Ele não pode impunemente utilizar, mesmo ocasionalmente, a mentira com as massas, enquanto ele funda o alargamento de sua ação sobre a verificação de sua política pelas próprias massas".[123] Na mesma página, condenar a mentira em política e evocar a sinistra figura do procurador mentiroso para lhe dar razão contra Maquiavel (e Gramsci) é exatamente trair a oportunidade de um opúsculo dedicado a dissimular os caracteres do stalinismo.

---

[121] Mounin, op. cit., p. 188.   [122] Ibid., p. 186.   [123] Ibid.

E, no entanto, é preciso resistir à tentação de explorar essa hipótese. Não é voltando contra Mounin seu argumento que o tornaríamos melhor. E seguramente seria lícito nos perguntar a razão de nossos próprios julgamentos. De onde falamos, qual lugar ocupamos, de onde extrairíamos a autoridade para sobrevoar a história dos discursos marxistas sobre Maquiavel? Impossível, com efeito, se arrogar o direito de interrogar a interpretação marxista se nos limitarmos a apreender os indícios de um debate. Apenas o exame paciente dos argumentos de um intérprete poderia levar a formular uma crítica que tenha alguma chance de ser fundada. Assim, deveremos dar a palavra a Gramsci para tentar saber como ela *se coloca* e como pode se sustentar no comentário de Maquiavel. Paralelamente, a tese do maquiavelismo merece ser posta à prova por um discurso que ultrapassa a invectiva e tenta uma demonstração. Trata-se, então, de interpretações divergentes, que testemunham uma elaboração teórica, cujos princípios e agenciamento singular devemos examinar, se quisermos esclarecer a ação do intérprete e de qual lugar ele vem exercê-la — e, assim, aprender a decifrar a questão de nossa própria interrogação. Explorando a literatura crítica, nosso propósito era diferente. O que pretendíamos reunir e articular não eram somente os signos de uma representação circunscrita, como tal, a ser remetida a uma obra através de todas as fontes das quais ela se alimenta. Não se tratava de perscrutar a relação que mantém o pensamento conservador, o pensamento liberal ou o pensamento marxista com o de Maquiavel. Entretanto, esses signos não são vãos. O que descobrimos, por um lado, é a dimensão imaginária do campo dessa representação. Tal fórmula não significa que voltamos a julgar, com Curcio, que todos os comentários suscitados são produtos da imaginação em delírio e que a obra possui uma identidade que escapou a toda a posteridade. Já dissemos por que esse julgamento é absurdo. Nossa observação não se funda sobre a análise de um número definido de escritos, considerados em sua particularidade. Ela incide sobre os traços do discurso da posteridade, considerada em sua generalidade. Nessa perspectiva, o imaginário se assinala em indícios que nos parecem incontestáveis e que basta recordar brevemente: o apagamento das referências temporais, graças ao qual o discurso maquiaveliano é instalado no lugar em que se encontra seu leitor; a identificação desse leitor com Maquiavel ou aquela que ele opera entre os políticos ou as condições de sua época e do *Cinquecento*; a confusão do saber e do desejo, cujo efeito é converter em mensagem, em apelo à ação, um ensinamento destinado a um estatuto teórico; a projeção, no passado, de uma descoberta ou, antes, a criação de um momento fundador a partir do qual se deixaria formular, de agora em diante, o problema da política; a repetição de teses que, a despeito do advento das grandes interpretações irredutíveis ao esquema já traçado, tendem a encerrar a literatura crítica em um círculo. Certo, são apenas indícios, e poderíamos facilmente produzir exemplos para os quais alguns deles não convêm. Não deixa de ser espantoso, contudo, que à distância do mito do maquiavelismo, ainda que ele esteja também carregado de seus efeitos, o campo da representação se ordene em função dessa dimensão. Não somente não temos o poder de reduzi-la, desde um lugar que se supõe real, mas é uma questão impossível de responder na etapa presente de nosso trabalho; é impossível saber se ela pode ser reabsorvida.

Devemos, ao menos, observar que o conceito de *imaginário* não recobre o de ideologia, tal como ele é comumente empregado para circunscrever um tipo de discurso cujo centro seria uma classe no quadro de uma formação sócio-histórica. O imaginário, no sentido em que falamos, conota um conjunto de processos que comandam a instalação do referente Maquiavel em um espaço de cultura (onde ainda estamos situados) e que não estão sob o controle dos agentes que participam da encenação da representação. Não se trata, então, de um imaginário substancial — se ousarmos arriscar esse termo — cuja definição poderíamos encontrar nos enunciados que teriam a propriedade de ser ilusórios e seriam assim, ao menos por direito, elimináveis. A questão que entrevemos, por conseguinte, concerne à função que esses processos cumprem, identificáveis mais aquém da determinação das ideologias, ainda que se inscrevam em suas fronteiras. Se é verdade que toda formação imaginária assinala a resolução simulada de uma contradição cujos termos últimos são inconcebíveis, somos induzidos a supor que o discurso da posteridade testemunha inteiramente, *sob certo aspecto*, um trabalho de resolução desse gênero, quer dizer, que ele é comandado por aquilo que, na obra, coloca à prova de um inconcebível. Ao notar, além disso, que esse discurso, através de suas variantes, associa a ideia de uma fundação operada pela obra àquela de uma mudança ocorrida na ordem do real (sempre sensível na referência ao presente histórico), somos levados ainda a supor que o trabalho da resolução se desenvolve em resposta a um evento que não parou de colocar em questão a relação entre o pensamento político e a sociedade política.

Para avançar essa hipótese, não temos de provar que Maquiavel foi efetivamente um fundador, bastando observar que ele aparece como tal na representação que seus leitores forjam dele até nossos dias. Sob essa condição, ela autoriza a julgar que a aventura da obra não é estranha àquela do Nome — julgamento que não implica absolutamente que a literatura crítica se reduza a um debate em torno da tese do maquiavelismo; nós acabamos de denunciar essa ilusão. Mas não deve nos escapar que sobre a obra se enxerta uma representação cujos traços trazem a marca, como o mito do maquiavelismo, de uma operação de recobrimento. O que nos pareceu recoberto no mito é a divisão entre Poder e Sociedade, é a questão da exterioridade do social a si mesmo e, com ela, aquela da dupla aparição do homem como puro sujeito e puro objeto. Da mesma forma, se não nos equivocamos, o mito revela seu sentido com o mínimo de desvios; ele *quase* diz o que esconde. A literatura crítica, em compensação, mobiliza um trabalho considerável a serviço do imaginário: o próprio trabalho do conhecimento que rege a instituição da obra. É pelo desvio dessa instituição, pela operação que destaca a obra de uma massa indefinida de escritos, a erige em órgão de produção de um saber, é na experiência da diferença desse saber, do qual Maquiavel é supostamente o autor, e do suposto saber da política, do qual todo crítico se faz o representante, que a obra se une à questão do poder e recobre aquilo que a faz falar.

Não poderíamos esquecer, além disso, que o discurso da posteridade nos apareceu na origem de pensamentos que se imbricavam na elaboração de novas obras — pensamentos que, em graus desiguais (e que não poderíamos, de toda maneira, avaliar), participavam da formação do núcleo de teorias políticas ligadas a condições históricas diferentes. Embora, nessa perspectiva, tenhamos apreendido apenas os signos, eles são suficientemente eloquentes para sugerir que o campo da representação se ordena em função de uma dimensão propriamente histórica, quer dizer, identificamos aí os efeitos de uma produtividade teórica ou os traços de uma força de engendramento do pensamento político. Entrevemos então uma segunda questão: aquela que se refere à eficácia de um discurso que mantém a interrogação até nossos dias e permanece — a despeito do deslocamento da reflexão sobre o Estado, as classes sociais e o Poder — um pivô dos discursos modernos sobre a política.

Ambas as questões se cruzam, então, para abranger a relação que liga a representação de Maquiavel e aquela da política. Apenas podemos entender essas questões sob a condição, no momento em que perscrutamos a literatura crítica, de não nos apoderar do sentido da obra maquiaveliana e de não nos apoderar do sentido da política — quer dizer, de consentir em não saber aonde a interrogação de Maquiavel nos conduz. Mas também apenas podemos entendê-las sob a condição de guardar na memória a questão geral que o estatuto da obra de pensamento coloca. Não devemos perder de vista, com efeito, que esse estatuto depende da operação repetida daqueles que dão uma identidade singular aos escritos e lhes atribuem, destacados que estão de um saber monumental, convertidos em obra, um poder de fundação a partir de certo lugar e de certo tempo. A obra, assim, sempre se vê figurando uma origem, no duplo sentido (lógico e histórico) do termo. E, pela mesma operação, ela é visada como objeto a conhecer; sua identidade singular é tida como determinável em razão de um saber que dela não tira sua origem e cuja legitimidade funda o discurso crítico.

Assim, o discurso de uma posteridade — qualquer que seja a obra a partir da qual ela é engendrada — coloca em jogo uma divisão interna ao saber e uma divisão temporal, destinadas a serem ignoradas cada vez que o leitor pretende ocupar uma posição que lhe dê uma visão panorâmica da obra e das condições que determinam o acesso a ela. Nessas condições, o movimento que leva a atribuir à obra o saber singular em um domínio — movimento de instituição — se coloca a serviço de um empreendimento de redução das questões que são engendradas pelas diferenças dos discursos e pela diferença dos tempos e se modifica em movimento de destituição da obra, esta se encontrando reabsorvida no campo teórico em virtude do domínio que detém o crítico. A dimensão imaginária de toda literatura crítica se deixa, então, descobrir ao exame do estatuto da obra de pensamento. Ora, devemos reconhecer, da mesma forma, que sua instituição, na medida em que se torna o suporte de uma divisão do saber e de uma divisão temporal (e torna sensível, assim, uma questão da origem ou, melhor dizendo, uma questão do advento do *pensar*), ordena o engendramento de novos discursos, que se diferenciam do discurso fundador reportando-se a ele — de tal modo que é ainda verdadeiro que toda literatura crítica se ordena segundo uma dimensão histórica.

O que confere à literatura da posteridade maquiaveliana seu caráter específico é que ela se constitui a partir de uma obra que trata da política. Assim, a questão do poder — como questão de sua divisão da sociedade de onde ele surge e sobre a qual ele é exercido —, a questão do presente histórico, como presente onde se inscreve o discurso político fundador e como presente onde se inscreve o discurso político crítico, estão no centro dessa literatura e imbricadas com as questões que se devem ao processo de instituição da obra de pensamento. É em consequência disso que aparece da melhor maneira a reversibilidade das operações críticas. Aí onde está aparentemente em jogo o estatuto da obra não se desenha somente uma representação da obra; descobrimos na determinação desse estatuto uma modalidade da relação com o poder já estabelecida; aí onde está aparentemente em jogo o estatuto do político não se desenha somente uma representação da obra, descobrimos *implicada* na determinação desse estatuto uma modalidade da relação com o saber. E, a cada vez, é feita a prova da diferença temporal sob o efeito da qual se articulam a relação com o poder e a relação com o saber.

Parte 3
Interpretações exemplares

I.
A doutrina do maquiavelismo: Uma interpretação de Jean-Félix Nourrisson[1]

Segundo Nourrisson, Maquiavel merece ser considerado o teórico do maquiavelismo, mas ele apenas deu uma expressão acabada àquilo que tinha existido na prática dos governos desde os tempos mais antigos. Como dirá, seguindo-o, Charles Benoist e o repetirá recentemente Georges Mounin, os quais, sem se situar nas mesmas correntes ideológicas, partilham esta interpretação: "o maquiavelismo é perpétuo". O *Principe*, em particular, somente descreveria um exercício da política, do qual toda a história traz o testemunho, para extrair suas regras até então implícitas. Tal apreciação deveria desacreditar inteiramente o escritor, pois chega a contestar sua originalidade. No entanto, Nourrisson nele enxerga um "pensador de gênio".[2] Como então um pensador de gênio pôde se rebaixar buscando as regras da política maquiavélica e querendo dar a aparência de legitimidade a condutas cuja eficácia dispensa ordinariamente qualquer justificação? Tal é, parece, a questão que comanda a interpretação. Nós a entendemos como aquela que dirigimos a um pintor ou a um romancista com o qual nos indignamos por ele se prender a assuntos que carecem de nobreza. Uma primeira resposta seria que a teoria, em Maquiavel, estaria enxertada em uma prática da política que o incitava mais ao exame dos comportamentos do que a uma reflexão sobre os fundamentos do bom regime e do bom governo. Testemunha das intrigas de seu tempo, em razão das funções que ocupou no Estado, "seu grande afazer", nos diz Nourrisson, "foi pintar a diversidade que existe

---

1 Jean-Félix Nourrisson, *Machiavel*. Paris: Didier, 1875. **2** "Entretanto, é em uma época determinada que essa hipocrisia em matéria de governo foi reduzida em teoria: é em um certo meio que ela obteve favor mais particularmente; é um pensador de gênio que após ter erigido as máximas corruptoras em sistema terminou por lhes impor seu nome. Deste modo, o maquiavelismo tem sua história, tem seus textos, tem seu autor" (ibid., Prefácio, I-II). Cf. igualmente p. 162, onde M. é designado como um "grande homem"; e p. 164, onde o autor fala de suas "meditações de gênio".

entre os gostos e as imaginações da maioria dos homens".[3] Mas essa resposta não basta, pois ela não fornece a razão da doutrina do maquiavelismo; sendo assim, ela se completa por um argumento completamente diferente; a obra do escritor estaria a serviço do projeto do homem político: "Misturar-se aos homens para agir sobre eles, pelo conhecimento de seus gostos, dominá-los pela própria ciência de suas fantasias, eis aí a paixão mestra que o guia e o absorve inteiramente".[4] Todavia, essa segunda resposta é ambígua e, como quer que a entendamos, insatisfatória. Ou bem a crítica quer dizer que Maquiavel elabora para seu próprio uso uma teoria que lhe permitirá definir uma estratégia de conquista de poder — e devemos nos espantar que ele a coloque sob os olhos de seus adversários —, ou bem é preciso supor que a teoria é feita para seduzir o príncipe no poder e ganhar seu favor — hipótese da qual nos convencemos ao ler que o *Príncipe* foi redigido para um Médici e na esperança de que este empregasse seu autor —,[5] e então os *Discorsi*, que fazem o elogio das repúblicas e que, dizem-nos, contêm o mesmo ensinamento maquiavélico que o *Príncipe*, se revelam inexplicáveis.[6] Entrevemos uma terceira resposta quando Nourrisson coloca em evidência o pessimismo de Maquiavel. Ele não contesta a exatidão de sua descrição dos comportamentos políticos. Mais ainda, se lhe dermos crédito, vemos que a vida social é enganadora, o comércio dos homens é próprio para inspirar a aversão ao homem e a tentação de abraçar o maquiavelismo é bem fundada.[7] O erro do autor estaria somente em não ter sabido ultrapassar os dados imediatos da experiência política. Assim, ele não seria tanto impulsionado pela paixão do poder quanto movido pelo desespero que tornaria vã a seus olhos toda ação desinteressada. Disso dariam testemunho as palavras que confiou a Soderini, antigo gonfaloneiro de Florença, no dia seguinte à queda da República: "Estou reduzido a ponto de não mais me espantar com nada e de confessar que nem a leitura nem a ação me ensinaram

---

[3] Ibid., p. 11. [4] Ibid., p. 12. [5] Ibid., p. 148. [6] "Em uns e em outros [escritos], é em suma a mesma inflexão, o mesmo espírito; é, em definitivo, a mesma mistura de máximas de liberdade e de princípios de tirania..." E na p. 138: "Continua indubitável que essas duas obras não oferecem em seu contexto nenhuma contradição e que se é possível que nos espantemos, em alguns casos, que doutrinas de escravidão colidam violentamente com doutrinas de liberdade, esses disparates apenas refletem a dificuldade mesma do autor que não pode se impedir de proclamar a soberania do direito no mesmo instante em que se prosterna diante da força" (ibid., p. 137). [7] Ibid., p. 139.

a ter gosto por aquilo que os homens fazem e pela maneira como o fazem".[8] E o julgamento que ele faz sobre sua época nos *Discorsi* daria uma chave de sua teoria política; falando de seus contemporâneos ele escreve: "Os séculos passados lhes oferecem motivos de admiração e aqueles em que vivem não lhes apresentam nada que os alivie de sua extrema miséria e da infâmia de um século em que não veem nem religião, nem lei, nem disciplina militar e no qual reinam vícios de toda espécie".[9] Se confiarmos nessas indicações, deveremos concluir que o conhecimento da política é viciado em seu princípio por uma falta de fé. Ora, devemos nos espantar com o uso que Nourrisson faz do fragmento dos *Discorsi* citado, pois, a se ater à intenção declarada do autor, a depreciação do tempo presente sustenta o apelo a uma ação que abalaria os termos atuais do jogo político graças à inteligência da história romana. Mas mais espantoso ainda é o elogio do realismo de Maquiavel que acompanha a crítica de seu desencantamento. Se seu mérito foi ter buscado a *verità effettuale* para além das mentiras com as quais os homens acobertam seus empreendimentos, ou, ainda, ter sabido opor às utopias as lições da experiência; se todo governante deve estar penetrado pelo sentimento de realidade, que o animou a um ponto tão alto,[10] como decidir entre a boa e a má evasão da experiência sensível? Como declarar que o desencantamento está na origem do maquiavelismo e sugerir que ele libera o pensamento da ilusão? A crítica de Nourrisson quer nos convencer que o conhecimento se degrada assim que rompe com a exigência de definir o bom regime e o bom governo ou a ação conforme à ideia do bom regime e do bom governo; supondo-se que Maquiavel ignora essa exigência, por ambição ou por desespero, seria conveniente mostrar em qual momento de seu discurso se assinala essa degradação. Ora, o intérprete teria, legitimamente, a possibilidade de fazê-lo se reduzisse a parte do saber a uma série de operações de conhecimento cuja validade pontual poderia ser examinada. Masele situa esse saber no nível mais profundo, afirmando que abre um acesso à realidade como tal. Desde então ele se enreda em contradições intransponíveis, pois, se dermos crédito a essa sua apreciação, é a

---

8 Maquiavel, *Toutes le lettres...*, op. cit., II, p. 326.   9 Id., Proêmio do livro II.   10 "Às teorias preconcebidas, às utopias enganadoras, às quimeras, Maquiavel, e aí está sua honra imortal, teve o mérito singular de preferir e de opor as substanciais lições da experiência" (Nourrisson, op. cit., p. 293).

reivindicação da exigência ética, de um ultrapassamento do real que se denuncia como signo do imaginário.

Não importa, devemos precisá-lo, sondar o pensamento próprio de Nourrisson. A fragilidade de sua interpretação é instrutiva porque revela os efeitos negativos de uma crítica que pretende descobrir o maquiavelismo na obra de Maquiavel. Sem dúvida, se seu autor se limitasse a acusar o escritor de ter coletado receitas empíricas do poder,* ordinariamente nomeadas maquiavelismo, ele escaparia a nossa própria crítica. Mas então seu trabalho não se inscreveria no campo da literatura científica. Tão logo pretende interpretar, torna-se necessário a ele colocar a tese do maquiavelismo de Maquiavel à prova de uma leitura da obra. Ora, essa prova engendra uma cadeia de consequências da qual seu autor não é senhor. O movimento que o conduz a instalar a contradição na obra de Maquiavel comanda a lógica das contradições de seu próprio texto que se exibe diante do leitor que somos.

Representante do maquiavelismo perpétuo e fundador da teoria maquiavelista; pensador de gênio e pintor das perversões; homem de pensamento e homem político; político-estrategista à procura da dominação e ambicioso vulgar em busca de um posto; escritor aviltado pelo desencantamento e descobridor da realidade tal qual ela é: essas oposições se sucedem sob o efeito do deslocamento necessário de termos que, a cada vez, se verificam insustentáveis. Ao observá-lo, devemos nos maravilhar com o tratamento decorrente da imagem da divisão do discurso maquiaveliano em duas obras de intenção aparentemente distinta. Que essa aparência seja fundada ou não na realidade, não é este o lugar de discutir. Observamos somente que quando uma imagem é imediatamente sensível, o primeiro movimento do crítico é recobri-la. Os *Discorsi* e o *Principe*, nos diz ele, contêm um único e mesmo ensinamento; melhor: se acreditarmos nele, perceberemos "tal identidade de máximas que parece que esses dois escritos poderiam ser reunidos e fundidos em um só".[11] É nos *Discorsi* que se encontra a sombria fórmula aplicada ao fundador de um Estado: "É desejável que, se o fato o acusa, o resultado o escuse"; aí, a má-fé é julgada necessária àquele que quer se elevar de uma condição medíocre à testa do Estado; é recomendado ao príncipe exterminar seus inimigos, quando eles são pouco

---

* Lefort utiliza aqui o termo *puissance* que, via de regra, é traduzido por "potência". Nesse caso específico, porém, optamos pelo termo "poder", como o contexto semântico parece exigir. [N.T.]　11 Ibid., p. 138.

numerosos, para que a operação lhe proporcione a segurança; o tirano no poder é convidado a matar Bruto, o eventual conspirador; e Bruto, o fiador da liberdade, a matar seus filhos, os transgressores da nova lei; a sabedoria do político encontra sua mais alta expressão na astúcia do conspirador que simula loucura para permanecer ao lado do príncipe e se preparar para abatê-lo.[12] Não há, então, na obra que faz o elogio das repúblicas, como naquela que analisa o governo dos príncipes, senão uma única doutrina professada: o maquiavelismo. Todavia, a diferença encoberta ressurge distante de seu lugar, na própria interpretação, que não chega a anular a questão que lhe coloca o elogio de um regime fundado sobre a potência do povo. Ela ressurge no enunciado de dois argumentos que se ignoram mutuamente. Por um lado, Nourrisson sustenta que todas as proposições dos *Discorsi* em favor de um regime livre "apenas refletem a dificuldade mesma do autor que não pode se impedir de proclamar a soberania do direito enquanto se prosterna diante da força".[13] Por outro lado, sustenta que as duas obras definem uma técnica política indiferente aos valores que serve:

> Em tudo e por toda parte, ainda que em graus diferentes, Maquiavel revelou-se, seja a favor do despotismo, seja a favor da liberdade, seja a serviço e para a salvação do príncipe, seja a serviço e para a salvação do povo, o teórico sincero, convencido do engano e da violência, da corrupção e do medo, que muito frequentemente foram instrumentos entre os homens, mas que Maquiavel estima ser os únicos meios eficazes ou ao menos os mais seguros meios de governo.[14]

Ao considerar o primeiro argumento, deveríamos concordar que o autor do *Príncipe* não teve a audácia de levar seus pensamentos até o fim. O maquiavelismo, segundo Nourrisson, seria a teoria de uma política de dominação: as máximas consagradas ao uso da astúcia e da força comporiam a essência da obra e persuadiriam de que há uma conivência entre os meios e os fins da ação de tal modo que a análise das condições da potência fundaria necessariamente a superioridade do regime despótico. Os textos que testemunham convicções democráticas seriam somente o índice de um remorso ou o signo de uma impossibilidade objetiva de sustentar inteiramente o

---

12 Ibid., pp. 142-4.　13 Ibid., p. 138.　14 Ibid., p. 144.

discurso da perversão. Ao considerar o segundo argumento, concluiríamos que o maquiavelismo implica para seu agente, como para seu teórico, um distanciamento das opções que comanda o comportamento dos homens na cidade e a busca exclusiva da ação eficaz em dado estado de legitimidade e de relações de força; para essa ação, o regime livre forneceria sua hipótese como qualquer outro. Ora, que essas duas versões do maquiavelismo sejam simultaneamente propostas é um sinal da impotência do crítico de levar seus próprios pensamentos até o fim, quer dizer, de sustentar a denegação de uma diferença entre o *Principe* e os *Discorsi*. Mas é também um sinal de que os efeitos de sua impotência estão definitivamente fixados. A tese do remorso de Maquiavel é necessariamente avançada pelo fato de ele ser considerado culpado. Ela dá, além disso, ao juiz a segurança de que o discurso culpável não pode ser sustentado sem desfalecer; ela vem apoiar a fé na exigência ética, a qual permanece, por sua vez, privada de conteúdo; ela compõe, enfim, com essas duas outras teses que fazem do escritor um ambicioso e um desencantado, pois que elas neutralizam o escândalo do discurso reportando-o aos acidentes da psicologia. Mas a tese do remorso é necessariamente retirada, pois ela é incompatível com a imagem do "pensador de gênio", com aquela do pintor fascinado pela diversidade das condutas políticas e com aquela do cientista que, para além dos fatos, atinge a realidade como tal. A tese de que Maquiavel é indiferente ao conflito dos valores e define a ação eficaz sem cuidar dos fins a que ela serve é então necessariamente avançada, mas não menos impossível de sustentar, pois se fosse preciso reconhecer que o discurso da astúcia e da violência se basta, a conclusão seria que o saber político — o conhecimento da realidade como tal — coincide com a teoria do maquiavelismo. Na problemática de Nourrisson, a neutralidade de Maquiavel faz tanto escândalo quanto seu projeto de dominação.

Como já observamos, a contradição se instala na interpretação assim que seu autor desdobra Maquiavel em teórico do maquiavelismo e em pensador de gênio. Mas não somos somente sensíveis a seus efeitos, descobrimos rapidamente que as duas imagens não têm o mesmo estatuto. Nourrisson concentra sua atenção sobre a primeira. Ele se pergunta demoradamente por que Maquiavel elaborou uma doutrina perniciosa; e ele extrai de sua obra proposições que, a considerá-las nos limites do enunciado e no sentido manifesto, administram a prova de um ensinamento maquiavelista. Seus comentários se apoiam sobre essa prova. Em compensação, ele não tenta de nenhuma maneira demonstrar que o escritor foi um pensador de gênio. O rosto do teórico do maquiavelismo está sob seus olhos; aquele do pensador de gênio está na sombra. É então provável que seu livro não teria nascido se ele não se tivesse perguntado por que um pensador de gênio pode ter querido fazer uma teoria do maquiavelismo. Mas tudo se passa como se sua energia tivesse sido inteiramente gasta em instruir um processo e como se ele fosse impotente para perscrutar um pensador de gênio. Afirmando o gênio de Maquiavel, Nourrisson está sem dúvida convencido de que trata de um tema nobre, diferentemente do escritor que pinta um tema vil. Talvez ele se sinta no direito de se abandonar à fascinação que sobre ele exerce o maquiavelismo vulgar ou mesmo se persuada de atingir o gênio ao demolir o ensinamento da astúcia e da violência à sombra de um gênio. Deixando de lado essas hipóteses, vale a pena considerar atentamente o último argumento da interpretação, pois este restaura e, em seguida, destrói a divisão dos dois Maquiavéis, segundo uma operação que escapa inteiramente ao conhecimento de seu autor.

Depois de ter mostrado que Maquiavel vivia em uma sociedade decadente e que sua doutrina apenas deu forma às ideias e às práticas de seus contemporâneos, o crítico conclui que nele existiram dois personagens:

> O indivíduo que, por suas preocupações, preferências, caráter, em uma palavra, pelos diversos acidentes de sua natureza, pertence expressamente a certa época e a certa região, e o ser de algum modo impessoal que seus vastos pensamentos tornam contemporâneo de todos os séculos e cidadão de todos os países.[15]

Está muito claro o que deve ser imputado ao indivíduo empírico. Nourrisson lhe reprova ter buscado a proteção dos Médici e ter dedicado a eles um manual de despotismo. Ele deplora a "incurável versatilidade desse italiano de gênio, mas sem consistência e sempre móvel sob o sopro mutável do interesse".[16] Ele considera que sua política "local, temporária, toda empírica e cheia de expedientes, não é senão a arte inferior de triunfar e de obter vantagens passageiras, arte incerta, falaciosa, deletéria".[17] Mas buscamos em vão qual é a propriedade do ser impessoal cujos vastos pensamentos o

---

[15] Ibid., p. 236. [16] Ibid., p. 175. [17] Ibid., p. 293.

tornam contemporâneo de todos os séculos. Com efeito, quando o crítico resume a filosofia de Maquiavel, ele a reduz aos lugares-comuns do ceticismo e do cinismo. É uma filosofia do tempo, entendido este como o que elimina tudo que está à sua frente, trazendo as mesmas alternativas de bens e males, de misérias e de prosperidade; é a crença na onipotência do acaso que permite ao homem somente uma pequena margem de iniciativas; é a representação de uma perversidade universal que não deixa outra escolha além de seduzir ou exterminar; é a legitimação da força, só ela capaz de garantir os êxitos do príncipe e a estabilidade dos regimes.[18] Se tal é a filosofia maquiaveliana, ela não tem o traço do gênio.

A interpretação de Nourrisson sofre seguramente de numerosos defeitos, que poderíamos denunciar com facilidade: as referências ao texto de Maquiavel são pouco numerosas e sumárias; a evocação do ensinamento clássico sobre a política não permite fundar uma comparação com aquele do suposto teórico do maquiavelismo; as alusões às condições sociais e históricas induzem a uma representação pobre e sem nuances da Itália decadente. Mas seria enganar-se querer explicar o fracasso da crítica por seus defeitos. A interpretação, dissemos, tem uma lógica; ela nos oferece uma das figuras da lógica do desconhecimento. Seu autor instalou-se em uma posição de exterioridade relativamente à obra maquiaveliana: ele detém o saber desta pelo recurso a uma instância cuja verdade não é jamais colocada em jogo na operação da interpretação. Essa instância — o referente da Moralidade — está, notemo-lo, fora do lugar que ocupa o intérprete; ela lhe oferece a garantia de que ele ocupa o lugar certo e de que ele se mantém à distância daquele que o escritor ocupa. Tal esquema, que assegura ao intérprete o domínio ilusório do discurso maquiaveliano, governa estritamente o jogo das contradições; estas se engendram na exclusão da questão que o acesso ao discurso do Outro e o acesso ao saber da política apresentam ao Sujeito na experiência da leitura.

---

[18] Ibid., p. 280.

2.
A ética do homem histórico: Uma interpretação de Francesco De Sanctis[1]

O processo do maquiavelismo é, mais frequentemente, instruído pela leitura do *Príncipe*. Ora, De Sanctis começa por observar que o sucesso dessa obra fez desconhecer a intenção de Maquiavel, cuja verdadeira medida somente podemos tomar ao considerar sua obra inteira.[2] A uma crítica mutiladora, que destaca arbitrariamente o *Príncipe* ou certos fragmentos seus, para neles ler todo o ensinamento do escritor, ele opõe de antemão uma crítica compreensiva que acolhe o pensamento na diversidade de suas expressões. E imediatamente seu leitor é colocado em condições de conhecer o motivo da crítica tradicional e aquele da nova interpretação. Uma é movida pelo desejo de julgar Maquiavel, para condená-lo ou absolvê-lo: é uma crítica moralizadora. E não importa, no final das contas, que ela faça do *Príncipe* um manual para uso dos tiranos ou que ela descubra um desígnio secreto mais ou menos louvável, ou ainda a criação de uma "utopia itálica", da qual os homens teriam mais tarde se apoderado para inscrevê-la na realidade, os critérios são os mesmos e a cegueira, igual diante de tudo que perturbaria a representação do objeto de censura ou do objeto de louvor. Quanto à crítica compreensiva, ela nasce da convicção de que o homem e a obra se definem em condições históricas particulares, que sua linguagem se forma pelo efeito de uma ruptura com as antigas representações dominantes e em resposta às questões que surgem de conflitos atuais.

A análise de De Sanctis, tal como se esboça, sugere que o leitor deveria reencontrar a posição do escritor Maquiavel na Florença do *Cinquecento*; que é preciso, então, abolir a distância que o separa do passado para que seu olhar coincida com aquele que Maquiavel dirige para o mundo que habita.

---

[1] F. De Sanctis, *Storia della litteratura italiana* [1870], sob os cuidados de B. Croce, II, Bari: Laterza, 1929, pp. 57-112. [2] Ibid., p. 62.

Se ela recusa o julgamento moralizador, é precisamente porque recusa a relação de exterioridade.

Contudo, o artifício que o crítico utiliza para realizar seu desígnio não deve nos escapar de vista. Ele compõe um quadro da sociedade italiana destinado a colocar em contraste os sinais de sua grandeza e os de sua decadência. A via da coincidência passa, assim, pelo desvio de um sobrevoo do campo sócio-histórico no qual está situado Maquiavel, onde sua posição pode ser fixada ao mesmo tempo que a de seus contemporâneos. Ora, que esse artifício seja necessário à interpretação, nós não duvidamos; e é ao escrutiná-lo que ganhamos o poder de nos interrogar sobre seu desenvolvimento. A distância que separa o crítico De Sanctis do escritor Maquiavel não é, com efeito, imediatamente visível, e podemos mesmo supor que ela seja inteiramente desconhecida por aquele que a institui. Enquanto Nourrisson não dissimula que lê Maquiavel de seu lugar, que detém o saber de seu discurso e que o julga de cima, a partir dos princípios da moralidade, De Sanctis deixa crer — e ele próprio seguramente crê — que não se pode entender o discurso de fora, que é preciso abandonar os preconceitos que compõem nossa experiência presente da história ou nosso conhecimento dos tempos que formavam o futuro de Maquiavel (e que viram a edificação de um Estado italiano) para acolher a verdade que este outorgava em seu presente. Ora, se é clandestina, a distância instalada entre a posição do intérprete e a do escritor não se verifica menos eficaz a serviço da ilusão de domínio do objeto, pois que este último é rigorosamente determinado em razão de um conhecimento das condições *reais* de seu advento. O projeto da coincidência com o outro realiza-se apenas graças ao roteiro que fixou de antemão seu papel em uma sociedade. De Sanctis nos incentiva a não permanecer fora do discurso do outro, mas para nos fazer penetrar em seu espaço e em seu tempo próprios ele desdobra esse tempo e esse espaço como se nós pudéssemos considerá-los de fora. E, simultaneamente, como se eles realmente estivessem fora do homem Maquiavel e de seu discurso. O indício de sua posição se manifesta no desejo de reunir, em um único olhar, todos os aspectos da sociedade italiana do *Cinquecento* em virtude da oposição grandeza/ decadência; esta, com efeito, coloca em relação signos que permanecem exteriores uns aos outros; ela não traz nenhum princípio de organização do campo sócio-histórico e não exige, então, daquele que a estabelece, que justifique a partir de sua própria posição uma leitura da história passada; ela aparece como dada nas coisas, oferecida à simples inspeção do olhar. A decadência é visível na corrupção dos costumes, que atinge seu ápice com aquela da Igreja, cuja função presumida é garantir a integridade da lei moral; na fraqueza das instituições políticas e militares e na impotência dos Estados em resistir à agressão das grandes potências estrangeiras. A grandeza é visível nas produções dos artistas e cientistas, cuja maturidade ultrapassa de longe a dos franceses e espanhóis da época. Ao descobrir esse quadro, o leitor de De Sanctis não pode deixar de se aperceber de que os sinais da grandeza e da decadência são justapostos e reenviam a fenômenos que se situam em níveis diferentes da sociedade e da cultura; ele não pode também deixar de se espantar com os limites da análise que negligencia os fatos econômicos, a divisão e os conflitos de classe; ele deve enfim reconhecer que a descrição em termos de grandeza e decadência implica a distância do objeto de louvor e do objeto de censura, e que depois de se ter interditado de aplicá-la ao discurso maquiaveliano, o autor recorta a realidade segundo critérios que ele recusou. Mas, por mais justificadas que sejam essas observações, seu alcance se deixa medir somente quando identificamos a tese que ordena a construção do objeto de conhecimento: é uma tese do sentido *em si* da História. De tal modo que estaríamos enganados ao querer denunciar a fragilidade dessa construção sem colocar em questão seu princípio. A oposição entre a grandeza e a decadência estaria fundada em teoria, a análise econômica e social introduziria no quadro a profundidade que lhe faz falta, o julgamento de valor seria atenuado, a posição do intérprete não seria necessariamente modificada. Uma vez que ele, com efeito, produz um saber sobre o todo da sociedade, quer dizer, ordena os fenômenos a partir de um centro suposto — identificado pelo sinal de uma oposição fundamental —, esse gesto fundamental decide a relação que ele manterá com o discurso do escritor: a esse discurso será assinalado o sentido que lhe confere sua inscrição em uma realidade conhecida.

É verdade que, ao assinalar a função da primeira oposição marcada por De Sanctis na sociedade italiana, não damos ainda a conhecer seus efeitos sobre a interpretação; e, de fato, somente por seu enunciado é impossível entrevê-los. Da mesma forma, dizíamos apenas que ela fornece o indício de uma posição de sobrevoo. Sua eficácia não aparece senão quando a vemos se combinar com a oposição do antigo e do moderno. De Sanctis observa, com efeito, que a história da Itália se ordena em função de uma linha que partilha nas instituições e nas mentalidades os signos do mundo medieval e aqueles do mundo do Renascimento. Não é preciso sublinhar que essa partilha determina de novo a posição de sobrevoo: ela vem sustentar a crença em uma história única, plenamente visível *para nós* pelo fato de ser transparente *em si*, história em acordo consigo mesma no processo de mudança de formas que relaciona imediatamente o presente ao passado, instituindo-o como sua negação interna. Mas, dessa vez, o sobrevoo não nos informa apenas a origem da relação que se estabelece clandestinamente com o discurso maquiaveliano. Instalando-se no ponto de vista que permite abraçar a dupla oposição grandeza/ decadência e antigo/ moderno, o crítico ganha o poder de fixar a posição do escritor graças ao cruzamento dos dois eixos de determinação. Essa posição se caracteriza, em um primeiro momento, por observar como Maquiavel se situa relativamente à decadência das instituições e dos costumes; a visão que ele adquire o torna parecido, nos é dito, com inúmeros contemporâneos e com o mais ilustre dos reformadores florentinos, Savonarola. Mas, simultaneamente, ele aparece como um representante do espírito moderno, ocupado em consumar a ruptura com os princípios que mantêm o pensamento e a ação na órbita do mundo medieval. Nessa perspectiva, ele se diferencia do "profeta desarmado", cuja obra estava a serviço da restauração.[3] Aos olhos de Maquiavel, a concepção de mundo dos homens da Idade Média estava irremediavelmente condenada, nota De Sanctis: "O mundo do além, a cavalaria e o amor platônico tinham constituído seus três conceitos fundamentais, dos quais a nova literatura de Boccaccio a Lorenzo de Médici havia feito mais ou menos conscientemente a crítica".[4] Dessa crítica o escritor tirava as justas consequências. Quanto às instituições que tinham assegurado o equilíbrio das forças sociais e regulado seu conflito — o papado, o império, as instituições comunais e feudais —, Maquiavel sabia que elas tinham perdido toda eficácia: ele denunciava a fraqueza do governo dos papas, cuja estabilidade repousava somente sobre as ilusões de seus súditos, e não lhe atribuía outro poder a não ser o de manter a divisão na Itália; ele conhecia a impotência do imperador em impor sua autoridade sobre os povos que pertenciam à sua jurisdição; avaliava com justiça a nocividade da nobreza, cujos membros ociosos, indisciplinados e seguros de seu direito ao comando travavam o progresso de uma organização racional do Estado; enfim, condenava as instituições militares — a *condotta*, o mercenariato —,

---

3 Ibid., p. 64.   4 Ibid.

cuja função de servir aos regimes conservadores, ciosos de afastar o perigo de uma participação do povo na defesa do Estado, ele havia revelado.[5] Entretanto, da mesma forma que a atitude de Maquiavel relativamente à decadência não basta, por ela mesma, para revelar sua posição no campo sócio-histórico e se especifica em função daquela que ele adota relativamente ao passado, esta última permaneceria equívoca se não descobríssemos que está ligada ao desejo de combater a corrupção dos costumes e das instituições. Maquiavel, sustenta De Sanctis, não é somente um representante do espírito moderno, convencido da irreversibilidade do movimento que separa o mundo novo da Idade Média; como tal, ele não se distinguiria de todos aqueles que participam do empreendimento do Renascimento. Vários de seus contemporâneos, com efeito, desprezam as crenças e os comportamentos das gerações antigas, mas eles se comprazem somente em uma atividade de jogo que lhes dá a ilusão de abolir os constrangimentos da moral e da religião estabelecida, ou antes buscam, seja na arte, seja no conhecimento científico, os sinais supremos de um domínio da natureza. Fazendo assim, se eles são os artesãos da grandeza italiana, sua indiferença à decadência moral e política de seu tempo os torna cúmplices delas. Cegos à necessidade de uma reforma, da qual os partidários de uma restauração têm, por sua vez, uma ideia, mas desconhecem as condições, eles se mostram tão incapazes quanto estes últimos de descobrir o sentido da História no presente. Essa descoberta faz a singularidade de Maquiavel.

Tudo se passa como se fosse preciso, para determinar a função das ideias de Maquiavel — e primeiro para definir o que são suas ideias —, compor uma grade *real* a partir da dupla oposição observada. Graças a essa grade se desvelaria o puro presente em que ele se encontra e onde nós mesmos poderíamos nos instalar para ouvi-lo falar como se ele ouvisse a si mesmo. Mas o paradoxo dessa construção é que ela tem por primeiro efeito instalá-lo em uma posição de exterioridade relativamente ao espaço e ao tempo sobrevoados pelo intérprete. Ele parece, com efeito, dominar a grade destinada a tornar legível sua posição; enquanto seus contemporâneos se distribuem segundo os eixos definidos, ele próprio está soberanamente destacado da sociedade e da história onde opera a dupla oposição. Ele não é o representante da decadência nem da grandeza — pois que esta implica a

5 Ibid., pp. 67-8.

ignorância de seu contrário que a corrói —, não é o representante do Antigo nem do Moderno — pois que o Renascimento traz o novo, mas não o reflete no pensamento de uma tarefa histórica. Encontramos o sinal dessa exterioridade na metáfora médica que vem sob a pluma do crítico: "Lá, onde os outros veem os signos da grandeza", nota De Sanctis, "Maquiavel diagnostica a doença".[6] Ele está diante do corpo social como aquele que inspeciona, conhece e julga; da mesma forma, ele observa a diferença presente-passado como aquela de dois lugares onde reina a ilusão. Em ruptura com o espírito da Idade Média, assim como com o espírito do Renascimento, ele é aquele que lança sobre as coisas um olhar que ninguém em seu tempo está em condições de lançar. Esta última afirmação do crítico nos dá a chave de sua interpretação. Da posição de exterioridade que ele atribui a Maquiavel se deduz, com efeito, a tese do conhecimento realista: uma tese que se apodera do enunciado do *Príncipe* no qual se encontra reivindicada a *verità effettuale* para dela extrair o núcleo do discurso. Dedução tácita, certamente, mas de cuja necessidade não resta dúvida, uma vez que nós assinalamos o encadeamento do argumento. Não é no curso de uma interpretação do texto que De Sanctis vem se interrogar sobre o alcance de uma reivindicação da *verità effettuale*. Esse conceito vem cumprir a função que exige a definição de uma posição de exterioridade diante da história e da sociedade. De Sanctis, tendo feito de Maquiavel o observador absoluto, aquele que vê as coisas tais como elas são no momento em que os outros estão cegos por suas ilusões, nos designa no discurso a teoria dessa visão. Maquiavel, nos diz ele em substância, denuncia todas as formas da imaginação[7] — notadamente a imaginação religiosa e a imaginação estética — e coloca sob nossos olhos o mundo real que é o mundo verdadeiro. Ora, devemos imediatamente observar que, pelo efeito dessa dedução, o conhecimento atribuído a Maquiavel do mundo diante do qual ele está localizado *aqui e agora* é muito semelhante ao conhecimento do mundo em geral diante do qual está localizado o Sujeito em todos os lugares e em todos os tempos. O afastamento das ilusões que cegam seus contemporâneos significa afastamento da ilusão que vela a realidade da política e da história como tais. A lógica do movimento que instala Maquiavel em posição de exterioridade diante da sociedade italiana do *Cinquecento* governa então sua

---

6 Ibid., p. 63.   7 Ibid., p. 66.

instalação na posição do saber absoluto. Mas como não se lembrar da origem da construção? Ela exigiu que o mundo passado que Maquiavel habitava fosse colocado à distância e apresentado como um quadro. Da mesma maneira, não podemos nós, no presente, nos impedir de pensar que a distância primeira, efetuada clandestinamente pelo crítico a serviço de seu projeto de coincidência, sustenta o fantasma do saber absoluto. De Sanctis não somente fixa para Maquiavel a posição que ele mesmo ocupa diante da sociedade italiana do *Cinquecento*, mas ele se serve daquela que atribui a Maquiavel para dar a seu olhar de historiador o poder de ler o mundo tal qual ele é. Nesse sentido, devemos admitir que a tese inicial é secretamente invertida. Essa tese exige que seja reconhecida a diferença dos tempos; ela demonstra para aqueles que querem julgar as ideias de Maquiavel que estas são tomadas em uma experiência sócio-histórica singular e que não seria possível dissociar nelas a parte de afirmação do novo e a da negação do antigo. Ora, a diferença dos tempos é abolida desde que o saber do mundo tal qual ele é assinala um único e mesmo lugar a De Sanctis e a Maquiavel.

Contudo, tal conclusão não nos deve fazer negligenciar os efeitos do projeto de coincidência que se exercem simultaneamente. Pois se tal projeto engendra sua denegação na operação de objetivação do passado, ele engendra também diretamente a ficção de uma história que permaneceria a mesma através da sucessão das épocas e da variedade das sociedades, que, como tempo social homogêneo, asseguraria a possibilidade de um livre deslocamento do lugar do presente ao lugar do passado, e ele paga o preço dessa ficção. A lógica da construção se assinala, no caso, no esforço que faz De Sanctis para fazer coincidir o discurso de Maquiavel com a história em sua época. A posição de exterioridade se articula assim a uma posição de interioridade, tão profunda e central, que a história visível, dita real, dada no devir empírico das instituições, dos costumes e das mentalidades, se apaga, deixando a descoberto o lugar da criação do qual continua a se alimentar a humanidade de nosso próprio tempo. De fato, o crítico não se contenta em afirmar que Maquiavel tinha a ideia de uma reforma que supunha a justa apreciação da decadência e a inteligência da ruptura que deveria se operar com o passado; ele encontra nessa intenção o sinal de uma relação nova com a história. Ele faz de Maquiavel o homem da criação histórica, converte o teórico em ator, sugere, ao mesmo tempo, que ele libera da história o sentido que seus contemporâneos ocultam de si mesmos em sua prática e em sua ideologia e que a história passa por ele.

A dar ouvidos a De Sanctis, o que define a originalidade do escritor não é somente que ele substitui à imaginação a visão do que é, mas que ele substitui, à relação instituída com a história na contemplação, o encarregar-se do sentido da história na ação.[8] Ora, mais uma vez, é preciso notar que esse sentido é ao mesmo tempo o sentido inscrito *aqui e agora* em uma situação — sentido de uma tarefa que tem seu lugar e sua data — e o sentido mesmo da História do qual De Sanctis se encarrega, por sua vez, como teórico-ator.

A tentativa de explicar a diversidade das ideias produzidas por Maquiavel se desenvolve no quadro da problemática que acabamos de esboçar. Querendo explicar essa diversidade, De Sanctis pensa estabelecer, contra os intérpretes que omitiram algumas das ideias do escritor para elaborar uma representação parcial que lhes fosse conveniente, uma representação total da obra em que se faça a unidade do sentido. Mas essa representação total é elaborada à sua própria conveniência; não é na interrogação do discurso — assumindo o risco de uma provação que ele não saberia aonde o conduziria — que se coloca em jogo a relação com o que ele diz e com o evento do dizer, a relação daquele que ouve com aquele que fala, o movimento que faz passar e repassar do exterior ao interior da obra. O discurso do Outro é apagado pela primeira operação que lhe assinala seu estatuto *real*. Do discurso apagado temos apenas de conhecer as ideias cujo agenciamento manifesta a dupla posição do teórico que nomeia o mundo tal como ele é e do ator que ao mesmo tempo libera da História o sentido e o cria. Desde então, as aporias da interpretação testemunham a impossibilidade em que se encontra o autor de cumprir seu desígnio, ao mesmo tempo que elas tornam sensível a resistência que lhe opõe o discurso do Outro.

A dupla afirmação de que no fundamento da obra de Maquiavel se encontram o conhecimento do mundo tal como ele é e a vontade de uma transformação do mundo está apoiada naquela de que no fundamento de sua descoberta do presente histórico se encontra a ideia de pátria. Com essa ideia se opera, com efeito — sob o signo aparente de uma introdução no núcleo da obra —, a conjunção entre o teórico e o prático: a pátria é o objeto de

---

[8] "O homem, tal como o concebe Maquiavel, não tem o rosto imóvel e contemplativo que tem para a Idade Média, nem o rosto tranquilo e idílico que tem para o Renascimento. Ele tem o rosto moderno de um homem que age e trabalha em direção a um objetivo" (ibid.).

conhecimento que emerge na crítica da imaginação religiosa e estética e, nesse sentido, o objeto visado pela *verità effettuale*. E, ao mesmo tempo, ela é o objeto de uma identificação do sujeito Maquiavel com o sujeito da História — identificação, de resto, de duplo sentido, pois que o sujeito da História se institui na operação do ator que convoca à criação da unidade italiana. De Sanctis pode assim escrever: "Depois de ter afastado todas as instâncias que transcendem o homem e a natureza, Maquiavel coloca no fundamento da vida a pátria. A missão do homem sobre esta terra, seu primeiro dever, é o patriotismo, a glória, a grandeza, a liberdade da pátria".[9] E, para medir o que há de novo na instituição desse fundamento, ele logo recorda que no mundo medieval o homem não tem existência política a não ser pelo laço de dependência, na provação da lei jurada (*fidelità*) ou do assujeitamento à autoridade (*sudditanza*). A ideia de pátria era inconcebível em um mundo unificado e rigorosamente hierarquizado sob o governo imaginário de Deus; seus membros, qualquer que fosse sua posição no espaço natural e social, apenas podiam representá-la inscrevendo-se em um estatuto outorgado pela graça da potência soberana ou de seus agentes: "Os homens", nota ainda De Sanctis,

> nascem todos súditos do papa e do imperador, representantes de Deus; um era o espírito, o outro, o corpo da sociedade. Em torno desses dois sóis gravitavam os astros menores: reis, príncipes, duques, barões, em face dos quais se situavam, em razão de um antagonismo natural, as comunas livres. Mas a liberdade destas era ainda um privilégio papal e imperial e elas próprias existiam pela graça de Deus e, por conseguinte, do imperador.[10]

Arruinando esse modelo, Maquiavel faz, então, muito mais do que descobrir aqui e agora a possibilidade de uma reunião dos povos italianos em um mesmo Estado; ele oferece a leitura de um novo relato do homem no mundo, confinando-o em seus limites terrestres. Mas, a dar ouvidos a De Sanctis, ele faz também muito mais do que assegurar a conversão do homem à sua existência no mundo, ele o encarrega de uma missão, lhe ensina seu dever. Ora, se fosse verdade, como nos é sugerido, que a ascensão da

---

9 Ibid., p. 67.   **10** Ibid.

cidade em que ele vive, de um lado, e o desenvolvimento fora da península de grandes Estados unificados, de outro, o dispõem a conceber a ideia de uma pátria italiana, não poderíamos deixar de notar a falha na interpretação, em sua tentativa de engendrar a ética do patriota a partir da crítica realista das ilusões do mundo medieval. Sem dúvida, poderíamos nos contentar aqui em observar que o autor não leva em consideração os textos que colocariam em dificuldade sua tese. Mas é mais importante constatar que a interpretação dilacera a si mesma ao querer erigir em centro do discurso maquiaveliano uma ideia que lhe dá de antemão a segurança de seu domínio. Com efeito, o que ela afirmou em primeiro lugar? O poder de Maquiavel de visar a *verità effettuale* pela virtude de um distanciamento da imaginação. E o que ela se obriga agora a sustentar? A fé em uma missão cuja medida apenas poderia ser dada pela imaginação. "A Itália", escreve por exemplo De Sanctis, "era, na utopia de Dante, o jardim do império; na utopia de Maquiavel ela é a pátria, nação autônoma e independente."[11] Essa linguagem já testemunha de modo eloquente um deslize da interpretação. Que a velha utopia ceda sob a crítica de Maquiavel a uma nova utopia, não podemos dizê-lo sem abandonar a distinção nítida entre o real e o imaginário. Mas nos impressiona ainda mais a afirmação de que a pátria é concebida por Maquiavel como uma "divindade", que, "semelhante ao deus dos ascetas, ela absorva em *si* o indivíduo" e que, "descida do céu para a terra, ela exerça sobre ele o mesmo terror".[12] A mitologia mobilizada a serviço da grande descoberta do mundo tal como ele é: ficamos tentados a nos irritar com a inconsequência de uma crítica que passa por ter renovado os estudos sobre Maquiavel. Irritação vã, no entanto, pois não se trata de inconsequência. Antes, devemos destacar a lógica que exige ao autor disfarçar de profeta o teórico da política, para manter o projeto da coincidência, quer dizer, mais profundamente, a identificação com o ator histórico. A imagem da pátria que absorve em si o indivíduo nutre a crença em uma história que absorve em si Maquiavel e em uma obra que absorve em si a história dos indivíduos empíricos, os quais estão aparentemente, mas apenas aparentemente, pouco preocupados, no começo do *Cinquecento*, em edificar o Estado italiano. Necessário também é o movimento que instala Maquiavel na posição do profeta e aquele que lhe inverte a direção. Uma vez que De Sanctis chegou até

---

[11] Ibid., p. 68.   [12] Ibid.

a proclamar: "O novo tipo moral não é o santo, mas o patriota",[13] e até a definir a ética maquiaveliana sob o triplo signo da *virtù*, da glória e do patriotismo — a *virtù* a serviço da pátria, a glória como recompensa da *virtù* —, lhe é necessário restabelecer a posição do Sujeito que pensa o mundo tal como ele é: posição que requer, havíamos compreendido, não uma transferência do sagrado da esfera da representação religiosa para aquela da representação política, mas uma dessacralização da ação do homem.

O restabelecimento dessa posição se esboça na análise da *virtù*. Esse conceito, com efeito, foi proposto em relação com o de pátria, de modo tal que, ao descobrir sua significação, acreditamos permanecer na linha do mesmo argumento. Além do mais, ele sustenta uma explicitação da nova moral em oposição ao cristianismo: De Sanctis pode se apoiar sobre os textos dos *Discorsi* que denunciam a educação moderna feita para glorificar a humildade, a abjeção, o desprezo das coisas humanas e para tornar o homem afeminado, e opõem a ela uma ética pagã, a força da alma e do corpo, "o que torna os homens próprios para os grandes sacrifícios e para os grandes empreendimentos".[14] Mas, a favor dessas primeiras considerações, o argumento se inflete, quando o conceito de *virtù*, tomado em sua acepção romana, vem comandar uma filosofia da criatividade humana, da qual os povos, assim como os indivíduos, seriam os agentes. Não há mais sentido, então, em sustentar que a *virtù* está a serviço do patriotismo, quando se verifica que ela habita ora um povo, ora outro, e coincide com o poder de realizar uma obra da qual a humanidade guardará a lembrança. Para nos convencer disso, De Sanctis se refere ainda a um fragmento dos *Discorsi* (o preâmbulo do segundo livro, que avança a tese de uma migração periódica da *virtù*) — sem se preocupar, de resto, de pesar sua letra na economia do discurso — e daí tira um comentário equívoco que mais sugere do que afirma a ideia de uma história cumulativa, cujas balizas seriam sinalizadas nas criações dos grandes impérios. Qual é a função dessa ideia, senão aquela que cumpria um momento antes a ideia de pátria? A história é alcançada em seu interior, dessa vez pela coincidência operada com o "Espírito" de uma nação, a qual, em determinado tempo, é depositária do Espírito universal. Mas esse movimento, por sua vez, como iria a termo? Para que ele se concluísse, seria preciso ousar afirmar que Maquiavel pensa o

---

13 Ibid., p. 74.   14 Ibid., p. 70.

devir espiritual da humanidade nos horizontes de seu próprio tempo e dele nos entrega o sentido. De Sanctis se limita a lhe atribuir a tese de que "o espírito é imutável em suas faculdades e imortal em sua produção".[15] Tese equívoca, que associa o tema da constância àquele da diversidade da história e ameaça reintroduzir a posição do esteta violentamente denunciada antes. E também ela é corrigida, por sua vez, por um deslocamento do lugar da *virtù*, que volta a se instalar no indivíduo. Mas, de agora em diante, essa *virtù* individual — que aprendemos ser o signo do espírito produtor — não poderia ser reduzida ao devotamento à causa da pátria: o príncipe que goza de força de alma e de corpo e se mostra capaz de "grandes sacrifícios" e de "grandes empreendimentos", como poderíamos lhe negar a propriedade da *virtù*, mesmo se ele trabalha somente para sua própria glória? E, de fato, é César Bórgia, segundo nosso crítico, que encarna o herói maquiaveliano moderno.[16] Todavia, esse herói não lhe parece mais um patriota do que um santo. A nova divindade não se precipitou sobre ele para enchê-lo de terror; o que o eleva ao patamar de grande político é seu poder de conhecer o encadeamento lógico dos meios a serviço de um fim: a conquista do poder. Ao considerar a figura do político, De Sanctis é conduzido assim a julgar que *virtù* e *tempra logica* coincidem.[17] Desse ponto de vista, é preciso observar, ele sugere a identificação de Maquiavel com Bórgia segundo um processo que nós já notamos, pois é então restaurada sob seu signo a dupla posição do sujeito que visa a *verità effettuale* e transforma o mundo. Mas essa identificação está em conflito com a precedente. Para superar esse conflito, seria necessário supor que Maquiavel saiba o que o príncipe ignora, que ele leia em um empreendimento conduzido a serviço de um desígnio particular, e por uma violência cega a suas consequências, o trabalho de instauração da pátria italiana; seria necessário lhe atribuir a teoria hegeliana da astúcia da Razão. Mas seria preciso também, necessariamente, reconhecer que ele não a formula, que ela comanda seu discurso sem que ele o saiba;

---

15 Ibid., p. 71. De Sanctis chega a fazer de Maquiavel um precursor dos filósofos modernos da razão histórica. Ele escreve na mesma passagem: "As nações mudam. Mas o espírito humano não morre jamais. Eternamente jovem, ele passa de uma nação a outra e continua segundo leis orgânicas a história do gênero humano. Não há, então, somente a história de tal ou tal nação, mas a história do mundo, ainda que ela seja fatal ou lógica, determinada pelas leis orgânicas do espírito. A história do gênero humano é apenas a história do espírito ou do pensamento. Aqui nasce o que foi em seguida chamado de *filosofia da história*". **16** Ibid., p. 83. **17** Ibid., p. 80.

quer dizer, abandonar o próprio princípio da interpretação que exige que Maquiavel coincida com o movimento da história e conheça o mundo tal como ele é. A teoria da Razão histórica e de sua astúcia se tornaria propriedade de De Sanctis, que deveria renunciar a confundir sua própria posição com aquela de Maquiavel. Além do mais, tal *solução* teria por efeito anular, ao menos em uma parte importante, o ensinamento dos *Discorsi* largamente consagrado ao estudo do regime republicano. Com efeito, é temerário sustentar que o projeto patriótico de Maquiavel passe simultaneamente pela definição da *virtù* como faculdade de encadear logicamente os meios necessários para a conquista do poder e pela elaboração de um sistema cujo princípio é interditar a apropriação do poder por um indivíduo. A supor que a apreciação do papel do príncipe decorre de uma teoria implícita da astúcia da Razão, a serviço de um projeto de transformação do mundo, aqui e agora, a análise do regime republicano a contradiz. A supor que esta vise a uma verdade cuja tradução na prática não é permitida pelas condições presentes, a obra não extrai sua inspiração do patriotismo do autor.

Como, de resto, privilegiar a leitura do *Principe*? O crítico não nos advertiu, no começo, que esse privilégio faz desconhecer a intenção de Maquiavel? Ele é conduzido aonde não queria quando chega à representação de uma *virtù* amoral. Ele toca em um limite de onde é reenviado a seu ponto de partida. Seu desejo era mostrar que são os *Discorsi* que trazem o ensinamento essencial do escritor. Aí, nos diz ele, com a análise das instituições da República romana é fornecida a descrição do bom regime: é um regime fundado sobre a igualdade dos cidadãos, que assegura, graças às instituições mistas, a participação de todas as classes sociais na condução dos negócios públicos e dá a cada um a possibilidade de se devotar ao serviço do Estado e ganhar as honras que recompensam a virtude; o regime de uma sociedade onde o trabalho é reconhecido como a única fonte da riqueza e que, consequentemente, não tolera a presença de uma nobreza cujo modo de vida coloca em perigo a autoridade do Estado. Franqueando tal ensinamento, De Sanctis, é verdade, não deixa pensar que o conhecimento do bom regime é aquele do mundo tal como ele é aqui e agora, e que a tarefa prática no começo do *Cinquecento* consiste em trabalhar para o estabelecimento da democracia italiana. No entanto, sua interpretação mantém, com a imagem do cidadão imerso no Estado, o princípio que rege desde o início a aliança da dupla representação do sujeito sabedor da história e do sujeito coincidente, do interior, com seu curso. A ciência maquiaveliana se verifica agora ser aquela da justa constituição política, enquanto a coincidência com o curso da história se vê garantida pela ideia de um regime no qual o comportamento e os fins do indivíduo coincidem com os da comunidade; mais precisamente, pela promoção do sistema romano ao estatuto de uma verdade eterna.

A prova da contradição atinge, assim, seu mais alto grau. Com toda evidência, o príncipe moderno e o herói romano fornecem os suportes identificadores que destroem um ao outro; a ideia de pátria e a de democracia sustentam duas construções diferentes. Sem dúvida, o crítico se esforça para eludir a dificuldade, demonstrando que o ensinamento do *Príncipe* contém, por um lado, aquele dos *Discorsi* e, por outro, não desmente a ideia do bom regime. "Maquiavel, deveríamos compreender, censura os príncipes que por astúcia ou por força arrebatam aos povos sua liberdade. Mas uma vez que eles se apoderaram do Estado, ele lhes ensina os meios necessários a sua conservação."[18] A noção de bem comum continuaria sempre presente, pois que ele gostaria de provar que na maior parte dos casos o interesse bem compreendido do príncipe se confunde com o de seus súditos. E ele também não perderia de vista a superioridade das repúblicas, pois que ele não dissimularia a impossibilidade do regime principesco de dar aos homens a liberdade. Mas essas considerações não desarmam a contradição; elas estão a serviço de um compromisso que, pelo contrário, a destaca. Pois, se é verdade que a exigência de edificar a unidade italiana justifica o uso metódico da violência e da astúcia, não importa que os indivíduos tirem ou não algum proveito daí no presente e que o príncipe sirva ao bem comum: seu empreendimento se inscreve no registro de uma ética da pátria ou no registro de uma teoria da Razão histórica. O compromisso é, de resto, tão frágil que o próprio autor o desfaz quando avança uma definição da ciência maquiaveliana depurada da ambiguidade: a leitura do *Príncipe*, escreve ele, nos coloca na presença de um "mundo cruelmente lógico, fundado sobre o estudo do homem e da vida";[19] e ainda: "O homem está aí como ser natural, submetido em sua ação a leis imutáveis, comportando-se não em função de critérios morais, mas em função de critérios lógicos. O que ele deve se perguntar não é se o que ele faz é bom ou belo, mas se é racional ou lógico,

---

18 Ibid., p. 82.   19 Ibid.

se os meios e os fins são coerentes".²⁰ Ao concordarmos com isso, parece que não resta nada além de disjuntar a intenção moral e a intenção científica e, em suma, abandonar o leitor face aos dois Maquiavéis. E, no entanto, o trabalho da divisão não se detém aí, e é preciso computar um terceiro, ao descobrir a definição do herói que ele forjou: "o criador que se submete às forças do homem e da natureza".²¹ Este último Maquiavel é o teórico da vontade de potência, aquele que desvela os traços do Prometeu moderno.

Assim, a interpretação inaugurada pela decisão de restaurar a unidade de uma obra desconhecida nos deixa diante de fragmentos esparsos. É cabível duvidar de que o autor ignore os efeitos dessa decomposição. Como ele os descobriria sem colocar em perigo sua identificação com Maquiavel? Um último sinal dessa identificação e de seu fracasso nos é dado, de resto, na conclusão. Assustado pela imagem da violência que lhe foi necessário corroborar por um momento, ele se empenha em persuadir que a sociedade política moderna se libera dessa violência, que os meios cruéis da conquista e da conservação do poder, as conspirações, os assassinatos, que no tempo de Maquiavel teciam a trama da *verità effettuale*, se tornaram ilusão e causam a perda daqueles que acreditam ainda poder recorrer a eles. A fé no progresso o incita a julgar que os critérios da ação política e da ação moral se reúnem.²² Porém, mal essa conclusão apaziguadora é alcançada, a dúvida o faz vacilar: é preciso admitir que o reino da violência somente se modificou, que ele permanece e nada garante o seu fim.²³ Ora, sob a cobertura dessa dúvida, De Sanctis preserva a divisão entre a posição do sujeito que visa a *verità effettuale* e aquela do sujeito que está no coração da criação histórica, que se faz ao mesmo tempo, como dissemos, o depositário e o agente dos valores que comandam o devir da boa sociedade. Como tentamos demonstrar, tal divisão, a serviço do fantasma da pura relação de interioridade e da pura relação de exterioridade, arruína a obra de Maquiavel.

---

20 Ibid. 21 Ibid., p. 83. 22 Ibid., p. 103. 23 Ibid.

3.
A ciência positiva e a quimera do príncipe:
Uma interpretação de Augustin Renaudet[1]

Poucas interpretações possuem um poder de persuasão como esta. Aparentemente sem paixão, amplamente informado das coisas do tempo, hábil em comparar o ensinamento do escritor com o de seus antecessores, em evocar os eventos que ele teve de enfrentar, em situar suas ideias no quadro de uma sociedade e de uma época, Renaudet quer conduzir seu estudo "segundo um espírito estritamente histórico, de livre pesquisa".[2] Nada mais sugestivo do que seu quadro da política italiana do *Cinquecento*, notadamente o apanhado que ele faz da fragilidade e da instabilidade dos Estados;[3] preciosa a invocação dos humanistas florentinos do *Quattrocento*, que incita a medir a dívida de Maquiavel e também a originalidade de seu ensinamento;[4] ou, na mesma perspectiva, a comparação estabelecida com seu contemporâneo Guicciardini; convincentes, enfim, à primeira leitura, as citações emprestadas do *Príncipe* e dos *Discorsi*, cujo agenciamento parece por si só produzir o verdadeiro. Tudo se passa como se o historiador se limitasse a recensear fatos e ideias, na certeza de que eles falam por si mesmos. Todavia, a decisão de se apagar diante da coisa ela mesma se mostra a serviço de uma intenção definida: o método não é inocente, as categorias que comandam a análise transcendem os dados de fato. A arte do historiador é apresentar sua interpretação de tal maneira que ela pareça a cada momento emergir da descrição; ela é tecida no relato, se dissimula na articulação dos fatos e dos textos apresentados. Assim, o julgamento que, a descoberto, revelaria seu arbitrário ganha o estatuto positivo da observação. Tal é o artifício de uma construção que se faz passar por uma reconstituição do real e do sentido em si. No começo, o historiador faz um relato

---

[1] Agustin Renaudet, *Machiavel. Études d'histoire des doctrines politiques*. Paris: Gallimard, 1942. Nossas citações são extraídas da edição revista e aumentada de 1956.   [2] Ibid., p. 10.
[3] Ibid., p. 52.   [4] Ibid., pp. 22-6.

seguindo a cronologia dos eventos: nós confiamos nele; não basta segui-lo, como se segue o tempo para apreender o verdadeiro? Em seguida, suas reflexões se misturam com a simples relação das coisas e suas reflexões elas próprias não quebram o encanto. Enfim, a interpretação invade tudo e basta que ela seja aqui e lá escandida por referências insignificantes à cronologia do relato, tal como um *então* ou um *dali em diante* bem colocados, para que ela pareça, por sua vez, inscrita no objeto.

Não há dúvida de que o crítico ignora esse artifício. A seriedade da análise é a garantia de sua boa-fé. Mas ela não poderia fazer esquecer a astúcia que, à sua revelia, converte em relação de causalidade as aproximações estabelecidas entre fatos e enunciados. Os eventos reportados supostamente engendram sua representação no espírito de Maquiavel. O curso desses eventos revela, assim, a gênese de seu pensamento, e ele mesmo se torna a nossos olhos evento: ele se desarticula em momentos, o conhecimento da obra se dando na exata identificação desses momentos.

Que se considerem, por exemplo, as páginas nas quais Renaudet evoca a "formação de Maquiavel".[5] Ele toma o cuidado de notar que sua família permanecera republicana sob Lorenzo, que ele próprio era republicano convicto — e sem dúvida a observação é exata. Mas citar nessas mesmas páginas fragmentos dos *Discorsi*, assinalar a admiração que seu autor tinha pelas instituições romanas, é sugerir que o pensamento nasce da influência de um meio e da convicção; é extrair argumento das magras informações biográficas para fixar o sentido de um discurso que ainda não foi interrogado. No entanto, essas informações são mudas. Elas não permitem de modo algum determinar o peso das convicções republicanas de Maquiavel na economia de sua obra. E seu uso deriva da astúcia, pois, uma vez afirmado que o ensinamento do *Principe* não serve à causa dos republicanos, o leitor é induzido a concluir pela traição, renegação ou contradição.

Da mesma maneira, os comentários consagrados ao que Renaudet nomeia "debilidade política e militar dos Estados italianos" insinuam uma interpretação que eles são incapazes de fundar.[6] Maquiavel teria se empenhado em buscar as causas da fraqueza política e militar desses Estados; teria compreendido que elas se deviam à "impopularidade de governos detestados pelo povo" e a seu medo de armar a massa dos súditos. E talvez tenha

---

5 Ibid., pp. 31 ss.   6 Ibid., p. 54.

sido assim. Mas concluir, como se esta tese fosse de Maquiavel, "Os príncipes italianos eram incapazes de resistência armada porque seus Estados participavam da fraqueza comum a toda tirania. Tais governos não ousam armar os povos; o despotismo produziu a fraqueza militar dos Estados italianos", é, fingindo ater-se à observação, infletir de antemão em um sentido determinado a interpretação do *Principe*. Ora, Maquiavel não podia observar a fraqueza política e militar das repúblicas tanto quanto dos Estados principescos? Era evidente que uma fosse imputável à natureza mesma do regime e a outra, simplesmente acidental? Maquiavel não podia fazer a crítica das pequenas tiranias existentes sem, no entanto, cessar de crer na necessidade da tirania em certas circunstâncias e sem confundir tirania e despotismo? O leitor é assim preparado, antes que qualquer prova seja avançada, para se indignar com o retrato de um soberano popular e mestre de seus exércitos que comporá ulteriormente o *Principe*.

Que nos refiramos ainda ao relato que faz Renaudet das façanhas de César Bórgia e de seu encontro com o secretário florentino. Renaudet faz tudo para nos convencer de que a potência de Bórgia era apenas ilusória.[7] Contudo, quando ficamos sabendo, de passagem, que ela deixou no espírito de Maquiavel uma "indelével impressão",[8] somos convidados a pensar que seu erro não tinha desculpa e que não fez outra coisa a não ser ceder à ilusão quando, no *Principe*, ele se estendeu longamente sobre os feitos de um medíocre aventureiro. E no entanto, que o próprio Bórgia tenha fracassado em razão de um acidente não condena suas realizações. Mais ainda: que esse mesmo acidente não teria sido o efeito do acaso e que a aventura foi de toda maneira exposta aos maiores perigos não impede de julgar que ela contrastava com as miseráveis operações das quais a Itália era então o teatro, e que Maquiavel pôde explorá-las em sua crítica da política florentina, sem mesmo crer na possibilidade de seu sucesso.

O método do crítico se revela com toda nitidez no capítulo em que ele pretende definir o "problema político" de Maquiavel.[9] Ele o aborda, com efeito, por um viés histórico e psicológico: o exílio do escritor, seu retiro em San Casciano, o teria incitado a fazer obra de teórico. Mas, em lugar de se limitar a mostrar em quais condições se encontrava colocado o antigo

---

7 Ibid., pp. 56-60. O argumento resulta na conclusão: "Assim a potência de César Bórgia era apenas ilusão".   **8** Ibid., p. 57.   **9** Ibid., pp. 69 ss.

secretário florentino, o crítico insinua novamente que elas dão a chave de sua teoria. Após ter exposto, inspirando-se na análise feita por De Sanctis, os princípios da reforma política e moral que Maquiavel depreendia da crítica das instituições e da ideologia de seu tempo, ele afirma que o autor do *Príncipe* se encontrava na impossibilidade objetiva de responder aos problemas colocados. Maquiavel, escreve ele, "seguia, ocioso e desocupado, os eventos cuja condução lhe escapava".[10] Encontrando na Itália apenas "fraqueza, ilusão, decepção", ele não podia inventar uma solução para a crise política senão sob o custo de um verdadeiro salto no imaginário. O retiro de San Casciano adquire assim, na interpretação, uma dupla função: ele incita à meditação, na qual reconheceremos com prazer o justo exercício de uma reflexão crítica, e torna vão o desejo de fixar os termos da ação política, simbolizando o fracasso do escritor e sua incapacidade de intervir nos assuntos de sua época. Tudo se passa então como se a referência aos dados da história social e pessoal fosse avançada para introduzir uma linha de clivagem no pensamento maquiaveliano. De um lado, este tende ao conhecimento do que é; de outro ele está a serviço de uma tarefa prática. O bom fundamento do projeto de conhecimento não está em questão, embora seja possível contestar, em um ponto ou outro, seus resultados. A tarefa prática, em compensação, é denunciada como geradora de ilusões. Ao querer pesquisar as vias da mudança, Maquiavel estaria condenado a dar as costas ao realismo. "Maquiavel, chegado a este ponto, não podia responder. E estava dito que ele não podia nunca responder, e que seus esforços para resolver um problema insolúvel o arrastariam e o desencaminhariam em um labirinto de incertezas, de ilusões e de contradições."[11]

A explicação pela história e a explicação pela psicologia se conjugam então para conduzir à mesma conclusão. Por um lado, o despedaçamento da Itália, a rivalidade entre os pequenos Estados torna vã a hipótese de uma unificação da península e, no caso de Florença, aquela de uma reforma política: a desordem é tão antiga e profunda que modelou o caráter de um povo, há muito tempo tornado incapaz de "contar com o tempo e consigo mesmo", e engendrou "uma tradição desencorajada, ao mesmo tempo impaciente e preguiçosa", na qual cada um vem extrair a esperança de um

---

10 Ibid., p. 71.   11 Ibid., p. 89.

homem providencial.¹² Por outro lado, o próprio temperamento de Maquiavel, homem de ação, habituado ao serviço do Estado, que torna para ele intolerável uma ociosidade forçada, o precipita em construções quiméricas. Não somente ele cede, então, à ilusão, mas — não teme dizê-lo Renaudet — chega a renegar suas convicções íntimas: "Ele não suportava mais o afastamento desses afazeres que ele sentia-se capaz de conduzir", nota o crítico, e ainda: "Ele se aproximava dos Médici e, para cair nas graças de uma família de príncipes, compunha um breviário da tirania".¹³

Devemos compreender que ele enganou a si próprio mais do que enganou a seu público. Sob a pluma de Renaudet multiplicam-se os termos que denunciam o irrealismo do escritor: *quimeras*, *ilusões*, *esperanças ilusórias*, *visões*, *mitos*. E uma e outra de suas obras conheceriam o mesmo destino. Por exemplo, era uma ilusão esperar de um príncipe que ele fundasse uma ordem inteiramente nova para o bem da maioria; outra ilusão era depositar suas esperanças nessas "figuras medíocres e duvidosas" que foram Giuliano e Lorenzo de Médici.¹⁴ Uma terceira ilusão foi buscar nos traços de um ditador à romana a imagem de um cidadão capaz "de renovar e rejuvenescer as leis constitucionais pela ação ditatorial, mas cívica e republicana".¹⁵ Mais grave ainda foi a ilusão de imaginar que tal homem renunciaria ao poder uma vez cumprida sua tarefa.¹⁶ E foi, enfim, a pior de todas a ilusão de supor por um momento que o papa, cujo papel nefasto havia sido justamente analisado, iria se prestar a uma reforma liberal da constituição florentina que restabeleceria as instituições republicanas após sua morte.¹⁷ O mito parece assim se estender por todos os níveis da obra. Mais ainda, se podemos detectá-lo em cada uma dessas hipóteses, ele se multiplica pela passagem de uma a outra. Por pouco que nos detenhamos na ideia de um ditador, a imagem do príncipe se revela mais ilusória: com efeito, como crer que este se limita a reformar as instituições da cidade quando ele é o adversário do regime republicano? E, de outro ponto de vista, a ideia do príncipe torna mítica aquela do ditador, pois também não poderíamos supor que o esperado genial redentor de toda a Itália pudesse ser um cidadão saído temporariamente dos estratos da cidade para lhe dar novas leis. Tudo se passa como se, levado por loucas esperanças, Maquiavel não tivesse cessado de substituir

---

12 Ibid., pp. 90-1.   13 Ibid., p. 94.   14 Ibid., p. 98.   15 Ibid., p. 102.   16 Ibid., pp. 104-5 e 114.   17 Ibid., pp. 104-5.

uma imagem vã por outra. De tal modo que deveríamos concluir com Renaudet: "O homem em quem a tradição quis reconhecer o mais autêntico representante da política mais realista aparece, então, se seguirmos sua ação prática e sua conduta, como um iluminado, como um desses profetas sem defesa e sem armas sobre os quais ele exerce sua ironia...".[18]

A conclusão seduz. Mas para aderir a ela não se deve interrogar o uso que Renaudet faz da história, da psicologia e do discurso da obra. Pois, tão logo se coloque a questão, o edifício não resiste.

Quando ele afirma que a instabilidade das instituições e a incessante luta dos Estados engendraram na Itália uma crise insuperável, e que consequentemente toda apreciação realista da política é impossível, o crítico reduz o suposto real a uma ordem de eventos que talvez sejam eficazes para a representação de Maquiavel e de seus contemporâneos, mas que compõem somente um fio da trama sócio-histórica. Na falta de uma análise da sociedade florentina, das características de uma burguesia modelada pela experiência da indústria, do comércio e da finança desde o começo do *Trecento*, do comportamento político das facções que disputam o poder; na falta da descoberta da maturidade do conflito de classes, e de como os discursos políticos dominantes — entre eles, o dos humanistas do *Quattrocento* — se inscrevem nesse conflito, não poderíamos seriamente julgar as condições sociológicas de um conhecimento da realidade. É estranho que Renaudet reprove Maquiavel por ter limitado sua análise da história de Roma aos eventos políticos e militares, negligenciando o quadro econômico e social,[19] e que essa crítica — sobre a qual conviria perguntar, à leitura dos *Discorsi*, se ela é legítima — se volte contra ele. Da história de Florença e da Itália ele retém somente os sinais mais visíveis. Além disso, se nos ativéssemos às referências históricas que ele utiliza, restaria a dúvida sobre a função que ocupa no *Príncipe* o personagem *real* que foi seu destinatário, Lorenzo de Médici, ou o personagem *real* de Bórgia cuja política é analisada. Uma coisa é dizer que os jovens Médici eram incapazes de combater para criar um grande Estado na Itália, e mesmo contestar que um príncipe pudesse resolver a rivalidade entre as cidades, enclausuradas que estavam em seu particularismo, que ele pudesse vencer a potência dos papas e lançar para fora da península

---

18 Ibid., p. 114. **19** Ibid., p. 137.

os franceses e os espanhóis; outra coisa é sustentar que o príncipe maquiaveliano, criação da obra, coincide com tal ou tal príncipe de fato, ou tal aspirante, conhecido ou desconhecido, à carreira de príncipe. Para sustentar essa tese é preciso fundá-la sobre o discurso da obra: nenhum recurso aos dados empíricos da história do tempo dispensa isso. Da mesma maneira, como já sugerimos, o conhecimento do papel efetivamente desempenhado por Bórgia, como o conhecimento das relações que Maquiavel com ele manteve, não decide o sentido que adquire no *Príncipe* o retrato do homem que, por um momento, subverteu as regras do jogo político na Itália.

Acusando Maquiavel de deformar a aventura de Bórgia, Renaudet sugere, em suma, que ele foi mau historiador de seu tempo, o que é dar a entender que sua intenção fosse a de ser um historiador. Mas estamos no direito de nos perguntar se o autor do *Príncipe*, que outrora não havia dissimulado os limites do personagem, cuidava da exatidão de sua obra ou se ele não explorava, a serviço de sua teoria política, o exemplo que permitia ler uma verdade que seus contemporâneos desconheciam recalcando a lembrança de Bórgia depois de terem tremido diante dele. Todavia, mesmo supondo que Maquiavel depositasse suas esperanças em um príncipe que realizaria o desígnio fracassado de Bórgia, em que essa esperança desacreditaria sua análise da política? Renaudet fala de quimeras, ilusões, mitos, como se ele próprio detivesse o saber da realidade, em virtude de sua posição de historiador que contempla à distância os eventos cujo desfecho é conhecido. Todavia, ou bem o imaginário se circunscreve no discurso maquiaveliano ao objeto de uma espera — aquela do *principe nuovo* —, o qual verifica-se que não existiu, e a constatação do historiador é bem fundada (sob a dupla condição de que a espera do escritor seja estabelecida e fique demonstrado que ela não podia ser satisfeita), mas a crítica se detém aí; ou bem esse imaginário se estende a todo o discurso: a lacuna da interpretação maquiaveliana da experiência próxima se torna lacuna do pensamento; a fé nos signos de uma mudança *aqui e agora* nutre uma teoria que postula a possibilidade permanente de uma transformação da sociedade política pelo efeito da intervenção de um homem providencial. Mas nessa segunda hipótese não é mais o historiador que fala, é o leitor de uma obra à qual ele incumbe estabelecer que esta é exatamente sua tese central. Ora, a astúcia é dar a entender que o historiador não cessa de julgar, em nome da ciência positiva, acerca do real e do imaginário. Ela consiste, por exemplo, em denunciar o travestimento que o personagem histórico de Bórgia sofre no *Príncipe* e a função assinalada nos *Discorsi* ao ditador da República romana, como se bastasse ver aquilo que é para apreciar o que é pensado; como se, enfim, a realidade empírica compusesse um texto verdadeiro diante do qual poderíamos colocar o texto do discurso. Astúcia em diversos graus, visto que, como dizíamos, o Bórgia do historiador já não poderia ser diretamente comparado ao Bórgia maquiaveliano, a não ser pela dissimulação de que este último é determinado no interior do discurso em virtude da relação que mantém o *pensamento* de Bórgia com o *pensamento* da política; e o retrato do ditador romano não é ele próprio inteligível senão em virtude da relação que mantém o *pensamento* da ditadura republicana com aquele do príncipe e com aquele de Bórgia. Mas astúcia eficaz, pois, apoiando-se sobre um pretenso real, sobre o evento da conquista de Bórgia e de seu fracasso ou sobre o evento da ascensão de Lorenzo de Médici ao poder e de seu fracasso, o historiador entra no universo do discurso por uma efração dificilmente visível e cria condições de se apoderar de enunciados que são artificialmente destacados e aderidos ao *mito do homem providencial*.

Não importa então que a análise da ditadura romana se situe nos *Discorsi* e em certo lugar, não importa saber qual função ela ocupa em uma discussão sobre a natureza do regime republicano e por que Maquiavel assinala que a instituição nasceu acidentalmente, quer dizer, independentemente da vontade de um legislador. No limite, não é necessário ler sua obra. Bastaria explorar um índice dos temas do discurso suficientemente rico para afirmar, como o faz nosso crítico, que o ditador romano é uma das figuras do deus ex machina introduzido na sociedade política. Mas ainda é preciso observar que a astúcia assegura ao historiador um domínio sobre o discurso do Outro, que ele teria dificuldade para justificar se lhe pedíssemos para explicar os julgamentos que ele faz sobre a política *aqui e agora*. Como ele próprio está exposto aos eventos cujo desfecho ignora, o conhecimento daquilo que ele denomina *real* lhe é subtraído, e é no coração da indeterminação que ele pensa sobre o poder, sobre a autoridade, sobre a diferença dos regimes, sobre o conflito de classes, sobre os temas da ação política, enquanto ele apaga essa indeterminação no passado e mede o pensamento político de Maquiavel pelo critério de sua adequação à realidade empírica.

O recurso ao argumento psicológico reforça a ilusão de um domínio do discurso do Outro; mas sua fraqueza é ainda mais espantosa, pois ao menos o historiador conhece e relata fatos que seu leitor pode verificar, reinterpretar talvez, mas do qual seguramente ele tira proveito, enquanto o "psicólogo", na ausência de todo documento, se limita a sugerir que a ociosidade engendra a quimera. Se ele dispusesse de um vocabulário mais refinado, sem dúvida diria que a redação do *Príncipe* é uma atividade de substituição. Com isso não se ganharia nada em rigor, pois mesmo que tivéssemos certeza de que Maquiavel "não suportava mais o afastamento dos assuntos que ele se sentia capaz de conduzir", não poderíamos concluir que, para suportar todavia o insuportável, ele deveria forjar a ficção de um príncipe cuja onipotência viria resolver o problema insolúvel da política italiana. Renaudet tira a representação dessa onipotência de sua leitura da obra e notadamente do último capítulo do *Príncipe*. Mas antes de buscar aqui qual é o estatuto do apelo ao *príncipe novo*, de se perguntar se o discurso, no encadeamento de suas análises, faz crer na ideia de onipotência do príncipe, o crítico dela se apodera para descobrir sua causa na impotência de um homem privado dos meios de agir. É assim que o encontro das duas observações — das quais nenhuma é fundada: nem a primeira, a partir do exame da personalidade de Maquiavel (e, não sem motivo, ignoramos quase tudo sobre isso), nem a outra, a partir da interrogação do texto cujas diferenças internas são negligenciadas — se faz passar por ciência.

Ora, importa assinalar ainda mais uma vez as consequências que decorrem do princípio da interpretação. Desde que a distinção entre real e imaginário é colocada como aquela entre uma situação de fato, conhecida pelo historiador, e uma representação que dela seria o efeito, perde-se o poder de visar o sentido intrínseco do discurso: não se deixam apreender nele senão os reflexos de uma história supostamente real. É assim, como já observamos, que o imaginário, assinalado na figura de um novo Bórgia que apareceria aqui e agora, se estende até envolver a própria ideia do príncipe como instância da onipotência.

Mas esse movimento da interpretação não pode se realizar, pois a relação com o discurso coloca em jogo a relação com a verdade. A distinção entre um real fora do discurso e um imaginário em seu interior se apaga, então, para sustentar aquela entre o discurso verdadeiro e o discurso falso ou ilusório. Entretanto, o movimento que dessa vez leva a circunscrever a parte do verdadeiro arrisca, por sua vez, fazer com que ela se estenda a todo o discurso, pois ele muda seu estatuto apagando a realidade exterior que permitia que se lesse sua gênese. De tal modo que esse movimento não mais se conclui e que, para conjurar a ameaça que ele faz pesar sobre o princípio da interpretação, o historiador, cada vez que a ele se entrega, hesita e por fim se vê impotente para fixar o sentido verdadeiro. Tais são os paradoxos da interpretação positivista.

Considere-se de início a interpretação que Renaudet faz do *Príncipe*. Em substância, ele nos diz que a obra contém uma parte de verdade; seu autor

> define exatamente a armadura do Estado. Ele é excelente ao mostrar como se arma o Estado para o estabelecimento de um governo forte... Ele pesquisou e definiu os meios mais matematicamente certos para fundar, conservar, reforçar um governo principesco. No livro do *Príncipe*, podemos julgar sua demonstração perfeita, do ponto de vista técnico.[20]

Mas esse julgamento é logo modificado: "O *Príncipe*, em sua carreira de escritor e de político, representa não mais que alguns meses consagrados ao estudo de uma hipótese ilusória". Enfim, o crítico se encerra na contradição declarando: "A obra nos oferece uma parte capital de seu saber político, mas não suas esperanças nem seu pensamento profundo".[21] Como conceber que uma parte capital do saber político de Maquiavel não contenha seu pensamento profundo?

O mais claro é que a verdade do *Príncipe*, uma vez estabelecida, se apaga em proveito dos *Discorsi*. A distinção entre o verdadeiro e o ilusório vem assim se apoiar sobre a distinção entre dois ensinamentos, dos quais um estaria a serviço de uma hipótese quimérica e o outro ofereceria o "pensamento profundo". Mas essa distinção é ela própria afirmada e negada. É afirmada quando Renaudet sugere que o *Príncipe* fornece apenas as regras de uma técnica da política para o uso do mestre do poder, não importando os fins do Estado:[22] podemos,

---

[20] Ibid., p. 141. [21] Ibid., p. 217. [22] Renaudet diz, ao mesmo tempo: "Ele quer apenas definir as regras mais cômodas e mais certas de uma arte da política. Nada de menos especulativo. Machiavel não considera os bens dos homens nem seus direitos, mas os meios mais seguros para lhes impor uma ordem e uma autoridade. Essa pesquisa essencialmente técnica não resulta somente em uma filosofia do sucesso político, atenta a definir as causas psicológicas, morais, sociais, que o determinam. Por mais indiferente que M. seja ao ideal cristão dos humanistas, ele não pode evitar o problema moral [...]. Porque ele estima o sucesso apenas na medida em que o Estado daí tira vantagem para sua manutenção, seu reforço e sua defesa: e, desse modo, a arte política se deixa guiar por uma ética cujo papel indispensável é cultivar as virtudes necessárias para a conservação do Estado, e que já a cidade antiga exigia dos cidadãos..." (ibid., p. 123). E: "M. não é um puro técnico da política. Ele se eleva a uma visão geral da evolução humana" (ibid., p. 125). E também: "Problema de arte política. É que M. permanece antes de tudo, como os homens de Estado florentinos, um técnico da política" (ibid., p. 135). E ainda: "M. se empenhou em resolver um problema de álgebra aplicada à técnica governamental. Mas ele não se pergunta qual abrigo o edifício que ele constrói com essa arte infalível pode assegurar aos homens e a seu trabalho" (ibid., p. 142).

com efeito, supor que essas regras, cujo enunciado seria em si exato, participam elas próprias do estatuto imaginário de um príncipe fundador-legislador-tirano que disporia da onipotência. É negada quando se verifica que Maquiavel tinha por ideal a fundação, a conservação, a grandeza do Estado: parece, então, que a definição dos meios de governo mais eficazes é nessas duas obras coordenada pela busca das condições da coexistência dos homens, que são aquelas de toda vida moral: o estudo do regime monárquico e aquele do regime republicano formam então dois capítulos dessa mesma e única pesquisa, a necessidade da articulação se encontrando estabelecida pelo fato de que a instituição de uma república não é sempre possível e que o pior dos regimes é ainda bom se permite superar a desordem da natureza. A distinção é restaurada quando todas as análises maquiavelianas são harmonizadas em função de dois objetos: o "governo legal" e as "criações da força".[23] Nessa perspectiva, descobrimos duas doutrinas incompatíveis que estão a serviço de adversários engajados em uma luta de morte: uma ensina, notadamente àqueles que defendem um poder legítimo, a barrar a via ao aspirante à tirania; a outra ensina a este último os meios de triunfar. Uma é formulada nos *Discorsi*; a outra, no *Príncipe*. Ficamos sabendo que

> Maquiavel, teórico do governo civil, republicano ou monárquico, mas fundado sobre a lei, se fez também o teórico da usurpação principesca e de um poder principesco fundado sobre a força. Metódica, cientificamente ele se aplica em definir o tipo mais perfeito e o mais humano de um regime que repousa sobre o respeito do direito. Com o mesmo método, o mesmo cuidado de exatidão objetiva, ele pesquisa os meios que permitem estabelecer e conservar pela força uma autoridade de fato. Ele tenta definir o tipo mais acabado de um regime de violência e o espírito desse regime. Tal é a outra face da doutrina. Por isso, em seu estudo ele faz entrar tudo aquilo que, como teórico do governo civil, ele havia de início afastado.[24]

Ora, é preciso observar que a distinção, restabelecida nesses termos, muda de natureza. Impossível acreditar, com efeito, que o estudo das "criações da força" se reduz ao estudo da técnica política e que ele é comandado pela

---

23 Ibid., segunda parte, caps. I e II, pp. 174 ss. **24** Ibid., p. 215.

ilusão do advento de um príncipe novo na Itália. Agora o cuidado de exatidão objetiva inspira a dupla doutrina. E, paradoxalmente, uma verdade é restituída ao governo do príncipe. Certamente podemos julgar que há uma boa ou uma má verdade: essa distinção permanece implícita. Mas devemos duvidar de que com ela atingimos o término da análise. É preciso reconhecer que além da diferença das doutrinas, a verdade é enunciada sem partilha sob o signo do saber científico. Renaudet ainda escreve:

> A grandeza de Maquiavel está em sua análise dos fatos que formam a trama da política, em sua análise das instituições e das leis, no espírito das leis e das instituições; no esforço que ele empreendeu para construir, segundo um método estritamente positivo e sobre bases estritamente positivas, a ciência da política. É aí que cessa a incerteza e Maquiavel aparece como um mestre.[25]

Ao descobrir a figura do fundador da ciência política, como crer ainda que o *Príncipe* não oferece o pensamento profundo; que ele opera somente na busca pelo bom regime? O momento em que o ensinamento do *Príncipe*, voltado para as "criações da força", parece inteiramente separado daquele dos *Discorsi*, voltados para o governo legal, é também aquele em que perdemos de novo o critério da distinção. E descobrimos, de passagem, que Maquiavel se interroga sobre a função da força nos *Discorsi*, como sobre a função da lei no *Príncipe*...

Entretanto, essas estranhas peripécias da interpretação não se detêm aí. Pois, como dissemos, é impossível para ela circunscrever a parte do verdadeiro. E ela também não pode manter a ideia no nível — aquele da "análise dos fatos que formam a trama da política" — em que se dá o discurso da verdade sem correr o risco de renunciar à crítica que apresentava o autor

---

25 Ibid., p. 118. E também pp. 216-7: "Malgrado essas reservas e a estreiteza de documentação, o *Príncipe* permanece antes de tudo uma obra de ciência [...], o método permanece estritamente objetivo. Ele descreve o nascimento e o crescimento de um Estado principesco como um físico ou um biólogo expõe um conjunto de fatos regidos pelas leis da natureza [...]. Obra de ciência pura; esforço para depreender de fatos bem conhecidos e compreendidos leis indefinidamente estáveis". E ainda, p. 218: "Devemos, então, buscar no livro do *Príncipe* somente o estudo objetivo e científico daquilo que podemos chamar a hipótese principesca e o caso principesco, e que completa o estudo objetivo e científico, desenvolvido ao longo dos *Discorsi* [...], da hipótese republicana e do caso republicano".

como um "iluminado, como um desses profetas sem defesa e sem arma sobre os quais exercia sua ironia". De tal modo que, interrogando-se sobre o alcance da ciência maquiaveliana, Renaudet arruína pouco a pouco seu prestígio: esta se verifica singularmente limitada; ela ignora os determinismos socioeconômicos, como prova a análise dos fatos romanos; ela testemunha um encurtamento do campo dos conhecimentos que os filósofos da Antiguidade haviam sabido demonstrar e não se sustenta na comparação com a obra de Thomas More ou de Erasmo. Subitamente, não compreendemos mais por que Maquiavel seria um "mestre". E parece bem tênue "a tentativa de construir segundo um método estritamente positivo — e sobre bases estritamente positivas a ciência da política". A "incerteza", que deveria cessar, renasce e engendra uma última oscilação. Para estabelecer a verdade do discurso prestes a esvanecer, Renaudet descobre enfim a verdadeira originalidade de Maquiavel na "ideia de política que ele teve". Todos os seus erros e todas as suas ilusões merecem ser denunciados. Ao menos, ele continua a ser aquele que reconheceu a especificidade do fenômeno da política.[26] Mas como o crítico iria se ater a esta última descoberta, como ele seria capaz de definir tal ideia e conceber o que ela tem de novo, pois que ele julga, ao mesmo tempo, que a teoria nova oferece apenas uma versão mutilada da realidade política, que o espírito de Maquiavel é "menos vasto" que o de Aristóteles e sua concepção do Estado, muito estreita?[27]

Ao término do livro de Renaudet, seu leitor, que havia acreditado se instalar na posição de um puro observador, à boa distância da coisa e de posse do referente *real*, percebe que vale mais renunciar a buscar a identidade de Maquiavel. É uma surpresa para ele ver aparecer em seu lugar a quimera do intérprete, um ser compósito do qual cada movimento contradiz o outro.

---

26 Ibid., p. 301. "Sua obra de escritor conta mais do que sua ação; mais do que sua política e seus julgamentos políticos, a ideia que ele teve da política. Essa ideia é a de um realista que sabe, como realista, o preço e a ação da poesia." Declaração estranha, de resto, pois que M. parecia antes vítima das quimeras.   **27** Ibid., pp. 124-5 e 293.

4.
O racional e o real em política ou o mito do Estado: Uma interpretação de Ernst Cassirer[1]

Enquanto De Sanctis acredita ver o pensamento maquiaveliano se ordenar em função de uma tarefa histórica e se livrar assim do peso de suas contradições, Renaudet o imagina se precipitando na quimera pelo desejo de encontrar, na ausência das condições que o teriam tornado possível, uma solução para a crise da época. Seguramente, um e outro fazem um uso diferente do que diz respeito a História. De Sanctis não se detém longamente a considerar a situação da Itália no século XVI. Ele se instala com maior prazer nas alturas para abraçar o curso dos tempos modernos, a ascensão do Estado, sua emancipação da tutela da Igreja e o progresso da democracia. A Renaudet agrada permanecer no nível de uma história particular, aquela de uma sociedade modelada por seu passado, seus conflitos específicos, em que os homens encontram o limitado campo de sua ação e de seu pensamento. Mas certas premissas são comuns: podemos supor para além dos dados do discurso uma história *real*, na qual o sentido se estabeleceria. Ora, são essas premissas que Cassirer recusa. Em seu entendimento, o historicismo — não importa qual seja sua forma — fecha o acesso ao conhecimento da obra; longe de restituir a intenção do escritor, ele necessariamente a traveste projetando sobre o passado as categorias do pensamento moderno. Em consequência disso, aqueles que sustentam que o patriotismo ou a paixão pela reforma explicam a empreitada de Maquiavel não duvidam que seu autor tenha subordinado a reflexão à prática e se tenha limitado a buscar a verdade que convinha a sua época. Tomados eles próprios pela ideia de relativismo, eles a imputam, assim, a Maquiavel. Uma concepção moderna da História lhes faz então ignorar o fato

---

[1] Ernst Cassirer, *The Myth of the State*. New Haven: Yale University Press, 1946 [ed. bras.: *O mito do Estado*. Trad. Álvaro Cabral. São Paulo: Códex, 2003].

histórico mais sensível.² Não basta, com efeito, ler o *Principe* e os *Discorsi* para aprender que aos olhos de seu autor a História é repetição, os homens obedecem sempre às mesmas paixões e o conhecimento abraça necessariamente o passado, o presente e o futuro?³ Pretender conceber seu desígnio em função de seu vínculo a uma experiência particular é fazer uso de categorias cuja legitimidade ele jamais teria admitido; é tornar-se de antemão estranho à sua obra, em vez de tentar fixar o objeto que ela visava e levar a discussão para o terreno onde ela nos coloca. Se nos ativéssemos a uma interpretação de caráter historicista, "nós não poderíamos enxergar nele", diz justamente Cassirer, "o fundador de uma nova ciência da política, o grande pensador construtivo cujas concepções e teorias revolucionaram o mundo moderno e abalaram a ordem social em seus fundamentos".⁴ Ora, qualquer que seja a maneira como interpretamos suas ideias, não deixamos de percebê-lo como tal. Essa imagem coloca mais dificuldade ao historicismo e ao psicologismo do que todas as críticas de princípio que poderíamos lhes endereçar.

Contudo, essas observações não implicam que deveríamos nos privar de situar o pensamento maquiaveliano em seu tempo; ao contrário, com isso ganharíamos o poder de medir justamente a revolução que ele traz ao mundo da cultura observando o parentesco que ele mantém com o pensamento científico que, por várias vias ao mesmo tempo, destruiu a representação medieval do mundo. Cassirer faz, notadamente, várias vezes a aproximação entre a empreitada de Galileu e a de Maquiavel: "Maquiavel estudou e analisou os movimentos políticos no mesmo espírito em que Galileu estudou, um século mais tarde, o movimento da queda dos corpos".⁵ Mas a História que Cassirer evoca é aquela de uma aventura do Espírito, que se estende por vários séculos. Sua interpretação permite melhor definir

---

2 Cassirer escreve notadamente: "Estamos sujeitos a um erro que poderíamos chamar de *the historian's fallacy*. Atribuímos nossas próprias concepções da história e do método histórico a um autor para quem essas concepções eram inteiramente desconhecidas e seriam dificilmente inteligíveis" (ibid., p. 124). Ele observa ainda: "Por mais paradoxal que possa parecer, devemos dizer que nesse caso nosso sentido moderno da história nos cegou e nos impediu de perceber a verdade histórica manifesta" (ibid.). Assinalemos, além do mais, que a crítica do psicologismo vai de par com a do historicismo: "Em lugar de analisar os pensamentos de M. e de lhe fazer a crítica, a maior parte de nossos comentadores modernos apenas interroga seus *motivos*" (grifo do original).   **3** Ibid., p. 156.   **4** Ibid., p. 128.   **5** Ibid., p. 136. A comparação é desenvolvida nas pp. 129-33 e retomada nas pp. 156-7.

as categorias de cada um daqueles que dela participaram, sem jamais querer reduzir sua empreitada ao efeito das condições supostamente reais. Embora ele considere as transformações ocorridas no campo social e político, para esclarecer o *Príncipe* ele se proíbe de buscar nelas os indícios de causalidade, limitando-se a detectar no nível das estruturas de fato uma ordem de mutação análoga àquela que a obra revela.[6] Sem dúvida, nos diz ele, as mudanças políticas e sociais precederam a aparição de uma nova ciência política; é exatamente porque são instituídas novas formas de instituições e comportamentos, em ruptura com os quadros da cidade medieval ou do feudalismo, que Maquiavel se desviou das considerações das repúblicas ou das monarquias hereditárias para voltar toda sua atenção à obra dos *principi nuovi*. Em particular, a fascinação que exerceu sobre seu pensamento a personagem de César Bórgia é inteligível somente por referência a uma situação histórica nova.[7] Nem por isso sua doutrina deixa de dar sentido às mudanças que apenas se esboçavam nos fatos. Por mais moderna que fosse a obra política de um Frederico II, por exemplo, ela era impotente para se refletir na teoria.[8] Maquiavel é "o primeiro pensador que teve uma representação completa do que significava o Estado". Nesse sentido: "Ele antecipou pelo pensamento o curso inteiro da futura vida política da Europa".[9]

Não podemos, então, separar o aspecto político e o aspecto filosófico de sua empreitada. Ele não se contentou em descrever fatos com maior ou menor exatidão e traduzir em uma linguagem positiva aquilo que a ideologia tradicional furtava ao conhecimento dos homens. Ele vinculou a um princípio de explicação novo uma experiência confusa cuja síntese implicava uma revolução do espírito. Certamente, nos diz Cassirer, "Maquiavel não era um filósofo no sentido clássico e medieval do termo. Ele não possuía um sistema especulativo nem mesmo um sistema político"; mas, acrescenta ele imediatamente:

---

6 Ibid., p. 133.   **7** Ibid. "Ele não está somente interessado mas cativado e fascinado. Nós sentimos essa potente e estranha fascinação em tudo o que ele diz sobre César Bórgia [...]. Tudo isso não pode ser explicado por uma simpatia pessoal por C.B. [...] Isso é inteligível apenas se nos lembrarmos que o objeto da admiração de M. não era o homem enquanto tal, mas a *estrutura do novo Estado* que havia sido criada por ele" (grifo do original, tradução nossa).
8 Ibid., p. 137.   **9** Ibid., p. 133.

Seu livro exerceu no entanto uma influência indireta, muito poderosa, sobre o desenvolvimento do pensamento filosófico moderno. Pois ele foi o primeiro que, de uma maneira deliberada e incontestável, rompeu com toda a tradição escolástica. Ele destruiu a pedra angular dessa tradição: o sistema hierárquico.[10]

Em outros termos, Maquiavel pôde ler nas sociedades o jogo das relações de força e o movimento que levava o Estado moderno a quebrar todas as resistências, materiais e espirituais, opostas a sua autoridade apenas porque ele soube dissipar a imagem de uma ordenação do mundo divina ou natural e se libertar da crença de que um grupo, uma classe ou indivíduo, estivesse por vocação associado a um estatuto privilegiado.

É por termos ignorado o fundamento metafísico dessa revolução que insistimos em apresentar Maquiavel como um pensador positivo, um patriota ou reformador devotado ao bem público ou ainda, enfim, como o teórico do maquiavelismo. A intenção científica, como acabamos de especificar, supõe ela mesma uma representação inteiramente nova dos fenômenos sociais. A História não pode se tornar a matéria de uma investigação metódica senão sob a condição de ser reduzida às dimensões da aventura humana; o Estado não pode se tornar um objeto de conhecimento senão quando se verifica que ele circunscreve uma realidade cuja constituição é independente de todo princípio transcendente; assim, seu surgimento, seu desenvolvimento, sua decadência se explicam inteiramente por referência às situações de fato e ao jogo das oposições permanentes que aí se inscrevem. Cassirer escreve: "A faca afiada do pensamento maquiaveliano cortou todos os fios pelos quais o Estado, aos olhos das gerações anteriores, estava ligado à totalidade orgânica da existência humana".[11]

Mas se o partido de considerar a política sob seu aspecto científico ou técnico é apenas o efeito de uma nova visada da sociedade, ao menos ele é um efeito necessário: é em vão — ao custo de um profundo desconhecimento dos princípios do escritor — que se gostaria de eludi-lo e colocar no centro da obra a inspiração patriótica e republicana que parece animar certos fragmentos. Longe de esclarecer a intenção do autor, o último capítulo do *Príncipe* testemunha, por sua ênfase, um modo de pensamento que

---

10 Ibid., p. 135. 11 Ibid., p. 140.

não responde ao cuidado de objetividade que demonstram as análises precedentes. Como acreditar que ele marca um ponto culminante da reflexão maquiaveliana quando esta se exerce, ao longo da obra, em uma inteira indiferença a respeito dos fins morais do príncipe? Como dizer que o autor teve em mente apenas a salvação da Itália quando o vemos enumerar os erros cometidos por Luís XII quando da conquista de Milão e definir os meios aos quais um novo invasor deveria recorrer para desarmar as intrigas de seus inimigos e submeter a península?[12] A verdade, segundo Cassirer, é que Maquiavel foi um patriota, mas suas convicções não podiam predominar sobre suas ideias. Sem dúvida, suas simpatias pelo regime republicano colocam um problema delicado, visto que elas se exprimem inúmeras vezes nos *Discorsi*. Quando examina os conflitos que dilaceraram a República romana, Maquiavel louva a sabedoria do povo e critica a aristocracia. O povo lhe parece uma garantia mais segura da liberdade pública do que os patrícios. Ele tem apenas desprezo pelos nobres, instalados em uma vida de ociosidade e habituados a desafiar o poder central, sobretudo quando dispõem de praças-fortes, dominam numerosos vassalos e podem mobilizar tropas. Mas essas considerações, afirma Cassirer, são "muito mais acadêmicas do que práticas".[13] Em nenhum lugar Maquiavel fala em favor de um regime verdadeiramente democrático. A multidão lhe parece impotente quando privada de chefes. Somente um indivíduo excepcional é, a seus olhos, capaz de reformar ou criar instituições. Além disso, o exemplo romano que ele tanto admirava não podia inspirar no presente um novo regime. À diferença de muitos outros pensadores do Renascimento, ele não nutria a esperança de restaurar o modo de vida dos Antigos.[14] Somente os povos do Norte lhe faziam descobrir algum rastro da antiga virtude, mas seu próprio país e sua geração não lhe davam qualquer esperança.

Segundo nosso intérprete, sustentar que Maquiavel foi um republicano convicto é tirar uma conclusão abusiva de textos eles próprios equívocos. Mas devemos reconhecer, além disso, que a admiração que ele tinha pelo duque Valentino não era compatível com tais convicções, não mais do que seu desejo de servir aos Médici após a queda da República florentina. Quando nos interrogamos, então, sobre o patriotismo de Maquiavel ou sobre a natureza de suas convicções, devemos evitar confundir

---

12 Ibid., p. 142. 13 Ibid., p. 146. 14 Ibid., p. 147.

o homem e o pensador: "Seu patriotismo não deixa dúvida", diz Cassirer. "Mas nós não devemos confundir o filósofo e o patriota. O *Príncipe* era a obra de um pensador político e de um pensador muito radical."[15] Compreender que ele foi radical é reconhecer que ele visava na realidade um plano mais profundo do que aquele ao qual nos ligam o temperamento, as aspirações ou mesmo os interesses do indivíduo empírico. Não há motivo para duvidar de sua sinceridade quando ele declara preferir Marco Aurélio a Nero, e nada proíbe pensar que ele teria abominado, se ele as tivesse visto aplicadas, certas medidas que em teoria ele julgava necessário empregar. Mas seu realismo impunha silêncio a seus sentimentos: ele sabia que a tirania era inelutável e que não seria ouvido se quisesse se endereçar a rivais hipotéticos de Marco Aurélio.

As mesmas razões impedem afirmar que Maquiavel queria o bem e queria o mal. É verdade que no começo de seu ensaio Cassirer observa: "Eu não digo que não se deve ler e julgar seu livro de um ponto de vista moral. Diante de uma obra que teve efeitos tão terríveis sobre a moralidade, esse tipo de julgamento é, na verdade, inevitável e obrigatório".[16] Mas uma coisa é conservar sua liberdade de julgamento diante das ideias do escritor e outra é querer, analisando-as, introduzir critérios morais cuja validade o autor tinha precisamente recusado. Em sua intenção, o *Príncipe* "não é um livro moral nem um livro imoral, é simplesmente um livro de técnica política":[17] Maquiavel não tem outro objetivo além de conhecer aquilo que é. Por exemplo, a perversidade dos homens é, a seus olhos, um simples fato. E se ele conclama os governantes a fundar sobre ela sua política é porque está convencido de que a ordem social não pode ser regulada somente pelas leis e, na impossibilidade de recorrer à força, o poder fracassará. Tal passagem do *Príncipe* o diz claramente:

> Os principais fundamentos de todos os Estados, tanto dos novos quanto dos antigos e mistos, são as boas leis e as boas armas. E como não é possível ter boas leis onde as forças nada valem, e se armas são boas é razoável que as leis sejam boas, eu deixarei de falar das leis e tratarei das armas.[18]

---

15 Ibid., p. 144. 16 Ibid., p. 117. 17 Ibid., p. 153. 18 *Il principe*, cap. XII, citado por Cassirer, p. 149.

A força e o direito, pensava ele então, devem se unir, mas um se revela dependente do outro. Quando recomenda o emprego deliberado e metódico da violência, Maquiavel não somente torna seu leitor sensível a uma necessidade inscrita na política, ele desvela o fundamento desta nas paixões humanas. Conhecer a natureza do homem e acolher suas exigências, tal é, definitivamente, o grande afazer do príncipe. É preciso que ele compreenda os motivos e os fins daqueles que ele governa e que ele se aplique em se assemelhar a eles para dominá-los, que ele os supere pela força e pela astúcia, assim como pela inteligência. Ouçamo-lo ainda mais um pouco:

> Por isso é necessário ao príncipe saber se fazer íntimo da besta e do homem. Essa regra foi ensinada aos príncipes com palavras veladas pelos antigos Autores que escreviam como Aquiles e vários outros grandes senhores do tempo passado foram entregues como alunos ao centauro Quíron para serem instruídos sob sua disciplina; o que não significa outra coisa, ter assim por mestre uma semibesta e um semi-homem, senão que é preciso que o príncipe saiba usar uma ou outra natureza e que uma sem a outra não é durável. Sabendo, então, o príncipe bem usar a besta, que ele escolha a raposa e o leão, pois o leão não pode se defender das redes, nem a raposa dos lobos. É preciso ser raposa para conhecer as armadilhas e leão para assustar os lobos.[19]

Esse fragmento, julga Cassirer, é "daqueles que revelam em um súbito clarão a natureza e a intenção de sua teoria política". Nenhum escritor antes de Maquiavel havia utilizado tal linguagem. Não que fosse difícil denunciar as perfídias, as traições, os crimes que sempre preencheram a História. Mas ninguém se propusera a fazer do crime uma matéria de ensinamento. Ora, Maquiavel não recua diante dessa audácia. Julgando a violência inevitável, ele pede ao príncipe que a use oportunamente e sem excesso. Consciente da inutilidade das meias medidas que aplicam os governos fracos, ele quer que se aja rapidamente, que não se detenha no caminho, que não se estrague, por fim, o efeito de um castigo por uma reserva cuja única função seria satisfazer aos escrúpulos de consciência. Por exemplo, ele aconselha um usurpador a exterminar toda a descendência de um soberano

---

[19] *Il principe*, cap. XVIII, citado e comentado por Cassirer, p. 150.

legítimo, de modo a suprimir de uma vez por todas qualquer ameaça de retorno do adversário. Esse ensinamento pode parecer imoral, mas repousa sobre a observação de que, na realidade, a virtude e o vício não podem ser separados, de que as melhores intenções produzem os piores efeitos, de que alguns crimes bem concebidos e executados permitem evitar o encadeamento interminável de medidas de terror. Assim, ele sugere um uso metódico e econômico da violência. Por ter concebido a necessidade da ação, Maquiavel escreveu uma obra inteiramente diferente dos tratados sobre o mesmo assunto que se multiplicavam na Idade Média. Estes visavam somente à educação moral do príncipe; o seu responde a um problema novo: seu objeto é o Poder, como é adquirido e como é conservado. Definitivamente, o *Príncipe* é um livro de técnica política. Mas — é o mérito de Cassirer mostrá-lo com um rigor que falta à maioria dos intérpretes — a ideia mesma de tal técnica supõe uma ruptura com as categorias do pensamento clássico.[20] A *technè* platônica não era uma técnica: era um conhecimento fundado sobre princípios universais, ela procedia de uma concepção do mundo que era indissociavelmente teórica e prática, lógica e ética; no domínio da política ela podia apenas fundar a ideia de um Estado justo. A técnica maquiaveliana, em compensação, ignora a distinção do legítimo e do ilegítimo, ela está a serviço do príncipe que se submete às leis, assim como do usurpador e do tirano, do governo justo e do governo injusto; ela se presta a todos os usos, em uma rigorosa indiferença ao que seriam os fins últimos do homem.

Na única passagem em que faz um julgamento explícito sobre a obra maquiaveliana, Cassirer escreve:

> Toda argumentação é clara e coerente. Sua lógica é sem defeito. Se nós aceitarmos suas premissas, não podemos eludir suas conclusões. Com Maquiavel, nos situamos na aurora do mundo moderno. Atingimos o fim que ele visava: o Estado conquistou sua plena autonomia. Mas esse resultado teve alto preço. O Estado é completamente independente; mas, ao mesmo tempo, ele é completamente isolado. A faca afiada do pensamento maquiaveliano cortou todos os fios pelos quais o Estado, durante as gerações anteriores, esteve ligado à totalidade orgânica da

---

20 Ibid., p. 155.

existência humana. O mundo político se destacou inteiramente, não apenas da religião e da metafísica, mas ainda de todas as outras formas da vida ética e da cultura do homem. Ele permanece sozinho em um espaço vazio.[21]

A questão se coloca para nós nesses termos então: Cassirer expôs a teoria maquiaveliana de tal maneira que sua lógica parecesse sem falhas e que a conclusão se deduzisse necessariamente da hipótese?

Em primeiro lugar, é preciso observar que o intérprete constrói essa lógica graças aos artifícios que, como nos foi advertido no início de seu ensaio, devem ser excluídos da interpretação. Ilegítima, dizia ele, a tentativa de buscar um princípio de explicação do discurso da obra na situação que ocupa o escritor no seio de uma sociedade, em uma época dada, e nos pensamentos que ela lhe inspira a respeito das tarefas próximas: esse discurso é inteligível apenas sob a condição de fazer nossa sua pretensão de atingir uma verdade universal. Ora, como ele lê os *Discorsi* e o *Principe*? Com qual direito ele se permite ignorar a análise das instituições da República romana e — mais ainda — aquela da natureza das classes sociais e de seus conflitos? Com qual direito ele julga que a aventura de César Bórgia fornece o principal alimento à sua teoria senão em virtude dessa petição de princípio de que importa a Maquiavel aquilo — e somente aquilo — de que ele pode tirar partido no presente? Ao implacável rigor do crítico que julga o historicismo impotente para conhecer o que está em jogo em uma obra do espírito sucede a desenvoltura do filósofo que, para construir sua obra do espírito, por um lado bane o que ele chama de proposições "acadêmicas" de seu autor, quer dizer, o que faz explicitamente a principal matéria de seu discurso, e, por outro lado, se apodera de um fragmento do *Principe*, escolhido em razão de seu alcance prático, e nele aloja o núcleo da teoria (mas não a ponto de se obrigar a interrogar-lhe a letra). Tal seria o segredo da *Kulturgeschichte*? Dispensar a pequena história — aquela das relações sociais, das ideologias, das instituições e dos acontecimentos —, produzir a grande história — aquela que coloca juntos Maquiavel e Galileu diante de Aristóteles — e passar novamente pelos corredores da pequena para tramar em segredo o roteiro da grande?

[21] Ibid., p. 140.

O fato é que muita audácia se faz necessária para afirmar que devemos ler Maquiavel como ele exige que o leiamos, interrogando a essência da História e da política, e extrair, algumas páginas adiante, como se fosse o mais importante, aquilo que por natureza sustenta a solução do problema de uma sociedade e de uma época.

Cassirer sustenta que o Estado se encontra, por Maquiavel, desligado da totalidade orgânica da existência humana. Talvez... Mas não valeria a pena se perguntar qual relação ele mantém com o dilaceramento da existência coletiva, tal como se manifesta no conflito universal entre dominantes e dominados? A ideia desse dilaceramento surge da observação dos fatos? O conflito, enquanto conflito universal, é legível no espaço antecipadamente desdobrado pela operação do cientista? Ou, antes, é ao pensá-lo que se torna possível pensar a política como tal? Inútil desviar-se do *Príncipe* para colocar a questão; essa questão é engendrada justamente daquela destacada pelo intérprete em seu primeiro capítulo: como conquistar e conservar o poder? A lhe darmos crédito, no entanto, Maquiavel a enunciaria sem o cuidado de interrogar a natureza do poder. Estranho fundador, estranho filósofo esse que não sabe de que fala.[22] Seria somente pela virtude de seu olhar que ele faria então surgir um objeto novo cujo estatuto filosófico Cassirer reservaria para si fixar. Esse olhar faria dele o Galileu da política. Mas o que ele descobre? Que o mundo se mantém em seus próprios limites e os fatos que aí acontecem contêm sua inteligibilidade em si mesmos? Supondo que tal seja a descoberta, as duas operações não são dissociáveis: o mundo é reduzido a seus limites enquanto se torna inteligível. As condições de possibilidade do objeto-mundo são as mesmas do conhecimento científico. A partir daí, é uma necessidade definir o mais cedo possível em que consiste a operação da ciência em política, quer dizer, mostrar que Maquiavel é, em seu próprio terreno, o igual de Galileu. Não respondemos ao dizer que ele observa os fatos em lugar de se deixar obnubilar pelos

---

[22] Cassirer não se contenta, com efeito, em afirmar que M. se desinteressa da questão do justo exercício do poder: sua tese é que ele não teve outra intenção além de buscar as regras de uma prática, daí a longa metáfora do jogador de xadrez (ibid., p. 143) — cuja conclusão é que M. se esquecera de que a política se joga com homens reais e não com peões — e a metáfora médica (p. 153) — destinada a demonstrar que somente importa a verdade da descrição e não *as coisas das quais se fala* (*we only concerned with the truth of the description, not with the things spoken of*).

sinais da Providência ou de uma ordem natural, pois a virtude de Galileu é construir um sistema de termos e de relações que tornam legível um objeto. O que Maquiavel constrói então? Receamos que não há outra resposta a encontrar em Cassirer além daquela cem vezes enunciada com a fórmula das relações de forças. Ora, essa resposta é vazia enquanto não interrogamos acerca da natureza das forças que se relacionam uma com a outra. Cassirer sugere, todavia, que a elaboração do conceito "relações de forças" está fundada sobre a observação de que o homem é mau. A se crer nele, tratar-se-ia, para Maquiavel, da observação de um fato que nada deveria a uma visão moral do mundo e na qual se manifestaria da melhor maneira o novo cuidado com a objetividade. Mas não lhe vem ao espírito interrogar-se sobre o estatuto que podemos assinalar a esse fato no espaço teórico que a ciência da política constitui, sem o que não seria possível dele fazer um objeto de observação. O fato "maldade humana" não pertence àqueles que podemos assemelhar ao fato "queda dos corpos". A confusão é imputável a Maquiavel? Nós não buscamos resolver esse problema; é uma interpretação que examinamos. Importa somente sublinhar que o movimento que a conduz a circunscrever uma ciência da política implica ignorar deliberadamente a análise do conflito de classe e das articulações do poder com esse conflito e a promoção ao nível de observação científica de uma proposição que não poderia pretender a isso.

Mas nossa crítica permaneceria parcial e anedótica se não relacionássemos a posição que vem ocupar Cassirer diante da política e aquela que ele vem ocupar diante da obra de Maquiavel. Nessa etapa de seu argumento, ele dá crédito à tese de que a política pode ser circunscrita como o campo de uma ciência e de uma técnica, em virtude de uma objetivação que libera o sujeito do conhecimento e da ação de toda referência aos valores da existência humana. A essa tese se junta aquela de que Maquiavel é o fundador dessa ciência e dessa técnica e, enquanto fundador, um filósofo, pois que o fundamento da ciência não poderia ser científico. A liberdade que o intérprete se outorga de extrair do discurso do escritor aquilo que é suscetível de dar uma verossimilhança a seu argumento está ligada à produção de um referente que está fora do campo da política e do campo do discurso: o da *Kulturgeschichte*. Com esse apoio Cassirer ultrapassa a divisão entre o pensamento clássico e medieval e o pensamento moderno e mantém sob um mesmo olhar as articulações das diversas ramificações do pensamento moderno. Pode parecer excessivo, mas não é ilegítimo avançar que nessa postura a leitura de Maquiavel lhe é totalmente supérflua, bastando-lhe, com efeito, um mínimo de signos para se apropriar do sentido do discurso, visto que seu estatuto está fixado a priori.

Que a empreitada se faça ao custo de artifícios fáceis de perceber, já o dissemos; e também que ela engendra uma contradição. Mas existe uma que está no centro da interpretação, que nós apenas sugerimos e que importa bastante escrutar, porque ela coloca explicitamente em jogo o valor do referente. Cassirer sustenta que não poderíamos apreciar a revolução realizada por Maquiavel na ordem da cultura sem nos liberarmos das representações de nosso tempo. Ele nos diz, essencialmente, que os efeitos dessa revolução tornaram-se tão familiares para nós que devemos tentar nos liberar deles por um esforço do espírito, para recuperar a estranheza do discurso fundador.[23] E o que ele faz? Ele lê esse discurso à maneira de um universitário moderno que sobrevoou o campo do saber e se apoderou de um texto para recortá-lo, arranjá-lo segundo a ordem das citações bem escolhidas, encará-lo de forma *objetiva* e apagá-lo finalmente diante de uma tese. Certamente ele não lê Maquiavel como Maquiavel lia Tito Lívio ou Aristóteles, ou ainda como Aristóteles lia Platão. Sob a cobertura de uma veemente denúncia do historicismo, tido por um sinal da perversão do pensamento moderno, ele pratica outra perversão moderna mais refinada e mais profunda, na medida em que esta compreende a primeira: o objetivismo.

Precisávamos fazer uma pausa na leitura de Cassirer no limiar do último capítulo de seu ensaio para interrogar seu procedimento. Não escondemos que essa paralisação nos permite poupar nosso leitor da surpresa que o autor, aparentemente, desejava provocar. Retornando, com efeito, à comparação esboçada entre a ciência de Maquiavel e a de Galileu, ela coloca subitamente em evidência uma diferença que se deve à essência dos fenômenos observados e transforma o racionalismo político em seu contrário. Um e outro se fundam certamente sobre o princípio de que a natureza é sempre idêntica a si mesma e que todos os fatos obedecem a leis invariáveis. Mas esse princípio não pode encontrar, no que concerne à história humana, a

---

23 Esse argumento (e alguns outros, notadamente a proposição de que Maquiavel é o primeiro pensador a fazer do crime e da mentira uma matéria de ensinamento) faz entrever tudo o que a interpretação de Leo Strauss deve à de Cassirer (ver infra).

mesma aplicação que encontra no universo físico. Uma vez reconhecido que a História apresenta a repetição dos conflitos de forças e um número definido de formas de poder e que nós aí podemos identificar os mesmos encadeamentos dos fatos, o sujeito permanece confrontado com a indeterminação do evento. Singular, imprevisível, ele resiste a sua inserção em um determinismo. Em política, os princípios da ciência colidem sempre com a experiência do acaso: "Maquiavel", nota Cassirer,

> percebia muito claramente esta antinomia, mas não pôde resolvê-la nem mesmo exprimi-la de maneira científica. Seu método, lógico e racional, fracassava nesse ponto. Ele teve de reconhecer que as coisas humanas não eram regidas pela razão e que, por conseguinte, esta não podia explicá-las totalmente. É forçoso recorrer a outro poder: um poder semimítico. O que parece governar as coisas humanas é a Fortuna.[24]

Todavia, a darmos crédito ao intérprete, o teórico não renunciaria a seu ideal de racionalidade. Assim, a imagem que ele compõe da Fortuna, no penúltimo capítulo do *Principe*, está em ruptura com a tradição. Embora ele permaneça, como a maioria de seus contemporâneos, sob a influência das ideias dos astrólogos, ele se recusa a admitir que as ações dos homens estejam inteiramente sob o efeito de um poder sobrenatural. Convencido de que o homem goza de certo grau de liberdade, não somente ele coloca nas mãos da Fortuna apenas a metade de suas ações, mas imagina um combate cujo resultado dependeria da ação do sujeito. Sem dúvida, ele concede que uma mesma conduta pode gerar efeitos contrários, que um homem, quando a sorte o abandonou, pode fracassar com os meios que o tinham feito triunfar, mas, depois de ter reconhecido que a infelicidade vem porque os homens são os mesmos e a Fortuna é mutável, sua última palavra é em favor da razão e da vontade. A Fortuna é — nos diz ele — como uma mulher que é preciso vencer para seduzir ou, segundo a fórmula não menos célebre dos *Discorsi*, como um rio cujos transbordamentos é necessário prever e dos quais se deve proteger com diques. Em um sentido, a tese da Fortuna é então fiel à inspiração do *Principe*. Ela sugere, segundo Cassirer, uma estratégia cujas armas não são mais somente materiais, mas

---

24 Ibid., p. 157.

espirituais.[25] A ideia de um emprego metódico da força contra adversários humanos é acrescentada àquela de um combate contra uma potência invisível. Em outro sentido, entretanto, o mito priva o Sujeito da certeza de suas operações. Como dizer, com efeito, que as regras da ação decorrem rigorosamente de um conhecimento do determinismo social, se este não é identificável senão no nível de uma história global, se cada experiência permanece singular e se furta à previsão?

Não estaríamos então enganados ao acreditar que Cassirer creditava a Maquiavel a instauração do racionalismo político? Não. Lembremos que ele diz que Maquiavel foi o primeiro pensador a formar uma imagem completa do que significava o Estado, e ainda que ele antecipou todo o curso da vida futura da Europa. Esta última asserção não deixa dúvida quanto ao sentido de uma empreitada em virtude da qual o racional e o real coincidem. Antes, é preciso entender, ao que parece, que essa coincidência fornece somente o índice de uma modelagem das relações da consciência e do ser que é a obra do sujeito humano e que o limite da operação aparece no seio da cultura moderna: na prática, quando "o Estado permanece sozinho em um espaço vazio", e na teoria, quando o mito ressurge nas fronteiras da ciência. Todavia, tal formulação faz transparecer uma dificuldade que é cuidadosamente mascarada no ensaio de Cassirer. Como, com efeito, circunscrever o mito? Reduzi-lo à figura da Fortuna, no espaço da teoria, seria dar a crer que o racionalismo político se depara com um limite de alguma forma externo, a cuja provação ele é submetido na impossibilidade de dominar a indeterminação vinculada ao evento. Ora, o autor insinua muito mais: o evento carrega a marca de um fenômeno irredutível aos fenômenos da natureza, a ação humana. A concordarmos com isso, precisamos avançar até o ponto de dizer que o apagamento das marcas do Sujeito, tanto na ciência quanto na prática da política, é de caráter mítico. Essa conclusão se impõe no próprio quadro da problemática de Cassirer, pois que ele intitula sua obra, da qual o ensaio sobre Maquiavel constitui um fragmento, o *mito do Estado*. A operação que deixa "o Estado sozinho em um espaço vazio", *na teoria e na prática*, provém do mito. Nesse sentido, o mito da Fortuna é secundário, engendrado pelo mito de um Estado desligado da totalidade orgânica da existência humana. Iremos objetar que a operação que institui

---

25 Ibid., p. 162.

esse mito é um momento da operação de racionalização cujos agentes são as ciências da natureza? Mas uma coisa é afirmar que as ciências da natureza testemunham uma modelagem da relação do homem com a natureza que é simbólica e não nos revela a natureza em si; e outra coisa é falar de um mito da natureza. Se o fizéssemos, tomaríamos o termo em uma acepção que ele não aplicou ao Estado. Há um mito do Estado no sentido de que a técnica e o conhecimento políticos são tomados na ilusão de que o Estado é uma realidade *em si* e que sua conquista, seu governo operam segundo leis que implicam a redução do homem ao estatuto de coisas. E se Cassirer tirasse essa conclusão, toda sua construção desmoronaria. Ele deixa entrever a via que a isso conduz,[26] mas se engaja na via inversa sustentando que a teoria maquiaveliana é um dos ramos do racionalismo moderno e denunciando o limite que o faz fracassar no mito da Fortuna. Ora, é necessário tomar a medida exata de seu próprio fracasso. Ao descobrir que a objetivação da política é mítica, que sua redução à combinação de relações de força procede da instituição de uma realidade imaginária, ele não se encontraria na necessidade de fazer o processo da falsa ciência maquiaveliana; antes, seria incitado a ler Maquiavel de outra forma e, em lugar de fechar os olhos para aquilo que era uma questão da obra — tanto no *Principe* quanto nos *Discorsi*: como o poder advém *na* sociedade e como a sociedade se relaciona consigo mesma, dividida como ela é pela instituição do poder —, ele interrogaria a obra a partir dessa questão. Mas, é preciso repetir, a interpretação resulta de uma montagem que é muito precisamente destinada a lhe permitir edificar sua tese e produzir a contradição do racionalismo e do mito que lhe é necessária. A supressão da questão do ser da sociedade e do ser do poder em favor de uma teoria das relações de forças (ela própria a serviço do ideal da objetivação do político) tem por corolário o recorte e a recolha das proposições consagradas à Fortuna e sua imputação ao mito, pois se a teoria das relações de forças era uma ficção, então a ideia maquiaveliana da Fortuna poderia estar não no limite de sua empreitada, como um sinal de fracasso, mas fazer parte de seu núcleo...

Da crítica da interpretação do racionalismo político somos enviados àquela da interpretação da obra maquiaveliana; mas desta última somos enviados de volta à primeira. Pois se Cassirer apenas pode ler Maquiavel

---

26 Recordemos a metáfora do jogo de xadrez.

como ele o lê, é sem dúvida porque, por um lado, ele crê no mito do Estado. Seu erro não é sugerir que existe tal mito — e mais geralmente um mito da objetivação em política —; ao contrário, como dizíamos, seu erro é não abrir caminho para esse pensamento. A impossibilidade de fazê-lo tem pleno sentido: ele acredita que o Estado moderno é tal como ele se dá na representação "racional" que ele engendra; ele acredita que os homens estão efetivamente convertidos em objetos sob o efeito de uma técnica da política; ele acredita que o Estado permanece sozinho no vazio, conforme a imagem que a sociedade moderna autoriza. Denunciar o mito não o impede de forma alguma de subscrever a ele. Da mesma maneira, como havíamos notado, denunciar a representação moderna e pervertida de uma obra do passado não o impedia de forma alguma de endossá-la. Mas tal é sua posição, que a adesão à ideia de um *poder* e de um *saber* que repousam sobre si próprios se faz sob a cobertura da produção de um limite que lhes é exterior e não coloca de forma alguma em causa a integridade de suas operações no campo em que eles se exercem — um limite cujo conceito, de resto, Cassirer detém, cuja determinação ele domina, graças ao referente da *Kulturgeschichte*.

5.
O irracional e o real em política ou o demoníaco da potência: Uma interpretação de Gerhard Ritter[1]*

Quaisquer que sejam suas divergências, a maioria dos intérpretes de Maquiavel partilha a convicção de que sua obra está no fundamento do pensamento político moderno; que com ela nasce a tentativa de visar o mundo tal como ele é, de circunscrever a especificidade da política e, por essa operação que libera o Sujeito dos princípios da filosofia clássica e cristã, conjugar uma ciência e uma técnica até então inconcebíveis. É verdade que as divergências incidem não somente sobre a apreciação dessa tentativa, mas sobre seu estatuto metafísico, mesmo quando a definição desse estatuto e aquilo que a comanda — a posição do intérprete no campo do saber — permanecem implícitos. Ora, não basta observar que o ensaio de Gerhard Ritter se distingue daqueles que examinamos: ele abre uma perspectiva nova para instalar no centro do pensamento maquiaveliano uma meditação sobre a existência do homem — existência que constitui sua essência — e sobre as fontes irracionais da luta pelo poder. Certamente, a questão do realismo de Maquiavel — em sua dupla acepção filosófica e política — é logo encontrada, assim como aquela do racionalismo técnico e científico. Mas essas são questões secundárias que advêm da descoberta de uma irracionalidade originária do existente humano, sujeito político.

Ao considerar essa tese, somos tentados a concordar que ela subverte profundamente a representação autorizada pela tradição crítica. Entretanto, que ela se inscreva em um estudo que pretende resumir a problemática do

---

1 Gerhard Ritter, *Die Dämonie der Macht. Betrachtungen über Geschichte und Wesen des Machtproblems im politischen Denken der Neuzeit*, Stuttgart: Hannamann, 1947 (1ª ed. *Machtstaat und Utopie*, Munique, 1940).   * Lefort traduz o termo alemão *Dämonie* pelo termo francês pouco utilizado *démonie*. Para o português, optamos por *demoníaco*, mas sua tradução poderia igualmente ser *força demoníaca*. Importante observar ainda que Ritter se serve do termo *Macht*, geralmente traduzido como *poder*. Lefort prefere *puissance* e aqui o seguimos, optando pelo termo *potência*. [N.T.]

pensamento político moderno é algo que retém nossa atenção.² Ritter sobrevoa a história das ideias para fazer aparecer a grande alternativa que comandaria suas peripécias: verdade da potência ou verdade da utopia. Inútil exigir mais desse quadro: o essencial é que ele atribui a essa história uma dupla origem, a obra de Maquiavel e a de Thomas More, e julga o homem moderno ao mesmo tempo fascinado pela imagem das criações da força e da guerra e pela ficção da sociedade racional. O saber do filósofo Ritter abraça assim, à sua maneira, a totalidade e, no interior desta, o pensamento maquiaveliano que ao mesmo tempo representa e institui um de seus polos. É verdade que ele assinala que a utopia está ligada, em seu nascimento, à posição do insular — o qual, mais bem defendido contra a agressão estrangeira, seria incitado a forjar o modelo de uma boa sociedade dobrada sobre si mesma —, enquanto a meditação sobre a potência estaria ligada ao continental, exposto à constante ameaça que seus vizinhos fazem pesar sobre sua pátria. Mas estaríamos enganados se concedêssemos muita importância a essas considerações de geopolítica, pois elas não têm nenhum efeito sobre o curso do argumento. Antes, é preciso destacar a intenção de definir a essência da política. Intenção cuja segurança esbarra em uma primeira dificuldade, que é importante não deixar escapar, pois ela é acompanhada de uma ruidosa proclamação da modernidade de Maquiavel e da grande alternativa do pensamento político moderno, como se uma interrogação sobre a essência do político pudesse lançar mão de considerações sumárias sobre o pensamento clássico e cristão, e como se a ruptura entre o antigo e o moderno pudesse ser objeto de uma simples constatação. Nós deveríamos, sem dúvida, pesar as consequências desta última consideração. Mas observemos, de imediato, que o movimento que instala em um tempo o começo — o Renascimento — faz par com o desejo de conceber a totalidade e atingir a essência, e ele implica um artifício dissimulado: a referência a outro tempo que é apenas evocado e figura a "pré-história" da essência. O discurso maquiaveliano nos faz capturar a verdade da política e, ao mesmo tempo, descobrir, aparecendo diante de um de seus polos,

---

2 O ensaio de Ritter ocupa o segundo capítulo de uma obra que trata do problema da potência no pensamento político moderno. O primeiro é consagrado à herança do pensamento clássico e medieval; o terceiro a Thomas More; o quarto ("Geschichtliche Auswrkung des Gegensatzes") analisa os efeitos da contradição figurada pelo princípio de potência e pelo princípio de utopia, tais como eles se revelam na teoria e na prática até a Segunda Guerra Mundial.

a totalidade do pensamento moderno. E simultaneamente ele parece jorrar do nada, uma criação sem precedente, cujo sentido, de resto, é determinável apenas em decorrência da posição que ocupa Ritter, que se acredita capaz de apreciar a empreitada maquiaveliana depois de quatro séculos de combates políticos.

Em que a empreitada é nova? O intérprete certamente menciona a diferença que separa Maquiavel dos pensadores da Antiguidade, cuja audácia tinha sido ler na política o jogo da violência e da astúcia e, na alma humana, a paixão da potência. Mas ele não estabelece filiação entre eles. Ele se contenta em dizer que os historiadores antigos — e Tucídides, notadamente — conheceram e nomearam a perversidade do homem. Mas Maquiavel traz um ensinamento inteiramente novo por elaborar uma teoria da política fundada sobre a ideia dessa perversidade. Ele rompe, nesse sentido, com o realismo vulgar, cuja paternidade lhe é atribuída erroneamente, pois este não vai além de uma descrição dos comportamentos políticos, ao passo que seu objetivo é pesquisar as condições de possibilidade de um Estado estável e ordenado, partindo da tese de que o mal é originário e inerradicável no homem.[3] Conhecendo esse objetivo, deveríamos concordar que o significado do *Príncipe* e o dos *Discorsi* são idênticos. Nas duas obras, com efeito, o problema é saber como se opera a conversão de homem perverso em sujeito político, como se institui uma coerção eficaz que assegura a coesão da comunidade sob a autoridade de um bom governo. Nas duas obras está excluída a hipótese de uma intervenção divina decidir a sorte dos homens, ou haver juridicamente um Estado justo cuja norma se impõe ao sujeito da ação. Tais são, além do mais, as premissas da teoria, de modo que não poderíamos supor que o poder e as regras introduzidas sob sua instância escapem à determinação universal da perversidade. Em vez disso, devemos reconhecer que é com o fenômeno do poder que melhor se desvela o que faz o próprio da existência: o arrebatamento do sujeito na afirmação de sua própria potência. Se é verdade que o príncipe não é o agente de uma ordem cósmica, o instrumento da Providência nem o legislador depositário da razão universal, somos forçados a concluir que ele se distingue dos outros homens pelo excesso de sua paixão. Longe de encarnar o princípio da medida, ele é aquele que se abandona mais decisivamente à

---

3 Ibid., pp. 38-40.

desmesura. Sua chance de fundar ou conservar o Estado depende dos riscos que tem a audácia de assumir. Como ensinaria Maquiavel, que derrubaria assim a tese clássica preconizada pela filosofia de Aristóteles e Cícero, ele não atinge seu alvo — a potência e a segurança — senão fugindo da via do justo meio, a *via del mezzo*, e se prestando assim às decisões extremas.[4] Ele sabe que a moderação deixa ao adversário a iniciativa da luta e, se ele se encontra na necessidade de equilibrar um excesso com outro, ao menos não se deixa surpreender pelo acontecimento e jamais esquece que a ação se decide na alternativa constante entre dominar e ser dominado.[5] A obra do príncipe é então uma obra de violência, e essa violência não poderia se apagar senão colocando seu autor na posição de sofrê-la. O príncipe, ou mais geralmente o Sujeito da política, conhece em outrem apenas o adversário — ou o parceiro necessário em sua empreitada de dominação. Ele se assemelha àquele contra o qual luta e se eleva sobre ele somente para levar mais adiante a resolução de vencer. Nenhum outro critério além da potência pode determinar sua ação, pois que ao se afastar dela ele cede a outro a posição de príncipe.

A dar crédito a Ritter, com essa proposição a análise maquiaveliana atinge o fundamento da política. "Quando", ele pergunta, "a essência da política foi definida desde a Antiguidade com semelhante rigor: como o teatro de um combate onde não poderia prevalecer nenhuma consideração moral ou de humanidade?"[6] No entanto, temos apenas uma meia verdade, limitando-nos na representação desse combate, pois ela dissimula a origem do movimento que leva à dominação. Se o príncipe não recua diante do excesso da empreitada, quando os outros aceitam ser dominados, é, ficamos sabendo, porque ele é assombrado pelo desejo de desafiar aquilo que os homens nomeiam destino, Fortuna ou acaso, quer dizer, pelo desejo de se apropriar de um controle da ação cujos efeitos inutilizam frequentemente os cálculos do Sujeito humano. A função que Maquiavel atribui à *virtù* — concebida como o poder de retirar da Fortuna a ordenação das empreitadas humanas — daria então a chave de sua teoria, pois a análise que ele lhe consagra, não mais do que a crítica do ideal do justo meio e da temporização,

---

4 Ibid., p. 41. **5** Ibid., *"Im politischen Daseinkampf muss man immer ein rechter Freund oder ein rechter Feind sein, aber nicht neutral bleiben; denn Neuttralität ein Zeichen von Schwäche"*.
6 Ibid., p. 42.

não decorre, aos olhos de nosso intérprete, da psicologia política: ela é comandada por uma filosofia da potência.

O sentido dessa filosofia era apenas entrevisto com a ideia da perversidade originária e inerradicável da alma humana. A reflexão sobre a obra do príncipe nos ensina sobre ele com muito mais propriedade. Pois agora parece que o homem não busca somente a afirmação de sua potência em detrimento dos outros; se a procura pela dominação é incessante e sem termo é porque ele é estrangeiro a si mesmo na paixão que o faz combater. E essa paixão bebe nas fontes irracionais do instinto. E ele é *possuído* pela potência tanto quanto está em busca de sua posse. A empreitada do príncipe nos intimaria assim a conhecer o "demoníaco da potência". "Maquiavel", concluirá Ritter, "leu sem temor, como ninguém havia feito antes dele, no rosto demoníaco da potência."[7] Ora, é preciso se deter um momento nessa etapa do argumento, antes de nomear as consequências que o intérprete dele deduz. Como havíamos de início observado, a interpretação, em seu primeiro movimento, abraça a história do pensamento moderno e lhe atribui uma dupla origem, onde se assinala ao mesmo tempo sua ruptura com o pensamento clássico. Todavia, ela não deixa duvidar por muito tempo de sua intenção de circunscrever uma única origem: aquela do pensamento da essência da política. As breves referências a Tucídides, de um lado, e a Cícero e Aristóteles, de outro, sugerem que os Antigos não enfrentaram a questão da potência. A evocação de uma tradição moderna que seria votada à utopia da sociedade racional, desde Thomas More, sugere que ela decorre de uma tentativa de evasão da realidade. Somente a obra de Maquiavel indica o lugar do começo. Esse lugar é designado a partir daquele em que se encontra Ritter, o qual tem a dupla pretensão de conceber a totalidade do pensamento político e a essência da política, mas não cuida de justificar essa dupla pretensão nem de esclarecer a relação que mantém o pensamento da política com sua essência. Entretanto, na análise que Ritter esboça da teoria maquiaveliana e de seu objeto — a essência da política —, a perversidade da alma humana está instalada na origem das relações que se instituem na sociedade e se encontram primeiramente reduzidas a relações de combate.[8] Ele deixa assim supor que as diferenças observadas entre as classes, as facções ou os partidos, entre as formas de

---

7 Ibid., p. 64. 8 Ibid., p. 38.

governo, e as articulações que relacionam o conflito com os diversos níveis do campo sociopolítico não são inteligíveis em si mesmas, mas derivam de uma essência do homem. Em outros termos, a sociedade política é ela mesma abraçada em sua totalidade e referida àquilo que é a condição de sua inauguração: uma condição que se encontra fora dela mesma. Talvez seja necessário julgar que a observação da empreitada do príncipe é a única suscetível de revelar a desmesura que a imagem comum da perversidade não libera imediatamente. Mas é notável que se encontre assim afastada toda definição positiva da perversidade: o conceito de "demoníaco" nos faz conhecer uma experiência ao mesmo tempo primeira e sem fundo. Impõe-se aqui a ideia de um começo absoluto, ainda que seja simultaneamente apontada, com a imagem do demônio, uma origem fora do homem, do qual nada é dito. A Maquiavel e a Ritter caberiam assim o privilégio exorbitante de ter, se não o conhecimento, ao menos a revelação do princípio exorbitante da política. O domínio que o intérprete se dá do pensamento maquiaveliano e da essência da política repousa sobre uma única operação que o instala fora do campo que ele finge descobrir.

É em virtude dessa operação que em uma segunda etapa do argumento Ritter funda a análise das condutas e das instituições políticas. Do conhecimento da essência do homem e da essência da política se engendra necessariamente, se nele acreditamos, aquele das relações que estabelecem entre si os atores cujos motivos e fim são idênticos. Uma vez reconhecida a inevitabilidade do combate, resta considerar seus efeitos, quer dizer, os equilíbrios que se instituem, se revelam mais ou menos estáveis e mais ou menos proveitosos à maioria. Uma vez admitido que o projeto de dominação, qualquer que seja o agente — ou os agentes — que se habilite a realizá-lo, colide sempre com o desejo de outrem — dos súditos do príncipe, daqueles que estão na cidade em condições de disputar com ele o poder e os inimigos do exterior —, não lhe resta mais do que estudar os meios mais eficazes para a fundação e conservação do poder. Exame que revela então que as condições dessa conservação são simultaneamente aquelas da coexistência dos homens, que a segurança e a estabilidade do dominador requerem instituições que assegurem um benefício relativo aos dominados ou, falando brevemente, que se opere um equilíbrio entre coerção e satisfação. Sobre a tese de uma irracionalidade primeira e irredutível do comportamento político se encontra assim enxertada a pesquisa racional — das formas de governo e dos modos de ação que respondem ao duplo imperativo da segurança e da potência. E essa pesquisa se mostra extremamente realista, no sentido de que ela não faz outra coisa a não ser trazer para a reflexão um movimento de racionalização que se desenvolve na experiência do combate, sob a ameaça da destruição que faz pesar sobre os indivíduos, sobre sua comunidade e sobre o poder a perversidade. O pensador político é assim incitado, seja a compor um modelo que permitirá colocar em evidência as principais variantes da solução engendrada pelo combate, seja a tirar da observação dos dados da história as fórmulas dos sistemas mais estáveis, quer dizer, que melhor resistiram às forças centrífugas de seus elementos. Tal é, segundo o intérprete, a tarefa que se atribui Maquiavel, o qual, tanto no *Príncipe* quanto nos *Discorsi*, no exame da tirania e da república, se propõe a mostrar como se articulam a força e a lei, a autoridade e o consenso, em resposta aos imperativos de combate, e quais são os efeitos da ação do poder e das instituições, nas quais se cristalizam as relações de força, sobre a estabilidade do Estado. O filósofo que leu, como ninguém antes dele, no rosto demoníaco da potência se mostra assim o teórico da ordem, e nós compreendemos que se ele liberou a ação do príncipe de toda consideração moral e de humanidade, foi para dar maior realce a seu papel a serviço do bem comum; e que, enfim, se ele rompe abertamente com a ética clássica e cristã, é em nome de uma exigência superior, pois que ele tem em vista apenas a definição da ação suscetível de afastar a ameaça incessante da destruição.

Resistamos à ironia, por maior que seja a tentação de ligar a profundeza insondável da potência demoníaca à platitude do modelo mecanicista que nos é sugerido. Mais importante é identificar os artifícios com que mais uma vez se constrói uma interpretação. Seguro de dominar o campo da política — e a obra de Maquiavel — em virtude de um saber sobre a essência do homem, Ritter pretende ler aí a operação de uma ciência da qual o príncipe e seu teórico seriam os detentores. A essa ciência cabe ao mesmo tempo decifrar o movimento de racionalização da violência que se institui da impossibilidade em que ela se encontra de se realizar e distinguir as boas soluções das más. Ora, é preciso observar de início que o saber do teórico e o do príncipe são tão injustificáveis quanto necessários na construção de Ritter. Se ele não pode dispensá-los não é somente porque na ausência deles sua própria teoria negaria a si mesma — pois que se supõe que ela eleva à reflexão o saber de Maquiavel, o qual por sua vez se supõe que determina uma ciência e uma técnica da ação principesca —, é também porque a função do saber coincide com aquela do poder. A sociedade apenas é objeto do pensamento de Ritter porque a posição excêntrica do sujeito de conhecimento está estabelecida, graças à referência última da perversidade. Simultaneamente, ele imagina que essa sociedade se circunscreve e se unifica, em suma, existe como sociedade política, em razão da posição excêntrica que ocupa o príncipe, enquanto instância da coerção e da coesão entre os atores do combate universal. O saber de Ritter lhe dá o poder de dominar o campo inteiro do político. O poder inscrito no exercício efetivo da dominação do príncipe dá a este o saber da dominação. As duas representações, a do poder do teórico e a do saber do príncipe, não poderiam ser dissociadas. É apenas em aparência que a teoria coloca como único fundamento da política a perversidade ou o demoníaco da potência; sua elaboração seria impossível se ela não explorasse, sem dizê-lo, a ideia de que *há* uma coexistência dos homens perversos assegurada graças à operação de um poder, a representação pelos homens da necessidade desse poder, a representação pelo príncipe das condições dessa representação. Mais ainda: Ritter se dá a possibilidade de falar de uma essência do homem porque toma de empréstimo o conceito de homem de uma experiência política que faz com que ele apareça como único e idêntico a si, em virtude de sua articulação com o poder — o dominado tendo renunciado à dominação ou o dominante a exercendo. Porque ele sabe que essa articulação é universal ao poder, ele conhece o poder não como fato bruto, mas como o Universal. Todavia, a construção requer a aparência da perversidade como fundamento único, pois é graças a ela que aquela adquire a possibilidade de deter o saber da totalidade e do próprio poder, de tal modo que a totalidade deve se engendrar sob nossos olhos a partir do combate generalizado e o poder deve surgir como esse evento no qual se manifesta o limite da potência e a resposta à ameaça de autodestruição. Ora, segundo esse esquema nós encontramos sempre o efeito da colisão entre os agentes, que são todos, e sem cessar, conduzidos pelo desejo de potência. A supor que esses efeitos determinem equilíbrios mais ou menos estáveis, não extrairemos jamais de sua cadeia um efeito de saber. No máximo irá se impor a noção de uma economia da potência e nos limitaremos a ler diversos balanços da satisfação e da coerção. Hipótese absurda, na medida em que torna injustificável tanto o saber do teórico quanto o saber do príncipe.

De onde viria, com efeito, o excesso que constitui o saber sobre a potência? Sem dúvida, Ritter afasta essa hipótese. Recusando tacitamente uma determinação positiva da perversidade, invocando um demoníaco da potência, sugerindo que na sociedade política, com a instituição do poder, o homem não cessa de ser possuído pelo mal,[9] ele finge se liberar do esquema tradicional de uma racionalização *em si* da violência. O conceito de demoníaco lhe serve para introduzir a ideia de um combate permanente contra a *possessão*. Mas da instância que trava o combate ele nada pode dizer, pois é a lógica de sua tese excluir o demoníaco do saber. O saber não é originário nem fundado sobre o abismo... O abismo é colocado à distância, localizado, conhecido e a serviço da representação da totalidade. E tal é esse saber que ele nutre a ilusão de explicar tudo, mas é impotente para explicar seu próprio movimento.

Podemos ainda dar crédito ao intérprete por sua intenção, pois na realidade, sob a cobertura de uma filosofia do abismo, o esquema tradicional se encontra somente modificado: em lugar de fixar o momento ideal no qual a desordem da natureza se apagaria diante da ordem da cidade, ele sustenta que a perversidade está sempre e por toda parte operando na sociedade política. Essa tese lhe permite abraçá-la como lugar da divisão e da instabilidade permanente e generalizada, mas simultaneamente ela lhe serve para apagar toda divisão *particular*, todo foco de onde se engendraria a instabilidade. A divisão de classes, já havíamos notado, não merece ser interrogada, não mais do que a divisão entre a sociedade civil e o Estado. E, pela virtude dessa representação, o poder se encontra erigido mais seguramente do que jamais o fora como instância de unificação e estabilização incessantes da sociedade.

No entanto, não basta ainda descobrir a contradição que se engendra da intenção de atribuir ao poder a função do saber e da impossibilidade de fixar o estatuto do saber, nem descobrir a função que desempenha o conceito de demoníaco na operação que o mascara. Quando Ritter finalmente faz a crítica de Maquiavel, ele nos coloca em condição de apreciar as últimas consequências de sua posição. Tal é com efeito, a seus olhos, a fraqueza do fundador da teoria política moderna: ter apenas entrevisto o conflito que dilacera o príncipe. Ele não teria sondado o abismo que se abre em cada

---

9 Ibid., p. 48.

uma de suas decisões. Capaz, como ninguém antes dele, de revelar o duplo movimento que o arrasta vertiginosamente na conquista da potência e o coloca a serviço da comunidade, fazendo dele o agente da ordem política, ele teria permanecido insensível à tragédia do político, na ignorância de que um movimento traz a ameaça de destruição do outro. O combate pelo poder e o encadeamento de suas consequências ocupariam a tal ponto seu pensamento que ele não imaginaria jamais que o príncipe poderia perder o sentido de sua ação, quer dizer, cessar de responder às exigências de sua função; que ele desconhece os limites necessários da opressão e os imperativos da conservação da ordem social. E a mesma obnubilação o proibiria de elevar a ideia do Estado acima do princípio da disciplina e da segurança coletivas.[10] Sem dúvida, Maquiavel possui o sentido da ambiguidade da ação política e disso dá a prova por um uso deliberado de proposições contraditórias sobre a natureza da *virtù* — moral e amoral —, da religião — mentirosa e eficaz para reforçar a ordem social —, do príncipe — déspota e legislador —, do regime político — monárquico e republicano. Mas a distância de uma proposição a outra é curta. A amplitude da contradição permanece fraca. O círculo no qual se encerra o pensamento é traçado definitivamente sob o efeito de um único e mesmo princípio. A *virtù* não se reduz à combinação de força e astúcia que distingue o verdadeiro político; ela implica, em um Estado bem ordenado, o devotamento do cidadão à causa pública. Mas ela não está jamais a serviço de um ideal que libera o sujeito do motivo do interesse — do seu próprio ou daquele da comunidade com a qual ele se identifica. A religião não se define inteiramente no trabalho das ilusões que distrai o homem de suas tarefas no mundo; é preciso também reconhecer que ela é um potente meio de unificação e estabilização do grupo humano. Mas ela jamais aparece como o lugar de criação dos valores que transcendem a ordem da vida. A figura do governante e a do regime político não mostram somente a necessidade da coerção; é possível uma saída para o combate universal que prepara uma ordem de coexistência pacífica e faz fracassar o empreendimento de apropriação do poder por um indivíduo. Mas o melhor regime se distingue dos outros apenas porque é mais estável, mais protegido contra as agressões do interior e do exterior e se beneficia das mais favoráveis condições para a expansão do Estado.

---

10 Ibid., pp. 55 e 57.

Cabe observar que Ritter definitivamente reprova Maquiavel por não ter uma visão moral do Estado. Mas essa reprovação é indireta.[11] Como ele a enunciaria, pois que ele lhe reconhece o mérito de ter afastado a visão moral dos filósofos clássicos e cristãos e ter fundado sua teoria sobre a descoberta da perversidade? Da mesma forma, sua crítica se dirige, aparentemente, ao limite da teoria. Afirmando que a perversidade não é dominável, que o príncipe corre o risco de se deixar devorar por ela, ele se quer mais maquiaveliano do que Maquiavel, ele destrói o ferrolho de segurança que colocava a política ao abrigo do demônio. Mas o resultado dessa operação é espetacular: produzir o perigo último da destruição significa simultaneamente produzir um desafio que excede o empreendimento da conservação, torna-se a criação — aquela dos valores que elevam os homens acima de sua condição e a comunidade acima da instituição política. Enquanto Ritter reenvia Maquiavel à prosa da potência, ele se reserva a poesia que sabe aliar o sentido do abismo àquele do sublime. Ele conhece ao mesmo tempo o demoníaco e a demiurgia que engendram a *polis*, a *civitas*, a nação moderna — e ele paira soberanamente sobre o abismo da perversidade e o topo do *Folkstaat*.[12] Filosofia da contradição? Eis o que o autor gostaria de levar seu leitor a concluir. Mas essa contradição, a despeito do páthos que a acompanha, é derrisória: o termo *potência* jamais engendra seu contraditório. Ao ver como a ficção do demoníaco se cola àquela da demiurgia, descobrimos somente a contradição da interpretação que, sob o disfarce de assegurar um domínio do discurso de Maquiavel, da essência da política e da essência do homem, passa da tese à antítese no inteiro desconhecimento de seu movimento.

Pouco proveito teria nossa leitura se seu efeito fosse apenas o de anular uma interpretação. Mas não é pouco o que ela nos ensina. Ritter, havíamos notado no começo, revela na obra de Maquiavel uma crítica ao racionalismo cuja paternidade a maior parte dos intérpretes lhe atribui. Que ele seja incapaz de medir o alcance dessa crítica, que ele a apague ao reintroduzir a

---

[11] É significativo que, ao fazer a crítica de Maquiavel, sustentando que ele não pôde ultrapassar os limites de uma teoria da ação, o intérprete abandone o terreno da essência para se situar naquele da história empírica. Após alguns outros, na primeira fileira dos quais está Ranke, ele evoca a corrupção da sociedade italiana do Renascimento para mostrar os obstáculos que ela criava ao pensamento de um patriota que não se resignava à inelutável decadência de seu tempo (ibid., p. 50). [12] Ibid., p. 63.

representação de uma teoria das relações de força, não deve fazer esquecer que ele atrai a atenção para textos que frequentemente passam despercebidos; sobretudo, que ele se esforça por encontrar uma intenção nos deslizamentos de sentido dos conceitos maquiavelianos. Mas ele nos instrui muito mais, a sua revelia, ao nos persuadir da inutilidade de organizar o discurso maquiaveliano e o campo da política a partir de um irracional erigido como fundamento *positivo*.

Que esse irracional venha cumprir, a serviço do domínio imaginário da interpretação, uma função análoga àquela que observamos em outro lugar, na ficção de um racional positivo, eis o que faz entrever, para além das construções singulares dos comentadores e a necessidade que a todo instante governa sua contradição, um lugar da ilusão.

6.
A visão moral do mundo e a ideia da necessidade: Uma interpretação de Leonhard von Muralt[1]

Von Muralt está disposto a adotar para si a fórmula de Ritter, segundo a qual Maquiavel teria lido, como ninguém antes dele, "no rosto demoníaco da potência". Mas não há mais nenhuma restrição a ela. Citando Tillich, ele concluirá: "Somente o profeta que triunfa sobre o demônio pode conhecê-lo, após toda sombra dissipada".[2] Maquiavel, a seus olhos, se liberou do império da potência e, a esse título, merece ser nomeado "o maior pensador político do Renascimento e talvez o maior de toda a história moderna".[3] Nenhum equívoco em sua obra, como acreditava Ritter. Ele distinguiu com todo o rigor desejável a esfera da existência e a da moralidade, definiu ao mesmo tempo o valor do Estado e as leis do combate político. É por não ter sabido abraçar o pensamento de Maquiavel e atribuir a cada uma de suas frases seu nível de pertinência que Ritter caiu em contradição. Esta dilacera seu argumento, pois ele tanto afirma que não há norma universal — que o imperativo de conservação decide a ação justa em cada situação — quanto subordina o exercício do poder a uma visão moral do mundo. No julgamento de Von Muralt, é instrutivo que a maioria dos intérpretes tenha se visto em dificuldades análogas, qualquer que fosse o esquema de sua análise, por terem dado crédito à mesma hipótese: Maquiavel teria estabelecido a autonomia do fato político. Dada tal hipótese, parecem desconcertantes os textos, contudo numerosos e desprovidos de ambiguidade, que testemunham o apreço de seu autor pelos valores morais universalmente reconhecidos e seu desejo de definir o bom regime. Costumam-se buscar neles artifícios para disfarçar o maquiavelismo, ou concessões à tradição, ou, quando os textos são considerados sinceros, desconhece-se ainda seu alcance, no pensamento de que a corrupção da época não permitiu ao

---

[1] Leonhard von Muralt, *Machiavellis Staatsgedanke*. Basel: B. Schwabe, 1945. [2] Ibid., p. 209.
[3] Ibid., p. 200.

escritor elaborar uma doutrina conforme as suas convicções. Bastaria, no entanto, acolhê-los sem preconceitos, lê-los bem, para concordar que eles balizam uma argumentação rigorosa e reconstruir o desígnio geral da obra.

O estudo de Von Muralt anuncia, desde as primeiras páginas, a demonstração de uma tese claramente enunciada. Da leitura de Maquiavel o intérprete tirou a certeza de que seu ensinamento está a serviço de uma intenção moral. Essa certeza o força a recompor uma *ordem dos pensamentos* para além das aparências do discurso. A operação implica um recorte deste em enunciados característicos e sua rearticulação segundo a necessidade que decorre da tese fundamental: sua escolha procede da dupla preocupação de estabelecer a confirmação desta ou sua não invalidação. Apresentando-se como um leitor escrupuloso — à diferença daqueles que critica —, o autor, com efeito, retém as proposições que parecem autorizar os comentários geralmente admitidos para provar que eles não desmentem o seu. A distinção entre o ser e a aparência opera assim em um segundo nível, como aquela entre o sentido da primeira impressão e o sentido verdadeiro. Mas não nos escapa que o sentido da primeira impressão coincide com o sentido colocado pelo leitor *ruim*. Como informa, no começo da obra, a refutação da interpretação de Ritter (ligada às de Meinecke e de Renaudet), a tese sustentada tem a função de uma antítese. Assim, a ordem dos pensamentos, recomposta no trabalho de uma boa leitura, traz o sinal da exclusão do termo que faria surgir uma contradição; a intenção moral de Maquiavel é verificada em uma operação que anula a representação do amoralismo (ou do imoralismo). Entretanto, Von Muralt não diz por que a ordem dos pensamentos é diferente daquela do discurso, nem por que o sentido verdadeiro do enunciado é diferente do sentido da primeira impressão, nem por que, enfim, a boa leitura é diferente da má leitura. Não dizê-lo não é sinal de negligência. Como ele poderia explicar uma diferença sem colocar em questão a posição que ele ocupa diante de Maquiavel? A questão o faria pensar sobre o trabalho de seu pensamento e sobre o trabalho do pensamento em geral. Ela seria também a questão da diferença de seu próprio discurso e da ordem dos pensamentos, questão da diferenciação entre seu próprio pensamento e aquele de seus antecessores, questão da relação que ele mantém com seu próprio leitor. O fato de Von Muralt pretender reconstituir o verdadeiro Maquiavel pelo simples exercício de uma boa leitura é altamente instrutivo. Ele nega que haja uma autonomia da política, mas supõe que exista uma autonomia do pensamento. O pensamento de Maquiavel, tal como ele quer revelar, é um pensamento que coloca suas próprias leis. Não há por que se perguntar de onde ele advém, nem como ele advém a si mesmo; perguntar isso seria interrogar o discurso — a distância que se institui em relação a um *já dito* e a distância interna que se engendra no trabalho da expressão, no movimento da distanciação do já dito; seria interrogar a identidade do outro do qual Maquiavel se separa e a do outro a quem ele se junta; seria interrogar a vacilação do sentido que se faz no afastamento do pensamento consigo mesmo e com o pensamento do outro. Seria renunciar à ilusão da ordem dos pensamentos: uma ordem que apaga os traços do tempo e do espaço do pensamento e que fornece ao intérprete a garantia de seu saber e poder. O milagre da boa leitura repousa sobre a fé em um pensamento puro, desligado da História — no duplo sentido em que ele não pertence a uma história e não traz uma história — e desligado dos lugares, porque não importa que seja *aqui* Maquiavel e *ali* Von Muralt que falam, pois que a ordem basta a si mesma. Mas como os milagres recobrem sempre operações prosaicas, o da boa leitura mobiliza uma técnica da citação que requer ela própria o trabalho do cinzel, da dissecação do texto, da anotação em fichas dos elementos a classificar e hierarquizar. Ordenação que não tem nada de inocente, em que se manifesta uma violência extrema, uma agressão contra o discurso do outro, sob a cobertura da benevolência, pois que é proclamado que se trata de lhe render justiça. De leitura, de fato, trata-se apenas durante o tempo de se constituir um material a partir do qual o mecanismo da prova será posto em marcha: o conteúdo da prova sendo trazido com a citação. Mas, supondo-se que a legitimidade da demonstração esteja de início estabelecida, ainda é preciso observar que a citação desempenha em primeiro lugar a função de indício. Como nessa função se denuncia melhor sua arbitrariedade, assinalemos sem demora dois exemplos. Von Muralt salienta que Maquiavel fala diversas vezes do cristianismo, no segundo livro dos *Discorsi*, nomeando-o "nossa religião" (*la nostra religione*): eis para ele o indício de sua fé, ainda mais precioso no fragmento considerado, em que ele parece criticar duramente a religião cristã.[4] Em outro trecho, ele apresenta a seguinte citação: "E na verdade jamais existiu com efeito legislador que não tenha recorrido ao intermédio de Deus para fazer aceitar leis excepcionais inadmissíveis de outra forma".

---

4 Ibid., p. 78.

Eis para ele um segundo indício; se Maquiavel escreve *dio*, diz ele, em uma passagem em que é evocado Numa, o fundador do paganismo romano, é que a seus olhos existe um único Deus, o dos cristãos.⁵ Poderíamos sem dúvida objetar que esses indícios são vãos. Se Maquiavel escrevesse *nossa* corrupção, isso não significaria que ele se julga corrompido. Ele pertence a um tempo — nós pertencemos ainda a esse tempo — em que a instituição cristã domina e todo homem livre, pensador ou crente, pode chamar *nossa* uma potência que o mantém, juntamente com seus contemporâneos, sob seu domínio. Quanto ao valor do significante *dio*, podemos facilmente medi-lo ao considerar a própria passagem para a qual o crítico chama nossa atenção: Maquiavel assinala aí que Rômulo não teve necessidade da autoridade de Deus (*dell'autorità di dio*), mas que ela foi muito necessária a Numa, o qual "fingia ter comércio com uma ninfa" (*il quale simulò di avere domestichezza con una ninfa*). E, algumas linhas mais adiante, ele evoca ironicamente as conversas que Savonarola tinha com Deus: a função que a representação de uma divindade cumpre na vida coletiva e a que a mentira do príncipe cumpre — é o mínimo que se pode dizer — não testemunham a existência ou a não existência de Deus. Mas mais importante é observar o procedimento do intérprete. A partir do momento em que está em busca de sinais destinados a justificar sua investigação, ele assume a postura do delegado diante do detido: a palavra do outro apenas lhe interessa na medida em que ela esclarece — confirma ou invalida a tese. Repitamos: não importa que a investigação seja conduzida em favor do detido; a tese fundamental comanda a mesma operação que sua antítese, forjada como ela foi a serviço da demonstração do maquiavelismo.

Ao compreender isso, ganhamos a possibilidade de escrutar a montagem da construção. Tal é, com efeito, a função da distinção entre ser e aparência — e da boa e da má leitura: fundar a representação de um pensamento que permaneceria idêntico a si através da diversidade de suas expressões. Se a identidade do pensamento consigo mesmo supostamente se manifesta na ordem dos pensamentos, essa própria ordem supostamente se define em razão da tese que a governa e, em consequência disso, a demonstração do intérprete é aquela da não contradição. Ora, desde logo parece-nos que a construção requer uma divisão entre dois níveis rigorosamente distintos

---

5 Ibid., p. 81.

da experiência política, dos quais Maquiavel teria tido inteira consciência: o nível da necessidade e o nível da ética. A imagem dessa conhecida divisão, dominada no pensamento e na ação, libera da contradição, ao mesmo tempo que conserva o rastro de sua aparência. Para apreciar sua legitimidade convém considerar sucessivamente os dois termos, como de resto o intérprete nos convida a fazer.[6]

Se dermos crédito a Von Muralt, o objetivo de Maquiavel é, em primeiro lugar, circunscrever e fazer conhecer uma ordem de ações regida pela necessidade. Nessa intenção, ele não hesita em produzir exemplos que, à primeira vista escandalosos, ensinam o inelutável encadeamento dos meios e dos fins em condições definidas. E, sob esse aspecto, o *Príncipe* e os *Discorsi* não diferem. Que se considere, na primeira obra, a descrição dos crimes de Agátocles, de onde se tira a conclusão de que este soube fazer um bom uso da crueldade, ou antes o argumento que reconhece ao príncipe o direito de trair seus compromissos se estes lhe são desfavoráveis. E, na segunda, se considerarmos a justificação do fratricídio cometido por Rômulo ou o retrato de Filipe da Macedônia, somos igualmente tentados a acusar o autor de cinismo ou, ao menos, a julgar que a ação política anula o critério moral. No entanto, se examinamos atentamente o texto, ele quer provar apenas uma coisa: a conquista e a conservação do poder requerem em cada situação, quaisquer que sejam as intenções de seu agente, uma série de operações que não dependem de sua vontade. Quando se trata da conservação, o tirano ou os magistrados livremente eleitos conhecem a mesma necessidade — eles devem defender sua segurança, reprimir uma insurreição ou responder à agressão de uma potência estrangeira. Quando se trata da conquista, o usurpador movido somente pela ambição e o fundador que traz a um povo a independência e a unidade não poderiam se subtrair ao uso de certos meios, à exclusão de qualquer outro. Tal afirmação é

---

[6] A obra é construída em torno dessa oposição. Após suas considerações preliminares sobre Maquiavel e seu tempo e sobre a questão que estaria no centro das interpretações, o autor condensa em dois capítulos consecutivos o ensinamento que dependeria de uma concepção da necessidade (cap. III: "Machiavellis Einsicht in die politische Notwendigkeit") e o ensinamento que dependeria de uma concepção moral da política (cap. IV: "Das Ethos Machiavellis"). Em seguida, ele se empenha em mostrar como essas duas concepções se articulam na teoria (cap. V: "Die Begrundung und der Zweck des Staates"). Enfim, depois de ter examinado a alternativa — principado ou república —, ele consagra sua última parte a definir o Estado de direito — o *Rechte Staat* —, suas tarefas e os valores a que ele serve.

inteligível, segundo nosso intérprete, apenas se reconhecemos a diversidade dos fins que os homens se atribuem, e se subordinamos a racionalidade da ação à escolha que, a cada vez, a faz surgir. Maquiavel não visa uma necessidade em si, representação que aboliria a legitimidade de seu próprio discurso, ao mesmo tempo que privaria os atores políticos de sua iniciativa. Ele formula o princípio de um determinismo em política, seguindo um procedimento que é das ciências da natureza. Com efeito, por menos que se queira explicitar seu raciocínio a partir dos exemplos que ele apresenta, devemos concordar que ele se reduz a esse modelo: certas condições estando determinadas, segue-se necessariamente tal fenômeno. A hipótese ordena a cada vez, rigorosamente, suas consequências, mas ainda é preciso que ela seja colocada; em sua ausência não há inteligibilidade.[7] O determinismo no domínio político, como em qualquer outro, exclui, então, a crença no fatalismo, observa Von Muralt, implicitamente retomando para si o argumento kantiano. Ele não estabelece, por exemplo, que o tirano escravizará a cidade qualquer que seja o jogo dos eventos, mas ensina que em uma situação dada, uma vez fixadas as condições de possibilidade de uma tirania, as operações de um sujeito que se atribui a tarefa de aceder à posição de tirano são rigorosamente determinadas. Esse ensinamento não apenas preserva, mas funda o exercício da liberdade; pois que ele admite que somente a escolha do sujeito faz surgir a hipótese e que a realização de seu desejo é garantida em uma ordem inteligível. Liberando-nos da contradição do realismo — entendido na acepção vulgar do termo, como política requerida pelas condições que se supõem reais *em si* — e da moral da intenção — que se apresenta isolada dos imperativos da eficácia —, ele inaugura uma ética da responsabilidade.

O próprio Maquiavel advertiria seu leitor sobre o uso que faz do conceito de necessidade pelas reservas com que acompanha seus julgamentos que se colocam o mais resolutamente e o mais escandalosamente sob o signo da objetividade. Assim, no oitavo capítulo do *Príncipe*, após ter concluído, com os exemplos dos crimes de Agátocles, que existe um bom uso da crueldade, ele acrescenta em seguida: "Se do mal é permitido falar bem". No capítulo 18, embora ele acabe de afirmar que o príncipe não tem necessidade de possuir todas as qualidades morais que a tradição quer lhe impor,

---

[7] Ibid., pp. 54 e 94.

e que basta delas oferecer a aparência, ele especifica: "E mesmo eu ousaria dizer que se ele as tiver e as observar sempre, elas lhe prejudicarão". Essa palavrinha *sempre*, comenta Von Muralt,[8] sugere que a virtude não é colocada em descrédito, mas deve se aliar ao conhecimento de seus efeitos na circunstância. O autor não faz, então, a apologia da potência nem do crime: apenas salienta o inelutável encadeamento das ações que resultam da escolha do despotismo. Outro julgamento dos *Discorsi*, evocado para expor a tese de que os fins justificam os meios, torna mais nítida a argumentação. O capítulo 51 é intitulado "Que a pátria deve ser defendida com ignomínia ou com glória e, de qualquer maneira que seja, a defesa é boa", e sua conclusão especifica:

> porque aí onde se delibera verdadeiramente até o fim sobre a salvação da pátria, não deve intervir nenhuma consideração sobre o justo e o injusto, o bom e o cruel, o louvável e o ignominioso; trata-se apenas de seguir a fundo, sem considerar nada mais, o partido que salva sua vida e conserva sua liberdade.

Ora, não é por acaso que o autor deixa de dizer que todos os meios são bons, ele não dissimula que alguns são intrinsecamente maus, mas sustenta somente que o fim é bom qualquer que seja o caminho que até ele conduza.[9]

As citações de Maquiavel, como dissemos, são utilizadas como provas. Ora, basta se deixar guiar por Von Muralt pelos textos para que ele chame nossa atenção para medir a arbitrariedade de seu comentário. De fato, a distinção que ele estabelece entre o domínio da necessidade e o da moralidade é tão clara que não compreendemos por que Maquiavel não a enuncia nos termos que utiliza seu intérprete, ou, se preferirmos, por que este se encontra coagido a traduzir Maquiavel em uma linguagem nova. Von Muralt, se falasse em seu próprio nome da política de Agátocles, deixaria de dizer, parece, que ele fez bom uso da crueldade e, mais ainda, de acrescentar: "Se do mal é permitido falar bem", pois que ele sustenta de sua parte que o mal é o mal e o bem é o bem, e que a necessidade se estabelece em um nível em que não se coloca a questão de sua diferença. Também não se arriscaria a interrogar sobre a virtude do príncipe, pois que a seus olhos o

---

8 Ibid., pp. 47 ss.   **9** Ibid., p. 52.

príncipe deve ser virtuoso e somente se dobrar às leis da ação política, cujos efeitos não alteram em nada, não importa o que ele faça, o valor de sua empreitada; pois que, de outra parte, a análise do comportamento dos tiranos, que agem apenas a serviço de sua ambição, não faz, segundo ele, vacilar a imagem do bom príncipe e não tem outra função que colocar essas leis em evidência. De maneira geral, os textos citados são preciosos para mostrar que Maquiavel não renuncia a recorrer às noções morais, embora torne seu uso desconcertante. Ora, a interpretação elimina o paradoxo e a questão que ele engendra. Ela quer, por exemplo, persuadir de que a análise da criação de um poder despótico não coloca em causa os valores que comandam a ação de um homem privado. Mas deixa de assinalar que, se a ninguém é imposta a obrigação de se engajar na aventura política, menos ainda naquela do despotismo, há contudo uma escolha que se opera nos limites dessa aventura e no quadro mesmo da empreitada de que Filipe da Macedônia foi o agente. Por que Maquiavel associa o exemplo de Filipe àquele de Davi no mesmo fragmento? Por que ele conclui que os homens não sabem ser totalmente bons nem totalmente maus — o que não é simplesmente dizer que eles ignoram a necessidade? Há aí um pequeno enigma dissimulado. E existe outro, seguramente, a observar que logo depois de ter colocado a salvação do Estado e da liberdade acima de toda consideração moral, Maquiavel evoca os costumes dos franceses e fala somente da salvação e da glória do rei.

E quanto ao sentido das declarações exploradas por Von Muralt? Não convém no momento se preocupar com isso, pois seria cair na armadilha, que nós denunciamos, de opor um comentário a um comentário, permanecendo nas fronteiras da citação: admitir que a frase cai do céu, que ela não tem relação com as frases ditas por outros, sem destinatário, e ao mesmo tempo sem passado e sem futuro no interior do discurso. Somente nos importa a observação de que o Maquiavel ao qual o intérprete dá a palavra não emprega a linguagem na qual ele o traduz. Não poderíamos, é verdade, concluir que ele se engana absolutamente. Talvez a teoria da necessidade seja aquela que Maquiavel buscava e que não soube enunciar, de tal modo que o engano de seu comentador seria somente subestimar o papel desempenhado por ele na elaboração dessa teoria. Entretanto, se nós a consideramos agora em si mesma, sem nos preocuparmos em confrontá-la com o discurso maquiaveliano, é preciso reconhecer que ela repousa sobre uma dupla ilusão: a de que haja uma objetivação dos fatos políticos do mesmo tipo que a objetivação dos fatos físicos ou biológicos; e a de que essa objetivação implica o conhecimento das condições da liberdade humana. Em sua essência, a tese de Von Muralt se reduz a uma concepção do determinismo científico que garantiria o estatuto do sujeito à distância dos fenômenos. Ora, importa de início observar que o conceito de determinismo é privado de pertinência se os termos da determinação não são fixados segundo um procedimento que assegura o sujeito da identidade deles e da reprodutibilidade de suas operações. E ainda não basta dizer que o sujeito conquista assim a segurança de sua posição; antes, ele se constitui como sujeito de conhecimento, legitimamente, como sujeito universal, em virtude da construção de um aparelho de símbolos que se desfaz da linguagem tecida na experiência sensível. Pela leitura de Von Muralt devemos constatar que os termos da linguagem política — com a carga da interpretação que ele lhes dá, enquanto membro de uma sociedade política e, de modo geral, pelos significados que os homens neles investiram na experiência passada e presente de suas relações políticas — não são reduzidos à função de símbolos unívocos e manipuláveis pelo sujeito da ciência. Estado, poder, república, monarquia, tirania, liberdade, segurança, glória, ambição, outros tantos conceitos cuja lista poderíamos facilmente estender, supõem, se quisermos defini-los, o desdobramento de um discurso e, mais ainda, o rastro nesse discurso de discursos antagonistas. Essa observação por si só autoriza a afirmar que a tese do determinismo político é de caráter ideológico, pois que ela reveste de todos os traços do universal uma ordem de relações à qual apenas temos acesso em razão de nossa participação em uma experiência e uma linguagem particulares. Mas, além disso, se negligenciássemos essa primeira crítica, como não perceber que o intérprete desnatura o argumento kantiano sugerindo que pode haver ao mesmo tempo conhecimento da necessidade e conhecimento de seu limite? Com efeito, somente existe conhecimento do condicionado, pela operação do entendimento que constrói o objeto real no assujeitamento às condições do espaço e do tempo. A ciência da política, supondo que ela exista, tem a ver somente com fenômenos. E que ela implique a elaboração de hipóteses nas quais se encontra incluso o desejo do príncipe em nada muda seu estatuto: o desejo do príncipe é ele próprio construído como todo fenômeno pelo Sujeito do conhecimento, colocado sob a coerção das condições gerais de toda experiência. Em outros termos, ele está inscrito no registro do empírico e se encontra capturado em uma rede de relações espaçotemporais como qualquer fenômeno; de tal modo que não poderíamos tirar da ciência a ideia de que o príncipe *deve* observar as regras do encadeamento das operações políticas (supostamente requeridas para a conquista do poder ou sua conservação) para cumprir sua tarefa moral. É impossível conjugar a virtude do príncipe, que é o efeito de um imperativo categórico, com a força, a astúcia, a prudência que são ditadas pelos imperativos hipotéticos, por exemplo aqueles da segurança dos dirigentes ou da cidade, da concórdia civil ou da expansão do Estado, pois o imperativo é categórico na medida em que transcende a cadeia das condições. Sustentar, como faz Von Muralt comentando Maquiavel, que a necessidade se manifesta no próprio exercício da ação moral, pois o príncipe não pode produzir sempre suas qualidades, ou que haveria perigo para ele em possuí-las todas, é, contra a tese fundamental, situar no mesmo plano as duas modalidades de ação. Contradição que não deve nos espantar, pois, uma vez que ocupou a posição de Sujeito da ciência para decifrar a necessidade, o autor não pode daí se retirar, devendo então seguir até o ponto de dizer: a virtude não é sempre necessária, ou seja, de colocar a virtude no grupo dos fenômenos cujas condições de aparição são, como aquelas de qualquer fenômeno, estritamente determinadas. Conclusão dissimulada porque o corolário — a virtude é às vezes necessária — é silenciado. Mas não importa o artifício, o argumento implica que a virtude *apareça* como um feixe de comportamentos submetido às leis que regem todos os comportamentos empíricos. Da mesma forma, não importa que se distinga a necessidade em si da necessidade que permanece suspensa pela ação do Sujeito, pois o Sujeito não é, como quer fazer crer Von Muralt, o sujeito prático: é o Sujeito de conhecimento. Graças a sua operação há hipótese e encadeamento inteligível de relações e tudo o que aparece se ordena ao registro da necessidade.

Fracassa a tentativa de extrair da obra de Maquiavel textos que provem sua intenção de circunscrever uma esfera da necessidade. A tentativa de estabelecer a legitimidade dessa intenção também não resiste ao exame dos argumentos que a fundam. Mas não é tanto esse fracasso que convém perscrutar quanto a dupla relação instituída, de uma parte, entre Von Muralt e Maquiavel e, de outra, entre o teórico e a política. Pois essa relação é tal que implica o apagamento da questão do ser ou — aquilo que o assinala — do advento a si da sociedade política e da obra do pensamento. Esse apagamento é a condição de uma objetivação que dissimula a relação que o intérprete-historiador mantém com aquilo de que ele fala. E a operação requer nos dois casos um recorte e uma remontagem; o primeiro, de *citações*, a segunda, de *situações*, destinadas a produzir uma *ordem dos pensamentos* e uma *ordem das coisas*; de forma que, nos dois casos, essa ordem supostamente sustenta o enunciado de uma tese fundamental, quer dizer, há uma hierarquia das significações sob a instância da Ideia na obra e sob aquela do Estado de direito na sociedade. Observação que desconheceríamos se acreditássemos que nos dois casos se trata da mesma instância dominante. A despeito da aparência, pois, o importante não é que a tese fundamental seja aquela do *rechte Staat* e que o fundamental da política se inscreva no *rechte Staat*; o que conta é que os artifícios que sustentam a construção da obra e da política permitam reportar a um centro os elementos, triados e ordenados de maneira a apagar todo traço de contradição e fazer coincidir, legitimamente, saber e poder.

Para melhor apreciar o que está em jogo, devemos agora tomar em consideração o segundo elo da interpretação de Von Muralt, em que nos é apresentada a concepção moral da política.

Ora, ele aparece quando esta requer a introdução de uma nova divisão cuja função é ainda a de esconjurar a ameaça que faz pesar sobre o destino da teoria a acusação de maquiavelismo. Divisão, então, que substitui aquela entre necessidade e moralidade e mostra que a hierarquização das significações prossegue assim no interior do universo da moralidade. Com efeito, o autor julga que a inspiração ética se manifesta, em primeiro lugar, na busca pelo estabelecimento de um poder estável. Reclamando um argumento, a bem da verdade muito conhecido — a saber, que governar é arrancar os homens da desordem da luta de todos contra todos, que se engendra da concorrência cega dos apetites, elevá-los à consciência de suas obrigações recíprocas e ensiná-los assim a subordinar seus fins particulares aos da comunidade de que fazem parte —, ele sustenta que, quando Maquiavel estuda os problemas relativos à fundação e à conservação do poder do Estado, seguindo um método que parece totalmente positivo, sua obra serve já para a defesa dos valores que são investidos na ordem política.[10] A intenção permanece somente implícita — e não poderia ser diferente, pois que, em tal perspectiva, a distinção entre a boa e a má autoridade, entre o bom e o mau regime, não tem maior importância. Mas disso não poderíamos duvidar, ao

---

10 Ibid., p. 83.

descobrir que esta é, em outro nível da argumentação, o objeto explícito da reflexão. O cuidado de uma definição da boa autoridade e do bom regime nos assegura de que a análise das formas inferiores da vida política já se encontra comandada pelo cuidado de estabelecer, com os fundamentos da autoridade e do Estado como tais, aqueles de uma existência propriamente humana. Em outros termos, segundo nosso intérprete, o pensamento maquiaveliano obedece, de uma ponta a outra, à mesma exigência, mas ele se encontra constrangido a se inserir em dois registros diferentes porque seu objeto oferece uma dupla face: o Estado é em si mesmo valor, através dele se realiza a sobrepujança da humanidade natural, de tal modo que mesmo onde sua organização é a pior ela encarna a moralidade, se, em sua ausência, se produzisse somente a desordem; e de outra parte o Estado é portador de valores, sua instauração comanda um acesso à busca do bem — cuja religião, educação moral e busca da liberdade e da igualdade no espaço da política balizam o percurso, de tal modo que há diferenças de grau na virtude dos regimes — e um *Estado de direito*, no qual se inscreve a vocação da humanidade a se reconhecer em sua plena realização fora do mundo da natureza.

Segundo Von Muralt, da mesma forma que os intérpretes cometem o erro de julgar em termos morais declarações cuja única função é ensinar a necessidade que governa a ação política, eles se enganam ao querer imputar a um nível de exigência moral o que concerne a outro. É ininteligível a seus olhos que o teórico possa ao mesmo tempo erigir em norma as instituições de uma república democrática e estudar os meios de que dispõe o tirano para afirmar seu poder. Consequentemente, ou eles denunciam a contradição ou retêm a tese do maquiavelismo e a estendem ao modo de expressão do escritor. O esquema muraltiano da refutação se vê, então, repetido em um primeiro momento. Nosso autor se aplica, com efeito, a demonstrar, com a ajuda de citações ad hoc, que os argumentos geralmente invocados para colocar nos mais estreitos limites a ética maquiaveliana do Estado não fecham de forma alguma o acesso a uma visão moral do mundo. Mas, de novo, é preciso reconhecer a arbitrariedade de seu comentário ao segui-lo em seu próprio terreno. Ele quer reinterpretar os textos que se referem à maldade natural do homem para nos persuadir de que o pessimismo maquiaveliano não exclui a busca do bem em política; de fato, ele prova somente uma coisa: que esse pessimismo não é dogmático, senão ele tornaria ininteligível toda vontade de reforma. Mas há uma distância entre a afirmação de que a hipótese da maldade está a serviço de uma teoria da Lei e aquela de que o mal possa ser desenraizado e o bom regime assegura uma metamorfose do homem, distância que nenhuma citação autoriza a ultrapassar. Ao contestar que o conceito de *virtù* — na acepção de força de alma e de coragem física — forneça a chave da moral maquiaveliana, para sustentar que ele se esclarece nos *Discorsi* a partir de sua conjunção com aquele de *bontà*,[11] ele atrai justamente a atenção para as qualidades que o escritor reconhece no povo. Mas ele nos deixa na ignorância acerca do papel que este último desempenha — a massa dos governados — no campo da política e, logo, acerca da significação da *bontà* em seu comportamento. Afirmando que em um fragmento dessa obra *virtù* e *bontà* estão colados e que o segundo termo dá a plena significação ao primeiro, ele incita ainda a observar que em uma passagem vizinha Maquiavel fala pejorativamente da *bontà* do gonfaloneiro Soderini, cuja credulidade e paciência provocaram a queda da República florentina. Sem dúvida, devemos reconhecer que o autor do *Príncipe* que examina as chances de instauração de uma tirania condena César sem reserva nos *Discorsi*. Essa condenação efetivamente coloca uma questão; mas é tão vão extrair o julgamento sobre César quanto aquele sobre Bórgia, sobre Agátocles da Sicília ou sobre Severo para encontrar o sentido verdadeiro da teoria, na ausência de um conhecimento do argumento de onde ele vem. Sustentar que o modelo do bom regime implica a condenação de César é pouco convincente na medida em que, atendo-se aos termos da problemática do intérprete, essa dedução não é necessária, pois que César estabelece seu poder em uma sociedade corrompida, ameaçada de desmembramento pela luta das facções e incapaz de respeitar as exigências do bom regime. Entretanto, de todas as provas apresentadas, a mais espantosa é aquela que toca o sentimento religioso de Maquiavel e pretende, assim, inverter a imagem comumente disseminada. Não contente em observar que os *Discorsi* concedem um lugar importante à religião e recomendam aos governantes cuidar para que esta seja praticada e respeitada, Von Muralt não hesita em afirmar que ela não é reduzida a sua função política e que a crítica da Igreja romana deixa intacta a fé no cristianismo.[12] Ora, a citação que ele apresenta fornece o exemplo mais eloquente de seu método. Invocando o julgamento a respeito de são Domingos e são Francisco, ele se encanta que Maquiavel escreva: "As

11 Ibid., p. 72. 12 Ibid., pp. 78 ss.

novas ordens que eles estabeleceram foram tão poderosas que eles impediram que a religião fosse perdida pela licença dos bispos e dos chefes da Igreja". Mas, prossegue o escritor:

> Essas ordens se mantêm na pobreza e eles têm influência o bastante sobre o povo pelo meio da confissão para persuadir que é mal falar mal daqueles que governam mal e que é bom e útil mostrar-lhes obediência e cabe a Deus somente o cuidado de punir seus desregramentos. Assim, esta raça, sem nenhum temor de um castigo no qual não crê ou não quer ver, continua a fazer tanto mal. Essa renovação conservou, então, e ainda conserva a religião.

Explorar esse fragmento para argumentar em favor da vinculação de Maquiavel aos valores puros do cristianismo, enquanto ele ensina ironicamente que esses valores estão a serviço da mistificação do povo e da manutenção no poder de uma raça segura de sua impunidade, dá uma justa medida de um comentário que, pela liberdade que se deu de colocar a obra em peças separadas, se permite concluir à sua guisa.

Como, além disso, não perceber que, com a introdução de uma nova divisão no pensamento político, os termos da primeira se encontram sub-repticiamente deslocados? Enquanto falava da necessidade, para definir a concepção científica do determinismo, Von Muralt se situava desde o ponto de vista do sujeito da ação: o governante. A definição de hipóteses estava subordinada àquela das operações de conquista ou de conservação do poder. No exame do éthos maquiaveliano, o Estado comanda a perspectiva. Ora, no novo campo se reintroduz a ideia da ordem das coisas, de uma necessidade que, sem ser *em si*, não se vê também suspensa pela construção de hipóteses. Pois se é verdade que o Estado se justifica em sua forma singular pela solução que ele traz à luta dos homens, se é verdade que o pior dos regimes assegura uma ordem, na ausência da qual haveria somente o movimento cego da destruição, não devemos concluir que os imperativos de conservação da comunidade determinam a forma de governo? A afirmação de que o Estado é enquanto tal, apenas por sua existência, *valor*, rompe a distinção entre a necessidade e a moralidade, pelo duplo efeito que ela tem de subverter o sentido dos dois termos. Se supomos que a existência do Estado é valor, fazemos referência a um sujeito que o visa como tal e não poderia nele se determinar, mas também não poderia residir em outro lugar, pois que toda relação com os valores se revela fundada sobre a existência desse Estado. E se supomos que o Estado é necessário, quer dizer, como todo fenômeno determinado por suas condições de existência, não podemos defini-las a partir de hipóteses que implicam a presença do sujeito político, mas não podemos também invocar causas extrapolíticas sem abandonar o quadro de referência da ciência política, quer dizer, sem recair na ilusão de uma necessidade em si. Por uma e outra via, esbarramos na impossibilidade de fazer coincidir a figura do Estado com aquela do príncipe. Entretanto, a imagem dessa coincidência é essencial para a teoria de Von Muralt. Sem dúvida, ele julga, como o comum dos mortais, que há bons e maus príncipes, mas ele precisa estabelecer que o governante seja, legitimamente, o depositário do valor que encarna o Estado em sua própria existência. Na ausência dessa tese, fracassam a unificação que ele opera do pensamento maquiaveliano e a que ele opera do campo político. Se ele reconhece em um único caso que o governante é ele próprio o produto de certas condições, então se fecha a possibilidade de romper o jogo da determinação e de afirmar que em outras condições ele detém o saber da ordem política e este saber último que é aquele do Bem: o governante deve ocupar sempre a posição do saber — mesmo se, enquanto indivíduo empírico, não tem o saber desse saber. E se ele reconhece, por outro lado, que os valores do sujeito político podem se destacar da existência do Estado, então para ele não há jamais uma garantia objetiva da validade de sua ação, e a fé no bom regime não é mais protegida contra a ameaça da utopia.

A denegação da contradição é sustentada pela ideia de que há um Estado que em sua constituição efetiva revela que o valor de sua existência é produtor de valores: o *rechte Staat* — Estado de direito e de fato. Esse Estado pode compreender variantes e cada uma comportar uma evolução, mas isso não impede, segundo nosso intérprete, que ele exista, que Maquiavel o tenha identificado na realidade, sob os traços da República romana ou das pequenas repúblicas suíças de sua época: ele fornece a referência que assegura a teoria da coincidência do bom governante e do bom saber da sociedade política. Ele dá a chave da ética maquiaveliana porque sua fórmula nos entrega a de todos os regimes, quer dizer, autoriza a reconhecer até nas formas aparentemente defeituosas do Estado o valor de sua existência; e porque, enfim, na transparência do bom regime, o social em seu ser tem o conhecimento de si (aquele do teórico).

Assim vemos se confirmar que uma mesma relação se estabelece entre o intérprete e a obra e entre a teoria e a política. De um lado, ao sentido da primeira impressão do enunciado, aceito pelo mau leitor, se substitui o sentido verdadeiro. De outro lado, ao sentido da primeira impressão da tirania, aceito pelo próprio tirano, que não detém a representação de seu saber, se substitui o sentido verdadeiro, que se deixa decifrar graças ao *rechte Staat*, onde o bom governo coincide com o bom saber. A ordem dos pensamentos que o discurso esconde se conjuga com a ordem da política que a experiência sensível esconde. Mas não basta se dar conta de que o modelo do *rechte Staat* dissimula a impossibilidade da dupla articulação da necessidade e da moralidade e dos dois níveis da ética. Devemos observar ainda que sua definição constrange o intérprete a fazer concessões inesperadas — e ilegítimas, no quadro de sua problemática — ao fato do discurso maquiaveliano. E o constrange, além do mais, à elaboração de um discurso de direito cuja justificação o afunda na contradição.

Von Muralt afirma que o *rechte Staat*, na descrição que Maquiavel dele faz, consiste em uma república livre, igualitária e pacífica. Assim, ele se encontra naturalmente levado a buscar nos *Discorsi* a tese fundamental. Apenas essa obra, a seus olhos, nos faz conhecer a essência do Estado, enquanto o *Principe* se limita ao exame de um caso particular. Mais ainda, tal estudo lhe parece implicado nos *Discorsi*, que não se contentam em mostrar o fundamento e a constituição do bom regime, mas atraem a atenção para as situações excepcionais em que se impõe um modo da autoridade que as repúblicas sãs se interditam. Ele recorda notadamente, a esse propósito, que Maquiavel recomenda a inflexão do Poder em direção à forma monárquica para estancar a corrupção de uma república.

> De todas essas causas reunidas nasce a dificuldade ou a impossibilidade de manter a liberdade em uma república corrompida ou de estabelecê-la novamente. Que devamos estabelecê-la ou conservá-la, será preciso sempre impelir o governo antes em direção ao estado monárquico do que em direção ao estado popular, a fim de que os homens cuja insolência torna indóceis ao jugo das leis possam ser enfim detidos pelo freio de uma autoridade quase real.

A citação é destinada a provar que os *Discorsi* abrigam a hipótese da crise política e preparam assim a busca de soluções, que será objeto do *Principe*.

Que uma obra inteira seja consagrada a isso coloca, entretanto, um problema que não poderíamos evitar, pois que ele parece encerrar um ensinamento que se basta a si mesmo e, assim, trair o desígnio dos *Discorsi*. Desse modo, Von Muralt se vê obrigado a sair do espaço da teoria — até então precisamente circunscrito nos limites das "ideias" maquiavelianas — para invocar as exigências da prática. Retomando o argumento de Ranke, ele sustenta que o *Principe* foi inspirado pelo desejo de salvar a Itália do desastre; que seu autor, tal qual o médico diante do organismo ameaçado de morte, tentou convencer seus contemporâneos a recorrer a um remédio último e extraordinário.[13] Todavia, qualquer que seja o risco de mal-entendido, as ideias do *Principe* não perturbariam a ordem dos pensamentos. Se compreendemos bem, as circunstâncias históricas teriam tido o único efeito de dar-lhes um perigoso relevo. Assim, após ter tentado demonstrar que os *Discorsi* não negligenciam o exame das situações excepcionais, o intérprete se apressa em precisar:

> Não há somente na história dos Estados épocas de dissolução da moralidade, de anarquia ameaçadora, de lutas contínuas, há também tempos de calma, de desenvolvimento pacífico, nos quais a autoridade moral não perdeu sua força. Nesses tempos, a república é o melhor regime, não apenas o regime que torna possíveis e mantém as boas relações entre os homens, mas que as requer e as suscita; é que ela não é somente o melhor, mas o único *rechte Staat*.[14]

Entretanto, o intérprete esbarra em uma dificuldade que não pode dominar ao desdobrar duas oposições cujos termos ele não poderia identificar sem pôr em perigo sua construção: aquela entre república e monarquia e aquela entre autoridade legítima e autoridade ilegítima. A monarquia, uma vez que submete os homens à instância da Lei, não pode senão apresentar uma das figuras do *rechte Staat*, pois onde o próprio príncipe reconhece a ordem da Lei a coerção generalizada é interiorizada pela comunidade e fundadora da ordem dos valores. Devemos duvidar ainda menos da convicção de nosso intérprete sobre esse ponto ao observarmos que, não contente em associar monarquia e república no curso de seu argumento, ele declara

---

[13] Ibid., p. 101. [14] Ibid., p. 115.

expressamente em seu último capítulo: "Este *rechte Staat* não é um Estado fundado sobre o arbitrário e a dominação da força. É um Estado fundado sobre o direito e a constituição, sob o reino das leis, no qual o rei, os príncipes, os governantes dependem eles próprios das leis; é um *Rechtsstaat*".[15] Sem dúvida, ele não deixa de pensar que a república democrática constitui o melhor regime. Mas, desde que o fundamento do Estado é dado na ruptura entre a ordem da lei e a ordem da força, a clivagem não poderia ser identificada na oposição república/ monarquia. Ora, se concordarmos com isso, qual estatuto conceder à ordem da força, concebida não como o reino da violência natural, mas como o reino da violência política, quer dizer, da violência do príncipe? O Estado é, em sua existência mesma, valor quando a lei é ultrajada? Se estávamos tentados a concluir, na primeira etapa do argumento, que o pior regime é ele próprio uma expressão da moralidade — se ele fornece o termo de uma alternativa cujo outro termo é a pura desordem natural —, devemos agora recuar diante da legitimação do ilegítimo. Recuo espetacular que se manifestava em um julgamento sobre o *Príncipe*, pois que Von Muralt declarava que Maquiavel se deixou fascinar pela empreitada de César Bórgia, que ele cedeu a uma inclinação de esteta compondo essa obra e que, enfim, ela possui um ensinamento estranho à teoria do bom regime.[16]

Eis então a ordem dos pensamentos subitamente alterada e o discurso de fato restabelecido a suas custas. A tentativa de abraçar o campo da política a partir da ideia do *rechte Staat* tem por efeito engendrar novas divisões entre a república sã e a república em via de monarquização, entre esse regime e a monarquia, entre o príncipe depositário da lei e o príncipe agente da força. E as duas extremidades da corrente não podem se reunir: de acordo com a convenção, as duas imagens do bom e do mau regime permanecem separadas e inconciliáveis.

Mas o intérprete não quer saber dessas consequências. Ele concordou que haja um deslizamento do pensamento de Maquiavel em direção ao abismo da potência. Todavia, se o entendemos, ele não cessa de se mover no terreno sólido da ética. Verifica-se, todavia, que ao querer se manter aí, ele é coagido a forjar a ficção de um regime sem contradições que acentua sempre mais a diferença entre o discurso de direito e o discurso de fato de

---

15 Ibid., p. 198.   16 Ibid., pp. 105-6.

Maquiavel. Este teria feito a apologia da igualdade, da liberdade e da paz nos *Discorsi*? Não faltam citações que apoiam essa interpretação. Mas, ao mesmo tempo, elas atraem a atenção para textos cujo teor não pode ser impunemente negado. Deixemos de lado a dificuldade de fazer da igualdade a pedra de toque do bom regime[17] sem restabelecer uma oposição, de outra parte apagada, entre república e monarquia, mas como falar da igualdade sem nos incitar à interrogação de seus limites na República romana — encarnação do bom regime — e a perscrutar a divisão de classes? Como falar da liberdade —[18] e citar um fragmento dos *Discorsi* onde ela aparece como o bem mais precioso das repúblicas não corrompidas — e não levar a observar que na circunstância o autor se endereça a um tirano para enunciar as condições de segurança e que, no mesmo capítulo, ele afirma que em toda república o poder é usurpado por um pequeno grupo de cidadãos enquanto o povo se vê afastado das decisões que afetam o destino do Estado? Como falar da paz,[19] enfim, sem evocar a memória da instabilidade última das coisas humanas, a virtude do imperialismo romano e a impossibilidade em que a menos belicosa das repúblicas se encontra de evitar os conflitos aos quais seus vizinhos estão determinados e resistir ao desejo de agressão que despertará nela a guerra defensiva?

A ficção do regime sem contradições acompanha aquela de um pensamento sem contradições e ao término da obra deixa a nu a "coerência" e o engodo da interpretação.

---

17 Ibid., p. 165: "A igualdade, o elemento democrático parece um fundamento essencial, se não o fundamento essencial do Estado livre".   **18** Ibid., pp. 178 ss.   **19** Ibid., pp. 184 ss.

7.
A primeira figura da filosofia da práxis: Uma interpretação de Antonio Gramsci[1]

A interpretação de Antonio Gramsci é daquelas que querem dar a ler o sentido da obra na história em que ela acontece. Seu princípio, aparentemente, não deixa dúvida. Por isso, acreditamos que não haja espaço para interrogar a posição de seu autor, pois que ela é manifesta: Gramsci é um pensador marxista. Uma teoria da história, que não é dissimulada, comanda seu projeto de conhecimento; este se circunscreve em uma pesquisa sobre a função que exerce o discurso maquiaveliano no seio do discurso social, ele próprio determinado pelas condições econômicas nas quais estão postos seus protagonistas.

Todavia, nós talvez nos enganaríamos acreditando saber o que é a posição de um pensador marxista. Estaríamos dispensados de interrogá-lo somente se supuséssemos estabelecida a teoria da História de Marx e, mais ainda, se a supuséssemos verdadeira, de uma verdade que tornaria seu exame supérfluo. A segurança que temos de conhecer o lugar onde se encontra o intérprete não é ilusória se esse lugar exige ser questionado? Não

---

[1] A. Gramsci, *Note sul Machiavelli, sulla politica e sullo stato moderno*. Turim: Einaudi, 1949. [ed. bras.: *Cadernos do cárcere, v. 3: Maquiavel, notas sobre o Estado e a política*. Trad. Luiz Sérgio Henriques, Marco Aurélio Nogueira, Carlos Nelson Coutinho. Rio de Janeiro: Civilização Brasileira, 2002]. O volume de mais de 350 páginas abrange estudos, comentários e mesmo simples notas críticas consagrados a temas de política extremamente variados, e na maioria das vezes atuais. A parte das considerações relativas a M. é bem limitada. Sua originalidade nos incitou a dar a elas uma extensão que se pode considerar exagerada. Efetivamente cedemos à tentação de reunir e desenvolver argumentos que nos parecem capazes de esclarecer a intenção do autor, embora por vezes não se trate de mais do que esboços. Cabe deixar claro, além disso, que seria absurdo recriminar Gramsci — que, como se sabe, escrevia na prisão, em pleno regime fascista — por não ter apoiado sua interpretação sobre um estudo minucioso dos textos de Maquiavel. Mas, em que pesem essas considerações, resta que a função atribuída ao último capítulo do *Principe*, de um lado, e a exclusão dos *Discorsi*, julgados a serviço de um empreendimento de restauração, de outro, sugerem uma avaliação muito particular da obra.

seria mesmo preciso reconhecer que um intérprete, cuja identidade é tão logo definida, coloca imediatamente seu leitor diante de uma dificuldade que lhe é, ao contrário, poupada quando a incerteza primeira sobre sua posição deixa o campo livre à interrogação? Essa dificuldade parece intransponível, pois deveríamos rigorosamente nos perguntar qual é a teoria marxista da História e qual é sua legitimidade antes de tomar em consideração a interpretação gramsciana de Maquiavel; ou deveríamos fazer um desvio tão longo que nos faria perder de vista nosso projeto e nos impediria, talvez, de retornar a ele. No entanto, estaríamos também errados se nos deixássemos obnubilar por essa aparência; seria trocar uma ilusão por outra querermos nós mesmos ocupar o lugar do pensamento marxista após acreditarmos que ele foi ocupado por Gramsci. Este elabora uma interpretação marxista da obra de Maquiavel. Devemos entendê-lo sem buscar saber desde o começo onde se encontra Marx, onde se encontra Maquiavel e onde se encontra aquele que fala de um e de outro, quer dizer, sem colocar condições que proibiriam avançar. Devemos entendê-lo para conhecer aquilo que ele tem necessidade de dizer na posição de pensador marxista que ele reivindica, aonde essa necessidade o conduz e o que acontece em seu discurso com Maquiavel e Marx. Esta é a única chance que temos para fixar as referências da interpretação.

Gramsci se propõe a determinar a função da obra de Maquiavel em uma época e em uma sociedade dadas.[2] Com isso em mente, deveríamos afastar a hipótese de que ela é um produto de um pensamento que teria em si mesmo sua própria origem e seria destacado do tempo: o estatuto de uma obra é social, ele lhe é atribuído por uma das classes cujo conflito dilacera a sociedade; e esse estatuto é histórico: ele é fixado pela experiência que acumulou tal ou tal classe, em decorrência de sua inserção em um modo de produção. Todavia, essa representação não implica a redução da obra à condição de um efeito cuja única virtude seria indicar a potência da causa. Pensador marxista, Gramsci não nos deixa supor que a teoria do modo de produção — e da luta de classes — priva a obra de pensamento de sua eficácia social e histórica. Em vez disso, ele sugere que essa teoria exige discernir em todos os níveis da realidade uma produtividade. Tampouco deixa

---

[2] Sobre a implicação de M. na história de seu tempo e a tarefa política que ele formula, cf. ibid., pp. 7 e 14.

supor que a teoria autoriza uma oposição entre sujeito e objeto de conhecimento. Ele sugere, em vez disso, que ela é teoria somente participando da produtividade social e histórica e a tornando sensível a si mesma. Falando do marxismo como de uma filosofia da práxis, Gramsci convida a decifrar em todos os produtos da sociedade e da cultura os signos de uma mesma produtividade e a lê-los até mesmo no movimento do deciframento.

Ainda que a elaboração de tal concepção não seja observada no ensaio que nós interrogamos, é indispensável tornar seu princípio explícito para medir justamente a apreciação da obra maquiaveliana. Esta aparece, com efeito, como um produto da atividade da classe burguesa que aspira a se liberar do quadro do feudalismo e tem necessidade, consequentemente, de forjar um poder suscetível de fazer justiça a seus interesses, mas simultaneamente, e enquanto tal, como um órgão de produção dessa aspiração e dessa necessidade. A função que lhe é reconhecida se vê circunscrita aos limites de uma época em que o conflito de classe atingiu uma maturidade que requer sua tradução em termos políticos, mas simultaneamente verificamos que ela excede esses limites para coincidir com a função de produção do que está em jogo na História e, nesse sentido, ela se aparenta àquela que o marxismo cumpre na sociedade moderna e não se deixa plenamente conhecer senão nos horizontes de nosso próprio tempo em que se realiza a produção desse objeto.

Os termos dessa análise se articulam rigorosamente, ao lermos Gramsci, tão logo aceitemos a intenção *realista* que comandava o discurso maquiaveliano e consentimos interrogar a relação que mantém, de maneira geral, a obra de intenção realista com seu público. Ou, melhor dizendo, a questão do estatuto e do sentido do discurso se encontra resolvida assim que vinculamos a questão de seu objeto e a de seu destinatário. Em compensação, o desconhecimento do estatuto e do sentido da obra se funda sobre a disjunção do objeto e de seu destinatário. A posteridade está bastante convencida, no mais das vezes, de que o *Príncipe* tem por objeto a realidade política como tal e também de que ele se endereça a um destinatário — desta última convicção é testemunha a censura que é feita ordinariamente de que ele foi escrito para os tiranos. Mas não nos perguntamos então se é possível que um discurso que visa o *real* queira se fazer ouvir pelo tirano. A própria questão não pode ser enunciada enquanto o real se encontrar circunscrito aos limites do objeto do discurso suposto, quer dizer, enquanto for dissimulado que o acesso ao real está aberto na comunicação com o Outro — com esse

Outro cuja posição é constitutiva da realidade. O que a crítica de Gramsci tem então de notável é que em seu primeiro momento ela toma ao pé da letra a interpretação tradicional e, em vez de invertê-la, mostra sua impotência para definir a posição do destinatário na definição do objeto.[3] A supor — como entendemos — que Maquiavel descreve os meios que o fundador de uma tirania usa, não poderíamos concluir que ele se dirige aos tiranos sem demonstrar que a posição do tirano abre ao discurso seu acesso ao real. A supor que os tiranos ou, de maneira geral, os políticos que estavam a serviço da classe dominante tenham tirado partido do ensinamento do *Príncipe*, tal fato não seria mais esclarecedor sobre a identidade do destinatário, pois é inevitável que todos aqueles que o ouvem possam disso se beneficiar, e essa necessidade, observa ainda Gramsci, se verifica também quando se vê o uso que a burguesia faz do discurso de Marx, pois ele a ensina a conhecer a lógica de seus interesses e os artifícios que a conservação do poder requer.[4] Para saber qual é o ator político a que Maquiavel se endereça, é preciso buscar na cena social aquele que está em condições de pautar sua ação e seu pensamento pelos princípios do realismo — aquele, consequentemente, que possui não apenas o poder de explorar tal ou tal lição do discurso, mas de se apropriar dele, e na ausência de quem o discurso seria sem objeto, não teria podido advir.

Ora, é verdade que aqueles que detêm o poder político, a serviço da classe dominante, têm uma disposição ao realismo.[5] Governar coloca a necessidade constante de avaliar uma situação em termos de relações de forças, quer se trate da vida interior do Estado ou das relações de Estado a Estado. Todavia, essa disposição é sempre contrariada. O poder, com efeito,

---

3 "Podemos [...] supor que Maquiavel tivesse em vista 'quem não sabe', que ele pretendia fazer a educação política de 'quem não sabe', educação política não negativa, para o uso daqueles que odeiam os tiranos, como parece compreender Foscolo, mas positiva, para uso daquele que deve reconhecer os meios determinados necessários, mesmo se eles são propriedade dos tiranos, porque ele quer atingir determinados fins. [...] Quem então não sabe? A classe revolucionária da época, o 'povo', e a 'nação italiana', a democracia citadina do seio da qual saem Savonarola e Soderini, e não Castruccio e o Valentino. Podemos admitir que M. quer convencer essas forças da necessidade de se ter um chefe que saiba o que quer e como obter o que quer, e de acolhê-lo com entusiasmo mesmo se essas ações puderem ser ou parecer em oposição com a ideologia do tempo difundida, a religião" (ibid., p. 10).   4 Ibid., p. 10.   5 Ibid. "Aquele que nasceu na tradição dos homens de governo, pela educação inteira que assimila no meio familiar, no qual predominam os interesses dinásticos ou patrimoniais, adquire quase automaticamente os caracteres da política realista."

é considerado legítimo pelos súditos apenas na medida em que mantém a ficção da lei. Ele está sempre obrigado a dar a razão de suas ações, razão que não é a sua, mas que traz a máscara de Deus ou da vontade universal. Ele deve exercer a violência em uma bruma de justiça e piedade tecida pela imaginação coletiva. O realismo continua sendo seu segredo, pois, se fosse proclamado, ele destruiria o fundamento de sua autoridade. Sua verdade não pode ser exposta ao olhar de todos sem perigos; ela requer uma comunicação confidencial que não deve ultrapassar as fronteiras de um círculo de iniciados. Assim, as condições do acesso a ela limitam o campo do conhecimento. Condenados a uma meia verdade, os representantes da classe dominante vivem em uma meia mentira: eles agem sob o império da necessidade, mas não se elevam à consciência clara de seu princípio. Eles próprios são vítimas das ilusões nas quais sua dominação mantém as massas. Como então imaginar que Maquiavel lhes destina seu *Príncipe*? Em vão diríamos que ele os persuade a agir de acordo com seus interesses. Se ele fala é porque se situa *em outro lugar*, as contradições deles não são a sua. Se ele chama a atenção para a natureza do poder, revela que se trata de uma criação humana, advinda das condições permanentes da luta social, é porque se dirige àqueles que o poder cega, que não compreenderam ainda que ele está a seu alcance, mesmo que eles sejam os mais fortes por muito pouco, e qual é o preço de sua conquista. Maquiavel se dirige então às massas de seu tempo, à emergente burguesia de Florença, que somente conseguiu se dar como chefe um Savonarola, profeta desarmado, ou um Soderini, homem de Estado sem caráter, paralisado por seus escrúpulos morais, incapaz de impor a violência diante daquela de seus adversários — ou seja, daqueles que permaneceram encantados pela tradição moral e religiosa e que não conhecerão sua tarefa histórica senão sob a condição de fazer tábula rasa das ideologias. Seu *Príncipe* tem uma função revolucionária apenas por sua intenção: ele interpela homens que, mistificados, não têm interesse pela mistificação; só pode se vincular ao empreendimento histórico de uma classe que, por estar no presente sob o império da ilusão, não deixa de ser chamada a se converter ao realismo absoluto.

O próprio Maquiavel tinha consciência de seu objetivo, ensina a estrutura de sua obra mais célebre. Não é um acaso, com efeito, que o último capítulo do *Príncipe* contraste subitamente, pela paixão do tom, com o conjunto de uma exposição aparentemente inspirada apenas pela preocupação em conhecer e dar a conhecer as condições da fundação de um Estado e do exercício do poder.⁶ Essa estranha ruptura de linguagem é uma advertência. O que é dito no final tem o sentido de um começo: a exigência prática funda, na realidade, a exigência teórica. Em sua exortação a liberar a Itália dos bárbaros, onde se lê a tarefa de fundar um Estado unitário, Maquiavel se dirige certamente a um príncipe, mas a um *príncipe novo*, não a um de seus miseráveis pequenos tiranos que, por usar de astúcias e violências, sabem somente rastejar no nível de uma história privada de seu sentido, mas a um homem de *virtù*, sem tradição dinástica, sem raiz no mundo do feudalismo, ocupado apenas com a conquista do poder, ao qual importa dar a convicção de que o povo estará a seu lado. Tudo se passa como se Maquiavel dissesse a esse condottiere determinado a não mais limitar suas ambições: se você quer o poder e submeter a Itália, você terá a massa com você, quaisquer que tenham sido os meios empregados, pois a massa quer esse poder. E se você não temer se apoiar sobre ela, você reduzirá seus adversários a nada, pois seu apoio é a única garantia de sua segurança. O fato de tal herói não existir na época em que Maquiavel redigia o *Príncipe* não reduz o alcance de seu discurso; nele se encontra por muito tempo proclamado que a vontade de um povo espera encontrar sua expressão na vontade de um indivíduo. Nesse sentido, a invocação por Maquiavel de um "hipotético homem da providência" recobre um apelo real à burguesia italiana, destinado a lhe fazer tomar consciência daquilo que ela é, e daquilo que ela deve ser, a reuni-la na forma de uma vontade coletiva.

Se reduzirmos seu ensinamento às dimensões de uma época, julgaremos que Maquiavel conheceu a necessidade de uma aliança entre a burguesia e a monarquia absoluta, convencido que estava de que uma não poderia trilhar a via de sua ascensão sem persuadir a outra do cuidado de apagar todo particularismo. Mas essa descoberta implica uma nova percepção da História. O sentimento da necessidade de uma tarefa histórica anuncia uma nova relação do homem com a sociedade. Compreendendo que o povo deve se submeter a certos sacrifícios para se emancipar da tutela da classe dominante, que ele deve aceitar a mediação do príncipe para aceder à sua própria unidade, Maquiavel esboça, com efeito, um *realismo popular*⁷ cuja definição será esclarecida nas condições ulteriores da luta de classes. A constituição de uma vontade coletiva tomará, seguramente, outras formas, mas ela seguirá o mesmo curso: as massas deverão se dar chefes capazes de visar objetivos determinados, analisar

---

6 Ibid., pp. 4 e 115. **7** Ibid., p. 117.

as relações de força e prever os eventos, elas deverão sustentar com energia suas ações, mesmo que estas contrariem de modo flagrante as normas da moral tradicional. Tanto o jacobinismo[8] — que reunirá os burgueses em torno da ditadura, na ideia de um sacrifício comum do interesse particular pelo interesse geral — quanto o bolchevismo — que ensinará ao proletariado a virtude de uma nova obediência em uma disciplina convocada para destruir aquela que sua condição presente lhe impõe — comporão as encarnações modernas do príncipe: figuras sobre as quais o povo decifrará os traços de sua própria história, agentes aos quais ele dará, por sua fé, o poder de transformar o mundo. Sem dúvida, a mediação mudará de aspecto ao mesmo tempo que a tarefa que a fez nascer. Do príncipe-indivíduo ao príncipe-partido de massa, o mito se elabora e associa ainda o conhecimento ao sentimento; mas a função do mediador permanece. Ele é sempre o agente de uma vontade particular cujos movimentos são regrados à distância por uma vontade universal.

A obra de Maquiavel não se endereça, então, somente aos homens do século XVI. Ela continua a interpelar a posteridade. Melhor: o que apreendemos como um problema específico da ação revolucionária em nosso tempo, e ao qual hesitamos a dar uma solução, se esclarece à luz do ensinamento maquiaveliano. Se duvidamos da compatibilidade entre os fins e os meios da Revolução, se a ideia de uma sociedade sem classes, de uma democracia completa, de uma política transparente ao olhar de cada um parece lançar ao descrédito o partido que, devido a sua existência, sua estrutura e suas atividades, estabelece e confirma um poder específico de comando, é porque — sugere Gramsci, sem dizê-lo expressamente — nós não soubemos reconhecer que essa instituição ocupa na sociedade moderna a função principesca outrora definida por Maquiavel. Ao refletirmos sobre essa função, nos convencemos de que o partido não pode ser diferente do que ele é, que o caminho real da emancipação alcança a cada etapa uma parada de repouso, sem a qual a aspiração coletiva se precipitaria na ilusão. Para que o povo se eleve do desejo à vontade, é preciso que ele se reporte a um agente suscetível de inscrever na realidade — força medida a outras forças — uma equivalência de suas intenções. É preciso que ele poupe de algum modo seus sentimentos para investir seu capital na empresa política figurada pelo Partido. Como escreve Gramsci:

[8] Ibid., pp. 6, 7 e 119.

O príncipe moderno, ao aparecer, perturba em seu conjunto o sistema intelectual e moral, pois sua aparição significa precisamente que cada ação é de agora em diante concebida como útil ou nociva, virtuosa ou criminosa, enquanto ela tem por ponto de referência o próprio príncipe moderno e serve para aumentar ou travar seu poder. O príncipe toma, na consciência, o lugar da divindade ou do imperativo categórico, ele se torna o fundamento de um "laicismo" moderno e de uma completa "laicização" de toda a vida e de todas as relações tradicionais.[9]

Em tal interpretação, o marxismo permite reencontrar o sentido da teoria maquiaveliana, mas esta, reencontrada, dá a conhecer melhor, por sua vez, a intenção marxista. Cada um em seu lugar, em uma sociedade perturbada pelo surgimento da burguesia ou do proletariado, desigualmente consciente das exigências da História, Maquiavel e Marx levaram à sua expressão a filosofia da práxis. Sem dúvida, é preciso dar crédito a Marx pela descoberta de que a realidade social é práxis em todos os níveis. Indo ao mais profundo, ele observou que as relações estabelecidas entre os homens eram instituídas em função de sua atividade produtiva, que o progresso dessa atividade criava as condições de novas relações, que as classes não cessavam de lutar para conservar ou adquirir o estatuto que as fizera obter ou que lhes prometera o papel que desempenhavam no espaço econômico. E, dessa observação, ele pôde concluir que as ideias às quais os homens de cada época atribuíam um alcance universal tinham elas mesmas a função de legitimar o estado de fato. Mas se é exato que seu ensinamento culmina na ideia de que a História, com o advento do capitalismo, coloca os homens em condição de se elevar à plena consciência de seus fins, que a luta de classes engendra necessariamente na sociedade moderna uma luta pelo poder, que seu sucesso está ligado ao despertar de uma vontade coletiva, podemos julgar que a obra maquiaveliana era sua prefiguração. Que a realidade seja práxis significa, nesse nível, que o presente é apreendido como o que advém pelas ações dos homens e convoca a uma tarefa; que o conhecimento de nosso mundo não pode ser separado do projeto de transformá-lo; que o verdadeiro e o falso, o bem e o mal adquirem uma determinação apenas enquanto termos da ação revolucionária, que em sua forma acabada *a realidade é a política*. Considerada como um enigma quando vemos nela

[9] Ibid., p. 8.

o agenciamento dos meios destinados à conquista ou à conservação do poder, em uma indiferença mais ou menos confessada diante de tudo que não serve a essa intenção, a política reencontra sua dignidade quando reconhecemos nela o lugar onde se inscrevem as significações elaboradas em todas as ordens de atividade, sob a forma de uma série de índices que medem o campo do possível com o conhecimento, a previsão e a decisão.

A política revolucionária se mostra, assim, tão necessariamente fundada sobre a luta de classes quanto necessariamente distante, em seu exercício, da vida da classe ascendente. Ela se desenvolve em um espaço que, para se ordenar no seio de um universo cultural concreto, não está menos rigorosamente circunscrito pelas exigências da conquista e da conservação do poder. Sem dúvida, as condições históricas determinam alguns de seus traços. Na época contemporânea a vontade do proletariado é a de uma classe de gênero totalmente novo, cuja natureza é tal que ela não poderia por sua emancipação restabelecer uma nova exploração do homem pelo homem e um novo sistema de dominação. A vontade do *príncipe moderno* não pode senão tender à criação de um Estado que não se assemelhe aos Estados que conhecemos. Os fins da classe revolucionária e os do Partido não podem senão coincidir na consciência dos fins da humanidade. Entretanto, a ordem da política permanece específica: ela engendra ações cujo sentido é fixado pelas leis que governam as relações de força. Ela impõe o uso de meios que não se deixam conciliar imediatamente com os fins da Revolução. Mais ainda, em razão mesmo da opacidade que ela conserva ao olhar das massas, ela convoca à elaboração de uma estratégia particular cujo objetivo é obter e manter o consenso entre elas, convencê-las da legitimidade da direção que elas tomaram e da utilidade de seus próprios sacrifícios.

A filosofia da práxis, à qual se refere Gramsci, quer, então, satisfazer as exigências do realismo e restituir suas articulações. Ela atrai de início nossa atenção para o fenômeno que constitui o "realismo popular" na História moderna: sob a injunção de se liberar de um poder que não reconhece suas reivindicações e lhe impede de adquirir o estatuto que corresponderia a sua função econômica, as massas têm o sentimento de que ele deve ser destruído e elas devem confiar seu destino àqueles que se mostram capazes de empreender e conduzir a seu termo uma revolução. É porque tal sentimento existe que um indivíduo ou uma minoria que age pode elaborar uma política realista: a luta contra os homens no poder encontra, com efeito, nessa inspiração a força para romper com os mitos sustentados pelo poder e voltar contra ele as armas às quais sua posição declinante impede, de agora em diante, de recorrer com sucesso. Entretanto, a política realista deve constantemente confirmar em seu sentimento o realismo popular: os dirigentes devem convencer o povo da necessidade de se submeter a seu comando. É, compreendemos, no coração dessa relação dialética que a obra teórica, o *Príncipe* de Maquiavel ou o *Manifesto comunista* de Marx, revela sua eficácia prática.[10] Enunciando que um poder novo deve substituir o antigo, que a violência aplicada com pleno conhecimento de causa destruirá a violência que reina no presente, ela convoca a vontade coletiva a descobrir sua expressão na vontade de seus dirigentes. Formulando explicitamente a crítica de todas as ideologias e revelando que os valores morais são privados de conteúdo fora de sua inserção na vida social, ela ensina as massas a julgar seu chefe pelos atos, e não pelas intenções. Mas, paralelamente, quer dar aos chefes a certeza de que eles estão no bom caminho quando subordinam todas as suas preocupações à conquista do poder e de que, ao seguir a razão aparentemente abstrata que governa a política, eles se fazem os agentes da Razão histórica. O pensamento realista aparece então como um momento necessário para o advento da realidade — momento que assegura a passagem do realismo popular ao realismo político e garante a este que seja fundado sobre aquele; e sua função é de colocar em plena luz os imperativos da ação e levar os homens a se submeter a eles.[11]

---

10 Gramsci não estabelece explicitamente o paralelo. Ele o sugere pela reaproximação estabelecida entre a teoria de M. e a filosofia da práxis, e pela designação do *Príncipe* como manifesto político (ibid., pp. 9 e 119). 11 Parece legítimo aproximar esses dois fragmentos, de resto vizinhos: "Para M., 'fazer a educação do povo' não pode ter outro sentido que lhe dar a consciência e a convicção de que uma única política pode existir, aquela que é realista, para atingir o fim desejado, e que consequentemente é preciso se reunir na obediência em torno desse príncipe que emprega tais métodos para atingir esse fim; porque somente aquele que quer o fim quer os meios adequados. A posição de M., nesse sentido, deveria ser aproximada daquela dos teóricos e dos políticos da filosofia da práxis, que buscaram eles próprios construir e expandir um 'realismo popular' de massa e tiveram de lutar contra uma espécie de 'jesuitismo' adaptada a tempos diferentes" (ibid., p. 117). E: "Ele (M.) queria [...] ensinar a coerência na arte do governo e a coerência a serviço de certo fim: a criação de um Estado unitário italiano. Assim, o *Príncipe* não é um livro de ciência, no sentido acadêmico do termo, mas de 'paixão política imediata', é um 'manifesto' de partido que se funda sobre uma concepção 'científica' da arte política" (ibid., p. 119). Vale a pena notar que, algumas linhas mais adiante, Gramsci fala da paixão de M. como aquela do jacobino. É indubitável o esboço de uma identificação entre a política maquiaveliana, o jacobinismo e o comunismo.

Como observávamos no começo, o fato de Gramsci se instalar no lugar manifesto do pensamento marxista para interpretar o discurso de Maquiavel não nos libera da questão de saber qual relação ele efetivamente estabelece com este último ou, se se preferir, qual posição vem a ocupar diante dele na prova da interpretação. Ora, ao reconsiderar agora, à luz dessa prova, os princípios que nos pareciam regê-la, é preciso primeiro aceitar a coerência de seus efeitos. Gramsci recusa a distinção tradicional entre sujeito e objeto do conhecimento, e tal é sua posição diante do discurso de Maquiavel, da qual ele não se afasta. De fato, ele não leva a crer que possamos apreender seu sentido por uma inspeção do espírito; que seja possível reduzi-lo, pela análise, a um pequeno número de proposições cuja compatibilidade ou incompatibilidade forneceria o índice de verdade de um sistema; ainda menos que estaríamos autorizados a submetê-lo, após essa análise, a um julgamento de valor cuja lei seria detida pela consciência universal; muito menos que a ciência do historiador daria a posse do texto real no qual seria inscrito e engendrado o texto da obra. O intérprete, podemos logo compreender, apenas tem conhecimento do que diz Maquiavel se for capaz de partilhar a exigência de saber e de falar que é a sua. Ele não tem conhecimento do realismo maquiaveliano e de seu apelo à classe revolucionária senão porque é solidário à causa do realismo e àquela da classe revolucionária em seu próprio tempo. É preciso reconhecer, mais precisamente, que Gramsci se situa diante de Maquiavel como ele pensa que este se situa diante de seu objeto, pois o florentino aparece ele próprio em uma posição tal que seu objeto não é destacado dele, do qual ele tem conhecimento somente porque é capaz de partilhar a exigência de saber e de agir da burguesia.[12] O limite da homologia se assinala todavia nisso, que, se Maquiavel é um autor-ator — autor de um livro, ator de um empreendimento de emancipação de uma classe —, a burguesia não poderia ser qualificada como tal sem que seja modificada a acepção dos termos: atriz no conflito de classes, não poderíamos dizer que ela é autora da história sem esquecer que ela não tem conhecimento dessa posição. Mas, a despeito da ressalva — talvez essencial — de que o objeto de conhecimento conserva

---

[12] Após ter observado que no último capítulo M. se confunde com o povo e que o exórdio dá o sentido de toda a obra, Gramsci esclarece: "Parece que todo o trabalho 'lógico' é apenas uma autorreflexão do povo, um raciocínio interior que se efetua na consciência popular e que tem sua conclusão em um grito apaixonado, imediato" (ibid., p. 4).

uma especificidade, de que um saber da política é circunscrito por Maquiavel e depois por Gramsci, continua verdadeiro que o objetivismo é recusado, quer dizer, a atribuição da verdade ao estatuto do objeto sob o efeito da operação de conhecimento do sujeito.

Ainda é preciso observar que, em razão da crítica do objetivismo, Marx ocupa uma posição homóloga diante de seu próprio objeto, o qual não é a realidade política, mas a realidade social global, tal qual se encontra decifrada no modo de produção. Marx tem conhecimento dela somente porque partilha a exigência de saber e agir própria do proletariado, que está no centro do modo de produção. Seu objeto de conhecimento conserva uma especificidade, mas só se revela porque ele é autor-ator, envolvido no empreendimento da classe revolucionária de seu tempo. Apenas essa interpretação de Marx autoriza Gramsci a tomar para si o discurso de Maquiavel, pois que ela permite que ele se libere de uma tese materialista mecanicista, imputada ao marxismo vulgar, e descubra para esse discurso a possibilidade de atingir a realidade, não a despeito mas em virtude de sua implicação no movimento real de emancipação de uma classe social. O princípio que comanda a destruição da oposição entre sujeito e objeto de conhecimento requer a destruição da oposição entre teórico e prático. Com efeito, não poderia nos escapar que o primeiro movimento de destruição encontra sua garantia na existência da classe revolucionária (burguesia ou proletariado) como indivíduo histórico que desafia uma caracterização em termos de sujeito e objeto. Com esse fiador, se descobre como forma originária (ente tomando forma nos conflitos e lhes dando forma) uma práxis social delimitada à qual são necessariamente relacionados todos os fenômenos que a convenção dissocia, para lhes mascarar o lugar próprio, inscrevendo-os no registro do econômico, do político e do teórico. Assim Gramsci pode conceber o estatuto da obra de Maquiavel — como o da obra de Marx — atribuindo-lhe uma função prática no seio do empreendimento da classe revolucionária. Mas, da mesma forma que o conhecimento como tal não é abolido na destruição da oposição entre sujeito e objeto de conhecimento — e o resto dessa destruição é, a considerar Maquiavel, a verdade do realismo —, a especificidade do trabalho teórico no interior da práxis é mantida na destruição da oposição convencional entre teoria e prática: ela se designa no *apelo* à representação das condições, dos meios e dos fins da ação revolucionária. O *Príncipe* é obra da práxis burguesa, mas simultaneamente é uma obra de um gênero muito particular que permite de qualquer modo abrir essa práxis à sua própria representação, assegurar-lhe um distanciamento com relação a si mesma, e se mostra necessária para sua conversão em práxis histórica.

É verdade que a interpretação de Gramsci não é apenas comandada por essa dupla destruição; ela implica não menos necessariamente, em seu princípio, uma crítica da representação tradicional da História. Do presente ao passado, uma distância é apagada: aquela que institui a operação do historiador, para quem é necessário se instalar em posição de exterioridade diante de seu objeto. É em virtude desse apagamento que há passagem possível do discurso de Gramsci ao de Marx e ao de Maquiavel e recobrimento parcial de um por outro. Passagem possível também da posição do proletariado àquela da burguesia ascendente, recobrimento parcial de uma práxis por outra no empreendimento da classe revolucionária. Todavia, apagada a distância entre o presente e o passado, a coincidência entre um e outro vê-se igualmente recusada. Arruína-se a imagem de um tempo homogêneo ao longo do qual se deslocariam livremente a práxis e o discurso teórico que a habita. É impossível suprimir a diferença entre a burguesia e o proletariado, pois, a supor que seus empreendimentos coloquem em jogo a verdade da História como História universal, a primeira, afirma Gramsci, está a serviço da dominação de uma classe sobre uma sociedade unificada pelo modo de produção capitalista, enquanto o segundo se manifesta nos horizontes da abolição da divisão de classes. Essa diferença, de resto, comanda aquela entre o príncipe e o partido de massa, tal qual se institui em função do realismo político, pois que um e outro se mostram implicados em uma práxis específica de emancipação. Em outros termos, a crítica da representação tradicional da História consiste em uma terceira destruição: a da oposição entre identidade e diferença dos tempos. Ora, não poderíamos agora nos limitar a observar que o apagamento da diferença não elimina a identidade, pois não é menos seguro que o apagamento da identidade é um movimento primeiro cujo objetivo é dissipar a ilusão historicista e que ele não elimina a diferença. Entretanto, esse *resto* tem um estatuto singular. Ele não está na posse de Gramsci, como estão aparentemente a "verdade do realismo" e a "função prática da teoria": esse resto é o próprio Gramsci, aparecendo para seu leitor sob a identidade do mediador.

Ao vermos o mediador, descobrimos que o empreendimento do intérprete cujo princípio tentávamos explicitar está inteiramente a serviço de uma montagem de mediações. O Ser, ameaçado pela divisão entre o sujeito e o objeto, é remetido a si mesmo pela mediação do conhecimento do real (lógica maquiaveliana das relações de força; lógica marxista dos modos de produção). A classe revolucionária (burguesia ou proletariado) é remetida a si mesma pela instância política (príncipe ou partido de massa). A totalidade classe-instância política (burguesia-príncipe ou proletariado-partido) é remetida a si mesma pelo *discurso-apelo* (o *Príncipe*, que se endereça ao mesmo tempo à burguesia e ao príncipe; o *Manifesto comunista*, que se endereça ao mesmo tempo ao proletariado e ao partido) — e de maneira geral a práxis é remetida a si mesma pela teoria. A História enfim é remetida a si mesma pelo signo de uma não identidade, não diferença, signo ele próprio produzido na mediação que o intérprete opera entre Maquiavel e Marx. Mas não basta dizer que a última mediação é de natureza diferente das precedentes. Ainda é preciso acrescentar que ela as ordena e organiza seu encadeamento.

O sentido dessas mediações seguramente nos escaparia se nos limitássemos a observar que Gramsci se situa como um intérprete diante de Maquiavel e Marx. Essa posição, de resto, é explícita: Gramsci fala de um e de outro e daquilo que nos introduz do discurso de um no discurso do outro. E, nessa perspectiva, a última mediação faz parte da cadeia que estendíamos. Não é falso dizer que a totalidade Maquiavel-Marx se remete a si mesma pela mediação da interpretação que Gramsci constrói, a qual se encontra, assim, fora dele e ocupa o mesmo estatuto que o *Príncipe* e o *Manifesto comunista*. Mas essa representação recobre uma dupla ilusão: de um lado, a de que Gramsci tem a livre disposição de sua interpretação, ao passo que ela se inscreve naquilo que ele diz ou — para falar mais rigorosamente — naquilo que ele é; de outro lado, a ilusão de que os discursos de Marx e de Maquiavel estão um em relação ao outro como estariam em relação com a instância política e com a classe revolucionária (ou como o órgão político está em relação com a classe revolucionária), ao passo que eles se encontram no mesmo lugar — o lugar indeterminável do discurso — inocupável, ao mesmo tempo outro e do mesmo lado que o lugar do interpretante. Dupla e única ilusão, que dissimula que a obra de Gramsci não faz somente a junção entre Maquiavel e Marx, mas remete Marx a si mesmo com a mediação maquiaveliana e Maquiavel a si mesmo com a mediação marxista, e que sob a cobertura dessa operação ela se reporta a si mesma como obra única, abolindo, com a diferença das duas obras e com a deficiência de que cada uma dá prova, a questão que coloca seu autor em perigo.

A julgar pelo conteúdo manifesto da interpretação, a questão que coloca Gramsci em perigo não deixa dúvida: a disjunção da classe revolucionária — o proletariado engajado em uma luta pela abolição da exploração, traduzindo em sua práxis a verdade do comunismo — e do partido de massa — engajado em uma luta pela conquista do poder pela violência e pela astúcia e traduzindo em sua práxis a verdade do comando do príncipe — faz pesar uma ameaça sobre a identificação do indivíduo, sujeito político, com a comunidade, sujeito histórico. A resposta à questão também não deixa dúvidas: essa disjunção representada é anulada graças ao saber da totalidade e da mediação. Entretanto, essa resposta excede seu conteúdo manifesto, pois o que se desvela aí, do próprio fato de Gramsci nomear a disjunção — em lugar de escondê-la sob a habitual fraseologia a serviço da identificação do partido com as massas —, é a negação da contradição colocada ou a tentativa de ocupar dois lugares ao mesmo tempo, aquele do partido e aquele da massa revolucionária. E é possível medir o efeito da tentativa: lançar-se em uma posição de exterioridade que, sob o signo da identificação com Marx e em resposta à deficiência assinalada no marxismo, lhe dá o poder de se dirigir ao mesmo tempo ao partido e ao proletariado para assegurar o primeiro da necessidade do comando e o segundo da necessidade da obediência. Todavia, estaríamos enganados se acreditássemos que a questão que coloca Gramsci em perigo está circunscrita *aqui e agora*, no exame que ele faz em sua época da política do stalinismo. É sem dúvida por meio desta que a ameaça é colocada ao pensamento gramsciano, mas sua origem é mais profunda, como testemunha o esforço para atribuir um estatuto ao conhecimento do real, à teoria, ao discurso da política, ao poder, à diferença dos tempos. Esforço que, sob múltiplas figuras, é destinado a conjurar a dúvida de que possa haver fratura entre saber e ser, teoria e práxis, discurso da política e política, Poder e sociedade civil, presente e passado. É realmente mérito de Gramsci (o que o distingue dos ideólogos dos partidos comunistas) enfrentar uma questão em geral negada. Mas parece, seguindo a análise, que ele a enfrenta somente para se dedicar a preencher a brecha que arrisca se abrir no pensamento marxista. A teoria das mediações é, com efeito, elaborada para tornar possível o trabalho de redução da diferença: ao mesmo tempo esta é produzida, de tal modo que se encontra tacitamente denunciado o discurso marxista dominante que não quer nem pode conhecê-la; e ela é desqualificada no plano da aparência, de tal modo que esse mesmo discurso se encontra restabelecido em sua integridade, contra a aparência do erro, da ignorância e da ilusão. Se numerosas são as mediações introduzidas, e ricas, de resto, as mediações virtuais que sempre podem vir lhes garantir a eficácia, elas se colocam a serviço da conservação de um pensamento da identidade, da identidade a si do ser da sociedade, da práxis, da história. A despeito da especificidade reconhecida a cada elemento destacado da substância, a identidade se mostra plenamente restaurada. E a cada uma das operações é mais uma vez engendrada a posição de exterioridade que confirma ao sujeito que ele domina legitimamente todas as divisões, que ele não é atravessado por elas. E, simultaneamente, se manifesta o jogo de identificações que lhe permite ocupar todas as posições ao mesmo tempo, a da teoria e a da práxis, a do partido e a da classe, a do presente e a do passado, a de Maquiavel e a de Marx. Ocupando todas as posições, Gramsci é o mediador. Mas o que entender agora por essa expressão a não ser que ele é aquele por quem se realiza a não diferença? Ser o mediador significa não ser *um* mediador, mas se fazer o agente de toda realização e simultaneamente, contraditoriamente, se inscrever na autorrealização da humanidade.

Pensador marxista interpretando Maquiavel, Gramsci, como dissemos, fala de um lugar que não sabemos de início o que é, a despeito dos signos manifestos de sua identidade. Agora, sua interpretação nos ensina que não se trata do lugar supostamente conhecido por aquele que fala, mas que a certeza de sua identidade torna possível o trabalho do desconhecimento que organiza seu discurso. Ora, importa ainda destacar seus efeitos sobre a leitura da obra maquiaveliana. Pois a interpretação implica a leitura: o que é dito da função do *Príncipe* e daquela que nele é atribuída ao príncipe está ligado à descoberta de uma obra e de seu texto. Como então eles são lidos? Em virtude de qual necessidade Maquiavel se encontra reduzido à imagem que dele nos apresenta Gramsci?

Aparentemente, estamos já de posse dos elementos da resposta. O *Príncipe* torna-se legível em virtude do duplo conhecimento adquirido da identidade de seu destinatário e da função do realismo na luta de classes. Somos tentados a supor que a leitura do *Príncipe* faz Gramsci descobrir uma teoria da ação política, liberada dos mitos de seus agentes e fundada sobre o estudo exclusivo das relações de força; que essa teoria é remetida à função que ela cumpre na luta de classes e que consequentemente o destinatário é identificado na Itália do *Cinquecento* como a burguesia em busca de sua emancipação. Mas esse esquema pode ser invertido: é também permitido supor que a leitura do *Príncipe*, pelo interesse que ela suscita, afasta a hipótese tradicional de que seu destinatário seja o tirano moderno e convida a substituí-lo por seu contrário e que, consequentemente, o ensinamento da obra está circunscrito a uma teoria do realismo conforme à posição do sujeito real na História, a burguesia. Como quer que seja, a determinação do destinatário do discurso e a determinação do sentido da teoria estão estreitamente ligadas. Ora, uma e outra implicam uma redução do discurso, que decorre logicamente da posição do intérprete e torna manifesta a impossibilidade em que ele se encontra de assumi-la. Ou digamos mais energicamente que o tratamento que Gramsci dispensa ao discurso maquiaveliano fornece a *prova* da impostura à qual o condenou o fantasma do mediador (é preciso dizer que o termo *impostura* não é empregado em uma acepção psicológica ou moral).

Ao considerar a descoberta do destinatário, devemos novamente concordar que a operação do intérprete tem duplo sentido. Em um primeiro sentido, ela abre o discurso fazendo aparecer como constitutivo de sua intenção um sujeito que se mantém do lado de fora e ao qual ele se dirige. Esse movimento vai muito além de seu objetivo aparente: ele sugere que o discurso comunica consigo ao comunicar com o Outro. Da mesma forma, se prestarmos atenção, não devemos nos limitar a constatar que Gramsci muda a identidade do destinatário, que ele substitui o opressor pelo oprimido, como se a função do Outro no discurso já tivesse sido pensada. Certamente, os detratores de Maquiavel julgavam que ele escrevia para os tiranos. Mas esse julgamento não implicava que eles tivessem compreendido o que significava a relação da palavra com aquele que a ouve. A tese de Gramsci sugere, aliás, que essa ignorância funda o engano sobre a identidade do destinatário. Devemos antes observar que a representação comum do discurso — se ela aceita a condenação feita a um autor que daria conselhos aos tiranos — circunscreve com ele um conjunto de ideias intrinsecamente boas ou más, verdadeiras ou falsas, destacadas das condições de seu advento ou, antes, signos, senão efeitos de uma situação real, mas, em todos os casos, apaga a existência do Outro que apelava e sustentava a palavra do escritor. Em outros termos, a representação comum corrobora o estatuto de um discurso fechado e ao mesmo tempo a ideia de uma separação entre o discurso e o leitor, o qual parece se remeter a ele vindo de fora para dele extrair um proveito ou conhecê-lo (conhecimento cujo objeto, de resto, pode compreender tanto o discurso quanto o proveito que alguns homens dele extraem). A questão do destinatário, como a coloca Gramsci, não somente arruína essa representação, mas ao mesmo tempo requer uma reflexão sobre a posição do intérprete. Pois, com toda evidência, este não ocupa o lugar do destinatário, que está situado nos mesmos horizontes sócio-históricos do escritor. Tal como compreendemos o argumento de Gramsci, contudo, o intérprete pode se identificar ao destinatário porque sua implicação no discurso revolucionário de Marx torna possível sua implicação no discurso revolucionário de Maquiavel. Todavia, essa resposta apenas esclarece um equívoco. Com efeito, uma coisa é dizer que o discurso se constitui na relação que o escritor mantém com certo leitor, admitir que esse leitor está ao mesmo tempo no exterior e no interior do discurso, e outra coisa é reduzir a relação a uma *interpelação*. Operando essa redução, Gramsci lança o leitor no exterior do discurso, fazendo dele esse Outro privilegiado a quem se dirige Maquiavel para convencê-lo da natureza de sua tarefa ou, no melhor dos casos, ensinar-lhe os meios para cumpri-la. O discurso que de início parecia aberto é fechado: ei-lo somente destinado a *um outro* e colocado a seu serviço. Mais uma vez, é preciso se limitar a constatar a mudança de identidade do destinatário. É verdade que essa mudança está fundada sobre a análise da função que o realismo desempenha na luta das classes. Mas, justamente, a demonstração se opera fora do espaço do discurso. Uma vez admitido que o *Príncipe* visa o real, que ele apresenta um saber sobre o real e sobre os meios de agir no real, coloca-se o problema de determinar o ator histórico que é capaz de acolher sem reserva essa intenção e esse saber. Ora, podemos concluir que Maquiavel não podia se reportar ao real senão se reportando a esse ator; resta que seu discurso é reconstruído a partir da determinação de uma mensagem — mensagem dirigida a um interlocutor que (sem o saber) a solicitava... Não basta observar que o discurso é assim reconstruído: ele é pura e simplesmente apagado sob a mensagem.

Ao nos oferecer essa mensagem, Gramsci torna supérflua a leitura de Maquiavel. Ele se reinstala diante de Maquiavel e com ele reinstala seu próprio leitor em uma posição de pura exterioridade que de bom grado nomearíamos uma posição de poder — de um poder despótico —, pois ele dispõe com toda a liberdade do discurso de agora em diante circunscrito à tese do realismo e reprimido em toda expressão que excedesse seu limite. Ora, essa consequência não é acidental. E, produzindo-a, não queremos de forma alguma anular a questão do destinatário. Se o discurso se encontra limitado ao estatuto da mensagem e à função de interpelação de um destinatário determinado, a razão é que o intérprete se furta à prova da leitura que implicaria a indeterminação de sua própria posição — posição de outro exterior e interior ao discurso; a razão é que ele se furta diante de uma interrogação que deveria conhecer no contato com a obra, na aventura de pôr em risco seu próprio pensamento, e que o impediria de exercer a soberania do saber ou do poder sobre a obra. Nessa interrogação, a questão do destinatário surgiria necessariamente, mas deveríamos esperar do próprio discurso a resposta para essa questão, na escuta das palavras que implicam aquele que o ouve aqui e agora (na Florença do *Cinquecento*) e em todo o tempo por vir. Gramsci, de sua parte, sufoca a questão com uma resposta articulada com a tese do realismo e permite assim assegurar-se do limite do discurso e colocar-se ao abrigo de qualquer pensamento imprevisto.

Assim, a oposição entre Sujeito e objeto de conhecimento é restabelecida. O discurso domesticado apresenta ao Sujeito apenas sua imagem, que ele construiu. E é verdade também que a representação tradicional da História se encontra restaurada, pois, com a identificação do destinatário como a burguesia ascendente, a diferença temporal é ela própria domesticada. A operação que estabelecia a identidade e a diferença dos tempos se encontra reduzida à produção de um signo materializado — signo da presença a si contínua da classe revolucionária —, o qual garante a fé em uma História em acordo consigo mesma, centrada em torno da ação do Sujeito. Mas o mais importante a observar, ainda, é que a teoria e a práxis são novamente dissociadas. De fato, se Gramsci afirma que a teoria maquiaveliana é um momento da práxis burguesa, como ele encara a obra do escritor? Há nessa obra um trabalho? Nela atua uma história, ela se institui no movimento da diferenciação do pensamento? E, se devemos julgar que ela opera uma ruptura com a ideologia dominante, essa operação testemunha a implicação de seu autor no discurso com o qual ele rompe, ela o torna mestre de sua palavra? Não há nenhum vestígio dessas questões... A teoria é reduzida à sua função prática, mas ela conserva o estatuto que lhe atribui a tradição idealista: a ideia é transparente dentro dos limites da mensagem. E o intérprete que detém o saber da ideia ignora a necessidade de justificar sua própria prática. De uma vez por todas ele identificou o *Ser* e a práxis. Mas a práxis está ausente da filosofia da práxis. E, consequentemente, o próprio conceito de práxis permanece a serviço de um pensamento desligado do Ser, condenado a oscilar entre a ilusão de uma interioridade absoluta e aquela de uma exterioridade absoluta do Sujeito ao Ser.

Que Gramsci defina a teoria de Maquiavel como realismo é também uma prova da violência sobre o discurso da obra que ele é obrigado a exercer para conjurar a ameaça que esta faz pesar sobre a integridade de seus princípios. Não poderíamos deixar de observar que, não contente em reduzir o discurso a uma mensagem, ele atribui a ele o enunciado que a crítica tradicional autorizou. Ora, a operação que consiste em extrair do *Príncipe* — e somente dessa obra — certo número de proposições, de modo a sugerir que o autor reduz as relações políticas às relações de força e a ação política a uma técnica, não é inocente. Ela caracteriza os ideólogos obstinados em denunciar a imoralidade de Maquiavel ou justificar o arbítrio do príncipe em nome da razão de Estado. Gramsci modifica o resultado da operação, mas se apoia sobre ela. Ele explora um ensinamento do qual o mínimo que podemos dizer é que procede de uma amputação e, logo, de uma falsificação do texto maquiaveliano, abertamente orientada pela paixão ideológica — e isso sem ignorar que elas foram seguramente denunciadas há muito tempo. Ora, sem dúvida não é por acaso que ele se serve da tese convencional do realismo para colocá-la a serviço da filosofia da práxis, pois, a despeito das aparências, como tentamos mostrar, esta não rompe com o subjetivismo e o objetivismo: ela permanece submetida a suas premissas enquanto tenta inverter suas conclusões.

A tese do realismo tomada de empréstimo da crítica tradicional vem sustentar a articulação de uma História em si, definida na lógica das relações de força — elas próprias determinadas pelas relações de produção —, e de uma História para si, definida na autorrealizacao do sujeito real, cujo representante é a classe revolucionária. A resolução da contradição em um nível é, assim, liquidada por um retorno da contradição em outro, retorno no qual ela se multiplica.

Se, com efeito, nos ativermos aos termos da tese — negligenciando, no presente, o artifício em virtude do qual são excluídas a análise maquiaveliana dos regimes políticos e, mais geralmente, a análise da constituição da sociedade política que o *Príncipe* e os *Discorsi* contêm —, devemos reconhecer que ela se dilacera. Segundo Gramsci, o discurso maquiaveliano ensina a verdade do realismo ao príncipe e à burguesia ao mesmo tempo. A esta, ele se dirige para convencê-la de que a legitimidade do poder estabelecido é ilusória e a prepara para acolher a ação violenta de um príncipe novo capaz de reunir os povos italianos sob uma única autoridade. Ao príncipe, ele se dirige para convencê-lo de que tal ação, metodicamente concebida e executada, disporá da legitimidade satisfazendo a classe revolucionária, agente da História universal. Ora, essa interpretação implica a ideia de uma astúcia da razão, da qual Maquiavel deteria o conhecimento. Mais ainda: ela implica que ele próprio é o representante da Razão astuta, pois que não revela o segredo da identidade entre o príncipe e a classe. Imediatamente aparece uma primeira contradição, pois não há como imaginar que o autor do *Príncipe* ocupe a posição do saber absoluto sem se privar de pensar a diferença que o separa de Marx, aquela que separa a burguesia do proletariado e aquela que separa o príncipe do partido de massa. Tendo se definido a função do realismo no quadro da teoria marxista da luta de classes, não somente Maquiavel não poderia ser instalado no lugar do saber absoluto, mas a ideia de uma astúcia da Razão é privada de sentido, uma vez que Marx, contra Hegel, faz sua crítica explícita. De tal modo que devemos concluir que Maquiavel não conhece o sentido de seu realismo, que ele é capturado no movimento do desconhecimento do real que rege o empreendimento da burguesia e do príncipe. Sem dúvida, não se trata de anular a descoberta da lógica das relações de força, mas seria preciso circunscrever singularmente seu alcance, pois Marx afirma que o poder burguês está necessariamente associado à ideologia e que a dominação de classe deve se travestir para ter sua legitimidade admitida e persuadir seus próprios agentes dessa legitimidade. Apesar desse argumento marxista, o realismo maquiaveliano se revelaria em um duplo sentido: ao mesmo tempo em conformidade com uma classe que rompe com os mitos do mundo feudal e ilusório enquanto forja a ficção de uma política pura, quer dizer, separada das condições reais de produção que ocultam necessariamente aos atores a significação de sua conduta. Todavia, Gramsci não pôde acolher esse argumento, pois ele impede que se resolva a contradição que aparece no presente entre a teoria marxista e a prática dos partidos comunistas, entre a ideia de uma classe cuja práxis, à diferença daquela da burguesia, coincide com o curso da História universal — e que manifesta em seu modo de existência a emancipação das ilusões — e a ideia de um Partido que, à imagem do príncipe, elabora uma política de conquista do poder em virtude de uma ciência que é sua propriedade, quer dizer, segundo meios cujo conhecimento é ocultado do olhar das massas. Impossível de se sustentar para o pensamento marxista, a teoria da astúcia da Razão é também impossível de ser afastada.

Para a interpretação de Gramsci é essencial que a classe revolucionária — mesmo que ela seja o proletariado, última classe, portador da abolição da divisão de classes — não disponha do saber de seu empreendimento. É essencial que esse saber seja reservado a um órgão dela destacado que a remeta à realidade. Mas, ou esse órgão cumpre sua função somente porque dispõe de todo o saber — aquele dos fins históricos da classe revolucionária, aquele das relações de força que comandam a técnica da conquista do Poder e aquele da diferença que o separa das massas — e, nessa hipótese, o discurso de Maquiavel, de Marx ou de Gramsci não apenas é supérfluo, mas se contradiz, pois é importante que nem tudo seja dito, que o príncipe e o Partido trabalhem em certo silêncio sobre a diferença, ou, o que dá no mesmo, que eles clamem a identidade entre o Poder e o povo; ou esse órgão conhece apenas os meios e o fim de sua função: a conquista do poder, e o saber desse saber é propriedade do teórico — e, nessa hipótese, o discurso se contradiz novamente, pois se privou de pensar a diferença entre a teoria e a prática. Ele próprio órgão separado do órgão do poder, é sempre constrangido a reivindicar o saber da totalidade e dissimular, apresentando-se como mediador, sua pretensão à onipotência.

8.
A restauração e a perversão do ensinamento clássico ou o nascimento do pensamento político moderno: Uma interpretação de Leo Strauss[1]

Talvez bastasse dizer que a interpretação de Leo Strauss é, dentre todas aquelas que examinamos, a única que relaciona a questão do sentido do discurso maquiaveliano àquela de sua leitura para destacar plenamente seu mérito. Esse julgamento implica uma homenagem tão completa que nenhuma crítica feita a sua obra poderia apagá-la a nossos olhos. Se Leo Strauss é um leitor de Maquiavel, não é porque ele nada deixa escapar do texto e notadamente se recusa a eludir a dificuldade que lhe colocariam os enunciados que desmentiriam a tese da qual ele se crê seguro. De fato, nenhum intérprete tem a liberdade de governar o movimento que o faz entender do discurso aquilo que entende e lhe torna inacessível aquilo que outros têm o poder de capturar. Ainda que tenhamos denunciado a arbitrariedade de alguns comentadores, cuja coerência à primeira vista supõe massivas mutilações do texto e sua reconstrução a partir de citações costuradas à guisa do intérprete, nem por isso caímos no engodo da leitura integral. Mas a virtude de *Thoughts on Machiavelli* [Reflexões sobre Maquiavel] é que esses pensamentos nasçam na interrogação de um discurso ao qual são solicitados primeiramente os sinais de sua inteligibilidade. Ligada à questão da verdade do discurso, a questão da possibilidade de sua leitura remete imediatamente a uma pesquisa sobre os procedimentos de escrita, graças aos quais se opera a difusão do sentido. Ainda que seja muito cedo para perguntar quais relações Leo Strauss concebe entre pensamento e linguagem, devemos todavia concordar que, na prática de sua intepretação, o discurso maquiaveliano não se apaga diante das

---

[1] Leo Strauss, *Thoughts on Machiavelli*. Glencoe: The Free Press, III, 1958 [ed. bras.: *Reflexões sobre Maquiavel*. Trad. Élcio Verçosa Filho. São Paulo: É Realizações, 2015].

"ideias" das quais ele seria apenas o órgão de transmissão. Devemos inclusive observar, desde já, que seu próprio discurso se desdobra colocando o leitor à prova da questão de sua escrita, e que ele nos convida a lhe perguntar sobre os meios de ler.

Como não reconhecer que a obra de Leo Strauss nos coloca diante de uma dificuldade singular? As críticas que formulamos até agora, dirigidas a vários intérpretes, nos sugeriam que a posição de cada um, estabelecida com referência a uma instância fora do campo da interpretação, comandava uma dupla relação com o Poder e com o Saber e menosprezava a exigência da leitura. Ora, é patente que nosso autor encontra ele próprio a garantia da verdade de seu discurso — do julgamento que ele faz sobre Maquiavel — em um lugar que é estranho ao pensamento do escritor, que não somente está ao abrigo de seus ataques, mas abre o acesso a ele: trata-se, aparentemente, do lugar da filosofia clássica e, mais particularmente, daquele que circunscreve os ensinamentos de Platão e Aristóteles. Todavia, não contestamos que ele seja capaz de colocar a questão que dá seu fundamento legítimo a uma interpretação: *como ler Maquiavel?* Ao admiti-lo, pensamos que ele nos introduz na verdade do discurso. Mais ainda, estamos conscientes de dever a ele a compreensão da intenção do escritor em certo número de comentários, cujo alcance nos parece decisivo, e uma exigência na interrogação diante do que nenhum outro intérprete nos colocou. Inútil esclarecer: se a obra de Leo Strauss nos bastasse, não teríamos por que continuar. Somos sensíveis à sua deficiência no mais alto grau. Mas, pois que nós nos atribuímos a tarefa de pensá-la, de pensar as interpretações que encontramos em nosso caminho, pois que essa tarefa, a nossos olhos, exige a elucidação de nossa posição de intérprete, somos coagidos a reformular a questão da leitura, quer dizer, a ultrapassar a conclusão simplista à qual pareciam conduzir nossas análises anteriores: as grandes interpretações de Maquiavel são montadas de tal maneira que seu discurso é apagado; seus autores se colocaram na impossibilidade de ler.

É importante observar que a obra não começa pela interrogação do discurso maquiaveliano e pelos princípios que ordenam sua leitura. Uma introdução nos apresenta o julgamento que seu autor faz sobre Maquiavel. Esse julgamento é extremamente severo: Maquiavel é denominado como aquele que ensina o Mal, um *teacher of evil*. Após dar alguns exemplos das frases escandalosas que ele enunciou, Strauss declara: "Se é verdade que apenas um homem mau vai se deter* sobre o ensinamento de máximas de gangsterismo público e privado, somos forçados a dizer que Maquiavel foi um homem mau (*an evil man*)".² Ele contesta que possamos encontrar a chave da teoria no patriotismo ou na intenção de fundar uma ciência da política, repete que seu ensinamento é imoral e irreligioso, afirma que há mais verdade na opinião da maioria que condena a doutrina do maquiavelismo do que nas interpretações em moda que pretendem reabilitá-lo e, enfim, em sua conclusão vai dizer que sob certos aspectos o maquiavelismo é o oposto do americanismo.³ É verdade que esse julgamento deve ser acolhido com prudência. A última frase, por exemplo, comporta uma ressalva de importância: "ao menos na medida em que a realidade da América é inseparável das aspirações dos americanos...", esclarece Leo Strauss. Ele deixa assim a seu leitor o cuidado de apreciar o grau de conformidade da realidade com as aspirações dos homens. Melhor: após ter citado Thomas Paine e tomado de empréstimo as nobres afirmações acerca dos princípios que presidiram a fundação dos Estados Unidos, ele imagina que Maquiavel o faria lembrar o massacre dos índios — semeando uma perturbação que ele não dissipa com a observação de que a complexidade do debate torna ainda mais necessária "uma justa compreensão da questão fundamental levantada por Maquiavel".⁴ Percebemos, então, que na enumeração das máximas características do gangsterismo maquiaveliano Strauss insere uma proposição que não tem o caráter de uma máxima: os homens esquecem o assassinato do pai mais rapidamente do que a perda do patrimônio.⁵ Esse erro, à luz das interpretações que ele dará daqueles cometidos pelo escritor, julgados intencionais, nos faz duvidar da sinceridade de sua indignação. E a suspeita se confirma quando observamos que, depois de ter condenado Maquiavel como um homem mau, ele o nomeia um filósofo. Notando, com efeito, que ele não é o primeiro homem a ter exposto as opiniões que pertencem ao gangsterismo político, esclarece

---

* Lefort comete um pequeno erro de tradução. No original francês encontramos o seguinte: "*S'il est vrai que seul un homme mauvais s'arrêtera à l'enseignement de maximes*". No texto de Strauss em inglês encontramos: "*If it is true that only an evil man will* stoop *to teach maxims*". Evidentemente, Lefort confundiu *stoop* com *stop*. Uma tradução mais precisa seria: "Se é verdade que apenas um homem mau vai *se rebaixar* a ensinar máximas". Erro proposital? [N.T.]   **2** Ibid., p. 9.   **3** Ibid., p. 14.   **4** Ibid.   **5** Ibid., p. 9.

que ele é o único filósofo a cobrir com sua autoridade um modo de pensamento e uma prática que eram tão velhos quanto o mundo.[6] A atenção que ele dirige às palavras que Maquiavel utiliza atrai a nossa para a distinção entre o homem e o filósofo: um filósofo não é mau. De resto, quando ele chega a declarar que seu ensinamento é diabólico e ele próprio, um demônio, devemos concordar que ele joga com seu leitor, pois esclarece imediatamente que o demônio é um anjo caído e que o caráter diabólico da obra maquiaveliana "atesta uma nobreza pervertida de alto nível".[7] Contudo, seria enganar-se ainda mais gravemente supor que o autor diz o contrário do que pensa. Ele somente enuncia uma meia verdade ou, para retomar uma expressão que aplicará a Maquiavel, ele nos pede para percorrer "a metade do caminho a seu encontro".[8] Pois seu livro inteiro e sua conclusão autorizam a pensar que, com efeito, seu julgamento está mais próximo daquele da maioria do que daqueles dos intérpretes que não creem na imoralidade de Maquiavel. Mas a verdade é que tal julgamento está estabelecido sobre premissas de ordem filosófica, de tal modo que Leo Strauss se pensa também — estamos no direito de supor — mais próximo de Maquiavel do que da maioria.

A introdução permite entrever essas premissas. E é a esse título que ela é instrutiva. Embora o autor lance apenas um clarão sobre sua posição, ela é, com efeito, viva o bastante para que saibamos onde ele se situa. E, fechado o livro, será preciso concordar que ele nos alertava de sua intenção desde o início.

> Cálicles e Trasímaco, que avançaram a doutrina pervertida, dentro de portas fechadas, são personagens de Platão, e os dois embaixadores atenienses que enunciaram essa mesma doutrina na ilha de Melos, na ausência do povo, são personagens de Tucídides. Maquiavel proclama aberta e triunfalmente uma doutrina corrompida que os escritores da Antiguidade ensinaram sob uma cobertura ou com todos os sinais da repugnância.[9]

Assim ele sugere que os clássicos conheciam já os princípios cuja paternidade imputamos ao secretário florentino, mas conheciam além do mais a necessidade de acompanhá-los de uma reserva. Dupla reserva — pois que

6 Ibid., p. 10.   7 Ibid., p. 13.   8 Ibid., pp. 34-5.   9 Ibid., p. 10.

não convém divulgá-los nem enunciá-los em seu próprio nome — cuja razão não é dada, mas que testemunha um *limite* e faz entender que sua transgressão concerne ao estatuto da verdade. Um primeiro sinal, então, nos é dado pela distância que o intérprete Strauss toma diante de Maquiavel, mais precioso do que os testemunhos ostentatórios de seu antimaquiavelismo. Ele próprio sabe, pela relação que mantém com os clássicos, o que sabe Maquiavel e a lacuna de seu saber. E manifesta a liberdade com a qual ele pode acolher sua obra. Da mesma forma, quando, no término de uma crítica dos intérpretes modernos, empenhados em validar a versão de uma obra patriótica ou científica, ele afirma que estes não podem compreendê-lo porque são seus alunos, estando cegos pela tradição que ele instaurou, e que a tarefa é se liberar dos preconceitos atuais pelos quais é responsável para descobrir como ele se encontrava diante daquele que era só o que conhecia, o passado clássico e bíblico, não podemos mais então nos enganar a respeito de seus propósitos.[10] O argumento não sugere, como o de De Sanctis, a possibilidade de uma identificação com o escritor por um enraizamento no presente histórico que foi o seu, muito menos sugere, como o argumento de Cassirer, o sobrevoo imaginário da divisão de dois espaços de cultura. Ele subentende que se pode desvencilhar das concepções modernas porque elas figuram a corrupção do pensamento clássico, e essa corrupção foi realizada (e continua a se realizar) nos horizontes desse pensamento, o qual não lhe era estrangeiro mas andava a seu lado e lhe era conhecido. Sem dúvida Strauss escreve: "Esse procedimento é requerido mesmo para uma compreensão puramente histórica. Maquiavel conhecia o pensamento pré-moderno: este estava diante dele. Ele não podia ter o conhecimento de nosso tempo presente que emergia, por assim dizer, às suas costas".[11] Mas se trata, como ensina a sequência de sua obra, de uma concessão ao leitor, que lhe interessa reconduzir de seus princípios àqueles da filosofia eterna. O autor não pensa que uma compreensão puramente histórica seja legítima. Antes, pensa que não poderíamos apreciar a mudança senão descobrindo a permanência dos problemas que o pensamento enfrenta e que os clássicos conheciam. Se ele se arroga o poder de retroceder ao momento em que advém o discurso maquiaveliano e em que se marca com ele a ruptura do moderno e do pré-moderno, se ele pede que nos espantemos com aquilo que

---

10 Ibid., p. 12.   11 Ibid.

em seu nascimento podia suscitar o espanto e a que estão acostumados nossos contemporâneos, é porque simplesmente a seus olhos o evento é legível apenas pelos filósofos clássicos, os únicos em condições de decifrar a corrupção. Percebemos desde a introdução que o autor não quer somente negar a novidade do ensinamento de Maquiavel; ele já a assinala quando observa que este fala outra linguagem diferente da dos antigos, e mais fortemente ainda quando, após ter dado razão à opinião comum, acrescenta que seu erro é ignorar "o que há de verdadeiramente admirável em Maquiavel: a intrepidez de seu pensamento, a grandeza de sua visão e a sutileza cheia de graça de seu discurso".[12] Observação preciosa porque mostra que, se a opinião é sã, ela é insensível à singularidade do evento. Essa insensibilidade acompanha a ignorância daquilo que está em jogo no pensamento político. Cabe apenas ao filósofo Strauss mensurá-lo.

As últimas linhas de sua introdução dão testemunho perfeitamente da ambiguidade aparentemente deliberada de seus enunciados. Por elas ficamos sabendo primeiramente que Maquiavel é o "representante clássico de um dos dois termos da alternativa fundamental do pensamento político".[13] Fórmula estranha para quem teria acolhido ingenuamente a condenação do herói demoníaco do pensamento moderno, pois que ela deixa entender que o escritor é um clássico. Mas em seguida o intérprete observa que nossos contemporâneos deixaram de crer que haja problemas permanentes e, logo, oposições fundamentais no pensamento. Julgamento igualmente estranho para quem havia admitido que eles eram herdeiros de Maquiavel. Ele leva em consideração, então, o argumento de que o ensinamento maquiaveliano testemunharia uma novidade na História por ter tratado de um problema diferente daquele que colocava a filosofia política clássica, e conclui:

> Este argumento convenientemente elaborado não carece de peso [*has some weight*]. Mas, em sua forma bruta [*stated baddly*], ele prova apenas que os problemas permanentes não são tão facilmente acessíveis quanto alguns acreditam, ou então que não são todos os filósofos políticos que enfrentam os problemas permanentes.[14]

12 Ibid., p. 13.   13 Ibid., p. 14.   14 Ibid.

Mais estranha ainda é essa conclusão, pois que à questão colocada ela não responde nem pela afirmativa nem pela negativa, autoriza a hipótese de um Maquiavel moderno, embora ele tenha acabado de ser nomeado clássico, e deixa supor que pode haver filósofos que se desinteressam dos problemas permanentes, enquanto um pouco antes éramos convidados a um "conhecimento adequado da questão *fundamental* levantada por Maquiavel" (grifo nosso).

Leo Strauss é um escritor muito sutil para que não lhe atribuamos a intenção de confundir seu leitor. Ele próprio nos adverte que as contradições de um grande escritor são, como seus erros, deliberadas, e que mais vale examiná-las prudentemente do que imaginá-lo inábil o bastante para se expor às críticas de um estudante iniciante. Se nos demoramos em sua introdução é somente para mostrar que ele coloca em cena sua interpretação, como um mestre que prepara seu público para uma descoberta. Leo Strauss sabe desde o início aonde quer conduzir seu leitor. E ele o faz de modo que este ao mesmo tempo ignore o lugar para onde é conduzido e saiba que ele o sabe. Dando-lhe os sinais de sua maestria, ele quer colocá-lo nas disposições adequadas que lhe permitam aprender a ler Maquiavel. Depois, ele o fará conhecer a "questão fundamental" de sua obra; e depois ainda, a relação que essa questão mantém com a verdade.

De fato, quando atingimos o fim da obra, devemos admitir que a introdução tinha sido habilmente construída; que nela a sombra tinha sido muito precisamente medida para em seguida ser dissipada. Ela se revela, em retrospecto, a meio caminho da verdade e da mentira, mas de modo algum é mentirosa. Leo Strauss ensina, com efeito, que Maquiavel é e não é um clássico, que seu pensamento é e não é novo, que os problemas são permanentes mas sob traços mutáveis. Devemos compreender que ele foi um destruidor da tradição socrática, mais próximo, sem dúvida, de Xenofonte do que de Platão, de Platão do que de Aristóteles, mas estranho a uns e outros por sua ignorância da justiça e das exigências que os faziam colocar o Bem supremo acima do Bem comum, a vida contemplativa acima da vida da cidade, quer dizer, a filosofia acima da política; e simultaneamente [devemos compreender] que ele começa a falar, como o próprio Sócrates, no ponto onde se detém o discurso de Cálicles e de Trasímaco; que ele tem o sentido da verdade que coloca em jogo a organização da Cidade; que, diferente dos sofistas, ele não é um hedonista, pois sua reivindicação do prazer o conduz a eleger o mais refinado, o único suscetível de proporcionar uma glória imortal, e passa pelo ensinamento de novos princípios, que a humanidade futura irá subscrever. Devemos assim admitir que ninguém antes dele teve a audácia e o rigor de sustentar que a virtude está subordinada à necessidade ou que a virtude moral é determinada somente em consequência de uma concepção amoral da virtude que relaciona sua gênese ao desejo e seus efeitos à satisfação da maioria; logo, que pela primeira vez a relação do homem com Deus é abolida e substituída pela relação do homem com a besta. E, simultaneamente, que nada surge em seu ensinamento que não estivesse já contido no pensamento dos filósofos gregos e deliberadamente afastado por eles; que o movimento que libera o pensamento moderno da transcendência e abre a era das Luzes apenas encurta os horizontes do pensamento e institui a era da ocultação da verdade. Enfim, a razão dessa estranha ambiguidade se esclarece quando nós mesmos descobrimos o que não poderia ser divulgado e afirmado por Leo Strauss em seu próprio nome: que a desnaturação da filosofia antiga pelo cristianismo está na origem do empreendimento de Maquiavel, o qual não pode combater a tradição dominante e trazer novos *modi ed ordini* senão denunciando o engodo da transcendência do Deus da religião estabelecida e não pode, em seu esforço para reatar com Sócrates, deixar de sofrer os efeitos do empreendimento que ele combate, de se identificar com a figura do anticristo, esquecer a verdade que estava no coração da filosofia, fazia seu segredo e afastava tanto a crença no mundo da caverna quanto aquela em um mundo *real* iluminado por um sol *real*. A introdução não deixa mais duvidar de sua intenção quando somos persuadidos de que convém tratar Maquiavel como ele próprio trata César.[15] Fingindo juntar-se à opinião dos homens que julgam a política como moralistas, o autor dos *Discorsi* denuncia nele o destruidor das liberdades romanas, o primeiro dos tiranos, mas para em seguida revelar que ele não fez mais do que tomar o que lhe era devido e que a ingratidão dos homens lhe havia recusado, concluindo assim a obra da corrupção que já havia arruinado a república. Aos olhos de Strauss, Maquiavel é o príncipe do pensamento político moderno, mas ele é admirável como César por sua audácia, e se ele dá seu nome aos princípios da política corrompida, não faz mais do que tirar as consequências da degradação da filosofia. Assim como César não é a imagem dos ambiciosos

15 Ibid., pp. 14 e 144.

Mânlio Capitolino ou Ápio, que, no tempo da grandeza de Roma, tentaram se assenhorear do poder, Maquiavel não é a imagem do sofista que nos tempos de Sócrates exalta a potência do dominante e reduz a política às relações de força. Deste Strauss nos diz que não soube raciocinar senão do ponto de vista do explorador; do escritor florentino, [Strauss diz] que ele se colocava na posição do fundador.[16] Em certo sentido, o empreendimento de César, como o de Maquiavel, nos faz ler o novo, mas é impotente para ultrajar a verdade dos princípios que governavam a república e a filosofia, pois esses princípios não excluíam absolutamente a possibilidade de sua subversão: ao contrário, eles a implicavam, e que ela tenha ocorrido de fato não faz esquecer que ela não é nada além do que aquilo que poderia ser: corrupção.

Nós não poderíamos nos furtar à necessidade de interrogar essa interpretação de Strauss. Mas importa em primeiro lugar mostrar que ela encontra seu fundamento fora da experiência que institui a leitura do discurso maquiaveliano e ao mesmo tempo pretende ensinar as condições dessa leitura. O que nos indica que o fundamento seja muito explicitamente colocado fora dessa experiência é o caráter da introdução — uma vez admitido o rigor de sua intenção a serviço da tese fundamental da obra. Sem dúvida somos tentados a objetar que a exposição não coincide obrigatoriamente com o movimento do pensamento e que enfim Strauss leu Maquiavel e descobriu no contato com a obra aquilo que se prestou a certo modo de construção de seu próprio discurso. Mas não é um acaso, parece-nos, se o discurso é conduzido de tal maneira que, da mise-en-scène que o inaugura às conclusões e, da mesma forma, tanto pela arte de encadear os enunciados quanto por aquela de atrair a atenção para as meias palavras, um desígnio aí se faz reconhecer, ao qual a análise da obra vem fornecer suporte. Sem querer discutir a relação que, em geral, o pensamento de um escritor mantém com o procedimento visível no discurso, digamos que, no que concerne a Strauss, a possibilidade de ler Maquiavel é comandada por seu conhecimento da filosofia clássica ou, mais rigorosamente falando, pelo saber que ele detém em decorrência de sua adesão aos princípios da filosofia clássica.

---

16 Ibid., p. 292.

O intérprete afasta a leitura moderna de Maquiavel. Mas — não importa que ele não o diga explicitamente — ele não afasta somente uma representação ou representações de Maquiavel, que seriam efeitos da revolução realizada por ele, necessariamente cegos para sua origem; ele rejeita uma posição que interdita relacionar-se com o discurso pela leitura. O que ele sugere é que não podemos verdadeiramente ler senão sob a condição de tratar Maquiavel como um clássico, quer dizer, como um escritor que conhece a diferença entre ciência e opinião, entre o leitor ignorante e o leitor sábio, e que faz da escrita uma arte a serviço dessa diferença. A relação estabelecida com Maquiavel supõe que ocupemos o lugar do leitor sábio; ocupando-o, nos tornamos capazes de entender o que ele quer nos fazer entender e capazes de adquirir o domínio de seu ensinamento e assim de igualá-lo. Mas o lugar do saber que é assim o seu e o nosso não é nem seu nem nosso: ele é o lugar do filósofo. Atribuindo-nos a tarefa de pensar como filósofo, nos encontramos, sem parar de ler Maquiavel como ele deseja que o leiamos, em condições de pensar sua fraqueza, quer dizer, de descobrir que o que ele acredita ser novo não é novo, ou antes é novo somente como sinal de degradação da tarefa filosófica.

Como devemos ler Maquiavel? Leo Strauss coloca essa questão após ter chamado nossa atenção para o erro geralmente cometido na apreciação do objeto verdadeiro do *Principe* e dos *Discorsi*.[17] Esse erro é o de uma opinião; ele consiste em dizer que, em um caso, o principado e, em outro, a república, são a matéria da obra. Denunciando-o, o autor nos permite entender que a opinião é incapaz de se manter no plano do sensível que é, no entanto, o único que ela pode apreender. Os signos manifestos que podemos capturar tanto pelo exame dos títulos das duas obras e das dedicatórias, que comporta, cada uma, uma declaração de intenção, quanto por um rápido sobrevoo dos assuntos tratados aqui e ali, proíbem de reter a diferença que imagina o leitor vulgar. E este, em compensação, fecha os olhos diante dos enunciados que, no limiar de uma e outra obra, demonstram o desejo do escritor de entregar a seu leitor *tudo o que ele sabe*. É depois de ter recusado a opinião que Strauss dá uma primeira resposta à sua questão. Ele observa que Maquiavel, a certa altura dos *Discorsi*, nos adverte da maneira como lê Tito Lívio.[18] Ele afirma que essa advertência é preciosa na

---

[17] Ibid., p. 29. [18] Ibid. pp. 29 ss.

medida em que as *Décadas* detêm autoridade aos olhos de Maquiavel, e ele as usa como um teólogo usa a Bíblia, e há razões para pensar que ele espera que seu próprio livro se torne a autoridade dos modernos. O leitor deve compreender que deve ler Maquiavel como este lê Tito Lívio, sendo-lhe sugerido que a norma da escrita é a mesma da leitura. No fragmento considerado, com efeito, o escritor assinala que a inteligência do texto de Tito Lívio necessita da interpretação de um silêncio: este último, enumerando as causas dos sucessos militares dos romanos, não diz uma palavra sobre o papel do dinheiro. Por meio desse silêncio ele faz conhecer o mais importante: que o dinheiro não é o nervo da guerra. Strauss conclui dessa observação que, se quisermos conhecer o que faz a diferença entre o *Principe* e os *Discorsi*, deveremos ouvir a lição de seu autor e identificar o que ficou sob silêncio em uma obra e não na outra. E se quisermos conhecer sua identidade, deveremos identificar o que ficou sob silêncio em ambas. Observaremos então que no *Principe* não se fala jamais de consciência nem de bem comum, nem da distinção entre rei e tirano, nem do céu, enquanto esses termos estão presentes nos *Discorsi*. E observaremos que nas duas obras é omitida a distinção entre este mundo e o outro mundo, ou entre esta vida e a outra vida; que, se elas falam de Deus e de deuses, não mencionam o demônio; que, se falam frequentemente do céu e uma vez do paraíso, jamais mencionam o inferno; que, enfim, e sobretudo, elas jamais mencionam a alma. Strauss acrescenta que esse silêncio pode sugerir que tais assuntos não são importantes para a política, mas essa hipótese é vã, pois eles importam no mais alto grau à opinião comum, a omissão sendo sinal de uma questão de grande importância. Basta considerar os dois exemplos, extraídos um do *Principe* e outro dos *Discorsi*, relativos ao silêncio de Maquiavel, para perceber que Strauss nos conduz, com essas primeiras considerações de método, diretamente ao coração de sua interpretação. Destacando que um dos capítulos dos *Discorsi* se abre com a grave questão da eternidade ou da criação do mundo, ele nos faz notar que ela é quase imediatamente abandonada. O procedimento, observa ele, visa insinuar no espírito do leitor a hipótese de que Maquiavel crê na eternidade do universo visível ou que ele tomou o partido de Aristóteles contra o da Bíblia.[19] O capítulo 1 do *Principe* requer o mesmo gênero de leitura: ele classifica todos

---

19 Ibid., p. 32.

os principados em regimes hereditários ou novos, mas não fala dos eletivos. A omissão incita a interrogar o capítulo 11 — o qual, à primeira vista, poderia passar por uma digressão —, em que o Estado pontifício fornece o caso de um principado eletivo, e a reconhecer a importância dessa análise para a compreensão do desígnio político que comanda toda a obra.[20] Assim, já entrevemos nessa primeira etapa do argumento que o projeto comum do *Principe* e dos *Discorsi* é a destruição da tradição judaico-cristã, que a fundação por seu autor de *ordini nuovi* supõe ou, melhor, coincide com essa destruição. Mas simultaneamente não nos escapa que o enunciado da questão "como ler Maquiavel?" está situado na articulação entre uma crítica da opinião que é cega àquilo que ela pretende conhecer (o sensível) e uma descoberta do não sensível reservada ao leitor sábio que, tal como Maquiavel, tal como Tito Lívio, tal como o pensador clássico, sabe que a ideia governa a aparência.

No entanto, temos apenas uma meia resposta para a questão "como ler Maquiavel?". No fim do argumento que resumimos, Strauss escreve: "Maquiavel tem justamente uma triste ou gloriosa reputação pela extraordinária audácia com a qual atacou as opiniões em geral admitidas, mas lhe fizemos menos justiça pela reserva com a qual ao mesmo tempo ele operava esse ataque". E ele acrescenta logo em seguida: "Não poderíamos negar que essa reserva lhe foi, em certo sentido, imposta".[21] Essa correção introduz um argumento cujo alcance é decisivo para a compreensão de seu modo de leitura. Devemos entender que o escritor comunica seu pensamento usando de artifícios que o colocam ao abrigo da repressão das autoridades estabelecidas. Preocupado em apresentar novos princípios, ele não pode, sem riscos, atacar de frente ou abertamente os defensores da Tradição e deve escrever *"in an oblique way"*.[22] Um pouco mais tarde Strauss irá notar que o escritor está na posição do príncipe novo que, dando-se por tarefa subverter de cima a baixo a ordem instituída, se expõe aos maiores perigos e deve mesclar a astúcia com a violência para preservar sua segurança. Essa necessidade o obriga, particularmente, a fingir esposar as opiniões de seus adversários e, pois que essas são falsas, a enganar os idiotas para afastar suas suspeitas e reservar seu ensinamento à minoria suscetível a interpretar seus signos. Nesse sentido, ele

---

20 Ibid.   21 Ibid.   22 Ibid., p. 33.

está também na posição de Bruto, que se faz passar por simples de espírito junto a Tarquínio a fim de montar sua conspiração. Todavia, devemos logo notar que o argumento está estabelecido sobre premissas que, sem ser incompatíveis, são diferentes. Em primeiro lugar, Leo Strauss insinua que as dificuldades contra as quais se bate um escritor não conformista são sempre as mesmas. Assim, depois de ter recordado as frases, deliberadamente obscuras, que Maquiavel dedicou à liberdade de expressão — e sua observação de que sob o Império Romano os escritores livres se resguardavam de criticar César, mas condenavam seu precursor Catilina ou louvavam seu inimigo Bruto —, e de ter em seguida chamado a atenção para o procedimento que Maquiavel utiliza no mesmo fragmento a respeito da religião — hábil em atacar a Bíblia indiretamente por seu elogio do paganismo —, ele não hesita em declarar:

> Pois aquilo que é verdadeiro para a situação existente sob os imperadores romanos é igualmente verdadeiro para todas as outras situações. Em todos os tempos, existe um poder dominante que seduz a maioria dos escritores e que restringe a liberdade do pequeno número daqueles que não desejam se tornar mártires.[23]

A nos fiarmos nessa indicação, suporemos não somente que nosso intérprete se exprime ele próprio *in an oblique way* (que ele engana, sem dúvida, os simples de espírito ao afirmar que os Estados Unidos são no presente o bastião da liberdade),[24] mas também — o que é mais importante para nossa reflexão — que os grandes filósofos da Antiguidade se encontravam na mesma situação que Maquiavel quando queriam comunicar seus pensamentos. O cuidado que tinham em desviar da opinião uma parte de seus leitores ou de seus ouvintes, por meios que colocam à prova sua arte de ler e de ouvir, ia de par com aquele de enganar a censura do poder dominante. A expressão filosófica já se assujeitava aos imperativos de ordem política. Entretanto, uma hipótese mais particular é sugerida: aquela de que o poder dominante no tempo em que Maquiavel escreve é a religião cristã e que esta impõe suas restrições excepcionais à expressão filosófica. Não apenas uma alusão ao destino que conheceu Pomponazzo por ter colocado

---

23 Ibid.   24 Ibid., p. 13.

em questão a imortalidade da alma fornece um indício disso,[25] mas todos os exemplos escolhidos para ilustrar a prudência de Maquiavel testemunham seu ataque indireto contra o cristianismo e sua Igreja. Enfim, duzentas páginas mais adiante, distante das considerações de método, uma passagem não deixa mais dúvidas da intenção do autor:

> Demos um grande espaço, que à primeira vista parece desproporcional, às considerações que Maquiavel consagra à religião. Essa impressão é devida a um desconhecimento geral da intenção de Maquiavel, e não somente da sua, mas da intenção de toda aquela linhagem de pensadores que o sucedeu. Não compreendemos mais que, a despeito dos grandes desacordos, eles estavam unidos pelo fato de combater um único e mesmo poder: o reino do obscurantismo, como Hobbes o chamou. Esse combate era mais importante para eles do que toda questão simplesmente política. Essa intenção se esclarece quando aprendemos a compreender esses pensadores como eles se compreenderam a si mesmos e quanto mais familiar se torna para nós a arte alusiva e elusiva da escrita que todos eles praticavam, ainda que em graus diferentes.

Strauss acrescenta que "as condições do pensamento político foram radicalmente mudadas pela Revolução Francesa".[26] É necessário, para sublinhar a importância de tal julgamento, nos inspirar em sua recomendação e observar que o item Hobbes, no índice remissivo, omite a referência a essa passagem? Para dizer a verdade, não temos necessidade desse signo: toda a interpretação nos persuade de que *the oblique way* é imposto pelo poder reinante como *kingdom of darkness*. E é preciso reconhecer que as regras da leitura de Maquiavel — aquelas mesmas de sua escrita — são definidas uma vez sugerida a identidade do inimigo que o escritor combate, tanto no *Principe* quanto nos *Discorsi*.

Já antevimos o princípio dessas regras. Trata-se de detectar os signos que nos encaminham para o não dito. O não dito é o pensamento que é plenamente pensado pelo pensador, mas velado ou, falando mais rigorosamente, semioculto, reservado à sagacidade do pesquisador ou à

---

[25] Ibid., p. 33.   [26] Ibid., p. 231.

cumplicidade de quem se deixou seduzir. Os signos são, de início, equívocos grosseiros (*blunders*): "A obra de Maquiavel é rica em equívocos de espécies diferentes: falsas citações, erros concernentes a nomes ou eventos, generalizações apressadas, omissões injustificáveis etc.".[27] Os mais notáveis são as contradições manifestas. Por exemplo, Maquiavel, no capítulo 28 do primeiro livro dos *Discorsi*, observa que se Roma foi menos ingrata do que Atenas com respeito a seus cidadãos é porque no tempo que vai da expulsão dos Tarquínios até a guerra civil de Mário e Silas ela não conheceu atentado a sua liberdade. No capítulo 35, ele analisa o episódio dos decênviros que se tornaram os tiranos de Roma. O artifício consiste em exagerar a bondade da República romana; e ele compõe com outro, dessa vez ligado ao elogio da época de Pisístrato, que consiste em exagerar o valor dos tempos mais antigos. Seu sentido é o de preparar o ataque contra a opinião estabelecida dando-lhe inicialmente garantias com ostentação.[28] Quanto às citações truncadas ou às deformações do texto de Tito Lívio, elas têm por tarefa atrair a atenção sobre as frases que afrontam o preconceito. Igualmente deliberadas são as divergências manifestas entre os temas definidos pelos títulos do capítulo e aqueles que são efetivamente tratados, ou entre o significado do título e aquele dos exemplos apresentados. As digressões, por sua virtude de afastar, à distância do argumento supostamente principal, uma verdade perigosa de comunicar, contribuem para mascarar aos olhos do leitor superficial a intenção da obra: por exemplo, no *Príncipe*, o julgamento sobre o Estado Pontifício, já mencionado. Enfim, o signo, sem dúvida, mais bem-feito para nos instruir é fornecido pela repetição sob a forma modificada de um enunciado:

> A substância de seu ensinamento é destinada a ser desconhecida, se não percebemos que ele a revela — na medida em que ele a revela — somente por etapas. Ele parte de primeiras asserções [*first statements*] que são — falando exageradamente, para sermos mais claros — respeitáveis em todo caso, ou publicamente justificáveis, para chegar às segundas asserções [*second statements*] de uma natureza diferente. Se não descobrimos a diferença de intenção entre as primeiras e as segundas asserções,

---

27 Ibid., p. 36. **28** Ibid., p. 37.

podemos ler as segundas à luz das primeiras e assim não ver a contundência de seu ensinamento. Nós atribuiremos, em todo caso, o mesmo peso às duas espécies de asserção. E como as primeiras são mais ou menos tradicionais ou convencionais, não apreenderemos a amplitude ou a enormidade do empreendimento de Maquiavel.[29]

Por exemplo, a apreciação de César contrasta de início com a de Rômulo e a oposição funda aquela entre o tirano e o príncipe legítimo. Em seguida, o recurso aos critérios da corrupção do povo e a asserção de que Rômulo pôde dar um bom pretexto a seu desígnio porque os romanos ainda tinham costumes sãos apagam a oposição. Em terceiro lugar, Maquiavel sugere que o termo *tirano* não é necessariamente pertinente. Ele fala de Davi, herói da Bíblia, como de um tirano e sugere que um príncipe muito cruel pode, sem cuidar do bem comum, atingir uma glória eterna por ações que resultam no benefício da maioria. Assim, após dar a crer que a virtude política e a ambição privada não têm nada a ver uma com a outra, o autor arruína a distinção.

Mais uma vez é preciso notar que os signos não informam apenas sobre a composição das obras. A ambiguidade de certos conceitos é manifestamente destinada a atrair a atenção para problemas que escapam ao leitor vulgar. Que *virtù* seja tomada em uma acepção moral e amoral é um signo. Que "povo" denote tanto a classe dominada quanto a coletividade política inteira é outro. Que "príncipe" designe tanto o monarca quanto o dirigente de uma cidade, mesmo republicana, ainda é outro signo.[30] A cada vez Maquiavel coloca deliberadamente em questão a validade das distinções estabelecidas pela convenção. O leitor deve se preocupar até mesmo com as correspondências dos números que afetam as relações dos capítulos e das obras. Ao perscrutá-las, ele descobrirá, por exemplo, que a análise da política de um tirano fundador se situa nos *Discorsi*, sob sua forma mais radical, no capítulo 26, e que tal posição se destina a recordar o ensinamento do *Príncipe*, que tem 26 capítulos. Tal descoberta levará a observar que o escritor não somente trata o rei Davi como um cruel déspota, mas que por um equívoco escandaloso ele lhe atribui palavras que,

---

29 Ibid., p. 43.   **30** Ibid., p. 47.

no Novo Testamento, são atribuídas a Jesus (*esurientes implevit bonis et divites dimisit inanes*).³¹

Estas últimas indicações visam esclarecer a ideia de Strauss acerca da arte de escrever. Sem dúvida, não convém julgar seu método por seus efeitos extremos. Ao menos eles nos confirmam a hipótese avançada de que o autor é, a seus olhos, um mestre que dispõe inteiramente de seu saber e que o comunica graças a uma técnica apropriada. Alguém poderia ser tentado a julgar que essa técnica é maquiavélica no sentido ordinário do termo e que, no espírito de seu intérprete, Maquiavel age segundo o modelo dos príncipes cuja paternidade lhe é atribuída pela opinião comum. Mas isso seria um erro, pois que, segundo Strauss, essa técnica implica certo modo de comunicação com o leitor e se faz conhecer a quem é hábil o bastante para decifrar os signos e, enfim, como já dissemos, o bom intérprete se iguala ao mestre a partir do momento em que compreendeu que a operação da leitura pode coincidir com a da escrita. Mais vale notar que a arte de escrever (e de ler) é definida como uma "estratégia",³² cujas operações, minuciosamente montadas, implicam instruções secretas e, logo, o uso de um código. O termo *estratégia* surge várias vezes sob a pluma de Strauss para sustentar uma comparação, de resto muito elaborada, pois que ela quer nos mostrar que, falando longamente da guerra nos *Discorsi*, o escritor revela simbolicamente o método da guerra que ele conduz contra o leitor inimigo, instalado na fortaleza dos antigos *modi ed ordini*; notadamente, que ele se representa sob os traços do capitão em combate. No entanto, a definição da escrita como estratégia é ainda insuficiente, pois a operação da escrita é secundária. Por mais concertada e complicada que seja, ela é da ordem dos meios. Estes são subordinados ao objetivo de um *ensinamento*. A repetição deste termo (*teaching*) é impressionante no discurso de Strauss: ele fornece mesmo a indispensável articulação de sua composição. A obra compreende, com efeito, quatro partes: "The Twofold Character of Machiavelli's Teaching"; "Machiavelli's Intention: The *Prince*"; "Machiavelli's Intention: The *Discorsi*"; "Machiavelli's Teaching".

A via desde o conhecimento do ensinamento duplo até o conhecimento do ensinamento único do pensador é rigorosamente traçada graças à identificação dos signos que advertem de sua intenção. Sem dúvida, é difícil a

---

31 Ibid., pp. 48-9.   32 Ibid., p. 35.

um intérprete falar de Platão, Aristóteles, Maquiavel, Espinosa, Hegel ou Marx sem recorrer ao termo "ensinamento". Em certo sentido, suas obras continham um ensinamento. Por vezes, as próprias pessoas ocuparam a posição de mestre diante de alunos, em um quadro instituído ad hoc. Todavia, esse termo adquiriu para nossos contemporâneos um significado cujo alcance não poderíamos deixar de apreciar: ele coloca em cena uma relação entre um sujeito que deve deter um saber em certo domínio e outros sujeitos que devem, graças a sua ação, tomar posse desse saber, ou ao menos adquirir um poder de saber no mesmo domínio. E essa relação, se exercendo em uma instituição, parece legítima porque a posição do mestre é socialmente reconhecida e socialmente garantida como tal. Devemos estar atentos a essa imagem do ensinamento, e tanto mais porque a obra de Leo Strauss, concebida seguindo regras análogas, ao que parece, àquelas que ele descobre na obra maquiaveliana, constitui, como se assinala no prefácio, uma versão estendida das aulas proferidas na Universidade de Chicago. Strauss está sem dúvida consciente do fato de a palavra de Maquiavel, diferentemente da sua, não se inscrever em uma instituição, e de a garantia de legitimidade lhe fazer falta — e, simultaneamente, a garantia de sua utilidade —, ainda que ele guarde silêncio a esse respeito, um silêncio que será preciso perguntar se é intencional e se atrai a atenção para uma verdade de grande importância ou, antes, se assinala a suas expensas um grande buraco em seu discurso, um buraco de grande importância. Desde esse momento, nos parece inegável que a insistência em reduzir a obra de Maquiavel a um ensinamento permite relacionar, segundo a convenção, três problemas: o dos meios, o do objeto e o do objetivo concebido pelo mestre. O primeiro tem um estatuto privilegiado, porque é ao se interrogar constantemente sobre os artifícios utilizados — aquilo que nomeávamos *estratégia* e podemos agora designar como *pedagogia* — que é possível definir o objetivo e o objeto. O objetivo sendo, de maneira geral, a formação de alunos suscetíveis de transmitir ou aplicar o ensinamento, descobrimos pelo exame dos meios que a tarefa de Maquiavel é de se fazer entender por uma categoria particular de leitores, excluindo outra. Esses leitores não são somente aqueles que desejam se liberar da opinião, mas, pois que a opinião está a serviço da conservação da ordem estabelecida, aqueles que estão naturalmente dispostos a acolher o novo, quer dizer, os jovens. Quanto ao objeto, já o entrevemos ao descobrir que ele concerne aos princípios do pensamento político que rompem com aqueles da tradição.

No entanto, não fazemos mais do que entrevê-lo. Ainda que seja impossível resumir o argumento de Strauss, é necessário indicar a direção de sua interpretação para adquirir uma ideia mais precisa dos novos princípios.

Uma vez admitida essa evidência de primeira vista, a de que o escritor se dirige, em uma obra, a um "príncipe atual" e, na outra, a "príncipes potenciais" — jovens burgueses que merecem governar —, e que ele deve adaptar seu discurso ao caráter de seus interlocutores,[33] por exemplo silenciar aqui sobre as virtudes do povo e lá evitar desvelar inteiramente a natureza do poder, devemos julgar que ele propõe sempre um mesmo objetivo. Escrevendo o *Principe*, ele não busca somente provocar uma mudança nas instituições políticas da Itália, definir os meios necessários para a criação de um Estado italiano independente, mas quer despertar em uma elite a consciência de suas tarefas, liberá-la dos preconceitos às quais está presa pelo vínculo a uma tradição perniciosa. Embora analise somente eventos e discuta somente sobre os meios de ação, é no espírito, mais dos que nas coisas, que ele quer colocar a revolução. O fato de o procedimento dos *Discorsi* ser diferente daquele do *Principe* apenas sublinha a natureza do projeto. No *Principe*, o último capítulo, proclamando um ideal patriótico, tem a função de transmitir as duras lições de violência que foram dadas de início.[34] Nos *Discorsi*, o recurso à convenção precede a comunicação da verdade. Pretendendo de início visar apenas o bem comum, o autor louva Roma excessivamente e enaltece os méritos da mais longínqua Antiguidade, permite-se destruir pouco a pouco a imagem tradicional do Bem, criticar na sequência o regime republicano e opor à autoridade dos Antigos o conhecimento que retira de uma livre reflexão sobre a História presente e passada. As duas obras são concebidas segundo um plano singular que se furta sempre a nosso primeiro olhar, mas estão a serviço de um único desígnio. No que concerne ao *Principe*, não nos aproximamos do segredo senão no momento em que percebemos, por detrás do apelo aparente que ele contém, outro apelo, por detrás das premissas às quais a análise dos primeiros tipos de principado parece remeter, outras premissas de um alcance diferentemente geral. Como tomar ao pé da letra os conselhos que Maquiavel dirige a Lorenzo de Médici, o eventual libertador da Itália? Se ele silencia, contra as expectativas, sobre as dificuldades que encontraria seu empreendimento

---

33 Ibid., pp. 20 ss.   **34** Ibid., p. 79.

de liberação é porque não o encara seriamente. Ele conhece muito bem as divisões que arruínam a Itália para supor que elas se apagarão um dia; tem uma ideia muito justa da fraqueza dos príncipes atuais para esperar que eles imitem Moisés ou Rômulo. O apelo para libertar a Itália dos bárbaros pelo ferro, pelo veneno e pela astúcia, no qual parece culminar o *Príncipe*, esconde outro projeto. Quando o procuramos, descobrimos um fio que liga secretamente vários capítulos cujo encadeamento parecia à primeira vista obedecer a um princípio escolástico de classificação. Aparentemente, sob o pretexto de analisar os erros cometidos pelo rei da França quando de sua conquista de Milão, Maquiavel recomenda ao príncipe novo não enfraquecer a potência dos pequenos Estados e se opor aos mais fortes, em outros termos, atacar o Estado pontifical. Sob o pretexto de comparar as dificuldades encontradas na conquista de países regidos como a Pérsia e a França, ele demonstra que a Itália, cujo caso é análogo ao de sua vizinha, não poderia ser unificada e mantida sob disciplina senão ao custo de uma resoluta política de extermínio das famílias reinantes. Sob o pretexto, ainda, de examinar o caso particular que apresentam os Estados republicanos, aos olhos do conquistador, ele ensina que os regimes livres oporiam tal resistência à unificação da península que não haveria outros meios além de arruiná-los ou dispersar seus habitantes. Enfim, a análise da política de Bórgia, sugerindo que esta se encontrava condenada ao fracasso porque dependia da potência de Alexandre VI, dá a entender que a condição do sucesso é vencer o poder de Roma. Seguindo diversos desvios, Maquiavel quer, então, conduzir seu leitor a esta conclusão, muito escandalosa para ser enunciada claramente: o Estado do papa deve ser secularizado, as liberdades, destruídas, e as dinastias, aniquiladas, para que a Itália saia da condição presente.

Se nos interrogamos, por outro lado, sobre a natureza das novas instituições (*modi ed ordini nuovi*), cuja criação parece comandar o futuro político, uma indução análoga se impõe. Inicialmente, somos tentados a defini-las segundo os exemplos gloriosos que deixam os grandes fundadores de Estado. Apoiar-se sobre suas próprias armas, não depender nem de outrem nem da Fortuna, não recuar diante do emprego da força, utilizar de todos os meios úteis para atingir o fim proposto, satisfazer às exigências legítimas da gente mais humilde e lhe inspirar confiança sem temer descontentar a nobreza: tais são as regras do sucesso aparentemente universais. Mas, se observarmos como Maquiavel passa da análise da conduta dos grandes fundadores àquela dos príncipes de menor envergadura, tais como Bórgia ou Agátocles, para por fim oferecer como modelo a política de Severo, imperador romano condenado a viver em uma época de decadência — que decidiu se apoiar sobre o exército e satisfazer suas reivindicações sem fazer caso dos direitos da massa —, devemos reconhecer que a imagem de uma justa aliança entre os interesses do povo e os do soberano não determina de forma alguma a teoria da política. A ideia de que o príncipe prudente é necessariamente conduzido a servir o bem do povo é substituída por aquela de que não há diferença entre o herói virtuoso e o criminoso talentoso diante de imperativos do poder.

Essa interpretação do *Príncipe* sugere que Maquiavel se preocupa mais em definir a natureza do poder e as condições do jogo político em uma Itália independente do que em dar conselhos a um conquistador ou definir para ele as instituições mais eficazes. Ele oferece os heróis da Antiguidade como exemplo a Lorenzo, convencido de que este não poderia imitá-los; ele lhe propõe agir como Bórgia, sem ignorar que enfrentaria as mesmas dificuldades. Os *modi ed ordini nuovi*, cuja necessidade proclama, não se prendem a nenhum empreendimento particular: são princípios que governam a inteligibilidade das relações políticas. É ele, Maquiavel, o fundador ou o príncipe, que os apresenta. É ele o profeta, aparentemente desarmado, mas que não espera o sucesso no presente e conta com uma conversão dos espíritos para recrutar o exército de um novo mundo.

A leitura dos *Discorsi* confirma e enriquece essa tese. A isso somos levados com ainda mais segurança por termos sido tentados a opor as duas obras. Uma trata dos príncipes, a outra parece se empenhar em um estudo das repúblicas; na primeira, o escritor jamais compara os méritos dos diferentes regimes, na segunda ele enaltece as qualidades do povo, a excelência do regime republicano e distingue com toda clareza desejável a potência legítima da ilegítima. Tal soberano é aqui um motivo de admiração e lá, designado como um criminoso. Entretanto, se nos detivermos nas primeiras proposições anunciadas nos *Discorsi*, devemos reconhecer que a única diferença é de perspectiva. Na realidade, os *Discorsi* não contêm somente uma análise das instituições da República romana; eles consideram também o período do Império e exemplos tomados de empréstimo de uma Antiguidade mais longínqua. Eles discutem várias vezes a política dos príncipes, e seu ensinamento concerne a todos os aspectos da vida da sociedade. Tanto em uma obra quanto em outra, Maquiavel parte em descoberta de novos continentes e, sem dúvida, é nos *Discorsi* que ele leva mais longe seu movimento de exploração. Essa audácia, como dissemos, o coloca na necessidade de multiplicar as precauções e embaralhar as pistas aos olhos do leitor inimigo. Mas, uma vez descobertas, as pistas sempre conduzem ao mesmo objetivo. Maquiavel começa louvando Roma e Esparta, tomando de empréstimo exemplos da mais alta Antiguidade, e notadamente do Egito, a respeito do qual observa simultaneamente que não sabemos nada de seus primeiros legisladores: o que significa que de início pretende proceder como se as coisas antigas fossem naturalmente boas. Ele não hesita, assim, em citar os heróis lendários e em confundir a mitologia e a História. Mas sua preocupação é denunciar a mentira da tradição. Atraindo a atenção para o papel que desempenharam os grandes fundadores ou os grandes reformadores, ele coloca em evidência uma tarefa de inovação, oferece como modelo homens que tiveram a audácia de romper com o passado para criar instituições inteiramente novas. Buscando as razões da grandeza de Roma, revela que o Estado soube escolher seus servidores sem consideração por sua idade e louva as virtudes da juventude. Da mesma forma, exalta a perfeição das instituições romanas nos primeiros tempos da República; esse procedimento lhe permite dizer em seguida que ela quase caiu na tirania e que o patriciado romano, a classe dominante mais sábia de que temos notícia, não cessou de atormentar o povo. Da mesma forma, ele exalta inicialmente a obra de Rômulo e justifica seu crime pelo cuidado com o bem comum, mas em seguida revela que o sucesso de seu empreendimento foi efeito de sua astúcia e das condições primitivas nas quais vivia o povo. Nós compreendemos então aquilo que não podíamos descobrir imediatamente: que a busca pelo bem comum não interessa ao legislador. A religião romana, assim que é tomada em consideração, suscita os comentários mais elogiosos, e Numa, por ter estabelecido seus princípios, parece ter adquirido uma glória igual à de Rômulo. Mas mais tarde ela se revela cheia de artifícios, um instrumento de opressão a serviço do homem de Estado ou de chefes militares astutos; seu fundador não é nada além de um príncipe fraco cuja política, se tivesse sido imitada por seus sucessores, teria arruinado a República.

Quem segue atentamente o discurso de Maquiavel deveria então reconhecer sua intenção. Como escreve Strauss:

> Maquiavel apenas pode levar seus leitores a descobrir por si mesmos os princípios vis, mas verdadeiros, que somente é permitido sugerir, se

apela em ocasiões diferentes a princípios diferentes, sendo todos eles respeitáveis e suscetíveis de serem publicamente defendidos, mas que contradizem uns aos outros: a contradição entre eles pode levar alguns leitores aos verdadeiros princípios em sua nudez. Assim, ele tempera seu ataque contra a Igreja romana fazendo apelo ao cristianismo original. Modera o ataque que lança contra a religião bíblica louvando a religião em geral. Tempera seu ataque contra a religião louvando a humanidade e a bondade. Tempera suas análises das condições vis e desumanas nas quais se exercem a bondade e a humanidade censurando a tirania e bendizendo a liberdade, a prudência constante e a generosidade de um senado. Mitiga o choque de sua análise impiedosa da virtude republicana, compreendida em sua mais alta acepção, rendendo homenagem à bondade e à piedade do povo e reconhecendo a justiça de suas exigências. Mitiga o choque de suas análises impiedosas dos defeitos do povo fazendo apelo a um patriotismo que legitima a política do ferro e do veneno seguida por um leão muito feroz e uma raposa muito astuta, ou que legitima a espécie de governo conhecida tradicionalmente como tirania.[35]

Se nos mantivéssemos nessa percepção do ensinamento maquiaveliano, não atingiríamos ainda seu fundamento. No dizer de Strauss, o alcance dos novos princípios do pensamento político não pode ser apreciado senão sob a condição de descobrir que ele resulta da destruição deliberada da autoridade da Bíblia. O intérprete julga que o estatuto atribuído ao texto de Tito Lívio, na primeira parte dos *Discorsi*, lhe confere uma autoridade que tende a destituir a da Bíblia. Operação possível porque Maquiavel tira partido do preconceito em favor da Antiguidade clássica e, em termos mais gerais, da crença comum na identidade do bom e do antigo. Assim, ele pode fazer de um historiador admirado o substituto da garantia de todo saber, e do povo romano, o substituto do povo eleito. Mas sua eficácia é suspensa em uma segunda operação que consiste em destituir pouco a pouco a autoridade de Tito Lívio e revelar a perversidade da República romana.[36] Tito Lívio desempenha então um duplo papel: sobre sua imagem é investida a fé do leitor e sobre sua imagem se faz o trabalho

---

35 Ibid., p. 132.   **36** Ibid., pp. 92-3.

de desagregação de toda fé. Sob seu disfarce, Maquiavel faz aparecer no primeiro livro dos *Discorsi* a verdadeira diferença que haveria entre Roma e Florença, mostrando que ela se deve à natureza das classes dominantes e que essa própria diferença se deve à relação que elas mantêm com a religião. Essa verdade, apresentada no capítulo 39, esclarece o desígnio de todo o livro, da mesma forma que a oposição entre os Estados armados e os Estados desarmados sustenta a crítica do cristianismo que constitui o tema do segundo livro. Mas, além disso, atacando o preconceito aristocrático de Tito Lívio e ligando o problema da moralidade àquele do bem da multidão, ele arruína as próprias bases do ensinamento bíblico que liga a moralidade à origem divina do homem. Assim, o intérprete não hesita em escrever: "Se é verdade que a Bíblia estabelece a exigência da moralidade e da religião sob a forma mais intransigente, o tema central dos *Discorsi* deve ser a análise da Bíblia".[37]

Quando pretende definir na quarta parte de sua obra o "ensinamento de Maquiavel", Strauss não fala mais da natureza do poder, das classes sociais e da ação do sujeito político, mas dedica a primeira seção desse capítulo a demonstrar que as palavras do *Principe* e dos *Discorsi* são dirigidas contra a tradição bíblica. É no fim dessa seção que ele se defende por ter exagerado a importância do problema religioso e sustenta que Maquiavel, como Hobbes, tem apenas um inimigo: *the kingdom of darkness*; e que para eles esse combate importava mais do que qualquer questão simplesmente política. Todavia, como havíamos anunciado, o movimento que conduz Maquiavel a recusar a existência de um princípio transcendente e a substituir as ilusões da religião pelas verdades da razão, cujo primeiro fiador é seu discurso, o leva a atacar o ideal clássico da virtude e da justiça e, finalmente, a ignorar a distinção entre a filosofia e a política, quer dizer, a natureza da filosofia como tal. Do mesmo modo, a composição do último capítulo nos informa eloquentemente: a primeira seção que discute a relação de Maquiavel com a Bíblia é sucedida de imediato por uma segunda e última seção que discute sua relação com o pensamento grego, essencialmente com Aristóteles. O argumento último é para nós da mais alta importância, pois que contém a passagem do enunciado à crítica dos princípios de Maquiavel. Mas ele o é indubitavelmente no espírito do intérprete, que declara de

---

37 Ibid., p. 133.

súbito que o novo — ou o supostamente novo — do ensinamento de Maquiavel não pode ser definido senão em relação com a questão da moralidade: "A pretensão à novidade", afirma ele,

> é avançada somente em nome de um ensinamento que concerne à política e à moralidade, enquanto ele se distingue de um ensinamento concernente à religião. E, de fato, é apenas seu ensinamento concernente à política e à moralidade que pode ser considerado como inteiramente novo. Nesse ensinamento, Maquiavel desafia não apenas aquele da religião, mas também a tradição filosófica em sua integridade.[38]

As proposições nas quais o intérprete sugere passo a passo que a religião é e não é o principal objeto do discurso engendram uma contradição que, uma vez conhecidas as regras da escrita de Strauss, parece intencional. Seu propósito é afastar a acusação que um leitor cristão poderia fazer contra ele. Assim, ele afirma que a religião e a moralidade são a mesma coisa e que o ataque maquiaveliano contra a religião oferece o essencial de seu ensinamento. Mas seu propósito é, além disso, estabelecer uma cumplicidade com um leitor filósofo: a este ele sugere que talvez não seja uma crítica da ilusão religiosa que funda a pretensão de afirmação de um pensamento novo, que essa pretensão é legítima apenas quando formulada por alguém que tem conhecimento do discurso da filosofia e dele se serve para oferecer sua verdade. Assim, apreciamos seu cuidado em estabelecer em primeiro lugar que Maquiavel não se limitou, como a opinião o imagina, à elaboração de uma técnica da política, que ele alia ao conhecimento das coisas particulares e da prática um conhecimento geral, que a ciência, tal como ele a entende, é aquela da natureza da sociedade e das coisas do mundo, e que enfim ele sabe que a análise das sociedades corrompidas é possível somente sob a condição de fazer o estudo das sociedades não corrompidas. Argumento que culmina na afirmação de que o fundador dos *ordini nuovi* não opõe uma ciência simplesmente descritiva ou analítica à filosofia normativa, mas quer substituir o falso normativo pelo verdadeiro normativo. E culmina também nesta segunda afirmação — necessariamente ligada à primeira, mas mais explicitamente ligada à tese do intérprete — de que ele

---

[38] Ibid., p. 232.

tem a compreensão da filosofia grega e refuta deliberadamente seu ensinamento para dar autoridade ao seu.³⁹

A filosofia política clássica, segundo Strauss, pretende estar fundamentalmente de acordo com o que é em geral dito sobre o Bem. Maquiavel finge tomar para si essa pretensão e reproduz assim os julgamentos que todo homem dotado do sentido da moralidade supostamente subscreveria. Esses julgamentos lhe oferecem a matéria dos "*first statements*". Disso resulta, em primeiro lugar, que a bondade ou a virtude é louvável ao mesmo tempo por seu valor intrínseco e por seus efeitos: ela proporciona honra e glória e faz a grandeza e a segurança das monarquias e repúblicas. Encontra-se fundada a tese de que um príncipe deve ser distinto de um tirano. Mas também a de que a república é o melhor regime, pois está mais bem protegido do vício da ingratidão e da má-fé aos quais está exposto aquele que reina só. Além disso, como a bondade implica a preocupação de ser útil a outrem e está associada à honestidade — que implica a preocupação de não se apoderar do bem de outrem e de não lhe causar dano —, disso resulta esta outra tese: as reivindicações do povo são mais honestas do que as dos grandes e a melhor república é aquela onde há menos ocasião para que seus membros se apoderem dos bens de outrem, quer dizer, aquela onde os cidadãos são mantidos na pobreza e a riqueza é reservada ao Estado. Enfim, como a bondade é também apreciada pelo renome que proporciona ao indivíduo, a virtude extraordinária supera a virtude ordinária, por ser mais honorável. Enumerando as ações que tornam um príncipe honorável, Strauss aponta que a distinção entre honesto e honorável, ao permanecer implícita, não é menos central nas obras de Maquiavel e substitui aquela entre magnanimidade e justiça, este último termo se encontrando excluído nas passagens mais importantes.⁴⁰ Mas, segundo ele, essa representação é defendida somente para ser destruída em seguida. Maquiavel empenha-se, com efeito, em colocar a opinião comum em contradição consigo mesma, mostrando que ela louva e censura de maneira inconsiderada o mesmo objeto — por exemplo, a astúcia julgada detestável e admirada na guerra — e que enfim ela se refugia para mascarar suas contradições nos compromissos, na *via del mezzo*.⁴¹ A crítica da via do meio, observa ainda Strauss, é essencial para Maquiavel arruinar a autoridade de Aristóteles, que instala a

---

39 Ibid., pp. 233-4.   **40** Ibid., p. 236.   **41** Ibid., pp. 237-8.

virtude na igual distância entre dois vícios opostos, ou a vincula à moderação ou à recusa dos extremos. A análise das virtudes do príncipe que se abre no capítulo 15 do *Príncipe* é conduzida com esse desígnio: ela estabelece que cada virtude tem por oposto somente um vício e, contra Aristóteles, que abre uma exceção a seu esquema atribuindo à justiça um único oposto, ela própria abre uma exceção sugerindo que uma única virtude, a liberalidade, tem dois vícios opostos, a parcimônia e a rapacidade — procedimento, à primeira vista, desconcertante, pois que o primeiro vício está ligado ao uso da propriedade e deveria ter por contrário a prodigalidade, que é substituída pela rapacidade, inscrita no registro da apropriação do bem de outrem, modo da injustiça. Mas o artifício serve para subverter a tese clássica, pois, demonstrando que o príncipe não pode ser liberal com seus súditos — salvo em circunstância particular — sem se colocar na necessidade de encontrar recursos sempre novos, que lhe permitirão manter sua reputação, quer dizer, sem se colocar na necessidade de se tornar rapace, o escritor estabelece que o vício da parcimônia é a melhor conduta e, de maneira geral, que a justa via passa não entre dois vícios, mas entre a virtude e o vício. Mas essa conclusão é ainda provisória: nenhuma via do meio poderia ser definitivamente segura; o que Maquiavel ensina é que o príncipe deve saber usar a cada vez a natureza do homem e a da besta, segundo a necessidade, ou que a passagem entre a humanidade e a desumanidade é sempre refeita. O que ele ensina é que a justa via implica a alternância entre o vício e a virtude, representação que substitui aquela da alternância entre o pecado e o arrependimento.[42]

Entretanto, essa oposição apenas é inteligível se admitirmos que a oposição entre vício e virtude não é a última. E, de fato, o papel atribuído à prudência sugere que a descoberta da justa via, que é preciso a cada vez reinventar em uma relação com outrem, em momento e lugar singulares, coloca em jogo uma operação de conhecimento. Colocando o acento sobre a livre escolha do indivíduo, fundada sobre o exercício do saber, Maquiavel parece novamente reencontrar Aristóteles. Mas, se para Aristóteles o homem pode escolher o bem e o mal, é verdade que "sua liberdade é compatível com" a necessidade natural e absoluta

---

42 Ibid., pp. 239-41.

em virtude da qual o homem está inclinado em direção ao bem soberano ou à verdadeira felicidade; ela é também compatível com essa necessidade em virtude da qual os meios ou as coisas boas ou más estão ligados a fins ou ao fim último; escolhendo os meios sem os quais ele não pode atingir seu fim ou atingi-lo bem, o homem escolhe livremente. Mas a liberdade de querer é incompatível com a necessidade pulsional em virtude da qual o homem é literalmente impelido por outros agentes a agir contra sua inclinação natural.[43]

Ora, os termos com os quais Maquiavel defende a tese da liberdade humana, colocando em cena o conflito da vontade com a Fortuna, lembram que sua definição do acaso supõe uma concepção da necessidade e da natureza, e que esta rompe com a tradição clássica. Maquiavel, com efeito, parece primeiramente distinguir as ações inspiradas pela virtude daquelas que são comandadas pela necessidade, e privilegiar as primeiras. Mas ele aponta que a necessidade conduz o homem aonde ele, pela razão, não queria ir, e que então agir virtuosamente é, para ele, conhecer a necessidade. Além disso, ele sustenta que o homem pode agir com sucesso apenas se as condições sociais e históricas lhe permitem exercer os talentos fixados por sua própria natureza e pelos hábitos adquiridos, sugerindo assim que a necessidade governa a própria virtude — mesmo que ela seja extraordinária —, quer dizer, as boas escolhas e as boas ações aparentemente livres. Todavia, seu elogio da necessidade, considerada a única coisa suscetível de tornar os homens bons, impede que nos detenhamos nesta última concepção e na contradição que ela introduz na tese da liberdade. O conceito se esclarece sob uma nova luz quando vemos que aquilo que obriga os homens a fazer a escolha justa e dela extrair as justas consequências é o medo primordial, a experiência do perigo de morte. Então se torna legível o movimento que conduz, sob seu efeito, da luta pela subsistência (que está na origem do reagrupamento dos indivíduos sob uma autoridade política e prossegue nas guerras travadas pelos povos expulsos de seus territórios por flagelo natural ou um invasor) à luta pela apropriação dos bens de outrem e pela defesa da propriedade (objeto a que mais se apega o homem em toda sociedade, depois de sua própria vida) e à luta pelas honras e pela

---

43 Ibid., pp. 244-5.

glória (a qual se institui pela impossibilidade de encontrar satisfação na conquista dos bens). Uma vez reconhecido esse movimento, a relação entre a escolha e a necessidade não é mais contraditória. Não apenas porque não são concebíveis uma sem a outra, mas porque se verifica que a primeira figura da luta pode ser ela própria criada pelo artifício daquele que se inscreve na última figura: o fundador sendo esse homem que, pela escolha da glória, coloca um povo na necessidade de enfrentar o perigo de morte para sua sobrevivência — fundador no sentido literal do termo, seguramente, se ele é o criador do Estado, mas mais geralmente no sentido simbólico: o príncipe que está no poder, a classe dominante, o capitão no combate cuja intervenção é a única capaz de instaurar o bom efeito do medo primordial ou de colocar a massa em condições de agir por necessidade. Necessidade e escolha, segundo a fórmula de Strauss, estão ligadas como o alto e o baixo.[44] O desejo de glória é o sublime avatar do efeito da necessidade e está igualmente no lugar da causa pela qual a necessidade surte efeito.

Assim é possível compreender aquilo que, à primeira vista, desorienta em Maquiavel, a eleição do ponto de vista do fundador e simultaneamente a preferência concedida ao regime que mais satisfaz as reivindicações do povo. É pela ação dos homens capazes, sob o efeito do desejo de glória, de se desprender dos bens que bastam à maioria, que surge uma tarefa política. A política, como nos é sugerido, é concebível somente em função de um empreendimento que reflete a experiência da necessidade e, nesse movimento, o sujeito político faz do próprio homem sua matéria. Diferentemente de Aristóteles, Maquiavel considera que a relação do fundador com a matéria humana não é sensivelmente diferente daquela do ferreiro com o ferro ou com a matéria inanimada: o homem aparece como essencialmente maleável, o objeto do trabalho do homem.[45] Mas é também verdadeiro que a matéria não é informe e que ela torna possíveis certas operações a despeito de outras. "O êxito mais completo requer que se reencontrem a necessidade de operar bem, que é efetiva no criador da forma [*in the giver of the form*], e a necessidade de operar bem que é efetiva na matéria. Mas esse reencontro não é ele mesmo necessário."[46] Os traços dos príncipes se modificam em função das condições nas quais a fundação se exerce. As condições materiais encontram um limite para sua eficácia no fato de uma

---

44 Ibid., p. 250. 45 Ibid., p. 253. 46 Ibid., p. 252.

virtude extraordinária que é suscetível de provocar uma mudança na natureza do povo. A liberdade do fundador encontra seu limite no acaso que marca a relação de duas ordens da necessidade. Mas é preciso reconhecer que, qualquer que seja a maneira como se ordena o jogo político (em benefício da tirania ou da melhor das repúblicas), não há diferença essencial entre os fundadores: a classe dominante em Roma se assemelha a todas as classes dominantes e a todos os príncipes, mesmo que seja verdade que seu comportamento apresenta características peculiares muito significativas. Da mesma forma, é preciso reconhecer que, como a ambição do príncipe ou dos Grandes pode encontrar satisfação somente pelo conhecimento da necessidade primária e, logo, compõe com as reivindicações da multidão — que concernem principalmente à proteção da vida e da propriedade —, todos os regimes podem ser avaliados em função da resposta que trazem ao problema da instituição do bem comum.

Devemos também acrescentar que, se o bem comum é concebível somente em sua relação com o bem da multidão, ele não é redutível a isso. "Em todos os casos, o bem consiste em uma harmonia precária entre o bem da maioria e o bem dos Grandes", escreve Strauss.[47] A República romana dá a melhor imagem dessa harmonia porque nela o patriciado, sob o aguilhão de seu desejo de glória, faz as maiores concessões à plebe; dizendo de outro modo, para obter seu auxílio nas guerras de conquista ele lhe concede direitos que satisfazem a reivindicação de segurança. Mas, esclarece Strauss, "cada vez que essa harmonia deixou de existir, o bem do grande número prevaleceu sobre o do pequeno número, em virtude do mesmo princípio segundo o qual o bem comum prevalece sobre todo interesse particular ou sobre aquele de uma fração da coletividade".[48] Assim, o mesmo argumento conduz a descobrir, na República romana, o modelo do melhor regime e a descobrir, na tirania (na falta das condições de realização desse modelo), uma solução possível ao problema político. Tomando-se o bem comum em uma acepção amoral, Maquiavel pode conciliar a escolha que faz em favor de Roma e o princípio de neutralidade que lhe permite o estudo dos diversos regimes políticos em uma indiferença deliberada diante das distinções estabelecidas pela tradição clássica.

---

[47] Ibid., p. 271. [48] Ibid.

Essa interpretação, cujas consequências é impossível pesar examinando o miúdo do texto, engendra uma última questão, à qual devemos prestar a maior atenção porque sua resposta implica a última condenação do ensinamento de Maquiavel. Uma vez confirmado que este se apresenta como o mestre dos fundadores (*the teacher of founders*) — tomando esse termo em seu sentido mais geral —, que ele pretende ensinar-lhes os meios para melhor satisfazer seu desejo de glória, e se esse projeto supõe um abandono das opções políticas às quais estão ligados os empreendimentos humanos, se a definição do bem comum está fundada sobre o saber da necessidade, qual estatuto Maquiavel pode atribuir àquilo que é, segundo ele, a busca pela verdade? Strauss é muito cuidadoso ao sublinhar a intenção, formulada no *Príncipe* e nos *Discorsi*, de oferecer um ensinamento para o benefício de todos; ela seria ininteligível, ele observa, se tal ensinamento fosse simplesmente político, pois então ele estaria submetido aos conflitos que sempre e em todo lugar dividem os homens. O único bem comum a todos os homens, ao mesmo tempo o mais privado e o mais público, é a verdade. No entanto, não podemos esquecer que a busca da verdade, nas duas obras, está ligada à criação de novos princípios do pensamento político, logo, a um ataque contra aqueles que defendem os princípios reinantes. A contradição que engendra a busca de princípios dos quais tiram partido seus adversários pode ser todavia desarmada se reconhecermos que, para Maquiavel, não há bem sem mal. Assim, o maior bem tem também um avesso. Todavia, com essa observação, é apenas colocada uma baliza na direção da resposta. A verdade sobre o homem e a sociedade que Maquiavel enuncia é que seus destinos se encontram ligados a esse efeito último da necessidade que constitui o desejo de glória. Julgando-se o mestre dos fundadores, Maquiavel é a seus próprios olhos o verdadeiro fundador, aquele que traz os *modi ed ordini nuovi*. Sua fundação nos faz então reconhecer que o desejo da maior glória é aquele do escritor que espera de sua obra a imortalidade. Sem dúvida, o desejo de glória do fundador-homem de Estado o desvincula dos primeiros efeitos da necessidade e o incita a realizar uma obra a serviço da maioria, quer dizer, a conciliar sua ambição privada com a instituição de uma república bem-ordenada. Esse fundador não espera somente o louvor dos homens no presente, mas reivindica uma glória imortal. Resta que as exigências do poder criam um conflito entre esse desejo e o cuidado com a segurança. O escritor, em troca, precisamente porque não tem poder, porque sua palavra está subtraída às consequências do evento, pode pretender à glória mais pura. Leo Strauss sugere, no entanto, que ele a atinge ao mesmo tempo reivindicando a verdade, na desvinculação com as opções da política, e dando o testemunho da glória dos maiores fundadores, isto é, os criadores de Estado, heróis semimíticos e legisladores da melhor das repúblicas. Ele sugere, assim, que o discurso de Maquiavel sobre a política, em seu próprio conteúdo, quer dizer, nas *verdades* que ele ensina, se encontra a serviço de sua glória — ou, dizendo de outra forma, que não podemos distinguir a intenção da verdade da intenção da glória. Ele recorda que Platão[49] conhece a virtude da simulação que nos permite, em virtude da identificação com o fundador, esquecer nosso interesse imediato. O Sócrates da *República* convida Gláucon e Adimanto a forjar as instituições de uma cidade e, por esse procedimento, os libera da tentação da tirania: atribuindo-lhes o papel de fundadores imaginários, ele os introduz em uma reflexão sobre o bem comum. Mas para ele isso é apenas uma etapa na via que conduz à descoberta do Bem soberano e da diferença entre filosofia e política. Em compensação, o pensamento de Maquiavel se esgota, ao descrever a simulação do bem, na conversão da ambição privada em devoção à causa pública e ao efetuar essa simulação com sua própria obra de escritor. E se for preciso admitir que ele conhece o limite de seu projeto, esse limite testemunha não a crença em algo para além da glória, mas em algo aquém. Como vemos na leitura de *A mandrágora*, ele não pensa que o bem do homem coincide absolutamente com o bem tomado no sentido político. Quando se ocupa da comédia, mostra que a alternância entre a leveza e a gravidade é para ele o impulso do desejo natural. Em suas obras de política, essa alternância é preservada: por mais apaixonado que esteja pelo desejo de glória, ele sabe que ela jamais está, mesmo para o escritor, ao abrigo dos acidentes, que o acaso conserva seu poder último. Assim, a seriedade de seu empreendimento é equilibrada pelo prazer da expressão: ao mesmo tempo ele se faz o mestre dos fundadores e comunica seus pensamentos aos jovens. Se nós compreendemos bem Strauss, ele alia o ensinamento ao jogo.[50]

No curso de nossa análise dos argumentos de Strauss, chegamos a assinalar contradições e a supor que elas eram intencionais. Sem dúvida, aquele que nos lê percebeu outras que não foram nomeadas e que ele poderia se

---

49 Ibid., p. 289. **50** Ibid., p. 290.

perguntar se eram realmente tais. Por vezes é difícil saber se o intérprete tem consciência ou não de suas contradições. Mas é chegado o momento de dizer que a questão não tem grande pertinência, pois, qualquer que seja a resposta, ela não dispensaria de perguntar ainda se ele continua o mestre do jogo da contradição, se ele dispõe do poder de desatar os nós de seu discurso ou se esse domínio, cujos sinais são habilmente apresentados desde a introdução, é um engodo.

Será de propósito que Strauss reconhece em Maquiavel a qualidade de filósofo e faz dele o destruidor da filosofia? Nós acreditamos que sim. Mas o que significa cada uma dessas representações e como conjugá-las? O intérprete não poderia dispensar a primeira, pois que sustenta que o discurso maquiaveliano é inteligível somente quando nele reconhecemos a intenção de descobrir, pela crítica da opinião, os princípios da política ou a natureza do homem e da sociedade. Mais precisamente ainda, ele parece ocupado em desenraizar as ilusões religiosas que estão no coração da opinião dos homens de seu tempo e em opor à ideia falsa da transcendência a ideia verdadeira das "coisas do mundo". Tal concepção do discurso determina ainda um modo de leitura: porque é filosófico ele se presta a uma leitura filosófica. Sem dúvida, seria possível objetar que qualquer livro, a começar pela Bíblia, se presta a tal leitura. Mas isso seria esquecer que o filósofo não lê a Bíblia, nem nenhum outro livro, pensando que foi escrito para ele: ao contrário, está convencido de que ele se dirige a não filósofos, desde um lugar que não é o da filosofia. E sua eventual interpretação é guiada pelo pensamento da diferença entre filosofia e não filosofia, ou inspirada pelo cuidado de explicar essa diferença a quem está disposto a entender, quer dizer, a quem está disposto à filosofia. A leitura straussiana de Maquiavel implica, em compensação, que este se dirige ao "leitor sábio".[51] Somente essa hipótese autoriza a buscar nas contradições, nas omissões, nas digressões, uma via em direção à verdade. Ela não obriga a postular que as discordâncias e as falhas do discurso sejam sempre o efeito de uma intenção: esse postulado avançado por Strauss é privado de legitimidade; ele se encontra ligado a uma concepção de filosofia como ensinamento ou do filósofo como mestre, cujo fundamento não está de maneira alguma estabelecido. Quando nos situamos no terreno de Strauss, aquele do pensamento grego,

---

51 Ibid., p. 30.

devemos reconhecer que a filosofia fala através do filósofo, que ela não é seu produto, que ele não é o mestre do que o faz falar e que suas contradições podem ser o sinal de sua fraqueza ou o signo de sua fidelidade à questão que ele acolheu. Acrescentemos que, a querer aplicar esse postulado com rigor filosófico, seria preciso, pois que Strauss fala constantemente do *ensinamento clássico*, recobrindo assim as obras de Platão, de Aristóteles e de Xenofonte, interditar-se de pensar que há entre elas discordâncias, pela impossibilidade de atribuir-lhes um mestre comum. Em contrapartida, a hipótese nos coloca na necessidade de interrogar as contradições, as omissões, as digressões nos horizontes de uma pesquisa da verdade. E é preciso extrair a consequência disso: essa necessidade é tal que ela nos priva do poder de colocar-lhes um termo — pois, ao pretender ocupar uma posição de onde poderíamos nos desfazer do discurso filosófico, ver seu "produto" e julgá-lo, deixaríamos de ser um leitor sábio. A relação do leitor com a obra filosófica é tal que ela não poderia ser desatada; ou, para dizer melhor, a obra filosófica é a obra que institui um leitor filósofo — um leitor que não poderia se satisfazer com nenhum dos bens que lhe proporciona sua leitura nem identificar o bem que lhe falta porque ela confere uma figura singular ao desejo de saber, ou submete a uma insatisfação ou um desapossamento singular que poderíamos chamar de interrogação. Isso não significa que a obra seja sagrada e seu leitor, preso a interdições. Ela sempre oferece matéria para refutação, traz o eco da opinião e, por mil canais, se alimenta do desejo de seu autor ou, adotando a palavra de Maquiavel, de seus humores malignos. Mas nenhuma crítica corta o laço que faz o vínculo de seu leitor com aquilo que faz seu próprio vínculo à verdade. Certamente, se Strauss denunciasse as concessões que Maquiavel faz à opinião, sua impotência para se manter no nível da tarefa que sua obra lhe atribui, sua cegueira diante da herança que explora, lhe restaria o direito de nomeá-lo filósofo. Mas não é esse seu propósito. Ao contrário, importa-lhe estabelecer que o escritor governa soberanamente seu discurso, como um conjunto de artifícios agenciados em vista da comunicação dos princípios do pensamento político. E, tendo-o estabelecido, ele denuncia a falsidade desses princípios considerados destruidores da filosofia. Maquiavel — ele declara nas últimas páginas de seu livro — apaga a distinção entre o político e o filosófico, reduz aos limites da Cidade, quer dizer, aos limites da "caverna", a busca da verdade. Ele suprime então o lugar do filósofo. Da virtude moral ele quer conhecer apenas o benefício que dela tira uma boa república, rebaixa as necessidades do homem ao nível de sua animalidade e encontra no desejo de adquirir e na competição os fundamentos de toda ordem social; ele traz os princípios do racionalismo moderno, que implica a representação de um mundo sem profundidade, regulado pelo movimento dos apetites e privado do sentido de seus fins.

Certamente, Strauss quer nos convencer de que, para destruir a filosofia, é preciso ter algo em comum com ela. Por isso recusa a imagem de um Maquiavel "positivista", forjada pelos Modernos que se tornaram cegos para a diferença entre ciência e filosofia. Mas de maneira alguma essa sutileza resolve a contradição: ela produz somente um ligeiro deslocamento dos termos que têm por função mascará-la, mas cujo efeito é expô-la a nossos olhos. Um dos últimos julgamentos sobre o escritor é o que melhor nos instrui acerca desse movimento:

> Para evitar o erro de negar a presença da filosofia no pensamento do escritor, basta recordar o que ele indica no que concerne à relação entre a superioridade do "homem mais excelente" diante do destino e o conhecimento do "mundo" que esse homem tem. Entretanto, como nossa apresentação não poderia deixar de fazer aparecer, temos o direito de dizer que a filosofia e seu estatuto estão ocultos não somente no ensinamento de Maquiavel, mas também em seu pensamento. É infinitamente mais claro para ele que a virtude moral seja uma condição devidamente requisitada pela sociedade do que a ideia de que ela seja uma condição devidamente requisitada pela filosofia. Em conequência disso, ele é incapaz de dar conta claramente daquilo que faz [*to give a clear account of his own doing*].[52]

Deixar de sustentar que Maquiavel é um filósofo, mas que nele há "presença da filosofia", e simultaneamente não sustentar que ele é não filósofo, mas que em seu pensamento a filosofia está oculta, não desarma a contradição. Mas concluir que ele é incapaz de "dar conta claramente daquilo que faz" após ter dedicado mais de trezentas páginas para demonstrar que não havia uma palavra, um deslize de linguagem, um silêncio que não fosse o efeito de uma decisão, é nos obrigar a concluir que o intérprete

---

52 Ibid., p. 294.

não sabe o que faz. Sem dúvida, gostaríamos de encontrar aqui novamente o sinal de um paradoxo deliberadamente produzido. Mas, se esse fosse o caso, a verdade não seria beneficiada. Pois como dizer que Maquiavel conduz rigorosamente seu discurso e que, no fundo, ele ignora seu sentido? Como dizê-lo, justamente, em nome da filosofia clássica? Pois tal é a demonstração incessantemente refeita por Platão, a saber, que o adversário de Sócrates não pode sustentar sua palavra, que o discurso filosófico é o único possível — um discurso, vamos repeti-lo, que não é invenção de Sócrates, mas que comanda o seu próprio. Palavra de violência ou de sedução, palavra dirigida à opinião e movida pela opinião mesmo quando finge desprezá-la, a palavra de Cálicles e de Trasímaco é impotente para comunicar consigo mesma, para se ouvir e para suportar se ouvir. É verdade que Strauss não confunde a posição de Maquiavel com a dos adversários de Sócrates. Ele declara que estes esposam a perspectiva do "explorador" e que Maquiavel esposa aquela do "fundador", como o próprio Sócrates, que Maquiavel começa então a falar no mesmo momento em que Sócrates toma a palavra. Mas essa afirmação não nos é de nenhum auxílio. Se a última palavra de Maquiavel é a glória e não a potência, e se a serviço da glória o mal — segundo o argumento — se converte em certo bem, resta que este é um falso bem, que a última palavra é vã e, logo, que não somente a primeira o era, mas desta àquela o encadeamento oferecia apenas a aparência de inteligibilidade, que ele se operava pelos artifícios da persuasão, e não sob a exigência do saber. O estatuto que Strauss atribui ao discurso maquiaveliano é incompatível com o julgamento que corta seu laço com a verdade. Esse estatuto é o mesmo do discurso socrático. Em tal discurso é impossível dissociar o objeto da prova da descoberta do objeto. Por isso Sócrates não deixa de recordar a seus interlocutores, em diversas ocasiões, que não há nenhuma garantia da verdade fora do próprio discurso, quer dizer, do movimento que remete a palavra à palavra, pela exigência, que ela cria para si mesma, de responder à questão que a institui. Lendo *A República*, não podemos compreender o que Platão diz sobre a política se não tivermos reconhecido que a relação com a política é simultaneamente colocada em jogo na relação com a palavra. Não temos a menor chance de entender Sócrates e, sobretudo, sua relação com Trasímaco se nos escapa o movimento no qual se substituem as posições do poder e do saber no exercício da palavra. Estamos condenados a partilhar a ilusão dos adversários de Sócrates se acreditamos que a política e a filosofia estão divididas, ao passo que ele nos convida a pensar que a política é, de um extremo a outro, filosófica, e a filosofia é, de um extremo a outro, política — política em um sentido inaudito e escandaloso, para o qual permanecem surdos os contemporâneos de Platão assim como sua posteridade.

Devemos ser gratos a Leo Strauss por ter sabido ler no discurso de Maquiavel uma crítica da autoridade que não está nos enunciados mas que constitui sua trama, sobretudo porque nenhum intérprete antes dele, a nosso conhecimento, havia se mostrado capaz de fazê-lo. Mas como não se surpreender por sua perspectiva se esgotar na descoberta da figura dessa autoridade na Bíblia e na filosofia clássica? A determinação da instância real que Maquiavel combateria a obnubila em um duplo sentido, pois é certo que a autoridade se apresenta ao escritor sob traços singulares, que ela reina *aqui e agora* e que a crítica que lhe é feita é, consequentemente, determinada. Mas, ao reconhecê-lo, o intérprete deveria se obrigar a pesquisar como ela reina, em que ela se encarna. Ele deveria interrogar os discursos dominantes no lugar e no tempo em que Maquiavel toma a palavra. Ainda que fosse verdade que eles se nutrem da Antiguidade clássica e da Bíblia, restaria que a Tradição, segundo o termo empregado por Strauss, é viva e ligada de maneira específica ao poder que exercem certos homens na Cidade, ou que desejam exercer. Da mesma forma, dizer que Maquiavel recusa a autoridade de Aristóteles e de Cícero sem se perguntar como essa autoridade se manifesta no âmbito de Florença, no início do *Cinquecento*, nos deixa insatisfeitos. Dizer que Maquiavel explora o discurso de Tito Lívio e a representação de Roma a serviço de sua crítica da autoridade é guiar nossa leitura maravilhosamente, mas é ainda nos deixar insatisfeitos por não interrogar a função que Roma cumpre na imaginação dos florentinos aos quais o escritor se endereça e em que consiste uma prática política que se coloca sob o signo da virtude romana. Além disso, não é menos seguro que a autoridade não coincide com as instâncias determinadas que a representam ou com uma tradição estabelecida. Sob seu efeito se institui uma relação do sujeito com o saber; se concedermos que o discurso maquiaveliano ocupa-se em destituir a autoridade da Bíblia e de Aristóteles, deveremos reconhecer também, a partir da leitura de Strauss, que a crítica excede aquilo que visa, que é o próprio estatuto de um fiador estranho à prova do saber que se encontra em causa. Ora, essa contestação é a mola do discurso da filosofia. Se o entendemos bem, o intérprete atribui a degradação de Maquiavel a seu desejo de substituir sua própria autoridade àquela da tradição, o qual se confunde com seu desejo de glória. Mas esse julgamento requer a prova de que seu discurso é escrito para o efeito da glória. No entanto, não oferece a prova de que Maquiavel se apresenta como um fundador. Ele não reivindica o lugar do fundador mais do que o Sócrates de *A República*. Se não há de fato um príncipe que seja fiel à imagem que Maquiavel compõe do príncipe, não há também um homem de Estado no qual Sócrates reconheça a sabedoria do governante. E a pretensão deste último em dizer o que é o poder parece ser, para seus interlocutores, o cúmulo do orgulho. É, então, pelo desvio de uma interpretação do sentido último do discurso que seríamos levados a concluir que os horizontes do pensamento maquiaveliano se delimitam apenas pelo desejo de glória. Entretanto, para admitir isso, é preciso supor que Maquiavel procure a admiração da posteridade. Se a mais alta glória, segundo ele, está vinculada à obra imortal do escritor, é necessário ainda que ela seja obtida pelo favor do público... Embora Strauss assinale sucessivamente que Maquiavel escreve para os "leitores sábios", para os "fundadores" e para os "jovens", ele sugere definitivamente que o florentino se dirige à multidão do futuro, que irá se beneficiar da divulgação de seus princípios. Talvez devamos observar, de passagem, que segundo nosso intérprete a posteridade se enganou inteiramente acerca do sentido de seu ensinamento, que sua glória, de fato, negra ou dourada, encobre a ignorância de sua fundação e que em suma, paradoxalmente, se alguma verdadeira glória lhe é concedida, quaisquer que sejam as reservas que a acompanham, é a Leo Strauss que ele deve essa glória. O paradoxo pode irritar; mas, se ainda acreditarmos no intérprete, Maquiavel não pretende uma glória vulgar: o que ele quer é ganhar a glória de ter dito a verdade sobre o homem. Seu fracasso, diríamos, pode ser o sinal de seu erro e não apaga sua intenção. O efeito do desejo estaria tão somente distante de seu alvo. Entretanto, esse argumento faz supor que Maquiavel podia esperar que um dia os homens o louvariam por ter feito da virtude, da justiça e da verdade avatares do desejo de glória. Por outro lado, é uma estranha hipótese reconhecer que ele considera a natureza humana imutável. Como ele poderia imaginar que os modernos se encantariam em descobrir que a devoção ao bem público é ao mesmo tempo um produto e uma transfiguração do primeiro desejo de adquirir? Se ele não o imagina, ele não é obrigado a reconhecer que seus futuros leitores se assemelham a seus leitores presentes: sábios a quem meia palavra basta para compreender seu ensinamento, homens de Estado que se veem encorajados a trabalhar para sua própria glória, pois que ela serve ao bem comum, e jovens que possuem o gosto pelo jogo? Strauss não concordaria com essa conclusão. O fato é que nem os sábios, que têm o desejo de saber, nem os fundadores, cuja preocupação é dar crédito a sua inovação fingindo não terem tido mestres, nem os jovens, dispostos a recusar os valores comumente admitidos, poderiam fornecer a Maquiavel um público capaz de satisfazer seu desejo de glória. Se o que impulsiona seu ensinamento é esse desejo, ele escreve para a multidão, com certeza para os homens que leem mas que estão suficientemente ligados à multidão para lhe oferecer a representação do *grande autor*. Ora, Leo Strauss nos convence, por outro lado, de que Maquiavel não se dirige à multidão.

As dificuldades da interpretação poderiam também ser identificadas quando consideramos o que nos é dito sobre a "divulgação" e sobre a "reserva" do ensinamento maquiaveliano. O escritor é acusado de ter enunciado abertamente e em seu próprio nome os princípios que os Antigos conheciam mas sobre os quais apenas haviam falado à distância do público e pela mediação de personagens que eles condenavam ou não aprovavam. Essa consideração avançada no início da obra é repetida e desenvolvida na última parte. Não temos então razão para duvidar de sua sinceridade. Os filósofos gregos, ele nos diz, não ignoravam nada sobre a conduta efetiva dos políticos nem de sua necessidade nas condições em que ela se exerce. Mas a ideia do que deveria ser uma sociedade conforme a natureza os impedia de confundir fato e direito. A prudência com que tratavam a injustiça testemunhava a distância entre filosofia e política e também a certeza de que a instituição do regime justo, a despeito de sua improbabilidade, era possível. Em outros termos, a comunicação da verdade sobre a injustiça ou sobre a necessidade era limitada ao círculo daqueles que podiam apreciar a diferença entre o justo e o injusto, e ligada aos artifícios que proibiam a maioria de apreciá-la. O fato de Maquiavel divulgar os princípios que com efeito comandam a prática dos políticos é por si só uma prova de que ele ignora a diferença entre filosofia e política e a diferença entre a cidade justa e a cidade injusta. Apresentando ao público aquilo que somente a elite dos sábios deveria conhecer, ele anuncia o fim da elite e quer fazer dos políticos — os indivíduos que pertencem ao *demos* e se distinguem somente por sua avidez de glória — os promotores da verdade. Como dissemos, a era da divulgação é a era das Luzes, do racionalismo a serviço dos apetites naturais cuja mais alta expressão é, segundo os modernos, a dominação do homem sobre a natureza e cujo efeito escondido é uma dominação do homem sobre o homem, liberta dos valores e dos freios outrora associados à existência de uma aristocracia.[53] O conceito de divulgação desempenha assim um papel essencial no argumento de Strauss. Não seria forçar seu pensamento dizer que os princípios próprios de Maquiavel se reduzem ao da divulgação. Com efeito, ele não contesta que haja algo de novo em seu ensinamento, algo que os Antigos tenham ignorado?[54] O *novo* é a divulgação. Ora, como ao mesmo tempo afirmar e se obstinar em mostrar que Maquiavel comunica seu pensamento em uma linguagem sempre indireta, *in an oblique way*, que ele embaralha deliberadamente as pistas para esconder do leitor vulgar seu objetivo, que o verdadeiro dito do discurso é o não dito, que o mais singular de seu ensinamento é o que é mais secreto? A contradição se dissiparia talvez ao se considerar que as reservas de Maquiavel são dirigidas a seus contemporâneos e a divulgação esperada decorreria da relação estabelecida com os futuros leitores. Mas eis que, por um novo caminho, somos reconduzidos a nossa primeira objeção: Strauss sustenta que os modernos não entendem absolutamente nada de seu ensinamento e que, em suma, é ele quem o divulga. É possível objetar, então, que nos enganamos ao confundir o objeto da reserva com o da divulgação? Mas nós lembramos: não é o objeto da divulgação que é novo, é a própria divulgação. Se, como sugere Strauss, os Modernos não podem compreender Maquiavel porque eles foram formados por seu ensinamento a ponto de ignorar o que havia de novo em seu advento, é preciso se perguntar em qual momento, em qual lugar se realizou a divulgação. A ruptura entre Maquiavel e os Modernos não é, decididamente, menos obscura do que sua ruptura com os clássicos.

No entanto, concedamos que o intérprete esboça uma resposta para nossa questão. Ao descobrir o combate que Maquiavel trava com a religião, deveríamos ser capazes de compreender por que os Modernos são incapazes de identificar seu mestre; e por que, sem que ele tenha descoberto algo que não fosse conhecido pelos clássicos, ele diz, entretanto, algo completamente novo em sua época, o que ao mesmo tempo os vincula e os separa.

---

[53] Ibid., pp. 173 e 298. [54] Ibid., p. 295: "M. não trouxe à luz um único fenômeno político de importância fundamental que não fosse plenamente conhecido pelos clássicos".

Ficaria claro que, fundamentalmente irreligiosos, os homens do presente não podem mais medir o extraordinário alcance da contestação da autoridade da Bíblia; e, de outro lado, que o movimento intrépido que conduz o escritor a destruir, em nome da verdade, a distinção entre mundo terrestre e mundo supraterrestre o levaria também a destruir a distinção entre o sensível e o inteligível, entre o justo e o injusto ou entre a filosofia e a política. Mas, uma vez mais, a contradição é apenas deslocada. Seria verdade que os princípios de Maquiavel são novos somente com relação à situação criada pelo poder da Igreja cristã, mesmo que esse poder não fosse novo? Ou, antes, devemos acreditar que nada do que é enunciado no discurso cristão era ignorado pela filosofia grega? Strauss não se coloca essa questão e ela não é, contudo, uma questão menor... Gostaríamos de acreditar que esse silêncio é deliberado. Se é verdade que em todas as épocas existe um poder dominante, um "poder vencedor" que cega a maioria dos escritores e limita a liberdade da minoria que não tem o desejo de se tornar mártir, podemos presumir que Strauss conta com essa minoria e não pretende comunicar pensamentos perigosos sobre a religião. Mas a hipótese se volta contra ele. Os Modernos, nossos próprios contemporâneos, não são tão irreligiosos a ponto de tolerar um ataque contra a fundação cristã ou a fundação bíblica. Eles não esposam tão abertamente a "virtude amoral" da "aquisição" e da competição de modo a tornar desnecessário, para denunciá-la, tomar de empréstimo *an oblique way* — quer dizer, aplicar-se a escrever segundo as regras da escrita maquiaveliana. Talvez seja preciso concluir que, decididamente, a História não produz o novo, que as relações entre o escritor preocupado com a verdade e o Poder permanecem imutáveis. Mas então convém extrair esta primeira consequência: o ensinamento de Maquiavel não está de forma alguma diluído no positivismo moderno. E esta segunda consequência: nossos contemporâneos o desconhecem pela mesma razão que seus contemporâneos, eles estão igualmente cegos pelo poder dominante. E esta terceira consequência: Maquiavel não é um *teacher of founders*, o mestre dos futuros poderes vencedores.

Essas consequências são manifestamente incompatíveis com o argumento de nosso intérprete. Mas suponhamos ainda que nossa ingenuidade nos desencaminhe e que este, a despeito das aparências, não acredite absolutamente que o ensinamento de Maquiavel esteja diluído no positivismo moderno, que, em vez disso, ele o explora para condenar este último. Ao menos não poderíamos duvidar de sua convicção de que os filósofos gregos conheciam os princípios do pensamento político moderno. A hipótese de que ele manteria uma cumplicidade com o destruidor da autoridade bíblica deixa intacto o pensamento de que o suposto *novo* oferece, a seus olhos, apenas uma figura desenvolvida do discurso da corrupção compreendido pelos clássicos. Esse pensamento nos imporia somente a dupla tarefa de restaurar o ensinamento maquiaveliano contra a opinião semipositivista/semirreligiosa dos Modernos e restaurar o ensinamento clássico contra o ensinamento maquiaveliano que, em seu movimento crítico, permanecera preso na órbita do discurso adverso. Ora, o retorno aos clássicos, assim entendido, engendra uma última contradição: Leo Strauss se empenha em destituir o discurso moderno demonstrando não apenas que seus princípios eram conhecidos pelos clássicos, mas que também eram conhecidas as condições de seu sucesso. Se lhe dermos crédito, com efeito, tais condições são criadas pelo desenvolvimento da técnica, e os clássicos estavam plenamente conscientes da ameaça que esse desenvolvimento constituía para a ordem social. Ainda que eles tivessem de admitir a necessidade de invenções úteis à defesa da Cidade — concessão indispensável, pois que os Estados mais bem-ordenados se encontram expostos aos ataques de seus inimigos, o que parece justificar o ensinamento maquiaveliano —, podemos inferir que o controle dessas invenções não lhes escapava, se é verdade que a mudança não se deve ao fato bruto da inovação, mas ao uso da ciência que a torna possível, e que esta permanece submetida à teoria.[55] Nada além, portanto, de uma deficiência dos homens diante da teoria — mas, justamente, uma deficiência sempre virtual e sempre pensada na teoria — poderia ser oposta ao ensinamento clássico. Todavia, mesmo se negligenciássemos a licença para falar dos "clássicos"[56] que o intérprete se arroga, reunindo sob esse termo os filósofos e os políticos (licença estranha, visto que os primeiros jamais decidiram o destino da Cidade), não poderíamos esquecer que o uso desvirtuado da ciência, tal como parece a Strauss, tem por efeito arruinar a possibilidade de instituir um regime conforme à natureza. Com o desmoronamento da hierarquia dita "natural", com a abolição da divisão entre a ciência — como modo da vida nobre — e o trabalho servil, com a destruição dos limites da Cidade e a mistura dos povos, se apaga a ideia — que, segundo Strauss, está no coração do ensinamento

---

55 Ibid., pp. 298-9.   56 Ibid.

clássico — do Estado justo cuja realização, ainda que improvável, pode se dar pelo encontro bem-sucedido entre o governante e o sábio. Strauss convoca então à reparação do ensinamento clássico a partir de premissas cuja eficácia foi destruída pela análise do mundo moderno; ou, melhor dizendo, ele converte praticamente em utopia o que pensa jamais ter tido o estatuto da utopia.[57] Ele restabelece entre a filosofia e a política uma distância que, segundo seu argumento, Platão jamais teria consentido. Deveremos concluir que ele não consegue explicar o que há de novo no pensamento maquiaveliano e no pensamento moderno em relação à filosofia clássica ou, antes, que ele desconhece o sentido da filosofia clássica? Não é nossa intenção levar a questão mais adiante. Apenas nos interessaria determinar a posição que ocupa o intérprete em relação ao discurso de Maquiavel. À primeira vista, essa posição e o referente com o qual ela se articula são indeterminados. Leo Strauss interroga Maquiavel como filósofo. Ora, o lugar da filosofia não é identificável. Mas, se perscrutamos seu procedimento, parece que a própria filosofia constitui o referente. A filosofia é — e o que ela é se designa, se circunscreve, na figura de um ensinamento, do Grande Ensinamento. A conversão da filosofia em ensinamento, a aparição da *Filosofia*, no discurso filosófico, sua denominação como filosofia clássica, sua inscrição domiciliar, têm por inevitável consequência que o intérprete, a despeito das aparências, não interroga Maquiavel, quer dizer, ele jamais coloca em jogo seus princípios na aventura que a leitura da obra institui.

A essa própria obra é outorgado o estatuto de um ensinamento. Podemos nos espantar com uma operação que, em certo sentido, não é necessária. Se é verdade que em última análise Maquiavel se revela impotente para saber o que faz, sem dúvida é possível surpreender os sinais dessa impotência no exame de seu texto e chamar a atenção do leitor para as contradições que não são intencionais. Por exemplo, se a tentativa de definir uma virtude amoral depende de um desconhecimento da virtude no sentido verdadeiro, que é o sentido clássico, é possível denunciar o uso ambíguo do conceito, mesmo assinalando que ele responde a uma intenção, como um uso vão. É desconcertante a pesada demonstração segundo a qual Maquiavel tem plenamente consciência dos efeitos que sua palavra deve exercer sobre seus interlocutores, desde o momento em que ela

[57] Ibid.

chega à conclusão de que Maquiavel penetra na obscuridade em lugar de esclarecer a natureza das coisas. Contudo, talvez estejamos errados em nos espantar: é sem dúvida indispensável ao intérprete instalar Maquiavel no lugar do mestre e atribuir-lhe um poder soberano sobre seus pensamentos antes de pronunciar seu fracasso. Essa necessidade não é de ordem psicológica. Estaríamos errados se acreditássemos que Leo Strauss eleva seu modelo para, em seguida e a suas expensas, se alçar ao lugar do mestre. Antes, a verdade é que ele ocupa a posição do filósofo, quer dizer, do grande professor, enquanto leitor, e que assim ele reduz o discurso do Outro a um momento do seu. Se nesse discurso não há nada que escape ao desígnio de seu autor é porque nenhum pensamento poderia escapar a si mesmo. A garantia de sua própria intenção lhe é dada pela garantia que ele empresta a esse autor, que não é *autor* senão porque engendra livremente seus pensamentos. Como leitor de Maquiavel, Strauss se faz autor do discurso maquiaveliano. Mas ele se faz leitor somente porque era já autor ou, segundo o termo que ele empresta de Maquiavel, fundador, detentor do princípio. Não é por acaso que ele diz que Maquiavel percorre metade do caminho ao encontro de seu leitor e deixa a ele o cuidado de percorrer a outra metade. Mediante sua operação, as duas metades são unidas. A diferença entre leitura e escrita é idealmente abolida, ao mesmo tempo que é abolida toda diferença interna à escrita ou toda diferença interna à leitura, ou toda exterioridade do pensamento a si mesmo. Devemos notar, sem dúvida, que Strauss sugere a seu próprio leitor que cabe a ele mesmo percorrer a metade do caminho a seu encontro. Mas o que ele não escreve ele sugere mesmo assim que poderia escrever; em suma, que tudo é legível. Se nos arriscássemos a introduzir o termo *fantasma* para nomear a impossível representação que sustenta o desejo do intérprete, deveríamos concluir que o fantasma do professor é implicar em si mesmo o aluno que ele engendra.

Como ler Maquiavel? Essa questão, colocada por Strauss, logo encontra a resposta que a recobre, porque ela não nasceu na leitura. Antes, é ordenada em virtude da resposta que deriva de uma concepção do ensinamento ou, melhor dizendo, da posição do professor. O intérprete sustenta, no entanto, que encontrou no discurso uma advertência que fornece a chave de sua leitura. Se isso fosse exato, repetimos (e dessa vez a propósito de Maquiavel), de modo algum nos veríamos forçados a reduzir nossa leitura àquela que o autor sugere fazer. Mas devemos reconhecer que Strauss faz um uso ilegítimo dessa advertência. Maquiavel recusa que o dinheiro seja o nervo da guerra e acredita que Tito Lívio lhe dá razão, pois, lá onde enumera as causas dos sucessos militares dos romanos, ele não menciona o dinheiro. A observação incita, com efeito, a interpretar os silêncios de Maquiavel. Estamos no direito de supor que um escritor hábil para ouvir o silêncio de outrem é hábil também para fazer outrem ouvir seu silêncio. Mas não poderíamos esquecer que o silêncio de Tito Lívio está ligado a uma questão particular e que ele próprio é um silêncio particular. Maquiavel não diz nem sugere que a intenção da obra de Tito Lívio pode ser reconhecida em seu silêncio sobre o dinheiro. As críticas que ele lhe dirige ulteriormente — tanto a respeito da Fortuna quanto a respeito da multidão — dão a entender de forma clara que sua condenação do dinheiro está associada a uma concepção de política aristocrática e conservadora e que ele apenas a explorou para fins particulares. Em compensação, Strauss propõe que a intenção da obra de Maquiavel pode ser reconhecida por seu silêncio sobre a justiça e sobre a alma. Ora, esse silêncio não está no interior do discurso, ele não é determinado por seu laço com uma palavra. Certamente é fecundo interrogá-lo e mesmo encontrar nele os sinais de uma intenção. Não importa, de resto, que estimemos que ele é deliberado ou não: devemos considerar significativo que um discurso sobre a política possa se sustentar no começo do *Cinquecento* abstendo-se de qualquer referência à justiça e à alma. Mas nada nos autoriza a concluir que o discurso se ordena em torno de questões assinaladas por sua ausência. Strauss afirma que essas questões importam para a opinião e que elas importam, então, para aquele que as refuta. Mas não temos nenhuma razão para supor que, do ponto de vista de Maquiavel, a ideia da justiça e a ideia da alma estejam no fundamento das ilusões de seus contemporâneos. Como o intérprete mostra com pertinência que o escritor compactua com as representações comumente admitidas para melhor destruí-las, não temos, além do mais, nenhuma razão para supor que ele não falaria da justiça e da alma se fosse sua intenção submetê-las a seu trabalho de destruição. O comentário associado à interpretação maquiaveliana do silêncio de Tito Lívio é típico porque trai o artifício de que Strauss necessita para dar crédito à tese de um discurso maquinado com o objeto de arruinar a religião. Essa tese é sustentada pela análise das omissões, das contradições, das digressões do discurso, mas esta se opera nos limites fixados de antemão: trata-se sempre de produzir os sinais de uma mesma intenção. Ora, o procedimento é ainda menos convincente, uma vez que Maquiavel discorre várias vezes contra a religião com uma violência sem precedentes, e suas palavras seriam ininteligíveis se seu propósito devesse permanecer secreto e se seu modo de ensinamento fosse determinado pelo cuidado de escapar aos perigos da perseguição. Strauss manifesta uma engenhosidade inigualável ao descobrir enterrado nas profundezas do discurso aquilo que é visível em sua superfície. É verdade que em certas circunstâncias a crítica ao cristianismo é velada; mas, então, a questão é saber por que ela é velada, se o que se encontra colocado em causa é a própria religião ou, para além disso, o fundamento da relação social e o fundamento do pensamento dessa relação. Por exemplo, é uma questão saber se a aproximação entre o rei dos judeus e o déspota oriental e a imputação ao primeiro de palavras que o Novo Testamento atribui a Jesus são destinadas a minar a autoridade da Bíblia ou se a hipótese de uma potência absoluta — *potestà assoluta* — é o testemunho de uma crítica subversiva à representação do poder e de sua origem. Ao lermos o capítulo 26 dos *Discorsi* temos o sentimento, como Leo Strauss, de que o escritor desafia a crença comum e que ele não mostra todo seu pensamento. Mas a blasfêmia daria a chave do fragmento? E, além disso, ela é velada? Poderíamos acreditar que haja um leitor de Maquiavel em seu tempo e, particularmente, um leitor crente que permaneça surdo à evocação de Davi e à paráfrase bíblica? Apenas um moderno descrente permaneceria insensível, e ele seria ainda tocado pelo escândalo da hipótese.

Ao querer instalar no núcleo do discurso maquiaveliano a crítica da Bíblia, o intérprete se priva de medir o alcance da interrogação da política ou, mais rigorosamente falando, a interrogação em virtude da qual se circunscreve como continente ainda inexplorado a política — da qual nem os princípios, nem as formas, nem os modos de governo bastam para delimitar a representação. A se crer nele, Maquiavel, assim como Hobbes, se interessaria mais pelo combate contra o *kingdom of darkness* do que pelas questões simplesmente políticas. Se por tais ele entende as questões que concernem *aqui e agora* à natureza do regime e sua transformação, ele tem razão, sem dúvida. Mas todo o seu argumento sugere que a questão própria da política é derivada de uma questão primeira que se pode pensar à distância da experiência política, uma questão da filosofia: a questão da essência do homem. Nesse sentido, a questão da política torna-se questão de simples política. Não que ele silencie sobre o conflito de classes sociais; sua análise, inclusive, esclarece com uma luz intensa a dupla crítica que o escritor formula sobre o povo e a classe dominante. E, mais do que convincente, é irrefutável, a nossos olhos, a conclusão de que Maquiavel destrói a ideia de uma hierarquia social, definida como hierarquia natural, que ele rompe com a concepção aristocrática da Cidade e funda uma teoria da democracia sobre premissas estranhas à tradição favorável ao regime popular. Todavia, o conflito de classes é percebido como um dado natural. O intérprete não se preocupa em incluir no "ensinamento" de Maquiavel que este pensa o conflito como sinal de uma divisão originária da sociedade, que a questão dessa divisão e de seus efeitos subentende todas as questões sobre o Poder, a natureza e a diferença dos regimes e as modalidades históricas da existência do Estado. Gostaríamos que ele tivesse se perguntado onde e quando tal questão foi formulada na Antiguidade. Cálicles e Trasímaco se distinguem, a seus olhos, de Maquiavel porque eles adotam a perspectiva do explorador, enquanto este último adota a do fundador. Como pode escapar-lhe uma distinção de outro alcance? Cálicles parte da natureza do homem. Trasímaco parte da divisão dos homens entre detentores e não detentores do poder na Cidade; nem um nem outro se interroga sobre a relação da divisão de classes com a divisão do social e do político e com o modo de engendramento do Poder. Nem um nem outro se interrogam sobre a relação da lei e da liberdade com o desejo da classe dominada e com o da classe dominante. Ora, essa interrogação comanda os oito primeiros capítulos dos *Discorsi*: um preâmbulo que merece nossa atenção na medida em que testemunha uma ruptura estrondosa com a tradição. Leo Strauss, que coloca em evidência o procedimento da dupla asserção no discurso — procedimento destinado a substituir uma proposição revolucionária por uma proposição convencional —, não analisa o argumento dos primeiros capítulos, a não ser para identificar o deslocamento da representação de Esparta. Não é por acaso que ele se abstém de fazê-lo: como poderia justificar uma série de asserções que, na abertura da obra, têm um alcance revolucionário e não fazem nenhuma menção à Bíblia? Mas essa negligência trai outra que incita a colocar em causa o conjunto da interpretação. Se ele mostra, com justiça, que a República romana fornece a Maquiavel o suporte de sua crítica do bom regime — do regime conforme à natureza —, ele subestima o valor de seu modelo. Roma, a seus olhos, é a sociedade na qual o desejo de glória dos patrícios, assimilados aos *principi*, apenas pode se satisfazer compactuando com a necessidade, por concessões às reivindicações da plebe. Representação indispensável à tese de um ensinamento que aliaria a perspectiva de um fundador àquela do bem comum, e não menos indispensável para a restauração do ensinamento clássico comandado pelo princípio da justiça. Ora, o intérprete deixa de se interrogar sobre essa proposição incontestavelmente insólita e nova, a de que a causa da grandeza de Roma reside na discórdia (*desunione*); proposição crucial, pois que ela conduz a reconhecer que na origem da República não há uma fundação — a ação de um fundador —, como gostamos de imaginar com o exemplo de Esparta, mas um conflito no qual se deixa entrever uma divisão originária do corpo social. Falando dos membros da classe dominante como *principi*, Strauss enuncia apenas uma meia verdade, porque ele embaralha a distinção entre o dominante conforme ele se define no lugar da sociedade civil e o dominante conforme ele se define no lugar de Poder. A confusão permite afirmar que os *Discorsi* são esclarecidos à luz do *Príncipe* e que o ponto de vista do mestre do Poder (atual ou potencial), aquele do fundador, comanda o discurso sobre a política. A questão que atravessa a obra é apagada: como a posição do fundador pode ser ao mesmo tempo erigida no centro da política e destituída? Ao perscrutar essa questão, por outro lado, não podemos deixar de nos perguntar se o *Príncipe* não se esclarece à luz dos *Discorsi*. A ação do príncipe, o desejo de glória do príncipe, é o que fornece a condição de inteligibilidade da política? Ou, no próprio *Príncipe*, o problema da gênese do Poder não seria primeiro? Interrogar-se nesses termos é interrogar a origem do político e da relação social: interrogação que é a da filosofia. Mas Strauss não quer conhecer a questão da origem no discurso de Maquiavel. Para ele é essencial ocultar essa questão sob aquela da fundação. Esse é o preço da restauração do que ele considera como o ensinamento clássico, e ele está tão seguro disso que, a seus olhos, a diferença entre filosofia e política impede de ler a questão da origem no desdobramento da questão da política.

Mas dissemos que a diferença entre a filosofia e a política é ela própria instituída em função da *determinação* da filosofia, de sua identificação com um saber determinado sobre as coisas últimas ou da inscrição do filósofo no lugar do ensinamento. Não é acidental que o conceito de fundador venha a se articular com o de professor e que a ilusão da maestria organize a representação do discurso como inteiramente referido a si mesmo, centrado sobre seu princípio, absorvendo em si o discurso do Outro — e a representação de um Poder que, mesmo que esteja na realidade sempre em falta com relação a sua função, detém *de direito* a potência de referir a uma mesma medida as operações dos súditos referindo-os, cada um, a sua própria medida. Não é acidental, por fim, que a omissão da divisão originária do social seja acompanhada de uma omissão da divisão originária do discurso — quer dizer, daquela do falar e do ouvir — na instituição da obra e na instituição da interpretação.

9.
Interpretação e política

O discurso de Maquiavel versa sobre a política. Assim, parece natural que o discurso de seu intérprete, cuja intenção declarada é produzir o sentido de tal discurso, verse, por sua vez, sobre a política. Como ele não seria levado a tomar para si o objeto do discurso que é seu objeto? Contudo, ao nos atermos a essa evidência de primeira vista, deixaríamos escapar o mais importante: a posição que o intérprete ocupa em relação ao campo objetivo da política não poderia ser dissociada da posição que ele ocupa em relação ao campo objetivo de pensamentos atribuído à obra. E, seguramente, o fato de esta dizer explicitamente respeito à política contribui para nos tornarmos sensíveis a essa relação. Todavia, o benefício que tiramos desse fato poderia ainda nos desorientar. Por isso, valeria a pena modificar o enunciado que acabamos de avançar: o mais importante é que a posição ocupada pelo intérprete em relação à obra coloque já em jogo uma experiência política. O exame de oito interpretações, conduzidas a partir de premissas e em direção a conclusões diferentes, nos convenceu dessa verdade, e devemos guardá-la na memória quando nos dispusermos a interrogar o discurso da obra com nossas próprias forças. Sem dúvida, nosso segundo enunciado não reduz o alcance do primeiro. Uma vez que interrogamos Maquiavel, nós interrogamos a sociedade política: nossa tarefa é explorar os laços que se tecem entre o pensamento da obra e o pensamento da política. Mas tomamos consciência da dimensão dessa tarefa ao descobrir que a interpretação como tal — qualquer que seja a natureza de seu objeto — se organiza segundo princípios que podemos, por sua vez, identificar na constituição da sociedade política.

Esses princípios não são conhecidos do intérprete. Eles regem à sua revelia sua prática e se revelam somente no exame dessa prática. O intérprete se empenha em circunscrever o discurso da obra reunindo os sinais que testemunham uma ordem dos pensamentos. Não importa o grau de repressão que ele exerça sobre a palavra do Outro para efetuar essa reordenação: o objetivo é hierarquizar os enunciados e submetê-los a uma tese primeira — por vezes partilhada em um pequeno número de teses que lhe fornecem sua armadura ou seu aparelho. Essa operação, dizendo de outra forma, tem por objetivo relacionar o discurso com um *centro* suposto, de tal modo que as próprias contradições, quando são designadas, se veem ligadas em um mesmo núcleo. Assinala-se assim uma decisão, que acreditamos explicar com justeza dizendo que ela está a serviço de um projeto de domínio. Não é preciso recordar, com efeito, que a ordem dos pensamentos (instaurada em benefício ou em detrimento da suposta ciência do Autor) vem fundar a posição daquele que a estabelece na exterioridade com relação ao discurso que carece dessa ordem, pois que, se essa ordem fosse dada, a interpretação seria vã. Pareceu-nos que a decisão que inaugura a interpretação supõe que a exterioridade seja garantida por um *referente*. Com ele é oferecida a possibilidade de se manter protegido dos efeitos imprevisíveis da leitura, muito mais do que fazer um julgamento sobre a obra. Como teremos de voltar a esse ponto depois de percorrido o trajeto de nossa própria leitura, nos contentamos agora em observar que a posição indeterminada do leitor — o qual se encontra, ao mesmo tempo, implicado no discurso do Outro e fora dele — se vê convertida em uma posição determinada por sua instalação em um lugar de onde ele imagina sobrevoar a divisão entre o interior e o exterior do discurso.

Se for preciso designar essa posição como "política", é porque simultaneamente se desvela uma ordem simbólica que permite ao intérprete representar uma instância legítima e inscrita no real. De fato, o referente nos reenvia a dois registros necessariamente conjuntos, como verificamos com dois exemplos que analisamos. Na interpretação de Renaudet, a história empírica — enquanto fornece o princípio do real, e não certamente como dado bruto — permite conquistar a distância que garante a posição de exterioridade do leitor. Mas essa mesma história, enquanto nela se encontram investidas as condições de inteligibilidade da essência do social, tem também força de Lei. Na interpretação de Strauss, a ciência das essências permite conquistar uma distância análoga, enquanto ela subordina a critérios de legitimidade últimos o suposto ensinamento de Maquiavel. Mas simultaneamente a ideia de uma degradação na história de fato da relação entre a essência e a existência (e entre a filosofia e a política) ordena aquela de uma trama "real" na qual estaria inscrito esse ensinamento.

Em outros termos, não basta observar que o intérprete exerce uma potência porque se arroga certo saber, pois essa proposição é tão geral que não se presta aos comentários mais vãos. O essencial é que ele organize um campo de discurso — seu próprio discurso produzindo os signos de um discurso outro que ele assujeita —, no qual as operações aparecem como regras em virtude de sua eficácia com respeito a um objetivo de conhecimento e em virtude de sua legitimidade, na medida em que elas parecem atrair um leitor que poderá somente consentir com a coerção — a persuasão — exercida sobre ele em nome de princípios que ordenam a legibilidade do texto no real. Tal procedimento é o único capaz de lhe assegurar uma autoridade que, embora esteja a serviço de sua pessoa, encontra sua garantia fora dela. A posição de poder se designa somente nessa perspectiva. E vemos também que ela se sustenta com a produção de signos ou de provas tirados do discurso interpretado que têm por função obter o *consenso* dos leitores fazendo reconhecer a eficácia e a legitimidade da interpretação.

Mas não menos notável é a impossibilidade em que se encontra o intérprete de ocupar plenamente essa posição, quer dizer, de colocar um término na história das interpretações. Ocupado em extrair esses signos e provas, ele apenas dá passagem ao que escapa a suas operações e permite que se descubra a posição de onde crê englobar o espaço do discurso da obra e o fora desse espaço. Enquanto ele imagina ter o conhecimento do lugar em que aparecem a origem e o sentido do discurso da obra, é capturado pela ilusão de estar ele próprio à distância do discurso da obra e do lugar em que este aparece: essa distância impensada retorna sob o olhar do leitor, para quem o discurso do intérprete é, como aquele da obra interpretada, nada além de um discurso — o fundamento do primeiro estando submetido aos efeitos deste último, e daí se subtraindo apenas em virtude de artifícios *legíveis* que revelam o referente inconsciente, fiador imaginário da posição de exterioridade.

O exame da interpretação nos instrui, assim, por uma via singular, acerca da relação entre o poder e a ilusão. Talvez seja preciso dizer mais: a maior tentação do intérprete é ocupar a posição do poder absoluto. Ela se mostra na realização de um projeto graças ao qual seriam abolidas a divisão de dois discursos, a divisão dos tempos e a divisão do discurso e do real. Projeto conduzido contra a alteridade que o discurso da obra representa, o qual se mostra como singular, um acontecimento, estranhamente recortado do real.

Parte 4
À leitura do *Príncipe*

I.
Primeiros sinais[1]*

Como ler Maquiavel? Esta é a pergunta que pouco a pouco se impôs enquanto acompanhávamos os intérpretes em seus comentários, aprendíamos com eles a duvidar da inocência de nosso olhar e descobríamos a resistência que a obra opõe, sob formas sempre novas, a quem quer reconstruí-la segundo uma ordem trazida de fora, atribuir-lhe um estatuto na "realidade", extrair dela um saber positivo que definiria sua essência, explorá-la, enfim, a serviço de uma causa.

Ora, unicamente a leitura parece capaz de trazer a resposta correta a essa pergunta. É preciso inicialmente ler e se deixar guiar pelo escritor para aprender a conhecer nossa relação com a obra. Mas esse fato não nos priva de todos os meios para começar. Em vez de nos intimidarmos diante da visão do círculo no qual estamos fechados, aceitemos percorrê-lo e reconheçamos que nossas primeiras reflexões sobre a crítica, em vez de prescreverem um método, apresentam uma exigência.

A certeza de que as ideias só têm vida e força no interior da linguagem da obra na qual fincam suas raízes, de que nessa linguagem singular se inscreve uma experiência que não somente leva, mas envolve e, portanto, ultrapassa o conhecimento dito intelectual, de que devemos reconstituir o

---

[1] Lemos *Il Principe* (*O príncipe*) e os *Discorsi sopra la Prima Deca di Tito Livio* (*Discursos sobre a primeira década de Tito Lívio*) a partir do texto estabelecido por Francesco Flora e Carlo Cordiè: *Tutte le opere di Niccolò Machiavelli*, Mondadori edit. (s. l), 1949.

A tradução dos trechos citados é em parte extraída de E. Barincou — ele próprio bastante fiel àquela de Gohory (1571) para o *Principe* — e em parte, a maior, é nossa. Com efeito, é preciso, em muitos casos, sobretudo na leitura dos *Discorsi*, tentar restabelecer em francês as palavras exatas, não raro desnaturadas por uma preocupação de elegância ou pelo temor de repetir termos. Como estivemos empenhados em seguir o mais de perto possível o discurso de Maquiavel e em assinalar sempre, no correr de nosso comentário, o capítulo em questão, achamos por bem poupar o leitor de notas de referência.   * Entendemos que as traduções que Lefort faz de Maquiavel estão integradas a seu texto, compondo-o. Em outras palavras, seu pensamento se expressa também por essas traduções. Optamos, assim, também aqui, pela tradução do autor para os trechos citados. [N.T.]

trabalho do pensamento não para abandoná-lo, ao fim do estudo, na definição de uma doutrina que seria seu resultado, mas para captar nisso um movimento ao mesmo tempo de descoberta e de instauração cuja necessidade permanece sempre nova — essa certeza dirige desde agora nossa leitura e, acima de tudo, implica que não separemos a interpretação da leitura. Certamente o uso deste último termo não resolve a dificuldade. Sabemos que ler é uma atividade que exige diversas passagens pelo texto, pausas nas quais carregamos de sentido o que chama a nossa atenção, múltiplas idas e vindas, a confrontação de proposições que, distantes entre si, significam umas pelas outras, de tal sorte que só por um artifício poderíamos pretender aceitar o sentido como se ele se revelasse numa simples inspeção do olhar. Tampouco podemos fingir ignorar o que sabemos dos fatos de que fala o escritor, das condições sociais e históricas nas quais se exerce seu pensamento, de sua história pessoal, finalmente. Se, apesar disso, denominamos de *leitura* o estudo da obra é porque tudo o que podemos extrair dela, ao sabor dos retornos a uma ou outra de suas passagens, ou com o propósito de circunscrever os elementos apropriados à análise, e tudo o que podemos reunir de informações relativas às circunstâncias de seu nascimento ou da matéria do presente e do passado de que se nutre, aquilo mesmo que utilizamos como todos em nosso proveito, só poderia decididamente valer porque possuímos o poder de encontrar nisso a verdade do discurso, tal como se dá no tempo específico e irreversível da expressão.

O intérprete começa lendo e é à leitura que ele deve ainda se aplicar após todos os desvios a que sua curiosidade e sua ciência o obrigam, repetindo em seu último percurso o primeiro se quiser manter a promessa à qual se ligou quando descobriu a obra no curso de um itinerário imposto por ela de um ponto inicial a outro final.

Nisso, precisamente, seu esforço coincide com o do escritor, seu trabalho de leitura não faz mais do que responder ao trabalho primeiro de escrita. Porque o autor que preparou esse itinerário ao qual ele precisa se submeter não o inventou com toda a liberdade, com a clara consciência de seu objetivo e de seus caminhos. Ele próprio o descobriu enquanto o traçava, seguindo uma intenção que era sua, certamente, mas cuja natureza deve também ter captado à medida que, tornando-se linguagem, tal intenção criava nele, por sua vez, uma necessidade de fato. Aquilo que escrevia governava a cada momento o que precisava escrever na sequência e, simultaneamente, permanecia na expectativa do que viria a fundá-lo na verdade. Cada palavra sua se destinava a todas as outras, mas também, em virtude do sentido do qual se carregava a partir do momento em que era proferida, as convidava a comparecer diante de si. No movimento próprio de sua expressão se criava assim uma dupla relação, com as coisas e com a linguagem, à qual apenas era possível satisfazer sob a condição de enfrentar constantemente um desconhecido — acontecimento imprevisível que o pensamento produz quando pretende ao mesmo tempo se desdobrar num acordo constante consigo mesmo e acolher uma experiência que contém já em si mesma seu sentido. Desse encontro com o desconhecido, sinal — diríamos, na linguagem de Maquiavel — dos poderes da Fortuna de que se apropria, ou com os quais deve negociar a *virtù* do escritor, no momento mesmo em que os desencadeia, dessa proliferação de questões motivadas unicamente pelas aventuras às quais o discurso expõe, nós leitores somente poderíamos reconhecer as marcas desse encontro tentando reabrir o tempo da obra, investigando como o pensamento produz um acesso a si mesmo no trabalho de expressão, interrogando por nossa vez o que foi conquistado sob o modo da interrogação.

Assim, somos levados a nos voltar sucessivamente para as duas grandes obras de Maquiavel, o *Principe* e os *Discorsi*, e a buscar em primeiro lugar, nos limites da primeira, o movimento constitutivo da obra, o qual esperamos que nos desvele uma nova relação com a política. Mas, antes de empreender a leitura do *Principe*, é preciso ainda dizer por que acreditamos poder descobrir nele o primeiro momento da reflexão de Maquiavel, por que essa obra, redigida no período de alguns meses, pode oferecer uma expressão muito elaborada de seu pensamento; por que, enfim, se ele teve a esperança de com ela obter algum crédito junto aos novos senhores de Florença, as considerações de ordem prática não permitem explicar sua intenção de escritor.

Já respondemos àqueles que se dedicam a reduzir o alcance do *Principe*, notadamente o historiador Renaudet, que nenhum dos argumentos propostos nesse sentido era decisivo; e, sem dúvida, para justificar nossa investigação bastaria lembrar que nenhuma obra conseguiria chamar por tanto tempo a atenção do público, suscitar comentários tão variados e tão extensos, até mesmo estar na origem de uma representação mítica, se não tocasse em algo de essencial. Contudo, o exame das condições nas quais foi composto o *Principe* nos dispensa das últimas dúvidas.

Em uma carta de 10 de dezembro de 1513, endereçada pelo autor ao seu amigo Francesco Vettori, se encontra a única informação irrefutável sobre a data e as circunstâncias da composição do *Príncipe*. Essa carta, bem conhecida e muitas vezes citada, mediante o quadro que apresenta de sua vida em Santa Andrea de Percussina, lugar de refúgio depois de sua saída da prisão, revela como empregou seu tempo no curso dos últimos meses do ano. Em setembro, conta ele, estava desperto antes da aurora para consertar as armadilhas para os tordos que havia posto na véspera. "Este modo de matar o tempo" lhe fazia muita falta. "Eis aqui, portanto", prossegue,

> como vivo. Levanto-me com o sol e sigo para um dos meus bosques que mandei cortar, fico duas horas revisando o trabalho do dia anterior e matando o tempo com meus lenhadores: eles têm sempre alguma querela em curso, entre si ou com os vizinhos [...]. Ao deixar meu bosque vou para uma fonte, e de lá para meu viveiro de pássaros. Levo um livro sob o braço, ora Dante ou Petrarca, ora um desses poetas menores como Tibulo, Ovídio e outros; mergulho na leitura de seus amores, e seus amores me lembram dos meus; pensamentos com os quais me deleito um bom tempo. Sigo depois ao albergue à beira da estrada; converso com os que passam, peço notícias de sua região, inteiro-me de um monte de coisas, observo a variedade dos gostos e a diversidade dos caprichos dos homens. Assim chega a hora do almoço quando, na companhia dos meus, nutro-me dos alimentos que me permitem minha pobre quinta e meu magro patrimônio. Assim que almocei, retorno ao albergue: estão ali habitualmente, com o dono da estalagem, um açougueiro, um moleiro, dois forneiros. É com essas pessoas que toda tarde me embruteço jogando gamão e *cricca*, jogo do qual decorrem mil contestações e querelas sem fim com muitas injúrias; na maior parte das vezes apostamos apenas um centavo, e é possível ouvir nossa gritaria até em San Casciano. É em semelhante miséria que preciso mergulhar para impedir meu cérebro de mofar completamente; é assim que me defendo da maldade da Fortuna para comigo, quase satisfeito por ela ter me lançado tão baixo e curioso para ver se não acabará por se envergonhar disso. A noite cai, volto para casa. Entro em meu escritório e, no umbral, me despojo da vestimenta de todos os dias, coberta de lama e lodo, para vestir as roupas da corte real e pontifical; assim honrosamente vestido penetro nas cortes antigas dos homens da Antiguidade. Ali, recebido

afavelmente por eles, sirvo-me do alimento que por excelência é o meu e para o qual nasci. Ali, não tenho vergonha de conversar com eles, de interrogá-los sobre os motivos de suas ações, e eles, em virtude de sua humanidade, me respondem. Durante quatro horas não sinto o mínimo tédio, esqueço todos os meus tormentos, deixo de temer a pobreza, a própria morte não me assusta. E como Dante afirma que não há ciência se não se registra o que se compreendeu, anotei dessas conversas com eles o que me pareceu essencial e escrevi um opúsculo *De Principatibus*, no qual aprofundo o melhor que posso os problemas postos pelo tema: o que é a soberania, quantas espécies há dela, como é adquirida, como é conservada, como é perdida. Se alguma elucubração minha vos agradou, esta não deveria vos desagradar. Deveria interessar a um príncipe, sobretudo um príncipe novo: por isso a dediquei a Sua Magnificência Juliano. Filipo Casavecchia conheceu o trabalho e poderá informar-vos, em parte, da coisa em si e das discussões que fizemos dela. Tende em conta, no entanto, que não cesso de enriquecê-la e corrigi-la.[2]

Até então, Maquiavel nunca havia feito, em sua correspondência com Vettori, a menor alusão a um trabalho em preparação. Considerando-se a última de suas cartas, que, como as anteriores, discutia a situação política presente, com data de 26 de agosto, pode-se julgar que ele não se entregou à redação do *Príncipe* antes do fim do verão. Sem dúvida, a obra não está inteiramente acabada em dezembro, uma vez que o autor continua a corrigi-la e enriquecê-la, mas, segundo a observação judiciosa de um historiador,[3] a ausência de referências a eventos posteriores ao ano de 1513 faz pensar que modificações importantes não poderiam ter sido feitas em 1514 ou na sequência. Assim, o *Príncipe* foi provavelmente composto no período de três ou quatro meses. Mas não se poderá concluir, de semelhante observação, que sua elaboração tenha sido sumária. O tempo de composição dessa obra, tal como o podemos estabelecer, não nos informa sobre o tempo do trabalho efetivamente investido; este pode ser mais bem avaliado se nos lembramos do papel desempenhado por Maquiavel na cena política desde 1498, pois ele o levou a meditar sobre a natureza do Poder e o comportamento

---

2 *Toutes les lettres de Machiavel*. Prefácio e notas de Edmond Barincou, prefácio de Jean Giono, 2 v., Gallimard: Paris, 1955, pp. 368-70. **3** Federico Chabod, "Sulla composizione de *Il Principe* di N. M.", in *Archivum romanicum* XI, 1927 (republicado em *Scritti su M.*, Turim: Einaudi, 1964).

daqueles que o detêm, sobre a fraqueza dos regimes sem apoio popular e daqueles que lhes são aparentados e sobre as relações de força entre os Estados. É na prática dos assuntos públicos, com os quais esteve constantemente envolvido, que se formaram pouco a pouco os princípios que deveriam ordenar sua obra teórica. Nenhum motivo há, além disso, para recusar sobre esse ponto seu testemunho: aos seus olhos, o *Príncipe* fornece uma prova visível da experiência que adquiriu em suas funções de administrador e de diplomata. "Bastará lê-lo", continua ele na mesma carta, "para ver que não passei os quinze anos devotados aos assuntos do Estado dormindo ou brincando."

Sobre a natureza dessas funções, estamos no presente suficientemente informados para saber que, se não faziam dele um dos senhores do Estado, elas no entanto o associaram a todos os empreendimentos, a todas as negociações, a todos os projetos de Florença.[4] Longe de ter sido um agente subalterno, Maquiavel foi, de algum modo, o factótum da República, ora encarregado de pôr em prática as decisões tomadas pelos dirigentes da Cidade e zelar por sua aplicação, ora enviado em missão junto a Soberanos ou homens de Estado estrangeiros para defender a causa de Florença ou desfazer as intrigas que se armavam contra ela, ora, enfim, nos últimos momentos do regime, investido da autoridade de um alto comissário para os exércitos. Colocado, desde o início de sua carreira, à frente da segunda chancelaria, que administra particularmente os assuntos internos e militares, ele vê, por outro lado, lhe serem confiadas tarefas que dependem da primeira, em cuja alçada estão os assuntos externos, depois acumula com esse posto a Chancelaria dos Dez, cuja atividade cobre em boa parte este último domínio. Tais funções são ainda mais importantes porque, permanecendo pouco tempo no cargo, os membros da Senhoria e do Conselho nem sempre têm um conhecimento aprofundado dos assuntos públicos e em muitas situações devem se remeter à competência de colaboradores, os únicos capazes de assegurar a continuidade da ação governamental. Mas, além disso, essas funções permitem compreender o caráter singular de uma atividade que, por mais absorvente que seja, enquanto é essencial à vida do Estado e se estende a múltiplos domínios, não deixa de proporcionar a um espírito instruído a oportunidade constante de fazer a crítica das decisões

---

4 Roberto Ridolfi, *Vita de N. M.*, Roma: Angelo Belardetti, 1954.

tomadas e avaliar a trágica distância que separa a determinação dos objetivos políticos gerais e sua aplicação aos fatos. À flexibilidade do raciocínio que favorece a frequente passagem de uma ocupação a outra se acrescentam a capacidade de tomar distância diante de uma ação cujos princípios foram fixados por uma vontade estranha e uma sensibilidade particular ao problema da execução. Essas qualidades que o político Maquiavel soube associar, e das quais sua obra é testemunha, não são seguramente simples consequência do estatuto ambíguo ao qual esteve ligado durante sua carreira. Ao menos se pode pensar que encontrou nele as condições para uma liberdade de reflexão pouco comum. Sem participar diretamente das decisões que comprometiam o destino da Cidade, estava próximo dos homens responsáveis por ela a ponto de ser ouvido por eles, quando não seguido em suas opiniões, e de se transformar no principal colaborador do gonfaloneiro Soderini. Homem da burocracia, fazia mais do que transmitir as instruções dos dirigentes e controlar sua aplicação; frequentemente se esperava dele que as traduzisse em termos precisos e de algum modo explicitasse a política que havia sido esboçada. Manobrando em campo, seja o da diplomacia, seja o da guerra, ele não se contentava em obedecer, mas, de modo mal disfarçado e com uma audácia que frequentemente inquietava seus amigos, expressava sua opinião, instava o governo a agir, alertava firmemente sobre os perigos aos quais suas hesitações o expunham. Lendo seus relatórios, o vemos inclusive, por momentos, desdobrar-se: redige as instruções às quais precisava se dedicar enquanto delegado da Senhoria e os informes das missões nas quais as testava. Não há dúvida de que essa estranha situação — que fazia dele ao mesmo tempo aquele que dispensava ordens e aquele que se submetia a elas, ao mesmo tempo o conhecedor mais confiável das tarefas da cidade e o servidor preso às decisões de um Poder fraco e inábil, em todo caso ao mesmo tempo um ator e uma testemunha — o predispõe a uma "objetivação" dos comportamentos políticos e a uma mobilidade de perspectivas que, seja qual for a interpretação que se faça dela, constitui seguramente uma das originalidades do *Príncipe*.

Não estamos limitados a imaginar essa experiência adquirida na ação: ela está registrada, precisamente, nos relatórios, relatos das missões, nos primeiros textos de alcance geral nos quais transparece seu temperamento de escritor — testemunhos perduráveis, entre tantos outros escritos perdidos ou destruídos, de sua reflexão sobre os acontecimentos e os homens. Basta evocar o *Ensaio sobre a maneira de tratar as populações revoltadas do vale de Chiana*, o projeto de *Discurso para pronunciar diante da Balia*, cujo objetivo é justificar a necessidade de novas despesas públicas, o *Discurso sobre a instituição da milícia*, os dois *Quadros* das coisas da França e da Alemanha, suas considerações sobre Bórgia nas suas cartas de Urbino e de Ímola e inclusive a *Primeira decenal* — pequeno poema no qual se narram, em 1504, os infortúnios recentes da Itália —, para se convencer de que o *Príncipe* foi resultado de um longo trabalho de expressão. O cuidado com que foram redigidos esses textos, o rigor da argumentação, a preocupação em dar aos seus julgamentos um alcance universal, seja porque associa desde o início os exemplos antigos e os modernos, seja porque se dedica a isolar certos traços constantes da política dos Estados, fazem dele desde o início um teórico. Quando, aos 44 anos, Maquiavel empreende a redação do *Príncipe*, ele não é somente esse político que foi preparado para a reflexão por uma longa carreira a serviço do Estado; é um homem de letras, habituado aos exercícios literários — e, como tal, conhecido, apreciado e temido por seus contemporâneos. Apesar de uma opinião comumente difundida, não é certo que, durante seus anos de atividade, tenha podido reunir uma parte da documentação sobre a qual deviam apoiar-se o *Principe* e os *Discorsi*, ou mesmo esboçar o projeto de uma obra teórica, uma vez que, por ocasião da publicação da *Primeira decenal* (ou seja, no início de 1506), seu editor Agostinho Vespucci esperava um trabalho de outra natureza: "Esta pequena obra não servirá de pagamento do que nos deve seu autor", escreve ele, "e sim será o sinal para a obra mais extensa que, com não menos segredo, trama em sua oficina".[5] Seja como for, tanto nos principais textos evocados quanto nas inúmeras cartas oficiais salpicadas de reflexões sobre a política, se encontram indicados certos temas dos quais se nutrirá o *Príncipe* — indicações tão consistentes que não é exagerado ver nelas o esboço dessa obra.

A crítica da política de contemporização, cara aos "pseudossábios de Florença", está exposta nas cartas que o secretário dirige à Senhoria quando de suas embaixadas junto a Catarina Sforza, a César Bórgia, ao rei da França e ao imperador. Ela se prolonga na crítica da neutralidade, cujo perigo é colocar a Cidade à mercê do vencedor, seja qual for a solução do conflito — crítica explícita quando se anuncia uma guerra inevitável entre França e Milão, depois entre o rei e Júlio II, mas não menos significativa quando o

---

5 *Toutes les lettres...*, op. cit., I, p. 498.

autor coloca na boca de Valentino as palavras — que mais tarde dirá por sua própria conta: "Não há meio-termo, é preciso que sejamos amigos ou inimigos".[6] No mesmo espírito, e inspirando-se já no exemplo dos romanos para afirmar que a história reproduz sempre as mesmas situações, exclui as meias medidas nas relações de um Estado com seus súditos rebeldes, recomendando, segundo a gravidade do delito, ou uma clemência plena ou a destruição das cidades insubordinadas.[7] Sua avaliação das forças que disputam o controle da Itália, cujos elementos encontra ou cuja exatidão verifica em suas missões no exterior, é acompanhada de uma reflexão sobre a natureza e o futuro dos Estados. Põe em evidência a estabilidade do poder na França, os méritos da monarquia hereditária, a natureza dos laços que unem os barões ao seu soberano, a servidão do povo, as falhas da organização militar.[8] Seu relatório sobre a Alemanha opõe a expansão econômica das cidades principais à fraqueza de um regime político minado pelos conflitos entre príncipes e comunas e que coloca o imperador na dependência de uns e de outros, impedindo-o, apesar de suas pretensões, de afirmar sua autoridade sobre uma parte da península. Extrai da descrição da organização militar dos cantões suíços o modelo de uma república virtuosa que sabe aliar o sentido de independência ao de igualdade, invencível em seu território, temida no exterior porque envia seus próprios cidadãos ao combate.[9] Enfim, suas cartas atestam seu julgamento sobre a decadência dos Estados italianos que, ao se abandonarem ao mercenarismo, se predispõem à submissão, e sobre o papel nocivo desempenhado pela Igreja, cujas intrigas desastradas e ambição têm por consequência entregar a Itália aos bárbaros.

Todas essas observações constituirão, numa quantidade não desprezível, o conteúdo do *Príncipe*. Mas quem leu essa obra reconhece nos primeiros escritos, além disso, algumas das ideias gerais que dirigirão suas análises: que não é um bom governo aquele que não souber associar sabedoria política e poder militar; que os mesmos imperativos se impõem às repúblicas e aos príncipes; mais precisamente, que não há boas leis sem boas armas; que as relações entre os Estados são, em primeiro lugar, relações de força; que não são os tratados, mas as armas que garantem a palavra dada; que a

---

6 Ibid., I, p. 167.   **7** Ibid., I, p. 331 (*Da maneira de tratar as populações rebeladas do Vale de Chiana*, p. 503).   **8** Ibid., II, pp. 252 ss. (*Quadro das coisas da França*, 1510).   **9** Ibid., II, pp. 134-41 (*Relatório sobre as coisas da Alemanha*, 1508).

moral política é de natureza diferente da moral privada; que a obediência dos governados não é legítima senão enquanto estes gozam da proteção dos governantes; que um príncipe novo deve dirigir tudo por si mesmo, contar unicamente com suas forças, ganhar seus súditos, aliar-se aos seus vizinhos; que a virtude do grande homem é conhecer e agarrar a ocasião; que a mobilidade da Fortuna arruína todas as ações que levam o sinal da rigidez da natureza humana. Todas essas proposições, introduzidas nas cartas e relatórios, o mais das vezes como digressão de um comentário particular, sob a forma de simples observações, anunciam o *Príncipe*, que lhes dará seu pleno sentido e as articulará em função de seu projeto.[10] Certamente, dissemos contra aqueles que se satisfazem com um recenseamento e classificação dos temas que a verdade desse projeto permanece fora de nosso alcance se ignorarmos a obra enquanto tal, enquanto experiência de pensamento, e, além disso, teríamos dificuldades em reconstituí-la a partir das indicações da correspondência se unicamente esta tivesse permanecido em nossas mãos. Mas relatórios e cartas têm o mérito de mostrar a longa preparação do trabalho realizado no período de alguns meses e de restituir-lhe sua verdadeira dimensão temporal.

Contudo, a ideia de que o *Príncipe* seja uma obra improvisada como resultado das circunstâncias se alimenta de outra fonte. A partir de uma frase do autor, colocada no início do capítulo 2: "Deixarei de lado as repúblicas sobre as quais já refleti longamente em outro lugar",[11] deduziu-se que ele havia já redigido uma parte dos *Discorsi*, quando a esperança de chamar a atenção dos Médici teria feito com que escrevesse um ensaio sobre a tirania. Quem se beneficiou do que poderia haver de embaraçoso nessa súbita mudança de orientação foram aqueles que se esforçaram para minimizar a importância do *Príncipe* enquanto os outros se interrogavam sobre essa estranha peripécia. Ninguém, até uma data recente, pôs em dúvida que essas palavras pertenciam à primeira redação do *Príncipe*, ainda que, na ausência de um manuscrito que ateste sua autenticidade, não tenhamos nenhuma segurança sobre o momento em que foram redigidas. No presente, o erudito estudo de Hans Baron faz algo mais do que legitimar a

---

[10] A maior parte dessas ideias está condensada num documento de 1503: *Palavras para pronunciar diante da Balia sobre a necessidade de se procurar dinheiro*. Ibid., I, p. 310.   [11] Trata-se da primeira frase do capítulo: "*Io lascerò indietro el ragionare delle republiche, perchè altra volta ne ragionai a lungo*".

dúvida; ele estabelece a inverossimilhança da hipótese comumente admitida.[12] E, como ocorre em semelhante matéria quando a luz nasce, fica-se surpreso que as críticas eruditas tenham passado tanto tempo fazendo uma imagem tão confusa dos fatos. Como admitir, com efeito, que Maquiavel se refira, em 1513 ou 1514, a uma obra da qual o leitor não poderia ter conhecimento, uma vez que não estava nem publicada nem acabada? Como supor que nessa época já tivesse discutido "longamente" acerca das repúblicas quando se sabe, pelo testemunho dos contemporâneos, que redigiu os *Discorsi* por solicitação de um grupo de jovens burgueses florentinos durante, ou como consequência de, conversações que os reuniam nos jardins Oricellari numa data que não pode ser anterior ao ano de 1515?[13] Como entender, enfim, que os *Discorsi* ofereçam uma interpretação sobre um ponto particular, mas de importância — o valor dos exércitos suíços —, sensivelmente diferente daquela do *Principe*, se não se reconhece que, no intervalo que separa essas duas obras, a batalha de Marignano arruinou a crença em sua invulnerabilidade? Trata-se de questões que qualquer leitor atento estava em condições de formular. A resposta que lhes dá H. Baron apoia-se sobre um argumento que convém acatar com reservas. Ao considerar que a análise dos *Discorsi* indica duas etapas em sua composição, por um lado, um comentário substancial, ainda que um tanto vago, dos textos de Tito Lívio, e, por outro, considerações gerais sobre Roma e as repúblicas, Baron sustenta que o comentário, do qual uma parte somente teria podido vir à luz antes de 1513, não poderia pretender por si só desempenhar a função de um tratado de política geral. Ao acentuar, além disso, a importância da primeira parte do livro I, onde se encontram enunciados os princípios da história de Roma e dos Estados, assinala que o modelo no qual Maquiavel se inspira de passagem, o livro VI das histórias de Políbio, não poderia ser conhecido por ele antes de 1515, nem mesmo antes de 1516 ou 1517, quando aparece sua primeira tradução em latim. Permanece que, se é preciso desconfiar da hipótese relativa à gênese dos *Discorsi*, a conclusão, plenamente convincente, é que apenas fragmentos dele poderiam ter sido redigidos

---

12 Hans Baron, "The Principe and the Puzzle of the Date of the *Discorsi*". *Bibliothèque d'Humanisme et Renaissance*, Gênova, XVIII, 1956, pp. 405-28.   **13** Trata-se dos testemunhos de Felipe de Nerli, autor dos *Commentari dei fatti civili occorsi dentro la città di Firenze dall' anno 1215 al 1537* (II, Trieste, 1859, p. 12), e de Jacopo Nardi, autor das *Istorie della città di Firenze, 1494--1522* (II, Firenze, 1838-41, p. 77), citados por H. Baron, op. cit., p. 420, n. 1.

antes do *Príncipe*, e a referência dessa obra a um trabalho de conjunto sobre as repúblicas foi sem dúvida acrescentada ao texto num período sensivelmente posterior à sua versão primitiva, seja por ocasião de sua apresentação a Lorenzo de Médici em 1516, seja numa data posterior. Semelhante conclusão nos confirma, pois, a ideia de que o *Príncipe* constitui precisamente o primeiro momento da reflexão política de Maquiavel, de que sua "longa experiência das coisas modernas e sua leitura contínua das coisas antigas" vieram a se depositar em primeiro lugar nesta obra. É suficiente, de resto, aceitar mais uma vez o testemunho do escritor para se convencer de que seu trabalho em Santa Andrea tem por objeto o *Príncipe*; e é por uma estranha aberração que se quis dissociar sua atividade de teórico, ocupado em refletir sobre a política dos Antigos, e a preparação do *Príncipe*, quando a carta endereçada a Vettori as relacionava tão rigorosamente.

Ora, se relembrarmos novamente os termos da carta: "E como Dante afirma que não há ciência se não se registra o que se compreendeu, anotei dessas conversas com eles [os homens da Antiguidade] o que me pareceu essencial e escrevi um opúsculo *De Principatibus*, no qual aprofundo o melhor que posso os problemas postos pelo tema", deve-se igualmente reconhecer que o motivo que o escritor invoca não é de modo algum o de obter o favor dos Médici. É certo que observa que sua obra deveria contribuir para as tarefas de um príncipe, sobretudo de um príncipe *novo*, e anuncia sua intenção de dedicá-la a Juliano. Mas sua dúvida de que este queira lê-la é prova suficiente de que não empreendeu semelhante trabalho com a única intenção de submetê-lo a ele. E, se invoca a necessidade na qual se encontra de endereçá-la a ele, em parte alguma sugere que esse foi o motivo de sua criação. A sinceridade de seu tom e a liberdade com a qual se dirige, como de costume, ao seu amigo Vettori não levam a suspeitar de que disfarce seu pensamento. Mas, dado que tomar ao pé da letra as declarações de um autor é sempre se arriscar a ser acusado de ingenuidade, as palavras que dirige a Lorenzo em sua dedicatória podem conter uma confirmação menos equívoca de suas relações com os Médici. Com efeito, é exatamente nessa ocasião, na qual procura agradar, que Maquiavel poderia demonstrar seu servilismo e nos levar a pensar que seu livro não tem outro intuito além do de lhe granjear o apoio de um futuro príncipe; e tais são, entretanto, apesar do comentário de seus detratores, a dignidade dessa carta e a segurança com a qual reivindica diante de Lorenzo sua posição de mestre do pensar, que encontramos nela uma nova prova da importância que atribui à sua obra. Que pretende dar a ele "o poder de entender, em brevíssimo tempo, aquilo que ele mesmo conheceu e compreendeu no curso de tantos anos e ao custo de tão grandes dificuldades e tão grandes perigos"; que se apresenta audaciosamente como um homem da mais baixa condição e encontra nisso a autoridade para julgar a natureza dos príncipes; que sustenta, em substância, que seu livro se recomenda por si mesmo, em razão da *"varietà della materia e della gravità del subjetto"*; que se orgulha por ter banido dele os floreios e os artifícios aos quais seus antecessores haviam sempre recorrido: essa linguagem não soa como a de um servo, muito antes revela um escritor plenamente consciente da novidade e do valor de seu empreendimento.

Resta que o argumento segundo o qual o *Principe* teria sido improvisado como resultado dos acontecimentos, ao preço de uma súbita ruptura no curso de um trabalho consagrado a Roma e às instituições republicanas, tinha a vantagem de nos fornecer uma chave da obra. Quer se tome o motivo pessoal como determinante para levar o escritor a redigir um ensaio sobre a tirania, quer se o imagine possuído por uma iluminação no dia seguinte à queda do governo florentino, descobrindo que só um príncipe novo poderia triunfar sobre a desordem da Itália e arrancá-la da servidão (duas hipóteses que, de resto, não são incompatíveis), um fio cômodo era oferecido ao leitor. Desse ponto de vista, as considerações gerais sobre a natureza do homem, da sociedade e da história passavam ao segundo plano; por mais interessantes que fossem, vinham apenas sustentar com mais ou menos felicidade o projeto prático do *Principe*, atribuíam sua origem a uma meditação que não estava necessariamente articulada a ele. Ao recusar essa perspectiva, ao reconhecer que é em um mesmo tempo que o autor interroga o presente e o passado mais longínquo, que tenta juntar a experiência de um homem de ação, os conhecimentos de um historiador e a reflexão de um filósofo, ligar teoria e práxis, renunciamos, no entanto, às simplificações que nos privariam de acolher a *varietà* da matéria e a *gravità* do tema. Esperamos agora que a própria obra ensine sua ordem e de acordo com qual necessidade se circunscreve seu domínio.

À primeira vista, não parece difícil determinar o que constitui o tema e a matéria do *Principe*. Reportemo-nos novamente à carta na qual o escritor apresenta sua obra a Vettori: ele se perguntou, diz ele, "o que é soberania [*principato*], quantas espécies há dela, como é adquirida, como é conservada, como é perdida". A Lorenzo, de outro lado, declara que ousou discorrer acerca do governo dos príncipes e dar as regras dele (*discorrere e regolare i governi di principi*). Essas palavras se conciliam, aparentemente, com o plano que decorre de uma leitura superficial. O capítulo 1 enumera os diversos tipos de principado; o autor anuncia, no início do capítulo 2, que vai escrever a partir dessa trama e investigar como cada um pode ser governado e conservado. A tal intenção parecem responder os onze primeiros capítulos. Os três seguintes são consagrados à política militar, tratando de maneira geral do ataque e da defesa; em seguida a discussão trata, sucessivamente, das relações que o príncipe deve estabelecer com seus súditos — especialmente das qualidades que ele precisa mostrar para instituir e manter sua autoridade — e das relações com seu círculo e seus ministros. Três capítulos, enfim, evocam os infortúnios do tempo presente, os poderes respectivos da *virtù* e da Fortuna e a oportunidade oferecida a um príncipe novo de se apoderar da Itália e libertá-la dos bárbaros. Restringindo-nos a essas indicações, poderíamos pensar que o tema do *Príncipe* se prende a um gênero tradicional, que a obra é apenas um tratado a mais sobre a arte de governar. Quanto à matéria, se nos fiamos na "Dedicatória", a encontramos nas ações dos grandes homens reveladas pelo conhecimento do passado e dos tempos presentes.

Contudo, quando se considera atentamente o texto, não se pode deixar de notar o que há de insólito no projeto do autor.

O argumento do *Príncipe* não lembra, com efeito, nem o dos tratados escolásticos consagrados ao mesmo tema nem o das obras da Antiguidade às quais se poderia estar tentado a compará-lo.[14] O autor não situa as relações do príncipe com seus súditos no quadro mais geral das relações do homem com seus semelhantes, com a Natureza ou com Deus. Não parte de uma definição do Estado ou da relação social; em nenhum lugar parece se preocupar em dá-la explicitamente. Tampouco compara o regime fundado sobre a autoridade do príncipe com outras formas de organização política. De outro lado, não se dirige a um príncipe vivo para lhe ensinar o que é o bem ou o útil, nem recorre à ficção de um sábio conselheiro que discute acerca do melhor governo possível com um príncipe cujo rosto lhe fosse familiar; enfim, não descreve os acontecimentos de uma época determinada

---

14 Sobre os tratados consagrados ao governo do príncipe, ver Allan H. Gilbert, *M's Prince and its Forerunners*. Durham: Duke University Press, 1938.

com uma preocupação edificante nem se limita a aproximar as ações dos homens de Estado da Antiguidade com as dos contemporâneos. Em outros termos, seu procedimento não é — ao menos se tomarmos estas denominações em seu sentido convencional — nem o do filósofo, nem o do moralista, nem o do psicólogo, nem o do historiador. Seguramente, Maquiavel nos leva a pensar sobre a história, sobre o homem, sobre a sociedade e o Estado, sobre os motivos do príncipe, sobre o bem e o mal; mas, à primeira vista, o campo de sua investigação, a realidade que ele visa, não se deixa circunscrever claramente. Enquanto as questões relativas à arte de governar eram postas por seus predecessores desde um ponto de vista bem definido, em referência a verdades tradicionalmente reconhecidas — fundadas sobre a autoridade da razão ou da religião —, as suas parecem não requerer nenhum pressuposto, senão, muito antes, dirigir inteiramente o movimento da reflexão. O que esse movimento traça? Eis exatamente o que não podemos deixar de nos perguntar enquanto avançamos na leitura da obra. Não podemos tão somente esperar que o autor traga respostas novas a questões antigas. Estas se organizavam em função de certa imagem do mundo; assim, seu enunciado estava desprovido de equivocidade. Mas anunciar que se discutirá acerca do governo dos príncipes e que se dará as regras dele, ou que se perguntará em que ele consiste (*che cosa è il principato*) e, mais prosaicamente, como é conquistado, conservado e perdido, é, apesar da clareza das palavras, colocar questões cuja origem é obscura e obrigar-nos a investigar, mais além das respostas que tais questões suscitam, entendidas em seu teor literal, seu próprio sentido enquanto questões.

Como não sabemos em qual perspectiva convém situar-nos para abarcar o domínio novo oferecido à atenção do leitor, devemos manter nosso julgamento em suspenso tanto quanto possível. Em vez de nos apressarmos a definir esse domínio como o da política, enfim promovida, diz-se, à dignidade de objeto científico — como se esse termo, que sabemos justamente ter sido tomado ao longo do tempo em acepções muito diferentes, bastasse para dissipar nossas incertezas —, é melhor nos resignarmos a nos espantar com o caminho no qual o escritor se embrenha, em contraste com seus antecessores, e não prejulgar, a partir da fé em declarações iniciais e de comentários extrínsecos, o verdadeiro tema e a verdadeira matéria de sua obra, que só a leitura é capaz de desvelar. Dizer isso ainda é muito pouco. Não teremos nenhuma chance de penetrar no *Príncipe* — é preciso se convencer disso desde já — senão sob a condição de retornar à fonte das demonstrações e das considerações das quais ele parece se bastar, de articular seu *tema* manifesto ao discurso mais amplo que o sustenta e o ordena e compreender por que é essencial a este permanecer aquém da expressão. Poderíamos sem dúvida formular essa exigência em relação a qualquer obra de pensamento, tanto é certo que não podemos jamais entendê-la sem tornar palpável o que nela não está dito mas permanece no horizonte das coisas ditas, seja porque esse não formulado traz consigo uma evidência que, no espírito do autor, desobriga qualquer comentário e, no entanto, deixou de nos ser natural, seja porque ele decorre de uma experiência cujo poder a linguagem pega emprestada mas não pode fazer mais do que designar e que é preciso revelar por outras palavras para conservar a sua função primeira. Mas, no presente caso, os motivos que orientam nossa busca são ao mesmo tempo mais particulares e mais prementes. É porque não há no *Príncipe* unicamente uma ordem visível das ideias, de modo que poderíamos nos perguntar de onde provém aquilo que ela subentende, como ela se subtrai aos princípios que dirigiam até então a reflexão política; assim que tentamos associar a essa ordem o conjunto das análises, ela se recobre de uma estranha desordem, de tal sorte que é preciso ou fazer o luto da coerência da obra ou empreender uma exploração em profundidade para descobrir o sentido daquilo que aparece como ordem e como desordem.

Consideremos, com efeito, por um momento ainda, o procedimento do escritor antes de segui-lo em seus pensamentos. Nossa primeira impressão é que ele avança num passo seguro e rápido para seu objetivo. Sua obra é dividida em 26 capítulos, alguns deles de extrema brevidade, em especial os dois primeiros, enquanto os mais longos deixam-se decompor em argumentos cuja articulação é fortemente marcada. A linguagem é na maior parte do tempo de uma grande concisão, a exposição, escandida aqui e ali por fórmulas nas quais se encontra condensada de modo feliz a verdade de um desenvolvimento e que tomam às vezes o valor de máximas. Inicialmente, diversas hipóteses se encontram enunciadas: trata-se de indicar em que condições está um príncipe quando ele se transforma em senhor do Estado. Essas hipóteses parecem ser então submetidas a um exame sistemático que faz surgirem delas algumas outras mais particulares. A cada vez são analisadas as dificuldades que a tomada do poder e sua conservação reservam. O uso repetido da palavra *difficultà* sugere desde o início que a ação política deve ser tratada como os termos de um problema. Ela requer o emprego de um método, graças ao qual o que parece a princípio difícil se mostra em seguida fácil de resolver. De fato, o autor mostra com insistência, no início de um capítulo, como é árduo conquistar um Estado; no fim da exposição, descobrimos que um príncipe triunfa facilmente sob a condição de saber aplicar as regras adequadas. De maneira geral, o fracasso do príncipe é imputado aos erros de raciocínio, e o sucesso, a um conhecimento exato dos fatos, juntamente com uma reflexão rigorosa sobre os princípios. Assim, entre o mecanismo da ação e a ordem do discurso se estabelece uma espécie de equivalência, que não pode deixar de perturbar rapidamente o leitor. Os sinais do pensamento lógico são, além disso, multiplicados no curso das primeiras análises, não sem ostentação. Maquiavel habitua seu leitor a confundir num mesmo pensamento o que é *ordinário, natural, necessário* e *racional* e a respeitar a *ordem das coisas*.[15] Provoca nele o espanto deliberadamente, com a única finalidade de revelar em seguida a evidência; coloca-o diante de alternativas nas quais se inscrevem a inelutabilidade da escolha e a exigência da decisão racional. Vinculando exemplos antigos e modernos, o convence de que a discussão desemboca em casos típicos aos quais se deixa facilmente reduzir a diversidade dos fatos. Parecendo deduzir de um princípio as consequências das quais a história oferece uma ilustração, ou deduzir dos fatos uma regra de alcance universal, sua exposição, ao longo dos onze primeiros capítulos, se apresenta como uma demonstração. Ao fim deles, Maquiavel anuncia que tratará de maneira geral do problema militar. Assim, ao estudo das hipóteses iniciais, que não haviam deixado de confrontar situações e conjunturas particulares, sucede aparentemente uma reflexão sobre o permanente da política. Esta é iniciada pelo exame das diferentes armas das quais dispõe o soberano e dos princípios que ele deve obedecer, em qualquer circunstância, para defender o Estado, mas continua pelo exame das qualidades que ele deve manifestar ao governar seus súditos. No curso dessas duas exposições, o autor começa por uma enumeração, a das armas (mercenários, auxiliares, mistas e próprias), que se apresenta como exaustiva, e aquela, muito vasta, das virtudes e dos vícios que se costuma atribuir a um príncipe, depois retoma cada um dos aspectos mencionados para analisá-los. É propriamente no momento em que empreende a crítica metódica do comportamento do príncipe que critica a tradição e a utopia, julgando mais conveniente "seguir a verdade

---

[15] Capítulo 3.

efetiva da coisa que sua imaginação".[16] Essa declaração, que confirma eloquentemente todas as análises anteriores e sublinha o tema da discussão futura, dá o tom da obra. Fomos alertados: a necessidade do discurso verdadeiro obriga o escritor a dizer aquilo que os outros silenciaram, assim como a necessidade da ação política obriga o príncipe a fazer o que o homem comum é incapaz de realizar.

Depreende-se, enfim, do exame geral da política do príncipe, tal como esta se encarna nas relações que ele deve manter com seus súditos e séquito, uma apreciação da situação presente da Itália e das tarefas que se impõem a um príncipe novo. Seja qual for o julgamento que deveremos aplicar mais tarde sobre o sentido dessas páginas, é preciso convir que, consideradas de um ponto de vista puramente formal, elas oferecem uma conclusão perfeitamente articulada com as análises anteriores.

A teoria parece encontrar seu último ponto de aplicação somente no campo da prática imediata. De resto, a segurança com a qual Maquiavel se dirige a essa conclusão inspira no seu leitor uma grande confiança na construção da obra. O início do capítulo 24 retoma, com efeito, espetacularmente o segundo que inaugurava a discussão: nesse se aceitava a ideia comum de que um Estado hereditário é menos difícil de conservar do que um Estado novo; depois, descobrimos que nenhuma dificuldade resiste à experiência do método e que a mais sólida garantia do poder residia na prudência do príncipe; a perspectiva é finalmente invertida: a virtude da tradição é substituída pela do conhecimento, "se as recomendações dadas anteriormente forem bem observadas pelo príncipe", nos diz Maquiavel, "elas farão parecer antigo o que é novo e o tornarão em pouco tempo mais seguro e firme em seu domínio do que se estivesse nele enraizado *ab antiquo*". Ora, enquanto alcançamos esta última verdade, denuncia-se, como por si mesma, a responsabilidade daqueles que a ignoraram e que, por fraqueza de espírito e de caráter, precipitaram a Itália no abismo no qual ela se encontra no presente. Ao tomar consciência de sua falta se entrevê o caminho que se abriria ante o fundador de um Estado novo: após sermos convidados, uma última vez, a dirigir o olhar para além dos horizontes estreitos do mundo presente a fim de nos convencermos de que o homem tem

---

16 Capítulo 15: *"Ma sendo l'intento mio scrivere cosa utile a chi la intende, mi è parso piu conveniente andare dietro alla verità effettuale della cosa che alla immaginazione di essa"*.

o poder de imprimir sua vontade nas coisas apesar das vicissitudes da Fortuna, Maquiavel lança seu apelo final pela libertação da Itália.

Assim, o *Príncipe* se faz passar pelo mais organizado e o mais demonstrativo dos discursos. Redução da diversidade empírica a dados de hipóteses; passagem do caso particular à regra geral e vice-versa; alargamento progressivo da investigação de situações típicas e de conjunturas às constantes do comportamento político, até a imagem final de um domínio da Fortuna — a composição parece preparar o acesso mais direto ao saber.

Talvez não seja inútil voltar a observar que essa impressão é tanto mais viva por nada ser poupado, no início da obra, para convencer o leitor da precisão e da necessidade do argumento. À brevidade que marca os dois primeiros capítulos, um dispondo apenas os elementos de um problema, o outro circunscrevendo o caso mais simples antes de passar adiante, sucede a longa duração do terceiro, tão habilmente modulado que se deixa acompanhar com a mesma facilidade, como se a amplitude súbita do fôlego se moldasse à coisa a dizer, sem quebrar o movimento da palavra. Esse capítulo, cujo objeto é o primeiro tipo de principado novo — denominado *misto*, porque aquele que se apodera dele não faz mais do que anexá-lo a um Estado do qual já é senhor —, revela do melhor modo a lógica da composição. O autor começa acentuando as dificuldades contra as quais semelhante empreendimento necessariamente se choca; declara fornecer suas causas universais. Uma primeira vez é invocado o exemplo da conquista de Milão por Luís XII para apoiar essa explicação. O exemplo confronta por sua vez dois casos distintos, pois o povo submetido tem ou não tem a mesma origem e a mesma língua do invasor; estes são estudados sucessivamente. O mais simples primeiro e, depois, aquele que se expõe ao maior perigo. As regras enunciadas com esse propósito encontram sua confirmação na história das conquistas romanas. Uma segunda vez o exame incide sobre o empreendimento de Luís XII. Revela-se agora que as condições nas quais ele se desenvolveu lhe prometiam o sucesso, contanto que soubesse extrair delas um partido justo, quer dizer, que soubesse aplicar os princípios racionais que dirigiam a política dos Antigos. Nas primeiras frases do capítulo, sobre a dificuldade de criar um Estado novo, esta proposição ressoa: "Que cada um, pois, considere como era fácil ao rei manter seu prestígio na Itália se tivesse observado as regras que damos acima...". A prova *a contrario* da demonstração é fornecida pela enumeração dos erros, em número de seis, que decidiram a ruína do rei.

A conclusão se impõe com todo o rigor: "O rei Luís perdeu, pois, a Lombardia por não haver levado em conta nenhum dos ensinamentos observados por outros que conquistaram províncias e desejaram mantê-las. Mas não há nada de prodigioso nisso: a coisa é razoável e ordinária". No fim das contas, a falta mais grave de todas inspira este julgamento, que permanecerá como uma referência fixa na sequência da obra: "De onde se pode extrair uma regra geral que não engana jamais ou raramente, isto é, que aquele que é causa de outro tornar-se poderoso se arruína a si mesmo...".

No entanto, aquele que não se fia cegamente nos sinais manifestos da composição e se pergunta se o pensamento segue efetivamente o curso que parecem indicar não deixará de descobrir um novo ângulo da obra, tão diferente desse que se oferecia ao primeiro olhar que se chega a duvidar dos propósitos do autor.

A própria definição das hipóteses iniciais, tão logo nos detemos nelas, suscita espanto. Maquiavel, lembremos, formula no seu capítulo de introdução duas questões: "Quantas espécies há de principados e por quais meios se adquirem". De fato, considera apenas uma, a segunda, como se esta determinasse o sentido da primeira. Embora o título leve a esperar, por seu enunciado, uma distinção conforme ao espírito da tradição, ele rompe imediatamente com o uso estabelecido, sem dar razão alguma, pois ignora as características específicas dos diferentes regimes e os modos segundo os quais se exerce a soberania e negligencia a oposição clássica entre poder legítimo e ilegítimo. Ao que parece, apenas a tomada do poder chama a sua atenção e lhe fornece o critério de sua classificação. O príncipe, descobrimos, recebe esse poder por herança ou por conquista; a conquista é parcial ou completa, segundo ele já se encontre à frente de um Estado e lhe anexe um novo domínio ou seu empreendimento o faça chegar à condição de príncipe. Tal conquista o coloca diante de um povo que já está acostumado com uma dominação real ou diante de um povo "livre"; efetua-se por meio de armas próprias ou de armas estrangeiras; é obra da *virtù* ou da Fortuna.

O ponto de vista do monarca parece, pois, sobressair absolutamente. Os diversos tipos de principados se organizam apenas em função da posição que ele ocupa no momento em que se transforma em senhor do Estado. Mas o fato de o autor deixar essa perspectiva na sombra exorta seu intérprete desde o início à prudência. E, de fato, se a nomeássemos obteríamos a imagem mais coerente do discurso, mas não nos livraríamos da incerteza. Se Maquiavel pretende discutir apenas os problemas relativos à tomada do poder é, pois, tão somente por uma preocupação de exaustividade que menciona de início o principado hereditário, para opô-lo aos diversos tipos de principados novos? E se esse é seu escrúpulo, por que despreza o caso da monarquia eletiva? De outro lado, se fala de um principado inteiramente novo e confronta a hipótese da fundação do Estado ou de uma mudança radical de regime no Estado, por que dá como modelo Francesco Sforza, que não fez mais do que substituir a tirania dos Visconti pela sua? A essas dificuldades acrescenta-se uma última: a distinção de armas próprias e armas estrangeiras apela precisamente a uma reflexão sobre os meios de ação do príncipe. Em compensação, a distinção entre *virtù* e Fortuna é de outra ordem: o homem não é livre para decidir o emprego de uma ou de outra como o é para escolher um instrumento ou um método. Além de esses termos possuírem, diferentemente dos anteriores, um valor simbólico ainda indeterminado, eles fazem surgir uma dimensão nova. Se os consideramos, devemos convir que o pensador não coincide necessariamente com o ator, mesmo se é verdade que o ator pode se desdobrar para pensar seu próprio estatuto histórico: o príncipe não é mais unicamente o sujeito que detém a representação de sua ação e dos seus meios de ação, ele próprio é "representado", sua obra é percebida como uma consequência tanto da *virtù* quanto da Fortuna.

Assim, apesar da concisão e do aparente rigor de sua articulação, as primeiras definições maquiavelianas se aplicam a uma matéria confusa. Parecem encontrar seu pleno sentido na imagem do príncipe, considerado sujeito da ação, mas um imperceptível *desfoque* nessa imagem nos faz duvidar de sua coerência. Será que a reflexão sobre o príncipe não pode ser separada de uma reflexão sobre o Estado e sobre o destino da ação humana? Não sabemos ainda se é o propósito do autor sugerir a questão entrevista ou se devemos tomá-la por defeito de seu método. Mas é preciso notar que no mesmo momento em que afasta seu discurso das considerações filosóficas tradicionais e circunscreve o campo de sua investigação ao das operações empíricas que a tomada do poder requer, preparando o leitor para o exame de uma a uma — como se essa intenção e essa delimitação fossem óbvias —, uma primeira incerteza nos detém.

Ora, longe de se dissipar, essa incerteza aumenta quando pretendemos identificar na primeira parte da obra o desenvolvimento da pesquisa anunciada. Sem dúvida, os onze primeiros capítulos contêm a discussão das hipóteses particulares cujos termos foram postos no início. Mas, visível de longe, o fio que deve, acreditamos, ligá-los se dilata e, tão logo se queira apreendê-lo e segui-lo, ele se confunde ou se rompe. Contudo, aparecem novos temas, novos exemplos, novas referências, e a relação entre o discurso de fato e o plano manifesto se mostra sempre mais vaga, a ponto de ser possível com razão perguntar se isso está destinado a nos assegurar do caminho ou nos desencaminhar, e, antes, se há um caminho ou se a *varietà* da matéria não submergiu aquele que pretendia organizá-la.

Os dois capítulos que se seguem à introdução são dedicados aos principados hereditários e aos principados novos ligados ao Estado do conquistador. A discussão, pois, responde em primeiro lugar às nossas expectativas. Rapidamente compreendemos, de resto, por que o autor considera este último caso antes de tratar dos principados inteiramente novos: vai do mais fácil ao mais difícil. De outro lado, a distinção operada, no decurso do caminho, entre povos que têm ou não a mesma língua e a mesma origem do invasor encontra com êxito seu lugar no argumento, como já observamos. Na sequência, em compensação, algumas surpresas nos são reservadas. O capítulo 4 se apresenta como uma digressão necessária, mas, se considerarmos a importância do tema tratado, pode-se duvidar de que sua única função seja responder a uma objeção, como o escritor quer nos convencer. Aparentemente, se trata apenas de explicar "por que o reino de Dario ocupado por Alexandre não se revoltou contra seus sucessores após a sua morte" e, de maneira mais geral, por que um príncipe novo consegue às vezes se manter sem dificuldade em um país conquistado. De fato, as novas hipóteses enfrentam um problema que, por sua amplitude, excede largamente o quadro dos dados iniciais. Maquiavel compara longamente a monarquia de tipo despótico e a monarquia de tipo feudal e, interrogando-se sobre a resistência que são capazes de oferecer a um eventual agressor, põe em evidência uma diferença essencial entre os dois regimes, que diz respeito ao modo de implantação do poder na sociedade. Como essa reflexão não está anunciada no capítulo 1, poderíamos pensar que é acidental, mas é também possível ver um artifício no viés que a introduz. O capítulo 5, é verdade, parece se inscrever no plano anunciado. Como seu título indica, a questão refere-se à maneira de "governar as cidades ou principados que, antes de serem ocupados, viviam sob as suas próprias leis". E, nas primeiras linhas do texto, o próprio autor especifica: "sob suas leis e em liberdade". Todavia, o leitor se dá conta, não sem surpresa, de que o escritor havia inicialmente oposto os Estados habituados a viver sob um príncipe àqueles que viviam livres; constata, portanto, que essa distinção é desfeita. Mas, no momento em que está prestes a admitir que a vinculação de um povo às suas leis não é consequência necessária de seu regime político, que nem todos os príncipes são tiranos, que o termo *liberdade* não designa, sem dúvida, senão o reconhecimento de certos direitos e a independência do Estado, é preciso reconhecer que se equivocou, dado que a sequência do texto revela que se pode muito bem submeter os súditos de um príncipe antigo a uma autoridade nova, uma vez aquele e seus descendentes exterminados, mas que não se poderia submeter uma república sem dispersar seus habitantes ou decidir governá-la pessoalmente, porquanto subsistem nela, após a conquista, "mais vida, mais ódio, mais desejo de vingança e lembrança de sua antiga liberdade". Como não se inquietar com tais meandros e não começar a perder confiança na lógica do discurso? Essa inquietação cresce com a leitura dos dois capítulos seguintes. O capítulo 6 trata dos principados novos adquiridos por armas próprias e por *virtù*; o 7, dos principados novos adquiridos por armas estrangeiras e pela Fortuna. Assim ficam associados certos critérios que o autor havia inicialmente tomado o cuidado de distinguir. No primeiro caso, o exemplo de Sforza não é mencionado; só o é brevemente no segundo, para ser oposto ao de Bórgia. Descobrimos, de resto, que serão examinados em primeiro lugar os principados inteiramente novos, nos quais se veem simultaneamente o surgimento de um príncipe e o nascimento de um Estado. Parece lógico que Sforza, tendo unicamente se apoderado do ducado de Milão, não seja contado dentre os fundadores. Contudo, o fato de encarnar no capítulo 1 o tipo de príncipe novo, de ser uma segunda vez designado como aquele que soube conquistar o poder por sua *virtù* e armas próprias e lançar desse modo na sombra os personagens de menor envergadura que deveram sua coroa ao favor de uma potência estrangeira, dá a ele um estatuto mal determinado. A dificuldade trai outra: os dois capítulos dos quais falamos parecem compor uma alternativa; mas, para além da oposição dos termos, uma mesma questão atravessa a ambos: a fundação do Estado. Bórgia, com efeito, quis criar no centro da Itália um principado novo, aplicando-se assim à tarefa, a mais nobre entre todas, que faz a glória dos heróis do capítulo 6: dar a unidade a um povo disperso. Assim como esses, aquele é, pois, no sentido mais forte do termo, *principe nuovo*, e ninguém duvida que, sob esse aspecto, sua figura eclipsa a de Sforza. Além disso, Maquiavel ensina que ele não se apoiou sobre a Fortuna e as armas dos outros senão no início de seu empreendimento. Diferentemente dos pequenos reinados criados em toda parte por Dario, ou dos imperadores romanos que deviam sua posição unicamente à complacência de um exército assalariado, ele agiu de modo a não depender de ninguém, a não ser de si mesmo, e soube prover-se de forças próprias. É por uma *virtù* excepcional que abriu caminho para si mesmo ao poder. E, ainda que se possa imputar seu fracasso à malignidade da Fortuna, da qual havia sido no começo tributário, uma vez que foi imobilizado pela doença no momento em que morreu o papa, seu poderoso protetor, pode-se afirmar que este último acontecimento não teria provocado sua ruína se nessa ocasião ele tivesse feito tanta prova de inteligência quanto no passado.

Assim, pois, apesar das aparências, uma mesma análise é levada adiante. Da imagem das proezas dos heróis semimíticos àquela da conquista de Bórgia, tornam-se claros o sentido do que é preciso entender por *virtù* política e os princípios dos quais decorre a fundação do Estado. A articulação desses dois temas propostos (quem age com *virtù* e armas próprias tem grande dificuldade de vencer, mas não de manter o Estado; quem se apoia sobre a Fortuna e as armas de outros tem pouca dificuldade para tornar-se príncipe, mas muita para permanecer nessa condição) não é, sem dúvida, puramente formal, mas é certo que não tem a função demonstrativa que estávamos inicialmente dispostos a reconhecer nela. É preciso, então, denunciar uma falha de construção, ou então imaginar que Maquiavel confunde deliberadamente as pistas, ou então ainda supor que seu pensamento se desenvolve sobre diversos planos ao mesmo tempo?

Essas questões aguçam nossa atenção, e agora o desenvolvimento do capítulo 6 nos parece estranho em mais de um aspecto. Embora Maquiavel afirme, ao começar, que o empreendimento do fundador se choca com as mais graves dificuldades, não diz nem em que elas consistem nem de maneira precisa como podem ser superadas. Sem dúvida, observa, estão ligadas à introdução de novas instituições (*nuovi ordini e modi*); mas o que estas são ele também não diz com clareza. Cita Moisés, Ciro, Rômulo, Teseu, sem descrever nenhuma de suas ações. Tudo se passa como se a análise empírica que até aqui sustentava o raciocínio estivesse momentaneamente desqualificada, como se o sentido se estabelecesse em outro nível que, não obstante, devesse permanecer dissimulado. Nesse contexto, a evocação de Savonarola por fim nos desconcerta: nem príncipe nem fundador de Estado, aquele que ocupa por um momento o primeiro plano da cena política florentina não pretendeu jamais outra coisa além de reformar o governo republicano. Opô-lo subitamente como profeta desarmado aos profetas armados, que foram os heróis da Antiguidade, obriga o leitor, mais uma vez, seja a renunciar à imagem de um discurso rigorosamente composto, seja a supor que uma intenção oculta o governa, e até mesmo a se perguntar se a fundação do Estado constitui seu único ou verdadeiro tema.

Até o capítulo 7, inclusive, os critérios propostos no início foram aplicados, é verdade, e, se temos já algumas razões para duvidar que eles exercem efetivamente a função que lhes foi destinada, ao menos não podemos questionar que dirigem aparentemente o desenvolvimento do discurso. Mas o mesmo não ocorre na sequência. O capítulo 8 se intitula "Daqueles que chegaram ao principado por atos criminosos", o capítulo 9, "Do principado civil"; ora, nenhuma das hipóteses consideradas havia sido anunciada. Sem dúvida, encontramos uma justificativa para elas: trata-se, diz o autor, de estudar um modo de surgimento do príncipe que não resulta nem da *virtù* nem da Fortuna, ou que requer certa mistura desses dois poderes. Mas, se o fio primeiro do argumento não está completamente perdido, ele se mostra doravante muito tênue para que possa nos satisfazer. Na realidade, as duas análises que nos ocupam tratam de fenômenos que os escritores clássicos tomaram grande cuidado em definir e descrever: a instituição da tirania de forma militar ou civil, a usurpação do poder pela via violenta ou pacífica.

Usando de um subterfúgio sem citá-lo, Maquiavel dá a entender que recusa o ponto de vista tradicional e insta o leitor a melhor perscrutar seu propósito. As perguntas que este último se faz se esclarecem então em vista do texto. Por que Maquiavel evita falar de tirania e de usurpação? Por que acentua o caráter criminoso de certo tipo de conquista do poder, uma vez que tomou o cuidado até aqui de se abster de todo julgamento de valor no enunciado de suas hipóteses? Por que, após havê-lo designado como tal, inicia uma discussão para saber se é justo ou não falar de *virtù* a propósito de Agátocles, cruel herói dessa política, e acompanha sua resposta de tantas reservas que deixam o leitor na incerteza? Por que, enfim, escolhe o caso da tirania civil para introduzir, pela primeira vez, as considerações de alcance geral sobre a natureza das classes sociais e as relações que um príncipe deve estabelecer com seus súditos — considerações que, poder-se-ia corretamente estranhar, não figuravam no capítulo 6? Não seria porque na ausência de toda precaução e de todo artifício, e se ele fosse diretamente ao objetivo, pareceria que a figura de Agátocles não é sensivelmente diferente daquela de Sforza, que se apodera do ducado de Milão à frente de bandos armados, iludindo a confiança do povo? Além disso, não descobrimos que a política do tirano mais cruel se assemelha estranhamente àquela do glorioso fundador? Porventura essas precauções, esses artifícios, não seriam de ordem puramente tática? Não devemos antes entender, se nos fiarmos na estrutura do discurso, que há ao mesmo tempo uma diferença e uma semelhança entre as ações de uns e de outros, mas que elas devem ser concebidas em termos novos, fora das categorias do senso comum?

Seja qual for a resposta que daremos quando o texto tiver se deixado penetrar melhor, mostra-se desde logo que os primeiros conceitos maquiavelianos não asseguram à obra sua coerência; antes, constituem uma estrutura tão tênue e tão frágil que é legítimo perguntar-se se não é uma pura e simples ilusão. Assim, a segurança que a imagem da demonstração continuada inicialmente causava foi substituída por uma insegurança. O terreno sólido sobre o qual nos imaginamos estabelecidos se torna movediço. A digressão, a insinuação, a elisão, o jogo da dupla verdade confundem o argumento e sugerem que este fica como que dobrado por uma palavra mais profunda, da qual não sabemos nem de onde se origina nem para onde nos leva, somente que é essencial identificá-la.

Considerem-se, enfim, os dois capítulos que irão fechar a primeira parte da obra. O capítulo 10 se apresenta como uma digressão de alcance geral sobre o problema militar. Isso é ao menos o que seu título leva a pensar: "De que maneira as forças de todos os principados devem ser avaliadas". Uma vez mais, porém, o título não dá uma ideia exata do tema tratado. De fato, Maquiavel distingue os Estados de pequena e de grande dimensão e se limita ao primeiro caso. As considerações de ordem política predominam sobre as considerações de ordem militar, dado que seu principal argumento estabelece que a melhor defesa do príncipe é não ser odiado pelo povo. Além disso, e pode-se duvidar de que se trata aqui de um acaso, o único exemplo proposto ao príncipe novo é o das repúblicas da Alemanha, que oferecem o melhor modelo de organização militar. Esse exemplo nos lembra de que já em duas passagens a república foi erigida como modelo. Mas, até então, só os romanos foram invocados. Pela primeira vez o olhar se volta para as cidades livres do tempo presente. Enfim, pela primeira vez, igualmente, Maquiavel, corrigindo o julgamento aplicado à perversidade profunda do homem, fia-se em sua natureza: "Porque os homens", escreve, "são de natureza a obrigarem-se tanto pelos benefícios que fizeram quanto por aqueles que receberam".

Quanto ao capítulo II, talvez seja este que provoque a surpresa mais forte. Não somente pelo tema tratado, os principados eclesiásticos, que nada antes parecia anunciar, mas igualmente porque um príncipe novo não poderia extrair dele um ensinamento prático. Com efeito, dado que Maquiavel não dá aqui nenhum conselho direto, nem para um príncipe nem para um papa, a análise rompe com o princípio que a dirigia até agora. Desse modo, ao nos interrogarmos sobre o sentido dessa ruptura, temos razão em nos perguntar se se trata de uma simples digressão ou se, por ocasião de um novo caso particular, ele se aprofunda numa reflexão que, já sentimos, não poderia ser expressa sem rodeios. Ignoramos ainda qual é seu motivo, mas a surpreendente composição do capítulo põe mais uma vez nossa curiosidade à prova. Nos Estados eclesiásticos, diz por um lado Maquiavel, existem dificuldades somente antes da tomada do poder; sua conservação não apresenta nenhuma. Ele se apoia sobre instituições muito antigas, "*ordini antiquati nella religione*". Unicamente Estados desse gênero são "seguros e felizes". Por outro lado, a ascensão do príncipe da Igreja, diferentemente do advento do herói-fundador, não requer nem a intervenção da Fortuna nem da *virtù*; seu Estado não é governado, seu povo não é defendido. Por um lado, estamos aqui diante de razões que ultrapassam o entendimento humano e que impossibilitam, portanto, uma análise histórica. Por outro lado, isso nos ensina que o desenvolvimento do Estado pontifício se deveu tão só à política muito vulgar de Alexandre VI e à colaboração de César Bórgia. Esse discurso, habilmente equilibrado, que se conclui com uma apologia do novo papa Leão X, é por certo uma demonstração de prudência, mas mais ainda de ironia, por um procedimento que, facilmente reconhecível aqui, é talvez mais discretamente empregado em outra parte com o mesmo propósito. Sem dúvida, o autor não resistiu à tentação de fazer um julgamento acerca da política pontifícia. Mas ele teria seguramente outros meios de fazê--lo, os quais, de resto, são utilizados em outras circunstâncias. O fato de ele chamar a atenção sobre a função das *ordini antiquati* que sustentam o poder da Igreja e nos relembrar assim, ao fim de uma primeira parte, ao mesmo tempo as palavras do capítulo 2, aquele mesmo que, consagrado aos principados hereditários, inaugurava a série de suas hipóteses e suas considerações sobre as *ordini nuovi*, cuja criação era associada às mais altas formas de ação política; o fato de ele assumir, além disso, o risco de evocar a intervenção divina após ter declarado no capítulo 6 que ela era sinal da *virtù* de Moisés, dessa vez para sugerir que não temos nenhuma necessidade de semelhante imagem para interpretar a política dos papas e a história de seus Estados, leva antes a pensar que a exposição do último caso responde a uma intenção oculta e traz, sobre alguns pontos, um complemento às análises anteriores.

Assim, quando nos aproximamos da obra a paisagem muda, as fronteiras inicialmente tão claras que circunscreviam os fragmentos do discurso se esfumam. Em primeiro lugar, é preciso renunciar à ideia de que o capítulo de introdução contém um plano, admitir antes que fornece um substituto para ele, preparar-se, pois, para buscar o sentido ao mesmo tempo na linha daquilo que está indicado e, para além dela, na região ainda indeterminada que ela apenas delineia. Em segundo lugar, os conceitos em função dos quais se articula o argumento se mostram ambíguos: "principado novo" se opõe a "principado hereditário", mas se cinde em seguida para designar *Estado novo* e *propriedade de um príncipe novo*. "Povo livre" se opõe inicialmente a "povo acostumado a viver sob um príncipe", depois conota ao mesmo tempo "povo ligado às suas leis" — que pode estar submetido a um príncipe — e "república"; "*virtù*", sobretudo, se projeta em múltiplas direções, formando com "Fortuna" um par discriminador que tem mais de um sentido: simultaneamente articulação do raciocínio — peça necessária para a maquinaria do discurso —, simples ilusão e símbolo cujo conteúdo se enriquece e se diferencia pouco a pouco. E, enquanto os pontos de referência mais aparentes se ocultam, outros contornos possíveis da obra se mostram, que sem dúvida não são dissimulados por acaso. Assim, ao espanto primeiro provocado pelo início do discurso, onde em lugar algum é feita distinção de princípio entre diversos tipos de Estados ou de regimes políticos, sucede outro, o de vê-los aparecer como o avesso do "motivo", às vezes transformados em objetos de estudo sem ser citados, às vezes explorados no curso de um argumento que parece ignorá-los, às vezes simplesmente mencionados sem que o autor queira extrair deles partido: série de oposições nas quais se ordenam regime despótico e monarquia feudal, a política de fundação e a política de anexação, a tirania militar e a tirania civil, o Estado de pequena e o de grande dimensão, os principados fundados ou não sobre as leis, o Estado laico e o Estado eclesiástico.

Enfim, descobrimos pouco a pouco que o exame das hipóteses particulares, assunto dos onze primeiros capítulos, dá passagem a uma reflexão sobre a situação presente da Itália e a política em geral — sobre as relações entre potências, os fundamentos do Poder, a maneira de governar, a natureza do Povo e dos Grandes —, cujo movimento jamais segue o da demonstração aparente, mas parece dirigido pela necessidade de desvelar, de maneira descontínua, as ideias para as quais uma expressão direta não pode ou não deve ser dada.

Sem dúvida, basta considerar suas primeiras dificuldades para entrever o problema posto pela leitura do *Príncipe*. Todavia, quem considera com a mesma atenção a sequência da obra encontrará nela outras análogas. Assim, o capítulo 12 inaugura uma exposição sobre a política militar em termos que fazem crer que se passou do particular ao geral, enquanto, acabamos de observar, a análise dirige-se já desde há muito tempo a questões atinentes à essência do Estado e do governo. Com essa exposição, o tema da guerra é abordado pela segunda vez, dado que já o havia sido no capítulo 10; e o será uma terceira vez no capítulo 20, sem que à primeira vista possamos compreender a razão dessa dispersão. Pelo menos constatamos que, neste último capítulo, como no capítulo 10, as considerações sobre o armamento do príncipe estão estreitamente entremeadas a outras sobre as relações que ele mantém com seus súditos, de sorte que tudo parece se passar como se a guerra devesse se esclarecer através da política, e a política, através da guerra. Se observarmos, além disso, que o autor recomenda inicialmente ao príncipe de um pequeno Estado apoiar-se sobre suas fortalezas e não atrair o ódio de seus súditos, e que depois, quando retorna à questão, denuncia com vigor a inutilidade e até mesmo o perigo das fortalezas e prega o armamento do povo, nos perguntamos se ele se enreda numa contradição ou se segue deliberadamente uma via sinuosa para alcançar seu objetivo. Hesitação na qual nos mantém ainda o exemplo de Sforza, cuja função já havia parecido equívoca nos primeiros capítulos e que agora parece servir a fins contrários, uma vez que ele é alternadamente apresentado como um vulgar opressor — que se apropriou do poder iludindo a confiança dos milaneses —, denunciado com todos aqueles cujas proezas não tiveram outro resultado senão a ruína da Itália, oposto aos seus infortunados descendentes como aquele que soube, pela força das armas, passar da condição de homem privado à de príncipe e acusado de ter destruído a potência de sua própria casa por ter construído em Milão uma fortaleza que fez seu nome ser odiado.

A partir desse momento, é preciso ou renunciar à busca de uma lógica no pensamento do autor ou então concluir que, através das múltiplas figuras de Sforza propostas, se identifica a justa imagem do príncipe para a qual Maquiavel quer nos encaminhar.

A maneira, enfim, com que é introduzida a longa discussão que irá tratar do governo do príncipe não desperta menos nosso espanto, pois nenhum sinal a anunciava. Pelo contrário, no capítulo 9, após haver acentuado a necessidade de se ligar ao povo em que se encontra o príncipe, seja qual for a maneira pela qual chegou ao Poder, Maquiavel advertia o leitor: "E o príncipe poderá ganhá-lo de muitas maneiras, das quais, por mudarem conforme a situação, não se pode dar regra segura e deixarei, pois, de falar delas" (*e però si lasceranno indietro*). Igualmente, no início do capítulo 12, explicava que restava a ele tratar, de maneira geral, da guerra (*offese e defese*), como se essa questão devesse fechar a discussão: "Os principais fundamentos de todos os Estados", escreve,

> tanto dos novos como dos antigos e dos mistos, são boas leis e boas armas. E como não é possível ter boas leis ali onde as armas não valem nada e se as armas são boas, é igualmente razoável que as leis sejam boas, deixarei de refletir sobre as leis [*io lascerò indietro el ragionare delle legge*] e tratarei das armas.

Se recusarmos a ideia de que a obra é fruto de uma constante improvisação, é preciso, sem dúvida, admitir que o salto marcado pelo capítulo 15 responde a uma necessidade do discurso. Poderia ser, para o escritor, o meio de se aproximar do tema mais perigoso, de fazer sentir aos outros ou de tornar sensível para si mesmo a distância que o separa daqueles que, antes dele, discutiram as "qualidades" do príncipe, ou daquilo que inicialmente chama seus *modi e governi*, ou então de encontrar um segundo impulso a fim de conduzir a crítica para uma nova profundidade até o seu termo? O fato é que nesse momento preciso Maquiavel declara se afastar das *ordini* dos outros, usando o mesmo termo que utilizava para designar os princípios que dirigem a vida de um Estado e erigindo-se, assim, implicitamente, em fundador, pensador novo que, sem herança, dirige-se à *verità effettuale* do mesmo modo que o príncipe que soube agarrar a Ocasião vai diretamente ao Poder. Temos certamente boas razões para supor que essa verdade emergiu no curso das análises precedentes, mas talvez devamos nos preparar para vê-la se desvelar sob outra luz. Assim como as *nuovi ordini* do príncipe não se deixam reduzir a um corpo de instituições que pudesse ser descrito, também as do pensador transcendem, talvez, o simples conhecimento dos comportamentos e dos fatos. Talvez devamos então interpretar com mais precisão as advertências do escritor: se ele parece descartar uma discussão geral sobre a política do príncipe antes de introduzi-la subitamente através de um ataque à tradição, não significa que nos insta a buscar, mais além de certa representação dos *modi e governi* ou da *verità effettuale*, os fundamentos de um pensamento novo? De toda maneira, nos inclinamos ainda mais a pensar que esse procedimento possui um sentido ao vê-lo se repetir em diversas passagens no curso da obra, ainda que não possamos afirmar que ele obedece a cada vez à mesma intenção. No capítulo 6, por exemplo, Maquiavel observa: "E ainda que não se deva falar de Moisés, uma vez que foi um verdadeiro executor das coisas ordenadas por Deus, merece, todavia, que seja admirado, senão por isto, pela graça que o tornou digno de falar com Deus". Um instante mais tarde, declara que os grandes fundadores de Estados não agiram diferentemente de Moisés, que receberam da Fortuna tão só a ocasião e triunfaram pela excelência de sua *virtù*. No capítulo 11, como podemos nos lembrar, ele menciona a princípio o problema dos principados eclesiásticos unicamente para descartá-lo: "Mas como são governados, por razão superior que o espírito humano não pode atingir, deixarei de falar deles [*lascerò il parlarne*], pois, sendo erguidos e mantidos por Deus, seria ofício de um homem presunçoso e temerário discorrer sobre eles". Logo em seguida, busca as causas do desenvolvimento do Estado pontifício. No final do capítulo 18, evoca "um príncipe de nosso tempo, o qual não convém citar, que não prega outra coisa senão a paz e fé". Algumas páginas mais adiante, não teme citá-lo: Fernando da Espanha, descobrimos, tornou-se o primeiro rei dos cristãos pelas guerras repetidas; e para poder travá-las serviu-se da religião, expulsando e pilhando os marranos com uma *pietosa crudeltà* da qual não se conhece exemplo "mais raro e mais miserável". Enfim, na metade do capítulo 20, observando que um príncipe novo encontra o apoio mais seguro e mais fiel não entre seus primeiros partidários, mas entre aqueles que de início tinha por suspeitos, acrescenta: "Mas não se pode falar mais amplamente desse assunto, pois ele muda segundo a matéria". Depois, sem transição, faz um primeiro esclarecimento: "Eu direi apenas isto..." e, retomando o fio do discurso por um viés que lhe é familiar — "uma vez que a matéria o requer, não vou deixar de lembrar aos príncipes..." (*non voglio lasciare indietro ricordare a' principi*) —, dá a verdadeira razão do fato. Todos esses exemplos atestam o mesmo modo de pensar sinuoso, que tem um mesmo efeito: o leitor perde o sentimento de ser levado pela necessidade de um raciocínio que, como aquele do geômetra, vai diretamente da hipótese às consequências; ele precisa considerar diversos pensamentos ao mesmo tempo, deter-se no umbral de um domínio para avaliar a dificuldade ou o perigo que implicaria penetrar nele, antes de se ver introduzido nele, guardar na memória o caminho percorrido e sua direção enquanto se embrenha numa via imprevista, interrogar-se constantemente sobre o sentido do itinerário, acolher pouco a pouco a complicação de uma matéria — sua *varietà*, dizia a "Dedicatória" — que parecia a princípio não oferecer nenhuma resistência a uma inspeção do espírito.

Para terminar, compare-se a composição do capítulo 3, que há pouco nos oferecia um modelo de rigor, com o capítulo 21, e serão mais bem avaliadas a distância que separa dois modos de expressão e a dificuldade na qual estamos para pensar suas relações. Este se intitula "Como o príncipe deve governar para ser estimado". Maquiavel cita inicialmente o exemplo de Fernando de Aragão, desvelando a política hipócrita e cruel que lhe permitiu adquirir glória e renome (*fama e gloria*). Em seguida menciona brevemente o de Bernabò de Milão, conhecido de todo mundo como uma das mais sinistras figuras de tirano italiano, sem recordar seus crimes nem entrar no detalhe de suas ações. Então enceta, sem transição, uma discussão acerca do perigo de permanecer neutro num conflito, invoca em apoio à sua tese a conduta dos romanos e, sem temer contradizer suas palavras anteriores sobre a perversidade da natureza humana, observa que se pode esperar reconhecimento e amor de um príncipe ao qual se está aliado mesmo quando a vitória o põe à sua mercê, alegando que "os homens jamais são tão desonestos a ponto de dar tamanho exemplo de ingratidão...". Em seguida, usando uma expressão da qual, no início de seu discurso, fazia um uso bem diferente, conclui que a *ordem das coisas* é tal que "jamais se consegue fugir de um inconveniente sem recair em outro"; de tal sorte que a ação racional se mostra agora ligada à consciência de uma indeterminação última, a descoberta do verdadeiro, não mais solução de um problema, certeza adquirida, mas busca do mal menor. Enfim, o príncipe é subitamente convidado a estimular a *virtù*, a proteger seus súditos no exercício de seu trabalho, a lhes inspirar confiança por sua política financeira, a recompensar aqueles que contribuem para o desenvolvimento da cidade ou do Estado e a distrair o povo por meio de festas e jogos. De um tema a outro, nenhum encadeamento lógico se pode observar. Nenhuma dúvida, pelo contrário, de que a imagem final do *bom príncipe* não se assemelha em nada àquela de Fernando ou de Bernabò. Ao considerar o argumento e sua estranha conclusão, os leitores permanecem "satisfeitos e atônitos", como ficaram, nos havia dito o autor, os súditos de Bórgia no dia em que Ramiro de Orco, seu ministro, ao qual havia sido confiada a dura tarefa de pacificar o Estado pelo terror, foi cortado em dois pedaços, por ordem do príncipe, no meio da praça de Cesena, num cepo de madeira e uma faca ensanguentada junto dele...

Essa é, portanto, a dupla impressão que extraímos de uma primeira leitura do *Príncipe*. Ao mesmo tempo a de um discurso rigoroso, cujo movimento nos arrasta do início ao fim sem que possamos resistir à eloquência da demonstração, e aquela — que se revela à medida que avançamos no exame do texto e que nele prestamos atenção — de um pensamento divagante, que aparece subitamente por ocasião de uma digressão, se retrata ou se detém no momento em que parece lançar-se livremente na direção na qual estava fixado e retorna inúmeras vezes sobre seu caminho para modificá-lo, e até mesmo para inverter seu sentido.

Se não nos enganamos, seria preciso então dar conta desse duplo jogo da escrita, adaptar a ele nossa leitura, perguntar-nos por que o autor se obriga a ele, perguntar-nos se seu pensamento não se organiza simultaneamente seguindo diversos planos, notadamente se a busca de uma racionalidade imanente aos comportamentos políticos não é paralela à descoberta de seus limites, se a conversão de uma experiência em objeto de conhecimento não engendra sua própria crítica, se a consideração do real, ao mesmo tempo que requer uma determinação crescente dos fenômenos, não expõe a uma indeterminação fundamental, em relação à qual se determina o lugar do sujeito do saber e da ação — fazer de modo que a interpretação preserve o máximo possível, em benefício das ideias do escritor, à margem de seu significado imediato e de seu encadeamento pontual, o espaço de irradiação no qual se propaga o pensamento da obra.

2.
Sobre a lógica da força

"Todos os Estados, todas as senhorias que tiveram e têm poder [*imperio*] sobre os homens foram e são ou repúblicas ou principados": essa é a proposição que abre o capítulo 1 do *Príncipe*, o mais breve de todos, como observamos, no qual são enumeradas em algumas linhas as hipóteses de uma pesquisa. Se nos surpreende o modo abrupto desse começo, não há dúvidas de que aos contemporâneos ele deveria espantar muito mais, pois, instruídos pela tradição clássica e cristã, estavam acostumados a encontrar no início de uma obra política considerações filosóficas, morais ou religiosas. Além disso, o autor não diz por que as descarta de seu discurso. Ao não falar da origem e da finalidade do Estado, dos méritos comparados dos diversos regimes, da função do príncipe na sociedade, da legitimidade e da ilegitimidade de certas formas de poder, ele leva a pensar, simplesmente por seu silêncio, que tais ideias deixaram de ser pertinentes ou no mínimo convida seu leitor a se perguntar se elas ainda o são e em que sentido. Tudo se passa como se doravante uma única questão comandasse a reflexão política, questão esta que ele se apressa a formular logo após haver distinguido vários tipos de principado: "discutir por quais maneiras podem ser governados e conservados". É verdade que, entendida em seu enunciado literal, ela não é inteiramente nova. Nós a encontramos, especialmente, no *De Regimine principum*, de Egidio Colonna, publicado em 1473, no qual o autor, sob a inspiração do tratado de Tomás de Aquino, esforçava-se para conciliar os princípios cristãos com as exigências práticas do governo dos homens.[1] No entanto, ele surgia em um contexto que permitia delimitar exatamente o seu alcance. O leitor, em primeiro lugar, era convidado a investigar em que consiste a mais alta forma de felicidade (*felicitas*), para qual fim tendem as ações do príncipe, quais

---

[1] A data de publicação é indicada por L. J. Walker, *The Discourses of N. M.*, op. cit., II (apêndice, fontes), p. 305. Nós nos referimos à edição *Aegidii columnae romani de regimine principum*, Roma, 1607.

virtudes requerem, quais paixões podem ser postas a seu serviço; devia meditar sobre a conduta do homem nas diferentes idades da vida; depois considerar em seus diversos aspectos o governo familiar do príncipe, suas relações com sua esposa, seus filhos, seus ministros, seus servidores e seus próximos; antes de finalizar o exame da política do príncipe em tempos de guerra e em tempos de paz, precisava se perguntar com que fins Deus havia criado a comunidade da família, da cidade e do Estado (*propter quod bonum inventa fuit communitas domus, civitatis et regni*). É verdade, a *Política* de Aristóteles, no seu livro quinto, examinava de que meios um Poder dispõe, seja qual for sua natureza, para afastar as revoluções que o ameaçam, mas o estudo se fundava sobre uma definição de Estado que não permitia duvidar das intenções do autor. Ensinava, em primeiro lugar, que a organização do Estado estava subordinada ao princípio da justiça; que o bom regime assegurava uma harmonia entre os diversos elementos da comunidade; em consequência disso, que um regime era tanto mais defeituoso e vulnerável quanto mais privilegiava abusivamente um desses elementos, e era tanto mais bem-ordenado e resistente quanto mais conseguia impor um freio à desmedida. Desse modo, por mais audaciosa que fosse a análise da tirania na tentativa de fixar as regras de sua conservação, ela se inscrevia sem equívoco na busca do Bem. Se o interesse do príncipe podia lhe servir de suporte, é porque a essência do Estado se fazia reconhecer até em suas formas perversas e porque o bem do tirano e o bem comum não podiam se separar inteiramente sem provocar a ruína do poder.

Em contrapartida, no momento em que se reduz aos seus próprios termos, a questão maquiaveliana adquire um estatuto inteiramente novo. É uma questão que não surge do interior de um discurso e de um mundo ordenados, em que aquele que a coloca e aquele que está encarregado de tomá-la a cargo teriam apenas que reconhecer o lugar que lhes foi atribuído, mas antes vai ao encontro de conhecimentos e operações destinados a se articular por si mesmos uns com os outros, no nível da particularidade que lhes é própria, e a instalar o pensador e o agente na função de um *sujeito* convertido em garantia, para si mesmo, de sua própria atividade.

Sem dúvida, não é por acaso que Maquiavel anuncia que discutirá a maneira como os principados podem ser governados e conservados (*come questi principati si possino governare e mantenere*). O estilo é eloquente. Já havíamos observado que as primeiras hipóteses se ordenavam segundo a perspectiva de um príncipe, mas que esta não era desvelada. A linguagem atesta aqui uma ambiguidade decorrente da matéria da política tal como começamos a entrevê-la; sem dúvida, governar e manter o Estado são operações que têm sua origem no príncipe: e, para determiná-las, convém assumir sua posição, interrogar o lugar que ocupa no momento em que toma o Estado nas mãos, as condições que a história do povo do qual se torna senhor lhe impõe e os meios de ação que pode usar, mas, reciprocamente, pelo simples fato de que o Estado existe, o príncipe é posto em uma das situações particulares que podemos observar e na necessidade de realizar as operações que lhe prescreve seu estatuto. Assim, no capítulo I, nem o príncipe nem o Estado podem fornecer a referência da origem, e devemos situar-nos numa espécie de terra de ninguém, no espaço que se institui pelo movimento de um polo a outro e do qual o escritor se apropria — espaço sob certos aspectos indeterminado e que, não obstante, se anuncia como o lugar do real. Maquiavel classifica todos os Estados, antigos e modernos, em duas categorias, depois distingue vários tipos de principado; para tal adota a perspectiva do príncipe; no entanto, ele toma medidas para não mencionar o caso da fundação do Estado, sobre o qual insistirá, porém, na sequência, de tal sorte que o Estado parece preexistir à ação do sujeito político. De um lado, o objeto, o principado, é apreendido numa definição que o constitui como resultado das operações do sujeito: diferentemente de Aristóteles, Maquiavel não se contenta em investigar modelos típicos na História ou no espaço empírico. De outro lado, o sujeito, o príncipe, apenas é determinado relativamente ao lugar que ocupa em vista do objeto. Ora, sujeito e objeto juntos, não é o Poder, o *imperio* — cujo conceito é justamente introduzido na primeira frase do discurso —, aquilo que Maquiavel oferece para ser pensado? Com efeito, se esse *imperio* é o nome dado ao poder que tal homem ou tal grupo de homens exerce sobre os outros, se muda de forma segundo as circunstâncias, é igualmente o que se estabelece acima dos homens, tomado em sua generalidade, aquilo em virtude do que suas relações se ordenam no quadro de um Estado — mais dimensão que figura da Sociedade, cuja causa talvez seja igualmente vão buscar tanto num motivo humano particular quanto num princípio religioso ou metafísico.

Maquiavel se empenha, desde o início do *Príncipe*, em afastar o leitor de uma imagem tradicional do Estado: eis o que encontramos imediatamente confirmado na análise do principado hereditário. Se menciona em primeiro lugar esse caso e o submete à discussão, acredita-se que é porque ele coloca o problema menos difícil de resolver. A brevidade de suas palavras, por outro lado, parece atestar o pouco interesse que ele lhe confere. Mas já sabemos que, falando propriamente, a introdução não fornece um plano, que é preciso antes buscar nela uma indicação do método; que, além disso, a pesquisa não progride regularmente do menos ao mais difícil, uma vez que o caso mais árduo, aquele da fundação do Estado, é considerado na metade da primeira parte. Além disso, como não observar que a distinção entre principados antigos e novos não carrega em si nenhuma evidência, não é mais pertinente do que aquela da fundação e da conquista do Estado? Começar pelo estudo dos principados hereditários deriva, pois, de outro motivo. Por esse ângulo, o leitor é de início confrontado com um exemplo que os pensadores políticos, durante a Idade Média, privilegiaram: aos seus olhos, o príncipe hereditário é, efetivamente, aquele cuja autoridade é considerada legítima e que sobe ao poder por meios pacíficos. Ao colocar esse exemplo sob uma nova luz, Maquiavel abala a opinião comum que parecia inicialmente adotar; ao articular esse exemplo, enfim, com aquele do conquistador, no caso o de Luís XII, ele mesmo príncipe hereditário que decide engrandecer seu Estado, Maquiavel associa imediatamente o problema da paz ao da guerra.

À primeira vista, a análise permanece fiel à convenção. Aquele que detém o poder por tê-lo recebido de seus ancestrais, observa o escritor, não tem nada de melhor a fazer senão manter em vigor os antigos princípios de governo (*l'ordine de' sua antenati*) e contemporizar em face dos acontecimentos; basta-lhe demonstrar uma "habilidade ordinária" para permanecer no poder, e se um adversário consegue, excepcionalmente, desalojá-lo, ele retornará ao poder na primeira dificuldade encontrada pelo ocupante; seus súditos estão habituados à sua dinastia, e obedecê-lo não provoca sua aversão. Maquiavel designa-o, seguindo um uso estabelecido, "príncipe natural". Ora, não há nenhuma dúvida de que esse termo correspondia na origem a uma concepção precisa da monarquia. Com efeito, esta é natural, uma vez que está inscrita no costume, pois o costume é, na concepção tomista, uma segunda natureza; e aquilo que encontra no tempo uma forma estável corresponde ao advento de um *habitus*, do qual lugar e função se inscrevem na hierarquia dos seres — ideia sempre presente na obra de Colonna e à qual Savonarola também fez eco ao colocá-la, é verdade, a serviço da causa republicana, quando afirmou que os hábitos do povo florentino constituíam agora sua natureza a ponto de impedir sua sujeição a um governo monárquico.² Inclusive na observação segundo a qual o príncipe, expulso por uma "força extraordinária e excessiva", está destinado a recobrar o poder, observa-se uma imagem da dinâmica política análoga à da dinâmica física de Aristóteles, pois, como nos termos desta, pode-se dizer "todo corpo é concebido como possuindo uma tendência a se encontrar em seu lugar natural e, portanto, a retornar a ele assim que por violência dele tenha se afastado".³ Mas essas indicações servem apenas para preparar uma inversão de perspectiva. Com efeito, os argumentos do autor arruínam a tese que parecem defender. Se o príncipe natural goza da segurança é efetivamente porque, afirma, "não tem razões nem necessidade de ofender seus súditos [*offendere*]". É ainda porque "a Antiguidade e a longa continuação do poder hereditário abolem a lembrança de sua origem e as razões de uma mudança". É mais amado do que um príncipe novo, isso deve ser reconhecido, mas não se deve buscar a causa desse fato num regime que seria conforme à natureza e no qual floresceria a bondade do príncipe, pois basta, descobrimos, que não se faça odiar por "vícios extraordinários" para que seja mantido o *consensus* de seus súditos. A verdade é, pois, que seu poder se beneficia de uma habituação à opressão: a permanência do dominante enfraquece a resistência dos dominados, de tal modo que se obtém sua submissão com menor esforço.

Assim, pois, é ao considerar a oposição do príncipe a seus súditos que se esclarece a imagem do regime mais estável, e não a partir de um acordo fundado sobre a disposição íntima do corpo social. O leitor se satisfazia ao ver na estabilidade o efeito de uma boa forma, cuja instauração obedece a um desígnio da Providência ou a uma finalidade natural, e atribuía ao príncipe o mérito de se converter em seu instrumento, diferentemente do tirano, sempre entregue à violência. No entanto, revela-se que a estabilidade deve ser pensada em função de uma instabilidade e de uma violência primeiras e que o "príncipe antigo" tem unicamente o privilégio de explorar o êxito alcançado outrora na luta por um "príncipe novo". Entre os regimes de um e de outro há não uma diferença substancial, mas uma diferença de grau decorrente da sua posição respectiva em relação aos adversários que

---

2 Girolamo Savonarola, *Il trattato circa il reggimento e governo della Città di Firenze* (1498), in Mario Ferrara, *Savonarola*. Florença: Leo S. Olschki, 1952, p. 189.   **3** Alexandre Koyré, *Études galiléennes I: À l'Aube de la science classique*. Actualités Scientifiques et Industrielles. Paris: Hermann Cie, 1939, p. 17.

devem submeter. À conquista do poder corresponde um movimento rápido e violento que deve triunfar sobre diversas forças de resistência; mas, por menos bem-sucedida que seja, chega o momento em que se converte num movimento lento que tende a se conservar por si mesmo. É essa passagem de um regime a outro que se pode considerar *natural*, quer dizer, *necessária* sob certas condições — como o é, diríamos usando uma metáfora anacrônica, a mudança de regime de um motor —, não tal ou qual forma de organização política tomada em si. Se entendemos a proposição que fecha o capítulo consagrado aos principados hereditários, não há, aos olhos do autor, dois tempos especificamente distintos, aquele no qual se reconheceria a duração própria do corpo social e aquele da corrupção. As mesmas causas explicam a permanência do poder e a repetição dos acontecimentos: é igualmente verdadeiro que "a antiguidade e a longa continuação do poder hereditário abolem a lembrança da origem e as razões de uma mudança" e que "uma mudança sempre deixa as bases para uma nova mudança".

Mas talvez tenhamos acolhido demasiado rápido a ideia de que apenas a antiguidade do poder basta para garantir ao príncipe a afeição de seus súditos. Talvez não seja por acaso que Maquiavel, evocando a figura de um príncipe hereditário, não escolha o exemplo que se impõe ao pensamento de todos, o do rei da França, senhor de um Estado poderoso e solidamente estabelecido, mas fale dos duques de Ferrara, personagens de segundo plano, dos quais se sabiam, eram notórios os modos como recuperaram seu Estado e o haviam perdido, devido unicamente às vicissitudes da política internacional. De fato, descobrimos pouco depois que a estabilidade do regime da França decorre não de sua origem, mas da estrutura de um poder compartilhado entre o príncipe e seus barões; e, no final da obra, numa passagem à qual já aludimos, aprendemos que um príncipe novo pode estar estabelecido mais firmemente e com mais segurança do que o herdeiro de uma antiga dinastia. Assim, pois, é preciso supor que o príncipe hereditário fornece apenas um ponto de referência, que serve unicamente para avaliar a distância a ser tomada diante da opinião comum.

Essa hipótese é confirmada assim que prosseguimos nossa leitura. Maquiavel havia inicialmente julgado que um príncipe antigo é "mais amado" do que um príncipe novo. A partir do começo do capítulo seguinte revela-se que este último não poderia conquistar um Estado sem ser em pouco tempo odiado por todos, não somente por seus inimigos de véspera, cujos interesses lesou, mas também por seus próprios partidários cujos apetites não pode satisfazer: assim, podemos corretamente duvidar do sentido daquilo que o escritor denominava inicialmente *amor* e perguntar-nos se não pensava *menos odiado* quando escrevia *mais amado*. Dúvida tanto mais legítima porque o autor acrescenta que em todos os principados novos se encontra a mesma dificuldade — dificuldade *natural*, observa —, pelo fato de que os homens mudam com muito gosto de senhor na esperança de melhorar sua condição. Se considerássemos essa disposição de espírito, não poderíamos mais acreditar que o tempo trabalha necessariamente a favor da conservação do príncipe hereditário. Além disso, um momento antes o príncipe natural parecia tão solidamente estabelecido no Estado que não podia deixar de retomar sua posse se chegasse a ser expulso por uma força extraordinária; agora, a história da conquista de Milão revela que o retorno do príncipe ao poder não é imputável à natureza do regime, mas é uma consequência das dificuldades contra as quais se choca o ocupante. Com efeito, o personagem do qual se fala, o Mouro, não é um príncipe natural, mas filho de um usurpador, e não se poderia dizer que a antiguidade da Casa Sforza tivesse abolido a lembrança de sua origem. A verdade é que o fracasso de Luís XII tem uma causa universal: decorre do fato de o conquistador não poder deixar de suscitar a hostilidade de seus novos súditos imediatamente depois de seu sucesso.

    Com certeza permanece válida a distinção entre príncipe antigo e príncipe novo, entre a ordem do costume e a ordem da inovação, mas não se pode compreendê-la em referência à ideia clássica da natureza nem traduzi-la em termos éticos. Ela leva antes a imaginar o campo da política como um campo de forças em que o poder deve encontrar as condições para um equilíbrio. O caso da conquista é, nessa perspectiva, privilegiado, pois torna imediatamente perceptível o problema para o qual o príncipe precisa encontrar a solução, se quiser se manter no Estado: trata-se para ele de resistir aos adversários que seu empreendimento fez nascer, de se inscrever o mais rapidamente possível no sistema de forças que sua própria ação modificou e cujas perturbações tendem a se prolongar em seu prejuízo. Assim, suas ações são determinadas pelo estado de guerra no qual se encontra, ao mesmo tempo em face de outros príncipes e em face de seus súditos; e sua política não pode ser senão uma estratégia análoga àquela de um capitão que, tendo ocupado a posição ambicionada no campo de batalha, se dedica a frustrar as iniciativas dos inimigos decididos a reconquistá-la.

Maquiavel traça, pois, um esquema mais geral da situação, na qual os protagonistas — Estados ou grupos sociais — estão reduzidos à função de agentes abstratos, aliados ou adversários possíveis do príncipe. Mas esse esquema já introduz a complexidade do jogo político. Com efeito, não basta que aquele que se apropriou do poder domine seus adversários pela violência; há o risco de ela se voltar contra ele na medida em que ela provoca a resistência deles, sem lhe permitir encontrar apoios — como ocorre na primeira fase de uma conquista, em que o ódio engendrado por um exército de ocupação e a decepção que a política do príncipe novo não deixa de provocar são uma causa de sua perda. Ainda é preciso que ele aja de modo que as novas relações de força lhe sejam favoráveis, tanto no interior do Estado quanto no exterior. A política é uma forma de guerra, e sem dúvida não é por acaso que, para nos fazer entender isso, Maquiavel escolhe em primeiro lugar refletir sobre o caso da tomada do poder pelas armas. Mas, devemos também reconhecer, essa guerra obedece a imperativos particulares: não decorre da violência pura, e o príncipe não triunfa unicamente por ser o mais forte, uma vez que precisa se manter, permanecer, coexistir com aqueles que domina, impor dia após dia sua autoridade, conter dia após dia as desordens nascentes. Da análise da situação na qual se encontra o príncipe novo imediatamente após sua conquista se depreende que sua ação tem um duplo caráter: vai no sentido da maior e no sentido da menor violência. Se o povo que deve governar tem a mesma língua e o mesmo costume que seus próprios súditos, nos diz Maquiavel, a regra para o conquistador é fazer o príncipe antigo desaparecer e exterminar sua família inteira, de modo a prevenir um retorno da dinastia, mas, ao mesmo tempo, evitar qualquer inovação nas leis e impostos, quer dizer, limitar tanto quanto possível os efeitos de sua agressão. Se o povo é diferente do seu, ele deve ir habitar pessoalmente o país, para que seus ministros não se entreguem à pilhagem e os descontentes vejam nela um recurso; ou então instalar colônias, pois por este meio é prejudicada apenas uma minoria daqueles de quem se tomam as terras e os bens, os quais ficam sem condições de impor danos, enquanto os outros, satisfeitos por não serem perturbados ou por não sofrerem os prejuízos praticados por um exército de ocupação, não têm motivos para se revoltar. Tanto em um caso como no outro, duas exigências se conciliam: a de vencer pela força, extinguindo logo os focos de resistência mais perigosos, e a de ter essa força reconhecida, de garantir sua segurança ao garantir a dos outros. O autor dá a fórmula dessa política quando nota que os homens "devem ou ser acariciados ou mortos"; mas devemos entender que os dois termos da alternativa são, segundo os casos, igualmente aplicáveis: na realidade, é preciso matar a uns e acariciar a outros — e pela mesma razão, que depende da lógica das relações de força. Maquiavel encontra outro meio de convencer de que assim o é: associa na mesma análise os problemas de política interna aos de política externa, raciocinando como se as relações do príncipe com seus súditos fossem da mesma natureza que aquelas que se estabelecem entre os Estados, quer dizer, entre agentes independentes, nas quais apenas o interesse comanda o comportamento. Com efeito, neste último caso igualmente a força do príncipe se determina somente no seio do campo em que se inscreve. É preciso ao mesmo tempo impor-se e compor, para instituir um equilíbrio que o coloque ao abrigo de uma agressão estrangeira. É preciso, acentua o autor, "fazer-se chefe e protetor dos vizinhos menos potentes, empenhar-se para enfraquecer os que são mais fortes e precaver-se para que por nenhum acidente entre um estrangeiro mais potente do que ele". Estratégia que vemos claramente não se inspirar em nenhuma outra consideração além da preocupação com a conservação ou o aumento de potência.

O termo *potência*, que Maquiavel usa repetidamente na passagem que evocamos, é tomado por ele, ao menos nessa etapa de seu discurso, numa acepção puramente positiva. Assim, convém observar que, se foi descartada a imagem do príncipe legítimo governando para o bem de seus súditos em conformidade com um plano divino ou com a ordem da natureza, ela não dá lugar a uma apologia da potência. Do mesmo modo que são ignorados os argumentos dos filósofos clássicos que buscam fundar a ideia do bom governo, o são também aqueles que a tradição atribui aos seus adversários, os sofistas. Num único lugar, ali onde nota: "é coisa certamente muito ordinária e conforme a natureza o desejo de conquistar, e todas e quantas vezes que o fazem os homens que o podem, serão louvados ou, ao menos, não serão censurados", o escritor parece querer justificar o apetite de potência. Mas essa mesma proposição só adquire seu verdadeiro sentido quando colocada no quadro de uma análise que, do início ao fim, se coloca sob o signo da pura observação. Que conquistas sejam empreendidas e que, vitoriosas, não sejam censuradas, eis unicamente o que é preciso levar em consideração, como nos cabia constatar, um momento antes, que os homens mudam de bom grado de senhor ou que um príncipe antigo tem menos motivos para ofender seus súditos do que um príncipe novo. Trata-se de fatos observados em toda a extensão da História, que estão à vista e que são inteligíveis porque se articulam com outros fatos dos quais são causa, consequência ou as duas ao mesmo tempo. É essa articulação que Maquiavel sublinha, de tal modo que estamos sempre colocados na presença de vários termos simultaneamente e somos obrigados a pensá-los em função de suas relações, quer dizer, das ações e reações que exercem uns sobre os outros. A ideia, por exemplo, de que os homens jamais estão satisfeitos com sua condição não tem um valor em si, é preciso entender simultaneamente que um príncipe antigo não deixa por completo de ofender seus súditos, mesmo que estejam acostumados ao seu poder, que toda mudança cria as condições para outra mudança, que um príncipe estrangeiro não impõe sua autoridade senão pela violência e provoca necessariamente o ódio, que certas medidas, enfim, são capazes de desarmar as oposições. Em última instância, apenas a constelação dos fatos é significativa: não podemos considerar o comportamento dos súditos senão em relação ao do príncipe e vice-versa, e é o *fato* de suas relações que constitui o objeto do conhecimento. Do mesmo modo, não poderíamos nos deter sobre esta última ideia de que o desejo de conquistar é coisa natural, como se ela encerrasse um julgamento sobre o homem que se basta em si mesmo. Com efeito, natural esse desejo é, como aquele dos dominados de mudar de dominação, como o dos Estados fracos de se subtrair à tutela de um Estado forte pela intervenção de um príncipe estrangeiro: a conquista não se esclarece pela referência aos motivos, os quais, numa outra profundidade do ser, marcariam sua origem, mas se mostra determinada como uma modalidade de experiência política implicada pelas demais e que as implica por seu turno e, por consequência, se revela como arrastada por uma necessidade na qual se imprime seu sucesso ou seu fracasso. Igualmente é significativo que a fórmula que chama nossa atenção seja enunciada apenas ao termo de uma análise da política romana e da política do rei da França, na qual essa necessidade é colocada em evidência e é fornecida a prova de que a conduta do conquistador se inscreve numa ordem das coisas (*l'ordine delle cose*).

Assim, pois, a pergunta "O que é a potência?" não importa. O que Maquiavel expõe, em primeiro lugar, é unicamente o conflito ou os conflitos que opõem os atores providos de uma potência maior ou menor; o que considera *natural ou ordinário* são as relações que se estabelecem entre eles em virtude de sua potência respectiva nas condições particulares nas quais estão colocados. Eis por que, postulando-se como puro observador, postula-se imediatamente como puro calculador e seu discurso estabelece pouco a pouco uma equivalência entre o que é natural, necessário e conforme à razão. Observar e calcular são uma mesma coisa, pois os dados empíricos, por exemplo o fenômeno da conquista de Milão, não se deixam determinar e circunscrever senão na medida em que reconhecemos neles uma combinação de termos e de relações para os quais a História fornece outras ilustrações. Descrever as aventuras de Luís XII é avaliar seus erros, do mesmo modo que descrever o desenvolvimento da potência romana é mostrar as operações que levaram à solução de um problema. Nesses dois casos, como no exemplo turco, o autor discerne o que denominamos na esteira dele uma *ordem das coisas*, quer dizer, não uma ordem transcendente à experiência, mas uma experiência ordenada em si mesma, cuja matéria, ainda que sempre cambiante, uma vez que as situações não se repetem, se distribui segundo linhas de força constantes. O príncipe aparece então como um ator cuja conduta é determinada pelas exigências da situação e, por conseguinte, cuja potência própria é indissociável da inteligência que adquire sobre a relação de potência: é ou não capaz de reconhecer essa ordem e, se o fizer, é sob a condição de dominar a confusão dos eventos, de resistir à tentação de utilizar dos meios que, por serem eficazes a curto prazo, estão destinados a se voltar contra ele (por exemplo, se aliar a uma potência estrangeira que não deixará de se transformar em inimiga assim que tiver ocupado lugar no país onde opera), quer dizer, no fim das contas, de se libertar da contingência dos fatos presentes e dos próprios motivos que o fazem agir.

Ao colocar o leitor nessa perspectiva, Maquiavel o faz descobrir que a posição do teórico e a do ator coincidem. Com certeza, essa coincidência é somente parcial. Devemos igualmente admitir que cada um se estabelece em um nível diferente de racionalidade e nesse nível se encontra em condições de reivindicar a verdade da experiência. De fato, de um primeiro ponto de vista, o teórico parece abraçar a história em toda sua extensão; em seu campo de representação caem todas as conjunturas, todas as combinações de relações de forças, todos os estatutos possíveis do ator. Assim, ele se eleva à ideia de um cálculo universal, enquanto o príncipe, ainda que resolva com sucesso as dificuldades enfrentadas por seu empreendimento, evolui nos horizontes finitos de uma situação particular, permanecendo na dependência imediata das condições que lhe são impostas de fora e dos objetivos que se fixou. Mas, de outro ponto de vista, vemos o teórico condenado a raciocinar sobre o passado. Se ele tem o poder de indicar soluções é porque os termos estão já escritos no real; em contrapartida, o príncipe tem o mérito de pensar o universal no particular, decifrar no presente os sinais do que será a representação dos conflitos vindouros e, ao agir assim, na prática da antecipação, experimenta o cálculo infinito, pois não só o acontecimento coloca constantemente em questão os resultados adquiridos, como, além disso, ele precisa contar com o resultado de suas próprias ações. Assim, o príncipe é semelhante ao médico, cuja virtude consiste em formular seu diagnóstico quando a doença está ainda no início, e que é superior, nos diz Maquiavel, àquele que, pelo fato de ela estar desenvolvida, dispõe de todos os elementos de certeza mas se mostra incapaz de modificar o curso dela. Todavia, é ainda a teoria que nos ensina que a teoria e a prática não se confundem. Ao afirmar a permanência do conflito, ao rejeitar a ideia de que uma forma política carrega em si a estabilidade, o pensador reconhece a permanência dos acidentes e, consequentemente, designa a função do príncipe como a de um sujeito que conquista a verdade num movimento continuado de racionalização da experiência. Ao mesmo tempo se arroga o direito de conceber as relações de força em sua generalidade, ensina que estas se instituem sempre pelas operações empíricas de agentes colocados em condições contingentes. Ao mesmo tempo que extrai de toda situação os termos de um problema e sensibiliza a exigência de um método para nós, mostra que os dados desse problema não deixam de mudar e que a solução jamais é fornecida antecipadamente. Assim, o sujeito de pensamento e o sujeito de ação não se anulam um ao outro, ou não se apartam um do outro a ponto de tornar ininteligível sua relação, e a antinomia com que a teoria política dos antigos se chocava parece ultrapassada. Com efeito, poderia justamente se opor ao filósofo que pretendia fundar a Potência no direito que ele visava ao universal unicamente pelo fato de usar a linguagem e, portanto, tornava-se estranho, no momento mesmo em que pretendia unir-se a ele, àquele outro a quem a reivindicação da potência encerrava na particularidade e na incomunicabilidade do desejo. Em vez disso, tão logo se queira dar rosto ao universal, é preciso recorrer à ficção de um regime conforme à natureza e renunciar a encontrar a inscrição dele na realidade empírica. Agora o pensamento se libertou da distinção entre a essência e a existência, e não nos encontramos mais na alternativa entre um saber que se afirma no esquecimento daquilo que é e um fazer que torna risível a tentativa de nomeá-lo. Não há nada na história além do que *aparece*, quer dizer, das ações dos homens e dos acontecimentos em torno dos quais essas se entrelaçam; e, por exemplo, a conquista é "natural" uma vez que é ordinária, que pertence à experiência política presente e passada. Mas o que aparece carrega consigo um sentido, é, de início, matéria de uma linguagem, uma vez que sempre captamos nele relações, de tal modo que o existente deixa de ser esse fato bruto e opaco que desafia o pensamento — seja porque para se manter como pensamento deve se desviar dele, seja porque, para fundá-lo no Ser, abandona suas próprias normas e se precipita na contingência. Doravante, não temos nenhuma necessidade de transfigurar o príncipe para tentar atribuir a ele uma função no seio de um sistema racional do mundo; o apreendemos em sua realidade histórica: é Luís XII na Itália, ou então o Turco, ou mesmo — e esta referência nos alerta que é preciso enxergar nela o puro agente político — a República romana. Pouco importa a identidade que emprestamos a ele. Assim que definimos uma imagem dele, ele aparece situado no centro de uma rede de relações, portador de uma necessidade que se estabelece em seu benefício ou em seu prejuízo, segundo se mostre capaz de determinar as ações de seus adversários ou se deixe determinar por elas. Por seu intermédio, o real se desvela como um lugar de operações: as fronteiras do real são as fronteiras do racional.

Se retornarmos mais uma vez às primeiras considerações que o exemplo do príncipe hereditário despertava, podemos avaliar o caminho percorrido. Para conservar o Estado, parecia inicialmente que bastava demonstrar uma habilidade ordinária, permanecer fiel aos princípios antigos (*l'ordine de' sui antenati*) e contemporizar com os acontecimentos (*accidenti*). No presente são severamente criticados os pseudossábios de Florença — os quais, é preciso acentuar, não são nem príncipes hereditários nem príncipes novos — porque não deixam de recomendar "gozar as vantagens do tempo" (*godere el benefizio del tempo*); "o tempo, sabemos, aniquila tudo o que encontra pela frente e pode trazer consigo o bem como o mal, o mal como o bem". E enquanto se apaga seu poder de instituir uma forma que valha por si e se conserve por si mesma, afirma-se o do sujeito — que confia unicamente na *virtù* e na *prudenzia* — capaz de determinar uma ordem nos acidentes e governar o curso deles. A imagem dos duques de Ferrara, cuja débil potência está fundada sobre o passado de sua dinastia, é substituída pela dos romanos, que edificaram e mantiveram um imenso império porque souberam apoiar-se no futuro.

No momento em que o leitor toma consciência do problema político nos termos em que ele se coloca ao príncipe, uma digressão o convida a melhor conceber os limites da ação individual. Simples explicitação, parece, uma vez que o escritor já havia tomado o cuidado de notar que o fracasso de um conquistador, na primeira fase da ocupação de um território, se devia a causas universais. Mas talvez essa observação tenha passado despercebida, e a minuciosa crítica dos erros de Luís XII tenha sugerido que a conservação do poder dependia unicamente da inteligência do príncipe. Assim, parecia-lhe bom meditar um momento sobre a feliz sorte que tiveram as conquistas de Alexandre para se convencer de que constituíam apenas na aparência uma exceção e de que as condições objetivas tanto quanto a estratégia do ator determinam o resultado de um empreendimento. Se considerarmos a natureza dos povos submetidos à sua dominação, conviremos, com efeito, que, se Alexandre pôde impor sua autoridade muito mais facilmente do que Pirro ou outros conquistadores, não foi em decorrência de uma *virtù* superior, mas pela simples razão de seus novos súditos terem por muito tempo sofrido a opressão de um déspota e se encontrarem naturalmente dispostos à obediência. Entretanto, os argumentos empregados nessa ocasião são de tal importância que compõem por si mesmos uma tese, da qual o significado adquirido nessa etapa do discurso e o motivo por ela ser introduzida por uma via indireta temos de compreender. De fato, enquanto se prepara para responder à questão de um eventual contraditor que se surpreendesse com a facilidade com a qual Alexandre conquistou uma parte da Ásia e transmitiu essa herança aos seus descendentes, Maquiavel organiza repentinamente todos os principados de que se tem lembrança em duas categorias: uma que compreende os Estados de regime despótico, outra em que o poder é partilhado entre um monarca e os barões. Essa classificação, que provoca surpresa, e cujo efeito ele se abstém de enfraquecer por alguma justificativa, lhe fornece, entretanto, a matéria de sua análise, de tal sorte que a referência a Alexandre parece ter servido unicamente de pretexto para a comparação de dois tipos de poder. Desta o leitor retém que a solidez de cada um deles se mede pela resistência que são capazes de opor a uma agressão estrangeira. O regime despótico se mostra de início como o mais forte, pois nele a autoridade é una, porque seus ministros, diferentemente dos senhores estabelecidos desde há muito tempo numa província e ligados aos seus súditos, não gozam de crédito suficiente para fomentar uma rebelião e abrir caminho a um eventual conquistador: para destruir o poder estabelecido, é preciso, pois, contar tão somente com a potência das armas. Mas a perspectiva se inverte tão logo se investigam as oportunidades de implantação do príncipe novo. De fato, não há obstáculo à sua dominação, uma vez alcançada a vitória e exterminada a família real. Mantidos na escravidão por seu antigo senhor, os súditos são fáceis de governar, enquanto num país dividido as rivalidades colocarão rapidamente seu poder em perigo; as facções que o sustentaram se voltarão contra ele; os grupos que precisam ser oprimidos se rebelarão e buscarão ajuda no estrangeiro. Nessa hipótese, não basta mais "extinguir o sangue real" (*spegnere el sangue del principe*), pois restam sempre senhores que se fazem chefes de novas mudanças, e, como é impossível contentar ou extinguir a todos, todos os Estados se perderão na primeira ocasião que se ofereça. É preciso, pois, convir que o regime aparentemente mais vulnerável se revela, com o passar do tempo, o mais resistente, a autoridade que se adapta às circunstâncias, mais forte do que uma dominação sem freios. Assim, se retoma, com uma nova finalidade, a ideia cuja importância já havíamos entrevisto, a de que a potência encontra sua medida na relação com outras potências em que está inscrita. Os motivos que temos no presente para apreciar a solidez da monarquia da França, modelo de um regime no qual o poder do soberano é limitado, são os mesmos que comandavam a análise das relações entre Estados ou os da política de Luís XII em Milão. Mas passamos imperceptivelmente de um ponto de vista particular a um ponto de vista geral: Maquiavel não descreve mais unicamente a lógica das operações do príncipe, raciocina doravante sobre os sistemas de força que os regimes políticos encarnam e abre o caminho ao estudo das estruturas sociais.

 Contudo, o importante é que essa passagem permanece na sombra, que a linguagem do escritor não dá lugar à apreciação moral, que a questão da natureza do Estado é sempre mantida à distância. Sob essa condição, torna-se até mesmo possível evocar a força do regime republicano. Evocação duplamente prudente, é verdade, porque, por um lado, Maquiavel não abandona a hipótese da conquista, interrogando-se somente sobre as dificuldades que um príncipe novo encontra numa cidade outrora livre, para responder que o meio mais seguro é arruiná-la e dispersar seus habitantes, e porque, por outro lado, confunde numa primeira parte da análise o caso dos principados acostumados a viver sob sua lei com o das repúblicas, como se este último não tivesse nada de específico. Mas a ideia nova, antecipada entre outras que a dissimulam — da mesma maneira que a conquista de uma posição no campo de batalha é acompanhada de várias operações de despiste —, surge na conclusão do capítulo 5: as repúblicas são regimes mais sólidos, mais resistentes aos empreendimentos de um agressor, porque os cidadãos estão acostumados à liberdade. Isso equivale a dar a entender — uma vez que a liberdade não tem apenas limites, como na monarquia de tipo feudal, mas se encontra largamente partilhada entre os cidadãos — que a lógica das relações de força joga a favor de uma distribuição do poder e de um sistema que assegura um intercâmbio entre governantes e governados.

Nessa etapa da leitura, o procedimento do escritor já se tornou perceptível. Aparentemente, ele se detém no exame de casos particulares nos quais se identificam as operações necessárias à tomada de poder e sua conservação. Mas, por esse ângulo, introduz as primeiras considerações gerais sobre a oposição entre o príncipe e seus súditos, as relações entre Estados, a força relativa dos diferentes regimes. Considerações que constituem os marcos referenciais de um pensamento ao qual parece indispensável permanecer aquém da expressão — como se, oferecendo-se na forma de um saber explícito, fosse ou se degradar ou se chocar com a incompreensão de outrem — ou, melhor dizendo, descrever um percurso sinuoso — como se não tomasse posse da verdade senão por uma dupla e constante denegação. De fato, opõe-se a ideia da estabilidade, evocada por um momento em relação ao exemplo da monarquia hereditária, à ideia do movimento, concebido como constitutivo de toda experiência política; à ideia do tempo que conserva, à do tempo que aniquila tudo diante de si; à ideia da natureza social definida como uma ordem regida por fins imanentes ou transcendentes, à dos acidentes cujo encadeamento é o de causa e efeito; à ideia de um vínculo amoroso entre o príncipe e seus súditos, à de uma opressão de diversos níveis. Mas, simultaneamente, da imagem de uma violência exercida sem fim e de uma força que somente extrairia vantagem de sua superioridade imediata sobre outra, o pensamento nos remete à de uma economia da potência; em face da condição de súdito-escravo, volta a ter um sentido a "afeição natural" que um povo apegado às leis do senhor devota a ele; um regime parece tanto mais sólido quanto mais o poder nele estiver repartido; enfim, a pura diversidade dos acidentes permite que apareçam constelações relativamente estáveis cujo sentido se inscreve em situações históricas típicas, em estruturas políticas. Aonde nos leva esse movimento de pensamento? Devemos nos apoderar das verdades positivas que o discurso deixa entrever para reuni-las a título de primeiros elementos de uma ciência da política? Ou então buscar, na crítica das imagens das quais se nutre a opinião comum, os sinais de um novo estatuto da experiência e do saber?

Essas perguntas são colocadas no começo do capítulo 6, consagrado à fundação do Estado. Ora, tudo indica que com essa hipótese entramos numa nova fase da análise. Não se trata mais unicamente de definir as operações que permitem ao príncipe governar e conservar um domínio conquistado, nem de apreciar a incidência das condições sociais e históricas sobre seu empreendimento. A ação pela qual o sujeito toma o poder se distingue agora de todas as outras do mesmo gênero por instituí-lo como príncipe e dar a um povo sua unidade política. Podemos, pois, supor que o exame da conduta do fundador — para o qual, lembremos, o autor não nos preparou — será a ocasião de uma reflexão sobre a origem do Estado. Além disso, Maquiavel sugere que sua intenção não é somente permanecer nos limites de um caso particular, por mais privilegiado que seja. Embora anuncie que irá falar de "principados inteiramente novos, aqueles onde o príncipe e o Estado são novos", tratando disso efetivamente na maior parte do capítulo, o título evoca outro tema, o dos principados adquiridos por *virtù* e armas próprias; em seguida, lembra o fracasso de Savonarola, reformador que não deixa de proclamar sua afeição ao regime republicano, e conclui com o exemplo de Hiéron de Siracusa, simples capitão que alcançou a chefia da Cidade por um golpe de Estado. Assim, a hipótese da fundação do Estado parece destinada a nos esclarecer acerca da natureza do Estado e do Poder em geral. É verdade que a primeira leitura do capítulo 6 frustra nossa expectativa. Nenhuma resposta parece ser trazida às perguntas que colocávamos. Maquiavel invoca os exemplos mais ilustres, os de Moisés, Ciro, Rômulo e Teseu, mas não os analisa; e não se pode deixar de pensar que a política desses gloriosos fundadores, cuja memória decorre mais da lenda do que da História, escapa ao conhecimento exato. Quanto à *virtù* e sua relação com a Fortuna, à dificuldade que existe em introduzir as *ordini nuovi*, à autoridade adquirida pelo príncipe depois de vencidos os primeiros obstáculos, à felicidade que ele extrai dessa vitória e proporciona à sua pátria, é preciso satisfazer-se com considerações rápidas e muito gerais, das quais o mínimo que se pode dizer é que não são sustentadas por uma descrição dos fatos e que nos deixam onde estávamos. A única conclusão positiva da qual podemos nos apropriar é que o fundador deve preferir a força à prece, que os profetas armados triunfam ali onde fracassam os profetas desarmados. Mas, em vista do que aprendemos, essa ideia parece limitada, pois já sabemos que a inteligência da força, mais do que a própria força, está no coração da política. Em suma, o capítulo que nos ocupa é bem diferente dos primeiros, mas não no sentido que prevíamos. Enquanto o exame minucioso da política de Luís XII ou dos romanos induzia a uma verdade de alcance universal, os objetivos do autor parecem agora pairar numa zona indecisa em que nem o peso dos fatos nem o das ideias contaria. Todavia, essa decepção decorre de que queremos novamente nos prender à literalidade do enunciado, e talvez devêssemos antes, à maneira do príncipe a quem o passado oferece um objeto mais de inspiração do que de imitação, nos apoiar unicamente no texto para nos elevarmos ao nível daquilo que ele propõe. As primeiras linhas do capítulo fazem, com efeito, uma advertência que parece possuir mais de um sentido. Maquiavel pede ao seu leitor que não se espante se invoca exemplos muito grandiosos: estes, diz sem entrar em detalhes, oferecem o modelo da mais elevada ação política, mas não é necessário nem talvez possível que o príncipe novo se identifique com os heróis fundadores; basta que queira se assemelhar a eles, quer dizer, não se tornar igual, mas avançar no caminho traçado por eles. A prudência exige que guarde na memória a *virtù* desses gloriosos predecessores, não na esperança de se apropriar dela, mas para que a sua própria conserve dela "algum odor". Assemelha-se, descobrimos ainda, ao arqueiro prudente que, para atingir um alvo distante, ajusta seu tiro em função de um ponto de mira situado bem mais alto do que seu objetivo. Ora, temos alguns motivos para duvidar que um arqueiro jamais tenha podido se furtar a essa necessidade e que um fundador, seja qual for seu mérito, jamais tenha agido sem modelos, e é preciso aliás observar que, ao impor à sua flecha um desvio, o atirador atinge perfeitamente o alvo. Assim, estamos inclinados a julgar que a figura do herói é puramente simbólica ou, melhor dizendo, que a função realista dos mais elevados exemplos é uma função simbólica. Ao descobrir isso, estamos prontos para lançar outro olhar sobre o texto. Vem ao nosso espírito que o próprio Maquiavel procedeu como o arqueiro, que seu discurso segue o trajeto indireto da flecha e que as considerações gerais nas quais buscamos em vão o sentido são talvez simples pontos de mira dos quais é preciso retornar até o lugar do alvo.

Mais decisivo, então, do que a apologia da força, é o movimento do discurso, pois de novo se revela que ele não propõe a imagem tradicional da ação política senão para melhor se separar dela. Doravante, o que chama a atenção é a distância entre a ideia da qual o autor parte e aquela à qual chega; o que se apresenta como sentido não é o significado fechado em cada proposição, mas a discordância manifesta entre os princípios que fundam a primeira e a segunda parte do argumento. De fato, a criação do Estado é de início apresentada como obra da *virtù*. Certamente, essa *virtù* é definida como a antítese da Fortuna; é o poder de se subtrair à desordem dos acontecimentos, de se elevar acima do tempo que, descobrimos, *aniquila tudo diante de si*, de agarrar a Ocasião e, portanto, de conhecê-la, de introduzir, enfim, segundo a palavra do autor, *uma forma na matéria*. Mas, pela primeira vez, revela-se simultaneamente como virtude moral: os fundadores são homens "excelentes"; Moisés, do qual não mais se deveria falar, uma vez que não foi senão "um verdadeiro executor das coisas ordenadas por Deus", é julgado admirável por essa graça que "o fazia digno de falar com Deus"; os demais não o são menos, pois sua conduta não foi diferente da dele; a glória deles consiste em haverem dado unidade e liberdade a um povo disperso e oprimido; seu êxito pessoal se concilia com a felicidade e o enobrecimento de sua pátria. Entretanto, mal essa imagem é esboçada, é preciso abandoná-la. Evocando as dificuldades contra as quais o príncipe se choca no início de seu empreendimento, Maquiavel usa repentinamente outra linguagem. Mostra-se que os fundadores são forçados (*forzati*) a introduzir novas instituições (*nuovi ordini e modi*) para estabelecer o Estado e, acrescenta o autor, como se as duas exigências se confundissem, afiançar sua segurança. Sabemos que não existe nada mais penoso a tratar, nada de êxito mais duvidoso, nada mais perigoso de manejar do que essas instituições, pois elas não se beneficiam de nenhum apoio na sociedade. Um momento antes, a política do príncipe aparecia como uma expressão das aspirações coletivas; agora devemos entender que ninguém está ao seu lado: ele tem por inimigos todos aqueles que tiravam proveito da ordem antiga e encontra apenas mornos defensores naqueles que se beneficiarão da nova, pois é extremamente forte a descrença dos homens nas coisas novas enquanto uma experiência segura não lhes tiver demonstrado a solidez do regime estabelecido, e sua mobilidade de espírito os impede de ser fiéis à causa que por um breve momento excitou sua paixão. De novo parece que o único problema para o príncipe seria impor a obediência aos seus súditos; de tal sorte que a posição do glorioso fundador se aproxima daquela do conquistador que, segundo a análise do capítulo 3, deveria se defender ao mesmo tempo de seus adversários e de seus partidários. Assim, não é um acaso se Maquiavel usa um mesmo termo para designar sua ação: *acquistare lo stato*.

Ora, é nessa etapa do discurso que se encontram brutalmente opostas a fé e a força e que a crítica dos profetas desarmados é ilustrada com o exemplo de Savonarola — argumento que acaba abalando nossa primeira opinião. Nos termos mesmos da pergunta posta: "É preciso considerar se aqueles que buscam coisas novas [*questi innovatori*] podem alguma coisa por si mesmos [*stanno per loro medesimi*] ou se dependem de outros, quer dizer, se para bem conduzir seus empreendimentos contam com a prece ou com a força", identifica-se, com efeito, o propósito que sustenta toda a discussão. A oposição entre a *virtù* e a Fortuna transformou-se em oposição entre poder de depender apenas de si e submissão aos desejos de Outro, e esta, por sua vez, se transforma em oposição entre autonomia do homem e dependência de Deus. Com certeza, Maquiavel parece se deter na apologia da força, mas esse tema desvela repentinamente sua função, que é a de nos libertar do mito de uma história regulada pela Providência. Por ele se anula brutalmente o respeito que sentíamos pelo executor das coisas ordenadas por Deus. E, enquanto a figura de Savonarola se sobrepõe à de Moisés, a política do príncipe dos judeus se vê restituída à sua "realidade". Um momento antes imaginávamos encontrar nela o testemunho de uma graça divina da qual teriam se alimentado, à sua revelia, os demais fundadores de Estado. Doravante é preciso concluir, em sentido inverso, que a submissão aos decretos de Deus era pura aparência e que a *virtù* de Moisés se inscreve no registro que Rômulo, Ciro e Teseu tornam legível.

É verdade que sob certos aspectos a incerteza permanece. Às perguntas: O que é a *virtù*, o que são as *ordini nuovi*, a que o Estado deve sua origem? — nenhuma resposta segura, dissemos, pode ser dada. Mas essa incerteza está carregada de um estranho peso. E de uma coisa ao menos não poderíamos duvidar: de que Maquiavel convida seu leitor a se interrogar sobre os fundamentos da política, começando por proibi-lo de se apoiar nas verdades estabelecidas pela tradição humanista ou cristã. Ora, essa interrogação é tão radical que se pode julgar que o caso tratado tinha a única função de dar-lhe forma. Parece que era preciso evocar a fundação do Estado, o sagrado que se liga ao mais elevado empreendimento político, a *virtù* dos heróis venerados, para fazer entrever, quando essas imagens se desfazem, o verdadeiro tema do discurso. Como conceber o Estado, sobre qual solo estabelecê-lo, se aquele que o funda está só, se não existe um arranjo na natureza que garanta o empreendimento, se os homens não estão predispostos a concordar mas resistem ao advento de sua comunidade, se, por outro lado, a ideia de um ordenamento providencial da sociedade é um engodo? Tal é a questão última que brilha no horizonte e empalidece todas as outras. Maquiavel não a formula, ele a indica, nos encaminha a ela. E fornece essa indicação à sua maneira, por uma palavra breve e rápida desprovida da ênfase do filósofo ou do pregador, mas em relação a qual pouco podemos nos equivocar diante de como o nome de Savonarola, lançado de propósito, nos recorda outro apelo para a renovação do pensamento e da ação política.

No uso desse nome há mais do que uma simples referência ao fracasso de um profeta desarmado, mais do que um artifício destinado a modificar a imagem da sabedoria de Moisés e mesmo mais do que um convite a ultrapassar o marco fixo da hipótese da fundação do Estado. Savonarola se dirigia aos mesmos interlocutores que Maquiavel e pretendia já fornecer as *ordini nuovi*. Não é, pois, o fracasso somente de sua política, é o fracasso dos princípios que a comandavam que devemos avaliar e, assim, não é unicamente para uma prática nova, é também para um pensamento novo que convém nos voltarmos para encontrar o caminho de uma mudança radical — pensamento que é o do teórico em vias de fazer o justo retrato do príncipe e de substituir seu próprio ensinamento ao do profeta vencido. Essa substituição é assinalada, tão precisamente quanto desejável, numa paráfrase irônica. Savonarola denunciava os insensatos e os malvados que negavam ser possível governar com o *pater noster* e pretendia extrair do Antigo e do Novo Testamento a prova de que as cidades sempre haviam sido salvas pela prece. Segundo Maquiavel, insensato é aquele que se fia à prece e esquece que Moisés estabeleceu seu reino pela força; para um, a *incredulidade* dos homens estava na origem das calamidades da Itália, o outro retoma o termo para lhe dar um novo conteúdo: é a falta de fé nas coisas novas, não na velha imagem do Deus protetor, que se opõe a uma reforma política; e sua ironia tem duplo efeito quando sugere que Savonarola fracassou por ter sido incapaz de forçar os homens a conservar sua fé, não em Deus, mas nele. Um distinguia os verdadeiros príncipes (*veri principi*), cujo único objetivo é o bem comum, dos tiranos que querem governar unicamente pela força;

o outro insinua que os melhores príncipes, aqueles que asseguram a felicidade de sua pátria, triunfaram porque souberam impor seu poder contra a vontade de todos. Até na imagem das oposições e das resistências que o fundador deve vencer se revela a crítica maquiaveliana. Com efeito, à semelhança do profeta que entrou em guerra contra os *tiepidi*, aos quais faltava a coragem de lutar por sua fé, não menos culpados aos seus olhos do que os *ostinati*, inflexíveis em se preservar na sua cegueira, o escritor modula três vezes o mesmo termo — *tiepidi, tepidezza, tepidamente* — para designar aqueles que parecem sustentar a ação do príncipe e dever tirar proveito das novas instituições, mas o abandonam se não são obrigados pela fidelidade.[4]

Todavia, Maquiavel não opõe outra verdade àquela proclamada por Savonarola: de seu discurso nasce somente o imperativo de pensar a política em certo nível. É a esse respeito que o capítulo 6 marca um momento privilegiado. Não, certamente, porque permitiria obter novos conhecimentos sobre a natureza do político, mas antes porque o saber está agora enraizado num não saber. Este é, com efeito, o paradoxo que esclarece plenamente a análise da fundação que se apresentava, não obstante, como a de um caso empírico entre outros: no início do *Príncipe*, Maquiavel parecia haver descartado de seu discurso as questões julgadas essenciais por aqueles que haviam escrito antes dele sobre a política; dava à sua investigação a feição de uma pesquisa puramente técnica, como se esta prescindisse de qualquer justificativa e como se bastasse consultar a experiência para saber por quais meios o Estado pode ser governado. Mas, enquanto se identifica com alguns exemplos a necessidade que comandaria as ações do príncipe em cada situação particular, é o princípio mesmo dessa necessidade, o estatuto do social como campo de forças, o do governo como agente puro, a relação entre o sujeito de pensamento e seu objeto, o que se elabora em função de uma crítica cada vez mais precisa das imagens às quais a filosofia clássica e a cristã aderem, de tal sorte que a exigência de uma certeza científica e de uma determinação do real ao mesmo tempo se impõe como o que dá seu sentido ao discurso e se revela suspensa pela verdade de um movimento

---

[4] Ver Mario Ferrara, op. cit. A denúncia dos *tiepidi* se encontra na pregação sobre o salmo *Quam Bonus*, na pregação *Sopra Giobbe* (p. 274) e na oitava pregação *Sopra Aggeo*, pronunciada um mês após a queda de Piero. Nesta última, Savonarola acentua a necessidade de criar as *ordini nuovi*. O apelo à prece como o meio mais eficaz para salvar a cidade do perigo se encontra especialmente no *Il trattato circa il reggimento*... (ibid., pp. 208-10).

puramente crítico, ligada cuidadosamente à experiência de uma incerteza que toca o fundamento do saber, ou a de uma indeterminação relativa ao próprio Ser do político.

Assim, o apelo reiterado ao conhecimento exato e a uma prática que lhe estaria rigorosamente submetida ressoa, estranhamente, em certo vazio — um vazio que o escritor organiza deliberadamente em torno de novos conceitos de uma teoria da ação, no lugar onde o pensamento se assegurava na presença de uma ordem divina ou natural.

3.
Sobre o abismo social e o ponto de apoio do poder*

Não há dúvida de que a fundação do Estado é o empreendimento mais nobre, mais perigoso e mais glorioso que se oferece à reflexão do teórico, uma vez que confere a um povo sua identidade política e requer do príncipe que nele se aventura a *virtù* mais elevada. Maquiavel sugeriu que essa *virtù*, na qual aprendemos a reconhecer o poder de se elevar acima da Fortuna, era própria dos homens melhores (*eccelentissimi*). Quando consideramos a ação daqueles que se apropriaram de um Estado pela astúcia ou pela violência e obtiveram, graças a uma guerra ou a uma revolução, um título ao qual não tinham direito, parece que recaímos em um nível inferior da política. Nem Bórgia, que, pela graça do papa Alexandre e de seus aliados franceses, pôde arrebatar seus Estados de algum tirano da Romanha, nem Agátocles, chefe militar tornado rei de Siracusa por ter massacrado no momento apropriado os dirigentes da Cidade, nem o homem privado elevado ao poder pela luta de uma facção ou de uma classe contra outra, é seguramente um homem "excelente". Esses príncipes são os que ordinariamente são denominados *usurpadores*. No entanto, como tínhamos assinalado, o autor se abstém de designá-los como tal, e seu silêncio sobre esse ponto, pode-se pensar, significa uma advertência. Certamente, a diferença que os separa dos heróis fundadores é muito acentuada: estes se elevaram pela *virtù* e por armas próprias, aqueles pela Fortuna e por armas estrangeiras, ou então seguindo uma via criminosa que não é nem a da *virtù*, nem a da Fortuna, ou ainda por uma mistura de astúcia e oportunidade; mas a distância entre eles se desfaz quando queremos definir suas figuras e medir de modo preciso o que opõe um ao outro. À primeira vista,

---

* Optamos aqui por traduzir *attache* por "ponto de apoio", a exemplo do que fez o tradutor da versão espanhola. As opções mais óbvias seriam "laço", "vínculo" ou mesmo "amarra". Embora esses termos expressem melhor o uso mais corriqueiro do termo francês, Lefort tem em mente o ponto de ancoragem do poder na sociedade, em vez de sua natureza unificadora. [N.T.]

Rômulo não pode ser comparado a Bórgia ou a Agátocles. Contudo, a análise reúne intermediários que mostram seu parentesco: em primeiro lugar, Hiéron de Siracusa, cujo exemplo é evocado no final do capítulo 6, imediatamente após aqueles dos homens excelentes, glorioso capitão que, uma vez no poder, não recua diante do massacre dos mercenários a serviço da Cidade para criar uma milícia leal; em seguida Sforza, ao qual é atribuído o mérito de tornar-se duque de Milão unicamente pela força de suas armas — ambos possuíam tão elevada *virtù* que mantiveram sem dificuldades o que adquiriram ao preço dos maiores perigos mas não foram, nem um nem outro, fundadores, e se estabeleceram pela violência; e o segundo esteve, seguramente, mais ocupado com a sua segurança do que com o interesse do Estado. Assim, tudo se passa como se a oposição entre os dois tipos de atores políticos tivesse sido sugerida ao leitor apenas para levá-lo a se interrogar sobre sua validade.

Para essa interrogação, é verdade, estamos preparados. Maquiavel não nos ensinou, ao menos se o entendemos bem, que o criador de *ordini nuovi*, no momento mesmo em que parece responder às expectativas de um povo e agir sob o efeito da Providência, tem como regra de conduta apenas o monopólio e a conservação do poder? Como, pois, espantar-se agora que, apesar das condições diferentes nas quais está colocado e dos objetivos singulares a que visa, o tirano tenha surgido, à sua imagem, de um golpe de Estado civil ou militar? Talvez conviesse, antes, perguntar-se por que o autor se cerca de tais precauções para a comunicação dessa verdade. Porém, é preferível deixar essa questão em suspenso e observar que por ocasião de novas análises da conquista do poder se esclarecerá a relação do príncipe com seus súditos, o que até agora permaneceu na sombra.

Esse é efetivamente o caminho no qual Maquiavel se embrenha; enquanto descobria a necessidade bruta de uma luta pelo poder nas gloriosas ações dos fundadores, a quem comum e prazerosamente se atribuem os motivos mais nobres, ele desvela agora, ali onde essa luta é imediatamente visível e seu objeto, posto às claras, as exigências sob as quais ela se regula, o meio da coexistência social no qual irá se ancorar o apetite de potência.

O caso de Bórgia é proposto à nossa reflexão em primeiro lugar e introduzido de tal maneira que o leitor se inclina inicialmente a depreciá-lo. Seu destino foi forjado, parece, à semelhança daquele dos príncipes fantoches criados outrora por Dario, os quais se revelaram incapazes de conservar o poder, uma vez que foi à Fortuna de seu pai que ele deveu o sucesso e a ruína. Mas, apenas esboçada essa aproximação, por uma súbita mudança de posição que lhe é familiar, Maquiavel começa a louvar o duque e julga sua conduta exemplar. Aprendemos que, para se enraizar no seu Estado, fez tudo aquilo que se espera de um homem *prudente e virtuoso*. Importa não apenas saber como fez para lançar os fundamentos de sua potência futura, mas, ao considerar suas ações, não encontraremos melhores preceitos para serem usados por um *príncipe nuovo*. A breve descrição de suas ações se encerra com uma apologia sem reservas e, embora o autor considere conveniente esclarecer que se dirige àqueles que são levados ao poder "pela fortuna e armas de outros", o enunciado final dos princípios que comandaram sua política tem, com toda a evidência, um alcance universal. Assim, o leitor deve convir que, se Bórgia foi no início de sua carreira uma criatura da Fortuna, jamais lhe faltou a *virtù*. Melhor, se sopesarmos tudo, os apoios dos quais se beneficiou inicialmente mais o prejudicaram do que lhe serviram. Quando avaliamos os esforços que teve de fazer para se libertar das condições em que tinha sido colocado, seu mérito não é diminuído, mas aumentado. Contudo, essa verdade encobre outra, pois a imagem da *virtù* a que somos agora confrontados se revela como mais importante do que a avaliação da pessoa de Bórgia. Enquanto no capítulo precedente a *virtù* se deixava conceber em brutal oposição à Fortuna, como poder do príncipe de depender apenas de si, descobrimos agora nela o exercício de uma capacidade que arranca o homem pouco a pouco das garras das condições presentes e lhe permite imprimir sua vontade ao curso das coisas. De uma representação a outra, a mesma intenção permanece. A *virtù* de Bórgia não parece, quando consideramos sua ascensão política, de uma essência diferente daquela dos heróis da Antiguidade, mas o modelo mítico proposto de início é aparentemente substituído por um modelo realista. À ideia geral de que o príncipe novo não deve se fiar nem na sorte, nem em Deus, nem nos homens, e deve contar unicamente com a força, sucede a descrição de uma política *virtuosa* na qual a força é remetida ao seu devido lugar. Essa passagem, claro, é possível apenas porque o empreendimento de Bórgia, quando julgado em relação ao objetivo que teria sido atingido se ele tivesse podido vencer os últimos obstáculos, se assemelha ao dos fundadores. Não contente de tirar proveito da ocasião que lhe foi oferecida de se apropriar dos territórios de alguns senhores da Romanha, ele se empenhou em reunir os povos conquistados em uma comunidade nova, e seu propósito foi estabelecer um grande Estado no centro da Itália. É o único príncipe, na época contemporânea, que teve o sentido da criação política e foi capaz de subverter o equilíbrio de forças instituído na península desde séculos, de tal sorte que, ao lado desse empreendimento, o de Savonarola — que nunca fez mais do que invectivar do alto de um púlpito e se mostrara incapaz, por falta de forças, de ameaçar seriamente seus adversários — e até mesmo o de Sforza, a quem foi suficiente instalar seus bandos em Milão e ocupar o lugar de Visconti, empalidecem. Assim, uma vez entrevistas as verdadeiras dimensões da conquista do duque, o leitor está mais bem-disposto a acolher o sentido do ensinamento que emerge dela. Encontra, em primeiro lugar, traduzida em termos de política militar, a aplicação da regra já enunciada de que o senhor de um Estado deve agir de maneira a ter de depender apenas de si. Com efeito, o mérito de Bórgia consiste em ter sabido forjar para si os instrumentos de uma potência que deveria fazer dele em pouco tempo o príncipe mais temido da Itália. Se de início devia sua reputação às tropas mercenárias ou estrangeiras, as que o papa, seu pai, lhe havia fornecido, ou as do rei da França, não descansou enquanto não formou um exército inteiramente obediente a si. Essa ação, julgada em si mesma, deveria parecer a todos digna de louvor, mas a arte do autor é apresentá-la de tal maneira que é indissociável da política de violência, crueldade e astúcia, cuja motivação é assegurar a autoridade do príncipe. Quem considera a face nobre da força deve, pois, descobrir ao mesmo tempo sua face obscura; Bórgia, político inspirado pelos mais ilustres exemplos, é também aquele que faz reinar o terror no território conquistado por meio de um ministro "ágil e cruel" e ordena sua execução quando, obtido o resultado, a impopularidade dele ameaça prejudicar a sua, extermina os senhores cujos domínios roubou e, sobretudo — obra-prima da astúcia, relatada com tanta complacência por Maquiavel que ele não será perdoado —, arma uma cilada para que seus oficiais sejam estrangulados.

Essa descrição nos obriga a abrir os olhos para as violências que sempre acompanharam o nascimento dos Estados e que até agora o autor havia deixado prudentemente à sombra. Caso ainda se queira convencer de que o uso criminoso da força diz respeito apenas a Bórgia, não se pode esquecer que, se a política de Moisés não foi diferente daquela dos demais fundadores, Rômulo a ilustra com o assassinato de seu irmão. Sem dúvida, estamos inclinados a julgar que, diferentemente dos heróis da Antiguidade, o duque não tinha outra motivação além da ambição. Mas permanece a dureza dos fatos. E pode-se também supor que, se este último tivesse alcançado seus fins, o opróbrio que se associa à sua memória teria sido suprimido pela grandeza do resultado. Hipótese plausível porquanto seu fracasso, associado num momento à origem de sua potência e apresentado então como quase inevitável, se mostra em seguida como consequência de um erro de raciocínio, e uma compreensão mais exata de sua posição no seio da cúria romana após a morte do papa lhe teria provavelmente permitido conservar seus Estados. Mas, seja qual for o nosso julgamento acerca do duque, não podemos, quando consideramos sua política, reduzi-la a um empreendimento de dominação violenta e negar que já havia adquirido, nos fatos, um sentido que ultrapassava o quadro de seus interesses privados. Com efeito, limitando-nos à descrição que dele faz Maquiavel — e pouco importa no momento que seja ou não exata —, as ações criminosas das quais se serviu para edificar sua potência foram também aquelas das quais os povos submetidos tiraram proveito. Ao exterminar os senhores da Romanha, libertou tais povos de uma miséria e uma opressão detestáveis, pois eles haviam até então "mais espoliado do que governado seus súditos" e os haviam abandonado à desordem e ao banditismo; ao condenar à morte o ministro cuja crueldade lhe havia sido proveitosa por um momento — execução, somos informados, que é paralela ao estabelecimento de um tribunal civil dotado de um sábio presidente e à designação em cada cidade de um advogado —, fez com que se confiasse numa justiça que um regime de exceção havia desacreditado; ao suprimir, enfim, os chefes da facção Orsini, seus antigos oficiais, restabeleceu a paz no Estado no qual aqueles haviam começado a semear a divisão. Em cada uma dessas ações aparece algo além do partido da violência. Do contrário, não se compreenderia que, antes de sua queda, "havia adquirido a amizade da Romanha e que todos esses povos (aos quais havia imposto sua autoridade) lhe estavam submissos por terem começado a apreciar o bem que tinham recebido dele".

É em vão que se quererá, pois, fixar uma imagem simples da *virtù* política. Quando se buscam suas referências nas ações que o curso da história não nos deixa duvidar que foram legítimas, nos encontramos com a força que, ao mesmo tempo que subtrai o príncipe dos caprichos da Fortuna e da opinião, o instala distante dos outros, nessa espécie de cidadela que sua posição de dominante cria. Mas quando se considera a força a partir do exemplo mais próximo de uma grande aventura política e se avaliam as violências que acompanharam a ascensão do príncipe, descobrem-se, como seu duplo, a busca do consentimento popular, a satisfação dada às necessidades dos dominados. Numa perspectiva, a evidência do bem comum cede lugar ao espetáculo de uma coerção que parece bastar-se por si mesma; na outra, a evidência da potência cede ante a imagem da obra cumprida.

É verdade que esse paradoxo secundário poderá ser julgado. Se Maquiavel mostra que o mesmo movimento aproxima Bórgia da violência e o afasta dela, é, diremos, para sugerir que este toma sua origem aquém das vicissitudes da ação, em um saber em relação ao qual o que chamamos *bem* e *mal* tem um estatuto puramente positivo. E, de fato, o que o empreendimento do duque, tal como é apresentado, tem de admirável é que parece sustentado do começo ao fim pela mesma intenção, se desenvolve como uma obra metodicamente construída. Mas essa resposta muda os termos da questão mais do que a resolve. Com efeito, o fato de o príncipe ter o poder de se colocar como sujeito de conhecimento em face de uma situação e de estabelecer por cálculo o programa de sua ação — poder que, vimos no duplo exemplo da conquista de Luís XII e dos romanos, era a condição do sucesso em política — não permite compreender o sentido da relação que o liga aos seus súditos, por que ele precisa ao mesmo tempo reduzi-los à obediência e ganhar sua amizade, como, por esse duplo vínculo, se institui essa unidade de um gênero particular que é o Estado. Além disso, não somos nós que projetamos sobre a obra uma questão que ela ignoraria. Maquiavel, como já observamos, designa os fundadores como "homens excelentes", fala da *virtù* do príncipe, do "bem" do povo, da "amizade" que os une e simultaneamente da "força" que deve se opor à "prece", da "crueldade" que preside a pacificação de um país conquistado; que significaria essa linguagem se tão somente se tratasse de definir a técnica da tomada do poder? É preciso convir: se, de início, se esboçava, paralelamente à crítica das ideias tradicionais, uma concepção puramente positiva da ação, a discussão tomou um rumo novo depois que a análise da fundação do Estado abriu uma brecha nessa outra fundação que o pensamento filosófico ou religioso supõe na origem da sociedade política.

Mas, se mantivéssemos nossas dúvidas sobre o sentido do debate, as considerações do autor sobre o empreendimento de Agátocles e de Oliverotto de Fermo, seu rival contemporâneo, escolhido de propósito entre as vítimas de César Bórgia, viriam oportunamente dissipá-las. Designando como crime o expediente pelo qual se apropriaram do poder, interrogando-se sobre a relação entre a *virtù* e a vilania, a má e a boa crueldade, a necessidade de prover sua segurança e buscar a confiança do povo, Maquiavel obriga o leitor a refletir sobre o sentido e o valor da ação política. Seria imprudente esperar que essa interrogação se feche imediatamente com uma tese. Talvez ela não tenha outro objetivo senão avaliar a complexidade do tema — aquilo que a dedicatória a Lorenzo, lembremos, chamava de *varietà della materia* — e, precisamente, impedir qualquer recuo aos limites da moral ou da ciência.

De fato, o discurso descreve aqui um movimento rápido e envolvente que o leitor só pode seguir renunciando aos pontos de apoio sucessivamente propostos e concordando em mergulhar na indeterminação. Maquiavel anuncia inicialmente que tratará de um empreendimento levado a efeito fora dos caminhos da *virtù* ou da Fortuna, "*per qualche via scellerata e nefaria*". Ao designá-lo como tal, como um golpe de Estado militar, e não à maneira positiva de um observador científico, convida a recordar que o termo *virtù* jamais está desligado de uma significação moral. No entanto, mal estamos em posse dessa indicação, é preciso abandoná-la, uma vez que declara que examinará as ações de Agátocles e de Oliverotto "sem entrar em seu mérito", acrescentando que "bastam para quem for obrigado [*necessitato*] a imitá-las". A vilania não é recomendada, mas sugere-se que, dado que a conquista criminosa do poder é um fato da experiência, é preferível compreender como o príncipe alcança seus objetivos, quer dizer, se enraíza em seu Estado, a emitir um juízo de valor. Assim, nos são recordadas as palavras que a tentativa de Luís XII na Itália havia inspirado ao autor: "É uma coisa, certamente, muito ordinária e conforme à natureza o desejo de conquistar, e todas e quantas vezes o fazem os homens que o podem serão louvados por isso ou, pelo menos, não serão censurados". Seguramente, a linguagem adotada agora não é a mesma, e pode-se perguntar se foi unicamente o receio de chocar muito violentamente o leitor que o impediu de retomar esses primeiros termos ou se não subsiste, apesar da neutralidade aparentada pelo observador, uma diferença entre a ação de um príncipe ocupado com o engrandecimento de seu domínio e a de um homem privado que derruba um regime estabelecido para impor sua tirania pessoal. Mas, seja como for, a única coisa que parece importar é o estudo positivo dos fatos. Ora, essa segunda indicação não é mais segura do que a primeira, pois somos imediatamente reconduzidos a uma apreciação do comportamento de Agátocles; o autor observa que este se elevou da condição mais baixa à de chefe do exército porque soube unir às suas vilanias uma grande *virtù di animo e di corpo*, e apresenta seu golpe de Estado criminoso em relação com suas consequências: a vitória alcançada contra os cartagineses, que trouxe paz e segurança à Sicília ao libertá-la da agressão estrangeira. A ação de Agátocles é então elevada a tal ponto que cabe com razão se perguntar se ele foi inferior em alguma coisa aos príncipes cuja *virtù* se admirava um pouco antes. Maquiavel só formula essa questão para responder, é verdade, de modo afirmativo, mas não sem uma reserva perturbadora: "Quem, portanto, considerar bem suas obras e seus talentos", escreve,

> não verá coisa alguma ou pouca, que se possa dizer ser da fortuna, visto que, como dissemos acima, chegou ao reino não pelos favores de alguém, mas passando por todos os postos da milícia, os quais ele mereceu através de mil dissabores e perigos, e depois conservou por audaciosos e perigosos atos. Por outro lado, não se poderia dizer que seja *virtù* assassinar seus concidadãos, trair os amigos, não ter fé, piedade nem religião; por esses meios pode-se conquistar alguma Senhoria, não honra [*imperio ma non gloria*]. Com efeito, se considerarmos o valor [*virtù*] de Agátocles para entrar e sair dos perigos e sua grandeza de coragem para suportar e submeter os adversários [*le cose averse*], não se encontrará que tenha sido menor do que qualquer excelente capitão [*inferiore a qualunque eccelentissimo capitano*]. Contudo, sua bestial crueldade e desumanidade com inumeráveis perversidades não permitem que seja citado entre os mais excelentes personagens [*che sia infra li eccelentissimi uomini celebrato*].

Sem dúvida, somos receptivos à oposição introduzida entre "capitão excelente" e "homem excelente". Porém, se considerarmos o objeto da discussão e as palavras anteriores do autor, teremos dificuldades de encontrar aqui sua última palavra. De fato, trata-se de saber por quais meios Agátocles havia conseguido alcançar e conservar o poder; ora, as razões que explicam seu sucesso não se limitam unicamente ao seu valor militar; e, de outro lado, retivemos da crítica a Luís XII e do exemplo romano que a *virtù* dos grandes capitães é paralela à inteligência política; imediatamente antes, enfim, Maquiavel cumulara César Bórgia de elogios sem, contudo, incluí-lo na categoria dos homens excelentes, de modo que se recusar a aplicar essa denominação ao tirano de Siracusa não basta para resolver a questão. Essas reservas se encontram, ademais, justificadas num momento mais tarde, quando o autor, após haver descrito a ascensão ao poder de Oliverotto, retorna ao primeiro caso para colocar uma nova questão:

> Poderia alguém perguntar-se de onde provinha que Agátocles e outros semelhantes, após infinitas traições e crueldades, puderam viver muito tempo em segurança em seu país e se defender dos inimigos externos, sem que seus cidadãos conspirassem contra eles, visto que muitos outros jamais puderam se manter em seus Estados, mesmo em tempos de paz, sem falar dos tempos tumultuados de guerra?

Sua resposta lança, com efeito, uma luz inteiramente nova sobre a discussão precedente: "Creio que isso resulte da crueldade bem ou mal empregada. Pode-se chamar boa a crueldade (se é legítimo falar bem do mal — *se del male è licito dire bene*) perpetrada uma só vez, por necessidade de segurança, e que depois não persiste, mas rende o máximo possível de utilidade para os súditos".

Palavras tanto mais chocantes porque Maquiavel, ao se referir aos expedientes do braço direito de Bórgia — o qual não recuou diante de nenhum meio, nem sequer diante do assassinato de seu tio e protetor, para se apoderar do poder —, irá tocar o fundo da vilania em política. Através desse exemplo deixa-se apreender o que ele havia denominado "brutal crueldade e desumanidade", a ponto de parecer subitamente impróprio interrogar-se sobre a *virtù* de Agátocles. Agora, a distância que separa seus empreendimentos se desvela sem qualquer transição; um se desenvolve inteiramente sob o signo da violência, o outro se mostra capaz de se modificar em função dos imperativos criados pela coexistência do príncipe com seus súditos. Sem dúvida, Maquiavel se abstém de compará-los: deixa ao leitor o encargo de fazê-lo — não sem lhe facilitar a tarefa, uma vez que, silenciando acerca do fim de Agátocles, recorda, em compensação, que um ano após ter se apoderado de Fermo, Oliverotto deixa-se apanhar na cilada de Sinigália (por ingenuidade, como nos ensina no capítulo anterior), encontrando uma morte indigna de um grande político e grande capitão.

Mas, no momento em que o leitor acredita compreender por que e como um príncipe consegue conservar o poder obtido por extrema violência, em suma, quando o leitor supõe ter finalmente penetrado no coração do tema, é preciso convir que sua imagem da ação política está estranhamente confusa. Em vão louvaríamos aquele que — como Agátocles — põe fim ao terror e decide agir no interesse de seus súditos. A insistência com a qual o autor falou de sua crueldade (o próprio uso desse termo que, observemos, teria sido fácil substituir por um vocábulo mais neutro) e a evocação do parricídio de seu discípulo impedem de esquecer ou apenas de minimizar a vilania, ou mesmo pensar que esta pôde ceder alguma vez diante das exigências do bom governo. Mas em vão, igualmente, pretenderíamos nos ater a uma condenação sem reservas, uma vez que esta envolveria no mesmo opróbrio o exercício contínuo da violência e sua metamorfose em política, uma vez que, enfim, sob o pretexto da intransigência moral, deixaria escapar o sentido de uma conversão que, é preciso reconhecer, é essencial, em relação aos seus efeitos. Maquiavel não autoriza pensar que o bem desfaz o mal, nem o inverso; em relação ao mal, obriga a manter os olhos abertos no mesmo momento em que o denomina *bem*, nos deixando desse modo numa incerteza resumida na sua feliz fórmula: *se del male è licito dire bene*.

Não nos livraremos dessa incerteza recusando a hipótese, isto é, condenando o mal à sua origem para não ter de julgar as suas consequências, pois não se trata tanto de apreciar a conduta de um homem quanto de buscar o sentido de uma situação de que apenas conseguimos nos esquivar ao deixar fora de nossa apreensão uma parte da experiência. De resto, a dificuldade em que nos encontramos de raciocinar no quadro da moral ordinária não está ligada somente à análise de um caso particular. Se este último nos faz passar da imagem do mal à de certo bem, o exame da fundação gloriosa havia nos confrontado com a imagem do bem apenas para nos preparar para acolher aquela de certo mal. Estamos ainda menos dispostos a esquecer isso porque a ironia maquiaveliana não perde uma ocasião para sublinhar a passagem de uma perspectiva a outra: após haver descoberto que os heróis da Antiguidade — entre eles, Moisés — não se fiavam nem nos homens nem na Providência, descobrimos agora que os príncipes criminosos "podem com a ajuda de Deus e dos homens [*con Dio e con li uomini*] encontrar algum remédio favorável...".

Enfim, dado que todo critério moral foi rechaçado, nada se ganharia ao supor que a superação da violência é mero efeito da necessidade, que as mesmas razões explicam a política criminosa de Agátocles, no seu início, e seus esforços posteriores para dar satisfação ao povo, pois o uso inteiramente oposto que Maquiavel faz do termo *necessità* até o fim do capítulo 8 é tão deliberadamente restritivo que impede de situá-los sobre um mesmo plano. Uma primeira vez, o autor fala de crueldades impostas ao príncipe "pela necessidade de sua segurança" (*per la* necessità *delle assicurarsi*), marcando seu limite; uma segunda vez, nota que o príncipe que toma o poder "deve cogitar em todas as crueldades que lhe são necessárias fazer [*quelle offese che gli è* necessario *fare*] de um golpe só para não ter de renová-las todos os dias e, não as repetindo, tranquilizar os homens e conquistá-los através de benefícios"; uma terceira vez, esclarece que aquele que agir de outro modo "será obrigado a permanecer sempre de arma em punho [*è sempre* necessitato *tenere il coltello in mano*] e não poderá jamais se fundar sobre seus súditos". Isto equivale a sugerir que o imperativo de segurança e o imperativo de governo não são da mesma natureza, ou melhor: que saber responder ao segundo é se libertar do primeiro.

Quando busca um fundamento em seus súditos, o príncipe sem dúvida obedece ainda à necessidade de se conservar, mas esse empreendimento dá à política uma dimensão imprevista. À luta direta em vista da dominação sucede uma luta indireta, que implica o reconhecimento de si pelo outro; ao poder da morte do qual se deduz a ação sucede o da vida, que determina consentir no intercâmbio. Assim, após haver observado que o príncipe deve fazer o mal de uma só vez para "assegurar-se" (*assicurarsi*), Maquiavel acrescenta que deve assegurar os homens (*assicurare gli uomini*) e conquistá-los pelos benefícios, depois conclui que na falta dessa política estes não poderão "se assegurar dele" (*assicurare di lui*). Nessa inversão da dependência institui-se um sentido novo da ação. Ora, o autor nos desencoraja de buscar uma interpretação moral dela, uma vez que, no momento em que essa passagem é indicada, usa uma linguagem deliberadamente cínica, declarando: "É preciso fazer o mal de uma só vez a fim de que, sentindo menos tempo seu gosto, ele pareça menos amargo, e o bem, pouco a pouco, para que seja mais bem saboreado". A verdade é que a necessidade se quebra antes de se restabelecer sobre outro registro, no ponto em que se desdobra a imagem que o príncipe dá de si mesmo para que apareça aquela que lhe devolvem seus súditos. De modo que podemos dizer igualmente que sua conduta obedece, do começo ao fim, à mesma determinação, como o deixa entender, no início, a conclusão do capítulo, "um príncipe deve em todas as coisas viver com seus súditos de tal maneira que nenhum acidente bom ou mau precise fazê-lo mudar", e que seu mérito consiste em saber romper essa determinação no momento exato para tomar a cargo a representação do outro, como o ensina a sequência imediata do texto: "pois as necessidades sobrevindo em tempos adversos, não terás tempo para o mal, e se tu fizeres o bem, não te trará proveito porque se julgará que o fizeste forçado [*perché è judicato forzato*], e não se concederá a ti reconhecimento algum".

Esta última ambiguidade soma-se, pois, àquela com que tínhamos inicialmente sido confrontados: da liberdade se passa à necessidade como, num momento anterior, do bem se passava ao mal.

Ora, ao mesmo tempo, é preciso convir que a questão levantada a propósito da *virtù* de Agátocles — questão que, não nos passou despercebido, dizia respeito menos à pessoa do tirano de Siracusa do que ao estatuto da ação política — permanece em suspenso. De fato, se num momento temos boas razões para duvidar da validade da introdução da oposição entre a *virtù* do homem excelente e a do excelente capitão, estamos agora desconcertados em ter de constatar que o termo desapareceu do discurso desde que se esclareceu o que dá valor ao comportamento político de Agátocles. Talvez devamos pensar que pergunta e resposta foram separadas de maneira que esta fosse entendida unicamente por aqueles que possam acolhê-la. Talvez, em vez disso, o risco de equívoco teria sido maior se o autor tivesse audaciosamente denominado *virtù* a decisão de Agátocles de converter a crueldade em ação a serviço dos súditos. Talvez, porém, também suas reservas tenham outro motivo. Quando escrevia: não se pode chamar *virtù* assassinar seus concidadãos, trair seus amigos, não ter fé, piedade nem religião, pois esses meios permitem adquirir o *poder mas não a glória*, fornecia, com efeito, uma indicação que então não tivemos em conta, mas que estamos agora em melhores condições de compreender. Ao revelar que não há *virtù* sem glória, já dava a entender que não se pode definir a ação política sem se considerar ao mesmo tempo a representação que os homens fazem dela. Ele não dizia, aliás, que a *virtù* é incompatível com o crime, a mentira e a falta de religião, mas negava — o que é diferente — que se poderia atribuir tal *nome* a esses meios de conquistar o poder. E, sem dúvida, se revelou, de outro lado, que Agátocles havia feito mais do que simplesmente se apropriar do *imperio*, uma vez que ele rechaçou a invasão cartaginesa, levou a guerra à África e se uniu aos seus súditos, de maneira que não podemos duvidar de que conquistou certa glória... Todavia, esta não apaga a marca de origem de seu poder nem seus primeiros crimes, que sabemos se assemelharem aos perpetrados pelos mais nobres políticos, mas apaga o fato de que foram cometidos sem justificativa, ou sem disfarce, por um homem que nada, senão sua ambição, destinava a reinar. Se não pode aspirar à glória dos homens excelentes, nem mesmo à de Bórgia, isso não se deve ao fato de sua ascensão ao poder ter sido aos olhos de seus súditos, e seguir sendo na memória da posteridade, a de um homem — Maquiavel tomou o cuidado de precisá-lo — *de infima e abjetta fortuna*, simples filho de um oleiro (*nato d'uno figulo*)?

Julgando assim, compreendemos melhor por que o autor se esforça ao mesmo tempo para aproximar Agátocles dos príncipes ilustres que havia dado como modelo e para afastá-lo deles, para desfazer a diferença que esperávamos ver enunciada e para romper a identidade com a qual estávamos dispostos, na sequência, a dar-nos por satisfeitos. Mas a ideia nos deixa ainda insatisfeitos. De uma maneira ou de outra, somos levados a situar a ação do príncipe no meio social no qual adquire seu significado específico; mas até agora Maquiavel nos falou desse meio apenas em termos vagos. Que o príncipe depende de seus súditos, que sua conduta se determina somente em vista de uma opinião, são verdades que vêm sobrepor-se àquelas a princípio enunciadas — que deve depender apenas de si e contar unicamente com a força —, sem que se possa, todavia, compreender como se articulam entre si. Ora, a análise de súbito ganha contornos mais nítidos e abrange a relação política e a relação social quando surge uma nova hipótese — a última, acreditamos —, consagrada ao principado civil.

Logo que circunscreve o caso que irá examinar, o da tomada do poder por um homem elevado pelo apoio de seus concidadãos, e observa que ela se realiza pela instigação do povo ou dos Grandes, o autor declara: "Pois em toda cidade se encontram estes dois humores diferentes, cuja origem está no fato de o povo desejar não ser comandado nem oprimido pelos Grandes e os Grandes desejarem comandar e oprimir o povo: desses dois apetites diferentes nasce nas cidades um destes três efeitos: ou principado, ou liberdade ou licença".

Assim, estamos diante de um julgamento de alcance universal que resume o ensinamento prudentemente insinuado nos capítulos precedentes, ao mesmo tempo que ele o completa. Ao limitar a diversidade das formas de governo a três regimes, Maquiavel abandona espetacularmente as classificações tradicionais nas quais se encontravam opostos regimes legítimos e ilegítimos, regimes sãos e corrompidos. Sugere que, aos olhos do observador, conta apenas a maneira como se resolve a luta de classes; ou esta engendra um poder que se eleva acima da Sociedade e a subordina inteiramente à sua autoridade — é o principado —, ou ela se regula de tal maneira que ninguém está submetido a ninguém (ao menos de direito) — é a liberdade —, ou ela é impotente para se reabsorver no seio de uma ordem estável — é a licença. Nessa perspectiva, não importa, particularmente, distinguir o tirano do príncipe. Mas, se é permitido confundi-los, isso não se deve mais unicamente, como poderíamos supor, ao fato de terem de responder ao mesmo problema de governo; a razão mais profunda está em que as mesmas causas explicam seu advento, em que a monarquia é sempre um resultado da divisão civil. Doravante, as condições de fato nas quais um homem alcança a tirania permitem apreender o princípio da gênese de todo principado. Porém, ao mesmo tempo se esclarece a questão dos fundamentos do poder principesco. Até agora, Maquiavel falava de maneira muito geral das relações do príncipe com seus súditos; nos capítulos 3 e 6, fazia alusão às divisões que a criação das *ordini nuovi* suscita, mas sem precisar sua natureza; no capítulo 8, havia notado apenas de passagem que Agátocles tinha determinado a morte dos senadores e dos cidadãos mais ricos; agora se revela que o conceito de "povo" recobre uma oposição. Ou, para dizê-lo de modo diferente, que no interior do povo, comunidade visível cuja identidade qual é conferida pelo Estado, descobre-se a massa dos sem poder — "povo" no sentido preciso que o subtrai da unidade fictícia que a linguagem política lhe impõe. É preciso falar então de uma oposição constitutiva do político e irredutível à primeira vista, não de uma distinção de fato, pois aquilo que faz com que os grandes sejam os Grandes e que o povo seja o povo não é que tenham, por sua fortuna, seus costumes ou sua função, um estatuto distinto associado a interesses específicos e divergentes; é, Maquiavel diz sem rodeios, porque uns desejam comandar e oprimir e os outros, fugir ao comando e à opressão. Sua existência se determina apenas nessa relação essencial, no choque de dois "apetites" por princípio igualmente "insaciáveis". Assim, na origem do poder principesco e subjacente a esse, uma vez estabelecido, encontra-se o conflito de classes. Ora, descobrir isso é preparar-se para ver com novos olhos que o príncipe deve buscar um fundamento em seus súditos, pois o solo no qual se enraíza sua autoridade mostra-se doravante ligado ao terreno movediço que compõe para ele o fluxo desses dois desejos que não podem jamais ser totalmente extintos um pelo outro. É por essa razão que Maquiavel, enquanto invocava o exemplo dos fundadores, havia de início afirmado que o príncipe não pode contar com ninguém: não somente não pode encontrar nos homens tomados em seu conjunto um apoio estável, uma vez que sua comunidade se assenta sobre um dilaceramento, mas não pode sequer repousar sobre uma parte deles, uma vez que uma classe existe apenas pela falta que a constitui em face da outra. A busca necessária de um ponto de apoio passa pela experiência do vazio que nenhuma política jamais preenche, pelo reconhecimento da impossibilidade na qual se encontra o Estado de reduzir a Sociedade à unidade.

Contudo, admitir que o ponto de apoio é sempre indireto é compreender também a natureza do vínculo político que convém estabelecer. Quando se vê surgir como um terceiro do coração da luta civil, pela incitação de um protagonista ou outro, o príncipe toma consciência do que lhe prescreve sua função e da necessidade de escolher, entre os dois partidos, o do povo. A oposição entre os Grandes e a massa implica, com efeito, uma desigualdade: lá está o desejo de oprimir; aqui, o de não ser oprimido; uns apelam ao príncipe para "poder à sua sombra satisfazer seu apetite" (*sotto la sua ombra sfogare il loro appetito*); para os outros se trata de obter uma proteção. Se decidisse apoiar-se sobre aqueles que comandam, estaria exposto a ver sua autoridade impedida a todo momento. Pois é só aparentemente que os Grandes o colocam no poder: fazem-no apenas por temor do povo, para serem confirmados em seu estatuto de opressores. Esse poder forte que decidiram criar deve ser exercido apenas contra seu adversário; eles mesmos jamais estão dispostos a obedecer; a seus olhos, o príncipe não está acima das classes, não é um árbitro cujo julgamento estaria subtraído à contestação; é seu igual, de maneira que este não pode nem comandá-los, nem governá-los à sua maneira. Desse modo, o vínculo do príncipe com os Grandes converte-se necessariamente em relação pessoal, ainda que na origem ele esteja colocado numa posição de independência. Ao passo que, se ele se funda sobre o povo — seja por haver sido levado por este ao poder, seja por haver sabido mudar de partido oportunamente —, nenhuma resistência lhe será oposta, dado que sua ação contra os Grandes responderá à expectativa que foi posta em seu governo. A amizade do povo, escreve Maquiavel, é fácil de conservar, este "não pede outra coisa, senão que não seja oprimido". É preciso entender: "não oprimido" pelos Grandes. Seguramente, o príncipe oprime. Se essa verdade é deixada agora à sombra, ao menos as análises anteriores não deixavam dúvidas a esse respeito. Porém a violência de seu poder parece ser de natureza diferente daquela dos Grandes, pois nestes o povo encontra seu adversário *natural*, o Outro que o constitui como objeto imediato de seu desejo. O príncipe está livre dessa relação pela simples razão de não fazer parte dela e, em virtude de sua presença, tira dos Grandes sua pretensão de serem os dominadores. Essa libertação é sem dúvida medida de acordo com a proteção material que seus súditos dele obtêm, uma vez que ela substitui a opressão intolerável que reina no seio da Sociedade Civil por um mal menor. Mas, se é percebida como tal, isso se deve ao fato de que, em seu princípio, o poder que ele exerce difere daquele da classe dominante. O povo pode se submeter à sua autoridade, pois seu objetivo não é comandar, mas somente não ser comandado. Recusa que funda o consentimento numa nova autoridade, cujo primeiro efeito visível é subtrair o povo à opressão permanente que o mantém prisioneiro.

Por um subterfúgio, que Hegel denominará mais tarde "astúcia da razão", o desejo do povo une-se ao do príncipe. Combatendo os Grandes, o príncipe apenas obedece ao seu apetite de potência que não admite ser contrariado pelo de seus iguais; conquistando o favor popular, "ele se encontra só" — que é o seu objetivo —, mas essa conduta supõe que se coloque um freio à violência e se satisfaça a massa que busca segurança. Ao mesmo tempo, o povo que crê encontrar nele um defensor na luta contra seu adversário de classe põe-se sob a proteção de um novo senhor e dessa maneira se entrega a uma submissão contra a qual resistia. Não poder e poder absoluto se justapõem numa obscuridade que convém não eliminar.

Numa palavra, Maquiavel mostra que essa astúcia escapa ao povo: este, observa, tem visão menos clara e menos astuta do que os Grandes. E essas palavras, além de nos relembrar a importância da opinião, sugerem que haja muito ainda a dizer sobre a relação do príncipe com sua imagem; mas é o suficiente, de momento, para desfazer um mal-entendido. Se caíssemos na tentação de definir o acordo estabelecido entre o príncipe e seus súditos nos termos de um contrato — uma parte levando o benefício de sua proteção enquanto, em troca, a outra se compromete a obedecer —, a evocação da ingenuidade popular dissiparia nossa ilusão. Sem dúvida, a massa encontra vantagem em servir um príncipe que garanta sua segurança, mas, ao oferecer-lhe seu apoio, não sabe o que faz. Enquanto luta para não ser oprimida, se prepara para a opressão de um novo gênero; enquanto imagina o bem, ganha o mal menor. Ainda que, talvez, nada de melhor possa suceder-lhe do que se deixar enganar — conclusão incerta, uma vez que não sabemos qual seria sua sorte numa república —, permanece que ela não se liga por um pacto, mas antes cede a uma impulsividade que bastaria controlar para que sua ligação com o príncipe fosse imediatamente rompida. De resto, como seus interesses a constituiriam uma parceira de um intercâmbio, visto que, reduzindo-se em última análise à recusa da autoridade e da opressão, eles não são suscetíveis de nenhuma definição em termos positivos?

Maquiavel evita uma interpretação idealista devido à sua insistência não somente em designar a luta de classes como fenômeno universal e permanente, mas em desvelar a essência do povo ao nível do desejo de classe de escapar ao desejo do Outro. Enquanto o filósofo ou o historiador se limitam a descrever um estado primeiro de insegurança no qual cada um é uma ameaça para o outro, é possível imaginar um momento no qual a renúncia dos particulares à potência, em favor de um deles, coincide com o surgimento de uma ordem proveitosa a todos. Enquanto fala da divisão civil como de uma situação de fato, sem definir o que a provoca, com a simples ideia de que a desigualdade das condições cria a oposição dos grupos antagonistas, permanece a possibilidade de se ater a essa mesma imagem. Em compensação, esta não resiste à descoberta de que um conflito irredutível dilacera a Sociedade. Com efeito, pode-se muito bem julgar que este é capaz de se modificar como resultado da intervenção do príncipe, mas, por mais preciosa que seja a mudança introduzida, uma vez que cria ou recria as condições de uma coexistência, esta não poderia passar por uma *solução*.

Contudo, essa crítica implica outra. De fato, as mesmas razões impedem de apresentar como um contrato a relação que o príncipe estabelece com seus súditos e de retomar os termos da análise que o autor havia esboçado inicialmente quando, associando o problema da tomada do poder ao da conquista militar, havia reduzido a lógica política à das relações de força. Essa perspectiva certamente conserva uma verdade, como mostra a argumentação desenvolvida em favor da tese de que o príncipe deve se fundar sobre o povo: em primeiro lugar, a força popular é superior à dos Grandes, uma vez que não se pode governar contra as massas, ao passo que é possível conquistar as graças da minoria; em segundo lugar, essa minoria tem mais audácia e deve ser temida sempre que se volta contra o poder, enquanto a massa não poderia fazer nada de pior do que abandoná-lo; enfim, é preciso sempre contar com ela, uma vez que o príncipe precisa viver com o mesmo povo, ao passo que pode destituir os Grandes que ocupam os altos cargos e nomear outros. Porém, por mais importantes que sejam, esses argumentos não tocam o essencial. Não basta que o príncipe deva ter uma ideia precisa das forças que lhe possibilitam dominar, pois jamais descobrirá, mantendo-se a essa distância dos fenômenos, o *sentido* da oposição sobre a qual se assenta seu poder. Se considera a Sociedade como um objeto, ignorará que as classes antagonistas são de natureza diferente, que, incomparáveis nisso aos Estados, cuja rivalidade implica que tenham a mesma identidade e os mesmos objetivos — seja qual for, de outra parte, a desigualdade de suas forças —, somente existem em seu enfrentamento em torno desse desafio, que constitui para uns a opressão e para outros a recusa da opressão. Essa verdade é palpável apenas àqueles que percebem, mais além dos dados imediatos da conduta, os motivos aos quais essa se liga, quem àqueles que decifram o *desejo*, o *apetite*, a *exigência* — termos que Maquiavel utiliza sucessivamente —, com os quais o grupo se postula como classe política. E, sem dúvida, quando se dá esse passo na interpretação, abre-se passagem para os julgamentos de valor. De fato, não é um acaso se o autor observa neste lugar: "Além disso, não se pode satisfazer honestamente aos Grandes sem fazer injustiça aos outros [*non si può con onestá satisfare a' grandi e senza injuria d'altri*], mas ao povo sim, porque o objetivo do povo é mais honesto do que o dos Grandes". Essa é uma maneira de mostrar que não podemos nos ater à simples verificação dos fatos. No entanto, a apreciação moral não é nem primeira nem decisiva. Interessa ao príncipe que o povo seja mais honesto que os Grandes apenas porque ele pode extrair disso um ensinamento político, o exercício do poder se fará mais fácil se lhe for possível satisfazer, a um menor custo, as necessidades de seus partidários, quer dizer, abster-se de violência e reduzir assim os perigos aos quais está exposto. E, de outro lado, estaria iludido quem quisesse se fiar diretamente nessa honestidade, como o provam os exemplos antigos e modernos, o dos Gracos em Roma e o de Giorgio Scali em Florença, que, por terem se colocado como defensores das reivindicações populares, acreditaram poder contar com o apoio da plebe no momento da prova de forças e se viram abandonados por ela. O povo somente é digno de confiança quando está submetido ao príncipe. Ele oferece um apoio enganador ao homem a quem faltam a autoridade do governante e a força das armas, ainda que o reformador dê expressão ao seu desejo. Se há uma honestidade e uma fidelidade populares, elas estão condicionadas à ação de um poder que assegura seus súditos contra a opressão dos Grandes; só existem quando o desejo de não ser oprimido, em si mesmo impotente para apreender seu objeto, para se realizar na forma de um poder que é ao mesmo tempo não poder, encontra sua medida ao chocar-se contra o terceiro que o inscreve na realidade da ordem política.

Não é, pois, nem ao julgamento moral nem ao julgamento de fato que podemos nos limitar. A verdade se dá mais além, pelo desvelamento do ser do social, tal como aparece na divisão de classes.

Quando Maquiavel se opõe aos detratores do povo, a essa opinião comum, resumida no ditado "Quem se funda no povo, se funda no lodo [*chi fonda in sul populo fonda in sul fongo*]", ele denuncia duas imagens igualmente falsas em política, uma da potência, a outra da natureza humana. Com efeito, é cometer um erro em relação à primeira pensar que o príncipe possa governar contra seu povo confiando na força das armas ou na força de uma minoria que o colocou no poder, e é se enganar em relação à segunda perder a fé no apoio do povo sob o pretexto de que ele se esquiva quando deveria agir. Tal é, sem dúvida, o sentimento desses pseudossábios de Florença que foram já ridicularizados, os quais "têm na boca da manhã à noite usufruir as vantagens do tempo". Se não são nomeados, ao menos não podemos deixar de evocá-los, pois sabemos que o governo republicano sucumbiu sob a ameaça dos Grandes por não haver conquistado um apoio popular a tempo. E, com efeito, a impotência para fundar-se sobre o futuro e para fundar-se sobre o povo, a ilusória confiança no presente e nas vantagens adquiridas, têm uma só origem: quer-se esquecer que os homens e as coisas são instáveis, que o tempo tudo varre, que o desejo não dá trégua e que só existe segurança no risco e pelo movimento que se concilia com a agitação do mundo. A crítica do povo é ingênua porque lhe confere uma identidade que ele não possui e é nebulosa porque serve de álibi à fraqueza do príncipe. É verdade que as massas são mais honestas que os Grandes, uma vez que querem unicamente escapar à opressão, mas isso não significa que esse querer possa se converter em poder. Se os homens que se põem à frente das massas para fazer valer suas reivindicações falham nesse empreendimento talvez seja porque as massas têm um saber obscuro do impossível. Mas se o príncipe traz, não diremos uma solução, mas minimamente a fórmula de uma ordem mais tolerável, elas estão prontas para se aliar a este e são capazes então de constância. É preciso ainda, precisamente, que o príncipe esteja decidido a impor essa ordem e se assegure dos meios de agir para que o povo não duvide de sua autoridade. Entre a confiança e a força há um intercâmbio. Uma se revela ao contato da outra e esta se nutre daquela.

Compreende-se, pois, por que interessa tanto que o príncipe se afirme como o único senhor. Se espera ser premido pelos acontecimentos para tomar o poder de modo absoluto (*la autorità assoluta*), não encontrará ninguém ao seu lado no momento decisivo. Aqueles que têm o encargo de governar se voltarão contra ele ou o abandonarão, e seus súditos, habituados a outra autoridade, não estarão dispostos a lhe obedecer. "Com efeito, o príncipe não pode fundar-se no que vê nos tempos de paz, quando os cidadãos têm necessidade do Estado, porque então todos correm ao seu encontro, todos prometem e todos querem morrer por ele quando a morte está distante, mas em tempos adversos, quando o Estado tem necessidade dos cidadãos, encontram-se poucos." Assim, os Estados estão em perigo quando precisam passar subitamente de um modo de governo a outro (*salire dallo ordine civile allo assoluto*). A conduta correta é evitar essas dificuldades pela instituição, desde o início, de um poder pessoal, de tal sorte que, colocado na submissão direta ao príncipe, o povo experimente a solidez desse vínculo a todo momento.

Maquiavel já havia observado no correr do capítulo 6: "A natureza dos povos é variável; e é fácil convencê-los de uma coisa, mas difícil firmá-los naquela convicção. Por isso, é preciso dar uma ordem tão boa que, quando não acreditarem mais, se possa fazê-los crer pela força". E no final do capítulo 8: "Acima de tudo, deve um príncipe viver com seus súditos de forma que nenhum acidente, mau ou bom, faça variar seu comportamento". E conclui agora: "Um príncipe sábio deve pensar num meio pelo qual seus súditos, sempre e em todas as ocasiões, tenham necessidade do Estado e dele, e eles sempre lhe serão fiéis". Aparentemente, o ensinamento permanece o mesmo: é preciso que o príncipe aja de tal modo que seus súditos dependam dele e não tenham escolha, tanto na má quanto na boa sorte. Mas o argumento foi singularmente enriquecido; doravante, a obrigação está ligada à proteção, as condições da segurança e da potência do príncipe são também aquelas do funcionamento da sociedade política. O que havia de brutal e excessivo na crítica de Savonarola é compensado por uma crítica de sentido contrário: seu fracasso permanece simbólico, pois é justamente esse homem que fez, em seu prejuízo, a experiência da inconstância popular; como aquele dos Gracos, seu exemplo ensina que, quando a morte está próxima, a massa foge. Mas, simultaneamente, descobre-se que seus adversários não estavam ainda à altura de sua tarefa, pois eles, que o ridicularizavam por buscar um apoio no povo, caíram por sua vez por haverem se afastado dele — duplamente falhos, uma vez que não foram nem profetas nem armados e não ofereceram nada para crer nem para temer. E se define repentinamente o alcance dessas *ordini nuovi* das quais Maquiavel havia falado antes em termos enigmáticos. Havíamos aprendido que sua criação expunha aos maiores perigos, que ela se chocava com a hostilidade dos partidários das *ordini vecchi* e encontraria apenas tímidos defensores na pessoa daqueles que deveriam tirar proveito dela, que, enfim, unicamente a força asseguraria o seu sucesso. Ora, podemos pensar, com razão, que a audácia do fundador consiste justamente no fato de ele subverter a hierarquia estabelecida, arruinar o poder dos Grandes e, para edificar o seu, se voltar para o povo. Sem dúvida, a coerção lhe é necessária para vencer a "incredulidade" dos homens, para convencer aqueles que, tais como os partidários dos Gracos ou de Savonarola, "não acreditam nas coisas novas se não as veem já realizadas numa experiência segura", mas os princípios da política não se resumem aos da força. Quando o autor escreve: um príncipe que, "por sua coragem e as instituições que criou, dá coragem à massa [*enga con lo animo e ordini suoi animato lo universale*], jamais será enganado por esta e verá que lançou bons fundamentos [*buoni fondamenti*]", mostra que esses princípios comandam a aliança do príncipe e do povo.

A que essa aliança obriga? Essa é a pergunta que o leitor se coloca. Maquiavel não a responde — ou, ao menos, não a responde segundo nossas expectativas. Observa de passagem que o príncipe tem muitas maneiras de conquistar a amizade de seu povo, mas que não se pode dar uma regra geral delas, de modo que é melhor não falar delas. Sabemos, porém, que esse silêncio é provisório. Sem dúvida, ele julga que ainda não chegou o momento de dizer mais. Seja como for, estamos já acostumados à sinuosidade do discurso e começamos a perceber seu fundamento. Se é verdade que nada faz sentido por si só, se este se estabelece na relação entre uma *tese* e outra, ou, o que dá no mesmo, na distância tomada simultaneamente em relação a uma e outra, se é preciso colocar pontos de referência não para fechar as definições, mas para avaliar as variações, o abandono da composição lógica não é um defeito; a descontinuidade é, ao contrário, necessária. Os pontos de ruptura determinam, tão categoricamente quanto as coisas ditas, a verdade do discurso. Não é astúcia da linguagem quando o escritor suprime o lugar em que estava para se situar em outro. Ou, para dizê-lo melhor, a astúcia não vem dele; nasce da linguagem, da necessidade de desfazer as representações fixas e independentes para abrir passagem à palavra interrogativa.

No ponto em que se interrompe a análise política começa uma discussão sobre a potência militar do príncipe. Esse assunto, é verdade, já foi abordado em diversas passagens: a conquista de Milão por Luís XII e da Romanha por César Bórgia forneceram a ocasião para enunciar alguns princípios: em primeiro lugar, que o sucesso do príncipe supõe um cálculo exato das relações de força, não somente tais como estão estabelecidas no presente mas como irão se modificar em consequência de sua própria ação; em segundo lugar, que as tropas mercenárias ou auxiliares jamais são seguras e que é preciso dispor de armas próprias. Se Maquiavel retorna à questão, é porque, supomos, esta se esclarece com as considerações precedentes sobre a relação que um príncipe deve manter com seus súditos. Do mesmo modo que o exame das relações de força introduzia uma reflexão sobre a política, as exigências de uma autoridade fundada sobre o povo, uma vez descobertas, irão determinar a ideia de um modo de governo e de uma organização militar específicos. De fato, ao problema posto no título do capítulo 10: "De que forma se devem avaliar as forças de todos os principados" — cujo alcance é, aliás, logo reduzido, uma vez que se trata, descobrimos, apenas de saber como um pequeno Estado pode organizar sua defesa —, Maquiavel traz uma resposta ao mesmo tempo de ordem militar e política. Ao julgar que um príncipe deve se contentar em fortificar sua cidade e aprovisioná-la sem se preocupar com o território circunvizinho, acrescenta que se hesitará a atacá-lo se ele dispuser de uma praça-forte bem protegida *e não for odiado por seu povo*. Assim, a busca de apoio popular se mostra necessária tanto para a defesa contra os inimigos externos quanto para a edificação de um poder estável na cidade. Melhor: dado o pouco espaço que as considerações de ordem estritamente militar têm neste capítulo, pode-se com razão perguntar se elas não têm por principal função sustentar um novo argumento político. O fato de Maquiavel falar de "não ódio", expressão que utiliza em duas passagens, chama desde o começo a nossa atenção. Um momento antes recomendava ao príncipe conquistar a amizade de seu povo. O termo tinha força e motivo para surpreender, pois, enfim, se duvidava de que o poder jamais permitisse aos seus súditos esquecer seu desejo de não serem oprimidos. Mas, justamente, era da relação entre *amizade* e *opressão* que brotava o sentido. Agora o conceito de não ódio se inscreve por sua vez na relação; é introduzido no momento em que o autor propõe o modelo das cidades da Alemanha, que são plenamente livres (*liberissimi*), apesar da exiguidade de seu território. Ainda que não seja a primeira vez que destaca a força das repúblicas, visto que no capítulo 5 havia observado que elas resistem com obstinação ao agressor e, no capítulo 3, havia oposto às inconsequências de Luís XII a prudência dos antigos romanos, o exemplo escolhido abre uma perspectiva nova. Essas cidades, observa Maquiavel,

> são de tal maneira fortificadas que todos percebem que deve ser algo bem longo e difícil assaltá-las, porque possuem fossos e muros adequados, artilharia em grande quantidade e sempre têm o que comer, beber e queimar nos depósitos públicos para o prazo de um ano. Além disso, para poder alimentar a plebe sem qualquer diminuição ou perda para o bem público, a comunidade tem sempre trabalhos para lhes dar durante um ano naquelas atividades que são o nervo e a vida da cidade e por meio das quais a plebe subsiste. Enfim, mantêm em grande honra os exercícios da guerra, havendo vários ordenamentos sobre sua prática.

E sem transição acrescenta: "Um príncipe, portanto, que tem uma cidade forte e não se faz odiar por seus súditos não pode ser assaltado". Isso é sugerir que os problemas a resolver numa república e num principado não são essencialmente diferentes, que é preciso, em todos os casos, associar a defesa material da cidade a uma política atenta aos interesses da plebe; e que, em suma, um regime onde o poder não é odiado se assemelha a um regime livre. Tudo se passa como se Maquiavel tivesse substituído o não ódio pela amizade apenas para ir mais longe, após esse recuo, na concepção de um Estado fundado sobre o povo.

Verificamos imediatamente, ao ver como ele justifica a tese de que a resistência a uma agressão deve se organizar intramuros na Cidade, que se trata de um passo novo. Ao refutar os argumentos daqueles que temem que um príncipe seja abandonado por seus súditos quando suas terras forem invadidas e suas propriedades, saqueadas, opõe em último lugar esta observação: "E então tanto mais se unirão ao seu príncipe. Com efeito, os homens são desta natureza de obrigar-se tanto pelos benefícios que fazem como pelos que recebem". Semelhante fórmula vai muito além de tudo aquilo que havia sido dito antes. A questão não é mais unicamente que o príncipe consegue convencer seus súditos de que estão seguros por ele, para que ele mesmo esteja seguro por eles: a aliança é tão firme que no instante mesmo em que aquele está à mercê destes, estes descobrem na sua liberdade uma nova dependência e se vinculam ainda mais a ele pelo apoio que lhe oferecem. Seu prestígio é tal que resiste ao enfraquecimento de sua potência. A coação física se transformou em coação social, se interiorizou, de tal modo que a obediência obtida sob a ameaça das armas se converteu em consentimento e este, em obrigação. Metamorfose que aferimos ao recordar a conclusão do capítulo precedente: os homens querem morrer pelo príncipe, dizia então Maquiavel, quando a morte está longe, mas na adversidade não é muito seguro que o príncipe possa contar com eles; agora, é na provação que se revela a solidez de seu vínculo.

Contudo, a verdade dessa relação aparece no nível mesmo da organização militar. Uma vez que se admite não poder haver boa defesa se falta apoio popular, é preciso ainda reconhecer que tal princípio determina a boa defesa em sua natureza. Nesse caso, a negligência de um príncipe em prover-se de armas próprias se revela um erro não só quanto às relações de força, como se poderia crer até agora, mas também quanto à política. Efetivamente, quando um pouco depois, no início do capítulo 12, Maquiavel distingue o problema das armas daquele das leis, não se pode enganar-se sobre sua intenção. Não importa que pretenda limitar-se a uma crítica de ordem estritamente militar quando adverte: "E como não é possível ter boas leis onde as armas não valem nada e que se as armas são boas é também razoável que as leis sejam boas, deixarei de falar sobre as leis e tratarei das armas"; sabemos que os fundamentos que atribui agora ao Estado não são os mais profundos e que a definição das armas, como a das leis, se enraíza numa concepção geral da Sociedade e do Poder. É preciso unicamente entender que as tarefas militares se colocam imediatamente diante da realidade do Estado e se impõem a qualquer governo, seja qual for a natureza do regime.

Na crítica das armas mercenárias e auxiliares se misturam, pois, dois argumentos, dos quais o segundo — que será retomado mais tarde e levado à sua conclusão em termos mais enérgicos — estabelece pouco a pouco a necessidade de um exército de cidadãos. Revela-se, por um lado, que o príncipe deve fazer a guerra pessoalmente, convencer os outros de sua potência e contar apenas com suas próprias forças, pois as tropas de um *condottiero* ou de um aliado, subtraídas à sua autoridade direta, estão sempre dispostas, pelo incentivo do ganho ou pela instigação de um chefe ambicioso, a abandoná-lo ou a se voltar contra ele; e, por outro lado, que seus súditos compõem as únicas tropas com as quais pode contar plenamente. Duas verdades complementares, com certeza, mas que são estabelecidas a partir de premissas diferentes — de tal forma que, se esquecermos disso, arriscamos julgá-las incompatíveis. E, de fato, se nos detivéssemos na concepção maquiaveliana das relações de força, tal como está resumida nesta proposição do capítulo 14: "Não há nenhuma comparação entre um homem armado e outro desarmado; e não é razoável que o homem armado obedeça voluntariamente a quem está desarmado, nem que um homem desarmado possa estar em segurança entre servidores armados", estaríamos impedidos de compreender por que o povo em armas se submeteria ao príncipe. Mais ainda: não é em virtude de um raciocínio desse gênero que os partidários do mercenarismo condenam a ideia de uma milícia nacional, convencidos dos perigos que o poder correria se ficasse à mercê dos cidadãos? Para defendê-la, é preciso abandonar a lógica abstrata das relações de força, buscar os motivos que determinam a conduta dos atores — do príncipe, do povo, do *condottiero*, da tropa mercenária ou auxiliar — e descobrir que há um espaço próprio da política em que o antagonismo se transforma em cooperação. Cabe ao leitor fazer essa descoberta; quanto ao autor, este se limita a denunciar os vícios e a louvar os méritos de fato dos dois modos de organização militar, embora tenha dado todos os elementos que permitem chegar à conclusão. Quando, ao final do capítulo 10, ele propôs a ideia aparentemente paradoxal de que os homens se sentem ligados tanto pelos serviços prestados quanto pelos benefícios recebidos, preparou o leitor para admitir esta outra verdade: que a potência do povo, longe de subtraí-lo à autoridade do príncipe, é uma garantia de sua obediência.

A tese esboçada de um exército de cidadãos faz eco, precisamente, àquela de um Estado fundado sobre o povo. E assim parece se completar o movimento inaugurado pelo capítulo 7, que dissemos restituir ao poder sua função social. Contudo, por mais convencidos que estejamos doravante das intenções do escritor, ainda devemos convir que uma parte de seu discurso foi deixada à sombra. Não poderíamos pensar que os fios que seguimos compõem toda a sua trama, uma vez que, no centro da discussão sobre a potência militar do príncipe, surge — tal como uma digressão à primeira vista desconcertante — o exame dos principados eclesiásticos.

Sem dúvida não faltam os pontos de referência em relação aos quais se determina o sentido do novo exemplo escolhido. Não é um acaso, pode-se pensar, que a imagem das repúblicas da Alemanha, modelos de Estados bem governados e bem defendidos, sucede as da Roma pontifícia e as dos príncipes dos quais Maquiavel diz: "Somente estes têm territórios e não os defendem; têm súditos e não os governam". Tampouco é um acaso que, à criatividade histórica inscrita nas *ordini nuovi* de uma grande política, se lhe oponha a estagnação de um Estado sustentado pelas *ordini antiquati*: o sentido de um regime fundado sobre a inteligência da relação de força e da relação social se acrescenta ao espetáculo absurdo de um regime fundado sobre a religião. A figura do príncipe novo não domina mais unicamente a do príncipe hereditário, ao qual basta não transgredir a ordem de seus ancestrais e adequar-se aos acontecimentos, pois está muito seguro da obediência de seus súditos, se vícios extraordinários não excitam o ódio deles; a figura do príncipe novo brilha em face daquela dos príncipes eclesiásticos, os quais, sabemos agora, "permanecem no cargo seja qual for o modo como se comportem e vivam" e gozam, portanto, da impunidade da História, seja qual for a extensão de seus delitos ou faltas. Mais ainda: podia-se pensar que importava estabelecer de passagem que a expansão da Roma pontifícia não colocava em dificuldades a teoria do Estado. E, de fato, essa demonstração é incorporada com o argumento de que as forças temporais dos papas não eram levadas muito em conta na Itália até uma data recente, e que bastaram o talento de Bórgia e as circunstâncias de sua queda para que a Igreja se beneficiasse de seus trabalhos e de seus esforços (*fu herede delle sue fatiche*).

Mas, seja qual for o fundamento dessas hipóteses, elas nos deixam insatisfeitos enquanto não compreendermos por que o discurso maquiaveliano, neste momento preciso, requer semelhante digressão, pois, até o presente, ele não cessou de aprofundar uma concepção da política através de desvios e ao custo de uma complicação deliberada das primeiras análises. É possível, pois, que sob o pretexto de examinar um último caso particular o escritor queira abrir ao seu leitor uma nova perspectiva? A questão é ainda mais legítima porque as considerações relativas ao principado eclesiástico não estão limitadas ao capítulo II. Se este parece, ao primeiro olhar, constituir um ponto-chave na discussão consagrada ao problema militar, uma leitura mais atenta revela que a crítica da política dos papas se mescla àquela de um sistema de defesa característico de certos Estados contemporâneos.

Em um primeiro momento, denunciando os vícios do mercenarismo, Maquiavel se pergunta sobre suas origens e põe em evidência o papel desempenhado pela Igreja na sua instituição:

> Deveis entender que, tão logo nestes últimos tempos o império começou a ser repelido da Itália e o papa adquiriu maior reputação na esfera temporal, a Itália foi dividida em vários Estados, pois a maior parte das grandes cidades tomou em armas contra seus nobres, os quais, anteriormente favorecidos pelo imperador, as mantinham oprimidas; a Igreja favorecia essas sublevações para aumentar sua reputação na esfera temporal; em muitas outras os cidadãos se tornaram senhores. Assim, com a Itália quase nas mãos da Igreja e de algumas repúblicas, e não sendo esses padres e aqueles cidadãos habituados ao manejo de armas, estes começaram a pagar estrangeiros.

Desse modo, parece que a impotência dos Estados para formar um exército de cidadãos tem alguma coisa a ver com a impotência da Igreja naturalmente voltada a recrutar suas tropas do exterior. Em um segundo momento, agora se restringindo às armas auxiliares — as quais, observa, são mais perigosas ainda do que as mercenárias —, o autor põe em dúvida o papa Júlio II, cuja decisão de introduzir os espanhóis no centro da Itália "não poderia ser mais imprudente", mostrando que o papa só não caiu nas mãos deles por obra do acaso. Nos dois casos, a Igreja fornece um exemplo-limite do que não se deve fazer e uma expressão acabada da fragilidade e da inconsequência na política. Desse modo, o espetáculo de sua impotência para conceber as necessidades do governo e da defesa revela a exigência de uma política fundada sobre as armas e de um sistema militar fundado sobre uma política. Mas nos dois casos, e não está ali o essencial, a crítica à Igreja nos confronta com a situação contemporânea e abre passagem para uma reflexão sobre as condições de uma reforma do Estado na Itália.

Maquiavel com certeza soube escolher exemplos históricos muito próximos, seja para que fossem objeto de uma longa análise, como o de Bórgia, seja para que simplesmente fossem evocados, como o dos duques de Ferrara, de Francesco Sforza ou de Oliverotto de Fermo. Mas se poderia pensar que tais exemplos, como aqueles dos grandes homens da Antiguidade, ou então os de Luís XII, do Turco ou das repúblicas da Alemanha, não tinham outra função além de ilustrar as hipóteses gerais ou desvelar os múltiplos aspectos do problema político. Desse modo, Bórgia era proposto como modelo que se oferece a todo aquele que concebesse um projeto semelhante e conhecesse condições análogas. Em contrapartida, a imagem de Estado pontifício — um caso dentre outros, sem dúvida, mas que não é mais redutível às dimensões de um empreendimento pessoal, uma vez que seus traços característicos pertencem a uma constituição, ela própria historicamente determinada — solicita nosso olhar de uma nova maneira. Não é em vão que Maquiavel retoma o mérito de Bórgia, no quadro desta análise, e que na sequência oponha à sua grande política o aventureirismo de Júlio II. Com um abriu-se para a Itália um futuro que, com o outro, se fechou. Com um foram postos os fundamentos corretos de um Estado novo, com o outro são repetidas as miseráveis ações que sustentam e mesmo precipitam a decadência da Itália. Quando o leitor avalia esta oposição — a fraqueza da Igreja por detrás de seus progressos aparentes, a importância das ações de Bórgia apesar de seu fracasso de fato —, acolhe a ideia de uma tarefa histórica inscrita no presente. Daí segue que, sem advertir, Maquiavel mude imperceptivelmente de linguagem. De início, parecia esposar unicamente o ponto de vista do príncipe; naquele momento a busca das condições da potência e da segurança o ocupava inteiramente; depois seu estatuto parecia depender da relação que estabelecia com seus súditos; então a concepção da luta de classes determinava a do poder; agora o autor sugere que o interesse do príncipe esteja subordinado ao do Estado, e essa ideia contém um julgamento sobre a política italiana hic et nunc.

O argumento se modifica nesse sentido enquanto se faz a crítica das armas mercenárias. Inicialmente, esta apenas confirma a explicação dos capítulos precedentes. O príncipe, vimos, não pode se fiar nos homens que esperam dele apenas um pequeno soldo, pois, se os mantém obedientes em tempos de paz, semelhante motivação não pode fazer com que queiram morrer por ele; por outro lado, ao renunciar a seu comando em favor de um *condottiero*, ele se expõe ao maior perigo: ou este último não tem *virtù* militar e provocará sua perda, ou então é capaz de ganhar uma guerra e, nessa circunstância, nada o impedirá de se voltar contra seu senhor e tomar-lhe o poder. Quem se limitasse a essas primeiras proposições julgaria que Maquiavel traduz em termos novos a ideia de que a autoridade é inseparável da força e a coação, da confiança. Mas o retrato que na sequência compõe do *condottiero* decorre de outra intenção. Personagem sem laços, ocupado unicamente de seu prestígio, incapaz de manter uma infantaria — por não dispor de territórios que lhe permitam alimentá-la — e que, ao fazer da guerra um ofício, veio transformá-la num disfarce e subtraí-la aos riscos que a atividade comporta, é julgado por sua ocupação e ao mesmo tempo desacreditado por ela. Essa crítica seria seguramente ilegítima se o autor se interrogasse apenas sobre os meios de conquistar e conservar o poder. Sem dúvida, ao considerar as tarefas de um príncipe no poder, pode-se denunciar o perigo que o faz correr um *condottiero*. Mas este último é também um príncipe em potência, como o prova, entre outros, o exemplo de Francesco Sforza, o qual, capitão mercenário a serviço dos milaneses, se apropriou do ducado após haver alcançado a vitória contra Veneza. De sorte que, se as situações e os atores são examinados de um ponto de vista formal, seu empreendimento não é condenável. Para que o seja, é preciso levar em conta a função que o príncipe exerce no Estado, o futuro mesmo do Estado enquanto se encontra determinado por ela; doravante, o sucesso não é mais o único critério segundo o qual se avalia a ação do príncipe, ou, para dizê-lo melhor, o êxito individual não se confunde mais com o êxito político, supõe-se que este último saiba, além de tomar o poder e se manter nele, responder ao problema posto pela edificação do Estado. Desse modo, Sforza, modelo de chefe militar ambicioso, alçado ao principado unicamente pela força das armas, e que supera como tal seus descendentes, é degradado tão logo se mostra incapaz de estabelecer uma ligação com seus súditos e de instituir as *ordini nuovi*, quer dizer, de criar uma potência que sobreviva a ele. Sua conquista é apreciada então no contexto medíocre da política contemporânea. Brilhantes, em vista do jogo tépido dos príncipes, das repúblicas e dos condottieri, suas ações já não provocam mais a admiração quando se evidencia que não somente estas não o modificaram, mas, pelo contrário, tiveram como efeito acentuar sua fraqueza. "O resultado de tão belas proezas [entendamos: aquelas de Sforza e dos outros condottieri] foi a Itália ter sido devastada pelo rei Carlos, pilhada pelo rei Luís, violada por Fernando e desonrada pelos suíços."

Não há dúvida de que, no momento em que nomeia a Itália e acusa os mercenários de a terem tornado "serva e humilhada", Maquiavel chama a nossa atenção para um novo objeto. Este, porém, surge da consideração da potência militar do príncipe, de maneira que não há uma ruptura aparente no desenvolvimento do discurso. A crítica das armas mercenárias é, com efeito, privilegiada porque deduzida dos princípios políticos formulados no capítulo precedente, porque possui, tal como esses, um alcance universal e simultaneamente porque nos põe em presença de um campo histórico particular, obrigado a reunir num só os problemas contra os quais se chocam os Estados italianos.

Assim, o autor pode muito bem permanecer fiel a um procedimento que utilizou desde o início da obra, comparando exemplos antigos e modernos, para opor a organização militar de Roma e de Esparta — que unicamente os suíços, *liberissimi et armatissimi*, foram capazes de tomar por modelo — às de Florença, Veneza e Milão. Quando fala desses três Estados, eles aparecem repentinamente como cúmplices de uma mesma falta e fadados a um destino comum. Não somente possuem uma fraqueza igual. A verdade é que se enfraquecem mutuamente, que impedem uns aos outros o caminho da potência. Em suas guerras, suas vitórias são falsas vitórias, suas derrotas, falsas derrotas. Certamente eles não inventaram o mercenarismo, e deve-se lembrar que, na Antiguidade, outros Estados perderam a guerra por entregarem sua defesa em mãos estrangeiras. Mas seu caso permanece singular, uma vez que essa instituição adquiriu na Itália uma generalidade até aqui desconhecida, a ponto de dominar toda a vida política. Ou, para dizê-lo melhor, nascida em condições determinadas como uma prática particular, transformou-se num sistema que se mantém por si mesmo, um parasita que se nutre da substância dos Estados e prospera à medida que esses se debilitam.

Ao descobrir os malefícios de semelhante sistema, o leitor está em condições de imaginar que sua destruição coincidiria com uma regeneração dos Estados italianos. Mas ao atingir essa etapa do discurso, sua incerteza é ainda grande. Deve ele supor que uma autoridade única se imporia aos povos até o presente dispersos, ou que o desenvolvimento de um Estado novo obrigaria os demais a modificar suas instituições e a reencontrar o caminho da verdadeira política? A experiência Bórgia, decididamente a mais rica de sentido, não permite decidir, uma vez que seu fracasso demasiado rápido impede de saber o que ele teria sido capaz de fazer. A essas questões acrescenta-se outra: quais transformações políticas deveriam acompanhar uma reforma das instituições militares? Somente podemos deduzir da explicação muito breve que o autor propõe sobre a fraqueza dos Estados italianos que uma política nova não pouparia nem o poder do clero, nem o dos burgueses que se desviaram da guerra para se dedicar aos seus afazeres privados. Contudo, Maquiavel fornece no capítulo 13 uma última indicação: após ter acusado Luís XI de haver corrompido as forças do rei da França ao substituir a infantaria nacional criada por seu pai pelo recrutamento de mercenários, evoca o motivo que lhe inspira essa medida. Ainda que ele não o refira explicitamente, se entrevê que o temor do povo esteve na sua origem. Desse modo, confirma-se mais uma vez que a justa ideia do que um poder pode esperar de seus súditos, dos riscos que é preciso assumir para inscrevê-lo no tempo, do que são, enfim, a falsa e a verdadeira segurança, as verdadeiras e as falsas fundações, deve dirigir as ações do príncipe. A ideia que se insinua é que nenhuma prática nova se instituirá na Itália enquanto não forem reconhecidas as *ordini nuovi* do pensamento político.

4.
Sobre o bem e o mal, o estável e o instável, o real e o imaginário

O discurso de Maquiavel procede a uma lenta e metódica destruição da doutrina política tradicional. Todavia, essa doutrina advém de mais de um lugar; a tradição não é una; mistura várias correntes de pensamento. Os princípios que governam a opinião são manifestamente extraídos das origens da Antiguidade clássica, mas também do cristianismo e derivam, além disso, de uma prática acumulada pelas gerações anteriores, na qual se pretende ler as verdades da experiência. Sem dúvida, estas não excluem a possibilidade de serem compostas com as representações legitimadas pelos Autores. Talvez seja mesmo preciso julgar que as conciliações não são acidentais, que a junção de princípios aparentemente heterogêneos decorre de uma lógica particular e reconhecer, em última análise, a coesão do discurso político dominante. No entanto, seja qual for a hipótese — sobre a qual seria prematuro se interrogar —, permanece que a crítica se divide necessariamente quando se volta para o saber herdado e a opinião comum que dele se nutre. Divisão profunda, uma vez que põe à prova o discurso da obra, justamente ocupado em conquistar sua identidade nessa crítica e, assim exposto, no momento em que se afasta de um núcleo da Tradição para se deixar reconduzir na órbita de outro núcleo. O escritor poderia esquivar-se desse perigo multiplicando as advertências ao seu público, designando a cada etapa do discurso os adversários que combate, evitando o mal-entendido pelas explicações reiteradas sobre a natureza de suas intenções. Esse esforço, porém, lhe permitiria anular a resistência do leitor? De onde extraem seu prestígio o saber herdado, a opinião comum, senão do fato de que liberam o leitor do risco de pensar, de que lhe disfarçam o desconhecido das *ordini nuovi*? Fosse o debate da política um puro debate de ideias, o rigor da argumentação bastaria, mas ele excede seus limites: assim como as relações de força entre os atores políticos se inscrevem num campo social, as relações de força entre as ideias se inscrevem num campo de pensamento. As ideias tornam-se operantes apenas em função de uma experiência do sujeito que, ela mesma, não é jamais redutível ao conceito. Assim, avalia-se a eficácia da crítica em relação ao poder que o discurso da obra adquire de modificar esse campo, de trabalhar essa experiência até o ponto de abri-la ao que lhe era estranho.

Antes de querer ignorar a natureza das resistências que precisa superar e impor sua autoridade unicamente pela força das armas — a demonstração —, o escritor busca, pois, outra via: usa de ardis diante dessas oposições, se apropria das motivações de seus adversários pelo tempo que lhe convém, satisfaz suas crenças, lança mão de suas contradições, se presta à expectativa do leitor até esgotar os recursos deste e prepará-lo para acolher o *ainda não pensado*. Mas, fazendo isso, não esqueçamos, ele não escolhe somente uma estratégia de persuasão; é movido também pela necessidade de sua própria descoberta, uma vez que ele mesmo abriu o caminho no qual introduz seu leitor mediante a luta contra o preconceito que o habitava, ao preço de múltiplos avanços e recuos.

Já observamos que Maquiavel só desvela pouco a pouco seu pensamento e que, apesar da audácia com a qual enuncia por vezes as proposições que não poderiam ser subscritas por um leitor acostumado às *ordini antiquati*, o sentido de seu discurso frequentemente se deixa inferir de uma relação estabelecida entre termos opostos e até mesmo contraditórios. Às razões que já demos de sua atitude acrescenta-se outra mais precisa: sua crítica da tradição deve oscilar entre dois polos. Ele se empenha ao mesmo tempo em destruir a concepção clássica e cristã de Estado e em denunciar a política sem princípios dos pseudossábios de Florença. Substitui o suposto saber da filosofia e da religião por um não saber, de tal sorte que sua análise do poder parece por um momento suspensa no vazio. Mas, à ignorância dos pragmatistas, satisfeitos com receitas de palácio, opõe os ensinamentos da História, as exigências da previsão racional e a "ordem das coisas" — ordem das relações de força e de desejos. Essa oscilação não é sinal de confusão tampouco de ceticismo. O movimento que leva tanto a um sentido quanto a outro descreve lentamente a figura do novo pensamento. Seus contornos já estão esboçados; a crítica de uma tese não restabelece a que foi abandonada; a destruição dos fundamentos antigos da política não engendra o recuo aos limites do empirismo, nem a recusa deste, a ressurreição da ética tradicional. Assim, enquanto sua intenção se esclarece, Maquiavel não teme servir-se da linguagem de seus adversários, reavivar suas representações. Em certas ocasiões, alertava contra o equívoco — ao declarar, por exemplo, quando louvava a bondade e a fidelidade do povo, que suas qualidades dependiam de que possuía menos astúcia que os Grandes —; no presente, ele o suscita, ao restituir subitamente para seu leitor a imagem do bom príncipe que lhe era familiar após tê-lo privado dela, cedendo às suas ilusões para melhor extirpá-las em seguida.

O derradeiro capítulo consagrado ao problema militar dá fé desta última intenção. No início, trata-se apenas da questão da verdade das relações de força, e a guerra aparece decididamente como a revelação da política. "Um príncipe não deve ter outro objetivo, nem outro pensamento, nem tomar outra matéria como arte sua que não seja a guerra e a organização da disciplina militar, *pois esta é a única arte que compete a quem comanda*, tendo tão grande potência que não somente mantém nesta posição os que já nasceram príncipes, mas com frequência eleva a esse grau homens de condição simples." Eis Francisco Sforza designado, de novo, como símbolo de príncipe armado e oposto aos seus descendentes, os quais, por haverem esquecido as necessidades da guerra, perderam o poder. Mas, apenas esboçado este argumento, a perspectiva já se inverte: o retrato do príncipe cujo espírito jamais deve se separar da guerra, e que vai à caça somente para discutir sobre estratégia com os seus, nos lembra aquele que Xenofonte compôs de Ciro, até que a invocação desse grande modelo, unida à de Cipião, nos convence da moralidade do governante. "E quem ler a vida de Ciro escrita por Xenofonte", nota Maquiavel para concluir, "reconhecerá, lendo em seguida a de Cipião, quanto este exemplo lhe trouxe honra e quanto Cipião, em sua castidade, afabilidade, humanidade, generosidade, se conformava ao que Xenofonte escrevera sobre Ciro." Tudo se passa, pois, como se as duras palavras sobre Agátocles, Bórgia e Sforza fossem atenuadas; como se a conquista da potência não tivesse outra finalidade além de assegurar a defesa do Estado e o desenvolvimento do bom governo.

Ora, não há dúvida de que o leitor está disposto a acolher essa conclusão tranquilizadora, por mais desconcertante que seja, pois ela completa uma análise que, considerada em suas grandes linhas, restaurou, a partir do capítulo 9, certa ideia de bem comum: mostra-se que o príncipe pode e deve obter o amor de seu povo, e a Itália, se libertar de seus males. Mas não há dúvida igualmente de que essa etapa não prepara um novo ponto de partida, o abandono final das antigas certezas, uma vez que, um momento mais tarde, as qualidades de Cipião serão julgadas como fraqueza, a imagem do "bom príncipe", mítica, e a teoria dos grandes Autores se verá submetida a uma crítica radical. Entre o final do capítulo 14 e o início do 15, a mudança de tom é tão sensível que não se pode deixar de pensar que o sentido do discurso se modificará. Tudo parecia ter sido dito, e revela-se que o mais importante está ainda por dizer. Ao reabrir uma questão que havia fingido fechar, Maquiavel interroga-se sobre as relações que um príncipe deve manter com seus súditos e amigos e, não sem alguma ênfase, proclama sua ruptura com a tradição, como se já não estivesse consumada:

> E como sei que vários outros escreveram sobre a mesma matéria, temo que, escrevendo também eu, seja considerado presunçoso se me afasto, sobretudo ao discutir esta matéria, das *ordini* dos outros. Porém, sendo minha intenção escrever coisas úteis para aqueles que as entenderão, parece-me mais conveniente seguir a verdade efetiva da coisa do que sua imaginação [*andare dietro alla verità effettuale della cosa che alla imaginazione di essa*].

No entanto, a oposição entre verdade efetiva e imaginação, nova no texto, não o é em seu espírito. Ela dá sentido para aquilo que precede tanto quanto para aquilo que segue. E quando o autor, ao denunciar o perigo da ilusão, acrescenta: "Porque há tamanha distância entre como se vive e como se deveria viver, que aquele que deixa o que se faz por aquilo que se deveria fazer aprende antes a se perder do que a se conservar", temos apenas de nos lembrar do exemplo dos gloriosos fundadores cuja *virtù* está fundada na força para conhecer sua importância. Melhor: quando, ao termo de uma longa enumeração das virtudes e dos vícios atribuídos ao príncipe, se enuncia esta conclusão: "E que não se preocupe de sofrer censura pelos vícios sem os quais não pode facilmente conservar seus Estados, pois, considerando tudo muito bem, encontrará alguma coisa que parece ser virtude e, seguindo-a, seria sua ruína, e outra que parece ser vício, mas seguindo-a, alcança bem-estar e segurança", não somos reconduzidos para aquém da análise do capítulo 9, que convocava a ultrapassar a oposição abrupta, por um momento sugerida, entre imperativo moral e imperativo de segurança?

Assim, se era preciso evitar buscar no retrato do bom governante, Ciro ou Cipião, o sentido último do discurso, talvez não seja mais conveniente fiar-se nas palavras um pouco estrondosas que abrem a segunda parte da obra e imaginar que a verdade habilmente velada até então vai enfim aparecer em sua nudez. As primeiras fórmulas do autor levam a entender que o novo começo anunciado marca antes a retomada da meditação anterior num outro nível do que a irrupção do pensamento num domínio ainda impenetrado.

No momento em que declara afastar-se dos princípios de seus antecessores, Maquiavel se ocupa com os termos de uma questão essencial aos olhos destes: quais devem ser as qualidades do príncipe? A discussão que enceta encontra então seu modelo nos tratados escolásticos, e parece que a Tradição se vê contradita tão somente na resposta que Maquiavel oferece. Enquanto o autor cristão[1] afirmava: pouco importa que a ação do príncipe se converta em benefício imediato de seus súditos, ela é condenável se sua intenção for perversa, ele sustenta: pouco importa a virtude do príncipe se sua consequência for fazer com que ele perca o Estado. Por inadmissível que seja em relação à moral instituída, essa resposta é ainda convencional. Poderia ser traduzida assim: o que ocupa o príncipe não é o bem, ele visa ao útil, a tese é conhecida e a objeção está pronta. Ou, considerando a pessoa do príncipe, será contestado que a utilidade seja, apesar das aparências, a finalidade de suas ações, para demonstrar que ela cede diante da exigência de felicidade ou salvação; ou, raciocinando sobre o Estado, será oposto que existem ao menos dois sentidos para a palavra *conservar*, que reduzir a tarefa de governar à de manter o poder é um abuso e que é melhor, por exemplo, correr o risco da derrota do que pagar o sucesso com um enfraquecimento do corpo político, cuja consequência a longo prazo seria a ruína definitiva do Estado.

Todavia, se a intenção do autor fosse substituir a ideia de bem pela do útil, ou, para dizer de modo mais claro, a de sobrepor aos valores da moral ordinária, julgados legítimos na prática privada, os da prática política, não se compreenderia por que essa tarefa exige um exame crítico das virtudes e dos vícios do príncipe. Que importância teria estabelecer concordâncias e diferenças entre qualidades morais e políticas se, em definitivo, bastaria limitar-se às últimas para definir a conduta do príncipe? A teoria do empirismo se veria aqui duplicada por um empirismo de fato sem nenhuma justificativa. O fato de Maquiavel ao mesmo tempo rejeitar os critérios

---

[1] Lembremos que é instrutivo reconhecer os traços deste autor na figura bem próxima de Savonarola. O argumento do cap. 15 ao 18 se esclarece singularmente em vista do *Trattato circa il reggimento...*, op. cit.

tradicionais da moral e investigar em que interessa ao sentido da política a representação moral desta nos impede de reduzir seu pensamento a um único plano.

O estudo da tirania militar, realizado a partir do exemplo de Agátocles, e o da tirania civil já convidavam a ler — para além da questão manifesta: como deve um príncipe agir, em condições determinadas, para conservar o poder — uma questão de outra dimensão: o que é a sociedade política em sua essência, o que ela requer do príncipe; a que o Estado, a partir do instante em que existe, ou desde que estão dadas as condições de sua existência, o destina? Perguntar nesses termos, pensar a função do governante em relação à luta de classes, a um conflito que toma sempre a forma, aqui e agora, de uma relação de forças, mas extrai sua origem da insaciabilidade e da incompatibilidade dos desejos dos homens, será situar-se num ponto que não é nem o da moral nem o da técnica política, mas do qual, contudo, deveria se desvelar o sentido de uma e outra.

É verdade que nesse momento as qualidades do príncipe parecem se prestar a uma definição puramente pragmática, são apresentadas como *meios* cuja eficácia se mede em função de um fim particular, que é a conservação do Estado. Mas haveria pouco a dizer desses meios e desse fim, categoricamente designados, se supuséssemos que eles estão à disposição do príncipe, fingindo ignorar que este os recebe tanto quanto os escolhe. Ora, Maquiavel não deixa que se duvide nem por um instante da necessidade na qual este se encontra de agir à vista de seus súditos e de compor a imagem do poder que esperam dele. As qualidades do príncipe, como ele o esclarece, são aquelas pelas quais a opinião o identifica: "Digo que a todos os homens, quando se fala deles, e principalmente aos príncipes, por estarem em posição mais elevada, se atribui uma destas qualidades que lhes trazem ou reprovação ou louvor". E, se o príncipe deve saber se libertar das imagens que, endossadas inocentemente, provocariam sua perda, sua tarefa é, contudo, *parecer* tal como os demais o querem, não quando suspendem o movimento de sua vida para discorrer acerca do bem e do mal, mas quando se entregam à busca de seu objetivo.

Sem dúvida, Maquiavel contenta-se inicialmente em observar que o príncipe deve fugir da "infâmia" dos vícios que o fariam perder o Estado e não temer incorrer naqueles que são necessários à sua conservação. Mas o uso repetido desse termo indica de modo suficiente que a conduta do príncipe não é dissociável da representação que os outros fazem dele. Se há, ao mesmo tempo, uma infâmia intolerável e uma infâmia tolerável é, podemos agora entender, porque a distinção tradicional entre virtudes e vícios é ao mesmo tempo pertinente e inadequada; se há "alguma coisa que parece virtude" e engendra a ruína e "alguma coisa que parece vício" e proporciona a segurança, isso se deve talvez ao fato de que o que é percebido como tal pela minoria não é a verdade de todos, ou de que isto que é percebido como tal num instante muda de figura na duração. Num e noutro caso, o critério do útil deixa de ser determinante, pois os objetivos do príncipe se definem apenas em vista de uma verdade que não tem nada a ver com o útil, na qual se enuncia o sentido da relação social.

Diante da investigação dessa verdade, a objeção com a qual nos deparamos agora há pouco não resiste. É certo que existem várias maneiras de entender a conservação do Estado e, portanto, que não poderíamos ater-nos à ideia de que o príncipe deve fazer tudo para permanecer no poder. Mas também não podemos limitar-nos a essa outra ideia que exige a manutenção de boas instituições, pois, passando de uma a outra, teríamos apenas substituído uma concepção de útil por outra. Unicamente o conhecimento do que é, da natureza do poder e da sociedade na qual ele nasce e na qual se inscreve, oferece a medida do útil — quer se denomine assim a segurança do príncipe ou o bem comum.

Mais uma vez, para identificar a questão é preciso retornar à letra do discurso maquiaveliano sem nada omitir. "Sendo minha intenção", nota o autor no início do capítulo 15, "escrever algo útil a quem o entende, pareceu-me mais conveniente seguir a verdade efetiva da coisa do que sua imaginação." Isso equivale a dizer que o verdadeiro dirige o útil; mas equivale também a alertar que essa verdade é universal e não poderia converter-se no proveito de um só. A utilidade da coisa dita, devemos compreender, não se confunde com a utilidade de um particular, mesmo do príncipe; ela se oferece a quem entende: sem dúvida não a todos, pois o poder de entender é raro, mas ao menos a quem sabe acolher a palavra nova. Ora, dessa proposição se extrai uma consequência da qual temos direito a esperar que se verifique na sequência do texto: se a tradição ensina o príncipe antes a se perder do que a se conservar, ela não provoca um efeito igualmente tão funesto sobre os outros, seus súditos? Fazer a crítica da moral política convencional não é, tanto para eles quanto para o príncipe, preparar-se para descobrir uma justa relação com o real? Se essa crítica se destina a quem a escuta, não se deve ao fato de que uma sociedade na qual ela se fizesse palpável a uma minoria — aqueles cuja intervenção é decisiva — seria de uma qualidade diferente daquela da sociedade presente, fascinada por seus mitos?

Das qualidades enunciadas ordinariamente atribuídas ao príncipe, Maquiavel conserva em primeiro lugar, agrupando-as como termos de uma oposição típica, a liberalidade e a parcimônia, a crueldade e a bondade. Seu exame fornece o assunto dos capítulos 16 e 17, enquanto o seguinte estuda a fidelidade à palavra dada. A análise implica, conforme nos foi anunciado, um retorno da imagem da coisa à sua verdade efetiva; a imagem de liberalidade é substituída pela verdade da rapacidade quando descobrimos que para dar é preciso tomar, que para preservar a generosidade é preciso pilhar seus súditos, por exemplo, sobrecarregá-los de impostos; a imagem da bondade é substituída pela verdade da crueldade quando descobrimos que, para se recusar em tempo oportuno o castigo necessário, deixa-se crescer as desordens que arruínam a cidade. Assim, nos convencemos de que a intenção é julgada por seus efeitos e que a ação encontra seu sentido na duração. Se o autor critica a moral convencional é, parece, apenas para opor ao seu formalismo as exigências de uma moral concreta. Ele não desqualifica os valores comumente admitidos: "Digo que seria bom ser tido por liberal", observa no início do capítulo 16, e no início do seguinte: "Digo que todo príncipe deve desejar ser tido por bom [*pietoso*]". Ao termo dessas análises, parece reencontrar a significação de uma liberalidade e de uma bondade efetivas, como se não tivesse feito mais do que negar a determinação imediata da virtude; o príncipe que não cede à tentação da generosidade consegue fazer face às despesas que se fazem necessárias para a defesa do Estado e os outros empreendimentos do poder, de tal maneira que, no final das contas, é possível para ele até mesmo mostrar-se liberal em relação ao seu povo. Do mesmo modo, aquele que rejeita inicialmente a bondade encontra o caminho dela, tal como Bórgia, que por se haver conduzido cruelmente na Romanha soube pacificar o país, dar aos seus habitantes a consciência de sua unidade e torná-los fiéis. Quem se ativesse a esse movimento do pensamento deveria convir que ele não é estranho ao espírito da filosofia clássica. Certamente, a linguagem é nova, e o leitor pode se espantar do pouco-caso que é feito das intenções do príncipe: mais importante do que seu desejo de ser bom e do que a representação do bem em política se revela a imagem concreta de suas ações. Mas a existência, por exemplo, de uma falsa liberalidade, virtude puramente formal que, no contraste com os fatos, se revela associada à rapacidade, já havia sido demonstrada por Cícero em seu *De officiis*, e a lição não tinha sido perdida nem por Tomás de Aquino nem por seus sucessores. O argumento, em compensação, adquire outra dimensão tão logo se reconheça que o que está em questão não é a liberalidade nem a bondade em si, mas a imagem do príncipe chamado de *liberale* ou *pietoso*.

Essa é a verdadeira razão pela qual Maquiavel não se interessa pelas intenções do príncipe; ao fazer isso, não traz uma resposta nova à questão tradicional do moralista, mas muda a própria questão ao tomar por ponto de partida um *fenômeno*: o príncipe tal como se apresenta na relação governante-governado. Ele volta da imagem da coisa para a sua verdade efetiva apenas para decifrar o sentido da imagem nela inscrita. Os termos nos quais anuncia a análise da liberalidade são, com efeito, inequívocos:

> Digo que seria bom ser tido por liberal. Não obstante, a liberalidade, praticada de maneira que sejas tido por tal, te ofende. Porque se a praticas virtuosamente, e como se deve praticar, não te poupará da infâmia de seu contrário; assim, para quem quiser manter entre os homens o nome de liberal, será necessário não dispensar nenhuma espécie de suntuosidade; de tal modo que um príncipe consumirá sempre em semelhantes ações [*opere*] todas as suas disponibilidades [*tutte le sue facultà*]; e será necessário, por fim, se quiser manter o nome de liberal, onerar extraordinariamente seu povo, esmagá-lo com impostos e fazer tudo o que for necessário para obter dinheiro. Isto começará por torná-lo odioso diante dos seus súditos e, tornando-os pobres, por fazê-lo malquisto por seus súditos.

Ora, Maquiavel repete, a respeito da bondade e da crueldade, o que diz da liberalidade. O que Maquiavel convida a discutir é o fato de *ser tomado por* cruel, o *nome* cruel, a *infâmia* que o príncipe pode ou não atrair sobre si. Argumentar que aqui ele apenas inverte a perspectiva dos autores cristãos — de Savonarola, em particular, para quem a preocupação com a reputação, uma vez que ela dirige a conduta, é a origem do mal, inversão que atestaria ainda sua dependência — é ignorar o sentido de seu discurso. Com efeito, investigando o que significam a *boa* e a *má imagem* e como o príncipe deve se situar em relação a elas, o escritor nos leva a pensar uma verdade irredutível aos termos da moral: o que faz com que o príncipe se constitua como tal em face de seus súditos e estes como tais em face dele.

Estamos naturalmente inclinados a interpretar a crítica da liberalidade nos termos da tradição. Assim, acreditamos compreender que, para ser liberal, o príncipe deve proibir-se de querer parecê-lo, que se torna tal unicamente sob a condição de ser parcimonioso com seus bens e os dos outros. Porém o preconceito nos leva ao erro. Maquiavel não pretende voltar do parecer ao ser; interroga o parecer na certeza de que o príncipe existe apenas para os outros, que seu ser está *no exterior*. Sua crítica se desenvolve unicamente na ordem das aparências.

O perigo da liberalidade ou da bondade, observa ele, vem disto, de que a imagem do príncipe liberal ou bom é instável. Esta se desfaz necessariamente com o tempo, sob o efeito das ações que tendem a conservá-la. A imagem amável engendra uma imagem odiosa: a de príncipe rapace ou cruel. A boa imagem não é somente a contrária da má; ambas se tocam, e a boa encontra na má seu prolongamento imediato. Não se pode formar a primeira sem fazer surgir a segunda. O único meio de escapar dessa funesta metamorfose consiste em se acomodar, desde o início, a uma imagem *não boa* que, todavia, não é a pior: a da parcimônia ou a de certa crueldade. Sem dúvida, essas duas últimas representações não se recobrem: se for sovina (*misero*), o príncipe se impede de dar e de tomar; se for cruel, se entrega à violência; num caso aceita não ser amado, no outro chega até a se fazer temer. Contudo, elas se conciliam na medida em que a crueldade bem concebida supõe ela mesma um freio: como observa o autor, é preciso usar dela com moderação (*in modo temperato*), prudência e humanidade, proibindo-se de matar sem justificativa e causa manifesta, evitar atingir o bem e a honra de seus súditos, e, se suscita o temor, fugir ao ódio. A imagem que o príncipe deve projetar de si não é, pois, o simples reflexo daquela que lhe compõe a massa, sempre pronta a passar de um extremo ao outro. Ela se afirma, muito antes, opondo-se às representações grosseiras que o privariam igualmente de sua identidade. Os outros estão dispostos a ver nele um objeto de amor ou de ódio. Mas seu olhar se reflete nesse olhar; se deixar se fascinar pela imagem que se aplica sobre ele, perderá seu poder. Então, ele quererá ser tal como é desejado e, ocupado em parecer amável, só saberá tornar-se odioso; ou então, se é odiado, se resignará ao ódio, terá medo do medo do outro — "se fará medo a si mesmo", nota Maquiavel — e será precipitado no ciclo catastrófico da violência. Retornar a si não é decidir ignorar os outros para obedecer não se sabe a qual princípio interior que ditaria a ação intrinsecamente justa, não é romper a dependência; é modificá-la, é sondar os sentimentos que dirigem a boa e a má imagem, agir de tal modo que não cheguem até uma ou outra expressão, que não se cristalizem; é encontrar uma nova maneira de dar vazão a elas, estabilizá-las no centro de uma imagem que fará justiça à sua ambivalência, pois será ao mesmo tempo *não boa* e *não má*.

    Mas essa fórmula, que sugere uma simetria entre a boa e a má imagem, permanecerá equívoca enquanto não tivermos avaliado a potência respectiva do amor e do ódio. Talvez a paixão não se invista na mesma medida em uma e em outra? É um fato que a crítica se dirige mais à primeira do que à segunda imagem. Desta última, Maquiavel se limita a dizer que ela é objeto de ódio; em compensação, se demora em mostrar por que o príncipe se arruína ao querer provocar ou manter o amor. Não contente em observar que a bondade se degrada em crueldade, a liberalidade, em rapacidade, justifica isso invocando novamente a perversidade natural da natureza humana. "Os homens", diz ele, "são ingratos, volúveis, simuladores e dissimuladores, inimigos dos perigos [*fuggitori dei pericoli*], ávidos de ganho." Traduzamos: eles não sabem agradecer ao príncipe nem por sua liberalidade nem por sua benevolência, são inconstantes em sua afeição, fingem o amor e ocultam o ódio, se escondem quando se tem direito de contar com seu apoio e jamais estão satisfeitos com aquilo que lhes é dado. Contudo, não podemos esquecer que o defeito da boa imagem é suscitar a má. O fato de o príncipe atrair imediatamente o ódio ou, buscando o amor, não poder evitar despertá-lo, é sempre esse ódio que o leva à perda. Com certeza, a imagem não má não restabelece a boa, tampouco a não boa, a má. Porém a boa e a má não são simétricas, uma vez que a não má ao menos se situa nas vizinhanças da boa, enquanto a não boa permanece em todo caso à distância da má. Como compreenderíamos, pois, essa estranha relação, se fosse preciso ater-se à ideia da perversidade humana? Por que importaria, nessa hipótese, que o príncipe recupere, em consequência de sua parcimônia ou de uma crueldade moderada, uma aparência de bondade ou liberalidade, e por que encontraria segurança nessa aparência?

    Na incerteza em que nos encontramos, é melhor acolher com reservas a proposição de que o homem está inclinado ao mal e pensar que, nessa etapa do argumento, o sentido do discurso se esclarece apenas parcialmente. Essa espera nos dispõe a buscar uma resposta no capítulo 18; e, de fato, assim que este se abre, uma nova via se anuncia. A análise da fidelidade parece construída sobre o mesmo modelo que a da liberalidade e da bondade. Porém, tão logo contrapõe a astúcia (*astuzia*) à honestidade (*integrità*) e observa que os príncipes que souberam confundir o espírito dos homens (*aggirare i cervelli degli uomini*) superaram aqueles que se fundaram sobre a lealdade, o autor emite um novo julgamento sobre a natureza humana:

> É preciso, pois, saber que existem duas maneiras de combater: uma pelas leis, outra pela força: a primeira é própria aos homens, a segunda, própria aos animais; porém, como a primeira frequentemente não basta, é preciso recorrer à segunda. Por isso, é necessário ao príncipe saber usar bem tanto o animal quanto o homem. Essa regra foi ensinada aos príncipes em palavras veladas pelos escritores antigos, que escreveram que Aquiles e vários outros desses grandes senhores dos tempos passados foram dados para criar ao Centauro Quíron, para que fossem instruídos sob sua disciplina. Isso não significa outra coisa, ter um preceptor meio animal e meio homem, senão que é preciso que um príncipe saiba usar de uma ou de outra natureza e que uma sem a outra não é duradoura. Visto que um príncipe deve saber usar bem a natureza animal, deve escolher a raposa e o leão, porque o leão não pode se defender contra as armadilhas e a raposa, contra os lobos; é preciso, pois, ser raposa para conhecer as redes e leão para amedrontar os lobos.

Paráfrase irônica de Cícero, como se observou com propriedade,[2] essa passagem consuma a ruptura com o humanismo clássico. As duas fontes da injustiça, afirmava-se no *De officiis*, são a força e a astúcia; uma é própria do leão e a outra, da raposa; uma e outra são o que há de mais degradante para o homem, mas a segunda é a mais condenável, pois não há vício pior do que aparentar ser homem de bem no momento em que se faz o mal. Invertendo essa opinião, Maquiavel recusa audaciosamente a distinção convencional entre razão e paixão, entre homem e animal. Distinção que, de resto, foi integralmente retomada pelos autores cristãos, como atesta o tratado de

---

2 Ver o comentário de A. Burd, à margem do capítulo 18 — Cícero: *De officiis*, I, ii, 34 e I, 13, 41.

Egidio Colonna.[3] O escritor pede que se satisfaça a paixão, o animal; que o príncipe não se imagine romper com a natureza, que seja duplo, como seus súditos, que os domine unicamente através de seu poder de conhecer as motivações às quais obedecem, em sua maioria cegamente. Porém, colocando sob essa luz a relação do príncipe com seus súditos, esclarece ao mesmo tempo a maneira pela qual se constitui sua imagem. Para conhecer seu fundamento não basta, decididamente, reduzir o homem à sua perversidade e a política, à pura coerção. Com certeza, a primeira ilusão é a de fiar-se nas leis que supõem o respeito integral aos compromissos e, portanto, fiar-se na bondade humana. Contudo, a lei existe e deve-se mesmo convir que esta é, tanto como a força, consubstancial às relações entre os homens. Quanto à força, por sua vez, só é eficaz quando ligada à astúcia. Ora, nesse novo capítulo Maquiavel nos convida a avaliar essa astúcia com a intenção manifesta de desvelar o que é o poder.

O autor apresenta a astúcia, em primeiro lugar, como um atributo do animal no homem, como a paixão cujo símbolo é a raposa, do mesmo modo que o leão é o da força. Assim, ela é a arte de escapar das ciladas armadas pelo adversário. Nesse caráter se reconhece já o valor de um desdobramento que permite adotar o ponto de vista do outro, de conhecer suas intenções e de antecipar os efeitos destas sobre sua própria conduta. Mas Maquiavel evoca na mesma passagem outro gênero de duplicidade: o do príncipe que se faz alternadamente leão e raposa e, em primeiro lugar, homem e animal, que se coloca sob o signo da lei e sob o signo da força. Nesse deslocamento do sentido da duplicidade se esboça a teoria da astúcia. Todo homem é duplo, simulador e dissimulador; agindo à maneira da raposa, sua ação é movida ainda pela paixão. Mas o príncipe eleva a outro nível essa duplicidade, ele é *"gran simulatore e dissimulatore"* — entenda-se que sabe disfarçar a força em lei e governar assim pela força da lei, dar ao animal uma face humana e reprimir dessa forma o animal no homem.

---

3 Egidio Colonna, op. cit., I, 2, 7. A discussão sobre a necessidade de ser ao mesmo tempo amado e temido ocupa outro lugar importante no Tratado. Cf. II, 2, 36: *"Quomodo reges et principes debeant se habere cut amentur a populo et quomodo ut timeantur; et quod licet utrumque sit necessarium, amari tamen plus debent appeter quam temeri"*. O autor enumera as qualidades que fazem que os príncipes sejam amados e situa no primeiro plano as que os fazem *benefici et liberales*. Sobre a necessidade do temor, se contenta em repetir que nem todos os homens são perfeitos e que convém que o príncipe, a serviço da justiça, os afaste do mal pela ameaça do castigo.

Num extremo, a astúcia o enraíza na animalidade, e, de fato, ele é movido pela paixão mais viva, a do poder; mas, no outro extremo, a astúcia transcende a animalidade, pois ele somente pode triunfar sobre as astúcias dos outros compreendendo-os, acolhendo suas mentiras e, no momento mesmo em que exerce sua força, concordando com eles e acomodando-os entre si na dissimulação.

O autor nos convence de que há vários graus de astúcia quando escreve: "Os homens são tão simples e obedecem tanto as necessidades presentes, que aquele que engana encontra sempre alguém que se deixará enganar"; depois, algumas linhas mais adiante: "Por isso é preciso que ele [o príncipe] tenha o entendimento pronto para se voltar segundo o que os ventos da Fortuna e as variações das coisas lhe ordenarem e, como disse, não se afastar do bem se possível, mas saber entrar no mal, se necessário". A primeira proposição desconcerta, uma vez que sabemos que o homem é inconstante e está sempre pronto para se voltar contra o príncipe depois de lhe haver jurado fidelidade. Porém, ele dá a entender que há uma astúcia simples, uma disposição para trair sob o efeito da necessidade imediata, que se realiza no instante do fracasso do outro; ao passo que cabe ao príncipe conhecer a diversidade das necessidades e das situações e conceber todos os seus estágios possíveis. Enquanto o vulgo é instável, na medida em que está sempre tentado a passar de uma posição a outra, na medida em que, mantendo somente a aparência do sentimento que um momento antes era o seu, ele age repentinamente por um sentimento contrário, domina-lhe a volubilidade natural do homem, o príncipe abarca pelo espírito as variações das coisas, unifica o que se denomina *virtude* e o que se denomina *vício*, para dar a uma e a outro sua expressão adequada conforme o acontecimento.

Apesar do que anuncia o título do capítulo — "Como os príncipes devem manter a palavra dada" —, não é apenas nem essencialmente a fidelidade à palavra dada o que está aqui em questão. Sem dúvida, a crítica maquiaveliana choca-se nesse ponto com a opinião comum. Além disso, basta evocar as recriminações que ela suscita para avaliar sua repercussão. Porém, quem se detivesse nessa declaração particular deveria também convir que a audácia está mais nos termos do que no pensamento do autor. Se isso se traduzisse numa linguagem mais prudente, se disséssemos, por exemplo, que o príncipe se mostra mais fiel à sua missão traindo um compromisso que não pode cumprir sem prejuízo para o Estado do que ao querer observá-lo a todo custo, isso deixaria imediatamente de escandalizar.

Na realidade, Maquiavel raciocina sobre a fidelidade, assim como antes sobre a parcimônia e a crueldade, unicamente para descobrir uma nova dimensão da política. E, diferente das análises precedentes, esta não se contenta em opor a um vício aparente, cuja consequência última seria a de restabelecer certo bem, uma virtude aparente; seu interesse é associar imediatamente o vício julgado mais condenável, uma vez que o príncipe corre o risco de perder com ele sua honra, o mais perigoso, uma vez que ele provoca ao mesmo tempo o ódio e o desprezo, à imagem da virtude. Substituindo a má-fé, termo contrário da boa-fé, e a traição, termo contrário ao respeito pela palavra dada, pela astúcia, como poder de unir a lei e a força, a razão e a paixão, o bem e o mal, o autor sugere que o poder compreende necessariamente a mistificação. O príncipe se mantém apenas sob a condição de ludibriar: eis o que doravante é preciso considerar. "Jamais um príncipe", escreve Maquiavel, "teve falta de pretextos legítimos para *colorir* sua falta de palavra." E logo, relembrando o exemplo daqueles que souberam agir com sucesso à maneira da raposa, acrescenta: "mas é necessário saber *colorir* bem essa natureza".[4] Nada pode indicar melhor que a astúcia do poder ultrapassa a astúcia vulgar, uma vez que aquela deve ser dissimulada; ela não nasce em vista de um objetivo particular nem se define como um meio do qual se possa usar ou não segundo as circunstâncias; ela é a arte de associar cada ação particular e cada imagem que ela suscita a uma boa imagem do príncipe.

A primeira consequência visível dessa teoria é, sem dúvida, que ela funda uma política de violência e fraude. Maquiavel não somente admite que o príncipe possa agir com crueldade, fazer promessas que não tem a intenção de cumprir, como mostra em quais condições essa política alcança êxito. No entanto, esta é apenas uma consequência entre outras; a astúcia não está necessariamente ligada à perversidade do príncipe. Contanto que ele queira e que a situação se preste a isto, ele pode ser fiel e servir seus súditos: a astúcia não o impede, pois essa bondade se compõe ainda com seu contrário; não é senão o momento afortunado de uma coincidência de fato entre ser e parecer, no qual de nenhuma maneira desaparece sua diferença. Maquiavel diz mais: o príncipe tirará proveito de ter efetivamente as qualidades que finge possuir se não for prisioneiro delas. Isso equivale a

---

4 Os grifos são nossos [de Claude Lefort].

sugerir que, para cumprir plenamente sua função, a máscara não deve ser estranha ao que recobre:

> Não é, pois, necessário a um príncipe ter todas as qualidades supracitadas, mas sim que pareça tê-las. Aliás, ousarei dizer que, se as tiver e observar sempre, lhe serão danosas; mas se aparentar tê-las, lhe serão proveitosas; como parecer ser piedoso, fiel, humano, íntegro, religioso: *e sê-lo*, mas predispondo então teu espírito para que, se for preciso não sê-lo, tu possas e saibas usar do contrário.

Ora, extrair dessas palavras tão somente uma lição de psicologia seria cometer um erro. O vínculo entre o ser e o parecer apenas é inteligível, com efeito, se remontarmos à sua origem: a relação entre o príncipe e seus súditos. Se, faça o que fizer, aquele deve ludibriar, não é apenas porque estes últimos estão devotados ao mal, senão, mais profundamente, porque não toleram seu espetáculo, porque se prendem à aparência do bem. Podem aceitar a crueldade, as traições do príncipe se estiverem cobertas pela aparência do bem comum. Mas quando ele abandona o disfarce e se exprime cinicamente, se verá reduzido aos limites de sua pessoa, exposto aos olhares de todos, como um homem entre outros, e será condenado ao ódio e ao desprezo.

Assim, compreendemos agora por que a boa e a má imagem não são simétricas, por que a imagem não má restabelece uma boa imagem, enquanto a não boa não engendra a má. Ainda que sejam demasiadamente maus para lhe impedir de ser bom, os súditos do príncipe não o são a ponto de aceitar que encarne o mal aos seus olhos. Querem, portanto, crer em sua virtude, numa boa imagem, e basta que ele não lhes torne essa crença impossível para que seja satisfeita. Em última análise, se não é difícil mistificá-los é porque eles assim desejam ser.

Mas o termo *mistificação* é conveniente? Para deter-nos nele, é preciso que nos atenhamos à ideia de que o príncipe engana, de que seus súditos são enganados, até mesmo que se enganam a si mesmos ao se deixarem enganar. Maquiavel autoriza essa interpretação quando, no final do capítulo 18, distingue o ponto de vista da massa daquele da minoria capaz de apreender a verdade.

Os homens, em geral, julgam antes pelos olhos do que pelas mãos, pois cada um pode ver facilmente, mas poucos podem sentir. Todos veem aquilo que pareces, mas poucos sentem o que és; e estes poucos não ousam opor-se à opinião da maioria, que tem ao seu lado a majestade do Estado para defendê-la; e nas ações de todos os homens e especialmente dos príncipes (pois ali não se pode apelar a outro juiz) se vê qual foi o resultado. Que um príncipe, portanto, se proponha como objetivo vencer e manter o Estado: os meios serão sempre julgados honrosos e louvados por todos; porque o vulgo julga apenas por aquilo que vê e o que acontece; ora, não há no mundo senão o vulgo; e a minoria não tem vez quando a maioria tem onde se apoiar.

No entanto, é tão fácil distribuir os papéis entre o enganador, o enganado e o terceiro reduzido à impotência? A crítica aos Grandes, no capítulo 9, não nos ensinou que há entre o príncipe e o povo uma espécie de conivência, um interesse comum para ultrapassar o reinado da violência? Portanto, talvez não seja apenas útil ao príncipe que o povo se limite à aparência; talvez seja justamente a condição necessária para que o poder se distinga da potência; talvez a transcendência do poder — graças à qual o povo se reúne em sua unidade e deixa de ser simples matéria de opressão — só aconteça mediante o desenvolvimento de um *imaginário*? Se fosse assim, seria preciso admitir que o príncipe, muito mais do que comandar a astúcia, a obedece, *que a razão de sua astúcia está inscrita numa astúcia da Razão*, que seus súditos não estão completamente errados ao se deixar cegar pela majestade do Estado, que a minoria, enfim, se apropria apenas de uma meia verdade quando descobre e denuncia os vícios do príncipe. De resto, não basta dar um nome a essa minoria para avaliar sua pretensa clarividência. Caso se trate dos Grandes, sabemos já que eles têm astúcia suficiente para conhecer a do príncipe, como eles condutor de homens e riquezas, mas são incapazes de se elevar acima da luta imediata contra o Outro. Caso se trate dos moralistas, que, tal como os savonarolianos, pretendem defender a virtude na política, sabemos também que provocam a ruína do Estado e a servidão do povo ao criticar os poderosos sem se prover de armas para combatê-los. Uns e outros combatem somente o particular; concebem as motivações de uma conduta, as causas de uma ação, mas não a política em sua generalidade. Sentem que o príncipe é diferente daquilo que parece; mas, por ficarem muito próximos dele, perdem de vista o sentido de seu empreendimento tal como ele se inscreve em seus resultados. De que maneira o teórico denunciaria a minoria, ele que visa à verdade efetiva, se não recusasse como abstrata a distinção convencional entre o verdadeiro e o falso, entre o imaginário e o real, se não pensasse em substituir o ponto de vista do Entendimento pelo da Razão, se não estivesse convencido de que o erro se transforma em verdade como a verdade em erro e de que o imaginário se insere necessariamente no real? O vulgo, observa Maquiavel, julga apenas a partir do que vê e do que acontece (*il vulgo ne va sempre preso con quello che pare e con lo evento della cosa*); quer dizer que sua mistificação é apenas parcial. Se ele se deixa cegar pela aparência, não é somente porque o príncipe é um "grande simulador e dissimulador", é também porque este consegue dominar seus adversários e manter o Estado. E, como observa ainda o autor, não há outro critério senão o êxito para avaliar a política do príncipe, nem outro juiz além do vulgo para apreciá-lo.

Contudo, essa interpretação, por sua vez, não nos satisfaz. Ainda que se admitisse que a política não é jamais pura mistificação, restaria que várias políticas são tramadas à sombra da relação que se estabelece entre o príncipe e seus súditos; ainda que admitíssemos que a realidade do poder está ligada a um imaginário, restaria que este não tem a mesma substância em todos os casos. O exemplo de Alexandre VI, "que jamais fez outra coisa senão enganar os homens", a alusão a um "príncipe de nosso tempo", Fernando, "que só prega a paz e a lealdade, e de uma e de outra [...] é um grande inimigo", estão aí para nos relembrar a existência de um poder obscuro. E, de fato, sabemos que nem um nem outro são aos olhos de Maquiavel grandes políticos. Deve-se, pois, renunciar à ideia de distinguir um papa ambicioso, da espécie dos que nem defendem seus Estados nem governam seus súditos, do glorioso fundador que proporciona a felicidade do povo ao trazer as *ordini nuovi*? Será preciso concluir por uma ambiguidade derradeira e, pelo fato de que se colocou o vulgo na posição de juiz soberano, impedir-se de esclarecer as possibilidades, não vamos dizer de um bom regime, uma vez que o conceito deve ser abandonado, mas ao menos de uma política que responderia justamente às exigências inscritas na relação social? Ou então, se semelhante busca é vã, é possível dar um fundamento a essa política?

A princípio, o capítulo 19 parece trazer uma resposta tranquilizadora a essas perguntas. Sugere-se de novo que o interesse do príncipe se confunde com o do povo e pode-se crer que os tristes exemplos invocados um momento antes tinham um alcance limitado. Por um desvio que, é verdade, permanece obscuro à razão, o autor retorna ao ensinamento de Aristóteles; entre os discursos de ambos há um parentesco surpreendente, excetuando-se, o que seguramente é importante, que Maquiavel fala do príncipe enquanto seu ilustre antecessor raciocina sobre o tirano. Maquiavel faz uso dos próprios termos de Aristóteles em diversas passagens, quando afirma que o príncipe deve antes de tudo evitar ser *odiado* e *desprezado*; é ainda em Aristóteles que é preciso pensar quando, evocando pela primeira vez o perigo das conjurações — tema ao qual o livro quinto da *Política* dava tão amplo espaço —, Maquiavel conclui que o melhor remédio é satisfazer as necessidades do povo. Tudo se passa, doravante, como se bastasse ao príncipe reprimir suas paixões, abster-se de atingir a honra e os bens de seus súditos para preservar o Estado e a sua segurança. Assim, a moderação parece ser a virtude essencial do governante — moderação esta que Aristóteles julgava permitir corrigir os excessos inerentes ao mau regime e reconduzi-lo à justa medida que funda o bom regime. Sem dúvida, o autor não pode dizer que o tirano deve dar de si a imagem de um rei, uma vez que desfez a distinção do legítimo e do ilegítimo, mas declara que os oponentes recuarão diante da imagem de um príncipe excelente e respeitado pelos seus. Essa observação tem ainda mais peso porque o termo *excelente* tinha sido até o momento aplicado apenas ao glorioso fundador. De resto, os exemplos que são agora propostos parecem, com toda evidência, destinados a aplacar nossa inquietação. O primeiro tem alguma coisa de idílico: tendo sido assassinado o antigo senhor de Bolonha, Aníbal Bentivoglio, o povo cuja confiança ele soube ganhar para si massacrou os conspiradores e suas famílias e, não contente de tê-lo vingado, se informou sobre a existência de um obscuro descendente seu, ao qual fez vir de Florença para colocá-lo no Poder. O segundo parece fornecer um modelo de bom governo: a constituição do reino da França é julgada admirável porque o príncipe soube criar um parlamento, "terceiro juiz", capaz de conter a ambição dos Grandes e proteger os pequenos contra a insolência destes; ao elevar-se acima das classes, moderou a luta de maneira a se unir ao povo sem se expor, por uma repressão direta, ao ressentimento da nobreza. Ora, com essas considerações, a discussão sobre a astúcia parece encontrar uma feliz conclusão. Num sentido, o parlamento é apenas um artifício destinado a disfarçar as intenções do príncipe; é um anteparo que este interpõe entre seus súditos e si mesmo de maneira a colocar sua pessoa ao abrigo do ódio; o rei da França serve-se dele, assim como Bórgia, referido no capítulo 7, havia se servido de um ministro para reduzir as populações à obediência e delegar a ele a tarefa ingrata que o teria tornado impopular. Porém, num outro sentido, a astúcia, tornada instituição, assegura a coesão do Estado; transforma o conflito de classes; liberta a sociedade da violência, assim como o príncipe, do temor. "Esta instituição [*ordini*]", observa Maquiavel, "não poderia ser melhor nem mais prudente, e nem poderia existir meio melhor para garantir a segurança do rei e do reino."

Eis-nos, pois, longe dos vulgares logros de Alexandre, que não agiu nunca senão para si mesmo e sua família, ou de Fernando, esse príncipe que não merece ser nomeado, mas que, mais tarde descobrimos, fez a guerra e perseguiu os marranos apenas para desviar seus súditos da política e mantê-los, entorpecidos, na sua dependência. A astúcia cujo poder se desvelava no espetáculo das ações miseráveis encontra, enfim, sua justificativa no advento de uma ordem benéfica a todos. E, se permanece que a boa imagem do príncipe não poderia se instituir por meio da norma reconhecida do bom regime, ao menos se pode pensar que com ela se realiza o desejo da sociedade.

Contudo, tão logo é afirmada, essa conclusão é não destruída, mas submetida à mais dura prova. É preciso reconhecer que a ideia do não ódio e do não desprezo, como há pouco a da liberalidade, reconduziu o leitor para as vizinhanças do ensinamento clássico apenas para separá-lo dele mais completamente. O movimento pacífico da reconciliação é seguido, mais uma vez, pelo movimento violento da ruptura: Aristóteles não pode, tampouco Cícero, decididamente, figurar como fiador* do pensamento moderno.

Com efeito, a objeção atribuída a um contraditor anônimo torna repentinamente duvidosa a eficácia da boa imagem. Maquiavel observa:

> Pareceria, talvez, a muitas pessoas, que se considerarmos bem o curso da vida e da morte de vários imperadores de Roma, estes seriam exemplos contrários a esta minha opinião, alegando terem vivido sempre com perfeição [*eggregiamente*], mostrado ter espírito de grande talento

---

* Lefort utiliza aqui o termo "*répondant*", que traduzimos por "fiador", retendo seu sentido jurídico, isto é, o fiador é aquele que, em um contrato, cauciona, dá a garantia e *responde* por alguém. [N. T.]

(*grande virtù d'animo*) e, apesar disso, perderam o império ou foram assassinados pelos seus por conjuração.

O príncipe pode se perder ao querer ser virtuoso: eis o que o autor demonstrou com ênfase suficiente para que não nos equivoquemos sobre o sentido dessa objeção. O que está em questão não é a virtude propriamente dita, mas, sob um novo ângulo, sua imagem.

A partir desse momento, é preciso explicar por que os príncipes souberam agir no interesse do povo e, não obstante, pereceram sob o golpe de seus adversários. Ora, não basta invocar as circunstâncias excepcionais. Sem dúvida, a situação na qual se encontravam não é ordinária: "Enquanto nos outros principados é preciso unicamente combater a ambição dos grandes e o tumulto do povo, os imperadores romanos tinham uma terceira dificuldade, ter de suportar a ganância e a crueldade dos soldados". Quando a potência do exército chega a ultrapassar a do povo, a relação do príncipe com seus súditos se altera. Para estes é impossível recorrer a um mediador ou colocarem-se eles mesmos como tais, pois a luta social já engendrou um terceiro, a massa cruel e rapace que, diferentemente do Povo e dos Grandes, se compraz na desordem, não teme a classe adversa e exige que se satisfaçam imediatamente seus apetites. É-lhe necessário, portanto, agir como agiria em tempos de guerra — e já sabemos o que lhe impõe então a necessidade. Mesmo quando se interrogava sobre a liberalidade e a crueldade, Maquiavel tinha, a cada vez, considerado a relação singular que se estabelece entre o príncipe e suas tropas: "O príncipe", escrevia no capítulo 16, "que conduz um exército, que vive de pilhagem, de saques a cidades, de resgates, e usufrui dos bens dos outros, precisa dessa liberalidade, caso contrário não seria seguido por seus soldados"; e no capítulo 17:

> Mas quando um príncipe conduz um exército, governando uma multidão de soldados, não precisa de modo algum se preocupar com a fama de cruel, pois sem essa fama um exército jamais se mantém unido e disposto a qualquer operação. Entre as admiráveis ações de Aníbal, conta-se esta que, tendo um exército muito numeroso, composto de infinitas nações e levado a combater em país estrangeiro, jamais lhe aconteceu uma dissensão nem entre eles, nem contra seu príncipe. Isso não pode provir de outra coisa senão de sua desumana crueldade, a qual, juntamente

com infinitas virtudes, o fez sempre, aos olhos de seus soldados, venerado e terrível...

Essas observações parecem encontrar agora uma aplicação nova, sem colocar em dúvida os princípios da política principesca. Mas se julgarmos assim, esqueceremos que a predominância do exército supõe uma transformação da relação social. Enquanto o exército permanece subordinado, seu comando exige uma conduta particular, mas não arruína a relação ordinária do príncipe com seus súditos; em compensação, quando se transforma na força principal, esse fenômeno extraordinário obriga a repensar o que se considerava até então como norma. A potência adquirida pelo exército não é, com efeito, mais do que uma consequência da degeneração do corpo social.

Contudo, a questão ultrapassa em muito os termos nos quais está inicialmente posta em relação ao exemplo romano; não surge somente de uma experiência excepcional, a da violência do exército, antes diz respeito a um fenômeno universal, o da corrupção da sociedade. É o que Maquiavel deixa explícito ao esclarecer: "Quando uma comunidade, seja qual for, ou do povo, ou dos soldados ou dos grandes, da qual se julga ter necessidade para se manter, está corrompida, é preciso seguir seu humor [*ti conviene seguire il suo umore*]". É verdade que a corrupção é uma situação-limite, mas se nos lembrarmos que seu fermento está sempre inscrito nas condições ditas ordinárias, que a luta de classes ameaça sempre engendrar a licenciosidade, podemos presumir que a resposta política que ela exige é de um alcance universal. Perguntando-se por que o poder triunfa ou fracassa ao se manter nas condições mais perigosas, Maquiavel propõe-se, pois, a descobrir qual é seu fundamento último. Em outros termos, quando raciocina sobre o problema da corrupção, se inspira ainda em Aristóteles, que encontrava na tirania um caso-limite suscetível de esclarecer a verdade da política. Mas a analogia no proceder exibe claramente a diferença da intenção: para um, a tirania é pensada em função da medida do bom regime; para o outro, em função da extrema desmedida da licenciosidade.

Se tal é, precisamente, o sentido da discussão, se para além da questão aparente se introduz uma questão sobre o fundamento da política, não podemos seguramente nos limitar à primeira resposta fornecida pelo autor. Ao dizer que é preciso seguir a massa corrompida, uma vez que é a mais potente, ele apenas faz uma indicação rumo à verdadeira resposta. Com efeito, os exemplos escolhidos permitem descobrir rápido que o príncipe correria os mesmos perigos tanto se quisesse satisfazer quanto se quisesse contrariar imediatamente seu desejo. Em Roma, sabemos, a maior parte dos imperadores que se sucederam desde o reinado de Marco fracassou por uma ou outra razão. Pertinax, que chegou ao poder contra a vontade do exército, esforçou-se para pôr um termo à licenciosidade a que este havia se acostumado: o ódio que atraiu sobre si, somado ao desprezo que sua idade avançada suscitava, não lhe permitiu conservar o império. Alexandre governou com bondade a ponto de, no período de catorze anos que durou seu reinado, jamais haver executado ninguém sem julgamento. Contudo, suas qualidades não foram suficientes para preservá-lo do ódio do exército: julgado efeminado e dependente de sua mãe, foi vítima de uma conspiração militar. Em compensação, Cômodo, Antonino e Maximino foram *crudellissimi* e *rapacissimi*; "para satisfazer os soldados, não excluíram nenhum tipo de injustiça e de ultraje que se pode cometer contra o povo". Ora, eles conheceram também um triste fim: o primeiro não soube se comportar segundo lhe convinha, ultrajou em diversas ocasiões a majestade imperial, de tal modo que ao ódio do povo se acrescentou o desprezo do exército; o segundo e o terceiro foram de tão grande crueldade que se fizeram temer por todo mundo, incluídos os mais próximos; esse temor se voltou contra eles e os perdeu; um era de origem humilde e atraiu, além disso, o desprezo; o outro, admirado por sua coragem excepcional, não escapou menos aos golpes de seus adversários. É considerando o destino de Pertinax que Maquiavel lança a fórmula incisiva: "É preciso notar que o ódio se adquire tanto pelas boas quanto pelas más obras [*l'odio s'acquista cosi mediante le buone opere come le triste*]". Porém, como se pode julgar pelo exame das diversas maneiras de governar o império, não é preciso entendê-la num único sentido, ainda que esse sentido seja o primeiro que se deva reter e opor aos moralistas: a proposição põe em dúvida a eficácia das boas obras, mas não poupa as más. Nem o melhor nem o pior são sempre seguros. Nas condições extremas que a licenciosidade produz, as más obras não são mais suficientes do que, nas condições ordinárias, as boas. É isso que ensina o exemplo de Severo — peça-chave da análise —, o qual fornece um segundo elemento de resposta.

Ele é, com efeito, o único príncipe, com Marco, que soube encontrar sua segurança e manter a coesão do Estado. Mas com Marco não temos nada a aprender, pois, mencionado aqui a título de bom príncipe, seu exemplo se equipara ao de Severo apenas na aparência. Eleito *jure hereditario*, de tal modo que não estava originalmente nem na dependência do povo, nem do exército, conseguiu afortunadamente preservar a paz civil mas não conheceu as dificuldades que tiveram que enfrentar seus sucessores. Seu poder de pôr um freio à corrupção é sinal de uma situação na qual esta não chegou ao seu ápice. Em compensação, Severo é o príncipe obscuro que triunfa numa época obscura. A ele cabe o singular mérito de haver sabido satisfazer o exército sem incorrer em seu desprezo e de oprimir o povo sem atrair seu ódio. Ora, esse sucesso parece ter apenas uma explicação: a imagem da *virtù* encobriu as consequências da crueldade e da rapacidade. "Essas virtudes", observa Maquiavel, "o tornavam tão admirável aos olhos [*nel conspetto*] dos soldados e do povo, já que este permanecia atônito [*attoniti*] e estupefato, e aqueles, reverentes e satisfeitos." O autor não esclarece como foi o governo de Severo, mas ao menos dá algumas indicações sobre a maneira como se apropriou do poder. Seu primeiro ato, enquanto era ainda capitão na Eslavônia, foi convencer suas tropas a ir a Roma vingar a morte de Pertinax, o qual havia sido assassinado por sua guarda pretoriana; é "com esse pretexto e sem mostrar que aspirava ao poder" que fez marchar o exército. Em seguida, ofereceu a um de seus dois rivais, Albino, que comandava as legiões do Ocidente, partilhar com ele o império e, sob o pretexto dessa aliança, se livrou do outro, Nigrino, que comandava a Ásia. Enfim, ainda por astúcia se desfez do primeiro, com a concordância do Senado, acusando-o de tramar um complô contra ele. Desse modo, sua habilidade foi, em cada ocasião, a de dar à violência a aparência da legitimidade. É nisso que sua personalidade contrasta com a dos outros imperadores e especialmente com a de Antonino, seu filho. Este último, como assinalamos, se mostrou também um chefe de qualidade que suscitou a admiração do povo e do exército, mas se entregou imprudentemente à violência escancarada; à soldadesca corrompida, não fez mais do que lhe devolver a imagem, uma imagem por justas razões intolerável que ela teve que destruir. Severo, por seu turno, soube usar com astúcia dessa imagem, responder às *exigências* do exército, mas não a ponto de revelar-lhe sua natureza; fazer-se, no meio dos soldados, simultaneamente o mesmo e o Outro, o homem da violência e da lei, manter a transcendência do poder no momento mesmo em que usava e deixava os seus utilizar a força. Severo parece grande porque é duplo, como sempre deve ser um príncipe; melhor: parece grande porque, para reinar, leva sua duplicidade ao apogeu. Ele não é apenas leão e raposa, é *"ferocissimo leone"* e, uma vez que é preciso sê-lo, *"astuticissima golpe".*

Não há dúvida de que o exemplo de Severo não convida a reconsiderar as relações do que tínhamos denominado a *boa* e a *má imagem*. Que a má imagem seja revalorizada por certo não significa que a boa deixe de ser eficaz. Severo mostra-se cruel e rapace, mas não esquece o que deve à majestade do Estado; sua política leva ainda o disfarce da virtude, e essa dissimulação o salva ao mesmo tempo que impede a massa de precipitar-se na licenciosidade. "Sua reputação", diz Maquiavel, "o defendia sempre do ódio que o povo poderia conceber contra ele devido às suas pilhagens." Mas a boa imagem já não reconduz mais o príncipe à vizinhança do bem; o não ódio não se transforma numa espécie de amor; a opressão, em proteção do povo; a crueldade, em certa bondade. Nada permite no presente supor que a eficácia da boa imagem provenha de uma tendência natural dos homens a superar seus conflitos e a entrar em concordância. Permanece verdade que eles não suportam a visão do mal e que essa repugnância os liga ao mito da majestade do Estado, fornecendo desse modo a condição de sua coexistência política. Mas o fato de, sob este efeito, o poder se estabilizar e, simultaneamente, a licenciosidade ser contida durante um momento, por certo não significa que uma ordem duradoura possa se instituir, e ainda menos que o bem do príncipe se confunda com o bem comum.

Ora, seria vão pretender reduzir o alcance dessa análise sob o pretexto de que o caso de Severo é excepcional. Maquiavel nos lembra Bórgia, de quem já dizia que seus súditos permaneciam, sob o choque de sua política, "atônitos e estupefatos"; e Agátocles, sobre quem havia tomado o cuidado de esclarecer que era, tal como Severo, de origem extremamente humilde e que precisou de grande *virtù* para escapar ao desprezo popular; e, para terminar, os próprios heróis fundadores, como atesta esta conclusão: "Portanto, um príncipe novo em principado novo não pode imitar os feitos de Marco, nem lhe é necessário seguir os de Severo, *mas deve tomar de Severo aquilo que é oportuno para bem fundar seus Estados* e de Marco, as coisas que são convenientes para conservar com glória uma Senhoria já bem estável e segura". A triste figura de Severo não se separa, definitivamente, da nobre figura de Rômulo: uma e outra se unem como aquelas de todos os príncipes que Maquiavel passou em revista; com efeito, passando de um a outro, apenas enumerou as regras de uma sintaxe da língua política. E tanto é verdade que a fundação não sobrevive sem conservação e esta, sem a repetição do ato fundador, que a distinção última não deve nos enganar: os traços radiantes de Marco e os traços grotescos de Severo não se deixam mais distinguir.

Resta que o regime de Severo não é o mesmo que o de Marco, que a verdade da política não está contida por inteiro nessa experiência singular. O julgamento que Maquiavel faz de um poder condenado a se inscrever na licenciosidade não desfaz necessariamente aquele que emitiu um momento antes sobre o poder do rei da França, que reinava sobre uma sociedade contemporânea eficazmente ordenada. Uma vez reconhecido que não há entre um e outro uma diferença de essência, ainda é preciso perguntar-se sobre qual fundamento comum se estabelecem. Se, decididamente, os princípios da filosofia clássica não presidem a concepção da ordem social mais segura, o exemplo de Severo sugere outros?

Severo atua ali onde a desordem chegou ao seu auge e consegue conservar o Estado e se manter vivo. Desse modo, ensina que no limite do impossível ainda desabrocha uma política. Essa política não busca recursos ilusórios contra a insegurança: o poder se estabelece no coração do instável e o faz aceitando o movimento que leva a sociedade às extremas consequências da luta civil. Em oposição, a conduta de Pertinax e de Cômodo coincidem em que ambas evitam a dificuldade: são duas condutas de fuga. Pertinax recusa a violência, Cômodo se fecha nela; um faz da lei uma muralha, o outro faz o mesmo com a guarda pretoriana: os dois são incapazes de enfrentar a contradição que dilacera a sociedade — que é ao mesmo tempo o lugar da coexistência e do choque dos apetites —, quer dizer, são incapazes de acolhê-la, acompanhá-la e dominá-la. Ambos são, de fato, relançados no particular, jogados na vala comum; um porque se rebaixa ao combater com os gladiadores na arena, o outro, ao enganar os pais de família; são percebidos como simples mortais, cuja crueldade ou bondade é um estorvo, como homens a quem se mata. Severo, por seu lado, usa ardis com a violência; a situa sob o signo da lei; a astúcia lhe proporciona outro *pretexto*, o inscreve num outro registro. Nessa violência se reflete aquela de uma humanidade corrompida, mas, do príncipe à massa, ela se torna irreconhecível. Os homens esquecem que Severo é um dentre eles: "atônitos e estupefatos" ou "respeitosos e satisfeitos", estão mesmerizados pelo *nome* do príncipe, que se confunde aos seus olhos com a majestade do Estado.

Essa é a fortaleza de Severo, uma fortaleza invisível que não é consequência nem da força, nem das boas obras: um *imaginário (sua grandissima reputazione*) que os homens compõem por si mesmos porque ele sabe agir da maneira como desejam. Na sociedade romana que se desfaz por todas as partes, ali onde a lei está desaparecendo, é somente o *nome do príncipe* que mantém sob controle os apetites desenfreados e o que assegura a metamorfose da sociedade civil em sociedade política. Mas a partir de seu exemplo aprendemos a ler a verdade de uma experiência universal, pois ali onde a desordem é menor, ali onde os conflitos se centram em torno da oposição entre povo e grandes, permanece a função do imaginário de recobrir um abismo que não pode ser preenchido, de dar sua identidade àquilo que por si mesmo não a tem. O poder se inscreve sempre num vazio social e se conserva somente em movimento — nesse movimento através do qual a sociedade se mantém unida.

Desse modo se mede, enfim, a distância que separa Maquiavel de Aristóteles — distância que poderia por um momento fazer esquecer a imagem de um príncipe ocupado em governar com moderação e encontrar a segurança na proteção que estende aos seus súditos. Para Aristóteles, existe um lugar onde reina a estabilidade. Pouco importa que seja ideal: o regime, conforme a essência da sociedade, tem a forma acabada de todo ser natural. Sem dúvida as sociedades estão submetidas aos acidentes: acidental, por exemplo, é o crescimento da população, que subverte a relação da parte com o todo; como o é a mistura dos povos; como o é ainda a oposição entre ricos e pobres, e o são as consequências que decorrem disso; de tal maneira que o filósofo se encontra, frequentemente, se não sempre, na presença de regimes defeituosos. Mas só o modelo de uma sociedade bem-ordenada permite concebê-los na sua particularidade. Nessa sociedade, cada homem está em seu lugar, determinado pela função assinalada por sua pertença à comunidade; a forma como se definem as relações de cada um com cada um e com a instância que governa é a justiça. Isso se traduz em igualdade política, que certamente não abole a desigualdade natural dos indivíduos entre si, mas lhe dá o lugar que a ela convém; justiça e igualdade são visíveis na harmonia do todo e no seu efeito, a concórdia; o governante que concebe o bom regime possui a sabedoria política; seus esforços para mantê-lo são guiados pela prudência, e o sinal pelo qual esta é reconhecida é a moderação.

Na ausência de semelhante modelo, parece ilegítimo julgar que um governo é melhor ou menos mau do que outro: quem o faz, somente oporia ao arbitrário da violência o arbitrário de suas preferências. Esse julgamento é fundado apenas se soubermos ver em certos traços dos Estados existentes a alteração da boa forma na qual está impressa a essência do Estado, e nos darmos assim o poder de avaliar a amplitude dele. Então, e somente então, a tirania torna-se objeto de crítica, e com essa crítica está posto o princípio de uma reforma que, sem negar o fato, restabelece as condições de um funcionamento mais conveniente do Estado. Quando Aristóteles recomenda a moderação ao tirano, em termos bem próximos daqueles que empregará Maquiavel, quando adverte a este do perigo que correria se se abandonasse à violência, se atentasse contra a honra e os bens de seus súditos, se os desarmasse, se deixasse de agir como convém a um príncipe para satisfazer seus caprichos — atos que o fariam odiado ou desprezado —, e do proveito que tiraria ao ganhar sua confiança por uma hábil proteção, não faz mais do que propor um retorno da desmedida, em que se precipita o pensamento e a ação, à medida que os regula e os preserva.

Maquiavel não opõe outra descrição à descrição aristotélica da tirania; muito antes ele a toma para si, na medida em que esta lhe parece relativa a uma experiência típica da política; mas a baseia sobre outros princípios, esboça uma nova ontologia. Não se trata somente de recusar a distinção entre Estado injusto e Estado justo e, mais profundamente, a distinção entre essência e acidentes. Pois se julgássemos que ele só quer conhecer os regimes defeituosos, ou os acidentes, raciocinaríamos ainda nos termos da filosofia clássica e tornaríamos ininteligível seu discurso. Se a diversidade das situações deve ser pensada por si mesma, e não confrontada com uma essência que as denunciaria todas como consequências de uma *desnaturalização*, isso se deve a que a sociedade está, por princípio, aberta ao acontecimento; e o está porque ela não se relaciona de imediato a si mesma, porque está dilacerada de parte a parte e porque se recoloca indefinidamente a tarefa de preencher a brecha pela qual entram os apetites das classes e dos indivíduos. O perturbador não é o acontecimento; este é sempre o ponto de encontro das consequências de ações incomensuráveis, o ponto no qual, sob uma forma manifesta, se institui ou se desfaz o sentido — um traço do "tempo que aniquila tudo diante de si, o mal como o bem, o bem como o mal". Enquanto a sociedade é imaginada como o lugar onde todas as coisas tendem a repousar na plenitude da forma natural, o instável, o movente, o discordante são sinais de uma degradação do Ser. Mas o Ser, devemos entender, deixa-se apreender apenas em vista daquilo que advém, na articulação das aparências, no movimento que as impede de fixar-se e no ato, incessante, de pôr de novo em jogo o adquirido.

Assim, não interessa a Maquiavel dar conta da origem do Estado. Enquanto, na filosofia clássica, a questão das condições de possibilidade do Estado é remetida àquela de sua essência, as duas agora se encontram abandonadas. Com efeito, é próprio de um pensamento que faz a prova do Ser no tempo admitir desde o começo a relação política, pois que nenhum fundamento a sustenta; e decifrá-la e dela liberar um sentido. Não há aqui nenhum positivismo do fato que substituiria um positivismo da essência. Com efeito, o fato, contanto que seja tomado com todas as suas ramificações, não encerra um significado, escapa antes entre os significados, se converte em indutor de um absurdo, de uma indeterminação que, assumida por um sujeito, lhe abre o espaço próprio do discurso da política. A obra maquiaveliana se constitui na crítica do que aparece, na inversão das aparências, na conversão de um trabalho do pensar que consome todo significado particular num capital *significante*. Ela não reivindica, nem poderia fazê-lo sem se destituir, uma verdade *em si*; ela encontra sua legitimidade na necessidade de seu exercício. De nada serve retrucar que, na ausência de um critério, ela é impotente para fazer o julgamento de uma política, para permitir a comparação de diversas formas de poder, pois essa objeção dirige-se apenas contra um empirismo ingênuo que deixa intocada a ontologia antiga. Certamente, Maquiavel não poderia denunciar os *defeitos* de um regime, uma vez que renunciou ao modelo de um regime sem defeitos, mas não resulta disso que vale unicamente a constatação empírica, que não existe jamais aos seus olhos senão o fracasso do príncipe, sancionado pela perda do poder ou a morte, pela insatisfação do povo ou a sujeição do Estado. Na crítica da experiência ele descobre que há em cada situação uma política *requerida*. Nessa política, o príncipe se assegura, mas não é segundo o critério de seu interesse que ela é avaliada. Do contrário, qual imagem seria mais satisfatória do que aquela do papa destinado a morrer em seu leito e a conservar seus Estados apesar de sua fraqueza e de sua inércia? E por que a reflexão se dirigiria, do começo ao fim do discurso, ou quase, para a tarefa de um príncipe novo, até fazer dele, em lugar do príncipe hereditário, a figura na qual se lê a verdade do poder? A política requerida é aquela que se concilia com o ser da sociedade, que acolhe os contrários, se enraíza no tempo, se dispõe a costear o abismo sobre o qual repousa a sociedade, a enfrentar o limite constituído pela incompatibilidade dos desejos humanos.

Nem sequer é seguro que essa política traga êxito ao príncipe, uma vez que Bórgia, que soube num momento encarná-la, conheceu um triste fim, e que — sendo verdade que foi vencido por falha sua — seu destino teria certamente sido mais tranquilo se não tivesse elevado tão alto sua ambição. O certo é tão somente que a ação do príncipe é avaliada pela força da exigência que a preside. Tal é, no fim das contas, o único traço que têm em comum os homens de Estado que suscitam a admiração de Maquiavel (e os exemplos da Roma antiga e das repúblicas da Alemanha lembram que não se trata somente de príncipes): a paixão com que se devotaram ao descobrimento da tarefa inscrita na situação que lhes era dada hic et nunc, desde o momento em que se entregaram à conquista do poder.

Quando o escritor examina as ações de alguns dentre eles, nos convence de que se encaminharam, por vias que a moral tradicional recusa, para a moderação, de tal modo que seu ensinamento parece coincidir, por um lado, com o dos Antigos. Mas essa moderação não está mais inspirada pela recusa da imoderação; ela é ainda o efeito da sabedoria e da prudência — termos cujo uso repetido adverte que o autor não renuncia absolutamente à pretensão de pensar, como os filósofos clássicos, a política —, mas se justifica agora unicamente pela necessidade em que se encontra o poder de regular a luta na qual se inscreve e de encontrar seu limite na relação com o Outro — povo, Grandes, exército. Necessidade universal (Severo não é moderado ao lado de Maximino ou de Antonino?), mas que supõe também que o movimento, que na sociedade se relança indefinidamente sob o efeito da insatisfação, seja assumido e traduzido numa política de risco. Entre a moderação e o arrebatamento não há incompatibilidade, pois a escolha não é entre Razão e Desrazão, sociedade conciliada consigo mesma e sociedade destruída pela paixão. A Razão compreende a Desrazão; paz e guerra são dois polos da vida social; as condições que asseguram a coesão do Estado são também aquelas que o precipitam numa história.

Tais princípios, nos perguntaremos, impedem para sempre a transposição dos limites de uma situação particular e o julgamento de que uma forma de governo é superior à outra? Porém afirmar que há em cada situação uma política adequada não é se fechar num relativismo, uma vez que essas políticas têm um fundamento comum. Não basta entender que o regime de Severo prevalece sobre o dos imperadores de seu tempo ou que, no presente, o reino da França está mais bem organizado do que o dos Estados vizinhos; a verdade é também que há situações mais ou menos ricas, de tal modo que a ação política é de maior ou menor alcance, que a *virtù* consegue abrir um curso mais ou menos amplo, que a implantação do poder é mais ou menos profunda, a sociedade, mais ou menos livre e viva — em resumo, que há graus no ser.

Severo é o herói de uma sociedade corrompida, e talvez dê a resposta exata ao problema que ela coloca; essa resposta nos esclarece sobre o sentido da política; mas nos enganaríamos igualmente se quiséssemos reduzi-la aos seus termos particulares, ou se pretendêssemos apreender nela toda a verdade. Quando a morte está demasiado próxima, o campo do possível se reduz ao extremo; o príncipe conhece então as maiores dificuldades e precisa de certa genialidade para manter o Estado vivo. Mas então, mesmo que o consiga, sua política permanece fechada dentro de limites estreitos. Ali onde a desordem está mais disseminada, a política deixa rapidamente de ser inventiva. Ali onde os antagonismos de classe são impotentes para desenvolver uma história, o poder não pode se inscrever no tempo. Assim, uma vez Severo desaparecido, vê-se sua obra desabar e, com Maximino, renascer o desencadeamento da violência. Apesar das aparências, o mundo da licenciosidade não é aquele no qual o movimento é mais vivo; é antes o mundo da repetição. Em compensação, quando a luta civil une os homens, de um lado e de outro, em torno de objetivos comuns, quando o futuro os ocupa tanto quanto o presente, desenha-se para o poder uma tarefa de outra amplitude.

Maquiavel não permite esquecer essa diferença. Até o final do capítulo 19 ele observa que, comparados aos imperadores de Roma, "os príncipes de nosso tempo não têm em absoluto essa grande dificuldade de satisfazer extraordinariamente os homens de guerra". Se o entendemos bem, permanecem apenas o Grande Turco, o Sultão e a Igreja para enfrentar uma situação análoga. Simples digressão, parece, mas que anuncia o retorno aos problemas da grande política. De fato, o que têm em comum esses três Estados? Representam as formas modernas do despotismo. Neles a casta militar ou eclesiástica detém sozinha a potência, e uma potência tão antiga que se tornou incontestada, de maneira que o príncipe não tem outra coisa a fazer senão se deixar levar por ela. A licenciosidade, por assim dizer, se cristalizou num regime no qual toda oposição está dominada e o povo, acostumado à servidão. Nessas condições a política se avilta: o Turco é forte, sem dúvida, mas quem o vencesse pelas armas não encontraria, descobrimos, nenhuma resistência da parte de seus súditos, pois a sociedade que domina é fraca e seu poder, frágil; quanto ao papa, sua potência nutre-se da impotência ou da timidez dos outros, a ponto de não lhe ser necessário nem governar seu povo nem defender seus Estados. Seguramente, o despotismo moderno é de natureza diversa da do despotismo romano, e pode parecer estranho aproximá-los, uma vez que num caso o poder flutua como uma frágil embarcação num mar encapelado e, no outro, parece ter encontrado o porto. Mas como indicar da melhor maneira que se trata de uma segurança tão pouco recomendável quanto a maior insegurança — uma segurança que se paga ao preço de uma sociedade enfraquecida e de uma política miserável? E que, ao contrário, a grande política se reconhece ao conquistar a segurança na insegurança, ao se mover no espaço agitado da história, ao dar ao *entendimento do príncipe* poder de *voltar-se a todos os ventos*, de se aliar às forças contrárias, em vez de subtrair-se a elas, de forçar a Fortuna em vez de se furtar ao seu apelo.

Maquiavel sinaliza em várias ocasiões o que essa política deveria ser. Mas, após sua análise da corrupção, ele pode dar um último passo sem correr o risco de parecer retornar às verdades da Tradição. Nesse momento se esclarece, em parte, a figura do príncipe. Não é, certamente, aquela do bom príncipe, corroborada pela Tradição, mas ao menos vemos que sua situação não o fecha na mentira e na opressão, que, ao contrário, ela prepara para ele uma relação de verdade com seus súditos e seus vizinhos.

O capítulo 20 pergunta: "Se as fortalezas, cidadelas e várias outras coisas que a cada dia os príncipes fazem lhes trazem proveito ou dano"; e no capítulo 21: "Como deve governar um príncipe para conquistar estima". Com efeito, trata-se, para terminar, de entender em que consiste verdadeiramente a segurança e em que consiste verdadeiramente a glória. Ora, o que Maquiavel sugere é uma segurança que não é fruto apenas do temor e uma glória que não se nutre somente da fraqueza e da credulidade dos outros. A primeira observação concerne ao armamento do povo: "Jamais aconteceu, pois, que um príncipe novo desarmasse seus súditos, mas pelo contrário, se os encontrasse desarmados, sempre os armou". Sobre esse aspecto decisivo da relação do príncipe com seus súditos é fornecida assim uma conclusão ao argumento deixado em suspenso — deliberadamente, dizíamos — no capítulo 13. Mas semelhante proposição determina outras, não menos simbólicas, e as mais concretas, uma vez que dizem respeito à política dos Estados italianos. Em primeiro lugar, nota o autor, o príncipe não poderia manter as cidades submetidas unicamente pela força ou pela luta das facções, pois não é lançando os outros na insegurança que ele se liberta da sua própria: disso deram provas Florença, com as repetidas rebeliões de Pisa e de Pistoia, e Veneza, quando, imediatamente após sua derrota em Vailá, viu voltar-se contra ela as províncias nas quais acreditou ser bom estimular as querelas entre Guelfos e Gibelinos. Essa observação não significa, certamente, que a paz é sempre propícia ao príncipe. Muito pelo contrário: "A fortuna, sobretudo quando quer fazer grande um príncipe [...], lhe suscita inimigos, fazendo nascer empreendimentos contra ele, a fim de que tenha a ocasião de submetê-los e, por meio da escada colocada por seus inimigos, subir mais alto", de tal sorte que, pode-se pensar, um príncipe sábio deveria às vezes inventar adversários para se dar o mérito de triunfar sobre eles. Mas é algo totalmente distinto aceitar divisões, deixar que se instalem no Estado e buscar, por esse artifício, a ocasião de afirmar uma autoridade. Em segundo lugar, parece do interesse do príncipe ganhar o apoio daqueles que, no início de seu reinado, se mostravam seus adversários. Do mesmo modo que deve armar seus súditos para conquistar sua confiança, deve seduzir os partidários do antigo regime para uni-los à sua causa, pois, livres do temor, estes lhe serão mais fiéis do que seus pretensos amigos, cujas exigências, convencidos de que estão de seu direito, são impossíveis de satisfazer. Nos dois casos, a aparência é enganosa; o primeiro movimento é dirigido pelo temor; enquanto a via mais segura se revela a mais difícil, como a que comporta o risco. Em terceiro lugar, as fortalezas são denunciadas como um recurso ilusório contra a insegurança. Concebidas ao mesmo tempo para proteger o príncipe contra uma agressão estrangeira e colocá-lo ao abrigo da ira popular, não têm outro resultado senão o de aumentar, com seu isolamento, o perigo interior e exterior, pois o ódio que o povo sente à vista das muralhas nas quais o poder se fecha o impele à revolta, e esta abre o caminho para o invasor. Entre outros exemplos emprestados à história contemporânea, o de Milão sustenta esta verdade julgada universal: "O castelo de Milão, construído por Francesco Sforza, causou e causará mais danos à casa dos Sforza do que qualquer outra desordem que aconteça ao país". Disso pode-se tirar esta lição: "Que a melhor cidadela que existe é a de não ser odiado pelo povo". Conclusão que já tínhamos visto despontar, mas que se encontra carregada de um novo peso após a análise de Severo, pois ficou claro que aquele que a enuncia não é vítima de ilusão e conhece a necessidade de uma opressão cruel ali onde a corrupção destruiu as possibilidades de uma aliança entre o príncipe e o povo.

Enfim, que a reputação do príncipe depende, em certas situações, de sua lealdade e de sua generosidade, é uma última verdade a ser entendida que acaba restaurando a imagem da grande política. Não obstante, não desfaz em nada o que foi dito sobre a astúcia. Se, na guerra, sabemos agora, o príncipe deve se engajar resolutamente ao lado de outro Estado, declarar-se "verdadeiro amigo ou inimigo", se deve, de outro lado, proteger seus súditos, é em nome dos mesmos princípios que dirigem sua segurança, é porque o risco é fecundo, porque a generosidade, sob a condição imperativa de que não pareça fraqueza ou o substitutivo de outra conduta impossível de manter, permite estabelecer com o outro uma relação *extraordinária*, o arranca de seu próprio temor e o convida a sair de si, a se associar na potência, a arriscar, a retribuir.

Parecia estranho — nos lembramos —, à primeira leitura, o argumento do capítulo 21. Maquiavel descreve ali os cruéis meios empregados por Fernando da Espanha para se tornar, *per fama e per gloria*, o primeiro rei da Cristandade; depois evoca a sombria figura de Bernabò de Milão, antes de descrever a imagem de um príncipe leal e generoso. Mas compreendemos agora que há uma ligação entre a boa glória e a glória obscura. Quem duvidaria da obscuridade de Fernando aos olhos de Maquiavel? Sua política é feita apenas de mentiras e crueldades; suas guerras se sucedem, não para o bem do Estado, mas para desarmar as oposições interiores, desviar seus súditos da política, permitir o exercício de um poder pessoal. Sob o pretexto da religião, expulsa os marranos e rouba seus bens — e de semelhante ação, observa Maquiavel, não se poderia dar exemplo "mais digno de piedade e mais singular [*piu miserabile e piu raro*]". Em nenhuma parte o autor lhe rende homenagem; não pronuncia jamais, a propósito dele, a palavra *virtù*. Traça silenciosamente a imagem do tirano perverso de quem Savonarola dizia: "Põe em marcha e faz que se ponham em marcha guerras inúteis, quer dizer, através delas não busca nem a vitória nem se apropriar dos bens dos outros, mas somente as faz para que o povo permaneça faminto e se afirme em seu Estado".[5] E, para terminar, associa ao seu exemplo o de

---

5 *Il trattato circa il reggimento*..., op. cit.

Bernabò, pequeno príncipe de reputação abominável que, de resto, morreu assassinado. Mas nessa ocasião, como em outras, a ironia sustenta a intenção do discurso: os exemplos de Fernando e de Bernabò preparam o leitor para aceitar uma ideia da glória que não aquela sugerida pelo destino do príncipe mentiroso e cruel, uma ideia que é e não é diferente, que se abre à justiça mas reserva um lugar ao extraordinário.

O que proporciona a glória, diz Maquiavel, considerando a aventura de Bernabò, é fazer alguma coisa de extraordinário para o bem ou para o mal na vida do Estado. A verdadeira ambiguidade está aí; mas o bem e o mal não são dois possíveis a igual distância do príncipe. Além de se inscreverem sempre numa situação que os carrega de um peso diferente, é possível pensar que o que se denomina *bem* se justifica ao ultrapassar os limites de uma ação privada, ao se inscrever no tempo e responder mais amplamente à *complicação* que rege a história das sociedades.

Finalmente, em nenhuma parte está traçada a via real da política. E não é um acaso se, para nos tornar palpável a indeterminação na qual esta se move, Maquiavel raciocine sobre as relações de um Estado com outro, as quais lhe ofereciam a ocasião, no início de sua obra, de descobrir a lógica da força e definir o príncipe como o sujeito do conhecimento. Essa perspectiva não está agora desacreditada, mas a certeza se vincula à prova do incerto e à escolha do menos incerto. "Ora, que nenhum senhor jamais pense poder escolher um partido que seja seguro, que pense antes que é preciso tomar sempre decisões duvidosas: pois a ordem das coisas humanas é tal que jamais se pode fugir de um inconveniente a não ser para incorrer em outro." A fórmula leva a pensar para além do fato que a motiva. Nela o argumento não encontra sua conclusão, uma conclusão que manteria na resposta uma questão última: que o príncipe deve acolher a indeterminação e que, justamente, se a reconhece, se renuncia à ilusória segurança de um fundamento, é oferecida a ele a oportunidade de descobrir na paciente exploração dos possíveis sinais da criação histórica e de inscrever sua ação no tempo.

5.
Sobre o presente e sobre o possível

A grande política, como a denominamos, supõe assumir uma tarefa inscrita *aqui e agora* no ser do social. Desta, se buscaria em vão uma definição no modelo de um regime conforme a natureza ou num plano providencial. Para concebê-la, é preciso antes recusar a ideia de semelhante modelo, é preciso que a imaginação renuncie a buscar um apoio na natureza ou em Deus. Sendo assim, a necessidade da tarefa se revela na medida em que parece se cumprir nela o movimento pelo qual os homens tendem, não diríamos a concordar, mas a reconhecer uma unidade e uma história comuns. Todavia, essa imagem não deve nos enganar. Se é verdade que uma tarefa é decifrada nas coisas, como esquecer que o poder está, ele mesmo, inscrito no registro que ele próprio decifra? Sem dúvida, o poder ocupa seu lugar próprio, e o príncipe se vê levado, em virtude da distância que o separa de todos os agentes sociais, a ter uma visão de conjunto da sociedade. Desse modo, pode acreditar que os termos do problema a resolver estão postos independentemente dele, num contexto de relações de força e de uma conjuntura histórica. Mas o surgimento do poder é ele próprio um momento na instituição social; um poder separado se gera somente na medida em que existe divisão de classes. Esse poder reproduz a divisão que tem por tarefa superar. Acredita-se que traga a unidade, mas essa unidade não é efetiva; se fosse, tal poder se reabsorveria imediatamente na substância de uma comunidade enfim advinda a si mesma em consequência de sua ação. A verdade é que ele oferece somente um substituto para ela. Ora, se este é eficaz, é sob a condição de que o príncipe represente e mascare ao mesmo tempo a divisão da qual falamos; sob a condição de que encontre na experiência da divisão ou, falando rigorosamente, em seus próprios empreendimentos, nos quais esta se significa, um acesso ao real.

Nos primeiros capítulos do *Príncipe* a questão que parece dirigir todas as análises posteriores — como adquirir e conservar o poder? — se justifica precisamente por aquilo que não está colocado em questão: a existência do poder como tal. Tudo se passa como se este estivesse instalado no lugar de onde foi expulso o referente absoluto: o *imperio* é implicitamente posto como aquilo que dá razão às ações do príncipe. Este último parece se afirmar, portanto, como alguém capaz de se situar à distância da massa, de tratar os outros como modalidades do ser-objeto, como forças cujas relações precisa conhecer e cuja eficácia, calcular. Na sequência, esse momento de objetivação é conservado — e, de fato, não pode ser suprimido, pois nele se enuncia, sob uma primeira forma, a verdade da divisão da política. Todavia, essa verdade denuncia sua abstração; a política não se reflete enquanto ignora aquilo de que está separada, enquanto não tiver consciência de sua própria origem. Somente ao conhecer a estrutura particular do campo de forças, ao compreender por que elas são incomensuráveis e o que são, na sua singularidade, o desejo dos Grandes e o desejo do povo, o príncipe descobre o limite da objetivação e aparece a si mesmo como situado *na* sociedade, como investido de um poder, encarregado de encarnar a comunidade imaginária, essa identidade em cuja ausência o corpo social se dissolve. Nessa inversão de perspectivas se realiza a verdade da separação: o príncipe descobre, com efeito, que não poderia, sem se perder, identificar-se com a imagem que dele compõem os dominantes ou os dominados. No momento em que experimenta sua dependência, quando se sabe ligado ao povo, precisa se impedir de satisfazer seu desejo, deve manter esse desejo em suspenso, para permanecer o terceiro graças ao qual se institui a ordem civil.

Ora, nessa situação se identifica a ambiguidade da política: o príncipe encarna o imaginário que sua função na sociedade lhe atribui, mas, ao mesmo tempo, *está preso nele*; ele é o desejo de potência e de glória no qual se metamorfoseia o desejo de seus súditos. Nisto reside o ponto cego de sua tarefa: pode unir-se aos outros apenas através do espaço que estes lhe concedem como o seu próprio. As condições mesmas que lhe asseguram um acesso ao real também o ocultam a ele. Desse modo, é sempre possível que ele se deixe fascinar por sua própria imagem e, ao assumir sua função, se torne estranho ao povo — tão perigosamente como quando se fecha nos muros de uma fortaleza. Tal é o caso de Fernando de Aragão, cujas conquistas prodigiosas dependem, em definitivo, da mesma ilusão que o castelo construído por Sforza em nome de uma política de potência. Com efeito, assim como há dois graus de potência — dos quais o primeiro se nutre da fraqueza e o segundo, da força do povo —, há, descobrimos, dois graus do imaginário: uma maneira de o príncipe desarmar os desejos dos seus súditos e perder-se em sua imagem e uma maneira de armá-lo e agir de tal modo que sua própria imagem nutra a imaginação do povo e seu próprio desejo, o dos outros. Mas nenhum critério objetivo lhe permite distinguir esses dois imaginários, pois nada pode fazer com que se separe de seu desejo de potência e de glória. Ao menos enquanto não se chocar com a hostilidade manifesta de seu povo, ele pode permanecer prisioneiro de uma potência ilusória.

Contudo, não é que essa incerteza não seja nada; se o príncipe reconhece a ambiguidade da política, se ele se abre desde logo à verdade, na impossibilidade de conceber a tarefa que deve executar ele tem a ideia de que semelhante tarefa existe. Maquiavel sugere que sua reflexão culmina nessa descoberta. O príncipe não se afirma como tal, como sujeito político, senão sustentando a indeterminação que é constitutiva do real, se confrontando com um empreendimento cujo sentido não está inscrito nas coisas, independente dele, e que, não obstante, não é produzido por ele, mas antes passa por ele — senão colocando e voltando a colocar constantemente em jogo seu desejo no campo da História. Assim, pois, não é na objetivação que ele é verdadeiramente o Sujeito, pois a pretensa objetividade lhe oculta sua própria posição, mas é essa interrogação específica que lhe vem imposta pelo movimento o que o faz sair de si e voltar a si, o que lhe descobre, no coração de seu projeto, o rastro de uma necessidade estranha e, nas coisas, o reflexo de sua imagem.

A política do príncipe é inquirição *daquilo que é*, e isso que busca nasce de sua ação; ele deve resistir à fascinação que sua imagem exerce sobre ele, mas sua imaginação se nutre dessa interdição contra si mesmo e contra sua conversão na imagem de um povo; o desejo e o saber se sustentam um ao outro e se impedem, um ao outro, de se fecharem sobre si; no risco assumido de uma fundação incessante, uma vez que nunca há um fundamento em si, se afirma a legitimidade do poder: tal é a conclusão dos últimos capítulos do *Príncipe*, a qual nos recoloca ao mesmo tempo em face da contingência da ação, hic et nunc, e do enigma da liberdade.

Deciframos a relação que une o príncipe à verdade na sua conduta diante de seus ministros. Por certo, como já sabemos, ele deve deter o poder sozinho, dirigi-lo pessoalmente para colher a obediência e a confiança de seus súditos. Desse modo, jamais confiará aos ministros o encargo de governar. Se lhes delega uma autoridade, é para encarregá-los de um papel ao qual não é conveniente que ele se preste. O ministro, podemos pensar, é apenas um instrumento em suas mãos, nada mais do que um intermediário destinado a desviar de sua pessoa o ódio do povo. Mas se mostra, agora, que lhe interessa igualmente romper o isolamento no qual está tentado a se encerrar. Se fizesse de seus ministros simples executores de sua vontade, se privaria de conhecer seus efeitos; se os condenasse ao silêncio, cederia à vertigem de sua própria palavra. Sua tarefa é, pois, dupla: o imperativo da potência exige que sejam servidores e o imperativo da verdade, que sejam testemunhas. O príncipe deve agir de tal modo que seu círculo não forme um muro entre ele e seus súditos, mas que seja um meio através do qual suas exigências sejam filtradas. Nessa tentativa, não perde nada de seu poder. Tal seria o caso apenas se ele encontrasse sua medida unicamente na potência. Então o príncipe se rebaixaria ao revelar sua dependência. Mas o poder só é aquilo que deve ser se é reconhecido pelo povo, se responde a uma disposição do corpo social, e a dependência é sinal de força quando se institui não em relação aos homens, mas à verdade. Face aos homens, a desconfiança e a astúcia são sempre obrigatórias; igualmente, o príncipe deve cuidar para que seus ministros não tenham outros interesses além do seu; dar-lhes a sensação de que não poderiam subsistir sem ele; mediante os favores com os quais os cumula, suprimir-lhes o desejo de mudar de regime; pela maneira como acolhe seus conselhos, convencê-los de que o verdadeiro é útil. Além disso, não poderá permitir que cada um fale à sua maneira, menos ainda que se duvide de sua autoridade: só a ele pertencem, pois, a iniciativa de interrogar e o poder de decidir. Mas, observadas essas regras, permanece plena a exigência de conhecer aquilo que é. Diante da verdade, nenhuma reticência; aqui, a confiança e a modéstia são necessárias: o príncipe, observa Maquiavel, é *largo domandatore*, ele deve ser *paziente auditore del vero*.

A verdade seguramente passa pelos homens, de tal modo que a primeira tarefa consiste em saber escolher sábios conselheiros. Mas a sabedoria que lhes é exigida consiste somente em que saibam cumprir sua função de ministros, quer dizer, permanecer inteiramente nos limites da obediência, não ocultando ao príncipe o que este não pode descobrir por si mesmo e que é necessário à sua decisão. Se este tem necessidade daqueles, é porque, como o dizia a dedicatória a Lorenzo, "para bem conhecer a natureza dos povos, convém ser príncipe, e para conhecer a do príncipe, ser do povo", para o que lhe é preciso obter uma *visão* do Outro sobre si, do que está perigosamente privado quando está só.

A autoridade verdadeira implica, pois, uma mudança, mas se enganaria quem acreditasse que é fácil instituí-la. De fato, as condições do poder são tais que o príncipe está sempre tentado a confundir a realidade com o objeto imediato de seu desejo e a se subtrair ao julgamento do outro. Assim, ele se encanta frequentemente ao encontrar em torno de si apenas aprovação e louvor e, por acreditar em sua potência, se torna presa de seus aduladores. Disso as cortes estão cheias, observa Maquiavel, pois "os homens se comprazem tanto consigo mesmos e de tal modo se iludem que dificilmente se salvam desse dano". O príncipe, portanto, precisa de muita prudência para distinguir a autoridade verdadeira da ilusória e descobrir que, no momento em que imaginaria nada dever aos outros, justamente estará na dependência deles, condenado a perpetuar a imagem que pretende dar de si mesmo, cego por seu próprio reflexo, preso ao seu passado.

Certamente, quando Maquiavel fala dos ministros do príncipe, o leitor não pode deixar de evocar sua situação pessoal em relação ao regime que acabou de triunfar em Florença; talvez o antigo secretário da República, banido pelos Médici, queira convencê-los do perigo que a servilidade de seus partidários os faz correr e defender, nessa ocasião, sua própria causa. Mas esqueceríamos, se considerássemos esse apelo como um vulgar oferecimento de serviços, a relação que sua obra estabelece com os novos senhores do poder. O príncipe ao qual Maquiavel está disposto a se submeter é instituído por ele próprio como *principe nuovo*, distinto da miserável corte dos tiranos italianos para lhe abrir o caminho de um fundador; e quando exige dele que seja *paziente auditore del vero*, Maquiavel não é apenas o conselheiro que não faz mais do que responder às perguntas postas, é o pensador que abre o caminho do saber.

Todavia, pensar que o príncipe pode apenas entrever a tarefa que só o teórico poderia conceber integralmente seria cometer outro erro. Este não está em posse de um saber que ele deve parcialmente dissimular para torná-lo acessível ao homem de ação. Ele não pode fazer mais do que levá-lo a se perguntar sobre os fundamentos de seu poder, como ele próprio se interroga sobre os princípios do pensamento político; ele o priva da falsa segurança que lhe asseguram a potência e o sagrado ligados à sua função, do mesmo modo como ele próprio se desfaz das certezas legadas pela Tradição. Desdobra diante dele os exemplos do passado, mas não para que ele se submeta às regras estabelecidas, muito antes para que se lembre de que esse passado foi um presente, que conserva dele o "sabor", quer dizer, para que reencontre o gosto pela invenção que está na origem dos grandes empreendimentos históricos.

Maquiavel não ensina a verdade da política, ele institui uma relação com a verdade. Quanto à verdade propriamente dita, é de sua essência que advenha no hic et nunc da ação e, portanto, que se subtraia sempre, em parte, à representação. O príncipe não pode esperar receitas do discurso do escritor sobre a política, nem mesmo modelos: pode apenas descobrir nele um convite, o mais motivado e o mais premente, para fazer face às exigências do presente. A pergunta acerca do fundamento e das tarefas do poder não se resolve, para ele, numa resposta que se trataria de traduzir na prática; ela se converte numa outra questão cujos termos, em definitivo, somente ele coloca.

É preciso entender, portanto, que para o príncipe buscar a verdade, enfrentar o presente na sua contingência e assumir sua liberdade são uma e a mesma coisa. Essas três exigências marcam o desenvolvimento dos últimos capítulos da obra. Logo que enunciou a primeira, o autor se pergunta sobre as causas da decadência italiana e, ao descartar qualquer explicação de ordem histórica, reprova aos príncipes — entre os quais se contam, não duvidamos disso, aqueles que tinham nas mãos o destino da República florentina — haverem se deixado cegar pela imagem de sua potência passada. A ideia do príncipe novo adquire assim todo seu sentido ao se opor àquela da medíocre tradição do empirismo político. É novo não somente porque conquista sua posição, mas porque percebe o novo, porque não existe ordem, hierarquia estabelecida que resista, aos seus olhos, à necessidade de ganhar a adesão do povo ao seu empreendimento. E se o consegue, constrói um poder mais seguro e mais firme do que se estivesse instalado desde longa data no Estado. Mais, se ele se constitui como novo, parece antigo: pois, atentos ao seu empreendimento, os homens o julgam a partir daquilo que faz, ele age sob o seu olhar e, como estão mais ligados ao que é do que ao que foi, esquecem as circunstâncias de seu surgimento. Em compensação, os príncipes da Itália se perderam, ou se perdem, por haverem acreditado encontrar um abrigo no passado. Confiantes na antiguidade de suas instituições, não puderam dirigir um olhar novo sobre a sociedade que os circundava: não souberam nem forjar os princípios de uma nova disciplina militar, nem ganhar para si a confiança do povo, tampouco, quando isso lhes era favorável, foram capazes de submeter os Grandes. Incapazes de imaginar que o futuro fosse outra coisa senão a repetição do passado, fugiram de seus Estados quando os tempos se tornaram adversos, com a única esperança de ver seus vencedores perdidos por um excesso de opressão. Essa é a razão de seu fracasso, que não se restringe às causas particulares: jamais pensaram que a sorte do Estado dependia de sua própria ação. E seu desconhecimento da tarefa política é tão profundo que não sabem, nem retrospectivamente, encontrar a explicação da derrota. Em vez de julgarem a si mesmos, acusam a fortuna, como se, desapossados de um poder ao qual atribuíam a solidez e a permanência de uma coisa natural, não tivessem outro recurso senão imaginar um poder superior que paira acima das ações humanas. Esse erro, dizíamos, não se restringe aos fatos; não é um erro de entendimento; procede de uma impotência do sujeito de encontrar seu lugar no campo social. É excluído da história porque esse lugar lhe parece já traçado, porque potência e glória lhe parecem suas propriedades e porque a autoridade lhe parece mesclada a seu sangue. Porque a verdade já está, para ele, nomeada em sua herança, nas instituições passadas, ele não pode encontrar o acesso a ela e correr o risco de suportar sua exigência de emprestar-lhe seu próprio nome.

Assim, quando Maquiavel se pergunta, no capítulo 25: "Quanto pode a Fortuna nas coisas humanas e de que modo se pode resistir-lhe", faz coisa diferente de introduzir, para satisfação dos leitores cultos, um tema nobre de meditação, ou reivindicar, para si mesmo e seu príncipe, algum título de alta espiritualidade. A questão, anunciada numa palavra no capítulo precedente, se desvela como a que comanda toda a questão da política e a mantém em sua verdade de pergunta. Certamente, se não se tratasse mais do que de referir a ação humana a uma condição última de possibilidade, a afirmação de que o homem tem o poder de intervir no curso do mundo e de imprimir nele sua vontade seria bem pouco esclarecedora. Mas mais importante do que reconhecer ao homem o domínio parcial de seu destino é entender o que significa sua relação com aquilo que denomina *Fortuna*, o que esse nome recobre, não dizemos em si — uma vez que, o quer que diga dela, ele o faz para acentuar o lugar de sua ignorância, para lhe dar um estatuto no qual ele não tem parte —, mas na sua experiência, porque é imperecível e como o Sujeito se dá conta de que mantém seu sentido em suspenso e de que experimenta, no tempo da ação e do discurso, um poder incompreensível que não é nem inteiramente seu nem está inteiramente fora de seu alcance.

"Sei bem", começa dizendo Maquiavel, "que alguns foram e são da opinião de que as coisas deste mundo são governadas por Deus e pela Fortuna, que os homens, com toda sua sabedoria, não as podem endireitar e até mesmo não têm remédio algum contra elas." Essa única frase, por associar Deus e Fortuna, faz nascer uma primeira dúvida, pois não sabemos se é preciso colocar a Fortuna sob o signo de Deus, encontrar na incompreensível agitação do mundo a marca de um poder oculto ou ver em Deus apenas uma das máscaras com as quais nossa imaginação a disfarça. Contudo, parece possível mudar essa opinião — tão premente que, a crer no autor, ele próprio às vezes não pode resistir a ela — mediante um julgamento fundado sobre a experiência de nosso livre-arbítrio. Ainda que apresente apenas uma hipótese, esse julgamento nos livra do domínio do incognoscível e assegura uma primeira redução da incerteza: "Para que o nosso livre-arbítrio não seja extinto, julgo [*judico*] que pode ser verdade que a Fortuna seja senhora de metade de nossas ações, mas que *etiam* deixa governar a outra metade, ou quase". Aqui só o termo *Fortuna* é conservado, mas a ideia não é estranha a um espírito cristão, e o leitor estaria tentado a pensar que nossa própria liberdade é um efeito da graça divina se a comparação, introduzida repentinamente, entre Fortuna e um rio tumultuoso, capaz de transbordar inesperadamente de seu leito e devastar tudo o que encontrar em sua passagem, não lhe impedisse de manter essa imagem. Tudo se passa então, mais uma vez, como se a referência à Tradição — no caso presente, a alusão aos desígnios impenetráveis da Providência — apenas preparasse o momento da ruptura. Com efeito, a ideia de um ser onipotente que concederia ao homem uma parte de liberdade é substituída por aquela de uma adversidade sem nome. Repentinamente, a Fortuna não designa mais do que o imprevisível desencadeamento das forças naturais — forças que podem dominar o homem, sem dúvida, mas que certamente não são sem causa e que, portanto, não são inacessíveis ao nosso entendimento. Melhor: se considerarmos, segundo a indicação do autor, que os homens podem construir diques e canais para regular o curso do rio e prevenir os perigos de uma enchente excessiva, podemos admitir que a Fortuna deixa de representar uma potência positiva, independente do homem. Com efeito, ainda que seja impossível prever o momento em que nossos empreendimentos serão ameaçados, não é impossível saber de onde vem a ameaça e agir de modo que eles resistam diante do acontecimento. A parte da liberdade e da Fortuna não são mais distintas como estávamos tentados a acreditar; esta, sabemos, não avulta senão por nossa imprevidência e nossa inércia; mas uma e outra se determinam apenas em função da ideia que compomos a seu respeito. Assim, se julgamos que é soberana, a Fortuna nos mantém efetivamente sob sua influência, somos desapossados de nossa liberdade; se nos apoiamos sobre nossas próprias forças, ela diminui e a área de nossa liberdade e de nosso saber se amplia. Isso equivale a dizer que acima de nossas ações, mais além de nosso conhecimento, não há nada que possa ser definido como agente real — força ou espírito que presidiria à distância nosso destino pessoal. Pensamos que a Fortuna designa uma adversidade anônima. Seria melhor dizer que é somente um nome que não recobre nada, apenas indica o limite de nossa liberdade, e esse próprio limite depende de nós. "Se considerardes bem a Itália, que é sede dessas revoluções [*variazione*], e aquela que lhes deu o primeiro impulso, vereis que é um campo sem diques e sem proteção nenhuma; ora, se fosse protegida por conveniente *virtù*, como é a Alemanha, a França e a Espanha, ou esta cheia não teria feito tão grandes revoluções, *ou então sequer teria acontecido*" (grifos nossos — C. L.).

Assim se extingue ao fogo da reflexão a crença numa potência invisível. O combate entre *Fortuna* e *virtù* mostra-se imaginário: o homem não tem adversário senão ele mesmo, a Fortuna não é outra coisa senão a não *virtù*, a *virtù*, o domínio sobre o mundo e sobre si. Ora, estamos ainda mais dispostos a nos deter nessa interpretação porque ela já se anunciava nos capítulos 6 e 7, consagrados justamente à antítese da *virtù* e da Fortuna. Já o exemplo de Bórgia, como assinalamos, apresentado como ilustração de uma carreira sob o signo da Fortuna, transformava-se, no curso da análise, no suporte de uma definição da *virtù*; seu fracasso final, imputado de início ao evento imprevisível da doença de Alexandre, aparecia, finalmente, como a consequência de um erro de entendimento.

Todavia, não é esta sua última palavra, pois ainda que Maquiavel não desminta essas primeiras asseverações, ele abre subitamente outra perspectiva. O que acaba de dizer, assinala, é o suficiente "quanto aquilo que se deve fazer para se opor à Fortuna em geral", mas quando se observam as coisas mais de perto, quando se retorna ao particular, o quadro muda. O estranho é, com efeito, que os homens alcancem o mesmo objetivo por meios opostos, ou então que, utilizando os mesmos meios, fazendo uso das mesmas qualidades, um fracasse ali onde o outro obtém êxito. Certamente, esse fenômeno não é, em si mesmo, ininteligível, e Maquiavel propõe logo uma explicação: "Penso igualmente que é feliz aquele que sabe se adaptar bem ao seu tempo e infeliz aquele que age de modo a entrar em desacordo com ele". Entendemos que não existe Sujeito que possa se colocar independentemente de uma situação de fato; que não há, portanto, maneira de agir que valha em si; que o poder de inscrever uma forma numa matéria pode se exercer somente em razão daquilo que a matéria mesma exige. Contudo, a modificação trazida desse modo à tese precedente não a deixa intacta. Aquela não deixaria esta em dificuldade se somente devêssemos reconhecer a condição sempre particular do Sujeito. Dir-se-ia: o príncipe deve conceber sua ação sempre num campo social e histórico determinado hic et nunc; está em condições de prever o futuro, de avaliar as forças contrárias, de impor e manter sua autoridade em função de certos dados. Mas é preciso lembrar que esse campo, esses dados mesmos, variam constantemente, que o tempo tudo varre e que, desse modo, não há conduta nem métodos seguros, ao abrigo dos acontecimentos.

Pensávamos, em primeiro lugar, que a mudança — o que Maquiavel denominava *variazione* — da qual o homem é a vítima não era senão uma consequência de sua impotência para decidir acerca de sua sorte, o reverso de sua inércia. Mas agora se mostra que há outra mudança, inscrita no próprio ser, à qual é vão opor-se, e também que há na conduta humana, mesmo que ela esteja adaptada e encontre sua recompensa presente no sucesso, outra inércia que a expõe a outro perigo. Maquiavel observa:

> Não se encontra ninguém tão sensato que saiba acomodar-se a isto (que as coisas e os tempos mudam), seja porque não pode desviar-se daquilo a que a natureza o inclina, seja *etiam* porque, tendo sempre prosperado trilhando um caminho, não se convence de que seria bom afastar-se dele. Por isso, o homem cauteloso não sabe fazê-lo, donde decorre sua ruína; pois, se sua natureza mudasse com o vento e as coisas, não mudaria sua Fortuna.

Tal época requer determinado caráter e estilo de ação. Contudo, nos esquecemos das condições particulares para buscar nestes, num princípio pessoal, a explicação do sucesso na política. Porém, se as condições mudam, é forçoso reconhecer que aquilo que fazia a grandeza do príncipe o leva doravante à ruína. Eis por que a ideia da Fortuna nos é tão palpável. A felicidade e a infelicidade não são unicamente obra nossa, são fruto de um encontro.

Ainda que nos caiba apreender a ocasião, esta é um dom; e desse dom não há nada a dizer, de sua origem, nada a conhecer.

Imaginávamos, um momento antes, um sujeito capaz de impor sua lei à natureza e de substituir o movimento cego do mundo pelo movimento regulado de sua própria vontade. Ora, é muito antes a ficção contrária que é preciso inventar: aquela de um príncipe capaz de mudar a si mesmo, apreender todas as ocasiões, prestar-se a todos os dons, igualar por suas próprias variações as da História, adquirir uma mobilidade, uma volubilidade tais que se adapte sempre às coisas do mundo. Pura ficção, uma vez que o homem é determinado ao mesmo tempo por seu temperamento e por seu empreendimento; mas ao menos ela nos impede de nos equivocarmos sobre aquilo que denominamos *Fortuna*. Invocamo-la para manifestar nossa adequação ou nossa inadequação ao curso do mundo e porque nem uma nem outra se deixa reduzir completamente a causas inteligíveis porque, se seu princípio pode ser pensado, o fato permanece impenetrável. O fato de não podermos fazer desaparecer seu nome não significa que ela seja um princípio positivo, que governa o mundo e traça o destino dos indivíduos às escondidas destes: a ideia de uma história em si permanece inconsistente, a justificativa cômoda e superficial de nossa impotência ou de nossa ignorância, de tal modo que, por exemplo, deve-se continuar afirmando que as desordens da Itália não são obra de uma força maléfica, mas procedem da incapacidade daqueles que a governam. É preciso apenas convir que é impossível calcular o que depende de nosso poder e o que lhe escapa, e que o sentido de nossos empreendimentos se inscreve na junção de dois espaços igualmente indeterminados.

Assim, Maquiavel opõe à credulidade do vulgo numa potência oculta a *virtù* do agir; à ocultação astuciosa de um pretenso saber de si, o desconhecido irredutível do destino. Ao *talvez* que surge do esforço de dominar acrescenta o *talvez* que se dá a conhecer pela pressão irresistível do tempo, sempre nutridor e sempre voraz. Mas essa ambiguidade do incerto não nos desarma; ao contrário, nos sustenta, uma vez que estamos sempre implicados na hipótese. Com efeito, se, ao instituir-nos como sujeitos, não podemos rechaçar a imagem de um jogo de forças anônimo, refletido por nós na figura do acaso, não poderemos retirar-nos em maior medida de nós mesmos sem avaliar essa perda, a degradação de nosso poder. Estamos destinados a agir, sem outra garantia além do risco, e é isso que dá seu estilo em definitivo à ação política.

Enquanto, do ponto de vista de um puro observador, nada jamais autoriza a privilegiar um modo de agir a outro, do ponto de vista do ator apenas a audácia dá uma resposta ao acaso. "Penso", conclui Maquiavel, "que é melhor ser impetuoso do que respeitoso, porque a Fortuna é mulher, e é necessário subjugá-la e confrontá-la." Quer dizer que, na falta de um conhecimento seguro daquilo que os tempos exigem, convém agir como se fossem propícios, não somente apreender a ocasião, mas provocá-la. E quando acrescenta que a Fortuna, "por ser mulher, é sempre amiga dos jovens, porque eles têm menos deferência, mais ferocidade e com mais audácia a dominam", Maquiavel dá claramente a entender que a decisão política não é daquelas cujos termos possam ser avaliados por completo, que há uma obscuridade última da paixão e da imaginação que se concilia secretamente com a da História.

Sem dúvida, essa conclusão parece levar a marca do irracional; e quem tivesse querido encontrar no *Príncipe* apenas uma tentativa de objetivação e racionalização do campo político teria ocasião favorável de denunciar seu fracasso. Mas revelou-se-nos desde há muito tempo que a verdade da política não se deixa reduzir aos termos de um saber objetivo. Além do mais, a reflexão sobre a Fortuna apenas tornou explícita a ideia que surgiu das análises precedentes, em particular a da história da Roma imperial: que os horizontes do pensamento político não são eles mesmos políticos, que a relação do príncipe com o poder é uma representação da relação do homem com o tempo e com o Ser.

Maquiavel se desvia da concepção de um racional positivo — de uma lógica em si das operações do sujeito político —, mas não para lhe opor a concepção de um irracional positivo — o irracional dos teólogos ou dos astrólogos —, antes para fazer surgir, pela manutenção da contradição, a ligação do saber e do não saber, da técnica e da aventura, em que se identifica sempre a implicação de quem se denomina sujeito e do que este denomina objeto. Tal intenção não somente resiste à crítica das fórmulas que a sustentam, mas mostra de antemão como irrisório o empreendimento dos bons apóstolos da nova ciência, satisfeitos, por não terem apreendido nada do tema em questão, em denunciar a fraqueza da teoria — como se eles mesmos, uma vez proclamada por escrito a inconsistência do mito da Fortuna, não cedessem lugar no curso de sua vida, como qualquer um, ao incognoscível.

O *Príncipe*, como por vezes se observou, poderia se concluir com o capítulo consagrado à Fortuna. Aqui o discurso do escritor parece se encerrar, não por uma última tese, mas por uma questão última sobre o irracional e o racional na História. Não obstante, Maquiavel nos reconduz, para terminar, dessa interrogação à consideração do presente, àquilo que constitui o objeto da política de um príncipe, nesse ano de 1513 no qual escreve, quando o Médici reinstalado em Florença deve descobrir que a sorte do Estado toscano está ligada à da Itália inteira.

Assim, pois, será que a obra deve se justificar por proclamar um ideal patriótico e, perdendo sua afetada circunspecção, quer enfim definir nos termos mais concretos a tarefa histórica do presente, como se coubesse ao teórico indicar ao príncipe o caminho a seguir?

Que Maquiavel interpela o príncipe não é novidade. Já o fez em numerosas ocasiões; mas, vimos, esse príncipe não tinha identidade definida: era o Sujeito político, esse Sujeito que encarna o homem que pretende dirigir o Estado. Maquiavel se dirigia a um príncipe sem rosto e, ao mesmo tempo, seu discurso abrangia todas as situações da História, todos os modos de governar, levava a pensar sobre a essência da relação social, sobre a natureza humana, do tempo, de tal maneira que dizia respeito ao leitor para quem a política merece ser interrogada, de tal maneira que outorgava a cada um de seus leitores a mesma posição que ao príncipe. Contudo, também descobríamos que esse discurso, cujo alcance se mostrava universal, se desenvolvia em vista de uma experiência particular, se instituía querendo esclarecer o campo presente da política. Não se tratava apenas de que os exemplos escolhidos nos confrontassem constantemente com a situação da Itália, mas, na crítica da tradição clássica e cristã, assim como na do empirismo, transparecia um combate contra as ideologias vivas, contra os savonarolianos, contra os humanistas ou os políticos de visão curta que conduziram a República de Florença à ruína. Se, num sentido, os motivos da obra eram os menos determináveis, uma vez que estavam dirigidos em última instância por uma investigação da verdade cujo motivo era ela mesma, num outro sentido se revelavam como os mais particulares, pois essa investigação se nutria daquela de uma verdade escondida no presente; ou, para dizê-lo melhor, a obra se sustentava em que a verdade da investigação era desconhecida aqui e agora — e não somente enquanto verdade teórica de uma investigação teórica, mas enquanto verdade prática de uma investigação prática.

Da mesma forma, quando Maquiavel lança sua exortação final, o que desconcerta não é que convoque um príncipe novo para criar um Estado italiano e livrar a península da opressão estrangeira. A análise dos grandes feitos de Bórgia, que o último capítulo nos relembra por uma alusão precisa, continha já um convite implícito para seguir a via que ele havia traçado — convite, é verdade, um pouco equívoco, uma vez que era igualmente possível extrair do exemplo de Luís XII uma lição para o projeto de um futuro conquistador estrangeiro, mas que deixava de sê-lo quando a crítica do mercenarismo e do condottierismo desvelava a relação de afinidade dos Estados italianos, a origem de sua fraqueza comum e, ao constituí-los, por assim dizer, como o lugar por excelência do desconhecimento, permitia identificar neles as condições para um retorno à verdade, a das armas e da política, a de uma aliança do povo e do poder fundada sobre a potência. A partir de então, já não duvidávamos mais de que as especulações teóricas fossem inseparáveis da definição de uma tarefa no presente. Mais: parecia supérfluo invocar o patriotismo do escritor para explicar seu empenho de passar das considerações gerais à interpretação da situação italiana, pois esta se apresentava como um palco privilegiado. Víamos, nesse palco, enfrentar-se a maior parte dos atores históricos, concentrar-se a maior parte dos empreendimentos, manifestar-se a mais forte instabilidade e aparecer, na contradição entre fraqueza política e potência material e espiritual, a exigência de uma reforma radical. Nosso espanto nasce do fato de que a situação da Itália se converte repentinamente em objeto de um exórdio enfático e de que, simultaneamente, o príncipe se reveste dos traços de um Médici, enquanto nada é dito sobre os obstáculos contra os quais se chocaria seu empreendimento, nem das razões que lhe permitiriam levá-lo a bom termo. Por certo, Maquiavel afirma que os Médici, "com sua *virtù* e sua Fortuna, foram favorecidos por Deus e pela Igreja", mas afastou suficientemente seu leitor da crença na Fortuna ou em Deus e denunciou o papel dos papas na península para que se duvide da seriedade desse argumento. Certamente, estabelece um paralelo preciso entre a tarefa do príncipe novo e a dos primeiros fundadores quando declara:

E, como já disse, foi necessário, para mostrar o valor de Moisés, que o povo de Israel fosse escravo no Egito; para conhecer a grandeza de espírito de Ciro, que os persas fossem tiranizados pelos medas; a excelência de Teseu, que os atenienses fossem dispersados; assim, no presente, para revelar o valor de um espírito italiano, foi necessário que a Itália fosse conduzida aos termos nos quais a vemos: que fosse mais escrava que os hebreus, mais serva que os persas, mais dispersa que os atenienses, sem chefe, sem ordem, derrotada, espoliada, dilacerada, devastada pelos estrangeiros, em suma, tivesse suportado todas as desgraças.

Todavia, essa comparação apenas torna mais sensível o silêncio de Maquiavel sobre as dificuldades que acompanham a criação de *ordini nuovi*. Enquanto, no capítulo 6, advertia o príncipe de que não contasse com ninguém, agora proclama, ao contrário, que ali onde há grande consentimento (*disposizione*) é fácil alcançar êxito. Tudo se passa doravante como se para o príncipe atingir seu objetivo bastasse formar um exército próprio e convencer-se de que suíços, espanhóis e franceses não são invencíveis, como se os exemplos dos heróis fundadores garantissem o sucesso do empreendimento.

Contudo, pode-se acreditar que não é por deliberação que o lirismo patriótico substitui a reflexão, que a dúvida desaparece diante da esperança no momento preciso em que se vê designado um interlocutor pessoal e identificado um objetivo no presente empírico? Pode-se supor que o discurso maquiaveliano, tão rigorosa, prudente e ironicamente conduzido, resvala de súbito na paixão? Um sinal, ao menos, não engana: no espaço de cerca de trinta linhas, Maquiavel invoca por seis vezes o nome de Deus. É Deus, sugere, quem guiava Bórgia até que a Fortuna veio opor-se aos seus propósitos; é a Deus que toda a Itália roga para que lhe envie um príncipe redentor; é Deus que estende sua proteção sobre os Médici; é Deus ainda que multiplica as advertências, aquele a quem se devem esses fatos extraordinários e sem precedentes: *que o mar se abriu; que uma nuvem mostrou o caminho; que brotou água da pedra; que choveu maná*. Seguramente, seria preciso que o leitor tivesse um cérebro muito embotado para se que encantasse ou se lastimasse de semelhante retorno à fé do vulgo. Como não ver que Maquiavel "exagera". Recorre audazmente ao arsenal da magia e da religião e supera em eloquência o pregador cujas profecias permanecem na memória de todos. Não fala em seu nome; fornece ao príncipe os temas dos quais este deveria aprender a se servir para hipnotizar seus súditos, ou, melhor dizendo, compõe ante o príncipe a imagem que este deveria se dedicar a fazer nascer no espírito de seus súditos. Não troca, súbita e inexplicavelmente, a crítica da fé pela paixão patriótica; passa de um registro a outro, de um pensamento que se volta à busca do sentido ao da propaganda, cujo sentido imagina inscrito nas coisas.

A astúcia — pois aqui há astúcia — consiste em dissimular essa passagem. Porém, ela não obedece aos mais justos motivos? É simplesmente possível determinar uma tarefa e um objetivo sem reservas e sem subterfúgios? O recurso à linguagem eloquente não atesta a distância intransponível que separa a imaginação da reflexão política? Certamente, não podemos ouvir da mesma maneira o longo discurso que conclui numa interrogação sobre os poderes do homem e da Fortuna e a exortação patética do último capítulo, pois não é a mesma voz que fala nos dois casos. Mas se o apelo para libertar a Itália dos bárbaros não pode ser tomado literalmente, isso é uma razão para negar toda sua verdade? Supor, como alguns, que ele não tem outra função senão servir de pretexto aos ambiciosos empreendimentos de um príncipe, ou que com ele não se pretende senão captar, no último momento, a simpatia do leitor, após havê-lo abalado duramente, seria esquecer que da crítica das instituições políticas e militares já surgia a ideia de uma reforma da Itália. É ingenuidade, dizíamos, acreditar que Maquiavel, ao ceder a uma inspiração patriótica, desnuda repentinamente seu coração; mas o é igualmente concluir, por medo de ser enganados, que ele nos engana. Escapa-nos o movimento da palavra por tomarmos excessiva ou insuficiente distância diante do discurso. Ora, quando sabemos acolhê-lo, a alternativa desaparece, e já não cabe decidir se o escritor nos engana ou se engana. A verdade é que imita a paixão de um sujeito que se prostraria aos pés do príncipe pela mais nobre causa e a de um príncipe suficientemente inspirado para atender uma mensagem do Absoluto. Seguramente é um jogo: o tom dá testemunho disso. Mas esse jogo é ainda um modo de expressão. Significa o que não poderia ser significado por um discurso categórico; significa-o de tal maneira que não está nem proibido nem inteiramente permitido outorgar-lhe um estatuto na realidade; dá sua forma sensível a um *talvez*; o faz eclodir ao abrigo da lei do Entendimento, que conhece apenas o verdadeiro e o falso e exclui o terceiro.

O que nos diz este *talvez*? Em primeiro lugar: que poderia haver um príncipe que formasse a ideia de um Estado italiano independente, das condições que lhe são propícias, dos povos que o apoiam. Sem dúvida, mas outra coisa ainda; com efeito, se a hipótese fosse vã, bastaria que o príncipe, para satisfazer seu apetite de potência, vigiasse e soubesse simular a virtude de um fundador e obtivesse a obediência dos súditos, para que surgissem dessa primeira prova as premissas de uma política nova. Talvez inclusive bastasse que príncipe e povo fingissem cada um acreditar nas declarações do outro — um na intenção de assegurar seu poder, o outro na de escapar da opressão dos Grandes — para que o objetivo fosse atingido; tanto é verdade que não pode haver, nas circunstâncias presentes, governo bem-ordenado sem a ficção de uma tarefa histórica e ficção eficaz sem que ela obrigue a empreender.

Aparentemente, Maquiavel não faz nada mais do que ilustrar para um príncipe atual as palavras que pronunciou acerca das relações do homem com a Fortuna: a este corresponde entender que não há nenhum meio que nos dê a conhecer os limites do possível, que esses recuam na mesma proporção de seu desejo, que convém agir como se o tempo alimentasse sua glória. Todavia, mostra simultaneamente por sua linguagem sua própria relação com a Fortuna; faz como se houvesse um príncipe para ouvi-lo, como se o pensamento pudesse encontrar seu prolongamento na prática: enquanto vai além do que lhe é permitido conhecer, enquanto ganha o umbral da ação, simula a inocência do profeta. Ora, nesse jogo o estatuto do pensamento se preserva. Com efeito, se seria glorioso para o pensamento dirigir uma política, ele também se preserva do fracasso de não fazer outra coisa senão prestar-se à imaginação do futuro. No momento em que o pensamento aceita estar ligado ao tempo, ele nos converte em testemunhas dessa aventura e nos impede de implicá-lo nela inteiramente.

Por fim, longe de significar aqui uma renúncia ao real, a passagem ao imaginário se revela como a última e a mais justa maneira de tornar palpáveis os limites do discurso.

Parte 5
À leitura dos *Discorsi*

I.
Do *Principe* aos *Discorsi*

Ainda que só se conhecesse o *Principe*, seria preciso afirmar sobre a obra de Maquiavel que ela pertence à linha das grandes fundações. Apesar de a primeira questão da obra parecer indicar um recuo do pensamento aos limites do conhecimento das operações necessárias à conquista e à conservação do poder, pouco a pouco, com o deslocamento de seu objeto, é todo o edifício de representações construído sobre a base das concepções clássicas e cristãs o que se vê em ruínas, e uma relação nova com a política se instaura. As primeiras declarações sobre a técnica da ação não bastam em si mesmas; utilizadas para circunscrever as condições nas quais se esboça um jogo ordenado de hipóteses e de consequências, elas não restringem o campo da política a essas condições, mas liberam a interrogação das respostas que lhe escondem o acesso para conduzi-la a seu domínio: o que é o poder, a divisão de Estado e sociedade, a divisão de classes e dos desejos de classe... E como esses domínios se descobrem tão somente ao preço de uma subversão das referências que fixam a experiência do verdadeiro e do falso, do real e do imaginário, do ser e do tempo, a fundação do *Principe* ressoa muito além de suas fronteiras desde o lugar de onde se produz.

Contudo, esse julgamento nos obriga a investigar o sentido do empreendimento que, pouco tempo depois da conclusão do *Principe*, os *Discorsi sopra la Prima Deca di Tito Livio* inauguram. Devemos supor que essa segunda obra continua o trabalho empreendido, que desenvolve suas consequências em vista de uma nova matéria ou que marca um novo começo, distanciando-se da primeira, ou até mesmo suprimindo suas marcas? Ainda que o próprio Maquiavel tivesse definido as relações entre ambos, a questão não seria vã, uma vez que não estaríamos dispensados de nos interrogar sobre sua representação; mas a questão nos preocupa mais ainda porque Maquiavel não a formulou, porque não se fala do *Principe* nem na dedicatória, nem no *proemio* que abre o primeiro livro dos *Discorsi* e porque, enfim, suas palavras em uma e outra obra são excessivamente discordantes para que duvidemos de suas intenções.

Numa primeira leitura, o *proemio* parece definir sem equívoco o objetivo da obra: o autor quer convencer seus contemporâneos da necessidade de estender à política a imitação dos Antigos. Essa imitação, observa, é no presente assunto de artistas, juristas, médicos, mas deixa indiferentes aqueles que têm o encargo da ação política. A admiração pela Antiguidade não engendra neles o desejo de buscar nesta modelos para as instituições e as condutas políticas: "Para fundar uma república, manter os Estados; para governar um reino, organizar um exército, conduzir uma guerra, distribuir justiça, não se encontra nem príncipes, nem repúblicas, nem capitães, nem cidadãos que tenham recorrido aos exemplos da Antiguidade". Sem dúvida, se tal negligência se devesse unicamente ao "estado de fraqueza ao qual nos reduziram os vícios da educação atual [...] aos males causados por esta preguiça orgulhosa que reina na maior parte dos Estados cristãos", não haveria nenhum remédio. Mas — ele nos esclarece — ela provém "da falta de um verdadeiro conhecimento das obras de história das quais não se sabe mais extrair o fruto nem apreciar o sabor que contêm". Inclinados a extrair da leitura "unicamente o prazer que lhes causa a variedade dos acontecimentos", os homens se convertem em puros espectadores da cena do passado sem imaginar que a história que aí se desenrola fala de sua própria; "essa imitação lhes parece não somente difícil, mas até mesmo impossível; como se o céu, o sol, os elementos e os homens tivessem mudado de ordem, de movimento e de potência e fossem diferentes daquilo que foram outrora". Sendo o objetivo, pois, despertar o desejo de imitação, o caminho que conduz a isso, compreendemos, pode ser aberto por uma reaprendizagem da leitura, para o que os livros de Tito Lívio fornecerão seu suporte; tudo o que facilite seu entendimento, seguindo a comparação dos acontecimentos antigos e modernos, será destinado a apoiar a tarefa.

Se nos fiarmos nessas indicações, o empreendimento dos *Discorsi* parecerá mais limitado que o do *Principe*, uma vez que, apesar de sua intenção de invocar exemplos modernos e contribuir para o conhecimento da história universal, Maquiavel circunscreve seu objeto à análise dos textos de um autor e dos testemunhos que se pode extrair deles. Contudo, como se acolheria sem reservas o apelo à imitação após haver descoberto a ruptura com os autores antigos que se consumava no *Principe*, notadamente com Aristóteles e Cícero? Sem dúvida, a primeira obra por vezes erigia em modelo as instituições e os comportamentos dos romanos, mas o fazia em virtude de princípios que faziam em pedaços a tradição. Podemos duvidar de que o escritor julgue agora que as verdades da política estão depositadas em Tito Lívio. Ora, essa reticência se confirma ao se observar que, desde as primeiras linhas do *proemio*, ele reivindica a originalidade de seu empreendimento como se não tivesse precedente. Como poderia se comparar a um navegador em busca de mares e terras desconhecidas, como poderia evocar a descoberta de *modi e ordini nuovi*, como poderia afirmar haver se decidido a entrar num caminho até agora desconhecido, se o continente alcançado — já conhecido e admirado por todos — se chamasse *Roma*, se ele se limitasse a restaurar algumas *ordini antiquati*, se desejasse unicamente avançar sobre os trilhos dos Antigos? A audácia dessas fórmulas sugeriria, dessa vez, que os *Discorsi* são aos olhos de seu autor a obra da fundação; que o *Principe*, no melhor dos casos, não foi mais que uma primeira tentativa em direção à descoberta. Mas é verdade que, para manter essa hipótese, seria preciso compreender por que o apelo à imitação vem recobrir no mesmo fragmento o anúncio da criação.

Mantenhamos por um momento a dúvida. Seja qual for a solução, interessa compreender o silêncio que atinge o *Principe* no início dos *Discorsi*. Ora, poderia dar-se uma explicação desse silêncio que nos livra de nossos questionamentos. De fato, o autor a sugere em sua dedicatória, mostrando um indício tão eloquente que somos imediatamente levados a nos apoderar dele para fixar às duas obras seu destino. Dirigindo-se a Zanobi Buondelmonti e Cosimo Rucellai — o primeiro, antigo colaborador seu a serviço da República, o outro, rebento de uma grande família burguesa em cuja residência certo número de jovens hostis ao regime Médici se reunia para escutá-lo —, sugere que abandonou vãs esperanças e que mudou de interlocutores e de partido. Para apreciar a alusão, recordamos o que escreveu a Lorenzo:

> Receba, pois, Vossa Magnificência, este pequeno presente no mesmo espírito com que lhe envio; lendo-o e considerando-o com atenção, perceberá o extremo desejo que tenho de que alcance a grandeza que a fortuna e suas outras qualidades lhe prometem. E se Vossa Magnificência alguma vez voltar seus olhos para estes humildes lugares, conhecerá quão imerecidamente suporto uma grande e contínua maldade da fortuna.

Agora declara aos seus amigos:

[...] enganei-me sobre tantos pontos, mas existe um ao menos em que não errei, é ao escolher-vos entre todos para vos dirigir estas minhas considerações. Primeiro, porque, fazendo isto, creio testemunhar-vos certo reconhecimento pelo bem que recebi de vós, e também por romper desta maneira com o uso corrente de todos os escritores: eles jamais deixam de dedicar suas obras a algum príncipe e de lhe atribuir, cegos como estão pela ambição e cupidez, o mérito de todas as virtudes, quando deveriam criticá-lo por todas as mais vergonhosas fraquezas. É por isso que, não querendo cometer este erro, escolhi não estes que são príncipes, mas aqueles que, por suas qualidades, mereceriam sê-lo.

Como é preciso admitir que Maquiavel não se esqueceu de sua antiga dedicatória quando faz essa declaração, somos tentados a supor que o que ele faz é infligir-se um discreto desmentido destinado a sugerir uma conversão. O silêncio acerca do *Príncipe* parece agora o sinal de uma retratação; repudiando o trabalho consagrado ao governo monárquico, o escritor colocaria sua pena a serviço da causa republicana. Contudo, ainda que se negligenciasse o fato de que o lugar do príncipe não é suprimido com a dedicatória a Buondelmonti e Rucellai, uma vez que estes o ouvem dizer que mereceriam ocupá-lo, conviria examinar com prudência os discursos confiados aos destinatários das dedicatórias.

Certamente, o fato de Maquiavel decidir oferecer, em certa data, seus serviços a Lorenzo, é um evento importante para o biógrafo, mas que permanece mudo para o intérprete de seus escritos enquanto a leitura não o tiver carregado de sentido. Ora, uma vez feita, essa leitura impede de pensar que o discurso da obra extraia seu sentido da relação estabelecida com um interlocutor particular, ou mesmo que ele esteja subordinado ao interesse do personagem determinado como suporte da ação política. Sem dúvida, a obra privilegia o ponto de vista do príncipe; mas trata da política como tal; se dirige aqui e ali a um príncipe possível, mas em termos tais que um príncipe de fato, para assumir o papel, deveria renunciar aos atributos e às crenças que tradicionalmente estão ligados à sua condição; além disso, longe de rebaixar os méritos do regime republicano, sugere que é a conhecê-los e a satisfazer certo número de aspirações democráticas que uma monarquia nova deveria dedicar-se. Ora, aquilo que ensina a leitura da obra confirma a impressão que nos deixaram algumas das palavras que acompanhavam a oferta de serviços a Lorenzo. Pareceu-nos que Maquiavel se apresentava na dedicatória ao mesmo tempo como um humilde servidor em busca de um favor e como um mestre do pensar; declarava a Lorenzo não poder fazer-lhe doação maior do que torná-lo capaz de entender no mais breve período o que ele mesmo, no curso de muitos anos e ao preço de tantas dificuldades e perigos, havia conhecido e compreendido (*tutto quello che io in tanti anni e con tanti mia disagi e periculi ho conosciuto e inteso*). Longe de se anular diante da potência, reivindicava sua ínfima condição para justificar sua audácia em discutir o governo monárquico e fixar suas regras, argumentando que era conveniente pertencer ao povo para conhecer a natureza dos príncipes. Assim, pois, por que seria preciso crer que, reprovando-se no início dos *Discorsi* de haver posto sua esperança em Lorenzo, Maquiavel deveria ser classificado entre os aduladores? Se supusermos que se arrependeu de seu antigo movimento em favor do jovem Médici, não se poderia, em todo caso, concluir que o erro ou a ilusão desacreditasse o empreendimento do *Príncipe*. Além disso, podemos nos perguntar se ele comunica todo seu pensamento na dedicatória dos *Discorsi* e por que permanece tão oculta a alusão ao seu primeiro projeto.

Se refletirmos sobre isso, o indício não parece capaz de fundar a hipótese de uma mudança de intenção. Por si só, não poderia fazer-nos prejulgar a relação entre as duas obras; seu destino, uma vez mais, depende da descoberta do texto. Ora, mal tentamos verificá-lo, por um exame superficial do argumento do primeiro livro, e é preciso convir que nem o interesse em relação ao governo do príncipe, nem a apreciação de sua política, nem a comparação das características da monarquia e da república são eliminados. Sem dúvida se pode imputar à necessidade de um comentário de Tito Lívio o estudo do reinado dos primeiros reis de Roma com que os *Discorsi* se abrem. Mas, se supusermos que seu objeto é a análise do modelo republicano, como não se espantar ao encontrar no capítulo 10 um elogio da monarquia dos tempos dos bons imperadores, o que se imaginava ser incompatível com as convicções anunciadas na dedicatória? "O leitor", não hesita em escrever Maquiavel, "verá essa idade de ouro na qual cada um pode expressar e sustentar sua opinião; verá, enfim, o povo triunfante, o príncipe respeitado e brilhando de glória, adorado por seus felizes súditos." À qual intenção relacionar essas palavras certamente ignoraremos enquanto sua função nessa etapa do discurso não for elucidada, mas ao menos é preciso convir que, se considerarmos sua letra, ele desmente o julgamento de alcance aparentemente universal aplicado aos príncipes corruptos e aos escritores da corte. Não menos eloquente é o capítulo 16, no qual, numa longa digressão consagrada aos príncipes que incorreram no ódio de seus súditos — aqui denominados expressamente "tiranos" —, o autor restabelece, condensando-a, uma parte do ensinamento do *Príncipe*. E mais adiante ele avança ainda nessa restauração, no capítulo 26: ao examinar aí o caso de um príncipe inteiramente novo que não sabe se adequar aos costumes de uma realeza nem de uma república, recomenda-lhe fazer todas as coisas novas como ele e empregar meios *crudelissimi*, "contrários não somente a todo cristianismo, mas a toda humanidade". Em diversas ocasiões, enfim, não se limita a comparar os méritos do príncipe com os do povo (como é o caso nos capítulos 29, 56 e 59), mas analisa as situações que enfrentam igualmente uma monarquia e uma república e que exigem do poder uma mesma estratégia (capítulos 30, 32 e 51); ou então define as condições requeridas para a implantação de um ou outro regime.

Em vista desses primeiros sinais, a condenação dirigida contra aqueles que dedicam sua obra a um príncipe não é mais admissível sem reservas. Caímos na tentação de pensar que, se sua função é sugerir uma ruptura com os Médici, da qual seria perigoso falar claramente, ela serve sobretudo para cobrir o silêncio acerca do *Príncipe* desarmando a eventual hostilidade do leitor. Tal nos parece então a habilidade da alusão: o escritor dá a entender duas vezes mais do que disse; sem se nomear, fala em termos que podem ser aplicados a ele mesmo e levam a pensar que ele lamenta ter buscado o favor de Lorenzo; sem dizer nada da relação que uma obra mantém com a pessoa de seu destinatário, permite supor que os *Discorsi* são tão diferentes do *Príncipe* quanto o são seus interlocutores, ávidos de ciência e de liberdade, de um medíocre pretendente à tirania. Ora, à luz desse artifício, nos inclinamos a reconsiderar a oposição assinalada entre a afirmação do novo e o apelo à imitação dos Antigos. Reivindicando tão fortemente a originalidade de seu empreendimento, parece que Maquiavel desperta a curiosidade do leitor e o intima perigosamente a segui-lo por um caminho desconhecido. Mas talvez também libere seu discurso da hipoteca com que a reputação do *Príncipe* poderia onerá-lo. Ao louvar a virtude da imitação, ao sugerir que o mais novo coincide com o mais antigo, ele acalma a inquietação, finge reduzir seu projeto aos limites de uma restauração, mas provavelmente confirma assim o efeito do silêncio que marca o *Príncipe*, obra que não reverenciava a autoridade dos clássicos.

Mas então volta com maior insistência a questão relativa à diferença dos dois livros. Se os ensinamentos do primeiro são retomados no segundo, qual é a virtude do recomeço? A afirmação de que os *Discorsi* se engajam numa via que jamais foi aberta não pode conter uma justificativa relativa? Apesar das aparências, a exploração da história antiga, e singularmente aquela de Roma e mais ainda a de Tito Lívio, não permitiria por acaso assegurar à fundação do *Príncipe* as bases que todavia lhe faltavam? Nós nos apressamos a observar que o objeto dos *Discorsi* se anunciava como mais particular que o do *Príncipe* por se limitar ao comentário de um autor e a um fragmento da história. Ora, devemos examinar as indicações finais do *proemio* com tanta circunspeção quanto fizemos com seu apelo à imitação.

De fato, um primeiro sobrevoo no texto nos convence de que ele não poderia se reduzir a um comentário de Tito Lívio, ainda que enriquecido de exemplos modernos. Desde os primeiros capítulos encontramos uma distinção das formas de Estado e uma apreciação do papel que desempenham os conflitos de classe em seu desenvolvimento, que rompem com a representação dos autores clássicos, notadamente com a do historiador que Maquiavel parece erigir como mestre. A audácia da interpretação é tal que em vão as considerações iniciais sobre a história de Roma se limitariam à função de um simples preâmbulo; e elas são tais que não se pode deixar de perceber nelas o anúncio de uma crítica do modelo apresentado por Tito Lívio. Além disso, a partir do momento em que a fundação de Rômulo é convocada para proporcionar os primeiros pontos de referência do relato liviano, a composição da obra mostra-se de tal modo desconcertante que se impõe a interrogação sobre o propósito do escritor. Este segue aproximativamente a ordem cronológica dos fatos, mas a interrompe em diversas ocasiões para extrair da trama dos acontecimentos aquilo que depende de uma história anterior ou posterior; menciona os mesmos exemplos em diversas passagens de sua obra para introduzir comentários diferentes; se refere a episódios que a primeira década não cobre e, em compensação, omite dela passagens inteiras que se acreditariam ricas de sentido aos seus olhos. Em vão se quereria fundar a ordem das ideias sobre o encadeamento dos fatos exibidos, pois estes parecem escolhidos em função de um princípio de inteligibilidade introduzido pelo autor; mas, igualmente, se pretenderia em vão identificar imediatamente esse princípio, desvelar a lógica do argumento, pois os julgamentos enunciados se tecem sempre no relato de acontecimentos ou de ações singulares, de tal sorte que sua articulação parece levar a marca da contingência.

Sem dúvida, se encontram ao fim do capítulo I as indicações relativas à composição da obra que são confirmadas no *proemio* do livro segundo e no início do terceiro. Maquiavel se proporia, em primeiro lugar, a estudar as medidas da ordem pública relativas aos assuntos internos da Cidade; passaria em seguida ao exame da política exterior de Roma; finalmente, analisaria o partido que tomaram os indivíduos na edificação da República e de seu império. Mas essas indicações, que justificariam, no máximo, o recorte empírico da matéria da narrativa, se revelam em grande medida falaciosas. O primeiro livro outorga um grande espaço à ação dos homens que lançaram as fundações da Cidade e discute acerca dos meios de que dispõem os indivíduos ambiciosos para se apropriar do poder ou, se o ocupam, para eliminar seus adversários. O livro segundo, ainda que trate principalmente das guerras e das relações entre Estados, contém uma crítica do regime republicano e uma reapreciação decisiva da imagem de Roma, ao mesmo tempo que lança uma nova luz sobre a diferença de antigo e moderno. O terceiro apresenta considerações inesperadas sobre os fundamentos do Estado e da religião, analisa longamente o fenômeno da conspiração, propõe diversas vezes como modelo a conduta dos inimigos de Roma e parece mais ocupado em definir os modos de ação no campo da política e da guerra do que em evidenciar a contribuição dos grandes homens ao desenvolvimento da potência romana.

Assim, nos *Discorsi* o leitor está numa posição diferente da que estava no *Principe*. Este multiplicava, dizíamos, os sinais de um ordenamento rigoroso; acreditávamos ter certeza, no início, do encadeamento de seu argumento; somente pouco a pouco se fazia necessário abandonar as referências ostensivas da demonstração, acolher a divagação do pensamento e obrigar-se a conhecer sua necessidade. Na segunda obra, ao contrário, a via a seguir é tão pouco clara, as ramificações deixam-se entrever tão numerosas, as advertências parecem tão equívocas que devemos duvidar imediatamente do sentido do argumento; o discurso se oferece a nós como um mosaico cujos fragmentos foram dispostos de maneira a tornar invisível o motivo. E essa primeira imagem é ainda mais confusa quando lembramos as frases iniciais do *proemio* que evocam a descoberta de um continente desconhecido. Certamente, a experiência adquirida com a leitura do *Principe* nos incita a esperar na exploração do texto os meios para interpretá-lo, e é inclusive possível pensar que nada se perdeu quando nos vimos privados da aparência de ordem, pois ela era enganosa; mas é verdade também que os sinais fornecidos nos guiavam despertando nossas suspeitas, enquanto a aparência de desordem engendra perplexidade.

Contudo, a diferença de composição das duas obras pode nos colocar no caminho da resposta que buscamos, pois incita a observar que o objeto *manifesto* em função do qual a análise se desenvolve, aqui e ali, não se presta ao mesmo tratamento. Fazendo do *Príncipe* esse objeto, Maquiavel esclarece, na perspectiva que abre o domínio do poder, os múltiplos elementos do campo da política. Se seu discurso trata da constituição desse campo, bem mais do que da função do príncipe — a qual se torna inteligível apenas ao se deixar inscrever nele —, permanece que a referência ao agir do Sujeito político não deixa de dirigir o movimento da interrogação. Ainda que sejamos conduzidos a examinar a divisão do Estado e da sociedade civil, a divisão de classes e do desejo de classe, a do presente e do passado, tais divisões se dão ao pensar em virtude da posição do Sujeito. Ainda que essa posição seja decaída do plano da natureza, a ponto de o Sujeito parecer se instituir afastando-se de um lugar da soberania reconhecido como imaginário, somente tendo-a constantemente sob o olhar se desvelam todas as questões acerca do ser da política e da história. Em compensação, o objeto manifesto *Roma* determina a ordenação do discurso apenas forçando-o a se estabelecer em diversos registros ao mesmo tempo. Roma não é somente a dupla matéria de um relato e de um ensinamento. Assim concebida, representa um Estado cujas instituições e empreendimentos se deixam circunscrever num espaço e num tempo oferecidos à investigação do historiador; se presta à tentativa daquele que, na intenção de suscitar a imitação, descreve as situações nas quais a Cidade ou os indivíduos se distinguirão. Roma é também, como se mostra no início da obra, a encarnação de um tipo sócio-histórico cujos traços se definem em oposição aos de outros tipos. Considerada como tal, proporciona o termo de uma comparação, da qual os Estados da Antiguidade ou certos Estados modernos, particularmente Florença, representam os outros termos. Ora, parece que é em função dessa comparação que se funda a possibilidade primeira de uma seleção de sinais capazes de estabelecer o valor dos exemplos romanos. Sem dúvida, o leitor se verá inclinado a pensar que o princípio de comparação pressupõe um saber sobre a política — sobre o Estado e a diferença dos regimes, sobre as classes e seu conflito, sobre a autoridade e a lei —, mas não pode deixar de observar que a história da República romana leva a descobrir uma relação singular entre as instâncias do campo político que esclarece sua lógica e que de outra maneira permaneceria oculta ou, para falar de modo mais geral, que a ordem da Cidade é indissociável de um estilo de futuro. Ao fazer essa observação, deve-se, pois, convir que o objeto Roma não se reduz tampouco à função de um tipo: sua virtude é tornar legível a distinção dos tipos; mostra, misturados aos traços que fazem sua singularidade, outros traços, inscritos nele a título de possíveis, cuja realização em outra parte está a serviço de configurações diferentes. Nessa perspectiva, constitui o suporte privilegiado de uma investigação das variações sociopolíticas. Como menos significativos que seu modo de advento aparecem então a oposição entre tal instituição romana e tal outra florentina, a *resposta* singular dada aqui e lá para questões semelhantes, o sentido de uma escolha, o mais frequentemente tácita, em razão da qual certos possíveis efetivos são excluídos. Mas é ainda verdade que Roma, nos três registros em que se inscreve o discurso maquiaveliano, permanece a matéria do relato de Tito Lívio. O escritor nos convoca a ler o texto romano constituindo-o através daquele de um autor. Se acreditarmos na conclusão do *proemio* do livro primeiro, seu propósito é escrever, em função do que sabe das coisas antigas e modernas, tudo o que julga necessário para uma maior inteligência das últimas — isto, ele esclarece, de maneira que seus leitores possam mais facilmente extrair de seu próprio discurso essa utilidade em vista da qual se deve perseguir o conhecimento das obras de história (a *cognizione delle istorie*). Assim, ele se apresenta como o intérprete de uma obra, sugerindo ao mesmo tempo que esta não exibe imediatamente seu sentido e que da conquista desse sentido nascerá uma nova disposição do Sujeito — a conversão de um prazer dos sentidos (*piacere di udire*) num desejo de agir, quer dizer, de imitar.

Ainda que não possamos determinar desde o princípio em que medida a admiração testemunhada por Tito Lívio é sincera ou fingida — questão legítima, pois se afirma que a via aberta nos *Discorsi* ainda não foi seguida por ninguém —, permanece uma certeza: o objeto Roma não se deixa separar da representação de Roma. Fragmento de história privilegiado, encarnação de um tipo sócio-histórico, lugar onde se desvela a multiplicidade dos possíveis da política, Roma dá-se simultaneamente ao leitor em referência a um discurso singular que deve ser posto à prova para que se decida o sentido do passado e do presente. É preciso entender que há uma ligação entre o conhecimento do fato, a decifração do livro e o acesso ao real que se define hic et nunc na ação. Como poderia nos escapar, particularmente, que o objeto prometido à imitação está destituído do plano do sensível, que não é apreensível imediatamente nem nos testemunhos oferecidos à percepção nem nos sinais extraídos do relato liviano? Se supusermos que o conceito de imitação não está privado de sentido, apenas poderíamos entendê-lo liberando-o de sua acepção ordinária. Totalmente diferentes parecem, com efeito, a situação do artista, do jurista, do médico que descobre operações, regras, formas esquecidas nas quais se manifesta a superioridade de uma *technè* antiga, e a do político ao qual é preciso abrir, por meios inéditos, um caminho até a história, até o discurso em que esta se revela como história verdadeira, e conquistar a possibilidade da imitação. Sem dúvida, não se deve acentuar excessivamente uma oposição sobre a qual Maquiavel silenciou. O artista não é aquele que copia servilmente um fragmento de estátua; se imita, é porque devolve ao objeto sua potência de vida e este, convertido em modelo, se torna, enquanto coisa do passado, mais presente do que tudo o que povoa o universo imediatamente dado como presente. Contudo, a diferença entre presente e passado é apreendida pelo político numa experiência singular. A estatuária antiga pode muito bem permanecer, animando a criação dos modernos, um monumento e um emblema da Antiguidade; mas a República romana não é nem monumento nem emblema; com ela o passado captura o presente, a história se desvela como não sendo nem antiga nem moderna; a diferença entre os tempos não é abolida, mas se mistura, pois a verdade do antigo está submetida à experiência do florentino.

Retornemos ao *proemio*: nele nos é dito que a imitação parece difícil ou mesmo impossível aos contemporâneos, "como se o céu, o sol, os elementos, os homens tivessem mudado de ordem, de movimento e de potência e fossem diferentes do que eram outrora". Acreditamos à primeira vista compreender que as leis da natureza, da natureza humana especialmente, são imutáveis e a diferença de tempos, ilusória. Mas se considerarmos as palavras que anunciam a decifração de Tito Lívio, não é preciso antes entender que os florentinos desconhecem duplamente a diferença dos tempos? Com efeito, finalmente, se as leis são inapreensíveis enquanto os termos da comparação não tiverem sido subtraídos às ficções da experiência comum, se essa comparação requer todo um trabalho sobre a *representação* do passado, é preciso concluir que a diferença é falsamente afirmada — quando os romanos são julgados homens de uma espécie estranha, inimitáveis — e falsamente negada — a partir do momento em que as condições presentes que os fazem parecer outros se encontram ocultas, quando é eludida a necessidade do trabalho que deve ser realizado sobre os sinais do antigo e do moderno.

Assim, pois, nos equivocaríamos se encontrássemos no apelo à imitação apenas um artifício destinado a aplacar a inquietação do leitor após a audaciosa afirmação da descoberta. Talvez ela desempenhe também essa função, mas Maquiavel engana somente quem quer se deixar enganar. Desde o *proemio* faz um uso do conceito de imitação que por sua própria natureza desperta a atenção; não se limita, após haver anunciado a via do novo, a sugerir que ela seria simples retorno ao antigo, mas sugere que esse retorno implique uma elaboração da matéria até então identificada como a Antiguidade. Assim, introduz uma questão estranha, subordinando a exigência da imitação à do saber, a exigência do agir segundo a imagem do romano à de estabelecer o texto em que sua figura se torna legível.

Se entendemos bem, não é preciso pensar, então, que o silêncio em torno do *Príncipe* possui mais de um sentido, que não é unicamente efeito da prudência, mas que assinala a tentativa de dar ao discurso político seu verdadeiro começo? Certamente, o *Príncipe* traz uma ideia nova da história, com a mescla de fatos antigos e modernos, com a crítica das representações comuns que subjazem à ação e à linguagem dos contemporâneos, com aquela, implícita, dos grandes Autores tidos por fiadores dessas representações, mas deixa na sombra o lugar da diferença dos tempos e — o que não é a mesma coisa — o lugar da interpretação, enquanto esses emergem na interrogação desde o *proemio* dos *Discorsi*. Atribuindo-se na sua primeira obra a tarefa de explorar o campo da política desde um ponto determinado pela instância do poder, Maquiavel se põe na necessidade de descrever todas as relações sócio-históricas em virtude da posição dessa instância; assim, a profundidade desse campo é indicada pelos sinais localizáveis na superfície constituída pelo projeto de dominação. Em compensação, os *Discorsi* destroem essa superfície — operação violenta cuja primeira consequência é ocultar ao leitor o desígnio geral de seu argumento — e instituem um movimento tal que a exploração do espaço social e de sua divisão é simultaneamente a do tempo e de sua divisão e a do discurso político e de sua divisão. Não cabe supor que os caminhos percorridos no *Príncipe* tenham sido abandonados. Antes devemos pensar que, para continuar seu empreendimento, o escritor deve reconduzi-lo a uma origem que lhe faltava: uma origem, vislumbramos, que não poderia se localizar no plano da política, no da história ou no do discurso teórico, mas se dá em seu cruzamento, no crivo da interrogação.

Acreditamos haver sondado suficientemente o desígnio dos *Discorsi* no *proemio* para empreender sua leitura. Não obstante, se recordamos os sinais que guiaram nossos primeiros passos, devemos convir que deixamos de interrogar um que deveria ter retido nossa atenção. Maquiavel denuncia a impotência de seus contemporâneos para imitar, na ordem da política e da guerra, a *virtù* dos Antigos, em seguida se propõe a instruí-los por meio de um comentário a Tito Lívio, quer dizer, circunscrevendo o modelo da República romana; todavia, não deixa pensar que os acontecimentos da Antiguidade são ignorados em sua época, uma vez que observa, de passagem, que numerosos leitores das coisas da história (*infiniti che le leggono*) se comprazem no espetáculo de sua variedade. Com efeito, como poderia deixar de assinalar esse interesse? Os leitores de seu tempo perderiam a fé nele, eles que sabem da importância dada aos romanos nos debates políticos e da honra que se rende a Tito Lívio, Cícero e Plutarco. Igualmente, Maquiavel se contenta em dizer que esse interesse é vão, que não sustenta um desejo de saber e de agir. Ora, enquanto acolhemos — nós, leitores modernos — sua crítica sem nos preocuparmos com o lugar que ocupava Roma no pensamento dos florentinos, seremos propensos a aderir ingenuamente ao programa de um retorno à Antiguidade, a subscrever a oposição entre antigo e moderno, como se fosse nova, a acreditar que os exemplos romanos, efetivamente abandonados, seriam restaurados pelo autor. Mas se observamos que este se dirige a um público que mantém uma relação singular com a Antiguidade, com Roma, que as marcas de sua grandeza são constantemente renovadas, devemos pesar melhor suas palavras.

Se é demasiado cedo para tentar esclarecer essa relação — se é preciso proibir-se, tanto quanto possível, de antecipar o comentário do discurso e de explorar uma informação histórica da qual se extrairá maior proveito deixando que ela seja exigida por esse comentário —, ao menos não podemos deixar de observar que os humanistas florentinos, no início do *Quattrocento*, glorificaram as instituições da República romana e os feitos de seus heróis. Por que Maquiavel finge ignorar seus apelos à imitação? Em vão suporíamos que, sob a restauração dos Médici, não é conveniente, nem sem perigo, referir-se àqueles que um século antes se haviam convertido em porta-vozes da ideologia republicana, ou que não importa evocar sua ação numa época na qual esta perdeu sua eficácia. Isso seria esquecer que nos tempos ainda próximos de Savonarola e Soderini a República se reconciliou com a tradição do humanismo político e, sobretudo, privar-se de compreender que Maquiavel, prudente o bastante para silenciar sobre aqueles que o precederam na apologia da Roma republicana, sem dúvida teve a audácia de refazê-la sob sua própria autoridade. Melhor formular outra hipótese: afirmando que nenhum político, nenhum capitão, pensa em imitar os antigos, que o modelo romano é ignorado e que, enfim, ele mesmo vai erigi-lo pela primeira vez em sua verdade, o escritor sem dúvida dá a entender que ele se dispõe a subverter a tradição que pretende ser a guardiã da herança antiga. Sugerindo que o amor que tantos florentinos mostraram por Roma tem por função encobrir sua impotência para enfrentar as tarefas do presente, adverte sem dúvida que sua interpretação de Tito Lívio e da história romana tem o alcance de uma desmistificação.

Com efeito, ele teria melhores razões para proclamar a audácia de seu empreendimento se, fazendo de Roma a base de sua reflexão, sua escolha não estivesse dirigida unicamente pelas exigências da teoria, se ele atingisse com a imagem da Antiguidade e de Roma o coração das ilusões políticas de seu tempo.

2.
Sobre Roma e a sociedade "histórica"

As primeiras palavras do *Principe* são um choque frontal com o leitor; elas o obrigam a raciocinar sobre o poder sem se preocupar com seu fundamento nem com seus fins, ignorando a distinção entre o legítimo e o ilegítimo. Nos *Discorsi*, ao contrário, o escritor parece, em primeiro lugar, acolhê-lo no lugar onde se situa a *opinio communis* — lugar em que toda tese política postula a identidade do verdadeiro, do bem e do útil. Suas primeiras palavras — que nos são tanto mais sensíveis porque em nossa memória permanece o início do *Principe* — estão destinadas a associar à sabedoria dos legisladores de Roma a *virtù* de suas instituições e seus cidadãos e a potência de seu império. Assim, a história romana se anuncia como transparente; da fundação do Estado até a grandeza adquirida, das boas causas aos bons efeitos, a ordem dos acontecimentos parece necessária e aquele que vai retraçá-la pode esperar a aprovação de seu público. Os capítulos 1 e 2, na sua maior parte, parecem feitos para confirmar essa disposição. O autor examina as condições sob as quais se formam as cidades; depois, os primeiros motivos que impeliram os homens a se agrupar e forjar uma organização política; por fim, examina a gênese das constituições cujas falhas respectivas se revelam como algo que faz necessária a passagem de uma a outra segundo uma ordem em princípio imutável. Estamos tentados a pensar que basta observar os fatos e usar do bom senso para apreciar as oportunidades de desenvolvimento dos Estados e, notadamente, aquelas que foram oferecidas a Roma, em função dos traços fixados desde seu nascimento. Por menos que se saiba identificar e classificar os casos das espécies, segundo o costume escolástico, serão identificadas as características que a dispuseram à grandeza. Que se distingam as cidades fundadas pelos autóctones daquelas criadas por imigrantes; as primeiras procedem da reunião de uma população que juntou forças para defender sua segurança, as segundas se subdividem em duas categorias: ou seus habitantes permanecem na dependência de sua antiga pátria — seja porque a tenham abandonado por se encontrarem nela em número excessivo, seja porque realizaram a missão, com fins econômicos e militares, de manter uma colônia em país conquistado — ou então gozam de independência, tendo fugido deliberadamente de sua terra natal, devastada por algum flagelo. Que se distingam ainda as cidades estabelecidas sobre uma terra fértil e as estabelecidas sobre uma terra estéril: estas, consagradas ao trabalho e à pobreza e, portanto, protegidas contra a discórdia, mas impotentes para assegurar sua defesa contra conquistadores prósperos; aquelas, ameaçadas pela ociosidade e pela riqueza, mas por isso mesmo incitadas, se quiserem crescer, a instaurar leis que entravem a corrupção. Essa classificação nos introduz a uma definição do Estado romano ao mesmo tempo que anuncia seus méritos em relação aos outros Estados antigos e modernos. Com efeito, quer se atribua sua fundação a um autóctone ou a um estrangeiro — Rômulo ou Eneias —, é certo, nos diz o autor, que ela conheceu desde logo a liberdade; e que, estabelecida sobre um solo propício ao seu crescimento, aceitou, assumindo o risco da corrupção, impor-se as leis que fizeram sua força. Em compensação, Florença, nascida sob a autoridade dos romanos, se revela, seja qual for igualmente a dúvida acerca de seus fundadores, marcada pela servidão primitiva.

Tal é, pois, o quadro esboçado sob o signo da convenção. O leitor reconhece a figura familiar da Fortuna, cuja intervenção determina o destino do Estado, e a do legislador que, sob os auspícios favoráveis, tem poder de agir como cientista. Uma linha separa o favorável do desfavorável e, ao mesmo tempo, o racional do irracional. De um lado está Roma, junto aos antigos reinos do Egito; de outro, Florença, com Alexandria, que carrega os estigmas de sua origem servil. A análise das diferentes formas de governo e das características específicas da constituição de Roma, no capítulo 2, confirma a impressão de que o autor não se separa dos princípios que são subscritos pelos homens de seu tempo, ligados que estão à tradição clássica. Assim, louva a excelência de Esparta; chega a afirmar que observou suas leis sem alterá-las durante mais de oitocentos anos; atribui a Licurgo o mérito de havê-las dado de uma só vez e julga que não existe melhor Estado que aquele que se encontra ordenado desde sua origem por um legislador prudente. De Roma diz somente, para começar, que não pode pretender o mesmo gênero de perfeição, por ela pertencer àquelas Repúblicas que melhoram no calor dos acontecimentos. Para demonstrar o valor de sua constituição, estabelece que ela se deu conforme ao modelo do regime misto elaborado pelos filósofos. Ainda que não os cite, sua preocupação em se ligar à Tradição é manifesta. Após haver evocado alguns autores que escreveram sobre a política (*Alcuni che hanno scritto delle republiche*) para recordar a distinção clássica dos três governos (*Principato, Ottimati, Popolare*), se filia à opinião de alguns outros a quem muitos atribuem, observa, maior sabedoria (*secondo la opinione di multi piu savii*) por acrescentar outros três governos, variações corrompidas dos primeiros (tirania, oligarquia, licenciosidade). Parafraseia Políbio até concluir com ele que todos os Estados são apreendidos num círculo, destinados a retornar ao seu ponto de partida após haverem percorrido as etapas que os conduzem sempre do bem ao mal. E é ainda de Políbio que toma emprestada a tese segundo a qual o Estado pode subtrair-se ao seu círculo mortal, sob a condição de que associe num mesmo regime os três princípios, monárquico, aristocrático e popular, dos quais nenhum pode prevalecer sem degenerar, para com ela ilustrar, na sequência, os modelos de Esparta e de Roma. O segundo aparece então ao leitor como apoiado sobre o primeiro; a verdade das instituições romanas se decifra a partir da obra elaborada por Licurgo. Se podemos reconhecer essa verdade, admitir que os romanos, no curso de sua história, corrigiram os erros, melhorando suas instituições, é porque a ciência do legislador espartano oferece a solução do problema político — uma solução que os fatos não ensinam, uma vez que não fazem mais do que dar fé da cega sucessão dos regimes. Como Esparta encarna, por excelência, a forma de Estado conservador, a função de fiador teórico que Maquiavel lhe atribui é de feitio a sugerir, além disso, que suas palavras não serão nada menos que revolucionárias. De resto, a crítica da instabilidade de Atenas, a condenação de Sólon, julgado culpado por haver criado uma constituição limitada ao princípio popular, pesam profundamente nesta altura do discurso. Roma se anuncia à imagem de Esparta, estranha à sua rival democrática.

Em consequência disso, o efeito produzido pela última parte do capítulo 2 é extraordinário. "Mas voltemos a Roma, a qual, embora lhe faltasse um Licurgo que a constituísse em sua origem de maneira que pudesse viver livre durante muito tempo, apesar disso conheceu tais eventos (*accidenti*), nascidos da desunião que reinava entre o Senado e o povo, que o que não fez um legislador, fez o acaso." Embora, na sequência imediata do texto, o autor se dedique ainda a mostrar, como anunciava no início do capítulo, que os acontecimentos permitiram à República romana forjar um regime misto, o acento posto sobre o conflito que dilacerou o senado e a plebe — conflito cuja função é de novo acentuada na conclusão — modifica o sentido do argumento. Não basta mais observar que o acaso jogou a favor de Roma: é preciso convir em que o que, em outra parte, foi obra de um sábio legislador, aqui foi obra do conflito de classes. Introduzido a partir das premissas que o modelo espartano proporciona, o modelo romano opera assim uma inversão. Tal é, com efeito, o mérito comumente reconhecido a Esparta: o de haver formado, ao combinar os três princípios políticos, um Estado harmonioso, quer dizer, o de haver eliminado a discórdia e desarmado as consequências possíveis dos acontecimentos. Ora, aprendemos que a *virtù* da República romana depende da desunião de senado e plebe. Os acontecimentos que a servem não estão, pois, privados de inteligibilidade; se organizam em razão da luta entre povo e nobreza. Desse modo, esboça-se uma tese totalmente nova: é preciso produzir na própria desordem uma ordem; os apetites de classe não são necessariamente maus, uma vez que de seu entrechoque pode nascer a potência da cidade; a história não é somente degradação de uma boa forma primitiva, uma vez que ela faz possível a criação romana.

Essa indicação estimula a reconsiderar as primeiras palavras do escritor, que nos pareciam estreitamente submetidas à opinião estabelecida. E, de fato, certos sinais nos levam a pensar agora que o autor não oferecia todo seu pensamento. Seu elogio de Esparta e de Licurgo parecia excessivo. Ao afirmar que Esparta observou suas leis durante oitocentos anos, que a obra de seu primeiro legislador jamais foi posta em questão, ele assume uma estranha liberdade com respeito a fatos conhecidos. Sua condenação de Sólon não é menos surpreendente, pois não pode ter ignorado que suas reformas pouparam a classe dominante. O respeito testemunhado pela "opinião dos muitos" que corrobora a distinção dos seis regimes, bons e defeituosos, leva a suspeitar que aqui ele não fala em seu próprio nome. Sua utilização de Políbio, por outro lado, é acompanhada de uma alteração significativa de suas teses: ele se abstém de assinalar, na sua reconstituição da gênese das sociedades, suas considerações sobre a família, aprofundando assim a oposição entre estado de natureza e estado político. Ele se furta a afirmar, na sequência, que as mudanças de regime sejam necessariamente reguladas por uma lei da natureza; e, após haver evocado o círculo que estariam destinados a percorrer todos os Estados, se apressa a acrescentar que, em decorrência de sua curta duração, vê-se raramente repetir as mesmas formas de governo. Finalmente, não hesita em dizer que todos os regimes "bons" e "maus" são *pestiferi*, deixando-nos pensar, assim, que a distinção clássica carece de pertinência. Ora, esta última observação nos faz levar a suspeita mais longe. Podemos nos perguntar, com razão, se a fórmula do regime misto, da qual faz um ruidoso elogio, é efetivamente justa a seus olhos ou se ela fornece a ele somente um artifício para conduzir seu leitor por uma via nova. Qual virtude atribuir, com efeito, à combinação de regimes *pestiferi*? A obra de Licurgo, fundada sobre o discernimento dos bons regimes, resiste, a despeito das aparências, à crítica que os atinge? Se considerarmos o caminho percorrido do início ao fim do capítulo, não é preciso antes arriscar esta hipótese: Maquiavel introduz, sob o manto da teoria clássica — a da política de Aristóteles e a das leis de Platão —, uma interpretação da história de Roma que requer novos conceitos? Apoiando-se em Políbio, utiliza um argumento que é o melhor para oferecer ao seu leitor uma transição até essa interpretação, ou para esconder dele provisoriamente a distância que toma em relação aos Antigos. Políbio, com efeito, tem o mérito de desenvolver no tempo o esquema aristotélico para inscrever nele o modelo romano. Operação decisiva, sem dúvida, uma vez que esta confia à fecundidade dos acontecimentos o que estava reservado à ciência do legislador, mas deixa intacta a ideia de que a essência do Estado se lê nos princípios de sua constituição. Ora, o escritor retoma por sua conta essa operação, eliminando os argumentos que o incomodam, para deslocar a problemática política, para levar-nos da consideração da forma do regime à das relações de classes e, simultaneamente, da consideração dos acidentes (apreendidos em sua oposição à essência) à de uma lógica histórica.

Se nos fiássemos nessa hipótese, teríamos de reconhecer que os *Discorsi* são, desde seu início, o lugar de um trabalho inovador — não somente a despeito da sua aparência, mas em razão mesmo do movimento que se engendra desde a aparência, quer dizer, pela via de um retorno às origens do pensamento político, que obriga a mudar de direção.

Mas não atribuímos ao autor uma segurança em seu proceder que ele, talvez, não possui? Se é verdade que a função reconhecida ao conflito de classes inverte as premissas postas no início, deve-se, por isso, acreditar que ele tem consciência plena dessa inversão e descartar sem exame a ideia de que ele propõe pensamentos novos com a convicção de permanecer fiel à teoria clássica? A leitura dos capítulos seguintes elimina essa objeção, pois mesmo que não façam nenhuma referência à teoria cíclica de Políbio, a apreciação do regime misto se vê abandonada e deve-se convir em que Maquiavel dispõe rigorosamente os temas de sua interpretação até desqualificar explicitamente o modelo de Esparta no capítulo 6. A conclusão provisória na qual havíamos nos detido, que Roma alcança a perfeição graças à desunião de senado e povo, encontra-se fundada por um argumento que desvela a relação que a lei, a liberdade e a potência mantêm.

Também é notável o artifício que, no início do capítulo 3, serve para introduzir a discussão sobre a origem da lei. Maquiavel apoia-se de novo sobre a opinião estabelecida antes de subverter os princípios que esta invoca. "Todos os escritores que se ocuparam de política [*Tutti coloro che ragionano del vivere civile*]", começa por observar, "e a história está cheia de exemplos que os apoiam, estão de acordo em dizer que quem quer fundar um Estado e lhe dar suas leis deve pressupor que todos os homens são maus e sempre prontos a mostrar sua maldade todas as vezes que encontram ocasião." Esse julgamento, que Maquiavel faz seu implicitamente, anuncia o objeto do capítulo, mesmo que seu título não permitisse designá-lo. Com efeito, formulando a questão: "Quais acontecimentos levaram à criação dos tribunos em Roma e como isso aperfeiçoou a República?", o autor sugeria que iria descrever alguns desses supostos acontecimentos aos quais Políbio atribui o feliz efeito de haver modificado a constituição romana. Ora, o jogo que se estabelece aqui — e que se repetirá em numerosas passagens na sequência do texto —, entre o título da pergunta e seu objeto, é eficaz. Sob a promessa de um relato, Maquiavel se prepara para avançar uma ideia cujo alcance é universal; apropriando-se de um enunciado teórico, largamente aceito, se prepara para introduzir um exemplo que, em lugar de fornecer uma ilustração, desnaturaliza seu significado.

Assim, instado a rememorar a oposição clássica de estado natural e estado político, o leitor se vê levado a confrontar imediatamente seu preconceito e a encontrar no seio do estado político a prova da maldade natural do homem, descobrindo-a no comportamento da classe dominante. De fato, ao comentar os acontecimentos que se seguiram à expulsão dos Tarquínios, Maquiavel observa que, sob seu reinado, "os nobres pareciam haver deposto todo seu orgulho", mas que, uma vez expulsos aqueles, "observaram com o povo uma moderação tanto menor em vista de quanto tinham contido seus impulsos e não deixavam escapar nenhuma oportunidade de castigá-lo". "Essa é", acrescenta, "uma prova do que dissemos: que os homens só fazem o bem forçados, mas que, desde que tenham a escolha da liberdade de cometer o mal com impunidade, não deixam de encher tudo de turbulência e desordem." Estranha prova, se julgará, se prestarmos atenção ao alcance que comumente tem a proposição inicial. Aqueles que a enunciam tiram partido da hipótese de uma perversidade da natureza do homem para assegurar que a lei, como tal, é boa; eludem assim quaisquer questões sobre o conflito social. Para eles, a lei é obra da razão, e a razão não tem lugar na empiria da sociedade civil. Maquiavel, em vez disso, testemunha sua indiferença em relação à imagem de um homem natural — entendamos: de um homem que não teria tido acesso ao estado político. Indiferença que, observemos de passagem, incita mais uma vez a descartar sua breve paráfrase de Políbio sobre as origens da humanidade. Sugere que é no espaço da sociedade política que convém investigar a origem da lei e, ao mesmo tempo, as condições nas quais esta se faz e se desfaz. Só podemos entrever o vínculo entre a lei e o freio posto à opressão se conhecemos a tendência que leva "naturalmente" os Grandes, *na sociedade*, ao desencadeamento de seus apetites.

Esse comentário é ainda insuficiente. Não deve nos escapar que, falando das leis nesse capítulo, Maquiavel visa sob esse termo outra coisa que não a rede de obrigações e proibições nas quais seu leitor está tentado a pensar. Assim, julga exemplar, na instituição das leis romanas, a criação do tribunato. É a ele que atribui o mérito de haver posto um limite à insolência dos Grandes, nos primeiros tempos da República. Essa *ordine* — como a denomina — foi com certeza produto de uma lei, mas é preciso julgar que se distingue singularmente das outras leis por haver dado seu fundamento à constituição. Se considerarmos, além disso, a comparação estabelecida, de passagem, entre a função do tirano e a do tribunato — ambos capazes de conter os apetites dos Grandes —, nos inclinaremos a pensar que não há uma diferença essencial entre o poder pessoal do príncipe e o anônimo da instituição e que, em suma, os dois intervêm como terceiro para regular a luta de classes. Mas nessa etapa do discurso é preciso esperar por novas explicações. Quando muito, pode-se observar que semelhante comparação acaba por desacreditar a classificação dos regimes propostos anteriormente. A inteligência do problema político não nasce da apreciação do princípio de governo — monárquico ou tirânico, aristocrático ou oligárquico —, mas do jogo de forças sociais que se organizam nele. Mais importante que definir a tirania como um regime corrompido é, entendemos, descobrir que com ela uma opressão é substituída por outra, a do príncipe substitui a da nobreza, cuja tendência natural leva a uma dominação direta e sem freio.

Resta que as primeiras luzes projetadas sobre a origem da lei fazem apenas esclarecer brevemente a posição da nobreza e as condições que apelam à repressão de seus apetites. O capítulo 4, ao contrário, abandona qualquer reserva para designar o princípio que constitui a virtude do modelo romano. Além disso, não poderíamos tomar por um acaso que seu título introduza sem rodeios ao argumento, que o autor acentue em três passagens no início do texto, por um *io* — eu —, que fala em seu próprio nome, e que, pela primeira vez, confronte a opinião comum (*contra la opinione di molti*). Não é verdade, afirma em suma, que haja um lado bom e um lado mau na República romana: sua prodigiosa fortuna e suas virtudes militares, de um lado, e de outro suas desordens incessantes cuja consequência final foi arruiná-la. Sua sorte e suas virtudes devem ser referidas ao tipo de suas instituições — a isto que ele denomina suas *ordine* —, e estas procedem do conflito de classes que a dividiu. "Eu digo" — *io dico*, escreve textualmente — "que aqueles que condenam os tumultos de nobreza e plebe criticam aquilo que foi a causa primeira da existência da liberdade romana, e estão mais atentos aos ruídos e aos gritos que ocasionam do que aos bons efeitos que produziram." E mais adiante acrescenta: "Não há razão alguma para qualificar de desordenada uma república que foi plena de exemplos de tão grande virtude, pois se é verdade que os bons exemplos são o resultado de uma boa educação, e esta, o resultado de boas leis, essas boas leis são os tumultos que as engendraram, os quais a maioria condena inconsideradamente". Emitindo semelhante julgamento, Maquiavel não faz, sem dúvida, mais do que dar expressão acabada à última declaração do capítulo 2. Mas doravante é impossível ao leitor escapar da violência de um pensamento que se choca à fé comum numa *boa sociedade*, harmoniosa e pacífica. Levada às suas consequências extremas, a tese de que Roma atingiu a perfeição graças à desunião de plebe e senado já não só pode parecer insólita, como adquire um alcance escandaloso. Como se poderia aceitar sem vacilação a proposição segundo a qual as virtudes romanas são efeito da desunião dos cidadãos, os tumultos são a *causa* da liberdade, a boa educação e as boas leis florescem na vizinhança da guerra civil? Os sábios de Florença foram repetindo de geração em geração que os males da Cidade procedem da desunião de seus membros, que deveriam tratar-se como irmãos; sustentam que o Estado prospera quando a virtude é nele honrada, quando os bons costumes reinam, quando é mantida a fidelidade às velhas leis que educaram o cidadão. Ora, essa bela imagem do Estado é aqui aniquilada.

Maquiavel não permite pensar que a primeira ordem seja a boa, uma vez que faz da *ordine* romana produto de uma história; não permite pensar que a lei impõe essa ordem boa pela intervenção soberana de um sábio, pois a enraíza no conflito social; e sugere que o elogio da *unione* fomenta o desconhecimento da divisão de classes; que, ao querer ocultá-lo, se destrói a liberdade. Ao denunciar aqueles que condenam os tumultos da Roma antiga, os reprova "por ignorar que há em toda República dois humores diferentes, o do povo e o dos Grandes, e que todas as leis que se fazem em favor da liberdade nascem de sua divisão". A fórmula proíbe circunscrever sua interpretação à história de Roma; obriga seu leitor a verificá-la também no Estado moderno, a interrogar o discurso político de seu próprio tempo. Mas ela faz igualmente medir a distância que nos separa no presente do modelo de Esparta. A suspeita que lançávamos sobre a sinceridade da análise, no capítulo 2, não era vã: como a imagem da concórdia instituída por Licurgo resistiria à descoberta da *causa* da liberdade romana?

Não obstante, quando fazemos essa descoberta, estamos ainda na metade do caminho. Observemos que Maquiavel já não diz somente que a *desunione* conduziu Roma à perfeição; ele a situa no fundamento da liberdade. Ora, o termo já não possui o sentido que lhe foi outorgado no capítulo 1, quando o autor, ao falar da origem das cidades, opunha liberdade e servidão. A desunião, entendemos, não somente preservou a independência de Roma; estabeleceu nela a liberdade, isto é, um regime tal que o poder não pode ser apropriado nem por um homem nem por uma facção. O regime de liberdade aparece, pois, como o mesmo da lei ou, falando rigorosamente, como aquele no qual as leis são referidas a seu fundamento. Assim se esclarece a comparação estabelecida entre os Tarquínios e o tribunato. Avaliada em relação à ameaça que os Grandes fazem pesar sobre o povo — e sobre o Estado —, sua função é idêntica. Mas o regime tirânico se mostra profundamente estranho à República tão logo se percebe que um é expressão acabada da apropriação do Estado por um particular e o outro, do anonimato do poder. Doravante, Maquiavel proíbe de pensar que as instituições da República desempenham somente o papel de um terceiro na luta de classes: o tribunato, no qual se expressa a potência da lei, produz o efeito de impedir a ocupação do poder por uma pessoa — quer se trate do príncipe ou dos oligarcas — e, nesse sentido, é eficaz tão só enquanto órgão da negatividade. Sem dúvida, como o assinalava o final do capítulo 3, os tribunos desempenham o papel de intermediários (*medii*) entre o senado e a plebe, mas não têm outra razão de ser, aprendemos imediatamente, senão a conter a insolência dos Grandes.

Ora, essas indicações preparam para acolher a ideia que se afirma na última parte do capítulo 4 e que uma ampla argumentação sustentará no capítulo seguinte: no fundamento da lei e da liberdade se encontra o desejo do povo. Não basta, com efeito, dissipar a ilusão da *unione*, mostrar a fecundidade da luta de classes quando esta se expressa à plena luz, pois se poderia ceder ainda a outra ilusão, imaginar que os dois adversários ocupam uma posição simétrica e que seu conflito é bom *em si* — em consequência disso, restabelecer por uma nova via a imagem de um legislador que, localizado fora dos choques desse conflito, regularia seu curso, e cuja posição coincidiria, de resto, com a do teórico. Não basta, pois, em particular, limitar-se à proposição segundo a qual todas as leis favoráveis à liberdade nascem da divisão dos humores do corpo político. É preciso compreender ainda que é no interior do espaço social, na experiência mesma da luta de classes, que a lei se instaura e assinalar o sentido do movimento que a exige. Maquiavel conduz até aqui seu leitor obrigando-o a abandonar a posição de testemunha para se aproximar do partido do povo. Num primeiro momento, suscita o testemunho: "E se alguém dissesse: que meios extraordinários e quase selvagens (*efferati*)! Vemos o povo vociferar contra o senado, o senado vociferar contra o povo..."; mas o faz para imediatamente converter um só dos protagonistas em autor do tumulto e da liberdade: "Eu digo que em toda cidade", responde ao interlocutor imaginário, "deve haver para o povo meios de dar vazão à sua ambição e sobretudo nas cidades que se apoiam sobre a força popular nas ocasiões importantes. Em Roma havia esses meios, de sorte que, quando o povo queria obter uma lei, ou agia do modo como acabamos de dizer ou se recusava a alistar-se para ir à guerra, e, em consequência disso, era preciso satisfazê-lo para apaziguá-lo de alguma maneira". "Os desejos dos povos livres", acrescenta, "raramente são perniciosos à liberdade, pois é a opressão que os faz nascer, ou a suspeita de que haverá opressão."

Assim, pois, essa é a verdade que o autor nos fazia atingir. A lei não pode ser pensada sob o signo da medida, nem relacionada à ação de uma instância razoável que poria um limite aos apetites do homem, nem concebida como consequência de uma regulação natural desses apetites, imposta pela necessidade da sobrevivência do grupo. Ela nasce da desmesura do desejo de liberdade, o qual está ligado sem dúvida ao desejo dos oprimidos — que buscam dar vazão a sua ambição —, mas não se reduz a este, pois, em rigor, ele não tem objeto, é negatividade pura, recusa de opressão. Da mesma forma, no que aparece à primeira vista como desencadeamento da paixão popular, como agressão contra o Estado, *modi straordinarii e quasi efferati*, devemos ler outro excesso, o do desejo sobre o apetite, o único que por natureza pode fundar o excesso da lei na ordem fática da Cidade. Não nos contentemos já em dizer que há na desordem matéria para fundar uma ordem: não há ordem que possa se estabelecer sobre a eliminação da desordem, a não ser ao preço de uma degradação da lei e da liberdade. E a desordem, no sentido verdadeiro do termo, não é a pura discórdia, o tumulto em que se entrechocam os interesses particulares, pois essa desordem, como se viu em Florença, se apropria muito bem da aparência de ordem, quer dizer, do equilíbrio adquirido das forças sociais: é a operação do desejo que mantém aberta a questão da unidade do Estado e, desvelando-a, que obriga aqueles que dirigem o Estado a recolocar em jogo seu destino.

O capítulo 5 é consagrado ao desenvolvimento desse argumento. Todavia, o autor chega à sua conclusão por um viés singular, para o qual toda nossa atenção seria pouca. Ao colocar a questão: "A quem se pode confiar com mais segurança a guarda da liberdade: aos Grandes ou ao Povo, e qual dos dois causa mais frequentemente tumultos, aquele que quer adquirir ou aquele que quer conservar?", parece, a princípio, limitar-se a confrontar duas teses igualmente convincentes, uma de inspiração aristocrática e outra de inspiração democrática, como se suas últimas palavras não permitissem já escolher uma alternativa. Mas, ao examiná-la, percebe-se que, sob a capa da neutralidade, ele persegue a crítica da tese aristocrática e estabelece a validade da tese democrática a partir de seus próprios princípios. De resto, não podemos deixar de observar que, quando escolhe o exemplo de Roma, fala em seu próprio nome fazendo preceder o argumento de um "eu digo" (*dico*), ao passo que põe na boca de um interlocutor indeterminado a defesa de Esparta e de Veneza (*chi defende l'ordine spartano o veneto dice*).

Contudo, interessa observar que o equilíbrio dos argumentos é respeitado e que a primeira hipótese na qual se detém o autor repousa sobre um argumento estranho ao debate. Em favor do povo ele recorda que, diferentemente dos Grandes, cujo desejo é dominar, aquele possui unicamente o desejo de não ser dominado, para concluir que, se ele se encarrega da guarda da liberdade, sua preocupação será, antes que destruí-la, impedir que os outros se apropriem dela. Em favor dos Grandes se converte em intérprete dos partidários da ordem estabelecida, os quais julgam necessário satisfazer a ambição dos Grandes e perigoso conceder aos plebeus turbulentos uma autoridade contra a qual não deixarão de se voltar os homens bem situados, preocupados em conservar as posições adquiridas. Ao resumir o debate a esta alternativa: a liberdade está mais ameaçada por aqueles que querem conservar ou por aqueles que querem conquistar?, ele desloca seu tema e modifica seu sentido, acentuando que a resposta depende do caráter do Estado considerado, o qual pode dar a si mesmo por fim a aquisição — como Roma — ou a conservação — como Esparta e Veneza. Essa hipótese introduz uma relação entre liberdade e potência que desperta nossa curiosidade; mas devemos convir em que, nessa etapa do discurso, ela priva o argumento democrático do alcance que tinha, uma vez que pretendia estabelecer uma verdade universal. É preciso, pois, admirar-se do recuo que o escritor opera aquém dos propósitos do capítulo precedente. Com efeito, somente esse assombro é capaz de nos fazer ponderar a importância do movimento seguinte e alcançar sua verdadeira conclusão. Esta, aplicada à alternativa que acreditávamos descartar, estabelece finalmente que o desejo daqueles que possuem é o mais perigoso, pelo fato de que o temor de perder excita as mesmas violências que o desejo de adquirir e, além disso, pelo fato de que a preocupação de conservar impele a querer alcançar sempre mais (*perche non pare agli uomini possedere sicuramente quello che l'uomo ha, se non si acquista di nuovo dell'altro*). A tese de inspiração aristocrática fica, pois, totalmente anulada, pois se revela que ela repousava sobre uma mentira, que o desejo dos Grandes não é conservar o adquirido, que ele é insaciável, que é desejo mesmo de adquirir — não sendo produto da indigência do povo, estando antes ligado ao gozo sem freio da posse, do poder e do prestígio. Descobrimos, assim, a mistificação que mantêm entre si os conservadores, cuja habilidade consiste em levar a acreditar que eles defendem a paz civil. Eles afirmam num primeiro momento que *o homem é naturalmente mau e que seus apetites devem ser reprimidos*; ocultam a divisão de classes sob a oposição geral de natureza e lei, não querendo falar mais do que da essência do homem e da sociedade; depois, num segundo momento, restabelecem a divisão entre Grandes e povo, para sustentar que os homens cujos apetites foram satisfeitos estão naturalmente ligados à defesa da lei, que o acaso que os tornou satisfeitos fez deles os guardiães de uma ordem da qual a sociedade inteira se beneficia. Maquiavel lhes opõe em substância que a natureza se decifra na sociedade, que a violência do apetite é visível na conduta daqueles que dominam, os quais estão naturalmente inclinados a estender seu poder e só se submetem à lei por coação. Assim, corta o vínculo comumente estabelecido entre a moderação dos possuidores e a ordem da lei. Mas mais importante ainda é guardar na memória — se queremos entender a sequência do discurso — a ideia do desejo insinuada na análise, pois ela incita a observar sua divisão. Não que haja um desejo de adquirir e um desejo de conservar; essa divisão, acabamos de ver, é fictícia; o desejo de possuir é sempre desejo de adquirir e o receio de perder não se distingue da vontade de ter. Mas como duplo do desejo de algo — da potência, dos bens ou das honras —, se perfila o desejo de *não ser* oprimido. Divisão, todavia, que deixa o desejo, sob o signo do positivo ou do negativo, à impossível conquista de seu objeto.

Ainda que seja demasiado cedo para medir todo o alcance de uma teoria do desejo, entrevimos ao menos que ela governa secretamente a lógica do discurso nessa primeira parte da obra. Maquiavel não critica somente a tese dos conservadores; estabelece a sua sobre premissas que são incompatíveis com a ética democrática comum. Ademais, não dissimula que o povo mesmo está habitado pela inveja e pelo ódio, nem, portanto, que seu próprio desejo é dividido. Sua intenção é fazer-nos reconhecer que a divisão do desejo — do mesmo modo que a divisão de classes, como ele notava antes — não poderia ser impunemente ocultada; que a vida política supõe o pleno desenvolvimento de seus efeitos. Tal é, julgamos agora, o motivo que o fez propor o critério da potência do Estado antes de desacreditar o argumento conservador. Sua conclusão encontra-se apoiada sobre um princípio que o arruína mais efetivamente do que o fazem seus adversários tradicionais.

Ao ler o capítulo 6,* em que é reexaminada a alternativa entre o Estado ocupado em conquistar e o Estado cujo único fim é permanecer nos seus limites, nos convencemos de imediato disso. Situando o discurso em semelhante terreno, o escritor faz manifestamente seus os conceitos de seu adversário — os de potência e de segurança — postos comumente a serviço de uma teoria que reserva a autoridade aos Grandes. Mas ele os trabalha de tal maneira que o modelo romano, quer dizer, o modelo de um Estado sustentado pelo desejo de liberdade do povo, se vê decididamente fundado.

---

* Corrigimos a informação, pois se trata do capítulo 6, e não do 7, como consta do texto original. [N.T.]

Com efeito, deve-se convir que a ordem da Cidade requer a expansão do desejo dos homens, no duplo movimento no qual ele se opõe a si mesmo; que essa ordem não resulta de uma repressão do desejo, efetuada pela instância da razão, mas se gera na colocação em jogo da divisão — a repressão sendo apenas um efeito secundário de sua expressão, relativa a um de seus momentos ou, para dizer melhor, o indício de sua reflexão; e que, enfim, potência, lei e liberdade se instauram no mesmo movimento.

O capítulo 6* acaba por nos convencer de sua conexão retomando o exame da alternativa, que havia sido apenas esboçada, entre Estado ocupado em conquistar e Estado cujo único fim é se conservar. De novo o leitor se vê submetido a uma argumentação feita para desconcertá-lo, uma vez que é enfaticamente convidado a manter as duas soluções para o problema, apesar dos incidentes que minam, pouco a pouco, o prestígio dos modelos de Esparta e Veneza, e uma vez que ele inclusive precisa adotar uma profissão de fé em favor do equilíbrio e da paz antes de chegar à conclusão. E, novamente, se verifica o rigor de uma crítica que explora os argumentos de outros, se presta a suas representações para usá-las até o final e dar um novo fundamento ao pensamento político. E, de fato, Maquiavel põe em evidência, em primeiro lugar, as vantagens do regime veneziano, hábil em excluir o povo dos assuntos públicos, mas assinala de passagem que a eficácia do sistema depende da fraqueza numérica dos dominados. Ao fazer um novo elogio de Esparta, ele o acompanha da mesma reserva, acrescentando que a Cidade, para assegurar sua estabilidade, teve de fechar suas portas aos estrangeiros. Isso é o bastante, num primeiro momento, para afirmar que Roma não teria jamais atingido sua grandeza se não tivesse consentido com o crescimento de sua população e, aceitando o risco das desordens que se seguiriam disso, não se tivesse dado a possibilidade da potência: "De sorte que", ele observa, "cortar em Roma as raízes de suas querelas era também tocar as de sua potência, pois tal é o destino das coisas humanas que não se pode evitar um inconveniente sem cair num outro". Apoiado nessa conclusão, finge imaginar a escolha de um legislador e lhe recomenda adotar um ou outro dos partidos, segundo o fim que atribui ao Estado, e estabelecer seus meios.

---

* Vale a mesma observação feita na nota anterior. [N. T.]

Se alguém quisesse de novo fundar uma República, teria de examinar se deseja que ela aumente suas conquistas e sua potência ou então que se feche em seus estreitos limites. No primeiro caso, teria que tomar Roma como modelo e dar solução às querelas internas [*dare luogo a tumulti e alle dissensioni universali*] com o menor perigo possível para seu país; pois, sem um grande número de homens bem armados, uma república não pode crescer ou se manter se cresceu. Na segunda suposição, que se organize como Esparta e Veneza; mas, como as conquistas são a ruína de uma república pequena, que se empreguem os meios mais eficazes para impedir que cresça.

Mas, apenas formulado, o dilema é acompanhado de uma observação estupefaciente, pois o autor apoia sua última proposição sobre os exemplos que arruínam a imagem de Esparta e Veneza: ao designar subitamente com seu caso o modelo de uma república débil (*republica debole*), observa que elas não resistiram à tentativa de conquistar; e no caso de Esparta, em particular, acrescenta esta explicação: que um "mínimo acontecimento" bastou para destruir seu império, e que assim foi desvelada a fraqueza de seu fundamento (*il debili fondamento suo*). Como o acontecimento mencionado é a revolta de Tebas, o leitor pode se interrogar sobre a validade do julgamento que lhe atribuía antes uma estabilidade de mais de oitocentos anos... Não obstante, o desmentido não é explícito, e não só a dupla hipótese é reproduzida, mas devemos ainda reconhecer a excelência de um Estado ocupado em se conservar na ordem e na paz. "E sem dúvida", escreve Maquiavel, "acredito que ali onde for possível manter semelhante equilíbrio [*potendosi tenere la causa bilanciata in questo modo*], se daria o verdadeiro modo de vida política e a verdadeira tranquilidade de uma cidade." É apenas na sequência que se encontra definitivamente resolvido o dilema e se afirma que a forma das instituições romanas — a *ordine romano* — é a única boa, que não há meio-termo entre os dois modelos de repúblicas examinados (*perchè trovare un modo mezzo infra l'uno et l'altro non credo si possa*). Ora, a demonstração é tal que consolida o argumento em favor de um regime democrático. É vão, aprendemos, erigir a segurança em princípio de ação política, pois os efeitos do tempo não poderiam ser dominados por ninguém. A necessidade conduz aonde a razão não quer ir; o Estado cresce apesar da decisão daqueles que pretendiam fixar-lhe seus limites ou então se, por sorte, se subtrai por muito tempo aos perigos, as virtudes do povo se enfraquecem e seu cálculo é frustrado. Na incerteza, é preciso escolher o partido "mais honroso", quer dizer, agir de tal modo que ele venha a se engrandecer e possa ao menos conservar suas conquistas. Impossível, pois, fundar-se sobre a razão de Estado para combater o desejo do povo. O que dá ao Estado sua razão não são os conceitos de equilíbrio, segurança e conservação; é a necessidade na qual ele se encontra de agir face aos acontecimentos que fazem nascer em seu seio as ambições alimentadas contra seus vizinhos ou então as que outros concebem às suas custas; e ele a negligencia quando, por meio de artifícios, se priva da força do povo. "É preciso", repete Maquiavel no final do capítulo, "tolerar as divisões que existem entre o senado e o povo como inconvenientes necessários para alcançar a grandeza romana."

Se nos detivéssemos nessa conclusão, poderíamos pensar, é verdade, que a potência do Estado fornece seu critério último à teoria política. Não obstante, Maquiavel não se preocupa no momento em definir o que constitui o motivo da ação dos Estados, e não é importante para ele comparar sua luta com a que travam as classes no seio de cada um deles. Seu propósito é referir ao desejo as instâncias da ordem política que tradicionalmente são deduzidas da razão ou da natureza. Ademais, não podemos surpreender-nos de que, após haver estabelecido definitivamente a superioridade do modelo romano, ele se apresse em reintegrar seu leitor aos limites da Cidade onde se expandem e se combatem os humores de classe. Se não identificássemos esse propósito, a importância do argumento desenvolvido nos capítulos 7 e 8 nos escaparia. E, mais ainda, sua articulação com as últimas conclusões alcançadas seria ininteligível: o tema da acusação pública que constitui sua substância pareceria reconduzir sem necessidade o discurso a um objeto particular. Mas agora, como duvidaríamos que a acusação pública é muito mais que um traço singular e notável da constituição romana, que permite descobrir, como o tribunato, ainda que em outra perspectiva, a relação que a lei, a liberdade e a potência mantêm com o desejo?

De fato, a instituição que autoriza qualquer cidadão a denunciar qualquer outro diante de uma assembleia do povo, de um magistrado ou de um conselho é julgada essencial em razão de dois efeitos que engendra, dos quais o segundo, o único que dirige o comentário, permite esclarecer sob uma luz nova as declarações do capítulo 5: "O primeiro é que os cidadãos não tentam nada contra o Estado, temendo ser acusados, ou se tentam alguma coisa são castigados imediatamente e sem contemplações; o segundo, que uma saída é assim oferecida aos humores que se expandem de uma maneira ou de outra nas cidades contra tal ou qual". O comentário é tal que suscita, em primeiro lugar, o reexame da divisão do desejo do povo, cujos sinais já havíamos observado. O povo é trabalhado por humores que o dispõem à agressão, ao mesmo tempo que é excitado, pela agressão dos Grandes, a lutar pela liberdade. Num sentido é verdadeiro, portanto, que o corpo político está, em todas as suas partes, em efervescência, e que todos os seus membros são capazes de projetar sobre a figura de um adversário o ódio de classe que os habita. Mais: o desejo de não ser oprimido, que pertence propriamente ao povo, não se deixa dissociar da agressão cega que o precipita contra as pessoas. A prova é o exemplo habilmente escolhido do golpe de Estado tentado por Coriolano. Tendo o povo sabido que este aconselhava o senado a se aproveitar do distanciamento do exército, que estava ocupado em combater na Sicília, para lhe arrebatar toda autoridade e reduzi-lo à fome, o furor o impeliu a despedaçar seu inimigo desprezando as leis de tal sorte que, sem uma intervenção dos tribunos, a guerra civil poderia explodir. Ora, apenas sob a condição de sondar até o fundo a violência do desejo popular e de conhecer o vínculo que a agressão contra o outro — contra sua potência, seus bens, sua posição — mantém com o amor pela liberdade, somos levados a reformular a função da lei. Com efeito, parecem vãos os artifícios do legislador que pretende barrar a via aos humores do corpo político se os julgarmos segundo a intenção de manter uma república livre, potente e ordenada; ou mentirosos, se observarmos que a repressão se concilia com um reforço da dominação da massa por uma minoria. A agressão persiste sob as proibições, tão somente segue caminhos secretos — aqueles que lhe abre a calúnia — até explodir e destruir o Estado quando uma crise enfraquece subitamente a autoridade dos governantes. Assim, pois, não há instituição mais eficaz do que a que permite achar uma solução pública para os humores, quer dizer, dar-lhes livre curso e por sua vez canalizá-los. Maquiavel nos dá a entender que a República que soube se ordenar conforme esse princípio é aquela na qual tudo se diz, mas na qual o lugar, as vias do discurso estão circunscritos pela autoridade que se faz fiadora da liberdade de palavra de todos, de maneira que a desconfiança, a inveja, o ódio, tão logo são despertados por um objeto particular, são nomeados e, nomeados, pedem uma resposta e, prestando-se ao intercâmbio de palavras, encontram seu limite na necessidade do julgamento. "A acusação e a calúnia", ensina o capítulo 8, "diferem em que a última não tem necessidade nem de testemunhas nem de confrontações nem de circunstâncias exatas para ter êxito e persuadir. Qualquer indivíduo pode ser caluniado por outro, mas nem todos podem ser acusados, as acusações para ser aceitas têm necessidade de ser apoiadas por provas mais manifestas e circunstâncias que demonstrem sua verdade. As acusações são dirigidas aos magistrados, ao povo ou aos conselhos. A calúnia se pratica ou nas praças ou sob os pórticos, e é sobretudo nos Estados nos quais, por um vício da constituição, a acusação não é admitida que se usa mais da calúnia. Assim", acrescenta, "é dever de um legislador dar a todo cidadão a faculdade de acusar outro sem nada temer de seu procedimento..." Mas é preciso ainda se precaver de acreditar, lendo esse texto, que sob a necessidade do julgamento os efeitos da agressão se dissipam diante da verdade. Maquiavel não autoriza tal conclusão. Após haver referido o episódio que quase custa a morte de Coriolano e quase arruína a República, após haver acentuado o feliz desfecho que ele teve graças à acusação pública lançada pelos tribunos, seu comentário não deixa dúvidas sobre o sentido da instituição.

> Porque se, nessas circunstâncias, um indivíduo chega a ser lesado [*oppresso*] e lhe seja feita injustiça, o Estado não experimenta senão pouca ou nenhuma desordem. Com efeito, a operação não é feita nem por uma força privada nem por uma força estrangeira — duas causas potentes da ruína da liberdade —, mas unicamente pela força pública e a instituição, as quais têm seus limites próprios e não os transgridem a ponto de causar a ruína da República.

E observa ainda:

> Que cada qual considere o dano que teria sofrido a República romana se Coriolano tivesse sido morto num tumulto, pois resultaria disso violência de particular a particular [*offesa da privati a privati*], a qual produz o medo; o medo busca meios de defesa; a defesa chama partidários; dos partidários nascem as facções [*parti*] numa cidade e das facções a ruína do Estado.

O que constitui a virtude da instituição não é, pois, o fato de que elimina o erro e a injustiça ao mesmo tempo que desarma o instinto. Ela substitui a violência privada por uma violência pública. Assim, é de propósito que Maquiavel utiliza um termo, *forza*, para designar a ação dos particulares e a do Estado. Na passagem do privado ao público a violência se conserva porque a instituição extrai sua própria potência da dos cidadãos e porque o Estado permanece em parte sob a influência das classes que lhe comunicam seus humores. Assim, pois, um indivíduo pode ser vítima de uma agressão do Estado. O essencial é que o processo da violência, que conduz naturalmente ao deslocamento do corpo político, seja rompido num ponto graças a uma instância que a ponha a serviço de sua unidade, fazendo reconhecer a diferença entre o público e o privado. Seguramente, essa instância — sejam quais forem as circunstâncias de sua intervenção e a conduta de fato daqueles que assumem o encargo do exercício da violência pública — está fundada sobre o desejo de não ser oprimido, que pertence propriamente ao povo. Somente esse desejo — que mantém à distância a potência dos particulares, a dos Grandes, cuja existência se define por uma apropriação — é efetivamente capaz por sua própria natureza de abrir na sociedade um espaço público — não o das praças e dos pórticos, simples lugar de encontro para as pessoas, onde a palavra circula sempre entre *alguém* e algum *outro*, mas o espaço anônimo da instituição. Todavia, nos iludiríamos se imaginássemos uma cisão última entre o público e o privado, como se quiséssemos decidir entre o desejo de não ser oprimido e o desejo de adquirir, ou entre a reivindicação de liberdade e a agressão. O que se desvela com a análise da instituição romana, da qual Maquiavel faz uma peça-mestra do sistema republicano, é que a mesma força se encontra em jogo em termos opostos: a acusação pública se dissocia da calúnia, mas uma e outra se alimentam dos humores malignos (*omori maligni*) da Cidade. Se é preciso desafogar esses humores — *sfogare i omori* —, a razão não é somente que seja menos mau deixar que eles se dissipem do que provocar, por sua repressão, uma infecção do organismo: deve-se também, e sobretudo, a que o próprio desejo de liberdade depende das excitações do apetite e da agressão.

Contudo, tal conclusão desafia tanto uma interpretação naturalista quanto uma interpretação racionalista no sentido clássico. Sem dúvida, Maquiavel usa uma linguagem suscetível de dar crédito à primeira. Ele fala de humores e, em sete passagens, no capítulo consagrado à acusação pública, emprega o termo *sfogare* para indicar a operação da instituição que assegura sua dissipação. Assim, sugere que a sociedade política se assemelha ao corpo, que está submetida às excitações e se define por funções naturais. Mas proíbe pôr a metáfora a serviço de uma tese a partir do momento em que ilustra a divisão interna do desejo e da história, singular em cada

Estado, que se institui pela sorte que seus efeitos conhecem na luta de classes. Quanto mais se empenha — contra uma tradição racionalista — em minar a imagem do legislador, concebido como mestre soberano da constituição da Cidade, mais preserva a ideia de uma escolha política, comparando os destinos de Roma, Esparta, Florença e Veneza. Em parte alguma, finalmente, autoriza a busca de uma gênese empírica da lei na análise do conflito de classes e do desejo do povo. Afirmar, como o fazíamos, que encontra neles seu fundamento não implica que se possa conceber sua anterioridade de fato, uma vez que, com a divisão social, é posta imediatamente em jogo a unidade do corpo político, uma vez que a luta de classes leva a marca de suas relações e a reivindicação da liberdade implica a transgressão da ordem de fato.

Ora, é ao recusar a antítese do naturalismo e do racionalismo políticos, pelo exame da instituição romana da acusação pública, que Maquiavel adquire o poder de reconduzir seu leitor à consideração do presente, para lhe ensinar a causa da corrupção das repúblicas modernas e singularmente da República florentina. Não é um acaso que, por duas vezes nos capítulos que nos ocupam, a evocação da crise que devorou o regime de Soderini contrabalance um exemplo romano. Compreendemos que, por não haver sabido dar vazão aos humores, e, assim, por haver deixado o desejo do povo ter livre curso, Florença só conheceu violências de particular para particular, suspeita generalizada, calúnias e facções, a ponto de seu governo, incapaz de tolerar o controle do povo e de oferecer justificativa a seus atos, caiu no descrédito, e bastou a entrada das tropas espanholas em seu território para que uma potência estrangeira se tornasse o árbitro de seus conflitos. Essa fraqueza não é o signo nem de uma degradação natural de sua constituição, sobre a qual bastaria observar que cedo ou tarde alcança todos os Estados, nem de uma legislação impotente para conter os desejos dos cidadãos e prevenir a desordem. A República não está corrompida porque a maldade do homem carece de remédio, nem porque a Fortuna só tem o poder de preservar o Estado de suas consequências por um tempo, nem porque a forma primitiva da Cidade, boa em si, se vê ignorada pelos homens no curso da história: a corrupção é sua obra, o efeito da escolha continuada pela qual a Cidade nega a verdade do desejo e da agressão, recusa o conflito de classes, impede a reivindicação do povo e oculta a negação e a repressão sob um discurso sobre a ordem e a paz. Em outros termos, a corrupção não é um estado do corpo político, cujo contrário seria a integridade.

A mesma necessidade dirige a história de Florença e a de Roma, como já dirigia a de Esparta. Se recordamos o itinerário do discurso desde o seu início, as três cidades se revelam como compondo somente respostas diferentes a um único problema, e essas respostas contêm, cada uma, um esquema de desenvolvimento. Em Esparta, a ordenação das relações sociais tem por fim subtrair a sociedade das perturbações que os acontecimentos introduzem; Esparta pretende conjurar os riscos da história, e sua história efetiva se ordena à sua revelia até a sua ruína, em razão mesmo de sua recusa da história. Em Roma, a aceitação do conflito, a reconhecida dissimetria das classes, tem como fim abrir a sociedade ao mundo exterior e permitir, pela exploração dos acontecimentos, sua expansão. A diferenciação do espaço político chama e governa a mudança; Roma assume os riscos da história e sua história efetiva permanece em conivência com o princípio da gênese do Estado. Em Florença, faltam os artifícios da constituição espartana; mas o desenvolvimento do conflito, que assemelha seu regime ao de Roma, deixa os atores incapazes de forjar a representação e as instituições que ela exige: Florença é dilacerada entre a recusa da história e seu projeto de crescimento, e sua história efetiva leva a marca de seu dilaceramento; privada dos meios da potência pelo interdito lançado sobre a reivindicação do povo, mas não renunciando às suas ambições, paga a política do menor risco com a perda de sua independência.

A interpretação maquiaveliana da história romana já deixa, pois, entrever, nessa primeira parte da obra, a crítica que marca ao mesmo tempo a política presente e passada de Florença e a representação da política à qual permanecem presos os partidários do regime republicano. Falando de Roma, o escritor avança a teoria de uma *sociedade histórica* que subverte os ensinamentos da Tradição, mas ele simultaneamente rompe uma imagem da qual cabe pensar que é eficaz para manter o conservadorismo florentino. A imagem da *boa sociedade antiga* não é, com efeito, a de uma *Roma espartana*, a de um Estado — segundo a opinião dos grandes Autores — que alcançou uma grandeza jamais igualada pela virtude da ordem e da disciplina, e apesar dos tumultos que um infeliz azar lhe infligiu? E não é por uma grande audácia que se descarta o modelo de Esparta e se convida a conhecer a *Roma romana*: uma Roma que não tem outro fiador senão sua própria história e cuja grandeza está ligada à desmesura?

3.
Sobre a diferença de classes

Os oito primeiros capítulos dos *Discorsi* nos pareceram compor uma introdução à obra inteira. No começo do capítulo 9, podemos esperar que o autor, de acordo com seu programa, entre na análise da obra que os romanos realizaram no interior da Cidade por efeito da decisão pública (*per consiglio publico*). Em certo sentido, essa expectativa se satisfaz, uma vez que, voltando a aproximar seu comentário ao relato de Tito Lívio, Maquiavel aborda o acontecimento primeiro que foi a fundação de Roma. Contudo, esse comentário se revela logo estar a serviço de uma distinção categórica entre os bons e os maus príncipes e os bons e os maus regimes, a qual, por ser demasiado fiel à convenção, desperta novamente nossas suspeitas. Maquiavel esboça o retrato do fundador virtuoso tal como a opinião se compraz em representá-lo. Rômulo não recuou diante das violências extremas para se converter em senhor do Estado, presume-se que seu exemplo seja, por sua própria natureza, adequado para evidenciar o caráter específico da ação política e desarmar a crítica moralizante. Mas seus crimes são mencionados para ser justificados. Melhor: enquanto Tito Lívio duvidava da pureza dos motivos que o levaram a matar seu próprio irmão e da natureza dos sentimentos que inspirou em seu séquito, a ponto de emitir a hipótese de que Rômulo teria sido vítima de um mal ancestral (*malum avitum*) — a paixão por reinar (*cupiditas regni*) — e de que seu despotismo teria incitado os senadores a fazê-lo desaparecer, Maquiavel silencia sobre as questões de seu suposto mestre e parece não querer deixar nenhuma dúvida no espírito de seu leitor. Rômulo, ensina, tinha boas intenções, não agia por ambição, mas servia ao bem comum. Tampouco basta julgar que, se os fatos o acusam, o resultado o escusa (*accusando il fatto le effeto lo scusi*); a fórmula pode ainda nos fazer duvidar da virtude do ator; unicamente a necessidade, compreendemos, o obrigou a eliminar aqueles que disputavam sua posição, pois aquela exige que o Estado esteja, em sua fundação, sob uma autoridade única. Assim, pois, não cabem restrições aos meios utilizados por Rômulo. Consciente do fim que se havia fixado, não tinha escolha. Devemos convir que seus crimes, impostos pelas circunstâncias, serviram à causa justa e que não cometê-los é que seria motivo de sua condenação. Uma primeira confirmação dessa interpretação nos é trazida pela história dos dois reis de Esparta, Agis e Cleômene, ambos decididos a renovar o Estado, a revigorar as leis de Licurgo — grandes reformadores, portanto, entregues a uma nobre tarefa —; um fracassou por não haver sabido impor sua vontade pela força e o outro alcançou êxito por haver se decidido no momento oportuno a massacrar os éforos, que se opunham a seu propósito. Além disso, a conduta mesma de Rômulo, após sua instalação no poder, é testemunha da pureza de suas intenções, uma vez que o vemos criar um senado, associá-lo às suas decisões e lançar, assim, os fundamentos de um governo livre, em vez de usufruir, como um tirano, de um poder absoluto. Sem dúvida, a linguagem de Maquiavel pode chocar o sentimento cristão, uma vez que não dissimula a necessidade da violência, porém é uma linguagem moral: a fronteira que separa o bem do mal está rigorosamente traçada.

Ora, não contente em proporcionar uma imagem tão tranquilizadora dos começos de Roma, o escritor aproveita a ocasião dessa primeira análise para convencer seu leitor da nobreza de suas convicções. Profissão de fé enfática, a qual é notável que só guarde uma pequena relação com o objeto presumido do discurso. Desse modo, declara que os homens se dividem em duas categorias: de um lado os bons, classificados por sua vez em função da qualidade do empreendimento — fundadores de religião, fundadores de Estado, grandes capitães, escritores; de outro lado, os maus, *infami e detestabili*, "os homens que destroem as religiões, que dissipam os Estados, os inimigos da *virtù*, da coragem, das letras e das artes úteis e louváveis para a espécie humana [...], os ímpios, os violentos, os ignorantes, os imbecis, os preguiçosos e os covardes". A distinção parece tão segura que escapa ao conflito das opiniões: "Sábio ou tolo, bom ou mau, não há ninguém que, tendo de escolher entre essas duas espécies de homens, não louve os que são louváveis e critique aqueles que deve criticar". Se a maldade está tão difundida, isso se deve tão somente a que nos deixamos "enganar pela aparência de um falso bem, de uma falsa glória". Esse falso bem, essa falsa glória se denunciam em política sob os traços da tirania; no polo oposto brilha o regime legítimo, monarquia ou república. Entre um e outro, uma escolha se impõe; cabe ao fundador abrir a carreira do vício ou da *virtù*, instituir a liberdade ou a servidão, como cabe ao príncipe novo assegurar o reino da violência ou o da lei. Maquiavel dá a medida da necessidade e das consequências dessa escolha tomando como exemplo o destino dos imperadores romanos, que já havia analisado no capítulo 19 do *Príncipe*, mas para extrair uma lição totalmente diferente. Lá, ele se limitava a apreciar a conduta dos sucessores de Marco. Este representava uma exceção; sua moderação lhe havia sido proveitosa, nos era dito, apenas porque o exército não estava ainda inteiramente corrompido e porque, chegando ao poder *jus hereditario*, não recebia daquele sua autoridade. Ao contrário, aqueles que na sequência se empenharam em bloquear a corrupção, à testa dos quais estava Pertinax, encontraram um fim tão triste quanto os príncipes que se haviam abandonado a ela sem reservas. Só Severo, por ter sabido manter em meio às maiores inquietações a *majestade do Estado*, soube triunfar sobre as dificuldades dos tempos. No presente, a referência convida a separar o cortejo dos bons daquele dos maus imperadores: Pertinax e Severo se convertem em exceções, uma infeliz e a outra feliz, destinadas a confirmar a regra que faz da segurança fruto da justiça. A história se converteu em edificante, no sentido de que favorece a moral comum. Ensina que a virtude é recompensada, que bondade, segurança e glória estão necessariamente unidas; oferece um espetáculo tão eloquente que arranca de seus testemunhos os acentos de um pregador no púlpito:

> Que um príncipe lance, pois, seus olhos sobre os tempos que se passaram desde Numa até Marco Aurélio; que se os compare com aqueles que vieram antes e depois deles, e que escolha em seguida a época na qual teria querido nascer e aquela na qual teria querido reinar. De um lado, sob os bons imperadores, verá um príncipe vivendo na mais perfeita segurança sem alarme em meio aos cidadãos, a justiça e a paz reinando no mundo, a autoridade do senado respeitada, a magistratura honrada, o cidadão opulento gozando em paz de suas riquezas, a virtude considerada, e por toda parte a calma e a felicidade; e, portanto, também toda animosidade, toda licença, toda corrupção, toda ambição extintas. Verá essa idade de ouro em que cada um pode apresentar e manter sua opinião; verá, enfim, o povo triunfante, o príncipe respeitado e brilhando de glória, adorado por seus súditos felizes. Além disso, que examine um por um os reinados daqueles outros imperadores; os verá ensanguentados pelas guerras, dilacerados pelas divisões e igualmente cruéis em tempos de paz.

Se aqui tivéssemos que tomar ao pé da letra nosso autor, deveria ao menos surpreender-nos o ardor com que ele louva as virtudes da monarquia romana, uma vez que, afinal de contas, se dispunha a contar os méritos da república. E não esperávamos descobrir a idade de ouro num tempo em que o povo está submetido. Mas tudo leva a pensar que a defesa do bom príncipe e do bom regime se presta ao desígnio de reconquistar a confiança dos leitores. Se uma parte deles, fiéis à velha tradição republicana, fez de seu modelo a Roma de Catão, não estaria a outra mais disposta, por sua cultura, pelos costumes adquiridos sob os Médici e pela admiração que consagra à filosofia nova, a entusiasmar-se pela época de Tito, de Trajano ou de Marco Aurélio? Os capítulos 9 e 10 buscam seduzi-los. Uma luz nova havia sido lançada sobre a história de Roma, uma luz insuportável aos olhos daqueles que não querem ver na Cidade mais do que a concórdia e a harmonia realizadas sob a égide de sábios governantes: eis aqui que lhes é restituída por um momento a boa imagem do Estado.

Enquanto retoma, no capítulo 11, o comentário dos acontecimentos que marcaram a fundação de Roma, o escritor parece a princípio conservar a mesma disposição: louva Numa por ter reconhecido na religião a instituição mais necessária à vida civil; afirma que os romanos veneravam Deus mais que qualquer outro povo do mundo, que temiam mais faltar a seus juramentos que às leis. Mais ainda: esse príncipe parece prevalecer sobre Rômulo por ter sabido criar as instituições em cuja ausência as virtudes militares não conseguiriam se preservar. Tais palavras são apropriadas para agradar os conservadores que fazem da religião, qualquer que seja a qualidade de sua fé, o mais seguro fiador da disciplina coletiva. Não obstante, nos apercebemos que elas veiculam verdades que não são ordinariamente convenientes de serem enunciadas, pois se modificam até se tornarem intoleráveis aos ouvidos cristãos e levam a duvidar finalmente de sua sinceridade.

No capítulo 11, o nome de Deus, repetido com insistência, se aplica às divindades pagãs. Numa é apresentado como um hábil impostor que finge ter relações privadas com uma ninfa. Savonarola parece ter usado o mesmo subterfúgio para convencer os florentinos de que conversava com Deus — sucesso tanto mais significativo, nos é sugerido, porque o povo com o qual tratava era um povo civilizado, e não um povo de camponeses grosseiros como o que coubera ao fundador romano. No capítulo seguinte, o elogio da religião pagã funda uma acusação sem piedade contra a Igreja católica, acusada de ter corrompido os costumes do povo e de ter feito a desgraça da Itália impedindo-a de conquistar sua unidade. Sem dúvida, nota-se de passagem que, se a religião se tivesse mantido, nos começos da República cristã, segundo os princípios de seu fundador, os Estados modernos estariam mais unidos e mais felizes. Mas a ironia da observação não pode nos escapar: com toda a segurança, a função da religião é apreciada em termos de eficácia política. Todavia, mais ainda que a crítica do cristianismo, chamam nossa atenção os argumentos invocados no capítulo 13 em favor da religião antiga. Anteriormente, Maquiavel não deixava de repetir que sua virtude consistia em tornar bons os homens. Ao observar que aqueles mesmos que não acreditam em sua verdade devem trabalhar para que triunfe, se são sábios (*prudenti*) e conhecem a natureza humana (*sono... conoscitori delle cose naturali*), dava a entender que a credulidade do povo deveria ser explorada e posta a serviço do bem comum. No presente, descobrimos que a religião era utilizada pelos patrícios com o fim de manter sua dominação de classe e que estes não recuavam diante de nenhuma astúcia para desencorajar a reivindicação popular. Ora, uma vez reconhecido, o procedimento ao qual recorre o autor para insinuar essa verdade nos põe em guarda contra nossa própria credulidade. O capítulo é, com efeito, intitulado "Como os romanos se serviram da religião para reordenar a Cidade, conduzir seus empreendimentos e deter os tumultos". Se nos fiarmos nesse enunciado, nos dispomos a acolher uma nova prova da utilidade geral da religião. Contudo, o texto opera uma eloquente substituição de termos: em vez de falar dos romanos, fala dos nobres; e os exemplos que dá evidenciam a ingenuidade do povo que, enganado pelas manobras daqueles, abandona suas reivindicações. Instruídos por esse procedimento, podemos considerar mais de perto os dois últimos capítulos consagrados à religião, cujo objeto manifesto é a demonstração de sua importância na guerra. Em uma primeira leitura, acreditamos encontrar no capítulo 14 uma ilustração da tese segundo a qual um capitão hábil deve convencer suas tropas de que gozam do favor dos deuses e, se mente sobre o resultado dos auspícios, guardar as aparências mediante um estratagema. De fato, o exemplo que recorda a audácia e a astúcia do cônsul Papírio confirma rigorosamente a proposição enunciada no título: "Que os romanos interpretavam os auspícios conforme a necessidade e mostravam sua prudência ao observar a religião, quando obrigados não a observavam; e se alguém a desprezasse com temeridade, o puniam". Mas se compararmos esse capítulo com o seguinte, não podemos deixar de observar que o segundo conduz a uma conclusão que subverte o ensinamento do primeiro. Modificação habilmente operada, pois uma vez mais o título do argumento, "Como os samnitas recorreram à religião como a um remédio extremo nas condições que lhe eram impostas", não permite prevê-lo. Com efeito, a grandiosa encenação destinada a encher de religioso terror os soldados samnitas se revela vã. Estes, nota o autor, foram vencidos: a *virtù* romana, o medo engendrado por um passado de derrotas prevaleceram sobre a forte resolução que poderiam ter concebido com a ajuda de sua religião e de seu juramento. Assim, após haver reconhecido a eficácia da religião para sustentar a disciplina e a moral do exército, nos faz necessário descobrir seus limites e elevar ao primeiro nível a virtude militar. Mas se duvidássemos ainda do caminho que Maquiavel nos faz seguir, um último sinal acabaria por nos convencer da boa direção: quatro capítulos mais adiante, ao reexaminar a sucessão dos três primeiros reinados que marcaram a fundação de Roma, ele inverte o julgamento emitido a propósito de Numa — o pai da religião romana —, o coloca entre os príncipes débeis, sustenta que quem quiser imitá-lo se conservará ou se perderá segundo os caprichos da fortuna e conclui definitivamente pela superioridade de Rômulo.

Assim, medimos pela discussão consagrada à religião durante cinco capítulos o trabalho ao qual o escritor submete seu leitor. A religião se apresenta, a princípio, como a instituição mais capaz de assegurar a coesão da Cidade; ela tem o poder de engendrar os bons costumes sobre os quais repousam as boas leis e as virtudes militares; à religião se opõe não a descrença, mas o desprezo dos costumes inscritos na representação dos deuses, nas cerimônias e nos ritos; a essência da religião se mostra, então, na consideração daquela dos romanos. A esta última se opõe a religião dos Modernos, fundada na potência de uma igreja à qual unicamente seus interesses privados importam e cuja política consiste, consequentemente, em dividir os Estados e enfraquecê-los. Depois, a exploração que os romanos fizeram da religião revela a função que ela desempenhou na manutenção da dominação dos patrícios. A credulidade do povo, até então associada à sua bondade, torna-se a marca de sua submissão. Finalmente, a hipótese de que a religiosidade do povo romano estaria na origem de sua superioridade militar torna-se duvidosa, se considerarmos que seus adversários a compartilhavam e que ela não evitou o seu fracasso. Mantida, sem dúvida, mas rebaixada, a potência da religião deixou de fornecer a explicação para a grandeza do Estado.

Para apreciar o alcance do argumento, convém recordar o estágio anterior da discussão. Maquiavel fazia a apologia do bom regime e do bom príncipe; ora, os princípios que a governavam são de agora em diante combatidos em favor do deslocamento do objeto do discurso. Assim, somos preparados para a nova apreciação da distinção das formas de governo que se esboça nos três capítulos seguintes.

Estes estão consagrados ao exame das dificuldades que acompanham uma mudança de regime. Esse exame — nem precisaríamos observá-lo — rompe sem justificativa aparente a descrição dos começos da monarquia romana. Desde esse momento já não poderíamos nos surpreender de que a análise histórica se mostra subordinada às exigências da interpretação. Ao evocar, no capítulo 16, as circunstâncias nas quais se instaurou a república em Roma, Maquiavel começa por observar "que um povo acostumado a viver sob um príncipe dificilmente conserva sua liberdade uma vez liberto do jugo"; que sua antiga servidão o dispõe a recair nas garras de um novo tirano; que nem sequer tem possibilidade alguma de êxito se atingiu o último grau de corrupção. O leitor deve admitir então que os fundadores de uma república se chocam contra o mesmo problema que os *principi nuovi*: precisam exterminar os inimigos da ordem nova e não contar com seus próprios partidários. Além disso, a tarefa de um governo livre parece a mais difícil, parece requerer mais necessariamente o uso da violência. Parece evidente que os adversários da república devem ser combatidos: eles são "todos aqueles que se beneficiaram dos abusos da tirania, que se engrandeceram com as riquezas do príncipe. Tendo sido privados dos seus meios de riqueza e potência, só podem estar descontentes. São forçados a tentar por todos os meios restabelecer a tirania, pois só ela pode lhes devolver sua antiga autoridade". Ao contrário, a proposição de que uma república não se faz com amigos se baseia em um argumento singular. Aprendemos aqui que o próprio desse regime é engendrar a ingratidão: aqueles que adquirem honras e recompensas as atribuem ao seu próprio mérito e pensam nada dever ao Estado; a maioria se beneficia das vantagens da segurança e da liberdade sem apreciar esses bens no momento em que usufrui deles. Assim, pois, se a autoridade deve se estabelecer em todos os casos por meios análogos, uma república nova leva mais longe o rigor: "Não há remédio mais potente, mais eficaz, mais seguro e mais necessário do que abater os filhos de Bruto". Sem dúvida, pode-se julgar que semelhante ensinamento não altera ainda a representação do governo livre. Seus méritos são, no final das contas, fortemente acentuados de passagem. Mas, ao tirar partido dessa análise, Maquiavel examina, no que apresenta como uma digressão, o caso particular da fundação de uma tirania, quer dizer, aquele em que a ação do poder parece provocar no primeiro momento a hostilidade mais viva dos súditos. É quando então o quadro muda; já não basta admitir que todos os regimes devem, em seu começo, se fundar sobre a violência; deve-se ainda descobrir que o pior deles não poderia se conservar senão querendo se assemelhar ao melhor. Enquanto um momento antes o governo livre se via obrigado a negligenciar o apoio do povo, o tirano é agora obrigado a buscá-lo. Tudo se passa como se, diante de imperativos comuns, eles tivessem que intercambiar os papéis que os governados esperam vê-los desempenhar. Um deve resistir à ilusão de que se trata de uma expressão da vontade coletiva; o outro, à de que suas armas o protegem. Um deve bater nos filhos; o outro, fazer com que seus inimigos o reconheçam como pai.

O fato de um tirano não estar necessariamente encerrado na violência, de a posição inicial do opressor não decidir acerca da natureza de seu empreendimento, em resumo, de a inteligência do jogo político poder subverter os dados imediatos dos regimes, é desde já algo que confunde a oposição entre bom e mau príncipe. Rômulo deveria ser louvado por haver querido instaurar um governo livre em lugar de uma tirania; agora, a intenção do príncipe conta menos que sua conduta efetiva. E pode-se dizer do tirano, do mesmo modo que do fundador, que ele sabe conquistar o favor de seu povo, que se o fato o acusa, o resultado o escusa. O conceito de tirania já não designa mais um gênero, fechado sobre si, distinto da monarquia e da república; o poder parece suscetível de ser definido em cada regime em função das respostas dadas à questão que as condições de seu advento compõem para ele. Não se trata, portanto, de que essas respostas mantêm entre si uma relação da qual a teoria clássica da distinção dos regimes não dá ideia? Maquiavel, é verdade, não avança por essa via; apenas a abre. Seu propósito, no fim das contas, não é desfazer a oposição entre tirania e regime livre; basta-lhe modificar os termos de maneira a torná-la incerta. Contudo, declarando que o tirano deve conquistar a amizade de seu povo, não dá somente a entender que a este podem ser oferecidas satisfações análogas àquelas que uma república proporciona. O leitor poderia, com efeito, refugiar-se nos ensinamentos de Aristóteles: admitir que o mau governo não tem nenhuma possibilidade de sobreviver a não ser corrigindo os excessos que o afastam do regime conforme à natureza — a ideia do bem em política não seria alterada. O argumento estabelece, ao contrário, que o regime republicano não possui uma essência distinta da do regime de dominação aberta e que, em consequência disso, uma tirania pode se adaptar às suas principais exigências. Por pouco que o tirano saiba auscultar os desejos do povo do qual se fez senhor, "encontrará", observa com efeito Maquiavel, "que este quer duas coisas: a primeira, se vingar daqueles que foram a causa de sua escravidão; e a outra, recobrar a liberdade". Aprendemos que ao desejo de vingança pode ser dada inteira satisfação: trata-se de ensinar que no seio do governo livre os Grandes oprimem o povo e que, sujeitando-o à sua pessoa, o príncipe liberta-o ao mesmo tempo que o submete. Quanto ao desejo de liberdade, é possível responder a ele, em parte, se reconhecermos que a massa e a minoria dos homens que ambicionam os mais altos cargos são guiadas por motivações diferentes. Ora, essa é a observação que lança uma luz cruel sobre o funcionamento das repúblicas: a liberdade, à qual tanta atenção se presta, recobre para uns a oportunidade de comandar e para outros, a segurança.

> Com efeito, não há em todas as repúblicas, seja qual for a maneira pela qual se governam, mais do que quarenta ou cinquenta cidadãos que alcançam os postos de comando. Ora, como é um número muito pequeno, é fácil detê-los, seja tomando a decisão de se desfazer deles, seja dando a cada um deles a parte de honras e cargos que lhes convém. Quanto aos demais que não exigem senão viver em segurança, é possível contentá-los facilmente com as instituições e as leis que conciliam ao mesmo tempo a tranquilidade do povo e a potência do príncipe.

Podemos suspeitar de que essas rudes declarações não revelam todo o pensamento de Maquiavel. Como esquecer a interpretação oferecida nos oito primeiros capítulos? Neles, o desejo do povo de não ser oprimido não se reduzia ao da segurança; a democracia fazia reconhecer, e levava à sua expansão, a verdade da lei que os regimes aristocrático e monárquico dissimulavam e sufocavam. Se devemos abandonar a imagem do bom regime, insinuada um pouco antes, não somos necessariamente conduzidos a restituir a república aos limites de um regime de opressão. A inversão de perspectiva não nos autoriza a julgar que só a segunda seja legítima. Tão somente é preciso convir que toda sociedade está dividida em dominantes e dominados e que os sinais exteriores da liberdade recobrem uma desigualdade de fato cujas consequências se prestam a diversos arranjos. Mas permanece que, se a diferença dos regimes não é desfeita, ela exige ser repensada. Da mesma forma que é preciso proibir-se de concluir apressadamente que são todos equivalentes pela única razão de que todos enfrentam a necessidade de garantir a segurança do povo e de que todos dão lugar a uma minoria ávida por poder e riquezas, é igualmente necessário remeter a diferença às condições gerais nas quais esta se institui e perceber os diversos governos, uns em relação aos outros, como figuras recortadas de um mesmo fundo. Igualmente, não é um acaso que Maquiavel, ao termo do capítulo, tome um exemplo que conclui a tarefa de rasurar a distinção convencional da qual tinha partido. Ao evocar repentinamente o reino da França para louvar um regime no qual o poder do príncipe é limitado de forma feliz pela lei e a segurança do povo, preservada, ele sugere que a boa monarquia é uma tirania que soube se prolongar para além de uma carreira individual e inscrever nas instituições duráveis um hábil projeto de dominação. Desde esse momento se faz impossível reduzir a obra do tirano a uma aventura efêmera que avançaria sobre as desordens de uma república. Ela de fato o é, no mais das vezes, mas nenhum critério de direito permite distingui-la do empreendimento do fundador que instaura a ordem legítima da monarquia.

Ora, no ponto em que termina esse curso do pensamento surge uma nova oposição que havíamos apenas entrevisto antes. Ao julgar que a República romana não teria podido se edificar se a degradação dos costumes tivesse atingido seu último grau sob os Tarquínios, Maquiavel converte repentinamente a corrupção na pedra de toque de sua análise política. No capítulo 17, esclarece que a liberdade só pode ser estabelecida ali onde o corpo social ainda está são. Um povo que se deixou corromper por seus príncipes não pode se apropriar dela, ou então conservá-la, a não ser que um homem de *virtù*, extraordinariamente, lhe tenha permitido aferrar-se a ela por um momento. Assim, pois, já não se deve referir a natureza de um regime à intenção dos governantes; estes apenas exploram as condições sociais e históricas que lhe são impostas ou, então, se arruínam ao ignorar a necessidade. Se o segundo Bruto fracassa onde o primeiro havia triunfado, isso se deve, nos é ensinado, ao fato de que, após César, o povo já não tem mais vontade de ser livre. Se César mesmo consegue submeter Roma, isso se deve ao fato de que a luta entre as facções sob Mário e Silas perverteu a república. Que se considere o presente ou o passado, a mesma conclusão se impõe: Milão e Nápoles estão condenadas à servidão e nenhuma revolução pode livrá-las disso. Em vão se empenhou o povo milanês em recobrar por um momento a liberdade após a morte de Filipe Visconti: ele não pôde mantê-la. Em vão chegou outrora Epaminondas a voltar a fazer de Tebas uma cidade livre: uma vez ele desaparecido, esta se abismou novamente na licenciosidade. E tampouco devemos ler as características de uma república em suas instituições, pois "quando a massa está sã, as agitações e os choques não fazem nenhum mal; e quando está corrompida, as melhores instituições não poderiam ser úteis, a menos que sejam dadas por um homem que tenha força o suficiente para fazê-las reinar longamente e com isso sanar a massa inteira".

O poder da corrupção é tal que podemos inclusive nos perguntar se há algum meio de bloqueá-la onde ela ainda não desenvolveu todos os seus efeitos. Como ensina o capítulo 18, a reforma é tão difícil quanto a grande mudança. Nos dois casos, sem dúvida, o princípio da ação se deixa definir, mas sua aplicação se mostra tão difícil que se deve mesmo duvidar que seja possível. Aquele que deve operar uma mudança radical nas instituições está obrigado a "recorrer a meios extraordinários, à violência, às armas; é preciso antes de tudo tornar-se senhor absoluto do Estado e poder dispor dele ao seu bel-prazer". Ora, na realidade, um homem que alimenta um propósito político generoso rejeita a utilização de procedimentos condenáveis, enquanto um homem decidido a impor sua autoridade pela força não está inclinado a fazer bom uso deles. Na primeira hipótese, o fim impede os meios que seriam necessários; na segunda, o emprego desses meios desvia do fim. Quanto àquele que deve remediar o mal num tempo em que lhe é ainda possível adaptar as instituições às mudanças sobrevindas à Cidade, sua ação pressupõe o concurso dos homens disponíveis. Ora, na realidade, se por acaso um indivíduo é capaz de desvelar o vício em seu princípio, os demais permanecem surdos a seus conselhos, incapazes que são de se libertar dos hábitos adquiridos e ultrapassar os horizontes do presente. Além do mais, se pudessem conhecer a verdade, a corrupção não existiria, pois, justamente, esta começa a se disseminar quando a democracia deixa de colocar no primeiro plano os homens de mérito, capazes de julgar o interesse público, mas favorece a intriga, quando as leis outrora destinadas a assegurar a seleção dos melhores e a conter os ambiciosos fazem o jogo destes últimos.

Se nos detivermos nessas palavras — baseadas numa análise da história romana que evidencia a degradação progressiva dos costumes sob o efeito da segurança, pelo poder conquistado pelos poderosos e ricos, e da subordinação aos interesses destes últimos por parte das instituições que outrora foram as mais eficazes para garantir o exercício da democracia —, deveríamos concluir que a mudança escapa à ação dos indivíduos. Quando Maquiavel escreve: "De todas essas causas reunidas nasce a dificuldade ou a impossibilidade de manter a liberdade numa república corrompida ou de restabelecê-la ali novamente", ele limita, se não anula, o alcance prático da crítica. Julga que, teoricamente, a república pode ser salva por uma intervenção que reforce o executivo e o subtraia das manobras dos Grandes. Na hipótese reformista, assim como na hipótese revolucionária, "é preciso sempre impelir o governo mais para o Estado monárquico do que para o Estado popular, a fim de que os homens cuja insolência os faz indóceis ao jugo das leis possam ser de algum modo detidos pelo freio de uma autoridade quase régia". Na prática, não raro a dificuldade se mostra intransponível. É verdade que a via da ação não está totalmente fechada. O escritor sugere inclusive a seu leitor, no fim do capítulo que nos ocupa, que ela comporta outro acesso. Após haver recomendado uma fórmula de monarquização, acrescenta brevemente: "Querer triunfar de outro modo seria um empreendimento totalmente cruel ou inteiramente impossível". Reserva enigmática, ainda mais porque, ao reencontrar nessa passagem o exemplo de Cleômene, evocado sem motivo aparente, cujo combate contra a corrupção de Esparta foi marcado pelo massacre dos éforos, devemos nos perguntar se a restauração de um Estado popular não requereria o extermínio da oligarquia.

Mas a alusão é muito breve para que investiguemos logo seu alcance. Vale mais avaliar de novo o caminho percorrido. Ao término do capítulo 18, a oposição entre o virtuoso fundador e o tirano não resistiu à análise; o parentesco que os diversos regimes mantêm entre si, no que diz respeito à opressão da massa dos governados, se mostrou a nossos olhos; uma nova oposição é estabelecida — a única, aparentemente, que deve reter nossa atenção — entre regime são e regime corrompido, a qual coincide com aquela dos Estados fundados sobre a igualdade e os Estados fundados sobre a desigualdade e com aquela dos Estados jovens e do Estados senis. Simultaneamente, prevalece a ideia de que a república não pode, no longo prazo, regenerar-se senão derivando para uma forma monárquica de governo. Mas semelhante ideia é acompanhada das mais profundas dúvidas sobre suas possibilidades de aplicação.

A prudência exige acolher com reservas as últimas palavras do escritor, pois nada nos autoriza a acreditar que não serão, por seu turno, modificadas. Ao menos nos sentimos no direito de afirmar que as premissas do argumento desenvolvido nos nono e décimo capítulos são abandonadas: o que fixa a natureza de um regime não são as intenções do príncipe nem a forma de suas instituições; é a relação que o Estado estabelece com o conjunto dos súditos ou cidadãos e, mais profundamente, a que estes estabelecem entre si, segundo o grau de igualdade ou desigualdade atingido. Sem dúvida, estas últimas noções são ainda vagas. E devemos por acaso nos contentar em aprender que a desigualdade se introduz quando o favor e o crédito, em primeiro lugar, e depois o poder e a riqueza distinguem a minoria, ao passo que a igualdade reina enquanto a distinção se engendra sob o efeito da *virtù*? Tal julgamento não poderá nos fazer esquecer a reaproximação operada entre tirania e república e a afirmação de que os postos de comando são monopolizados em toda parte por um grupo restrito de ambiciosos. Talvez importe mais observar que, no momento em que o fenômeno da corrupção ocupa o centro do argumento, o escritor se interroga sobre as possibilidades de uma reforma pacífica ou violenta da república. Semelhante questão parece formulada para sugerir que a tarefa da fundação — evocada um pouco antes pelo exemplo de Rômulo — não está circunscrita ao tempo da criação empírica do Estado, que ela sustenta ao longo de sua história a ação do Sujeito político.

Os capítulos seguintes dão corpo a essa hipótese ao mesmo tempo que alteram a representação até o momento incontestada das origens de Roma. Com efeito, enquanto o autor volta a aparentemente seguir o fio do relato de Tito Lívio, suas considerações sobre o reinado de Numa e de seu sucessor, Túlio, adquirem um aspecto crítico inesperado e desembocam, nos capítulos 25 e 26, numa nova discussão dos problemas postos por uma mudança de regime, para conduzir finalmente a uma conclusão que exige do leitor um novo passo adiante.

Em primeiro lugar, o pai da religião romana que vimos ser anteposto a Rômulo se revela um simples herdeiro de seus esforços, um príncipe favorecido pela sorte e que não pôde usufruir da paz senão se beneficiando da obra de seu predecessor. Sua política, nota Maquiavel, teria arruinado Roma se um feliz acaso não lhe tivesse dado por sucessor um príncipe forte, tão cioso das armas como o fora o primeiro fundador. A Túlio é reservado agora o mérito de haver lançado os fundamentos da potência do Estado.

Mas seu elogio é breve. Admirável por haver sabido arrancar os romanos da sua tibieza e por haver criado — como todo príncipe deve fazer, como o fizeram outrora Epaminondas e Pelópidas, e mais recentemente o rei da Inglaterra — um exército composto por seus próprios súditos, revela-se que ele cometeu um tríplice erro em suas relações com Alba: voltou a depositar a sorte de Roma nas mãos dos Horácios, deixou impune o fratricídio do vencedor e, finalmente, acreditou que o adversário ficaria obrigado pela palavra dada. Erro capaz, por sua própria natureza, de desacreditá-lo, pois é verdade que ele desconheceu assim os imperativos da guerra, violou a lei da qual se havia feito fiador e cedeu à ilusão de que a fé jurada poderia prevalecer sobre a razão de Estado. Descobrimos que esse príncipe, por sua ignorância da política e da estratégia, se assemelha àqueles dos quais o mundo moderno está cheio. Sem dúvida, estes últimos não recorrem à prática arcaica dos combates singulares. Mas, se considerarmos a forma mais que o conteúdo da guerra, seu comportamento parece análogo. Com efeito, hoje como ontem, afirma Maquiavel, há um princípio que é intocável, "que não se deve arriscar toda a fortuna sem colocar em jogo todas as forças". Túlio, como de resto Métio, seu adversário, o ignorava, pois consentiu em fazer repousar o destino do Estado sobre a força de três homens; ao fazer isso "não poderia tomar partido pior". Os estrategos modernos cometem o mesmo erro quando decidem ocupar posições julgadas inexpugnáveis ou guardar as brechas pelas quais elas podem ser invadidas; além de então outorgarem ao inimigo o benefício da mobilidade e a iniciativa do ataque, dão ao combate um risco definitivo sem poder engajar nele o conjunto de suas tropas. Num caso como no outro a ilusão da segurança os cega: os homens são julgados invencíveis, as fortalezas, inexpugnáveis, ou os desfiladeiros, impenetráveis, quando na verdade não existe nenhuma defesa contra a adversidade; a lei da guerra exige o risco, e o risco, a mobilização total das forças disponíveis. Ao misturar os exemplos antigos e modernos, Maquiavel também retira da lenda a Roma primitiva. Sem se preocupar em saber se os fatos referidos por Tito Lívio são históricos ou não, extrai deles um proveito simbólico. Por esse procedimento, modifica a relação que seus leitores têm com o relato liviano. Estes admiram os costumes dos primeiros romanos. Após lhes haver dado razão, o autor lhes revela que a *religiosità* e a *bontà* do povo romano não foram um fundamento de sua potência e que o rei mais ousado carecia de prudência. As façanhas dos Horácios os encantam; ele denuncia a concepção heroica da guerra e dá a entender que a *virtù* do estratego é de outra ordem que a bravura do combatente. A compaixão que o povo experimentou ao ver as lágrimas do velho Horácio os emociona; ele ensina que num Estado bem-ordenado jamais se equilibram as recompensas e as penas, que a impunidade concedida pelos serviços prestados encoraja a subversão.

É verdade que a crítica da monarquia romana faz com que, nessa etapa do discurso, os méritos da república sejam ressaltados. O capítulo 20 estabelece que Roma foi libertada dos perigos que a fazia correr um rei fraco ou malvado (*debole o cattivo*), quer dizer, podemos pensar, um Numa ou um Túlio. "A autoridade soberana", escreve o autor, "residia na época nos cônsules. Esses magistrados, que não a deviam nem à hereditariedade, nem à intriga, nem à violência [*ambizione violenta*], mas aos livres sufrágios de seus concidadãos, eram sempre homens superiores [*eccelentissimi*]." Ao acrescentar que unicamente o acaso pode produzir a sucessão de dois príncipes *virtuosi*, sustenta que a lei do sufrágio tem por consequência assegurar ao infinito a continuidade da *virtù*. No capítulo 23, louva ainda os romanos pelos riscos que souberam correr, sob a república, em sua defesa contra Aníbal. No 24, mostra sua aplicação na hora de recompensar as façanhas de seus capitães — por magros que fossem seus meios — e punir os ambiciosos, mesmo se antes tivessem se distinguido por seus serviços ao Estado.

Contudo, suspeitamos que semelhante elogio tem por fim fazer que sejam mais bem acolhidas as palavras que confundem singularmente a imagem dos bons começos de Roma. Seu excesso tem o valor de advertência. Como acreditar, sobretudo, em sua sinceridade diante da afirmação de que os cônsules sempre foram homens *eccelentissimi*? Uma leitura superficial do primeiro livro já nos ensinou que eles ficaram cegos devido às suas querelas pessoais a ponto de se desinteressarem pelo destino do Estado. Ora, essa suspeita se corrobora na leitura dos três capítulos seguintes, os quais lançam uma luz nova sobre as intenções do escritor.

Sem transição, ele retorna às condições sob as quais nasceu em Roma a república, para extrair o ensinamento de que todo aquele que quiser mudar a natureza do Estado, instalando nele um regime que se beneficie do acordo de todos, deveria preservar ao menos a sombra das antigas formas, a fim de que as massas não se apercebam da mudança fundamental das instituições (*è necessitato a ritenere l'ombra almanco de' modi antichi, acciò che a' populi non paia avere mutato ordine*). Necessidade, esclarece ele, que se imporia tanto mais quando de fato as novas instituições fossem inteiramente estranhas às antigas. A ideia — ilustrada pela decisão que foi tomada em Roma de manter os sinais antigos da autoridade real e as cerimônias religiosas às quais estava associada — é apoiada pelo argumento de que "a universalidade dos homens se alimenta da aparência como se fosse da realidade [e] frequentemente a aparência os impressiona mais do que a realidade". Não podemos acolhê-la sem recordar que, no início do capítulo 16, Maquiavel empregava outra linguagem, uma vez que afirmava então que um regime livre não se faz de amigos em sua fundação e que não há remédio mais seguro para consolidá-lo do que matar os filhos de Bruto. Nenhum sinal permite resolver a contradição evidenciada; mas ela não fornece nela mesma um indício que deveríamos interpretar? Somos incitados a nos perguntar se seus sinais não deixariam de se opor se admitíssemos que, sob o nome de romanos, novamente, se oculta a diferença entre Grandes e povo. Ao mesmo tempo, seria verdade que aqueles para quem a nova ordem é proveitosa não estão dispostos a respeitar as leis que entravam sua nova dominação, de sorte que Bruto ou seus êmulos deveriam se voltar contra seus partidários, ao mesmo tempo que o povo só aceita essa ordem nova sob a condição de não perceber o rosto do novo dominador. Hipótese que nos relembra as palavras do capítulo 18 do *Príncipe*, tão próximas das que examinamos que tirar partido delas é uma tentação: "Os homens julgam em geral antes pelos olhos do que com as mãos, pois todos podem ver facilmente, mas sentir bem poucos. Todo mundo vê bem o que pareces, mas bem poucos têm o sentimento do que és...". Esse julgamento se inscrevia numa passagem na qual o autor recomendava ao príncipe utilizar todos os meios necessários para cumprir seus propósitos, sem outra preocupação senão a de dar boa aparência à sua natureza (*colorire sua natura*) e permanecer "grande simulador e dissimulador". Porventura não poderíamos supor que os fundadores da República romana estão decididamente obrigados a agir segundo a imagem de um príncipe — na necessidade de dar ao seu empreendimento a boa aparência da *majestade do Estado*, encarnada nas antigas instituições, e na necessidade de reprimir sem piedade os Grandes indisciplinados, cujos excessos podem trazer a tirania? Se essa é a verdade que devemos entender, os elogios dirigidos antes à República romana eram bem apropriados para equilibrar de antemão seus efeitos. Ao mesmo tempo, faziam mais aceitável a crítica dos bons começos da monarquia e introduziam a dos bons começos da República. Mas ao leitor é ainda reservada uma prova mais dura com a leitura do capítulo 26: "Um príncipe novo, em uma cidade ou província da qual se apoderou, deve renovar tudo". É verdade que a questão, já deixada em suspenso no capítulo 16, permanece sem resposta: num Estado onde a corrupção atinge o último grau, é ainda possível o estabelecimento ou o restabelecimento da liberdade? A hipótese de uma mudança violenta pela intervenção de um homem que não recuaria diante do emprego de meios extraordinários serve somente, no presente, para evidenciar a lógica que subjaz à edificação de um poder absoluto (*potestà assoluta*). Mas o alcance do argumento excede manifestamente os limites do caso analisado. Aprendemos que aquele cujo projeto é criar esse poder deve,

> uma vez que é príncipe novo, estabelecer todas as coisas tão novas como ele; assim, novas magistraturas, novos nomes, autoridades novas, homens novos. É preciso que imite o rei Davi, que desde o começo de seu reinado *qui esurientes implevit bonis, et divites dimisit inanes*: enriqueceu os pobres e empobreceu os ricos. É preciso que edifique novas cidades, que destrua as antigas, que transplante os habitantes de um lugar ao outro, enfim, que não deixe nada nesse Estado que não sofra alguma mudança e que não haja nem posição, nem grau, nem honras, nem riquezas que não se reconheça terem provindo unicamente do conquistador. É preciso que tome por modelo Felipe da Macedônia. Esses meios são cruéis, sem dúvida, e contrários não só a todo cristianismo, mas a toda humanidade. Todo homem deve abominá-los e preferir a condição de simples cidadão à de rei, se é a preço de perder tantos homens. Apesar disso, quem tiver rechaçado as duas primeiras maneiras de bem, deve resolver-se ao mal da terceira.

Ora, cabe assombrar-se de que ao final do capítulo precedente Maquiavel introduza esse desenvolvimento anunciando que vai falar do poder absoluto que os autores chamam "tirania", uma vez que trata de uma forma singular e extrema de dominação, e não do modelo geral da tirania. Além disso, é perturbadora a substituição, no curso da análise, da expressão *principe nuovo* pela de "tirano". Mas, seguramente, mais estranho ainda é o primeiro exemplo invocado em apoio à tese de que o príncipe deve renovar tudo na Cidade. Não se julga que Davi realiza um grande desígnio ao rebaixar os ricos e elevar os pobres? E é um acaso que as palavras atribuídas a ele aqui provenham do Novo Testamento, no qual são imputadas a Cristo? A intrépida assimilação do empreendimento do rei dos judeus — situada, como parecia, sob a autoridade do rei dos cristãos — ao de Felipe da Macedônia faz duvidar, finalmente, da condenação universal contra os destruidores da "vida civil", uma vez que o herói da causa justa faz uso das mesmas violências que o déspota cruel e uma vez que não há crime na subversão da ordem estabelecida a partir do momento em que esta se revela privada de legitimidade.

Da mesma maneira, é preciso dar todo o peso às últimas palavras do capítulo. Os meios de tal tirania são julgados repugnantes ao sentimento cristão e mesmo a toda sensibilidade humana. Todavia, dependem de uma lógica à qual parece vão querer se subtrair. O leitor, privado da certeza da oposição entre bem e mal em política, é instado a reconhecer, a partir de um caso-limite, a necessidade da ação. Contudo, essa descoberta o encaminha a uma conclusão que, apoiada pela demonstração do capítulo seguinte, abre uma nova perspectiva à interpretação: "Mas os homens escolhem certos meios", observa enfim Maquiavel, "que são os mais prejudiciais porque não sabem ser nem inteiramente maus nem inteiramente bons...". Ora, o que é preciso entender não é somente que uma falta de rigor é o que constitui sua perda, é também que eles se mostram, em consequência disso, incapazes de fazer uma obra que tenha um alcance histórico. O exemplo da conduta de Giovampaolo Baglioni, tirano de Perugia, nos convence disso. Este, cuja carreira, nos é lembrado, foi marcada por crimes mais negros, não soube tirar as consequências de sua primeira escolha. Numa ocasião na qual o papa havia chegado imprudentemente até os muros de Perugia antes de suas tropas, pondo-se à sua mercê, ele recuou diante da única perversidade que teria tido algum sentido. Ele,

> que não se envergonhava de ser incestuoso e parricida publicamente, não soube, ou melhor dizendo, não ousou aproveitar a ocasião que se apresentava para realizar a ação pela qual todos teriam admirado sua coragem e que o teria imortalizado; pois teria sido o primeiro a mostrar aos prelados da Igreja o pouco-caso que se deve fazer daqueles que vivem e reinam como eles; teria, enfim, feito um gesto cuja grandeza de longe ultrapassaria a infâmia e os riscos.

Assim, pois, é impossível limitar-se ao puro conhecimento das regras que dirigem o jogo violento da política: ela mesma está a serviço de uma apreciação das situações que carregamos de significado. Baglioni não é desacreditado por um fracasso que causa sua ruína pessoal. O irrisório de sua aventura é julgado por sua impotência para levar a cabo a tarefa que lhe havia sido imposta pelas circunstâncias. Pois, se é verdade que a Igreja é o principal agente de divisão e corrupção na Itália, Baglioni poderia, atrevendo-se a golpeá-la na cabeça, mudar as condições da ação política, liberar novos possíveis. É de supor que semelhante façanha, se ele a tivesse realizado, não teria apagado o parricídio e o incesto, tampouco teria levado a marca de um propósito político. Mas também podemos supor que essa façanha teria adquirido uma verdade só pelo fato de que a necessidade da ação teria concordado com a necessidade inscrita na situação. Ora, é essa a conclusão que reverbera sobre o conjunto da análise e que muda a imagem da fundação levada a cabo por Rômulo. Inútil se demorar nas referências do discurso maquiaveliano: elas não possuem uma função realista. Como não se dar conta de que no capítulo 26 o procedimento do autor é irônico e simbólico? Irônico, pois os exemplos de Davi e de Baglioni, mediante um nivelamento que vai contra a razão, fazem explodir uma verdade insólita. Simbólico, pois eles só têm sentido se nos remetem a uma ideia da ação que proíbe decidir entre o bem e o mal, entre a ordem da moralidade e a da necessidade e entre o possível e o impossível.

Ao término do capítulo 27, Maquiavel considera que talvez tenha avançado o suficiente para poder levar seu leitor a uma nova interpretação da história da República romana. Com efeito, esta constitui, até o fim do primeiro livro, a matéria principal do discurso. Abordando-a, sabemos já que os mesmos princípios dirigem a inteligência dessa história e a da política dos Estados modernos. É preciso, pensamos, saldar a dupla hipoteca da representação clássica e cristã da política, quebrar as certezas que se ligam à distinção entre bons e maus regimes, entre bons e maus príncipes, entre bons e maus meios de governo, instaurar a dúvida sobre a excelência das instituições primitivas do Estado, introduzir a ideia de uma lógica da ação histórica para tornar possível uma leitura crítica da história da república. Com efeito, essa leitura é tal que pouco a pouco levará a reconhecer que nem o Estado nem os cidadãos romanos são bons por natureza; que a corrupção atua já nos primeiros tempos do regime; que a tirania é sempre uma ameaça; que a classe dominante está cega por seu egoísmo; o povo, por suas ilusões e sua credulidade; que a república mais bem constituída está atormentada por acontecimentos análogos aos que sofre uma república em decadência e que ela guarda a mesma fraqueza — e, simultaneamente, que certa faculdade de responder aos acontecimentos distingue Roma e lhe dá a possibilidade de dominar sua história. Contudo, o discurso, nessa segunda parte do livro, não está balizado por teses que por fim colocariam a descoberto o pensamento. O escritor obriga constantemente seu leitor a se interrogar sobre o caminho a seguir. Constantemente ele o reconduz a seu lugar familiar para daí afastá-lo e fazê-lo descobrir a verdade pelo trabalho do desencantamento.

O julgamento emitido sobre a bondade da República romana dirige o argumento dos quatro primeiros capítulos que nos ocupam. Maquiavel se apressa em afirmar que o Estado foi menos ingrato em Roma do que em Atenas com os cidadãos que haviam se distinguido a seu serviço, diferença cuja explicação estaria no fato de que ninguém se arriscou a atentar contra a liberdade nos primeiros tempos da república. Assim, sugere que a benevolência do regime tinha em sua origem a virtude do povo, incluídas nele todas as classes. Concluída a análise anterior com a proposição segundo a qual os homens não sabem ser totalmente bons nem totalmente maus, não pode o leitor voltar a sonhar que em Roma, ao menos, a fidelidade aos princípios justos foi conservada? O capítulo 29 o confirma nessa disposição, convidando-o a comparar o comportamento do príncipe com o da república. Após haver observado que esta tem justificativa para desconfiar dos ambiciosos que tiram proveito de sua popularidade para sujeitá-la, ele esclarece, com efeito, que os romanos não castigaram aqueles que os haviam perturbado, embora pudessem condená-los duramente; e, ao assinalar a severidade excepcional de sua atitude para com Cipião, mostra e propõe que se admire o motivo para tal na convicção de que a autoridade de um cidadão, por melhor que fosse, não poderia ultrapassar a dos magistrados. No capítulo 30, ainda, após haver revelado que uma república conhece dificuldades singulares uma vez que, diferentemente de um príncipe que pode e deve dirigir em pessoa seu exército, ela precisa delegar a autoridade a um cidadão, o autor recomenda tomar Roma por modelo. O capítulo seguinte, por seu turno, chega a acentuar a indulgência manifestada em relação aos capitães cujos erros no campo de batalha pareciam exigir um castigo. Ora, nos damos conta rapidamente de que esse elogio da bondade romana é acompanhado de considerações que modificam radicalmente seu alcance. Ao tirar proveito da referência fornecida pela posição do príncipe, Maquiavel observa que, se este não é capaz de assumir o comando militar, deve se desembaraçar do capitão cuja autoridade lhe faça sombra. Depois, inverte audaciosamente sua perspectiva aconselhando a esse mesmo capitão, "exposto irremediavelmente às maledicências da ingratidão", antecipar-se à ação do príncipe, seja abandonando voluntariamente o exército após a vitória, seja garantindo o concurso de suas tropas para derrubar o poder estabelecido. Essa análise, que evidencia de novo a lógica da conduta política, recordando a necessidade de ser totalmente bom ou totalmente mau, ensina a verdadeira razão pela qual a República romana não conheceu o vício da ingratidão. O conflito, entendemos, não opunha efetivamente a autoridade política e a autoridade militar, mas se organizava secretamente entre os capitães. Inteiramente voltada para a guerra, Roma dispunha de um grande número de cidadãos capazes de assumir um comando, de tal modo que nenhum era indispensável e todos temiam a inveja dos demais: "Seu número mesmo servia para contê-los uns pelos outros. Eles se conservavam tão puros, temiam tanto inspirar a menor suspeita e, por isso, dar ao povo ocasião de lhes fazer injúria nas suspeitas de ambição, que, chegados à ditadura, o meio mais seguro de se fazer ilustre nesse posto era a pronta abdicação". Ao considerar esse comentário, formulado no final do capítulo 30, devemos convir que as palavras sobre gratidão e ingratidão eram enganosas. O importante não é mais julgar acerca da bondade dos romanos; é preciso identificar a eficácia de um sistema que os colocava na necessidade de *parecer* bons. Os mesmos princípios governam, em definitivo, a conduta dos homens. Mas enquanto, em certos casos, a ambição responde abertamente à ambição, em outros o jogo da desconfiança generalizada a desarma, a ponto de a coação externa — como o ensina o capítulo 31 — perder em boa parte sua razão de ser e os desvios dos indivíduos poderem ser tolerados sem grande perigo.

Mas apenas alcançamos essa conclusão quando a análise de um episódio aparentemente referido para evidenciar a liberalidade dos romanos nos obriga a descobrir seu limite. No capítulo 32* — intitulado "Que uma república ou um príncipe não devem demorar-se quando se trata de prover as necessidades de seus súditos" — aprendemos, com efeito, que nos dias seguintes à evicção dos Tarquínios, quando Roma devia fazer face a uma

---

* Corrigimos a informação, pois se trata do capítulo 32, e não do 31, como consta do texto original. [N.T.]

agressão estrangeira, o senado tomou medidas econômicas com urgência destinadas a conciliá-lo com a plebe, no temor de que esta preferisse o retorno da tirania à guerra. O acontecimento é explorado para revelar a imprudência do senado, que só se decidiu a fazer concessões ao povo sob a pressão das circunstâncias e correndo o risco de ver seu artifício desmascarado. Ora, a crítica merece nossa atenção por mais de um motivo. De fato, não se trata mais da bondade dos romanos, mas daquela da classe dominante, e esta aparece como mentirosa. A nova referência à política do príncipe não apoia mais uma comparação entre dois regimes, mas assinala discretamente o parentesco entre os dois modos de opressão. A alusão ao perigo de restabelecimento da tirania confirma que o novo governo não se beneficiava do apoio popular. Enfim, e talvez sobretudo, o regime se revela mais propício a desarmar os conflitos que ameaçam opor o poder aos particulares do que a resolver aqueles que resultam da divisão de classes. Se recordarmos o argumento precedente, devemos convir em que a generosidade ordinariamente testemunhada em relação aos capitães contrasta com as reticências em dar satisfação às reivindicações da plebe.

Ora, essas primeiras indicações esclarecem o ordenamento do discurso a partir do capítulo 33; elas incitam a identificar, sob a aparência de um comentário descontínuo, ligado a acontecimentos particulares, o fio de uma discussão que vincula sempre mais estreitamente a questão da autoridade na república à luta de classes. No capítulo 33 Maquiavel volta à ameaça que o poder adquirido por um indivíduo constitui para o Estado. Raciocinando sobre os eventos que favoreceram a ação de Cosimo de Médici, cujo êxito é comparado ao de César, ele se limita a mostrar que ali onde se instala a corrupção é melhor contemporizar que confrontar o ambicioso, na esperança de que sua intriga fracassará ou se extinguirá por si mesma, ou, ao menos, que terá êxito mais lentamente; mas nada diz da relação que a tirania mantém com o desenvolvimento do conflito social. Sua intenção manifesta é acentuar, por contraste, os méritos da ditadura que deu aos romanos a possibilidade de concentrar a autoridade nas mãos de um cidadão para fazer face a uma situação perigosa. A análise que faz dessa instituição não deixa nenhuma dúvida sobre a sinceridade de suas palavras: a ditadura é, a seus olhos, o único meio do qual dispõe uma república para atenuar suas deficiências naturais. Ele escreve:

As cidades organizadas em repúblicas não podem pensar sem esta instituição sair das crises mais temíveis. O andamento do governo numa república é ordinariamente muito lento. Nenhum conselho, nenhum magistrado pode fazer nada por si mesmo, e como todos têm quase sempre uma necessidade mútua uns dos outros, acontece que, quando se faz necessário reunir essas vontades, os remédios são perigosamente tardios, enquanto se trata de males que demandam remédios imediatos: donde se conclui que todas as repúblicas devem ter em sua constituição semelhante instituição.

Além disso, aqueles que criticam Roma por haver estabelecido semelhante autoridade, porque ela pode engendrar a tirania e porque César a converteu em trampolim para o poder, desconhecem inteiramente sua função. Se é verdade que a ditadura degenerou a partir do momento em que, em consequência da corrupção, permitiu que dela tirassem proveito por muito tempo alguns cidadãos, ela é em sua forma primitiva o contrário da tirania, nesse sentido de que ela empresta a eficácia da outra para voltá-la contra si mesma no quadro da lei. Se nos lembrarmos da conclusão do capítulo 16, o qual recomendava, numa república corrompida, a orientação da constituição para o princípio monárquico, o leitor pode inclusive pensar que a ditadura oferece a fórmula ideal de um regime que interioriza a tempo esse princípio sem em nada renunciar ao espírito de sua constituição. Sua natureza, com efeito, observava Maquiavel, é tal que o magistrado supremo não dispunha mais do que de um poder temporário e não podia "nada ordenar que alterasse a forma do governo, nem diminuir a autoridade do senado ou a do povo, nem destruir a antiga constituição nem estabelecer uma nova". Com ela os romanos descobriram uma *solução* para os problemas que enfrentam todas as cidades que subordinam rigorosamente à lei a autoridade das pessoas, uma vez que no quadro mesmo da lei se dá lugar para a instituição de uma situação extraordinária na qual se requer a decisão imediata e soberana do ator político. A lei inclui sua própria transgressão em lugar de passar pela prova de uma violação selvagem que ameaça arruiná-la.

Contudo, esse elogio da ditadura oferece mais de uma lição. Já é significativo que a instituição se apresente como uma resposta improvisada sob o efeito de um perigo exterior; com efeito, somente após haver denunciado o erro dos florentinos, que reforçaram o poder de Cosimo mediante uma torpe condenação ao exílio, o escritor imputa aos Estados vizinhos de Roma um erro análogo, ao lhes reprovar havê-la obrigado a forjar o mais eficaz instrumento de seu poder mediante uma aliança precipitada. Ora, se é preciso renunciar, no momento, a perscrutar a estranha comparação esboçada entre o indivíduo que pretendia a tirania em Florença e a república que buscava edificar seu império, ao menos devemos observar que a criação da ditadura não é efeito nem da bondade dos romanos nem da sabedoria de seus primeiros legisladores; que ela é contingente, ou, para dizer melhor, que somente surge da justa interpretação dos acontecimentos. Ainda que seu alcance seja universal, sua verdade não se deduz da natureza do regime republicano, ou melhor, se deduz dela apenas a posteriori, como o artifício de que carecia — como algo que era requerido por sua carência — e de que só a experiência poderia sugerir a fórmula.

O comentário traz um complemento essencial a essa hipótese, acentuando a fraqueza específica do regime republicano. Em razão da prática das assembleias e, em geral, do fato de que se compartilha a autoridade, ele se mostra incapaz de fazer face com resolução e rapidez às circunstâncias extraordinárias. Semelhante julgamento arruína a imagem de um regime intrinsecamente bom e, ao mesmo tempo, mina nossa fé na pureza das origens e nos impede de confundir futuro e corrupção. Ao considerar que a ditadura surgiu no curso dos conflitos, como uma simulação inventada em resposta à iniciativa dos adversários, e que assim ofereceu uma solução ao problema de economia interna do poder, devemos conceber uma relação nova entre forma e acidentes — ou, diríamos numa linguagem que certamente não é a de Maquiavel, entre estrutura e história. O princípio que assegura a identidade da forma — à qual o discurso dá o nome de *ordine* — se revela ele mesmo não acidental, mas indissociável do acidente, e deixa entrever uma elaboração da qual nem o acaso nem a necessidade de essência permite dar conta.

É verdade que, após a leitura dos primeiros capítulos da obra, já estávamos convencidos de que a teoria da política implica uma teoria da história. Mas, além de o caminho da descoberta ser necessariamente longo e difícil, e ser preciso que o leitor volte diversas vezes ao ponto de partida para se assegurar do rigor do movimento, a análise da ditadura possui o mérito de fazê-lo descobrir, a propósito de um fenômeno particular, uma verdade da interpretação que ele corria o risco de medir mal se não a captasse em sua generalidade. A análise também possui outro mérito: introduzida no curso de uma discussão que trata dos conflitos que opõem o poder e os cidadãos ambiciosos, ela mantém momentaneamente à distância, preparando para acolhê-la, a questão da luta de classes.

A inteligência dessa questão vai, com efeito, de par com a crítica da representação comum da corrupção que o capítulo 34 abriu. Até então o autor havia falado do desenvolvimento da República romana em termos que deixavam supor que a corrupção coincidia com o relaxamento dos vínculos que unem os cidadãos ao Estado. Afirmando que a jovem república não havia conhecido empreendimento subversivo, ele explorava a credulidade de seu leitor e se apoiava igualmente na convicção deste de que um regime se corrompe quando a ambição dos particulares deixa de se eclipsar diante do interesse público. A apreciação da ditadura convoca a forjar novas categorias para interpretar a história da república, mas não se opõe frontalmente ainda a essa convicção. De fato, ela a fere na raiz; aparentemente, deixa subsistir a problemática anterior. Ora, o trabalho de interpretação realizado nos oito capítulos seguintes conduz, em compensação, a uma conclusão que a liquida. Não que o discurso mude abertamente de perspectiva ou apresente, daí em diante, sua intenção sem reservas. De início, mal se percebe o deslocamento de seu objeto, pois vemos o elogio da ditadura evocar, como seu corolário, a crítica do decenvirato. Mediante uma hábil transição, o escritor se diz obrigado a demonstrar: "Por que em Roma a criação dos decênviros foi prejudicial à liberdade, embora eles tivessem sido nomeados pelo sufrágio livre do povo". Ao convir com ele em que todos os limites ordinariamente impostos à autoridade das ditaduras foram abolidos circunstancialmente, estamos tentados a não extrair de seu argumento mais do que uma confirmação das teses anteriores: "Os novos magistrados anularam os cônsules e os tribunos, tendo-lhes dado o direito de fazer leis e tudo aquilo que antes o povo podia criar por si mesmo. Permanecendo sós, sem cônsules, sem tribunos, sem apelo ao povo, sem vigilância, eles puderam facilmente no segundo ano, movidos pela ambição de Ápio, abusar de seu poder". Assim, o caso considerado traz a prova *a contrario* da solução descoberta na ditadura. Nada ainda foi dito dos conflitos sociais que estiveram na origem do decenvirato. Este leva o sinal de um trágico erro, e a maldade de um cidadão parece ser responsável pelo golpe de força tentado contra a República. Contudo, o episódio do decenvirato desmente de forma discreta as primeiras palavras, que asseguravam o perfeito apego dos romanos à liberdade nos tempos felizes da expansão do regime. Quem tiver lido Tito Lívio se recorda, com efeito, de que segundo suas hipóteses, precisamente cinquenta anos separam a criação do primeiro ditador daquela dos decênviros. Além disso, a conclusão do capítulo anuncia um reexame posterior do episódio em termos que lançam uma luz totalmente nova sobre o fenômeno da corrupção: "Não basta aqui que a matéria não esteja corrompida", observa Maquiavel, "porque em pouco tempo uma autoridade absoluta consegue corrompê-la por meio dos amigos e dos partidários. E ser pobre e sem ligações de parentesco nada altera, pois logo as riquezas e os demais favores seguem na esteira do poder".

Assim, pois, é impossível no momento limitar-se à ideia de que onde o povo está são, a república está em segurança. Nós nos enganaríamos se imaginássemos que a matéria decide a forma das instituições. A distinção mesma entre uma matéria e uma forma se revela antes um engodo: não há de um lado instituições boas e de outro os cidadãos bons. Os dois termos estão sempre implicados simultaneamente numa história. A conduta dos homens se determina ao mesmo tempo em função das possibilidades objetivas que as circunstâncias dispõem e de regras e obrigações que lhes impõem as instituições, e estas se elaboram e se modificam em função das relações que tecem os atores, engajados que estão nas condutas de fato. Assim, pois, é vão imputar a corrupção aos vícios dos indivíduos ou dos regimes políticos: estes são apenas um sinal. O que a define mais profundamente é um encadeamento de *respostas* cujas expressões são individuais e coletivas, que acabam por formar um sistema até obliterar o desejo de liberdade. E se entrevê que essas respostas são sempre possíveis, que são apenas afastadas ou diferidas pelas boas respostas dadas ao problema político. Maquiavel insinua, além disso, que riquezas e favores existiam já 450 anos antes de Cristo, prontos para serem mobilizados a serviço da tirania. Ora, essas breves observações mostrarão todo seu alcance oito capítulos adiante, quando o autor intitulará o último argumento da discussão de "O quanto os homens podem facilmente se corromper". Então estabelecerá que a natureza dos indivíduos se transforma sem dificuldade em seu contrário (*facilmente gli uomini si corrompono e fannosi diventare di contraria natura*) e que um bom cidadão se transforma num abjeto opressor (*mutò il suo buoni costumi in pessimi*). Mas terá designado, no intervalo, a força social que assegura a metamorfose da Cidade: os Grandes, e a parte mais viva dessa classe, sua juventude.

No capítulo 35, ao contrário, a análise da corrupção não é levada até o final. Além disso, é relevante que a crítica da bondade dos romanos seja logo suavizada no capítulo seguinte por um elogio de sua modéstia. Maquiavel observa que os cidadãos que foram revestidos dos maiores cargos não deveriam desdenhar os menores e lembra que em Roma essa regra estava em vigor. Essas palavras são bem-vindas para combater as eventuais reticências do leitor. Como este poderia acusá-lo de desprezar a virtude ao vê-lo opor a concepção romana de honra, totalmente consagrada a serviço do Estado, à dos venezianos, que não toleram o sacrifício da ambição privada ao serviço público? Mas a via que foi aberta com o comentário do decenvirato é retomada imediatamente no capítulo 37, cujo objeto, se nos fiarmos em seu título, é mostrar "Quais escândalos foram gerados em Roma pela lei agrária, e a qual grau de escândalo se é levado ao fazer uma lei numa república que se aplica a um passado muito distante e vai contra um antigo costume da cidade". Sob o manto desse primeiro argumento, o discurso vai nos convencer de uma dupla verdade: de um lado, que a imagem da corrupção mascara a realidade da luta das classes, de que esta é inelutável e de que a degradação do Estado é a consequência de uma impotência da classe dominante em pôr um limite às suas ambições e em compor com as reivindicações do povo; de outro lado, que a República romana enfrentou as mesmas dificuldades que a República florentina e que, apesar da incontestável superioridade da primeira — evidente, a julgar pela potência que adquiriu e pela excepcional duração de seu regime de liberdade —, ambas foram teatro dos mesmos erros.

Certamente, devemos descobrir essa verdade com a leitura de um comentário que permanece descontínuo. Mas não podemos duvidar do propósito do escritor, uma vez que reconhecemos o tema que organiza os múltiplos argumentos da discussão. Num primeiro momento, a análise dos tumultos que a lei agrária suscita desvela o conflito fundamental entre a nobreza e o povo e os desafios que constituía a propriedade da terra. Maquiavel recusa, no início do capítulo, tomar partido sobre o bom ou mau fundamento dessa lei e afirma como conclusão que a intenção dos Gracos foi mais louvável que sua prudência, pois precipitaram a queda da república querendo corrigir seus abusos, desconhecendo assim as vantagens da contemporização. Mas essas duas indicações não circunscrevem de modo algum o movimento da análise. Este, de fato, volta a evidenciar a oposição comumente admitida entre o desejo de adquirir e o medo de perder; e, após haver por um momento sugerido a responsabilidade da plebe nos tumultos da Cidade, a análise se dedica a denunciar a responsabilidade dos nobres até voltar a fundar, novamente, a tese avançada nos primeiros capítulos: "Mas as querelas por ocasião da lei agrária tardaram trezentos anos para levar Roma à escravidão; ela teria sido bem mais rapidamente sujeita a isso se o povo não tivesse encontrado nessa lei e em outras reivindicações um freio para conter a ambição dos homens". Além disso, ao tirar partido de seu exame da lei agrária, o autor designa pela primeira vez a mola-mestre da ambição da nobreza, fazendo do apetite dos bens o móbil mais profundo da conduta:

> Vê-se por isso ainda que os homens apreciam mais os bens que as honras [*più la roba che gli onori*]. Com efeito, quando se tratava das honras, a nobreza romana cedia sempre sem escândalos extraordinários à plebe, mas quando se tratou de seus bens, ela pôs tanta obstinação para defendê-los que a plebe recorreu, para dar vazão ao seu apetite, aos meios extraordinários dos quais se falou acima.

Uma vez percorrida essa etapa, o capítulo 38 ensina que "As repúblicas fracas são irresolutas e não sabem decidir e [que], se chegam a tomar um partido, é mais pela necessidade do que escolhido". Ora, nem as exigências da cronologia, nem o encadeamento manifesto dos argumentos autorizam esse desenvolvimento. Isso parece tanto mais desconcertante quando vemos o autor discutir aqui alguns exemplos — um emprestado à história romana, os três outros fornecidos pelas disputas que conheceu Florença com César Bórgia, depois com a França a propósito de Pisa e Arezzo — que concernem à política exterior de um Estado. Não obstante, o tema tratado nos adverte da progressão secreta da discussão em curso: é preciso saber ceder ante o próximo quando se conhece a necessidade da concessão, sem esperar ser coagido a isso ou que a ocasião se perca, quer dizer, escolher a tempo a parte do mal menor. Essa recomendação se inspira no princípio que comandava a crítica da política dos Gracos. O capítulo anterior estabelecia que o partido que escolheram foi mal concebido (*è partito male considerato*): a contemporização se impunha. Pela mesma razão, a recusa em tomar um partido quando é preciso fazê-lo, a contemporização inoportuna, é condenável. Com efeito, é suficiente trasladar essa proposição complementar do quadro da política exterior ao da política interior e substituir o ator *república* pelo ator *classe dominante* para descobrir seu alcance. De resto, outro sinal nos convence da intenção do escritor:

Maquiavel louva o Senado romano por haver permitido a certas cidades-súditas armar-se ante a aproximação de um inimigo, quando se encontrava privado dos meios de defendê-las, e por haver assim tomado o partido da solução do mal menor. Ao fazer isso, dá a pensar que a nobreza era mais capaz de conhecer a necessidade da concessão no teatro da guerra que no do conflito civil. Mas, sobretudo, chama a atenção para o lugar mais próximo no qual é preciso instalar esse duplo teatro, consagrando dois terços de sua análise aos exemplos florentinos. Faz silêncio sobre a política da classe dominante em Florença, mas deixa ao seu leitor o cuidado de rompê-lo ao denunciar a miséria de sua diplomacia.

O capítulo 39, intitulado "Os mesmos acidentes acontecem frequentemente a povos diferentes", lança uma nova luz sobre a comparação assim esboçada. A importância das palavras que o abrem é tal que devemos considerá-las desta vez mais significativas do que os exemplos aparentemente escolhidos para ilustrá-las. Maquiavel não se limita a comentar o enunciado do título; o reconduz aos termos primeiros — desejos e humores — de sua problemática política, para ensinar que Florença e Roma vivem a mesma história. Ele escreve:

> Quem considerar as coisas do presente e da Antiguidade descobre facilmente que em todas as cidades e em todos os povos existem os mesmos desejos e os mesmos humores e que esses foram sempre os mesmos. De modo que é fácil a quem observa atentamente as coisas passadas prever as coisas futuras em cada Estado e encontrar os remédios que já foram utilizados pelos Antigos ou, se não encontra quem os tenha usado, conceber novos segundo a semelhança dos acidentes. Mas porque essas observações são negligenciadas, ou não são compreendidas pelo leitor, ou se o são por ele continuam ignoradas pelos governantes, se segue que retornam sempre de uma época a outra os mesmos escândalos.

Julgamento que merece ser cuidadosamente sopesado: entendemos que o essencial não é a repetição dos acidentes — repetição, além do mais, aproximativa —, mas a lógica que subjaz a eles e que se deixa descobrir uma vez conhecida a permanência dos desejos e dos humores. Os acidentes são amiúde os mesmos; os desejos e os humores o são sempre. A ação política, ligada à previsão, requer *aqui e agora* uma solução já inventada, face aos acidentes já produzidos, ou uma solução inédita, face aos acontecimentos novos, mas em todos os casos exige uma resposta singular conforme aos dados gerais do problema político. Assim, pois, a história deve ser pensada sob o duplo signo da identidade e da diferença. A identidade da constituição social é recoberta pela ilusão da diferença dos tempos; mas essa ilusão se inscreve no tempo gerando a repetição real dos escândalos. A destruição da ilusão dá o poder de romper o ciclo da repetição, referindo os acontecimentos às consequências do desejo e do humor. Contudo, a destruição, em teoria, da ilusão, não é sua destruição em ato. Sua maior influência se dá no lugar onde está o governante. O ator político é o mais exposto a deixar-se atravessar pelo desejo e pelo humor, no desconhecimento do que o faz agir. Enquanto aqueles que ignoram a identidade se revelam os agentes da repetição, estes que a descobrem se revelam os agentes da criação histórica.

Contudo, por maior que seja o interesse intrínseco dessas considerações, é mais importante ainda apreciar sua *função* estratégica nesse crucial momento do discurso. Acabamos de observar que o capítulo anterior ressaltava a diferença de comportamento do patriciado face ao adversário estrangeiro e face ao adversário de classe, e ao mesmo tempo a oposição entre a política romana e a política florentina. O seguinte irá reexaminar o episódio do decenvirato e o golpe de Estado de Ápio, seu chefe, mostrando pela primeira vez que eles foram uma consequência da luta de classes. Na articulação de ambos, Maquiavel toma o cuidado de estabelecer que a mesma história atravessa todas as sociedades. Assim, somos convidados a ler, como bons leitores das coisas passadas e presentes, um acontecimento que demonstra a semelhança da República romana e da República florentina, que nos faz recusar a ideia ingênua de que há uma oposição de natureza entre uma e outra e que comporta um ensinamento político atual. Mas ainda é preciso observar que os fatos referidos assinalam a cegueira de todos os atores implicados na intriga: sua inteligibilidade nasce da leitura maquiaveliana, e pode-se pensar que a lição que se deve extrair dela é inédita.

Tais são as grandes linhas do relato: o conflito entre a nobreza e o povo havia se exacerbado em Roma a tal ponto que se impôs a necessidade de confiar a um pequeno número de cidadãos o encargo de propor novas leis. A demagogia súbita de Ápio, conhecido antes por seu desprezo ao povo, lhe valeu o apoio deste último. Depois de um primeiro ano durante o qual os decênviros permaneceram no marco da legalidade, sua prorrogação os converteu em senhores do Estado, e Ápio, certo de sua autoridade absoluta, se voltou contra a plebe, deu livre curso à insolência da nobreza e instaurou a tirania, cujas inconsequências estiveram a ponto de entregar Roma a seus inimigos. Sua tentativa de raptar uma jovem romana provocou finalmente uma sublevação popular que pôs fim à aventura. Sobre esse relato, Maquiavel acrescenta um comentário estruturado, desde o início do capítulo, de modo a evidenciar os erros cometidos pelos três partidos que se enfrentavam: a nobreza, o povo e o aspirante a tirano. A análise desses erros parece destinada a revelar mais uma vez a lógica da ação política. Contudo, esta já não se move no terreno da abstração — o príncipe ocupado em defender seu poder e o capitão obrigado à agressão para se defender —, como no capítulo 30; a dita lógica se mostra fundada sobre o antagonismo de classes, encontrando-se a posição do tirano determinada pela relação estabelecida com um ou outro campo. O escritor nos convence dessa lógica adotando o ponto de vista do sujeito de conhecimento separado de seu objeto. Assim, declara ao começar que seu estudo interessa "tanto àqueles que querem conservar sua liberdade numa república quanto àqueles que têm por propósito submetê-la, aos que querem manter uma república em liberdade como aos que pretendem sujeitá-la", e se limita aparentemente a recensear os erros. Quem se dispuser a segui-lo, anuncia, "verá muitos erros cometidos pelo senado e pela plebe em prejuízo da liberdade e muitos erros cometidos por Ápio, o chefe do decenvirato, em prejuízo daquela tirania que se havia proposto estabelecer em Roma".

Não cabe dúvida de que, dessa perspectiva, ele não nos encaminha para a conclusão que já oferecemos antecipadamente: a República romana, como toda república, contém nela mesma desde seu começo o germe da tirania. A corrupção não depende de uma perversão dos costumes, mas designa, a título de uma possibilidade permanente, um modo de solução do conflito de classes. Descobrindo que, se Ápio tivesse entendido o jogo da política, sua tirania teria podido durar, perdemos a fé na estabilidade das instituições da jovem república e somos preparados para aceitar o ensinamento do capítulo 42. Mas essa conclusão fecha apenas uma parte do argumento. Não é em vão que Maquiavel trata de apreciar os erros dos atores e afirma que lhe é conveniente extrair uma lição deles. Não podemos deixar de observar que ele concentra o principal de sua crítica no comportamento de Ápio, a ponto de em seguida consagrar a ele um curto capítulo: "Saltar da modéstia [*umiltà*] ao orgulho, da bondade [*pietà*] à crueldade sem passar pelas transições necessárias é tão imprudente quanto inútil". Aprendemos que seu fracasso sanciona sua ignorância das bases sociais da tirania: embora pudesse encontrar apoio somente no povo, a tirania acreditou poder contar com a nobreza, esquecendo que só uma fração desta era capaz de se identificar com sua causa e que os grandes possuem em geral demasiada ambição e demasiada brutalidade para se contentar com as honras e as riquezas concedidas por um tirano. Além disso, negligenciou o fato de que, numa política de violências, àquele que exerce a força se impõe a necessidade de ser mais poderoso do que aquele que a padece (*a volere con violenza tenere una cosa, bisogna che sia più potente chi sforza che chi è sforzato*). A esse erro se acresce aquele de revelar seu jogo, quer dizer, o de não saber disfarçar oportunamente aos olhos do povo sua passagem ao campo da nobreza. A insistência do escritor em raciocinar do ponto de vista do tirano acentua, seguramente, o partido da neutralidade que ele exibe no início da análise; tal insistência nos obriga a guardar silêncio sobre nossas preferências para reter tão somente a verdade do julgamento emitido acerca do destino de uma república, a qual se funda sobre premissas totalmente distintas; mas responde também a outro motivo: a tese avançada no capítulo anterior, de que os mesmos acidentes se produzem às vezes em cidades diferentes, autoriza a suposição de que a justa apreciação da tentativa de Ápio faz entender o mecanismo de instauração da tirania na república moderna: ela sugere que o poder dos Médici, ele mesmo incapaz de se fundar no povo e se desvincular da oligarquia, ignora as leis do jogo político e incita a interrogar sua solidez. Ora, esta última observação, por sua própria natureza, esclarece a crítica dos erros do partido popular e do partido aristocrático que Maquiavel resume nas últimas linhas do capítulo numa metáfora cruel: "Os homens, como o dizia o rei Fernando, agem frequentemente como certas pequenas aves de rapina, as quais têm tão grande desejo de perseguir sua presa seguindo sua tendência natural que não percebem acima delas a outra ave maior que irá devorá-las". O exemplo do golpe de Estado de Ápio parece bem escolhido para designar a cena florentina em 1512, na qual os atores se dilaceram cegamente enquanto o tirano se abate sobre eles. Todavia, nos contentaríamos demasiado rápido com a reticência do escritor em extrair um ensinamento desse acontecimento em favor da liberdade. O fato de que queira pôr o acento em primeiro lugar sobre a política do tirano não o impede de examinar em seguida a dos defensores do regime republicano. Ora, de fato, ele nos furta a lição anunciada. No corpo do capítulo se limita a denunciar o excesso do desejo de liberdade que levou o povo a pôr-se do lado de Ápio em seu ódio aos cônsules e o excesso do desejo de comandar que o aliou aos nobres no ódio aos tribunos. Sem dúvida, ele só mantém os pratos da balança em equilíbrio na aparência, uma vez que acentua a insolência da juventude patrícia e o erro mais grave do senado, o qual, apesar da opinião de seus membros mais prudentes, não se resolveu a depor legalmente os decênviros quando se apresentou uma última ocasião para fazê-lo. Mas não extrai nenhuma consequência explícita de sua crítica: a impressão que predomina, reforçada pela metáfora das aves de rapina, é a de uma cegueira recíproca. Ao final do capítulo 42, permanece em suspenso, pois, a pergunta "Que fazer para salvar uma república quando o conflito civil a precipitou numa crise?" — como permanecia em suspenso ao término do capítulo 16 a questão "É possível eliminar a corrupção por meios pacíficos ou violentos?".

Se permanecemos atentos a essa dupla pergunta, estamos dispostos a esperar a resposta da sequência do discurso. É preciso, não obstante, reconhecer que ela não nos é dada claramente. Mas ao menos não nos decepcionamos ao descobrir que os dezoito últimos capítulos do livro se organizam em função dessa expectativa. Em vez de satisfazê-la, Maquiavel a mantém; prossegue a crítica do comportamento do povo e da nobreza evidenciando a assimetria das posições de classes e entremostra o lugar e a natureza da autoridade; simultaneamente, reabre a possibilidade, ao menos em teoria, de uma reforma política para Florença prosseguindo ao mesmo tempo com a aproximação esboçada entre a república antiga e a república moderna.

O escritor — no início do que nos parece a última parte do livro — extrai a matéria para compor três capítulos, os dois primeiros dos quais chamam a atenção sobre a natureza da classe dominada, a partir das consequências que conduzem à criação e à queda do decenvirato. O leitor é primeiramente convocado a observar que o povo romano, que antes havia se distinguido por sua *virtù* militar e que devia torná-la mais brilhante na sequência, não tem nenhum sinal dela enquanto está submetido à tirania de Ápio: "Os exércitos romanos, sempre vitoriosos sob os cônsules, são sempre derrotados sob os decênviros". Dessa observação é preciso concluir, segundo o ensinamento condensado no título do capítulo, que unicamente "aqueles que combatem por sua própria glória são bons e fiéis soldados". Mas esse julgamento contém em si implicitamente outro: a conduta do povo é determinada pela relação que mantém com a autoridade que a comanda. Assim, pois, parece vão atribuir-lhe coragem ou covardia, como se se tratasse de qualidades naturais. Ensinamento importante, uma vez que um novo exemplo é imediatamente convocado, este para provar que, quando a força está de seu lado, o povo se mostra, na ausência de uma autoridade, incapaz de conceber os meios de sua ação. Tal é, com efeito, o comentário avançado no capítulo 44, quando se examina a sublevação que provocou a tirania de Ápio; retirado ao monte Sagrado, o povo, nos é dito, permanece sem iniciativa; o senado só restabelece relações com ele convidando-o para escolher tribunos que o representem; quando o povo dá a conhecer suas reivindicações, o faz para pedir que se lhe sejam entregues os decênviros, na intenção declarada de queimá-los vivos; e recebe então uma lição de política dos dois senadores que lhe foram delegados, os quais lhe aconselham que ele se reaproprie primeiro de seus direitos sem anunciar sua vingança e só depois a execute, quando se apresentar a ocasião. Alvejando os plebeus, Maquiavel assinala "a estupidez e a pouca prudência" que há em pedir semelhante coisa e em dizer imediatamente: "Eu farei com isso tal mal". "Contenta-te", acrescenta, "com obter de alguém uma arma sem dizer eu quero te matar com ela; tendo poder, quando a tiveres em tua mão, satisfaz teu desejo." Ao descobrir esse comentário, nos convencemos de que o povo não possui o saber da política, da astúcia e do cálculo. A intenção do autor parece ainda menos duvidosa por se poder convir, diante da consulta do relato de Tito Lívio, no qual não obstante abundam os detalhes sobre o episódio referido, em que o contraste estabelecido entre a inocência da plebe e a astúcia dos senadores é invenção de Maquiavel. Três capítulos adiante, sob a aparência de um argumento destinado a estabelecer que os homens, ainda que sujeitos a engano nas tarefas gerais, não se enganam nas particulares, demonstra-se ainda que, apesar da obstinação com que combate os patrícios, o povo é incapaz de aproveitar a ocasião para escolher os seus para o consulado e vota nos candidatos da classe dominante. Nesse capítulo 47 aprendemos, além disso, com um exemplo emprestado à história recente de Florença, que quando os representantes do povo adquirem os mais altos cargos do Estado, mudam imediatamente de espírito e de conduta e adotam como modelo aqueles aos quais se haviam oposto antes. Ora, ainda que o escritor apresente essas reviravoltas como um sinal de sabedoria, conservamos de seu argumento a ideia de que o povo está privado de conhecimento e da expressão de sua própria potência. Aparece assim como o agente do desejo de liberdade, como o portador de uma reivindicação que mantém sob controle a ambição dos nobres e obriga o poder à prudência. Mas também, simultaneamente, como um sujeito que jamais dispõe de autoridade, cuja vocação é submeter-se voluntariamente à autoridade dos homens habituados a detê-la ou atribuí-la àqueles dentre seus membros que estão prontos a exercê-la no espaço que ocupavam os dominantes.

Essa apreciação funda um argumento que não deixa de se precisar até o fim do primeiro livro: o povo, apesar da imagem comumente propalada, não é a força que põe em risco uma república; sem dúvida é crédulo e suscetível de fazer a fortuna dos ambiciosos, mas o êxito destes é consequência da fraqueza dos governantes, que não souberam ganhar a confiança do povo; sem dúvida, não se pode contar com ele quando uma crise abala o Estado, mas é então que as instituições e os magistrados se desacreditaram a ponto de arruinar qualquer esperança numa mudança; em compensação, na medida em que é esclarecido e se torna capaz de julgar com conhecimento de causa, sua participação nos assuntos públicos se exerce no sentido da melhor decisão. E nos momentos mesmos em que se inclina até as ações extremas, a intervenção de um homem de *virtù* pode ainda pôr um termo a seu tumulto. Em todo caso, o comportamento do povo depende do dos homens que detêm a responsabilidade política. Considerado como massa de indivíduos, se encontram nele as mesmas qualidades e os mesmos defeitos que em toda coletividade humana, mas, considerado como classe, não comete erros; pois não é o sujeito da ciência; o saber do qual dispõe se produz a partir da dupla relação instituída com a lei e a autoridade e sempre permanece retido na experiência sensível, ligado à percepção e à adivinhação — saber das aparências e dos sinais —, enquanto o dos governantes, ou mais geralmente, o dos membros da classe dominante, implica o cálculo e a previsão. Apenas a classe dominante comete erros, portanto, uma vez que seus membros, em posição de manobrar a serviço de sua ambição privada, estão inclinados a ignorar os imperativos da conservação do Estado. De tal sorte, finalmente, que a ação política fundada na justiça é aquela que leva em conta a diferença de classes, não aquela que finge se exercer à distância de seus adversários — pois, sob essa ficção, permaneceria nos limites do interesse dominante —, mas muito antes aquela que, na assunção de uma autoridade cujo lugar não pode estar senão à distância do povo, busca direção no consenso popular, quer dizer, dá testemunho do desejo de liberdade, o único capaz de impedir as duas metades do corpo social de se abaterem uma sobre a outra, de bloquear assim o movimento impetuoso do apetite e do medo e de manter a divisão da sociedade civil e do Estado.

A interpretação do caráter do povo, já posta em marcha nos três capítulos que evocávamos, prossegue no de número 53, que pretende estabelecer "que um povo muitas vezes deseja a própria ruína enganado por uma aparência de bem; e que é fácil excitá-lo com esperanças sedutoras e promessas magníficas". Esse argumento, apoiado em exemplos romanos, gregos e florentinos, pareceria dar razão àqueles que acusam a classe dominada de imprudência e cegueira. Mas enquanto evidencia, em termos bem escolhidos para agradar aos conservadores, a propensão do povo a ceder à sedução dos demagogos, o escritor esclarece a relação que este mantém com a autoridade. Após haver observado que o povo, frequentemente enganado por falsas aparências, deseja a própria ruína, acrescenta de imediato: "E se o que está bem e o que está mal não lhe são inculcados por alguém em quem tenha confiança, a república se encontra exposta aos maiores perigos". E vai mais longe: "Mas quando o acaso faz com que o povo não confie em ninguém, o que sucede algumas vezes quando foi enganado, seja pelos acontecimentos, seja pelos homens, é preciso que o Estado pereça". Assim, a crítica do comportamento popular se revela como indissociável da falha dos dirigentes da Cidade. O autor procede ante seu adversário da mesma maneira que julga que um político hábil deve proceder ante o cidadão ambicioso: *antecipa-se*, apropriando-se dos argumentos capazes de seduzir e pondo-os a serviço de sua própria causa. A transferência operada da questão do povo para a da autoridade é reforçada no capítulo 54, no qual se mostra "como é potente a autoridade de um homem para frear a exaltação de uma multidão". Não nos escapa que, ao substituir o termo *povo* por *multidão*, Maquiavel utiliza de novo a linguagem dos conservadores para melhor combater a tese que estes sustentam. Ao se situar na continuidade sob a autoridade de Tito Lívio, para afirmar que "a plebe unida é forte [*gagliarda*] e que quando conta só consigo mesma, é débil", faz sua a opinião comum segundo a qual a multidão mostra sua covardia a partir do momento mesmo em que sente o medo do castigo, mas se serve do argumento para sugerir que a partir desse momento não há que temer seus ímpetos e estabelece de passagem que, quando estes são provocados pela perda de sua liberdade ou pelo amor dirigido a um príncipe ainda vivo, o povo é temível. Revela-se, além disso, que o apoio buscado na Tradição prepara o movimento mais audacioso para se libertar dela, uma vez que no capítulo seguinte, que ousa intitular "A multidão é mais sábia e mais constante do que um príncipe", o autor ataca frontalmente "nosso Tito Lívio assim como todos os historiadores". A ostentação com a qual reivindica aqui a novidade de seu discurso é tal que não podemos deixar de nos lembrar dos termos em que anunciava, nas primeiras linhas do *proemio*, a descoberta de um continente desconhecido. Escreve:

> Quanto a mim, não sei se, querendo defender uma causa que todos os historiadores, como tenho dito, têm combatido, conquistarei uma terra [*provincia*] selvagem e encontrarei nela tantas dificuldades que terei de renunciar com honra ou prosseguir penosamente. Mas, seja como for, da minha parte não julgo nem julgarei jamais como um defeito oferecer as razões para defender uma opinião [*con le ragioni*] sem querer recorrer à autoridade ou à força.

Como não reconhecer, então, que a mesma necessidade ordena ao discurso estabelecer a verdade da democracia e conquistar a liberdade de seu próprio movimento na destruição da opinião estabelecida? Maquiavel sugere que há, por detrás do pensamento político — astuto e calculador —, um pensamento da política que está vinculado ao desejo de liberdade do povo, no sentido de que põe em jogo, como este, ainda que longe de sua ação, a questão do ser da Cidade: questão escondida no lugar que ocupam o príncipe e o discurso do príncipe. Esse pensamento não é um pensamento de classe, aquele que dá expressão às reivindicações populares; não está submetido à imagem da bondade do povo nem à da maldade dos Grandes; não recusa a função da autoridade nem desconhece o lugar em que esta se exerce: interroga a divisão de classes, a divisão entre o desejo de classe e a história em virtude da qual se institui a unidade de uma cidade pelos efeitos da divisão. Pensamento da política, não pensa sobre a política como se estivesse separado de seu objeto. Nesse caso, ao sobrevoar o conflito de classes e pretender determinar sua natureza, seria ainda pensamento de príncipe; aquilo que pensa, descobre na interpretação do discurso dominante sobre a política, sob a autoridade de Tito Lívio e de todos os historiadores, numa leitura desse discurso como discurso político. Além do mais, nosso capítulo não permite duvidar de semelhante leitura, uma vez que desvela em sua conclusão o motivo da tese antidemocrática. Após haver rejeitado um a um os argumentos que desacreditam o papel do povo, Maquiavel acrescenta: "Mas a opinião desfavorável aos povos nasce de que cada qual fala mal deles sem medo e livremente enquanto se vive sob seu comando; dos príncipes se fala sempre com o maior medo e a maior reserva". Assim, não podemos mais acreditar que Tito Lívio tenha cometido um erro de apreciação; seu julgamento se mostra servil em relação aos *principi* — os quais não são somente os monarcas, mas, de maneira geral, os dirigentes de uma cidade, os *principi* da República romana ou os da República florentina.

Todavia, devemos ainda compreender que, bem mais que Tito Lívio, são os contemporâneos ocupados em buscar amparo nos grandes Autores que são postos em questão. Quando Maquiavel rejeita o recurso à autoridade ou à força na discussão e declara que devem bastar argumentos racionais para defender sua opinião, esclarece para seus leitores a maneira como se conjugam o poder visível dos dirigentes e o poder invisível do discurso dominante.

Os capítulos 59 e 60 aparentemente complementam o ensinamento do capítulo 58, que se pode com justiça considerar o mais importante da última parte do livro. Todavia, operando uma nova substituição de termos, com a troca de *multidão* por *república* o escritor muda de novo insensivelmente o objeto do discurso. A tese de que uma república é mais fiel em suas alianças que um príncipe — fundada sobre a tríplice observação de que ambos estão igualmente obrigados a não respeitar os tratados ditados pela força, de que a primeira é mais lenta na hora de decidir uma mudança de partido e de que, finalmente, o povo rejeita os empreendimentos abertamente desleais — produz o efeito de desfazer o escândalo da oposição sugerida entre os príncipes, concebidos como dirigentes da Cidade, e a classe dominada; ou, ao menos, o efeito de reduzir seu alcance pela introdução de um argumento cujos bons tons realistas e morais se compõem a serviço de um julgamento aparentemente neutro sobre o comportamento dos Estados. Além disso, serve de preparação para que se aceite a última representação de Roma, na qual a virtude do regime coincide com a potência do povo. A República romana, cujo mérito, segundo o título do capítulo, consistiu em admitir que os cidadãos acedessem ao consulado e às demais magistraturas sem consideração de sua idade, se revela segundo o texto como algo que se elevou à dignidade de um modelo por haver sido forçada por sua plebe a abrir as ditas magistraturas a todos sem distinção de nascimento. O fato de as últimas palavras do escritor ao término do primeiro livro se dedicarem a associar a virtude da juventude à da democracia e do Estado apaixonado pela glória se deve à sua vontade de nos recordar que ele fala numa cidade cujo declínio é acompanhado pelo conservadorismo político e pela ação exercida pela velha geração.

Essa é, portanto, a verdade que é preciso entender para conhecer os justos termos de uma ação política capaz de inverter a corrente que arrasta a república moderna, a cidade de Florença, para uma decadência irremediável. Compreendemos que ninguém conserva os meios para isso se não reconhece a necessidade de buscar no povo o fundamento de seu empreendimento. Esse é o preço da mudança. Mas Maquiavel lança um véu sobre a natureza e os meios de semelhante ação. Nos últimos capítulos, justamente antes de estabelecer que o povo reunido é potente e de fazer a advertência de que quando combate para restaurar a liberdade, sua força é temível, o escritor observa, numa passagem à primeira vista obscura, "que as grandes mudanças que sucedem numa cidade ou numa província são precedidas de sinais que fazem com que sejam prognosticadas ou anunciadas por certos homens". Ele evoca então as predições de Savonarola antes da entrada de Carlos VIII na Itália e as visões daqueles que haviam percebido homens se combatendo nos ares; depois lembra que um raio caiu sobre o palácio antes da queda de Soderini e compara esses acontecimentos à advertência que um plebeu acreditou ouvir à véspera do ataque de Roma pelos gauleses. Insinua, nos perguntamos, que algum sinal extraordinário anuncia no presente uma mudança? Propõe seriamente a hipótese de que o ar é povoado de inteligências dotadas de compaixão pelos homens? Essas estranhas declarações se esclarecem com a leitura do capítulo 58, inteiramente consagrado, dizíamos, ao elogio da multidão, quando o autor compara a voz do povo com a de Deus e, retomando os termos utilizados um pouco antes, se maravilha dos prognósticos a tal ponto justos, se é que o cremos, que o povo parece possuir a virtude oculta de prever seus bens e seus males. Nesse momento se nos confirma que há dois modos de conhecimento: um que decorre do entendimento e parece próprio dos membros da classe dominante, ou daqueles que dela recebem sua autoridade, e outro que é o conhecimento sensível e que se exerce na percepção e na imaginação. Este último pertence ao povo. E, ao observar que é duplo, é preciso convir em que, ali mesmo onde o povo não é esclarecido nem se lhe oferecem as condições para que julgue bem, ele guarda o poder de *adivinhar* graças à percepção do que está próximo a ele. O que adivinha é a fraqueza do poder; é, em Florença, a debilidade do governo de Soderini às vésperas da agressão espanhola; e, no presente, talvez, a do governo Médici. Mas o que ele também adivinha, como ensinava o último capítulo do *Principe*, é a força daquele que irá subverter a ordem estabelecida. Erroneamente acreditaríamos, portanto, que a massa desaparece por covardia numa crise; esta *sente* o vazio político quando não há ninguém que possa lhe inspirar confiança, mas sente também a pista nova na qual se engajou um homem de *virtù*. E este não deve jamais perder a esperança do apoio que faltava ao governo anterior.

Convém prestar tanto mais atenção a essa indicação porque, entre os oito últimos capítulos do livro, os dois únicos que rompem aparentemente o fio da discussão são aquele que acabamos de evocar, consagrado ao tema da adivinhação, e o anterior, o de número 55, cujo objeto é anunciado sob o título "Como é fácil conduzir todas as coisas numa república em que o povo não está ainda corrompido; e onde reina a igualdade não se pode estabelecer um principado, onde esta não se encontra não se pode estabelecer uma república". Lembrando que o autor já mostrou que corrupção e desigualdade estão ligadas, sob o impacto do julgamento que dirige à monarquia francesa, denunciada aqui como um Estado corrompido, enquanto em outra parte é louvada pela boa disposição de suas leis, estamos tentados, em primeiro lugar, a reter da análise a rigorosa oposição estabelecida entre regime fundado sobre a potência da nobreza e regime que não estabelece distinções pelo nascimento. Essa oposição, sustentada com o duplo exemplo das repúblicas íntegras da Alemanha e dos principados italianos, parece esclarecer desde uma nova perspectiva a diferença das formas de governo — antes confundidas sob os traços aproximados dos diversos modos de dominação — e constituir assim um último marco em direção à definição de uma república democrática. Além disso, a crítica do modo de existência dos "gentis-homens" faz ressaltar indiretamente o sentido de um regime de igualdade. Com efeito, Maquiavel declara que denomina tais "àqueles que vivem na ociosidade das rendas de suas posses, e na abundância, sem ter de se preocupar com o trabalho da terra ou com qualquer outro necessário à vida". Ele os considera, unicamente por isso, perniciosos em todo Estado, mas mais ainda quando têm em mãos castelos e dirigem os súditos: aqueles que reinam nos Estados de Roma e de Nápoles, na Romanha e na Lombardia, são denunciados como os inimigos de toda vida civil (*al tutto inimici d'ogni civilità*). Assim, entendemos que a igualdade reina somente onde o trabalho é considerado a única fonte de distinção e que o valor universalmente reconhecido ao trabalho decorre da relação comum dos indivíduos, seja qual for a sua classe, com as leis da Cidade. Mas, por mais úteis que sejam essas observações, sua função na última parte do livro permanece duvidosa enquanto não tivermos sopesado a conclusão prática que delas extrai o escritor. Sob a aparência da neutralidade, como se a ele somente interessasse evidenciar a necessidade de adaptar o regime político às condições sociais, ele chama a atenção para os dados do problema florentino ao acentuar as possibilidades de uma reforma democrática e denunciar implicitamente a aberração que constituiria a tentativa dos Médici de instaurar um principado:

> Nosso argumento se confirma pelo exemplo da Toscana, onde se veem subsistir em um pequeno espaço durante muito tempo três repúblicas, Florença, Siena e Luca; e as outras cidades dessa província, que lhes estão submetidas, mostram em seu espírito e em seu tipo de instituição que conservam sua liberdade ou que quereriam conservá-la. Isso procede de que nessa província não há castelos nem senhores e muito poucos gentis-homens, se é que há algum; ao contrário, reina nela uma igualdade tão grande que um homem prudente e avisado das instituições da Antiguidade introduziria facilmente um modo de vida civil [*uno vivere civile*].

Essa declaração dá todo seu alcance político à análise da democracia romana. Certamente, não faz mais do que preservar a possibilidade de uma reforma. Mas para sentir o peso dela, é preciso lembrar que o discurso maquiaveliano tem constantemente por tema a diferença entre Florença e Roma. Ora, a leitura do capítulo 39 já nos mostrou que ambos os Estados enfrentaram as mesmas dificuldades e que em cada momento foram portadores dos mesmos germes mortíferos. Se voltarmos atrás, seguros agora de havermos seguido até o final do livro o fio constituído pela análise do povo, para considerar os seis capítulos consagrados à política da classe dominante, descobrimos que não só evidenciam — como o 47 e o 48 — a astúcia de seus membros em manobrar a plebe e em deter sempre a iniciativa da ação, como também desvelam sua tendência a satisfazer, da mesma maneira que os grandes burgueses florentinos, seu interesse privado ou sua ambição em detrimento do bem público. Estejam em questão os censores, cuja vingança contra um ditador assinala a fraqueza da constituição, ou os cônsules, cuja rivalidade pessoal põe o Estado por um momento em perigo, se impõe a comparação entre os defeitos da república antiga e os da república moderna, os quais se manifestam pelo comportamento de sua classe dominante. Contudo, é um fato que o autor não sugere essa comparação senão acompanhando-a ou fazendo-a decorrer de exemplos ou comentários que impedem esquecer a oposição entre dois estilos de condutas e de instituições. Se o capítulo 44 equipara o erro de Savonarola, que recusa aos conjurados da facção Médici o direito de apelar ao povo, conforme uma lei que ele próprio havia contribuído para aprovar, ao erro dos patrícios, que recusaram o mesmo direito aos antigos decênviros após sua prisão, ele o faz para assinalar, quatro capítulos adiante, que a constituição de Roma tinha o mérito incomparável de permitir ordinariamente esse recurso contra uma sentença de morte. Se denuncia o perigo que correu a República romana ao deixar que as acusações contra uma infinidade de cidadãos se desencadeassem justo depois do decenvirato, abrindo assim um precedente à campanha de depuração que se seguiu à queda de Savonarola, cita imediatamente depois um exemplo que valoriza a iniciativa de um tribuno e sugere que, ali onde o povo dispõe de uma representação, a legalidade pode ser facilmente restabelecida. Se assinala a insolência dos censores ultrajados ao ver reduzida a duração de sua magistratura, na conclusão do capítulo relembra a superioridade da República romana sobre a de Florença, observando: "Se vimos Roma, a qual havia dado a si mesma suas leis e que havia empregado para isso tantos homens sábios e de talento, forçada diariamente por acidentes imprevistos a criar novas instituições para manter sua liberdade, não há nada de espantoso em que outras cidades, cujos começos foram tão imperfeitos, encontrem dificuldades tais que nunca podem civilizar-se". Tal é seu empenho em vencer a adesão do leitor a uma imagem grosseira da identidade ou da oposição de presente e passado, que nesta mesma passagem parece excluir toda possibilidade de regeneração da República florentina: "Não é surpreendente", assinala, "que os Estados que começaram na servidão experimentem, não digo já uma dificuldade, mas uma impossibilidade de constituir-se de maneira tal que possam viver ao mesmo tempo livres e tranquilos. Como se vê a partir do que aconteceu com a cidade de Florença [...]" — e chega a acrescentar: "Foi assim que viveu durante estes dois séculos de que guardamos uma memória verdadeira, sem haver conhecido nunca um Estado que merecesse verdadeiramente o nome de república". Ora, semelhantes comentários não podem deixar de suscitar nosso espanto diante da proposição do capítulo 55, segundo a qual não somente é possível, mas é fácil para um reformador que saiba interpretar a história de Roma instaurar uma república popular na Toscana.

Assim, o sinuoso discurso de Maquiavel, que se obriga a seguir, como por turnos, posições antagônicas para liberar da representação dominante do povo e dos Grandes, da república e do principado, da Antiguidade e da Modernidade, o sentido da diferença de classes, da diferença de regimes e da diferença temporal, se revela ocupado, pela mesma necessidade, em oferecer o sentido de uma tarefa inscrita *aqui e agora*. O movimento do saber implica movimento de liberação da ação. Deste último só podemos dizer, nesta etapa de nossa leitura, que tende a erigir a posição do Sujeito político dentro de uma república.

Contudo, se pudemos assinalar um indício dessa posição na última seção do livro, no coração do argumento que converte o povo em fiador da autoridade, temos de retroceder novamente para investigar outro indício que deixamos na sombra ao examinar os capítulos consagrados à natureza da classe dominante. De fato, o fio do argumento se encontra rompido em duas passagens, como, de resto, na última parte. Nos capítulos 46 e 52, Maquiavel chama a atenção para os meios que um cidadão ambicioso emprega para se apropriar do poder e pergunta-se sobre a possibilidade de opor-lhe obstáculos. Ambas nos levam a suspeitar de uma astúcia, tão sensível é o deslocamento entre a intenção declarada e o curso efetivo da análise. Na primeira, após haver anunciado uma reflexão geral sobre os efeitos da ambição e mostrado, com o auxílio de uma citação de Tito Lívio, o encadeamento de agressões que geram a ambição dos nobres e a do povo e o medo que despertam um no outro, o escritor subitamente toma distância da interpretação esboçada — que não podemos acreditar que seja sua — para deslocar seus termos às relações que se estabelecem entre um cidadão ocupado em estender sua potência na Cidade e os homens que vivem nela. Então, a lógica do medo se aclara sob uma nova luz: revela-se que, uma vez alcançado certo grau de prestígio, o ambicioso dá medo aos magistrados, que se submetem a ele; a solução recomendada consiste em fazer leis que permitam, no momento oportuno, impedir um cidadão de ganhar o favor do povo mediante liberalidades. Todavia, o argumento é convencional o suficiente para nos fazer esperar outra conclusão. Ora, no segundo capítulo considerado, Maquiavel sugere outros meios de ação, que chamam mais nossa atenção, para se voltar para o exemplo já evocado no capítulo 33, de Cosimo de Médici, e, sobretudo, para o de Soderini. Dessa vez o título anuncia bem o objeto do capítulo: "Para reprimir os excessos e os perigos de um ambicioso que surja numa república, não existe meio mais seguro nem menos escandaloso do que ocupar previamente as vias pelas quais poderia alcançar o poder". Aprendemos, em primeiro lugar, que diante da ascensão de Cosimo havia algo melhor a fazer do que tentar abatê-lo ou contemporizar: os governantes deveriam ter buscado no povo o apoio que lhes faltou e que o ambicioso soube ganhar. Em seguida, verifica-se que esse ensinamento funda a crítica dos adversários de Soderini no início de seu governo, do mesmo modo que a de seu jogo frente àqueles que, por um ódio de facção, se dedicaram a desacreditá-lo junto ao povo e se uniram ao partido dos Médici. Assim se impõe a imagem de uma burguesia enlouquecida pelo medo, na qual cada facção não tem outra escolha, efetivamente, do que provocar medo ao adversário para se libertar dele: círculo em virtude do qual a lógica da conduta deveria desembocar na loucura, como dá a entender Maquiavel, que afirma ironicamente que a Soderini só faltou, para se defender de seus adversários, unir-se ao partido dos Médici... O sentido do pensamento de Tito Lívio se encontra, em consequência disso, completamente subvertido: que medo engendre medo não é o indício de um Estado no qual o povo e a nobreza não querem ceder um diante do outro, mas do Estado em que o povo está ausente enquanto ator histórico e no qual o temor primeiro que a classe dominante concebe ante a ideia de sua intervenção na cena política a condena em seu próprio campo ao torniquete do medo e da ambição.

É verdade que, em uma primeira leitura, esses dois capítulos não revelam seu sentido. É ao descobrir, na continuidade, o papel que desempenha o povo numa república, o fundamento que dá à autoridade do reformador, que podemos medir a importância da alusão à crise que custou a Florença sua liberdade e a Soderini, o poder. Mas, uma vez atingido o final do livro, compreendemos por que a crítica da impotência de Soderini para triunfar sobre a facção dos Médici está na seção consagrada à análise do comportamento da classe dominante e por que a evocação de um reformador para o qual seria possível restabelecer a república encontra seu lugar na seção consagrada à análise do comportamento do povo. Se o lugar da classe dominante é o da decisão e da força, e o lugar do povo, o da irresponsabilidade e da fraqueza, a autoridade que está necessariamente plantada na primeira não encontra seu sentido senão ao se enraizar no segundo. Continuando a seguir a leitura maquiaveliana das coisas do passado e do presente, podemos esperar que o vínculo entre esses elementos ainda distintos se aclare. Não cabe nenhuma dúvida de que a pergunta "Que fazer?" está ligada à pergunta "Que pensar?".

4.
Sobre a guerra e a diferença dos tempos

Se nos fiarmos na indicação fornecida nas últimas linhas de seu *proemio*, o segundo livro dos *Discorsi* se proporia mostrar qual política os romanos seguiram para edificar seu império. Contudo, a leitura do primeiro nos convenceu amplamente de que o objeto do discurso não está exposto e de que seu autor exige de quem que quer entendê-lo um paciente trabalho de interpretação. Além disso, esse *proemio*, renovando o apelo à imitação formulado no início da obra e enchendo-a com reservas e precisões que esclarecem singularmente seu alcance, sugere que os desafios da análise já efetuada e da que nos espera são os mesmos. O fato de o autor retornar agora ao ponto de origem do discurso, para modificar o caráter de sua advertência, é a nossos olhos o indício não só de que o caminho percorrido lhe permite interpelar seus leitores em novos termos, mas também de que o já dito deve orientá-los na discussão que se abre.

Aparentemente, Maquiavel justifica o partido que tomou de recomendar a imitação dos romanos e, para melhor nos convencer da legitimidade de seu empreendimento, se proíbe de ceder à tendência comum que leva a preferir o passado ao presente. Após haver assinalado as razões ao mesmo tempo psicológicas e políticas da ação que a imagem dos tempos antigos exerce sobre os espíritos, ele se proclama partidário da ideia segundo a qual o mundo não muda através de suas variações, é sempre a sede das mesmas virtudes e dos mesmos males e só se deslocam os lugares do bem e do mal, para afirmar que a verdade do julgamento que se aplica ao passado depende da posição do observador. Declarando-se então convencido, com base nesse relativismo, de que, diferentemente de um habitante das repúblicas da Alemanha, que tem direito a se dar por satisfeito com a vida política presente, o italiano está inclinado, do fundo de sua miséria, a buscar um modelo na Antiguidade, Maquiavel encontra uma nova explicação para as ilusões já denunciadas, a qual confirma indiretamente sua resolução de se desprender delas, e como conclusão ele renova seu apelo à imitação dirigido à jovem geração. Contudo, ao examiná-lo mais de perto, revela-se que o argumento desenvolvido sob o pretexto de justificativa implica uma dupla crítica da idealização do passado e do conservadorismo, que tem valor em si, pelo fato de que tende a desvincular os leitores atuais — pela primeira vez identificados como os *giovani* — de todos os polos da autoridade estabelecida.

A proposição enunciada em seu meio, "que o mundo sempre esteve no mesmo estado e que sempre houve nele tanto bem como mal", e a tese que se segue de uma migração periódica da *virtù*, têm por consequência a ruptura do encantamento que a imagem de Roma exerce sobre os homens de sua época. Com efeito, ao lembrar os Estados que, antes ou depois de Roma, foram depositários da *virtù*, não se pode assinalar a seu modelo o estatuto intemporal da *boa sociedade*. E, se é preciso creditar às repúblicas contemporâneas da Alemanha as qualidades cujo privilégio aquela parecia deter, não se poderá raciocinar mais acerca da oposição entre o antigo e o moderno. Portanto, é impossível outorgar à imitação em política a mesma função que ela possui nas ciências ou nas artes, como parecia insinuar o primeiro *proemio*. O conhecimento do modelo romano não encontra o lugar que se esperava no espaço que a tradição humanista circunscreveu para ele. Ora, o julgamento de Maquiavel nessa passagem merece reter ainda mais nossa atenção porque cabe supor que este faz bem pouco-caso de sua verdade. De fato, seria preciso ter esquecido totalmente sua apreciação da República romana para acreditar que os méritos desta são idênticos aos dos medas ou dos persas, ou que são capazes de se dividir no presente entre turcos e alemães. Semelhante julgamento só é emitido em vista de seu efeito. De resto, sua função se esclarece em relação a outras considerações do capítulo. "Todos os homens", observa o escritor no início,

> estão de tal modo apaixonados por aquilo que existiu outrora que não apenas louvam os tempos que conhecem somente pelos escritores do passado como também, quando envelhecem, os ouvimos celebrar ainda aqueles de que se lembram haver visto em sua juventude [*ma quelle ancora che sendo gia vecchi si ricordano nella loro giovanezza avere vedute*].

Com essa declaração, ele introduz duas críticas à idealização do passado que à primeira vista parecem distintas. Nos termos da primeira, parece que não conhecemos a verdade plena acerca das coisas do passado, porquanto estamos na dependência do relato de escritores que obedeceram à fortuna do vencedor e que se dedicaram assim a ocultar os acontecimentos desonrosos para sua época. Maquiavel observa que nos equivocamos ao dar fé a seus testemunhos, visto que estes não só amplificam as proezas dos vencedores como elevam seu mérito ao exagerar a resistência dos adversários. Embora não haja menção a Tito Lívio, como poderíamos deixar de pôr em questão a validade de seu comentário e a credulidade de seus leitores, dado que pouco antes, no fim do primeiro livro, havíamos assistido à denúncia de sua opinião e aquela de "muitos outros escritores", cujas calúnias em relação ao povo foram imputadas ao medo que lhes inspiravam os príncipes? Além disso, quando observamos que uma parte importante do segundo livro é consagrada ao exame das ações militares dos romanos e de seus adversários, a alusão aos exageros dos escritores nos convida a acolher com circunspeção a análise anunciada. Mas, esteja ou não fundamentada nossa desconfiança, é preciso reconhecer que a sujeição aos grandes Autores e o conformismo político destes revelam um dos motivos da idealização do passado. A segunda crítica, ao contrário, se inscreve em outro registro, uma vez que parece pôr em questão um traço geral da natureza humana: é dito que a propensão a louvar o passado e a difamar o presente é uma consequência das vicissitudes do desejo. Não temos razão para odiar o que passou, pois o ódio nasce da inveja ou do medo, dois sentimentos que supõem nossa relação com um objeto atual que devemos conhecer por inteiro e, por conseguinte, a impossibilidade de afastar de nossa ação ou de nossa visão, no presente, o desprazer.

Sem dúvida, essa crítica pode inspirar uma reserva. Com efeito, não é verdade que os homens acreditam nos relatos dos historiadores que fazem o elogio dos príncipes e desconsideram o povo por causa de uma inveja e de um medo que são concebidos no presente? Não é verdade que há uma transferência para um objeto inatual dos sentimentos provocados pelo objeto atual? O fato é que, nessa etapa do raciocínio, o motivo político da idealização está esmaecido. Um pouco mais adiante ele de fato desaparece, assim que, na última parte do capítulo, Maquiavel, uma vez de volta à sua crítica, se afasta de toda consideração particular para julgar: "Ademais, os desejos do homem são insaciáveis; é de sua natureza tudo querer e tudo poder desejar; não está ao seu alcance tudo adquirir. Resulta disso para ele um descontentamento habitual e um desgosto em relação ao que possui; é o que o faz criticar o presente, louvar o passado, desejar o futuro, e tudo isso sem qualquer motivo razoável". Mas sabemos já que as verdades universais, apropriadas para seduzir o leitor humanista, com frequência ocultam outras francamente subversivas. E também aprendemos a reconhecer nas rupturas de um argumento os sinais de uma intenção. Assim, não poderia nos escapar que, introduzidas após uma digressão sobre a constância do bem e do mal na história, as considerações sobre a função desempenhada pela idade na idealização do passado trazem um complemento essencial à crítica da autoridade. Hábil para apresentá-las como se não tivessem outra justificativa que desarmar a objeção a que se expunha a ideia de que os homens louvam o passado sem conhecê-lo verdadeiramente, Maquiavel sugere uma relação entre a potência dos apetites, o desejo de saber e o desejo de agir cujo significado político não suscita nenhuma dúvida. "Mas para retornar ao nosso tema", escreve,

> os homens se enganam quando decidem qual seria melhor, o presente ou o passado, considerando que não têm um conhecimento tão perfeito de um quanto de outro; o julgamento que os velhos fazem sobre o que viram em sua juventude e que observaram e conheceram bem pareceria não ser igualmente sujeito a erro. Essa observação seria justa se os homens conservassem a mesma força de julgamento e os mesmos apetites, mas estes mudam; e ainda que os tempos não mudem realmente, não podem parecer os mesmos a homens que têm outros apetites, outros prazeres e outras maneiras de ver. Perdemos muito de nossas forças físicas ao envelhecer e ganhamos em prudência e em juízo; aquilo que nos parece suportável ou bom em nossa juventude nos parece mau ou insuportável; deveríamos acusar dessa mudança unicamente nosso julgamento, e acusamos os tempos.

A verdade de sua crítica se insinua na arte com a qual Maquiavel joga com o termo *giudizio*... Introduzido inicialmente em benefício daqueles que envelhecem e se elevam ao saber, de alguma maneira se volta contra eles para marcar sua debilidade. O leitor deve entender primeiramente que os homens perdem em força e em apetite o que ganham em juízo e prudência; depois, que no momento mesmo em que estes melhoram, o juízo perde o poder de se referir ao que é. Deve entender, assim, que há um pequeno saber, sempre mais bem assegurado das regras de seu exercício, e um grande saber ligado ao acolhimento do tempo. Mas essa distinção só se esclarece ao se reconhecer a positividade do desejo, uma vez que a queda do juízo, sob as aparências de seu progresso, é acompanhada da dos apetites, que constituem o próprio da juventude e a vinculam à sua época. Longe de se resumir na experiência de uma insatisfação que impede o acesso ao real e só se atenua na ilusão do bom passado, o desejo se revela como estando na origem do saber e da ação, nos quais surge, como sentido e como tarefa, o presente da história.

Ao descobrir esse argumento, devemos convir que o *proemio* instrui um processo geral ao conservadorismo. O que denuncia é o conservadorismo intelectual fundado na submissão aos escritores que se erigiram abusivamente em fiadores da verdade do passado; é o conservadorismo de classe, fundado na submissão aos príncipes e a todos os poderes vencedores; é o conservadorismo da idade, fundado na recusa da mudança e no desprezo ao tempo que vive a jovem geração — três formas associadas do conservadorismo político. Mas não esqueçamos que no centro desse processo permanece a questão de Roma. Tampouco duvidemos de que para explicar essa questão Maquiavel nos incita a desarmar a cilada da idealização; que faz dessa interrogação a propriedade daqueles que desejam saber o que é agir *aqui e agora*. É a primeira vez que designa assim tão claramente seus adversários: aqueles nos quais se mostram todos os vícios da sociedade moderna, "aqueles que possuem um assento *pro tribunali*, aqueles que mandam em todos e que querem ser adorados", aqueles que encarnam os poderes vencedores do momento e esperam que os escritores convençam de sua glória a posteridade; e é a primeira vez que designa assim tão claramente seus interlocutores: aqueles cuja juventude dá a audácia de abrir os olhos ao passado e ao presente; com eles sela um pacto contra os donos do poder e da ilusão. Ao reivindicar o direito de elevar a história de Roma acima daquela de sua época, conclui:

> Mas a coisa é tão evidente para todos os olhos que não hesitarei em dizer com audácia o que penso daqueles tempos e destes, a fim de estimular nos jovens que lerem meus escritos o desejo de imitar a uns e de fugir do exemplo dos outros todas as vezes em que o acaso lhes fornecer a ocasião [*accioche gli animi de' giovani che questi mia scritti leggeranno, possino fuggire questi e prepararsi ad imitar quegli qualunque volta la fortuna ne dessi loro occasione*].

Esclarecido à luz de seu preâmbulo, o segundo livro entremostra um propósito além daquele de dar como exemplo a política militar e diplomática dos romanos. Certamente, esta proporciona a trama manifesta do argumento. O autor evidencia os princípios que governaram a conquista da Toscana e da Itália e que garantiram a segurança do Império. Descreve os procedimentos utilizados para conduzir uma guerra, o modo de organização dos exércitos, o papel confiado à infantaria, em detrimento da artilharia e da cavalaria. Mas essa análise é acompanhada de importantes considerações que ocupam a maior parte do livro e que compõem outra trama. Revela-se uma apreciação nova da ação que Roma exerceu na Itália, cujos efeitos ainda se deixam sentir no presente. E a imagem esboçada do modelo é tal que impede aos leitores florentinos identificar-se com os romanos. O exemplo de Roma, além disso, é associado constantemente com o de seus inimigos, a ponto de este último chegar a constituir uma referência privilegiada. Vincula-se cada vez mais ao problema da conquista o da resistência dos Estados fracos. Simultaneamente, a história próxima de Florença — e, em particular, o acontecimento que custou aos florentinos sua liberdade — emerge na superfície do comentário. Longe de podermos tomar por digressões os argumentos propostos, somos induzidos por sua convergência a interrogar sobre a relação que a busca de uma via inédita nas condições presentes da política italiana mantém com o conhecimento do passado romano e a crítica de sua representação atual.

O primeiro livro já nos havia convencido de que para se inspirar na política dos romanos é necessário perder a fé na bondade dos homens que edificaram as instituições livres. Mas, se um leitor florentino ainda estivesse tentado a imaginar que as repúblicas contemporâneas, a despeito de suas imperfeições, recebem a herança da obra antiga, ele deve agora moderar suas ambições e conceber diferentemente sua dívida. Com efeito, o elogio que Maquiavel volta a fazer da República romana no início do segundo livro lhe inspira os comentários que, expostos no espaço dos treze primeiros capítulos, não autorizam mais a acreditar na feliz filiação de Florença a Roma. Florença já não é mais acusada de haver traído a missão que Roma lhe teria legado; revela-se que esta se encontra na origem da corrupção da Itália moderna. É verdade que o escritor não a condena; ao contrário, seu elogio não é desmentido. Afirma a princípio que a maior parte dos escritores, entre os quais Plutarco e Tito Lívio, se engana ao querer imputar o sucesso de seus empreendimentos à proteção da Fortuna, e que esta não teria jamais proporcionado ocasiões tão favoráveis se a *virtù* romana não lhe tivesse dado o poder de tirar partido delas. E esse julgamento só parece modificado no capítulo 29, quando são examinados erros que provocaram a vitória dos gauleses, para ser restaurado e mais bem fundado, em termos políticos, no final da obra. Mas a definição dessa *virtù* e de suas consequências é tal que ela parece exercer-se tão somente às expensas de outros povos, extinguindo qualquer outra *virtù* em sua passagem e na esteira de sua história. Já no capítulo 2, aparentemente dedicado a mostrar a força que os adversários de Roma empregaram para defender sua liberdade, o autor evidencia a obra destruidora da república. Deve-se notar que esse ensinamento se encontra equilibrado por uma apologia da liberdade, oportuna para obter a adesão de seus leitores republicanos. Ao se interrogar sobre os motivos que impulsionam os povos a defender com tanto ardor sua liberdade, responde: "A experiência prova que jamais os povos aumentaram sua riqueza e sua potência salvo sob um governo livre"; depois, após haver recordado o progresso de Atenas e de Roma após a expulsão de seus tiranos, estabelece entre República e Principado um contraste sem nuances, assegurando que na primeira nunca se tem em vista outra coisa senão o bem geral, enquanto no segundo o interesse do príncipe se opõe, o mais das vezes, ao do Estado. Em seguida, chega a sustentar, apoiando-se na autoridade de Xenofonte, que as conquistas se fazem, em um caso, em benefício de todos, enquanto, no outro, tão somente servem à pessoa do monarca. Sem dúvida, seu propósito é também convencer-nos da ligação entre liberdade e violência, uma vez que diversos exemplos são convocados nesse momento para provar que os povos exercem "extraordinárias vinganças contra aqueles que lhes arrebataram a liberdade". Todavia, a profissão de fé em favor da República está destinada, sobretudo, a tornar aceitável a descoberta escandalosa dos estragos realizados por Roma. De fato, no início do capítulo, ao bosquejar o quadro da Itália à véspera das conquistas romanas, observa: "E, enquanto atualmente um único país pode se vangloriar de possuir cidades livres, os tempos antigos nos fazem ver uma infinidade de povos gozando da liberdade". E, na segunda parte, após haver instruído o processo da religião cristã, cujo efeito foi arruinar a confiança dos homens ao mesmo tempo na força e na liberdade, explica subitamente a desafeição dos modernos pelo regime republicano e a perda de amor pela liberdade pela ação de Roma: "Não obstante, por minha parte, acredito mais que a razão desse estado de coisas se deve ao fato de o Império Romano, suas armas, sua grandeza ter extinguido todas as repúblicas e todas as formas de vida civil [*ancora che io creda più tosto essere cagione di questo che lo Imperio romano con le sue arme e sua grandezza spense tutte le republiche e tutti e viveri civili*]". Maquiavel reforça tal julgamento um pouco mais adiante, afirmando que, de todas as servidões, a mais dura é aquela que nos submete a uma república, e lança seu último disparo, o mais temível, quando, ao retomar a comparação da política de uma república com a de um príncipe, faz dessa vez com que ela sirva a um fim contrário: "O objetivo de uma república", diz, "é enfraquecer e enervar todos os demais corpos para aumentar e fortificar o seu; isto é o que não faz um príncipe, a menos que seja um bárbaro, um destruidor de toda vida civil, como os príncipes do Oriente".

Essa afirmação choca tanto mais o leitor porque o ataque lançado um momento antes contra o cristianismo poderia parecer o cúmulo da audácia e fornecer, vindo de um autor que havia denunciado seus delitos, a esperada interpretação da decadência dos modernos. Não atingia o fundamento da diferença dos tempos, opondo o *éthos* dos antigos ao dos modernos, o gosto pela glória do mundo (*l'onore del mondo*), por um lado, e, por outro, o cuidado com a "verdadeira via e com a verdade [*la verità e la vera via*]", a religião atual, que eleva a humildade e a contemplação acima da ação, que descobre "o soberano bem na humildade, na abjeção e no desprezo das coisas humanas", e a antiga, que o descobria "na grandeza da alma, na potência do corpo e em todas as qualidades que constituem a maior força dos homens"? A desqualificação repentina desse argumento é uma reviravolta. É preciso voltar da ideia de um corte da história à de sua continuidade e reconhecer que as forças que trabalharam para a grandeza romana conduziram à dissolução do *vivere civile* na Itália. Além do mais, não é certo que se deva dar pleno crédito a essa conclusão. Do mesmo modo que a tese de uma migração periódica da *virtù*, ela tem mais força pelo efeito que produz que por sua verdade intrínseca. Seu poder é romper, anunciávamos, a identificação do florentino republicano com seu ancestral romano. O fato é que ele o insta a renunciar ao prazer da leitura da história — prazer com o qual se satisfazem os homens da época, observava já o *proemio* do primeiro livro, e que está na base do aviltamento do real ao plano do imaginário. Ela ensina que o conhecimento do passado exige o trabalho do desencantamento, que esse conhecimento não se distingue daquele do presente, desde que ele não eluda mais o objeto de desprazer, como insinuava o *proemio* do segundo livro. Nesse sentido, talvez seja preciso mesmo prestar atenção à relação que, por sua associação na mesma passagem, a crítica do cristianismo e a de Roma mantêm. Não se dirigem ambas, uma direta e a outra indiretamente, à fuga do mundo presente? Não é preciso entender que, junto à religião de Cristo — na qual crê uma parte dos florentinos, cuja fé Savonarola soube explorar por um momento, em nome da *verità* e da *vera via* —, há outra religião, oculta, obra dos humanistas, que não rebaixaram a imaginação aos limites da história humana senão para abrir nesse espaço um novo céu ilusório, em nome de Roma? Podia-se compreender que esta seria mais difícil de confrontar se seus adeptos fossem recrutados no campo dos jovens republicanos apaixonados pela liberdade, os quais o escritor converte em seus interlocutores privilegiados.

Ao menos não poderíamos duvidar da intenção de Maquiavel ao vê-lo expor em seguida os meios pelos quais Roma edificou seu império. *Crescit interea Roma Albae ruinis*: a fórmula liviana com a qual se abre e se fecha o capítulo 3 é explorada para nos convencer de que a política de acolhida aos estrangeiros praticada por Roma obedecia aos mesmos princípios que a política de violência que a levou a arrasar vilas inimigas e a deportar sua população de seu território. Conquista *per amore o per forza*, a alternativa é vã se é verdade que através de ambas as vias a república realizou metodicamente o desígnio de potência. Contudo, o capítulo 4 faz da mentira sua arma principal: vemos a república aplicada em manter as cidades aliadas na ilusão da liberdade e, reservando-se o direito de decidir e os meios de mandar, em encaminhá-las imperceptivelmente para a servidão: "Todos os associados", observa Maquiavel, "que ela conquistava na Itália e que, sob muitos aspectos, viviam numa espécie de igualdade com ela, salvo que Roma se reservava a sede do império e a condução dos empreendimentos, sem se aperceberem desperdiçavam seus esforços e seu sangue para se subjugarem a si mesmos". Sua estratégia parece ser esta: fazer com que se apercebam do engano (*inganno*) sob o qual viveram quando já passou o tempo para eles de encontrar um remédio. O capítulo 9 esclarece que Roma tirava partido das ocasiões que lhe eram oferecidas, quando não desencadeava deliberadamente uma guerra; de sorte que, ao observar suas ações, já não cabe distinguir, como sugere inicialmente o argumento manifesto, entre as guerras deliberadas e as guerras casuais. Enfim, a gloriosa República é definida implicitamente no capítulo 13 como um tirano. Nele, propondo-se demonstrar que, para se elevar de uma fortuna baixa a uma alta, a astúcia (*fraude*) é mais útil que a força, o escritor se serve de novo da autoridade de Xenofonte, pretende que este ensina na sua vida de Ciro a necessidade de enganar (*quella necessità dello ingannare*), depois substitui audaciosamente o exemplo do grande rei pelo do tirano milanês Giovanni Galeazzo Visconti e, mais audaciosamente ainda, pelo das repúblicas conquistadoras, e enfim declara sobre Roma: "No princípio, não podia tentar mentiras maiores do que fazer aliados [*companî*], segundo os meios já mencionados; pois sob esse nome fez escravos dos latinos e dos demais povos vizinhos". *Inganno*, *fraude*, os dois termos são repetidos para qualificar uma política cuja natureza, nos é esclarecido de passagem, o próprio Tito Lívio teria sugerido ao utilizar um pretor latino como seu porta-voz (*e che sia vero che i Latini si movessono per avere conosciuto questo inganno, lo dimostra Tito Livio nella bocca di Annio Setino pretore latino*).

Ora, enquanto se dedica a afastar seu leitor da *boa imagem* de Roma, o discurso maquiaveliano chama a atenção, nessa primeira parte do livro, para a posição que ocuparam os toscanos na Itália antes das conquistas romanas. Ele o faz no capítulo 3 sob o pretexto de examinar os diversos meios dos quais dispõe uma república para expandir. Esse exame, certamente, possui sua própria justificativa, e pode inclusive considerar-se como bem-vinda a distinção de três tipos de conquista, destinada a evidenciar a superioridade dos romanos sobre os toscanos, que criaram as ligas, e sobre os atenienses e os espartanos, que transformaram em súditos os povos vencidos. Mas não pode nos escapar que a posição dos antigos toscanos tem um valor simbólico. Ainda que devêssemos esperar ter analisado a obra no seu todo para buscar junto aos historiadores informações sobre a relação que mantiveram os florentinos com os primeiros habitantes de suas terras, não podemos duvidar de que essa relação tinha uma carga afetiva particular. Ademais, devemos observar que Maquiavel se dedica a recordar a *virtù* dos antigos toscanos e a mostrar que eles foram vítimas da mentira romana. Aparece, além disso — apesar do elogio à eficácia da política romana —, que merecem ser erigidos em modelo pelas repúblicas contemporâneas. De fato, após haver elogiado a via seguida pelos romanos, "tanto mais admirável porque ninguém lhes havia traçado a rota nem ninguém a seguiu depois deles", e após haver condenado aqueles que ignoraram seu exemplo, o autor acrescenta: "Se a imitação dos romanos pareceu difícil, a dos antigos toscanos não deveria tê-lo parecido tanto, sobretudo aos toscanos do presente". A filiação das repúblicas antiga e moderna da Toscana é, assim, sugerida, enquanto se deixa descobrir a obra destruidora da República romana. "Seu Estado (dos antigos toscanos) foi durante muito tempo tranquilo e glorioso, pelas riquezas e pelas armas e pelos costumes e pela religião. Mas sua potência e sua glória, enfraquecidas inicialmente pelos gauleses, foram aniquiladas pelos romanos, e de tal modo aniquiladas que, embora faça apenas 2 mil anos que formavam uma república potente, mal resta dela alguma lembrança." Porventura isso significa que o leitor florentino é chamado a projetar sobre os antigos toscanos a identificação que estabelecia antes com os romanos? Duvidaríamos já, por essa única observação, que seu rastro esteja quase apagado. Mas sucede que essa observação dirige o argumento do capítulo seguinte, dedicado a demonstrar que os romanos se obstinaram na supressão de todo vestígio do poder toscano, a ponto de subsistir dele apenas o nome. Nesse capítulo, intitulado "Que as mudanças de religião e de língua, juntamente com os desastres das inundações e das pestes, extinguem a lembrança das coisas", estamos tão mais inclinados a buscar um indício do tema do discurso quanto ele se apresenta como uma digressão, e porque semelhante procedimento já foi assinalado a serviço de uma verdade difícil de explicar.

Com efeito, o argumento é tal que abala profundamente o referente romano, o referente toscano e todo referente *real* da história. Ao começar por refutar a objeção oposta aos filósofos que sustentaram a tese da eternidade do mundo, Maquiavel observa que os limites da memória coletiva não podem encerrar a duração efetiva da história humana, pela dupla razão de que essa memória é censurada cada vez que surgem uma nova religião e uma nova língua e de que as catástrofes naturais interrompem o curso da civilização. Sem dúvida, é importante observar que sua resposta não implica a subscrição da tese da eternidade do mundo: esta é abandonada logo, pois é evidente que seu propósito é apenas introduzir uma discussão sobre a veracidade dos testemunhos da Antiguidade e a legitimidade da relação que os homens mantêm *aqui e agora* com o passado. Tampouco parece necessário nos deter na ideia, exposta na última parte do capítulo, de que a natureza utiliza os desastres para se purgar e instar, desse modo, o pequeno número de homens que deixa subsistir a se regenerar. A demonstração que desperta nossa atenção repousa, em primeiro lugar, sobre a hipótese de que o comportamento dos cristãos em relação ao paganismo nos informa sobre o comportamento de todas as religiões novas em relação aos modos de vida e às crenças que chegaram a suplantar. Quando se observa que os cristãos "destruíram todas as instituições, todas as cerimônias e apagaram até a menor lembrança da antiga teologia", pode-se supor que o paganismo agiu do mesmo modo em face da religião estabelecida antes dele. Mas essa hipótese é acrescida de uma restrição no que concerne à ação do cristianismo: este não pôde desenvolver todas as suas consequências em razão da subsistência do latim. Portanto, não pôde destruir, como estava resolutamente inclinado a fazer, todos os vestígios da Antiguidade, diferentemente do paganismo ou daquelas religiões que advêm "duas ou três vezes em 5 mil ou 6 mil anos" e que apagam deliberadamente a memória dos tempos que as precederam. Desse argumento, então, parece deduzir-se a conclusão: "A Toscana foi [...] outrora potente, plena de religião e de *virtù*, tinha seus costumes e sua língua própria: tudo isso foi extinto pela potência romana de tal sorte que, como foi dito, não resta dela senão o nome". Mas não menos instrutivo é o comentário que suscita a observação das catástrofes que rompem o fio da memória coletiva. Ao falar das inundações, como do desastre mais importante e mais universal, o autor nota que aqueles que escapam a suas devastações são montanheses grosseiros (*uomini tutti montanari e rozzi*) que, por não possuir nenhum conhecimento da Antiguidade, nada podem transmitir aos seus descendentes. "E se", acrescenta, "entre eles se salva algum homem que tenha conhecimento, para se forjar uma reputação e um renome, o esconde e disfarça à sua maneira, de tal sorte que transmite a seus sucessores o que ele quis escrever, e nada mais." Assim, por esta última observação, se reintroduz a ideia primeira de uma censura arbitrária manejada pelo poderoso da época.

É preciso desde logo reconhecer que essa análise tem por consequência abrir na história uma profundidade e uma obscuridade que barram qualquer possibilidade de apropriar-se da imagem de uma forma política originária. Certamente, Roma não poderia ser colocada por qualquer um no começo dos tempos. Mas a representação dos autores clássicos e cristãos era tal que assegurava um domínio ideal do futuro das sociedades humanas, não deixando subsistir em suas fronteiras senão fabulações — como a reconstrução imaginária de 50 mil anos de História por Diodoro da Sicília, à qual nosso escritor faz oportunamente alusão — que não colocavam em perigo o espaço teórico comumente reconhecido. Assim, o processo de identificação da República florentina com a República romana podia se beneficiar desse espaço para nele inscrevê-la como a *boa sociedade*. Maquiavel rompe semelhante lógica, não seguramente pela simples hipótese de que há um passado escondido nas dobras da sociedade romana, nem mesmo pela de que haveria por trás de toda história visível uma história invisível da qual emergiria a primeira, mas sugerindo que o objeto de nosso conhecimento se nos impõe em virtude de uma ação que lhe é própria, de uma mentira elaborada, da destruição concertada das marcas de seu surgimento. A ideia é fecunda de forma diferente daquela de uma migração periódica da *virtù*, a qual, permitindo supor que o Bem havia escolhido assentar-se em diversos lugares antes de encontrar abrigo entre os romanos, não nos levava a transpor os limites de uma concepção realista da história nem tinha outra consequência senão gerar um relativismo. Agora, o leitor não deve somente convir em que há outros objetos de admiração além de Roma — convicção que não destrói necessariamente o investimento de seu desejo na figura privilegiada de um Estado que mantém um parentesco com a República moderna. Roma se separa dessa figura, perde decididamente a qualidade de uma coisa real, visível, oferecida ao prazer da leitura, para ser reconhecida como um sujeito que se constitui em razão da representação que se deseja dar a si mesmo e da dissimulação de sua gênese, como o Sujeito de um discurso que não poderia ser entendido senão pela decifração dos sinais de sua intenção. Nesse sentido, podemos nos arriscar a comparar Roma aos autores que, como Tito Lívio, Plutarco e "a maior parte dos historiadores", censuram os sinais do discurso do Outro, do discurso dos dominados, sempre perigoso, para conservar sua própria glória. Comparação legítima se revelarmos o papel que se assinala implicitamente à interpretação no fragmento que nos ocupa. Maquiavel observa, de um lado, que a Antiguidade não seria nada para nós se o cristianismo não se tivesse encontrado na necessidade de conservar o latim para convertê-lo no veículo da lei nova. Revela-se assim que a subsistência da língua dos romanos, de seus textos, fornece a matéria para uma reconstrução da história censurada pelos Modernos. Parece que é graças ao jogo que se institui com o movimento de destruição e com o movimento de conservação do discurso antigo que nasce a possibilidade de um conhecimento da história. Roma não sobrevive somente graças ao fato bruto da presença dos escritos transmitidos com sua língua; sobrevive nos sinais da operação que reprime seu testemunho, sem haver se dado os meios de anulá-lo. Mas, por outro lado, sugere-se que a leitura correta desses escritos e da história à qual remetem só é possível sob a condição de que se esteja atento à operação análoga que apontava à destruição do Outro presente neles, presente nela. O autor Roma, como o autor Tito Lívio, é compreendido, assim, apenas no trabalho da interpretação, um trabalho que não somente diz respeito aos dois ao mesmo tempo, mas que se aprimora interrogando o movimento presente de extinção da Antiguidade.

Sem dúvida, não podemos captar, a partir desse único comentário, toda a amplitude do empreendimento de Maquiavel, uma vez que, como já entrevimos, uma questão singular se apresenta no mundo cristão quando examinamos a aparente restauração da cultura antiga, do modelo romano e da pura língua latina. Essa questão põe em jogo a relação que o humanismo mantém com o cristianismo. Mas nessa etapa do discurso é preciso contentar-se com avistar a oposição esboçada entre interpretação e identificação. No momento em que se denuncia a obra realizada por Roma às custas das liberdades dos antigos e dos novos toscanos, esta é destituída, num nível mais profundo, da posição que ocupava na imaginação de um leitor republicano, perdendo o estatuto de um objeto real. Compreende-se, pois, por que seria vão transferir para os povos que submeteu os sentimentos dos quais ela foi impregnada. Tampouco se poderia atribuir a esses povos um estatuto e uma história em si. Eles mesmos não podem ser pensados senão em função da interpretação. Quando o escritor conclui que não permanece da antiga Toscana mais do que o nome, dá a entender que sua religião, sua *virtù*, sua língua, fornecem somente uma referência simbólica.

Sem dúvida, não cabe julgar que os fatos romanos e toscanos se apagam sob a ficção. A verdade que mais uma vez é preciso reconhecer é que os fatos falam apenas uns em relação aos outros, quer dizer, convertidos em sinais, que a realidade se dá em seu entrecruzamento, na textura simbólica do discurso, e que cairíamos justamente na ficção se quiséssemos captá-los nos limites de sua definição, subtraí-los ao trabalho da interpretação para neles investir a realidade. Desses fatos que mobilizam a fé realista do leitor, os mais tentadores são seguramente aqueles da origem. De tal sorte que, duvidando deles nesse capítulo 5, o escritor nos ensina a entender seu próprio discurso. De fato, este não está unicamente condenado, como qualquer outro, a gerar a ilusão realista, mas corre o maior risco de ser falsificado a partir do momento em que reivindica uma *descoberta*. O discurso está constantemente exposto ao perigo — que nenhum discurso tem o poder de evitar — de deixar que sua descoberta se reduza àquela de um objeto real, o qual se faria visível graças a ele mas existiria fora dele, visível de direito no presente, no passado e no futuro. Assim, quando sugere que o que tomamos por um começo talvez sejam os efeitos de nossa ignorância e do travestimento de um empréstimo pelo suposto fundador, Maquiavel chama nossa atenção para o estatuto de todos os enunciados que conferem a Roma ou a seus legisladores a posição do iniciador. Se não nos equivocamos, o breve comentário que lhe inspira o desastre universal da inundação tem uma função precisa a serviço desse propósito. Assinalando que os sobreviventes são o mais das vezes montanheses grosseiros que ignoram o que foi feito antes deles, chama de novo à nossa memória a imagem já esboçada dos romanos grosseiros e ignorantes enganados por Numa; acrescentando que o homem sensato que sobreviveu entre eles dissimula seu conhecimento do passado para se apresentar como um inovador, nos faz pensar que Numa e o próprio Rômulo foram talvez astutos imitadores, ou, de maneira geral, que Roma — que, por certo, não surgiu das águas, mas parece surgida do nada e inventar sua história — explorava secretamente uma herança. Mais precisamente ainda, essas palavras nos lembram o julgamento aplicado sobre a política exterior dos romanos no capítulo anterior; esta, como assinalamos, parecia "tanto mais admirável porque ninguém lhes havia traçado a rota e porque ninguém caminhou por ela depois deles". Ora, precisamos convencer-nos agora não da falsidade dessa declaração, certamente, mas da impossibilidade de perceber a criação dos romanos independente do discurso que a denomina.

O segundo livro, recordemo-lo, se apresenta como um comentário dos fatos que ilustram a política seguida pelos romanos para edificar seu império. Semelhante imagem, dissemos, não resiste a um exame rápido do texto. Assim, parece mais seguro entendê-lo como um discurso sobre a guerra ou, mais amplamente, sobre as relações de potência entre Estados. Mas, ao avançar na leitura dos primeiros capítulos, devemos convir em que, se este é seu objeto, ele não é imediatamente acessível. A inteligência da guerra supõe a elucidação da relação que se mantém com a imagem de Roma e um questionamento da realidade da história, da qual só temos algum conhecimento através de relatos duvidosos e por uma leitura duvidosa, uma vez que, de um lado, esses relatos levam a marca de um duplo disfarce a serviço dos poderes vencedores e da religião dominante e, de outro lado, nós mesmos estamos submetidos à perspectiva que nossa situação no mundo cristão nos impõe. Isso equivale a dizer que o discurso sobre a guerra tem seu fundamento fora do espaço teórico que circunscreve a análise dos conflitos entre Estados e das estratégias dos protagonistas do jogo diplomático e militar. Ou ainda que, para tratar da guerra, o discurso deve simultaneamente se converter em discurso daquilo que se dá como o discurso sobre a guerra.

Admitindo isso, violentamos a disposição natural que nos leva a crer que o objeto guerra se basta, quer dizer, que não deve nada ao discurso que os homens fazem a seu propósito: essa disposição se nutre, de resto, da afirmação comumente propalada de que quando as armas entram em jogo, a palavra é reduzida ao silêncio... Estamos predispostos a entender o discurso sobre a guerra como um discurso sobre a coisa mesma, análogo a todos os que, sob o signo da ciência, tratam da natureza dos seres vivos ou inanimados, de seus comportamentos e relações. Sem dúvida, podemos esperar de um escritor considerações sobre a justiça ou a injustiça da guerra, ou então sobre a função que desempenha a guerra em geral na ordem do mundo. Mas então não imaginamos que essas considerações afetem o comportamento dos atores ou o caráter das operações militares estudadas. Sendo a guerra um fenômeno universal que conhecemos por testemunhos extremamente variados e dos quais, por vezes, temos uma experiência sensível, nos parece legítimo querer reunir todas as espécies de observações para extrair, examinando êxitos e erros, os princípios da estratégia dos atores, sob o risco de fazê-los relativos ao estado das técnicas utilizadas em diversas épocas e à natureza dos combatentes implicados no conflito. Semelhante disposição incita, pois, a ordenar as análises do segundo livro em função do ensinamento *positivo* que ele traria sobre a guerra. Os exemplos que Maquiavel toma da história dos romanos se justificam, parece, em vista da observação de seus sucessos e da tentativa de formular as regras universais a partir de uma confrontação com outros exemplos antigos e modernos. Podemos objetar à sua demonstração que a mudança das técnicas — em particular, o uso moderno da artilharia — torna caduca a prática romana da guerra. Mas como verificamos que o autor, longe de ignorar essa objeção, se propõe a destruí-la, nos inclinamos a dar crédito a seu projeto, com a única ressalva de que os fatos produzidos estabelecerão seu fundamento.

No capítulo 4, Maquiavel compara os diversos tipos de conquista; no 6, explica "Como os romanos procediam para conduzir uma guerra": eles a faziam "curta e dura", quer dizer, agiam com rapidez e com o engajamento de todas as suas forças. No 7, descreve as vantagens que lhes proporcionava a implantação de colonos nos territórios submetidos: estes últimos mantinham na mira de suas armas e sob vigilância os vencidos; estavam dispostos a combater pela defesa das terras conquistadas e permaneciam pobres o suficiente para escapar aos perigos da corrupção; no 10, demonstra que o dinheiro não é o nervo da guerra e que os romanos nunca contaram com ele para levar a bom termo seus empreendimentos; no 11, denuncia o perigo das alianças estabelecidas com príncipes cuja reputação bastaria, imagina-se, para desencorajar um agressor; no 12, discute os méritos comparados, numa estratégia defensiva, do combate fora das fronteiras ou no coração do país; do 16 ao 19, examina a organização dos exércitos nos campos de batalha e o poder das diferentes armas: artilharia, cavalaria e infantaria. Todas essas análises parecem situar-se sob a jurisdição de uma ciência empírica: o ensinamento se extrai da comparação de exemplos; a autoridade dos romanos é estabelecida em relação à debilidade de seus adversários ou então a de outros estrategos da Antiguidade e sobretudo a dos Modernos.

Ora, não duvidamos agora de que é preciso resistir a essa aparência. A crítica da idealização do passado, no início do livro, a advertência de que o conhecimento decorre da interpretação, depois a destituição da boa imagem de Roma e o surdo ataque contra a identificação dos florentinos aos romanos nos obrigam a recusar o estatuto "realista" de tais análises. Não cabe pensar, portanto, que os julgamentos enunciados estejam privados de verdade aos olhos de seu autor, nem que ele os utilizaria tão só para pô-los a serviço de uma intenção oculta; sua repetição e sua coerência dão fé, pelo contrário, de sua convicção. Mas essa verdade não é empírica e não procede da adição de fatos pontuais que se conciliariam por sua comum virtude de ser verdadeiros. A escolha dos exemplos, a possibilidade de sua substituição e o encadeamento dos julgamentos se ordenam sob seu efeito, e não poderíamos nos referir a isso senão sob a condição de que queiramos descobrir nós mesmos o sentido da questão ocultada pelos modernos — e, o que dá na mesma, o sentido da operação que a encobre: o que a guerra ensina sobre o fundamento da política e da História?

Na verdade, se prestarmos atenção nas afirmações do capítulo 1, nos encontramos já guiados para essa questão, embora pudéssemos nos imaginar sobre o terreno sólido da análise dos fatos romanos. Como já assinalamos, Maquiavel afirma, contra Plutarco, Tito Lívio e a opinião geral, que o poder de Roma não é um efeito da Fortuna, mas obra de sua *virtù*; sugere que a série de sucessos alcançados pela República implica uma lógica da decisão política, do mesmo modo que a série de erros cometidos pelos Modernos. Eis aqui o que impede que o leitor se precipite sobre os enunciados relativos à condução da guerra, à estratégia de agressão e defesa ou à superioridade da infantaria como se eles revelassem imediatamente seu sentido. Enquanto não tivermos conhecido o princípio que dirige sua articulação a serviço do desvelamento dessa lógica não podemos atribuir-lhe senão o valor de uma opinião, no melhor dos casos de uma opinião justa... Mas essa declaração inicial é tanto mais exigente porque somos instruídos pela leitura do primeiro livro. De fato, ele já nos convenceu de que as instituições da república e as ações dos homens no interior da Cidade somente são inteligíveis quando se descobre como se organizam os efeitos da divisão de classes e do desejo de classe. Havíamos compreendido que a *causa* da grandeza do regime se deve à relação que a república estabelece com a divisão que a funda — quer dizer, depende da decisão tácita (cuja origem não poderia ser imputada a nenhum legislador) de dar livre expressão ao conflito, de dispor uma saída aos humores que atormentam o corpo social e que acarretam ao mesmo tempo a agressão e o amor à liberdade. Havíamos compreendido, além disso, que decifrar a lógica que subjaz à história de Roma e a que subjaz à da República moderna é uma mesma tarefa, e que essa lógica se deixa conhecer apenas pela crítica do discurso político dominante, o qual conserva e destrói simultaneamente a referência antiga, a conserva numa representação que a destrói. Havíamos compreendido que a descoberta da divisão social está necessariamente ligada à da diferença temporal, que está mascarada sob a ilusão de uma diferença dos tempos. Assim, ao buscar no segundo livro a causa do poder romano, não poderíamos nos deter na definição das regras empíricas da política militar e diplomática; não podemos nos interrogar sobre essa causa senão colocando em questão a relação que os romanos — tomados dessa vez em sua comum identidade de povo — mantêm com o mundo exterior. De maneira geral, só podemos encontrar um sentido nos fatos inscritos no campo da guerra sob a condição de nos perguntarmos o que esta nos ensina que seja novo e nos havia escapado na leitura do conflito de classes.

Ora, essa pergunta, que fazemos ao discurso — que ele nos insta a dirigir-lhe —, recebe uma primeira resposta no capítulo 8. Este, cujo objeto, se nos fiamos em seu título, é explicar "A razão pela qual os povos se separam dos lugares em que tinham sua pátria e inundam os países estrangeiros" ou, se nos fiamos nas primeiras linhas, é discorrer sobre a distinção fundamental entre duas espécies de guerra, se apresenta, assim como o capítulo 5, tal qual uma digressão que, como o autor sublinha, ele não considera estranha à sua matéria. Os dois capítulos não só nos põem, pelo viés da digressão, na via da interpretação como, apesar de aparentemente separados pelas considerações prosaicas sobre a prática romana da guerra, se articulam mutuamente de maneira rigorosa. Há um sinal, ao qual devemos prestar atenção, que nos adverte desse vínculo: a invasão é tratada como uma inundação. Com efeito, o que é preciso que entendamos, senão que se dá uma ruptura do espaço político (o espaço-mundo da política) tal como se dá a ruptura do tempo histórico, que os traços de ambos, sem limites definíveis, são tão excêntricos em relação a qualquer referência como dissociados sob o golpe de uma catástrofe?

Maquiavel opõe nesse capítulo 8 as guerras ditadas pela ambição de um príncipe ou de uma república àquelas que são impostas a um povo pela necessidade de sua sobrevivência. Não nos escapa que por esse procedimento ele modifica a conclusão que estávamos prestes a tirar de sua apreciação das conquistas romanas. Este é inclusive seu sentido à primeira vista. Havíamos ficado com a impressão do cruel julgamento formulado no capítulo 2: a guerra de Roma, e de maneira geral a das repúblicas conquistadoras, se haviam revelado as mais terríveis de todas, guerras de destruição que nem sequer os príncipes fazem, a menos que sejam exterminadores de toda vida civil, como os déspotas do Oriente. Ora, aprendemos no presente que essas guerras decorrem da variante menor da guerra. É muito mais terrível aquela que faz um povo obrigado a fugir de seu país sob a ameaça da fome, da peste ou de uma agressão estrangeira, e que invade novas terras com mulheres e crianças, não na intenção de dominar seus habitantes mas para se instalar em seu lugar. Essa guerra, nos é dito, é inteiramente cruel e inteiramente pavorosa: *crudelissima e paventosissima*. Estaríamos enganados se acreditássemos que o argumento se destina a suavizar os traços do conquistador romano. O exemplo convocado para apoiá-lo mostra que serve a outro propósito. O escritor encontra um modelo da segunda variante da guerra em Moisés; a figura do justo exterminador substitui a do déspota oriental. Impossível confundir-se a respeito do sentido do exemplo, mesmo quando se vê que ele satisfaz à tendência sacrílega do autor. A guerra-catástrofe é apresentada como a guerra justa, aquela na qual os homens são encurralados pela necessidade e que não deve nada ao desejo de dominar o outro. É impossível equivocar-se a respeito do sentido do movimento de interpretação que tem seu ponto de partida no capítulo 2. Com efeito, lembrávamos que Maquiavel formulava ali uma primeira oposição entre a guerra do príncipe, cujas conquistas favorecem apenas à sua pessoa, e a guerra das repúblicas a serviço do bem público, antes de estabelecer uma segunda oposição que subvertia seus termos ante o espetáculo da destruição operada pelos bons regimes: já se desfazia a distinção do justo e do injusto. O terceiro elo dessa cadeia é dado pelo capítulo 8, que liquida de vez a distinção. O trabalho se realiza graças à evocação de Moisés, mas também pela virtude desta implacável observação: que as vítimas da invasão-inundação, se escapam a tempo da catástrofe vão, por sua vez, abater-se sobre outro povo como uma catástrofe.

A guerra percebida como cataclismo natural nos faz, pois, ler algo diferente do choque universal dos apetites; desvela a impossibilidade de fechar o espaço-mundo da política nos limites da Razão, e o faz no momento em que se enuncia a exigência de pensar a origem da guerra e de reunir sob um só olhar as relações entre os povos e os Estados na diversidade dos tempos e lugares. Com efeito, não se poderia tomar a verdadeira medida do pensamento maquiaveliano se desconhecêssemos a força do movimento que desdobra o espaço do mundo como um único espaço, libertando-se de todo limite particular desde o qual se designaria a fronteira da terra humana e da terra bárbara, desfazendo todo centro de perspectiva, e que simultaneamente o define como *um* em seu despedaçamento. Submetidos à prova desse movimento, os judeus, os vândalos, os egípcios, os romanos e os gregos — nomeados aqui e ali —, os povos do presente e do passado estão, abolida toda hierarquia, presos na trama da História universal, trama cujo fio condutor parece ser a destruição. Da mesma forma, não é a distinção explícita entre guerras de ambição e guerras de sobrevivência, ou entre o justo e o injusto, que deve captar nossa atenção. Elas estão a serviço da exposição do caso-limite da guerra-catástrofe, que é a única cuja natureza pode esclarecer a origem da guerra: origem que não se nomeia com os motivos dos atores, mas com o princípio da constituição da sociedade política, na divisão bruta e ilocalizável do ser-povo (sejam quais forem suas dimensões, seu regime, o princípio de sua coesão) e do mundo exterior. Essa divisão não é a divisão empírica dos Estados que têm, cada um, interesses de sobrevivência e de poder, que se chocam entre si pelo fato de se encontrarem implicados no mesmo jogo, mas, fundando esta última, a divisão do ser mesmo do político para cada sociedade, cuja reunião se faz submetendo-a à prova de uma alteridade radical, da pura indeterminação do *fora*, e na exposição à morte.

Essa divisão, que se torna visível na guerra, não possui o mesmo caráter que a divisão interna da sociedade política, cujos termos se referem imediatamente um ao outro e se instituem como diferentes, insubstituíveis, pela divisão do desejo que os atravessa a ambos, cujos efeitos se ordenam na instituição de uma comum identidade política. A luta entre Estados não é uma variante da competição universal pela posição dominante, da qual a luta de classes forneceria outra variante, e a dos indivíduos, uma terceira — logicamente, a primeira. Mesmo se é verdade que o conflito entre as potências se expressa na forma de busca da dominação, não podemos pensá-lo senão em função de uma ruptura primeira, originária, constitutiva da sociedade política, tal como esta adquire sua forma de sua segregação de uma humanidade — diferenciada, sem dúvida, em sociedades vizinhas e distantes, amigas e inimigas, até mesmo conhecidas e desconhecidas —, mas, quaisquer que sejam suas determinações, visada como o entorno *outro* e, como tal, identificada com a natureza.

Não podemos dizer com justiça que essa ruptura é, trasladada ao espaço do mundo humano, a da natureza e da cultura? Ao menos podemos julgar, seguindo Maquiavel, que ela é imutável e está fora da história. Um povo pode perfeitamente absorver ou submeter ou exterminar outros povos; não deixa de ser confrontado com seu limite: este é indiferente ao grau de potência; é o mesmo tanto para o imenso império ocupado em estender ainda mais suas fronteiras como para a menor das cidades, que não tem outro poder que o de defender-se contra a agressão dos conquistadores; o mesmo para a antiga Pérsia e para as modernas cidades da Alemanha. Não é limite de fato; mas tampouco é redutível ao limite simbólico que separa o dominante do dominado e que simultaneamente os une, que é ao mesmo tempo o traço da divisão e da indivisão do desejo e que, enquanto tal, está no fundamento de uma história, se desloca sem se apagar na instituição de uma cidade — como mostra em Roma a divisão de Estado e sociedade civil, a das instâncias do poder de Estado, a do Tribunato e o Consulado, por exemplo. O que é verdade dentro dos muros da Cidade, que o destino do Estado está diretamente posto em jogo pelos efeitos da divisão social e que a ordem e a desordem se geram a partir de um mesmo movimento, carece de sentido fora dela: no espaço do mundo não há ordem, nem desordem, nem lógica histórica alguma. Tudo são modificações acidentais que nascem da mistura dos povos, do deslocamento dos impérios e de novas distribuições de forças, cujos choques apenas podem fazer sentido no âmbito da *polis*.

Ora, o texto sugere que é afrontando esse limite, da divisão bruta, estéril, indomável, do ser da Cidade e de seu fora, a alteridade última do *natural*, em todas as modalidades que a imagem da inundação condensa, que um Estado pode se elevar ao princípio da Decisão que governará suas ações em face de outros Estados e lhe dará uma posição de potência, sejam quais forem suas dimensões e sua força. O conhecimento da *necessidade*, o da inelutabilidade dos processos que operam de alguma maneira mais aquém da história — em consequência das variações de população, como o assinala Maquiavel, dos cataclismos naturais ou das agressões de outros Estados, ou então de suas vítimas transformadas em agressores —, em resumo, o conhecimento da inelutabilidade dos acidentes que concernem à exposição da sociedade política ao exterior se reflete num encadeamento de operações *necessárias* ou numa lógica da ação.

O primeiro livro nos preparava para entender essa verdade. Recordamos que no capítulo 6 o escritor opunha em diversas passagens o projeto de um Estado decidido a se expandir e que assumia para esse fim o risco do conflito civil, e o de um Estado decidido a se conservar e que se constituía de maneira a eliminar as perturbações internas. Maquiavel julgava que este último oferecia o melhor modelo: *il vero vivere politico e la vera quiete d'una città*. Porém o fazia para inverter imediatamente este julgamento: "Mas", dizia, "como todas as coisas estão em movimento, e não podem permanecer firmes, é preciso que se elevem ou declinem e a muitas coisas a que a razão não te conduz, te conduz a necessidade [*e a molte cose che la ragione non t'induce, t'induce la necessità*]". Assim, distinguia dois tipos de saber: o saber-senhor — de resto confundido com o poder da oligarquia espartana —, seguro de abarcar a ordem do real desde o princípio até as consequências; e o saber submetido à prova de seu limite — não dominado por ninguém, uma vez que nasce em Roma no jogo do conflito —, saber da necessidade ou, o que dá na mesma, saber do instável, o qual consente advir no movimento da história.

Ora, recordando esse texto, estamos em melhores condições de compreender como se articulam a relação que uma sociedade mantém com sua divisão interna e a que mantém com sua divisão do fora. Ambas as relações não se sobrepõem, mas cada uma se deixa conhecer tão somente pela outra: o poder da sociedade de acolher a luta de classes, como Maquiavel deu a entender em diversas passagens no primeiro livro, está ligado à escolha de uma política voltada para o fora; o poder que a sociedade tem de dar sentido a essa escolha — de encontrar o encadeamento necessário da decisão — lhe vem da livre expressão do conflito interno, o qual não somente é capaz de assegurar a adesão do conjunto dos cidadãos à ação do Estado, sua associação à sorte deste, mas permite liberar a decisão política das ilusões de um domínio do saber, de confrontá-la com a divisão, de levar ao seio da reflexão o limite da morte. Todavia nos enganaríamos se imaginássemos uma simetria de relações. Maquiavel diz que a política de conquista obrigou o patriciado romano a fazer concessões à plebe e que esta soube fazer da satisfação de suas reivindicações a condição para sua participação na guerra, mas ele não diz que o saber que os romanos tinham da necessidade fora uma condição para o reconhecimento do conflito interno. Ele não pode pensá-lo, pois isso seria fazer aparecer um sujeito desse saber, quando este carece de sujeito, aqueles que se convertem nos agentes desse saber não podem fazê-lo senão em virtude de sua posição numa cidade dividida. Sem dúvida, acabamos de ver, Maquiavel distingue os Estados que podem poupar o uso da força popular e ocultar a divisão, em razão de seu projeto de conservação, daqueles que se constituem em repúblicas conquistadoras. Mas essa distinção, é preciso ainda lembrar, é afirmada apenas para ser recusada: os Estados que estão de fato ocupados em se conservar vivem no desconhecimento da lógica política e não fazem essa escolha senão porque o comportamento do dominante está determinado pelo medo do dominado. A relação que a sociedade mantém com sua divisão interna preside aquela que ela mantém com sua divisão do fora. Unicamente da primeira surge uma história. Além do mais, já o sugerimos, um comportamento de conquista não é, em si, o indício de uma relação justa com a divisão do fora. A conquista é todavia um exemplo-limite apropriado para mostrar a impossibilidade da conservação e para denunciar a ilusão do domínio de uma forma política, mas se nos atemos ao caso dos romanos temos de convir em que a conquista não nos revela o sentido da decisão geral que os põe em condições de conceber suas ações militares e diplomáticas. Maquiavel não acentua em vão no capítulo 8 que a República romana teve que repelir três invasões, quer dizer, enfrentar três dessas guerras "inteiramente cruéis e inteiramente pavorosas" que se abatem sobre os povos à maneira de cataclismos naturais. Sua *virtù* se mostra ligada a seu poder de defesa na mesma medida que a seu poder de agressão.

Assim, pois, que verdade ensina o fenômeno da guerra, que os Modernos ocultam destruindo a memória da Antiguidade? Estamos mais bem armados para responder a essa pergunta. E, inicialmente, para descartar a resposta que salta aos olhos, da qual os Modernos justamente estão dispostos a se apoderar, seja qual for o uso que façam dela, com a intenção de não ver mais além. Com efeito, é impossível limitar-se à ideia simples de que a força constitui a grandeza do homem, de que os Antigos acreditavam nela, enquanto eles próprios a depreciavam. Seguramente Maquiavel diz isso — e que eles preferem a *verità* e *la vera via* à glória do mundo, a contemplação ao vigor da alma e do corpo, e — o que nos importa mais — que, no presente, com o gosto pela violência perdeu-se o da liberdade. Mas, quando ele zomba da *vera via*, usa o vocabulário dos beatos, chega a retomar os termos de seu mestre, Savonarola; seríamos bem tolos se lhe emprestássemos, portanto, a linguagem de Trasímaco. E quando associa violência e liberdade, ele não faz mais do que colocar um ponto de ligação. A argumentação visa, então, apenas uma fração dos cristãos, a dos homens que reduzem os termos da política e da guerra aos princípios do Evangelho, falam de bons e maus governos, de guerras justas e injustas e, sob a cobertura da moral, pregam a obediência ao poder estabelecido e a virtude da tradição. Mas aqueles que lançam o Estado à conquista, manobram em seu seio para assentar sua dominação e ostentam seu realismo em política, são também cristãos; são os representantes do éthos cristão, ainda que não acreditem no Evangelho — ou acreditem nele apenas na hora da missa —, e agentes não menos eficazes da destruição do éthos romano. Se perderam o sentido da potência não é por causa do uso da força, mas antes, caberia pensar, porque seus empreendimentos, sem grandeza e sem rigor, a serviço do proveito imediato, foram abandonados pela Decisão que caracterizava os romanos e dava aos seus empreendimentos a qualidade de uma obra histórica. E, se essa é sua condição, se o acesso à realidade está barrado a eles, isso se deve ao fato de eles ocultarem de si mesmos que a sociedade política só existe por sua divisão e só tem poder sob a condição de encontrar em seus efeitos a possibilidade de referir-se ao mundo de fora; ao fato de ocultarem de si mesmos, portanto, que a sociedade repousa inteiramente sobre si mesma, que seu fundamento se dá em sua história, no movimento da diferença temporal que acompanha o da divisão social; e, enfim, ao fato de fugirem diante do pensamento de que o mundo é *um*, e um somente para quem nele sustenta a prova da transcendência. Descrentes ou crentes, pouco importa, o éthos cristão é seu a partir do momento em que dissimulam que tudo se joga no espaço e no tempo deste mundo, quer dizer, tudo a partir de nada e em vista de nada, tudo pela glória mundana, na suspensão da morte; é seu a partir do momento em que preservam a ilusão de algo que não poderia ser posto em jogo na história, que subtraem o poder e o saber, sem mesmo lhe dar o nome de Deus, ao trabalho da divisão.

Não se deve dizer, então, que a relação dos Modernos com a Antiguidade e com a realidade como tal, o engano cristão, deixam-se pensar verdadeiramente apenas sob o registro da metapolítica? Em um sentido, é preciso dizê-lo. Não podemos pensar a dissimulação da diferença temporal, da divisão interna da sociedade política, de sua divisão em relação ao mundo de fora, que é constitutiva do espaço do mundo, como uma conduta de fato cujo contrário seria essa outra conduta de fato que os romanos fariam visível. Ela é originária, como a divisão, pois esta implica sempre a possibilidade de sua ocultação, não pode advir ao campo do visível senão recoberta, e não há conhecimento que exceda sua órbita. Somente se pode identificar o movimento que mantém aberta a questão do poder e do saber submetendo-o à prova de seu trabalho. E esse próprio movimento se designa apenas para aquele que capta seu sinal no discurso da dissimulação. É na crítica do discurso cristão que ele se nomeia, o qual não chega a desfazer o termo contrário do qual se converteu em negação, e induz assim a sua subversão; o qual se condena, ordenando-se em torno da clivagem central entre o mais além e o aqui embaixo, a exibir, à distância do lugar em que opera, a divisão que se ocupa de velar. De tal maneira, enfim, que a verdade de Roma não está em Roma, uma vez que depende da subversão desse discurso e não pode se desfazer da diferença temporal. Mas, dizendo isso, devemos reconhecer imediatamente que o registro da metapolítica não se separa do registro da política, que é impossível converter num fato de origem a elaboração metafísica dos modernos, uma vez que ela não se deixa dissociar da tentativa das classes dominantes de excluir o povo dos assuntos da Cidade, uma vez que o discurso que pretende suturar a brecha interna da sociedade está a serviço do desejo dos *principi* da república.

A verdade que o fenômeno da guerra ensina e que os Modernos, crentes e descrentes, moralistas e realistas, ocultam é, portanto, a mesma que entrevíamos ao examinar a organização interna da Cidade. O discurso da guerra e o discurso da política não são senão um. E, se se quer afastar a última dúvida sobre esse tema, que se passe diretamente do capítulo 8 ao 30, um dos últimos do livro, no qual Maquiavel julga os Estados modernos, sem distinguir entre repúblicas e monarquias. Ali, após haver lembrado que Florença, não somente no presente, mas também no momento de seu maior esplendor, jamais garantiu sua segurança senão comprando-a com ouro, escreve:

Não são unicamente os florentinos que viveram nesta vileza [*viltà*], mas também os venezianos e o rei da França, o qual vive pagando tributo, num reino tão grande, aos suíços e ao rei da Inglaterra. Tudo isso provém de manter desarmado seu povo e de que este rei e aqueles que citei preferiram gozar das vantagens presentes [*godersi un presente utile*], tendo o poder de saquear seus povos, e de que quiseram fugir de um perigo mais imaginário que real em vez de fazer coisas para fundar sua segurança e agir para manter seus Estados sempre felizes.

Ora, nos parece que este capítulo 30 ocupa, por mais de um motivo, o lugar de uma conclusão: porque reformula a oposição entre Estados antigos e modernos e oferece o princípio da potência política, e porque evoca de novo, nas últimas linhas, a intervenção de um reformador que poderia extrair, *aqui e agora*, as lições do passado, e sobretudo porque subverte a tese da onipotência da Fortuna, proposta um momento antes sob a autoridade de Tito Lívio, convergindo assim com o discurso inicial do livro.

Ao descobrir aquilo que está em jogo na interpretação, nos encontramos em condições de referir a seu fundamento todas as análises que, numa leitura superficial, parecem decorrer da investigação empírica, quer dizer, de uma comparação dos fatos antigos e modernos; e, simultaneamente, se esclarece o rigor de seu encadeamento sob a aparência da divagação, pois compreendemos que ele responde à necessidade de desfazer o discurso moderno, de desvelar os princípios que subjazem à diversidade de seus enunciados no duplo registro de moralismo e de realismo político.

No capítulo 10, após haver mostrado a habilidade de Roma para se aproveitar de todas as ocasiões apresentadas à sua ambição, Maquiavel evidencia pela primeira vez o agente da potência romana. Ao se elevar contra a opinião comum, que pretende que o dinheiro é o nervo da guerra, afirma que são os bons soldados que constituem a força militar de um Estado. Ora, a verdade de seu argumento nos escaparia se quiséssemos apreciá-lo nos limites do comentário que suscitam os exemplos produzidos. O que Maquiavel silencia aqui, e que dirá com toda a clareza no capítulo 30, é que aqueles que creem no poder do dinheiro se fecharam nessa ilusão porque desarmaram seu povo para melhor pilhá-lo. Assim, pois, apresenta como um erro particular o que é efeito de uma política deliberada da classe dominante. Ele mesmo raciocina sob o pretexto do realismo político, observando que o afeto dos súditos, não em maior medida que o dinheiro, não dá a um príncipe uma verdadeira proteção; finge ater-se aos termos do bom senso quando assinala que o ouro não faz boas tropas, mas são as boas tropas que fazem encontrar o ouro. A interpretação que faz do pensamento de Tito Lívio sobre esse ponto por si só nos adverte do duplo sentido de sua análise. Com efeito, a observação final de que Tito Lívio se converteu na melhor garantia de sua tese se abstendo de falar do dinheiro numa passagem em que enumera os três fatores necessários à vitória militar esclarece sua maneira de proceder. Ao chamar a atenção para o fato de que Tito Lívio menciona como condição de êxito "numerosos soldados, prudentes capitães e uma boa fortuna", incita seu leitor a observar que ele mesmo não fala nem da função dos capitães, nem da intervenção da Fortuna, e que substitui os numerosos soldados por *bons soldados*. Com seu próprio silêncio, ele permite assim que se conclua que com a crítica do dinheiro ele visa um alvo diferente do de Tito Lívio.

A mesma intenção preside a discussão levada a efeito no capítulo 12, cujo objeto é determinar se, para aquele que se encontra ameaçado por uma agressão, é preferível levar a guerra ao território inimigo ou esperar o adversário a fim de travá-la em seu próprio. De fato, o exame das razões invocadas em favor de uma e outra tese só aparentemente se atêm aos limites da estratégia militar. O que define a melhor escolha escapa à argumentação dos especialistas em guerra: a capacidade defensiva do Estado depende da relação que o poder mantém com o povo; se ele pode contar com a resistência armada dos cidadãos, sua força está em seu mais alto grau em seu próprio país, quando pode extrair deles a maior massa de combatentes e mobilizar seus recursos face ao invasor. Mas a verdade política dessa conclusão não é explicitada: ao autor basta enunciar a alternativa de um povo armado ou desarmado para nos manter no eixo de sua interpretação. Assim como o capítulo 10, o 12 pretende, pois, evidenciar uma necessidade da ação que aqueles que se vangloriam de raciocinar em termos de relações de forças são incapazes de reconhecer. Em um caso mostra-se que a força não se define por um critério objetivo — o dos recursos financeiros dos quais dispõe o Estado —, no segundo caso, que ela não se mostra na posição dos protagonistas engajados no conflito, como acreditam ingenuamente os partidários da defensiva ou da ofensiva. E não podemos duvidar do alcance crítico da demonstração ao observar, além disso, que esses dois capítulos estão separados um do outro por um argumento que estabelece a inelutabilidade da relação de forças. Sob o pretexto de denunciar a imprudência que se comete ao buscar a aliança de um príncipe que possui mais reputação que força, Maquiavel designa para seu leitor o terreno sobre o qual se situa e que se imaginam ocupar os estrategos da política e da guerra. Ao assinalar que os sidicinos se enganaram ao contar com a ajuda dos campânios, que eram incapazes de defendê-los, diz em três passagens que estes últimos lhes trouxeram *magis nomen quam praesidium*, para dar a entender que o próprio de seu discurso é a distinção entre a força imaginária e a força real.

Mas ainda devemos aprender que o poder de distingui-las está ligado ao de conhecer e enfrentar o risco de morte. Esse é o ensinamento do capítulo 14, cujo propósito aparente é mostrar que os homens se enganam muitas vezes acreditando que o orgulho se desarma com a força da paciência. Maquiavel não revela aqui uma observação psicológica, não quer somente convencer-nos de que a necessidade de esperar o agressor em seu próprio território — da qual acaba de falar — não decorre jamais de um princípio de contemporização, essa arte tão cara aos sábios de Florença; seu propósito é demonstrar a impossibilidade de escapar à guerra a partir do momento em que o outro está decidido a isso. Denunciando o caráter vão das concessões feitas para lisonjeá-lo, as quais, diz ele, não têm apenas o efeito de arruinar o prestígio do Estado e encorajar o agressor, torna sensível o *limite* em função do qual se deve pensar a política. Com efeito, esse limite não aparece no espaço das relações de forças tal como é comumente imaginado, uma vez que, nos é esclarecido, a resolução manifesta de combater da parte daqueles que a princípio dispõem de menores forças pode subverter o jogo, manter o adversário à distância ou atrair o concurso de um terceiro. É muito antes o conhecimento da prova na qual está posto em jogo o destino do Estado que dá acesso à realidade, quer dizer, o que dirige o conhecimento das relações de forças. Ao identificar assim o objeto da discussão, compreendemos facilmente a função do capítulo seguinte, que condena a indecisão. Conhecer a força real, conhecer o limite ineluctável que o Estado enfrenta pelo fato de estar exposto à agressão é simultaneamente ganhar o poder da decisão. É o que Maquiavel dá a entender mostrando o perigo que há em deliberar quando importa tomar a iniciativa do combate ou então escolher abertamente um partido na presença de um conflito entre duas potências estrangeiras que apelam a uma intervenção ao lado de uma delas ou uma neutralidade declarada. Mas o caráter da análise é tal que seu princípio permanece implícito; o autor segue falando a linguagem do realismo, só que empenhado em fazê-la dizer o que não diz ordinariamente. Na maneira como denuncia de passagem a política hesitante dos dirigentes florentinos, ele deixa perceber sua intenção crítica, mas sua demonstração é desenvolvida desde o princípio do capítulo de tal sorte que parece estabelecida sobre as mesmas premissas que as de seus adversários. Assim, insistindo enfaticamente na oposição entre a palavra vã e a ação eficaz, finge ocupar a posição do capitão no campo de batalha, distante da tagarelice dos políticos. Contudo, o rigoroso encadeamento dos argumentos dos três capítulos considerados nos convence de que, por trás do uso da palavra e da ação das armas, a posição do Sujeito está determinada pelo conhecimento do fundamento da política.

Essa convicção é reforçada com a leitura dos três capítulos seguintes, consagrados a demonstrar a superioridade da organização do exército romano sobre a dos exércitos italianos modernos e a superioridade da infantaria sobre as outras armas. Com efeito, em nenhum lugar Maquiavel parece reivindicar mais a competência de um capitão; sua análise parece de ordem estritamente técnica, e poder-se-ia acreditar que lhe basta sê-lo se a descobríssemos sem conhecer nada do início do livro. Contudo, o ensinamento militar formulado aqui só adquire sua verdade em virtude da função que desempenha na problemática geral do discurso.

Um primeiro sinal, no início do capítulo 16, nos convida a perguntar sobre o propósito do escritor na discussão iniciada. De fato, antes de descrever a composição dos exércitos romanos e ressaltar sua excelência, em conformidade com a intenção declarada da passagem, Maquiavel chama a atenção para a guerra que opôs romanos e latinos quando do consulado dos Torquatos e de Décio. A comparação que estabelece então entre os dois exércitos parece destinada unicamente a acentuar sua comum superioridade sobre os exércitos modernos. Mas, investigando as razões da vitória romana, após haver observado que "tudo era igual nos dois adversários", disciplina, *virtù*, furor no combate, número de combatentes, ele assinala que segundo Tito Lívio elas residem no valor dos chefes do exército romano; e, um pouco adiante, encontra nas proezas realizadas pelos dois cônsules romanos ao mesmo tempo o sinal do azar (*sorte*) e de sua *virtù*. Esse julgamento desperta nossas suspeitas, uma vez que havíamos observado na leitura do capítulo 10 que Maquiavel utilizava em relação a Tito Lívio o mesmo procedimento que adotava na sua crítica do dinheiro, quer dizer, não mencionava nem o papel da fortuna nem o dos chefes. Ora, nossa desconfiança é recompensada ao descobrirmos que, dois capítulos adiante, enquanto a demonstração trata da excelência da infantaria, ele conduz de volta ao primeiro plano os romanos e os latinos — é verdade, a propósito de outra guerra — para ensinar dessa vez que, se os primeiros saíram vitoriosos, isso se deveu ao fato de transformarem seus cavaleiros em infantes no meio do combate. Essa iniciativa parece, todavia, devida à virtude dos chefes. Mas, na mesma passagem, o relato de outra batalha, cujo adversário não é mencionado — omissão deliberada, pensamos, destinada a deixar acreditar que poderia ser tanto latino quanto samnita —, permite estabelecer que, numa circunstância na qual os chefes dos dois exércitos tivessem sido mortos no início do combate, os soldados saberiam muito bem por si mesmos como agir e encontrar o meio da vitória no mesmo recurso à infantaria.

Assim, pois, não cabe dúvida de que a transferência da discussão para o campo da técnica é conforme a seu tema. A infantaria irá agora ocupar o lugar reservado no capítulo 10 aos "bons soldados", estes mesmos, tínhamos notado, representantes do povo concebido em sua diferença da classe dominante. É preciso entender que a potência do exército repousa sobre os homens a pé, capazes de se moverem em todas as direções, capazes de se reunirem se em dado momento são postos em fuga e de se juntarem uns aos outros até se transformar numa única massa combatente, da mesma maneira que a potência da república repousa sobre o povo, do qual sabemos que permite a expressão e a confrontação de todas as opiniões, que pode, se os governantes não perderam sua confiança, salvar o Estado nos maiores perigos e que, finalmente, dá sua identidade própria à Cidade. E sem dúvida devemos também entender que a cavalaria, à qual se atribuiu um só tipo de concepção e de operações, essencialmente dividida em unidades particulares e fundada sobre a divisão de cada unidade em cavaleiro e montaria, representa a posição da classe dominante, definida uma vez por todas por seu empreendimento de dominação, parcelada entre seus membros, cada um dos quais persegue seu interesse próprio, e fundada sobre a divisão em cada um da pessoa pública e da pessoa privada. A inteligência da verdadeira arma da guerra não se obtém pela comparação de fatos brutos que ilustrariam os méritos da infantaria; procede do conhecimento do agente que está na origem da potência política. E, reciprocamente, o erro cometido na escolha das armas não se engendra no espaço da técnica; é efeito de um desconhecimento da natureza desse agente e, mais profundamente, da avidez dos *principi* modernos. Ao admitir isso, deve-se subverter a economia aparente do argumento e reconduzir ao centro o que aparece em sua periferia. Assim, deve-se sobretudo separar a breve apreciação da estratégia dos condottieri, que no capítulo 18 é insinuada no curso da longa discussão relativa às vantagens da infantaria, para pôr em evidência o foco da análise.

"Entre todos os erros cometidos pelos príncipes italianos que submeteram a Itália à dominação dos estrangeiros", escreve Maquiavel,

> o maior sem dúvida é haver feito pouco-caso da infantaria e voltado toda sua atenção para a cavalaria; essa desordem teve por causa a má vontade dos condottieri e a ignorância dos soberanos. Estando a milícia, nos últimos 25 anos, reduzida a homens desprovidos de Estado, simples capitães de aventura, estes se ocuparam unicamente dos meios de se tornar temíveis pelas armas a soberanos que estavam desarmados. Como lhes era difícil poder pagar um grande número de infantes e, de outro lado, não tinham súditos que lhes fornecessem um exército, e um pequeno número de infantes os teria tornado pouco temíveis, decidiram ter a cavalaria.

Ali, em algumas linhas, como soube fazer em diversas ocasiões, o escritor faz seu leitor deslizar de uma perspectiva para outra. Ele fala inicialmente da maldade dos condottieri e da ignorância dos soberanos e dissimula sua causa; depois, sem transição, inicia uma interpretação política da qual devemos extrair a conclusão por nossos próprios meios. Nessa ocasião, aponta a divisão que se instituiu entre o militar e o político e a associa à função desempenhada pelo dinheiro na guerra; com a observação de que os príncipes sem armas pagam homens armados e sem súditos, nos obriga a reconhecer que o descrédito atual da infantaria se deduz dessa função; deixa-nos o cuidado de recompor o argumento em curso ligando-o ao do capítulo 10, quer dizer, de concluir que *o dinheiro veio ocupar nas sociedades modernas o lugar que o povo deixou vazio*. Mas, à mesma luz, vê-se desenhar outra cadeia de elementos substituíveis na análise: os condottieri, que estamos tentados a considerar como responsáveis pela corrupção das instituições militares, existem apenas em razão da ausência do agente real da potência; ocupam assim a posição da força imaginária que já havia sido identificada ao dinheiro. Não somente devemos admitir que sua estratégia é determinada pela necessidade em que se encontram de fazer-se pagar;

o valor dessa estratégia se impõe como o valor do dinheiro à imaginação dos *principi* — à opinião dominante de maneira geral — pela virtude que possui de fazer aparecer nas coisas uma garantia da potência. Ora, no capítulo anterior, a crítica do uso moderno da artilharia tendia a destinar-lhe o mesmo estatuto por outra via. Maquiavel não negava a importância de fato dos canhões nos combates, uma vez que julgava inclusive que, preciosos na ofensiva, teriam ajudado consideravelmente os romanos, o mais das vezes ocupados em atacar; seu propósito principal era denunciar a ilusão de uma arma que estaria separada dos homens e decidiria ela sozinha a sorte da guerra. Ilusão imputada por ele à opinião dominante e que, diz, atinge o seu mais alto grau na crença "de que já não se poderá mais combater e de que a guerra será inteiramente travada com a artilharia". Observando de passagem que uma boa infantaria, se avança sobre o inimigo, não lhe permite mais usar o canhão, e que se este o situou diante dele, a infantaria se apossa dele, Maquiavel usava do argumento já antecipado no capítulo 10: o dinheiro não faz bons soldados, mas os bons soldados "fazem" dinheiro.

A artilharia é, junto com a estratégia dos condottieri e o dinheiro, uma figura do imaginário moderno. Mas a artilharia o representa também por outro aspecto. Com efeito, ela fornece ao discurso da guerra — o discurso reinante — a prova materializada da diferença dos tempos ou, em outros termos, é esse algo que faria ver no real a diferença e que, de repente, como diz Maquiavel em sua linguagem, tornaria impossível a imitação. Entendemos que, satisfeitos com essa prova, os homens se contentam em admirar a *virtù* dos romanos, sem pensar que a maneira de ser deles põe em questão a sua própria. Compreende-se, portanto, que o escritor se empenhe em destruir essa prova; fazendo-o, destrói esse outro imaginário que é a diferença dos tempos. Não cabe dúvida de que destrói simultaneamente a *virtù* dos romanos, enquanto é percebida como uma propriedade — essa propriedade da qual Tito Lívio faz depositários os chefes, se nos fiarmos nas primeiras linhas do capítulo 16, que abre a discussão sobre a técnica das armas.

Ora, se atentamos para a dupla função que a artilharia desempenha no imaginário, somos reconduzidos à relação que a divisão social e a diferença temporal mantêm. Enquanto garantia da potência, instalada no real, na ausência do verdadeiro agente da potência, a artilharia é um elo na série dos elementos que vêm encobrir a divisão social. Enquanto prova da diferença dos tempos, atributo manifesto dos modernos, é um elo na série dos elementos que irão encobrir a diferença temporal. Esta, com efeito, tanto quanto a divisão social, não é suscetível de emergir ao campo do visível. E, acabamos de sugerir, são essas duas ilusões simétricas, e de resto compatíveis, que fazem da artilharia moderna e da *virtù* antiga o sinal da diferença. Por sua parte, Maquiavel não denomina a diferença temporal; exibe o que o discurso moderno da guerra exclui, *aqui e agora*, como passado; desvela o movimento dessa exclusão; assim, exibe uma diferença entre os Modernos e os romanos, mas não desloca unicamente seus termos quando sugere que o povo é aqui o agente da potência e ali tem o acesso barrado a ela — ou, então, em termos militares, que aqui a infantaria é a força real e ali a artilharia é a força imaginária. Essa diferença se institui na supressão da diferença posta no presente como real, como aquela do presente e do passado. Ela não é pensável fora do trabalho de supressão. Nesse trabalho, somente uma passagem para o novo é aberta, o saber e o agir são colocados em jogo.

Conhecer a função concedida pelos Modernos à artilharia permite ler o sentido daquela que a infantaria romana desempenhava: permite inclusive descobrir que nas guerras antigas se encontrou um equivalente da artilharia, os elefantes e os carros. Essa leitura não brota do texto que constituiria a guerra romana, ainda menos daquele das guerras antigas; antes, esse texto, ou esses textos, tornam-se legíveis a partir da crítica da experiência dos Modernos e, por exemplo, à luz da vitória que alcançaram em 1513 os suíços contra os franceses, quando não dispunham nem de canhões nem de cavaleiros — experiência que supõe ela própria a interpretação. Maquiavel opõe a tática dos romanos, que não hesitavam no momento do maior perigo em converter sua cavalaria em infantaria, à dos latinos e dos samnitas, povos que estavam organizados em repúblicas; opõe ainda essa tática à de Aníbal, um dos chefes de guerra mais experientes da Antiguidade. Assim, ele nos obriga a circunscrever um comportamento já singular no interior do mundo antigo para relacioná-lo a um princípio que não é visível no campo empírico das operações militares e que finalmente apenas é inteligível em relação a seu contrário, quer dizer, uma vez apreendido o sentido da recusa sistemática do agente da potência. Ainda convém observar que a virtude de sua interpretação é separar seu leitor tanto dos limites da guerra moderna, tal como é praticada no início do século XVI, quanto dos da guerra antiga, pois enquanto se dedica a fazer a crítica mais precisa do uso da artilharia e da cavalaria nas operações ofensivas e defensivas ele sugere que, por trás das transformações técnicas, fica preservada uma verdade da guerra: que o combatente decide acerca de seu resultado, e não a arma separada dele, por mais temível que seja.

Uma vez que captamos o fio dessa análise, não é difícil reconhecê-lo nas etapas posteriores do discurso. Dois capítulos adiante, Maquiavel faz a crítica das armas mercenárias e das armas auxiliares: dado que a primeira foi implicitamente feita a propósito do sistema da *condotta*, ele se centra na segunda, quer dizer, na das tropas enviadas por um aliado e cujo comando fica em suas mãos e a manutenção, a seu encargo. Na medida em que a política italiana seria pródiga em exemplos, é significativo que ele não dê nenhum exemplo moderno em apoio de sua tese e que raciocine somente sobre aquele de Cápua, convertida em presa de legiões romanas encarregadas de sua defesa. Além de ele chamar nossa atenção para uma sedição que manchou, em seu decurso, a imagem da disciplina romana, os fatos referidos são os mais propícios para mostrar como a decisão de buscar uma garantia na potência de um terceiro conduz à inelutável consequência da servidão, uma vez que na ocasião a ação desse terceiro, a República romana, não é deliberada, e posto que ele mesmo é vítima da força que destacou. Aprende-se assim que aquele que se colocou na posição de potência é necessariamente incitado a agir na perspectiva de sua potência própria: verdade que fornece, em suma, um equivalente simbólico daquela que já havíamos captado na análise da *condotta*. Fiadores imaginários da potência dos príncipes, força destacada da órbita do Estado, como as legiões de Cápua, os condottieri elaboram a estratégia unicamente de acordo com seus interesses, fazendo da cavalaria a arma principal da guerra; inscrevem no real os efeitos da deficiência do Estado; suprimindo sua origem, tornam invisível o núcleo político da estratégia e "produzem" a necessidade da cavalaria.

Mas, sem dúvida, é no capítulo 24, com a crítica das fortalezas, que a análise das formas imaginárias da política moderna culmina. Pois a fortaleza condensa todas as ilusões de segurança, dado que é erigida seja para proteger uma cidade contra a agressão estrangeira, seja para vigiar os territórios submetidos e dar os meios de defesa contra uma eventual sublevação, seja para fornecer ao príncipe uma proteção contra seu próprio povo. Denunciando essas ilusões, Maquiavel convida seu leitor a reunir sob um mesmo olhar a política militar do Estado e a do poder em seu seio. Isso não significa certamente que uma e outra sejam idênticas. Do mesmo modo, o escritor não nos deixa esquecer que o Estado pode estar na necessidade de destruir o adversário: partido inconcebível em política interna, na qual o poder, sejam quais forem as violências às quais recorra em circunstâncias extremas, se encontra sempre na obrigação de buscar o consentimento dos governados. Mas o mesmo princípio rege o uso da potência: a loucura do príncipe é acreditar que ela possa ser inscrita nas coisas; que haja um abrigo do qual nenhum inimigo, do interior ou do exterior, possa desalojá-lo, enquanto ela depende da colocação em jogo da relação com o Outro. Não somente a fortaleza não o protege: aquela que se supõe inexpugnável não resiste sequer um dia à conjunção de uma agressão estrangeira e uma revolta interna. Mas, ao tornar visível a dominação — como ensina o exemplo dos Sforza —, ela cristaliza o ódio dos homens; nessa ocasião, a força imaginária materializada na fortaleza assinala a ausência do Sujeito, não somente a exclusão do povo da potência, mas o desprovimento do príncipe sob o aparelho da coerção. Ora, esta última crítica nos encaminha para a conclusão do capítulo 30. Enquanto acrescenta um último elo à análise, a fortaleza revela da melhor maneira possível a relação entre o fiador imaginário da potência e a posição moderna da dominação. Não é em vão que Maquiavel combate, no início do capítulo, os *sábios* de seu tempo (*questi savi de' nostri tempi*); depois, algumas linhas adiante, os *príncipes* de seu tempo (*principe de' nostri tempi*), pondo sob a mesma rubrica aqueles que aspiram ao saber e aqueles, monarcas ou senhores de Estado numa república, que aspiram ao poder; nem lhes opõe em vão a experiência dos romanos (*il modo del procedere de' Romani*): ele nos reconduz à origem do processo no qual se engendram a função do dinheiro, a da estratégia dos condottieri, a da artilharia, a da grande potência protetora, esclarecendo novamente a escolha primeira dos dominantes em todos os regimes modernos. Ele se serve da figura de Sforza, representante de uma tirania execrada pelos civilizados burgueses de Florença, para sugerir o parentesco de todos os *principi*, florentinos ou milaneses. Ao nos darmos conta disso, devemos sem dúvida convir em que o discurso moderno, o discurso cristão da guerra, é, no fundo, discurso dos dominantes e nos lembrar de que a crítica do imaginário começou no capítulo 2 com a crítica do mundo supraterrestre.

Como já assinalamos, o fio do discurso que nos esforçamos por captar se rompe aparentemente em diversas passagens. A partir do capítulo 16, consagrado à organização dos exércitos romanos, dois argumentos ficam intrincados, e um deles, o que acabamos de examinar, tende a desvelar os efeitos da distinção da força imaginária e da força real em relação às instituições militares e às representações coletivas da potência, enquanto o outro tende a desvelar tais efeitos em relação à ação dos Estados ou de seus representantes na política exterior e interior. A serviço do mesmo propósito, destinados um e outro a evidenciar a lógica das escolhas que se organizam em virtude da implicação do povo na vida política ou de sua exclusão, eles se dividem, além disso, mais secretamente, para apresentar duas vertentes do discurso moderno. Com efeito, se nos limitamos ao primeiro argumento, teríamos de concluir que a projeção da potência longe de seu verdadeiro agente sobre as instituições que garantem sua realidade se traduz, nos comportamentos, na busca da segurança ao custo do menor risco. Não cabe duvidar da legitimidade dessa conclusão: se a função dada ao dinheiro, à estratégia da *condotta*, à artilharia, às fortalezas, só é inteligível em razão de um modo de constituição da Cidade, isso tem seu correspondente na psicologia dos atores políticos. Quando Maquiavel zomba dos sábios de seu tempo, denuncia tanto sua falsa ciência como sua pusilanimidade. Mas já vimos que o discurso moderno se desdobra: em um polo, se revela regido pela ilusão da segurança, efeito do medo de pôr em jogo a potência; no outro, simultaneamente, o discurso moderno é regido pelo delírio da presunção. Pela marca desse discurso que os *principi* trazem, não há razão para rebaixá-lo ao registro da psicologia. Mais ainda, deve-se entender que a mesma causa está na origem de uma política diminuída, afastada da criação histórica, presa ao engano da potência material e de uma política de aventuras, arrebatada por sonhos de grandeza e incapaz de conhecer o impossível. É ainda o desconhecimento da divisão interna da Cidade e de sua divisão do fora, a exclusão do povo do jogo da potência, o que faz com que o poder se imagine estar no princípio da política, dispor do domínio da decisão. Ao considerar a primeira vertente do discurso moderno, descobrimos a força imaginária separada dos homens, inscrita nas coisas; ao considerar a segunda, a descobrimos confundida com a pessoa ou a postura do governante. Ou, em outros termos, ao considerar a primeira, o poder *tem* a potência — o dinheiro, a artilharia, a competência militar, os exércitos comprados ao protetor, as fortalezas; ao considerar a segunda, o poder é a potência: o delírio da presunção fornece ao discurso essa ilusão. Assim, pois, não devemos nos espantar de que os dois fios da trama se cruzam, estão entretecidos na mesma cadeia; e um único desejo se mostra inscrito sobre dois registros do discurso.

Ainda que a via da interpretação nos tenha parecido definitivamente aberta ao término da primeira parte do livro, é a crítica das fortalezas, no capítulo 24, que nos esclarece a articulação desses dois argumentos e nos convida a buscar o detalhe de seu desenvolvimento. Com efeito, na sua última seção, na qual se demonstra a inutilidade das praças-fortes construídas com a intenção de deter um eventual invasor, Maquiavel afirma que um bom exército jamais será detido por elas e que, na ausência de forças resolutas para com ele travar batalha em campo aberto, ele avançará sem se preocupar em deixar na retaguarda as posições difíceis de ocupar. Essa observação é oportuna para lembrar uma passagem do primeiro livro em que o autor associava, para nosso espanto, uma crítica do mesmo gênero à da temeridade de um rei de Roma que havia arriscado toda a sua fortuna sem pôr em jogo todas as suas forças. Advertindo-nos, então, de que o erro de pôr o destino do Estado nas mãos dos três Horácios se assemelha àquele que comumente se comete fundando a própria segurança na defesa dos desfiladeiros, ele nos fornecia uma chave de sua interpretação que não podíamos captar imediatamente, sem compreender que o sentido do discurso moderno constituía seu desafio: o aventureirismo e a crença nos sinais materiais da potência se revelavam como anverso e reverso da mesma política. Alertados por essa reminiscência, se nos faz sensível o encadeamento das críticas que irão reforçar as que havíamos já identificado. Na seção dos três capítulos relativos à estratégia dos romanos havíamos negligenciado as longas considerações sobre a organização dos exércitos envolvidos num combate. Com efeito, essas considerações, em uma primeira leitura, parecem decorrer da estrita tática militar. Maquiavel mostra o escalonamento em profundidade do exército romano segundo três linhas, cujas filas são respectivamente espaçadas de maneira que possa se operar o recuo ordenado do primeiro corpo de combate até o interior do segundo, depois o do segundo no interior do terceiro, na eventualidade de um fracasso da primeira e depois da segunda ofensiva. A essa distribuição dos combatentes ele opõe a dos Modernos, que decidem pela exposição dos combatentes numa só linha, numa frente ampla, e assim se impedem o jogo do recuo e do assalto, ou, melhor dizendo, a combinação na ofensiva do duplo movimento de ofensiva e defensiva. Apreciamos agora o valor simbólico desse argumento, com a lembrança da crítica do rei Túlio. Sem dúvida, Maquiavel não diz aqui que os capitães de seu tempo arriscam toda a sua fortuna sem pôr em jogo todas as suas forças; ele se contenta em observar que a experiência que exige a intervenção da terceira linha romana deu lugar a um provérbio cuja tradução italiana é: *nos abbiamo messa l'ultima posta* (jogamos nossa última aposta) e conclui com o erro dos Modernos que só dão uma única chance para suas tropas (*faccino correre una medesima fortuna*); mas a imagem do jogo e da oportunidade basta para nos instruir. Nada importa que toda a massa dos combatentes esteja envolvida numa batalha. A ilusão de Túlio é repetida a partir do momento em que a partida se joga de uma vez e que o ator está inteiramente a descoberto. A figuração de um espaço sem profundidade, no qual o combatente não tem nada atrás de si, se associa neste capítulo à de um tempo aplanado, reduzido à dimensão do puro presente e à de uma ação precipitada, incapaz de se refletir — como o faz a ofensiva romana na defensiva que lhe permite o desdobramento das duas primeiras linhas. Tal figuração preside simultaneamente aquela de um poder que carece de fundamento. O leitor de Maquiavel não teme avançar demasiado longe sobre o terreno da interpretação, pois o escritor lhe fornece, três capítulos adiante, uma análise cujo objeto é, na aparência, totalmente diferente e que implica um ensinamento análogo. É demais dizer que ele pode se regozijar de encontrar esta caução? Após haver julgado a estratégia dos condottieri e denunciado a função imaginária da artilharia, Maquiavel demonstra — segundo os próprios termos do título dado ao capítulo 19 — "que as conquistas nas repúblicas que não são bem-ordenadas [*ordinate*] e que não agem segundo o exemplo da *virtù* romana produzem sua ruína, não sua grandeza". Aparentemente, nada justifica esse discurso inserido entre a crítica da artilharia e a dos exércitos mercenários e auxiliares e, de resto, introduzida por um novo elogio da infantaria. Sua necessidade se estabelece em relação ao argumento precedente: ordenar um exército em combate (*ordinare una zuffa*) ou ordenar uma república (*ordinare una republica*) em vista da conquista é responder à exigência de referir a ação a seu fundamento. Se desconhecermos esta, cedemos ao aventureirismo. O conquistador moderno comete o erro de conduzir sua dominação ao longe: como o combatente, não tem nada atrás de si; desse modo, cai na tentação do empreendimento mais fácil, "mas se expandir sem se fortificar aos poucos é caminhar para a ruína. Com efeito, não se fortificar é se empobrecer com as guerras, mesmo com vitórias, pois as conquistas custam mais do que produzem". Ignorando a profundidade do espaço, avançando a descoberto, ele se mostra impotente para superar os horizontes do presente, para prever ao mesmo tempo as consequências da conquista e as condições de sua conservação. E, como diz o autor, desse duplo erro se depreende de novo a imagem de um poder arrancado das fontes de sua potência, de um poder que não sabe aumentar o número de cidadãos — quer dizer, acolher os bons efeitos da discórdia —, pôr as riquezas adquiridas a serviço do tesouro público e manter o Estado rico e os cidadãos pobres. Mais rigorosa ainda parece a analogia se observarmos que sob o signo da conquista, como antes sob o da ofensiva, se nos desvela a combinação necessária de ataque e defesa. Certamente, Maquiavel evidencia de novo a ineluctabilidade da conquista, e o comentário que lhe inspira o exemplo das repúblicas da Alemanha, ao mesmo tempo bem-ordenadas e ocupadas unicamente em se conservar dentro das fronteiras adquiridas, se empenha em referir a uma situação geográfica e política excepcional o êxito de sua política. Mas ao observar que a agressão é universal e que aquele que só quisesse resistir se veria provocado, contra seu primeiro desejo, a se expandir, subordina já a questão da conquista àquela, mais geral, da guerra. Depois, após dirigir em seguida o principal de sua crítica aos empreendimentos quiméricos de Florença e Veneza, sem poupar Roma que, assinala, esteve a ponto de se perder em Cápua, abala o prestígio do Estado conquistador para deixar finalmente em seu leitor a impressão de que só interessa o problema da força real.

Ora, somente sob a condição de conhecer o sentido desse duplo argumento podemos identificar a direção da análise, pois esta, com o exame das relações que o Estado mantém com os povos aos quais submeteu, muda aparentemente de caminho. Ao recordar, sob o pretexto de explorar a lição dos acontecimentos de Cápua, os métodos que Roma empregou para assegurar seu domínio sobre as outras cidades, o escritor nos confronta, no capítulo 21, com a oposição de dois modos de dominação, um invisível para quem a padece "ainda que seja de certo peso" e o outro visível quotidianamente, que faz com que a servidão seja quotidianamente intolerável. Quando descobrimos os méritos da primeira estratégia, com a qual se finge respeitar a liberdade dos súditos, devemos, além disso, convir que é mais vantajoso para um Estado ambicioso esperar que um vizinho se ponha voluntariamente sob sua proteção do que excitar seu ódio deixando-o perceber seu projeto de conquista. Esse argumento, que parece inicialmente privilegiar o uso da astúcia em detrimento da força bruta, se mostra a serviço de um propósito menos visível, como o testemunha o curso que segue a discussão até o capítulo 26 e a relação que ele mantém com a crítica das fortalezas, símbolo da dominação visível. Com efeito, no capítulo 22 Maquiavel ridiculariza os cálculos do papa Leão X, que se pode com justiça suspeitar ser escolhido como representante do espírito moderno ou, mais precisamente, que representa um dos *savi de' nostri tempi*. A análise impede dessa vez que nos atenhamos a uma apologia da astúcia em si. O capítulo 23 estabelece que os romanos, diferentemente dos florentinos, escolhiam abertamente entre uma política de repressão e uma de confiança quando deviam fazer face à rebelião de uma cidade submetida: toda solução de duplicidade é expressamente condenada nesse capítulo. Enfim, ao término do capítulo 24, que denuncia o perigo das fortalezas do ponto de vista tanto da dominação quanto da resistência, Maquiavel condena a política dos latinos e dos veios, quer dizer, dos povos que estavam em posição de resistência, mostrando que se equivocaram ao querer tirar partido abertamente das dissensões internas de Roma, pois não fizeram senão voltar a unir a República contra o estrangeiro, em vez de se limitar a fazer uma guerra à distância (*la guerra discosto*); a ação invisível se mostra tão necessária ao dominado quanto ao dominante.

Reunindo numa só leitura os cinco capítulos considerados, percebe-se que eles têm em comum o fato de pôr em questão a função da representação na política e que sugerem por vias diferentes que a impotência do poder em dar conta da imagem que dá de si, ou que o outro dá de si mesmo a um terceiro ou se dá a si mesmo sob a ação de um terceiro, decorre da mesma presunção. Roma mantém seu império sobre os povos submetidos ou consegue dominá-los porque sabe oferecer a imagem de protetor; Florença alcança o mesmo resultado em relação a Pistoia, enquanto fracassa em suas relações com as outras cidades toscanas; mas seu êxito é excepcional e seu fracasso obedece à regra, pois, como ensina seu comportamento com Siena, ignora o efeito que suas manobras visíveis têm sobre os outros. Leão X escolheu a neutralidade quando o rei da França disputou com os suíços o ducado de Milão, convencido, por um sábio cálculo, de que, uma vez a batalha travada e os dois adversários enfraquecidos, suplantaria facilmente o vencedor e levaria a melhor. O delírio da presunção o cega: ele se vê permanecendo gloriosamente senhor da Lombardia e árbitro da Itália inteira (*e cosi verrebbe con sua gloria a rimanere Signore di Lombardia ed arbitrio di tutto l'Italia*); seu erro consiste em que ele ignora que as relações de forças são modificadas pela imagem que o vencedor oferece de si mesmo; assim, só lhe resta fugir uma vez que a França obtém a vitória... Roma escolhe a repressão, quando esse é o único meio de restabelecer sua autoridade. Florença, ao contrário, se acredita desonrada com a ideia de arrasar Arezzo após sua insurreição. Por presunção, ela se imagina livre da necessidade de pôr em jogo sua potência;

cega pela imagem de sua própria autoridade, é incapaz de ver a que oferece aos aretinos usando violências e humilhações que os exasperam sem deixá-los na impossibilidade de se vingar. Ao fazê-lo, ela cede à mesma vertigem de grandeza de quando pretende, por manobras abertas, explorar as divisões de uma cidade, sem ver que é vista, e não consegue então mais que refazer a unidade de seus adversários. Esse jogo *sem profundidade* é finalmente ilustrado da melhor maneira possível pela conduta dos veios, que chegam a desafiar Roma sem compreender que a imagem de agressor devolve a esta uma imagem de si que a acuidade do conflito civil colocava em perigo.

Tal parece ser, portanto, o fio que se desenha depois do capítulo 16: um combatente, um conquistador, um poder que não tem nada atrás de si, que age a descoberto, no espaço e tempo aplanados que lhe impõe seu desarraigamento do espaço e do tempo interiores da Cidade. Uma política que, quaisquer que sejam seus meios, força ou astúcia, se mostra voltada a seu objetivo, privada de sua representação e da representação de sua representação, que seria a única coisa suscetível de lhe dar sua profundidade própria e assim lhe oferecer os subterfúgios necessários à intrusão no espaço e tempo do outro — essa intrusão que dirige ao mesmo tempo a dominação, a subversão e a aliança...

Mas é preciso ainda identificar a função da alternativa que Maquiavel formula em seu capítulo 23, pois, embora pareça ligada à escolha política particular que requer a rebelião de um povo submetido, se separa dela para nos confrontar ao problema geral da decisão. Já havíamos reconhecido essa função no capítulo 14 e havíamos compreendido que ela era o efeito de um limite, dado na divisão entre o dentro e o fora da Cidade. Aprendemos agora que ignorar a alternativa — abandonar-se à esperança do compromisso ou de uma *via del mezzo* — é a mesma coisa que ceder à ilusão da onipotência. Os florentinos se mostram incapazes de se elevar à concepção de uma política exterior por recusar a ideia de que uma decisão ponha alguma vez em jogo a sorte do Estado: essa recusa está a serviço de sua crença em sua invulnerabilidade. Nos termos da interpretação de Maquiavel, eles fariam a teoria de sua conduta sustentando que o príncipe se rebaixaria se arrasasse uma cidade, pois revelaria assim que carece dos meios para dominá-la. Mas, sempre segundo o autor, semelhante teoria, que invoca a honra do príncipe, seria feita para dissipar o medo de que sua autoridade pudesse ser afetada pelo outro. A falsa imagem da honra do príncipe dissimularia a prova da necessidade, que é aquela da morte.

Ora, temos que assinalar imediatamente o eco que essa crítica encontra quatro capítulos adiante. Maquiavel chama a nossa atenção ali para o acontecimento que provocou a derrocada da República florentina alguns anos antes e a restauração da tirania dos Médici. Esse acontecimento, mencionado entre outros que visam demonstrar que "os príncipes e as repúblicas prudentes devem se contentar com vencer, pois, o mais das vezes, não estar satisfeito com isso causa sua perda", possui sem dúvida um estatuto particular na interpretação: não só designa aos leitores florentinos a morte de sua liberdade, mas mostra os efeitos tangíveis do discurso moderno da guerra e como se paga *aqui e agora* o desconhecimento da alternativa e da necessidade. Com efeito, o texto recorda que, encontrando-se o invasor espanhol um momento parado às portas de Prato — pequena cidade que constituía a última praça-forte suscetível de detê-lo em seu caminho a Florença —, o governo acreditou poder rejeitar as condições de paz que lhe eram oferecidas. Em virtude de semelhante recusa, excitou o furor do adversário, perdeu Prato e, aniquilado pelo medo, nem sequer pensou em organizar a defesa de Florença. Maquiavel sustenta a esse propósito que se deveria aceitar o pagamento de um tributo aos espanhóis e o abandono da aliança francesa — duas exigências apresentadas pelos embaixadores de Ramon Cardona —, desde que a vida da República fosse preservada (*il popolo... rimanendo vivo*). E, ao observar que semelhante trato constituía uma vitória para os florentinos, comenta a decisão adotada em termos que nos lembram o problema do jogo: "Não era preciso — mesmo se tivesse tido a possibilidade de obter uma vitória maior, ou se tivesse a certeza disso — querer submetê-la à discrição da Fortuna e jogar a última cartada, uma cartada que ninguém arrisca se é prudente, a menos que seja necessário". O governo florentino aparece assim à imagem do combatente que não tem nada atrás de si e arrisca toda a sua fortuna de uma só vez, pois não dispõe de linhas de recuo. A loucura dessa conduta, ademais, é contrastada com a prudência de Aníbal, o qual, de retorno a Cartago após dezesseis anos de glória na Itália, encontra a cidade reduzida aos limites de seus muros e sem outra potência além de seu exército; "dando-se conta de que aquela era a última aposta de sua pátria, não quis arriscá-la sem tentar antes outro remédio e não se envergonhou de pedir a paz [...]. Tendo-lhe sido esta negada, não quis deixar de combater, ainda que tivesse de perder, julgando que podia ainda vencer, ou, ao menos, perder gloriosamente". Na decisão do governo florentino se encontram condensados todos os traços do discurso moderno da guerra, mas eles são esclarecidos de tal maneira que não poderíamos nos equivocar a respeito do pensamento do autor. A presunção do governo se mostra em sua esperança vã numa maior vitória, em sua ideia de honra que o cega para a necessidade, em sua impotência, enfim, para conduzir a guerra. Essa presunção nasce da ilusão da onipotência. Diferentemente de Aníbal, que conhece a alternativa paz ou guerra e sabe o que está em jogo na última aposta, os florentinos não sabem nem fazer a guerra nem fazer a paz e se lançam à última aposta sem saber que é dela que se trata, quer dizer, como se a morte não estivesse em questão. Feita essa constatação, compreendemos que a vitória na guerra não coincide nunca com o êxito de fato alcançado sobre um inimigo. O escritor acentua a propósito que os florentinos teriam a garantia de uma vitória se cedessem ao ultimato espanhol, quer dizer, se aceitassem uma semiderrota. E, simultaneamente, descobrimos que o conhecimento da necessidade não exclui de nenhum modo a concessão; mais ainda, a crítica do compromisso em teoria funda a legitimidade da prática do compromisso: é ao se libertar do engano de uma *via del mezzo* que se ganha o poder de transigir ante um adversário. O ensinamento do capítulo 27 completa assim o do 23: a lógica da decisão é destacada do nível empírico no qual comumente percebemos a diversidade das escolhas políticas, enquanto permite assinalar a esse nível o significado verdadeiro de cada escolha; em vista dessa lógica, a coerência da política florentina acaba de se desvelar, pois o extraordinário da decisão tomada às vésperas do desastre de Prato é que ela revela a transformação necessária de uma política de pusilanimidade numa política de presunção. Embora estivéssemos tentados a imputar à psicologia do autor a resposta insensata que dá ao adversário, é preciso convir que a dita resposta está na norma do desconhecimento que organiza secretamente os comportamentos de um poder sem potência real. A prática do menor risco, da neutralidade, do oportunismo, da política de mercador, enfim, que converte o dinheiro na mola da diplomacia e da guerra, encontra seu complemento e sua culminância necessários em 1512, na súbita e louca temeridade de um governo que, diante de uma situação-limite, invoca a honra da Cidade, se recusa a pagar o preço da independência e, em vez de combater, foge.

Contudo, a via que Maquiavel segue para introduzir sua crítica ao governo de Florença não é menos notável que o ensinamento que ela traz. Com efeito, a partir do capítulo 26, o discurso se organiza em torno da questão da palavra, tal como se organizava nos capítulos anteriores em torno da questão da representação. Ao observar que, entre os romanos, a dominação invisível e a conquista invisível passavam pela palavra, podíamos já supor que essas duas questões mantêm um laço privilegiado. Maquiavel não tinha deixado de acentuar que a maior habilidade de Roma consistia em dar aos povos a que havia submetido o nome de *compani*. No capítulo 23, no qual se formulava a alternativa da repressão e da confiança, citava as palavras de Camilo diante do Senado, mas, sobretudo, narrava longamente o diálogo entre os senadores e os cidadãos de Privernium que foram implorar a indulgência de Roma após a rebelião de sua cidade. Esse diálogo — o único que nos oferece o livro — não somente se concluía com um veredicto de clemência como evidenciava a qualidade e os efeitos recíprocos da palavra dos dois partidos. Em face dele, devíamos convir em que, se às vezes a palavra é vã e só a ação é eficaz, em outras circunstâncias a palavra pesa na história: com ela os privernatas obtêm sua salvação e os romanos, parece, sua segurança. Revelava-se igualmente que os romanos — que certamente não eram ingênuos e não duvidavam de que a palavra dada poderia ser retirada em caso de necessidade — não negligenciaram a virtude das palavras nem seu poder de produzir vínculos. Ora, no capítulo 26, o escritor pretende demonstrar que "o insulto e o impropério provocam o ódio contra aqueles que os utilizam sem que extraiam disso qualquer utilidade". Maquiavel esclarece seu pensamento nas primeiras linhas do texto ao observar que se abster de ameaçar ou de ferir alguém pela palavra é um sinal de grande prudência, pois a ameaça põe o outro em guarda e a ferida desencadeia o ódio que clama por vingança. Esse argumento é, à primeira vista, desconcertante; tirado do capítulo precedente, que a partir do exemplo dos veios denunciava o caráter vão das manobras abertas, destinadas a tirar partido das dissensões de uma cidade, parece rebaixar a análise ao plano do anedótico. Ademais, incita a reconhecer a similitude dos comportamentos que é preciso observar no interior e no exterior da cidade, uma vez que os dois exemplos oferecidos para denunciar os danos da palavra ofensiva põem em cena o cônsul Valério Corvino, o qual, após ter aplacado a rebelião de Cápua, edita graves penas contra aqueles que estivessem tentados a insultar os soldados comprometidos nesse caso; e Tibério Graco, que, tendo armado os escravos para lutar contra Aníbal, decretou a pena de morte contra todo aquele que reprovasse sua servidão. Mas, como o capítulo 27 — no qual se oferece um ensinamento decisivo sobre a fraqueza da República florentina — se abre com uma nova crítica da palavra ofensiva, é preciso supor que o autor se interessa pelo estatuto da palavra: "O emprego de palavras carentes de dignidade para com um inimigo", nos é dito, "o mais das vezes é efeito da insolência que dá a vitória ou a falsa esperança da vitória". Dessa vez temos outra razão para nos espantar: todos os exemplos oferecidos para apoiar esse julgamento se limitam a apresentar decisões errôneas, ditadas pela presunção, que fazem com que um ator, em vez de se acomodar ao menor mal, trave a guerra às suas custas. Nada é dito a respeito da maneira como elas foram enunciadas. Ora, o mesmo argumento fornece a matéria do capítulo 28, cujo interesse particular está em que põe em questão a gloriosa República romana. Maquiavel nos faz reconhecer o erro que ela mesma cometeu ao deixar impunes os três embaixadores que havia enviado junto aos gauleses para dissuadi-los de atacar Chiusi. O Senado não só não admitiu a denúncia dos gauleses porque aqueles, segundo Tito Lívio, haviam se unido aos toscanos para entrar na batalha, como não temeu elevá-los ao cargo de tribuno consular. Assim, entendemos agora que a substituição de uma palavra por uma ação hostil produz o mesmo efeito que uma palavra ofensiva ou a recusa de uma proposição razoável. Parece que os embaixadores, os três Fábios, não comunicaram a mensagem que deveriam transmitir e se comportaram, segundo os próprios termos do autor, "como homens mais aptos a agir do que a falar" (*più atti a fare che a dire*);[1] este último esclarecimento nos confirma que aqueles que acreditam que a palavra é vã não somente se enganam, mas não sabem o que é a palavra. Mas também entendemos outra coisa; pois, bem mais grave que o silêncio e a ação dos embaixadores são o silêncio de Roma ante a queixa dos gauleses e a ação que, não obstante, não é dirigida contra estes: a designação dos culpados para o mais alto nível do Estado. Para apreciar a exata importância disso, Maquiavel explora outro exemplo do qual toma o cuidado de dizer que não há outro mais verdadeiro nem mais belo (*non ci è il più bello ne il più vero esemplo*), e a respeito do qual ainda esclarece, no fim de seu comentário, que é "inteiramente semelhante ao dos romanos e digno de atenção para todo governante". Ora, esse exemplo não somente é notável porque identifica, mais uma vez, a República romana com um tirano, neste caso com Filipe da Macedônia, mas também porque ensina de novo que os acontecimentos que afetam as relações entre

---

[1] *Discursos* II, 28:4.

os Estados requerem às vezes a mesma interpretação dada aos que se produzem no interior da Cidade. Esta é ao menos a primeira lição que tiramos da comparação. Pausânias, jovem nobre da corte de Filipe, após haver sido violado por um dos próximos ao príncipe, cujas insinuações rejeitava, e, pior ainda, entregue aos ultrajes de seus amigos, em vão exige reparação: sua queixa não somente não obtém nenhum eco, mas vê o agressor elevado ao nível de governador por Filipe e, projetando seu ódio contra este, o mata. Mas o que é ainda mais importante a respeito desse acontecimento é identificar o cenário propício para tornar sensível a verdade do exemplo romano.

Três protagonistas ocupam a cena: a vítima, o culpado e um terceiro que detém a autoridade sobre este último. O culpado está privado da ciência da palavra; incapaz de convencer ou seduzir, viola o *jus gentium*, esclarece Maquiavel, ou um *giovane bello e nobile*; a autoridade encobre o crime com seu silêncio e toma uma medida que, sem lesar a vítima, sela esse silêncio com uma ação à distância; a vítima não se vinga do culpado, e sim de quem não responde a ele; o silêncio cumpre a função da palavra ofensiva, que havia sido momentaneamente substituída pela ausência da palavra esperada. Maquiavel não poderia sugerir melhor que o estatuto da palavra não se deixa conceber se permanecemos no registro da palavra empírica e da distinção entre palavra e ação empíricas. Identificando a palavra ao silêncio — que não é a ausência da palavra, a pura carência da qual dão mostra os homens de guerra estúpidos, os três Fábios, mas que revela a eficácia íntima da palavra, o peso de sua mensagem —, Maquiavel faz surgir a dimensão simbólica da guerra. Não há exemplo mais belo, mais verdadeiro nem, acrescentamos, mais no coração da política, que o de um particular que sofre em privado violência e humilhação, mas não pensa em se vingar do agressor, leva o delito diante do público e não se converte ele mesmo em agressor senão quando a lesão material se converteu numa lesão da Lei. Ele ensina que toda ação se ordena segundo as referências da legitimidade; denuncia a estupidez dos especialistas modernos da guerra que, à imagem dos três Fábios, estão plenamente seguros de sua ciência quando calcularam as combinações de força e de astúcia. Ora, esse ensinamento convida a voltar à função da representação na guerra e na política. Quando afirmávamos que a dominação e a conquista exigem da parte do ator o conhecimento da imagem que oferece de si e da imagem que o outro oferece, estávamos ainda nos limites da descrição de uma relação entre dois adversários e só esclarecíamos parcialmente seu fundamento referindo-a à relação que o poder mantém com o povo. Revela-se agora que o acesso do poder à representação está ligado ao seu acesso à palavra, quer dizer, à função simbólica que a ela foi destinado ser enquanto terceiro agente da lei. Como poderíamos negligenciar que os exemplos do capítulo 27 põem em cena três protagonistas? Esse cenário remete ao conflito que se dá no interior da cidade entre o príncipe, o povo e os Grandes. E devemos compreender — recordando a análise do *Príncipe* — que o príncipe não é somente uma terceira força, separada de fato das duas primeiras na luta que as opõe — como imaginava o papa astuto, cuja mais alta habilidade consiste em levar a melhor —, mas surge de uma divisão, a do Estado e da sociedade civil, que não se acrescenta simplesmente à divisão de classes, mas a transpõe para um novo registro ou figura para ela uma espécie de reflexão e nesse sentido instaura a ordem simbólica da política.

Permanece verdadeiro que a incapacidade de um Estado de avaliar a função da representação na política se esclarece a partir da posição que o poder ocupa em seu seio, quer dizer, a partir do desconhecimento de sua relação com o povo. Mas essa relação, não devemos esquecê-lo, não é dual; está mediada por aquela que ele mantém com a classe dominante: um poder que por meio de seu silêncio oculta as agressões cometidas pelos Grandes contra a plebe excita contra si o ódio e se expõe ao perigo de ser derrubado. Se é verdade que a fraqueza de um Estado procede de que ele está separado da fonte real da potência, ainda é preciso lembrar que essa potência só poderia se manifestar indiretamente graças à repressão exercida contra os apetites dos Grandes por intermédio de uma linguagem na qual se conjugam o princípio da dominação e o da Lei.

Certamente não se poderia concluir dessa análise que as relações entre os Estados se organizam da mesma maneira que as relações entre os protagonistas do drama que constitui a história interna da cidade. De fato, se existe um *jus gentium*, nenhuma autoridade poderia se converter em seu fiador. Compreendemos que a noção de um direito universal não apaga absolutamente o fato do limite a cuja prova se submete toda sociedade política a partir de seu próprio lugar, quer dizer, o fato da divisão entre o dentro e o fora. Com efeito, o erro estaria ainda em imaginar que, como consequência desse limite, o Outro se reduz à definição de uma força da qual nos apropriamos ou à qual nos submetemos; o erro estaria em conceber de novo o limite em um espaço empírico no qual os Estados são dados ao observador na coexistência e na competição. Bem ao contrário, é preciso reconhecer que da impossibilidade para cada Estado de dominar o espaço do mundo, do enfrentamento de cada um com a ameaça de morte de que o estrangeiro é portador, da desmesura que constitui a enigmática junção com o Outro, surge a referência anônima da Lei — em cuja ausência se decomporia a ordem interna da cidade. A mesma razão, nesse sentido, faz com que haja para um Estado relação com a necessidade e relação com a Lei; poder de elevar-se à lógica da Decisão que põe em movimento a prova da alternativa e poder de submeter-se ao imperativo do *jus gentium*. A mesma razão faz com que Soderini ignore as implicações da negociação com os espanhóis e que Roma ignore as de seu diálogo com os gauleses. E a mesma razão, enfim, faz com que os gauleses sejam para os romanos os agentes da guerra inexpiável, que, como o capítulo 8 nos fazia entender, desempenhava a função de um cataclismo natural, quer dizer, os mensageiros da morte, e sejam os que vão fazer valer junto a eles o *jus gentium* e lembrar à maior potência da época o perigo que se corre em negá-la.

Como já assinalamos, a análise maquiaveliana encontra sua conclusão no capítulo 30, o qual une a verdade da política e da guerra ensinando que na origem da impotência dos Estados modernos e da falsidade do discurso dominante está a escolha dos príncipes que desarmaram seu povo para melhor pilhá-lo e saciar seu apetite presente. Mas vale a pena observar que essa conclusão não fecha o livro. No capítulo seguinte o escritor retorna, por um novo ângulo, aos erros dos príncipes que se deixam cegar por uma vã esperança — erros dos quais o mais notável é ilustrado pela recusa do governo florentino ao ultimato espanhol em 1512. Ainda que o acontecimento não seja evocado aqui, não podemos deixar de pensar que o tema da discussão, "o perigo de confiar nos exilados", é apropriado para nos reconduzir a ele, uma vez que os exilados do clã Médici se encontravam do lado dos espanhóis que se preparavam para atacar Florença. Mais uma vez o argumento se apresenta como uma digressão, e esta, além disso, se legitima numa digressão do próprio Tito Lívio. Ora, sabemos quanto seria perigoso acreditar nos discursos exteriores ao assunto (*fuora del presupposto suo*). É verdade que na aparência não se pode transferir à cena florentina a intriga que nos apresenta o rei de Épiro enganado e finalmente morto pelos exilados lucanianos dos quais se havia rodeado na esperança de que lhe entregassem sua pátria. No máximo, podemos recordar que os Médici se haviam vangloriado de provocar uma sublevação em Florença com a aproximação dos espanhóis e que haviam mentido. Todavia, ao observar que o lugar da vítima, o rei de Épiro, está ocupado por Soderini, somos incitados a imaginar outra transposição: a louca temeridade deste não teria sido resultado das suas tratativas com uma fração de seus adversários políticos que lhe deram informações falsas sobre a situação e as disposições do inimigo? O delírio de presunção do chefe do governo florentino não teria uma expressão política mais precisa do que supomos se se revelasse que o erro cometido decorreu de um desconhecimento do conflito político no interior da cidade? A hipótese, na falta de sinais mais convincentes, deve ser deixada em suspenso. Ainda é preciso observar que ela tem o mérito de esclarecer o argumento dos dois últimos capítulos do livro. Sob o pretexto de mostrar de que maneira procediam os romanos para ocupar as terras, Maquiavel evidencia a tática de um combatente que confia no movimento e na ofensiva em massa; deprecia a astúcia e notadamente a que explora a cumplicidade dos desertores; critica o costume de atacar as cidades, observando que ele obriga o assaltante a se imobilizar em sítios longos e custosos. Essas palavras, de cuja fidelidade ao pensamento do autor, de resto, não há por que duvidar, tomadas em sua literalidade são tão privadas de justificativa ao término do discurso que é tentador referi-las à crítica do governo de Soderini. Não seria preciso entender que este ignorava as boas regras da guerra política; que se deixou obnubilar pela potência das facções adversárias; que se deixou enlear em manobras palacianas, depositou sua confiança em intermediários decididos a enganá-lo ou, por sua pertença à oligarquia, destinados a fazê-lo, e que, enfim, à imagem desse Arato de Sicião que sobressaía nos ataques noturnos feitos de surpresa e se mostrava pusilânime à luz do dia, foi assaz hábil para deixar--se levar ao gonfaloneirato por seus adversários, para espanto geral, e assaz covarde para abandonar Florença quando o agressor chegou às portas da cidade? Acaso não deveríamos entender que ignorava qual era a verdadeira força e qual era a verdadeira astúcia, como se mobiliza a massa dos combatentes e como é necessário antecipar-se a um adversário privando--o mediante reformas, que são outras tantas incursões em seu território, da arma da demagogia? Desde essa perspectiva, não seria menos instrutivo o último exemplo emprestado a Tito Lívio, no qual se vê um chefe romano conduzir seu exército através "de um país novo, incerto e perigoso", sem se preocupar com a autoridade do Senado, o qual, ao mesmo tempo, proíbe o empreendimento. Apresentado para ilustrar a observação de que os romanos deixavam as mãos livres a seus chefes de exército, o exemplo modifica irônica mas silenciosamente seu alcance, dando a pensar que ali onde a autoridade se afirma ela não teme se afastar da legalidade e descobrir caminhos inéditos. Surdo às advertências do Senado, homem da decisão, Fábio oferece a melhor antítese de Soderini, pois este parece sensível a todas as vozes que mantêm a ilusão de sua onipotência.

Se não nos equivocamos, os quatro últimos capítulos atraem o leitor para o lugar em que se desfez a República florentina. Esse lugar é, sem dúvida, para um florentino contemporâneo de Maquiavel, aquele em que se desvelam da maneira mais sensível as consequências do discurso cristão para a política e para a guerra. Todavia, a hipótese não poderia nos levar a descuidar da última contribuição à análise da potência. O argumento do capítulo 31, quando estabelece que um príncipe não pode confiar nos exilados sem correr perigo, proporciona, com efeito, um novo elo para a crítica da palavra. O que aqui é denunciado, após a palavra ofensiva, a palavra presunçosa e a falta da palavra devida, é a escuta da palavra falsa — aquela do outro que mente e mente a si mesmo. Com esse elo, a análise se encaminha para seu fim, pois agora se revela que a ilusão da onipotência rege todas as relações do príncipe com a palavra. Quando o príncipe diz o que não é necessário dizer — quando fala demasiado —, quando se cala sendo preciso falar ou quando presta ouvidos à palavra sedutora, é sempre a vã certeza, a vã esperança, o engodo do domínio o que lhe oculta o lugar que ele ocupa na ordem simbólica e o que, ao mesmo tempo, o fecha numa relação dual na qual o outro é imediatamente reduzido a seu reflexo. Mas, sobretudo, esta última transformação da relação com a palavra permite reconduzir a ilusão da onipotência ao desconhecimento da divisão entre o dentro e o fora. Com efeito, é preciso admitir, ao considerar a figura dupla do *sbandito*, do *fuoroscito*, que um príncipe não pode especular impunemente sobre o fato da divisão e sobre seu apagamento. Com o trânsfuga se mostra o caráter vão de uma solução que evitaria o risco da guerra. Homem do fora rejeitado por sua cidade, *sbandito*, ele se apresenta ao príncipe como alguém que ainda lhe pertence e pode introduzir-se nela. O homem vindo do fora até o príncipe, *fuoroscito*, se apresenta como alguém que estaria no interior de seu campo. Ocupa, a esse duplo título, a posição mítica de intermediário; é um figurante dessa *via del mezzo* que dissimula a alternativa. Não é o uso de fato do trânsfuga que interessa a Maquiavel; não cabe dúvida de que ele aprova o emprego de homens traidores de sua pátria se a necessidade o impõe, nem que sabe que um súdito ferido em sua honra pode se empenhar na perda daquela. Se o desertor e sua palavra mentirosa lhe interessam é porque lhe permitem evidenciar o defeito de uma política que acredita poder eludir a necessidade de atacar o campo inimigo graças à cumplicidade estabelecida com tal ou qual facção. Esse é o defeito do governante florentino que, por exemplo, se deixou enganar em Pisa na esperança de que um falso trânsfuga lhe abriria as portas da cidade. Mas é também o defeito do político Soderini, que não soube, uma vez no comando do Estado, escolher abertamente seu campo e combater de frente seus inimigos do interior. E talvez seja também o de todos os partidos da burguesia florentina que se esquivam diante da exigência do conflito aberto e se entregam ao jogo surdo da astúcia enganando-se uns aos outros — até a queda do regime.

Medir o alcance dessa crítica esclarece o argumento do capítulo 32, que assinala o estilo da guerra romana e, mais além dela, um estilo de ação — o da guerra de movimento e da palavra de aliança — em ruptura com a ilusão da potência materializada — cujo símbolo é a cidade ou o sítio — e com a da onipotência — cujo símbolo é a falsa segurança da astúcia. E esclarece ainda mais a última imagem do capitão inovador que não se fia na palavra dos senadores, a qual, sem dúvida, não é mentirosa, e sim vã, pois vem de fora do teatro da guerra e pretende falsamente dirigi-lo.

Assim compreendidos, os três últimos capítulos do livro contêm um ensinamento que o esclarece no seu todo sob uma nova luz. Já não é suficiente entender que a relação do Estado com o povo está ligada àquela que ele mantém com o mundo de fora; nem que a divisão interna e a divisão externa estão necessariamente articuladas e, contudo, são irredutíveis uma à outra; o sinal de cada uma se descobre no espaço que a outra preside. A posição do Estado diante de outros Estados reaparece no interior da cidade como a do ator político — homem ou partido — face aos outros atores. Protagonistas de um conflito cuja sorte é determinada pelos efeitos da divisão interna, pelo curso efetivo da luta de classes, esses atores são, porém, estranhos uns aos outros, estão submetidos à prova do limite, desafiados pela alternativa. Do mesmo modo, como dissemos, a posição do poder diante do povo reaparece no mundo de fora como a da potência obrigada à busca do consentimento do outro e ao respeito do *jus gentium*.

Em última análise, o discurso maquiaveliano não tem por objeto, no segundo livro, nem a edificação da potência romana, nem a diferença entre a guerra antiga e a guerra moderna, nem a guerra em geral, nem a relação entre a política e a guerra, nem o discurso cristão sobre a política e a guerra. Pretender apropriar-nos desses objetos e atribuir-lhes uma função de conhecimento seria para nós, seus leitores, ceder à ilusão da potência materializada. Mas tampouco podemos nos poupar o trabalho de descoberta e supressão desses objetos e privá-lo de seu vínculo com os lugares e os tempos para fazê-lo falar a linguagem intemporal da metafísica. Nesse caso, esqueceríamos que a leitura bebe nas fontes invisíveis da experiência dos lugares e dos tempos próprios de seu agente e que a interpretação mesma põe em jogo a diferença temporal.

5.
Sobre a autoridade e o sujeito político

A história de Roma não se restringe, portanto, aos limites aos quais alguns acreditam que Tito Lívio a teria relegado. E aqueles que forem buscar na grande coletânea a relação dos discursos ou das proezas de seus supostos ancestrais se fazem estranhos a essa história. Ignoram a lógica que subjaz aos acontecimentos, às instituições e às ações dos romanos. Mas, se a ignoram, isso se deve ao fato de não quererem conhecer nada dela, de que, ao decifrar um sentido no passado, deveriam também buscá-lo no presente. Assim, a satisfação que eles obtêm de exemplos e máximas nos quais se mesclam o prazer estético e a exaltação moral mascara a derrota do saber. Em Florença se louva a grandeza de Roma, citam-se Tito Lívio, Plutarco e Cícero, mas para eludir a questão posta pelo extraordinário desenvolvimento de uma república destinada ao conflito de classes e à guerra. Utiliza-se de astúcia com a história, realizam-se aproximações ao lugar em que sua verdade se deixa melhor reconhecer, se a oferece em espetáculo, mas para anular seus efeitos, para convertê-la em mito, apagar os traços de uma aventura humana e manter a ficção da grandeza florentina. Maquiavel se utiliza de astúcia com essa astúcia, leva a seu mais alto grau o elogio de Roma, exibindo exemplos e máximas e multiplicando-os. Mas ele mistura aos mais gloriosos os de pior lembrança, os associa à lembrança de outros fatos antigos ou modernos e os trabalha de maneira a fazê-los perder seu brilho, a separá-los das constelações imaginárias em que ganharam a pureza do diamante e a rigidez de modelos inimitáveis, para referi-los ao núcleo no qual se alimentam o pensamento e a ação dos homens antes de serem transformados em objetos de representação.

O saber que desse modo nos é aberto não é somente um saber sobre Roma, pois, ao voltar nosso olhar para esse núcleo, ao rasgar a tela sobre a qual o florentino, espectador de sua própria fantasmagoria, projeta a imagem do passado, ao despertar o tempo no qual se improvisava o empreendimento romano, ao desdobrar o campo dos possíveis em que se abre para ele a via do real, o escritor faz surgir a dimensão propriamente histórica de toda sociedade e, em primeiro lugar, a da sociedade de sua época.

Ao fim do segundo livro, estamos em melhores condições de apreciar o discurso que inaugurava a advertência colocada no começo da obra. Quando, após haver anunciado que se engajava numa rota totalmente nova, Maquiavel se inquietava pela fraqueza de seus meios e reconhecia em outros o poder de ir mais longe, sua segurança e sua reserva eram, justamente, ponderadas. Se não duvidava da verdade de seu empreendimento e julgava ao mesmo tempo que poderia ser mais bem conduzido, era porque excedia, a seus olhos, a reconstituição dos fatos ou a explicação de seu encadeamento. Talvez sua inteligência fosse demasiado fraca para sustentá-lo, dizia ele; talvez tivesse pouca experiência das coisas do presente, estivesse demasiado pouco informado acerca das do passado; talvez seus esforços fossem insuficientes, mas ao menos estava aberto o caminho pelo qual outros poderiam avançar. Ele dava a entender, assim, que sua obra se regia por uma ideia de história que transcendia a ordem do conhecimento empírico. Ele sugeria, em particular, que havia outros pontos de partida possíveis além do seu para pensar o que queria pensar; que a reflexão sobre a política e a história não passava necessariamente pela análise dos acontecimentos romanos e do texto de Tito Lívio. Sem dúvida, é preciso ter cuidado em atribuir ao escritor uma consciência clara da contingência de seu ponto de partida. Os materiais que reúne e organiza não são escolhidos soberanamente, entre outros possíveis, como os mais bem adaptados à sua tarefa. E tampouco ele extrai do arsenal da retórica os procedimentos mais eficazes para conquistar seu leitor. Dissemos que seu discurso está disposto de maneira a semear a dúvida no espírito desse leitor, a tranquilizá-lo e confrontá-lo sucessivamente para libertá-lo pouco a pouco das representações míticas do passado e fazê-lo enfim admitir que todas as sociedades estão implicadas na mesma História, expostas aos mesmos acontecimentos, dilaceradas pelos mesmos antagonismos, organizadas em função de escolhas que, embora escapem à vontade dos indivíduos, não deixam de conservar os traços de uma intenção humana. Mas o esforço do escritor não é menos tributário das condições que seu tempo lhe impõe. O fato de que deve falar de Roma para falar da História, de que se apoia sobre os exemplos para introduzir os princípios que governam o desenvolvimento das sociedades e a ação do Sujeito político não é efeito de uma livre decisão. Afasta-se do pensamento comum, mas esse afastamento se faz em relação aos termos que governam inclusive seus opostos. Ele usa de astúcia, notamos, com o saber do outro, mas essa astúcia o faz todavia dependente daqueles que combate. Sem dúvida, sua crítica, ainda que seja tributária, em seus pressupostos, em seus fins e nos movimentos mesmos que descreve, do meio em que se exerce, ultrapassa e sabe que ultrapassa seu objetivo manifesto. Ela faz muito mais que abalar uma representação particular do passado e os valores reconhecidos por uma sociedade historicamente determinada; muito mais do que deslocar até o interior de um campo dado de conhecimento os limites que indicam os itinerários tradicionais. Ela induz a pensar o que, em todas as situações, se encontra dissimulado: a diferença entre uma história transcendental e uma história empírica — entre uma história operante e uma história representada, por conseguinte entre a política instituída na forma de regimes de fato e a política instituinte da que deriva todo regime de fato. Ora, Maquiavel pensa essa diferença ao meditar sobre Roma, mas é verdade também que apenas esse pensamento o ensina a meditar sobre Roma e excede todos os termos particulares que podem vir a apoiá-lo. Adquire o poder de elevar-se a uma ideia de História que não está na História, a uma ideia de política que não é política, em condições contingentes, quer dizer, em virtude de meios de conhecimento herdados do passado, a partir de uma experiência partilhada com os homens de uma época, mas, seja qual for a limitação que essas condições impõem ao seu espírito, o poder efetivamente adquirido é de tal natureza que, com outros meios e em outras circunstâncias, outros poderão se reapropriar dele e aumentar seu efeito.

Não obstante, o que Maquiavel não diz mas nós podemos dizer em seu lugar, porque podemos observar simultaneamente as desventuras a que esteve exposta sua obra e as formas novas do desconhecimento da História, é que, não sendo jamais abolida a contingência, as possibilidades de seguir avançando pelo caminho aberto outrora e de voltar a encerrar o saber dentro dos limites do conhecimento empírico e da ideologia estão sempre dadas para quem se volta à política. Alternativa que se decide o mais das vezes no último sentido: assim, se denunciam nos *Discorsi* o arcaísmo do modelo romano e o uso de exemplos, ignorando tudo acerca de sua função crítica. Ancorado como se está nas verdades da ciência positiva e, mais secretamente, na ideia moderna da razão histórica, não se pode nem se quer saber nada de uma análise de Roma que ataca toda forma de idealização do passado, nem de uma interpretação do relato liviano que golpeia de antemão toda forma de redução do sentido ao plano que o conhecimento exato lhe destina.

Maquiavel certamente visa na história romana aquela de um Estado cuja fundação, queda e aventuras têm data e figura singular no registro do passado, não obstante outorga-lhe um estatuto que nos impede de rebaixá-la ao nível da sucessão empírica dos fatos. Num sentido, essa história não está no tempo, não preenche uma porção do tempo universal, à maneira como outrora a Cidade recortou seu império no espaço do mundo. Ela não coincide com a série dos acontecimentos e das instituições onde descobrimos seu traço, uma vez que estes só se ligam uns aos outros no seio de um desenvolvimento único testemunhando a gênese de um sentido. Seria absurdo dizer, pelo contrário, que está fora do tempo: só parece estar quando, convertida em mito, os florentinos a fazem falar para calar sobre seu tempo — e sobre a temporalidade de sua própria sociedade — ou mesmo quando se invoca um espírito de Estado, se não a Providência ou a Fortuna, para referir as obscuridades que não se quer enfrentar a uma causa oculta. Mas, como não tem tampouco seu lugar, como só podemos pensá-la sob a condição de descobrir, por detrás da multiplicidade dos acontecimentos e das instituições, as relações que estes mantêm mutuamente e, por detrás dessas relações, a forma em que estas se estabilizam e tendem a manter-se, e, nessa forma mesma, o sinal de um estilo de organização e de desenvolvimento, um esquema único de historicidade e de socialização, tampouco poderíamos remontar à sua fonte sem identificar outras formas, outros estilos de existência de Estado, sem tomar a medida das variações que apresentam os regimes políticos, as sociedades mais ou menos corrompidas, as classes sociais, o conflito civil, a guerra, sem investigar, portanto, a política e a história em todos os modos conhecidos de possibilidade.

Essa investigação ficaria desnaturalizada se julgássemos que ela responde às necessidades da comparação. Roma proporciona o quadro de dados empíricos com que outros dados, dependentes de outros quadros, podem ser confrontados. Mas o sentido não nasce de um recenseamento das diferenças e das semelhanças percebidas entre as séries de acontecimentos e de instituições. De certa maneira, é preciso que Roma nos dê tudo a ver *nela mesma* para que possamos ver fora de suas fronteiras a multiplicidade das formas do Estado. A história romana só ensina a ler a história universal porque deciframos já em seus próprios horizontes todos os sinais da política, porque tiranias e monarquias estão implicadas na República, todos os traços da dominação de classe, na do patriciado, todos os traços da submissão e da resistência dos dominados, nos da plebe, todas as modalidades da guerra, na edificação da potência romana; porque, enfim, as forças de coesão que se descobrem não se determinam senão em função das forças de dissociação que agem, como de resto em toda parte, sobre o corpo social.

Sem dúvida, o que dissemos de Roma deveria aplicar-se a qualquer outro Estado. Pois se é verdade que Roma não é somente um indivíduo histórico entre outros, um termo cuja identidade poderíamos nomear fazendo a soma de certo número de características empíricas para opô-lo a outros termos no seio de um campo espaçotemporal definido, deve-se reconhecer pelas mesmas razões que nunca temos de tratar com puros *indivíduos*, em termos fechados nos limites de um lugar ou de uma época; que cada Estado, dado que é testemunha de uma elaboração singular de suas condições de existência, faz supor encaminhamentos diferentes do seu, permite entrever, proibidos ou reprimidos, os possíveis de que se separa; mostra, enfim, na solução oferecida de fato, a universalidade do problema político ao qual responde. Como poderia estar ligada a um momento ou então a um lugar a diferença entre história empírica e história transcendental? Não mais do que Roma, Florença, por exemplo, não existe no tempo. E quando seguimos nos *Discorsi* os relatos entremeados dos fatos passados e presentes, chegamos a pensar que Florença é, não menos que Roma, o núcleo que esclarece toda a História. Contudo, se não é necessária, a escolha da referência romana tampouco é acidental, e não basta descobrir sua função simbólica na sociedade florentina para apreciar todo o seu alcance. Roma tem a virtude de revelar a dimensão histórica de toda sociedade porque é caracterizada por uma temporalidade de que não encontramos em nenhum outro lugar um equivalente; porque, em vez de querer se fechar de uma vez por todas nos limites de uma constituição, de se cristalizar na forma de certa relação social e de se transformar tão somente sob o efeito bruto do acontecimento, ela faz uma lei de sua existência o fato de constantemente pôr em jogo aquilo que adquire; porque a sucessão de seus empreendimentos, cada um deles a obrigando a arriscar sua segurança e a imaginar novos meios para estender seu domínio sobre os demais Estados, se articula com uma mudança interior, com um progresso na diferenciação, com a expressão e a oposição de classes, que a obriga simultaneamente a inventar novas instituições, vincular a exigência de sua conservação à de uma criação histórica. Presa no irracional da guerra e da luta de classes, assediada pelos desejos que aprofundam a divisão dos grupos antagônicos e produzem as violências da opressão e da reivindicação, ou que só se conjugam na agressão aos povos estrangeiros e na conquista, encontrando o equilíbrio e a potência tão só, aparentemente, graças a uma seleção espontânea dos acontecimentos, a sociedade romana, aos olhos de Maquiavel, é ao mesmo tempo o lugar onde se instauram as condições de uma retomada consciente da aventura coletiva, onde se faz possível uma justa medida da ação, quer dizer, uma prova da realidade na qual se ordenam os meios e os fins, onde se designa, para os homens investidos de autoridade, a função do Sujeito político.

A história de Florença e a de Roma, portanto, não são simétricas. A passagem de uma a outra não é simplesmente a do negativo ao positivo, e, ainda que ambas se esclareçam mutuamente, não é verdade que nos oferecem o mesmo acesso à verdade. A lógica que preside a organização e o desenvolvimento da cidade antiga preside também os da cidade moderna, mas só podemos descobri-la ali onde se encarna e se torna visível no jogo de determinações de uma sociedade ocupada em se transformar, quer dizer, de uma república popular e conquistadora, não ali onde se oculta, ao contrário da necessidade que precipita a decadência do Estado oligárquico florentino. A sociedade romana fornece o quadro inteligível de todos os outros esquemas de desenvolvimento porque contém seus esboços e porque os impede tão somente de encontrar seu cumprimento imediato diferindo a conclusão para a qual tendem, quer dizer, reportando ao futuro as oportunidades dispostas pelo presente. Sem dúvida, é preciso ver esses esquemas de desenvolvimento traduzidos na realidade de outras sociedades para compreender que estavam esboçados em Roma. Mas essa realidade é muda em si mesma; para fazê-la falar é preciso descobrir nas peripécias que conhecem os Estados modernos, nas derrotas e nas vitórias, os progressos e as regressões que parecem efeito do acaso, as flutuações das relações de força, o traço da derrota do sentido do qual Roma se converteu outrora em garantia.

Mas uma coisa é aprender a decifrar a língua universal da política a partir do texto romano, a referir o presente ao passado e o passado ao presente de tal maneira que perdem suas fronteiras e eles se fundem numa história única oferecida ao mesmo saber; e outra querer voltar a colocar em uso essa língua numa sociedade que se fez surda para ela, agir de tal modo que o saber seja *aqui e agora* uma arma no combate político. Ao fim do segundo livro, não podemos deixar de perguntar a respeito do alcance prático do discurso maquiaveliano. Sem dúvida, ao vê-lo denunciar os erros dos florentinos na política e na guerra, julgamos que ele prescreve novos métodos de ação. Mas a crítica, ainda que se apoie sobre exemplos particulares, os faz servir sempre a uma oposição fundamental. Entre Roma e Florença, há uma diferença geral que obscurece a semelhança de seus regimes e que faz com que em um quadro as medidas afortunadas sejam a exceção e, o mais das vezes, o efeito do acaso, enquanto no outro elas se requerem mutuamente e levam a marca de um estilo; num quadro, tudo conspira para o enfraquecimento do corpo político, para sua fragmentação em facções, para o isolamento dos governantes e a fraqueza militar do Estado, enquanto no outro o jogo das divisões interiores e das guerras, ainda que possua as mesmas características, tende a reforçar simultaneamente a potência de cada classe e da Cidade. Daí, como pensar que a crítica dos erros leva em seu reverso a definição das ações justas? Ambas formam um cortejo impossível de romper. Cada vez que se acredita flagrar a ignorância, a estupidez ou a covardia de um ator, deve-se convir em que seu papel lhe foi ditado pelos outros. As intrigas presentes se mostram dirigidas pelas convenções cujo sentido escapa à consciência de cada um e que excluem um jogo político de um novo estilo. Assim, seja qual for nosso interesse em descobrir o efeito dessas convenções sobre as ações dos indivíduos e sobre o curso dos acontecimentos, notadamente sobre o destino de Florença, deveríamos nos conformar com o prazer de saber, apreciar o "sabor que contém" a leitura da história. Ora, não esqueçamos que Maquiavel denunciava esse prazer no começo da sua obra e fazia do desejo de agir — um desejo, dizia, próprio da juventude — a condição da busca da verdade. Seu discurso seria, então, infiel a seu primeiro propósito, ou não teria chegado ainda o momento de medir seu alcance prático?

É um fato que no primeiro livro são numerosas as passagens que acabam com a esperança numa ação clarividente e eficaz no seio de uma sociedade precipitada na repetição, em que a debilidade do poder, o esmigalhamento dos conflitos, o recuo de cada qual aos limites de seu benefício, a submissão às armas estrangeiras e os sonhos exaustivos de grandeza destroem cada dia mais as condições de uma revolução. Maquiavel observa no capítulo 18: "A constituição de um Estado, uma vez que se descobriu que não pode servir, deve ser mudada ou de um só golpe ou pouco a pouco, antes que todos percebam os vícios. Ora, ambas as maneiras são igualmente impossíveis". Na segunda hipótese, comenta, é duvidoso que surja um indivíduo capaz de revelar o mal para seu príncipe, e mesmo se ele aparecer seus conselhos não serão ouvidos, pois os homens são prisioneiros do costume, rebeldes à mudança e pouco inclinados a conhecer o que não se oferece de imediato ao entendimento. Na primeira hipótese, na qual o uso da violência e a instituição de uma ditadura são necessários, é mais duvidoso ainda que um homem generoso e probo se decida a transpor os limites da lei, ou então que um homem ambicioso e mau, após havê-los transgredido, se converta em leal servidor do Estado. A dúvida é tão forte que nenhum exemplo é capaz de dar ao leitor uma esperança. Ao evocar o caso de Rômulo, Maquiavel se apressa em esclarecer que ele não poderia ter feito bom uso de sua autoridade após seus primeiros crimes se o povo romano estivesse já largamente corrompido. Numa outra passagem, Florença é alvo de uma crítica explícita, aparentemente inapelável. Comparada a Roma, cuja origem independente não evitou as aventuras que quase provocaram sua ruína, ela parece incapaz de apagar as marcas primitivas de sua servidão e condenada desde há muito tempo a perecer sob seus distúrbios. Ela é um desses Estados que experimentam "não somente a dificuldade, mas uma impossibilidade de viver na ordem e na paz". Mais: a liberdade que ostenta não é senão uma ilusão de ótica: "Vegetou durante duzentos anos, dos quais se guarda verdadeira memória, sem ter nunca um Estado que valesse ser chamado de República". Semelhantes julgamentos parecem condenar ao fracasso toda tentativa de reforma. São julgamentos de historiador e de filósofo que desacreditam a ação no presente. Sem dúvida, o princípio de uma nova política é proclamado, e não poderíamos negligenciar isso sob o pretexto de que ninguém quer ou ninguém pode valer-se dele. Assim, no capítulo 39, no qual se encontra formulada a tese da permanência dos desejos e dos humores do homem, além de outra que deriva desta, a do perpétuo retorno dos mesmos males políticos, afirma-se vigorosamente a ideia de que uma ação fundada sobre o conhecimento da história é possível, de que se podem usar remédios descobertos outrora pelos romanos ou inventar outros novos pela comparação dos acontecimentos antigos e modernos. A repetição dos acidentes que fazem a ruína dos Estados não aparece já, então, como um fenômeno inelutável, ela se converte num efeito do desconhecimento da história. É porque negligenciamos interrogá-la, julga o escritor, que nos tornamos incapazes de compreender seu sentido, ou então porque aqueles que detêm o poder se recusam a deixar-se esclarecer pelos homens instruídos acerca das coisas do passado. Dito de outro modo, as sociedades contemporâneas se precipitam na corrupção em razão de uma falta de saber. Em teoria, as possibilidades de uma mudança não são eliminadas. Não obstante, subsiste a dúvida de que numa sociedade corrompida o saber se associe alguma vez à autoridade, de que um político pretenda ser reformador e chegue a fazer-se ouvir.

Somente no final do primeiro livro o autor afirma sua convicção de que na Toscana permanecem possíveis grandes mudanças. "Reina tanta igualdade", observa, "que seria muito fácil para um homem sábio e que conhecesse a constituição das antigas repúblicas estabelecer um governo livre. Mas tal tem sido o infortúnio deste país que não encontrou até o presente nenhum homem que tivesse o poder ou a habilidade de fazê-lo." Após a análise severa da corrupção que maltrata a Itália, essa linguagem desconcerta. O leitor tem dificuldades em acreditar que as transformações necessárias não encontram obstáculos muito grande e que só uma má sorte tenha privado a Toscana até agora dos meios de uma renovação. É-lhe forçoso convir em que o discurso maquiaveliano o mantém na contradição. Sucessivamente, ele fecha e abre a via da reforma. Todavia, certos indícios levam a pensar que não se trata de uma hesitação ou de uma alternância de pessimismo e otimismo. Quando Maquiavel fala das oportunidades que permanecem abertas à Toscana, suas palavras se inscrevem numa seção do livro que evoca, sem nomeá-los, os acontecimentos recentes e trata da relação do povo com a autoridade. Com efeito, dois capítulos antes assinalou que o povo, com frequência enganado por falsas aparências de bem, deseja sua própria ruína, e imediatamente esclarece: "Se o que é bem e o que é mal não lhe é inculcado por alguém em que tenha confiança, a República se encontra exposta aos maiores perigos, mas quando o acaso faz com que o povo não tenha confiança em ninguém, o que sucede algumas vezes quando foi enganado pelos acontecimentos ou pelos homens, o Estado perece necessariamente". Não se faz menção alguma nesse momento à República florentina, mas não podemos deixar de recordar as condições que determinaram a queda do regime: a massa do vulgo florentino que havia odiado os Médici não buscou lutar com a aproximação dos espanhóis; havia perdido toda confiança na fração liberal da oligarquia republicana que a dominava e conhecido demasiadas derrotas para acreditar ainda na virtude dos chefes militares. Ora, a essa observação sucede outra que mostra, ao contrário, quão sensível é o povo a uma autoridade habilmente exercida — entendamos a multidão cujos desenfreamentos a burguesia teme. Seu objetivo é, manifestamente, convencer o leitor de que não deve se deixar obnubilar pelo temor das sublevações populares. A tese democrática se afirma finalmente um pouco mais adiante no importante capítulo em que os méritos do povo são comparados aos dos príncipes e julgados superiores. Esse capítulo sugere ao mesmo tempo que o perigo de uma revolta da multidão é menor que o de uma tirania, e que, associado às leis de uma república que saiba situá-lo em seu justo lugar, o povo — entendamos a classe oprimida — constitui a força do Estado. Assim, somos incitados a pensar que um reformador poderia triunfar em seu empreendimento se dispusesse da inteligência da verdadeira relação que um poder deve manter com o povo e dos meios de estabelecê-la, se corresse o risco de romper com aqueles que o têm enganado ou decepcionado, quer dizer, com o conjunto da oligarquia burguesa, mediceia ou antimediceia, se não hesitasse, enfim, em recrutar um exército popular.

Todavia, as indicações do final do primeiro livro não bastam para dissipar nossas dúvidas. E o segundo livro semeia novas ao formular a hipótese de que os próprios romanos não foram os artífices conscientes de sua história. É verdade que no início o escritor nega vigorosamente que o destino de Roma tenha sido obra da Fortuna ou dos deuses, não hesitando em criticar a opinião de Plutarco e de Tito Lívio, seu suposto modelo. Ele sustenta que Roma criou sua sorte e que todo Estado de *virtù* semelhante teria encontrado um semelhante auxílio nas circunstâncias; dessa *virtù* dão fé os princípios do comportamento (*l'ordine del procedere*), a extrema prudência (*prudenza grandissima*) dos atores políticos. Mas, na última seção do livro, a análise de um acontecimento, a tomada de Roma pelos gauleses, suscita uma estranha inversão de perspectivas. É preciso admitir que a Fortuna cega o espírito dos homens quando não quer que eles se oponham aos seus desígnios. A autoridade de Tito Lívio é agora restabelecida: na ocasião, uma potência oculta trabalhou para a queda da Cidade, depois para sua restauração, e se outorgou os agentes necessários para a execução de seu plano. Daí que a prudência não decide acerca do curso das coisas; é uma qualidade que encontra ou não seu emprego em consequência de um decreto impenetrável ao nosso entendimento. "Todos os homens", nos é dito,

> que vivem habitualmente nas grandes prosperidades ou nas grandes desgraças, merecem menos do que se pensa ser louvados ou condenados. A maior parte do tempo, se os verá precipitados na ruína ou na

grandeza por uma irresistível facilidade que lhes concede o Céu arrebatando-lhes ou oferecendo-lhes a ocasião de empregar sua *virtù*. Assim é a marcha da Fortuna: quando quer realizar um grande projeto, escolhe um homem de espírito e *virtù* tais que lhe permitem reconhecer a ocasião assim oferecida. Igualmente, quando prepara a ruína de um império, ela põe à sua frente homens capazes de precipitar sua queda. Se existe alguém forte o bastante para detê-la, faz com que seja massacrado ou lhe tira todos os meios para fazer algo útil.

Ora, se nos ativermos a semelhante julgamento, como esperar que a inteligência da história guie a ação, como não se resignar à fraqueza quando os meios da força não estão nas mãos dos homens? É verdade que Maquiavel conclui contra a desesperança:

Repito, como uma verdade incontestável e cujas provas se encontram por toda parte na história, que os homens podem secundar a Fortuna e não se opor a ela, urdir os fios de sua trama e não rompê-los. Não creio, por isso, que devam abandonar-se. Ignoram qual é seu objetivo e, como ela só age por vias obscuras e indiretas [*andando là per vie traverse ed incognite*], sempre lhes fica a esperança, e dessa esperança devem extrair a força para não se abandonarem jamais, seja qual for o infortúnio e a miséria na qual possam se encontrar.

Mas é a ignorância, em suma, que se converteu no motivo da esperança. Não podendo conhecer nada dos fins últimos que a Fortuna lhes destina, os florentinos podem conservar a fé no futuro e praticar a virtude política, na expectativa de que o caminho lhes seja de novo aberto. Se a conclusão surpreende, não é por Maquiavel ter jamais renunciado a limitar o poder e o saber dos homens; todavia, ao conceder à indeterminação seus direitos, ele não desarmava o pensamento; não havia nenhuma necessidade de imaginar, pelo contrário, um ser totalmente positivo no qual coincidissem consciência e potência. Se o fizéssemos, tornaríamos vão o ensinamento da história. Poderíamos nos dedicar a perscrutar os sinais da grandeza de Roma e os de sua decadência, mas já não se trataria mais do que de sinais: a *virtù* dos homens e das leis seria testemunha de uma intervenção divina. Ficaríamos maravilhados com o desenvolvimento da liberdade na República romana como nos maravilhamos ao ver, sem nada conhecer da causa, que friccionando duas pedras de sílex surge fogo: esse milagre não seria instrutivo.

Contudo, tanto no segundo livro como no primeiro, Maquiavel obriga seu leitor a se separar das ideias que inicialmente formulou. Ao retomar o exemplo da queda de Roma, do qual havia se servido um momento antes para demonstrar o poder da Fortuna, novamente acusa de falso o julgamento de Tito Lívio. Assinala que não é um acaso que os romanos tenham podido reconquistar sua liberdade sem ter que comprá-la; ao longo de toda a sua história se recusaram a obter a paz ou a adquirir os territórios em troca de dinheiro; em cada ocasião deveram sua salvação às suas instituições. Enfrentando os maiores perigos, Roma revelou-se capaz de se reerguer porque era uma república popular e armada. Tampouco é um acaso que os Estados modernos careçam dos meios de se defender na adversidade, pois seus governantes "desarmaram seus povos para melhor pilhá-los, preferindo o gozo de um benefício imediato a um perigo mais imaginário que real". Daí que o leitor não possa equivocar-se nisto: o destino que Roma conheceu após a vitória dos gauleses não é, em absoluto, o que esteve reservado a Florença quando foi invadida pelos espanhóis. Em Roma, as dissensões que sobrevieram entre o patriciado e a plebe, após a tomada de Veios, puseram em perigo o regime, mas ao menos as massas que abandonaram a Cidade, contra a recomendação do Senado, para se estabelecer sobre as ricas terras conquistadas, não deixaram de levar as armas, de sorte que o combate pôde ser retomado após o desastre. Em Florença, por mais enérgicos que fossem os esforços de Maquiavel para criar uma milícia popular, seu recrutamento foi demasiado tímido e recente, a desconfiança da grande burguesia em relação ao povo era demasiado enraizada para que uma resistência se organizasse: "Mede-se por estes exemplos [nota o autor] a distância que há entre a conduta das repúblicas atuais e a dos Antigos, e também por que vemos cada dia essas perdas miraculosas e essas miraculosas conquistas".

Miracolosi perte e miracolosi acquisti: eis a linguagem da ignorância condenada e, de novo, denunciada a onipotência da Fortuna cara a Tito Lívio. Uma conclusão se impõe: para quem considera apenas aquilo que se oferece aos sentidos, o acontecimento é misterioso, necessariamente vem de outra parte, se propaga a partir de um ponto situado fora do campo do visível, o que escapa ao olhar do homem se mantém necessariamente sob outro olhar, o dos deuses. Mas para quem sabe ver através das aparências e reconhecer uma lógica na história, o acontecimento porta um sentido, esse sentido é preparado na sociedade que o acolhe, tem o valor de uma sanção. Maquiavel não chega a inverter as teses que propunha: não diz que a Fortuna é uma miragem, mas agora fala dela em termos que impedem imaginar uma divindade escondida cuja arbitrariedade regularia o destino dos Estados: "É ali onde fracassa a *virtù* dos homens", escreve, "que a Fortuna aplica seus golpes mais eficazes. E como é inconstante, Estados e repúblicas mudam com frequência e sempre mudarão até o dia em que surja um homem suficientemente fervoroso da Antiguidade para regular seus caprichos e impedir de nos administrar a cada novo dia uma prova de sua onipotência". Essa linguagem não rompe absolutamente com a Tradição. Mas se resistirmos ao encanto que tem a imagem da Fortuna, se reconhecerá que a perspectiva foi profundamente modificada. Em vez de entender que a Fortuna é mutável, basta admitir que é o nome dado à mudança — ao menos à que se opera sem o conhecimento dos atores e por causa de sua imprevidência ou inércia — e se encontra restabelecida a ideia, tão fortemente enunciada no início do livro, de que os romanos são os verdadeiros artífices de sua história.

É verdade que então renasce a questão: podemos supor que um homem poderá libertar Florença da corrupção e instituir um Estado livre? Se se recusa o mito de uma potência oculta que utilizaria os talentos a seu modo para pôr a perder ou salvar os Estados, não se deve, todavia, reconhecer que numa época dada, numa cidade dada, o Estado, as instituições e os costumes decidem as possibilidades de ação individual? Se admitirmos que em todas as situações a inteligência política pode ser exercida, não deveríamos pensar que ela sempre trabalha em benefício da liberdade. O príncipe que, num país de grande corrupção, deporta as populações, subverte as hierarquias e impõe *ordini nuovi* faz prova, no mais alto grau, de inteligência política, ou então aquele que, como Severo, faz de sua autoridade pessoal uma fortaleza contra a licenciosidade. Mas esses são os tiranos. Como um reformador republicano triunfaria em seu empreendimento? Não chegou Florença a esse ponto da decadência em que o saber fica reduzido à impotência, com os homens competentes desprezados ou exilados e os imbecis ou os ambiciosos elevados aos primeiros lugares? Os romanos que sabiam, no quadro da Cidade e de suas relações com os outros povos, aliar prudência e audácia, dobrar-se à necessidade quando necessário, ou então ir até o limite do possível e fazer de seus próprios erros um motivo de sua experiência, não extraíam sua *virtù* do sistema que os ligava uns aos outros, os melhores não impunham sua autoridade no momento oportuno por efeito de um regime que assegurava à decisão racional sua maior possibilidade? Que é da ação e da decisão racionais, ao contrário, ali onde elas têm as menores chances de ser reconhecidas como tais por um povo?

O segundo livro não fornece uma resposta, mas ao menos proporciona em seu último capítulo uma indicação última que, temos algumas razões para pensar, introduz ao tema da última parte da obra. Neste capítulo, intitulado "Que os romanos deixavam liberdade de ação aos seus chefes de exército", o escritor chama nossa atenção para a autoridade de que gozavam na batalha aqueles que exerciam um mandato em nome da República. "Além disso, fenômeno digno de nota", ele observa para começar,

> cabe observar a autoridade que eles [os romanos] conferiam aos cônsules ditadores e outros chefes dos exércitos: constata-se que era muito grande e que o Senado se reservava unicamente a autoridade de decidir novas guerras e de confirmar os tratados de paz; transferia todo o resto à decisão e ao poder [*nello arbitrio e potesta*] do cônsul.

Sem dúvida, a observação já havia sido feita no primeiro livro. Mas o fato de que seja reiterada nessa etapa do discurso, quer dizer, no fecho do segundo livro, sinaliza, para nós, sua importância. Além disso, Maquiavel não se contenta em afirmar que uma República forte, longe de manter os cidadãos manietados e de buscar a segurança na desconfiança generalizada, sabe encorajar a iniciativa e delegar sua autoridade; ele dá à sua tese uma referência que modifica sensivelmente seu alcance. O exemplo invocado aqui, com efeito, põe em cena um cônsul famoso do qual se voltará a falar mais adiante, Fábio, e que, após haver alcançado uma vitória sobre os toscanos, se lançou em sua perseguição, indiferente às ordens do Senado, através de uma região nova, incerta e perigosa (*in paese nuovo dubbio e pericoloso*): a floresta Címina. Ora, não louvamos o Senado somente por haver reconhecido o feito realizado e renunciado a punir o audacioso capitão, mas o admiramos por ter sabido agir sem se preocupar com a proibição. Seu exemplo faz muito mais que ilustrar o argumento. O importante não é que Fábio se beneficie de uma autoridade da qual estão privados os chefes dos exércitos modernos, mas que ele se aproprie dela — e que o faça precisamente nas circunstâncias evocadas. A imagem da penetração proibida na floresta possui uma eficácia simbólica mais forte que o raciocínio mais bem construído. O elogio da transgressão extrai dessa fonte um poder singular. Ora, que esse elogio nos alcance na conclusão de um longo discurso consagrado à disciplina dos exércitos romanos tem para nós o valor de uma advertência. Talvez, nos dizemos, seja preciso compreender que se pode agir como romano fora de Roma, pois que em Roma a *virtù* não era sempre obediência, às vezes ela requeria a violação das ordens.

Esses são os pensamentos que nos retêm e compõem nossa expectativa no início do terceiro livro, cujo propósito manifesto é examinar as ações de certo número de romanos e mostrar o efeito que tiveram sobre o desenvolvimento da República. Temos as melhores razões para supor que esse propósito oculta uma intenção sensivelmente diferente. Não apenas duvidamos de que o propósito de Maquiavel seja o de exaltar as virtudes cívicas que seus contemporâneos veneram — a bravura do capitão no combate, a dedicação do magistrado ao bem público, o respeito às leis —, mas suspeitamos, mais uma vez, que ele não se interessa tanto pelos romanos enquanto tais e por seu comportamento quanto pelo estatuto do Sujeito político, pelas condições de seu surgimento no campo regulado da instituição. Suspeitamos ainda que a elucidação desse estatuto dirige uma reflexão sobre as condições da prática política *aqui e agora*. Igualmente não nos surpreende constatar que na última parte dos *Discorsi* se concede um lugar muito frágil às ações dos homens ilustres. Se imaginamos encontrar ali o relato de grandes proezas, ou retratos à maneira de Plutarco, seremos necessariamente desiludidos. Ademais, é um fato que um pequeno número de personagens, entre os que são mencionados, escapa à crítica do autor. Deve-se ainda convir em que, nos dezoito primeiros capítulos, trata-se apenas do papel desempenhado pelos particulares em Roma. A única figura que Maquiavel descreve sem reticência é a de Bruto, o fundador da República. Homens como Spurio e Mânlio Capitolino são inimigos da liberdade. Em duas passagens somos convidados a não superestimar o papel dos capitães, cujos méritos não poderiam nos fazer esquecer o da massa dos combatentes. De outro lado, nossa atenção é atraída para a injusta sorte que conheceram os homens eminentes nas repúblicas, inclusive em Roma, quando o Estado se sente ao abrigo do perigo. A leitura do terceiro livro seria decididamente bem decepcionante se nos obstinássemos em atribuir-lhe por objeto as ações dos romanos: nele se dissimula outro.

De resto, não é necessário esperar muito tempo para vê-lo anunciado. O capítulo I — aquele mesmo que o autor conclui com um discurso enganoso — nos põe no caminho. Convocando a pensar o fenômeno da instituição, a relação que se estabelece entre a autoridade e a lei, ele nos prepara para reconhecer a posição do Sujeito político e as modalidades de sua inserção na realidade, descobertas que irão balizar num primeiro momento a análise da conduta de Bruto, a do conspirador e a do capitão na guerra, atores de uma guerra "aberta" cujos imperativos revelam os da política entendida como guerra secreta. Com esse capítulo de introdução dispensa-se um prólogo análogo ao dos dois primeiros livros, mas ele interpela o leitor não menos firmemente, impondo-lhe refazer a crítica dos princípios que o ligavam à Tradição. Ele põe à prova sua liberdade nova antes de expô-la ao fogo das últimas questões. Com efeito, tudo se passa como se se tratasse de um novo começo. Maquiavel volta a utilizar, inicialmente, uma linguagem que ele mesmo nos ensinou a recusar. Finge destinar à história um curso regulado pela natureza: "É incontestável", escreve, "que todas as coisas deste mundo têm um final em sua existência; mas em geral cumprem inteiramente o ciclo destinado pelos céus apenas as que não desregularam seu corpo, e assim permanecem tão bem reguladas que não se alteram, ou ao menos não se alteram a não ser para sobreviver e não para perecer". Depois, conforme o ensinamento dos filósofos clássicos, observa que as instituições humanas, tais como os Estados ou as Igrejas, uma vez expostas aos acontecimentos enquanto corpos mistos, só podem se conservar sob a condição de serem reconduzidas periodicamente à sua origem (*principio*). A intenção da mudança é então julgada legítima, contanto que seja de restauração: a mudança preconizada é a que desfaz os efeitos dos acontecimentos, aquela em que se anula a diferença que afasta da origem. Essa origem, ele diz, tem uma bondade intrínseca; o tempo, que é corrupção: "E como no curso do tempo essa bondade se corrompe se não sucede alguma coisa que a reconduza ao seu seio, é preciso necessariamente que esse corpo pereça". Contudo, essas verdades vêm à cena apenas para que se exponham as fissuras em sua aparente solidez. E por essas fissuras se impõe o enigma de uma ação política que se exerce sem garantia nas coisas, sem seguir uma via traçada na natureza ou ordenada por Deus — uma ação que não estaria instituída, e sim que seria instituinte.

A oposição assinalada entre as duas vias que reconduziriam à origem — a dos acontecimentos extrínsecos e a da prudência intrínseca — cria já um motivo de inquietação. O escritor liga a primeira ao exemplo da tomada de Roma pelos gauleses — fato que já mencionou em duas passagens, mas ao qual retorna dessa vez sem se preocupar em evocar uma intervenção da Fortuna. Sem dúvida, estamos dispostos a admitir que nessa ocasião a corrupção foi freada por efeito de um grande perigo: aceitamos a imagem de um povo ameaçado que recupera consciência de si e revigora as instituições que por muito tempo havia negligenciado. Contudo, não nos poderia escapar que o acidente não tem em si eficácia. Os romanos reagiam ao perigo pela mobilização de suas últimas energias; os florentinos, pela fuga. A reação dos primeiros, como aprendemos em um comentário anterior, é testemunho de sua prudência, de tal sorte que mais valeria distinguir entre dois graus de prudência do que a opor aos acidentes, convir em que em certos casos ela permite prevenir os acidentes perigosos e, em outros, ela desperta ao contato deles.

Mas a objeção é demasiado natural para que não investiguemos mais de perto o conceito de acidente. Vemos então que Maquiavel lhe atribui uma função positiva após havê-lo utilizado, conforme a tradição, numa acepção negativa. O acidente era corruptor; não é indiferente que se converta em regenerador. Sua virtude, nos é dito, é a de redespertar os homens. Mas houve um tempo em que eles não tinham necessidade de ser redespertados? Ou, se se prefere, seu despertar para a vida política poderia ser de natureza diferente de seu redespertar? As primeiras instituições, às quais gostamos de atribuir uma bondade intrínseca somente porque são originárias, não nascem já no calor do acontecimento? Não seria em resposta a um grande perigo — real ou imaginário — que uma coletividade se une, se reporta a uma lei comum, arranca de sua inércia natural os grupos e os indivíduos que absorve? Admitíamos que há uma necessidade de reconduzir a instituição à sua origem; reconduzi-la à sua origem é reconduzi-la à sua essência. Mas se pode pensar a essência sem referência às condições de fato nas quais advém a relação de homem a homem? A distinção superficial entre a essência e os acidentes pode ser mantida tão logo se admite que o universal supõe a existência do particular como aquilo que deve ser superado?

Uma indicação prova que não seguimos uma pista falsa ao interrogar nesses termos. Após haver mencionado os acidentes extrínsecos, Maquiavel fala subitamente dos intrínsecos. Assim, o retorno à origem, inclusive quando se opera sob o signo da prudência, não rompe com a contingência. Ali onde falta o perigo exterior opera o perigo interior. Ao considerar os exemplos invocados, é impossível se equivocar: "As instituições que devolveram a vida a Roma", nota o autor, "foram a lei dos tribunos do povo, a lei que nomeou os censores e todas aquelas que foram votadas contra a ambição e a insolência". Certamente, levam a marca da prudência romana, mas só se explicam em referência aos eventos que ameaçaram a vida da cidade; são soluções encontradas ao problema posto pela ação de uma facção ou de uma classe. Ainda devemos reconhecer que operam um singular retorno às origens. Agora já não é mais questão de preconizar o restabelecimento de uma ordem primitiva; a virtude da fundação foi reencontrada por novos meios. Contudo, se se pode falar de uma regressão ou repetição, é sob a condição de precisar que se trata de um distanciamento do instituído, de uma mudança cujo efeito é fazer ressurgir a dimensão primeira da lei. A criação dos tribunos da plebe é uma inovação que supõe uma ruptura com os princípios em vigor nos primeiros tempos de Roma. Ela faz reviver a lei modificando profundamente a legalidade estabelecida; ela a faz reviver porque freia os apetites daqueles que, por sua própria potência, põem em perigo a unidade do Estado, porque impõe à coletividade, como no primeiro dia, uma necessidade a que ninguém poderia se subtrair sem correr o risco de sua destruição. Essa é a verdade do retorno à origem: não retorno ao passado, mas, no presente, resposta análoga à que foi dada no passado — no presente, quer dizer, nas condições singulares que compõem *aqui e agora* as relações de força entre as facções e as classes, o estado dos costumes e também os imperativos nascidos dos conflitos com as cidades estrangeiras.

A manutenção da lei implica sempre a possibilidade de uma renovação das leis e, com o tempo, a requer. Para conservar sua força, a interdição na qual ela se enuncia deve se modificar, se deslocar ao mesmo tempo que os humores e os desejos dos homens se alteram ou que muda a forma de ameaça ao Estado vinda do interior ou do exterior. No limite, o que há então são medidas inteiramente novas, medidas extremas que têm o poder de assegurar a restauração — no limite, a exigência da conservação se confunde com a da mudança.

Sem dúvida, havíamos entendido essa verdade na leitura do primeiro livro, mas, ao retornarmos a ela, somos levados a aceitar outra. Pois reconhecer que o *principio* não é determinável desde um ponto de vista empírico, ou, segundo nossa terminologia, que a lei transcende todas as instituições nas quais adquire um rosto, é estritamente o mesmo que descobrir o lugar do Sujeito político. Enquanto não se considera senão a forma das instituições, imagina-se que elas extraem de si mesmas sua virtude e que determinam o comportamento dos indivíduos e dos grupos, a ponto de não deixar-lhes outra escolha senão obedecer e ser bons, ou desobedecer e ser criminosos. Mas, ao criticar essa representação ingênua, percebemos que a lei não é nada fora da relação que estabelecem com ela os homens, nas condições sempre singulares onde estes estão colocados, que ela depende do agir humano na mesma medida em que o rege.

Maquiavel nos faz finalmente tomar toda a medida da ação do Sujeito quando observa que um homem pode produzir o mesmo efeito que uma lei nova, quer dizer, reconduzir pela virtude de seu exemplo a sociedade para sua origem. Sabíamos já que, sob certas condições, só a autoridade de um príncipe pode manter os homens numa obediência comum. Mas agora se trata da república, e não mais de uma república corrompida na qual as leis estão degradadas, e sim de Roma no tempo de sua grandeza. Como mostram os exemplos citados na sequência do texto, os romanos, que desempenham tão grande papel na restauração do Estado, impressionam a imaginação de seus contemporâneos por sua abnegação ou pelo sacrifício que fazem de sua vida, da mesma maneira que os impressiona a ameaça da repressão que porta a lei. Contudo, eles não atraem sobre sua pessoa, como um príncipe, os sentimentos da massa, ou o fazem apenas a título de mediadores, na medida em que tornam manifesta uma ordem de obrigação que transcende o mundo dos interesses privados. Só inspiram temor ou amor assegurando sua conversão numa obediência aos princípios dos quais eles próprios se converteram em fiadores. Podemos dizer que são os suportes diretos da lei, que lhe dão vida dando-lhe sua fé. Ora, nessas figuras extremas da autoridade já se deixa decifrar a relação geral entre o sujeito e a lei. Pois se é verdade que uma sociedade não poderia conservar sua coesão e sua força pelo simples efeito das ações exemplares de alguns indivíduos, sendo imprescindível uma armadura de instituições, também o é que, para permanecerem vivas, as leis que as regem devem encontrar ainda um apoio nos homens que fazem algo mais do que executar seus comandos, que ultrapassam os limites de suas funções e se erigem em porta-vozes do universal até chegar a se servir delas como de instrumentos. É o que sucede com a alternativa entre autoridade e lei, como com aquela entre acidentes extrínsecos e prudência intrínseca. Tão logo são opostos, os termos se esclarecem articulando-se mutuamente, a ponto de tornar-se impossível concebê-los independentes um do outro. Após haver enumerado algumas das instituições cujo defeito foi reconduzir Roma à sua origem, Maquiavel observa: "Essas leis, para fazer-se vivas, têm necessidade da virtude de um cidadão que se empenhe em fazê-las respeitar e em opor-se à potência daqueles que as transgridem". E, para convencer melhor seu leitor do caráter das ações que asseguram a salvação de Roma, o escritor cita uma série de exemplos que, à exceção do último, sobre o qual voltaremos, tratam todos de condenações dirigidas contra os ambiciosos, contra os aspirantes à tirania. É porque, nota ele ainda, se tratava de fatos "memoráveis e fora da ordem comum" que os homens foram reconduzidos ao princípio vital da República. Assim, pois, a autoridade na República não está circunscrita por nenhuma lei particular, ainda que seu estatuto manifesto lhe seja assinalado no espaço das instituições; só a distância que o sujeito que a assume toma diante delas condiciona para a lei sua própria distância em relação a toda legalidade estabelecida, ou, para falar com mais precisão, restabelece para a coletividade a relação com a Lei que se obliterava na habituação às leis.

Isso quer dizer, então, que se pode definir a natureza dessa relação ou a da autoridade? Enunciada nesses termos, a pergunta deve ser recusada, uma vez que querer respondê-la seria, de novo, rebaixar a lei e a autoridade ao plano do empírico; seria, de novo, deixar-se apanhar pela ilusão de um suposto real em si em que a ação encontraria sua determinação; seria, na intenção de definir o Sujeito político, desfazer a marca de seu surgimento. Ademais, a maneira como Maquiavel desfaz o engodo não nos permite enganar-nos, contanto que saibamos ler. A ironia liquida a crença já disposta a nutrir-se de bons exemplos. Uma vez feito o elogio dos romanos pelo vigor com o qual souberam castigar os inimigos da liberdade, o autor cita em apoio de sua tese "aqueles que governaram o Estado de 1434 a 1494", cuja opinião era de que seria preciso a cada cinco anos "reapropriar-se do Estado" (*ripigliarsi lo stato*), quer dizer, "renovar esse terror e esse medo que eles souberam inspirar em todos os espíritos no momento em que dele se apropriaram". Esses sábios, aos quais não é bom nomear, são, como todos sabem, os Médici ou seus servidores. Para eles, apropriar-se ou reapropriar-se do Estado significava roubar de Florença sua liberdade... Em uma segunda ocasião, após haver citado os heróis que por seu exemplo e sem meios de coação reanimaram em Roma a *virtù* dos primeiros tempos, ele observa que as Igrejas (*sette*) conheceram a mesma necessidade que os Estados, e que se deve a são Domingos e a são Francisco o fato de haver sabido reconduzir o cristianismo à sua origem. Seu comentário não deixa então nenhuma dúvida sobre o preço que ele atribui a semelhante renovação:

As novas ordens que estabeleceram foram tão poderosas que impediram que a religião fosse perdida devido à licenciosidade dos bispos e dos chefes da Igreja: essas ordens se mantiveram na pobreza e têm muita influência sobre o povo, por meio da confissão, para persuadi-los de que é mau maldizer aqueles que governam mal [*como egli è male dir male del male*] e que é bom e útil demonstrar-lhes obediência e deixar unicamente a Deus o cuidado de punir seus desregramentos. Assim, essa corja, sem qualquer medo de um castigo no qual não crê ou que não vê chegar, continua a agir mal. Essa renovação, então, conservou e ainda conserva a religião.

Com essas palavras culmina o movimento crítico da introdução à última parte da obra. Não é, em absoluto, suficiente, não é mais suficiente afastar a imagem de um Estado cuja forma primitiva conteria o princípio de sua conservação, recusar a divisão do Ser e do Tempo, renunciar, consequentemente, a confundir mudança e corrupção, admitir a exigência de uma fundação continuada e ligá-la à liberdade do Sujeito político; ainda é preciso concluir que o caminho percorrido nos deixa longe da verdade. Deciframos um sentido na política dos antigos governantes de Florença ou nas ações exemplares de Domingos e de Francisco, mas a verdade não se dá com o empreendimento dos Médici, como tampouco se dá com o empreendimento, muito mais vasto, da Igreja romana. Sabemos que, pelo contrário, ambos nos desviam da verdade. E é justamente ao sabê-lo que os conhecemos *de verdade* — quando identificamos o poder mediciano como uma tirania e compreendemos que a vida política sufocada por ele teria podido, ou poderia ainda, se recuperar, e Florença, simultaneamente, crescer em vez de ser condenada ao desaparecimento; quando medimos os efeitos do reinado da Igreja sobre os Estados italianos, ou os efeitos do reinado de Deus sobre a humanidade do presente, reconhecemos sob sua máscara a figura moderna do despotismo. Esse saber se nutre do conhecimento da história e singularmente do das repúblicas da Antiguidade. Ele nos libera do domínio das instituições às quais estamos submetidos e nos obriga a reformular o sentido da lei e da autoridade. A renovação operada pelos dominicanos e franciscanos conservou e conserva ainda a religião, observa Maquiavel. Essa ação permite entrever uma das vias pelas quais é restabelecida a transcendência da lei. Ela ressurge do meio das leis insípidas da religião pela virtude de homens cujo desapego inspira ao povo um terror sagrado; sua autoridade é tal que o particular se desfaz de novo diante do universal. Mas que universal? Repetiremos que não se poderia defini-lo, que a lei só se revela na relação que os homens instauram com ela? Mas como esquecer que nessa relação é posto em jogo o sentido de suas relações com o mundo; que na experiência da lei eles fazem a experiência de si mesmos, da vida e da morte, do vínculo do homem com o homem, de seu poder sobre as coisas e, enfim, de seus limites? Assim, pois, se pensarmos que a religião cristã sufoca a liberdade no homem, como não julgar que sua conservação é pior que sua degradação? E se assinalarmos a autoridade daqueles que a restituem à vida, por que não desejar sua ruína antes que glorificá-la? E se quisermos mesmo trabalhar para restabelecer a dimensão do universal, como não medir a audácia e a amplitude da tarefa, como não reconhecer que é preciso fazer mais que se afastar das leis existentes, pôr em questão a relação do homem com a lei e avançar o máximo possível na transgressão?

Instruídos pela leitura dos dois primeiros livros, duvidávamos, ao abordar o terceiro, de que seu objeto fosse narrar as ações dos homens ilustres e mostrar seus felizes efeitos sobre o desenvolvimento de Roma. Essa dúvida era justificada, pois o que descobrimos, ao meditar sobre os exemplos do capítulo I, é que semelhante objeto seria fictício. As ações mais brilhantes são mudas se ignoramos em que elas são ações. Não somente é vão erigi-las em modelo, uma vez que dependem de condições singulares, e o passado e o presente não podem se sobrepor, mas ao considerá-las no tempo em que se dão, sem abandonar o nível da história empírica, aquele em que nos situa o relato de Tito Lívio, não se poderia dizer o que autoriza a extraí-las do continuum dos fatos e a lhes conferir uma realidade particular. Sem dúvida podemos nos maravilhar com as proezas de Camilo imediatamente depois da invasão gaulesa, mas da maneira como nos encantamos com o prodígio realizado pelo corredor de maratona. Sem dúvida podemos admirar as qualidades extraordinárias de certos capitães, mas da maneira como admiramos aquelas dos heróis de lendas. Isso não é mais do que se fartar de imagens que saciam a sede de extraordinário... A ação só se transforma em objeto de conhecimento se dispomos das referências que permitem tomar sua medida, se se explicita o campo de suas coordenadas. Pensar a ação e, a princípio, determinar algo como ação, só é possível sob a condição de articulá-la com a instituição e descobrir a tríplice relação que a ordena com a lei, o real e a verdade. Então, é legítimo consultar a história de Roma e buscar nela os exemplos. Essa história não é mais aquele tecido de fatos a que recorríamos para extrair arbitrariamente algumas amostras destinadas a impressionar a imaginação. Ela adquire o valor de um texto no qual lemos, melhor que em outros, a sintaxe de uma língua. Os exemplos não se legitimam mais em função de sua singularidade; eles são distribuídos em função das mesmas referências, fazem com que as descubramos e redescubramos, apoiam nossa exploração do possível.

Referir mutuamente as ações analisadas, decifrar nelas as variações de um mesmo agir — o agir político —, suputar as posições do sujeito — o sujeito político — que advém nesse agir: tal é o empreendimento cujos fundamentos são postos no capítulo 1. Esse empreendimento justifica as grandes liberdades que Maquiavel tomará em relação ao relato de Tito Lívio. O uso que faz de seus exemplos, a seleção dos fatos nos quais reconhece *ações*, a importância que atribui a alguns atores, tudo isso está dirigido pela exigência de sua própria teoria. Mais: escolhendo por diversas vezes seus intérpretes entre os adversários dos romanos, dá claramente a entender que só se interessa acessoriamente pelo papel dos indivíduos na edificação de Roma. Melhor ainda: ao falar dos fatos antigos ou modernos que não têm relação com essa história, e que não puderam ser mencionados por Tito Lívio, nos convence de que seu objeto transcende os dados empíricos da História.

Não é, portanto, um acaso, nem efeito de uma concessão à cronologia, que as análises do terceiro livro se abram com o caso de Bruto, o fundador da República. Com esse exemplo, o ensinamento do capítulo 1 se encontra logo concretizado, os indicadores da ação política são apresentados de tal modo que se faz possível explorar na sequência, progressivamente, o campo que delimitam. Com esse exemplo, além disso, prepara-se um primeiro acesso à reflexão sobre os acontecimentos mais próximos.

Como sabemos, Bruto é, inicialmente, esse homem que soube pôr fim à tirania dos Tarquínios por meios extraordinários. Sobrinho do rei, filho de um irmão que este havia mandado assassinar, conseguiu desarmar sua desconfiança e viver a seu lado simulando a loucura. Assim, julgado inofensivo por seu séquito, esperou pacientemente a oportunidade propícia para a execução de seu projeto revolucionário. Depois, uma vez a república instaurada, desmascarou um complô do qual participavam seus próprios filhos e não recuou diante da condenação e execução destes. Maquiavel não retém a hipótese (considerada, não obstante, por Tito Lívio) de que Bruto matou o tirano por vingança e rejeita explicitamente a de que fingia a loucura para preservar sua segurança. Seu comentário, nos dois capítulos que lhe são consagrados, faz dele o herói republicano por excelência, o modelo em que é preciso aprender a conhecer as exigências que o Sujeito político completo enfrenta. O que é notável à primeira vista no retrato de Bruto é que ele alia uma extrema audácia a uma extrema prudência, uma extrema liberdade a um extremo rigor, a imaginação mais rica ao pensamento mais elaborado, a autoridade mais afirmada à anulação de si diante da coisa pública. Contudo, não se trata aqui de traços de caráter. Em vão admiraríamos a coexistência num mesmo homem de qualidades aparentemente contraditórias, se ignorássemos a lógica que governa suas ações. A primeira coisa a compreender é que o desejo de Bruto se inscreve na realidade graças a um artifício. Uma vez que seu projeto é matar o tirano e ele não dispõe dos meios para fazer uma guerra aberta (*guerra aperta*), o conspirador pode apenas preparar as condições de uma operação futura. A agressão é adiada, uma tática acertada que permitirá agir quando o adversário se expuser ao perigo. O objetivo não o cega. O impossível é avaliado exatamente na expectativa do possível. Mas mais importante ainda que essa medida é a escolha do artifício. "Ninguém", nota Maquiavel, "foi julgado tão prudente [*prudente*], tão sábio, não importa em qual de seus triunfos, quanto Bruto ao simular a loucura." O elogio pareceria excessivo, até mesmo estranho, se não se apreciasse o alcance exato da astúcia. Fazendo-se passar por tolo, Bruto prova que vê o olhar do outro sobre si e compõe a única imagem capaz de desarmá-lo. Como Maquiavel explica no mesmo capítulo, de nada lhe serviria, de nada serve a um homem cuja qualidade chama a atenção do príncipe, mostrar-se sem ambição. Se realmente carecesse dela, seria suspeito, não lhe dariam crédito. Seu único recurso, portanto, é parecer tal que o adversário não possa percebê-lo como deveria em função de sua própria posição. Mais além do caso singular de Bruto, pode-se perceber uma advertência dirigida àqueles que querem derrubar um regime desde o interior: uma vez que estão expostos aos castigos antes de haver agido, uma vez que no presente se veem privados de um apoio popular, seu interesse consiste em ser astutos, ostentar sua fidelidade até que as circunstâncias autorizem um golpe de força. Pode-se julgar ainda que essa advertência se aplica hic et nunc: mais do que fazer profissão de fé republicana sob os Médici, vale enganar e preparar o futuro. Talvez os adversários da monarquia devam, em geral, se convencer de que sob a opressão "convém fazer-se louco, como fez Bruto: algo que se faz muito bem louvando, falando, vendo e agindo em todas as coisas ao contrário de sua inclinação e em conformidade com a do príncipe". Mas seja o que for essa hipótese, sobre a qual a sequência do livro deveria lançar alguma luz, o elogio da loucura do herói fundador possui um sentido intrínseco. Com sua astúcia se desvela da melhor maneira possível uma exigência da ação — que pode, de resto, dirigir outros meios: fazer que se tenha em conta, na operação própria, a do adversário, determinar o ponto de vista do outro e tornar o seu próprio indeterminável para ele. O capítulo sobre a conspiração será consagrado a tornar essa exigência plenamente sensível. Basta no momento observar o que aqui está em jogo e que já citamos: a relação do sujeito com o real. Ela se dá na distância que o autor toma diante do presente em que brilham seu projeto e o objeto de seu desejo e simultaneamente — solidariamente — na distância que toma em relação a si mesmo, mediante uma perspectiva que desvela para ele a visão do outro sobre as coisas e sobre ele.

Então, descobre-se em dificuldade uma ligação entre o poder de Bruto de enganar ao Tarquínio e o de desmascarar o complô fomentado contra a jovem República. No ataque ou na defesa, ele percebe os propósitos do inimigo; se conhece a visão que o príncipe tem do conspirador, conhece a do conspirador quando se converteu em apoio do novo regime e da lei. Não obstante, nos enganaríamos se reduzíssemos esse poder aos termos do realismo. Pela aproximação dessas duas ações, Maquiavel dá outra dimensão ao empreendimento de Bruto. Já assinalávamos antes que ele não reivindica para si em vão a plena consciência do objetivo ao qual conduziu de fato sua ação, a fundação da República. Assim, recorda que fez jurar sobre o cadáver de Lucrécia "não tolerar jamais no futuro que alguém reinasse em Roma". Bruto, ao se destinar a tarefa de expulsar o rei, não age somente como um capitão que conhece a prática da guerra secreta, ele comete uma transgressão de extrema gravidade e que deveria atrair sobre si o opróbrio. Ele desmente essa "regra de ouro" enunciada por Tácito, e lembrada um pouco mais adiante, de que "os homens devem reverenciar o passado e se submeter ao presente, desejar os bons príncipes e suportar os demais, sejam como forem". Contudo, sua ação favorece o restabelecimento da lei, violada pelo próprio soberano. Mais: esse restabelecimento implica uma mudança profunda na relação que os homens mantinham até então com a lei, uma vez que para eles era uma mesma obrigação obedecer à lei e obedecer a quem reinasse em seu nome, e doravante eles precisam se obrigar a não tolerar que alguém venha a reinar em seu nome. O paradoxo é que aquele para quem a autoridade não é sagrada, aquele para quem a lei não é inviolável possui no mais alto nível o sentido do sagrado e o respeito pela lei. De viagem a Delfos com os filhos do rei quando ainda se fazia passar por tolo, Bruto se apropria da resposta do oráculo para tornar os deuses favoráveis ao seu propósito. Quando da morte de Lucrécia, une seus partidários por um juramento. Mas se trata de um paradoxo débil em vista deste outro: ele assume a mais alta autoridade impondo-se como fiador da lei nova, a qual implica a proibição de que qualquer homem se converta em representante da lei. Conspirador, Bruto age como aquele que aspira ao lugar do príncipe. Tendo dito o oráculo que esse lugar seria ocupado por aquele que, ao voltar, fosse o primeiro a beijar sua mãe, beija, quando volta, a terra. Seu poder de adivinhar os pensamentos do Tarquínio o põe em posição de colocar-se em seu lugar, mas ele não cede à tentação de reinar, recusa a si mesmo o que recusa aos demais. Ora, quando se considera a maneira como reprime o complô montado contra a República, essa ação se mostra complementar à precedente. O fato de que deve se opor a seus filhos não é um efeito do acaso. Ele se mostra como aquele que sabe que a lei nova deve se impor por um exemplo, quer dizer, pela imolação do transgressor. Maquiavel ressalta o que há de extraordinário no fato de que um homem não somente condene seus filhos à morte, mas esteja presente em seu suplício. Essa observação, unida à afirmação de que semelhante severidade era necessária, esclarece a função da autoridade. Sugere-se que Bruto aproveitou a ocasião da traição de seus filhos para tornar manifesta sua autoridade. O senso comum poderia se inclinar a julgar excessiva sua severidade. Mas para o autor é importante que ela o seja. Bruto é o homem do excesso: não se contenta em matar um príncipe injusto; faz do príncipe como tal a imagem da injustiça. Ele não se contenta em defender o regime contra seus adversários; apoia a lei no terror, ao mesmo tempo simula a loucura para escapar ao olhar do príncipe e atrai sobre si os olhares de todos ao querer que seus filhos sejam executados sob seus olhos. É esse excesso que o faz semelhante a um príncipe no momento mesmo em que abole o poder do príncipe: sua atitude não é dirigida pela submissão às leis; ele se afasta delas seja porque as transgride ou porque pune os transgressores. A ação que dirige contra os adversários da República, acentua o autor, é da mesma natureza que a do príncipe diante dos adversários da tirania: "Quem se eleva à tirania e não mata Bruto, quem restabelece a liberdade em seu país e que, tal como Bruto, não imola seus filhos, não a mantém senão bem pouco tempo". Mas essa simetria desvela o que é ordinariamente ignorado. Admite-se facilmente que um príncipe deva usar de violência no início de seu reinado para desencorajar a subversão, mas se ama acreditar que numa república a lei suprime a violência. O fato de Bruto querer e dever exterminar seus próprios filhos é o sinal de que nenhuma fundação está ao abrigo de uma agressão, de que a ordem de uma república não é mais natural que a de uma tirania, de que sempre é preciso conhecer e prevenir o perigo. Bruto, dizíamos, engana o príncipe e não se deixa enganar por seus filhos: conhece a visão do outro sobre ele; não se deixa cegar por seu desejo; sabe que o desejo do príncipe o impele a exterminar todo homem que o ponha em perigo; sabe que o desejo daqueles que ambicionam o poder é apropriar-se dele inclusive quando isso lhes é proibido. Mas esse saber está ligado à sua posição diante da lei. Ele é capaz de frustrar as conspirações porque ele mesmo foi um conspirador. Ele percebe o desejo do Outro e se encarrega ele mesmo de dar um segundo golpe de força castigando seus próprios filhos porque compreendeu que a lei implica o princípio da transgressão.

Para enfim tomar inteiramente a medida de sua ação, é preciso perguntar por que Bruto se anula diante da coisa pública em vez de convertê-la em sua propriedade e de onde lhe vem esse saber da lei que o faz assumir a autoridade em ocasiões aparentemente contrárias. Maquiavel não permite ignorar essa questão, ainda que não a enuncie. Nós a colocamos ao observar que ele não fala em lugar algum da *bondade* do fundador. Não somente descarta esse comentário como opõe à sua conduta a do gonfaloneiro Soderini, o qual, numa situação julgada análoga à sua, se perdeu justamente devido à sua bondade... e sua paciência. Bruto não é bom, como tampouco é paciente ou moderado. Certamente se diz que ele buscou os meios *di opprimere i re e di liberare sua patria* — e pode-se julgar que esse fim é bom. Não obstante, as palavras que o designam soam estranhas a nossos ouvidos. *Opprimere* se emprega ordinariamente para designar a relação do mais forte com o mais fraco, do vencedor com o vencido, inclusive do agressor com a vítima, o mais frequentemente do poder com o povo. Se observamos, além disso, que o inimigo não apenas tem o rosto de Tarquínio como também se chama "os reis", podemos admitir que Bruto se propôs como fim não somente combater o mau príncipe, mas o príncipe bom, não somente o príncipe no cargo, mas os que em todos os tempos ambicionam tal cargo, podemos admitir que ele associa a defesa da liberdade à luta constante contra seus inimigos, os reis em potência. Não sabe de antemão que terá de matar seus filhos? Talvez se diga ainda que esse fim é bom, mas é preciso convir em que não consiste na instauração de um Estado bom, no sentido em que comumente se concebe esse Estado, quer dizer, um regime no qual o mal se encontraria eliminado. Com efeito, o erro seria crer que a execução dos filhos de Bruto afasta definitivamente as ameaças de agressão. O terror não se repete nos mesmos termos, no entanto, o reinado da lei não está jamais assegurado. Ao reconhecer isso, percebemos que a questão sobre a qual tropeçamos um pouco antes estava mal colocada — e que o propósito do escritor era levar-nos ao lugar em estamos no presente. Como, perguntava em suma, um homem bom poderia resolver sair da legalidade e usar de violência para obter a salvação do Estado? Como um ambicioso que não hesitaria em empregar tais meios deixaria de utilizá-los para seus próprios fins? Isso equivaleria a supor uma fronteira, por um lado, entre a guerra e a paz civil e, por outro, entre a obediência à lei e a transgressão. O que o exemplo de Bruto ensina é que a guerra civil nunca está extinta, nem está abolida a distância entre o Sujeito e a lei.

Chamaremos bom a quem sabe isso, a quem quer reduzir essa distância ao mínimo e a guerra à sua menor amplitude? Mas a bondade engendra o saber? Parece antes que o cega, pois se ser bom significa para um homem de Estado querer o bem dos cidadãos, então essa intenção o perde quando a situação requer a violência contra alguns deles. Parece também que pode desembocar no efeito inverso do que convém, que perverte a autoridade, pois ao querer o bem dos outros e ao decidir sobre ele pode-se estar tentado a colocar-se no lugar da lei e a ocupar o lugar do príncipe. Portanto, Bruto não se anula diante da coisa pública por bondade, como, de resto, não se erige em juiz por maldade. Como não é sua segurança que ele defende quando sacrifica os mais preciosos bens de que um homem dispõe — sua honra em primeiro lugar, quando não teme aparecer aos outros como um idiota, e mais tarde a vida de seus filhos —, devemos convir em que ele não age como agiu senão porque toma o que faz como sendo o verdadeiro. Na linguagem de Maquiavel, se deveria dizer que a necessidade preside o seu empreendimento inteiro. Ela se manifesta na maneira pela qual ele se liberta de seu interesse e domina seus desejos. Mas não se trata somente dessa necessidade que submete o indivíduo ao imperativo da lei, uma vez que ele dá a esse imperativo um sentido novo, uma vez que a lei precisa dele para se afirmar. E não se trata tampouco dessa necessidade lógica em virtude da qual, colocada a hipótese (no caso, a eliminação do tirano), as consequências se encadeiam inelutavelmente, uma vez que não se pode incluir nela a ideia da tarefa que a institui. Essa tarefa é necessária porque Maquiavel a pensa como tal. Quanto a nomear o que é para ele o verdadeiro, a dizer qual necessidade lhe ordenava "não tolerar no futuro que alguém reinasse em Roma", não poderíamos fazê-lo se nos limitássemos a considerar suas ações ou suas palavras. Não é preciso nada menos, talvez, que a obra de Maquiavel para responder... Nada menos que o conhecimento da história, não a memória mais extensa dos fatos, mas o pensamento do sentido que se preserva nas suas variações.

Basta observar que Bruto descobre sua tarefa, a verdadeira tarefa, em um presente. Ao supor que esse presente lhe abre a perspectiva mais rica, não se deve esquecer que não há perspectiva sem um ponto de vista. A ideia de que ninguém deve reinar em Roma não se torna equivocada, sem dúvida, mas já não tem mais a força da verdade se o presente não permite que seja assim. Isso não quer dizer que a relação do sujeito com a verdade esteja subordinada à relação com a realidade, que uma ideia deixe de ser verdadeira porque não é "realizável", e sim que a verdade da qual essa ideia está a cargo em certo presente, a ponto de ser a de uma tarefa, se investe, num outro presente, de outra ideia e de outra tarefa. O fato de o lugar do Sujeito político estar ocupado *aqui e agora* por Bruto não significa que ele não o possa estar em outro lugar e num outro tempo por um príncipe, ainda que Bruto *aqui e agora* esteja na verdade querendo a morte do príncipe. As ações do pai da liberdade nos fornecem um exemplo, e esse exemplo nos leva o mais longe possível no conhecimento da verdadeira tarefa, mas se trata, contudo, apenas de um exemplo: seu sentido nos escaparia se o desligássemos completamente de sua contingência. Maquiavel, de resto, não permite que seu leitor se esqueça dela, pois ao final de seu elogio de Bruto ele retorna, em dois breves capítulos, aos erros cometidos pelo tirano de Roma antes da instauração da república. Essa análise não tem nenhuma justificativa no quadro do argumento que a anunciou. Se num primeiro momento ela lhe permite opor à ação racional que acaba de ser descrita a ação irracional daqueles que tinham de defender seu poder e não foram capazes disso, está destinada sobretudo a lembrar em sua conclusão que, quando os povos são bem governados, eles não buscam nem desejam nenhuma outra liberdade (*gli uomini quando sono governati bene non cercono ne vogliono altra libertà*). Se parece, com efeito, que Tarquínio, o Velho, e Sérvio Fúlvio cometeram o erro de ignorar a ameaça que fazia pesar sobre o poder o ressentimento daqueles a quem haviam despojado — se os dois se deixaram cegar por sua função, um na ilusão de que as leis o protegiam e o outro na de que se ligava aos filhos de sua vítima outorgando-lhes benefícios; em resumo, se ambos morreram por não terem sabido se distanciar de sua posição própria e ver--se com os olhos do adversário — Tarquínio, o Soberbo, acrescentou a esse erro (não permitiu a Bruto viver a seu lado?) o de escarnecer das leis e dos costumes e excitar o ódio do povo. Disso resultaram sua perda e o êxito de um plano que, de outro modo, Bruto não teria podido conceber, pois é absolutamente seguro, precisa Maquiavel, que num Estado bem governado a violação de Lucrécia teria podido criar a ocasião de um apelo ao príncipe contra o criminoso, mas não a ocasião de um apelo ao povo contra o príncipe. Tirar desse exemplo a conclusão de que uma "boa" tirania não é inferior a uma boa república seria, contudo, cair num outro erro. O fato de o povo não desejar outra liberdade quando se sabe bem governado não quer dizer que, quando conquista essa liberdade, não se levante. E não é porque o autor canta por um momento o louvor dos bons príncipes, para melhor apoiar sua crítica aos Tarquínios, que ele rebaixa os méritos da República romana. Mas permanece eloquente o fato de que esta não teria nascido sem uma série de acidentes que desacreditaram a tirania e tornaram odioso o nome do príncipe. Resta que a verdade da qual Bruto se fez porta-voz, declarando que ninguém deveria reinar em Roma, está suspensa na contingência de uma situação e, enfim, quando o povo não quer "outra liberdade", a verdade não se dá numa conspiração contra o príncipe. Entre Bruto e um príncipe que saiba governar, não há um abismo. Ocupar o lugar que ocupa Bruto no campo da ação política não implica que alguém se atribua o fim que ele se havia fixado. Todavia, quem se limitasse a comparar a posição de Bruto com a do príncipe e acreditasse assim aceder ao mais subversivo do pensamento maquiaveliano se condenaria ainda à abstração e seria incapaz de determinar a via na qual o autor quer engajá-lo. Não basta admitir, com efeito, que em certas situações o povo se satisfaz em ser governado por um príncipe e que, em consequência, é vão lutar para estabelecer um regime livre; ainda é preciso considerar os casos ambíguos, quer dizer, aqueles em que a ação revolucionária está ligada aos maiores acasos, comporta os maiores riscos, exige as maiores violências. Maquiavel os evoca brevemente após haver raciocinado sobre as conspirações, mas, se não nos equivocamos, a indicação fornecida no capítulo 7 é rica de sentido. Ao se perguntar "por que passar da liberdade à servidão ou da servidão à liberdade custa algumas vezes muito sangue e às vezes nenhum?", ele assinala que Bruto não teve que vencer os obstáculos mais difíceis porque se beneficiou do consentimento geral dos cidadãos e dá assim a entender que na ausência desse apoio é preciso utilizar outros meios. Sem dúvida, ele toma a cautela de não fazer o elogio das revoluções (*mutazioni*) violentas. Afirma, ao contrário, que somos tomados pelo terror quando lemos o relato delas e que elas têm consequências muito perigosas quando são realizadas por "homens animados de espírito de vingança". Mas, finalmente, elas atraem nossa atenção, e devemos reconhecer que em certas condições o restabelecimento da liberdade pode se operar contra os desejos de uma parte do povo. O comentário não especifica de quais condições se trata, mas uma referência aos eventos próximos termina por nos alertar e nos convida a perguntar se elas não estão reunidas em Florença, justamente, no tempo em que Maquiavel escreve. Ao comparar as circunstâncias sob as quais os Tarquínios foram eliminados em Roma e os Médici em Florença, em 1494, o escritor sugere que nos dois casos a tirania havia conseguido a unanimidade contra ela. Em outros termos: havia conseguido que o povo, sem distinção de classes, desejasse uma mudança de regime. Deixa-nos o cuidado de observar que no presente as divisões civis não permitiriam que alguém que quisesse restaurar a liberdade procedesse à maneira de Bruto: a eliminação de um senhor não bastaria. Seria preciso agir em meio às vinganças, opondo, à violência daqueles que se apropriaram do poder às custas de uma parte dos cidadãos, uma contraviolência posta a serviço da liberdade. Um detalhe sustenta nossa interrogação. O autor fala nessa passagem da revolução romana como de uma transição dos reis aos cônsules (*mutazione che fe' Roma dai re a' consoli*) — fórmula que diminui o alcance da ação de Bruto, apresentado até agora como o pai da liberdade. Julgamos que a mudança de regime foi pacífica porque consistiu num deslocamento do poder mais que numa subversão da ordem social. Em comparação, a revolução violenta destrói os privilégios dos dominantes, ou de uma parte dentre eles, e eleva ao primeiro plano aqueles que até então padeceram a opressão. Ao lembrarmos, ademais, as considerações que o primeiro livro consagrava às mudanças de regime, apreciamos melhor a alternativa entre a ação pacífica e a ação violenta. Maquiavel acentuava no capítulo 26 a habilidade dos romanos em dissimular ante as massas o que havia de novo na passagem da monarquia ao consulado, para opor a essa estratégia a do tirano fundador, obrigado, "porquanto é príncipe novo, a fazer todas as coisas novas como ele", a imitar o rei Davi, que soube empobrecer os ricos e enriquecer os pobres. Já não parece mais agora que a extrema violência seja o monopólio de um príncipe. Da liberdade à tirania, como da tirania à liberdade, as variantes da ação se mostram as mesmas.

O que se anuncia no capítulo 7 permanece ainda velado. Desde o momento em que induz seu leitor a se perguntar sobre as possibilidades de uma ação política de um novo gênero hic et nunc, Maquiavel avança com extrema prudência. Por isso, não podemos nos espantar com a brevidade de suas palavras nessa etapa do discurso. Mas tampouco deve nos escapar o fato de que, se este é o capítulo mais breve do terceiro livro, o anterior era o mais longo de toda a obra. Ora, podemos ver no mais breve, na alusão aos acontecimentos mais próximos e na sugestão da possibilidade de uma mutação violenta em benefício da República, uma indicação para interpretar o mais longo, cujo objeto, aparentemente, carece de relação com a situação presente. A tentação é tanto mais forte pois, ao se considerar a sequência do texto, parece que os capítulos 8 e 9 completam o argumento do 6 e, em suma, o capítulo que acabamos de examinar constitui um enclave na seção consagrada ao tema da conspiração a partir da análise do comportamento de Bruto.

Repitamos que esse tema não é, certamente, o que o autor se propôs tratar: sua intenção manifesta é evidenciar o papel que desempenharam certos homens na edificação da República romana. Além do mais, quando aborda o fenômeno das conspirações, vemos que ele se dedica a apresentar seu estudo como uma digressão. A se crer nele, ele só se detém nesse tema porque lembra os complôs sucessivos que custaram a vida aos primeiros tiranos de Roma e considera bom examinar empreendimentos igualmente perigosos para os príncipes como para seus súditos, cujo efeito foi fazer "perecer e destronar mais soberanos que as guerras abertas". Ademais, o capítulo se abre com uma advertência tranquilizadora. É preciso que os príncipes aprendam "a se precaver das conspirações e seus súditos, a se engajar nelas com mais circunspeção, ou então a saber viver contentes sob os senhores que a sorte lhes destinou"; é preciso ter por regra de ouro o julgamento de Tácito de que "os homens devem respeitar o passado e submeter-se ao presente, desejar bons príncipes e suportar os demais tais como são". Mas essas precauções oratórias, que podemos nos perguntar se não são irônicas, pois a apologia de Bruto anulou antecipadamente seu alcance, têm, de todas as maneiras, pouco peso em relação às extensas e minuciosas considerações com que se pretendem estabelecer as regras do empreendimento do conspirador. O que efetivamente ressalta do argumento é o cuidado do autor em provar, partindo dos exemplos mais variados, que o fracasso é consequência de um erro de julgamento e que o êxito é possível, provável, inclusive seguro, quando a ação é conduzida rigorosamente. A conspiração é decomposta segundo as fases que correspondem à preparação, à execução e às consequências do crime, e as dificuldades que dizem respeito a cada uma são analisadas para finalmente ser resolvidas na fórmula correta. Do mesmo modo que, no início do *Príncipe*, vemos Maquiavel colocar em evidência os obstáculos com os quais se choca o conquistador para concluir com facilidade seu empreendimento — uma vez feito o cálculo dos meios a empregar —, nós o vemos aqui insistir, em primeiro lugar, nos perigos que aguardam o conspirador, para melhor convencer em seguida das possibilidades de evitá-los. É impossível, portanto, reduzir essa análise aos limites que seu autor finge lhe assinalar. Mas ela fornece a ele somente uma nova ocasião para desvelar as exigências racionais da ação, para corroborar a representação da política como guerra secreta, para desdobrar sob um mesmo olhar os jogos dos adversários, encontrando-se descartada toda consideração moral sobre a legitimidade dos fins? Este é, sem dúvida, seu primeiro efeito sobre o leitor, ela o obriga a passar de uma perspectiva a outra, a abandonar os indicadores que suas preferências lhe compunham, a se descentrar para atingir a posição de observador desinteressado face ao objeto de conhecimento. Não obstante, por mais propícia que seja a ocasião — pois os atores aparecem aqui sob os traços depurados do detentor do poder e de seu agressor —, é preciso convir em que já em diversas passagens uma inversão de perspectivas nos havia obrigado à objetividade. Da causa de Roma à das cidades inimigas, da causa da República àquela do aprendiz de tirano, Ápio, que se empenhou em destruí-la, da causa do Estado àquela do chefe militar cujas vitórias atraíram para si o favor do povo, da causa de Bruto, enfim, àquela dos Tarquínios, o deslocamento operado colocava à prova nossa capacidade de apreender a lógica intrínseca da ação independentemente dos valores que a ordenam a fins particulares. O que há de notável no capítulo sobre as conspirações não é que ele repita a mesma operação, mas antes que, tirando partido de um procedimento já familiar, agindo dessa vez sob a máscara da neutralidade do saber, o autor nos leve a pensar a ação num novo registro. Simétricas à primeira vista, a posição do príncipe e a do agressor deixam de sê-lo, com efeito, na sequência. A própria construção do argumento é concebida de maneira a privilegiar a segunda até subordinar-lhe a primeira. Enquanto a primeira não suscita mais do que um rápido exame no início do capítulo, a segunda é objeto de análises mais detalhadas. Sem dúvida julgaremos que, para conhecer os meios de defesa dos quais o dono do poder dispõe, não temos mais que nos reportar ao *Príncipe*. O próprio autor convida a isso: "O que é preciso que faça... [para evitar o ódio] já dissemos em outro lugar e não falaremos aqui". Não obstante, essa justificativa não é convincente, pois não esperaríamos tanto um tratamento da política geral do príncipe quanto um tratamento das ações precisas que lhe são impostas pela luta contra seus inimigos do interior. Se a política é comparável à guerra, ela se joga, como esta, em dois níveis, o de um conflito global entre os Estados e o das operações que os chefes militares conduzem no campo de batalha. Ora, é neste último nível que se situa a análise. As considerações da política geral são implícitas; central é o exame da relação dos atores que estão engajados numa luta pela conservação ou a conquista do poder. Assim, pois, é preciso considerar significativo que a demonstração se organize em função do empreendimento do agressor. O leitor, inicialmente chamado a sopesar as oportunidades dos dois adversários, se encontra assim levado a tomar a seu cargo o projeto deste último, a raciocinar desde seu ponto de vista. Pouco importa que se lhe atribua a *virtù* de Bruto ou então uma miserável ambição, as qualidades do modelo são indiferentes. Apenas retém nossa atenção o lugar que ele ocupa e que nós ocupamos, em decorrência, na imaginação. Sem que o soubéssemos, produziu-se uma transferência para o personagem do conspirador como tal; somos transportados até sua posição e a partir dela devemos pensar a racionalidade da ação.

Mas esse movimento não se impõe somente pelo fato de ser seu o papel principal e de ele captar toda a nossa atenção. O essencial é que ele se reveste pouco a pouco, através das múltiplas descrições do autor, dos próprios traços do príncipe. Como ele, só está à altura de seu empreendimento se seu desejo não o cega, se aprecia justamente os sentimentos do povo, se conhece a imagem que oferece de si mesmo a seu adversário, se, enfim, não deposita sua confiança em ninguém. Este último traço é decisivo: o conspirador pode ser obrigado a buscar apoios; não deve em nenhum caso depender de outros; precisa estar só e assumir sua solidão. Essa condição faz que descubramos nele o ator completo. Mas a descoberta implica uma novidade, pois o ideal se separa assim da imagem do soberano. O conspirador não é somente o igual do príncipe ou sua figura invertida no espelho. Diferente de seu adversário, ele não representa a lei; no momento em que ataca a autoridade estabelecida, ele a transgride. Como se diz, ele se converte num fora da lei e, ao fazê-lo, revela, fora de seus limites, a verdade da ação. Certamente, quando falava do "príncipe novo", Maquiavel evocava já a figura do herói que perturba as instituições estabelecidas; quando falava da tirania absoluta, descrevia uma autoridade que se eleva acima das leis ou se erige ela mesma em medida da lei. Mas, ao considerar a autoridade vinculada à pessoa do príncipe, não podíamos deixar de concebê-la no quadro de uma legitimidade, seja instituída ou em vias de se instituir. A autoridade do príncipe aparecia ligada à conquista do *consensus*. Mas, justamente, o *consensus* implicava, mais que a obediência ao príncipe, uma submissão às leis das quais este se fazia a garantia. Vinculada à pessoa do conspirador, a ação se revela como algo que depende de uma autoridade à qual falta o *consensus* e que se afirma por seu afastamento em relação à lei. É verdade que o conspirador pode não querer mais do que tomar o lugar de seu adversário, mas esse não é necessariamente seu projeto: nem Bruto, nem Pelópidas — cujo exemplo é oportunamente citado — propunham-se a apropriação da tirania e, de todas as maneiras, o empreendimento implica uma retirada do espaço público, uma recusa da obediência que, ao mesmo tempo que se dirige a um poder particular, lança seu autor à ilegalidade. É verdade ainda que um futuro *consensus* é postulado: sem o apoio popular, o agressor estaria perdido uma vez derrubado o poder. Mas no presente esse apoio não existe; não há intercâmbio entre o ator e os outros que o esclareça sobre seu comportamento. No momento mesmo em que ele age, seja qual for sua convicção de ser aprovado mais tarde, ele se separa do corpo social. Assim, pois, no conspirador se revela, melhor do que no príncipe, o sujeito político: pois ele é, por excelência, aquele que não dispõe de garantias exteriores, aquele que não conta nem com os homens nem com as instituições, aquele que tem contra si a força do Estado e do costume. Por que é sujeito? Precisamente por isto: porque enfrenta a maior indeterminação no momento em que age; porque se subtrai à influência do real, à influência da lei e à influência de seu desejo para fazer valer a verdade de seu empreendimento. Mas essa é outra maneira de dizer que é Sujeito porque se converte em agente de um curso novo, porque rompe com a ordem das coisas estabelecidas. De resto, entre a conspiração contra o príncipe e o desapego ao passado, Maquiavel estabelece um vínculo no começo do capítulo que permite medir o verdadeiro desafio de sua análise. Ao se proclamar seguidor de Tácito, como notamos, recomenda aos homens que reverenciem o passado e se submetam ao presente, que desejem bons príncipes e suportem os outros. A fórmula, dizíamos, é proposta para ser contradita. Mas vale a pena se deter em seus termos para apreciar a amplitude da contradição.

O que se subverte é a ideia de que há um poder e um saber de direito; de que o lugar do sujeito coincide com o do príncipe; o lugar da verdade, com o da tradição — subversão que supõe que seja apreendida a conexão interna entre poder e saber na instituição em que ambos se cristalizam e se petrificam. Maquiavel se empenhou constantemente em afastar seu leitor da Tradição, mas, sem dúvida, não o fez em nenhum lugar com mais audácia do que na advertência que inaugura o segundo livro. É ali que ele desmonta os mecanismos em virtude dos quais o homem é irresistivelmente impelido a reverenciar o passado e a se submeter a ele. É ali que ele mesmo aparece do melhor modo como um conspirador, como aquele que contesta a legitimidade dos grandes Autores, como alguém que só se aproxima deles para realizar seu próprio desígnio, como alguém que se propõe a excitar na alma dos jovens o desejo de fugir dos falsos modelos e de interrogar o passado para transformar o presente. O significado pleno dessa crítica se revela agora na observação de que a submissão ao passado e a submissão ao poder estabelecido são uma e mesma coisa. Se à primeira denominávamos "crença" e "obediência" à segunda, diríamos de bom grado que só há obediência ao príncipe em razão da crença na inelutabilidade de sua função dentro da ordem das coisas e que só há crença nessa ordem em razão de uma obediência aos comandos do poder. De maneira oposta, o Sujeito do conhecimento e o Sujeito da ação se erigem na investigação criminal do que ainda não foi pensado ou ainda não foi feito — ou na vontade criminal de extrair do presente a matéria de um pensamento ou de uma ação novos. Mas, do mesmo modo que a emancipação em relação aos Autores, o questionamento dos antigos modelos de vida não implica a rejeição de sua herança — eles abrem a via ao conhecimento da História —, do mesmo modo a tomada de distância em relação ao poder estabelecido não acarreta a denegação do poder como tal, mas faz surgir uma relação nova do Sujeito político com o poder. As figuras do pensador e do político não se confundem com a do conspirador de fato, mas desde o lugar do conspirador se esclarece uma dimensão do pensamento e da ação que está velada no lugar onde reina o príncipe ou o autor.

Nesse lugar, a autoridade tende a se definir na conjunção da obrigação e da conservação. O que se encontra então obliterado por aquele que a exerce, ou arrisca sê-lo, são a existência do Outro e a mudança. E, simultaneamente, ela se dá na representação coletiva sob o signo da transcendência: brilha inalterável por detrás de suas manifestações sórdidas. Por mais censurável que pareça a conduta do príncipe, sua função permanece inscrita na ordem das coisas aos olhos da coletividade. Em compensação, o que se revela desde o lugar do conspirador é que não há em si uma ordem das coisas, que o que assim se denomina não pode ser separado de uma relação de fato, sempre modificável, entre as vontades e as forças, que a perpetuação da mesma é um engodo no qual estão veladas as alterações do corpo social, recusadas as novas necessidades, as novas aspirações dos governados. O empreendimento do conspirador — esteja consciente ou não de seu papel — revela que não há coincidência entre a pessoa do príncipe, a autoridade que ela pretende encarnar, o poder que supostamente assegura seu estabelecimento e a lei da qual ela se faz representante. Mesmo quando a agressão parece se dirigir apenas contra o tirano no poder, ela abala a autoridade como tal, pois se mostra que esta não reside em seu agente, que é sustentada por aqueles que se submetem a ela e que se articula ao real, do qual oferece a garantia; ela abala o Poder porque ele se desvela como simples órgão de repressão quando a autoridade dele se separa; ela abala a lei porque mostra-se ainda que esta supõe uma fé coletiva e que, se assinala o limite do desejo dos homens, não pode se subtrair à sua influência sem derivar no engano.

Essas reflexões, é verdade, só parecem se aplicar às conspirações dirigidas contra um príncipe. Contudo, numa república, a tentativa de subverter o poder não deveria se revestir do mesmo significado. O lugar do conspirador não deveria abrir a mesma perspectiva, uma vez que ali, justamente, ninguém toma sobre si toda a autoridade e há um deslocamento de direito entre as diversas instâncias da política. Ora, é um fato que Maquiavel trata deste último caso no final de seu capítulo como se não fosse substancialmente diferente do primeiro. De novo adota sucessivamente o ponto de vista dos governantes e de seu agressor, como se apenas a objetividade científica exigisse especificar as modalidades de defesa e de ataque nessa segunda hipótese. Por esse procedimento, leva o mais longe possível o movimento subversivo que transformava nossa representação do Sujeito político e sugeria o conteúdo prático de sua análise. O que ele nos mostra, com efeito, é que, a despeito das aparências, o regime republicano tende a se petrificar segundo um processo idêntico ao da monarquia; que ele incita o governante a se identificar com o poder, com a autoridade e com a lei, a ponto de se cegar em relação à sua tarefa; que o Sujeito político deve se afirmar na crítica dessa identificação e na liberdade da transgressão. A audácia do escritor se faz notar mais uma vez nas precauções com as quais envolve em primeira instância seu procedimento. Assim, propõe ao começar que as conspirações só poderiam nascer numa república corrompida: "Numa república sã, em que nada dá matéria ao mal, semelhantes projetos não podem ocorrer a ninguém". Observação que é desmentida algumas páginas adiante, quando, considerando os empreendimentos de dois ambiciosos, Spurio Cássio, rico demagogo que tentou corromper o povo distribuindo-lhe trigo, e Mânlio Capitolino, glorioso general invejoso dos êxitos de Camilo, ensina que na época de sua maior força a República não estava ao abrigo dos complôs. Esses exemplos mostram então que o regime são e o regime corrompido diferem somente na possibilidade de, em um, golpear o agressor ante os primeiros sinais do complô, enquanto no outro deixa-se que ele adquira os meios de agir; na unanimidade do povo, em um, em apoiar os defensores da lei, enquanto no outro ele está dividido o suficiente para permitir uma intervenção oportuna contra ele. Mas, no primeiro momento, o elogio do regime que não dá matéria ao mal fornece ao leitor uma garantia de fidelidade à opinião comum. Ademais, o argumento é habilmente dividido em duas partes, de tal modo que a análise das conspirações parece se fechar com os conselhos inofensivos prodigalizados aos príncipes e aos dirigentes republicanos, enquanto se prossegue nos capítulos seguintes até recolocar o leitor, com uma nova crítica da política de Soderini, em contato com os acontecimentos mais próximos. O que disfarça, em particular, esse corte é a passagem da posição do conspirador para a de reformador ou, de maneira mais geral, o deslocamento que se efetua das qualidades específicas do conspirador até a figura do Sujeito político.

Os exemplos de Spurio e Mânlio, objeto do capítulo 8, não constituem somente a prova de que uma república está sempre exposta às ameaças dos conspiradores. Eles não permitem apenas reatar com a análise interrompida no capítulo 6 e modificar uma de suas últimas proposições. Seu interesse está no fato de eles evidenciarem a dupla relação que o homem político mantém com o real e com seu desejo e de vincularem o problema do sujeito com o do Estado. Num primeiro momento, Mânlio e Spurio são censurados por não haver compreendido que "numa república corrompida os meios para alcançar a glória não são os mesmos que numa república que não está politicamente morta". O erro denunciado é então o de "não saber observar sua época e conformar-se a ela". Mas esse erro parece inicialmente inevitável. Com efeito, e apesar das aparências, não cabe concluir de uma comparação entre esses desafortunados ambiciosos e Mário e Silas que o êxito destes últimos está fundado sobre um conhecimento justo da situação. A verdade, no entanto, emprestada de Tito Lívio, é que eles foram favorecidos pelas circunstâncias.

Se Mânlio tivesse nascido na época de Mário e Silas, quando os costumes já estavam corrompidos, de modo que poderia tê-los dirigido segundo sua ambição, teria tido o mesmo êxito que Mário, Silas e todos aqueles que aspiraram depois à tirania. Do mesmo modo, se Mário e Silas tivessem nascido no tempo de Mânlio, seus propósitos teriam sido igualmente sufocados.

Mas esse julgamento é imediatamente corrigido, uma vez que, após haver admitido que Mânlio teria sido considerado como um homem raro e digno de passar à posteridade se o acaso o tivesse feito nascer num Estado corrompido, Maquiavel reabilita o saber afirmando que "todos aqueles que querem fazer alguma mudança no governo de uma república, seja em favor da liberdade, seja em favor da tirania, devem examinar atentamente qual é o estado em que essa república se encontra e julgar por isso a dificuldade de seu empreendimento". O apelo a tal exame supõe que o indivíduo pode resistir à sua inclinação e governar sua ação em lugar de se deixar levar pelas circunstâncias. É verdade que o exemplo de Bruto já nos havia convencido, mas o novo enunciado do problema é suficientemente geral para substituir a figura do ambicioso sem escrúpulos pela do político devotado à causa do Estado. O que se diz do primeiro, com efeito, é aplicado ao segundo. E o mesmo raciocínio se impõe, a saber, aquele que, a partir da constatação de uma inelutável determinação do ator, conduz à ideia de que, uma vez reconhecida essa determinação, ela pode ser dominada. O ponto de partida do capítulo seguinte é agora esta verdade universal: "O homem que se extravia menos e encontra o êxito é aquele cujo modo de proceder está de acordo com as circunstâncias favoráveis, mas então, como sempre, ele não faz mais do que obedecer à força da natureza". O exemplo que a sustenta é o de um cônsul admirado por sua prudência — não o de um aprendiz de tirano, mas o de um romano que os sábios de Florença se orgulham de imitar quando buscam evitar um combate com seus adversários: Fábio Máximo. Esse Fábio não é o intrépido capitão que infringe as ordens do Senado ao se lançar na perseguição dos etruscos na floresta Címina. Seu mérito é ter sabido dobrar a impetuosidade de Aníbal por hábeis manobras que impediram um enfrentamento perigoso para os romanos. Maquiavel não hesita em falar desse chefe glorioso nos mesmos termos em que, um momento antes, falou de Mário e Silas. Afirmando que seus êxitos foram efeito de um feliz encontro entre seu caráter e as circunstâncias, que "se tivesse sido rei de Roma", quer dizer, se subtraído ao controle da coletividade, não teria deixado de provocar a ruína do Estado por sua obstinação em perseverar na mesma estratégia, convida o leitor a medir o conflito que opõe a rigidez da natureza humana às exigências da mudança e, simultaneamente, arruína a ideia ingênua do bom modelo. Descobrimos que a prudência de Fábio não é intrinsecamente boa. Ela apenas tem valor em condições determinadas. Essa crítica atinge imediatamente Soderini, cuja habilidade em contemporizar foi eficaz enquanto as circunstâncias o requeriam, depois o perdeu quando ele precisou assumir o risco do combate. Mas Maquiavel diz somente isto: "Duas coisas se opõem àquilo que podemos mudar: primeiramente, não podemos resistir às inclinações de nossa natureza; depois, um homem ao qual determinada maneira de agir sempre trouxe perfeitamente êxito, não admitirá jamais que deve agir de outro modo". Faz-nos pensar assim que é impossível vencer a onipotência da natureza e do costume. Caberia então concluir que Soderini fez o que lhe era permitido fazer dadas a natureza de seu temperamento e as condições da época: sua prudência o perdeu após tê-lo levado à frente do Estado, assim como a audácia de Júlio II o teria perdido se as circunstâncias tivessem exigido dele ações de um novo estilo. O que há de notável é que a mesma conclusão vale para o Estado e para o indivíduo. Quando Maquiavel denuncia o risco que a prudência de Fábio poderia representar para o Estado romano, ele louva os méritos do regime republicano cuja superioridade está em poder tirar partido de diversos tipos de caráter: "Roma era uma república que produzia cidadãos de todos os tipos de caráter; assim como produzia um Fábio, excelente quando era preciso arrastar a guerra por longo tempo, produzia também um Cipião quando era tempo de vencer". Mas um momento mais tarde o elogio é anulado. Após haver notado que os indivíduos são prisioneiros da natureza e do costume, o escritor acrescenta: "Daqui se origina também a queda das cidades, porque as repúblicas não mudam suas instituições com os tempos, como mostramos. Elas têm, é verdade, esta desculpa de que, para determiná-las a isso, é preciso que cheguem os tempos que as abalem inteiramente, e não basta para salvá-las que um único homem modifique seu comportamento". Se nos ativéssemos a essa linguagem, a mudança voluntária seria, pois, inconcebível: a inércia do indivíduo seria tal que seria vão imaginar uma modificação de sua parte que lhe permitisse fazer face a necessidades novas e, por exemplo, salvar o Estado; a inércia do Estado seria tal que uma ação nova seria impotente para transformar oportunamente suas instituições. Mas já observamos que Maquiavel só emprega essa linguagem para abandoná-la. O fatalismo, uma vez mais, é introduzido apenas para ser descartado.

Se analisarmos mais de perto o exemplo de Fábio, como o capítulo seguinte nos convida a fazer, devemos convir que sua prudência, ainda que respondesse a seu temperamento, estava fundada sobre uma justa apreciação das relações de forças que se haviam estabelecido momentaneamente entre os romanos e os cartagineses. As contemporizações do cônsul se justificavam pelo fato de que suas tropas eram suficientemente poderosas, malgrado a ameaça que pesava sobre elas, para desencorajar um ataque do adversário: mantendo-o à distância, elas o enfraqueciam, o desgastavam e se beneficiavam com o tempo ganho. A reflexão sobre o passado não se limita, portanto, a ensinar o encontro de um caráter com uma situação; ensina também as razões do êxito ou do fracasso. E ao mesmo tempo desvela no presente o erro daqueles que imitam sem compreender. Assim, a verdade se estabelece em dois níveis: é um fato que certos homens dão o melhor de si nas circunstâncias que são mais propícias à manifestação de seu gênio; a estratégia de Fábio em face de Aníbal é um exemplo disso. Mas esse fato pode ser compreendido: o homem de ação instruído pela História pode conhecer os limites de sua inclinação e se libertar deles. Pode igualmente julgar a natureza da situação e buscar se adaptar a ela. Mânlio e Spurio se deixaram levar por sua ambição e fracassaram onde, mais tarde, Mário e Silas triunfaram. Tito Lívio não se engana ao assinalar que a época decide acerca da sorte dos empreendimentos. Mas só enuncia uma meia verdade, pois esse julgamento modifica os dados da ação, funda um saber político, abre à inteligência do presente. Esse saber não falta apenas aos homens de Estado contemporâneos; estes não somente não tiram partido das lições do passado, não somente se abandonam a suas inclinações, mas também se fortificam em seus erros fazendo um falso uso dos modelos antigos. Esse desconhecimento não é um traço de caráter. Quando é descoberto, deve-se antes admitir que irá alimentar um medo que se disfarça com o prestígio da prudência e, sob esse disfarce, contribui para conformar o caráter. Estaríamos enganados se acreditássemos que os governantes no poder se assemelham a Fábio efetivamente e fracassam no momento do maior perigo, como Soderini, porque são prisioneiros de sua natureza. A derrota deste último é o sinal de uma impotência geral para assumir riscos e, mais precisamente, para enfrentar o conflito. Maquiavel se contenta em assinalar aqui que sua fraqueza procede do fato de que eles preferiam abandonar a outros a condução da guerra. Mas nós sabemos que essa escolha é de natureza política, que eles a fizeram por temor de armar o povo. O que é certo é que essa opção os leva a limitar o poder de seus capitães e a conter seus empreendimentos dentro dos mais estreitos limites. "Quando estes príncipes frouxos ou estas repúblicas efeminadas", nota o escritor, "enviam um de seus capitães, a ordem mais sábia que creem poder dar-lhe é a de nunca arriscar a batalha... Acreditam imitar assim a prudência do grande Fábio." Esta última observação acaba invertendo a perspectiva primeira. A prudência romana se revela um álibi para os contemporâneos, mas também um engodo. A razão pela qual um Soderini cai e arrasta em sua queda a República não se restringe ao fato de seu temperamento e seus hábitos o impedirem de "romper com uma política de humildade e paciência" — essa é a razão que ele se dá quando se compara com Fábio. Na realidade, ele jamais compreendeu o que constituía a virtude de Fábio; não poderia compreendê-lo, pois não entendia nada da política, a qual supõe a conquista de um apoio popular.

Nas palavras que dedica a Fábio, Cipião e Aníbal, Maquiavel não cessa de falar de Soderini sem citá-lo. Ao criticar a tese de que é vantajoso evitar o combate, ataca o gonfaloneiro, o qual, por ter querido até o último momento se furtar à prova que lhe preparavam seus inimigos do interior, finalmente perdeu a partida sem lutar.

Entendemos que Soderini pretendeu imitar Fábio e contemporizar, enquanto não tinha tropas seguras. Ele só poderia imitar Aníbal, dado que este, assaltado por Cipião e sabendo que não podia contar muito tempo com suas tropas, se lançou à batalha. "Um capitão", observa Maquiavel, "que por obra do destino se veja à frente de um exército improvisado que a falta de dinheiro ou aliados não lhe permitisse manter por muito tempo, seria um insensato se não tentasse a fortuna antes que seu exército debandasse. Se espera, perde inteiramente; se arrisca, tem uma chance de ganhar." Em vão se objetaria a esse julgamento que Aníbal foi vencido. Com efeito, o que em última análise o capitão ou o político deve considerar "é que, se é preciso perder uma batalha, deve-se ao menos salvar sua glória; e certamente há mais glória em ser vencido combatendo do que sê-lo por qualquer outra razão". Ora, as consequências da ação de Soderini falam por si: ele perdeu o combate e a glória. "Ninguém contesta que Aníbal foi um mestre na arte da guerra", assinala Maquiavel; e deixa a seu leitor o cuidado de acrescentar: ninguém sustentará que Soderini foi um mestre na arte da política. Mas a crítica do gonfaloneiro se faz mais precisa nas últimas linhas do capítulo 10, ainda que apareça sempre por intermédio de um terceiro. Após ter observado que Cipião havia se apropriado de vastos territórios na África e que Aníbal, mesmo se não tivesse sido atacado, não poderia prolongar a guerra por muito tempo, o escritor conclui que, quanto mais um capitão quiser penetrar no país inimigo, tanto menos pode evitar a batalha. Forçado a avançar, não pode se ocultar quando o inimigo vem a seu encontro, e se põe o acampamento diante de uma cidade, se obriga mais ainda ao combate. Essas proposições, um pouco discordantes e perturbadoras, uma vez que Aníbal não estava em país inimigo quando travou combate com Cipião, se esclarecem nas considerações sobre a política do gonfaloneiro antes da queda da República. Com efeito, não cabe dúvida de que ele havia se aventurado nos territórios do inimigo interno impondo a Florença reformas que lesavam os interesses da grande burguesia. Não cabe dúvida de que no espírito de Maquiavel as posições da classe dominante eram tão fortes que se fazia necessário assumir os maiores riscos e dirigir a ofensiva até o final ou esperar para ser derrubado. Não cabe dúvida ainda de que a reação teria atingido Soderini mesmo se os espanhóis não tivessem conduzido seus exércitos diante de Prato, nem que, enfim, não houvesse solução pior do que a que ele adotou: irritar o adversário sem reunir os meios para vencer ou "arriscar toda a sua fortuna sem pôr em jogo todas as suas forças".

Explorando o exemplo de Aníbal para além daquilo que lhe permitem os dados históricos, o escritor chama nossa atenção para o papel que dá a ele. Se critica o modelo de Fábio para substituí-lo pelo do chefe cartaginês (do qual, de resto, voltará a falar abundantemente mais adiante), não o faz com a única intenção de denunciar a fraqueza dos governantes de sua época, de recordar suas causas e de mostrar suas consequências em Florença. Fábio era um servidor leal de Roma, e Roma fazia reinar sua lei sobre imensos territórios. Aníbal era um agressor que pretendia derrubar o Império Romano à frente de um exército improvisado: entre um e outro há a mesma diferença que há entre o príncipe e o conspirador. Assim se realiza, com a secreta identificação operada entre um dirigente florentino e o mais audacioso dos adversários da potência romana, o movimento que, inaugurando-se com a crítica da ordem natural e das leis estabelecidas, erigindo a mutação em necessidade histórica, desvincula o Sujeito político da posição do príncipe e liga a autoridade ao empreendimento revolucionário.

Ao menos, esse movimento se realiza numa primeira etapa. A reflexão sobre o estatuto do Sujeito e da ação se articula agora com a reflexão sobre o presente tão rigorosamente que temos que pensar como um só o problema da teoria política e o da prática hic et nunc. Mas ainda é importante explorar os termos desse problema para conduzir o saber tanto quanto possível para perto do particular, quer dizer, conduzi-lo ao ponto em que o desejo de saber é ao mesmo tempo desejo de agir.

O caminho seguido por Maquiavel nos dez primeiros capítulos do terceiro livro está marcado por dois indicadores que assinalam o desafio de seu empreendimento; o nome de Soderini está ligado a eles. Numa primeira vez, o compara a Bruto, no intuito, nós nos lembramos, de reprová-lo por ter ignorado, após sua instalação no poder, a necessidade de golpear seus próprios partidários. O gonfaloneiro aparece então como um dirigente paralisado pelo temor de ter de sair da legalidade para defender o novo regime. Numa segunda vez, seu exemplo é invocado em relação ao de Fábio e logo secretamente oposto ao de Aníbal; e o que então lhe é reprovado é não haver sabido no momento de maior perigo assumir o risco de uma guerra total contra os inimigos do interior. Seu erro não é mais ter permanecido prisioneiro da legalidade; consiste em haver recusado tomar a frente de uma conspiração para mudar o regime. Essas duas críticas se dirigem contra a impotência para conservar ou para transformar a República florentina. Num sentido, constituem uma verificação da análise teórica, mas são mais que isso, indicam o lugar onde nasce a exigência da teoria. Contudo, ainda ignoramos quase tudo do sentido da ação reformadora ou revolucionária que asseguraria a conservação ou a restauração da República sobre novas bases. Só podemos esperar, prosseguindo nossa marcha, encontrar um novo sinal que nos advirta de que não seguimos uma pista falsa. O fato é que esse sinal surge vinte capítulos adiante, quando o gonfaloneiro é chamado a comparecer uma terceira vez e é julgado, em nome da Bíblia, em termos que fazem entrever a amplitude da reviravolta social da qual se deveria fazer o instigador. Esse retorno às condições presentes da ação nos convida a pensar que as análises que o precedem, as longas considerações tocantes à estratégia do capitão em combate e à natureza de sua autoridade, possuem um alcance político imediato, que a mesma reflexão progride desde o início do livro por vias diferentes.

Ao ver o autor examinar as operações militares, comparar as estratégias utilizadas em diversas ocasiões, sopesar os méritos respectivos do chefe e da tropa, interrogar-se sobre as melhores formas de comando, extrair sucessivamente seus exemplos dos romanos ou dos seus adversários, poderíamos, numa primeira leitura, nos espantar de que semelhante tema o retenha nessa etapa de seu discurso, uma vez que seu lugar estava no segundo livro e não responde à intenção declarada do terceiro. Mas a aproximação operada entre a guerra aberta e a conspiração nos abriu os olhos. Estamos preparados para admitir que tudo o que se disse da guerra é de natureza a iluminar a política. De resto, duvidaremos ainda que o capítulo II — o que inaugura o novo argumento — porá fim às nossas hesitações? Se nos fiarmos no título que o anuncia, seu objeto é demonstrar que "quem tem numerosos inimigos para combater conseguirá vencê-los, ainda que inferior em força, se puder sustentar seu primeiro embate". De fato, trata-se antes de acentuar a liberdade de manobra da qual usufruiu um Estado que, tendo sabido contemporizar face aos adversários coligados, pode conseguir tirar um deles de seu campo e modificar assim a relação de forças em seu favor. Ora, a análise é conduzida de tal maneira que o problema político e o problema militar se mostram análogos. Ao começar, Maquiavel fala, com efeito, das astúcias de Ápio Cláudio, o qual, para proteger o Senado e a nobreza romana das reivindicações dos tribunos, se dedicou a dissociar estes últimos cada vez que uma proposição confrontasse os interesses da classe dominante; depois, evoca sem transição a política de Veneza face às coalizões armadas contra ela — política hábil em 1484 e desastrada em 1508 — para retornar finalmente à tática dos senadores romanos. Obrigando assim seu leitor a esse movimento de pensamento, exige dele tacitamente que transfira ao domínio da política a reflexão que aplicará ao da guerra. Mas talvez devamos reter algo mais do argumento. Nessa ocasião louva a sabedoria de Ápio e parece abraçar o partido dos dominantes (não, aliás, sem cinismo, uma vez que observa de passagem que sempre se encontrava entre os tribunos um desertor possível, medroso, corruptível ou amigo do bem público). Ora, semelhante elogio não pode deixar de desarmar seus adversários nem de dividi-los no momento mesmo em que estão prestes a tomar um caminho perigoso. Em compensação, ele se faz um cúmplice do leitor disposto a segui-lo: ele o adverte de que suas próximas palavras devem ser decifradas.

Se ouvimos essa advertência, a questão tratada neste capítulo 11 pode ser referida ao presente. Ainda que o autor não faça nenhuma alusão aos recentes conflitos que dilaceraram a República florentina, podemos supor que o dirigente Soderini, de quem se falava um pouco antes, é de novo visado. O fato é que ele não soube elaborar uma estratégia contra seus adversários quando ainda era tempo. Não soube responder com uma manobra de divisão à coalizão que as principais facções da grande burguesia montaram contra ele. Não obstante, as rivalidades entre as grandes famílias permaneceram agudas. Entre os Piagnoni, os Arrabiati e os partidários dos Médici haviam irrompido demasiadas querelas para que o acordo do momento fosse sólido. Sem dúvida, trata-se de uma simples hipótese, mas o capítulo 12 dá a ela um peso singular, pois aprofunda a crítica esboçada da ideia da necessidade e contém, dessa vez, uma referência precisa aos acontecimentos que provocaram a queda do regime republicano. Maquiavel afirma nele que "um capitão hábil deve colocar seus soldados na necessidade de combater e eliminá-la de seus inimigos". Ora, a ideia não é nova, mas é reformulada num bom momento para completar o argumento precedente. Ao considerar os dois capítulos ao mesmo tempo, nos damos conta, com efeito, de que eles destroem a tese em geral difundida segundo a qual as relações de força decidem rigorosamente a sorte do acontecimento. Essa tese alimenta o fatalismo, permite supor que numa situação dada uma só saída é possível; que a crise política de Florença deveria necessariamente, portanto, desembocar na ruína da República e na capitulação diante dos espanhóis. Ela implica dois erros; por um lado, é inexato que o ator em posição de fraqueza esteja condenado ao fracasso: só o está se a força adversa está em condições de se manter unida no tempo, se não se choca contra obstáculos que a dissociem; por outro lado, ater-se a uma apreciação objetiva é enganar-se sobre a natureza das forças, pois o que constitui a potência do combatente não são apenas seu número e suas armas, também é a consciência do risco. Ora, consideradas as coisas desse modo, o problema da ação militar ou política se complica. Com efeito, recairíamos no objetivismo se supuséssemos que a diferença dos riscos no combate é um dado de fato. Ela somente tem um efeito bruto quando os adversários se deixam determinar de imediato pela situação. Mas por pouco que alguém, consciente desse efeito, saiba controlá-lo, por pouco que suscite em suas tropas o sentimento de que aquilo que está em jogo é mais elevado do que parece, por pouco que persuada as tropas do adversário de que é, ao contrário, menos elevado, em resumo, por pouco que obrigue os seus à necessidade de combater e convença os outros de que nada arriscam em depor as armas, a relação de potência é modificada. Os exemplos escolhidos apoiam habilmente essa crítica. De fato, considerando-se as guerras de conquista conduzidas por Florença e outrora por Roma, fica patente, em primeiro lugar, que a potência do combatente se multiplica quando ele tem a convicção de lutar por sua vida ou pela liberdade. Na época contemporânea, Florença experimenta essa verdade às suas custas: "Rodeada de cidades livres, [ela] encontrou muito mais dificuldades para vencer do que Veneza", pois esta se chocou com vizinhos mais potentes, mas cujos povos estavam acostumados à dominação de um príncipe. Na Antiguidade, os samnitas, os volscos e os équos oferecem o espetáculo de cidades obstinadas na defesa de sua independência contra o conquistador romano. Mas essas observações não oferecem ainda senão uma meia verdade. A comparação entre Roma e Florença ensina, por outro lado, que uma dispunha de capitães suficientemente hábeis para levar seus adversários a crer que eles se salvariam por uma rendição, enquanto a outra, ameaçada pelo invasor, foi suficientemente covarde para acreditar nas promessas de paz que lhe foram feitas. Ora, esse julgamento, se nos recordamos do objeto do capítulo, requer uma interpretação política. Uma vez constatado que os florentinos não tinham nem a virtude dos romanos, quando tratavam de conquistar, nem a dos samnitas, quando sua liberdade estava em perigo, coloca-se o problema de saber o que poderia ter sido feito em 1512 para pôr os florentinos na necessidade de combater, qual iniciativa deveria ter sido tomada para tornar evidente a importância da questão e para dar à guerra o caráter de uma luta pela vida — de uma luta tal que a causa da liberdade se tornasse uma causa vital. Nenhum capitão empregou com os florentinos a linguagem que Maquiavel põe na boca do chefe samnita Cláudio Pôncio: "*Justum est bellum, quibus est necessarium; et pia arma, quibus nisi in armis spes est*" [Justa é a guerra quando é necessária; e piedosas as armas quando só há esperança nas armas]. Podemos pensar que ninguém a empregou porque não havia ninguém para escutá-la, porque era vão chamar à guerra quando faltavam as tropas. Soderini não pode falar como Cláudio Pôncio porque este último — não toma o autor o cuidado de assinalá-lo? — partilhava com seus soldados a ideia de que a necessidade os colocara em posição de vencer. Mas talvez lhe fosse preciso encontrar os meios para se fazer escutar e, se os florentinos não estavam dispostos a se defender, para agir de tal modo que eles se sentissem obrigados a isso ou adquirissem subitamente o desejo de fazê-lo. Não é temerário pensar que Maquiavel se interessa ao máximo por esse problema. De resto, temos uma boa razão para crer que ele não o perde de vista: vinte capítulos adiante examina "os meios que alguns têm utilizado para se opor a um projeto de paz" (*quali modi hanno tenuti alcuni a turbare una pace*). Aprendemos então que "para tirar de um povo ou de um príncipe todo desejo de chegar a um acordo, não há certamente remédio mais eficaz nem mais durável do que fazê-lo cometer algum crime atroz [*grave scelleratezza*] contra aquele com o qual queremos impedir que se reconcilie". É verdade que os exemplos que apoiam essa tese não nos incitam a operar uma aproximação com a situação de Florença. Mas, seguramente, o fato de essa aproximação não ser explícita é importante. Não deve sê-lo, com efeito, se Maquiavel dissimula uma verdade muito mais escandalosa ainda do que aquela que enuncia nessa passagem; se essa verdade, aos olhos de alguns, é a mais criminosa possível. Devemos segui-lo passo a passo para descobri-la. Mas, se nos mantivermos atentos ao nosso problema, não teremos necessidade de esperar muito tempo para perceber os primeiros indícios da resposta. Imediatamente após haver acentuado o papel que a necessidade desempenha na guerra e o uso que um chefe hábil pode fazer dela, nosso autor, com efeito, apresenta uma questão cuja necessidade, nesse lugar do discurso, é no mínimo duvidosa: quem deve inspirar mais confiança, um bom capitão que possui um mau exército ou um bom exército que possui um mau capitão? Por outro lado, essa questão se mostra mal formulada, e o escritor a propõe apenas para descartá-la. Maquiavel em princípio se opõe à afirmação de Tito Lívio, de que "a República romana devia menos seu engrandecimento ao valor de seus soldados do que ao de seus chefes": "Vemos [...] em várias passagens de sua história soldados privados de capitão dar provas admiráveis de bravura e mostrar após a morte dos cônsules mais ordem e intrepidez que antes". Mas imediatamente após reabilitar a tropa, ele concorda com César que um mau exército dirigido por um bom capitão é tão pouco estimável quanto um mau capitão à frente de um mau exército. Além disso, uma vez mudados os termos da questão, a incerteza se mantém. Ao ter se perguntado se é mais fácil a um hábil capitão formar um bom exército ou a um bom exército formar um bom capitão, o autor conclui que "as coisas parecem iguais [...] dos dois lados". Da discussão parece emergir esta única verdade positiva de que é preciso louvar duplamente os capitães que souberam comprovar seus méritos em face de seu inimigo e de seu próprio exército, aqueles que aliaram à qualidade do combatente a capacidade de formar os soldados. O mínimo que se pode dizer é que essa conclusão, tomada literalmente, seria de pouco alcance. Nós a acolhemos com perplexidade... Contudo, ela adquire um destaque totalmente diferente se a articularmos à discussão precedente, se, sob a máscara do capitão, restabelecemos a figura do político e substituímos o exército pelo povo.

Então o argumento se reconstitui em dois momentos. Em primeiro lugar, a tese daqueles que proclamam ser seguidores de uma concepção aristocrática da política é descartada: entendemos que é um erro acreditar que as virtudes do povo dependem das de seus governantes; um povo civilizado é capaz de agir com sabedoria mesmo que aqueles que o dirigem cometam erros; o que é unicamente verdade é que quando ele mesmo está corrompido não basta um homem de *virtù* para recolocá-lo no bom caminho. Esse primeiro momento não contém nada que Maquiavel não tivesse já afirmado: não faz mais do que preparar o segundo. Com efeito, apenas sob a condição de rejeitar a imagem convencional da autoridade do governante poderemos acolher a ideia de um empreendimento político de um caráter inteiramente novo. Essa ideia mesma se insinua apenas no vazio de uma oposição artificial cujos termos permanecem submetidos à tradição: o que é mais provável, que um bom dirigente insufle a virtude ao povo ou que um bom povo forme um bom dirigente? O não dito é que um chefe pode fazer surgir uma massa nova, uma massa com a qual o adversário não contaria mudar, portanto, as bases do regime. Os exemplos de Tibério Semprônio Graco, de Pelópidas e de Epaminondas nos remetem a esse não dito.

O elogio do capitão fundador, desconcertante à primeira vista, se mostra assim motivado com precisão. O que um dirigente político poderia fazer em Florença durante uma crise na qual o apoio da burguesia fazia falta era buscar um apoio entre aqueles que se encontram ordinariamente excluídos do jogo político, nas camadas oprimidas, pois elas são as únicas capazes de combater quando descobrem que sua própria emancipação está em jogo. Seu empreendimento devia ser o equivalente ao de Graco, que, para reforçar o exército romano, foi encarregado de armar uma grande quantidade de escravos e conseguiu transformá-los em "tropas excelentes"; ou o equivalente ao de Pelópidas e de Epaminondas, os quais, após terem libertado sua pátria do jugo da tirania, "prontamente converteram os camponeses tebanos em intrépidos soldados". Ainda convém observar que esses exemplos são os mais propícios para assegurar a passagem do militar ao político, uma vez que tornam sensível a necessidade que presidia a vitória: os escravos sabiam que combatendo Mitrídates lutavam por sua libertação; os tebanos, que defendiam a recuperação de sua independência. Assim, eles permitem captar do melhor modo a intenção do escritor: para combater os espanhóis e impedir o retorno dos Médici era preciso fazer um apelo aos homens que estivessem convencidos de defender sua própria causa, era preciso mobilizar a plebe.

Contudo, mal nos foi imposta, a figura do capitão fundador se desvanece. Maquiavel acentua no capítulo seguinte a importância de que se revestem os estratagemas na guerra. Em seguida, consagra um longo desenvolvimento para provar que o comando militar não deve ser dividido, analisa os conflitos que opõem a República aos chefes de talento e, num capítulo particularmente obscuro, comenta o juízo de Epaminondas segundo o qual "nada há mais digno de um capitão que saber prever os propósitos do inimigo". Em vão nos poríamos a descobrir uma necessidade lógica nessas palavras se nos ativéssemos à sua letra. Mas a convicção que adquirimos de que a análise da guerra serve de suporte à da política nos convida a investigar o encadeamento dos pensamentos que o escritor mantém ocultos. Certos sinais nos põem imediatamente sobre sua pista. Após haver louvado os capitães que souberam criar seu próprio exército, Maquiavel se dedica no capítulo 14 a mostrar os efeitos que produzem as invenções ou as palavras novas em meio a um combate (*le invenzioni nuove che appariscono nel mezzo della zuffa e le voci nuove che si odono*). Ora, pode-se imaginar melhor *invenção* que o armamento de tropas cuja aparição o adversário não previa e palavra mais nova que a de um chefe político que apela aos oprimidos a combater por sua liberdade? Mas talvez coubesse imaginar que esses sinais falariam apenas à nossa imaginação se não fossem acompanhados de uma referência muito precisa às situações que acabam de ser analisadas. Com efeito, no corpo do capítulo se trata de um estratagema concebido por um ditador romano:

Este ditador prestes a travar batalha com os gauleses deu armas a todos os criados [*gente vile*] que se encontravam em seu campo, os fez montar sobre mulas e outros animais de carga, juntou insígnias e armas que lhes havia dado a fim de que parecessem ser da cavalaria, os colocou atrás de uma colina e lhes ordenou que se descobrissem e se mostrassem ao inimigo quando recebessem a ordem no maior calor do combate. A astúcia foi perfeitamente executada e assustou de tal modo os gauleses que estes perderam a batalha.

Entre o armamento dos criados de Sulpício, o dos escravos de Semprônio Graco e o dos fracos tebanos de Epaminondas e Pelópidas, a semelhança é evidente. Nos três casos, a arte do capitão consiste em criar uma força nova para suprir uma força enfraquecida. Nos três casos, a inovação faz com que, por contraste, seja ressaltada a carência dos dirigentes da época e permite compreender sua razão. De fato, se os políticos florentinos foram, e continuam sendo, impotentes para encontrar vias inéditas para assegurar a salvação comum, não seria por falta de imaginação mas porque estavam, e continuam, apavorados ante a ideia de armar homens aos quais consideram mais perigosos que seus adversários, quer dizer, o povo das classes baixas. Se eles têm uma concepção grosseira das relações de forças e atribuem seus fracassos à necessidade, é para ocultar a si mesmos a possibilidade de uma mudança a que temem acima de tudo. Todavia, o exemplo dos arreeiros de Sulpício lança uma luz nova sobre essa mudança, uma vez que associa a invenção ao estratagema. Na sequência do texto, Maquiavel empregará inclusive o termo *engano* (*inganno*) e depois, *ficção* (*fitto*), para caracterizar o procedimento. Não devemos entender que o exemplo dos escravos romanos ou o dos tebanos é já testemunho disso? O primeiro exemplo do capítulo trata da conduta de um capitão romano, Quíncio. Este, ao perceber a queda de uma ala de seu exército sob o choque dos volscos, "gritou que se mantivesse firme porque a outra ala era vitoriosa". Aprendemos que com essas palavras reanimou a coragem de seus soldados, assustou o inimigo e obteve a vitória. Contudo, esse modelo de habilidade só é mencionado brevemente. Serve para introduzir outro exemplo, este moderno, que ilustra os efeitos catastróficos de uma palavra mal compreendida. As tropas improvisadas pela facção dos Odi para recuperar Perugia, então sob a tirania dos Baglioni, são tomadas de pânico quando o homem encarregado de romper as correntes que barravam o acesso às ruas, impedido em seus movimentos, grita "para trás". As duas observações concernem à psicologia das massas; ensinam que, disciplinadas ou não, elas são instáveis, estão à mercê de um sopro (*vento*). Maquiavel observa precisamente que, se o exército romano estava pronto a dar meia-volta sob o efeito de uma simples palavra, tanto mais será o caso de tropas sem disciplina. Mas, fazendo isso, estabelece que entre eles só há uma diferença de grau na credulidade. Com seu argumento, pretende nos convencer de uma vez por todas de que a força do exército não depende principalmente de sua formação técnica, mas que se baseia na confiança que lhe inspiram seus capitães.

> Deve-se [concluir] que a disciplina é menos necessária no exército para lhe ensinar a combater com ordem do que para impedi-lo de se romper ao menor acontecimento imprevisto [...]. Um bom capitão deve, pois, dedicar-se sobretudo a assinalar bem aqueles que receberão suas ordens para transmiti-las aos demais, e habituar seus soldados a não escutar senão esse porta-voz.

Essa conclusão, traduzida em termos políticos, destrói a tese daqueles que recusam à massa o poder de agir com disciplina. Dá a entender que não poderíamos nos basear nas qualidades supostamente intrínsecas da massa para apreciar sua conduta, que o que conta é a relação que ela mantém com a autoridade. Não é temerário propor esta interpretação: se os florentinos se dispersaram ao primeiro rumor que anunciava o retorno dos Médici, teriam igualmente podido se superar se um chefe hábil tivesse escolhido o bom momento para incutir neles fé em si mesmos. O que se mostrou com a leitura do capítulo anterior é que essa fé implica a convicção de combater para si. O que se mostra agora é que ela implica a confiança naquele ou naqueles que fazem brilhar a imagem do êxito.

Mas se mostra também que a confiança se estabelece graças à invenção mesma, a qual compreende uma mistura de verdade e ficção ou, mais exatamente, uma parte de engano. Ainda que Maquiavel se abstenha de dizer algo mais preciso sobre esse engano, a comparação entre os exemplos propostos no início e ao final do capítulo permite entender seu propósito. No início do capítulo, o exemplo de Quíncio revela a necessidade de enganar ao mesmo tempo seus adversários e seus partidários. Dando a crer que a relação de forças lhe é favorável, o capitão desencoraja uns e decuplica a energia de outros. Contudo, esse engano parece inocente, e o autor evita inclusive o emprego do termo para qualificar essa feliz invenção, que aliás também não analisa. Ao contrário, na segunda parte do capítulo se multiplicam os exemplos de invenções afortunadas e desafortunadas, analisados em virtude da relação que neles se estabelece entre verdade e ficção, mas trata-se então somente de estratagemas empregados contra o adversário. A nós, leitores, cabe lembrar que o capitão engana ao mesmo tempo suas próprias tropas e as de seus inimigos. Os exemplos escolhidos revelam que ali onde só há ficção o estratagema fracassa. Assim, Semíramis, para enganar o rei das Índias, põe sobre seus camelos peles de búfalo e de vaca que lhes dão a aparência de elefantes: sua astúcia é frustrada. Os fidenates creem aterrorizar os romanos fazendo sair de sua cidade, em pleno combate, numerosos soldados levando tochas na ponta de suas lanças: o ditador Mamerco não se deixa confundir. Trata-se de puros simulacros, cuja vanidade é denunciada ante o artifício empregado por Sulpício, o qual dá armas aos homens que pertencem às mais baixas camadas da sociedade, homens que, embora não sendo soldados, podem utilizá-las e que, não dispondo de cavalos, evoluem sobre mulas. Esses homens são cúmplices do estratagema face ao inimigo, mas são também vítimas dele na medida em que se lhes faz desempenhar um papel para o qual não têm condições. Embora vítimas, possuem os meios de combater, do que decorre que sejam inquietantes *vistos de longe*. Ora, se é verdade que essa massa nova no campo de batalha ocupa simbolicamente o lugar da massa na cidade, não devemos concluir que esta não poderia ser mobilizada sem ser enganada, nem enganada sem que a ficção não se associe a uma verdade? Esse julgamento modificaria o do capítulo anterior sem anulá-lo. A tarefa do homem político na crise, como a do capitão na situação de perigo extremo, diríamos, é abandonar as vias ordinárias e recrutar combatentes que se sabem na necessidade de lutar. Mas para concebê-la é preciso antes que ele compreenda que a ficção não basta — saber de que carece Soderini, demagogo sem audácia, satisfeito em atrair mediante o chamariz das reformas, tal como os fidenates se contentaram em acender fogo na ponta de suas lanças — e que a revolução não suprime a opressão e a desigualdade, uma vez que, como os tebanos contentes com sua independência, como os escravos de Semprônio Graco contentes com sua libertação, a populaça, contente com seus novos direitos, continuará a obedecer.

Assim, pois, o saber do verdadeiro capitão e do verdadeiro político deve ser grande. E é preciso louvá-lo duplamente por conhecer a medida do real e a do imaginário. Não obstante, Maquiavel escolhe o momento em que descobrimos toda a extensão de seu papel para declarar que não é necessário que ele possua qualidades extraordinárias. Após haver notado no capítulo 15 que o essencial é não dividir o comando entre vários indivíduos, que inclusive Roma esteve muito perto de ser derrotada por haver faltado a essa regra (que ela o teria sido se o exército não tivesse sido salvo pelo valor de seus simples soldados), ele propõe que vale mais colocar à frente de uma expedição um homem *di communale prudenzia* do que dois chefes *valentissimi*. Para dizer a verdade, já sabíamos que o autor de um grande empreendimento deve ser o único a decidir seu curso e não contar com ninguém. Sem dúvida, é importante recordar nesta altura o discurso de que a autoridade não é uma qualidade da pessoa, de que ela se dá na relação que se estabelece com as instâncias do campo no qual se inscreve a ação. Mas talvez exista um motivo preciso para chamar nossa atenção sobre o homem *di communale prudenzia*. De fato, no capítulo seguinte aprendemos por que uma república acaba frequentemente por dividir o comando. Em vez de confiá-lo a alguém que deu prova de seus méritos, ela é tentada a eliminar esse e dividir o comando entre os mais hábeis em ganhar seus favores. Assim se conduziu Florença: o único capitão que desde 1494 havia mostrado como era preciso comandar, Antonio Giaccomini, foi afastado da guerra contra Pisa: "Nem sequer pôde encontrar um lugar entre os três comissários escolhidos para conduzir o sítio". Maquiavel não nos permite duvidar de que esse traço não seja acidental. Para ele, é uma regra o fato de que os homens escolhem demagogos logo que já não são mais coagidos pelas circunstâncias — quer dizer, sob o efeito do perigo — a buscar o mérito. Podemos sonhar em remediar esse mal: imaginar uma república que se encontre em tal estado de pobreza que a corrupção não tenha influência sobre ela, ou que viva sem trégua em meio a conflitos de tal sorte que o mérito seja nela sempre honrado: a história ensina — a começar pela de Roma — que, alcançado certo grau de potência, a cidade sofre de um relaxamento dos costumes e se afasta dos homens de talento, o que significa que não há coincidência entre a autoridade de direito e a de fato; mais, que suas figuras estão frequentemente invertidas. Ali onde a autoridade é de direito, reinam os medíocres, cujo poder de fato se disfarça sob as insígnias da legitimidade; ali onde a autoridade é de fato, onde se afirma fora das leis, alçam-se homens que conquistaram pela experiência um direito a comandar ou guiar. A imagem do personagem de "prudência ordinária" é oportuna para pôr em evidência a oposição. Pois não convém evocar o caso do grande homem injustamente relegado. Isso seria dar a crer que a injustiça é excepcional, quando ela depende da natureza da democracia, a qual, uma vez separada das coações cujo efeito era dar-lhe maior força, favorece a corrupção. A análise esclarece assim com uma luz singular a posição do capitão ou do político. Com efeito, se a virtude do regime republicano consistia em assegurar a seleção dos melhores, todo conflito entre os detentores do poder e seus adversários seria um conflito entre a lei e aqueles que querem violá-la; toda conspiração encobriria um crime contra a República. Mas se a seleção se opera em favor dos ambiciosos, esse conflito adquire outro sentido. Os oponentes não estão necessariamente a serviço da tirania. Eles podem lutar contra a tirania dissimulada dos homens no poder. Eles não estão necessariamente dispostos à agressão, mas às vezes se veem obrigados a ela como resposta a uma primeira agressão que procede do poder. Ademais, nos espantamos equivocadamente dos empreendimentos armados contra o Estado levados a efeito por homens distinguidos por sua dedicação à causa pública. Deveríamos antes nos espantar da resignação daqueles que permanecem na disciplina apesar da injustiça que sofrem. No final do capítulo 16, Maquiavel observa a propósito de Antonio Giaccomini: "Foi preciso que sua paciência e sua integridade resistissem para que ele não desejasse se vingar, seja para a ruína do Estado, seja para a perda de alguns de seus rivais".

Essas palavras não indicam o objetivo a que se aproxima o discurso? Não obstante, a indicação aparentemente não tem sequência... Uma vez mais, o escritor nos conduz por vias indiretas. Para segui-lo, inicialmente, é preciso ler seu pensamento no reverso do enunciado. Depois, lê-lo longe desse enunciado, quando o objeto do discurso foi deslocado.

Contra nossa expectativa, Maquiavel não diz que um capitão deve tirar partido da ingratidão que lhe manifesta um poder corrompido para voltar contra ele suas armas; diz o contrário. Que o poder deve desligar dos novos comandos o capitão cujo valor foi desprezado. Mas o positivo e o negativo coincidem. Somos ainda mais incitados a passar de um a outro quando o exemplo de Giaccomini, chefe admirado, introduz à suposta necessidade de eliminar os capitães que foram provocados à vingança. É fecunda a ironia que consiste em aconselhar a uma república corrompida que se desfaça dos homens competentes para preservar sua estabilidade. Ironia oculta sob a máscara do realismo, mas que não nos pode escapar, pois o realismo é aqui equívoco: como governantes suficientemente cegos para confiar aos ambiciosos um comando que não saberiam assumir seriam suficientemente lúcidos para conhecer o inimigo que fizeram, prever seus propósitos e evitar sua agressão? Como poderiam ter uma compreensão de seus interesses ao mesmo tempo tão débil e tão grande? No conflito que opõe o poder e o capitão, não é a este último que é dada a oportunidade do realismo?

A questão permanece em suspenso. Mal a entrevemos, ela se desfaz. Eis-nos novamente transportados ao teatro das operações militares, convidados a analisar os comportamentos dos adversários, cada um confrontado à dificuldade de imaginar a intenção do outro. Não obstante, esse teatro é assaz estranho para que duvidemos do lugar em que o discurso nos instala. As palavras que nos introduzem a ele são logo modificadas; sua segunda versão é enigmática; os diversos exemplos escolhidos não nos proporcionam uma verdadeira ilustração: em nenhum deles aparece um capitão que esteja à altura do papel prescrito... O fato de o lugar do capitão permanecer vazio nos provoca a fazer perguntas, uma vez que esse lugar ao mesmo tempo circunscreve o conhecimento mais elevado. Maquiavel anuncia: "Nada [*nessuna cosa*] é mais digno de um capitão do que adivinhar [*presentire*] as decisões [*partiti*] do inimigo". Para afirmar isso, ele se coloca sob a autoridade de Epaminondas. Deste se falou um pouco antes: sabemos que teve o extraordinário mérito de transformar os camponeses tebanos em intrépidos soldados; compartilhou essa glória com Pelópidas. Mas sabemos também que se distinguiu deste por seu gosto pelo saber. Plutarco fala dele como de um capitão filósofo. Assim, não é de admirar que conceba a estratégia como uma arte intelectual: "Que nada fosse mais necessário e mais útil para entender do que conhecer os raciocínios e as decisões do inimigo". Maquiavel, que atribui a ele essas palavras, ressalta que o bom estratego merece ainda mais o elogio se o conhecimento está ligado à conjectura. Todavia, ele não nos fornece nenhuma indicação das circunstâncias sob as quais Epaminondas as enunciou, e em vão buscaríamos seu sinal em Plutarco. Tudo o que podemos dizer é que se Epaminondas é o autor da máxima referida, a aplicou em primeiro lugar contra o inimigo interno: seu maior mérito é haver abatido a tirania em Tebas.

Mas mais notável ainda é o lugar que o autor outorga à fórmula que acaba de enunciar. Sem discuti-la, a substitui por outra que é a sua própria: "Os propósitos do inimigo não são tão difíceis de entender quanto suas ações, e destas se entendem melhor as distantes [*discosto*] que as presentes e próximas [*quanto le presente e propinque*]". Há mais de uma razão para se espantar com essa substituição, pois, além de o primeiro enunciado ser categórico (*nessuna cosa*), a ponto de excluir qualquer correção, ele é à primeira vista inteligível, enquanto o segundo é à primeira vista obscuro. O que ganhamos passando de um a outro é invisível. Aparentemente, perdemos a familiar ideia de que o conhecimento e a conjectura são superiores à percepção. Essa perda não pode ser compensada a menos que admitamos que entre os dois enunciados há um deslocamento cujo sentido não está imediatamente dado, logo, que admitamos que o segundo deve ser interpretado para que se revele mais rico que o primeiro. Mas essa hipótese não transforma nossa relação com o texto? O texto nos diz essencialmente que é mais difícil ver do que prever, captar o sentido do que está diante de nós do que conhecer o que está mais além das aparências. O texto nos diz, portanto, o contrário do que nos ensina todo homem culto, para quem a distinção entre o sensível e o inteligível se dá por si. Ora, semelhante inversão não é dada para que fixemos nossa atenção sobre ela? Com efeito, o paradoxo cessaria se, em vez de traduzir a proposição como fizemos, julgássemos que é essencial decifrar o que o discurso produz *aqui e agora* — que essa tarefa é mais árdua do que a que consistiria em conhecer os propósitos do autor. O paradoxo cessaria se, em lugar de opor as supostas aparências do discurso às supostas ideias de seu autor, concordássemos que o sentido está na articulação das aparências, e não num outro lugar em que seria preciso alcançá-lo por conjecturas. É verdade que duvidávamos justamente do lugar em que estávamos situados, que as operações militares nos pareciam remeter às ações políticas, que distinguíamos, portanto, um discurso manifesto e um discurso oculto. Mas essa distinção é de ordem distinta daquela que se descartou, pois ela não desvia do que está diante de nós, mas, ao contrário, nos reconduz até ele como aquilo que deve ser explorado *aqui e agora*, como aquilo que está mais próximo e é absolutamente presente.

O que temos ante os olhos é o discurso de Epaminondas na sua versão supostamente original e sua versão modificada; e são quatro exemplos, agrupados de dois em dois, dos quais cada par comporta uma referência aos fatos antigos e aos fatos modernos. No primeiro par, trata-se de um erro cometido por um dos adversários que ou custa sua vida, ou está a ponto de custá-la; no segundo, de um duplo equívoco por cuja solução em favor de um dos adversários somente o acaso é responsável. A derrota de Bruto e de Cássio diante de Antônio é inicialmente evocada para apoiar a proposição de que "com frequência, quando um combate prosseguiu até a noite, o vencedor acreditava ter perdido e o vencido, ganhado". Nesse caso, "a ala comandada pelo primeiro era vitoriosa; Cássio, que o ignorava, vendo-se vencido, pensou que todo o exército havia tido a mesma sorte; sem esperança de vencer, ele se matou". O que esse primeiro exemplo tem de singular é oferecer a imagem invertida de um combate, o de Quíncio, indicado um pouco antes à nossa atenção. Recordemos que ele, ao se dar conta de que uma ala de seu exército recuava, reanimou suas energias gritando-lhe que a outra era vitoriosa. Todavia, o mérito de Quíncio não esteve em ter sabido ver, e sim em ter sabido inventar. Maquiavel dá agora a entender que é mais importante ver do que inventar. Mas em que reside a superioridade do ver? Para responder, é preciso inicialmente recordar que o exemplo de Quíncio, como os que na sequência servirão para distinguir entre bons e maus simulacros, nos havia parecido de caráter político. Nos bons simulacros havíamos acreditado reconhecer a liberdade: meia verdade, semificção da qual não se soube servir o político florentino quando o permitiu a ocasião. Se essa hipótese é fundada, não devemos pensar que o erro de Cássio nos reconduz para lá de alguma maneira, que se trata, de novo, de um combate político? Não é preciso supor, de outro lado, que o nome de Bruto está destinado a lembrar a proeza do primeiro conspirador que fundou a República, o qual soube explorar sua vitória em vez de deixar que ela degenerasse em derrota? É um fato: em comparação com o primeiro, o segundo Bruto não se sabe vencedor e não age como tal; comete, observa Plutarco, o primeiro erro ao deixar Antônio com vida; após a morte de César, foge com os seus para o Capitólio por medo de uma sublevação popular; depois comete outro erro, após haver voltado a ganhar um posto na cidade, deixando que seus adversários publiquem o testamento favorável ao povo. Ainda que seja vencedor em relação a uma parte do front político, sua conduta mostra que se comporta como vencido ante a outra parte. É incapaz de ver o que se passa ante seus olhos, os vínculos que unem a plebe a César e o ódio que contra ele concebem aqueles com os quais ele queria firmar uma aliança. Todos os seus atos preparam um suicídio político por desconhecimento do atual jogo de forças — suicídio análogo ao de Cássio no campo de batalha, na ignorância da derrota que sofrem seus adversários em outra frente de combate. Simétrico ao primeiro erro denunciado é o dos suíços em Santa Cecília. Estes, à chegada da noite, se acreditaram vencedores sem saber que o resto de seu exército havia perecido ou empreendido fuga; incitaram as tropas da Santa Sé e dos espanhóis a se juntar a eles e estiveram a ponto de arrastá-los em sua derrota. Assim, descobrimos que o excesso de fé não é menos perigoso que a falta dela, e que ambas as falhas revelam uma cegueira diante da situação. Para dizer a verdade, as duas poderiam ser atribuídas a Marco Bruto, pois, se ele cometeu o erro de se comportar como vencido quando havia abatido o tirano, seu primeiro equívoco consistiu em se crer vencedor quando, à frente de uma conspiração, viu numerosos senadores aceitarem sua autoridade, mas não compreendeu que o nome de César era mais potente que o seu. Marco Bruto é o negativo do grande Bruto que soube apreciar os sentimentos populares e golpear a tempo os inimigos da República; ele peca por presunção e fraqueza. Possui os mesmos defeitos que Soderini, esse outro negativo do conspirador fundador. A descrição que Maquiavel faz de sua conduta na véspera da queda da República o mostra, de início, absurdamente confiante em sua autoridade e temerário a ponto de recusar o compromisso que lhe era oferecido; depois, o mostra convencido de sua perda e renunciando ao combate antes mesmo que o inimigo o tivesse travado, ignorante da potência da massa, que permanece na reserva. Observando que os dois exemplos fornecidos concernem à avaliação do aliado, deve-se dizer que o homem político verdadeiro, duplo do capitão verdadeiro, é aquele que não se ilude no que diz respeito às forças de seus partidários. Opostamente, Soderini se equivoca de ala: não vê que a burguesia lhe falta quando lhe jura fidelidade, como tampouco vê os recursos que um apoio popular proporcionaria.

 Longe de dissipar o véu com que o discurso se envolve, os dois exemplos seguintes o adensam. O primeiro põe em cena um combate entre os romanos e os équos: os dois adversários estavam refugiados nas colinas após uma luta longa e indecisa, em seguida haviam batido em retirada após a noite, abandonando os acampamentos, quando um simples centurião, chamado Tempânio, "cujo valor havia", Maquiavel nos diz, "neste combate salvado os romanos de uma derrota completa", tirou proveito das informações fornecidas pelos feridos, pilhou o campo inimigo e alcançou a vitória para Roma. Ora, o relato desse episódio altera sensivelmente a narrativa de Tito Lívio, uma vez que nesta são os volscos e não os équos que enfrentaram os romanos, Tempânio é um decurião da cavalaria e sua proeza consistiu unicamente em conduzir sãos e salvos os cavaleiros sob seu comando. Assim, podemos pensar com razão que ao autor interessa acentuar o valor de um simples soldado para ressaltar, por contraste, a carência de um cônsul. Se for assim, seu discurso é ainda mais significativo, porque na época da guerra contra os volscos a luta de classes havia tomado em Roma um aspecto particularmente agudo, e o patriciado, amedrontado, se dedicava a buscar diversão nas expedições militares para manter suas prerrogativas. Esse discurso incita o leitor a reconhecer que na virtuosa Roma a autoridade salvadora não estava então necessariamente do lado do poder legal. E o está ainda menos nos tempos presentes; aparentemente, a função do exemplo seguinte é nos convencer disso. Trata-se dessa vez de um combate que opunha, em 1498, venezianos e florentinos: aprendemos que os adversários ficaram frente a frente durante vários dias sem travar batalha, depois se retiraram, ignorando cada um o movimento do outro, até que os chefes florentinos descobriram por acaso a retirada do inimigo e se lançaram em sua perseguição para proclamar finalmente que os haviam expulsado da Toscana. O duplo equívoco não serve mais para acentuar o mérito de um simples combatente, e sim a simples sorte de chefes fanfarrões. Se o fundo do primeiro episódio são as reivindicações de uma plebe ousada e potente, o segundo deixa entrever a miséria de Florença, onde a classe dominante é enganada por seus capitães e o povo carece de iniciativa. Se o primeiro comporta um sangrento combate em que se enfrentam adversários encarniçados pela vitória, o segundo não nos oferece mais que uma batalha frustrada...

Essa batalha frustrada não evoca outra? Suas circunstâncias não fornecem um indício? Não caiu Florença sem combater? Não tiveram os espanhóis medo de atacar, após a primeira resistência de Prato, a ponto de se disporem a soltar os Médici? Teriam entrado em Florença se não tivessem sido convencidos por desertores da fraqueza do governo? Não temeram os partidários dos Médici uma sublevação popular às vésperas do retorno de seus senhores? Ao nos recordarmos disso, deveríamos entender então que ali onde não existia nenhum Tempânio para substituir o capitão enfraquecido — ali onde não poderia existir um, por falta de um regime democrático que associasse o conjunto do povo à vida e à defesa da cidade —, havia apenas chefes fanfarrões para proclamar uma vitória que não tinham alcançado. Mas talvez seja preciso entender mais: que os Médici no poder não detêm mais que uma potência ilusória, que essa ilusão é mantida pela cegueira daqueles que creem em sua vitória. Proposição desconcertante, pois hoje não há mais condições que ontem para que um cidadão possa intervir, lançando uma palavra nova e desfraldando a bandeira da liberdade. Mas que deixará de ser desconcertante se nos lembrarmos de que Florença não alcançou, ao contrário de Roma ou Milão, o último grau da corrupção, e que nela há certas forças capazes de apoiar um empreendimento revolucionário. Ao admitir isso, compreenderíamos finalmente por que o lugar do capitão permanece vazio: a tarefa que lhe é prescrita e que é a mais digna não tem precedente. Ela consiste em combater as facções que apoiam a tirania e ao mesmo tempo aquelas que dominavam uma república corrompida, em preparar uma reviravolta tal que somente um príncipe pode querer, mas cujo objetivo seja instaurar um regime popular. E compreenderíamos também por que Maquiavel invoca a palavra de Epaminondas e a substitui pela sua. Pois Epaminondas é o herói de uma libertação extraordinária, o exemplo mais apropriado para nos advertir do desafio da situação presente: capitão filósofo, associa a virtude das armas e a do pensamento. Mas por maior que tenha sido sua proeza, ele estava ocupado somente em libertar sua pátria da dominação estrangeira e da tirania. Também sutil, mas de outro modo, é o combate que conduz contra o inimigo mais próximo aquele que se orna com os emblemas da liberdade, mas não tem outra preocupação que explorar a massa e reduzi-la ao silêncio.

A enigmática proposição de que é mais importante compreender o que se passa no presente e na proximidade do que adivinhar as intenções do inimigo contém uma dupla advertência: ela nos convida ao lugar que a metáfora designa, que é ao mesmo tempo o lugar da política e o da história presente; ensina a perscrutar a relação que se ata com o outro, sem nosso conhecimento, no momento em que cremos nos elevar por conjectura ao mais alto conhecimento, o das operações futuras. Mas talvez perdêssemos ainda uma parte do sentido se nos limitássemos a essa advertência. A primeira função do discurso maquiaveliano, dizíamos, é projetar sobre o texto um olhar que corresse já ao encontro dos desdobramentos futuros. É nos provocar para que decifremos. Ora, o que descobrimos no exame do capítulo 18 não são pensamentos isolados, nem tão somente pensamentos que se mostrariam em sua concordância com outros pensamentos já produzidos; é também uma *passagem* do pensamento, que temos várias razões para presumir que nos conduz intencionalmente do que foi expresso ao que não o é ainda. Essa passagem liga aparentemente dois argumentos que possuem objetos similares. O primeiro, após haver assinalado a desafortunada sorte que conheceram os homens de *virtù* numa república subtraída ao perigo, conclui pela necessidade de não lhes confiar novos encargos quando foram tratados injustamente; o segundo concerne ao modo de comando que um capitão deve adotar para não prejudicar uma república e não prejudicar a si mesmo. Este, ao que parece, se mantém nos limites dos quatro capítulos cujo discurso é circunscrito pela discussão de um juízo de Tácito e a comparação dos estilos de conduta de diversos capitães, os quais são — com exceção de Camilo — opostos de dois em dois. A análise que aqui toma a forma de uma crítica metódica das vantagens e inconvenientes ligados a um comando indulgente e a um comando cruel coloca de novo em evidência a posição singular da autoridade num regime republicano, mas dessa vez no quadro de um Estado vigoroso que luta para se defender ou expandir. Não obstante, a análise não se anuncia como nova somente por esse traço. O título do capítulo 19, "se, para governar a multidão, o respeito ao outro é preferível à punição [*se a reggere una moltitudine e più necessario l'ossequio che la pena*]", indica claramente o alcance político de um tema tratado, aqui ainda, a partir de exemplos militares. De outro lado, a escolha de termos em função dos quais a questão se organiza e a crítica progressiva à qual são submetidas a *bontà* ou a *humanità* do dirigente fazem recordar a última parte do *Principe* — à qual, aliás, se faz referência explícita nesse trecho. Assim, tudo faz pensar que o discurso, ricocheteando, começa agora a elucidar a função e a tarefa do político na república, do mesmo modo que o *Principe* se elevava a partir do capítulo 15 às considerações gerais sobre o poder e a autoridade. Todavia, por mais apressados que estejamos em captar uma resposta, a prudência recomenda acolher com reserva os julgamentos emitidos sobre os capitães que o escritor convoca para definir o melhor estilo de comando. Já sabemos que se voltará a falar de alguns deles mais adiante, notadamente de Mânlio Torquato, cujo elogio parece apoiar a conclusão de nosso argumento. Sabemos também que outros capitães emprestarão seu rosto ao dirigente político. Não podemos esquecer, por fim, que no momento em que o maior saber foi designado, a função do capitão permaneceu sem titular. Resta que o propósito do autor é claramente visível nos quatro capítulos que conduzem do par Ápio-Quíncio ao par Mânlio-Valério. Quíncio e Ápio são dois cônsules que dividiram o comando dos exércitos romanos numa época em que a cidade estava dilacerada pela luta entre a plebe e a nobreza. Do segundo, Maquiavel diz que era um inimigo do povo, um patrício ambicioso e arrogante. Limita-se a assinalar que seu comando, duro e cruel, foi sem efeito, para lhe opor o de Quíncio, cujas qualidades produziram assombro. A primeira hipótese introduzida é que vale mais ser *umano* do que *superbo*, *pietoso* do que *crudele*. Mas é imediatamente confrontada ao juízo de Tácito, o qual "seguido nisto pela maior parte dos historiadores", concluía o inverso: *in multitudine regenda plus poena quam obsequium valet*. Surge assim uma segunda oposição que não trata mais de duas maneiras de comandar, mas de duas maneiras de julgar os fatos: uma que se baseia em um exemplo eloquente mas particular, outra que se quer seguidora da ciência de um escritor reputado e que tem a garantia de uma tradição. É notável o destino que lhe reserva Maquiavel num primeiro momento: não a resolve, mas finge "respeitar seus termos". Se acreditamos, o que o preocupa é "salvar" as duas opiniões. Para dizer a verdade, talvez a astúcia seja mais ousada do que estamos em condições de provar, pois a fórmula emprestada de Tácito parece ter sido inventada. A única passagem dos *Annales* em que *poena* e *obsequium* são opostos possui um sentido quase contrário, uma vez que nela se julga preferível apelar ao respeito dos súditos para com o príncipe a recorrer ao medo do castigo. Enfim, a Tradição não é confirmada. Maquiavel não se coloca no lugar de Tácito, não inventa as garantias, como um momento antes se punha no lugar de Epaminondas? Ou seria preferível falar de identificação a falar de astúcia? Seja como for, a contradição enunciada é resolvida mediante a observação de que uma tese se aplica ao comando republicano e outra, ao comando principesco:

> Ao examinar como é possível salvar essas duas opiniões, digo: ou tu comandas homens que são ordinariamente teus companheiros, ou então homens que são sempre teus súditos. Se são teus companheiros, é impossível usar plenamente do castigo ou daquela severidade da qual fala Tácito. E uma vez que a plebe tinha em Roma um poder igual ao da nobreza, um cidadão que a comandava temporariamente [*ne diventava principe a tempo*] não podia tratá-la com dureza e crueldade.

É verdade que essas palavras são atenuadas mediante uma alusão a Mânlio Torquato, cuja severidade era equilibrada por uma *virtù* excepcional e mediante a observação de que um príncipe, por sua parte, nunca deve chegar a ponto de excitar o ódio. Mas a conclusão é tão clara que não duvidamos em um primeiro momento de sua sinceridade. Nossa convicção somente vacila após a leitura do capítulo seguinte, quando são referidos os exemplos que ilustram a bondade de grandes capitães romanos. O estranho não é tanto que a honestidade ou a generosidade de Camilo, Fabrício ou Cipião se manifestem a propósito de seus adversários e não a propósito do comando de suas próprias tropas. Espanta-nos mais que, para sustentar esse elogio, Maquiavel invoque Xenofonte e ofereça como modelo um príncipe, Ciro. Ora, esse espanto está bem fundado, uma vez que um momento mais tarde o autor põe em dúvida sua primeira hipótese observando que certos capitães alcançam o mesmo êxito seguindo vias opostas. Parece, nota então, que a vitória depende das causas que acabaram de ser mencionadas e que semelhante procedimento não a torna nem mais acertada, nem mais potente, uma vez que procedimentos contrários a esse permitem adquirir glória e reputação. Esse juízo constitui a matéria do capítulo 21 e é sustentado pelos exemplos de Cipião e Aníbal. Ainda é verdade que num primeiro momento o equilíbrio permanece. Ao reconhecer que o amor e o medo são os dois motivos principais que comandam as ações humanas, devemos somente convir "que importa muito pouco que um chefe escolha um desses dois procedimentos, contanto que seja homem dotado de grande *virtù* para lhe dar reputação entre os homens". O essencial é então que o desejo de ser temido ou de ser amado não cegue, ou, uma vez que se reconheça que a natureza impede de nos mantermos no justo meio, saber compensar um excesso mediante uma *virtù* semelhante à de Cipião ou de Aníbal.

Mas a sequência do comentário faz a balança pender em favor de Aníbal. Com efeito, revela-se que o capitão romano viu seus próprios soldados e uma parte de seus aliados se revoltarem contra ele por falta de severidade, o que o obrigou a empregar meios cruéis dos quais não queria se servir; em oposição, o chefe cartaginês parece ter usufruído de "grandíssima vantagem, que todos os historiadores admiram, aquela de não ter visto se elevar, em um exército composto de homens de tantas nações diferentes, dissensões entre eles nem sedições contra seu chefe". Nessa etapa do argumento, a distinção entre comando republicano e comando principesco parece desfeita, e o modelo representado por Ápio parece prevalecer sobre o modelo representado por Quíncio. Trata-se, não obstante, apenas de uma etapa. Dois capitães romanos irão tomar imediatamente o lugar do par precedente para nos encaminhar para a conclusão que inverterá por inteiro a tese primitiva. Seus exemplos parecem destinados a relançar a discussão, pois um e outro são apresentados — a despeito de suas qualidades contrárias — como dotados da mesma *virtù* e ao abrigo de toda fraqueza, cheios da mesma glória. "Jamais um único soldado seu se recusou a combater, nem se revoltou contra eles ou manifestou sequer a sombra de um dissentimento com a menor de suas vontades." A comparação, então, vale ouro.

Não importa, convencemo-nos, que Maquiavel não seja fiel à realidade: ao consultar Tito Lívio, resulta que Mânlio não tem a mesma qualidade que Valério. Um foi três vezes cônsul, o outro, seis; um não alcança o triunfo, o outro o obteve em quatro ocasiões. O argumento exige, sem dúvida, que seus méritos pareçam equivalentes. Mais notável ainda é o cuidado do escritor ao acentuar que Mânlio se viu obrigado por sua natureza a comandar com rigidez: esse comentário será explorado ulteriormente. Mas no momento a análise tem por objeto estabelecer qual dos dois personagens tem uma conduta mais conforme à segurança do Estado. Ora, após haver observado que os preceptores dos príncipes pendem para Valério, que Tito Lívio fala deste nos mesmos termos que Xenofonte fala de Ciro, Maquiavel não hesita em julgar preferível a conduta de Mânlio numa república. O motivo é que seu comando não procura a popularidade: não associa os homens à sua pessoa. Privado de uma potência que poderia ameaçar o regime, não provoca os temores do Senado. Em compensação, se a conduta de Valério serve de fato ao bem público, ela se tornaria temível numa sociedade já deteriorada pela corrupção ou se acontecesse que um chefe desse gênero usufruísse longamente do comando: "Ela deve inspirar desconfianças e provocar o temor de que a afeição particular que o chefe desperta em seus soldados tenha consequências funestas para a liberdade se ele permanecer muito tempo à frente de suas tropas". A última palavra da discussão está assim em oposição à primeira: os dois termos da alternativa, de início considerados com *respeito*, requerem finalmente uma escolha *cruel*. A crueldade da escolha se manifesta quando a república, apesar das aparências, se mostra como o regime em que se impõe a severidade, até mesmo a desumanidade, no comando, enquanto a monarquia usa da brandura na condução dos homens. "Concluo, pois", escreve Maquiavel, "que as disposições de Valério, úteis para um príncipe, são perniciosas para um cidadão; para o Estado, porque abrem caminho à tirania; para si mesmo, porque tornando suas intenções suspeitas aos seus concidadãos, obrigam a tomar precauções que se voltam em seu prejuízo." Mediante essa conclusão, o autor destrói a opinião comumente aceita por uma burguesia que se pretende democrática, liberal e pacífica. Mas vale a pena observar que o capitão adquire a segurança enquanto o Estado garante a sua, de tal sorte que seus interesses coincidem. Um episódio, tirado da história de Veneza, irá confirmar essa tese *a contrario*: por se haver mostrado capaz de aplacar um tumulto no porto que a força pública não conseguia deter, um cidadão, nos é dito, foi julgado temível e pouco tempo depois lançado na prisão ou executado. O exemplo dá a entender que esse homem de *virtù* pagou por sua imprudência. Por mais nobres que fossem suas intenções, ele deveria ter pensado que não seria julgado por elas, mas pela imagem que oferecia de sua autoridade. Seu erro foi esquecer que o cidadão e o Estado são sempre uma ameaça um para o outro e que, consequentemente, alguns serviços relevantes podem passar por crimes. Pelo contrário, o hábil capitão que reconhece no poder um adversário potencial e sabe que ele também o é para o Estado desarma as suspeitas evitando caracterizar-se por uma popularidade excessiva; ele encontra o caminho da glória fingindo não buscá-lo.

Essa seria a verdade que os quatro capítulos considerados revelariam. Se a admitíssemos, deveríamos convir em que não se trata de psicologia política, menos ainda de uma apreciação dos romanos ilustres. O que se afirmaria seria a concepção de um sistema fundado sobre a exclusão do poder pessoal e, consequentemente, sobre a desconfiança recíproca dos atores, arranjada de tal maneira, portanto, que a ambição não possa se desenvolver por outra via que não a do desinteresse. Semelhante sistema criaria as condições para uma política a serviço do bem público, não seguramente porque os homens se entenderiam sobre sua definição por natureza, mas porque não conseguiriam se aliar sem perigo para fazer valer os interesses particulares e, finalmente, porque a obediência à lei lhes proporcionaria maior vantagem. Não obstante, se hesitamos em esposar a tese, é porque não podemos esquecer as reservas de que ela já foi objeto. Não acaba justamente de ser lembrado que o êxito do regime republicano está ligado às condições sociais ou históricas, que a Cidade deve se manter na pobreza ou sob a ameaça constante de um perigo exterior para que ninguém possa corromper o povo ou para que este se sinta obrigado a escolher os melhores governantes? Não aprendemos que semelhantes condições não podem se manter durante muito tempo? O modelo de Mânlio deixa de ser concebível a partir do momento em que Roma está adormecida na segurança, a partir do momento em que foi viciada pela riqueza e se encontra dilacerada pelas facções. Em Florença ele é ainda menos concebível. Sem dúvida, interessa ao escritor nos fazer entender que se a República não se precipitou na corrupção, a autoridade de um chefe não se mede pelo *consensus* daqueles aos quais comanda. O alcance desse ensinamento se revelará no capítulo 30, quando serão denunciados os erros de Soderini, obcecado com sua preocupação de não atrair inimigos. Mas o argumento, nessa etapa do discurso, não revela todo o seu sentido. A comparação de tipos de comando encarnados em Mânlio e Valério não conquista nossa convicção. Pois se seu objetivo manifesto é nos libertar da representação comum do bom chefe republicano e nos fazer reconhecer o valor da violência a serviço da lei, ele não deixa de levantar as objeções que ficam sem resposta. O bom Mânlio está demasiadamente próximo do cruel Aníbal para que possamos acreditar que ele encarna sem mais a virtude do devotado servidor da República. Se estamos de acordo em que ele não se dá os meios de forjar uma tirania, não podemos concluir disso que ele é de outro estofo que um príncipe, visto que, uma vez no cargo, este tampouco busca ganhar o favor de seus súditos, mas deve antes temer fazer-se amar e abrigar-se detrás da lei.

A prova de que o debate sobre a autoridade na República encontra apenas um fim provisório na passagem que nos ocupa é dada com a entrada em cena de dois novos personagens, romanos ilustres entre todos, Cincinato e Camilo, que irão ocupar sucessivamente o lugar de Mânlio. À primeira vista, seu retrato se concilia com o do virtuoso capitão que desencoraja o amor de suas tropas. Mas em seguida surge um motivo para sua conduta que nada deve à virtude. E tal é o hábil equilíbrio da descrição que conduz à aceitação de uma verdade nova.

O escritor fala agora de Camilo para corrigir a conclusão que havia tirado de seu elogio de Mânlio. As observações que faz a propósito de seu banimento prolongam uma reserva introduzida no final do capítulo 22. Após haver louvado, como nos lembramos, o rigor no comando, Maquiavel concede subitamente: "É raro que um cidadão receba desse rigor algum prejuízo, a menos que o ódio que excita contra ele seja envenenado pelas suspeitas que o grande brilho de suas outras virtudes pode inspirar". A natureza da concessão é tal que, no momento, o essencial da conclusão não parece ser posto em dúvida. Entendemos que a República normalmente se beneficia de uma autoridade rigorosa; se às vezes o indivíduo não é recompensado por seus méritos, tal se deve, decididamente, ao fato de que a virtude não pode escapar à inveja. Contudo, o exemplo de Camilo, anunciado na última linha do capítulo, só é introduzido para abalar nossa convicção. Apresentado no início do capítulo 23 como próximo a Mânlio por sua maneira de comandar, Camilo parece inicialmente uma vítima da ingratidão humana. Mas logo se mostra que o povo tinha as melhores razões para desejar se desfazer dele. No espaço de um breve comentário, sua imagem se ofusca até o ponto de nos levar a duvidar de seu devotamento à República. Esse julgamento é habilmente preparado por uma citação de Tito Lívio: *"Ejus virtutem milites oderant et mirabantur"*, notava o historiador. Atribuindo-lhe tal julgamento, Maquiavel deixa a ele a responsabilidade de assinalar o ódio que Camilo provocava no exército. Mas, havendo-o introduzido, ele o explora logo num sentido novo. Enquanto Tito Lívio afirmava que os soldados odiavam e admiravam ao mesmo tempo a virtude de Camilo, que o mesmo objeto, portanto, os atraía e os afastava, nosso autor dá a entender que eles admiravam suas qualidades e odiavam seus vícios. Eles se maravilhavam de sua vigilância, sua habilidade, da ordem com a qual organizava e dirigia todas as coisas, e se lamentavam de vê-lo muito mais rigoroso em punir do que generoso em recompensar. Sem dúvida, o termo *vício* não é pronunciado. Todavia, não importa que o seja, pois, de fato, o que está em questão não é o caráter de Camilo, e sim, como ensina a análise de seu comportamento imediatamente após a vitória alcançada contra Veios, a relação que ele mantém com a plebe. O exemplo revela, portanto, o que ainda estava oculto no de Mânlio: a vinculação da autoridade a uma classe social. Estávamos prestes a admitir que um dirigente não deve buscar agradar, que deve encontrar o caminho da glória longe da popularidade, que o regime republicano o incita a isso e o mantém na pureza a esse preço. Mas, quando se fala do Sujeito, da lei e do povo sem dizer que o Sujeito ocupa certo lugar no espaço social, que a lei está articulada com um poder definido, que o povo está dividido em dominantes e dominados, a questão se esvazia de uma parte de seu sentido. Assim, não basta admirar o comando de Mânlio ou Camilo; devemos ainda não perder de vista que eles são dois patrícios decididos a fazer sentir sua potência sobre aqueles que são comandados por eles e a não ceder nada das riquezas que a plebe deseja.

É verdade que Maquiavel deixa ao seu leitor o cuidado de interpretar seu comentário, mas este é eloquente. A obstinação de Camilo em subtrair aos plebeus o saque de Veios e a ostentação insolente de seu posto são denunciadas ao mesmo tempo:

> Primeiramente, não quis partilhar com os soldados os ganhos produzidos com a venda dos bens de Veios, preferindo reservá-los ao tesouro público. Em segundo lugar, quando entrou triunfante em Roma, fez quatro cavalos brancos puxarem seu carro, o que atraiu para si a

reprovação de ter buscado, por orgulho, se igualar ao sol. Finalmente, o voto que fez a Apolo de consagrar-lhe a décima parte do saque tomado dos veios obrigou-o, a fim de não falhar, a arrancar de algum modo das mãos dos soldados o que estes já acreditavam ser deles.

A falta de generosidade e a soberba não são simples traços de caráter; designam certo tipo de dominante. Quanto à primeira, se restassem dúvidas, bastaria nos reportarmos ao capítulo 20, em que Camilo era louvado por sua generosidade em relação aos faliscos. Maquiavel acentuava então habilmente a nobreza dos sentimentos do capitão romano em suas relações com um inimigo exterior e nos preparava assim para observar que esta se desvanece quando o parceiro se torna um inimigo interno. Diante do primeiro poderia dar livre curso à sua generosidade ou dissimulá-la de maneira a conquistá-lo mais seguramente do que pela força. Diante do segundo, não queria fazer nada que aumentasse sua potência e parecesse uma concessão. Mas não é menos notável o julgamento aplicado sobre o orgulho de Camilo. O escritor não diz que ele ambicionava a tirania, mas se apropria desse traço para fazer a crítica dos príncipes que se tornam odiosos para seu povo por sua arrogância. A assimilação da conduta de Camilo à de um príncipe ao longo dessa passagem é ainda mais significativa porque já no capítulo 20 ele era comparado a Ciro num sentido então elogioso. Agora ele é um desses príncipes que adotam um partido "desprovido de prudência e temerário", que excitam inutilmente o ódio e se expõem ao furor legítimo de seus súditos. Desse modo, como se contentar com a conclusão de que o homem de comando rigoroso prejudica somente a si mesmo? Por maiores que sejam seus talentos e sua glória — uma glória que brilha ainda aos olhos dos florentinos e impõe moderação a quem a ataca —, é preciso convir que a intransigência e o orgulho do chefe patrício põem a República em perigo.

A crítica de Camilo permanece em estado de esboço, pois em seguida é equilibrada pelo elogio de Cincinato. Neste último reconhecemos outra variante do tipo Mânlio, a qual, parece, não suscita nenhuma reserva capaz de inquietar a admiração do leitor. Cincinato é o chefe que vive ordinariamente na pobreza, cultiva sua herdade sem sonhar com a possibilidade de um comando, a abandona, quando a salvação do Estado está em jogo, para ocupar a magistratura suprema e se demite de suas funções tão logo sua tarefa está cumprida. O primeiro traço que chama nossa atenção é a recusa de uma prorrogação de seus poderes numa circunstância na qual o Senado pretendia se servir dele para combater os tribunos reeleitos pelo povo. Maquiavel cala uma das razões dessa recusa, assim como não diz nada da origem de sua pobreza. Mas o conhecedor de Tito Lívio não ignora as aventuras que serviram de lição ao virtuoso capitão. Seu filho, Caeso, um dos jovens patrícios mais eminentes, mas também dos mais arrogantes e dos mais odiosos para a plebe, evitou por pouco uma condenação à morte e se refugiou na Toscana. Ele mesmo foi arruinado pela multa que teve de pagar durante o processo e ficou definitivamente exposto às suspeitas do povo. Assim, sua modéstia é a arma mais propícia para garantir sua segurança; a pobreza, consequência do castigo que abateu o orgulho de seu rebento. Que o autor não faça alarde das informações fornecidas por Tito Lívio não nos impede de pensar que ele as explora. Consideramos que não compõe por acaso o elogio de Cincinato justo após ter falado do banimento de Camilo: sua *virtù* se afirma em resposta a outro banimento — o exílio voluntário de Caeso não fez senão prevenir, segundo sua família, a decisão do tribunal. E tampouco por acaso trata nos capítulos seguintes da maneira como Roma reprimia as sedições nos Estados submetidos e ao ditador no interior da cidade. O retrato de Cincinato seguramente aplaca a inquietação de alguns leitores testemunhando ostensivamente a fidelidade de Maquiavel ao ideal da virtude romana entronizado pela tradição. Mas não produz apenas esse efeito: deixa entrever, sobrepostas à boa imagem, a do jovem agitador insolente cujas provocações devem ser punidas para que a República se conserve e a do personagem que restabelece a ordem sem temer empregar a violência — o ditador cujo "braço real", dirá Maquiavel ao final do capítulo 28,* "fazia entrar nos limites aqueles que haviam saído deles".

Certamente podemos nos espantar por um momento com a demora do escritor a essa altura em longas considerações sobre a política externa de Roma. Depois de uma primeira leitura, uma digressão desse gênero leva a duvidar do cuidado dedicado à composição dos *Discorsi*. Podemos nos perguntar a que vêm os capítulos "Como as mulheres são causa da ruína de um Estado" e "Meios para restabelecer a união numa cidade. É falso que a desunião seja necessária para conservar sua autoridade". Mas o espanto cessa quando se identifica o enfoque da discussão. O autor não abandona

---

* Corrigimos a informação, pois se trata do capítulo 28, e não do 29, como consta do texto original. [N.T.]

seu discurso. Ele continua a se interrogar sobre a posição do Sujeito político. Mas, depois de lhe haver emprestado o rosto do capitão, põe nele o do Estado. Todavia, o leitor tem poucas dificuldades com tal substituição, pois no primeiro desses capítulos, a pretexto das inquietações suscitadas pelas mulheres, o escritor invoca as análises de Aristóteles relativas às conspirações, além das suas próprias, de maneira a nos fazer passar da política exterior para a política interior, da relação do Estado senhor com a cidade submetida e à do príncipe com seu agressor. Num semelhante contexto, a violência que os romanos usaram diante dos ardeatas expostos à guerra civil só pode remeter à violência que um chefe político deve usar em relação às facções que dilaceram a República. A representação dos distúrbios de Ardea proporciona um modelo que acentua simultaneamente a crítica da República florentina em relação a Pistoia. Entendemos que há circunstâncias nas quais a astúcia é vã, nas quais as manobras que tendem a dividir os partidos inimigos para impor sua autoridade se voltam contra seu autor, nas quais, por exemplo, as pequenas habilidades de um Soderini provocam o êxito das facções adversas. Certamente, o gonfaloneiro não é ainda citado, ele só entrará em cena um pouco depois. Mas o que foi dito de sua fraqueza ou de sua suposta bondade é claro o bastante para que possamos comparar sua atitude para com os partidários dos Médici e os antigos savonarolianos com a de Florença em relação a Pistoia. À força de querer conquistar o favor de seus adversários e de pretender jogá-los uns contra os outros, ele introduziu a desunião em seu próprio campo, minando os fundamentos de sua autoridade até se ver abandonado por todos na hora do perigo. Tivesse ele compreendido o que era a política de Roma e a do ditador romano — o que foram na realidade, e não o que são na ideologia dos florentinos —, não teria temido não parecer bom. Na realidade, Roma não se comporta como potência boa. Age à maneira de um tirano para com as cidades que lhe devem obediência. Advertida da sedição de Ardea e do conflito que opõe nobreza e povo, ela se precipita ao encontro do exército volsco vindo a apoiar o clã plebeu, o rodeia, o reduz à fome e depois, tendo triunfado, socorre os nobres e executa imediatamente os chefes da sedição. Sua repressão é implacável, mas a eficácia de sua ação se mostra no fato de, em vez de introduzir no interior de seus próprios muros as divisões do adversário sem resolvê-las, ela evita o perigo da contaminação curando a doença pelo fogo. Ora, encontramos uma réplica do que Roma faz contra o estrangeiro na maneira como o ditador reprime o empreendimento dos facciosos.

O objeto do capítulo 28 é nos convencer disso. De resto, não nos escapa que o exemplo escolhido então — aquele já evocado de um rico negociante, Spurio Mélio, que usufruía de uma perigosa popularidade — é apresentado de tal maneira que a iniciativa da repressão se encontra fortemente acentuada. Maquiavel, com efeito, não retém a informação fornecida por Tito Lívio de que se haviam descoberto armas em seu domicílio e se contenta em observar que ele foi executado por haver dado prova de liberalidades excessivas... Assim, sugere que a violência contra um cidadão ameaçador é legítima antes mesmo que ele faça uso dela. É verdade que nessa passagem o escritor tem a cautela de distinguir os procedimentos pelos quais os homens adquirem o favor popular, que louva a ambição que segue as vias públicas, quer dizer, que encontra vazão através dos serviços prestados ao Estado, enquanto condena a que segue vias secretas. Mas uma frase nos relembra o perigo que os homens demasiado preocupados com a glória fazem a República correr: "Digo que um Estado republicano não pode subsistir, nem se governar bem, se não tem cidadãos eminentes, mas, por outro lado, a consideração que adquirem leva às vezes o Estado à servidão". Caeso, o mais eminente dos jovens patrícios de seu tempo, representava um perigo para o Estado; Camilo, cujos serviços são notáveis tanto antes de seu banimento quanto após seu retorno a Roma, encarna por sua vez esse perigo durante certo período. Pode-se acreditar ainda que é suficiente o caráter de um Mânlio para que a ameaça seja conjurada? Começamos a entrever que o problema foi colocado em termos deliberadamente inadequados. Não somos convidados a escolher entre um comando brando ou rigoroso, mas antes a identificar o vínculo entre autoridade e saber. Roma sabe por que e como seu interesse exige sua repressão. Sabe que a violência deve responder à violência atual ou potencial do adversário. Àqueles que receiam usar dela, Maquiavel sugere que seus heróis romanos, aqueles cuja abnegação, coragem e rigor são elogiados, os Mânlios, os Camilos, os Cincinatos, não eram bons por natureza. Maquiavel sugere que seu devotamento à lei tinha muito a ver com a defesa de um interesse de classe; que não há, em absoluto, fórmula que liberta do risco de decidir *aqui e agora*, que favoreça à República ou trabalhe para sua ruína, que em virtude de sua autoridade sustente a lei ou a subverta; e que, enfim, a recusa em golpear o adversário é a aceitação da própria perda.

Ora, depois de haver chamado nossa atenção para a repressão, em Roma, do inimigo interno ou externo, Maquiavel consagra um curto capítulo para demonstrar que "os erros dos povos têm sua origem nos príncipes". *Principi*, escreve ele. Mas o uso do termo tornou-se demasiado indeterminado, de modo que podemos aplicá-lo aos dirigentes de uma república do mesmo modo que aos reis ou aos tiranos. O ditador romano que castiga o ambicioso não o faz, de resto, com um braço real, *con il braccio regio*?

Encontramos um novo indício de prudência no fato de Maquiavel justificar sua fórmula com o exemplo do povo da Romanha, cuja corrupção, antes da conquista de César Bórgia, era engendrada e mantida pelos pequenos senhores que o exploravam. Com efeito, nenhum leitor está disposto a tomar sua defesa. Mas sob o disfarce dessa condenação acentua-se o movimento que reconduz do elogio do capitão cuja virtude consiste em se anular diante da lei à imagem daquele que, por sua ação, atraindo o respeito sobre sua pessoa, eleva os homens à ideia de uma tarefa nova. De outro lado, o segundo exemplo escolhido nessa passagem, no qual figura um chefe de corsários que consegue convencer seu bando a libertar os embaixadores romanos encarregados de devolver a Delfos uma parte do saque de Veios, não permite duvidar desse movimento. Agora nos é revelado que os dirigentes têm o poder de corromper e o poder de despertar a virtude. Nem o mal, nem o bem é anônimo. Portanto, o êxito da fórmula romana não pode ser imputado tão somente à lógica do sistema republicano, à ordem que se institui a partir da exclusão das relações pessoais. A ação dos dirigentes, ainda que esteja em certa medida regulada, possui uma eficácia por si. Para dizer a verdade, já havíamos compreendido isso: a análise da função do ditador justiceiro revelava que no melhor dos regimes havia um defeito da lei que, para ser corrigível segundo a lei, exigia um excesso de autoridade. Ficou demonstrado que, nos tempos em que ainda reinavam uma salutar insegurança e uma salutar pobreza, a ameaça da corrupção não estava anulada, fazendo-se necessárias iniciativas afortunadas para reparar as desafortunadas. Mas a luz lançada sobre a função do dirigente esclarece as oportunidades de uma mudança social graças à intervenção de um reformador virtuoso. Pois se essa função é decisiva na época em que a república funciona da melhor maneira, quanto mais não o será quando diminuem os recursos que nutriam suas energias? No regime corrompido, a verdadeira autoridade se vê o mais das vezes afastada, mas é tanto mais exigida quanto menos os meios ordinários bastam para manter o reinado da lei. E quem julga que a fraqueza ou a degradação do povo o impede de querer um governante novo, esquece que a degradação de sua vontade é produzida e constantemente conservada por aqueles que o dirigem.

Não é por nada, então, que, após haver composto um sombrio quadro da Romanha, em que se observa uma corrupção que se propaga dos dominantes aos dominados e faz com que em todos os níveis da sociedade "os mais fortes cobrem reparações dos mais fracos", Maquiavel põe em cena os bandidos convertidos à virtude e descreve uma ação capaz de subverter o curso das coisas. Chega a dizer do chefe respeitador do dom sagrado, roubado pelos seus: "Ainda que nascido em Lípari, este 'príncipe' se comportou como romano". A fórmula dá a entender que, se um corsário pode atingir a *virtù* romana, outros que se julgam civilizados não devem perder a esperança de alcançá-la e reconduzir o povo a uma causa justa. Esse exemplo é significativo por mais de um aspecto: apropriado por sua própria natureza para atrair o favor de alguns leitores pelo elogio que contém de uma "boa ação", sugere aos demais que um Camilo não se distingue de um ladrão por sua generosidade; leva a pensar, finalmente, que se um homem dotado de autoridade sabe transformar lobos em ovelhas, não é sem dúvida impossível a ele transformar ovelhas em lobos.

Assim se põe a última baliza no caminho que conduz à cena do capítulo 30. Nessa passagem é desnecessário representar a política sob a aparência da guerra: a luta contra o inimigo do interior e a luta contra o inimigo do exterior se confundem. A situação é aquela na qual o Estado corre o maior perigo. Roma e Florença estão ao mesmo tempo sob nossos olhos. De um lado Camilo, em resposta à terrível ameaça que faz pesar sobre o Estado a coalizão de todos os seus adversários, exige que lhe seja confiado o comando supremo. As mesmas pessoas que tinham ciúmes de sua glória irão calar seu ressentimento. O temor é eficaz. A inveja se extingue do melhor modo: "Cada um temendo então por si esquece toda ambição e corre para se colocar sob a bandeira do grande homem do qual espera a salvação". Camilo está à altura da situação, provê a tudo e salva Roma. De outro lado está Soderini, o dirigente que não sabe como extinguir a inveja quando esta não cessa por si mesma. Inicialmente, a sua imagem é associada à de Savonarola: este foi o primeiro a oferecer o espetáculo da impotência; não conseguiu acabar com seus inimigos "por não possuir a autoridade desejada [era um monge] e por não ser compreendido pelos partidários que tinha. Nem por isso prodigalizou menos em seus sermões queixas contra os sábios deste mundo, quer dizer, contra os invejosos e os adversários de sua doutrina". Mas mais condenável ainda é a fraqueza do gonfaloneiro, uma vez que ele tinha em suas mãos o governo no momento em que a liberdade de Florença estava em jogo:

> Acreditava que com o tempo, com sua bondade, a sua boa fortuna e alguns benefícios, seria possível extinguir tal inveja; vendo-se ainda jovem e recompensado inicialmente pela popularidade de seu comportamento, acreditava poder triunfar sobre a maioria que se opunha a ele por inveja, sem escândalo, sem violência e sem tumulto. Ignorava que o tempo não espera, que a bondade não basta, que a Fortuna muda e que a maldade não encontra generosidade que a satisfaça.

O erro dos dois reformadores consiste em desconhecerem o perigo que os invejosos representam para o Estado. Com efeito: "Se semelhantes homens vivem numa cidade corrompida, em que a educação não pode despertar neles nada de generoso, será impossível que algo os detenha. Para alcançar seu objetivo e saciar sua perversidade, aceitariam inclusive a ruína de sua pátria". Ou então, se Savonarola e Soderini não ignoraram por inteiro o perigo, eles se recusaram a usar os meios necessários, esconderam que "para semelhante tipo de inveja só existe o remédio da morte dos invejosos".

Ao considerar as duas respostas à crise política e militar que uma cidade enfrenta, o leitor descobre, portanto, o que significa para um político moderno a imitação dos romanos. Imitar Camilo não é agir como Camilo, é encontrar numa situação nova meios de combater tão adequados quanto aqueles utilizados por Camilo. É inclusive seguir uma via que se opõe aparentemente à sua, uma vez que este último, então tribuno consular, irá exigir dos outros tribunos que consintam em lhe entregar o comando supremo, enquanto o que convém é apoderar-se dele e exterminar os rivais. Imitar, em suma, é inventar seu próprio modelo, não governar segundo a imagem estabelecida da boa autoridade, mas decifrar no passado o sentido de uma relação de si com os demais cujas figuras variam em função das condições singulares e, portanto, sempre inéditas da ação. No caso de Soderini, obter a salvação do Estado não exigia que ele se identificasse ao salvador da República romana. Quando os membros do conselho lhe juraram fidelidade e combater até a morte sob seu comando, ele não deveria se imaginar no lugar de Camilo, mas, ao contrário, deveria rejeitar essa identificação, que era uma armadilha na qual os burgueses florentinos, vestidos de romanos, buscavam prendê-lo, e recordar Moisés, de quem a Bíblia, "se sabemos lê-la", ensina que ele foi forçado, para dar um futuro às suas leis e suas instituições, "a assassinar uma infinidade de homens [*amazzare infiniti uomini*]".

A terceira crítica de Soderini — com a qual se conclui a discussão inaugurada no capítulo 19 — se organiza, portanto, seguindo o mesmo esquema que as precedentes. Num primeiro momento ele foi comparado a Bruto, mas depois aprendemos que sua tarefa era difícil como a do fundador da República, ainda que de outro modo, uma vez que ele não gozou da aprovação geral. Num segundo momento sua estratégia foi aproximada à do segundo Fábio, mas descobrimos então que ele deveria antes ter se inspirado na de Aníbal. Agora, o exemplo de Camilo serve para denunciar sua fraqueza, mas o modelo invocado é o de Moisés, e descobrimos que só a iniciativa de uma mutação sangrenta pode levar à sua salvação e à do Estado.

Contudo, se é verdade que Bruto poderia contar com o apoio do povo romano, cujo valor não havia sido apagado pelos Tarquínios, Moisés, por seu lado, contava em sua implacável luta contra os inimigos da lei com o povo judeu formado nas provações e nos combates. Quanto a Fábio e Camilo, eles estavam à frente de um exército disciplinado, por vezes capaz de vencer inclusive na ausência de seus capitães. Quando Aníbal finalmente entra em cena, ele já havia disciplinado suas tropas com tanta *virtù* que não corria mais o risco de uma rebelião. Falsos ou verdadeiros modelos para um chefe florentino, nem uns nem outros tinham, portanto, como comandar homens ao mesmo tempo sem experiência de combate e sem desejo de lutar. Maquiavel não permite que se esqueça disso. No capítulo seguinte, continuando o elogio de Camilo, mostra a constância de sua conduta em meio às vitórias e derrotas pessoais, para lhe opor as almas fracas, desmedidamente presunçosas quando a fortuna lhes é favorável e, ao primeiro revés, covardes a ponto de preferir fugir a se defender. Mas esse julgamento é imediatamente corrigido pela observação de que as repúblicas partilham essas virtudes e esses vícios e formam, pela educação dada aos cidadãos, chefes à sua imagem. Assim, os méritos de Camilo são equilibrados de novo pelos dos soldados romanos e deve-se reconhecer que ele não teria podido vencer se seu exército não tivesse sido disciplinado e bem empregado durante a paz e durante a guerra. Simetricamente, a imagem de tropas sem formação reduz a nada os poderes de um chefe: "Outro Aníbal fracassaria", nos é dito, "comandando semelhantes tropas". Todavia, essas reservas não poderiam no presente nos enganar. Além disso, a referência ao chefe cartaginês é ambígua, uma vez que de todos os capitães que acabamos de mencionar ele é aquele que, antes de contar com um exército combativo e fiel, teve que formá-lo ele mesmo; não esquecemos que Epaminondas converteu os camponeses tebanos em intrépidos soldados e que Semprônio Graco conseguiu mobilizar os escravos a serviço de Roma. Sem dúvida, existe um momento em que a fraqueza de um exército improvisado veta seu chefe de qualquer possibilidade de êxito, mas é então que as condições não lhe permitem mais introduzir novas instituições. A observação não se dirige contra um empreendimento revolucionário deliberadamente montado. Mais ainda, podemos nos perguntar se, nos casos mais desfavoráveis, não permanece possível obrigar os homens a combater, se não com sucesso, ao menos com a energia da última esperança.

O exame a essa altura do discurso dos meios que tornam a paz impossível é oportuno para lembrar que a iniciativa tem seu papel nas situações extremas. Em particular, o segundo episódio referido nos alerta: para retirar toda esperança de conciliação de suas tropas, sublevadas contra Cartago, seus chefes, nos diz Maquiavel, determinaram que massacrassem seu embaixador, Asdrúbal. Semelhante perversidade não é anedótica, mas sustenta o enunciado de uma regra geral: "Para retirar de um povo ou de um príncipe qualquer desejo de um acordo, não existe, certamente, meio mais eficaz nem mais durável que fazê-lo cometer algum crime atroz contra aquele com o qual se quer impedi-los de se reconciliar". Se a regra tivesse sido aplicada em Florença, como seria traduzida? Não podemos nos espantar de o texto silenciar sobre essa questão. Não obstante, basta que o leitor se lembre dos últimos dias da República para preencher esse silêncio. Ninguém tomou medidas que pudessem obrigar o povo a combater: nenhum massacre, nenhum refém, senão a libertação dos partidários dos Médici aprisionados por falta de guardas em número suficiente... O que quer que se imagine, a ignóbil escolha que os capitães cartagineses fazem se mostra simétrica à nobre escolha que faz o capitão corsário de Lípari. Não se deixe de observar, ademais, que os dois exemplos enquadram o de Moisés, o grande reformador, que não recua diante dos meios mais cruéis para obrigar os invejosos a respeitar a lei — Moisés que não tem nada em comum com um bom corsário ou com os sinistros chefes de bando, senão que sua conduta ensina que a violência do príncipe é necessária à fundação e à manutenção da ordem social. Ora, essa composição permite esclarecer a função que o capítulo 31 desempenha.

Aparentemente, ele corrige o ensinamento do precedente. A natureza do regime político se mostra tão determinante que reduz a liberdade dos indivíduos a nada. Soderini, dizíamos, deixa de figurar como um ator independente. A crítica de sua conduta se torna vã, uma vez que ninguém é julgado capaz — por mais brilhantes que sejam seus méritos — de resolver o problema que ele enfrenta. Mas, de fato, a correção chama nossa atenção para as questões que se converteram em centrais: é possível a iniciativa revolucionária de um dirigente na Florença corrompida da época e qual forma ela deveria adotar? Se aceitássemos ingenuamente o texto, deveríamos convir, de resto, em que ele faz muito mais que introduzir uma reserva; ele seria incompatível com o argumento precedente. Ora, Maquiavel jamais põe seu leitor diante de uma contradição sem uma intenção. Essa contradição o obriga a perscrutar os termos opostos para descobrir um sentido que não aparece à primeira vista; nesse caso, ela o obriga a se interrogar novamente sobre os fundamentos da disciplina coletiva e a relação da autoridade com o povo. Novamente, dizemos, pois essa interrogação acompanha o discurso desde o início do livro — mas, sem dúvida, desde uma perspectiva nova, ou numa forma tal que prepara um acesso mais direto à situação presente.

De novo são certos sinais que nos fazem identificar o caminho seguido pelo autor na última parte de sua obra, desde o momento em que a imagem de Camilo substitui a de Moisés. Em primeiro lugar, o uso que é feito do exemplo de Fábio retém nossa atenção. Esse capitão, cuja eficaz e gloriosa transgressão nos era assinalada no fim do segundo livro, é citado em cinco passagens, e seu elogio fecha o discurso inteiro. Podemos supor que nele se encarna um tipo de autoridade que nenhum dos outros chefes romanos, notadamente Mânlio, temporariamente erigido em modelo, é capaz de representar. Além disso, não pode nos escapar que, quando Maquiavel fez menção a ele pela primeira vez, foi para precisar que seu herói penetrava num país "novo, incerto e perigoso". Ora, o tema da ação inédita se repete em diversos capítulos. Trata-se dos perigos aos quais se expõe o chefe de um empreendimento novo; outra vez, dos procedimentos empregados para combater "um inimigo novo e formidável"; outra vez ainda, das qualidades que um capitão deve possuir para combater "um inimigo novo"; e outra vez finalmente, da utilidade da caça para aprender a operar em lugares "desconhecidos". Esses indícios são aos nossos olhos outras tantas advertências de que a intenção dos dezoito últimos capítulos é descrever a ação de um sujeito político às voltas com os adversários que a tradição não permite identificar, numa situação que não tem precedente histórico.

Não há motivos para duvidar de que os sucessos de Camilo não teriam sido possíveis sem o apoio de um exército disciplinado. Mas julgar, consequentemente, que ali onde essa disciplina falta nenhum empreendimento poderia triunfar, seria tratar disso como de um dado natural. Ora, é exatamente essa opinião que Maquiavel começa por denunciar, após haver observado que os capitães podem colocar suas tropas na necessidade de combater até a morte. Ele conduz a refutação seguindo seu procedimento habitual, fingindo adotar no início a representação comum. Num capítulo intitulado "Para ganhar uma batalha é preciso que as tropas sejam imbuídas de confiança nelas mesmas ou em seu chefe", ele inicialmente ressalta as qualidades que asseguram a concórdia no exército e acentua o papel que desempenhava o sentimento religioso nos romanos. Mas tão logo acaba de relatar o discurso de um chefe patrício que exaltava a virtude da religião, um episódio da guerra contra os prenestinos ensina que os soldados não foram afetados pelas coincidências que teriam podido lhes parecer de mau agouro. Após haver posto na boca de Ápio Cláudio (como não acolher com desconfiança o discurso de Ápio?) uma queixa contra os tribunos do povo, cuja audácia consistia em desprezar essas pequenas coisas (*parva ista*, *queste piccole cose*) que haviam permitido aos ancestrais fazer a grandeza da República, recorda que uma coisa vã (*una cosa vana*) não poderia abalar a virtude das tropas. Depois, chega a sustentar que estas, colocadas em perigo pelo erro de seu capitão, poderiam triunfar sobre o inimigo por seu próprio mérito. Finalmente, menciona o artifício utilizado por Fábio para dar confiança a seu exército quando se preparava para combater *in paese nuovo incontro a nimici nuouvi*: Fábio não se gaba de usufruir do favor dos deuses nem faz as vísceras de uma ave falarem, mas, após haver enumerado todas as razões que o fazem esperar a vitória, declara "que há outras que nos dariam a certeza, mas não podem ser comunicadas sem perigo". Não baseia sua autoridade em uma suposta ciência que escaparia ao entendimento humano, mas a articula a seu próprio saber.

O exemplo do intrépido capitão, que não hesitou em transgredir as ordens do Senado para se lançar ao bosque proibido em perseguição aos etruscos, é capaz de nos convencer de que no caso de uma ação nova não há melhor conduta para um dirigente, uma vez sopesados os argumentos racionais, do que se converter ele mesmo em garantia da verdade. Ora, não se poderia duvidar do valor simbólico desse exemplo, uma vez que Maquiavel passa imediatamente do domínio militar ao da política perguntando-se, no capítulo seguinte, "de quais boatos ou rumores da opinião nasce a popularidade de um cidadão, e se o povo tem mais discernimento que o príncipe na atribuição das magistraturas".

É verdade que à primeira vista a questão não tem relação com as considerações precedentes. Todavia, as reservas que a demonstração não pode deixar de suscitar, se nos remetemos a outras passagens do discurso, e os comentários que introduz não nos permitem duvidar da continuidade do argumento. O escritor pretende estabelecer que o povo discerne melhor que um príncipe as qualidades dos homens que disputam os cargos mais elevados. Inicialmente, estamos tentados a tomar suas palavras ao pé da letra. Mas, além de ele já ter defendido esse ponto ao final do primeiro livro, ao preço de uma ampla argumentação, e de não ser necessário voltar a ele agora, nos surpreende que ele deixe de nos recordar que nos períodos de segurança o regime republicano favorece os ambiciosos. A perplexidade aumenta quando vemos Maquiavel evocar, ao contrário, o exemplo do segundo Fábio para provar que o povo é dócil aos conselhos dos homens competentes, uma vez que, se é certo que numa ocasião este fez pender os sufrágios em favor de um melhor candidato ao consulado, em ao menos outras duas ocasiões suas advertências não foram ouvidas e a rigidez de seu caráter esteve a ponto de pôr a República a perder. Não assinalou Maquiavel no primeiro livro: "Conhece-se a má opinião que teve dele o povo romano quando o convenceu a opor a lentidão à impetuosidade de Aníbal e a sustentar esta guerra sem travar combate. O povo não viu mais do que a covardia neste conselho. Não discernia sua utilidade, e Fábio não encontrou razões fortes o bastante para torná-lo sensível a ele. Os povos são de tal modo cegados por ilusões brilhantes..."? Ao nos lembrarmos dessa passagem, nos perguntamos se o autor se esqueceu dela e se ele está se encerrando voluntariamente na contradição. Mas a resposta não demora, pois o capítulo seguinte é consagrado precisamente a mostrar as dificuldades que aguardam um conselheiro precavido quando a verdade que deve revelar fere os sentimentos do povo ou do príncipe. Nele, sobretudo, repete-se que os homens são de tal modo cegos que julgam o valor de um conselho apenas em função de seus resultados. Essas palavras nos obrigam a considerar desde uma nova perspectiva tudo o que vinha sendo dito sobre a bondade e a prudência popular e nos permitem apreciar sua função.

Então evidencia-se que o escritor, mais uma vez, introduziu uma tese apenas para descartá-la. Mas não poderíamos negligenciar o que ele descarta. Não é a representação democrática propriamente dita; é antes a representação que a partir da democracia forja a fração "progressista" da classe dominante quando ela supõe que o povo está naturalmente disposto a seguir as opiniões de seus bons dirigentes e de imediato naturalmente inclinado a escolhê-los bem. O fato de Maquiavel querer abalar essa representação não significa que ele negue ao povo toda qualidade, nem que espose a concepção monárquica ou aristocrática. Suas críticas mais severas são reservadas a esta. Mas a ele interessa reafirmar agora que um empreendimento novo não pode depender de um *consensus* de fato, ou que a verdade não encontra sua garantia na opinião. A maneira como ele leva a entender isso possui mais de um sentido. No capítulo 35, ele declara, com efeito, que querer examinar apenas a conduta de um conselheiro:

> O exame do perigo ao qual se expõe o chefe de um empreendimento novo que afeta a muitos, a dificuldade de dirigi-lo, de levá-lo ao seu termo e de mantê-lo, seria uma matéria demasiado longa e muito difícil para tratar aqui. Remetendo essa discussão a um lugar mais propício [*pero riserbandola a luogo più conveniente*], não falarei senão do perigo ao qual se expõem aqueles que aconselham a uma república e a um príncipe um empreendimento de importância confiando toda a responsabilidade a eles.

De fato, não haverá *luogo più conveniente* em que o escritor analisará as oportunidades de um empreendimento novo. Instruídos que estamos de seu procedimento, temos boas razões para crer que o artifício é um meio de comunicar sua intenção, a qual anuncia precisamente o que exclui... Mas também é verdade que nesse momento em que faz alusão às dificuldades de uma fundação, Maquiavel chama a atenção sobre si mesmo — sobre seu antigo estatuto de secretário da República e sobre o atual de escritor que discorre acerca da política.

Maquiavel parte da observação de que o conselheiro se encontra entre a cruel alternativa de calar-se para garantir sua segurança, traindo assim seus deveres para com o Estado, e a de recomendar um partido e desagradar então todos aqueles que não querem escutá-lo. Ora, ele conheceu essa alternativa no antigo regime, quando estava a serviço do governo, e com sua obra se vê de novo confrontado com ela, ainda que de maneira totalmente diferente, pelo fato de se dirigir a um público para lhe dizer a verdade sobre o presente. Quando julga que o conselheiro não deve nem se fechar no silêncio nem assumir o risco de declarar sua escolha, mas fingir examinar os diversos partidos com igual serenidade e falar de tal modo que o outro seja incitado a agir em virtude de sua própria autoridade; depois, quando conclui que, se suas opiniões não forem seguidas, recairá sobre ele ao menos a glória de haver visto com clareza, ainda que não tenha podido impedir a ruína do Estado, escutamos um arrazoado em favor do personagem outrora obstinado em pregar a criação de um exército popular e reduzido à impotência pelos homens no poder, mas também um apelo para descobrir na sequência do discurso, mais além das hipóteses serenamente analisadas, a política que ele preconiza. Compreendemos que cabe a outros aplicar essa política. Quando Maquiavel era um funcionário da República, os "outros" tinham uma identidade definida: tratava-se de membros da senhoria e, em particular, do gonfaloneiro. Mas agora que os partidários dos Médici destruíram a República, quem são eles senão aqueles cujo sonho é restaurar a liberdade — coletividade mal definida que compreende ao mesmo tempo os jovens ébrios de novidade mas incertos quanto aos meios de agir e alguns homens nos quais o ódio pelo tirano no poder não extinguiu o medo da populaça. O escritor se impõe a prudência porque conhece a resistência de alguns de seus leitores. Mas ele se resolve a predizer que a ruína aguarda Florença se seu discurso não for ouvido também porque sua obra, portadora como é de uma verdade, lhe promete uma glória mais durável do que aquela que lhe proporcionaria o sucesso político.

Permanece que, aos nossos olhos, a questão decisiva, cujo exame expõe o conselheiro a grandes perigos, diz respeito à estratégia do reformador republicano, chefe de um empreendimento novo, o qual está ameaçado pelos maiores perigos, uma vez que ele não poderia contar com o tempo para que a verdade de seu combate seja reconhecida, mas deve colocar essa estratégia em jogo na ação *aqui e agora*. Presumimos que essa questão, eludida assim que enunciada, dirige secretamente a última parte do discurso. Mas, para dizer a verdade, ela não é inteiramente nova. Não poderíamos identificá-la se não tivéssemos feito nossa crítica da autoridade, da disciplina e do *consensus* no quadro do regime republicano, se não tivesse se imposto a nós a ideia da necessária transgressão que o reformador deve realizar para restabelecer a liberdade, se não tivéssemos recebido a noção da amplitude da mutação que seu empreendimento requer numa sociedade corrompida. Em certo sentido, a resposta que buscamos já foi dada. Nós a deciframos nos traços de Bruto, de Fábio e do conspirador, de Aníbal, de Semprônio Graco e de Epaminondas e de Moisés, investigando de perto a conduta de Roma diante das cidades submetidas e as relações que o povo romano mantinha com seus dirigentes, e também buscando as razões do fracasso de Soderini ou Savonarola. Se Maquiavel se preocupa agora em chamar a atenção para as dificuldades que há em comunicar a verdade, não é porque ainda não traçou sua via. Mas, sem dúvida, ele corre o risco de afrontar os sentimentos do leitor se seu discurso designar mais claramente o meio e os homens aos quais está ligado, se suas incidências sobre a prática presente se desvelarem.

O que reforça nossa hipótese é ver o curso imprevisto que a análise da guerra segue após o capítulo 35, aplicando-se a situações nas quais o inimigo é *novo*, as tropas mobilizadas, *sem experiência*, ou os lugares do combate, *desconhecidos*. O fato de ela se abrir com uma comparação entre os exércitos da Antiguidade e os exércitos italianos modernos indica o enfoque da discussão, contanto que não se esqueça de que a guerra oferece um equivalente da política. Com efeito, não há nenhuma necessidade de assinalar uma vez mais a confusão e a covardia dos Modernos em relação à disciplina dos romanos e o furor dos gauleses, a não ser que se pretenda dizer qual seria a tarefa de um dirigente no futuro e demonstrar que este deveria resolver de um só golpe as dificuldades que os grandes capitães do passado enfrentaram separadamente: vencer, num lugar novo, um inimigo novo, com tropas novas.

Além disso, a maneira como Maquiavel denuncia a impotência dos exércitos de seu tempo permite esclarecer suas intenções. De fato, no capítulo 36, ele invoca a autoridade de Tito Lívio para evidenciar a diferença que haveria entre os bons exércitos e os maus e relata uma queixa pronunciada por Papírio Cursor contra as tropas indisciplinadas, como se o quadro composto pelo cônsul devesse a fortiori aplicar-se aos Modernos. Ora, nessa queixa a disciplina se confunde com o respeito aos auspícios e às ordens dadas pelos generais. Assim, pois, temos boas razões para duvidar da coincidência do pensamento de Maquiavel com o de Papírio ou Tito Lívio, uma vez que conhecemos suas reservas sobre a eficácia da religião e o valor, ao contrário, que atribui aos soldados romanos naquelas circunstâncias em que seus chefes são fracos. Essa dúvida é ainda mais forte porque o chefe da cavalaria, ao qual Papírio reclama o castigo por ele haver se atrevido a travar combate sem sua ordem, é Fábio, e havíamos aprendido a apreciar os méritos do personagem numa ocasião em que ele havia desobedecido com brilho. Ao observar, além disso, que, segundo o relato de Tito Lívio, Fábio obteve às costas do cônsul uma brilhante vitória sobre o inimigo, temos dificuldade em admitir que o episódio o desacredita e reverta em vergonha para suas tropas. Nossa inquietação aumenta ao considerar o exemplo analisado no capítulo seguinte. Com efeito, revela-se que aquele que um pouco antes havia sido erigido em modelo, aquele sobre quem nos foi dito e repetido que tomava o bom caminho da ambição atraindo o favor do povo pelas proezas a serviço do Estado, Mânlio, esse perfeito herói republicano, cometeu um erro grave por haver travado, sob a autoridade do cônsul, um combate singular que comprometia a sorte do exército. Seu êxito não poderia desmentir a regra de que "um bom capitão deve se recusar a tudo o que, sendo de pouca importância, poderia, não obstante, produzir um mau efeito sobre seu exército"; ele nos lembra, mais uma vez, a antiga fórmula segundo a qual "é temerário em demasia arriscar um combate em que, sem empregar todas as suas forças, se expõe toda a sua fortuna".

O fato de semelhante erro ser ignorado por Tito Lívio, cujo elogioso comentário é oportunamente lembrado, é o que aprofunda a crítica do grande autor e muda singularmente a apreciação da disciplina que estávamos prestes a acolher um momento antes, junto àquela do mais leal servidor do Estado.

Mas se hesitássemos ainda em extrair um sentido do que se reduz a alusões, não poderíamos negligenciar um novo indício: a volta à cena, aqui mesmo, de Valério Corvino, capitão cujos méritos haviam sido longa e desfavoravelmente comparados aos de Mânlio. Nenhum leitor atento pode então deixar escapar a inversão de perspectivas que se opera diante de seus olhos. Enquanto Mânlio decai, Valério se eleva ao primeiro plano. Este ensina, inicialmente, uma estratégia que, sem ser a melhor, é preferível à de seu rival. Ele tem consciência da necessidade de preparar suas tropas para enfrentar um inimigo novo numa guerra nova. E, sobretudo, dá fé, nos é dito no capítulo 38, das "qualidades necessárias a um capitão para obter a confiança de seus soldados". Maquiavel toma o cuidado de extrair uma passagem do relato de Tito Lívio, evocado agora, em que o chefe romano convida aqueles que combatem sob suas ordens a segui-lo em suas ações mais que a crer em suas palavras, a fiar-se de seu exemplo mais que da disciplina.

E acrescenta este comentário: "Não são os títulos que honram os homens, mas os homens que honram os títulos", fórmula que ressoa como uma profissão de fé democrática. No entanto, não pensamos que os julgamentos emitidos antes sobre Mânlio e Valério devam ser anulados. Sem dúvida, permanece verdadeiro que a conduta de um é, numa república, menos perigosa em tempos normais que a de outro. Mas o que se confirma no presente é que não há uma conduta boa em si e que em circunstâncias extraordinárias, quando os homens enfrentam um grande perigo, unicamente um chefe capaz de atrair sobre si a confiança e de renunciar ao prestígio do cargo é capaz de conduzi-los à vitória. Valério, cuja popularidade poderia inquietar com razão o Senado — entendamos, a oligarquia romana — tem o mérito de fazer suas tropas esquecerem que ele é um patrício. No discurso que Tito Lívio põe em sua boca, ele chega inclusive a declarar que ama a plebe: discurso talvez demasiado surpreendente para que Maquiavel o refira tal qual, mas que o distingue da maior parte dos outros chefes romanos, e não podemos duvidar que Maquiavel o conheça. Ora, seu exemplo possui, com toda a evidência, um alcance político: apesar das aparências, não se mostra superior a Mânlio enquanto comandante do exército, e sim enquanto dirigente democrático cuja *virtù* consiste em se fazer fiador de um empreendimento ao qual a disciplina não bastaria para lhe outorgar um fundamento suficiente. Ao meditar sobre esse exemplo, o leitor se encontra de novo insensivelmente levado a abandonar a representação convencional da autoridade. Após haver reconhecido a necessidade da violência a serviço da República — quando do exame de um comportamento escrupulosamente respeitoso com a lei —, ele reconhece a necessidade de uma ação que abandone os quadros da hierarquia estabelecida numa situação em que o *consensus* deve ser reavivado por um reformador.

A situação que requer um comando como o de Valério é, dissemos, aquela na qual surge um inimigo novo. A exploração imprevista do personagem é paralela a uma reflexão sobre a estratégia, que pensamos, em consequência disso, concernir precisamente à prática atual. É verdade que, se nos limitamos às aparências, o problema posto é de ordem estritamente militar e se define também mediante o exame de exemplos antigos. Além do mais, não caberia buscar uma formulação nova para ele se admitíssemos, como acaba de dizer Maquiavel, que os exércitos italianos não servem para nada. Mas o argumento do capítulo 38 é tão estranho, as alusões ao erro cometido pelos florentinos quando da agressão espanhola são tão claras, que não podemos deixar de reconstituir a parte do discurso que nos é ocultada. Com efeito, por que, logo depois da crítica a Mânlio, o autor repete nessa altura do discurso que não se deve arriscar um combate sem empregar todas as forças e condena de novo o costume de guardar os desfiladeiros? Por que, após haver afirmado que um capitão "deve proporcionar aos seus soldados a ocasião de se exercitarem com o inimigo mediante escaramuças" para libertá-los do medo, ele rejeita um pouco depois esse método, o julga perigoso e conclui que um chefe prudente deve evitar toda ação que possa expor suas tropas à derrota e desanimá-las? Por que, depois de haver alçado Valério acima de Mânlio, ele lhe opõe Mário, cuja astúcia fez com que seus soldados se acostumassem à visão dos terríveis címbrios antes do combate? Por que, enfim, ele insere no curso da discussão uma crítica àqueles que se obstinam em recusar o que deveriam ceder, em vez de fazer oportunamente os sacrifícios necessários para sua própria defesa? De todas essas perguntas, a última não traz dificuldades. Sabemos que o realismo de que deu prova Filipe da Macedônia, um dos mais hábeis estrategos da Antiguidade, ou os romanos quando estavam em perigo, foi inalcançável para os florentinos, apesar de sua fraqueza tornar ainda mais necessário que eles poupassem suas forças. Contudo, essa observação não nos esclareceria muito, uma vez que é vão proceder alusivamente para denunciar um erro já explicitamente condenado. Lembrar-se dela é valioso porque ela designa mais uma vez o lugar e o momento aos quais a análise se refere: lugar e momento que já identificamos e que circunscrevem o último combate em que Florença perdeu sua liberdade. Ora, ao imaginá-lo uma vez ainda, estamos em condições de desmascarar o inimigo que sua novidade torna formidável.

Esse inimigo não é somente o do exterior, o espanhol que em 1512 marcha sobre Prato e ameaça Florença; é também e sobretudo o do interior, do qual uma fração — os partidários dos Médici — se encontra no campo estrangeiro, mas outra, instalada dentro dos muros da cidade, se compõe das grandes famílias burguesas que não deixaram de lutar contra uma reforma democrática e preferem a defesa de seus próprios interesses à salvação do Estado. Com efeito, não é esse o adversário novo e terrificante para os combatentes republicanos, habituados a combater os inimigos declarados do regime, os partidários manifestos da tirania? Não é uma guerra contra esse inimigo que obriga ao mesmo tempo a renunciar às alianças tradicionais — entendamos: às dos moderados, ganhos para a causa com uma política social de compromisso — e a evitar os combates preliminares — entendamos: as pequenas reformas —, cujo efeito seria desencorajar as massas no caso de se revelarem infrutíferas? Enfim, não é esse inimigo que deve ser desmascarado ante aqueles que estão prestes a sustentar uma ação revolucionária, de tal maneira que sua fraqueza própria se lhes faça visível? Sem essa interpretação, o exemplo de Mário permaneceria ininteligível. O capitão Mário, com efeito, se mostra *prudentissimo* por saber dissipar o terror que um inimigo novo inspira a suas tropas: "Ele queria que seus soldados protegidos por suas trincheiras vissem e se acostumassem a olhar de frente esse inimigo a fim de que a visão de uma multidão em desordem, confusa em sua marcha, e da qual uma parte portava armas inúteis enquanto a outra estava desarmada, os tranquilizasse e fizesse nascer neles o desejo de se empenhar no combate". Ao se dedicar a operações militares, o procedimento permanece singular, e em vão se buscaria outra circunstância na qual ele deveria ter sido ou deveria ser empregado. Mas, se julgamos que as tropas representam os partidários do reformador e o inimigo, a grande burguesia, então a tática parece bem fundada. Com efeito, é uma verdade maquiaveliana que a classe dominante, quando não goza do apoio popular, é fraca; que se mantém, sobretudo, pelo medo que paralisa os oprimidos; que suas divisões internas a impedem de elaborar uma política coerente; que, enfim, seus meios de coerção são limitados e ineficazes diante de uma revolta da massa. Proclamando essa verdade, o autor designa a via a seguir pelo reformador, mas talvez ele mesmo se conduza como Mário, pois, por sua parte, está comprometido em um empreendimento de desmistificação, em um empreendimento cujo objeto é convencer a nova geração dos oponentes de suas possibilidades em face da ilusória potência daqueles que detêm o poder.

Mas detenhamo-nos ainda na conclusão do capítulo que reconduz habilmente à sua introdução. "Essa sábia decisão do chefe romano [Mário] deve ser imitada com cuidado por aqueles que não querem correr os perigos dos quais falamos acima e agir como os gauleses que *ob rem parvi ponderis trepidi in Tiburtem agrum et in Campaniam transierunt*." Esses gauleses que fogem, assustados por um acontecimento de pouca importância, esses gauleses que aceitam desafiar os romanos e confiam a sorte à virtude de um dos seus, esses que, nos foi dito no capítulo precedente, no início de um combate parecem valer mais que homens e no fim, menos que mulheres, não representam eles os florentinos — modernos efeminados — que deixaram

Soderini decidir da sorte deles e desafiar o adversário sem colocar em jogo todas as suas forças, tendo depois desaparecido ante o primeiro rumor de derrota, porque não tinham aprendido a medir a fraqueza da classe dominante no interior da Cidade?

Assim, a alternativa sugerida nos põe em presença de duas políticas: a antiga, que se cega a propósito da natureza do inimigo, permanece prisioneira do legalismo, confinada às ações que excluem a intervenção do povo; e a nova, cuja audácia consiste em transgredir a lei, convertida em amparo da corrupção, em denunciar e atacar aqueles que fizeram do Estado seu assunto privado e em fazer surgir uma massa nova de combatentes que se ponha a seu serviço. No capítulo seguinte, vincula-se essa política nova ao apelo que Valério lança a suas tropas no momento em que as engaja num combate contra um inimigo novo. Essa é sua virtude que dá fé do antigo laço democrático com o qual se tece a ação nova. Mas esse exemplo é proposto apenas para introduzir, ou antes reintroduzir, outro, cujo significado político não pode nos escapar: o exemplo de Epaminondas e Graco, que souberam "vencer com tropas novas veteranos bem treinados". O exemplo desses grandes capitães ensina que um chefe não perde jamais as esperanças de formar boas tropas sempre que não lhe faltem homens. Seu êxito autoriza esta conclusão: "Um príncipe que tem homens e ao qual faltam soldados deve admitir não a covardia destes, mas sua própria frouxidão e estupidez" — fórmula que requer sua tradução na língua da política: um dirigente que não sabe encontrar no povo um apoio ao poder não pode reprovar a fraqueza deles, mas deve confessar a sua própria.

Mas, por mais importantes que sejam estas últimas palavras, cuja verdade é atestada por diversas declarações anteriores de mesmo sentido, a alusão que Maquiavel faz nessa ocasião à tática de Graco e de Epaminondas tem um alcance particular. Estes, ele nos diz, começaram a treinar suas tropas "por combates simulados [*battaglie fitte*] e as acostumaram à obediência e à ordem, depois as conduziram com a maior confiança ao campo de batalha [*nella vera zuffa*]". A observação merece toda a nossa atenção, pois introduz insensivelmente o argumento do capítulo seguinte, cuja primeira parte está consagrada, precisamente, a outro exercício de combate simulado, a caça, e a partir dessa análise o tema da astúcia fornece aos últimos capítulos sua principal referência. Ora, se interrogarmos Plutarco, veremos que Epaminondas, ao contrário de Semprônio Graco, não treinou recrutas a serviço do poder legal para prepará-los para combater um inimigo declarado, mas, agindo como se se tratasse de um jogo, ensinou os jovens tebanos a dominar na luta os ocupantes espartanos e se dedicou, quando resultavam vencedores, a excitá-los à rebelião. Enquanto Pelópidas, refugiado em Atenas, formava o projeto de reunir outros banidos para montar um complô contra os tiranos, Epaminondas permanecia em sua pátria e, fiando-se na pobreza para passar despercebido ao poder, preparava a juventude para a revolta e criava os futuros quadros de uma guerra revolucionária. Não os acostumava "à obediência e à ordem", e sim à ideia de vingança. Colocado numa situação na qual o inimigo do exterior se identificava com o do interior, ele agia ante seus olhos sem que se pudesse perceber seus propósitos. Ele instruía a juventude contra o opressor mediante exercícios aparentemente inocentes, enxergando mais longe do que Pelópidas, o qual contava unicamente com a ação de um grupo de conjurados para livrar o Estado da tirania. Ora, talvez seja preciso lembrar aqui o retrato que Plutarco compõe desses dois libertadores de Tebas, e talvez também devamos considerar significativo o fato de que, após haver associado seus nomes, no primeiro livro e depois no início do terceiro, Maquiavel decida, ao contrário do venerável historiador, outorgar o protagonismo ao capitão filósofo. Ambos possuíam as mesmas virtudes, nota Plutarco, mas "Pelópidas encontrava maior prazer em exercitar o corpo e Epaminondas, em exercitar o espírito e em aprender, de maneira que, quando se entregavam ao ócio, o passatempo do primeiro eram a luta, a caça e fazer todo tipo de exercícios, e o do outro, ouvir, estudar e aprender sempre algo das letras e a filosofia". Trata-se de uma oposição oportuna para seduzir a opinião comum, mas temos boas razões para pensar que Maquiavel não compartilha dela, pois está convencido de que a força nada pode sem o saber. Igualmente, não tomamos por um acaso que ele faça decorrer seu elogio de Epaminondas de uma reflexão sobre as relações entre a ciência e a prática e sobre a função da caça como simulação da guerra. Essas palavras inauguram o capítulo 39, intitulado "Que um capitão deve ser conhecedor dos lugares". Ele ensina:

> O conhecimento dos lugares e dos países é uma das coisas necessárias a um capitão de exército, pois, sem esse conhecimento geral e particular, este último não pode fazer nada de bom. E se toda ciência requer uma prática daquele que deseja possuí-la perfeitamente, esta requer uma prática aprofundada, e essa prática ou conhecimento particular se adquire por meio da caça mais do que por qualquer outro exercício.

Nenhuma dúvida para o leitor advertido: Epaminondas, homem de ciência, tinha a ideia exata dos vínculos que unem o conhecimento geral e o conhecimento particular, a teoria e a prática. Estudava as letras e a filosofia e analisava as condições nas quais convinha agir *aqui e agora*; ao mesmo tempo, concebia uma revolução e elaborava os exercícios que preparavam para isso. Organizando lutas entre os jovens tebanos e espartanos, ensinava seus partidários a conhecer as fraquezas do adversário e suas próprias forças, num jogo que se pode tomar por análogo à caça, uma vez que servia de treinamento para a guerra, mas se distinguia dela na medida em que o espartano tomava o lugar de animal feroz e se tratava de agir de tal modo que se revelasse como tal no curso do exercício.

É verdade que Maquiavel fala de um "conhecimento dos lugares" e que não vemos sua relação com a ciência de Epaminondas. Mas talvez não a vejamos por não haver compreendido de que lugares se trata. Ora, não havíamos admitido há muito tempo que a guerra é uma imagem da política, e não nos diz Maquiavel agora que a caça é uma imagem da guerra? É certo que Epaminondas possui o conhecimento dos lugares, pois aprendeu, pelo estudo dos fatos passados e presentes, pela meditação em torno dos grandes Autores, a identificar as situações em que se desenrola a ação política: soube explorar longamente, antes de empreender, os lugares do poder e da conspiração. Ainda devemos dizer mais: não somente possui esse conhecimento como sem dúvida o transmite, pois não deve se contentar em excitar o desejo de vingança nos jovens, como nota Plutarco; deve tirar partido dessa excitação para acender neles um desejo de saber. Não é por essa atividade que ele se converte em um grande caçador, mestre de uma arte que o bravo Pelópidas praticava como exercício físico?

É verdade que concedemos ao personagem Epaminondas uma importância que o texto não parece justificar, uma vez que ele só é mencionado rapidamente no final do capítulo 38. Ademais, os indícios devido aos quais acreditamos reconhecer nele um modelo talvez só se dirijam à nossa imaginação. Mas consideremos o elogio da caça que irá apoiar as considerações do capítulo 39 sobre o conhecimento dos lugares. Esse elogio não pode deixar de nos inquietar. Devemos sobretudo nos espantar de que em seu final Maquiavel analise longamente um acontecimento que evidencia as qualidades de um capitão romano, mas não testemunha em nada das virtudes da caça. O exemplo nos faz duvidar do significado que um momento antes ele confere a esse exercício. Além disso, a passagem que nosso autor extrai da *Ciropedia* para fundar seu julgamento é curiosamente incompleta:

> Xenofonte refere na vida de Ciro que esse príncipe, estando prestes a atacar o rei da Armênia, falou a seus guerreiros acerca desse ataque como de uma dessas caçadas que haviam muitas vezes feito juntos: recordava àqueles que colocava para fazer emboscadas nas montanhas que eles se assemelhavam aos caçadores que vão estender redes nos bosques; as tropas que corriam na planície ele comparava àqueles que levavam o animal a cair na armadilha. Citamos esse exemplo para mostrar, segundo Xenofonte, que a caça oferece uma imagem da guerra, o que a torna um exercício honroso e necessário para os Grandes.

Não se diz nada de que naquela ocasião Ciro antes de mais nada fingiu organizar uma caça para se aproximar do inimigo sem levantar suspeitas. Ora, vale a pena observar que Ciro usava de astúcia e que seu procedimento o fez similar a Epaminondas: não recorreu à caça para ensinar aos seus a arte da guerra, ele se serviu de um jogo para dissimular seus propósitos. Não devemos deixar escapar esse detalhe, pois a autoridade de Xenofonte já foi invocada no segundo livro, numa passagem que julgamos decisiva para denunciar a política de engano praticada pelos romanos na Itália. O fato de o elogio da caça ser emprestado a Xenofonte, erigido anteriormente em teórico da astúcia, tem para nós o valor de uma advertência. Devemos prestar ainda mais atenção nele, porque a astúcia é um tema dominante nos últimos capítulos de nossa obra. Assim, pois, está Maquiavel utilizando Xenofonte de novo para seus próprios fins?

Para decidir isso, é preciso recordar que ele então imputava ao historiador filósofo uma tese acerca do êxito pela astúcia que este não havia sustentado, ao menos explicitamente, na *Ciropedia*. Maquiavel discorria como se o relato de Xenofonte tornasse manifesta por si mesma uma interpretação da política. Agora ele não julga necessário salientar a astúcia de Ciro — uma astúcia, não obstante, muito visível —, mas chama nossa atenção para a função que ele reconhecia à caça. Estamos tentados a buscar nesse procedimento o indício de uma astúcia suplementar. Com efeito, Maquiavel uma vez mais discorre como se o relato de um fato bastasse a si mesmo; como se, no fato em questão, a representação da guerra como caça, tal como a forja Ciro diante de seus oficiais, fosse plenamente eloquente.

Não busca convencer seu leitor por uma demonstração, mas fala como se o leitor — como se certo leitor — entendesse o suficiente para acompanhá-lo. A referência ao tema da caça em Xenofonte seria mais rica para esse leitor que qualquer outro argumento sobre a aprendizagem da guerra e o uso da astúcia? Seria, sem dúvida, se ele conhecesse o pequeno tratado consagrado a essa arte pelo autor da *Ciropedia*. Ora, sabemos que a obra na sua tradução latina, *De Venatione*, passou por muitas mãos em Florença no tempo em que Maquiavel redigia os *Discorsi*. Nela, Xenofonte não se contenta em observar que a caça fornece o melhor treinamento para a guerra. Ao final de um longo estudo sobre as armadilhas e as armas, sobre os cães e os animais selvagens, opõe a esse nobre exercício os vis procedimentos dos sofistas. O que então se revela como o verdadeiro tema do tratado é a formação da juventude: tema em torno do qual se organiza uma série de distinções entre aqueles que só querem se ocupar de seus assuntos particulares e aqueles que se preocupam com a salvação do Estado; entre aqueles que criticam os homens instruídos e o trabalho e aqueles que amam aprender com os outros e enfrentam as penosas provas da virtude; entre os homens que possuem a arte de enganar e aqueles que buscam o pensamento justo; entre aqueles que visam a aparência do útil e o proveito pessoal e aqueles que visam o bem comum — distinções que permitem descobrir finalmente duas categorias de caçadores: os sofistas dedicados a caçar os jovens de famílias ricas e os filósofos. Assim, devemos admitir que Xenofonte utiliza, à sua própria maneira, a tática que atribui a Ciro. Ao mesmo tempo faz da caça uma imagem da filosofia e se serve dela para combater seus adversários. E essa astúcia, por sua vez, esclarece a de Maquiavel: não busca ele o jogo utilizando Xenofonte para atingir seu objetivo? Se seu propósito próprio é levantar a juventude contra as mentiras defendidas pelos "sábios do tempo", não dá a entender agora que, sob o nome de "conhecimento dos lugares e dos países", ele designa um saber novo da política, um saber "revolucionário" que se apoia na exploração da História e na crítica da Tradição?

Invocando a dupla autoridade de Epaminondas e Xenofonte, Maquiavel se apresenta sob os traços combinados de um capitão filósofo e um político filósofo, fundador de um empreendimento que alia ciência do geral e ciência do particular, cujo objeto é a verdade de todos os tempos e de todos os lugares e a verdade desse tempo e desse lugar. Como Epaminondas, ele se dirige aos jovens para prepará-los para uma revolução. Como Xenofonte, ele se distingue dos modernos sofistas porque não caça para converter os jovens em sua presa, e sim para convertê-los ao saber.

Já sabíamos que os jovens são inclinados, em virtude de seu desejo de agir, a se inflamar com o desejo de saber. Agora se mostra que sua realização supõe uma série de provações graças às quais eles descobrem sua identidade, a do inimigo e o lugar do enfrentamento. Maquiavel os engaja, por seu discurso, nos combates simulados, nos quais eles não somente têm de afirmar sua superioridade diante dos guardiães da Tradição, mas também compreender que compõem um exército novo e aprender a distinguir os traços de seu adversário. O palco sobre o qual têm de identificar, em seu entorno, o jogo dos atores políticos é, sem nenhuma dúvida, Florença às vésperas da queda da República. Para aceder à verdade do drama que ali se representa, eles precisam adquirir a inteligência da História e se elevar à filosofia, tornar-se capazes assim de inspecionar os lugares que o príncipe e o conspirador ocupam, os lugares públicos e secretos da corrupção. Mas esse drama, no qual se decifram os sinais de uma tarefa revolucionária nova, é ainda uma ficção, e dominar sua intriga confere o poder de situar-se adequadamente na sociedade presente e preparar-se para agir quando surgir a ocasião de derrubar o regime.

Se não nos enganamos, é então que se esclarece o exemplo que nosso autor empresta de Tito Lívio para mostrar no mesmo capítulo quanto importa o conhecimento dos lugares quando se empreende um combate num país novo. É inútil espantar-se de que o herói invocado não domine a arte da caça; trata-se de sua façanha militar — e não importa que a perseguição de animais selvagens prepare ou não para isso. O tribuno Décio empresta seus traços ao audacioso político que, após haver rompido a armadilha na qual a democracia havia se deixado fechar, escapa ao perigo ao qual se expôs e volta a ocupar suas funções. Ele empresta seus traços ao capitão filósofo cuja arte consiste em apreciar a situação presente em função de situações passadas, em assumir um risco calculado e, uma vez salvo o Estado, em colocar um termo à aventura.

Públio Décio, relata Maquiavel, servia como tribuno sob as ordens do cônsul Cornélio numa guerra contra os samnitas. Tendo se apercebido de que o exército romano estava engajado num vale em que poderia facilmente ser encurralado, avistou uma colina que dava acesso a ele e convenceu o cônsul a autorizá-lo a tomá-la com um destacamento. Após haver assegurado assim a passagem das tropas, conseguiu na noite seguinte explorar os lugares, coberto com uma simples capa de soldado, para depois escapar ao inimigo com os seus. Ora, esse duplo êxito é particularmente designado para nossa atenção. "Quem considerar, portanto, esse texto [de Tito Lívio] *em sua totalidade*", acrescenta o autor,

> verá como é útil e necessário a um capitão conhecer a natureza dos lugares. Se Décio não a tivesse conhecido perfeitamente não teria sabido avaliar o custo para o exército romano de se apoderar dessa colina nem discernir de longe se esta era acessível ou não. Tendo-a tomado, querendo partir para se juntar ao cônsul, devido aos inimigos que o rodeavam, não teria podido conjeturar de modo seguro sobre a marcha de retorno nem as passagens guardadas pelo inimigo.

Mas, das duas proezas assinaladas, é na segunda que ele sugere nos determos para apreciar o relato de Tito Lívio *em sua totalidade*. Este ilustra a habilidade de um chefe que não hesita em se privar dos sinais exteriores da autoridade para escapar da vista do inimigo e subtrai seus partidários ao maior perigo após tê-lo enfrentado. Esse chefe alia a prudência à audácia; não está cego por uma jactância e não faz mais do que perseguir a salvação comum. Além disso, a aventura na qual se arrisca está estritamente limitada pelas necessidades que as circunstâncias impõem. Seu exemplo aparentemente contrasta com o de Ciro, príncipe conquistador, ocupado em edificar sua própria potência, mas se equipara também ao de Epaminondas mediante os limites que confere ao empreendimento e à luz que lança sobre o *exitus*, o caminho de retorno. Nesse sentido, acaso deveríamos pensar que, no momento em que a ação mais ousada e mais nova é indicada, é importante libertar seu esquema das figuras particulares em que a inscreve o desejo dos atores? Ou estaria o modelo do revolucionário tebano muito bem fundado, na medida em que o do capitão romano lhe oferece uma réplica tranquilizadora? E, ainda, acaso Maquiavel se faria passar por Décio para insinuar aos jovens que em seu afastamento da tradição ele se converte em seu verdadeiro guardião e que a via nova que lhes abre reconduz a bom porto?

Essas questões não são vãs, uma vez que alguns capítulos adiante elas nos são relembradas pelo nome de Décio. É verdade que o personagem evocado já não é então o tribuno que nos ocupa. Trata-se de seu filho, engajado por seu turno em um combate contra os samnitas, um filho desejoso de se igualar à glória de seu pai, mas cuja coragem e audácia, em oposição, servem apenas para perdê-lo e colocar em perigo o exército.

Todavia, o episódio do qual ele é o infeliz herói está destinado a ressaltar a prudência de outro chefe, tão hábil quanto o primeiro Décio para unir a preocupação da vitória à da segurança: o grande Fábio, que sabemos também não recuar diante dos empreendimentos mais audaciosos, mesmo quando eles lhe faziam transpor os limites da legalidade. Enquanto Décio se precipita à frente dos seus, nos conta o autor, ao encontro dos inimigos, e resolve imolar-se quando vê suas tropas vacilar, Fábio, que comanda outra ala do exército, se contenta em sustentar o choque daqueles que o assaltam. É somente após conhecer a sorte de seu colega que, "ávido de igualá-lo em vida", ele lança todas as forças que poupou para o momento decisivo e alcança uma brilhante vitória. Tal como o primeiro Décio, Fábio sobressai encontrando a melhor solução. Aquele adivinhava a intenção do adversário; este soma a essa habilidade a de adivinhar as falhas do seu aliado. Do mesmo modo que nesse caso ele sabe a ocasião de negligenciar as ordens recebidas e apresentar às autoridades estabelecidas o fato consumado, ele sabe, quando a necessidade o exige, adiar o combate. Não se assemelha a seu descendente, o adversário de Aníbal, contemporizador por natureza, mais que Décio a seu filho. Sua conduta não é efeito de seu temperamento. Julga a situação antes de agir. Pratica a paciência quando é preciso. Essa paciência não é boa em si; é louvável enquanto pode se aliar a seu contrário. Ademais, Maquiavel não deixa dúvida sobre o significado de sua análise, uma vez que no capítulo precedente, o de número 44, demonstrava que não raro se obtém mediante um movimento violento e a audácia o que não os meios ordinários proporcionariam.

O termo *impeto*, empregado no título dos dois capítulos, convida a observar sua articulação. Os exemplos, antigos e modernos, escolhidos para evidenciar aquele que sabe pressionar o outro e obrigá-lo a uma aliança que não desejava, recordam a ação de Fábio, lançado em perseguição dos etruscos através da floresta Címina, com a convicção de que o Senado só poderá aprová-la uma vez alcançada a vitória.

Não duvidamos de que Maquiavel tenha suas razões para assinalar na última parte de sua obra que um chefe de semelhante ousadia sabe esperar sem ceder à imagem de uma jactância, que é hábil para preservar sua vida. O retrato de Fábio não evoca somente o de Décio. Entre esses dois capitães, Valério, Mário e Epaminondas se estabelece um parentesco que não deve nada a seu caráter ou à natureza de seus empreendimentos. Mário habitua suas tropas à visão do inimigo; Valério as engaja em escaramuças preliminares para lhes inspirar confiança em si mesmas; Epaminondas as instrui mediante combates simulados; Fábio deixa que o inimigo se canse em seus primeiros assaltos; Décio se separa do grosso do exército realizando no espaço esse desvio que se inscreve em outro lugar no tempo. Uns não temem aparentar falta de coragem; outros chegam até a desfazer os sinais de sua autoridade. Suas ações seguem um mesmo esquema. Mas não poderíamos esquecer que este foi traçado pela primeira vez com o exemplo de Bruto: aquele conspirador que encontrou na simulação da loucura o único meio de preservar sua vida junto ao tirano, que se desonrou, que esperou pacientemente sua ocasião e soube, uma vez alcançada a vitória, abandonar suas ambições. Nessa cadeia de identificações se deixa entrever a figura daquele que as produz: o próprio Maquiavel, que se submete ao novo reinado dos Médici e, pelo subterfúgio do discurso, conduz os jovens a suportar o *impeto* do adversário e examinar seus traços, a preparar a reação, a se comprometer numa conspiração lenta e prudente.

    A passagem da estratégia do capitão em combate à do reformador político e do escritor-filósofo é ininterrupta no terceiro livro. Mas, observávamos, é no capítulo 39 que ela melhor se apresenta para nossa consideração — nesse capítulo que abre com um elogio do conhecimento dos lugares e fecha com o relato do episódio em que um exército romano está prestes a cair numa armadilha antes de ser salvo por um audacioso capitão. Portanto, ali onde Maquiavel multiplica os sinais do enfoque filosófico e revolucionário do discurso, onde sugere o pacto oferecido aos jovens contra aqueles que se apropriaram abusivamente dos emblemas do saber e da lei, ele indica também ao leitor atento às suas advertências o caminho de certo lugar. O desfiladeiro no qual irá se fechar o cônsul Cornélio está seguramente destinado a nos conduzir a outra parte. Se duvidássemos disso, para nos convencer bastaria considerar o relato, oferecido um momento mais tarde, de um novo episódio da guerra contra os samnitas e depois os exemplos, multiplicados no penúltimo capítulo, das armadilhas eficazmente armadas ou frustradas. Não pode escapar a eles a insistência do escritor na última parte de sua obra em produzir a imagem de uma armadilha para descrever situações diversas nas quais um capitão se deixa enganar pelos estratagemas ou consegue desmascará-los. Ele monta um hábil dispositivo para nos sugerir o que não pode apresentar: o combate político no qual se precipita a República florentina às vésperas da agressão espanhola. Essa evocação é necessária, pois só a inteligência da conspiração que arruinou a liberdade permite aos jovens medir as dificuldades de sua própria conspiração a serviço de sua restauração; só esta lhes permite aplicar à história presente o ensinamento político e filosófico do autor. Mas é preciso usar de astúcia para falar sobre o que deve ser calado em razão do perigo que haveria em denunciar homens, famílias, facções que ainda estão vivas. A astúcia é aqui maior que a do conselheiro, que deveria, dizia-se, para garantir sua segurança e não trair a verdade, expor as alternativas sem paixão e deixar o outro livre em sua decisão. É preciso se contentar em fornecer ao leitor os indícios que o advertem da natureza do tema e dar a ele liberdade para entender ou não entender. Ademais, a maior astúcia consiste em introduzir o leitor no lugar convencionado por um discurso sobre a astúcia; em dissimular e assinalar ao mesmo tempo seu propósito mediante palavras cujo sentido manifesto pareça bastar a si mesmo, que choquem o suficiente a opinião comum para que ela não tenha como se espantar mais e, não obstante, que sejam testemunhas, mediante sua disposição, de um estratagema. Com efeito, como ficarmos satisfeitos com o elogio da astúcia, que inaugura o capítulo 40, quando percebemos que ele contradiz os enunciados anteriores e contradiz a si mesmo no espaço de algumas páginas? Temos de resistir ao efeito que certas fórmulas de aparência audaciosa produzem para buscar o motivo que as organiza. Maquiavel agora pretende limitar o uso da astúcia ao teatro da guerra. A reserva é estranha, uma vez que ele nos fez admirar a de Bruto e Epaminondas: "Direi somente isto", precisa ele, "que não entendo ser gloriosa a astúcia que consiste em romper a fé dada e os pactos concluídos; essa astúcia pode muito bem ser útil algumas vezes a um Estado ou a um reino, mas jamais trará a glória. Falo dos estratagemas que é preciso empregar contra um adversário precavido e que constituem propriamente a arte da guerra". Mas não esquecemos sua interpretação de Xenofonte e o comentário da política romana. "Podia ser mais pérfida", dizia no segundo livro, "do que foi nos seus começos, quando pretendia o título de companheira dos latinos e de outros povos, seus vizinhos, a que na realidade converteu em escravos?" Como esqueceríamos ainda que para ele não há meio mais seguro que a astúcia para se elevar de uma baixa condição a uma grande fortuna. Sem dúvida, Maquiavel se precaveu de aliar a astúcia ou o engano à glória, mas seus exemplos, o de Roma ou o de Ciro, falavam por si mesmos. Temos razão em suspeitar que ele nos engana no presente, uma vez que suas primeiras asserções são desmentidas na sequência do texto: ele nos conduz a recusar a alternativa entre ignomínia e glória que apresentou no capítulo 41, quando escreve: "Quando se trata de deliberar sobre a salvação da pátria, ele [o cidadão] não deve ser detido por qualquer consideração de justiça ou injustiça, de humanidade ou crueldade, de ignomínia ou glória. O ponto essencial que deve prevalecer sobre todos os demais é o de assegurar sua salvação e sua liberdade". E ainda sugere que o político não poderia se degradar com a defesa do Estado quando conclui a propósito da fórmula dos franceses: "O rei não pode sofrer vergonha". Finalmente, é para subverter seu discurso inicial sobre a fé jurada que conclui o capítulo 42, consagrado a defender que "não se deve manter as promessas extraídas pela força" — argumento que encontra seu coroamento na proposição segundo a qual "rompem-se sem se desonrar as convenções pelas quais se comprometeu a nação todas as vezes em que a força que a obrigou a contratá-las não subsiste mais".

Poderíamos sem dúvida julgar uma vez ainda, ao medir as diferenças de uma proposição a outra, que o autor, fiel a seu princípio, se dedica a afastar progressivamente seus leitores de uma representação comum. Mas o procedimento não está aqui a serviço de um ensinamento novo. Ao fim da análise, não se avançou nada que não fosse já conhecido. O discurso sobre a astúcia nos faz assim pensar naquele que Ciro pronuncia a propósito da caça diante de seus oficiais; ele acompanha um movimento em direção ao objetivo; como Ciro, Maquiavel fala e se aproxima de seu objetivo. O sinal desse movimento nos é dado tanto pela hipótese introduzida de uma situação extraordinária na qual se joga a sorte do Estado como pelo exemplo em função do qual se organizam todas as considerações sobre a astúcia. Como anunciamos, ele nos apresenta pela segunda vez o exército romano às voltas com os samnitas e precipitado numa armadilha. Mas não há Décio para advertir a tempo do perigo. Os romanos, enganados pelos inimigos disfarçados de pastores e acreditando em suas indicações mentirosas, serão encurralados no desfiladeiro das Forcas Caudinas, onde o inimigo os aprisionará.

Contudo, o relato do acontecimento revela imediatamente o erro cometido pelos samnitas na sequência de seu êxito e a justa resposta que deram os romanos numa situação em que pareciam perdidos. Enquanto o chefe samnita põe seus prisioneiros, imprudentemente, ante a alternativa de se submeter ao jugo e fazer uma promessa de paz ou então ser massacrados, os chefes romanos sabem aceitar as condições desonrosas para salvar o exército. Mais, uma vez de volta a Roma, seu cônsul convence o Senado a violar os acordos firmados sacrificando, consigo mesmo, somente os oficiais comprometidos. Assim, o exemplo nos oferece a imagem de uma astúcia e de uma contra-astúcia, de um enganador e de um enganado que intercambiam suas posições. Ora, não cabe dúvida de que a maior parte dos elementos da cena não deve ser tida em conta, uma vez que Maquiavel os arranja para fazer com que os encontremos em outras cenas. O desfiladeiro de Cáudio em que se encontram encurralados Lêntulo e Postúmio se assemelha àquele no qual se aventura o cônsul Cornélio; os soldados disfarçados de pastores reaparecem no primeiro exemplo do penúltimo capítulo; as falsas informações, no último exemplo, em que os florentinos são vítimas de um Pisano; a imagem de um enganador enganado na mesma passagem, enquanto o apelo de Lêntulo a não sacrificar a vida de seus soldados em honra ao exército encontra sua réplica na atitude de Fábio ao deixar imolar seu infeliz colega para não correr um risco inútil. Só não descobrimos equivalente para a astúcia do cônsul ao firmar uma promessa que não manterá. Mas, a seu propósito, após haver observado que se romperão sem desonra os pactos com os quais se comprometeu a nação, Maquiavel acrescenta este comentário: "A História oferece muitos exemplos disso, e todos os dias há novos debaixo de nossos olhos". Mesmo se a observação parece dizer respeito apenas à política dos príncipes, ela convida o leitor a dirigir o olhar aos acontecimentos presentes.

Mas, mais ainda que a esse apelo, somos sensíveis à representação de uma situação na qual se devem empregar todos os meios para escapar às ciladas armadas pelo adversário e salvaguardar a liberdade do Estado. De todas as críticas dirigidas aos antigos dirigentes de Florença, há uma em particular que não poderíamos esquecer: eles resolveram imprudentemente prosseguir a guerra contra os espanhóis quando a necessidade exigia prudência e compromisso. No segundo livro, Maquiavel citava o exemplo de Aníbal, que não havia se envergonhado de pedir a paz romana, por mais corajoso e experimentado que fosse na guerra, e opunha então a ele a presunção daqueles que se recusaram a uma negociação após a primeira batalha de Prato. A análise do comportamento dos romanos após sua derrota nos faz claramente entender que as proposições formuladas pelo vice-rei deveriam ter sido aceitas, que importava pouco ter de se comprometer a pagar o tributo, a romper a aliança com a França, inclusive a fornecer garantias políticas graças à evicção de Soderini, de tal forma a necessidade exigia ganhar tempo para organizar uma reação. Contudo, a comparação sugerida entre o realismo de uns e a imbecil presunção de outros nos induz ao exame de uma situação cuja face política até agora só algumas alusões nos fizeram entrever. Assim, suspeitamos que os erros cometidos tanto pelos samnitas como pelos romanos devem esclarecer a conduta dos dirigentes florentinos. Entre esses erros, há um sobre o qual insiste nosso autor, que ele já atribuiu aos florentinos: o de escolher a "via do meio", em vez de perdoar ou exterminar; de excitar o desejo de vingança por medidas ofensivas. Agora nos é dito que aí reside a falha dos florentinos face aos rebeldes de Arezzo e a dos samnitas diante do exército romano. A aproximação estaria desprovida de significado se nos limitássemos a considerar a política externa de Florença. Mas tal não é o caso se, como já supusemos, os inimigos mais perigosos da República tivessem estado em 1512 no interior da cidade.

Aqueles que fomentavam abertamente um complô em favor dos Médici não estiveram por um momento à mercê dos republicanos? Alguns foram aprisionados com a notícia da invasão da Toscana. Mas a medida não foi eficaz, pois nos últimos dias do regime, como assinala o autor numa carta, "o pavor chegou a tal grau que os habitantes encarregados da guarda do palácio e das outras portas da cidade as abandonaram e as deixaram absolutamente sem defesa, colocando assim a senhoria na obrigação de soltar um grande número de cidadãos que tinha trancado no palácio havia alguns dias como suspeitos de amizade pelos Médici".[1] Já não havia Maquiavel sugerido que, quando se quer forçar o povo a combater e fazer que a paz seja impossível, é preciso impeli-lo a cometer um grande crime? Nesse caso, a "via do meio" escolhida pelo governo se mostra inútil. Pode-se julgar que ela é denunciada de novo. Mas eram os partidários dos Médici os verdadeiros inimigos internos? Suas opiniões eram conhecidas, sua conspiração, visível. Seguramente, eram mais perigosos aqueles que fingiam apoiar o regime. A estes não houve ninguém para desmascarar. Ora, o episódio da astúcia samnita não representa uma preciosa indicação sobre o comportamento desses adversários? Os soldados disfarçados de pastores que enganam os romanos não designam os burgueses florentinos que ostentam seu devotamento a um governo que abominam? É o que imaginamos quando recordamos as condições em que se rejeitou o primeiro ultimato espanhol.

---

[1] Maquiavel para Alfonsina Orsini de Médici. *Toutes les letres*, op. cit., p. 316.

Soderini reuniu então o conselho e declarou com soberba que detinha seu cargo pela vontade do povo, que não renunciaria ainda que todos os reis do mundo se unissem para lhe ordenar que o fizesse, mas que estava pronto para se demitir se a assembleia assim desejasse. Ora, ainda que seus adversários fossem numerosos, ninguém se opôs a ele. Sua demissão é recusada por unanimidade e todos se oferecem para defendê-lo, pondo em perigo inclusive suas vidas. Enganado por esse apoio, Soderini se acredita ao abrigo do perigo interno e se engaja imprudentemente na via da resistência.[2]

É exagerado pensar que ele corre para uma cilada que lhe foi deliberadamente armada? Sem dúvida, não estamos em condições de identificar os falsos pastores. Mas se nos remetemos ao relato que nosso autor fez dos acontecimentos na carta que evocamos (dirigida para um destinatário cuja posição e nome o obrigaram, contudo, à prudência), certos fatos sugerem que a difusão de falsas informações não deixou de provocar efeitos na atitude do gonfaloneiro. Enquanto os espanhóis conheceram um primeiro fracasso diante de Prato, ficamos sabendo que o gonfaloneiro recusa a opinião das pessoas sensatas e os termos do compromisso proposto pelo vice-rei, confiando em indicações enganosas relativas à fraqueza do inimigo, à fome que está passando e à firmeza dos defensores de Prato (*referito le cose degli spagnoli deboli, allegando che si morieno di fame e che Prato era per tenersi*). Depois, uma vez conhecida a notícia da tomada de Prato, ele continua confiando, baseando-se "em não sei qual quimera" (*confidatosi in su certe sue vane openioni*).[3] Ora, não podemos deixar de recordar aqui o julgamento proferido no capítulo 30, num trecho do discurso em que Maquiavel recomenda com crueza a eliminação física dos invejosos e menciona a impotência de Soderini: "Se semelhantes homens (os invejosos) vivem numa cidade corrompida, em que a educação não pode despertar neles nada de generoso, será impossível que algo os detenha. Para alcançar seu objetivo e saciar sua perversidade, aceitariam a ruína de sua pátria".

Qual jogo duplo se praticava no conselho à aproximação do exército espanhol? Qual complô se tramava entre as facções inimigas às costas de Soderini? A que meios recorrem os "invejosos" para alcançar seus fins no momento mesmo em que se manifestava união diante do perigo? Não sabemos. Mas bastou a queda de Prato para que subitamente se desvanecesse toda

---

2 Ibid.   3 Ibid. (N. M., *Lettere*. Feltrinelli, Milão, 1961, pp. 225-6.)

vontade de resistência; para que o próprio Soderini, sem que o exército florentino tivesse combatido, sem que uma assembleia o depusesse, pela simples pressão de seu séquito, consentisse em fugir; para que seu sucessor, Ridolfi, enfim, chefe do partido dos Optimates, depois de suas firmes declarações em favor do regime republicano, se anulasse prontamente diante dos Médici. Quem não veria nisso os sinais de uma cilada montada desde longa data e de conivências combinadas entre os partidários dos Médici e os supostos defensores da liberdade?

Devemos supor que a cena da cilada a que um capitão seria atraído por homens hábeis em desarmar sua desconfiança é particularmente edificante, pois que Maquiavel a apresenta uma segunda vez no penúltimo capítulo da obra. Repetição ainda mais notável porque o episódio então analisado parecia pequeno e arbitrariamente extraído do relato de Tito Lívio. Dessa vez, os etruscos ocupam o lugar dos samnitas: é um lugar-tenente do exército romano, Fúlvio, que está encarregado do comando do campo na ausência do cônsul, chamado a Roma para uma cerimônia religiosa. O estratagema do inimigo consiste em enviar para a proximidade do campo soldados disfarçados de pastores com seus rebanhos. Nessa ocasião, o chefe romano triunfa sobre a astúcia do adversário, em vez de se deixar iludir: o enganador é desmascarado. Talvez convenha revelar que esse chefe não é o cônsul detentor da autoridade ordinária, mas um substituto. Este se mostra hábil em identificar o inimigo sob seu disfarce, enquanto seu superior se ocupa em decifrar os sinais da potência divina nas vísceras de uma ave. Já não assinalou Maquiavel que é mais digno de um capitão ver o que se passa diante de seus olhos do que adivinhar os propósitos do inimigo, interpretar suas ações presentes e mais próximas do que as que são realizadas à distância? O mérito do lugar-tenente é encontrar-se no lugar certo, enquanto o cônsul está afastado dele, e interrogar o visível enquanto o outro perscruta em vão o invisível. Não devemos deixar escapar essa indicação, sobretudo porque nosso autor curiosamente modificou o texto de Tito Lívio nessa ocasião. Nesse, não se trata de um cônsul, mas de um ditador; não há indicação de que este último havia se ausentado para uma cerimônia religiosa; ele está de regresso ao campo romano quando se produz o incidente assinalado, e é ele mesmo que dirige o ataque contra os etruscos. Quanto ao lugar-tenente Fúlvio, são seus batedores que descobrem a identidade dos pastores (ao perceber que eles não gritavam, como é próprio desse ofício). Ele mesmo não faz mais do que dirigir um posto avançado; não substitui o ditador à frente do campo. O mínimo que se pode dizer é, portanto, que semelhante erro trai uma intenção. Na versão maquiaveliana, o personagem Fúlvio se carrega de traços que pertencem a Décio e a Fábio. Do mesmo modo que o primeiro, sabe interpretar o que o cônsul não vê ou o que se deixou ficar sem condições de ver; do mesmo modo que o segundo, alcança uma vitória às costas do chefe, retido em Roma por uma cerimônia religiosa. Os três são heróis que tiveram de substituir uma autoridade fraca. Mas não é preciso supor que o erro é cometido para chamar a atenção de um leitor atento? Não é temerário supor isso se consideramos a regra enunciada no título do capítulo, cujo comentário introduz a proeza de Fúlvio: "Quando se vê um inimigo cometer um grande erro, deve-se crer que ele esconde alguma armadilha".

Somos então reconduzidos à ideia de que o autor disfarça seu pensamento, somos incitados a buscar em que ele nos engana. Sem dúvida ele não é nosso inimigo, mas não dissemos que ele prepara seus leitores por meio de combates simulados? Ora, basta estar de sobreaviso para perceber a singularidade dos outros dois exemplos mencionados no capítulo. O primeiro nos relembra a tomada de Roma pelos gauleses, acontecimento no qual o escritor havia se detido longamente numa passagem de seu discurso em que opunha ao Estado romano, capaz de se reerguer na proximidade da ruína, o Estado moderno, impotente para inverter a fortuna quando ela lhe é contrária, por não usufruir de um apoio popular. A derrocada da República florentina dá o pleno significado dessa oposição — posteriormente articulada com a dos homens que o destino adapta à natureza dos Estados, com a de um Camilo e de um Soderini. No momento, somente nos é dito que os gauleses, depois de haver vencido os romanos em Alia, marcharam até Roma, encontraram abertas e sem guarda as portas da cidade e passaram um dia e uma noite sem penetrar nela, por medo de cair numa cilada. Depois, a esse breve relato sucede a narração de um episódio no qual se mostra que os florentinos foram cruelmente enganados por um falso desertor de Pisa. Enquanto sitiavam essa cidade, é relatado, concluíram um acordo com um de seus cidadãos, Afonso di Mutolo, que lhes prometeu abrir uma porta.

A fim de parecer fiel à sua promessa, Mutolo retornou em seguida diversas vezes para conferenciar com os delegados dos comissários do exército; mas em vez de vir em segredo, o fazia ostensivamente e em companhia de alguns pisanos, que deixava um pouco afastados quando se juntava com os sitiantes. Estes deveriam ter percebido seu truque, pois não era verossímil que ousasse tratar um assunto desse gênero tão abertamente se estivesse de boa-fé.

Nosso autor acrescenta que nesse caso os florentinos estavam cegos por seu desejo de se apropriar de Pisa. O que o texto oculta, designando-o simultaneamente, é o mesmo objeto que visavam os capítulos consagrados à astúcia dos samnitas. Roma indica o lugar de Florença; como os romanos, "seus habitantes encarregados da guarda do palácio e das demais portas da cidade as abandonaram e as deixaram absolutamente sem defesa". Mais: uma vez que os Médici voltaram e o governo mudou, os nobres hesitaram em obedecer a ordem do vice-rei, com pressa para restaurar o regime de Lorenzo, pois permaneciam surpresos, apesar de sua vitória, pela inércia da massa, e temiam uma revolta repentina. De fato, Maquiavel deixa ao leitor o cuidado de interpretar os sinais que dispõe. Ou não cita Florença, e é então que a designa, ou fala dela, mas utilizando um acontecimento diferente do que põe em cena. Ele opera um duplo deslocamento no espaço e no tempo para dissimular e "transmitir" seu pensamento. Mas esse pensamento não é perigoso? Já nos perguntamos por ocasião do exame da astúcia samnita: quais são em Florença os inimigos disfarçados de pastores; quais eram as falsas informações difundidas; qual jogo duplo se organizava sem o conhecimento do gonfaloneiro? A questão retorna, insistente, sobrecarregada com a lembrança da inquietante figura de Mutolo, esse pisano que foi oferecer seus serviços ao inimigo para melhor derrotá-lo. Não caberia surpresa com a prudência de Maquiavel se o ou os Mutolo nos quais ele pensa tivessem os nomes mais conhecidos dos florentinos, se pertencessem às mais ilustres famílias da Cidade. Ousaríamos perguntar se o próprio Soderini, enganado no fim das contas, não acreditou enganar seus adversários graças a algum obscuro e secreto acordo? Não sabemos, por outro lado, que ele especulava com a eleição de seu irmão ao papado? Não lhe escreve Maquiavel, pouco tempo após sua queda: "Eu vos conheço bem e sei com que bússola haveis guiado vossa navegação; por mais condenável que possa ser, eu não posso condená-la, pois vejo a que porto vos conduziu, que esperanças vos permite alimentar"?[4] Linguagem ainda mais amarga quando o autor acaba de declarar: "Estou reduzido a não mais me espantar de nada e a

---

4 Maquiavel a Pier Soderini, em Raguse. Ibid., II, p. 326.

reconhecer que nem a leitura nem a ação me ensinaram a apreciar o que fazem os homens e a maneira como o fazem". Ainda que seja arriscado imaginar uma sombria astúcia de Soderini, a hipótese não pode ser descartada.

Nos relatos que Maquiavel compõe ou arranja a seu modo, um jogo de identificações se desenha. O escritor não apenas põe constantemente um sujeito no lugar de outro; ele se serve em particular dos povos ou dos Estados para designar os homens. O fato de que utilize os etruscos no início de seu capítulo para falar de uma astúcia frustrada deve chamar especialmente nossa atenção. A função que eles desempenham se esclarece ao lembrar o que foi dito a seu respeito em um dos últimos capítulos, o de número 43. Após haver enumerado diversas situações nas quais os florentinos foram enganados pelos alemães e os franceses, Maquiavel observa nessa passagem que os etruscos conheceram as mesmas desventuras com os gauleses, para concluir que o exemplo dos antigos toscanos e dos florentinos prova a constância de caráter dos *franciosi*. Esse julgamento não deve ser posto em dúvida, mas ele determina outro: que os antigos e novos toscanos são semelhantes. O capítulo trazia este título: "Que os homens que nascem em uma província conservam através dos tempos aproximadamente a mesma natureza". Ele se inscrevia ao fim do argumento consagrado à necessidade da astúcia, cuja matéria havia sido fornecida pelo episódio de Cáudio. Ao relê-lo agora, após haver examinado de perto o penúltimo capítulo, nos parece que ele prepara a identificação que nele se opera entre etruscos e florentinos. Mas isso não é mais que um elo na corrente que nos é oferecida. No capítulo 44, Maquiavel prossegue sua crítica dos etruscos sob o pretexto de estabelecer que a audácia e a exaltação permitem frequentemente obter o que não se adquiriria por meios ordinários: vemos como eles foram pressionados pelos samnitas, que os puseram na obrigação de pegar em armas contra Roma, embora eles tivessem se recusado categoricamente a isso no passado. A tática de Júlio II e de Gastão de Foix é citada então como exemplo, com a mesma intenção, mas os florentinos não aparecem. Contudo, a semelhança entre seu comportamento e o dos etruscos é surpreendente: sabemos que sempre foram coagidos por seus aliados. Ora, enquanto ainda estamos sob o efeito do julgamento acerca da semelhança, ao longo da história, dos povos estabelecidos sobre um mesmo território, o capítulo 45 — cujo objeto é investigar se é mais vantajoso sustentar de início o choque do inimigo e atacá-lo em seguida vivamente ou começar com fúria o combate — põe em cena dois capitães romanos, um dos quais é o grande Fábio.

Já lançamos alguma luz sobre o valor de seu exemplo. Mas agora estamos em condições de observar o deslocamento que se efetuou da representação dos povos à dos homens. Partindo de uma comparação entre os franceses e os gauleses, entre os bárbaros e os alemães, entre os etruscos e os florentinos, somos levados insensivelmente a substituir essa comparação por outra, entre os indivíduos, para acolher a questão do capítulo 46: "De onde vem que em uma cidade uma família conserva por longo tempo as mesmas maneiras de ser?".* O objeto desse capítulo tomou o lugar daquele que nos foi oferecido antes. Certamente, não se fala agora senão das famílias romanas; é o leitor florentino que deve referir a seu próprio meio as observações que a história de Roma sugere. A tarefa, contudo, lhe é facilitada, pois a linguagem de nosso autor é eloquente. Em primeiro lugar, ele nos faz entender que não somente há diversidade de instituições e de costumes entre uma cidade e outra, umas dando à luz homens rudes, outras, homens efeminados, senão que na mesma cidade há a mesma diferença entre uma família e outra. Em seguida, após haver dado o exemplo dos Mânlio, rudes e teimosos, dos Publicola, benevolentes e ligados ao povo, dos Ápios, ambiciosos e inimigos da plebe, após haver buscado as causas das semelhanças não no parentesco de sangue, mas na educação, subitamente ele põe todo o peso de sua observação no caráter de Ápio, para concluir: "Quanta bondade e quanta humanidade mostraram por eles tantos outros cidadãos por respeito às leis e aos auspícios da pátria". Não podemos deixar de transpor essa apreciação de uma dupla maneira — considerando o passado próximo: como se espantar, se na própria Roma houve tanta repugnância em castigar a ambição dos patrícios mais odiosos, de que em Florença a República fosse impotente para se defender de seus homólogos; e considerando o futuro: como não se preparar para lutar contra aqueles cuja obstinação em destruir as liberdades se conhece desde longa data.

É verdade que em Roma os homens se opuseram aos empreendimentos dos facciosos. Entre estes, Fábio, que as últimas linhas da obra nos dizem ter merecido o sobrenome de Máximo por haver sabido, quando censor, agrupar em quatro tribos as famílias que causavam as desordens a fim de que, restritas a limites tão estreitos, não pudessem corromper Roma

---

* Corrigimos a informação, pois se trata do capítulo 46, e não do 45, como consta do texto original. [N. T.]

inteira. Essa informação tem seu valor, pois Tito Lívio não nos deixa ignorar que essas famílias, beneficiárias do direito de cidadania havia pouco tempo, constituíam para Ápio Cláudio o melhor apoio contra o regime, nem que a reforma de Fábio se antecipou a seus desígnios. Em Florença, ao contrário, nunca houve ninguém para deter a corrupção. Presumimos que os "bons republicanos" não tiveram outro talento que o de opor pequenas astúcias às de seus adversários. Do mesmo modo que os etruscos diante dos romanos, eles especulavam sobre a ingenuidade do inimigo; do mesmo modo que Florença diante de Pisa, eles se empenhavam em miseráveis negociações para obter o que só uma política resoluta e audaciosa poderia lhes proporcionar.

Para terminar, o que Maquiavel ensina aos jovens que possuem o desejo de agir e de saber é a identificar seus inimigos — para além daqueles que combatem abertamente, os outros que têm aparência de pastores. Ele os convoca a se convencerem de que a política é uma guerra e de que, tal como a guerra, ela não se decide somente no choque das armas.

Nesse sentido, suas últimas palavras sobre Roma são edificantes no mais alto grau. O quadro das conspirações de que ela foi teatro é composto de tal maneira que num primeiro momento somos convidados a nos libertar definitivamente de nossa antiga fé na "bondade" da república-modelo. E seu efeito é ainda mais surpreendente porque não esquecemos os julgamentos do primeiro livro. Maquiavel escrevia:

> Quando se lê a história das Repúblicas, não podemos nos impedir de imputar a todas uma espécie de ingratidão para com seus cidadãos. Mas Roma parece haver merecido a reprovação menos que Atenas e que qualquer outra república. Buscando a razão dessa diferença, descobriremos que Roma tinha menos motivos que Atenas para desconfiar de seus cidadãos. Com efeito, desde a expulsão dos reis até Silas e Mário, nunca cidadão romano algum se arriscou a atentar contra a liberdade de seu país, de modo que, como não havia ocasião para suspeitar deles, não havia nenhuma razão para ofendê-los inconsideradamente.

Ele afirma agora:

> É fatal, como dissemos em outro lugar, que uma grande cidade sofra de males que exigem medicina, e quanto mais esses males forem graves,

mais a medicina deve ser sábia. Ora, se houve cidade em que nasceram males estranhos e inesperados, essa cidade foi Roma. Tal foi o complô de todas as esposas romanas... Tal foi também a conjuração dos bacanais.

E ainda: "Mesmo que não tivéssemos uma infinidade de outras provas da grandeza dessa república e do vigor de suas leis, bastaria considerar o rigor das sanções que ela infligia aos culpados". Mas, por mais sombrio que seja semelhante quadro, ele é feito apenas para introduzir outro: o da corrupção que mina secretamente os Estados. As conspirações visíveis que marcaram a história de Roma só nos são com efeito lembradas ao fim da obra para nos incitar a concluir que elas são em si pouca coisa em comparação com as conspirações invisíveis. "Essas espécies de epidemias do crime", observa Maquiavel, "por mais perigosas que sejam, não são mortais, porque se tem quase sempre tempo de remediá-las. O mesmo não ocorre com aquelas que atacam os fundamentos do Estado, essas o arrastarão à ruína se uma mão hábil não deter seu progresso."

Esta é a arte do político que os jovens têm de aprender: a arte de descobrir os focos da corrupção nos diferentes lugares em que se acendem; a arte de se fazer fiador das leis contra aqueles que surdamente lhes opõem sua potência privada, ou então a arte de se insurgir contra as leis quando elas se convertem em refúgio da potência privada; a arte de restaurar a potência pública pela reforma ou pela revolução. Ainda que só a inteligência da História dê o poder para empreender, ainda que as figuras de Bruto, de Fábio e de Epaminondas esclareçam a tarefa, essa arte mesma está na invenção, é sempre no coração de uma situação inédita, e diante de novos inimigos, que convém restaurar sua prática.

Parte 6
A obra, a ideologia e a interpretação

Se nosso leitor concordou em nos acompanhar até o fim da análise do *Príncipe* e dos *Discorsi*, ele sem dúvida deixou de esperar que nos evadíssemos dela a fim de produzir esse puro inteligível que lhe é comumente prometido sob o nome de *pensamento* de Maquiavel. Com efeito, a ligação estabelecida com a obra é tal que não podemos rompê-la para dizer aquilo que ela não diz e que, livre enfim da matéria turva do discurso, constituiria sua essência. Para rompê-la, seria necessário que dispuséssemos de um novo apoio, que pudéssemos nos amparar nos significados adquiridos, que tivéssemos podido, antes, extraí-los, fixá-los, que eles se prestassem, então, a um último trabalho de redução. Mas os significados não se deixam destacar do tecido do discurso. Quando imaginássemos capturá-los, eles dariam vida apenas a mensagens exangues. E, quando se pretendesse pressioná-los mais para recolher o seu sentido último, se exibiria um saber morto — um saber tão bem conquistado sobre a linguagem do escritor, tão bem protegido de sua agitação, que nele se extinguiria toda a efervescência do pensamento e se tornaria subitamente incompreensível que tantos esforços tenham sido dispensados para escrever e ler com o único fim de fornecer a fórmula medíocre de uma cadeia de razões.

Somos sempre reenviados ao *discurso da obra*. O que ele nos leva a conhecer vincula-se àquilo que ele nos deixa escutar. E nosso poder de escutá-lo se amplia em função do poder que temos de falar, ao mesmo tempo que o desperta. Não há um momento em que possamos deixar de interrogar o texto, em que, em virtude de uma nova distância, estejamos em condições de nos desprender desse estranho vínculo que fez de nós, desde o começo da interpretação, o outro desse discurso e, simultaneamente, de seu autor o habitante de nosso próprio discurso. Não há um espaço onde esses dois discursos deixem de se cruzar, de estar no interior um do outro, onde se torna possível fazer-se leitor de sua própria leitura e alcançar, como alguém que tivesse lançado longe a escada, uma vez atingido seu fim, o lugar do sujeito puro de conhecimento. De resto, o que seria uma distância última? É, antes, a anulação de toda distância que está pressuposta na ruptura com o *discurso da obra*. Fora de seu campo, a ideia basta a si mesma, a diferença entre as palavras é abolida, o pensamento de Maquiavel é pensamento de um pensamento que o produz apenas para atravessá-lo e brilhar como pura luz. A distância, ao contrário, se produz na experiência da leitura, quando as palavras de um se transformam nas do outro, quando o movimento que a atração do texto provoca dele se desvia. É verdade que, então, a relação é prova de uma constante separação. Acreditamos encontrar no outro a intenção que o faz falar e nos vemos levados por uma intenção que mobiliza todos os recursos de nossa língua, alcança as raízes de nossa própria história e inventa os meios de sua duração. Estávamos completamente ocupados em ouvir, produzíamos ecos, e surpreendentemente é a nós mesmos que ecoávamos: o que se queria resposta torna-se apelo, provoca sua própria resposta, de tal modo que não poderíamos, enfim, separar nosso pensamento daquele que nós deciframos. Mas é preciso se conformar em não saber de que é feita essa distância, admitir que tal ignorância subjaz à relação e que, ao tentar dissipá-la, fixando nossa posição e a do outro, perdemos a memória da obra e a medida de nossa palavra, trocamos a prova da interrogação pela ilusão do saber e somos lançados em certas ficções: a ficção de um pensamento sem diferença, a de uma linguagem além da linguagem, a de um mundo fora do comércio dos sujeitos. Na finalização da interpretação, quando a resposta se liberta da questão (e não importa que ela se enuncie então na forma de questão), tocamos as ideias como o sonhador, as imagens. Elas se apresentam num palco do qual fomos excluídos, elas se ordenam num discurso que ignoramos que seja ainda discurso e que abole as divisões de que vive a palavra vigilante. Como acontece no sonho, a onipotência do pensamento — tão bem denunciada por Freud — é atestada por isso que dissipa a resistência do ser, pois todos os lugares são ocupados de uma só vez, os do autor, de seu leitor e o nosso, bem como aqueles do passado e do futuro. Mas o pensamento realiza seus fins reapropriando-se daquilo que o fez emergir do sonho e que dele o protege a todo momento, convertendo em instância positiva os princípios que constituem sua armadura e, simultaneamente, projetando-os para fora dele mesmo, no lugar de seu objeto. É reivindicando a plena posse da linguagem, e não mais ignorando-se nela, que o pensamento satisfaz seu desejo totalitário. Nesse momento, a lógica que assegura sua vitória está a serviço do desígnio que no sonho se efetivava contra ela. Do estado em que todos os pensamentos se associam no desconhecimento da contradição ao estado em que todos os pensamentos se articulam na afirmação da não contradição, a inversão é tão completa que sua função se preserva. A interpretação finalizada restaura assim num polo da atividade do espírito o imaginário que se engendrava no outro. Poderíamos compreender que essa restauração é possível apenas ao reconhecer no sonho uma interpretação — a elaboração de um discurso cujo motivo é conjurar a indeterminação de uma experiência que não suporta ela mesma ser traduzida por uma palavra destinada a ser ouvida. Mas é necessário nos restringirmos aqui a indicar o limite a que a análise da obra deve sua incompletude. Esse limite não é um marco contra o qual o saber poderia se chocar em dado momento de seu exercício: ele lhe é interior, ele é sua condição. É impossível estabelecer uma relação com o *discurso da obra* sem se descobrir nela enredado; é impossível interrogar esse discurso sem que as questões recaiam sobre nós. O trabalho de pensar, do qual surge o sentido, pressupõe que renunciemos a fazer a distinção entre sujeito e objeto da questão, ou, como dissemos, a determinar, no diálogo singular que institui a leitura, a distância "real" de *um ao outro*. Não podemos jamais dispor livremente dessa distância; antes, é ela que dispõe de nós. É no tempo do diálogo que ela se ordena; ou, para melhor dizer, ela é constitutiva dele; ela sustenta e organiza o jogo de articulação do falar e do ouvir em que se diferenciam dois focos discursivos. Na incerteza em que ela nos coloca de encontrar a posição real de um autor e de um leitor, ela se conserva como potência de uma troca indefinida de pensamentos.

A própria necessidade estabelece que a interrogação viva de seu limite, que ela seja consagrada ao inacabamento e que ela produza um trabalho interminável. Eu nunca termino de escutar, dada a impossibilidade em que me encontro de me desfazer da palavra maquiaveliana e reduzi-la à matéria de uma pura mensagem; eu nunca termino de apreender o discurso que ela me fez falar. Ao menos, enquanto eu permanecer voltado a Maquiavel e fiel ao propósito da interpretação, as palavras de um demandam novamente as do outro. Só a fadiga ou certa usura da paixão que sustentava a relação ou ainda a atração mais forte por qualquer outra coisa lhe dá um fim.

Estaríamos enganados, contudo, se abandonássemos esse momento à contingência dos motivos pessoais. Na ausência de tais motivos, a que novo fantasma não nos curvaríamos se imaginássemos a interrupção do empreendimento, um questionamento que, dessa vez, apenas se completaria com o acontecimento sobre o qual o intérprete não tem influência, ao qual ele não pode dar lugar no tempo de sua vida, pois o anula. Ainda que alguém tenha, talvez, por um momento, se deixado aí se enredar, a ilusão do inacabamento se sobrepõe à do acabamento. Quando alguém se abandona aí, é o discurso da obra que serve novamente de proteção contra a intrusão de terceiros; sob seu abrigo, ressurge a tentativa de conjurar a insegurança última que há no exercício da palavra, na diferença sempre refeita, embora impensável, das palavras de um e de outro. Pois, se é verdade que então essa diferença parece aceitável e se transforma no motivo de um diálogo interminável, se sua reabsorção em um saber universal pode ser denunciada como uma ilusão e se, enfim, é afirmada uma "palavra plural", segundo a expressão de Blanchot,[1] ao mesmo tempo é secretamente negado que *alguém* interprete e, sem nunca ser capaz de conhecer com segurança o lugar de onde fala, se faça suporte da relação, revele em cada um de seus gestos uma identidade, forneça uma articulação do plural ao qual ele deve responder, quer esteja ou não consciente disso. Ora, tal dever de responder vem de que de seu discurso irrompe necessariamente o *dito* — não essa massa de coisas ditas das quais nenhuma é em si verdadeiramente deposta —, mas esse dito que, estando de algum modo por detrás das coisas ditas, tem o peso de um nome. O que isso significa, a não ser que o discurso encontra necessariamente seu fim a partir dessa queda? Certamente, a interpretação sempre recusa o término, pois, a despeito do que o intérprete realiza, ela sempre suscita novas empreitadas, as quais podem ser consideradas legitimamente como ramos de uma mesma árvore. Mas as fronteiras desses trabalhos, o que quer que possamos apreender ao descobrir o esquema que os comanda, não se apagam no campo que eles recobrem. Quanto mais eles instruem, menos podemos dissolvê-los num discurso anônimo. Uma vez que deixam de funcionar como sinais e que a verdade disso que é dito está em jogo, eles nos colocam diante de uma palavra singular. Isso apenas quer dizer que, num sentido, a interpretação, estendida assim ao tempo histórico, dissolve a identidade dos intérpretes; e, em outro sentido, que ela não vive senão por eles e por meio de seu afastamento. Seu movimento supõe a queda continuada de um discurso, a transferência de livro para livro de um termo que só se desloca porque é enunciado. Querer ignorá-lo, sustentando por exemplo que cada um desaparece diante de

---

[1] Maurice Blanchot, *L'Entretien infini*. Paris: Gallimard, 1969.

seus enunciados, seria se satisfazer com uma meia verdade — a qual, por se apresentar como verdade inteira, se transformaria em mentira, pois esconderia as digitais deixadas sempre por um sujeito sobre o discurso e a existência, onde o sentido se determina, onde uma interpretação é exigida, de um nó entre a palavra e o saber impossível de ser desfeito.

Eis a estranha condição do intérprete: ele se esquece de si mesmo no desejo de deixar a palavra ao outro, mas precisa regressar desse esquecimento e se ouvir falar, depois renunciar a saber o que pertence a ele e o que pertence ao outro, abster-se de anular a diferença em vista da ilusão de um puro pensamento que se pensaria desvinculado de um e de outro e então enfrentar a prova do interminável para encontrar no inacabamento a medida de sua palavra; enfim, ele precisa compreender que essa medida não provém do inacabamento, que ela se mantém por meio de sua relação com tal inacabamento, ao qual ele deve secretamente a origem de sua empreitada e que é o que lhe dá também a sua identidade. É sustentando essa relação que ele nomeia para si (à revelia, nisso que se denuncia, no entanto, sob essa identidade) uma questão afastada de toda resposta última — questão que vive de seu ocultamento, sem dúvida, mas na qual é ele que se abandonou e ninguém mais, e na qual se conserva o traço enigmático de seu desaparecimento.

A esse respeito, o intérprete não se distingue do escritor. Se um enfrenta a impossibilidade de concluir sua empreitada, a não ser por uma decisão na qual essa impossibilidade se mantém, não é porque o outro, o primeiro, é definido nessa provação, colocando seu discurso sob o signo do interminável, ancorando-o naquilo que constitui seu limite, consagrando-se à paixão do inacabamento? Não é a obra que vincula seu destino ao da interpretação, ela que é feita por um discurso mantido em suspenso, no exercício de uma palavra indefinidamente em busca de si própria, ocupada em consumir sua ruptura com o mundo dado na experiência? Por causa dessa ruptura se engendrou a necessidade de um movimento sem fim, excessivo em relação a cada operação particular de conhecimento, de um desvio que não poderia reconduzir ao objeto, pois é por ter conhecido o constrangimento de se afastar dele que a palavra foi inicialmente lançada e ela não pode retornar a ele sem se perder, ceder de novo ao seu prestígio, emprestando-lhe os traços do inteligível. Nessa ruptura, a ideia não foi de uma vez dissociada da matéria; a ruptura constitui antes o trabalho da obra. E se, nesse trabalho, esta se separa daquele que escreve, por outro lado do trabalho mesmo nenhum produto se destaca, o pensado não se deixa jamais distinguir do pensar que se persegue. Do mesmo modo, a interpretação não pode responder à atração da obra a não ser renunciando a tomá-la como objeto, a não ser tornando-se semelhante a ela; é aceitando a mesma suspensão do discurso que ela recebe dela seu próprio destino de obra.

Mas como o discurso da obra comandaria à distância o da interpretação se ele não o implicasse no seu próprio exercício? O fato é que ele o esboça ao mesmo tempo que o requer. A palavra do escritor vive apenas de ser ouvida, ela só se junta a si mesma porque é dividida, porque a separação entre *um* e *outro* se refaz sem cessar no seu espaço, de tal maneira que para pensá-la não basta imaginar num mesmo sujeito dois polos, o do falar e o do ouvir, mas é necessário ainda reconhecer que o falar irrompe do ouvir como o ouvir, do falar, que a expressão e a impressão revelam um mesmo movimento. Seria empobrecer essa experiência traduzi-la imediatamente na fórmula: o escritor é seu próprio leitor — embora ela tenha o mérito de sugerir uma distância interior ao sujeito. Ela reenvia bastante rápido a essa segunda leitura que vem ao encontro do *já escrito*, quando este — frase ou livro — se oferece ao olhar estrangeiro e coloca seu autor na mesma posição de qualquer leitor. Ela ainda esconderia de nós uma parte da experiência, pois restaria a compreender por que o outro-leitor não pode ocupar plenamente sua posição a não ser se tornando escritor intérprete. Mas é uma leitura primeira que está implicada na escritura, que realiza a reunião dos signos no tempo exato de sua fuga. Com ela, a dualidade não sofre mais da ficção dos termos separados, a oposição entre passivo e ativo se desfaz. Somos tentados a dizer que, ao mesmo tempo, o escritor escreve sob seu próprio ditado e decifra aquilo que se inscreve. Mas essas seriam duas maneiras de perder o sentido do evento, pois é o mesmo que se ouve e se fala, que ele sempre começou a ouvir antes de falar e a falar antes de ouvir... Ora, quando estamos atentos a essa divisão incessante da palavra, a diferença interna ao sujeito torna-se intangível. E ainda que esta nos dê a chave da passagem da palavra para fora, que ela remeta a possibilidade de comunicação à possibilidade primeira de uma exterioridade e de um reenvio de si a si mesmo, é necessário preservar o que ela tem de intangível para interrogar a relação entre o escritor e o leitor estrangeiro. Com efeito, não basta reconhecer que o lugar do outro já se encontra delineado no espaço do discurso da obra e que, em suma, ele está aberto ao seu leitor; é preciso convir também em que tal lugar é indeterminável, em que, tão logo o tornamos nosso — a despeito do poder que ganhamos com uma nova distância —, somos enredados no jogo da palavra dividida, de uma palavra que não poderíamos apenas ouvir, que fala em nós e, por isso mesmo, suscita a palavra — uma palavra, por seu turno, proferida e ouvida de uma só vez, sempre em falta ou em excesso, pois ela nos faz necessariamente deslizar de um dos seus polos ao outro.

É sem dúvida da natureza de todo discurso produzir tal indeterminação. Mas ele está normalmente ocupado em conjurá-la. Ele se efetiva ao preço de convenções que nos fazem supor ser possível uma adequação entre o que se diz e o que se ouve; ele se desenvolve segundo o modo afirmativo — mesmo quando esse modo assume a forma negativa, dubitativa ou interrogativa —, de maneira que o significado seja depositado e fixado nos limites do enunciado e a ilusão de uma coincidência entre o outro-interior e o outro-estrangeiro seja preservada. Nessas condições, a divisão do falar-ouvir se desfaz ao preço de uma cisão entre um consciente e um inconsciente da palavra. O discurso do escritor não escapa absolutamente desse destino; ele próprio não pode se furtar ao movimento de afirmação, ainda que seja sempre possível surpreender aquele que o sustenta ao se denunciar a função de ocultamento de seu enunciado e ouvir o que ele se empenha em não mais ouvir. Mas aquilo que faz a sua singularidade e o transfigura no discurso da obra é que ele não se acomoda à estabilidade das coisas ditas, que ele vive da recusa de seus limites, acolhe os deslizes incessantes da palavra onde se misturam as posições de um e de outro e se deixa mover pela diferença em vez de pretender sujeitá-la. No registro em que se situa esse discurso, a interrogação substitui a afirmação; ao mesmo tempo que ela priva a palavra da medida que lhe permitiria encontrar a resposta no objeto, ela a obriga a se consumir em pura perda, isto é, a renunciar ao produto no qual seria possível definir um valor de sentido, e ela a impede de refluir ao polo daquele que fala ou daquele que ouve. Ação que decorre de uma mesma necessidade: o sacrifício do objeto não ocorre sem aquele do sujeito; o movimento pelo qual a palavra se desvia do sentido dado na experiência não acontece sem aquele que a abre à sua própria ausência. Na interrogação, a articulação entre a linguagem e isso que se faz linguagem, como aquela entre *alguém* e *algum outro*, não pode mais ser desfeita. A afirmação e a interpelação, que supõem um mesmo resultado mensurado exteriormente, são igualmente suspensas;

e, com essa suspensão, apaga-se a distinção entre o espaço da obra e o do mundo, como aquela entre o escritor e o intérprete. Com esse apagamento, institui-se a dimensão do interminável.

As obras de Maquiavel estão entre aquelas que mais imperiosamente nos convidam a perscrutar o que constitui a singularidade do discurso da obra, pois, se é verdade que ela é sempre regida pela interrogação e perturbada pela paixão do inacabamento, com o *Principe* e os *Discorsi* os sinais dessa paixão são deliberadamente multiplicados, a empreitada é conduzida de maneira a nos remeter de um termo a outro até tornar vã a espera de uma verdade que selaria o discurso e criaria a ficção de uma adequação entre o pensamento e aquilo que é pensado por ele, de uma coincidência entre aquele que escreve e aquele que lê.

É justamente aí onde seria possível supor que o discurso maquiaveliano está mais exposto à exigência de afirmação e interpelação, aí onde ele se ocupa em desvelar o sentido das coisas dadas como presentes, é aí que se identificam melhor a necessidade do desvio ao qual ele se encontra submetido e sua impossibilidade de alcançar um fim. Com efeito, enquanto está aparentemente voltado para os acontecimentos mais próximos, para aqueles que decidiram a sorte da República florentina, e ocupado em desvendar as causas de sua derrocada, ele se mostra engajado num labirinto de questões para o qual não se pode buscar nenhuma saída. Esse percurso certamente é aquele de um saber, mas esse saber se mostra somente ao preço do ocultamento daquilo que se dava inicialmente como sua matéria; seu traçado segue o ocultamento daquilo que vem pouco a pouco tomar o lugar do dado; em lugar nenhum, enfim, ele pode se reunir e se fechar, fora da experiência em que as coisas se dão e se ocultam, preservando-se nele somente a forma de seu ocultamento — forma pela qual o movimento necessário da interrogação é indicado para o sujeito.

Assim, vemos os *Discorsi* se ocuparem de uma questão aparentemente limitada a fenômenos localizados no tempo e no espaço, que são a derrota militar de Prato e a renúncia do governo Soderini, para, depois, transgredirem os seus limites, de tal maneira que o acontecimento deixa de ser um objeto de conhecimento, que, sem nunca desaparecer do horizonte, comanda a possibilidade de uma leitura da história.

A análise mostra que o regime republicano se arruinou por não ter sabido opor ao invasor espanhol um sistema de defesa eficaz, que tal sistema não poderia repousar sobre armas mercenárias comandadas pelos condottieri, que só o povo de Florença, se tivesse sido preparado para a guerra e para ela mobilizado, teria sido capaz de repelir um inimigo pouco disposto a sustentar operações longas e custosas. A derrota, assim, parece ser imputável à decadência das instituições militares. Ao se conhecer seus defeitos, compreende-se que a cidade, malgrado a magnitude de seus recursos, esteja há tempos enfraquecida financeira e psicologicamente pelas guerras intermináveis e tenha, por fim, perdido os meios e a vontade de resistir aos seus agressores. Um povo que não tem mais o gosto e a experiência das armas nem a confiança em seus capitães deve, parece-lhe, pagar suas deficiências com o abandono de suas liberdades. Esse argumento, contudo, não é suficiente. O desconhecimento da arte da guerra é em si o efeito de um sistema político no qual o poder busca sua segurança ao preço do desarmamento do povo. As instituições militares em vigor em Florença procedem de uma escolha que a facção dominante da burguesia realizou no passado e que é mantida, dia após dia, e em cujos termos o inimigo interno — as camadas sociais ameaçadoras por suas reivindicações — é julgado mais perigoso que o inimigo externo. Ao se notar isto, é necessário admitir que os senhores da República florentina não se distinguem, sob esse aspecto, dos príncipes que, por toda parte da Itália bem como fora de suas fronteiras, preferem confiar a defesa do Estado aos mercenários, em vez de aumentar o poder do povo. Mas como a análise poderia se deter aí? O processo do regime florentino não poderia, com efeito, se confundir com aquele dos Estados principescos, onde o poder se encontra por definição fora do controle do povo. Ainda que a democracia seja exercida em Florença dentro de limites estreitos e o poder de uma oligarquia seja afirmado pela posição econômica de algumas grandes famílias, pela experiência que ganharam gerindo por muito tempo os assuntos públicos, pelos mecanismos institucionais que lhes garantiam um acesso privilegiado às principais magistraturas, é um fato que a vida política inclui um número relevante de cidadãos, membros da média e da pequena burguesia. Ora, se é certo que as camadas dominantes encontram-se interessadas principalmente em conservar um sistema militar que deixa o conjunto da população desarmada, não se pode silenciar sobre o auxílio que recebem de uma parte daqueles que elas buscam afastar das fontes de poder. É necessário apontar sua responsabilidade pelo enfraquecimento do regime: malgrado seus esforços para ampliar sua participação no seio do governo e das assembleias, malgrado as vantagens conquistadas no tempo de Savonarola e de Soderini, elas se mostraram incapazes de fazer prevalecer uma política que desse uma base popular ao Estado e ao exército. Sua mentalidade refletia a imagem do grupo dominante, de tal modo que os conflitos que os erguiam contra ele, quando eles não se enfraqueciam a ponto de assumir as rivalidades das classes dominantes, eram incapazes de produzir uma reforma geral do sistema. Assim, as divisões — a *desunione*, tão denunciadas pelos políticos florentinos —, longe de serem um mal em si, padeceram por permanecer ao nível dos interesses econômicos particulares, das solidariedades de grupos, das querelas de prestígio, sem poder se aprofundar na luta de classes, sem poder produzir a dialética da reivindicação e da concessão que se constituiu na força das repúblicas conquistadoras. Basta considerar a história da jovem República romana para se convencer de que tal dialética foi efetivamente criadora: é, portanto, pelo exame dos conflitos que opuseram o patriciado à plebe que se esclarece o processo de decadência da República florentina. É verdade que aí se descobre que os costumes e a conduta do povo são moldados por aqueles que o dominam e que, em suma, foi necessário que o patriciado escolhesse o caminho da guerra e colocasse sua ambição na conquista para que a plebe pudesse dar livre vazão aos seus desejos e tivesse sua voz ouvida. Mas se trata de uma verdade parcial, pois se vê também a classe dominante defender obstinadamente seus privilégios, buscando a guerra como um derivativo da luta de classes e sendo antes obrigada a concessões do que livre para calculá-las. Do mesmo modo, a *virtù* do povo apenas encontra as condições de possibilidade numa situação em que seus sacrifícios e sua colaboração são solicitados; assim, é ela quem anima, por seu turno, a vida política da cidade e em parte determina as escolhas da classe dominante. O exemplo romano ensina que a fraqueza do regime em Florença não se mantém somente em razão da natureza da oligarquia, que sempre ignorou a necessidade de um Estado, a partir do momento em que pretende se tornar uma potência, de conquistar uma base popular para sobreviver. A pequena burguesia parece ser ela própria cúmplice da ruína do regime, na medida em que procura se compor antes que se opor, teme os mais baixos extratos da sociedade como os Grandes, ao conjunto do povo, coloca sua segurança no menor risco, faz do "justo meio" um ideal político, é, enfim, incapaz de pensar uma ameaça sem que a intriga diplomática e o dinheiro sejam instrumentos decisivos na solução. Seria vão pretender dar conta dessa sua sujeição apenas pelas obrigações que pesam sobre ela. As relações de classe são certamente relações de força, mas estas implicam a representação que cada um faz da força do outro; em particular, elas se alimentam da ilusão que os dominados têm sobre o poder, sobre a virtude dos modelos do passado, sobre a potência e a experiência dos homens que ocupam as principais funções na sociedade. Sondar as raízes dessas ilusões é, portanto, chegar às raízes do conservadorismo florentino de onde surgiu a tirania.

As causas da degeneração da República florentina escapam então à ordem dos fenômenos políticos, no sentido restrito do termo, como escapavam um momento antes à ordem dos fenômenos militares. O que é colocado em questão é o conjunto de crenças que sustentam as relações que os homens têm com a lei e a autoridade, com o passado e o futuro, com as coisas do mundo e a morte, que distinguem para eles o permitido e o proibido, o possível e o impossível, o bem e o mal, e — porque no centro dessas crenças se encontra como que o lugar de sua animação e reprodução, a religião — é o cristianismo que se torna um objeto privilegiado de análise. Pelas impressões que ele deixa nos homens da época e particularmente em Florença, que nunca deixou de pretender ser a cidade de São João, entreveem-se todos os signos do aviltamento do corpo político. A fé num Deus único, cujos decretos regem os destinos da humanidade, sustenta a submissão às leis estabelecidas e à autoridade, das quais constitui suporte; ela legitima, no limite, todas as figuras terrestres do despotismo. A convicção de que nenhuma modificação nas fronteiras deste mundo tem importância em comparação com a verdadeira vida, de que a glória e os bens adquiridos são vãos, desencoraja a ação e enfraquece a imaginação sobre a grandeza do passado, pelo simples fato de que a priva do futuro. A esperança na salvação pessoal, buscada na oração, arruína o gosto pelo risco e a confiança outrora conquistada pelas provas de combate e, tornando o homem medroso e efeminado, faz com que se acostume à derrota. Assim, do cristianismo brota o conservadorismo e, com este, a impotência para conter as forças que trabalham naturalmente pela desagregação da cidade. Mas é verdade que, para medir com precisão seu efeito, é necessário compreender aqueles que são produzidos por outras religiões. O paganismo na antiga Roma oferece os termos de comparação, pois se vê, ao examiná-lo, como uma religião pode invadir a vida social sem sufocá-la. Sem dúvida, observa-se pela leitura de Tito Lívio que ela foi explorada pelo patriciado em prol de seus próprios interesses e alimentou também o conservadorismo; sem dúvida, cultivando a credulidade do povo, atou-o ao partido de seus senhores. Mas ela não pesava sobre os espíritos a ponto de deixar o poder livre de reivindicações; havia nela algo com o que compor o desejo de glória e, melhor ainda, algo que se deixava ludibriar por aqueles cuja audácia os lançava em ações inéditas. Ora, tal comparação desloca, por seu turno, o tema da análise, pois, se coloca em evidência uma diferença de essência entre a religião moderna e a dos antigos, ela ensina também que toda religião, qualquer que seja sua inspiração, desempenha na sociedade o papel que os homens, isto é, os protagonistas coletivos e individuais da trama política, lhe atribuem. Com a crítica do cristianismo, portanto, não se toca nas causas últimas, mas tem-se somente um modo de ser geral em função do qual se ordenam os costumes de uma época, de tal forma que resta ainda a questão de saber se, em sua forma primitiva, ela não poderia suscitar outra interpretação, fomentar outras crenças e outras relações. A partir de então, a análise pede que se observem com um único olhar, precisamente lá onde eles se opõem manifestamente, em virtude da natureza do regime considerado — em Roma e em Florença —, esses dois tipos sócio-históricos, nos quais instituições, práticas e crenças se combinam para tornar possível ou impossível a virtude política e o desenvolvimento do Estado. Para o problema posto pelo desmoronamento da República florentina em 1512, a resposta não pode mais ser procurada no nível dos fenômenos militares, políticos ou religiosos, stricto sensu, ainda que, na análise, sejam perseguidas suas pistas. Essa resposta é decifrada pela leitura da história, de onde emergem pelo fio dos acontecimentos tanto as escolhas dos atores, indivíduos e classes, como a lógica surda que os encadeia: escolhas essas que não são nunca imputáveis absolutamente aos indivíduos, pois estes apenas decidem sobre o que sua situação lhes permite conhecer ou os coloca em condição de efetivar, e que permanecem implícitas para as classes sociais, pois é na prática mais frequentemente que elas operam, sem nunca aceder a uma representação — mas nas quais se assinala uma ou outra elaboração singular dos dados universais da vida social, uma ou outra intenção anônima que governa os acasos.

Responder é, nesse sentido, empenhar-se em desvelar as respostas que, não sendo formuladas, já foram dadas pelos homens no espaço e no tempo em que a fortuna os colocou e, com elas, a questão que está no princípio de toda sociedade política. Mas é também, consequentemente, descobrir as vias graças às quais essas respostas são ignoradas e pelas quais é excluído o saber que colocaria em perigo as soluções esperadas. É empenhar-se em identificar os artifícios que tornam críveis os discursos que a sociedade mantém sobre si mesma e pelos quais fornece a si o substituto de um saber. É vã a crença de que a história pode ser lida por ela mesma, que basta comparar o desenvolvimento da República romana ao da República florentina para conhecer as causas do progresso de uma e da decadência de outra. Para que a história fale, para que a comparação ensine, é necessário ainda arrancá-la da função que ela exerce *aqui e agora* no seio do discurso coletivo, em particular lá onde a narrativa dos fatos romanos mascara as tarefas do presente. Todavia, a crítica da representação do passado e a da imagem de Roma não poderiam trazer um simples complemento à análise, pois, se a crítica encontra nesta seu fundamento, se a interpretação da história e da política tem como um de seus momentos a interpretação das ilusões que os contemporâneos mantêm sobre o passado, não é menos verdadeiro que o acesso ao saber é comandado pela destruição dessas ilusões, por uma libertação do discurso coletivo contra o qual, mas também a partir do qual, se institui o discurso da obra. Não somente este último, para se fazer ouvir, deve romper os vínculos que prendem o pensamento ao imaginário, mas também essa operação dá a ele próprio o poder de ser ouvido, isto é, de produzir a si mesmo. Longe de se tratar de um trabalho parcial, limitado ao interior da empreitada geral de conhecimento, ele é, em certo sentido, portanto, aquilo que se encontra completamente subordinado a ela. Para desfazer as respostas falaciosas elaboradas pelo discurso coletivo é necessário ter ideia da questão da qual elas se esquivam e, para revelar essa questão, é necessário identificar os sinais nos equívocos, nos deslocamentos, nas lacunas, nas contradições desse discurso. É impossível, em consequência disso, fixar um fim para o movimento de análise: é mesmo impossível discernir um objeto que seria o presente e um objeto que seria o passado, um objeto que seria a representação e um objeto que seria o real, ou separar a operação de negação da de afirmação.

O discurso da obra, dizíamos, segue por um desvio que não tem fim. Reconhecemos agora que essa via não é linear e que, se quisermos traçá-la a partir de um ponto de referência — o advento da crise política de 1512 —, acabaremos ainda cedendo à ficção, imaginando uma cadeia de argumentos, pressupondo, no melhor dos casos, um movimento circular, em que a cada momento a palavra se inscreve em muitos registros a uma só vez, abre um espaço de irradiação no qual se dissolvem as divisões da linguagem ordinária. Se o acontecimento que o discurso visa se furta, se este não pode se assegurar dele a não ser pelo reenvio de uma palavra a outra e dá prova de uma distância sempre diferida é porque, logo que interrogado, ele deixa de figurar como coisa *dada* e, enquanto tal, como coisa dita, consolidada sob os comentários dos atores, das narrativas que o representam e dessa narrativa de segunda potência que é a do historiador, para fazer surgir no campo social a dimensão do advento, para oferecer à leitura, no jogo interno de suas articulações, a diferença temporal, para abrir, por sua indeterminação, a questão do futuro. O acontecimento perde seus limites no espaço e no tempo empíricos e, com eles, as relações pontuais, visíveis ou calculáveis, que mantém com os outros, enquanto se retira para trás daquilo que ele *dá*. O que ele dá é aquilo que estaria oculto em sua ausência e aquilo mesmo que o dissimula no presente, e simultaneamente uma palavra que, por se encarregar disso, é aberta, múltipla, difusa, é tudo o que o discurso da obra desenvolve e no qual seria vão buscar uma enumeração de causas, uma disposição de hipóteses, incluindo a próxima e a distante, ou as determinações estabelecidas de um saber objetivo. No entanto, se algo do evento se perde no discurso da obra que ele libera, este nos reenvia, na sua totalidade, para aquele. Na análise das divisões de Florença, das instituições militares e políticas, da religião e genericamente falando da ideologia, e, ainda, na análise da Roma antiga, nas reflexões sobre a história e a natureza das sociedades políticas, na crítica direta ou indireta à tradição filosófica, permanece no horizonte a aventura na qual a república se precipita. Não se trata apenas de continuar a entrevê-lo sob as alusões repetidas ou de subitamente recordá-lo, aqui e lá, nos meandros de um argumento que o lançava no esquecimento — por exemplo, o de que a figura de Soderini, personagem-chave da derrota, se delineia através do retrato de Bruto, ou o dos dois Fábios, ou o de Epaminondas, ou o de que o episódio liviano dos soldados disfarçados de pastores evoca as armadilhas preparadas para o gonfaloneiro, ou ainda o de que a justificação teórica de uma solução radical e cruel nas situações-limite assinala as deficiências e a mediocridade dos defensores do regime em 1512 —, o acontecimento próximo se preserva no discurso, pois ele não cessa de comandar a relação estabelecida com os leitores, cujo destino ele marcou. Ele confere ao discurso o poder de fixá-los no lugar em que o desejo de saber e o desejo de fazer passam de um ao outro; ou, ainda, ele institui um suporte cênico que faz com que a interrogação sobre a história possa se desenvolver ao se articular com uma provocação para agir.

Sem dúvida, o que se passou é irreversível, qualquer que seja sua proximidade, e, como tal, se torna tangível. Ademais: em certo sentido, o que se ensina no discurso é a necessidade da convergência entre os signos na qual o acontecimento se anuncia. Se, por exemplo, a análise da política de Soderini implica a hipótese de meios de ação diferentes dos seus, nada nos autoriza a pensar que ele tinha a liberdade de utilizá-los. Quando Maquiavel observa ironicamente que sua salvação passava talvez pela traição do regime num momento oportuno, mas que seu passado e seu caráter lhe interditavam tal solução, ou ainda quando lembra que a fortuna coloca à frente dos Estados homens de que ela precisa para então elevá-los ou rebaixá-los, ele denuncia tacitamente a futilidade de uma reconstrução que introduz um traço que as condições consideradas não toleram mais. Em Florença, sendo o grupo dominante, a burguesia em seu conjunto, quem era, tendo as instituições e a mentalidade atingido o conhecido grau de corrupção, a derrocada do corpo político parecia inevitável tão logo ele se achasse exposto a uma agressão militar. Entretanto, detectar as vias pelas quais advém o inevitável é descobrir simultaneamente aquelas que excluem a possibilidade de uma criatividade política ou, na linguagem de Maquiavel, a invenção de *ordini nuovi*. Ora, tal descoberta engendra novamente muitas hipóteses; ela não pode prescindir das variantes que marcam o lugar do possível, inclusive colocar sob reservas aquela de um Soderini imaginário, herdeiro de Moisés ou de Bruto, pois essas hipóteses não se inscrevem numa ciência da retrospecção. O possível barrado, se se revela em vista de uma série de variantes localizáveis na história empírica, não possui ele próprio um estatuto empírico; o que se nomeia com ele é, como dissemos, a dimensão do acontecimento, uma relação com o presente que subjaz a toda a história. O movimento que conduz ao acontecimento próximo para nele liberar o presente coloca o leitor, que teve seu destino afetado por ele, na abertura disso que advém; ele é poder de provocação do possível *aqui* e *agora*. Todavia, como pensar que o discurso da obra se fecha com um apelo à ação? Ele não poderia fazer do passado próximo o objeto de uma afirmação, o discurso não pode atribuir a outro a posição de ator e circunscrever no mundo empírico a via de um possível futuro. Do mesmo modo, não é sinal de contradição se a palavra maquiaveliana oscila no momento em que designa o futuro: ela nos leva a compreender que nada pode nascer de novo em Florença, mas bastaria um homem que aliasse saber e autoridade para que o destino da Cidade fosse outro; ademais, tal homem não pode surgir no palco de uma sociedade corrompida; se surgisse, seu apelo não seria ouvido; se conhecesse os meios de conquistar o poder, não desejaria empregá-los caso tivesse alguma humanidade; se tivesse prazer nisso, não seria bom; enfim, se a paixão do fundador suplantasse toda consideração do bem e do mal, o preço a pagar pela violência seria tão elevado que teríamos de duvidar de nossas esperanças... Nessa palavra indecisa, não é a alternância entre otimismo e pessimismo que se manifesta, ou a divisão entre pensamento e desejo. O possível aparece sem que se lhe tenha assinalado um lugar, frequenta o mundo próximo sem se degradar em uma modalidade do real. Não importa, de resto, saber se o homem Maquiavel tem fé, e em que grau, na intervenção providencial de um reformador, ou mesmo calcular qual é o papel que ele atribui aos indivíduos na história; a palavra que a obra retira dele é consagrada a produzir o envolvimento do impossível pelo possível assim que ela tiver rompido com a determinação objetiva do tempo. Ela o produz numa afirmação que logo se destrói, numa interpelação que logo se anula. Ela faz de modo que algo seja dito sem subsistir; ou ainda que algo se anuncie sem ser ratificado sob o peso de um dito. Na linguagem em que reina a determinação objetiva do tempo, é necessário que a possibilidade seja em si mesma objetiva e que, como tal, se circunscreva às condições estabelecidas num enunciado; é necessário ou que nada do sujeito da enunciação entre na consideração da representação ou que o efeito de sua posição seja neutralizado pelo cálculo; é necessário, de algum modo, que as margens do possível se refiram aos contornos do atual. Mas essa linguagem somente se constitui como verdadeira sob a condição de ignorar as convenções que lhe mascaram o exercício da palavra, seu modo de advir a si; e ela paga seu artifício com a supressão da diferença temporal. Enquanto o princípio de não contradição é erigido em lei do pensamento a fim de interditar a sobreposição entre o possível e o impossível, o futuro é reduzido à figura de um passado que não seria ainda passado e o não sabido é rebaixado aos limites do desconhecido, cuja medida seria fornecida pelo conhecido. Em compensação, aquilo de que se ocupa o discurso da obra é a diferença temporal e a diferença interna ao saber entre o saber e o não saber. Com ele, o possível histórico não se define onde o exercício do saber domina seu próprio limite e circunscreve o campo de suas atividades futuras; antes, ele se desvela alojado no interior da história, daquilo mesmo que o recobre e o conduz à negação do *aqui* e *agora* — imperceptível a quem a ele visa a fim de fazer dele no passado um duplo do real ou dar-lhe uma forma no futuro, mas quase sensível na interrogação, uma vez que ela não é falta de conhecimento nem se atém à fronteira do já conhecido, mas atesta o ser na relação com aquilo que não é ainda. Se, nos *Discorsi*, um possível se anuncia e se desfaz, não é porque o vínculo com o real se rompe subitamente sob o impulso do desejo; a corrupção da cidade não é da ordem do real, enquanto a revolução seria quimera, pois essa corrupção não é legível a não ser sob a condição de nos interrogarmos sobre a temporalidade das sociedades humanas, pois a mesma interrogação traz, com a questão da corrupção, a da conservação e a da fundação do Estado, a da relação do sujeito com a lei e a da transgressão. A verdade é que a corrupção aparece somente nos sinais do declínio do corpo político, que suas consequências, sempre mais visíveis, se mostram cada vez mais opressivas; mas sua "realidade" não é dada nos sinais que os homens recolhem e que são gravados na sua existência a ponto de delinear a configuração de seus atos; o que é dado envolve a elaboração contínua, invisível, das relações sociais, das quais ninguém, indivíduo ou grupo tomado isoladamente, é autor, cujo sentido se institui para uma parte à revelia do todo, mas na qual cada um está implicado. A relação com o real é a relação com o trabalho que a sociedade efetua sobre si mesma, pelo qual ela se produz e se dissimula, mas, nesse sentido, é uma relação com o possível, com seu próprio possível, de modo que, *aqui e agora*, rastros disso se conservam nas articulações do instituído. O discurso maquiaveliano não estabelece esse possível ao avançar a imagem de um reformador que surgiria para subverter as regras do jogo político atual. É a pulsação da palavra, um "talvez", insinuado, retirado, que constitui seu brilho e o impede de ser capturado. Seria vão pretender rebaixá-lo ao nível da previsão: ele não coincide com a hipótese da transformação que acompanharia a da repetição nem se instala nas margens do provável para assinalar a sorte de um acidente feliz; ele mantém a espera. Não entendemos que ele é objeto dela, mas, antes, que a libera de tudo aquilo que poderia se fazer seu objeto e que teria o poder de satisfazê--la, no momento em que a revela para si mesma. Pois o que se abre com a espera, *aqui* e *agora*, é a interrogação sobre a sociedade política, sobre a história que a transpassa. A força para sustentar isso que ainda não é *aqui* e *agora*, que pode ser, se conquista no movimento que abre a representação do passado e traz à tona as vias do advento histórico, o andamento da questão enterrada sob as respostas dadas. Entre a espera e a interrogação, o pensamento segue um movimento indefinido, pois é por enfrentar no presente isso que está fora de seu alcance e do qual, no entanto, não pode se desviar, que ele encontra o acesso à dimensão histórica como tal; é por descobrir essa dimensão que ele se recusa a dar forma ao possível. Assim que a espera se degrada em previsão, a interrogação morre; assim que a interrogação se desvincula da espera, ela se precipita na ilusão de um saber da história e, então, o futuro se desfaz para nos deixar inertes diante do fato. Mas isso quer dizer que o discurso da obra não abre uma passagem para aquilo de que fala, que continua no controle, nem estabelece com seu leitor uma relação da qual possa manter certa distância. Qualquer que seja o lugar a que ele vise, não pode nele se relacionar a não ser abandonando-o; ele não tem nada a oferecer ao outro, ao qual ele se dirige, que o liberte da tarefa de reabrir, no lugar em que se encontra, a questão do possível na sua dupla necessidade: o que pensar? O que fazer?

Quando concentra sua atenção sobre o drama encenado na época em que Florença perdeu sua liberdade, o intérprete é tentado a acreditar que toda a análise maquiaveliana tem aí seu foco; ocorre o mesmo quando ele perscruta no *Principe* a aventura extraordinária que fez de Bórgia por um momento o homem novo da Itália. Mas ele precisa reconhecer também o contrário: a derrota da república e a empreitada de Bórgia apenas têm a força de tornar a história legível; sua função é fornecer o *praticável* para uma interrogação sem limites, e é legitimamente que ele os esquece. Quando ele se abandona a essa função e se liberta dos horizontes imediatos que compunham seu discurso, a ponto de as referências florentinas ou italianas perderem todo o privilégio aos seus olhos, é tentado a definir o domínio da obra como aquele da pura inteligibilidade da história. Ora, ele precisa ainda desistir, pois a palavra que o constitui como leitor se endereça a ele, atribuindo-lhe um lugar e um tempo, para despertá-lo para o possível, para provocar nele a espera disso que ainda não é. Sua capacidade de ouvir está ligada a essa disposição para esperar que a obra produz. Mas seria vão tentar mensurá-la pela imaginação das coisas futuras e pelo desejo de agir *aqui* e *agora*; é aí que ela se articula, mas não se confunde com eles. O futuro próximo é ainda uma metáfora a serviço de um futuro sem nome. É por sê-lo que ele mantém seu poder sobre um leitor estranho às imagens e aos desejos dos florentinos do *Cinquecento*, que, desaparecido do mundo onde este se situa, suporta ainda a espera. Acreditamos que somos atraídos por ele para o presente do discurso, que o escutamos como ele se escutava, na ignorância daquilo que iria acontecer, que o restituímos aos contemporâneos de quem e para quem este falava; mas se é assim, se sua ausência designada tem a profundidade de uma ausência incessante, é porque a interrogação de todo o discurso escavou em seus limites o lugar para sempre livre do futuro como aquele do não saber.

Essa interrogação, tal como se desdobra através da análise dos fatos da Antiguidade e da constituição das sociedades políticas, não poderia então ser concebida doravante como um desvio no conhecimento disso que se pronuncia, *aqui* e *agora*, no coração do passado imediato e que desvela o possível próprio de Florença, nem poderia ser subtraída do espaço-tempo ao qual está ligada. Ela parece instaurar uma relação com o presente, intangível à experiência "natural" do tempo. Nos termos dessa experiência, há um presente em seu *lugar* e em seu *tempo* que é aquele do discurso maquiaveliano, presente que, de resto, não se distingue daquele do escritor Maquiavel e de seus leitores contemporâneos. Esse presente tem uma espessura temporal, ele inclui, de uma vez, o período no qual o escritor se exprime, seu passado imediato e seu futuro imediato. Seus limites são, sem dúvida, indefiníveis; o que torna o passado próximo como o presente não são somente os acontecimentos cujos efeitos se prolongam até o futuro próximo, é também o que se conserva na memória dos contemporâneos e é capaz de afetar a relação deles com esse futuro; o que torna o futuro próximo não é dado somente na formulação das tarefas, dos problemas, dos desconhecidos que acompanham o jogo atual da prática e da expressão, é também a imaginação do futuro. Mas a experiência natural não se confunde com essas dificuldades; ela elege como presente uma extensão de tempo, de fronteiras indecisas, que imagina se deslocarem insensivelmente em função do movimento de um ponto central dado pela posição de um contemporâneo. Entretanto, ela não pode se satisfazer com a representação de um presente em que toda coisa designada teria um mesmo grau de presença e em que consequentemente sua matéria se faria inesgotável, tanto assim que ela se corrige, reconhecendo que o presente não é tal senão por seu sentido de presente, em virtude de uma oposição de ordem espiritual entre o antigo e o novo. Tal é a representação que comanda a apreensão histórica: a possibilidade de se instalar num espaço-tempo, na Florença de Maquiavel, de encontrar seu presente, é conquistada sob a garantia dessa oposição, enquanto esta vem conferir a segurança de uma continuidade de sentido ou de uma presença pura conservada no sentido através da sucessão dos tempos.

Ora, tal representação se desfaz no trabalho da obra. Nesta, o presente, em seu local e data, não coincide com o espaço-tempo localizável a partir da posição do escritor e de seus leitores contemporâneos e também não se revela na articulação entre o novo e o antigo. O paradoxo relativo à experiência natural é que esse presente se determina no momento em que ele se indetermina; ou melhor, sua determinação é rigorosamente regida pela sua indeterminação: o que o torna legível é o que o priva de sua figura, ou o torna não figurável e, como tal, incomensurável, não sem limites, mas fora dos limites. Forjamos ainda uma imagem dessa subversão ao considerarmos que a distinção entre as coisas dadas como passadas e as coisas dadas como presentes perde nitidez. É fato que as ações e as palavras dos romanos invadiam o palco da política florentina, que esta se esclarece na medida em que se misturam os episódios da luta de classes em Roma com aqueles da luta de classes em Florença; é fato, por exemplo, que as ações de Soderini, arrancadas de sua evidência primeira, são produzidas no presente para se articularem às ações dos atores do passado, que elas se levantam, se fixam, ao penetrar no espaço do possível que lhes preparam estes últimos; que, com a evocação de Bruto, dos dois Fábios, de Aníbal, de Epaminondas, a profundidade do campo em que se encontra o gonfaloneiro se mostra, seu movimento próprio se revigora, de tal sorte que a distância entre um aqui e um outro lugar, entre um agora e um outrora se desvanece, que nós nos ancoramos neste aqui e neste agora, derivando em um tempo e um lugar indeterminados. Todavia a imagem é enganosa, pois a verdade é que a diferença de tempos e lugares é apagada sem ser suprimida. Apagada de algum modo, de uma página de história, seu rastro encontra-se gravado em um duplo, sob o efeito mesmo de seu apagamento, de tal modo que o surgimento do presente não ocorre sem a distensão espaçotemporal. Este é antes o trabalho do discurso: ele torna invisível a diferença no tempo, mas desvela a diferença temporal, uma diferença à qual os termos não preexistem, de maneira que eles não são nada fora dela — ela mesma não é localizável, ainda que esteja em toda parte e seja sempre operante e possua uma estranha relação com a diferença no tempo, a de se produzir por seu apagamento. Seria vão pretender defini-la na relação estabelecida entre a Florença moderna e a Roma antiga, ou entre esses dois momentos determinados da história de Florença, por exemplo com a queda da tirania dos Médici e a queda da República de Soderini; ela não se mede em função das referências tomadas de um universo objetivo. No entanto, com ela, essa relação, essas referências não são abolidas; a diferença não está separada do universo em que aparecem. É verdade que a Roma antiga escapa à representação no discurso da obra; este a dissolve enquanto termo dado na experiência natural ou, o que é a mesma coisa, dissolve o vínculo entre o que se dá como presente e o que se dá como passado. Mas a diferença temporal, que ele liberta da diferença no tempo, passa por Roma e Florença e, no interior de Roma e no interior de Florença, pelos espaços-tempos, sempre por um *aqui* e um *outro lugar*, um *agora* e um *outrora*, ela implica necessariamente que algo tem lugar, teve lugar, ainda que o lugar se apague logo que seja indicado. Se uma porta se abre para a história de Roma, essa história não é romana; a história não é espartana ou ateniense, veneziana ou florentina, francesa ou espanhola... Entretanto, ela não adquire estatuto de algo intemporal — como poderíamos dizê-lo? —, não é nada quando as referências de tempos e lugares são suprimidas, não é nada fora da diferenciação espaçotemporal. O que dizíamos do acontecimento, que ele tem seus limites desfeitos logo que deixamos de apreendê-lo como coisa *dada* na narrativa, que ele *dá* então a dimensão do advento, e que, no entanto, é por essa dimensão que ele se mostra naquilo que lhe é próprio, que ele conquista seu lugar e seu tempo, é preciso estender isso a todas as figuras do campo sócio-histórico, dar a conhecer as instituições, os agrupamentos, os Estados cuja historicidade se desvela no momento em que eles se decompõem como termos de um universo objetivo. Mas ainda não poderíamos nos deter nesta última imagem. A amplitude e o sentido da ruptura que o discurso da obra opera na experiência natural do tempo escapariam se nos limitássemos a registrar o movimento que apaga a diferença e a mantém no seu apagamento, ou seu efeito que é, com a destituição das coisas dadas como presentes e das coisas dadas como passado, a instituição do presente em seu lugar e tempo, *aqui* e *agora* como em outro lugar e outrora. Enquanto permanecem dissimuladas a origem desse movimento e, rigorosamente falando, a causa do efeito, persiste o risco de deixar a diferença temporal recair no plano da representação, de encontrar nela uma dimensão nova, apenas mais sofisticada, da diferença no tempo, de forjar, enfim, sob o signo de uma metafísica do "advento", a imagem da diferença entre temporalidades. Persiste o risco de se reestabelecerem os termos que, por se fazerem sempre intangíveis à conversão em outras unidades de diferenciação, não o seriam menos *em si*. Tal é, com efeito, a influência da experiência natural do tempo que faz esquecer de modo sempre renovado a palavra que a abala, a palavra interrogativa que tem, só ela, o poder de destacar o sujeito do mundo dado na representação, de abrir uma via tanto ao que está dado como ao que ainda não foi dado — abertura que é trabalho incessante de destituição do objeto, de "declosão" da representação, e não poderia se absorver em algo que viria se instalar no lugar do dado apagado. Compreendemos que a diferença temporal deixa de oferecer um duplo da diferença no tempo assim que se mostra inseparável do advento da questão com a qual se desfaz a certeza da diferença no tempo. Não é porque um discurso introduz na cena florentina os atores romanos, mistura as coisas ditas do passado com aquelas ditas no presente, que ele consegue abalar as referências do real; é por trazer, por meio deles, a questão sobre o que faz o presente e o passado. Não é porque ele combate uma representação de Roma que modifica a relação que os florentinos mantêm com Roma, mas por libertar a questão de Roma da representação. Essa questão não tem um objeto, que seria Roma; ela envolve, enquanto questão, também Florença, o Estado moderno e o Estado antigo, bem como todas as formas de sociedades políticas; mas, por mais extenso que seja o domínio que ela torna seu, esse domínio também não é seu objeto. Enquanto questão, ela vive de seu afastamento do objeto, ela faz emergir a diferença temporal desse afastamento incessante no movimento de sua própria diferenciação. Faz então com que ela surja, enquanto está nela capturada, enquanto sustenta a prova de seu vínculo próprio com o presente, através da deflagração continuada do *aqui* e do *agora*, num espaço e num tempo em migalhas. Igualmente, não é com o discurso da obra que nasce a indistinção do presente e do passado, como nos arriscávamos a sugerir. Eles são indistintos na experiência natural mesmo quando ela se mascara isso. A representação comum das coisas passadas e das coisas presentes traz a certeza de sua diferença, mas, como representação do passado, ela é tanto presente quanto representação do presente. Para os florentinos, Roma está no passado, mas simultaneamente sua imagem é o que há talvez de mais presente no presente; não é necessário dizer que ela o frequenta, ela o habita; a imagem que eles reenviam a si mesmos, na qual a identidade de florentinos se preserva, contém aquela dos romanos. A representação sem dúvida ignora a si mesma em seu objeto, mas essa ignorância é produzida; em certo sentido, ela é o trabalho da representação; a garantia do objeto está ligada à sua dissimulação. Ora, é para esse trabalho que a interrogação retorna no movimento que desvela o objeto; é por abrir o que estava fechado e oculto que ela consegue uma passagem para o possível. Mas nada disso que se engendra na interrogação, que é dito de Roma, de Florença, da história e da sociedade política pode ser colocado, mantido por si, se privado do movimento que o leva na abertura da interrogação. Assim, a diferença temporal, do modo como ela se desenvolve em vista da diferença Roma-Florença, permanece implicada na questão que abre a representação de Roma. Com ela, Maquiavel não coloca seus contemporâneos diante de uma diferença que eles desconhecem; ele os reenvia da experiência da diferença no tempo a uma diferença de todas as diferenças objetivas, aprofundando essa experiência de tal maneira que ela deixa de ser isso que é, que ela se revela como o que não é. A mesma ação faz com que o passado e o presente dados percam sua forma, que a experiência natural se dissocie e entre em relação consigo mesma, em virtude de seu dilaceramento, em virtude da impossibilidade em que se encontra de se ignorar nas coisas, isto é, de se ignorar como experiência das coisas. Não há duas operações das quais uma alcançaria a representação, para denunciar a inconsistência de seu conteúdo, e outra, o laço do sujeito com a representação, pois a representação implica como tal uma constituição do objeto enquanto objeto; há o trabalho indivisível de modificação da experiência e de decomposição de seus produtos. E é necessário ainda se impedir de imaginar que esse trabalho possa se aplicar do exterior à experiência natural e ao mundo dado nela. De onde então retiraria sua origem se ele tivesse o poder de submeter a experiência natural como uma matéria a ser modificada? Se esta não tivesse o recurso de conduzir à interrogação, como se abriria a ela?

    O estranho, parece, é que a interrogação somente encontra sua via em razão de uma ruptura com a experiência natural, que ela está ocupada com essa ruptura enquanto permanece fiel a si mesma e, no entanto, não poderia concebê-la. Mas se o quisesse, ela se perderia logo, o discurso recairia ainda sob a influência dessa experiência. O estranho, parece, é que o movimento que a liberta disso não pode definir seu espaço fora dela. Mas esse paradoxo só desconcerta na medida em que atribuímos à experiência natural uma realidade, limites que ela não possui, ou na medida em que para defini-la empregamos as normas das quais tentaríamos nos libertar. A interrogação, em contrapartida, se nutre do paradoxo, pois no momento em que denuncia a experiência natural ela revela o que está latente nesta; ao mesmo tempo que desvela seu arrebatamento pelos objetos nos quais ela se ignora e a derivação na representação que a acompanha, ela surpreende os desmentidos que se inflige e a impossibilidade em que se encontra de se encerrar na paixão do real; pois ela então precisa, para pensá-la, renunciar a alcançar outra margem do ser, descobrir-se escondida nela como seu segredo, ligar-se a essa parte dela mesma, necessariamente oculta mas sempre iminente, sem o que nada se dá.

Disso procede que, na sua vocação de interrogar, e para dizer esse presente assim como qual é o novo e qual é o antigo, o discurso da obra não se empenha em romper seu vínculo com os discursos instituídos que são privados por ele de sua certeza para restituí-los ao puro presente em que eles falariam sem sabê-lo. Ele não se apodera do presente, ele somente o envia para aí como ao latente, numa palavra que dá para si mesma prova do latente, aceitando seu afastamento interno, a distorção incessante entre isto que se diz e isto que se ouve, o jogo do oculto e do aberto, a impossibilidade de seu fim. A despeito das aparências, ele só se ocupa do novo para dissipar seu engano. O que se designa como tal, em cada época, é justamente a máscara lançada sobre o impronunciável, o meio de ignorar a diferença temporal, conferindo-lhe uma figura. O novo é lido nos sinais, é circunscrito, é cultivado para aí encontrar a garantia de uma plenitude do presente, para se assegurar de uma substância da história que seria sensível nele mesmo como em sua obra. Fingimos confiar-lhe um futuro quando ele já foi batizado e o utilizamos hipocritamente para bloquear a passagem daquilo que não é ainda. Mas o impulso da obra da história humana não é assinalado pelas imagens que formamos do antigo e do novo; antes, é ao afastá-las, ao perder a fé no novo, ao liberar a questão do tempo da experiência natural da sucessão dos tempos, que se pode captar uma medida do advento histórico numa linguagem — uma linguagem que ela própria não se dá a ouvir a não ser preservando sua latência, a linguagem da obra de pensamento.

Como acreditar que cabe ao intérprete nomear o que permanece latente nessa linguagem, no centro da palavra, mas sempre fora de seu alcance? Supor que ele tenha tal poder seria atribuir ao que está latente a consistência de algo positivo, oculto para o autor do discurso mas apreensível para outro. Ora, longe de dar à interpretação a posse de seu objeto, tal hipótese a arruinaria: ou, ainda, ela precisaria reivindicar para seu próprio discurso uma transparência que ela nega ao discurso do escritor e se confessar incapaz de estabelecer a distinção; ou, ainda, convir em que um e outro são de uma mesma natureza, que ela carrega em si, relativamente a seus enunciados, uma realidade que lhe escapa e que somente será legível a um terceiro, imaginar nesse terceiro a mesma fratura e se lançar nas aporias do relativismo. O intérprete conquista a verdadeira certeza ao se deixar guiar pela questão que gera o trabalho da obra quando ele consente em perder, na sua esteira, as balizas da experiência natural, quando essa perda se torna seu próprio trabalho, quando ela acarreta a perda de sua própria posição relativamente ao discurso da obra e disso de que ele fala, quando um lugar da obra se mostra para ele fora das fronteiras em que ela figurava como coisa dada e quando, enfim, sua palavra — a palavra interrogativa — acaba por se inscrever na ausência de um texto último.

A questão que o trabalho da obra gera nos solicita no exato momento em que nos faz renunciar tanto à ilusão de um objeto inteligível dado no discurso quanto à ilusão da realidade do campo sócio-histórico no qual se inscreve ou para o qual aponta. Todavia, liberada dessa dupla ilusão, a obra constitui o intérprete ao lhe atribuir uma dupla posição: ela tem o poder de implicar no discurso um leitor situado distante do espaço-tempo em que ela surgiu, tem o poder de emergir nele, libertada da matéria que a nutriu, separada do desejo que provocava na Florença dos Médici no dia seguinte ao da crise do regime. Ao supormos que ela encontra uma de suas formulações nas seguintes palavras do *Principe* que Maquiavel confiava a um amigo: "O que é a soberania [*principato*], quantas espécies há, como é conquistada, como é conservada, como é perdida",[2] ninguém duvida de que ela ainda possa ser ouvida mesmo quando desapareceram os horizontes da política italiana e se perdeu a memória da instabilidade das cidades-estados do *Cinquecento*. No entanto, é verdade também que, para ouvi-la, é necessário encontrá-la no discurso de onde ela surge como questão. O enunciado que acabamos de lhe dar não tem apenas o defeito de ser bastante geral; ele, quando muito, assinala de longe seu tema ou um de seus temas. O que lhe dá vida é o movimento no qual a palavra é colocada em questão, um movimento ao qual não poderíamos nos ligar a não ser sob a condição de permanecermos o mais perto possível de seu rastro, de identificar num aqui e num agora a passagem que se abre. Ainda que ouvíssemos a questão à distância do espaço-tempo no qual ela surgiu, ela nos atrai para ele, nos convida a uma proximidade que é o remédio para essa distância. A divisão

---

[2] Maquiavel, N. M. à Francesco Vettori, *Toutes les lettres de Machiavel*, op. cit., II, p. 370.

do intérprete em leitor próximo e leitor distante nunca desaparece. Sempre renasce nele a incitação a ouvir o que se destinava a ser ouvido pelos homens que viviam no espaço-tempo onde se exercia a palavra do escritor e, sempre, ela cede diante da necessidade de ouvir o que atravessa esse espaço-tempo e se endereça ao outro-à-distância, cuja posição se concilia com um número infinito de espaços-tempos. Se esse jogo incessante que acompanha a leitura pode escandalizar quem se aferra às referências da experiência natural, ele deve ainda ampliar seus limites ao reconhecer que a situação do intérprete é um efeito do regime da palavra no discurso da obra; pois essa palavra se une a ela mesma ao preço de um desdobramento incessante do dizer e do ouvir, ela inclui outro não localizável, ou flutuante, sempre aquém ou além da referência que o assinalaria. A mudança da posição do leitor se anuncia no seu exercício. Seria vão querer se manter na proximidade ou então tirar partido da distância: foi-lhe retirada a medida de uma e de outra. Mas o escândalo não torna perceptíveis apenas as propriedades do espaço e do tempo da obra; aí colocaríamos muito rápido um fim se nos detivéssemos unicamente no pensamento de que a interrogação do leitor próximo e a do leitor distante se reenviam uma à outra ou passam de uma para a outra. A experiência da leitura se revela ainda mais desconcertante quando exploramos as vias pelas quais se dissociam, na interpretação, a interrogação do leitor distante e a do leitor próximo e nos perguntamos, então, se ela pode se manter em um mesmo registro.

Seguindo essas vias, encontramos por um novo viés a questão do lugar da obra, que não poderia se distinguir daquela do registro da interpretação. Ela ressurge tão logo tenha sido afastada a dupla ilusão de sua inscrição no campo do inteligível ou no campo do sensível histórico. E, por um novo viés, encontramos a questão do tempo da palavra, vale dizer, aquela de sua relação com o inacabamento. Ela ressurge tão logo se admita que a palavra interrogativa vive do apagamento do objeto e do adiamento do fim. Uma e outra se conjugam diante da multiplicação de linhas de fuga da interpretação.

Como nós, leitores distantes, poderíamos falar da interrogação de Maquiavel, ou fazê-la, se ela não comandasse o conjunto das questões produzidas no discurso? Como a guardaríamos na memória no tempo da interpretação se a obra não fosse memória de si mesma ao tempo de seu advento? Quem se abstém de responder parece fornecer o indício de sua própria deficiência ou da de Maquiavel — pois o próprio escritor desperta a suspeita, mas não dá em nenhuma parte evidências da origem de seu questionamento. Se nos limitássemos a buscá-la no *Principe*, as palavras confiadas a Vettori não poderiam satisfazer nossa expectativa.

Che cosa è principato?, a fórmula não é compreendida imediatamente; ela por certo contém uma questão cujo objeto é designado como o *principato*, mas nem a natureza do objeto nem a da questão são imediatamente legíveis nesta fórmula: *Che cosa è principato?*. É o tipo de Estado cujo traço distintivo é o governo de um só, o regime monárquico, é o poder do príncipe ou, ainda, por exemplo, como um eminente tradutor não hesita em avançar, a soberania?[3] Seria o caso de dizer que a primeira hipótese é a única aceitável, visto que, desde as primeiras linhas, a obra opõe *Principati* e *Republiche*? Mas o desenvolvimento da fórmula autoriza a reter a segunda, pois, logo depois que acrescenta "quantas espécies há deles", o autor precisa "como são conquistados, como eles são conservados, por que eles são perdidos". Ora, não se trata da enumeração de questões novas e distintas, pois a obra ensina, ainda no seu começo, que é sabendo como o poder (*imperio*) é adquirido que nos tornamos capazes de distinguir os *principati*. Quanto à terceira hipótese, se é necessário excluí-la ao considerarmos apenas a letra do texto, ela encontra sua pertinência logo que vemos se ampliar a análise que tem o *principato* como objeto, fazendo entrar no seu campo toda forma de poder monárquico, oligárquico ou democrático. A questão que acabamos de enunciar sob a forma "o que é o *principato*", derivada da questão "*Che cosa è principato*", à falta de encontrar uma resposta satisfatória, levanta outra: por que Maquiavel questiona de tal maneira que o objeto de sua questão se dá numa representação indecisa?

Ora, interrogar isso é perguntar-se simultaneamente de onde fala o escritor para tornar duvidosas as distinções legitimadas pela tradição nas quais o leitor era levado a se fiar e, mais precisamente, é se surpreender com a ausência de considerações que a questão afasta e que eram esperadas: toda referência à natureza da sociedade política e à função de seu governo. Longe então de se deixar apreender no seu objeto, a questão primeira se abre para se tornar questão do ser da questão. Dizíamos legitimamente que ela não é imediatamente legível; reconhecemos agora que, para decifrá-la,

---

[3] E. Barincou, ibid.

é necessário partir em busca de sua origem, esforçando-se para ouvir como ela designa a si mesma no discurso. Em vez de pretender se assenhorar dela já no início, é preciso deixá-la se desenvolver até que toquemos seu fundo. Sem dúvida, não temos mais a ingenuidade de procurá-la num enunciado, ainda que nada impeça de supor que ela se desvele melhor nos termos escolhidos pelo escritor. Não mais supomos que ela se revela numa questão última, dissimulada em algum lugar do discurso, até mesmo no seu fim. Se ela merece seu nome de questão-origem, pensamos, não é porque ganharemos, ao conhecê-la, o poder de encadear todas as questões a um primeiro anel, mas pela virtude que ela tem de nos atrair, em cada uma delas, em direção a seu ser de questão. Nesse sentido, ela está no fundo da primeira como no da última questão; qualquer que seja a entrada que o discurso nos ofereça, ela se faz reconhecer pelo mesmo apelo.

Ora, nossa leitura de Maquiavel foi tal que somos tentados no presente a vincular a questão-origem a um nome que o autor, certamente, nunca se absteve de pronunciar, mas que ele próprio não destacou do discurso para fazer dele o suporte manifesto de sua genealogia: *princípio*. Gostaríamos de designar a questão que se deixa ouvir no fundo de todas as outras e se endereça através do leitor próximo ao leitor distante, dissociando um do outro, como aquela do fundamento, ou, para dar ao termo seu peso exato, do fundamento-começo, a qual nos confronta com o princípio da sociedade política e da ação do sujeito que aí opera. Assim fazendo, ofereceríamos uma resposta, defenderíamos o autor e seu intérprete contra a suspeita de falha. Talvez essa resposta não seja vã; mas por menos que seja examinada, deve-se convir em que ela se expõe a estranhas consequências. É preciso recordar apenas que a questão do *princípio* na obra de Maquiavel afasta todo conhecimento disso que ele é. É nisso que ela é questão-origem, que nutre a palavra sem que esta possa esgotá-la. Seu poder é dar a pensar o que ainda não tinha sido pensado, mas fazê-lo de tal maneira que esteja sempre por pensar. Do mesmo modo, deixaríamos de ouvi-la tanto ao ceder à ilusão de uma resposta negativa como ao cair na de uma resposta positiva. A questão do fundamento habita toda questão particular, mas nenhuma delas sobreviveria se ela mesma se deteriorasse na pura e simples destruição de seu objeto.

Desde os primeiros capítulos do *Príncipe*, onde ela parece apenas surgir para tornar a se apagar, somos colocados na sua trilha. Com efeito, a redução da política ao campo das relações de força, a rejeição de toda garantia inscrita numa ordem natural ou num plano providencial, a afirmação de que o príncipe novo não poderia se fiar a não ser em si mesmo, são logo acompanhadas de proposições sobre a grandeza da criação histórica — a criação de *ordini nuovi* — e sobre a excelência dos fundadores, que interditam o recuo em direção aos limites do conhecimento positivo. Seria vão pretender descobrir na ação dos grandes legisladores evocados no capítulo 6 apenas um caso eminente de estratégia política, em que se verificaria a fecundidade do cálculo de forças; além de nada fornecer sua demonstração, o sentido de sua empreitada não encontra mais sua medida na lógica das operações que pareciam anteriormente dar a definição da conquista do poder. O fenômeno da fundação, localizado na história empírica, abre-se ao enigma do fundamento do Estado. E a este somos mais atraídos quanto mais, com o exemplo de Savonarola, reformador republicano, misturado àqueles de Rômulo, de Teseu e de Moisés, a verdade da fundação não pode se deixar circunscrever no momento do nascimento do corpo político, pois é lida também em todas as etapas de seu devir e nas diferentes formas que ele adquire. Ao mesmo tempo, a impossibilidade na qual nos encontramos de saber o que recobre precisamente o conceito de *ordini nuovi*, como aquele de *virtù* e os de *principe* e *principato*, denuncia a profundidade desse enigma. São retirados de uma só vez os apoios que davam segurança ao pensamento político — a distinção entre poder e regime, entre Estados justos e injustos, entre príncipes legítimos e ilegítimos, entre empreitadas lícitas e proibidas, desejáveis e necessárias — e sugere-se, sem sair das sombras, um príncipe novo de verdade. Entretanto, as primeiras questões do *Príncipe* não estão expostas à sua verdadeira luz a não ser com a proposição do capítulo 9: "[...] em toda cidade se encontram estes dois humores diferentes, que nascem do fato de que o povo deseja não ser oprimido nem comandado pelos grandes, e os grandes desejam comandar e oprimir o povo". Essa proposição faz a análise maquiaveliana incidir na dimensão interrogativa que lhe pertence propriamente. Em outras palavras, para o intérprete que junta as suas leituras do *Príncipe* e dos *Discorsi* em uma única, ela parece implicada necessariamente em cada um de seus momentos: a interrogação sobre o *princípio* se mostra indissociável da descoberta de uma divisão originária do corpo social. Mas, para apreciar plenamente o que ela coloca em jogo, é necessário reconhecer que essa divisão resiste a toda tentativa de ser anulada pelo contato com sua causa ou com seu efeito. Acreditamos encontrar na natureza humana aquilo que pode definir o lugar de sua causa.

A universalidade do conflito de classes, somos tentados a pensar, não poderia ser admitida a não ser em razão de uma representação do homem como ser de desejo, animal acorrentado aos apetites específicos de poder, honra e riqueza. Só essa representação nos faria compreender que os acidentes da guerra de todos contra todos engendram em todo lugar a coalizão dos mais fortes ou dos mais afortunados e a dos despossuídos, uma divisão instituída entre a posição social de dominante e a de dominado. Ela anunciaria, por outras palavras, a possibilidade de um poder que se beneficiaria do medo dos adversários e da regulação natural dos apetites que ele produz, para, ao mesmo tempo, reservar-se um espaço próprio, à distância das classes, e encarnar o princípio da utilidade comum. No entanto, o argumento é insustentável, e seria ilusão procurar na animalidade do homem a origem da constituição do corpo social. Ainda que Maquiavel não deixe de afirmar que o criador das *ordini nuovi* deva supor todos os homens maus, que ele multiplique no *Príncipe* e nos *Discorsi* as fórmulas cortantes de que um leitor pode se utilizar para neles buscar uma definição da natureza humana, esses julgamentos não poderiam fornecer o referencial último de sua análise; seu significado não pode ser extraído da função que eles ocupam na crítica dos valores autorizados pela tradição e no desvelamento do pacto que une o príncipe e o povo. Seria ininteligível, em particular, a ideia de que o príncipe deve armar seus súditos, buscar a segurança não nas fortalezas, mas na confiança que ele próprio inspira, nutrir sua própria potência na de seu povo, buscar seu socorro quando o perigo exterior o coloca à sua mercê, se fosse preciso nos determos em julgamentos do gênero, por exemplo, das famosas palavras do capítulo 19: "Pode-se dizer genericamente de todos os homens uma coisa: que são ingratos, volúveis, dissimulados, inimigos do perigo, ávidos de ganho". Ora, tal ideia não somente é essencial aos propósitos políticos de Maquiavel, a ponto de, na sua falta, a obra do *Príncipe* correr o risco de desabar — enquanto conservaria todo seu sentido com a supressão de algumas fórmulas sobre a maldade humana —, como ela não se dá a pensar senão sob a condição de se reconhecer uma relação do homem com seu desejo e com a lei, um poder do imaginário sobre ele, uma abertura à autoridade, cuja referência à animalidade ou à representação convencional de uma natureza do homem não dá conta. Tais verdades não são da ordem do subentendido: nós as descobrimos tanto no *Príncipe* quanto nos *Discorsi*, ainda que na segunda obra a análise as conduza a sua mais ampla expressão. Nos dois casos, o desejo do homem, implicado no conflito universal de classes, se revela irredutível aos apetites de poder, riqueza e honras; embora contenha a recusa do comando e da opressão, deve-se convir em que nenhum objeto fornecerá sua medida, que ele destaca o sujeito de toda posição particular e o vincula a uma reivindicação ilimitada. Essa reivindicação parece ser de tal natureza que a satisfação não vem para um sem que renasça no outro; ou que, para além das eventuais redistribuições da propriedade, do prestígio ou da potência, conserve a mesma força de negatividade. Só ela permite compreender que as oposições múltiplas de interesses se ordenam em razão de uma divisão fundamental, que, a despeito dos graus estabelecidos de posse ou não dos bens sociais, existe necessariamente a cisão da coletividade em duas metades e a impossibilidade de recompô-las. Pois entre o desejo do povo de não ser comandado, oprimido, e o desejo de comandar, oprimir, não há negociação concebível: o que faz um, faz o outro, precisamente porque se excluem; o sujeito que emerge num polo do desejo encontra no outro seu duplo, aí se abolindo. Nesse sentido, longe de nos revelar uma realidade positiva acerca do homem, sensível aos sinais do apetite animal, a análise do desejo esclarece, para além do fenômeno do antagonismo social, uma dualidade primeira; ela ensina que há nisso que se nomeia natureza humana algo que nos faz pensar não somente a luta e a instabilidade que acompanham toda forma de sociedade, mas também o descompasso entre o particular e o universal, aquele entre as leis tal como elas se definem no sistema instituído de obrigações, onde se cristaliza em cada momento uma relação geral de forças, e a Lei, tal como ela se dá, transcendente a todo sistema de fato. A ideia de animalidade do homem deixa, em consequência disso, de perder força na imagem de uma mudança de condição da espécie humana, na da passagem do estado animal do homem a seu estado social, para nutrir a questão de uma diferença interna ao ser do homem ou, nos termos triviais do *Principe*, de uma dupla natureza homem-besta que constitui sua existência sócio-histórica. Sem dúvida, os *Discorsi* oferecem no seu início uma reconstituição da gênese das primeiras sociedades, mas se trata, lembremos, de uma simples paráfrase de Políbio; e, bem mais cortante que a descrição tradicional de um passado pressocial, é o uso que o autor faz disso, a distância que toma imediatamente em face da narrativa histórico-mítica, para colocar em evidência a relação entre o desejo e a lei na República romana. Encoberta pela questão acerca do papel que assumem dominantes e dominados na guarda da lei, a interrogação sobre o fundamento da lei adquire seu rigor ao se reportar à dialética do desejo de classe. Não que houvesse lugar para buscar no desejo de não ser oprimido o ato de nascimento da lei, pois, enfim, esse desejo emerge num lugar em que a divisão de classes já está operante e, com ela, as instituições que legitimam a relação estabelecida, de tal sorte que a dimensão da lei já está dada e não há outra questão a não ser saber onde ela se oculta e onde se revela, ou, mais precisamente, onde ela se perde e onde se mantém. Mas porque, logo que se toma conhecimento da insaciabilidade dos grandes, é denunciada a ficção de uma ordem de regras sustentadas pelo jogo natural dos apetites, é esclarecida a conjunção entre a reivindicação ilimitada do povo e a transcendência da lei e, finalmente, é indicada a impossibilidade de reservar para esta um espaço próprio, livre do desejo. E, no mesmo momento, identifica-se a função das teses que situam numa natureza humana o fundamento da divisão de classes. Pois tal é o paradoxo sugerido nos *Discorsi*: aqueles que pretendem descobrir no aguilhão universal do apetite a razão das lutas de classe e da instabilidade social exploram essa imagem para insinuar que a superação das paixões nasce da sua satisfação, que o respeito às leis tornou-se consubstancial ao estatuto dos homens providos de riqueza, potência e honras, e que, enfim, o conflito de classes é obra única, senão a invenção, de uma coalizão de descontentes e invejosos. E, correlativamente, o paradoxo é tal que é necessário reconhecer a cisão do desejo, o movimento que sustenta a apropriação dos bens e do outro e o movimento que o anula, para admitir que não há fronteiras entre seu reino e o da lei, que este, no jogo incessante de suas aberturas e ocultamentos, continua sob a influência desse duplo movimento e que nada lhe permite se libertar da divisão de classe. Do mesmo modo, quando Maquiavel observa, ao examinar a jovem República romana, que "todas as leis que se fazem em favor da liberdade nascem da desunião do povo e dos grandes", ele não deixa dúvida a respeito de seu pensamento: a ordem não se institui na ruptura com a desordem, ela se conjuga com uma desordem permanente; a concórdia é um engodo, sob cujo manto a opressão busca desarmar as reivindicações que a obrigam a ser nomeada e a colocam em perigo. Compreendemos, com efeito, que as leis em favor da liberdade não são leis como as outras; como mostra, de resto, a análise dos regimes que sufocam as reivindicações populares, a existência da lei supõe sempre, juntamente com a negação implícita da força, o reconhecimento do desejo do oprimido. Apenas no seu âmbito a potência dos grandes e a impotência do povo fazem com que as relações sociais se petrifiquem e que o corpo político, na falta de artifícios que o preservem das ameaças estrangeiras, seja destinado à decomposição. Mas onde a lei permanece viva, vale dizer, enquanto ela garantir aos homens o poder de ampliar o campo de sua ação, ela perpassa as novas instituições em favor da liberdade, passagem esta que lhe é aberta pelo conflito de classes. Longe, então, de imaginar que a luta "natural" dos homens deva ser abolida com o estabelecimento da sociedade ou subsistir apenas para manifestar os efeitos da animalidade impossíveis de serem desenraizados, nos limites das relações propriamente humanas, devemos encarregá-la de toda a criação histórica. Ou, falando mais rigorosamente, devemos abandonar a ideia de uma luta natural em si para ler a natureza do homem no interior das relações sociais, articular a questão do fundamento da divisão de classes àquela do advento histórico.

Além disso, com essa interrogação, com a análise do apetite, Maquiavel nos torna capazes de pensar a um só tempo o fenômeno da divisão de classes e o da sua dissimulação. Com efeito, ele continuaria ininteligível caso se atribuísse à conduta humana o único motivo de interesse. Certamente o *Príncipe*, em particular, sublinha sua eficácia: os homens, afirma-se nele, cobiçam tudo o que lhes traria algum benefício, temem tudo o que prejudicaria sua segurança; eles apenas vislumbram o fim imediato em que brilha uma vantagem; sua falta de fé e sua instabilidade provêm de sua ligação com os objetos sempre inconstantes do apetite ou do medo. Mas se trata de apenas uma meia verdade, da qual a obra não permite se apropriar. Através da análise dos meios de que um príncipe dispõe para instaurar ou manter sua autoridade, revela-se, lembremos ainda, a propensão universal dos povos a viver da ilusão. Ora, seria vão procurar reduzi-la ao efeito de uma simplicidade de espírito, ainda que seja verdade que a procura do útil imediato torna o homem cego às consequências ou que a esperança mata o cálculo. A ilusão não é somente uma falta de conhecimento, mas ela tem uma consistência própria. Para os súditos do príncipe, ela recobre o desejo de não saber — de nada saber sobre os motivos de sua política, nem sobre o que comanda sua própria conduta, nem sobre a função do Estado na sociedade. Seu desejo é que o príncipe pareça bom, suas intenções, nobres, que ele difunda os sinais da majestade do Estado e — como outros sinais estão sempre presentes para contradizer — que ele minta. Então, julga-se antes pelos olhos que pelas mãos e veem-se as belas cores em vez do desenho das coisas. Como então seria possível relacionar esse desejo ao apetite, a não ser arruinando sua definição primeira para aí incluir a fome da representação? A não ser julgando que o próprio imperativo da conservação, tão geralmente tido por primitivo, compreende a necessidade de incorporar a imagem do Outro, pois cada vez que o príncipe colocar a máscara que sabe bem usar, os homens estarão prontos a abandonar seus bens e a perder sua vida para defendê-lo, quaisquer que sejam suas loucuras. Ainda que o *Príncipe* apenas esboce a análise da função do imaginário na vida social, os *Discorsi* a desenvolvem em todas as suas consequências, no exame da política, da religião e da guerra. Quer se trate da autoridade dos deuses, da dos senadores ou dos capitães, ou da do Estado, ela se revela fundada na potência da representação. A habilidade do sacerdote em fazer as vísceras de ave falarem, a do chefe dos exércitos em fingir saber o que não sabe, a do cônsul em invocar o bem do Estado, suas referências comuns aos exemplos do passado têm o poder de desviar os homens da ideia do lucro ou do perigo próximo somente porque respondem a sua expectativa. E, se é verdade que essa expectativa está sempre associada à liberação do medo, não é tanto sob uma ameaça de fato que ela se produz, mas pela recusa de enfrentar a indeterminação ou a contradição nas coisas, pela esperança numa realidade última na qual se daria a cada um a garantia de sua identidade. Tal é, em particular, a lição a ser tirada do começo do terceiro livro, onde se afirma a necessidade de um retorno periódico da instituição, política ou religiosa, ao seu *principio*. A virtude desse retorno está ligada a um golpe de força que enche os espíritos de terror. Mas se os castigos exemplares contra os infratores das leis acabam fornecendo uma primeira ilustração, não menos eficazes parecem ser também as ações que demonstram o supremo desapego do herói em relação aos bens ou à vida; pois, com a análise do caso de Bruto e a das conspirações, o significado do golpe de força implica indiferentemente a transgressão e a defesa da ordem estabelecida. O que então restaura uma instituição é o que lhe restitui "*quella reputazione ch'egli aveva ne' suoi principii*", isto é, o que refaz sua imagem à distância dos comportamentos que nela se praticavam, regidos pelo jogo do apetite. O medo não é uma consequência da imagem, determinado pelos signos visíveis da potência nela inscrita, ele é apenas o mesmo que a prova da transcendência, a descoberta de outra realidade, incomensurável, subtraída ao conhecimento dos fins imediatos; medo da punição anunciada pelo legislador ou do apelo exorbitante que tanto o crime cometido pelo conspirador como o sacrifício cumprido pelo herói contêm, ele é sempre e simultaneamente seu contrário, o transporte para o lugar onde se delineia uma necessidade sem motivo, um objeto — exército, Igreja ou Estado — que exclui a contingência do sujeito, um puro *principio* atemporal. Compreendemos assim por que o caminho de retorno ao fundamento do Estado não suporta uma definição e por que esse fundamento não está situado na história empírica nem pode ser reportado a seu valor. O *principio* da instituição não poderia se dissociar das potências do imaginário. Impossível determinar a origem, a ordem do fundamento e do começo, sem aí incluir a representação da origem. Impossível fixá-la no tempo, pois ela não coincide com o acontecimento, ela apenas se assinala nele, na relação que os homens nutrem com ela; e há, de algum modo, precedência da imagem sobre o fato. Impossível igualmente distinguir, apenas pelo seu sinal, qual a parte da ilusão e qual a da verdade, pois, pela alienação na imagem, os homens se despojam ou se apoderam de uma liberdade de agir e pensar — fazem sempre um e outro ao mesmo tempo, mas em sua vantagem ou em seu prejuízo —, pela mesma fé se sujeitam ao golpe de um príncipe despótico ou de um Deus despótico, ou ainda fazem recuar os limites da necessidade.

Ora, é a mesma coisa pensar o poder da representação na instituição e a cisão do desejo que implica o dilaceramento da sociedade em classes antagonistas, ler a falta de sentido de uma aglutinação do desejo de ter com o desejo de ser, os quais são a essência do desejo dos Grandes e do desejo do povo, e ler a empreitada sempre reposta de conformação de uma identidade social na qual seja abolida a diferença, a projeção de uma comunidade natural no exército ou na Igreja, em Roma ou em Florença. Descobrir sob o fato do apetite a cisão do desejo é, com efeito, interditar-se a suposição de que haja separação *real* entre seus dois polos, a não ser que ele seja devolvido novamente ao plano da natureza; é necessariamente aceitar que ele se relaciona consigo mesmo através da separação e que essa relação só pode se manifestar na forma de uma representação. Seria vão pretender reduzir o desejo dos Grandes ao que constitui sua essência: pela prova da insaciabilidade de bens e de potência, ele se revela insustentável, traz consigo o desejo de ser, seu contrário, ao mesmo tempo que ele o enfrenta no outro e condena a si mesmo a desembocar na imagem de uma totalidade efetivamente presente, de uma "natureza social" de acordo consigo mesma em seu fundo. Do mesmo modo, não é simples mentira ou simples astúcia a negação da divisão pela classe dominante, ainda que seu interesse prevaleça. Ela atesta assim a impossibilidade na qual seu desejo se encontra de assumir a simples posição do possuidor-opressor. A instituição é para ela substância onde se dissolve tanto seu conflito interno quanto o conflito com o outro. Poderíamos menos ainda fazer coincidir o desejo do povo com o princípio que o constitui: ele mesmo coexiste com o seu contrário; como pura negatividade, ele sustenta a reivindicação ilimitada de "não ser comandado, oprimido" e atesta a impossibilidade de seu objeto, ele se mostra, por sua vez, insustentável, vinculado ao desejo de ter, ao mesmo tempo que o descobre no outro, e condena a si mesmo a desembocar numa imagem na qual é oferecido o substituto daquilo que foi recusado a ele. Daí procede que não é só sob o efeito do engano, mesmo que seu desenlace a exponha à credulidade, que a classe dominada empenha sua fé nas instituições da cidade. Ela alimenta, assim, o desejo de ser com as possessões imaginárias que lhe fornecem os emblemas sociais, ela lhe oferece a satisfação de uma identificação com a posição do outro que lhe falta. Sem dúvida o sucesso da operação encontra-se sempre ameaçado, pois simultaneamente o núcleo do conflito subsiste; de tal modo que, em resposta à opressão, o povo pode se desvincular das instituições e, mesmo fora dos momentos de crise, sua relação com elas é ambígua. Mas contanto que se lhe ofereça a possibilidade de acreditar nas imagens soberanas, isto é, em sua própria imagem de cidadão ou de súdito, de soldado, de fiel, ele tece de seu lugar o véu que recobre a divisão de classes até se fazer cúmplice dos enganos dos grandes ou do príncipe.

É necessário esclarecer ainda que essa análise não nos conduz à tese de uma mentira generalizada, engendrada pela impostura do desejo. Certamente no centro da sociedade política está a divisão de classes, que não poderíamos relacionar a nada de que pudéssemos nos apropriar para fazer dela uma simples consequência, para inscrevê-la numa ordem natural; certamente o desejo que se descobre nela, não em seu fundo mas como movimento da divisão, vive da impostura. A esta estão ligadas todas as posturas do Sujeito político, identificável na figura da instituição, do grupo ou do indivíduo. Mas é preciso evitar aplicar à impostura um critério que ela não tolera, que pressuponha, para julgá-la, uma passagem conhecida entre o ser e o não ser justamente recusada por sua descoberta. Ao nomeá-la, obrigamo-nos imediatamente a distinguir o que está mais aquém de todas as posturas, o que comanda suas variações, as tomadas do imaginário mas também os seus abandonos e aquilo que, em cada uma, na posição conquistada e erigida em condição de posição natural, faz a mentira. Dito de outro modo, deveríamos concluir que o desejo dos Grandes e o do povo são equivalentes, como o são república e monarquia, despotismo e poder limitado, ou então exército popular e exército mercenário, ou mesmo cristianismo e paganismo. Ora, Maquiavel não autoriza jamais essa hipótese. Ainda que o desejo de não ser oprimido coexista no povo com seu contrário, ainda que a história mostre a passagem da posição do oprimido à do opressor, não é possível deixar de situar nele, lembremos, a condição de uma abertura do corpo social para uma história, a possibilidade oferecida a esse corpo social de novos órgãos que não somente prolongam sua vida mas subvertem os dados primitivos do jogo político — o princípio de uma libertação da repetição à qual se ligam os apetites da classe dominante quando florescem sem obstáculo. Na posição do povo, a impostura é assinalada pelo desejo dos emblemas que mascaram sua opressão, pelo desejo de um príncipe justo que alivie a opressão dos Grandes e imponha a sua, pelo desejo do sacerdote possuidor do saber das coisas últimas que, no cristianismo, proíbe de se dizer "mal do mal" e, em toda religião, de desejar a morte do príncipe, até mesmo pelo desejo de um poder que estaria nas mãos dos sem poder. Mas o desejo de não ser oprimido desfaz a impostura, a despeito do seu incessante restabelecimento, pois essa impostura encontra-se sempre no seu auge onde a posição parece conquistada, onde as leis estabelecidas são batizadas de leis da natureza, onde riqueza, honra e poder satisfazem a expectativa, vale dizer, no lugar que é ocupado pela classe dominante. Desejo de ser e negatividade em ato, é por ele, enfim, que o ser da sociedade se entrega em excesso sobre toda realidade dada.

Compreendemos ainda: assim como não poderíamos fixar o desejo à sua impostura sem nos excluirmos da relação em que ela se deixa tocar nem nos limitarmos a nomear quer sua divisão, quer sua indivisão sem nos privarmos de descobrir um no outro, se quiséssemos nos deter na ideia da ruína da sociedade, nós nos interditaríamos de dar conta da experiência do sujeito que aí se encontra enraizado; se falássemos somente de uma cisão última da sociedade, estaríamos esquecendo que, na falta de sentido da aglutinação resta o signo do tecido que se rasga e em cujo encadeamento foi tramado o próprio véu que acaba por mascarar a divisão. A análise maquiaveliana não resulta numa concepção artificialista das instituições políticas que associaria a função do imaginário à de instrumento. Ela não autoriza a concluir, por exemplo, que o Estado é um simples meio utilizado pelas classes para desatar o nó de seu conflito e alcançar fins comuns, nem que ele é um simples produto das ilusões conjugadas do povo e dos Grandes, eficaz em mascarar suas contradições internas. Não somente cada tese tomada em separado se mostra deficiente como também pela sua combinação continuamos sem poder compreender por que, aqui, o instrumento se reduz ao seu mais fraco alcance e, de algum modo, se desgasta antes de se mostrar útil; por que, aqui, a ilusão obnubila os atores a ponto de o corpo político, condenado à inércia, se degradar, enquanto, em outro lugar, ainda sob o manto da ilusão e ainda pelo recurso à mediação de um poder "além das classes", um *vivere civile* é instituído, uma criação histórica é colocada em marcha.

Essa questão seria novamente ignorada se visássemos como objeto último da análise à estrutura do campo político tal como ela se ordena em função da divisão de classes, se decifrássemos, para além da diversidade de regimes, as constituições específicas de cada um deles, os arranjos instituídos na prática que os concretizam, as constantes do campo no qual se articulam o desejo de classe, lei, poder e autoridade; pois, se é necessário fazer essa leitura, ela permanece subordinada à exigência de pensar uma distinção que não está no seu plano, cuja questão é a verdade tanto da política como do discurso sobre a política. No *Príncipe*, nenhum critério objetivo certamente vem delimitar a figura de um regime conforme a essência da cidade; nenhum exemplo tem a função de produzir um modelo cujo alcance universal seja irrecusável; é verdade que somos induzidos a buscar dentre as variantes privilegiadas o jogo regrado das instâncias que comandam a organização social e a sintaxe da ação política. Mas a necessidade imposta de situar esse jogo, de detectar as linhas de clivagem da estrutura, obriga simultaneamente a reconhecer na matéria histórica as expressões — tangíveis nas instituições, no comportamento coletivo ou no do príncipe — nas quais se revela aquilo que é realmente preciso nomear, sem esquecer as contradições que a agitam, um acordo da sociedade com ela mesma, uma resposta efetiva à altura da questão posta. Essas expressões não são tidas como felizes por assinalarem, por exemplo, o sucesso de uma empreitada — sabe-se que Maquiavel trata com desprezo os êxitos frutos do acaso —, mas porque se mostram como efeito de uma intepretação justa, porque através delas a língua da política é falada como deve ser falada e é ouvida à distância da ocasião singular. Assim como é certo que os traços julgados expressivos não compõem um repertório do qual o príncipe teria de extrair aquilo que lhe parece conforme à exigência do momento, que nenhum tolera uma imitação literal, que eles supõem, para ser apreciados, a inteligência dos princípios que os comandam, seria também vão fazer deles simples signos de uma estrutura para hipostasiá-la na crença de que um domínio de técnicas políticas seja produzido a partir desse conhecimento. O que o príncipe ganha ao interrogar a história é seu próprio poder de expressão; o que ele aprende sobre as interpretações implicadas nas instituições ou nas ações do passado é a decifrar a si mesmo como intérprete — é a tarefa de reinterpretação do texto inédito que lhe é dado para ser lido. Ou, como é preciso lembrar sempre, o príncipe é filho da palavra maquiaveliana, ele não habita nenhuma figura próxima ou distante do passado ou do futuro, sob seu nome se condensam todos os traços do político, sua vocação é sempre o novo; dizemos antes que ele fornece a garantia do ser da história, de um sentido a ser liberado de toda expressão conhecida, que persegue até a falta de sentido, desafia a captura, mas denuncia o não verdadeiro.

Nos *Discorsi*, é Roma que constitui essa garantia, de modo ainda mais eficaz que o príncipe, pois não apenas a interrogação não parece mais suspensa pelo exame da posição do governante no campo sociopolítico, a análise da divisão de classes e do desejo de classe torna-se central e, com ela, se esclarecem de uma só vez as relações entre os súditos e a lei, a diferença de regimes nos quais se inscrevem institucionalmente essas relações e as das sociedades históricas, bem como as das sociedades estagnadas na repetição — verdades estas que foram apenas esboçadas no *Príncipe* —, como a crítica do imaginário se desdobra ao incidir simultaneamente sobre as instituições de Roma e sobre a função de representação de Roma na consciência política dos florentinos. É, com efeito, por meio desse desdobramento que o equívoco se dissipa. O discurso maquiaveliano se mostra algo mais que um discurso sobre a divisão de classes e sobre o desejo de classe, sobre a instituição e a ilusão, um discurso sobre um objeto cujo fundamento seria subtraído; ele conquista sua legitimidade ao fazer falar um discurso imerso na vida coletiva, que se mostra somente em pequenos fragmentos, cujas mentiras requerem sempre um meio silêncio, isto é, ao se tornar intérprete de interpretações inconfessadas ou — como estas estão necessariamente à espreita na linguagem dada ao escritor — ao se tornar autointérprete do discurso que a sociedade mantém sobre si mesma. Nesse exercício, o escritor certamente perde as garantias aparentes que a regra de objetividade fornece; ele não pode aspirar a enunciados que sejam aceitáveis para todos os leitores — ao menos para aqueles que fixam a mesma regra —, pois ele descobre em outrem, esse outro estrangeiro que está associado ao seu outro interno, o acesso ao saber obstruído pela representação e que deve ser forçado por uma interpretação que seja autointerpretação; ele está condenado então a uma comunicação indireta, ligada ao desvelamento de uma experiência que à distância imita a sua; mas, fazendo isso, ele conquista a certeza, a única que lhe é prometida, de uma relação da sociedade consigo mesma. Pois *na prova* de uma linguagem em que a possibilidade de interpretação emerge do trabalho de ocultação se dá a prova de um espaço social sensível a si mesmo, em que as classes, as instituições, os atores individuais não se situam exteriormente uns aos outros, destináveis à função que definiria seu lugar numa rede de oposições, encerrados na sua conduta de dissimulação, na qual estão abertos uns aos outros — e cada um aberto a si por toda a distância que a presença dos outros nele manifesta —, engajados no processo de deciframento recíproco que é simultaneamente a aventura de sua comum diferenciação e de sua comum modificação. Por essa prova, o pensamento segundo o qual o desejo do povo contém em si o dos Grandes, como este o seu, ou segundo o qual o Estado se alimenta das ilusões conjugadas de dominados e de dominantes, ou ainda segundo o qual a própria lei implica a história de sua paixão, se liberta da concepção artificialista, da ficção de um universo onde não haveria senão mentiras eficazes ou vãs, descobrindo de uma só vez seu lugar de nascimento no desejo do outro e a medida de seu poder no exercício de sua reflexão, na sua ação de desencantamento. A certeza de que a vida coletiva traz consigo a ocultação continuada da obra do desejo e a possibilidade permanente de uma desocultação se articulam com aquela de que há na palavra — com a sujeição à linguagem coletiva, implicada na obra de oclusão do pensamento — o recurso de uma abertura à verdade.

Para nós, leitores, quando se torna sensível o movimento de autointerpretação que sustenta o discurso da obra, quando ele se assinala no movimento que suscita em nós mesmos, a interrogação sobre o *princípio* se revela a questão sobre o fundamento da política e a questão sobre o fundamento do pensamento da política. No entanto, essas duas questões são distintas, ainda que não possam se desfazer uma da outra. Como poderíamos dizer que o fundamento da política é aquele do pensamento, ou ainda o contrário? O estranho é que, quando perguntamos qual é o fundamento do Estado, da divisão de classes, do desejo de classe, e enquanto nos libertamos de toda imagem de um solo onde descobrir suas raízes, somos irresistivelmente levados a esquecer a questão do fundamento do pensamento, a ponto de esta perder todo o peso e ser colocada para fora do circuito da vida coletiva e a ponto de o discurso maquiaveliano, ou qualquer outro, parecer supérfluo e não mais habitar o mundo no qual a "política" se faz. E o estranho é que, quando perguntamos qual é o fundamento do pensamento, e enquanto renunciamos a buscá-lo numa ideia última, somos não menos irresistivelmente levados a nos afastar dos fenômenos que constituem a especificidade da política, que não é mais o ser do Estado ou das classes sociais ou do desejo de classe que nutre a interrogação, mas o ser da palavra. É certo apenas que não podemos nos abandonar a essas duas correntes sem sermos reconduzidos das águas de um às águas de outro. Mas é verdade também que a impossibilidade de se conservar na abertura de uma ou outra questão confere ao enigma do fundamento um novo atrativo, fazendo-o falar pelo contato entre a divisão do ser de pensamento e o mundo.

Quando nos perguntamos qual é, para Maquiavel, o fundamento da política, somos confrontados com a ideia de uma divisão última, significando com isso que ela não deixa de se recolocar no deslocamento dos termos. Ela é divisão de classes, divisão do desejo de classe ou, se nós acreditamos deixar o lado da causa pelo lado do efeito, divisão entre Estado e sociedade, divisão entre o desejo do príncipe e o desejo coletivo... Mas a questão do fundamento não se anula na experiência da divisão, antes se faz ouvir com uma força crescente como aquela da instauração. Na instauração da autoridade do príncipe ou na instauração da autoridade de Roma, lemos o signo do fundamento. Mas de tal maneira que é por acolher a divisão, por se abrir ao jogo de diferenciação dos termos, dando livre curso à obra do conflito, que o príncipe ou Roma se mostra capaz de fundar um projeto — de dar passagem a uma história. A indeterminação ligada ao fundamento é tal que é sempre possível cegar-se para aí ler a justificação do arbitrário, para sustentar que o príncipe é livre para fazer aquilo que bem lhe parece, contanto que ganhe potência e segurança. A ilusão supõe a substituição da indeterminação por uma negação que é apenas o reverso da afirmação do fundamento e, de resto, ela o reestabelece hipocritamente sob os traços do apetite do mais forte. Em compensação, Maquiavel não força seu leitor a conhecer o arbitrário senão para arruinar aquilo mesmo que reivindica, senão para aprofundar a falta de garantia, até que o empreendimento político deixe descobrir seu apoio em si mesmo, num movimento que não repousa em nada e não tem outra certeza a não ser sua in-determinação. Fazendo isso, ele nos interdita de conceber a divisão última como uma divisão que, a despeito do deslocamento dos termos, seria objetiva: ela se revela irredutível, mas não mais "última" do que a articulação que liga o que está dividido. E ele também não nos autoriza a pensar que a lei é engendrada pela cisão do desejo, tampouco que o Estado é engendrado pela divisão de classe; o que se produz é a relação dos homens com a Lei ou a relação dos homens com o Estado, da maneira como ela se especifica num regime de liberdade, numa monarquia ou na licença. Dizíamos que a questão do *princípio* implica necessariamente a da divisão, mas é necessário entender, além disso, que não há em última análise causa e efeito, mesmo que seja possível articular causas e efeitos e que, enfim, no deslocamento dos termos seja indicado o espaço do *princípio* ou do retorno contínuo da sociedade sobre ela mesma, que demonstra a necessidade de um retorno contínuo ao *princípio*. Nesse sentido, torna-se decididamente vão imaginar que essa questão tenha um lugar circunscrito no discurso maquiaveliano, que ela ocupe, como arriscávamos supor, o da questão última; talvez fosse melhor dizer que ela fornece um meio para encontrar em toda questão o que, para além do seu objeto, lhe dá o seu ser de questão; que sob seu nome se descubra a passagem que conduz de uma a outra, como na obra de Marx sob o nome de comunismo ou na *República*, de Platão, sob o nome de ideia do bem.

Ora, é verdade que, pensando-a assim, não podemos separá-la da questão do fundamento do pensamento da política, tal como ela aparece na obra. Pois é a mesma necessidade que nos leva a ler a ausência de uma garantia extrínseca na obra da política e na obra do pensamento. É uma mesma necessidade que nos faz descobrir o enigma da instauração e o da divisão, o fundamento interno da empreitada, na sociedade e na obra. É verdade ainda que, descobrindo um discurso coletivo implicado no discurso maquiaveliano, bem como o vínculo entre a interpretação e a autointerpretação, somos levados à junção entre o teórico e o prático. A possibilidade que é oferecida a nós, leitores distantes, de nos voltarmos para a política e para o pensamento maquiaveliano se inscreve na troca que se opera entre o que constitui a questão da política e o que constitui a questão da obra. Ademais, poderíamos seguir as vias dessa troca ao perscrutar a modificação de nossa relação com a política e com o pensamento no trabalho da leitura; pois o desejo, o imaginário, a lei, a autoridade, nós os descobrimos na experiência mesma do pensamento tanto quanto no campo para o qual ele nos abre, nisto que não é propriamente falando pensamento, mas, antes, lhe assegura seu exercício, o desejo de saber, a relação com as normas de um discurso lógico, a relação com os autores fiadores das verdades instituídas e até mesmo a estratégia da conservação-transgressão que sustenta a conquista do leitor. Mas é verdade também que a distância que separa o pensamento e o que ele pensa não é nunca abolida, ou que, no momento em que a distinção entre um *interior* e um *exterior* da obra se desfaz, resta a impossibilidade de esquecê-la, o fato de a questão do fundamento permanecer ambígua, o fato de, enfim, para nós, o que se instaura na prova da divisão sob o signo do poder se revelar de outra ordem que o que se instaura na mesma prova sob o signo do saber.

Ora, sob esse último signo toda a dialética da instauração se inverte, pois essa dialética não opera na obra a não ser pela recusa da instituição, pela derrogação da regra do vivo — povo, Grandes ou príncipe —, que é a da inscrição do desejo num espaço-tempo. É sem dúvida necessário reconhecer que a obra do pensamento não pode deixar de adquirir o estatuto de instituição. Logo que se torna referência, que é dissimulada sob as representações autorizadas nos espaços-tempos, que estas são transmitidas, que passam a ter a incumbência de alimentar a linguagem coletiva, a obra ganha as propriedades que marcam a sua inserção no espaço político. Um poder se liga a ela, uma obrigação emana dela, um processo de legitimação se desenvolve ao seu contato, do qual ela se faz, de uma só vez, objeto e agente. Convenhamos mesmo que se ela tem esse destino é porque seu discurso se presta a isso; não somente porque ela contém signos de que outro pode se apropriar para converter em mensagens de revelação e comandos, mas também porque distila ainda o imaginário no trabalho da palavra. Todavia, o pensamento não faz sua obra, não se refaz na interpretação, que é a obra da obra, a não ser sob a condição de se subtrair à atração da representação, de afastar o saber da posse do objeto, ou ainda por sua resolução de conservar vazio o lugar do termo final, de preservar na interrogação a forma de um não poder. O pensamento da política não produz sua obra de pensamento a não ser sob a condição de não ser pensamento político, de dar prova de seu desejo como desejo de pensamento. Descobrimos que é na conquista dessa possibilidade extrema que ele consegue libertar no campo da política, no campo da história, numa experiência natural de que já se fala e se pensa politicamente, o não dito, o não pensado, pelo qual há política, história, experiência natural, afastamento incessante entre ser e representação. De tal modo que não poderíamos eliminar disso que ele pensa o vínculo com seu ser de pensamento que ele nos reserva. O paradoxo é, contudo, que seu empreendimento designa ao mesmo tempo a diferença entre o pensamento e as coisas às quais abre o pensamento. Não simplesmente que haja na política, na história, mais do que aquilo que é pensável, ou mais no pensamento do que aquilo que a política, a história mobilizam de pensamentos; mas porque estamos impedidos de ocupar uma posição na qual possamos dominar todas as relações com o ser, que o ser não se desvela a não ser em virtude de uma implicação do que é, da atribuição de um lugar, o qual, para continuar invisível, se faz notar sempre pela resistência do diferente. De tal modo que não poderíamos reduzir a questão do fundamento da política à questão do fundamento do pensamento político. Mais ainda, é preciso não esquecer como esse paradoxo nos toca. É pela obra que é nomeado. Não temos experiência do pensamento da política a não ser onde sua ação se efetiva. A questão do fundamento não se deixa colocar como a do pensamento em geral, ou, antes, não se deixa colocar como tal a não ser no interior do espaço da obra — igualmente, dissemos, aquela do fundamento da política não se deixaria colocar a não ser no interior da obra política, classes, instituições, Estado. Não podemos abarcar com o olhar todo o campo do pensamento da política, medi-lo livremente, assim como não podemos dominar as relações que ele entretém com a política. A única certeza que nos é dada sobre o que ele é consiste na prova da instauração na sua obra. Mas não basta admitir que essa prova nos coloca diante da aventura de nossa própria obra; mesmo esta, que dizíamos ser a obra da obra, torna manifesta a despeito de sua filiação a articulação da questão do fundamento-começo àquela do recomeço. Seria vão o intérprete querer limitar esse recomeço à função que lhe é imposta de retirar a palavra do seu lugar para dizer qual palavra é inaugurada na obra. Tampouco é suficiente admitir que a interrogação se deixa acolher somente por aquele que a refaz; ele precisa, além disso, enfrentar o enigma de sua contingência, renunciar a inscrevê-la numa interrogação geral, a juntar, como se fizessem parte da mesma árvore, as questões maquiavelianas àquelas de outras obras que as sustentariam ou que elas viriam sustentar, admitir que ela repousa sobre si, que a relação com o inacabado da qual ele mesmo se torna suporte é marcada pela órbita singular da obra e que, enfim, a mesma necessidade nos vincula a ela e nos submete à exigência de pensar o que não foi ainda pensado — não o que falta ao pensamento maquiaveliano, pois em certo sentido o que lhe falta ainda lhe pertence, mas *o que coloca novamente o pensar em operação*.

Essa exigência faz o intérprete entrever um limite insuspeito para seu empreendimento. Pois o que quer que ele diga do fundamento da política e do fundamento do discurso da obra, da dupla questão em que eles se desvendam, uma reserva o acompanha, leitor distante que pretende libertá-la do espaço-tempo no qual ela teve nascimento: no registro que aguarda ser aberto, o pensamento da política não poderia se conservar a não ser ao preço de uma ruptura com o pensamento maquiaveliano...

Ao encontrar esse limite, o intérprete fica sem voz, pois o que coloca novamente o pensar em operação lhe escapa. Mas se pode ao menos esperar que isso que lhe escapa não lhe seja completamente estranho, se for verdade que a relação com as obras do passado pertence à experiência do presente e que ele agiu para modificá-la. Depois de tudo, ele não poderia pedir nada mais do que participar da tarefa de instauração, quando ele segue o modesto cortejo de uma restauração. Na relação que estabelece com o discurso maquiaveliano, o que ele busca senão um auxílio para esboçar, em um lugar, uma autointerpretação do discurso coletivo presente, incapaz que é de conduzi-la sobre um front mais amplo e sem mediador? Sua operação está inevitavelmente condenada a permanecer em suspenso.

Essa conclusão reintroduz por uma via imprevista a questão da temporalidade da obra. Quando a interrogação — do modo como a sustentamos, nós, leitores distantes, liberados dos horizontes sócio-históricos do discurso maquiaveliano — chega a ponto de denunciar sua própria contingência, ela nos obriga a pensar sua inscrição singular e devolve para o leitor próximo a palavra que se encontra em nós. É a mesma necessidade que nos incita a entrever a questão do fundamento fora do campo da interpretação, privando-nos de persegui-la, e que nos reconduz às fronteiras de um *lugar* da história no qual o discurso da obra teve sua origem. Não que imaginássemos poder explicar os motivos da interrogação maquiaveliana ao decifrar sua inscrição — rompemos com essa ilusão, que interditava a compreensão de por que ela se fala ainda no leitor distante —, mas porque a diferença temporal aqui renovada na experiência, pelo apagamento da diferença no tempo, pela transferência da interrogação para fora dos espaços-tempos empíricos, implica, como dizíamos para outros propósitos, o duplo encontro entre um presente passado e um presente futuro. De fato, o leitor próximo nunca deixa de ser mobilizado pelo discurso; só o artifício da análise requer que se marque sua nova entrada em cena. Nem a prática nem a lógica nos autorizam a subordinar sua posição à do leitor à distância, ou esta à sua. A diferença de posições se produz numa mesma leitura ou, como dizíamos anteriormente, numa mesma interrogação, pois é por ela que este conquista seu lugar. Os caminhos que cada uma delas requer se cruzam tão inevitavelmente que foi preciso, na busca da questão última, mencionar a função que a crítica da representação de Roma ocupa na análise do imaginário social. Ademais, acreditávamos poder afirmar que essa crítica colocava sob a luz adequada tanto a problemática do *Principe* quanto a dos *Discorsi*, que ela liberava o pensamento maquiaveliano do equívoco ao afastar uma concepção artificialista da instituição e fundava a distinção entre o discurso coletivo e o discurso interpretativo. Fazendo isso, revelávamos nossa implicação num presente passado — deixávamo-nos tocar por uma palavra que se fazia presente ao se tornar sensível e ao denunciar em si mesma a linguagem bastante singular dos homens situados num espaço-tempo. É verdade que não poderíamos apreciar o que está em jogo na análise de Roma se a análise da política, da história, não nos impedisse de lermos nela o simples desejo de um retorno à virtude do modelo antigo. Mas tampouco seria possível conhecer a verdade desta se a crítica da representação florentina do passado romano não a mostrasse tomando posse de si mesma contra a potência do imaginário. Do mesmo modo, quando nos perguntamos qual questão faz de nós os leitores próximos, como se designa por essa questão um lugar da obra, é a imagem de Roma que se encontra no centro de nossa pesquisa. No entanto, ao perscrutarmos essa imagem, encontramos apenas um sinal privilegiado da relação que o discurso da obra estabelece com o discurso que a sociedade mantém sobre si mesma. A questão ganha aí sua garantia, mas lhe falta sua raiz: nós a buscamos no que não hesitamos agora em nomear — com o encargo de precisar posteriormente o sentido do termo — de ideologia. Ao reconhecermos a forma de sua influência, nos tornamos sensíveis à sua inscrição. Se queremos designar uma questão última que guia o leitor próximo e permite relacionar todas as questões concernentes ao espaço-tempo do discurso, somos tentados a dizer que ela está no centro da ideologia florentina.

É necessário convir ainda que, para se deixar descobrir na obra, essa questão exige que saiamos dela e colhamos nos testemunhos dos contemporâneos ou nos documentos do historiador aquilo com que traçar seu caminho. Certamente ficaríamos desarmados se ignorássemos as mudanças de regime que, a partir do começo do *Quattrocento*, fizeram a Cidade passar da república à tirania de Cosimo e de Lorenzo e, mais tarde, de seu último avatar sob o reinado de Piero a uma nova república, inicialmente inspirada por Savonarola, em seguida — com este derrotado — dirigida pelo gonfaloneiro vitalício Soderini, até que, enfim, o domínio dos Médici fosse restabelecido. Por mais indispensáveis que fossem, essas referências nos seriam de pouca serventia se não estivéssemos prevenidos quanto às divisões internas da burguesia, quanto ao fosso que separa o povo miúdo do conjunto das camadas burguesas e da potência de um pequeno número de grandes famílias que se perpetuam no poder, a despeito das rupturas constitucionais e das transformações do poder político. Esses conhecimentos são exigidos, de modo geral, para esclarecer o pano de fundo do palco sobre o qual se movem os personagens maquiavelianos e se desenrolam suas intrigas e, mais precisamente ainda, para nos permitir identificar aqui e acolá a intenção do discurso; não apenas para explicar o subentendido involuntário da palavra que veicula uma experiência comumente partilhada à época, mas também para acolher o subentendido deliberado que exige a cumplicidade ativa do leitor. Assim, como se poderia medir nos *Discorsi* o alcance das alusões repetidas às traições e ardis que envolveram Soderini às vésperas de sua queda, se o historiador não nos tornasse capazes de decifrar nessa ocasião um episódio privilegiado da luta de classes e de facções? É necessário saber, por exemplo, que a criação de um gonfaloneirato vitalício — medida sem precedente na história da República — e a eleição de Soderini foram a consequência de um compromisso entre conservadores e reformadores, que o conflito político se cristalizava, a partir da queda de Piero, em 1494, num debate acerca de um governo estreito, sob controle direto da oligarquia, ou um governo largo, aberto aos representantes das camadas médias e ao apetite da burguesia; que o fracasso de Savonarola já não tinha sua única origem numa revolta contra a intolerância ou no temor que inspirava sua autoridade pessoal, mas que ele foi provocado pela oposição resoluta dos conservadores às tentativas de democratização do regime; que, uma vez abatido o frei, e diante da impossibilidade de um restabelecimento imediato das prerrogativas da oligarquia, uma fração dessa oposição conservadora começava a sonhar com a restauração dos Médici, enquanto a outra colocava suas esperanças em um Executivo forte e estável, capaz de dar às grandes famílias o monopólio das decisões; que, enfim, frustrando a expectativa colocada nele, o gonfaloneiro, a despeito de sua fortuna e de suas origens sociais, se abstém de convocar os conselhos secretos reservados aos grandes burgueses e tenta, por uma reforma dos impostos, reduzir a desigualdade de repartição de encargos. Com essas informações se esclarece a conduta da grande burguesia na crise de 1512 e torna-se possível mensurar a credulidade do homem de Estado que imaginava que o patriotismo era mais forte que o interesse de classe. Menos desconcertante parece ser, então, a aliança feita entre os partidários dos Médici, o clã conservador adversário do governo Soderini, e sua oposição interna ocupada em combater todo e qualquer projeto de reforma, em manipular, para conservar para si, as mais importantes magistraturas e atrair para sua órbita uma parte dos representantes da pequena e média burguesia. Por mais importante que seja, esse seu conflito se revela subordinado à necessidade de travar a promoção política do *popolo minuto*. Tal necessidade se faz notar na repetição das crises que pontuam a história de Florença, não somente a partir da queda de Piero, não somente a partir do começo do *Quattrocento*, mas a partir do momento em que a grande burguesia tomou o poder político da nobreza e esta teve de se infiltrar nas suas fileiras para conservar alguma força. Através das divisões, das transformações que afetam sua composição, revela-se uma constante, a ponto de essas divisões, as próprias transformações, ainda que produzam instabilidade, parecerem sempre trabalhar para sua sobrevivência. Dividida entre antigos nobres e autênticos burgueses, entre Guibelinos e Guelfos, entre antigos florentinos e cidadãos de fresca data, entre novos-ricos e possuidores de heranças, entre grupos de interesses ligados preferencialmente à indústria e ao grande comércio, ao banco e à propriedade fundiária — fragmentada em função de alianças de parentesco, modificada pela irrupção em seu seio de elementos novos impossíveis de serem afastados da vida pública ao longo do tempo ou, ao contrário, pela eliminação de famílias vítimas da repressão política ou dos acidentes da fortuna, a oligarquia tem sempre força para se reproduzir. Quando ela precisa ceder uma parte de seus privilégios políticos — como aconteceu na última parte do *Trecento* ou no dia seguinte à derrubada de Piero —, ela consegue seduzir ou corromper os homens novos que povoam os conselhos e detêm uma parte das magistraturas; quando essas querelas intestinas alcançam um grau que não se acomoda mais ao jogo democrático, por mais limitado que ele seja, e simultaneamente as reivindicações do *populo minuto* se tornam ameaçadoras, ela acolhe a regra do poder pessoal; e, então, contra o interesse de alguns, mas em benefício comum, a rede de parentesco oferece o canal para uma nova expressão política, se mobiliza em favor de um reagrupamento massivo sob a dominação dos Médici. Devemos aprender isso e reconhecer, consequentemente, que não há um fosso entre o regime de tipo republicano e o regime de tipo tirânico em Florença, que, a despeito de uma diferença irrecusável — cujo efeito maior é que num caso certas questões do conflito político são visíveis, despertam um interesse geral pela coisa pública, mantêm, ao mesmo tempo, a reivindicação e a adesão às instituições, enquanto no outro eles se mascaram, o poder se refugia no segredo, a ignorância e o medo desencorajam a esperança da maioria e corrompem os costumes —, é sempre uma pequena minoria que faz do Estado sua propriedade, se isola do povo e, por um artifício ou outro, busca a segurança na conservação das posições adquiridas. Nenhuma dúvida, enfim, de que para mensurar a potência da oligarquia sejamos conduzidos a buscar seus fundamentos no sistema econômico, que seja precioso para nós descobrir como o fenômeno da concentração do capital, singularmente avançado em Florença, vem acompanhado de uma organização corporativa que coloca os artesãos e o comércio na dependência direta dos industriais, de negociantes, que controlam a importação e a exportação, e de banqueiros — potências, de resto, frequentemente confundidas nas mesmas pessoas.[4]

---

[4] Baseamo-nos notadamente em três obras antigas: F. T. Perrens, *Histoire de Florence depuis la domination des Médicis jusq'à la chute de la République* (3 v., Paris: Maison Quantin, 1889-90); Georges Renard, *Histoire du travail à Florence* (2 v., Paris: Éditions d'Art et de Littérature, 1914); Antonio Anzilotti, *La crisi costituzionale della Repubblica fiorentina* (Firenze: Seeber, 1919/ Roma: Multigrafica, 1969) (essa obra contém informações e análises de interesse excepcional relativas à luta de classes e de facções e ao funcionamento das instituições florentinas); e, de outro lado, Piero Pieri, *Il Rinascimento e la crisi militare italiana* (Turim: Einaudi, 1952) (essa obra oferece um precioso panorama da evolução econômica de Florença e de sua situação ao fim do século XV); Gene A. Brucker, *Florentine Politics and Society, 1343-78* (Princeton: Princeton University Press, 1962) (cuja leitura é indispensável para a compreensão da estrutura social e política do *Quattrocento* e do *Cinquecento*). Sobre o mesmo período continua sendo essencial o livro de Niccolò Rodolico, *La democrazia fiorentina nel suo tramonto* (Bolonha: Zanichelli, 1905/ Roma, 1970). A estas últimas duas obras se ligam dois breves e esclarecedores estudos de M. B. Becker, "The Republican City State in Florence, an Inquiry into its Origin and Survival" (in *Speculum*, XXXV, 1960) e "The 'Novi Cives' and Florentine Politics" (in *Mediaeval studies*, XXIV, 1962, Toronto). Um painel notável da luta política sob a República (1494-1512) é fornecido por Nicolai Rubinstein, "Politics and Constitution in Florence at the End of the Fifteenth Century" (E. F. Jacob [org.], *Italian Renaissance Studies*, Londres: Faber and Faber, 1960). Sobre os eventos em que Maquiavel esteve envolvido, o melhor estudo continua sendo a biografia de R. Ridolfi, *Vita di Niccolò Machiavelli* (Roma: Belardetti, 1954).

A ilusão estaria somente em esperar das informações dadas pelo historiador uma resposta à questão que nos implica no discurso maquiaveliano como seu leitor próximo. Tudo o que ganhamos pelo conhecimento adquirido à margem da leitura aumenta nossa sensibilidade à palavra da obra. Uma aparelhagem tão complexa quanto desejável pode se aperfeiçoar de modo a multiplicar nosso poder de compreender. Mas ela não o cria; e nos abandonaríamos à fruição do saber histórico de maneira que ele seria destruído, pois apreenderíamos então do discurso apenas enunciados informativos, suscetíveis de enriquecer nossa representação da história política de Florença ou, se decididamente fossem objeto de nossa curiosidade, de se deixar decifrar por sua inserção num conjunto mais vasto de signos. Ao pretendermos atribuir a esse discurso a condição de objeto para aí encontrar os elementos de uma construção combináveis com aqueles que proporcionam testemunhos ou documentos estatísticos, deixaríamos de habitá-lo, de nos fazermos suporte de sua palavra, isto é, de deixá-lo se produzir em nós. Paradoxalmente, o esforço para preencher o vazio do subentendido nos destituiria de nossa escuta, interrompendo seu impulso. Assim como não poderíamos nos esquecer de que, se é necessário ultrapassar as fronteiras do discurso da obra para determinar sua inscrição histórica, é no seu âmbito ainda que estão indicados os caminhos da evasão; é apenas sob a condição de nos deixar guiar por ele que podemos evitar de nos perder nele. Nele, com efeito, descobre-se uma linguagem diversa da sua, na qual a experiência de homens situados num espaço-tempo fala; ele a desvela ao fazê-la ser ouvida e, nessa operação, ele mesmo se faz ouvir. Ora, é tão certo que essa linguagem se deixa melhor conhecer por nós quando perscrutamos as condições da experiência que a alimenta quanto seria vão supor que seu exame nos dá seu sentido. Não seria possível deduzir das mais ricas análises dos fenômenos econômicos, sociais e políticos a linguagem na qual se determinam as relações que os agrupamentos e os indivíduos mantêm entre si; ou, uma vez que avançávamos o conceito de experiência, digamos que seria ingenuidade imaginá-la definida à margem da linguagem por meio da qual ela se fala, conceber um real *em si*, uma ordem de coisas mudas à qual se sobreporia uma ordem das coisas ditas como se fosse seu reflexo. Nesse sentido, o espaço-tempo aberto pelo discurso não se constitui numa circunscrição empírica que poderíamos sobrevoar como se estivéssemos livres de todas as amarras. É impossível alcançar uma descrição pura das articulações desses setores que forneceriam as categorias econômicas decisivas da produção e da troca, das classes e facções, do Estado, dos discursos coletivos que daí provêm e da obra singular do escritor político. A partir do momento em que nos tornamos leitores dessa obra nos encontramos inscritos por ela, não em um mundo que poderia em outro lugar ser dado ao conhecimento objetivo, mas numa linguagem, numa experiência, cuja identidade está em questão. É por nela estarmos implicados que somos induzidos a captar as informações suscetíveis de sustentar a questão; essa questão regula a pergunta que endereçamos ao historiador sem jamais nos autorizar a buscar um texto último no qual o sentido estaria nu. Se é necessário admitir que os discursos coletivos existem fora da obra e que, em consequência disso, devemos multiplicar as chances de ouvi-los saindo de seu espaço, não é menos verdadeiro que é pelo trabalho da obra que seu parentesco e a intenção que os preside, sempre mascarada no seu exercício, se desvelam e que, enfim, não há nunca um critério de realidade extrínseco no qual podemos nos apoiar, não há nada que nos livre do risco da interpretação — pois esta, já havíamos dito, é autointerpretação, tanto do discurso do escritor quanto do nosso próprio —, não há nenhuma palavra que, no contato do espaço-tempo, faça desaparecer o Sujeito. Isso é o mesmo que dizer que a posição do leitor próximo contém o mesmo paradoxo que a do leitor distante. Este último deve renunciar a instalar o pensamento maquiaveliano numa circunscrição do inteligível, pois ele não tem livre acesso ao campo do transcendental. O discurso o reenvia ao enigma de uma dupla origem, ao seu lugar de nascimento e ao do intérprete. Igualmente, o leitor próximo não alcança o espaço-tempo da produção do discurso a não ser se privando do meio de determiná-lo, a não ser experimentando um nó impossível de ser desfeito entre o discurso da obra e o discurso coletivo, entre o que se ouve disso e o que o faz falar. A distinção entre o empírico e o transcendental organiza do começo ao fim o espaço-tempo da leitura, qualquer que seja nossa posição, mas de tal maneira que nunca nos encontramos diante das duas regiões, das quais poderíamos paulatinamente tomar posse; o transcendental, na proximidade ou na distância, se instaura como dimensão da experiência cada vez que o sujeito constata sua implicação na palavra, na história, no ser ao qual ele se remete.

Ainda não dimensionaríamos inteiramente a questão ligada à posição do leitor próximo se nos limitássemos a sustentar que o discurso maquiaveliano torna-se compreensível ao darmos a ouvir a partir de seu espaço próprio um discurso-outro e ao obrigá-lo a habitar a história que ele interroga no contato com essa diferenciação. Uma parte do movimento que efetivamos na conquista dessa posição permanecia dissimulada. É necessário reafirmar aqui que, se somos introduzidos pela leitura no interior do discurso, é porque esse discurso tem o poder de se abrir a outro, ele já o contém, que a palavra da obra se junta à prova de uma distância irredutível, que ela é ouvida, separada dela mesma, que, enfim, uma mesma experiência faz com que ela engendre seu leitor ou se engendre através dele. Mas como interromperíamos esse deslizamento da posição de outro exterior à posição de outro interior? É necessário também ficar atento à polarização que se efetiva no movimento da palavra em razão de sua destinação a um terceiro. Uma nova relação entre o interior e o exterior é assim desvendada. Pois aquele outro é ainda indicado pela palavra; e, certamente, não poderia coincidir com nenhum indivíduo determinado no campo empírico; no entanto, em *alguma parte*, visível ou invisível, *alguém* é o fiador disso. A ele a palavra se oferece para ser ouvida, ao mesmo tempo que ela se ouve; é desse voltar-se sobre ele, de visá-lo num lugar, que ela ganha o poder de se deslocar para fora do campo no qual ela era ignorada por um discurso-outro e, graças a esse deslocamento, ela ganha também o poder de conhecer esse discurso-outro. Assim, no momento em que nos descobrimos implicados na obra, não passamos somente à posição de outro interior — uma posição de resto impossível de ocupar, cuja indeterminação faz com que sejamos obrigados a falar e então a aceitar nos movermos para fora do espaço do discurso —, não entramos somente em relação com um discurso-outro do qual o do escritor se segrega — relação da qual não poderíamos sonhar em nos desfazer, em dominar seus termos, uma vez que nossa interpretação está tomada por ela —, mas nos vemos reenviados ao lugar do fiador, diante da necessidade de identificá-lo, e de aí nos insinuarmos, sem, contudo, deixar de sabê-lo em outro lugar. Ora, convém repetir a respeito do sujeito fiador aquilo que dissemos acerca do discurso coletivo: é na leitura de Maquiavel que o encontramos, é sob a condição de achar seu vestígio no interior da obra que se torna possível segui-la graças às investigações do historiador.

Qual é o centro da ideologia da qual são extraídos os discursos coletivos no espaço-tempo em que a obra se inscreve? Perguntaríamos: não é a questão última que nos instala na condição de leitor próximo? Quem é chamado a sustentar a exigência e o trabalho de detecção desse centro? Perguntamos agora: não é a questão que comanda o acesso à questão última?

Tanto o *Príncipe* quanto os *Discorsi* pareceram estar destinados àqueles que têm ao mesmo tempo desejo de saber e desejo de agir. É por se fundar em tal desejo e por estimulá-lo que eles fazem certos leitores ouvirem algo que é inaceitável para outros, devendo mesmo ser preservado, pela alusão, da suspeita destes últimos. Devemos convir, em particular, em que o *Príncipe*, a despeito da dedicatória oferecida a Lorenzo de Médici, não foi escrito para seus partidários. Na recomendação feita ao príncipe de se libertar do clã que o conduziu ao poder, na crítica repetida à insolência dos Grandes, anuncia-se, ao contrário, um acordo com os adversários da facção mediceia. É um estranho acordo, já que, aparentemente, o autor oferece seus serviços a Lorenzo depois de ter colocado suas esperanças em Giuliano. Mas, observemos, não há traço de servilismo nessa oferta. Maquiavel pretende atribuir a Lorenzo o lugar do *príncipe novo*, um lugar que é anunciado no passado, por pouco que saibamos interpretá-lo, mas que não é ocupado por ninguém, implica uma ruptura radical com a tradição, uma invenção política e, além disso, desvela uma relação do sujeito com o real — seja ele monarca, capitão ou chefe republicano —, de modo que nenhum autor de fato poderia fazer com que ela não permanecesse sempre futura. Ao supormos que Lorenzo seja um daqueles a quem é dado ouvir, é certo que, para representar o fiador, ele precisa se privar dos atributos que marcam sua posição "natural" de príncipe. Ao supormos ainda que Lorenzo tenha sido incapaz de ouvir, que Maquiavel tenha se enganado sobre seus recursos, deveríamos concluir somente que ele o escondia de outros leitores aos quais o discurso se destinava. Mas então não é indiferente saber que esse interlocutor tinha 24 anos quando o *Príncipe* lhe foi dedicado, que ele próprio e Giuliano tinham sido expulsos de Florença na infância ou na adolescência com a queda de Piero e, a partir de então, seriam mantidos afastados da cena política, em suma, que se por um lado eles assumiam uma herança, por outro apareciam como homens novos, ao abrigo, *talvez*, da corrupção produzida pela luta de facções, dispostos *talvez* a retirar uma lição do fracasso duplo do regime republicano e do regime tirânico em Florença. Não podemos saber quanta fé Maquiavel depositava em Lorenzo. Ao menos não poderíamos duvidar de que, se ele sonhava torná-lo seu leitor, era para lhe confiar a tarefa de um reformador e afastá-lo dos preconceitos que cegavam os dirigentes florentinos, tanto os contemporâneos como aqueles de um passado mais longínquo. Do mesmo modo, importa perscrutar a figura do único príncipe italiano que a obra lhe propõe como modelo, não porque ele ignore suas deficiências, mas na convicção de que com ele tinha sido aberta na Itália a possibilidade de uma subversão das regras do jogo político: Bórgia — cuja aventura, podemos nos arriscar a dizer, fornece um suporte privilegiado ao projeto do *Príncipe* —, o personagem apresentado inicialmente como alguém eleito pela Fortuna, depois como encarnação da *virtù*, tinha menos de vinte anos quando empreendeu a conquista da Romanha, subjugou os miseráveis tiranetes que reinavam apenas para atormentar seus súditos e fez tremer Florença. Não devemos entrever ainda no seu exemplo a atração que exerce sobre Maquiavel a audácia dos recém-chegados, para quem o livro do mundo ainda não está escrito? Até mesmo a queda de Bórgia cumpre uma função na obra. Não importa finalmente que ele tenha sido arruinado pela Fortuna ou que tenha deixado de prever uma reviravolta da sorte, seu projeto é suficiente para levar a palavra ao encontro do desejo de saber e de agir, enquanto as vitórias obtidas pelo vulgar sortudo que foi o velho Júlio II são tratadas friamente.

Podemos ainda duvidar da apreciação que o homem Maquiavel fazia de Bórgia, assim como da esperança que ele colocava em Lorenzo. Seus relatórios de embaixada não permitem afirmar que Maquiavel reconheceu nele, durante sua vida, senão talvez no início de sua empreitada, o gênio que lhe empresta o *Príncipe*. Mas sua transfiguração no discurso da obra é eloquente. Ele se apropria disso para falar a *alguém* que não poderia se alimentar com a lembrança dos Médici, de Savonarola, de Soderini ou dos conservadores que tramaram todos os complôs contra o regime democrático e fizeram prevalecer sempre, face às potências estrangeiras, a estratégia do menor risco, da contemporização e da compra de alianças. O interlocutor chamado a ouvir não pertence à categoria dos homens que ocuparam ou ocupam ainda os principais cargos, os sábios da época (*i savii dei nostri tempi*), todos os que se acreditavam hábeis ou virtuosos para buscar a segurança do Estado por meio da conservação das posições adquiridas. A liberdade para acolher certos pensamentos proibidos está pressuposta a ele; por exemplo, a de que às vezes as pretensas boas obras se revelam, em política, tão nocivas quanto as más; por exemplo, que os Grandes, em todos os regimes, vivem da paixão de dominar e oprimir ou, ainda, que a religião de Cristo habitua os homens à escravidão; mas também a liberdade de recusar as soluções mescladas de cinismo e moral, pois a crítica dirige-se contra aqueles que afirmam ser virtude "gozar dos benefícios do tempo". E deposita-se confiança no seu desejo de aprender a História para encontrar os princípios da ação política, pois nenhuma receita lhe é entregue, uma vez que ele é chamado a uma interpretação do presente e de sua própria posição no presente. Em última análise, não importa que esse interlocutor ocupe ou não uma condição que lhe abra o caminho para ser príncipe, ele não se define como tal em razão da autoridade que de fato exerce ou que pode pretender exercer, mas é designado no registro simbólico por representar a fenda no tempo entre aquilo que foi e aquilo que não é ainda e, no espaço social, a separação entre o lugar fechado dos representantes do regime, de uma classe ou de uma facção, e o lugar aberto do sujeito político para quem a relação com a *polis* modifica a relação com a instituição ou com o grupo. Nesse sentido, nós o identificamos com o signo da juventude. Desenha-se na obra um *outro próximo*, vivendo no espaço-tempo da palavra, sem respeito pelos valores da Cidade, capaz de subverter os ídolos e transgredir as regras da política, voltar-se clandestinamente contra a ordem estabelecida, que tem fé no inédito, espera alguma coisa do devir, traz também as oportunidades de prática e pensamento novos.

Um indício privilegiado da função que a juventude ocupa no pensamento maquiaveliano se encontra no penúltimo capítulo do *Principe*, num lugar onde o autor, afastando-se da análise estritamente política, volta-se para considerações gerais sobre os poderes respectivos da *virtù* e da *Fortuna*. Quem se limitasse ao primeiro termo do argumento deixaria escapar a novidade do discurso; a linguagem empregada é a da tradição. Com efeito, está enraizada no patrimônio do pensamento florentino a ideia de que o homem não dispõe da sorte e que, no entanto, é mobilizando todos os recursos da vontade e do conhecimento que ele conquista sua dignidade de sujeito e deixa de ser um joguete nas mãos de potências que o transcendem. Alberti já anunciava isso em termos aproximados no preâmbulo de seu tratado *Della Famiglia*; ela estava no centro da lição dos mestres do *Quattrocento*, retomada na época de Maquiavel como um leitmotiv do discurso filosófico-político.[5] Além disso, a associação do Deus cristão à Fortuna pagã assinalava uma disposição comum de traduzir o termo da língua romana para as línguas modernas. Mas, lembremos, mostra-se de outro alcance o

---

5 Sobre a representação da fortuna, ver G. Gentile, *Il pensiero italiano del Rinascimento* (4ª ed., opere XIV, Firenze: Sansoni, 1955).

julgamento introduzido ao fim do capítulo, à distância do enunciado retórico que sustenta a comparação do rio e da Fortuna. "Além disto", nota ele,

> sou de opinião de que é melhor ser ousado que prudente, porque a Fortuna é mulher e é necessário, para mantê-la submissa, subjugá-la e confrontá-la. E se vê comumente que ela se deixa vencer antes por estes do que por aqueles que procedem friamente. É porque ela é sempre amiga dos jovens como mulher, porque eles são menos respeitosos, mais ferozes e com mais audácia a comandam.

Através da metáfora amorosa sugere-se uma ideia nova da relação do Sujeito com o mundo. É impossível manter, em tais moldes, a versão cristã do mito da Fortuna; como também a versão estoica: o homem não define seu domínio nos limites do sobrenatural pelo seu esforço único de libertação das paixões e da ignorância; seu poder está ligado ao desejo; o que lhe escapa está, ao mesmo tempo, nele e fora dele, descreve, ao mesmo tempo, seu espaço de morte e seu espaço de vida; a medida que ele toma disso implica necessariamente uma desmedida; à falta de seu ser ele pode responder somente pelo excesso do ato. E, nesse momento, a figura na qual por afinidade eletiva se inscreve o traço do desejo se destaca daquela do sábio — o qual, gostamos de pensar, aprendeu a se governar ao mesmo tempo que aprendeu a governar os outros — para se conformar com a dos *giovani*, cuja audácia não é desarmada pelo cálculo, mas faz as fronteiras do possível recuarem para além do real.

Dizer que a palavra maquiaveliana está vinculada à nova geração não equivale a supor — é necessário insistir — que esta não sofra a influência das ideias dominantes, que se desvincule dos grupos sociais e dos partidos. Devemos, antes, presumir que seus elementos mais ousados são eles mesmos prisioneiros das representações que eles se obstinam a combater e que não se situam num mesmo lugar. Do mesmo modo, não nos surpreendamos que a cumplicidade estabelecida com eles não se funde sobre uma conformidade de opinião, que exclua, ao contrário, na maior parte dos casos, uma relação política manifesta e, enfim, que passe necessariamente pela destruição da crença comum deles na fórmula de um *bom regime*. O discurso se endereça aos jovens sem abraçar as esperanças que os mobilizam *aqui* e *agora*, sem ignorar que seu desejo de saber — se recebe um impulso do desejo de agir — é por ele constantemente ameaçado de se transformar no seu contrário. Ele não pode fazer deles seu fiador a não ser sob a condição de lhes atrair para o lugar onde ele se engendra, de convidá-los a se interpretar através dele. De tal sorte que, em certo sentido, seu mais forte vínculo se tece num trabalho de desencantamento. Mas estaríamos enganados ao imaginar que o discurso é o senhor da relação, no sentido em que o saber que seria seu exigiria somente sua comunicação a outro, parecendo destinado à educação por sua receptividade privilegiada às coisas novas. É verdade também que ele é ouvido através dos *giovani*, que com a posição deles ocorre no espaço-tempo um afastamento entre o possível e o real, entre o desejo e a autoridade, no qual a palavra ganha a certeza de sua própria liberação das representações dominantes.

Se o *Principe* nos faz entrever a figura do próximo, seus traços se acentuam e sua identidade se especifica nos *Discorsi*. Em nenhuma parte, lembremos, o apelo aos *giovani* é mais bem formulado que no *proemio* do segundo livro. No momento em que o conhecimento da história e, especificamente, das instituições romanas é fundado na crítica da idealização do passado, o autor esboça o procedimento geral do conservadorismo, cujo impulso é a oposição entre a velhice e a juventude. Denunciando o preconceito que torna o passado preferível ao presente, colocando, assim, seu elogio de Roma sob o signo da desmistificação, ele não se limita a mostrar que a ilusão se deve ao conservadorismo intelectual, fundado na submissão aos autores antigos, e ao conservadorismo político, fundado na submissão aos poderosos de então, mas encontra sua causa última na impotência dos homens que envelhecem para aceitar o definhamento de seus desejos. É ao nomeá-la que ele desvela os limites do julgamento (*giudizio*), entendido como exercício do entendimento, associa a relação com o saber à relação com o desejo e reivindica, enfim, sua aliança com a juventude: "Mas a coisa é tão evidente para todos", conclui,

> que eu não hesitaria em dizer ousadamente o que penso daqueles tempos e destes atuais, a fim de excitar na alma dos jovens que lerem meus escritos o desejo de imitar uns e de se afastar de outros, todas as vezes que o acaso lhes fornecer a ocasião [*acciochè gli animi de'giovani che questi mia scritti leggeranno, possino fuggire questi e prepararsi ad imitar quegli, qualunque la fortuna ne dessi loro ocasione*].

Todavia, se nesse fragmento a imagem do interlocutor é visível, ela só se mostra pela metade; a intenção se esclarece em outros trechos, nos quais ela se mostra para o leitor disposto a apreendê-la e reconhecê-la como sua. A cumplicidade então se reforça na alusão para culminar na vasta metáfora na qual se combinam, em torno do tema central do conhecimento dos lugares e da experiência da caça, a figura de Epaminondas e a de Xenofonte, a dos jovens tebanos chamados a aprender a revolução pelos jogos de luta e a dos jovens atenienses chamados a fazer experimentar a filosofia na astúcia. Maquiavel abre, ao desejo de saber, o caminho das mediações que o remetem a seus fins; ao desejo de agir ele fixa seu desafio, que é a conspiração contra os que ocupam o poder e levam o povo e o Estado à ruína. Assim, o pacto estabelecido com os *giovani* se mostra ligado à conquista de um *vivere civile* ou de um *vivere libero* que somente as instituições de uma república tornam possíveis. Descobrimos que é a esse próximo animado pela paixão da liberdade que ele se dirige e é através dele que é ouvido, em toda a extensão de seu discurso e até na afirmação do papel de príncipe fundador ou da superioridade de uma monarquia guiada pela *virtù* em relação a uma república corrompida. Para sermos persuadidos de que esse próximo habita o *Príncipe*, basta observar que tudo o que é dito nessa primeira obra tem seu lugar ou pode ser encontrado na segunda. É verdade que a possibilidade entrevista de uma mudança sob o impulso de Lorenzo tem como consequência colocar em plena luz a figura de um jovem pretendente à tirania. Mas o discurso dá já a entender a esse pretendente que a empreitada monárquica somente adquire sentido ao se apropriar da experiência do regime republicano. Assim, ele usa uma linguagem que o jovem florentino republicano é convocado a fazer sua. O fato de a imagem de Lorenzo ter sido enfim afastada e Maquiavel ter dedicado os *Discorsi* a simples cidadãos, a Cosimo Rucellai e a Zanobi Buondelmonti, não significa que ele tenha mudado de interlocutor; é para homens como eles que ele falava anteriormente e, de resto, ele não deixa de sustentar que circunstâncias particulares exigem uma autoridade extraordinária. Vangloriando-se de romper com o uso corrente ao qual o escritor cede por ambição e ganância, Maquiavel declara na sua dedicatória não mais querer destinar sua segunda obra a um príncipe, mas oferecê-la àqueles que, por suas qualidades, mereceriam sê-lo. A fórmula é eloquente, pois não anula o lugar de direito do príncipe no mesmo instante em que o exclui de fato; ela leva a supor que, se os acasos da história o permitirem e o impossível se tornar possível, um homem que aliasse o conhecimento da política à autoridade seria capaz de realizar as tarefas inscritas no tempo presente, cumprindo a função monárquica — hipótese, sabemos, que será amplamente desenvolvida no corpo da obra. Não há lugar para pensar que a ideia do príncipe tenha nos *Discorsi* um destino diverso daquele do *Principe*: aqui e lá o leitor é convidado a conceber, em razão mesmo de seu apego à liberdade, os méritos de uma ação que instauraria o governo de um só; aqui e lá, ele deve romper com a representação tradicional de uma diferença de essência entre república e monarquia. Mas essa ruptura se opera num lugar em que os valores democráticos são reconhecidos, em que a questão da legitimidade do poder é levantada, em que a imagem de uma Roma livre estimula a imaginação, isto é, da perspectiva do pensamento republicano.

Somos, então, levados a definir a identidade do próximo, tangível na leitura, à luz da informação histórica. É necessário lembrar ainda que esta por si só seria incapaz de fundar uma interpretação. Ela nos ensina que os *Discorsi* foram apresentados por seu autor num círculo frequentado por muitos jovens florentinos; mas, enfim, não havia somente gente jovem nos jardins Oricellari e os ouvintes não eram todos de convicção republicana. Além disso, não seria possível ignorar que entre os amigos próximos de Maquiavel se encontravam homens que não eram revolucionários, como Vettori, que foi sem dúvida o primeiro leitor do *Principe*, e Francesco Guicciardini, a quem os *Discorsi* deram a oportunidade de escrever um importante comentário crítico. Do mesmo modo, estamos conscientes de ir procurar nos testemunhos os indícios que sustentam a convicção adquirida na leitura. Persiste ainda o fato de que esses sinais são massivos. Vale notar que junto a um anfitrião bastante jovem, Cosimo Rucellai, retido em sua casa por uma enfermidade (e que viria a morrer antes do fim dos encontros do círculo), se encontravam reunidos notadamente os futuros organizadores do complô formado em 1522 contra o cardeal Giulio de Médici: o poeta Luigi Alamani, Zanobi Buodelmonti, colaborador de Maquiavel no tempo em que ele detinha funções oficiais, dois dos irmãos Diaceto e Battista della Palla, condenados ao exílio ou executados logo depois de sua conspiração. Ainda que se possa presumir que Maquiavel, a despeito da denúncia de que fora objeto, não tenha se envolvido na empreitada, podemos supor legitimamente que contava com a simpatia dos conspiradores quando desenhava o retrato de Bruto, tratava da conspiração como um gênero privilegiado da ação política, sublinhava o papel dos jovens cidadãos na República romana, chamando a atenção para as ações audaciosas de Fábio no começo de sua carreira, ou dava como exemplo o pacto secreto estabelecido entre Epaminondas e a juventude tebana... Imaginamos uma cumplicidade de fato com uma parte de seus ouvintes, sensíveis às suas alusões, à sua ironia, à piscadela do conferencista que não deixa aos espiões matéria que o comprometa, às expensas dos outros, atraídos sem dúvida pela sutileza de suas análises mas pouco inclinados a apreciar um elogio direto da subversão e tranquilizados pelas falas ruidosas em favor da ordem. Entrevemos também um ensinamento semiclandestino que alia à intenção prática uma exigência filosófica, que quer persuadir da futilidade de um combate político do qual estivesse ausente a reflexão histórica.

Além disso, a hipótese se enriquece ao descobrirmos que, uma quinzena de anos antes, os Orti Oricellari tinham se tornado notórios como foco da oposição antidemocrática.[6] Entre 1502 e 1506, o anfitrião, Bernardo Rucellai, tio de Cosimo, tinha reunido, no mesmo lugar em que falava Maquiavel, os adversários mais resolutos das reformas de Soderini para, ao mesmo tempo, lançar as bases de uma restauração medicea e fundar em teoria as teses do conservadorismo político. Cunhado de Lorenzo, o Magnífico, um de seus confidentes íntimos, encarregado de importantes missões diplomáticas sob seu reinado, ele aparece como principal porta-voz da oligarquia próxima a ele. Vemo-lo desempenhar um papel dominante na expulsão de Piero, acusado de querer governar só, a despeito dos conselhos dos grandes burgueses; vemo-lo, depois, inimigo de Savonarola, cujas convicções democráticas inquietavam, manobrar habilmente, quando de sua queda, para reconciliar as grandes famílias comprometidas sob seu regime e ameaçadas pela repressão que começava a atingir o clã dos *piagnoni*, com os vencedores, oponentes da véspera denunciados como *arrabiati*, conservadores clássicos, obstinados sobretudo em reestabelecer um *governo stretto* — umas e outras, facções estreitamente vinculadas por suas condições de fortuna e relações de parentesco. Enfim, com a criação do gonfaloneirato vitalício que coloca Soderini à frente do Estado, Bernardo torna-se o líder da facção dura da oligarquia. Hostil a todo compromisso com os partidários de um

---

6 Ver o precioso estudo de Félix Gilbert, "Bernardo Rucellai and the Orti Oricellari — a Study on the Origin of Modern Political Thought" (in *Journal of the Warburg and Courtauld Institutes*, XV, 1948, pp. 101-31). Exploramos largamente suas informações nesta etapa de nosso argumento.

governo grande, ele se separa da maioria dos conservadores que sonham em mudar a natureza do regime para dele participar e se dedica a reunir os descontentes. No círculo que ele então anima, seu papel é o de um mentor da oposição. A fórmula de um governo aristocrático associado a um regime monárquico define a seus olhos o melhor dos regimes. Fundada sobre a experiência dos primeiros anos do reino de Lorenzo, sua tese recorre à autoridade dos Antigos, se alimenta da confrontação entre o passado e o presente, opõe a miséria deste à glória daquele, enfim, erige Roma como modelo. Se é verdade, além disso, que Bernardo é o autor de um comentário sobre Tito Lívio, poderemos pensar que a lembrança de suas lições, como de suas convicções, fazia dele um fantasma particularmente eficaz nos jardins que Maquiavel viria a frequentar. Lendo os *Discorsi* aos jovens florentinos desejosos de transformações, Maquiavel não apenas tomava um lugar outrora ocupado por um adversário político, mas desenvolvia relativamente ao senhor já morto um contraensinamento, arrancava Roma e Tito Lívio da impostura da interpretação conservadora, denunciava ao mesmo tempo o servilismo e a ignorância da antiga geração, levava enfim a compreender que a história não conferia crédito aos títulos dos Médici, mas testemunhava a superioridade da democracia, que a Lei não estava sob a guarda dos Grandes, mas sob a guarda do povo, e que a restauração do Estado exigia, por vezes, a insurreição contra a autoridade estabelecida.

No entanto, o fato de que Rucellai fornecia um ponto de referência para a oposição da antiga e da nova geração não nos autoriza a concentrar sobre sua pessoa todos os aspectos da ideologia dominante. Podemos supor que ele servia de alvo, não somente porque encarnava melhor a posição do conservadorismo, mas porque soube fortalecê-la com o peso de uma filosofia da história; podemos supor ainda que os jovens ouvintes de Maquiavel estavam mais livres para conduzir sua ação política do que para se desvencilhar dessa filosofia ou, ao menos, para criticar a interpretação histórica que a sustentava. Mas restaria compreender por que as convicções democráticas de alguns podiam se compor com a representação da Antiguidade e, singularmente, com a de Roma, de que partilhavam os defensores da aristocracia. Qualquer que seja a hipótese, as análises dos *Discorsi* não permitem pensar que o conservadorismo se reduziria, no espírito de Maquiavel, a um grupo social — por mais poderoso que fosse — ocupado em preservar sua dominação política. Se é verdade que, ao perscrutarmos o papel de mentor que Rucellai cumpre, esclarecemos o empreendimento crítico dos

Discorsi, devemos, todavia, nos lembrar de que ele atinge todos os aspectos da tradição política, de que o pensamento democrático somente é preservado ao preço de um abandono ou de uma profunda alteração nas ideias que constituíam então seu patrimônio. A sombra de Rucellai frequenta os jardins Oricellari, mas com ela estão a de seus grandes adversários, os políticos que tentaram arrancar uma parte do poder da oligarquia, a saber, Soderini e Savonarola. Aos jovens florentinos que não aceitavam a tirania presente, Maquiavel ensina que o combate contra os Médici passa por uma ruptura com a teoria e a prática facciosas que marcaram seu caminho, que uma oposição exige uma ideia nova da política; ele barra a via para a nostalgia, da qual se nutre a aversão deles ao presente. Empreitada tanto mais necessária quanto menos extintas as divisões existentes nos regimes precedentes, como revelará a crise de 1527. Ainda que o grande temor despertado pela derrota de Prato tenha lançado a burguesia inteira nos braços dos Médici, as antigas oposições se conservaram na parte popular — os antigos *piagnoni* continuam fervorosos adeptos de uma reforma moral e uma fração da oligarquia reticente diante de todo governo que reduz suas prerrogativas. O apelo para conhecer as causas da queda do regime republicano é simultaneamente um apelo para descobrir, *aqui* e *agora*, os sinais da repetição do jogo político e a fonte da qual se alimenta, a coesão de uma prática e de uma linguagem para além das clivagens de opinião e dos antagonismos efetivos.

Ora, ao mesmo tempo que ensina a delimitar o lugar dos *giovani*, o discurso da obra desvela o dos guardiões de uma ideologia. Os signos dessa ideologia já são identificáveis no *Principe* tão logo nos tornemos sensíveis ao movimento da palavra que, ao mesmo tempo, nos instala nas posições de um discurso-*outro*, torna-as insuportáveis e demonstra, pela passagem de uma a outra, a necessidade de sua articulação.

A estratégia racional, inicialmente erigida como modelo — entendida como uma política fundada no cálculo de forças —, denuncia seu limite, lembremos, assim que a ideia de uma visão exata das relações dadas no campo atual é substituída pela de uma previsão dos efeitos da ação de um sujeito movido por seu desejo; e assim que, simultaneamente, a ideia de uma estabilidade das posições conquistadas é substituída por aquela de sua instabilidade. Um discurso-*outro* é entrevisto na imagem de domínio das incertezas nos limites de um tempo breve, como no caso dos *savii de'nostri tempi*, satisfeitos em "aproveitar as vantagens do tempo". Com a definição de uma realidade política rigorosamente mensurada pelas operações de conquista e conservação do poder, desmoronam os fundamentos do Estado tais como transpareciam na obra da providência, da harmonia natural ou do acordo das vontades humanas. Também se entrevê um discurso-*outro*, particularmente indicado como aquele de Savonarola, literalmente invertido através da paráfrase, que mistura espírito cívico e fé religiosa. Enfim, a reinserção do poder na sociedade pelo exame das relações de classe e a função central atribuída à autoridade — no mesmo momento em que ressurge o papel do príncipe inscrito na constituição social — nos obrigam a pensar a política sob o duplo signo da desmesura do desejo e da potência do imaginário; um discurso-*outro* se faz reconhecer uma vez mais, ligado à concepção do bom governo e às virtudes naturais do príncipe, como aquela dos humanistas alimentados por Cícero e Aristóteles.

Ora, a análise faz mais que designar por antítese os discursos-outros: um discurso racionalista-tecnicista, que sustenta os juízos sobre o gozo das vantagens presentes, um discurso cristão que coloca a virtude moral e a renúncia aos bens deste mundo na origem do patriotismo florentino, um discurso humanista que confia à prudência e à moderação do governo o cuidado de conservar a hierarquia de funções inscritas na natureza do corpo social. A despeito de sua heterogeneidade, esses discursos se comunicam uns com os outros, se ordenam como momentos de um só discurso político, ocupados que estão em organizar a imagem de uma ordem fixa das coisas, em mascarar a divisão de classes, a divisão do poder e da sociedade civil e, enfim, a diferença temporal. Já ao considerarmos seu referencial último, uma afinidade se desvela; o que em um se nomeia necessidade, no outro se nomeia Fortuna e num terceiro, Deus. Ora, de um termo ao outro, ainda que não tenham o mesmo sentido, o deslocamento é possível sem trauma: necessidade, Fortuna, Deus têm o poder de se substituírem uns pelos outros para circunscrever, reconhecer, de uma vez por todas, a parte do incognoscível, bani-lo do lugar onde haveria algum risco de ser lido, isto é, na ausência da instituição, a desmesura do desejo de dominação, o imaginário do príncipe. Mas ainda mais determinado é o acordo na elaboração de uma mitologia política, cujos temas invariantes são a concórdia entre os cidadãos, a bondade intrínseca das instituições passadas, o perigo das mutações, o statu quo na relação entre os Estados e as virtudes do justo meio, do menor risco e da contemporização. Ao descobrirmos, pela leitura do *Príncipe*, a afinidade das posições adversas, aparentemente antagônicas, somos induzidos a pensar que, se elas forem ocupadas por certos homens, não poderiam contudo se distinguir absolutamente em cada um deles, mas deveriam, para conservar no discurso coletivo seu efeito de dissimulação, se combinar em graus diversos. A interpretação, assinalamos, não desvela apenas um discurso-*outro*; ao obrigá-lo a se manifestar quando ele se acomodava a um meio silêncio, ela nos faz ouvir sua impotência de se dizer inteiramente, a necessidade na qual ela se encontra de ter sempre de tomar de empréstimo do outro uma parte de seu argumento. É assim que o discurso racionalista-tecnicista parece condenado a se destruir caso ele se desenvolva até as últimas consequências, isto é, caso prossiga até desembocar no abismo que a crítica dos fundamentos do Estado lhe abre. Ele erige a política em cálculo, elimina de bom grado toda consideração que perturbe a lógica do interesse, mas sob a condição de estabelecer referenciais inamovíveis, de converter em dados naturais os traços presentes da organização social e do campo histórico, de excluir a relatividade de perspectivas que privariam a classe dominante da legitimidade de suas operações. Condição sobre a qual ele silencia, que esconde com frequência de si mesmo e que, enfim, não é preenchida senão hipocritamente, reintroduzindo a ideia de uma ordem providencial ou de uma essência do corpo social, em virtude de que o exercício da razão — até mesmo o cinismo — conhece os seus justos limites. É assim também que o discurso cristão se revela incapaz de se conservar como discurso político, que ele não poderia deduzir da fé em outro mundo as normas de ação neste aqui, que ele deve compor com o discurso racionalista-tecnicista e, não menos hipocritamente do que ele, reintroduzir as necessidades do cálculo político e aceitar a razão de Estado até se acomodar às regras de ferro da tirania. Do mesmo modo, o discurso humanista, para sustentar a ideia de uma sociedade em conformidade consigo mesma e com a sua natureza, bem como a de um bom governo guiado pela prudência, é obrigado a assumir as manobras prosaicas dos burgueses voltados aos compromissos de facção ou aos arranjos de uma diplomacia tergiversante e a dar crédito ao realismo trivial dos técnicos da política.

O *Príncipe* nos mostra uma sociedade voltada sobre si mesma ou — pois o povo é sempre a imagem daquele que o dirige — uma classe dominante totalmente ocupada em preservar as vantagens adquiridas e em conjurar os riscos da mudança, cujos discursos são empregados para garantir a perenidade das instituições e a potência de Florença no mundo. Diante da nova geração denuncia-se uma tríplice ilusão, qual seja, que os dirigentes florentinos gozam do domínio da ciência política, que a cidade se beneficia da proteção especial da providência e que nela está depositada a herança da grandeza da Antiguidade. Isso ocorre ao mesmo tempo que o seu motivo é desvelado, a saber: a denegação dos efeitos do sistema oligárquico que corrói os direitos políticos do povo e o proíbe de portar armas, a denegação da cisão entre o burguês e o cidadão, que mina o Estado e, enfim, aquela de sua inelutável sujeição, num horizonte próximo, às grandes potências, poderosas por possuírem exércitos de massa. Ora, o que aprendemos no *Príncipe* torna-se ainda mais tangível na leitura dos *Discorsi*, de tal maneira que a linguagem florentina se revela completamente ligada à representação de Roma. Com essa obra, somos incitados a instalar no centro da ideologia o discurso humanista, embora sejamos sempre obrigados a identificar suas articulações com o discurso cristão ou racionalista-tecnicista e a perscrutar a função que ele ocupa na economia do pensamento florentino.

Assim, é o trabalho de interpretação que a obra prescreve que seu leitor leve a cabo — este se encontra diante da necessidade de, ao lê-la, decifrar o que ela mesma designa como texto presente e oculto, texto a ser estabelecido e a desvelar —, é a prova da diferenciação entre dois discursos que nos conduz ao espaço-tempo da Florença do *Cinquecento*, nos desloca do interior ao exterior da obra: deslocamento inconcebível se essa obra não estivesse aberta para o exterior e se esse exterior não permanecesse sempre ligado à forma de seu acesso...

Que relação o discurso de Maquiavel estabelece com o discurso de seus contemporâneos ou o de seus mais próximos precursores? A questão não pode ser colocada se esquecermos sua origem, que supõe nossa implicação na obra. Se isso ocorrer, ela logo se perde numa pesquisa das similitudes e diferenças, de influências sofridas ou exercidas, em que a liberdade do saber se faz ao preço do desaparecimento de sua questão. Em contrapartida, essa questão nunca deixa de nos solicitar quando procuramos nos documentos produzidos pelo historiador os sinais do texto que a obra nos dá para ser lido, quando a exploração do espaço-tempo se encontra a serviço de sua decifração. Tal é a razão pela qual conferimos um interesse particular aos debates políticos dos florentinos envolvidos com os afazeres da cidade. Um testemunho precioso disso já nos foi fornecido pela correspondência de Maquiavel, suas cartas privadas, seus relatórios à Senhoria, as advertências ou instruções aos quais eles respondem e os comentários que provocam. Ainda mais eloquentes são as atas das reuniões nas quais eram debatidas, entre 1494 e 1512, as principais questões de política externa e interna. Através delas se desenha, para além das divergências manifestas de opinião, um jogo comum de representações ou um sistema de referências disto que chamamos de discurso coletivo.[7] Com efeito, ainda que essas reuniões, convocadas pelo gonfaloneiro ou por uma instância governamental sob o nome de *consulte e pratiche*, fossem frequentemente limitadas a um número pequeno de pessoas, diferenciadas segundo sua classe ou sua fortuna, parece que elas podiam reunir também muitas centenas de cidadãos. Tal era o caso na época de Soderini, quando as *pratiche strette* (estreitas), que faziam o jogo da oligarquia e lhe ofereciam as vantagens de um grupo de pressão, foram sistematicamente afastadas em benefício das *pratiche larghe*, que reforçavam o fundamento democrático do regime. Nessas reuniões, os florentinos davam suas opiniões sobre os projetos de lei ou as medidas que determinavam a política externa do Estado. Estavam sem dúvida privados do direito de voto e do poder de decisão. Mas como os conselhos da república — o Grande Conselho (*consiglio maggiore*) e o Conselho dos Oito —, onde se encontrava concentrada a autoridade política, votavam e decidiam sem discutir, é conhecendo a natureza de seu debate que se pode formar melhor uma ideia das representações coletivas. Ora, as atas, segundo a análise de Félix Gilbert, restituem sem equívoco as características do discurso-*outro* que o *Principe* e os *Discorsi* faziam ser ouvidos. As *consulte* são chamadas a se pronunciar sobre a orientação da política externa: a questão crucial diz respeito à aliança francesa, garantia de uma poderosa proteção mas que faz do imperador um inimigo e isola perigosamente Florença do resto da Itália. Nessa ocasião se evidencia a habilidade dos burgueses florentinos em calcular os benefícios e prejuízos de tal iniciativa; avaliam-se os riscos de uma intervenção do rei da França na hipótese de uma reviravolta da aliança, sondam-se as intenções dos Estados italianos; mais tarde, quando se reconhece a necessidade de estabelecer relações diplomáticas com a Espanha, calculam-se novamente vantagens e inconvenientes da aliança francesa. Quando Pisa está a ponto de ceder diante dos exércitos florentinos, o assalto final é diferido, pois o cálculo dos riscos prevalece sobre a satisfação da empreitada; recomenda-se a consulta da França e da

---

[7] Devemos a Félix Gilbert a análise dos protocolos das *consulte e pratiche* reunidas sob a república entre 1496 e 1512: "Florentine Political Assumptions in the Period of Savonarola and Soderini" (in *Journal of the Warburg and Courtauld Institutes*, XX, 1957, pp. 187-214).

Espanha na convicção de que o statu quo não pode ser minimamente modificado sem que se saiba de antemão quais serão as consequências ou que — segundo a expressão referida — "estando as coisas como elas estão na Itália, não se poderia obter Pisa sem o acordo dos dois reis".[8] A apreciação da situação implica, de resto, o cuidado com o interesse dos mercadores, que viam ameaçados seus bens ou a si mesmos, na França, se o rei se lhes tornasse hostil, ou em Roma, Nápoles e na Inglaterra, se Alexandre VI ou Júlio II publicassem um interdito. Além de mestres na arte de formular hipóteses, os florentinos pareciam sê-lo simultaneamente naquela da contemporização. Como nota o analista das atas, "a necessidade de diferir, adiar a decisão, de ganhar tempo é constantemente sublinhada nos debates sobre a política externa [...]. Discutindo sua relação com outras potências, eles recomendam muito frequentemente *godere il beneficio del tempo*".[9] A fórmula, denunciada por Maquiavel, dá testemunho de uma fé inabalável nas vantagens da paciência e da prudência, se enraíza na convicção de que "Florença não pode dirigir o curso da política europeia nem controlar seus efeitos", que ela tem como único objetivo não se deixar surpreender pelos eventos e se encontrar, em caso de conflito, ao lado do vencedor. Essa crença amplamente partilhada produz o medo da decisão, bem expresso na sentença *"deliberarsi al certo nelle cose incerte fa sempre pericolo"* (procurar um partido certo nas coisas incertas coloca-nos frequentemente em perigo).[10] Tudo se passa como se as informações recebidas nunca fossem suficientemente ricas para autorizar uma decisão. De tal sorte que, em resposta aos apelos insistentes de seus embaixadores colocados diante de suas responsabilidades pelos príncipes estrangeiros, os florentinos davam sempre conselhos dilatórios. Mais ainda, em meio à guerra contra Pisa, a advertência endereçada aos capitães lembra o estilo das instruções dadas aos diplomatas: *"Non si mettino al pericolo o sanza grande necessità o manifesta vittoria"* (que não corram riscos sem grande necessidade ou sem a certeza de sucesso).[11] Os princípios da ação política ou militar encontram seus melhores enunciados em máximas do gênero: *"Le cose che possono giovare non nuocere da fare"* (é necessário fazer o que pode vos servir, não vos prejudicar); ou ainda *"I savii hanno il meno mali in luogo di bene"* (para os sábios, o menor mal tem o lugar de bem).[12] Os florentinos somente se dispunham para a guerra sob a condição de reduzi-la

---

8 Ibid., p. 199.   9 Ibid., p. 198.   10 Ibid., p. 200.   11 Ibid., p. 201.   12 Ibid.

aos mínimos riscos, condição garantida ao preço de um tributo destinado às grandes potências. Eles não concebiam a diplomacia a não ser através de manobras que visassem a garantir sua neutralidade ou preservar, segundo a expressão consagrada, a *via del mezzo*.

Bastaria sem dúvida observar a conduta de fato do governo florentino nos afazeres italianos e europeus para identificar suas constantes: a aplicação em manter o equilíbrio de forças, a falta de iniciativa, a contemporização diante dos outros, o uso do dinheiro como meio privilegiado da diplomacia ou da guerra. As *consulte* ainda revelariam convenientemente que tais práticas se conformavam à mentalidade de um grande número de cidadãos, compreendendo todas as categorias da burguesia. Entretanto, seu maior mérito é tornar perceptíveis as referências últimas do discurso político e sua eficácia em comandar igualmente a representação da ordem social na Cidade. Ora, se nos fiarmos nos comentários de Félix Gilbert, essas referências aparecem ao mesmo tempo distintas e misturadas. Depois de ter fornecido exemplos da discussão suscitada pela política externa, nosso historiador nota que os julgamentos emitidos reivindicavam o poder da Razão. Recusando o desejo que cega o Sujeito acerca dos julgamentos sobre a natureza e os meios de seu empreendimento, a argumentação "racional" parece encontrar seu fundamento explícito numa ideia de estabilidade da natureza humana ou, em termos modernos, na de um determinismo psicopolítico que garante a repetição das mesmas sequências de causas e efeitos; ela se vangloria do exercício de explicação e de previsão e do enunciado de máximas que têm a função de subsumir os casos particulares a verdades universais; ela é atestada pelo constante recurso à experiência, pela análise de fatos tomados de empréstimo à história de um Estado moderno reputado pela habilidade demonstrada em suas empreitadas, qual seja, Veneza, ou ainda a própria Florença — sobretudo a da época da resistência às conquistas de Gian-Galeazzo Visconti, quando salva sua independência e, como se adora repetir, a de toda a Itália. Todavia, o lugar dado aos exemplos da Antiguidade e, simultaneamente, a invocação dos filósofos ou dos historiadores que lhe davam autoridade mostram um polo do discurso coletivo. É na história de Roma, adverte Gilbert, que os florentinos acreditam ler o sentido das condutas e dos acontecimentos presentes. É ela que fornece a justificativa para as medidas a serem tomadas. Tratando-se do restabelecimento de um órgão que reforçaria a autoridade governamental, os Dez de Balia, lembra-se que os romanos se organizavam sob as ordens de um ditador nos períodos críticos; tratando-se da sorte reservada aos antigos partidários de Savonarola, lembra-se de César proibindo a si mesmo de saber, depois da derrota de Pompeu, os nomes dos romanos comprometidos por sua correspondência. As citações dos autores clássicos se multiplicam em apoio a declarações que não excedem o mero exercício do bom senso. A *Política* de Aristóteles, em particular, vem ilustrar os argumentos que sublinham a importância dos fenômenos econômicos e militares na vida da Cidade. É tão forte o argumento de autoridade que ele parece prevalecer sobre a credibilidade da lógica e das provas factuais, mesmo se julgarmos que eles não são incompatíveis e que a cultura clássica alimenta o prestígio da Razão. Mas é necessário observar ainda que a referência da Antiguidade e, particularmente, a romana, coexiste com outra que não é menos ativa. Conforme o analista, há duas fontes de inspiração para o discurso político: a literatura clássica e a literatura cristã, cuja autoridade possui o mesmo peso. Com efeito, se é certo que o sentimento religioso foi exaltado sob a influência de Savonarola, ele, porém, deixa entrever suas raízes no mais longínquo passado e se mostra ainda eficaz após a queda do frei que soube em certo momento explorá-lo ao máximo. No tempo de Maquiavel, uma parcela da burguesia continua convencida do favor concedido pelo senhor à cidade de São João; diante dos perigos que a assaltam, ela recorda as provações que lhe foram infligidas no passado para libertação de seus pecados. Na resistência gloriosa, outrora oposta ao despotismo milanês — episódio no qual se reconhecem frequentemente a prova da prudência política dos antigos dirigentes e também um sinal da semelhança entre Roma e Florença —, ela descobre um milagre operado pela providência. Ora, o discurso de inspiração cristã possui, sem dúvida, suas próprias normas; presume-se que ele inspire certos julgamentos em favor dos tratados firmados ou em oposição às decisões que manchariam a honra de Florença; imagina-se aqueles que o empregam em luta contra a ala cínica das *pratiche* que, por exemplo, em seguida à queixa apresentada pelos luquenses, vítimas de extorsões praticadas pelos florentinos em seu território, recomenda friamente responder com mentiras e prodigalizar boas palavras, encorajando agressões e furtos; ou, mais ainda, consultada sobre a sorte reservada a um capitão suspeito de traição, julga a prova indiferente e que é suficiente a inquietação provocada por sua fama para condená-lo. Parece, todavia, que as convicções religiosas sustentam o argumento fundado na razão. Como a leitura de Maquiavel fazia supor, os mesmos homens que reivindicam a arte do cálculo político justificam suas tergiversações, sua imprevidência ou seus insucessos invocando uma potência sobrenatural que eles nomeiam também de bom grado Deus ou Fortuna, ou ambos de uma só vez. E vemos ainda se estabelecer sob o signo de um ensinamento cristão ou de um ensinamento clássico, ou do poder da razão, uma mesma ética da ação e uma mesma representação da ordem social. Assim como, na política externa, os florentinos têm um só discurso, a despeito da diversidade de suas referências, consagrado a manter sua fé na estabilidade da posição conquistada no interior do sistema atual de forças e na virtude do menor risco, eles concordam nos afazeres internos em ostentar a excelência dos fundamentos de seu regime político, erigir como valor a união entre os cidadãos e louvar o princípio da moderação. O que é antigo é julgado bom. Os próprios projetos de reforma não são apreciados pela sua eficácia, mas recomendados pela fidelidade ao modelo primitivo de constituição. O descrédito pesa sobre toda e qualquer tentativa de mudança; há anos, a mesma fórmula é repetida para justificar o conservadorismo: *"Ogni mutazione togli reputazione alla città"* (toda mudança retira reputação da Cidade).[13] Tal é o temor que inspiram as *ordini nuovi* que a criação do *consiglio maggiore* na época de Savonarola é ela mesma apresentada como instrumento de uma restauração do *antiquo vivere popolare*. Como nota ainda Gilbert, a posição dos democratas não difere a esse respeito daquela dos aristocratas. Uns e outros louvam a virtude das antigas ordenações, enquanto, sob sua proteção, empenham-se em operar transformações conforme seu interesse. As três grandes referências que delimitamos são eficazmente colocadas a serviço da linguagem conservadora. Se os princípios devem ser conservados ou restabelecidos é porque a experiência nos ensina os perigos da inovação, porque eles tinham sido estabelecidos por Deus ou ainda porque foram herdados da Roma antiga. Ora, essa linguagem tem como função principal mascarar o conflito. Por mais agudo que esse conflito seja factualmente, parece essencial não nomeá-lo, não deixar aparecer a sua forma facciosa no exato momento em que a natureza dos agrupamentos antagonistas e das questões que os dividem é indubitável. Assim, cada um se declara defensor da causa comum, pela liberdade, igualdade, justiça, contra a tirania. A ficção da união se mantém por um acordo sobre os fins últimos do Estado, definidos no

---

[13] Ibid., p. 210.

seu nascimento, de tal sorte que a expressão das oposições é limitada ao campo da interpretação do direito; todos afirmam que a lei deve garantir ao cidadão sua justa parte no exercício das funções e na posse das honras públicas, o debate se circunscreve à definição dessa parte ou à definição dos critérios de cidadania e responsabilidade política. O maior perigo, unanimemente reconhecido, é a discórdia e, como ela é incessante, esforça-se para negar suas causas, imputando-a às ambições privadas, ao egoísmo dos indivíduos naturalmente despreocupados do bem comum. Denuncia-se sua coalizão, o mal que as *sette* fazem à idade, querendo fazer crer que sua dissolução restituiria ao Estado a verdade original de uma associação de cada um com todos. Repete-se à exaustão que é necessário reestabelecer a *concordia della Città* ou a *união* entre os cidadãos, na convicção anunciada de que todas as dificuldades presentes encontram sua solução na reconciliação dos florentinos. Para fazer isso, chega-se a nomear comissões de arbitragem, então encarregadas de examinar os motivos das querelas e propor remédios; chega-se ainda a chamar os padres para pregar o amor à Cidade; enfim, o exemplo romano alimenta incansavelmente a imagem do devotamento do cidadão à coisa pública.

No exame dos debates das *pratiche*, a força crítica da obra maquiaveliana não cansa de se afirmar. Ela traz um *contradiscurso* que subverte a posição do outro, ocupada que está em estabelecer que toda sociedade encontra-se dilacerada pela luta de classes, que a união é uma ilusão, que a potência da Cidade está subordinada à criação de *ordini nuovi*, a necessidade de restaurar o *principio*, ligada àquela de uma fundação contínua, a oposição república-tirania, referida à relação entre poder e povo, a eficácia da lei, suspensa à iniciativa do Sujeito, a segurança tanto interna quanto externa, adquirida sob um grande risco. Mais ainda, devemos reconhecer que o discurso subvertido é produzido na mesma operação. Na ideologia, as teses últimas não são enunciadas; todas as proposições são, ao contrário, organizadas para impedir a reflexão sobre a fratura do espaço social e a fratura do tempo que a ordem política recobre. É no discurso crítico que o objeto e a função de interdito se desvelam, ao mesmo tempo que as discordâncias do discurso coletivo — suas fraturas internas —, que assinalam os traços do eludido. Nesse sentido, o *Principe* e os *Discorsi* não oferecem aos seus leitores teses novas em contradição com as que são comumente partilhadas, eles apenas liberam para o pensamento um poder de interpretação cujo acesso lhe foi barrado pelas teses últimas excluídas do campo do discurso. Mas, embora seja verdadeiro que essa ação se torna incomensurável com as condições sócio-históricas nas quais se efetiva e com os efeitos que produz, que a interpretação excede os limites da decifração de uma ideologia determinada, ela se mostra rigorosamente presidida pela exigência dessa decifração, sensível àqueles que perscrutam um discurso-*outro*, localizado e datado, onde se atesta um modo específico de elaboração da experiência política.

É necessário situar no centro dessa elaboração a representação da Antiguidade ou, mais precisamente, aquela de Roma que dispensa os sinais mais eloquentes do espaço-tempo do discurso coletivo e do discurso da obra. Não é só que ela inspira, de um modo bastante singular, a linguagem dos florentinos do início do *Cinquecento* e a torna incomparável com a de seus contemporâneos, qualquer que seja, aliás, o fervor de suas elites em relação à literatura grega e latina. Na economia da ideologia, ela detém uma função particular porque, ao mesmo tempo, fornece uma fonte de autoridade à expressão política e prepara uma *cena* na qual a história já foi representada — cena esta na qual os diferentes textos podem ganhar vida, os de Aristóteles e de Cícero, os dos autores clássicos e dos autores cristãos, e os heróis podem ser trocados, por exemplo, Catão e César. Com essa representação, torna-se perceptível a dimensão propriamente mítica da ideologia. Com efeito, ela nos leva a descobrir na sociedade florentina, em junção com a experiência de um tempo rememorado, reconstruído, articulado segundo as exigências do conhecimento, a visão de um passado "fora do tempo" — imediatamente trazido ao presente, do qual este se dá como o duplo degradado, que contém eminentemente o sentido das condutas e dos acontecimentos atuais e goza de uma eficácia simbólica tanto mais rica quanto mais se condensam nele as diferentes imagens da Roma republicana e da Roma imperial, da Roma clássica e da Roma cristã; e dele, então, podem se nutrir o discurso aristocrático e o discurso democrático, o discurso racionalista e o discurso religioso. Dissemos que o mito romano sem dúvida não esgota o sentido da ideologia. Ele apenas contribui para sua formação, não constitui senão uma peça privilegiada dela. Mas é necessário admitir agora que sua ação varia com as condições sociopolíticas. É assim que o regime dos Médici, na época em que Maquiavel compõe suas obras, não promove sua expressão pública mais do que no tempo de Cosimo e de Lorenzo. Não há lugar para surpresas: o desaparecimento da oligarquia diante do poder de uma família e o afastamento do jogo político dos membros da pequena burguesia tornam, ao mesmo tempo, inútil a paixão política romana de um Bernardo Rucellai e perigosa aquela dos reformadores. De modo geral, onde o aparelho de dominação se reforça e a participação do povo nos afazeres públicos desvanece, o trabalho da ideologia é reconduzido para dentro dos mais estreitos limites. Mas o que é verdadeiro acerca do discurso político oficial não o é acerca daquele dos opositores: estes são tentados a retirar os motivos de sua esperança ou de seus projetos da fonte seca ou interditada de uma linguagem que outrora se falava livremente. Eles revigoram palavras que não são mais correntes, que resplandecem por serem rejeitadas pela facção no poder, sem se perguntarem se elas foram cúmplices de outras palavras, de outras imagens que se constituíram na ilusão da geração precedente e a entregaram a essa facção. Obnubilados pelas virtudes do passado, eles se voltam novamente para a cena na qual se encontravam seus pais. Eles vão fazer falar de novo os heróis romanos que estes já faziam falar e vão se exaltar pela imagem de uma dupla repetição.

Não podemos imaginar esse movimento a não ser ao ouvir o discurso maquiaveliano. É ele notadamente que nos leva a reconhecer a função do mito romano por meio da crítica que efetua dele nos *Discorsi*. Entretanto, não poderíamos ainda estar satisfeitos ao localizar seus sinais no interregno dos Médici. Esses sinais nos enviam a uma elaboração mais antiga, fazem entrever outro espaço-tempo sobre o qual se voltam os florentinos que debatem os afazeres da República na época de Savonarola e de Soderini. A abrangência e a insistência da crítica maquiaveliana não se justificariam apenas pela descoberta das referências coletivas dos contemporâneos aos autores clássicos e aos fatos romanos. Para dar conta disso, é importante descobrir a fonte de onde elas retiram seu ânimo, remontar no curso da repetição até seu primeiro momento. Ora, ele pode ser designado sem equívoco no período inaugurado nos últimos decênios do *Trecento* e que termina com o advento de Cosimo. Opera-se, então, uma profunda transformação no discurso científico, literário e político, o humanismo adquire um novo lugar na Cidade e a partir dele é produzida uma ideologia que, por ser relegada às sombras sob o reino dos Médici, não se extinguirá e, em consequência disso, determinará a linguagem dos florentinos depois da restauração da República.

As *pratiche* reenviam frequentemente a esse período de discussões, invocando o grande acontecimento que fez a glória da Cidade. A resistência vitoriosa oposta a Gian Galeazzo Visconti, observemos seguindo Gilbert, fornece um exemplo privilegiado da inteligência política dos "sábios" que governavam outrora a República, da virtude romana que habitava os florentinos e da proteção divina da qual eles se beneficiavam. Mas não podíamos apreciar justamente a função dessa referência enquanto ignorávamos a confusão ideológica que provocou ou precipitou a guerra contra Milão. O que os historiadores nos levam a descobrir — dentre eles, em primeiro lugar, está Hans Baron, a quem devemos o fecundo estudo do que ele nomeou "humanismo cívico" —[14] nessa ocasião é a formação de uma nova representação do papel de Florença na Itália, de sua história passada e de sua relação com Roma. A República fala uma linguagem que a distingue, nessa época, de outros Estados. Ela apresenta seu combate contra Visconti como aquele da liberdade contra o despotismo, formula diante de toda a Itália uma alternativa histórica, reivindica uma missão universal, convencida que está de que a sua própria defesa coincide com a de todos os povos ligados à sua independência e que estes estão dispostos a se levantar contra a opressão. Ela pretende ler no seu próprio passado os episódios de uma mesma aventura, como se a guerra contra o tirano de Verona, Martino della Scala, no primeiro terço do *Trecento*, a sublevação contra o duque de Atenas, o conflito com Gregório V e a resistência ao imperialismo milanês se inscrevessem numa só empreitada a serviço da liberdade. Ela se afirma como herdeira de Roma, proclama que deve a ela sua fundação em uma época em que a corrupção ainda não a havia arruinado sob o jugo dos Césares. Essa linguagem comanda notadamente os escritos e os discursos de Collucio Salutati, sem dúvida o primeiro a enunciá-la, em fins do *Trecento*, e, por causa de suas funções de chanceler da República, o mais apto a difundi-la. Com ele, nota Eugenio Garin, o ensinamento humanista liberta-se dos muros das universidades e encontra assento no Palazzo dei Signori.[15] A ideia de um renascimento do saber, fundado no estudo metódico dos autores antigos, o retorno à letra dos textos, o repúdio do argumento de autoridade e a busca crítica de modelos de pensamento tornam-se indissociáveis da imagem de um regime livre vinculado a valores universais e depositário da obra da República romana. A mesma necessidade parece comandar o trabalho histórico e filológico voltado ao restabelecimento da autenticidade dos fatos e textos que

---

[14] Hans Baron, *The Crisis of the Early Italian Renaissance — Civic Humanism and Republican Liberty in an Age of Classicism and Tyranny*. Princeton: Princeton University Press, [1955] 1966. Extraímos dessa obra uma grande parte de nossas informações e referências. [15] Eugenio Garin, *La cultura filosofia del Rinascimento italiano*. Florença: Sansoni, 1961, p. 7.

as gerações anteriores tinham deturpado ou menosprezado e a descoberta dos verdadeiros princípios da política, do modo como, na Antiguidade, no bom regime, se inscreviam os exemplos da virtude cívica e a correta operação da razão. Assim se afirma a dupla convicção de que a verdade da política se liberta no exercício do pensamento humanista, contanto que este seja rigorosamente conduzido, e que a tarefa do saber conquista sua própria autenticidade por estar a serviço da política. A crítica dos regimes tirânicos é deduzida do conhecimento da história e da filosofia clássica, mas simultaneamente se desacredita a imagem de uma ciência que se cultivaria no isolamento, isto é, na indiferença aos afazeres públicos. Entre a conduta do mercador, cujo enriquecimento privado serve ao da Cidade, a do cidadão, que toma parte nas assembleias ou ocupa as magistraturas, e a do humanista, que traduz e comenta os textos dos antigos, a fronteira tende a se dissolver. As atividades econômicas, científicas e políticas, enquanto se veem submetidas ao mesmo modelo de racionalidade, são colocadas sob o signo comum do serviço ao Estado e do aprendizado da liberdade.

É necessário ainda convir em que tal representação inspira uma prática. O próprio Salutati, que inicialmente conquistou seu renome por seus trabalhos de humanista fora de Florença, reveste a função de chanceler da República de uma responsabilidade que ela não tinha antes dele e se torna um personagem político de primeiro plano. Ao mesmo tempo ele adquire uma importante posição econômica, dirige afazeres e especulações de envergadura. Leonardo Bruni, que o sucede na chancelaria, apresenta as mesmas características. Pelo menos, um e outro são na origem "intelectuais", ou seja, cidadãos novos (*nuovi cives*) que se servem de sua cultura para ter acesso à riqueza e ao poder. Mais significativo é o caso de outros humanistas cujo historiador — no caso, Lauro Martines — mostrou precisamente que eles pertenciam, em sua maioria, às grandes famílias florentinas, detinham posições-chave em altos negócios ou em bancos e ocupavam os principais cargos públicos.[16] Quando se entrevê a multiplicidade de obras produzidas no espaço de quarenta anos, não se pode duvidar da coesão do humanismo político nem da transformação realizada em comparação com as gerações precedentes, das quais Petrarca e Bocaccio eram

---

[16] Lauro Martines, *The Social World of the Florentine Humanism, 1390-1460*, Londres: Routledge and Kegan Paul edit., 1963.

os mais ilustres representantes. Nós vemos o conjunto de temas que inspiram a concepção de Salutati elaborado nos trabalhos históricos ou filosóficos, largamente difundidos pela burguesia. É Cino Rinuccini que, na sua *Resposta às invectivas de Antonio Loschi* — humanista milanês a serviço de Visconti —, fornece uma nova interpretação da história de Florença, relata os episódios de seu combate a serviço da liberdade italiana e compõe biografias exemplares de cidadãos, onde se encontram pela primeira vez associados mercadores, capitães e escritores. É Gregório Dati que, analisando o recente conflito de Florença com Milão, demonstra que a vitória daquela lhe foi assegurada, malgrado sua fraqueza militar, em razão da superioridade de seus recursos econômicos, de sua estratégia diplomática e de sua força moral, desvela uma conexão necessária entre a prática capitalista, a racionalidade política e os valores democráticos e compara a posição de Florença à de Roma diante de Aníbal. É Vergerio, discípulo de Salutati, que leva a cabo contra Petrarca a reabilitação de Cícero, teórico do engajamento político e adversário de César, e denuncia na clemência do príncipe admirado por seus predecessores o sinal da degradação da lei e da corrupção do regime. É ainda Buonaccorso da Montemagno quem, na sua *Disputatio de nobilitate* — obra destinada a um sucesso excepcional, tanto na Europa ocidental quanto na Itália —, ataca o privilégio de nascimento, enraíza a verdadeira nobreza no trabalho plebeu e no amor ao saber, louva a natureza por oferecer as mesmas chances de sucesso a todos os homens e descobre no devotamento à República o mais alto grau da moralidade.

Enfim, ninguém mais que Leonardo Bruni merece ser interrogado, o qual, por suas funções, pela amplitude de sua produção literária e influência exercida sobre seus contemporâneos, se revela a autoridade maior do humanismo político, o mestre pensador para o qual se voltam os florentinos após a queda dos Médici e, depois, uma vez derrotada a República, os opositores do novo regime que buscavam extrair do seu ensinamento motivos e argumentos para fundar sua resistência à tirania. Quando se consideram os principais temas de sua obra, não se pode deixar de supor que ele é, por excelência, o defensor do discurso-*outro* que Maquiavel faz seu público ouvir. Além de dar às ideias de Salutati uma expressão acabada, sua ação parece a mais eficaz para acelerar a identificação dos florentinos com os romanos da era republicana. Na sua esteira, o que é verdade também para alguns raros escritores do *Trecento*, tal como Ptolomeu de Luca e Petrarca, ele louva a excelência das instituições que Roma soube criar para se defender dos perigos da tirania, mas é também o primeiro a fundar sua convicção em um princípio que não aceita o compromisso com o elogio da monarquia imperial. E, enquanto Petrarca, num momento de entusiasmo pela aventura de Cola di Rienzo, tinha logo esquecido sua apologia da República — os cantos do [poema] *Africa* que louvavam a liberdade dos dias de Cipião —, enquanto o próprio Salutati tinha retrocedido ao escrever o *De Tyranno* que trazia a justificação de César, ele, Bruni, associa tão profundamente a autoridade política aos costumes de um povo que a oposição entre os regimes de liberdade e de opressão se faz irredutível. A *virtus romana* está enraizada no modo de vida dos cidadãos e é julgada constitutiva de todas as suas relações sociais, a ponto de ela não poder sobreviver à supressão de sua responsabilidade política. Parecem secundárias doravante a apreciação das circunstâncias nas quais se instaurou o poder de César e a de sua obra, em vista do definhamento da vida civil que se seguiu necessariamente ao estabelecimento do tirano. A condenação levantada contra ele é tal que implica a reabilitação de Bruto, do qual Dante, julga Bruni, se apropriou como um personagem simbólico quando o precipitou nos infernos para saldar nele o violador das leis, mas que, na realidade, aplicou um castigo legítimo ao raptor da liberdade romana. Ora, enquanto convoca seus contemporâneos a romper com a longa tradição de vinculação com a Roma imperial, os afasta do sonho medieval de uma monarquia universal que reataria com a inspiração dos Césares, designa o corte histórico entre a era da corrupção e a das instituições sãs, remete os fundamentos do Estado moderno a uma época em que os imperadores tinham sido esquecidos, Bruni elabora uma nova versão das origens de Florença, em ruptura com a narrativa autorizada desde o começo do *Duecento* — como, de fato, fora a *Cronica de origine civitatis*, composta em torno de 1225, da qual se serviram os Villani um século mais tarde — que atribuía a fundação da cidade às legiões de César, engajados na perseguição de Catilina no assédio de Fiesole.[17] Fazendo o acontecimento remontar à época em que Silas fora arrastado para a guerra civil, ele pretende estabelecer que foram os veteranos de seu exército que criaram uma colônia ao pé de Fiesole e, em consequência

---

[17] Sobre a primeira versão das origens de Florença e sua fundação política, ver, além da obra de Baron (op. cit.): Nicolai Rubinstein, "The Beginnings of Political Thought — a Study in Mediaeval Historiography", in *Journal of the Warburg and Courtauld Institutes*, IV, 1942, pp. 198-227.

disso, que corre nas veias dos florentinos modernos o sangue dos cidadãos livres romanos, que a filiação das duas repúblicas não decorre de uma genealogia ideal, mas é atestada na realidade. Enfim, não menos importante que essa tese, defendida na *Laudatio florentinae urbis*, são os complementos que ela evoca na sua *Historia Populi florentini* e na *Oratio funebris*, consagrada ao general ferrarense Nanni degli Strozzi. Aí, para oferecer uma reconstituição que satisfizesse às novas condições de um Estado ampliado até ocupar a maior parte da Toscana, o escritor faz o elogio das antigas cidades etruscas, cidadelas de regime livre antes da conquista romana, em seguida chega a afirmar — uma vez ainda contra uma velha tradição ocupada em opor os descendentes de Fiesole aos de Roma — a dupla ascendência etrusca e romana que faz a grandeza específica de Florença e sua vocação para encarnar a liberdade na Itália. Talvez nenhum documento condense melhor as ideias do humanismo político no seu apogeu do que a *Oratio*, pronunciada em 1428, ou seja, 25 anos depois da *Laudatio*. Inspirando-se manifestamente em Péricles, que soube converter seu elogio das vítimas da Guerra do Peloponeso em um panegírico de Atenas, Bruni, nota Hans Baron,[18] aproveita a ocasião de saudação da memória de um antigo general da República para fazer o elogio de Florença, a seus olhos depositária da herança da Antiguidade. À maneira de seu ilustre modelo, ele faz dela um guia para os povos vizinhos, reconhece nela simultaneamente o centro da cultura contemporânea, de onde se difundiram os *studia humanitatis*, e o centro da liberdade e da igualdade política. O ideal democrático é aí afirmado em termos tais que não ser reduzido à definição de um poder coletivamente exercido. Certamente na *forma popularis* se assinala a excelência da constituição. Mas a virtude do regime florentino não consiste apenas em tornar impossível a apropriação do poder por um único cidadão; o autor não se limita a buscar a garantia da democracia na instituição do Priorato — que partilha a autoridade suprema entre nove pares renováveis a cada dois meses —, nas disposições jurídicas que garantem a igualdade dos cidadãos diante da lei ou na abolição dos privilégios que a nobreza feudal detinha outrora. A ideia nova é que os homens reconhecem que em Florença têm as mesmas chances de conquistar as honras públicas, que são incitados a uma nobre competição para melhorar seu estatuto e que suas energias são

---

[18] H. Baron, op. cit., pp. 412 ss.

multiplicadas com suas esperanças — consequentemente, que o corpo social inteiro se fortifica com suas ações e sua igualdade.

Finalmente, como subestimar o alcance que o projeto de uma restauração da milícia comunal adquire na teoria democrática de Bruni? É ainda verdade que elementos desse projeto são identificados ao longo de todo o *Trecento*, inscritos notadamente nas críticas que Petrarca e Boccaccio fazem ao emprego de tropas mercenárias e de condottieri. Essa instituição tornou-se um fardo tão pesado e provocou tantos escândalos nas campanhas da República que em torno de 1370, a se crer no historiador Bayley, perdeu o favor da opinião pública.[19] Denunciada em razão de sua ineficiência, ela não cessa de incorrer na condenação dos humanistas que se apoiam na autoridade de Aristóteles e no exemplo romano — a começar pela de Salutati. Mas para este e sobretudo para Bruni, que consagra em 1422 uma obra inteira, o *De Militia*, ao exame das instituições militares, o ensinamento tirado da Antiguidade vem a sustentar uma representação da vida política que alia a virtude do cidadão à do soldado. Assim, a crítica do sistema de defesa florentino procede daquela de um Estado que, sobre um ponto essencial, aceitaria uma cisão entre a atividade privada do burguês e seu papel público. O serviço militar se revela garantidor da adesão do indivíduo à Cidade, como também a prova na qual ele se reconhece plenamente como sujeito político. Outra obra de Bruni, sua *História do povo florentino*, faz com que a essa representação corresponda a prática em vigor nos primeiros tempos da Comuna, quando o *status popularis* estava efetivamente fundado na *robur populi*, quando cada uma das regiões de Florença (*sesto*) fornecia seu contingente à milícia, quando os mesmos princípios comandavam a seleção de cidadãos encarregados da responsabilidade política e a de seus defensores. A nova milícia se apresenta, em consequência disso, como o instrumento de uma reforma política, moral e militar que encontra sua tríplice justificativa na teoria do regime popular, no modelo instituído na antiga Florença e na experiência romana sustentada pela autoridade dos clássicos.

É quase desnecessário sublinhar a relação que o discurso maquiaveliano mantém com o de Bruni ou, mais amplamente, com aqueles que inspiram

---

[19] C. C. Bayley, *War and Society in Renaissance Florence*. Toronto: University of Toronto Press, 1961. A obra faz um balanço instrutivo das discussões sobre as instituições militares de Florença e resume, bem como comenta, o argumento do *De militia*, cujo texto é publicado em apêndice.

o humanismo político. Quem confrontar metodicamente os *Discorsi* com os textos elaborados um século mais cedo descobrirá, sem dúvida, não somente um quadro comum de referências, mas também o jogo preciso de reminiscências que sustenta a análise de Maquiavel. Com sua apreciação de César, do império no tempo de sua glória, da virtude dos antigos toscanos, com a crítica das instituições antigas e modernas, somos reenviados em particular aos termos de uma discussão passada, carregada de sentido para seus contemporâneos. A relação é, de resto, tão manifesta que inúmeros historiadores têm feito alusão a ela. Mas sua perspectiva é tal que eles se limitam a assinalar as similitudes ou, no coração do que seria uma evolução do pensamento político, as diferenças pontuais. Ora, a distância entre os escritos do começo do *Quattrocento* e a obra de Maquiavel não pode ser medida pelas variações de interpretação, nem mesmo apenas por uma diferença de princípio. O pensamento maquiaveliano é elaborado a partir da matriz do humanismo político, ao mesmo tempo que somente adquire sua identidade por dela se destacar. Sem dúvida não se trata de uma ruptura, pois, em certo sentido, esta é impossível; a obra tira sua substância da linguagem que falavam os antigos florentinos; mas seu trabalho é reabri-la para fazê-la falar novamente para além dos discursos correntes, é voltar sobre expressões estabelecidas para denunciar os limites nos quais está encerrada, é interpretar, enfim, a interpretação implícita que a nutriu outrora.

O discurso de Maquiavel se assemelha ao de Bruni quando ele erige como modelo a República romana. Mas neste o modelo autoriza a representação de uma sociedade harmoniosa, de uma classe dirigente naturalmente voltada para a sabedoria e a justiça, de um povo — todas as categorias se confundem — reunido no interior do círculo de suas leis. Seria vão procurar aí a ideia de que a luta entre a plebe e o patriciado, com as "desordens infinitas" que ela provoca, foi a causa da grandeza do Estado. Roma é somente a encarnação do bom regime, como definido pela filosofia aristotélica que reconhece na concórdia o sinal da saúde do corpo político e atribui à classe média a função crucial de moderação. De maneira geral, o ideal democrático se sustenta pela negação do conflito, a ponto de a predominância do elemento oligárquico — atribuído por Bruni à ascensão de Cosimo — aparecer como uma simples variante do regime florentino. Sobre a oposição entre República e tirania, sua intransigência está ligada à recusa de reconhecer a opressão implicada em toda forma de governo e que ela pode ser mais forte sob o abrigo de uma instituição popular do que onde reina um príncipe. Sua apologia das instituições republicanas é tal que ele confere a elas uma realidade substancial, indiferente às vicissitudes que as lutas sociais e a dominação de classe introduzem. Por isso o formalismo se alia ao conservadorismo: na constituição florentina de sua época, Bruni se limita a ler o sinal da permanência dos princípios estabelecidos na sua origem; ele louva a ordem presente por sua conformidade a uma ordem antiga, ela mesma imagem da ordem primitiva instituída pela República romana. Mas talvez a inspiração de sua teoria se mostre melhor na sua concepção de cidadão-soldado, na qual estaríamos rapidamente tentados a identificar a primeira versão das ideias maquiavelianas. Não é que o projeto reformador ateste ainda um desejo de restauração: os *Discorsi* parecem participar da mesma intenção. Mas é eloquente o apelo endereçado à elite da burguesia para que ela se convença da responsabilidade que sua posição dominante lhe confere e forme o corpo de guardiões da Cidade, reunindo-se numa ordem de cavalaria que possui insígnias, um código de honra e se distinga da massa de comerciantes, movida pelo vil apetite de ganho.[20] Bruni procura no patriciado romano o modelo para uma aristocracia composta de antigos e novos-ricos, que têm em comum a cultura e o poder, mas, certamente, sem vínculos com a nobreza feudal, denunciada como bárbara. Deixa, porém, de associar ao exército o povo miúdo. Melhor dizendo, ele concebe o exército como um instrumento necessário aos *boni cives* para se protegerem da *infima plebe* e, como já tinha feito Salutati, funda seu argumento no episódio do tumulto dos Ciompi em 1378 para assinalar o perigo que a classe dominante corre ao negligenciar o poder das armas no interior da Cidade.[21] Ora, Maquiavel toma o contrapé dessa concepção quando mostra os *principi* — monarcas ou oligarcas — obnubilados pelo medo do inimigo de classe, mais preocupados em lhes interditar o acesso às armas do que em defender o Estado. Ele assume como seu o projeto de uma milícia popular só depois de mudar a função deste, retirando-o da moldura aristocrática na qual Bruni o encerrava. Ele não amplia mais o alcance de tal projeto nem retira de suas premissas consequências que não tinham ainda sido formuladas; ele mostra que as premissas — aquelas, em geral, do pensamento humanista — estão necessariamente em conformidade com as suas

---

20 H. Baron; ibid., pp. 212 ss. **21** Ibid., p. 193. Sobre a insurreição dos Ciompi (trabalhadores da lã), ver G. Renard, op. cit., e N. Rodolico, *I Ciompi* (Florença: Sansoni, [1945] 1971).

consequências, que certa lógica ordena a identificação com Roma, a representação de um bom regime, a negação do conflito de classes, a desqualificação da plebe, que ela se empenha na manutenção das relações sociais instituídas em Florença e fornece a justificativa ao poder oligárquico. Sem dúvida, sua própria crítica é engendrada a partir de condições que estão na origem da elaboração ideológica humanista. Roma fornece ainda o palco em vista do qual se constrói o edifício da obra maquiaveliana — um palco, podemos crer, que o escritor não teve a liberdade de escolher, que se impôs a ele, estava inscrito nele antes que ele tivesse conhecimento disso; mas ele retira dessas condições, desse palco, o poder para libertar o pensamento que se encontrava prisioneiro da lógica do imaginário. Repetindo o apelo à imitação dos romanos, ele denuncia a ilusão da identificação, nos faz entender que a verdadeira relação com o passado nos coloca diante de um presente inédito, que o retorno às origens implica a criação de coisas novas; retomando por sua conta as ideias que comandavam as teorias do regime popular, ele denuncia ainda a ficção de uma comunidade natural e de um poder que seria sua expressão direta; nos intima a pensar, com o conceito de povo, a divisão entre dominantes e dominados, e com aquele de Poder, a divisão do social e do político.

Percebemos todo o alcance dessa empreitada ao lembrar que a eficácia da ilusão política está sempre ligada à fé numa autoridade tida como guardiã de um saber. Não poderíamos compreender toda a dimensão da representação de Roma, da dos autores antigos, de sua suposta função no pensamento dos ouvintes reunidos nos jardins Oricellari, se ignorássemos que elas estão amparadas na presença invisível dos pais da liberdade, desses que sustentaram outrora o "discurso verdadeiro" em Florença. Em contrapartida, quanto mais perscrutamos esse discurso, mais aumenta nossa proximidade com a obra maquiaveliana, mais se desvenda o primeiro trabalho de identificação da República florentina com a República romana e mais se torna perceptível para nós, com sua repetição um século depois, a identificação dos contemporâneos de Maquiavel com os mestres do humanismo político. A audácia da obra se afirma diante de nossos olhos quando identificamos a intenção de colocar o pretenso discurso verdadeiro na condição de discurso ideológico ou, mais rigorosamente falando — uma vez que o humanismo não se reduz à ideologia e que com ele nasce uma linguagem que é necessário reabrir —, de circunscrever a função ideológica do humanismo político. Mas, ao mesmo tempo, a exploração do discurso dos fundadores do

Quattrocento, ao qual Maquiavel induz seu leitor, revela o que não está indicado na obra a não ser por sinais, sem ser dito: o papel político que o humanismo assume a serviço da oligarquia florentina, a partir do dia seguinte da contrarrevolução que se segue ao tumulto dos *Ciompi* até a ascensão de Cosimo. De fato, a questão ideológica se esclarece quando se constata que o momento em que se formou a teoria democrática é precisamente aquele no qual a alta burguesia gozou de sua maior força, no qual anulou as conquistas do *populo minuto*; que o momento em que os humanistas fizeram a apologia da participação de todos os cidadãos nos afazeres é justamente aquele em que ela tinha sido reduzida aos seus mais estreitos limites; que o elogio da virtude da classe média ia de par com o afastamento de seus representantes das magistraturas e das assembleias; que, enfim, a afirmação dos valores universais encobria a gestão prosaica dos interesses de uma fração detentora da riqueza. A cumplicidade dos partidários de um *governo largo* e daqueles de um *governo stretto* — em benefício destes últimos — se desvela ao se observarem os traços que a insurreição operária de 1378 deixou na memória burguesa, a ameaça inaudita levantada contra a propriedade dos grandes e dos pequenos-burgueses pelos *Ciompi*. O equívoco da virtude dos pais fundadores pode ser constatado, então, pelo espetáculo da colaboração que eles oferecem numerosamente a Cosimo, tirano de fato, embora atento à preservação das aparências da liberdade — em particular, a do mais ilustre entre eles, Leonardo Bruni, transformado no mais servil.[22]

É esse o caminho que seguimos ao nos empenharmos em ir ao encontro da posição do leitor próximo. Ele se delineia, dizíamos, pela investigação da questão última que nos implica no espaço-tempo em que a obra é produzida. Devemos acrescentar agora que ele alcança seu fim com a descoberta do humanismo político no centro do discurso-*outro* que ela faz ouvir? Mas a ilusão estaria já em crer que com ele se liberta o texto último no qual se funda a interpretação maquiaveliana. Esse texto, como entrevíamos, supõe a elaboração de uma experiência social, fornece uma resposta à questão que fez emergir, sob uma luz nova e insustentável, o conflito entre o povo miúdo e a burguesia, encobre um trabalho de expressão e dissimulação que não poderíamos apreciar verdadeiramente sem melhor conhecer

---

[22] Não apenas Leonardo Bruni se aliou a Cosimo como aprofundou sua servidão a ponto de tomar a iniciativa de ordenar aos magistrados de Siena que perseguissem os exilados florentinos refugiados na cidade. Cf. E. Garin, op. cit., p. 22.

as transformações sobrevindas na sociedade florentina — e o mundo no qual ela se inscreve — nos últimos decênios do *Trecento*. Além do mais, ele se afirma sobre outro que ele anula ou modifica, retira sua justificativa da destituição das antigas crenças e antigas autoridades, de tal modo que seria necessário sondar o passado e identificar a sobrevivência de seus efeitos para compreender o alcance da transformação advinda e o poder que ela tem de captar a imaginação coletiva à distância de dada conjuntura histórica; que seria necessário perscrutar a representação de Roma, antes que ela fosse modificada por Salutati e sua escola, para mensurar tudo o que é colocado em jogo na identificação do florentino ao romano. Assim, a investigação da questão última não deveria se satisfazer em produzir a referência do humanismo político; este pede um novo impulso para a interrogação. Em vão desejaríamos nos convencer de que, satisfazendo-a, ultrapassaríamos os limites de uma interpretação de Maquiavel. Como poderíamos estar certos de entendê-lo corretamente quando não estamos ouvindo o discurso-*outro* sobre o qual o seu conquista sua identidade? É verdade que, formulando essa reserva, nos arriscamos a ser lançados numa regressão ao infinito na ordem dos antecedentes. Mas ela se reveste de um peso singular quando perguntamos se os conflitos surgidos ao fim do *Trecento* não são de natureza diversa daqueles que tinham sido produzidos anteriormente; se, nesse período, o poder do Estado não estabelece pela primeira vez sua supremacia sobre os outros centros de poder social — a Parte Guelfa e a Igreja —, se a burguesia não adquire, então, plena consciência de classe, se o humanismo não faz muito mais do que modificar as representações tradicionais, se ele não instaura uma linguagem pela primeira vez coerente nos quadros da política; em suma, se a ideologia não se institui na subordinação das funções do mito e da religião. Engajar-se em tal interrogação não seria, com efeito, dar-se novos meios para apreciar a obra de Maquiavel, reconhecer que com ela se evidencia, de um modo não apenas exemplar, mas original, a diferença entre interpretação e ideologia?

Não basta, entretanto, reconhecer que continuamos no limiar dessas questões e que com essa parada nossa tarefa denuncia seu limite. A ilusão renasceria ao se supor que avançando mais poderíamos, numa outra etapa, enfim explicar a posição do leitor próximo. Qualquer que seja o progresso de nosso conhecimento, ele não poderia, com efeito, nos dar o poder de ler a diferença entre ideologia e interpretação, se esta não atuasse já em nossa própria experiência e se não fizéssemos um uso tácito dela antes de conceber sua operação no passado. É sem dúvida a obra que nos instala no lugar do leitor próximo. Mas é a *nós* que ela atrai; nós a encontramos no espaço-tempo em que ela se produz a partir do espaço-tempo em que se faz nossa vida e sem cessar de habitá-lo. Nosso lugar não é aquele dos jovens florentinos que imaginamos reunidos na casa de Rucellai à escuta dos *Discorsi*, pois, dizíamos, é ao reconhecê-lo que nos tornamos capazes de ler. Esse lugar é o de outro, implicado na obra enquanto está *em outro lugar*, presumido leitor enquanto estiver aberto pelo trabalho do pensamento à questão de sua origem. Se o discurso de Maquiavel se faz ouvir por nós como o discurso da interpretação, se se denuncia através dele um discurso-*outro* como o da ideologia, é que, onde estamos, Roma e seus guardiões falam sob outras figuras, é que a imagem de uma verdade que tinha *lugar*, a fé na "boa sociedade", sustenta ainda o desejo e nós enfrentamos a exigência de nos libertar de sua influência. O esforço para ler na obra um discurso anti-ideológico é assim mantido em suspenso por uma crítica das representações que investem *aqui e agora* nossa experiência da política. Essa crítica é tão necessária que, para reconhecer na obra a diferença entre interpretação e ideologia, foi preciso começar por forçar a barreira ideológica que interditava o acesso a ela, quer dizer, dilacerar o tecido de comentários que a recobriu. Contudo, nosso empreendimento não padece tanto por silenciar as razões dessa crítica, por deixar na sombra o lugar onde ela se forma e onde se mantém no presente a fascinação por Roma; se ele quisesse prosseguir, não poderia senão renunciar à sua conclusão, por nos ter ensinado que a ideologia, em nós e fora de nós, solicita o trabalho interminável da interpretação, que ela se faz inapreensível e estreita seu cerco tão logo acreditamos descansar sobre um saber adquirido; enfim, que a interpretação não aceita ser separada da interrogação.

Índice onomástico

A

Agátocles, 52, 227-9, 235, 284, 343-4, 375-6, 380-8, 408, 411, 430
Agis, 497
Alamani, 761
Alba, 509
Alberti, 757
Alderisio, 74
Alemanha, 97, 101, 110-1, 113, 115-6, 121, 130-1, 146, 326-7, 344, 400-1, 435, 449, 535, 540-1, 560, 578
Alexandre Magno, 340, 365, 428, 449
Alexandre VI, papa, 283, 375, 423, 769
Alfieri, 109, 138
Algarotti, 109
Aníbal, 426, 510, 572, 581-3, 631-5, 655, 658, 667, 671, 674, 686, 690, 722, 778
Antônio, 648-9
Anzilotti, 751
Ápio, 272, 520, 525-9, 624, 636, 653, 655, 670, 697-8
Arato de Sicião, 588
Arezzo, 523, 579, 691
Aristóteles, 10, 58, 99, 102-3, 135, 194, 203, 206, 214-5, 265, 270, 274, 281, 287, 289-90, 292, 297, 300, 353-4, 356, 424-5, 427, 432-3, 462, 479, 503, 662, 765, 771, 774, 781
Artaud, 74, 100-1, 109, 140-1
Asdrúbal, 668
Atenas, 278, 477, 515, 546, 680, 698, 776, 780
Auvergne, 106

B

Bacon, 104-5, 107, 143-5, 148
Baglioni, 69, 513-4, 642
Balzac, 78
Bandini, 97, 108-9
Barbeyrac, 140
Baretti, 109
Baron, 328-9, 776, 779-80, 783
Bartolini, 109
Battista, 74, 761
Bayley, 106-7, 140-1, 781
Becker, 751
Ben Jonson, 87, 90
Benoist, 74, 81, 106, 121, 159
Bentivoglio, 424
Bernabò, 350-1, 439-40
Berr, 130
Bertini, 74, 100
Bismarck, 78-9
Blanchot, 706
Boccaccio, 170, 777, 781
Boccalini, 101, 120, 144
Bodin, 99, 143
Bolmann, 121, 130
Bonaparte *ver* Napoleão I
Bosio, 84, 106
Botero, 84
Bovey, 106
Brucker, 107, 751
Bruni, 777-85
Bruto, 163, 276, 502, 505, 511, 606-7, 614-26, 630, 635, 648-50, 667, 674, 687-9, 716-7, 722, 736, 761, 779
Buodelmonti, 761
Buondelmonti, 60, 463-4, 760

Burd, 74, 81, 91, 121, 136, 140, 417
Burnham, 121-2
Busini, 91

C

Cálicles, 11, 267, 270, 299, 310
Cambiagi, 108-9
Camilo, 583, 613, 629, 653-4, 658-61, 663, 665-7, 669-70, 694
Campanella, 101
Cappel, 106
Cápua, 573, 578, 583
Cardan, 99
Cardona, 581
Carlos IX (rei da França), 98
Carlos V (rei da França), 100
Carlos VIII (rei da França), 534
Casavecchia, 323
Cássio, 629, 648-9
Cassirer, 134-6, 148, 195-210, 268
Catão, 499, 774
Catarina de Médici, 79, 81, 85, 98
Catarino, 83
César Bórgia, 26, 48, 69, 120, 178, 184, 197, 203, 240, 326, 345, 380, 382, 396, 523, 664
César *ver* Júlio César
Charbonnel, 74, 81, 84, 107
Chérel, 74, 81, 104, 107
Christ, Johann, 97, 107
Christian, 123, 133
Cícero, 10, 214-5, 300, 414, 417, 425, 462, 473, 592, 765, 774, 778
Cincinato, 658, 660-1
Ciompi, 783, 785
Cipião, 408-9, 515, 631, 633-4, 655, 779
Ciro, 342, 368, 371, 408-9, 454, 548, 655-6, 660, 682-3, 685, 688-9
Cláudio Pôncio, 638-9
Cleômene, 497, 507
Cola di Rienzo, 779
Coligny, 100
Colonna, 355, 418
Conring, 102
Coriolano, 491-2

Cornélio, 684, 687, 690
Corvino, 583, 675
Cosimo de Médici, 517-8, 538-9, 748, 775, 785
Cristo *ver* Jesus Cristo
Croce, 74, 84, 89-90, 135-6, 167
Cromwell, 79, 83, 105, 143
Cuoco, 110
Curcio, 74, 95-7, 110, 132, 136, 151

D

D'Addio, 102
D'Alembert, 107
Dante, 176, 322-3, 330, 779
Danton, 122
Dario, 340, 342, 376
Dati, 778
Davi (rei de Israel), 230, 279, 309, 512, 514, 623
De Meng, 108, 123
De Sanctis, 135, 167-81, 185, 195, 268
Décio, 568, 684-9, 694
Derôme, 74, 123-4, 132-3, 140
Desbordes, 102
Descartes, 93
Diaceto, 761
Diodoro, 551
Domingos, são, 236, 611-2
Du Bellay, 100, 109, 142
Duconseil, 121-2, 131
Duplessis-Mornay, 99, 141

E

Egito, 285, 454, 476
Elkan, 74, 110-1, 113, 119
Epaminondas, 506, 509, 640-2, 647-8, 652, 654, 668, 674, 679-83, 685-8, 699, 716, 722, 760, 762
Erasmo, 83, 194
Espanha, 81, 98, 100, 349, 439, 449, 768-9
Esparta, 285, 310-1, 404, 476-8, 480, 483, 485-6, 488-9, 494-5, 497, 507
Espinosa, 102-3, 145, 148, 281

Estienne, 84
Etruscos, 631, 670, 686, 693, 696-8

F

Fábio, 589, 605, 631-5, 667, 669-71, 674-5, 686-7, 690, 694, 696-9, 762
Fábio Máximo, 631
Fabrício, 654
Faria, O. de, 122
Febvre, 83-4
Fernando (rei de Aragão), 349-51, 403, 423, 425, 439-40, 442, 527
Ferrara, 356-7, 364, 373, 401
Ferrari, 122-3
Fichte, 111, 115-21, 130, 146
Filipe da Macedônia, 227, 584-5, 677
Foscolo, 110, 146, 245
França, 79, 81, 85-6, 98-9, 109-10, 120-1, 125-6, 129-33, 141-3, 146, 283, 326-7, 357, 361, 366, 378, 405, 424, 431, 435, 449, 505, 523, 565, 579, 690, 768-9
Francisco I (rei da França), 99, 142
Francisco, são, 236, 611-2
Frederico II (rei da Prússia), 106, 110, 130, 197
Freud, 704
Fúlvio, 620, 693-4

G

Gaddi, 82, 91
Galanti, 109
Galileu, 12, 196, 203-6
Garasse, 84
Garin, 776, 785
Gauleses, 534, 546, 550, 584, 587, 601, 603, 607, 642, 674, 678, 694, 696-7
Gentile, 104, 106, 138, 757
Gentillet, 81, 85-7, 106, 120, 140-1, 145
Giaccomini, 645-6
Gilbert, Allan, 133
Gilbert, Félix, 762, 768, 770
Giuliano de Médici, 186, 755
Giunta (Bernardo), 82, 91, 139-40

Gladstone, 79
Goffis, 109
Gohory, 106, 122, 319
Gracos, 392, 394-5, 522-3
Gramsci, 109, 134, 144, 147-51, 242-5, 248, 250-63
Gregos, 271, 302, 304, 559
Guicciardini, 60-1, 182, 761
Guingenné, 135
Guiraudet, 75, 79, 110, 124-5, 140, 146

H

Harrington, 104-5, 143, 145-6
Hauser, 85
Hauvette, 133, 135-6
Hegel, 12, 111-21, 130, 135, 146, 148, 178, 262, 281, 390
Henrique II (rei de Inglaterra), 81
Henrique III (rei da Inglaterra), 79, 81
Henrique IV (rei da França), 79, 81
Henrique VIII (rei da Inglaterra), 79
Herder, 110
Hiéron, 368, 376
Hobbes, 277, 287, 309
Holanda, 102
Holbach, 107
Horácio, 510

I

Inglaterra, 89, 98-9, 100, 104-5, 141, 143, 509, 565, 769
Ingoldstadt, 89
Itália, 10, 34, 40, 47-9, 54, 58, 61, 65, 86, 91, 97-9, 101, 108-13, 119-21, 123-4, 129-30, 135, 140, 145-6, 166, 169-70, 176, 184-8, 193, 195, 199, 239, 247, 257, 282-4, 326-7, 331-2, 336-7, 341, 347, 364, 372, 377-8, 381, 400-5, 408, 446, 449, 451, 453-6, 500, 514, 534, 545-70, 579, 581, 600, 682, 711, 720, 756, 768-70, 776, 778, 780

J

Jacob, E. F., 751
Jacobi, 110
Jesus Cristo, 280, 309, 512, 521, 548, 756
Joly, 120, 126-7, 129, 131
Jove, 106
Júlio César, 235, 271-2, 276, 279, 505, 517-8, 639, 649-50, 771, 774, 778-9, 782
Júlio II, papa, 326, 401-2, 696, 756, 769

K

Kamenev, 149
Koyré, 356

L

La Boétie, 85
La Houssaye, 102
La Noue, 100, 109, 142-3
Lastri, 109
Le Roy, 99-100
Leão X, papa, 345, 578-9
Lemerr, 121
Lenoble, 83, 101
Leti, 104
Levi-Malvano, 108
Lévy, 121-2, 129, 133
Licurgo, 476-9, 483, 497
Lorenzo, o Magnífico, 170, 183, 186-7, 189, 282, 284, 330-1, 381, 444, 463-6, 695, 748, 755-6, 760, 762-3, 774
Loyola, 100
Lucrécia, 616-7, 621
Ludovico o Mouro, 358
Luís XII (rei da França), 48-9, 52, 199, 337, 355, 358, 362, 364-6, 369, 380-2, 396-7, 401, 454
Luís XIV (rei da França), 79, 98
Luís-Felipe, 79, 123
Luís-Napoleão Bonaparte (príncipe), 69
Lutero, 83-4

M

Macaulay, 134, 136
Machon, 106
Mamerco, 644
Mânlio Capitolino, 272, 606, 629
Mânlio Torquato, 653-4
Marat, 122-3
Marco Aurélio, 200, 242, 498-9
Mário, 278, 505, 630-2, 677-8, 686-7, 698
Marlowe, 87, 120
Martines, 777
Martino della Scala, 776
Marx, 12, 22, 33, 40, 59, 69, 70, 96, 135, 141, 147-51, 242-5, 249, 251-9, 262-3, 281, 744
Mazarin, 79, 98, 106
Mazères, 123, 125, 133
Medas, 454, 541
Médici, os, 102, 108, 165, 186, 328, 330, 454-5, 466, 473, 499, 527, 536, 539, 581, 587, 611-2, 615, 622, 637, 641, 643, 651, 662, 668, 673, 677, 687, 691, 693, 695, 722, 727, 749, 750, 756, 763, 764, 774-5, 778
Meinecke, 74, 101, 111-3, 115, 119, 134, 224
Merleau-Ponty, 147
Mersenne, 83, 101
Métio, 509
Meyer, 74, 83, 87, 100, 140
Milão, 49, 199, 283, 337, 341, 344, 348, 350, 358, 362, 366, 376, 396, 438, 439, 505, 579, 776
Milton, 106
Mohl, 97
Moisés, 283, 342, 346, 349, 368, 370-2, 378, 384, 454, 558-9, 667-9, 674, 717, 731
Montemagno, 778
Montesquieu, 108, 111, 120, 122, 126-7, 131
More, 194, 212, 215
Morellet, 121, 133
Mounin, 136-51, 159
Muralt, 122, 134-5, 223-40
Mussolini, 121, 129, 132
Mutolo, 694-5

N

Napoleão I (Bonaparte), 69, 79, 124-5, 140, 79
Napoleão III, imperador, 79, 127
Nápoles, 505, 535, 769
Naudé, 106
Naves, 107
Nero, 200
Norsa, 74, 133
Nourrisson, 134, 159-68
Numa, 226, 285, 498-9, 501, 508, 510, 513, 554

O

Oliverotto, 381, 383, 401
Osório, 83
Ovídio, 322

P

Paine, 266
Panella, 74, 79-84, 91, 97, 106
Papírio, 500, 674-5
Pelópidas, 509, 626, 640-2, 647, 680-1
Perrens, 751
Persas, 454-5, 541
Pertinax, 428-9, 431, 498
Petrarca, 322, 777-9, 781
Pierhal, 130
Pieri, 751
Pisa, 438, 523, 590, 645, 694-5, 698, 768-9
Pistoia, 438, 579, 662
Platão, 10, 12, 95, 206, 265, 267, 270, 281, 295, 297, 299-300, 306, 479, 744
Plutarco, 10, 473, 545, 552, 556, 592, 601, 606, 647, 679, 680-1
Pole, 83, 144
Políbio, 329, 477-81, 733
Polo, 11
Pomponazzo, 276
Possevin, 81, 84, 106, 140
Prato (cidade), 581-2, 634, 651, 677, 690, 692, 710, 764
Praz, 74, 85-8, 90

Procacci, 74, 97-10, 119, 124, 141-2
Proudhon, 123
Proust, 70

Q

Quíncio, 642-3, 649, 653, 655

R

Raab, 104-5
Rabelais, 83
Raleigh, 99, 121
Ranke, 119, 134-5, 140, 146, 221, 239
Renard, 751, 783
Renaudet, 85, 134-6, 148, 182-4, 186-8, 190-1, 193-5, 224, 314, 321
Reyam, 120
Ribadeneira, 81, 84, 140
Richelieu, 74, 79, 98, 106
Ridolfi, 82, 109-10, 324, 693, 751
Rinuccini, 778
Ritter, 134, 211-9, 221, 223-4
Robespierre, 122-3
Rodolico, 751, 783
Rohan, 100, 142
Roma, 54, 80, 82, 124, 140, 143, 187, 272, 278, 283, 285, 293, 300, 311, 329, 392, 404, 425, 436, 465, 467-8, 470, 474-80, 483, 485, 488, 494-7, 499, 501-2, 508-10, 515, 518, 520, 522, 525-6, 533-5, 537, 541, 544-9, 552, 554, 556-8, 560-1, 564-5, 576, 579, 583-4, 592-4, 596-7, 601-3, 606-7, 609-11, 613-4, 616, 620-4, 631, 635, 645, 651-2, 654, 659, 661-3, 668, 674, 688, 694, 697, 699, 714-5, 722-5, 737, 741, 743, 748, 759, 763, 767, 769-70, 774, 776, 778, 780, 784, 786
Rômulo, 226-7, 279, 283, 285, 342, 368, 371, 376, 378, 430, 467, 476, 496-7, 499, 501, 503, 508, 514, 554, 599, 731
Rousseau, 59, 103, 111, 144
Rubinstein, 751, 779
Rucellai, Bernardo, 762, 775
Rucellai, Cosimo, 463, 760-1

S

Saint-Just, 123
Salutati, 776-9, 781, 783, 786
Savonarola, 129, 170, 226, 245-6, 342, 355-6, 368, 371-3, 378, 394-5, 410, 414, 474, 499, 534, 537, 548, 563, 666, 674, 712, 731, 749, 756, 762, 764-5, 768, 771-2, 775
Scali, 392
Schopp, 102, 138, 140, 144-6
Semíramis, 644
Semprônio Graco, 640, 642, 644, 668, 674, 679
Sessa, 100
Sforza, Casa, 358
Sforza, Catarina, 326
Sforza, Francesco, 69, 339, 341, 344, 347-8, 376, 378, 401, 403, 408, 438, 442, 574
Shakespeare, 87
Silas, 278, 505, 630-2, 698, 779
Simpson, 87
Sócrates, 11, 270-2, 295, 299, 301
Soderini, 129, 160, 235, 245-6, 325, 474, 494, 534, 538-9, 587-90, 618, 629, 631, 633-5, 637, 639, 644, 650, 658, 662, 665-7, 669, 674, 679, 690, 692-6, 710, 712, 716-7, 722, 749-50, 756, 762, 764, 768, 775
Sorrentino, 74
Spurio, 606, 629, 632-3
Strauss, 134-5, 148, 206, 264-77, 280-2, 285-9, 292-311, 314
Suíça, 122, 237, 327, 329, 403-4, 455, 565, 572, 579
Sulpício, 642, 644

T

Tácito, 102, 616, 623, 627, 653-4
Tarquínios, os, 276, 278, 480, 483, 505, 516, 614, 616-8, 620-2, 624, 667
Tebas, 489, 506, 647, 680
Teseu, 342, 368, 371, 454, 731
Testard, 102, 107
Thuau, 74, 81, 98, 100
Tibulo, 322
Tillich, 223
Tito (imperador romano), 499
Tito Lívio, 10, 206, 273-5, 278, 286-7, 300, 308, 319, 462-3, 465, 467, 470-1, 473-4, 496, 508-9, 520, 529, 531-3, 538-9, 542, 545, 549, 552, 556, 565-6, 568, 571, 584, 587-8, 592-3, 601, 603, 613-4, 630, 632, 639, 650, 656, 659, 661, 674-6, 684-5, 693, 698, 713, 763
Tomás de Aquino, são, 103, 352, 414
Tommasini, 74, 79, 81-2, 89-90, 97, 104, 136
Toscana, 536-7, 545, 549, 551, 553, 600, 651, 661, 691, 780
Trajano, 499
Trasímaco, 11, 267, 270, 299, 310, 563
Treves, 101, 144
Túlio, 508-10, 576-7
Turcos, 99, 541

V

Valério, 583, 653, 656, 658, 676-7, 679, 686-7
Veneza, 109, 403-4, 438, 485-6, 488-9, 494, 578, 636, 638, 656, 770
Vergerio, 778
Vettori, 49, 60, 322, 330-1, 727, 729, 761
Villani, os, 779
Villari, 74, 82, 106, 119, 133-4, 136
Villefosse, 129
Visconti, Filipe, 506
Visconti, Giovanni Galeazzo, 549
Voltaire, 106, 140
Vychinski, 149-50

W

Waille, 74
Walker, 135

X

Xenofonte, 10, 58, 270, 297, 408, 546, 548, 655-6, 682-3, 688, 760

Z

Zinoviev, 149

UNIVERSIDADE FEDERAL DE MINAS GERAIS
REITORA Sandra Regina Goulart Almeida
VICE-REITOR Alessandro Fernandes Moreira

EDITORA UFMG
DIRETOR Flavio de Lemos Carsalade
VICE-DIRETORA Camila Figueiredo

Flavio de Lemos Carsalade (PRESIDENTE)
Ana Carina Utsch Terra
Angelo Tadeu Caetano
Camila Figueiredo
Carla Viana Coscarelli
Élder Antônio Sousa e Paiva
Emília Mendes Lopes
Ênio Roberto Pietra Pedroso
Henrique César Pereira Figueiredo
Kátia Cecília de Souza Figueiredo
Lívia Maria Fraga Vieira
Luciana Monteiro de Castro Silva Dutra
Luiz Alex Silva Saraiva
Marco Antônio Sousa Alves
Raquel Conceição Ferreira
Renato Assis Fernandes
Ricardo Hiroshi Caldeira Takahashi
Rita de Cássia Lucena Velloso
Rodrigo Patto Sá Motta
Weber Soares

coordenação editorial
Michel Gannam
direitos autorais
Anne Caroline Silva
assistência editorial
Eliane Sousa
coordenação de textos
Clarissa da Cunha Vieira
coordenação gráfica
Fernando Freitas
produção gráfica
Warren Marilac

(EDITORAufmg)
Av. Antônio Carlos, 6.627 CAD II / BLOCO III
Campus Pampulha 31270.901
Belo Horizonte MG
T. 55 31. 3409 4650
www.editoraufmg.com.br
editora@ufmg.br

Le Travail de l'œuvre Machiavel, Claude Lefort © Éditions Galimard, 1972, 1986

Todos os direitos desta edição estão reservados à Todavia e à Editora UFMG.

Grafia atualizada segundo o Acordo Ortográfico da Língua Portuguesa de 1990, que entrou em vigor no Brasil em 2009.

capa
Daniel Trench
imagem de capa
Tommaso Todeschini. *Retrato de Nicolau Maquiavel*
© Artokoloro/ Alamy/ Fotoarena
composição
Jussara Fino
preparação
Ana Cecília Agua de Melo
Mariana Delfini
índice onomástico
Luciano Marchiori
revisão
Ana Maria Barbosa
Renata Lopes Del Nero

Dados Internacionais de Catalogação na Publicação (CIP)

Lefort, Claude (1924-2010)
O trabalho da obra Maquiavel / Claude Lefort ; tradução Gabriel Pancera, Helton Adverse, José Luiz Ames. — 1. ed. — São Paulo : Todavia ; Belo Horizonte : Editora UFMG, 2023.

ISBN (Editora UFMG) 978-65-5858-056-0
ISBN (Todavia) 978-65-5692-245-4
Título original: Le Travail de l'oeuvre Machiavel

1. Maquiavel. 2. Filosofia. 3. Crítica. I. Pancera, Gabriel. II. Adverse, Helton. III. Ames, José Luiz. IV. Título

CDD 320

Índice para catálogo sistemático:
1. Ciência política 320

Bruna Heller — Bibliotecária — CRB 10/2348

todavia
Rua Luís Anhaia, 44
05433.020 São Paulo SP
T. 55 11. 3094 0500
www.todavialivros.com.br

fonte
Register*
papel
Pólen natural 70 g/m²
impressão
Imprensa Universitária UFMG